［内部资料　注意保密］

CHINA CONSTRUCTION BANK ALMANAC

中国建设银行年鉴

2009

中国金融出版社

责任编辑：肖丽敏
责任校对：潘　洁
责任印制：裴　刚

图书在版编目（CIP）数据

中国建设银行年鉴2009（Zhongguo Jianshe Yinhang Nianjian2009）/中国建设银行年鉴编辑委员会编.—北京：中国金融出版社，2010.9
ISBN 978－7－5049－5548－7

Ⅰ.①中…　Ⅱ.①中…　Ⅲ.①建设银行—中国—2009—年鉴　Ⅳ.①F832.33－54

中国版本图书馆CIP数据核字（2010）第115401号

出版发行　中国金融出版社
社址　北京市丰台区益泽路2号
市场开发部　（010）63272190，66070804（传真）
网上书店　http：//www.chinafph.com
（010）63286832，63365686（传真）
读者服务部　（010）66070833，62568380
邮编　100071
经销　新华书店
印刷　天津银博印刷技术发展有限公司
尺寸　205毫米×280毫米
印张　47.5
插页　32
字数　1408千
版次　2010年9月第1版
印次　2010年9月第1次印刷
印数　1—3550
定价　139.80元
ISBN 978－7－5049－5548－7/F.5108

《中国建设银行年鉴2009》编委会

《中国建设银行年鉴2009》编辑部

本年鉴数据使用责任说明

本年鉴为中国建设银行股份有限公司内部刊物，不对外发行，本年鉴中的部分数据在使用之初仍处于审计过程中，为了在年鉴中真实体现当时数据使用环境的历史面貌，我们保留了这些数据。这些数据与本行公布的招股说明书、定期报告和临时公告有差异的，应以招股说明书、定期报告和临时公告的数据为准。因此，本年鉴使用者不得以任何形式复制、打印、转发、分发或以其他任何方式使用这些数据。如有违反，责任自负。

卷首语

2008 年，在党中央、国务院的领导下，中国建设银行以改革创新精神进一步推动科学发展实践，紧紧抓住机制转换和业务转型，积极应对国际金融危机的冲击，经受住了一系列重大事件的考验。全行超额完成了年初确定的工作任务，客户服务和风险管理能力持续提升，主要财务指标达到全球大银行最好水平，实现了新的跨越。

一、综合竞争力继续领先国内同业

——应对复杂形势取得良好经营业绩。截至 2008 年底，全行资产总额达 75 554. 52 亿元人民币，较上年末增长 14. 51 %，历史性突破 1 万亿美元；负债总额达 70 878. 90 亿元，较上年末增长 14. 77 %。为适应经济形势和宏观调控的变化，及时调整经营策略，利润继续实现较快增长。中间业务收入连续三年快速增长。全年实现净利润 926. 42 亿元，增长 33. 99%。

——信贷结构调整取得明显进展。全年累计退出贷款 644. 6 亿元，完成了退出计划的 121. 9%。处置不良贷款 405 亿元。对不符合国家政策和我行风险偏好的 271 个退出类行业，实现贷款余额、不良额和不良率“三下降”。推进差别化信贷政策，加大信贷资源向战略重点业务倾斜，小企业、涉农贷款分别增长 19%、31%，明显高于贷款平均增速。

——综合化经营迈出实质性步伐。投资银行业务蓬勃发展，成为公司客户金融解决方案的主要支柱。通过发行债券、信托计划和理财产品等多种手段，为客户筹措资金 2 500 多亿元。在资本市场不景气的状况下，建信基金公司管理的资产规模，年末较年初上升 19%。建信租赁公司开业第一年实现利润 1. 41 亿元。企业年金中心正式成立，管理受托资产 73. 4 亿元。投资控股合肥兴泰信托公司的申请已获批准。入股幸福人寿保险公司的计划也进入实施阶段。

——战略合作和海外布局取得新成果。进一步深化与美国银行和淡马锡的战略合作，财富中心及理财中心的销售与服务流程、小额无抵押贷款、信用卡评分卡、按揭贷款信用评分卡等项目都取得了显著效果。伦敦子银行和纽约分行获得当地监管当局的开设批准，新加坡分行牌照完成升级，建行亚洲、建银国际进一步扩充了资本。

——持续提升企业价值和形象。坚持按最高标准履行公司的市场责任和社会责任。在动荡的市场环境下，进一步加强与客户、投资者和业务伙伴的联系与沟通，在守法合规的前提下，力争提供更多信息，稳步提高公司的透明度。加强公关宣传、媒体监测和舆论引导，使海内外投资者对建设银行未来发展充满信心。与战略投资者进行深入的讨论和交流，维护共同利益，稳定市场预期。

二、内部改革和业务转型成效显著

上市三年多来，全行认真贯彻“以客户为中心”的理念，积极推进内部改革，业务转型成效显著。2008年底，股本回报率、资产回报率、成本收入比均提前达到了战略纲要设定的2010年目标；三大业务板块发展根基日益巩固，批发、零售、资金业务的税前利润占比分别为59.9%、17.9%、22.2%；净手续费及佣金收入占经营收入比重近15%，比2005年提高了8.4个百分点。

——初步建立起现代银行治理结构。按照制衡与效率相统一的原则，公司治理机制不断健全和完善，得到了市场和业界的充分肯定。股东大会依照法律规定，充分发挥了最高权力机构的职能。董事会不断改进和完善内部运作方式，战略管理和决策能力持续提升。高管层积极执行战略决策，有序地组织各项经营管理活动。监事会持续改进和加强监督工作，及时进行提示和建议。定期召开职工代表大会，切实保障民主管理和企业和谐。加强投资者关系管理和信息披露工作，保障所有股东享有获取信息的平等权利。自觉接受市场监管，主动把客户、媒体和公众监督作为公司治理的必要组成部分。

——持续推进业务流程的根本性改造。在关键业务领域实施了136个战略合作项目，自主实施了737个流程优化和标准化项目。通过流程再造，“以客户为中心”的经营理念得到贯彻，全面风险管理得到落实。零售网点基本完成转型，交易平均效率提高39%，客户平均等候时间下降35%。个贷中心服务流程明显优化，贷款平均办理时间缩短55%。完成60项柜面业务，前台与后台分离和后台集中事项柜面业务差错率由3.92/10 000下降到0.92/10 000。办公系统经过优化，实现跨级直发，大大缩短了公文传递时间。

——成功实施风险管理和审计体制改革。“了解客户、理解市场、全员参与、抓住重点”的风险理念深入人心，以垂直管理和平行作业为核心的风险管理体系基本建立起来。向资金交易部门派驻专职风险团队，实施严格的“防火墙”制度。风险计量、经济资本、风险限额、方案审批等风险管理工具广泛使用，发挥了积极的作用。完善审计体系，审计工作的独立性和权威性进一步提升，促进了审计质量的提高，发现了许多过去不容易发现的问题。坚决贯彻实施问责制度，推进“十项治本措施”，案件数量、涉案金额连续三年实现下降。

——基本实现建成国内一流零售银行的目标。零售客户差别化服务能力显著提高。三年累计新建个人理财中心1 443家、财富管理中心106家、个人贷款中心近500家。ATM运行数量突破3.18万台，居全球银行业首位，自助渠道替代柜面交易占比达103%。网上银行功能不断丰富，手机银行业务领先同业。电话银行逐步成为营销和客户问题解决中心。根据中介机构专项调查，2008年个人客户整体满意度比上年提高4.1个百分点，比同业均值高出3.6个百分点。全行营业网点服务质量平均得分为91.3分，领先国内同业。

——批发银行业务转型初见成效。结合机构扁平化改革，推动批发业务向专业化经营转变。逐步将小企业、现金管理、投资银行、金融租赁、企业年金、票据贴现、工程造价咨询等业务从传统公司业务中分离出来，组建专门的服务机构，形成多种跨部门、跨层级的任务型团队。大客户信贷经营重心大部分已经上移到二级分行及以上。资产保全试行业务单元制取得成功。小企业专业化服务体系建设富有成效，服务方式和金融产品不断创新，得到了国务院领导的充分肯定。

三、积极履行社会责任，努力打造品牌形象

在冰冻雪灾和汶川地震发生后，全行心系灾区，通过捐款捐物、提供特殊金融服务、组织志愿者队伍等多种方式，大力支援灾区人民抢险自救和灾后重建。我行对震区信贷实施非限制性行业准入和审批标准，开辟绿色通道，减免手续费，保证资金快速到位。全年累计发放救灾贷款558亿元，员工和公司捐赠2.11亿元。奥运期间我行积极提供优质、安全、高效的金融服务，25套关键系统可用率为100%，实现了零重大故障、零有效投诉的预期目标，被中国银行业协会授予“中国银行业迎奥运文明规范服务系列活动组织奖”。在2008年亚洲企业社会责任排名中，我行列第12位，在中资银行中居于前列。2008年度中国企业500强中，建设银行列第7位；《财富》全球企业500强中，建设银行由上年的第230位上升至第171位，在国内企业中升幅最大。

2008年，我们经受住了国内外经济形势急剧变化的考验，取得了令市场和投资者满意的成绩，建设银行在国际金融界的地位空前提升。上述成绩的取得，要感谢党中央、国务院的正确领导，感谢中央部门的关心支持。成绩的取得也是总行党委、董事会、管理层总体把握和监管机构、监事会监督保障的结果，是全行员工辛勤工作、共同努力的结果。

2010年3月

董事长　郭树清

行长　张建国

监事长　谢渡扬

2008年2月20日，董事长郭树清在山西省分行基层网点调研。

2008年5月20日，董事长郭树清在安徽省分行网点视察时使用网点95533。

2008年5月21日，董事长郭树清在四川省绵竹市慰问震灾中坚持工作的绵竹市支行员工。

2008年8月21日，董事长郭树清一行在大连市走访大客户，图为与大连港集团负责人会谈的情景。

2008年11月17日，铁道部与中国建设银行战略合作协议签字仪式在北京举行。

2008年12月16日，中国建设银行广东省分行与广东省粤电集团有限公司等大企业的银企合作签约仪式在广州市举行，广东省省委书记汪洋、省长黄华华、中国建设银行董事长郭树清出席了签约仪式。

2008年5月14日，行长张建国向四川省政府副省长黄小祥递交中国建设银行捐赠的2 000万元抗震救灾慰问款支票。

2008年5月14日，行长张建国在四川都江堰蒲阳路察看地震后基层网点的灾情。

2008年7月30日，行长张建国在深圳市出席深圳市重点民营企业互保金管委会与中国建设银行股份有限公司深圳市分行举行的互保金贷款签约仪式并讲话。

2008年9月11日，中国建设银行股份有限公司与新疆生产建设兵团战略合作协议暨兵团龙卡发行签约仪式在乌鲁木齐举行。行长张建国与新疆生产建设兵团司令员华士飞代表双方签署战略合作协议。

2008年11月21日，行长张建国出席浙江省人民政府和中国建设银行在杭州举行的进一步支持中小企业发展合作协议签约仪式。

2008年12月31日，行长张建国视察河北省分行直属支行营业大厅，并慰问一线员工。

2008年1月15日，中国建设银行香港审计分部成立。监事长谢渡扬、独立董事谢孝衍、首席审计官于永顺及香港审计分部负责人等参加了成立仪式。

2008年3月，中国建设银行2007年度审计工作会议在贵阳召开。监事长谢渡扬，首席审计官于永顺，部分董事、监事以及各审计机构负责人参加了会议。

2008年5月26日，监事长谢渡扬、副行长罗哲夫在四川省汉旺镇慰问客户，了解客户受灾情况。

2008年8月21日，监事长谢渡扬在大连机床集团调研。

2008年9月27日，监事长谢渡扬与2008年中国建设银行“现代商业银行经营管理高级研修班”学员合影。

2008年11月26日，监事长谢渡扬在安徽省合肥市庐阳支行视察并慰问一线员工。

2008年3月4日，副行长罗哲夫在济南市大明湖扩建现场调研。

2008年4月22日，中国建设银行北京市分行完成铁道部200亿元分行首笔中期票据承销任务，实现中间业务收入2 886万元。中国建设银行副行长兼北京市分行行长罗哲夫视察招标现场。

2008年4月27日，副行长罗哲夫在武钢集团调研。

2008年7月22日上午，中国建设银行股份有限公司——中国长江三峡工程开发总公司高层会谈暨融资协议签字仪式在三峡工程大酒店隆重举行。副行长罗哲夫代表中国建设银行在金沙江溪洛渡向家坝水电站融资协议上签字。

2008年9月9日，副行长辛树森赴四川都江堰了解分支机构受灾及灾后重建情况，并代表总行党委慰问一线员工。

2008年10月15日，副行长辛树森在山东出席全行纪检监察特派员培训班开班仪式，并视察山东省分行档案中心。

2008年12月12日，副行长辛树森出席宁波市分行深入学习实践科学发展观活动专题民主生活会。

2008年1月7日，副行长陈佐夫参加了在北京市分行北辰财富管理中心开展的首次中国建设银行“客户接待日”活动。

2008年8月29日，副行长陈佐夫参加中国建设银行广东私人银行在广州市举行的开业庆典。

2008年11月29日，副行长陈佐夫在安徽省视察滨湖新区中国建设银行基地建设情况。

2008年12月16日，副行长陈佐夫出席在苏州市新城花园酒店隆重举办的中国建设银行支持苏州市重大项目签约仪式。

2008年2月22日，副行长范一飞一行在广州市会见碧桂园集团董事长杨国强。

2008年8月11日，副行长范一飞在辽宁省铁岭市分行调研。

2008年12月9日，副行长范一飞在上海单证中心调研。

2008年12月15日，副行长范一飞出席2008年在港机构周年晚会。

2008年1月14日，时任首席风险官朱小黄在河北省分行进行调研。

2008年9月25日，在北京举行的第二届“贡献中国”高峰会上，共有10家企业获“建行私人银行成长英才商业榜样奖”。副行长朱小黄出席“贡献中国”高峰会颁奖典礼，并为获奖企业颁奖。

2008年12月2日，副行长朱小黄在湖北省分行调研。

2008年12月9日，中国建设银行发起设立的首家村镇银行——湖南省桃江建信村镇银行正式开业，副行长朱小黄出席剪彩仪式。

2008年7月14日，董事长郭树清、行长张建国等行领导与第七届“中国建设银行十大杰出青年”合影。后排从左至右依次是：李越、胡晓燕、刘嫣、朱筱丹、率长江、吴承恩、王叶毅、任冬艳、刘静、李宁宁。

全国五一劳动奖状获得单位

中国建设银行股份有限公司
山东省淄博分行

全国工人先锋号获得集体

中国建设银行新疆维吾尔自治区分行营业部个人金融部财富管理中心

中国建设银行股份有限公司安徽省安庆分行桐城支行

中国建设银行股份有限公司山东省聊城分行营业部营业室

中国建设银行股份有限公司湖北省黄冈分行长江支行

中国建设银行股份有限公司贵阳市河滨支行电力行业营销团队

全国五一劳动奖章获得者

中国建设银行山西省临汾分行副行长　王红梅

中国建设银行浙江省温州分行营业部总经理　王宇

中国建设银行青海省西宁铁路支行业务员
马　莹（回族）

中国建设银行新疆维吾尔自治区分行营业部
马合木提（维吾尔族）

建设银行贵州省分行重点支持项目——厦蓉高速路都匀至水口段项目，总投资186亿元，贵州省分行与贵州高速公路开发总公司已签订贷款合同金额50亿元。

2007年，华电邹县发电公司拟建2×100万千瓦超超临界火力发电机组，该机组为我国首批超临界发电项目，项目评估总投资84.9亿元，实际完成总投资71.22亿元，其中银行融资35.3亿元。山东省分行支持该项目的建设信贷余额为4.5亿元。

山东省分行与济南市旧城改造投资运营有限公司签署战略合作协议，积极支持棚户区改造这一重大民生工程建设，为其38个棚改片区中的9个片区提供信贷资金支持。截至2008年底，建设银行山东省分行已累计为其提供28.74亿元的信贷资金支持，现存量贷款24.47亿元。

景洪水电站是澜沧江中下游河段梯级规划中的第六级，位于西双版纳州首府景洪市上游约 5公里处。电站的开发任务以发电为主，兼顾航运，并具有防洪、旅游等综合利用效益。电站装机容量达175（5×35）万千瓦，总投资97亿元，设计多年平均年发电量79.31亿千瓦时。该电站已于2009年6月建成投产。建设银行与云南华能澜沧江水电有限公司签订了景洪水电站16亿元的固定资产贷款合同。

思小高速公路是国道213线兰州—成都—昆明—磨憨公路中的一段，是国家实施西部大开发的八条通道之一，是我国西部通往南亚大通道的重要路段，被誉为“绿色高速”。工程概算总投资为39.955亿元，平均每公里造价为4 087.18万元，其中建设银行贷款额为15亿元。

中国建设银行支持中国石化青岛炼油化工有限责任公司大炼油项目，截至2009年6月，已经为大炼油投放贷款9.8亿元。

青岛市分行支持青岛东奥开发建设集团公司，该公司在承建的奥运项目资金紧张时，建设银行提供了一揽子金融服务。成功地为该公司办理额度授信118 000万元，其中，固定资产贷款9亿元，流动资金贷款2.8亿元。图为青岛东奥开发建设集团公司承建的奥运会奥帆基地。

青岛海湾大桥项目总投资90.39亿元，青岛市分行是该项目主办行，已为海湾大桥项目授信40亿元。

2008年，北京市分行为铁道部发放1.46亿美元外汇机车购置贷款，支持铁路机车改造项目。截至2008年末，为铁道部发放的外汇机车购置贷款余额达11.79亿美元。图为国产化CRH2型时速200公里及以上“和谐号”动车组。

福建省分行为泉州市海峡体育中心体育馆提供工程造价编审服务。2008年10月，第六届全国农民运动会在此举行。

青海桥头铝电有限公司是国内首家实施铝电联营的大型企业，公司生产配套设施齐全、环保设施完善，电解铝产能居同业前列，年产34.5万吨电解铝、20万吨铝合金、12万吨碳素阳极，具备50亿度发电能力。自1992年以来，青海省分行先后贷款支持企业兴建了火力发电机组以及电解铝、碳素阳极和铝合金生产线，累计向企业发放贷款27.6亿元。

小湾水电站位于澜沧江干流中下游规划河段第二个梯级，是云南省实施“西电东送”和建设水电基地的龙头项目和关键工程，总装机容量420（6×70）万千瓦，设计平均年发电量约189.9亿千瓦时。该电站于2001年1月正式开工，将于2009年10月实现2台机组并网发电，2010年全部机组投产发电。电站工程总投资共计314亿元，建设银行与云南华能澜沧江水电有限公司签订了小湾水电站60亿元的固定资产贷款合同。

山东省分行支持山东亚太森博浆纸有限公司扩建年产100万吨漂白硫酸盐商品浆项目，提供固定10亿元资产贷款。

目录

建行新闻发言人：贱卖论是对市场运作的严重误解

（载于建行网站　2008 年 6 月 14 日）

以改革创新精神支持扩大内需—— 建设银行贯彻落实中央宏观政策纪实

昂首新征程

（四川省分行）

一个做好投资银行业务的成功案例

（甘肃省分行　王生红）

六、专题工作研究（此部分内容见光盘）

1. 科学发展观专题

风险内控体系的科学性评价及改进优化建议

（朱小黄　于永顺）

七个转变：实现科学发展的现实选择——对湖南省分行深入学习实践科学发展观的思考

（湖南省分行　龚蜀雄）

持续推进公司业务转型调研报告

（公司业务部　持续推进公司业务转型专题调研组）

建设银行实施绿色信贷研究报告

（公司业务部　绿色信贷专题调研组）

小企业业务经营策略探究

（公司业务部　小企业业务经营策略专题调研组）

对公网点转型调研报告

（公司业务部　对公网点转型专题调研组）

对公产品管理与创新调研报告

（公司业务部　对公产品管理与创新专题调研组）

持续推进对公中间业务发展调研报告

（公司业务部　持续推进对公中间业务发展专题调研组）

2. 美国次贷危机专题

次贷危机：祸起杠杆失控

（朱小黄）

次贷危机对我国商业银行住房金融业务的启示

（住房金融与个人信贷部　杨绍萍　周刚　杨宇）

美国次贷危机的深入思考及几点启示

（投资银行部　王贵亚）

美国次贷危机引发国际金融危机：警示

（总行研究部　郭世坤　蒋清海　李丹红）

美国次贷危机引发国际金融危机：影响

（总行研究部　郭世坤　蒋清海　杨兆坤　刘都生）

美国次贷危机引发国际金融危机：原因及后势

（总行研究部　郭世坤　蒋清海　刘都生）

浅议美国次级债危机

（重庆市分行　余江）

3. 行业研究专题

中国建设银行年鉴

2009

CHINA 中国建设银行年鉴 CONSTRUCTION BANK ALMANAC 2009

第一部分　战略决策与战略管理

董事会的改革与成就

2008年，建设银行董事会认真贯彻国家宏观调控政策，积极应对国际金融危机，落实发展战略，推动业务创新，创造了良好业绩。

一、进一步完善公司治理

（一）持续优化公司治理运行机制

2008年，建设银行董事会、监事会和高级管理层各司其职、各负其责，积极主动地开展工作，较好地发挥了各自的职能作用。在各方的共同努力下，公司治理结构日渐完善，步入有序、有效运作的轨道。

董事会作为经营管理决策机构，主要对公司的战略规划、经营计划、年度财务预决算方案、融资及重大兼并重组方案等重大事项作出决策。监事会督促董事会、管理层依法尽责，并对投资并购、中介机构管理、宏观调控应对等工作提出建议，对不同业务领域进行风险提示。高级管理层在授权范围内独立自主地开展日常经营活动，组织实施公司年度经营计划，认真履行报告义务。

同时，我们也注重理顺“老三会”和“新三会”的关系。党委会充分发挥在现代公司治理结构中的政治领导核心作用，为银行的改革和发展把关定向，确保中央各项路线方针政策的贯彻落实。职工代表大会和工会制度通过进一步建立健全相关制度，确保广大员工能够更加充分地参与民主决策、民主管理和民主监督。

（二）创新和完善履职方式方法

不断探索完善授权规则。本着科学制衡、兼顾效率的原则，我行积极探索构建科学合理的授权管理体系。2008年，针对国际市场出现的投资并购机会，董事会内专门成立了海外并购投资决策小组，既保证了投资决策权的高度集中，又适应了现代市场快速反应的要求。

建立和完善监督评价机制。2008年，董事会加快了对高级管理层评价体系的建设，在已有问责制度和定期考评办法的基础上，探索建立系统的监督评价制度，包括评价标准、内容和方法等。同时，按照激励与约束相结合、薪酬与风险责任相一致的原则，研究改进对董事、监事、高级管理人员的业绩考核和薪酬清算体系。

积极为董事的履职尽责创造条件。经过几年的探索和实践，管理层定期或不定期向董事会报告和沟通经营情况和重大事项已形成制度化。2008年，我行管理层和职能部门先后37次就董事会议案与董事进行了预沟通，充分保障了董事的知情权和决策权。董事会还组织董事赴境内外考察和调研30余次，形成专题调研报告10余篇，使董事更加了解经营环境、市场情况，提高决策的针对性和准确性。

探索提高董事会决策效率的途径和方法。根据外籍董事的建议，董事会精简了议案说明人宣读议案环节，进一步压缩了程序性议案和事项占用的时间，更多的时间被用于探讨战略性决策事项。对于涉及业务日常经营的决策，除非公司治理文件另有规定，董事会灵活采取电话会议或通讯会议形式，提高了决策的效率，为市场竞争赢得了时间。

注重查找实际运行中存在的问题和不足。2008年，我行专门成立了“进一步完善公司治理结构”专题研究课题组，从制度建设、履职方式、执行力等方面查找不足，并提出了优化公司治理结构的十项措施，为建立健全现代企业制度进行了有益的探索和尝试。

（三）充分发挥专门委员会决策支持作用

2008年，董事会各委员会积极采取措施，不断完善运作方式和提高专业化水平，深入讨论研究董事会相关议题，积极为我行的改革和发展出谋划策，切实有效地发挥了对董事会的决策支持作用。

战略发展委员会深入研究宏观经济金融形势，全面分析我行经营发展中的机遇与挑战，提出应对金融危机的战略思路。推动我行继续巩固在基础设施建设、个人住房贷款等领域的传统优势，研究把握小企业、涉农、民生工程等领域的业务机会，坚决退出高风险行业，积极调整外币投资组合，持续推动组织架构、业务流程、信息技术、风险管理等方面的内部管理改革；研究制订2009年经营计划、发行次级债券有效补充资本；积极推动与战略投资者、境外大型金融机构战略合作；及时研究应对美国银行减持股份对策，维护股东利益。

审计委员会严格审核监督银行定期财务报告，积极推动财务报告趋同化，持续开展内部控制自我评估，不断加强内审工作的监督考核和外审工作的监督评价，督促落实内外部审计检查问题整改，开展了大量扎实细致和富有成效的工作。延续了与外部审计师闭门会议制度，增强了审计委员会运作独立性，更好地发挥了财务监督职能。

风险管理委员会积极推动风险管理制度建设和体制改革；定期关注和评估全面风险状况，推动信贷结构优化调整；高度关注美国次贷危机以来的态势变化，及时应对金融危机和突发事件；稳步推进《巴塞尔新资本协议》实施，持续促进全行提升风险计量水平；不断加强内部控制，进一步提高合规风险、信息科技风险和案件防控力度。

提名与薪酬委员会参照国际经验和惯例，深入探讨委员会的职能和作用；研究修订了董事服务合同和董事损失补偿协议，体现了激励与约束的平衡；密切关注宏观经济形势，把握和领会政府部门、监管机构对企业高管薪酬的指导意见，研究调整我行董事、监事、高管的薪酬考核办法。

关联交易控制委员会本着实质重于形式的原则，对银行关联方的确认进行论证，协调处理业务发展和关联交易控制关系。促进基础工作流程标准化，保证关联交易信息披露的准确性。年内继续修订了《关联交易管理实施办法》，提高了办法的可操作性和合理性。

（四）各位董事认真履职尽责

2008年，我行两名执行董事因工作调动辞任后，按照公司治理的有关要求，已增补了一名执行董事。董事会目前由16名董事组成，包括3名执行董事（拟于近期再补选一名）、6名独立非执行董事和7名非执行董事。董事会结构合理，体现了制衡的原则，符合监管规定。

各位董事均能够勤勉尽职。2008年，我行共召开董事会12次，审议议案42个；召开专门委员会会议27次，审议或预审议题64个，听取汇报90个。各位董事按照要求出席了历次会议，出席率达到100%。在董事会及专门委员会上，各董事均积极、独立、专业、客观地发表意见，全面履行职责。同时，各位董事按照自己的专业特长，分别任职于战略发展、审计、风险管理、提名与薪酬以及关联交易控制委员会。

董事长、副董事长等执行董事发挥了信息沟通桥梁的作用，主动向非执行董事介绍银行日常经营管理信息，同时在议事过程中谨守公正原则，客观地发表意见，独立地作出决策。

专职董事在各专门委员会中承担了大量具体工作。除了参加董事会外，还经常列席管理层的相关会议，深入分支机构调查研究，组织专题讨论，全面了解银行经营管理情况，在银行的发展战略、资源配置、风险管理等方面提出建议。另外，专职董事还远赴美国、英国、德国、葡萄牙、西班牙、巴西、智利、越南等国家和中国香港地区，与当地监管部门和金融机构交流，实地考察经济金融形势，对银行的海外发展战略提出建议。美国银行派出的非执行董事积极推动美国银行与建设银行之间战略协助项目的实施，协助我行在美国设立分行。

独立董事秉承中立客观立场，就董事和高管聘任、薪酬考核、股权投资、信息披露等议题积极发表意见，认真维护中小股东的利益和诉求。同时，利用其在国际财会、金融等领域的丰富经验，就银行的战略发展提出建议，协助寻找战略合作伙伴，申设海外分支机构。在中国期间，各位独立董事积极参加基层网点的调研，尽其所长为银行的改革与发展献计献策，提供帮助。

（五）积极配合各监管机构的检查

2008年，银监会对我行多项业务进行了现场检查，包括公司治理、外币投资业务和理财业务等，提出了中肯的监管意见。董事会高度重视、积极配合，相关董事和高管接受访谈和参加讨论，确保检查组充分掌握我行的实际情况。同时，以银监会的检查为契机，一方面深刻总结经验教训，对于检查中发现的问题，积极组织逐条梳理，研究整改措施，并尽快落实整改，追究责任；另一方面全面排查相关业务管理中的漏洞，评估其发展战略、风险管理和内部控制情况，进一步完善制度、健全机构，提升风险管理水平和内部控制能力。

另外，2008年，审计署对商业银行股份制改革成效进行了专项审计，对公司治理结构和引进战略投资者情况进行了评估；证监会开展了境内企业境外上市专项评估工作；北京证监局开展了上市公司治理专项检查工作。董事会均高度重视，积极配合。审计署审计报告认为，我行的"公司治理结构相对规范，公司治理机制开始发挥作用"。北京证监局也给予我行"公司治理总体情况较好"的评价。对于审计和检查中发现的问题，董事会积极组织研究整改措施，并督促落实。

在日常工作中，董事会还注重与监管机构建立良好的互动关系，邀请银监会代表参加董事会定期会议，重要事项及时向银监会沟通和报告，充分了解监管规则，主动接受监管。

二、推动战略转型，应对金融危机挑战

自2007年以来爆发的全球金融危机，对于国内银行的改革和发展既是严峻的考验，也是机遇。建设银行董事会在深入研究宏观经济形势和政策的基础上，积极推动银行业务结构调整，力求在服务国家宏观调控大局的同时，实现业务转型的实质性突破。

（一）积极推动公司业务结构调整

交通、能源、城建等基础设施投融资具有周期长、信贷质量好、收益稳定的特征，是我行的传统优势。董事会抓住国家加大基础设施建设的机会，大力推动在该领域的投入。截至2008年底，我行基础设施贷款余额达到1.18万亿元，占公司类贷款比例达到56.3%，居同业首位，继续发挥基础设施投融资领域主力军作用。

董事会积极关注小企业和"三农"金融服务中的市场机会，推动管理层不断完善适应小企业和"三农"特点的业务模式。我行先后组建了254家小企业中心，其中信贷工厂78家，有效地控制了小企业信贷风险，提高了工作效率；在四大行中首家发起设立村镇银行，为农村地区提供了更便利的金融服务。截至2008年末，我行小企业贷款和涉农贷款余额分别达到2 554亿元和4 389亿元，增幅分别为19.2%和30.8%，均高于全行企业贷款平均增幅。

董事会也高度关注科教文卫、社会保障等民生领域，以及关系国家综合实力的装备、航天、军工等领域，积极推进客户结构、信贷结构、收入结构的多元化。例如，我行针对军队武警客户开展的"八一工程"取得突破，军队武警存款的市场占比3年内增长了近一倍，由8.96%提高到16.20%。

（二）进一步拓展优势零售业务

董事会认为，为应对金融危机不断恶化，零售业务应发挥我行在个人贷款、公积金贷款等领域的传统优势，同时规避自身不熟悉的业务领域。2008年，个人住房贷款为6 031亿元，市场占比为20.8%，位居市场第一；住房资金存款和公积金贷款市场占比分别为62%和49%，占据了市场绝对领先地位；信用卡消费交易额和业务收入快速增长，新增翻了一番。同时，董事会也强调要加强渠道建设，打造新的客户服务平台。2008年底我行ATM超过3.1万台，位居全球银行业第一；网上银行、电话银行、手机银行的交易服务功能不断完善，逐步成为客户服务、账户交易和产品销售的主要渠道之一。

（三）有效调整外币投资组合

针对国际金融危机愈演愈烈的情况，董事会将控制信用风险放在外币投资的首位，抓住市场稍纵即逝的机会，坚决减持外币投资组合。到2008年末，我行外币债券账面价值降至158亿美元，比年初减少223亿美元，减持比例近60%。我行董事长、副董事长多次召集专题会议，认真研判市场，部署了完整清晰的战略战术，并制定了具体措施。针对本次金融危机暴露出的问题和薄弱环节，董事会指导采取整改措施，努力提高市场风险的分析能力和估值计量水平，市场风险管理水平显著提高。

（四）稳妥推进海外发展战略

2008年，我行海外分支机构设置取得重大突破。纽约分行和伦敦子银行于12月先后获得美联储和伦敦金融监管局批准，完善了我行在海外的网络布局。与此同时，我行深入分析了国际和区域经营环境的变化，反复权衡风险与收益，有进有退，延迟了在中东和越南设立分支机构的计划。

除了自建机构外，董事会也积极探索通过投资并购和与国际先进商业银行结成战略联盟的方式拓展海外业务。董事会专门制定了海外投资并购战略纲要，推动海外并购工作。近一年来，在

董事会的指导下，我行专门负责实施海外投资的“蓝海小组”先后研究跟踪了50个投资并购项目，审慎选择投资目标。鉴于金融危机尚未见底，我行没有对海外进行股权投资，有效地避免了投资损失。与渣打银行、桑坦德银行等大型银行的业务合作谈判也稳步推进，合作领域包括汽车融资、城市商业银行、农村商业银行、村镇银行等。

（五）加快综合化经营的步伐

面对2008年严峻的市场形势，董事会坚定不移地推动综合化经营，各项业务均取得了新的突破。我行在香港的投资银行平台建银国际通过积极推进业务转型，取得了成立以来的最好业绩，2008年实现税前利润10.42亿港元。与美国银行合资组建的建信金融租赁公司成立仅一年，租赁资产达36亿元，实现利润1.41亿元，盈利能力领先同业。建信基金管理公司资产管理规模增至426亿元，比上一年增长19%，行业排名显著提升。

在董事会的指导和推动下，综合化经营平台日趋丰富。我行投资控股的建信信托有限公司已获银监会批准，参股幸福人寿保险公司已报监管部门审批。此外，董事会还积极研究参与信达资产管理公司改制，对注资形式和股权比例等进行了深入讨论。

三、健全风险管理机制

全球金融危机对银行的风险管理提出了更高的要求。2008年，建设银行董事会和管理层以防范系统性风险为重点，积极做好基础性工作，推动银行风险管理能力再上新台阶，为实现可持续发展奠定了基础。

（一）推动信贷结构进一步优化

董事会在对市场形势作出清晰判断的基础上，以“壮士断腕”的决心推进信贷结构调整，督促管理层果断地从不良率较高和具有较大潜在风险客户中退出。2008年，我行主动退出的贷款量超过600亿元。我行在厦门、宁波、浙江和福建分行等79家企业出现关停并转等重大风险事件之前实现了全额信贷退出，为有效抵御经济周期波动赢得了先机。同时，在风险可控的前提下，加大对高信用等级公司客户信贷投放。全行A级及以上客户贷款余额占比达到89.34%，比年初上升0.73个百分点，为资产质量的提升奠定了基础。

（二）不断完善风险管理制度

2007年下半年以来，我行着手研究加快建立全行统一的风险偏好。2008年4月，董事会批准通过风险偏好陈述书，清晰地表述了全行总体风险偏好以及信用风险偏好、市场风险偏好和操作风险偏好，为业务经营和管理活动提供了方向和指引。同时，我行不断加强宏观研究，进一步优化经济资本和行业风险限额管理，构筑了组合风险管理的边界，促进了信贷结构进一步优化。

（三）推进《巴塞尔新资本协议》实施

2008年，我行以推进《巴塞尔新资本协议》实施为契机，强化风险识别、计量和控制等基础环节，推进风险管理体系再造。对公客户评级体系实现全面优化，模型开发流程和方法已逐渐与国际先进水平接轨。个人住房贷款申请评分卡、信用卡申请评分卡和行为评分卡在全行推广应用，实现了对部分零售信贷业务的自动审批、风险跟踪监测和额度管理。市场风险管理初步具备了应用内部模型法的基础，操作风险管理的基础工具和系统建设也取得明显进展。

（四）深化风险内部控制管理体制改革

2006年3月开始启动的风险管理体制改革，对提升我行风险管理能力发挥了重要作用。2008年，在董事会的关注和推动下，我行先后整合了原信贷审批部和风险监控部，成立授信管理部；整合全行市场风险管理资源，在总行风险管理部下设市场风险管理部；城市行风险条线集中管理、风险条线考核评价体系和优化平行作业流程等改革也不断加速，管理的集约化和专业化得到进一步提高。

（五）持续开展内部控制自我评估工作

根据证监会等监管机构的要求，董事会积极推动长效的内部控制自我评估机制的建立，我行管理层成立了专门的内部控制自我评估领导小组，通过严格的自我评估，不断改进内部控制方面存在的缺陷。在财政部、证监会等五部委联合发布了我国第一部《企业内部控制基本规范》后，董事会高度关注落实工作，督促管理层切实贯彻执行该规范，使我行内部控制管理水平得以进一步提升。

四、深化内部管理体制改革

董事会始终认为，能不能坚持“以客户为中心”的经营理念，为客户提供良好的金融服务，是衡量国有商业银行股份制改革成效的最重要的标准。董事会在深入分析市场和客户需求的基础上，推动管理层不断加强内部管理体制改革。

（一）积极推进组织结构改革

2008 年上半年，董事会审议通过了《组织机构改革方案》，提出完善条线和层级管理相结合的矩阵式组织架构，提高专业化经营管理水平和服务能力，实现城市行扁平化管理。全行根据统一要求，稳步推进实施，已取得初步成果。

针对客户需求，总行成立了财富管理与私人银行部、企业年金中心等部门。全行系统先后组建了 2 163 家各类专业化经营机构，越来越多的大中型客户、集团客户、关键客户由专业机构团队提供综合金融服务。与此同时，我行大力压缩管理层级，机构日趋扁平化，一些大城市已从三级或四级管理层级机构精简为两级或两级半机构。

（二）加快业务流程再造

2006 年以来，我行着手系统梳理业务流程，通过精简流程运行路径，降低了经营成本，加快了流程响应速度，有效地提高了客户的满意度。2008 年，在董事会的指导下，我行加快业务流程再造工作，取得了不少新进展。

在美国银行的帮助下，我行已有 11 610 个零售网点实现了转型，占全部网点的 86.8%，转型网点客户等候时间缩短了 35%，日均产品销售量增长了 85%。我行个人贷款中心参照制造企业“流水线”作业方式，梳理完善了个人贷款处理流程，人均生产能力提高了 71.4%，每笔贷款平均处理时间缩短了 64.1%。我们还在同业中率先建立客户体验中心，改善客户服务。此外，在前两年基本完成 60 项前后台业务分离的基础上，2008 年以来，我行加快了建立跨省的区域性综合型后台业务处理中心的步伐，着手建立五大生产基地，实现信用卡、电话银行、信息技术、营运管理等后台业务的集中处理，有效地提高中后台支持的效率和前台服务能力。

（三）不断完善产品创新机制

董事会十分关注产品创新。2008 年，借鉴美国银行经验，梳理和完善了产品创新流程，更加突出以客户为中心的理念，并运用和推广到实际产品开发中去，产品创新的针对性大大增强。同时，加强产品创新队伍和机制建设，明确了产品创新责任体系专业分工，让更多的一线人员参与到产品创新中去。此外，还在北京建立了产品创新实验室，积极为市场客户提供更多、更好的金融服务。2008 年全行共完成创新和改进 370 多项，较大地提高了我行的客户服务能力和市场竞争能力。

（四）提升信息系统支持服务能力

董事会对信息系统建设高度重视，认为这是推进我行业务转型和管理改革的重要基础。2008 年，我行组织修订了《2008—2010 年 IT 规划》，并积极落实推进。同时，狠抓科技精细化、规范化管理，加大项目开发和科技创新力度，信息系统支持和服务能力显著提高。

2008 年，我行圆满保证了奥运期间信息系统安全运行，未发生任何事故。我行网上银行推出了个人贷款、实物黄金、港股直通车等 15 项个人业务产品，以及企业年金等 9 项公司业务产品，客户数量增长超过 31%。“核心业务系统”优化后提高了前台柜员操作的便利性，并使产品研发时间缩短，实现了科技手段对业务创新的有力支持。此外，我行启动了海外核心业务系统统一工作，完成了海外分行网络建设，有力地支持了海外市场的拓展。

五、加强投资者关系管理和信息披露

董事会十分重视投资者关系管理和信息披露，通过深入推进战略合作项目，积极构建良好的投资者关系和市场形象，实现股东价值的最大化。

（一）持续推进与美国银行的战略合作

过去三年，我行董事长郭树清和美国银行董事长刘易斯每年春季召开专门会议，评估战略协助进展，讨论新的工作重点。副董事长张建国担任银行战略协助领导小组组长，和美国银行副董事长科尔共同领导此项工作的组织推进。三年来，双方合计设立协助项目 42 个，经验分享与培训项目 94 个。现已完成协助项目 37 个，经验分享与培训项目 81 个。

2008 年，董事会持续推动与美国银行战略合作向纵深发展。双方实施战略协助项目 16 个，经验分享与培训项目 42 个，涵盖个人业务、人力资源、信息技术、现金管理和风险管理等领域，为我行战略转型、业务发展和管理改进提供了切实有效的支持。例如，通过战略协助，我行各呼叫中心建立了统一的内部岗位分工、管理流程和业务标准，使客户服务代表的服务标准一致性提高了 86%，服务质量提高了 20%。在美国银行的帮助下，我行现金管理业务方案上线时间缩短了 10～20 个工作日，已能满足跨国企业客户最苛刻的要求。

（二）应对股东行权和减持带来的市场波动

2008年，美国银行根据战略投资协议，两次向汇金公司行使认购期权，增持我行股份。在第二次行权时，我行调动全行力量，协助审计师在不到40天内完成了第三季度报告审计工作，保障了行权的顺利实施，向市场表明了中国的银行履行承诺的态度。行权价格最终确定为每股2.8港元，相对按第二季度末净资产计算的行权价格，汇金公司收益增加了23.5亿元人民币，实现了国有股权的保值增值。

2008年上半年以来，美国银行出于改善自身财务状况的考虑，提出在第四季度减持部分我行股份的想法。董事会在充分尊重美国银行合法权益的前提下，多次与美国银行沟通，提醒其减持可能带来的市场影响，使之对双方的共同利益有了进一步认识。同时，本着依法合规的原则，与美国银行协商确定合适的减持数量、时机和方式。美国银行减持我行56.2亿股的时间最终延迟至2009年初，采取场外协议交易方式，减缓了美国银行减持对二级市场股价的压力。

此外，为了使战略合作赢得良好的舆论环境，我行还花大力气，宣传和解释战略合作取得的成就及前景，澄清了社会上的一些误解，赢得了各方面对国有商业银行改革的理解和支持。

（三）不断加强与淡马锡的战略合作

与淡马锡的战略合作在双方的共同努力下也取得了突破性进展。双方探索建立的“镇江小企业业务模式”，通过引进淡马锡小企业评价器、风险定价器等一系列管理技术、方法和工具，使客户从申请至拿到贷款平均只需要5.7天，办事效率提高了近一倍。目前，双方正进一步探讨建立中小企业贷款合作的新模式，即由淡马锡下属担保公司提供贷款担保，我行提供贷款，实现风险共担、利益共享。此外，淡马锡还在财富管理、私人银行、投资银行、风险管理等领域为我行提供相关咨询与培训。

（四）构建良好的投资者关系

2008年，董事会持续加强与资本市场的沟通与交流。组织有关力量及时就市场所关心的大股东减持、外币债券投资、资产质量以及经营业绩等重要问题进行详细地解释或说明，协助投资者更全面地了解公司发展战略、最新改革发展状况及未来趋势，引导与管理投资者对我行的合理预期。一年以来，我行接待国内外机构投资者与分析师来访70余次，共500多人次，并通过投资者热线电话与电子邮箱方式接受投资者的日常咨询。

（五）提高信息披露的专业水平

董事会不断强化第一责任的认识，加强信息披露制度的建设，确保信息披露的准确和完整。我行2007年年报获得了美国媒体专业联盟、著名银行业研究顾问公司——拉法蒂集团等多家专业机构授予的奖项，在知名的ARC年报评选中，我行年报在中国内地企业中列第1位，全球金融企业中列第1位，全球列第18位。

除了定期报告以外，我行还注重通过不定期发布公告及新闻等非财务信息，向境内外投资者介绍我行改革和发展取得的成绩，加大宣传力度。2008年全年在外部网站上发布有关经营动态及发展情况的公告和信息稿件300多篇，有效地提振了市场对我行的信心。

六、全面履行企业公民责任

积极承担各项社会责任已经成为董事会和建设银行经营理念的一部分。2008年，我行更加自觉地尊重各利益相关方的关切，以科学和谐的态度探索可持续发展的道路。

董事会将服务大众作为国有控股商业银行应尽的职责，推动银行积极跟进市场，不断贴近客户，推出了一批独具特色的个人金融产品。同时高度重视普通客户的利益，为广大客户提供优质高效的服务和产品，并对特殊群体减免费用。2008年，我行积极投身奥运金融服务，推出了95533多语种电话银行功能。同时，与美国银行合作开发ATM取现互免手续费业务，使持有美国银行信用卡的客户可以享受到免服务费取现的服务。

董事会把节能环保视做大型金融企业义不容辞的责任，年内审议通过了加强节能减排授信管理工作的议案，在信贷评审中实行环保一票否决制，有效压缩对高耗能、高污染行业的信贷投放，加大对有利于环境保护、生态环境改善项目的支持，通过金融杠杆促进了产业升级和环境保护。另外，还借鉴国际活跃银行开展环保的实践经验，主动着手开展实施赤道原则的可行性研究。

董事会始终坚持企业与社会共同发展，长期支持扶贫济困等社会公益事业。汶川特大地震发生以后，在董事会的支持下，我行率先向灾区捐款2 000万元，累计向灾区捐款1.79亿元。同时，克服各种困难，开辟了各种金融服务绿色通道，出台了“免收抗震救灾汇款结算手续费”、“为震区提供查询、继承等特殊金融服务”、“开设地震捐助网络直通车服务”等一系列创新金融措施，努力支持抗震救灾和灾后重建工作。为保障地震和雨雪冰冻等受灾地区尽快恢复生产、生活，我行全年累计发放地震救灾贷款318亿元，雪灾救灾贷款240亿元。2008年，我行继续落实“建设未来——中国建设银行资助贫困高中生成长计划”、“中国贫困英模母亲建设银行资助计划”、“情系西藏——中国建设银行与中国建投奖（助）学金”、援建维护建设银行希望小学精神研究会、支持中国扶贫开发协会村落工程电脑扶贫工程等长期公益项目，获得了社会的广泛赞誉。

董事会办公室

执笔：卢　刚　刘　戎　朱彩虹　薛　鲁

审稿：徐漫霞

监事会的改革与成就

2008年，监事会按照《公司法》和银行章程的规定，围绕全行中心工作任务，密切关注经济金融形势和业务发展的新特点，主动、扎实、深入地组织开展各项监督检查工作，工作的前瞻性、及时性和专业性明显提高，监督制衡作用进一步提升，对于促进公司治理的完善和银行的稳健发展发挥了积极作用。

一、监事会内部运作情况

（一）持续改进和提高监督议事水平

一年来，监事会在依法合规运作的基础上改进会议方式、充实会议内容、提高会议质量，促进了议事水平的提高。

全年共召开七次监事会会议，审议通过十四项议案，主要包括《2007年年度报告、年度报告摘要》、《2007年下半年利润分配方案和2008年中期利润分配政策》、《2008年第一季度报告》、《2008年半年度报告及摘要》、《2008年第三季度报告》、《2007年度监事会工作总结》、《2008年度监事会工作计划》、《2007年度监事会报告》、《2008年度监督工作方案》等，对监督检查和调研工作进行专题研究和部署，主动听取计划财务、风险监控、内部审计等部门的工作汇报，督促有关方面改进工作，较好地发挥了监事会会议议事、决策和实施监督的功能。

（二）注重发挥专门委员会和监事的作用

两个专门委员会发挥各自专业优势，分别在履职尽职监督、财务与内部控制监督方面协助开展工作，包括对拟提交监事会审议的议题、议案先行进行讨论；对监事会确定的工作计划予以细化并组织实施；加强与董事会、管理层以及外部审计师的联系沟通，就履职尽职、定期财务报告编制与审计等组织访谈、约谈等。2008年，履职尽职监督委员会召开了五次会议，审议了委员会《2007年工作总结和2008年工作计划》、《监事会对董事会2007年度履职情况的意见》、《监事会对高级管理层2007年度履职情况的意见》等九项议案；财务与内部控制监督委员会召开了七次会议，审议、审核了委员会《2007年工作总结和2008年工作计划》、《监事会委托会计师事务所检查方案》、《2007年度国内、国际财务报告》、《2007年度内部控制自我评估报告》等十二项议案。专门委员会运作情况良好，在提升监督专业化水平、落实监督事项方面发挥了积极作用。

2008年，一名职工代表监事因工作调动辞去监事职务，依据《公司法》关于职工代表监事人数不得少于三分之一的规定，在监事会的建议推动下，全行职工代表大会及时增选了新的职工代表监事。目前，监事会由3名股东代表监事、3名职工代表监事和2名外部监事组成，其中既有熟悉银行经营管理的专家，又有财务、法律方面的专业人士。各位监事立足于各自的实践经验和专业特长，积极出席、列席相关会议，参与检查、调研和考察等工作，认真审阅资料，参加研究讨论，负责任地发表意见和进行表决，忠实、勤勉地履行了监事职责。

（三）切实加强自身建设

监事会主动适应业务发展和外部监管要求，持续加强自身建设，不断提高履职能力和整体素质。专门举办培训班，邀请总行高级管理人员、部门负责人和外部专业人士，就风险管理、年报编制和国际财务报告准则的新规定等作专题讲座；组织全体监事参加证券监管部门组织的上市公司董事、监事业务培训班；组织股东代表监事、职工代表监事参加行内各类培训，深入学习科学发展观，学习公司治理、信息披露制度，研究经济形势、国际金融危机和金融改革等问题，使他们的理论水平、专业能力得到进一步提高。

监事会还积极创造机会，安排监事会办公室工作人员参加本行相关业务培训，了解掌握业务发展情况，提高辅助监督能力。办公室内部对工作流程作了进一步优化和规范，同时，对人员队伍进行了适当调整充实。一年来，监事会办公室在人员少、任务重的情况下，恪尽职守、奋发努力，积极做好办公服务、辅助监督等各项基础性工作，为监事会的良好运作提供了有力支持。

二、监督工作开展情况

（一）财务监督

2008年，监事会突出财务监督重点，密切关注、及时响应外部监管规定的调整变化，跟进了解全行经营管理和业务发展动态，主动加强与外部审计师和总行职能部门的联系与沟通，监督工作逐步深入，专业化水平明显提高。

建设银行自2007年9月在A股市场上市以后，定期报告由每半年披露一次改为按季披露，对定期报告的监督频率相应增加，监督责任加重，而2008年特殊的经营环境进一步增加了定期报告编制和监督的复杂性。监事会围绕资产减值拨备、会计政策的一致性、会计准则和监管规定的遵循、编制程序的依法合规性等重点，实施了对定期报告的监督工作。加强了与外部审计师的工作沟通，对财务报告审计提出工作要求。加强了与总行相关部门的工作联系，及时了解财务报告编制情况。委托两个会计师事务所对部分分支机构2008年前三个季度财务会计信息质量和相关内部控制情况进行了专项检查。在监督检查过程中，就及时跟进落实监管规定的调整变化、财务报告编报工作的组织和流程、相关信息披露的依法合规性等积极提出意见建议，对提高定期报告编制和披露工作质量起到了促进作用。在上述工作基础上，按时召开监事会会议，审议通过了董事会审议通过的定期报告，包括2007年度、2008年第一季度、2008年半年度、2008年第三季度四期定期报告，以及2007年下半年利润分配方案、2008年中期利润分配政策、2008年中期利润分配方案，对定期报告编制程序的依法合规性和报告内容的真实性、准确性、完整性发表了书面审核意见。

作为在内地和香港两地上市的公司，建设银行管理层在2008年提出了A股、H股两套财务报告趋同的方案。监事会对此进行了认真的研究分析，在肯定其方向符合会计准则发展趋势的同时，提示要满足境内外上市地法律、法规及监管要求，对方案实施时间安排和具体方式进行审慎研究，做好信息披露相关准备工作。

对于经营绩效考评、财务预算、股权投资和并购、外币债券处置等事项，监事会保持了密切的关注。通过调阅财务会计报表及内部工作签报等资料，列席董事会、管理层相关会议，对董事会、管理层履行相关职责情况进行监督。在与董事、高级管理人员、分行和部门负责人进行访谈时，对绩效考评等进行重点了解。在监督过程中，对进一步改进一级分行负责人绩效考评体系、规范财务收支核算等提出了建议。

（二）内部控制监督

建立严密的内部控制体系是国有商业银行实施股份制改革的四个基本目标之一。监事会高度重视内部控制监督工作，重点加强了对董事会和高级管理层履行内部控制职责、完善内部控制体系、开展内部控制评价等情况的监督。

2008年，监事会加强对外部监管规定的研究分析，加大对内部控制和风险管理相关文件资料的调阅力度，主动与总行部门及外部审计师进行工作沟通，通过专门委员会多次听取管理层相关汇报，新增了定期听取内部审计发现汇报的工作安排，有重点地组织开展专题调研。在财政部等五部委联合下发《企业内部控制基本规范》后，及时着手研究基本规范对银行的影响，对比分析银行内部控制工作的现状、与基本规范的差距等，建议董事会和管理层跟进基本规范的要求，加快部署和落实相关工作。

对关联交易、重大资产收购与出售等事项，监事会通过多种方式，如列席董事会关联交易控制委员会会议、向董事会关联交易控制委员会进行书面征询、向总行相关部门进行书面调查、与相关部门进行工作访谈、组织查阅分析内部工作文件资料等方式进行了监督。在此基础上，提出了对银行2007年度关联交易情况的监督意见和银行关于重大资产收购出售情况的监督意见。根据证券监管部门的通知要求，监事会组织对关联方占用资金问题自查自纠情况进行了专项监督，就公司防止资金占用相关内部控制制度的有效性出具了复核意见。

（三）履职尽职监督

作为独立于决策、执行层面的监督机构，监事会扎实认真地组织开展履职尽职监督工作，对推动董事会、高级管理层及其成员认真履行职责、依法合规运作、提高工作绩效发挥了积极作用，得到了有关各方的重视和肯定。

在日常监督方面，监事会出席了股东大会，列席了董事会及其委员会的所有正式会议，列席了管理层召开的全行工作会、经营形势分析会、行长办公会等重要会议，对公司治理运作、重大决策及执行和董事会、高级管理层及其成员履职尽职情况等进行了监督。有重点地定期调阅执行董事、高级管理人员签批的签报，加大了对重大经营决策程序的监督。组织开展对董事会及相关专门委员会的会议召开程序、授权权限、表决结果、信息披露、决策过程等情况，以及股东大会、董事会决议执行情况的分析研究，提出了相关意见和建议。坚持做好基础性工作，持续收集整理董事参与董事会及其专门委员会工作情况、有关发言与表决情况、高级管理人员分管工作情况等资料，进一步充实完善了董事和高级管理人员履职尽职监督档案，为年度监督工作打下了良好基础。

2008 年初，监事会组织实施了对上年度履职尽职情况的一系列集中监督工作，其中包括审阅董事会、高级管理层及其成员根据监事会要求提交的年度履职报告，汇集和整理每位董事、高级管理人员全年出席会议、发表意见和调研等情况，在董事、监事和高级管理人员范围组织履职尽职情况的测评，对全体董事、高级管理人员及部分分行、总行部门主要负责人等进行单独或集体访谈。在扎实做好上述工作的基础上，结合财务与内部控制监督，经过反复研究，提出对董事会及其专门委员会、高级管理层、董事、高级管理人员 2007 年度履职尽职情况的监督意见。

（四）专题调研检查

在开展学习实践科学发展观试点活动期间，建设银行总行党委确定把“进一步完善公司治理结构”作为重点调研课题之一。调研工作由监事长谢渡扬牵头负责，部分董事、监事、高级管理人员及监事会办公室等多个部门参与。调研组认真研究公司治理基本理论，组织到部门、分行进行实地调研，比较系统地总结了我行股份制改革以来公司治理的实践经验和特色，从外部环境、内部运作等几个主要层面入手，分析公司治理运作中存在的不足和问题，有针对性地提出了改进意见和建议。此外，监事会还指导监事会办公室开展了“如何更好地发挥监事会的监督制衡作用”的专题调研。上述专题调研在行内产生了较大影响，对于促进全行进一步深化对公司治理的认识及进一步完善公司治理发挥了积极作用，同时也为监事会开展工作创造了更为良好的环境。

监事长谢渡扬带队对美国、韩国等国家进行考察调研，重点了解了美国次贷危机的教训和产生的影响，提出我行应对风险评级机构、复杂结构化产品等进行总结和分析，确定适当的风险偏好，加强风险信息在集团内部不同条线、层级之间的交流。此外，监事会组织了对理财产品业务发展情况的专题调研，与投资银行部等部门进行了工作访谈，对上海、江苏、浙江等分行进行了现场调研，形成了关于理财产品业务的调研报告。报告分析了理财产品设计中的风险管理存在不足、部分产品零收益或负收益、信托贷款类产品到期后贷款规模的衔接不顺畅等问题，并提出相关建议。组织了对房地产行业贷款情况的专题调研，对广东、深圳两家分行进行了现场调研，调阅了房地产信贷业务运营、压力测试、风险分析和审计报告等资料，对贷款质量、区域结构、客户结构、期限结构和风险状况进行了分析。组织了对信贷结构调整问题的专题调研，对云南省分行进行了现场调研，并调阅了内部审计和有关部门的相关报告，形成了专题调研报告，提出了加大结构调整力度、坚决退出高风险行业、细化和完善信贷结构调整的相关政策、健全与此相配套的激励约束机制、进一步加强政策执行力等建议。

（五）提示建议

监事会以促进公司治理不断完善、促进科学发展、实现股东利益最大化为目标，努力通过各种有效的监督途径和方式，切实发挥实质性的监督制衡作用。其中最重要的途径和方式之一是对监督检查中发现的问题和不足，负责任地向有关方面提出意见和建议，包括就一些重要事项、带有全局性和倾向性的问题，以书面方式进行提示和建议。

2008 年，监事会向董事会、高管层发出 5 份书面提示、建议函。其中，关于加强新形势下信贷投放管理的建议函提出，根据宏观经济政策和信贷管理出现重大变化的情况，对管理政策、考核办法等适时进行调整、补充和完善，引导各级机构做好新形势下的总量管理和风险防范工作。《关于贯彻落实〈企业内部控制基本规范〉的建议》提出，应抓紧研究部署和启动相关工作，确保我行在规定时间内达到监管要求。《关于进一步改进股权投资和并购项目可行性研究的建议》提出，应进一步规范可行性研究工作，健全相关制度，建立投资后评价机制，充分关注资产增长、风险暴露、投资并购等各项因素对资本充足率的影响，对投资和融资计划进行合理规划。《关于加强海外机构风险管理和内部控制的提示》提出，需要进一步理顺相关部门的管理职责和分工，完善和细化海外机构内部控制制度，严格执行各项制度规定。《关于建立和完善中介机构工作后评价机制的建议》提出，应重视对中介机构的后评价工作，对中介机构工作进行独立、客观的评价，保证评价工作质量。

监事会高度关注国际金融危机的发展演变和国内经济形势及政策的变化，认真分析研究对本行经营产生的影响，积极提示有关方面加以妥善应对。在美国次贷危机尚未对我行造成实质性影响时，曾多次提请管理层予以高度关注；在危机爆发前后，对于债券减值准备的计提是否充足、计提政策是否符合规定等，多次向外部审计师、管理层提出工作建议；在雷曼兄弟倒闭后，提请董事会和高管层按照监管要求，及时向投资者披露相关情况，提示管理层按照章程和相关授权规定向董事会报告债券处置情况。2008 年 4 月召开的监事会第六次、第七次会议向管理层建议，要关注、跟进监管机构对定期报告的新要求，并在报告中有所反映。2008 年 10 月召开的监事会第九次会议强调，在复杂的经营环境下，相关部门和外部审计师要做好年报编制相关工作，保证定期报告真实、准确、完整地反映经营情况。此外，监事会成员还在不同场合多次就一些工作提出监督建议。

（六）指导内部审计工作，支持配合本行和监管部门的相关工作

监事会主动服从全行的中心工作任务，大力支持董事会和管理层的工作，努力促进银行的改革发展。认真履行对内部审计工作的指导职责，定期听取审计发现情况汇报。在监事长谢渡扬的关心指导下，内部审计系统继续巩固和扩大审计体制改革成果，积极优化审计技术，改善审计流程，增强审计能力。重点关注基础管理薄弱环节和高风险领域，组织开展了一系列审计项目和业务调查，审计针对性进一步提高，发现问题、提示风险的能力进一步增强，审计价值进一步提升，改善管理、促进发展的建设职能作用进一步显现。

积极配合外部监管部门的监督检查。在审计署对我行 2007 年资产负债和损益情况进行审计期间，配合完成了《商业银行股份制改革成效专项审计调查问卷》，就股份制改革情况、内部控制评价等进行了解释说明。在银监会对我行董事会、高管层履职情况以及公司治理运行情况进行检查评价及对外币投资类业务进行检查期间，认真准备相关材料，参与座谈和访谈，就有关事项进行了沟通。此外，还配合完成了北京市证监部门加强上市公司治理专项活动、公司治理专项检查工作。在此过程中，监事会主动对公司治理的整体状况、自身工作情况进行梳理总结，对照监管要求查找自身工作的不足，同时，结合实际，就相关法律法规、制度政策的修订完善提出了合理化建议。

三、工作体会和建议

（一）密切关注经营形势变化，坚持以科学发展观指导监督工作

2008 年，国际金融危机持续蔓延，国内经济出现较大变化，下行压力加大，宏观经济政策历经了几次重大调整，这些都对银行经营管理和监督工作提出了新的挑战。监事会认为，形势越复杂越需要坚持科学发展观，外部变量越多越需要坚持按商业银行的基本原则办事。监事长谢渡扬多次在全行工作会议上强调，要全面理解国家宏观调控政策，正确处理风险和效益、质量和速度的关系，切实重视和加强风险防范工作。加强对国际和国内经济金融走势的研究、分析和预测，提高经营管理工作的敏锐性和反应速度，做好应对经济周期性波动和预防系统性风险的准备，把风险防范措施做在前面。要求各级机构和各部门认真研究、吸取国际金融危机的深刻教训，引以为鉴，反思、查找自身工作不足，及时改进。

监事会认为，判断一个银行是不是好银行，不仅要看在经济处于上升通道阶段的发展如何，还要看在宏观经济发生波动时，能否抵御风险、保持健康发展。基于这种考虑，监事会针对业务发展中的热点、难点，重点安排听取汇报、组织调研检查、积极发表意见，要求进一步加强风险监控、改善基础管理。针对年末银行信贷增速明显提高的情况，强调要在积极落实宏观调控政策的同时，着力做好风险防范工作，避免出现新一轮的粗放经营、盲目扩张。

在过去的一年里，监事会密切关注经济金融形势的变化，紧密结合建设银行的实际，始终坚持按照促进银行科学发展的总体目标组织开展监督工作。监督思路比较清晰、监督目标比较明确、监督重点比较突出、监督效果比较明显，发挥了其他监督主体不可替代的作用。

（二）不断探索和改进监督方法，增强监督工作的实际效果

2008 年，我行监事会在总结过去实践经验的基础上，结合新的监管要求，不断探索、创新监督方法。例如，在内部工作机制方面，加强了监督信息的传递沟通；对拟审议的议题议案，在正式会议以外组织了不同形式的研究讨论，拓展了监事参与监督工作的深度和广度。为了进一步规范年度监督工作，监事会起草了《关于进一步完善履职尽职年度监督意见起草工作的意见》，在年度监督意见的起草过程中，增加了监事集中评议的环节；根据董事会、管理层的不同特点，进一步明确了对述职报告的要求，改进了履职测评的内容，对监督意见评价要点进行了补充完善。经过数年的实践探索，我行监事会形成了一系列行之有效的监督方法，包括列席相关会议、听取专题汇报、调阅分析资料、开展调研检查、组织访谈座谈、提出提示建议、出具监督意见等。在监督工作的组织安排方面，形成了日常监督与年度监督相结合，尽职监督、财务与内部控制监督相结合的工作模式。

如何实现监督效果的最大化，是监事会思考的主要问题、努力的主要方向。在财务监督方面，监事会没有把工作停留在程序化监督层面，而是力图提供专业性的监督意见。例如，督促董事会及时跟进监管规定，制定审计委员会年报工作规程和独立董事年报工作制度；督促管理层调整财务报告编制部门职能分工、加强人员培养和 IT 支持，提高财务报告编制能力；建议管理层简化经营绩效考核指标，提高考评过程的透明度。上述建议目前有的已经落实，相关工作得到了改进。在审阅 2008 年第三季度财务报告期间，对因外部特殊要求而先后两次编制的报告进行了比较研究，督促有关部门就其中个别差异研究采取相应措施，确保信息披露依法合规。再如在内部控制与风险管理监督方面，敦促董事会落实对管理层实施监督的责任，敦促管理层落实内部控制工作具体牵头负责部门。从目前情况看，董事会相关工作得到加强，内部控制工作牵头负责部门已经明确。

监事会能否按照制度设计的本来要求，真正有效地发挥监督制衡作用，关键在于监事会自身，在于监督工作能否真正得到落实。综观全年工作，监事会注重改进监督工作的方式和方法，力求把监督工作做深、做细、做到位，监督效能得到进一步提高。

2008 年，建设银行监事会忠实地履行了自身职责，维护了股东和银行的利益。在肯定成绩的同时，我们也认识到，监事会工作还有许多不足，需要研究改进，如内部工作机制、监督方式方法需要继续探索完善，监督职责与监督力量、监督手段不匹配的矛盾仍然比较突出，监督制衡作用有待进一步加强。在新的一年，监事会将继续坚持以科学发展观为指导，加强自身建设，拓展监督方法和手段，卓有成效地组织实施各项监督工作，更有针对性地开展调研和检查，及时做好监督提示和建议，进一步提升监督制衡效能，为建设银行公司治理的良好运作和持续稳健发展作出新的贡献。

监事会办公室

执笔：孙　强

审稿：刘　进

CHINA 中国建设银行年鉴 2009
CONSTRUCTION BANK ALMANAC

第二部分　战略部署暨文献资料

关于完善中低收入居民住房保障和金融服务的若干建议

郭树清

（2008年1月16日）

住房问题在经济社会生活中处于非常重要的地位。作为国有控股且住房金融居于领先地位的大型商业银行，我们对这个基本民生问题也非常关注。现将我们的认识汇报如下。

一、关于中低收入居民住房方面存在的问题

目前城镇居民中有1 200多万户家庭住房非常困难，新就业学生和大部分非户籍常住人口也不易购租到合适的住房，数以亿计的外来工居住条件普遍较为恶劣。住房保障体系不健全的问题主要有：（1）公共住房保障政策不够清晰和完善，特别是介于高收入人群和最低收入人群之间的中低收入居民感到没有合适的渠道；（2）政府的优惠和补贴不够透明，造成一定程度的公共资源流失；（3）住房供应结构不合理，中小户型和中低价位住房比例较低；（4）租赁市场和二手房交易市场不发达，造成明显的资源闲置。

在服务需求持续强劲增长的同时，住房金融体系发展滞后，特别是缺乏针对中低收入居民的住房金融制度安排。目前商业按揭和公积金贷款余额合计与GDP的比率在13%左右，大大低于世界平均30%左右和发达国家50%左右的水平。原因在于：（1）住房融资渠道过窄；（2）政策性住房金融体系不健全；（3）住房金融市场发育程度较低，抵押、担保、保险等中介机构发展滞后；（4）收入水平在中位线以下的居民获得商业贷款的比例很低，使用公积金贷款的份额也不够理想。

二、关于中低收入居民住房保障的基本架构

应深化住房制度改革，完善住房市场，健全政策体系，逐步形成适度、多样和梯次化的住房消费模式，有计划、有步骤地解决目前存在的问题，迎接未来城市化带来的更大挑战，实现城镇中低收入居民“人人有房住”的目标。

住房保障必须实行政府和市场有机结合的基本制度。对中低收入居民的住房保障，既需要政府积极作为，又需要市场良好运转；既需要投入一定数量的公共资源，又需要充分发挥商业化运作机构的作用，引导配置好巨大的市场资源。政府的住房保障政策应当成为一个体系，区分不同收入水平的人群，采取不同的工具和手段的组合。

城镇居民住房的市场细分和政策组合

家庭分组（100%）	承担机构	适用融资工具	配套体系
高收入和中等偏高收入（40%）	一般商业银行	商业贷款	商业担保、私营保险（PMI）
中等收入和中等偏低收入（30%～40%）	一般商业银行、专业金融机构	商业贷款、公积金贷款、贴息贷款	政策性担保、政策性按揭保险、政府土地税收优惠政策
低收入（10%～15%）	专业金融机构、政策性金融机构	公积金贷款、贴息贷款	经济适用房管理、政府优惠政策、政策性担保和保险
最低收入（10%～15%）	政府住房机构	廉租房、租金补贴、实物配租	公房管理、房屋租赁市场

收入处于高端的人群应当完全由市场提供服务。收入处于低端的人群则应给予廉租房待遇，如果这部分人也要通过市场来解决住房问题，那就会引发类似美国次级债的危机。中间的人群（占全部城镇人口的一半左右）需要而且适合通过政策支持下的市场机制来满足其住房消费需求。

我国累计享受过廉租房政策待遇的城镇居民不足30万户，占全部城镇家庭的比重只有0.15%，如果要把10%的家庭纳入这套保障体系，需要增加几十倍的投入。此外，经济适用房也需要投入数量可观的公共资源。因此，其他大多数中低收入居民的住房消费，主要还应由居民自己承担，通过金融方面的特殊安排来实现，即专门的融资和再融资机构，按揭担保及保险中介，辅之以财税和土地及市政方面的配套政策。

只有抓住住房投资和消费的关键环节，才能提高政府公共住房政策的准确性和有效性。政府必须理解并尊重市场自身的规律，找到适合的调节手段。例如，德国政府长期支持和鼓励专业的住房储蓄银行，给予其间接的优惠条件，使得绝大多数居民乐于长期积累并能获得低息贷款。美国政府则从20世纪30年代起设立了房利美公司（联邦住房抵押贷款协会），后来又建立起类似的房地美公司，这两家机构只为购买自住房且总房价不超过一定数额（原为15万美元，现为40万美元）的居民提供担保和再融资，这就从根本上保证了其支持对象是中低收入居民。

保障中低收入居民的住房消费，还需要改善若干一般性的条件和设施：

第一，采用各种经济手段调整住房供应结构，包括土地、规划、财政、税收、信贷、价格、环境等多种政策。

第二，大力发展和完善住房交易二级市场，缓解住房供应结构与中低收入居民的实际需要相脱节的矛盾。

第三，积极培育租赁市场。增强租赁市场信息透明度，规范住房租赁行为。对住房出租给予税收优惠，在一定时期内缓征、减征或免征所得税。

第四，适时开征物业税，以刺激业主出租房屋和抑制投机。

第五，加强政府监管，整顿和规范房地产市场秩序。完善全国性的房地产市场监管体系，设立专门机构负责监管房地产开发、物业管理、房屋出租及住房金融活动，保证依法合规和公平交易。

三、关于完善公共住房保障体系的具体措施

国务院最近颁布的文件，就建立健全廉租房制度、改进和规范经济适用房制度提出了明确的目标和要求，建议采取以下措施保证贯彻落实。

第一，搞好准入和退出机制，确保最困难的人群享受到公共住房福利。申请廉租房和经济适用房的居民，必须本人签字画押，承诺对所述情况完全负责，同时还要在社区和媒体公示。采取这两项措施后，就可以基本上杜绝弄虚作假的问题。

第二，设立类似香港房屋署那样的公共住房管理机构，专门负责实施廉租房和经济适用房制度。

第三，公共住房政策及其操作要公开透明、简单明了、易于监督。

第四，多渠道增加公共住房投入，扩大廉租房和经济适用房供应。除各级财政专项支出之外，还应动员社会各界捐助。

第五，在统一纳入经济适用房制度的前提下，搞好单位集资合作建房，这也是解决历史遗留的国有单位土地利用集约程度不高的一个有效办法。

第六，对各地的公共保障性住房供应必须设立最低要求。各城市在5年内必须达到新增住房中廉租房和经济适用房的比例不少于20%。

第七，启动沉淀的房改售房资金，全部用于困难职工的一次性补贴。房改售房款数额巨大，但闲置、挪用甚至流失的问题非常严重，应排除一切干扰，坚决将其按一次性补贴政策兑现给福利分房欠账的老职工。

第八，政府根据自身财力，通过租赁补贴、购房补贴、住房贷款贴息，对申请廉租房和购买经济适用房的困难家庭提供援助。

第九，对廉租房和经济适用房的开发建设实行特殊的信贷政策。例如，项目借贷可以不受35%的资本金比例等房地产开发信贷条件的限制。

四、关于改进中低收入居民住房金融服务的政策建议

建立起商业性与政策性相结合的住房融资模式和运作机制，形成多层次、广覆盖、可持续的住房金融服务体系。

（一）实行差别化住房信贷政策

1. 优先支持居民购买第一套住房。公积金贷款也应限制第二次贷款的规模、成数。

2. 设计针对中低收入家庭的多种住房信贷产品。借助政府优惠政策，适当降低中低收入居民住房贷款利率，最低至基准利率的70%，将贷款期限适当延长至35年，甚至40年。

3. 改进公积金单一低息政策，针对不同户型面积实行差别化的利率政策，二次以上贷款利率上浮。

（二）发展多样化的住房信贷机构

1. 建立以中低收入居民为主要服务对象的专业住房金融机构。为减少风险、积累经验，可以优先让有一定业务基础的商业银行试点，改革转型为住房信贷银行。

2. 鼓励和引导商业银行及多种金融机构积极开展住房信贷业务。为了提高市场的流动性和融资效率，分散和降低风险，这些机构的住房抵押贷款可以出售给其他大型商业银行、专业金融机构及投资机构。

3. 完善政策性住房信贷的组织架构。住房公积金的归集、投资管理和发放贷款应完全分开，由独立的机构承担，或委托其他金融机构承担。

（三）健全住房金融风险分担和转移体系

1. 组建住房按揭担保公司。公司作为分担和转移中低收入居民住房融资风险的载体，重点为中低收入居民住房贷款提供担保。公司设置可以起步就设立全国性机构，也可以考虑先在有条件的省市试点。公司实行市场化运作，同时以适当方式（资本结构、法人治理、财税政策等）注入一定的国家信用。鼓励有条件的国有金融机构（如资产管理公司）参与试点工作。

2. 设计和开发适合中国特点的住房按揭担保产品，对中低收入家庭作出优惠信贷政策安排。例如，专门面向中低收入居民提供常规贷款之外的加成按揭担保，购房首付比率可从20%降低到15%，甚至10%或5%，降低住房贷款准入门槛。

（四）拓宽住房金融融资渠道

1. 国家设立专门的住房再融资机构。借鉴发达国家经验，设立专门的住房再融资机构（抵押贷款协会或按揭证券公司）。可以给予其一定的政策支持（例如，财政核定一个借贷额度，中央银行承诺一定的流动性支持），但实行市场化运作，开展住房按揭证券化和结构化融资。

2. 发展“房屋融资租赁”。借鉴国际经验，发挥金融租赁在住房领域的融资支持作用。由金融租赁公司与政府住房保障机构合作，以房屋融资租赁的方式向中低收入家庭出租小户型住房，政府（或购房人）分期（如10年、15年或20年）支付租金，租期届满后取得房屋产权或部分产权。

3. 借助资本市场拓宽融资渠道。大力发展住房产业投资基金、住房债券、房地产投资信托等资本市场融资工具，引导保险基金、养老基金等长期机构投资者和稳定的个人投资者进入住房融资市场，吸引社会资金进入中低收入居民住房保障领域。

五、关于建设银行扩展住房金融服务的设想

住房金融业务一直是建设银行的特色和优势。努力为居民住房消费提供更好的金融服务是建设银行发展战略的一个重要支点。在国家政策指引下，建设银行愿意率先进行住房金融服务创新和综合试点，协助政府解决好中低收入居民住房困难问题。

（一）支持国家住房保障建设和居民住房消费

1. 支持国家廉租房和经济适用房建设。在风险可控的前提下，适度降低准入门槛，帮助政府解决保障住房建设周转资金来源不足的难题。

2. 支持中低收入居民住房消费。改进现有住房按揭产品，面向中低收入居民推出适合其特点的住房信贷产品组合。

（二）将中德住房储蓄银行重组、转型为专门从事综合性住房金融业务的银行

中德住房银行作为国内唯一一家专门从事住房储蓄信贷业务的银行，是在两国政府的积极支持下，由建设银行与德国施豪银行合资于2003年成立的。中德住房储蓄银行的改革创新已经纳入天津滨海新区的金融发展规划，得到了天津市政府的大力支持，我们双方都有信心探索出符合国情的面向中低收入居民的住房金融服务的成熟模式。

1. 加快中德住房银行改革重组。通过增资扩股来增强中德住房银行的资本实力，增加业务经营范围，将其转型为专业的住房信贷银行。

2. 实行特殊的住房信贷政策，先行先试中低收入居民住房金融产品。以商业化和市场化运作为基础，借助政府政策，为中低收入居民购买中

小户型、中低价位住房提供利率较低、期限较长、首付较低的信贷产品。

3. 争取将中德住房银行纳入国家完善住房金融体系的整体规划和框架。初期在天津市进行试点，适时、有步骤、分区域地向全国拓展。

（三）参与组建中外合资住房按揭担保公司，探索住房按揭风险分担和转移机制

1. 引进香港按揭证券公司（HKMC）在按揭保险业务方面的经验和技术，推进设立中外合资的住房按揭担保机构，主要面向中低收入居民提供住房融资担保，同时又能有效地防范风险，避免类似美国次贷危机。我行与该公司合作已进行可行性研究一年多时间，认为条件已基本具备。

2. 按揭担保公司与金融机构合作推出低首付住房信贷产品。为中低收入居民提供加成按揭担保专业服务，承担按揭贷款的80%或70%比例以上部分的信贷风险，降低中低收入居民购房首付比率，增加银行贷款成数，但不增加金融机构住房信贷风险。

3. 按揭担保公司实行政府支持下的公司化、市场化运作。条件成熟时，借鉴香港经验，批准按揭担保公司开发新的业务领域，如按揭证券化、消费信贷担保等。

（四）设立金融租赁公司，试点“房屋融资租赁”

通过已设立的或新设立的金融租赁公司，申请试点“房屋融资租赁”业务，探索由金融租赁公司搭建平台、与城市政府住房保障机构合作的“房屋融资租赁”模式。

（五）拓宽住房信贷资产转让流通渠道

在已有的住房抵押贷款证券化的基础上，进一步赋予建设银行结构化融资的自主权，允许建设银行与信托公司、公积金中心等金融机构探索相互之间的资产转让和交易途径，切实扩大支持中低收入居民住房消费的能力。

此外，建设银行愿意积极参与探索面向中低收入居民的其他多元化融资渠道建设，包括房地产投资信托产品（REITs）、开发项目债、房地产业投资基金和不动产证券化试点。

转变建设银行的发展方式还需要付出艰辛的努力

——在中国建设银行2008年工作会议上的讲话

郭树清

（2008年1月21日）

同志们：

2007年，建设银行认真学习贯彻党中央、国务院的方针政策，全面落实科学发展观，主动服从和服务于国家宏观调控大局，积极推进体制机制改革，业务转型取得了实质性突破，各项业绩均处于国内同业领先水平，成为我国现阶段综合竞争力最强的大型银行。

根据中央关于今年经济工作的总体要求，我行2008年工作概括起来，就是要学习和践行科学发展观，按照“以客户为中心，以市场为导向”的理念，进一步转变业务发展方式，全面提升核心竞争力，为国家、为股东创造出更大的价值。

一、实现战略转型是建设银行践行科学发展观的基本内容

自从三年前我们制定并下发业务发展战略纲要以来，全行上下团结一心，奋力拼搏，实现了重组上市的巨大成功，开启了业务发展和经营管理的历史新阶段。在纲要实施过程中，我们密切跟踪和认真研究不断变化的市场形势，不断深化对重大战略问题的认识。2006年我们启动了战略纲要修订工作，2007年董事会通过了新的战略纲要。新战略纲要对建设银行的市场定位、业务转

型、能力建设都提出了新的要求。正因为始终有正确的战略指导，建设银行的发展才取得了辉煌的成绩。2007 年可以说是一个史无前例的丰收之年。

——业务转型成效显著。2007 年全行公司、个人和资金业务的利润贡献度分别达到 55.9%、24.1%、20.0%，其中个人银行业务比 2006 年上升了 7.89 个百分点。公司业务中，小企业贷款异军突起，新增 565.6 亿元，比上年增长 56.3%。同时，综合化、国际化经营实现了新突破。

——资产负债管理效益最好。全行资产质量持续改善，2007 年不良贷款率为 2.60%，比 2006 年下降了 0.69 个百分点。2007 年净利息收益率（NIM）达到 3.18%，比其他大银行平均高出约 40 个基点，在国内同业中处于最好水平。

——信贷结构进一步优化。近年来，建设银行严格执行国家宏观调控政策，积极推进结构调整，基础设施贷款优势得到加强。2007 年 A 级及以上客户贷款余额占比比上年提高 3.31 个百分点，达到 90.41%。

——中间业务实现又好又快发展。2007 年，全行中间业务净收入比上年增长 127%，居四大银行首位，净手续费及佣金收入占经营收入比重从上年的 8.88% 提高到 14.03%，上升了 5.15 个百分点。

——盈利能力达到世界领先水平。2007 年，建设银行平均资产回报率为 1.15%，股东权益回报率为 19.50%，分别比上年提高 0.23 个和 4.50 个百分点，综合盈利能力保持国内领先，并且超过了英国《银行家》公布的 2006 年按一级资本排名前 25 家世界大银行 0.77% 和 16.55% 的算术平均水平。

我行改革发展的良好表现受到了市场和业界的充分肯定，外界评论，建设银行在国内银行综合实力排名中位居第一。2007 年，建设银行获得各种奖项 79 个，包括《环球金融》“中国最佳个人银行”、香港《财资》“最佳公司治理企业”、《亚洲风险》“中国最佳金融风险管理奖”等。同时，连续三次被中国红十字会评为“最具责任感企业”。

建设银行价值和形象的不断提升是全行员工辛勤劳动的结果，也充分体现了近年来以胡锦涛同志为总书记的党中央坚持以科学发展观统领全局，坚决推动金融改革和金融创新所取得的巨大成效，充分证明了国务院召开的全国金融工作会议的决策和部署是符合实际、完全正确的，充分印证了股份制改造是解决大型国有银行生存问题和实现可持续发展的根本路径。

当前，国际国内的经济金融形势正在发生深刻变革，银行业的内部竞争和外部风险正在加速发展。为进一步适应新的条件，增强贯彻落实科学发展观的自觉性和坚定性，我们必须结合建设银行实际，着力转变不适应、不符合科学发展观的思想观念，着力解决当前影响和制约科学发展的突出问题。全行上下必须增强忧患意识，清醒地看到存在的问题。

第一，综合业务能力仍然远远不能满足市场需求。根据世界经济论坛 2007—2008 年度全球竞争力报告，我国在 131 个国家（或经济体）中，综合竞争力排名第 34 位，但金融市场的成熟度却排名第 118 位，在各评价子项中最为落后，融资服务的可获得性是负面评价最高的因素。据世界银行的最新研究，中国拥有银行账户的家庭比例为 42%，大大低于发达国家 80% 以上的水平；中国微小企业获得贷款需要的天数在 40 天以上，但世界平均只要 10.69 天。现在城市银行网点还普遍存在排队现象，农村居民往往要到很远的城镇才能办理银行业务，微型企业、小企业的融资需求得不到满足，中低收入的家庭难以得到住房抵押贷款，如此等等。这些现象反映了金融服务总体供给的短缺。建设银行在国内同业中应当说是一家进步很快的大型银行，但是，面对市场的迅速成长，我们对客户需求的满足能力仍然非常不足，特别是我们的产品和服务手段常常捉襟见肘。

第二，营销体系难以适应市场环境的变化。我们处在一个经济社会全面加速转型的时期，而我们对产业、行业的研究分析还远远不够。目前深入进行客户研究的分析报告还很少，真正有分量、有独到见解、能够为市场营销提供支撑的报告更少。总体上说，我们缺乏客户数据分析能力、系统的主动销售能力，营销方式还比较陈旧。客户经理、网点、电子银行三个主要营销服务渠道均还存在较大的整合优化空间，渠道之间可以办理的业务不均衡。一些公司客户经理的营销方式仍然停留在主要依赖个人之间交朋友、拉关系的层面上，拿不出像样的、能满足企业需求的综合解决方案。即使是我们做得最大最好的住房抵押贷款，许多地方实际上主要还是靠开发贷、“大楼盘”，对零星客户、二手房抵押贷款做得很少。

第三，客户服务质量在很多方面还有缺憾。由于客户细分不够，服务渠道、服务手段和服务内容也没有区分不同对象，因而我们对高端客户的差别化、高品质服务上不去。对普通大众客户服务的标准化程度虽然有进步，但还是十分有限，专业化机构不足，专业化的产品和服务品种较少。我们提出“以客户为中心”已经三年，调整改进也确实做了不少，但时至今日仍然可以随处看到一些没有完全为客户着想的地方。例如，我们对个人业务的书面介绍里经常有印刷错误，甚至是编写错误，基金和理财产品的风险提示没有放在醒目的位置，网上银行签约后证书下载困难，电话银行经常接不通人工服务，等等，这些客户友好程度较低、不够人性化的问题可以说比比皆是。

第四，区域发展不均衡。业务增长“西高东低”的区域结构矛盾仍然没有得到有效解决。我们的中心城市行竞争力与排名第一的同业差距仍然较大，尤其是东部地区的中心城市行、特大城市行与之差距更大，在人均和点均产出方面我们都落后。以一般性存款为例，到2007年末，我们的中心城市行的市场占比落后排名第一的同业7.6个百分点，东部中心城市行、特大城市行则分别落后9.6个百分点和17.6个百分点。贷款和中间业务的情况好一些，但差距也不小。与此同时，我们在东部发达地区的强县强镇、中西部地区新兴城市都存在资源投入和服务能力不足的问题。在广大的农村地区，我们的服务能力更是薄弱。

第五，人力资本结构需要进一步优化。东部、中部、西部地区分行的人力资源投入与金融市场资源分布不匹配，其中东部9省市的金融资源占比为62%左右，中部10省占比为22%左右，西部12省市占比为16%左右，显然很不均衡；而我行在上述地区的员工人数占比大体上分别为47%、31%和22%。与同业相比，虽然我行员工学历水平与其他国有大银行相比不算最差，但与股份制银行相比，我行高等教育学历（大专及以上学历）人数比例明显偏低，平均受教育年限相差近1年。我行员工平均年龄38.6岁，与其他大型银行比较接近，但与中小股份制商业银行相比，要高出4岁左右。专业技术人才队伍素质不能完全满足业务发展需要，理财师、高级客户经理、高级IT人员严重短缺。

第六，信息技术系统支持跟不上经营转型的需要。近年来，我行信息技术虽然取得了一些进步，但总体仍然滞后，IT的“建”与“用”、开发与维护之间的矛盾比较突出；业务部门和信息技术部门之间的沟通协调还存在问题；系统功能整合不够，容量不足，稳定性有待提高；每年开发的项目数以百计，但普遍存在着赶进度、重数量、轻质量的问题；系统投入运行前缺少严格、充分的测试，尤其是客户体验测试几乎没有；自主开发力量弱，大量依赖外部公司，目前自主开发人员与外部开发人员之比为4∶6（而工商银行的比例是9∶1），总行的科技人员平均一个人要参与几个项目，一些核心系统的开发和维护也不得不严重依赖外部公司，有时出了问题连我们自己都说不清楚。这些矛盾和问题事关我们营运的稳定和安全，更会影响到我们未来的服务和创新能力。

总体来看，通过三年的发展，我们的进步很大，战略转型迈出了坚实的步伐，自身形成了一定的优势和特色，下一步发展有了一个很好的起点。面对骄人的财务指标和改革实绩，我们完全有理由感到由衷的自豪，但是，看一看存在的问题和周围的环境，我们确实不能有任何的麻痹和松懈。

行百里者半九十，我们离过半还有很大差距。应该看到，我们基本上还没有改变主要依赖粗放式发展的模式，基本上没有改变主要靠人海战术、大路货产品开拓业务的格局，基本上没有改变主要靠给大企业和大项目放贷款、靠在金融市场上大买大卖“吃利差”获取利润的格局，基本上没有改变靠中西部分行争第一保全行市场份额第二位的格局，也基本上没有改变单一本土银行、海外网络远没有成型的格局。

业务发展的战略转型是建设银行从根本上应对市场竞争、提高发展质量的要求。时移则世异，世异则备变。在经营环境日益复杂多变的情况下，我们能否保持发展、能否做到科学发展，核心问题就是战略转型的成败。在十七大以后党委组织的集中学习期间，大家已经深入讨论了这个问题，在这次会议上还要把这个问题当做中心来讨论。我们必须充分认识战略转型的艰巨性、紧迫性，在这个问题上，绝不可掉以轻心，绝不能慢条斯理，绝不可敷衍了事。

战略转型是一项系统工程，涉及银行的诸多

软硬件因素，然而最核心最要害的是我们的思想和理念，是我们的文化。同样的设施、同样的系统、同样的产品、同样的资源，厦门市分行在当地33家银行中稳占了30%以上的市场份额，24项银行业务中有23项名列第一。靠什么？靠的就是“以客户为中心”理念的落实。只要每个员工心中有客户，真正把客户放在第一位，服务中即使有产品不新、系统不先进的问题，甚至还有电话接通率低、网点排队时间长的问题，客户也能理解，而且愿意把建设银行当做自己的银行、自己的家来关心和支持，愿意提出建议并帮助我们相应地进行改进弥补。“以客户为中心”，说到底就是要研究客户关切，站在客户的立场去体验和思考，这方面我们还有很多工作要做。

全行必须不断深化对“以客户为中心”经营理念的理解，切实推动战略转型工作的深入开展，使粗放式的业务扩张彻底转变为经营上的精耕细作，尽早改变目前我们的收入过分依赖批发业务、利息收入、传统产品和国内市场的现状，从根本上解决盈利模式脆弱、发展后劲不足、国际竞争力不强的问题。

二、转变发展方式的关键在于深化内部改革

2005年，我们正式提出“以客户为中心”的指导思想，强调转变经营机制。三年来，建设银行各项改革稳步推进，特别是在刚刚过去的2007年，我们的改革取得了更大的成果。

——初步建立起符合现代银行制度要求的公司治理结构，股东大会、董事会、高管层和监事会各司其职，各尽其责，决策、执行和监督能力不断增强，公司透明度和市场美誉度稳步提高。

——对经营管理体制进行调整，并积累了宝贵经验。在层级管理和垂直管理相结合的矩阵式组织架构下，推进扁平化改革，对调整经营重心和集中利润中心进行探索，推行了信用卡和资产保全业务单元制，个别分行进行了个人业务和公司业务事业部制试点。

——集约管理能力大大增强。加快了中心城市行网点管理、财务会计、档案、计算机管理、党政工团的“大集中”。网点现金集中配送覆盖率达95%。2007年末全行金库849座，比年初减少138座，人员减少3 341人。

——流程银行建设取得良好开端。尤其是柜面流程优化成效突出，2006年确定的60个前后台分离项目，已完成49个，就分离和集中的工作量而言，完成50%左右。

——零售网点转型成绩显著。已完成零售网点转型5 266个，约占全部网点的40%。其中1 000家已经通过验收的转型网点，日均产品销售量为69笔，比转型前增长115%，客户平均等候时间为9.7分钟，比转型前减少4分钟。

——风险收益平衡能力得到巩固提高。风险条线的垂直管理和平行作业得到不断完善，开始对部分行业实行限额管理。审计管理体制得到理顺并加强。

——激励约束机制进一步完善。在完善内部转移价格和成本核算工具的基础上，持续改进了经济增加值考核体系，启动了员工股权激励计划、一线员工薪酬直接挂钩产品销售和工作实绩的分配政策。

我们反复强调，客户服务水平和风险控制能力是衡量改革成效的两个最重要的标准。尽管改革取得了很大成绩，但我们在体制机制和内部政策诸方面仍然存在着不少的问题，仍然不能很好地适应客户和市场的需要，仍然存在着很大的改善空间。

突出的表现是公司业务转型滞后。大型公司业务集中不够，很多大客户经营重心还在二级及以下分支行；公司业务网点基本上没有转型，很多公司业务的窗口还是“高柜”，装着防弹玻璃；大量的业务处理没有向后台转移，前台会计人员仍然较多；许多分支行绩效考核上存在着苦乐不均和“吃大户”的现象。北京市分行作了一个调查，网点人员平均每人每年完成交易3.2万笔，但是最高的有5.2万笔，最低的只有2.2万笔，中间差了3万笔。而完成交易最低的并不是在金融资源相对贫乏的郊县，而是在市区。一个支行由于有一两个大客户，所有的人收入水平都很高，因而大家根本没有动力再去下苦工夫发展零售业务。

个人业务转型虽相对较快，但是个贷中心、小企业中心、财富中心等专业化机构建设还远远不够，专业人员配备不足。专业机构建立起来后，与传统网点在利益考核上出现了一些新的矛盾。客户数据分析、客户体验检测、主动呼出服务和解决问题中心建设尚未走上轨道。

风险管理能力不足，主要体现在管理理念和技术未能与时俱进。例如，我们的信贷审批体制

为我行规范管理、提高信贷质量作出了贡献，但市场在不断变化，单纯靠审批来控制风险远远不够。此外，在行业研究、真正了解客户、明晰风险偏好等方面也做得很不够。

全行人力资源结构调整虽已经初见成效，但还存在许多问题。截至2007年底，我行前台人员20.9万人，占61%。这个比例看似不低，但其中包括了部分行政管理人员和柜台会计人员，直接面向客户、以提供销售服务为主的人员并没有那么多。中后台人员10.7万人，占31%，比例仍然偏高。另有其他不在岗人员2.6万人，占8%。

上述问题的根源是我们的体制机制改革仍然没有完全到位。温家宝总理在中央经济工作会议上指出，已改制上市的国有银行要进一步提升公司治理水平，推进业务流程和管理架构的改造，加快分支行改革进程，加强内部控制和风险管理。具体到建设银行来说，今年务必要抓好以下八个方面。

（一）完善公司治理

进一步理顺股东大会、董事会、高管层和监事会的职责分工和相互关系。切实保证所有股东通过股东大会在法律和公司章程约定的权限范围内行使权利；所有股东享有获取信息的平等权利；董事会在公司章程和股东大会授权的范围内独立地承担公司决策职责，并承担相应的法律责任；每位董事应代表所有股东的利益履职尽责，独立作出决策判断，履行保密义务，承担法律责任；经营管理层要在董事会授权的范围内行使经营管理权，提高执行力；监事会要进一步加强和改进工作，切实履行监督职责。

建设银行公司架构的设立已有四个年头，根据已有实践，需要特别注意处理好审慎决策和提高效率的关系，在法规范围内加强沟通和交流，努力改变因过度制衡导致的决策低效状况，确保在瞬息万变的市场中赢得先机。需要特别注意处理好控股股东与其他股东的关系、保持信息公开透明与保守商业秘密的关系、独立董事与股权董事的关系。

（二）继续推进专业化经营

今年首先要争取做到把公司业务（包括机构业务）与零售业务的条线完整地建立起来，不要再混在一起核算、考核、分配。现有办理公司业务的网点一部分要纳入零售业务条线，以办理个人和小企业业务为主，可以根据需要保留部分公司结算、现金支付、代发工资等服务；另一部分组建公司客户商务中心（Commercial Center），专门为大中型公司和机构客户提供服务。公司业务团队和零售业务团队在客户维护、市场营销等方面应紧密配合、协同动作，但管理体系上必须完全分开。一些分行已经在这方面做了许多有益的探索，如宁夏回族自治区分行、吉林省分行、深圳市分行、厦门市分行等。大家的实践各有千秋，也有需要改进的地方，但基本方向是值得肯定的。

要继续积极稳步推进零售网点转型，按期完成工作计划。有条件的地方可以探索设立存款服务中心，借鉴美国银行的成功经验，成立专门处理转账、汇款、缴费、挂失及买卖存款替代产品等业务的团队，分流柜台压力。进一步加大小企业经营中心、个贷中心的建设力度，积极探索“信贷工厂”经营方式，形成标准化、流水线的信贷业务运作模式，以提高实际交易量为重点加快信用卡业务发展。

对具有独立经营性质的总行内设部门，如投资托管服务部、金融市场部、投资银行部、集团客户部、企业年金中心等，要研究独立核算和自主经营的具体方案，并给予相应的政策支持。

财富中心目前已经设立80家，发展势头很好，未来建设的力度还要加大。财富中心的自立自强取决于能否提供满足高端客户个性化需要的投资理财产品、综合解决方案及特殊增值服务，这也就是私人银行业务与普通零售银行业务的区别之所在。我们必须朝这个方向努力，但在目前阶段上还要采取过渡的管理方式，要处理好财富中心和零售网点的关系，探索建立灵活的考核制度，调动两个方面的积极性。

（三）加快业务流程再造

近两年，我们系统地梳理了业务流程，全行已开展流程优化项目共计375个，其中部分已取得阶段性成果，今年务必毫不动摇地抓好落实。与此同时，还要分析研究找出新的流程优化项目。最近有关部门组织专家论证后得出结论：非实时性业务分离基本完成之后，继续分离部分实时性业务以及实现部分后台业务的跨区域集中在技术上是可行的，在战略上更是必要的。

公司业务会计服务的调整和集中应当成为流程再造的重点之一。要继续把从前台分离出来的业务处理项目转移到中后台集中处理。在此基础上要研究考虑把已经实现同城集中的中后台事项进一步向区域集中，更多地释放出富余的中后台人员。可以考虑选择几个基础设施较好、人力资源相对充足的中心城市（尤其是中西部地区的中心城市），成立区域营运服务中心，集中处理对专业知识和技能要求相对单一、操作流程及信息流高度标准化的业务，如账务处理、档案管理、会计稽核、数据分析、欠款催收等。

目前部分分行已开始将操作程序化、简单化、风险可控的后台业务进行外包，包括ATM清机、加钞，个人不良贷款催收，等等。实践中要注意防范外包风险，禁止核心业务、核心流程外包，保证信息安全。要探索以外包的思路搞“内包”，将东部人员紧缺分行的一部分中后台业务转移到人力资源相对充足的中西部分行。

流程再造是一个持续的过程。全行员工要把流程优化、改进和创新行动与日常业务经营管理结合起来，加强实践和应用，通过长期持续的努力，实现业务流程与客户需求的匹配。

（四）建立和完善新的客户服务平台

一是电话银行服务平台。目前，我行电话银行与整个业务发展相比还是比较薄弱，虽然已经可以办理账户查询、转账交易、基金买卖等9项业务，但功能还不强，客户对我们的服务了解不多，同时交易限额相对较低、可进入性差、解决问题能力不足等也限制了电话银行的使用。从境外银行的经验来看，电话银行的作用更多地体现在营销服务（包括销售呼出和产品市场调研）、解决问题等方面。以渣打银行为例，通过电话银行完成的交易占全部交易的27%。未来客户对电话银行服务的了解和掌握程度肯定会大幅提升，因此，要加快95533区域客户服务中心建设，增加呼出业务，同时配备公司、零售、法律等各条线的业务专家，使电话银行成为营销服务中心和解决问题中心。呼叫中心的发展步伐一定要与业务量的增长相一致，并在此前提下适当超前。新建的呼叫中心要全面借鉴国际先进银行的经验，在硬件和软件两方面都要达到一流水平。

二是对公司集团客户服务的现金管理服务平台。我们的重客系统在最初推出时非常有竞争力，客户认同度也很高，但由于未能适时恰当地进行升级换代，其他银行的有些类似产品已超过我行。从我们一开始与美国银行合作，就强调要引进美国银行的GTS，但是，这个合作项目进展得很不理想，主要原因是建设银行组织的团队都是从各个部门临时抽调的人员，甚至每次会谈来的都不是同一个人。必须下决心抓紧推进GTS的建设，进一步完善重客系统和企业网银，打造面向大客户的新的交易服务平台，推出有竞争力的综合解决方案。此外，还需要尽快明确新的组织架构。

三是网上银行或电子商务平台。我们的网上银行经过升级后，功能和操作性都有了显著改善，但与国内外先进水平相比还有较大的差距。今后要进一步扩展网上银行和门户网站功能，提高网上银行使用的安全性、便捷性。在网点建立有效的引导机制，促使大量的目前在网点办理的业务向网上银行和自助银行转移。

（五）加快机构扁平化改革

城市分行内部的管理层级必须压缩到两级或两级半。所谓两级半，即在分行与零售网点之间，允许有一个精干的区域性管理团队。除专业化的经营实体外，城市分行以下的机构不再硬性考核利润，特大城市行允许有一年时间的过渡。这项工作不能再拖延，必须作出明确的部署。

大城市和特大城市可以分步减少城区综合型支行的数量，有条件的支行可直接转为专业、专注的机构或团队，同时把大量操作性、重复性工作从基层集中到后台业务处理中心。城区综合型支行的数量可以根据管理内容、城市特点和客户习惯的不同而有所差异，但总体设置要实现规模经济，业务量必须达到一定规模。保留的综合型支行必须抓好内部改革，管理人员要精干、内设机构要简单、经营管理方式要实现根本转型。

大型客户业务经营重心上移要加快实施，各地要制订出明确的实施方案和时间表。对地区性大客户的服务要由省市分行直接组织实施，总部在北京的全国性特大客户要由总行直接组织实施。各分支行可根据自身历史特点从客户类型、客户层次、业务性质等维度进行专业化分工，避免内部无序竞争。大客户经营重心上移后，基层分支机构要继续做好对他们的普通银行服务。

改革过程中要做好人员的配套调整。要重点鼓励分流出来的人员充实到专业化经营机构、一线网点、呼叫中心及各种中后台业务处理中心，去从事营销和客户服务工作。例如，湖北省分行把武汉城区原来的12个综合型支行整合为5个以后，支行机关从事日常管理工作人员减少了322人，通过竞聘或优化组合分别充实到经营部门、网点一线及个贷中心，有效地解决了人员分流问题。我们还有大量的工作没人做，商业银行的客户服务和市场营销事情很多，搞综合化经营后，事情就更多了，关键在于培训和激励要到位。

（六）完善风险管理体制改革

进一步完善垂直管理体制，加强对风险总监、风险主管的考核和管理。今年要认真总结风险管理体制和审计管理体制改革以来的经验教训，把存在的问题梳理出来，认真加以研究解决。同时，风险总监的人员配置也要进行适当的调整、充实。

进一步贴近市场需求，优化平行作业流程，提高风险管理效果和流程效率。积极推动一级分行所在城市行风险条线集中管理，整合风险管理资源，提高风险管理效率。基层行的风险管控，人要少而精，真正发挥作用，不要搞一堆官僚机构。

要抓紧建立我行风险偏好形成机制和管理体系，完善以风险调整收益率（RAROC）为核心的风险管理绩效评价，细化风险管理政策底线，推进行业风险限额管理。

要加强行业研究，这个问题要和机构改革结合起来考虑。目前首先可以做到的是，挑选若干最重要的行业或产品，建立多部门协作的研究团队。同时，要尽快在内部网站上设立专题论坛，集中全行33万员工的聪明才智，针对各项业务涉及的主要行业，区分不同主题，进行研究讨论、情况交流，使知识和经验为全行所共享。

2008年是实施《巴塞尔新资本协议》的关键之年，全行上下要高度重视，以实施《巴塞尔新资本协议》为契机推进全面风险管理体系建设，争取早日建成一个符合实际、富有特色且在国内、国际都能居于领先水平的风险管理模式。

（七）深入推进激励约束机制改革

近些年，人力资源改革做了很多工作，也取得了了不起的成绩，但是，传统的用人制度、用工制度依然根深蒂固，最突出的表现是“官本位”还没有真正打破。大家还是挤在管理职务这一“独木桥”上，专业技术人员的发展渠道和激励制度还没有完全建立。员工薪酬分配也存在激励不当与激励不足并存的问题。

要建立健全人力资源管理授权机制，赋予业务经营部门（包括各中心）更大的自主权，如制定有针对性的内部等级体系、招聘引进人才、选拔聘任干部等。进一步健全人才流动机制，促进各类人才在行内的优化配置。

建立完善专业技术人才的晋升通道和激励机制，招聘、选拔、考核、评价要制度化。逐步根据绩效贡献和市场价格确定专业技术人才的薪酬待遇。对客户经理、资金交易、投资银行、资产管理等营销交易类岗位人员，收入要更多地与业绩直接挂钩。对关键岗位和核心人才，收入水平要与主要竞争对手保持一定的竞争力。

要适度提高基层机构的固化薪酬占比，使分行的总体薪酬水平与所在地的就业市场状况和生活费用水平相适应。收入分配要继续向基层和一线倾斜。建立以岗位为基础的激励体系，鼓励中后台人员走向前台、机关冗余人员充实到营业机构。这方面要克服畏难情绪，创新工作思路。事实证明，有的员工转岗后可以取得非常优异的成绩。

（八）完善产品创新机制

近两年，我行的产品创新工作取得了一些进展，2007年共完成创新和改进199项。但仍存在许多不足，如完整的产品线没有建立起来、产品经理队伍力量薄弱、产品创新职责不清、产品核算和激励机制缺乏等。

要学习借鉴世界先进银行的经验，建立科学的产品创新流程，并运用到实际产品开发中去。加强现有产品生命周期、竞争力、贡献度的评估和分析，完善产品创新规划，逐步建立起一年到三年的新产品储备。

明确产品研发、销售、渠道、支持部门的职责，不断完善激励约束机制。重点解决产品效益核算问题，由粗到细逐步深化。要加强创新管理，积极鼓励基层员工参与创新，对于创新取得显著效益的，要对有关人员进行特别奖励。

要加强专业化产品队伍建设。赋予产品经理在产品战略制定、营销组织、产品改进完善及产品定价等方面的职责，并对产品的绩效负责。目前，我们的产品经理队伍与客户经理、风险经理队伍比较起来更加薄弱，要拿出切实可行的措施来。

三、推进信贷结构调整是转变发展方式的决定性战役

结构调整是“十一五”时期我国国民经济发展的主线。当前宏观调控的政策导向已经非常清晰，国家正在研究出台一系列新的更加有效的调控措施。我们要主动顺应国民经济结构调整的大

方向，优化信贷资源配置，通过结构调整熨平经济波动的风险。

能不能实现信贷结构调整，在客户退出上迈出实质性步伐，是对各分行能否转变发展方式的重要考验。我们不能一边讲转变发展方式、讲科学发展，一边还在向需要调整的行业和客户发放贷款。

近年来，我们在信贷结构调整方面已经做了很多工作，采取了一系列的措施，并取得了积极成效。经济资本、行业限额、名单制管理都是我行管理创新的重要成果。2007 年，我行信贷结构进一步优化，基础设施贷款、个人住房贷款新增占比 73.98%，比 2006 年上升了 7.25 个百分点。房地产开发贷款增长得到了有效控制。

但是，目前存在的问题仍然比较严峻，信贷结构调整压力很大。一是行业结构不合理。制造业贷款居高不下，2007 年底占全部公司类非贴现贷款的 25.27%，不良率为 4.12%。再如批发零售业，贷款余额占全部公司类非贴现贷款的 4.9%，不良额却占 10.47%，不良率达 6.76%。二是贷款投向分散。按照国标分类有 396 个行业种类，2007 年末我行有贷款余额的有 375 个，2007 年新发放有余额的也有 368 个。对于这几百个行业是否都能很熟悉，我看很困难，实际上也没有必要。我们完全可以从那些不擅长的行业中退出来，专注于我们有优势的领域。三是执行结构调整政策不坚决。2007 年有 26 个分行新增流动资金贷款超过年初计划，对于总行明文要求压缩回收和总量不得增加的行业，仍有部分出现较多贷款增长；一些从战略上需要退出的行业和客户，由于局部利益、眼前利益的原因没有及时退出。

全行必须进一步统一对结构调整必要性的认识。现在各方面都反映人员紧张，其实结构调整也是解决人员紧张的方法之一。有些行业退出了，也就相应减少了工作量。结构调整不能仅限于一般性的号召，该退出的，要坚决退出，要有“壮士断腕”的决心，要敢于付出一定的代价。我们的政策必须是坚决的，但也是稳健的，而且还应是系统周全的。对国家政策限制的行业、预期亏损的行业、非我行特长的行业，一定要逐步退出来。同时，调整也要有地区差别政策、特大型企业的特殊政策及小企业的独立处理政策。总行正在研究具体的操作方案。

结构调整涉及客户关系维护，涉及内部利益格局的变化，在实施过程中要处理好几个关系。一是当前利益和长远利益的关系。结构调整要着眼于长远，特别是要抓住当前经济处于高位运行、企业基本面还不错的有利时机，抓紧退出部分资产质量较差的行业和客户。二是局部利益和整体利益的关系。要通过绩效考核机制的调整，引导分行主动进行信贷结构调整。三是主动退出和被动处置的关系。事后的被动处置损失往往很大。对于准备退出的客户，即使客户能正常还本付息，也要及早采取果断措施。四是增量和存量的关系。存量调整是关键，全行要切实用好回收再贷资源，总行原则上不再与分行讨论增加贷款规模的问题。

还有一个方面更需要单独说明的是审慎务实与大胆创新的关系。结构调整不是消极收缩，更不是全面撤退，在风险可控的前提下，还要有选择地进入一些新领域。例如，资本市场和商品市场服务、社会保障基金管理、中低收入居民住房供应、正在兴起的环保产业（包括初露端倪的清洁能源及碳交易机制），都应该成为我们关注和研究的重点。在服务“三农”、机构业务、新兴的第三产业方面，我们都希望能不断见到业务创新的成果。就像新疆维吾尔自治区分行的兵团农户贷款、辽宁省分行的农用车贷款、浙江省分行对阿里巴巴的网上信贷一样。只要基层行能拿出科学的、有创意的、能够控制风险点的方案，总行就应当鼓励，并在实践中分步试验，及时总结完善。

实施结构调整，制定进入退出标准应遵循几个原则。一是看贷款不良率高低和存量大小。二是看行业的成熟度和成长性。三是看我们的熟悉和了解把握程度。四是看有没有专门的人才和相应的风险管理技术。有一些行业，尽管在一般人看来风险较高，但我们有专门的人才，风险管理到位，收益仍然能够覆盖风险，还是可以介入的。

按照这些原则，结构调整的主要方向是在产业结构中，总体上减少对第二产业的投入，增加对第一产业和第三产业的投入。要压缩一般制造业贷款，因为从总体来看，我行在制造业领域没有优势，制造业本身受经济周期的影响也比较大。对第一产业、第三产业也要区分具体行业情况，主要是加大对我们熟悉和具备能力优势的行业的投入。例如，同是服务业，我们对交通、通信、金融机构等行业就比较了解，而对批发、零售、餐饮、住宿、娱乐业的熟悉程度就远远不够，不良率也高。

在客户结构中，要增加个人、机构的比重，降低公司客户的比重。个人住房贷款受经济波动的影响相对较小。在新的大楼盘不多的情况下，个人住房贷款的市场重心势必要转到二手房上，因此我们要积极关注二手房，这个市场潜力很大。对二手房贷款的风险特征和管理措施，我们要主动进行研究，尤其必须防范中介机构带来的风险隐患。

在公司客户中，提高小企业的比重，降低大中企业的比重。小企业业务对行业不作统一限制，主要是要了解企业主个人信誉，落实资产抵押。比方说，批发零售业公司类贷款不良率很高，但是有些小企业就做得很好，像深圳电子市场、浙江义乌小商品批发市场等，都可以从中挑选出好的客户来做。在客户等级上，要提高优质客户比重，压缩一般客户贷款。

在贷款与非贷款融资方式上，尽可能降低贷款方式比重，提高非贷款融资的比重。维护客户关系的方式很多，不仅仅是靠贷款，还要鼓励发展贷款替代性的业务或者创新产品。比方说，作为贷款的替代，可以大力发展那些不需要银行担保的企业债、IPO、信托理财、租赁等业务，既能满足客户的融资需求、维护客户关系，同时也能增加中间业务收入。2007 年信贷资产类理财产品销售了 456 亿元，今年争取要做到 600 亿元或者更多。

在贷款类型上，多放基础设施贷款，少放流动资金贷款。基础设施项目具有收益长期、稳定的特点，也是我行的传统优势领域，人才储备较为丰富，评估力量强。工程造价、监理等相关机构、人员也可以参与进来，有效提高综合收益、控制项目风险。流动资金贷款总体比例一定要降下来，需要保留的要明确支持重点，主要用于满足优质基础设施项目配套资金的需要，满足能够带来交叉销售、取得较大综合收益的优质客户的需要。对于短贷长用、只有单一流贷需求、综合收益不高及信用等级较低的客户，要坚决退出。一部分压缩的流动资金贷款可以用于票据贴现业务，因为票据业务风险更可控，收益也比较好。

四、转变发展方式要靠增强领导力和执行力来保障

战略转型和内部改革的深入推进要以高效的领导力和执行力作为坚强保障。各级领导干部和全行员工对转变发展方式的理解程度、执行力度，直接决定了我们转型和改革的成败。随着战略转型和各项改革引向深入，必然涉及各种利益关系和利益格局的调整，也可能会出现这样或那样的新情况、新问题，这都需要我们通过加强党的建设和企业文化建设，通过提高干部员工队伍素质来加以解决。

一是加强领导班子建设。关键是要增强领导班子执行党的路线、方针、政策的自觉性，提高领导干部的开拓进取意识和改革创新能力。建设银行在过去 30 年时间里，一直走在金融改革开放的前列，我们之所以有今天的成绩，最重要的原因就在于始终不渝地坚持改革。在今后深化改革的过程中，我们依然要力争走在前头。因此，是否具有改革创新精神，是衡量一个领导班子和领导干部是否称职的主要标准。特别是“一把手”，需要有开阔的眼界、宽广的胸怀、专业的知识和果敢的魄力，要善于沟通、协调，能够容得下人，要有强烈的感召力、凝聚力。

提高水平和能力没有别的办法，主要是靠努力学习、解放思想、大胆实践、勇于创新。我们要按照十七大对建设学习型政党的要求，建设学习型党委和学习型团队。2007 年，总行党委中心组集中学习 20 次，涉及政治、经济、金融、法律、历史、管理诸多内容，学习效果不错。2008 年要继续组织集中学习。2007 年一级分行和二级分行也抓了不少促学习的工作，今年要继续做好。总行、分行的同志，都需要加强学习，而且要体现在各项经营管理工作之中。

二是切实改进作风。大家要认真对照胡锦涛总书记提出的八个方面良好风气的要求，深入查找自身在思想作风、学风、工作作风、领导作风、生活作风方面存在的不足和问题。针对群众反映和民主生活会上查找出的问题，要以求真务实的精神制订整改方案，落实整改措施。各级党委要把密切联系群众放在重要位置，深入基层调查研究，倾听群众的呼声，多干实事，少说空话，通过言传身教去带动、影响群体的执行力。总行刚刚颁布了“客户接待日”办法，对新一年的客户服务工作提出了新要求。与客户建立经常性的双向交流制度，是国际先进银行的普遍做法，我们一定要坚持下去，切实提升核心竞争力。各级党委和行领导要认真对待、严格落实这项制度，坚

持不懈地做下去。要加强党风廉政建设，尤其是领导干部，必须时刻保持清醒的头脑，以身作则，防微杜渐，严禁商业经营中的不正当交易行为。要严格执行民主集中制，坚持重大问题领导班子集体讨论决定。关于反腐倡廉工作，节后还要专门召开会议，另行研究部署。

三是继续强化统一法人意识，严格制度执行。没有规矩，不成方圆。规范、有效的管理不仅是银行生存发展的关键，也是金融业安全、高效、稳健运行的前提和基础。银行是一个特殊的风险行业，必须从严要求，以非常审慎、严密的制度进行管理，经常反复强调铁的纪律、铁的规章。各级分支机构在业务经营中都要时刻牢记建设银行是一个统一整体，每一个机构都代表建设银行，都应该认真履行总行赋予的职责，不折不扣地执行总行的政策和制度，不能搞本位主义，更不能搞“上有政策、下有对策”。如果全行上下都能够做到目标明确、职责清楚、执行有力，那我们的战斗力和竞争力就会大大增强。

四是积极推进企业文化建设。文化是“软实力”，是企业的灵魂，是核心竞争力的重要组成部分。全行要积极培育与现代商业银行要求相适应的具有建设银行特色的核心价值观，使全行员工认知、认同和自觉实践建设银行文化，以先进的文化规范行为、凝聚人心、鼓舞士气、吸引人才。新的一年，要重点推进“以客户为中心”的服务文化建设和风险合规文化建设，加强建设银行文化要素、行为规范的宣传和培训工作。要紧紧围绕全行发展战略和中心工作，大力加强公共关系和新闻宣传。继续探索和积极履行社会责任，通过主动与各利益相关方，尤其是我们过去比较忽视的社区、商业伙伴、竞争对手，包括生态环境及相关机构和人群，建立起更和谐、更融洽的关系，从而有效地提升建设银行形象，提高市场竞争力。要高度重视品牌建设。有关方面的研究表明，建设银行品牌落后于数家同业，这与我们的实力很不相称，要花大力气迎头赶上。要抓住奥运会等热点时段，提早准备、精心策划，开展阶段性专题营销，提升企业形象，扩大我行的影响。

五是从战略高度重视和加强人才培养与队伍建设。建设银行的发展最终还是取决于员工队伍整体素质的提高。在干部队伍建设方面，要把党管干部原则与经营管理者依法行使用人权结合起来，把组织考核推荐与引入市场竞争机制结合起来，不拘一格选用人才，把那些政治上靠得住、工作上有能力、作风上过得硬的干部选拔到各级领导岗位上来。2007 年，经过各部门、各分行认真推荐，全行建立了核心人才队伍，包括海外机构内派员工后备人才库也建立起来了，目前有些员工已经开始参与到海外机构的工作中。2008 年，要继续加强这方面的工作，要加大核心人才的交流力度，可以安排到关键岗位或参加重点项目，增长经验和能力。同时，要加强绩效考核，进行跟踪评价。

做好各类员工的职业生涯规划，培养职业经理人意识，培育良好的职业操守，尤其是要加强专业人才队伍的职业生涯规划工作，使大批专业人才能够迅速成长起来。在加强人才内部培养的同时，对那些认同建设银行文化、真正高水平的专业人才，要积极从外部招聘引进。要关心专业人才队伍的思想和生活，积极帮助解决他们在工作中遇到的困难和问题。大力推进岗位标准管理体系建设，根据新《劳动合同法》修改完善用工管理制度，和谐劳动关系。各分行要分期、分批将那些在银行主营业务岗位上的派遣制员工转为合同工，这是国家法律规定的，没有讨价还价的余地，而且有助于调动员工的积极性，必须认真研究、妥善做好。

重视和加强员工培训工作，这方面要舍得投入、舍得花钱。培训仍然是我们解决人才不足的最主要的途径，而且也是人才激励、员工激励最主要的途径。2007 年全行共投入培训经费 2.7 亿元，培训 43 万人次，总计 116 万人天。这个钱花得确实很值，而且应该说花得也不多。今年要继续努力，把这方面的钱用得更多一些、更好一些。我们要紧跟业务发展和战略转型的新要求，加快建立标准化培训课程体系，提高培训效果。要大力借鉴国际先进银行的经验，运用新入职计划、领导力模型等工具和手段，创新人才培训的方式方法，提高培训的有效性。例如，在培训时间上，要努力使短期的培训和中长期的培训结合起来，要重视对基层员工的培训。境外培训在节约的前提下要加大力度，要向一线业务骨干倾斜，如可以尝试选拔人才到我们境外合作伙伴那里进行实习的培训方式。

提高领导力和执行力，归根结底要靠贯彻以人为本的思想，调动全行员工的积极性和主动性。我们有许多指标，最关键的还是客户满意度和员工满意度这两项指标，这是检验我们的发展是否全面协调可持续的基本尺度，也是银行贯彻落实十七大精神践行科学发展观的根本性标志。衷心希望在新的一年里，各分行、各部门的客户满意度和员工满意度都有实质性提高！

总的来看，2007年我们交了一份出色的答卷，但转变建设银行的发展方式还需要付出艰辛的努力。两年前我们提出一个响亮的口号：三年建成国内一流的零售银行和国内一流的批发银行。今年是决定性的第三个年头，我相信大家都没有忘记这个口号，而且更相信大家都有足够的决心和勇气，一定能按时实现这个目标。

加强反腐倡廉建设 促进建设银行科学发展

——在中国建设银行纪检监察工作会议上的讲话

郭树清

（2008年2月21日）

同志们：

纪检监察工作是全行内控管理的重要组成部分。今年我们选择在太原召开纪检监察工作会议，有着特殊的意义。大家知道，山西是我国近代金融业的发祥地，“山西票号”不但开启了我国近代金融的先河，而且以信誉卓著、内控严密著称，其经营模式、治理结构、信用机制、内控体系，即使从今天现代金融企业管理的角度看，仍然有许多值得借鉴和发扬的地方。作为在境内外上市、追求国际一流的世界级大银行，我们既要学习借鉴国外银行的先进管理经验，也要继承发扬我们祖先留下的优秀文化遗产。只有把我们经营管理的根扎深、扎广、扎牢，才能保证建设银行枝繁叶茂、基业长青。

纪检监察部门的主要任务是协助党委搞好反腐倡廉建设。借这次会议召开之机，我代表总行党委，就切实加强建设银行的反腐倡廉建设提出几点意见。

一、充分认识反腐倡廉作为党的一项基础性建设的重要意义

加强反腐倡廉建设是党中央作出的重大决策。党的十七大提出，要加强党的思想建设、组织建设、作风建设、制度建设和反腐倡廉建设，第一次将反腐倡廉建设作为党的建设的一项基本任务，使党建理论体系形成了“五大建设”支柱，这既体现了我们党对加强自身建设的认识更加全面，又体现了新一届中央领导集体对反腐倡廉建设的高度重视。在十七届中央纪委二次全会上，胡锦涛总书记专门就加强反腐倡廉建设作了重要讲话，强调要充分认识在新形势下加强反腐倡廉建设的重要性和紧迫性，着力加强以完善惩治和预防腐败体系为重点的反腐倡廉建设，切实加强和改进对反腐倡廉建设的领导。提出了“改革创新、惩防并举、统筹推进、重在建设”的基本要求和“坚持加强思想道德建设与加强制度建设相结合、坚持严肃查处大案要案与切实解决损害群众切身利益的问题相结合、坚持廉政建设与勤政建设相结合、坚持加强对干部的监督与发挥干部主观能动性相结合”的工作原则。

过去，中央一直提的是“加强反腐倡廉工作”，现在提出要“加强反腐倡廉建设”，由“工作”改为“建设”，可以说是重大的决策调整，意义非常深远。加强反腐倡廉建设，就是要把反腐倡廉作为一项系统性建设工程，有明确目标、有计划步骤、全面整体地向前推进；就是要更加注意总结历史经验、研究现实问题、尊重客观规律、不断开拓创新，使反腐倡廉真正做到标本兼治、综合治理、惩防并举、注重预防，不断拓展从源头上预防和治理腐败的工作领域；就是要按照科学发展观的要求，把反腐倡廉纳入经济社会发展和党的建设的全局之中，把改革的推动力、教育的说服力、制度的约束力、监督的制衡力、惩治的威慑力结合起来，整合各方面资源和力量，

增强反腐倡廉的整体性、协调性、系统性、实效性。

加强反腐倡廉建设是建设银行的一项长期任务。近年来，建设银行的反腐倡廉工作取得了一定成效。根据党中央、国务院制定的大政方针和中央纪委的具体部署，我们紧密联系建设银行实际推进反腐倡廉工作。一是对领导人员严格要求、严格教育、严格监督。在严格要求方面，2005 年以来，总行党委先后制定了“廉洁自律六项要求”、内部接待等工作节约从简的“七条规定”、“领导人员廉洁合规从业八项要求”，对全面推进领导人员作风建设提出了“求真务实、稳健经营；诚实守信、依法合规；加强学习、勤奋敬业；爱护员工、关心基层；尊重同事、民主决策；回避亲友、廉洁从业；情趣健康、慎交朋友；热爱国家、回报社会；勤俭节约、反对浪费”八个方面的要求。在严格教育方面，开展了引导领导人员从业行为的任免谈话、提醒谈话、诫勉谈话，举办了提高领导人员思想和业务素质的培训班、进修班，组织了震慑犯罪、促进管理的案例警示教育。在严格监督方面，完善了垂直管理的审计体制，推进了风险垂直管理体制改革，健全了纪检监察组织机构，制定了《中国建设银行领导人员问责办法》，对一级分行领导班子及成员加强了巡视监督，对各级领导人员加强了任期和离任经济责任审计，对领导人员管理失职问题加大了问责力度。全行领导人员的从业行为得到进一步规范，作风有了明显改观，比如迎来送往、大吃大喝、铺张浪费的现象大大减少；下基层深入调查研究、解决实际问题的领导人员多了起来；领导人员严重失职渎职的案例不断减少；一些分支机构严重违规经营的问题基本得到遏制。二是案件防查措施得力，效果显著。按照中央纪委和银监会的部署，连续几年组织开展了案件专项治理和商业贿赂专项治理活动。制定了《中国建设银行案件防控及整改方案》和《中国建设银行员工职业操守》，构建了“领导重视、部门负责、条块配合、全员参与”的案件查防体系。在全行共同努力下，实现了案件及重大违规事件连续多年下降，2007 年实现了案件总数及其涉案金额、百万元以上案件数量及其涉案金额“四个大幅下降”。这是一个可喜的进步，成绩来之不易。三是惩治和预防腐败体系初步建立。各级行认真贯彻落实中央《建立健全教育、制度、监督并重的惩治和预防腐败体系实施纲要》和总行党委的《实施意见》，联系实际建立健全惩防体系，重点抓好对领导人员和重要业务岗位员工的培训和教育，重点完善加强内控、防范风险的体制、机制和制度，重点加强对信贷申报和审批、财务资源分配和报销、集中采购招标和商务谈判、人力资源调配和领导人员选拔任用等重要环节权力运行的监督，促进了全行反腐倡廉工作与经营管理工作的紧密结合，促进了全行员工队伍思想素质与业务素质的全面提高，促进了全行基础管理水平与经营绩效的同步提升。

但是，我们还要看到，建设银行加强反腐倡廉建设还任重道远。通过内外审计、检查、群众信访举报、员工行为排查等途径，经常都会发现各种各样的问题，而且有的问题还很严重。监守自盗或内外勾结的案件并没有绝迹；设立“小金库”，乱列财务费用开支，违规发放贷款，资产处置中以权谋私，操纵工程装修及大宗物品采购等违规、违纪问题还时有发生；在公务活动中讲排场比阔气、铺张浪费，用公款办私事，对上级机构、部门领导人员请客送礼，任人唯亲、照顾关系选拔任用领导人员等消极腐败现象在一些机构、部门和领导人员身上还有不同程度的表现。发生这些问题的原因主要有两个方面：一方面，在改革开放和市场经济条件下，银行的一部分领导人员和重要岗位员工长期经受着金钱的刺激和社会上的各种诱惑，如果自身修养不够、意志不坚定，就容易作出错误的选择；另一方面，我们企业的管理体制、制约监督机制、业务规章制度、科技防控措施等还不尽完善，使作案、违规和各种消极腐败行为还有机可乘。

作为在境内外公开上市的银行，我们在反腐倡廉、防范风险方面面临着更严格的外部监管。建设银行已成为香港和内地金融监管当局、战略投资者、一般投资者、潜在投资者、客户、媒体等各方面的关注重点，行业监管和社会监督都进一步加强。银行是靠信用成家立业的企业，上市银行发生各种丑闻都会严重损害自己的信誉。2007 年，全行收到外部人员举报反映我行有关人员或机构问题的信访件比上年增加 20%，凸显社会公众对我行的关注和监督进一步加强。除此之外，有的股民发现上市企业内部管理有问题，可能直接向证券交易所或新闻媒体反映，这对上市企业的市场形象影响很大。因此，上市后，我们要更加重视包括反腐倡廉建设在内的内控管理，进一步提高内控管理水平，努力把案件、重大违规和其他各种风险降到最低限度。

加强反腐倡廉建设，是建设银行实现科学发展的必然要求。银行的科学发展是“安全性、流动性、盈利性相统一”的发展，是“资本充足、内控严密、运营安全、服务和效益良好”的发展，是“全面协调可持续”的发展，是“又好又快”的发展。要实现科学发展，必须以人为本、统筹兼顾，处理好完善现代企业治理结构与加强党的建设的关系，处理好发展业务、提高效益与加强内控、防范风险的关系，处理好追求银行效益与保护客户和员工利益的关系，等等。加强反腐倡廉建设是加强党的建设的重要内容，是加强内控、防范风险、维护客户和员工利益的重要举措，也是促进建设银行科学发展的一项基础性工程。我们对各级机构和领导人员的 KPI（关键业绩指标）考核，从某种意义上说也是为了保证建设银行的科学发展，总行在 KPI 考核中纳入了反映反腐倡廉建设好坏的有关内容（如发生案件和违规事件），这是落实科学发展观的一个表现。

二、加强建设银行反腐倡廉建设的基本思路

根据中央的精神，结合建设银行实际，我们认为，在今后较长的时期内，全行反腐倡廉建设应坚持以下基本思路。

（一）把领导人员廉洁从业、防查案件及违规事件、纠正损害客户和员工利益的问题与严格执行规章制度、遵守职业操守、防范操作风险结合起来

领导人员廉洁自律、查处大案要案、纠正损害群众利益的不正之风，是中央确定的反腐倡廉三项工作格局。多年以来，建设银行根据中央的精神，坚持把领导人员和重要业务岗位员工的廉洁从业、防范和查处案件及违规事件、纠正损害客户和员工利益的不正之风作为反腐倡廉的重点内容。在今后较长时期内，全行要继续抓好对这三个方面问题的预防和治理。

严格执行规章制度，是预防和治理腐败的关键。“十案十违章”，许多案件之所以发生，都是因为内部工作人员在多个环节违反规章制度或没有严格执行规章制度，才使得作案分子有了可乘之机。现在，各方面的规章制度很多，关键是要狠抓落实，提高制度的执行力。只要抓好了各项规章制度的执行，不仅案件会大大减少，很多腐败问题都不会发生。

遵守职业操守，对预防腐败具有重要意义。2007 年第四季度，总行制定了《中国建设银行员工职业操守》，各级机构、各个部门都要高度重视，组织好学习，抓好落实，持之以恒地推进职业操守建设。遵守职业操守是有修养、素质高的表现，领导人员要带头遵守，全体员工要自觉遵守，同时要加强监督、考察，并将遵守职业操守与员工的使用安排及职业生涯发展结合起来。

加强操作风险管理，是银行全面风险管理的要求，同时也是预防和治理腐败的需要。按照银监会的要求，我行将在 2010 年全面实施《巴塞尔新资本协议》。巴塞尔银行监管委员会对操作风险有一个很抽象的定义，换成我们容易理解的话来说，操作风险就是银行内部的体制、机制、流程、人员、技术、日常管理等方面存在问题或缺陷，以及外部发生影响银行资产安全和正常运营的事件，使银行蒙受损失的可能性。银行如果把体制、机制、制度、流程等都搞好了，不但会大大降低操作风险，也会使腐败问题从源头上得到预防和治理。在银行面临的信用风险、市场风险和操作风险这三大风险中，操作风险最有可能造成非常严重的后果。一是很多操作风险的暴露具有突发性，往往使银行防不胜防。二是操作风险还会推动、放大信用风险和市场风险。比如我国银行过去剥离、核销的大量贷款，我们不能简单地归结为都是行政干预和信用风险造成的，实际上，其中有不少是银行粗放管理和违规经营造成的。三是目前国际银行业对操作风险还没有成熟可靠的管理方法，不像信用风险和市场风险可以通过较为准确的评估、计量和收益覆盖、储备抵御等方法来防范。1995 年相继发生了英国巴林银行和日本大和银行事件，事隔 13 年之后，2008 年 1 月又爆发了法国兴业银行事件，这些事件都说明了操作风险对银行的危害巨大。

（二）把党委加强领导、专职监督部门强化监督与业务部门加强管理、员工群众及社会大众参与监督结合起来

党委加强领导，主要是思想上、组织上的领导。加强反腐倡廉建设是党的建设的一项重大任务，各级党委要列入议事日程，“一把手”要负起总责。党委要把加强反腐倡廉建设纳入改革发展的全局工作中来考虑，做好总体谋划和部署。

纪检监察部门要主动协助党委抓好反腐倡廉建设，积极发挥好五个作用：在党委选人用人、进行反腐倡廉决策前的参谋助手作用；推进全行反腐倡廉建设中的组织协调作用；提高员工思想道德素质方面的教育引导作用；查处案件和腐败行为方面的执纪惩戒作用；加强提醒谈话、诫勉谈话，督促整改方面的保护预防作用。审计、风险管理、风险监控、合规、法律、纪检监察等专职监督部门或以监督为主的部门，要加强信息沟通，努力形成监督合力。

组织人事和各业务管理部门要完善管理制度，规范工作和决策程序，充分发挥自身的监督管理职能作用。员工群众和社会大众的监督是最全面的监督。要通过增强工作透明度、广泛征求意见、深入调查研究、加强信访工作等措施，为员工和社会监督创造良好的条件。

（三）把重点加强对各级领导人员的监督管理与全面加强对重要业务岗位员工的监督管理结合起来

对领导人员的监督，特别是对各级领导班子“一把手”的监督，是反腐倡廉工作的重点，也是难点。要破解这个难题，第一，要依靠各级领导人员监督管理好直接的下属领导人员，特别是“一把手”要管好“一把手”，带好班子，每个领导人员都要管好直接下属领导人员。各级领导人员出了严重问题，其直接上司要承担相应的监督管理责任。第二，要把上级管得着的监督与同级看得见的监督结合起来，也就是上级要多了解下级领导班子成员相互之间有什么意见，特别是对“一把手”有什么意见。第三，要把组织的专门监督与群众的广泛监督结合起来，也就是各级党委及组织人事、审计、纪检监察等部门要多听取广大群众对有关领导人员的意见，并重点听取对“一把手”的意见。对各方面反映的有一定根据的严重问题，要及时组织核查。对问题难以查清，但多数人都反映有问题的领导人员，要及时采取教育帮助或组织交流等必要措施。

在重要业务岗位工作的员工既是反腐倡廉重点依靠的力量，也是需要重点监督的对象。银行情况特殊，重要业务岗位的员工有的权力很大，甚至比有的领导人员权力还大。在公司、个银、房地产金融、信贷审批、中间业务、计财、资金、资产保全、人力资源等部门和一线柜台工作的员工，对建设银行的发展担负着重要责任，同时也面临着来自他人和自身的重大风险。一方面，要加强对在这些岗位工作的员工的教育、培训、薪酬激励，发挥好他们在抵制领导违规干预和同事违规操作方面的作用；另一方面，要完善这些岗位的制约机制，健全操作手册，加强监督检查，强化对违规行为的惩戒。各个业务管理部门要按照一级管一级的要求，切实承担起对所在部门重要业务岗位员工的监督管理责任。

（四）把日常的教育培训和管理监督与体制、机制、制度等基础建设结合起来

根据党中央颁布的《建立健全教育、制度、监督并重的惩治和预防腐败体系实施纲要》，2005年，总行党委下发了《中国建设银行建立健全惩治和预防腐败体系实施意见》。几年来，全行的惩防体系建设取得了初步成效。当前，要以完善惩防体系为重点，推进全行的反腐倡廉建设。

加强教育和培训是全面提高员工素质的要求，也可以使员工从思想上减少腐败的动机，从能力上识别什么是违法、违规行为。教育和培训要以各级领导人员和重要业务岗位员工为主要对象，把思想道德教育和法纪教育作为一项基本内容，紧密联系实际，增强针对性，体现以人为本，体现企业文化建设的要求。加强日常管理和监督是内控管理的需要，也是加强反腐倡廉建设的需要。特别是加强对基层机构、网点及其负责人的管理和监督，是全行内控管理的一个重点，任何时候都不能放松。春节前几天，我行又发现了一起基层网点负责人作案的案件，虽然犯罪分子很快被抓获，但暴露出基层机构和网点还存在管理严重混乱的问题。打牢管理基础，需要我们从基层抓起。

完善体制、机制、制度是内控管理的基础性建设，也是从源头上预防和治理腐败的长效措施。反腐倡廉建设很大程度上取决于领导班子和党组织建设，这既是重点，也是难点。这方面最重要的是各级党委领导班子的制度建设和党组织的制度建设。党的十七大提出了许多创新观点，最主要的是党内民主建设，要求在提高党的工作的科学化、民主化、制度化水平上不断取得新进步。我们要深刻领会和把握五条原则：一是必须尊重党员主体地位；二是必须完善党内民主制度；三是必须坚持民主和集中相统一；四是必须以党内民主带动人民民主；五是必须从实际出发循序渐进。商业银行是一个企业，党组织的活动方式和发挥政治领导作用的方式不同于政府机关，不能搞简单的照抄、照搬，但是，加强党内民主制度建设的任务不但不能减少，而且从某种意义上来说，更为紧迫。我们更需要充分调动全体员工的积极性，更需要增强凝聚力和战斗力，更需要选贤任能，更需要招揽德才兼备的人才，更需要提高透明度，更需要建立起权力运行的制衡机制。

要继续深化内控管理体制改革，完善相关的制度和机制。当前，审计条线垂直管理体制已经确立，其独立性和权威性已经显现，今后要继续发挥好审计监督的作用。今年除了做好内部审计工作以外，还要积极配合好国家审计署对我行的审计。以“垂直管理”和“平行作业”为特点的风险管理体制改革也已经初见成效，我们正在研究作进一步的完善。纪检监察条线目前还没有实现垂直管理，但是这个条线，总行统一组织和统筹协调的力度很大。要积极探索强化对信贷、财务、人力资源等的集中管理，加大垂直管理力度，提高规范化管理水平和抗违规干扰能力。

三、当前加强反腐倡廉建设的任务和要求

十七届中央纪委二次全会进一步明确了加强反腐倡廉建设的指导思想、基本方针和重点任务，对党政领导干部和国有企业领导人员廉洁自律工作分别提出了“五个重点”和“七个不准”的要求，全行要结合实际，认真贯彻落实。

全行反腐倡廉建设的任务很多，当前要重点抓好以下“四项任务”，以实现“标本兼治、综合治理、惩防并举、注重预防”的要求。

（一）转变发展方式，加快结构调整

2008 年全行工作会议特别强调了要转变发展方式，这是工作会议的主题。我行目前被外界评论为国内银行综合竞争力第一，在不良资产率、净利差等指标上名列同业前茅。2007 年，我行在公司治理、风险管理、企业效益、社会责任等方面获得境内外各种奖项 79 个，但是，我们也要看到，在内部管理和对外服务质量方面，我行都还存在一些不适应或不符合科学发展观要求的问题，如片面追求数量、粗放经营、吃大户、过分看重利差、依靠人情关系、请客送礼等。这些都不利于我们真正做好客户服务和市场营销，既影响到我们的发展后劲、市场竞争能力，又削弱了我们内部的士气，降低了风险控制能力，为各种违纪、违规甚至违法行为提供了便利和机会。全行必须继续解放思想，按照我们在全行工作会议上提出的实现战略转型的要求，进一步转变发展方式，在内控管理、营销体系、客户服务质量、人力资本结构、信息技术系统支持等方面加以改进，以保证建设银行的可持续发展。

为了防范市场风险、信用风险，也为了防范操作风险，我们制定出台了全行的信贷结构调整政策，对于国家政策限制的行业、贷款质量较差的行业、预期亏损的行业、非我行特长的行业，都要逐步退出来。特别是对累计贷款不良率超过 10% 的行业，原则上不发放新的贷款，存量贷款也要逐步退出。这是总行在信贷资源紧张的情况下，自觉响应国家宏观调控政策、积极转变发展方式的重要举措，也是加强内部管理、堵塞漏洞、防止以贷谋私的重要举措。有了明确的政策，就可以防止信贷投放的随意性，降低操作风险和信用风险。纪检监察、风险管理等内控部门一定要对这项工作有新的认识，要支持、督促做好这项工作。

要实现发展方式的转变，转变思想观念是关键。坚持“两手抓，两手都要硬”的方针，正确处理发展业务、提高效益与加强内控、防范风险的关系，是转变思想观念的一个重要方面。作为市场化的企业，发展业务、提高效益是我们的必然追求，是我们的始终任务。但银行是高风险企业，加强内控、防范风险任何时候都不能放松。各级机构和领导人员要树立正确的政绩观和利益观，坚持依法合规经营，对上、对下都要既报喜又报忧，不得搞虚报浮夸或文过饰非。严禁为了小团体的利益设立“小金库”和账外资产，对这样的问题，必须发现一起坚决查处一起。

（二）深化内部改革，完善体制机制

在 2007 年纪检监察工作会上，我们讲了业务流程再造、完善信贷管理制度、清理修订规章制度、建立专业化团队、完善集中采购制度、进一步强化财务管控能力、推进人力资源管理改革、规范职务消费、改进福利分配办法、进一步推进后勤服务社会化十个方面的治本措施，这些措施主要都是改革完善体制、机制。在 2008 年全行工作会议上，我们又提出要进一步推进八个方面的改革，即完善公司治理结构、继续推进专业化经营、加快业务流程再造、建立和完善新的客户服

务平台、加快机构扁平化改革、完善风险管理体制改革、深入推进激励约束机制改革、完善产品创新机制，这八个方面既是推进业务更好、更快发展的基础性工程，也是搞好反腐倡廉建设的基础性工程。

银行内部改革绝大多数都与防范风险、减少案件、提高效益密切相关。比如，我们通过推进专业化经营可以减少内外部干预，提高工作透明度和规范化程度，同时提高市场反应能力和客户维护能力。通过业务流程再造，可以减少操作环节，相应减少风险点，并使有风险的操作和决策环节得到更有效的监控和制约，同时降低业务运行成本，提高工作效率和服务质量。通过机构扁平化改革，可以增强上级行对基层机构的管控能力，减少机构层级过多而带来的官僚作风，同时提高决策对市场的反应速度。通过完善风险管理体制，可以进一步增强风险管理条线的独立性和权威性，更好地发挥其加强全行风险管理的核心作用。通过深入推进激励约束机制改革，可以更好地发挥人力资本的作用，进一步提高工作积极性和团队竞争力，同时减少腐败诱因和动机。

（三）加强教育监督，促进廉洁从业

要发挥教育的引导作用。理想信念的动摇，人生观、价值观、权力观、利益观的扭曲，私欲的膨胀，极端自由主义、极端个人主义抬头，目无法纪、无知无畏等，是一些领导人员走上违法犯罪道路的根本原因。因此，对领导人员要加强中国特色社会主义理论、为人民服务、“八荣八耻”、党的优良传统和作风、集体主义、社会公德、职业道德、法律法规、反面典型等方面的教育，从灵魂深处、从社会和家庭责任、从个人识别能力上，打牢拒腐防变的基础。要把教育贯穿到对领导人员的培养、选拔、管理、使用的全过程，把反腐倡廉作为对领导人员教育的重要内容，通过各种形式，营造反腐倡廉的文化氛围。

要发挥监督的威慑作用。权力不受监督必然会产生腐败。要积极推进党务公开、行务公开，在不泄露商业秘密和有关规定的前提下，增强信贷审批、集中采购、财务收支、人力资源调配等“权、钱、人”环节的工作透明度，让更多的员工行使知情权、参与权、监督权、话语权，让权力在阳光下运行，让阳光为权力的运行过程“消毒”。党的十七大对巡视制度给予了充分肯定，并写入了新修改的党章，这次中央纪委二次全会强调，要进一步加强和改进巡视工作。总行也要继续加强对一级分行领导班子及其成员的巡视监督。各级机构党委、组织人事部门和纪检监察部门要继续坚持对下级机构领导班子成员的谈话制度。基层机构要继续加强对领导人员和重要岗位员工的行为排查。

领导人员要自觉遵纪守法，时刻警醒自己：坚决不踩法纪“红线”，坚决守住道德“底线”。在违法乱纪问题上，绝不能心存侥幸，一失足成千古恨。领导人员要带头廉洁从业。桃李不言，下自成蹊。领导人员只有严格要求自己，清正廉洁，才有威信，才能服众，才敢理直气壮地去严格要求别人、严格管理别人。“身教”胜过“言教”，以身作则就是对别人最好的教育。

（四）加强案件防查，及时惩戒违规

随着全行体制、机制、制度的不断完善，科技防控水平的不断提高，加上连续几年开展案件专项治理，我行的案件有了大幅度下降。但是，我们绝不可因此而沾沾自喜、放松警惕。银行只要经营资金的性质不变，就永远是容易发生案件的领域。银行一部分员工天天与金钱打交道，“常在河边走”，如果没有保护措施，就容易“打湿脚”。在市场经济条件下，社会上酒色财气光怪陆离的现象有可能影响到我们的员工，商品交换的规则有可能被移植到内部人与人的关系上来，投机谋利的冲动有可能导致某些员工铤而走险、滥用职权。2007 年，在全行发生的案件中，内部涉案人员受贿、赌博、购买彩票、炒股、炒房地产、经商、参与地下借贷等，无一不反映出“贪财”和“赌博”的人性弱点，同时也反映出银行的案件与社会环境密切相关。

要继续坚持行之有效的案件防查措施。加大科技应用，优化 DCC 系统，完善信贷、出纳等各项业务管理系统，改进客户身份和内部操作人员身份识别，加强网上银行、信用卡、ATM 等电子渠道的风险防范。推进业务流程和操作手册建设。切实加强基层机构和网点管理，落实岗位分离制衡、员工轮岗交流、员工行为排查、营业录像监控、金库和尾箱管理、委派会计主管检查、上级业务部门抽查等案件防控措施。把业务条线的专业化检查与全行的综合性检查结合起来，把普遍性业务检查与突出关键风险点检查结合起来，把发现问题与加强整改、惩戒违规结合起来，对各种违法、违规行为都要及时给予严肃处理。

根据中央纪委二次全会精神，结合建设银行实际，现阶段，我们要特别注意处理好以下七个方面的问题：

一是自觉抵制商业贿赂。领导人员和在重要业务岗位工作的员工要坚决抵制各种商业贿赂行为。不准违反规定收送现金、有价证券、支付凭证等钱财和其他财物。在发展综合化经营、推进产品创新的过程中，在加强宏观调控、实行从紧货币政策的背景下，金融、信贷资源更为紧俏，尤其容易发生商业贿赂现象。我们务必要保持清醒头脑，坚决拒绝商业贿赂。与客户的交往，要注意把握好正常营销活动与不正当交易的界限，遵守公认的职业道德和市场规则，坚决不搞商业贿赂。

二是坚决反对利益输送。所谓利益输送，就是利用自己的职权及工作上的便利，以正常交往和正常交易的形式为自己及他人谋取私利。这里的他人，包括亲戚、朋友及其他特殊关系人。由于我们手中握有权力和资源，因而自己的子女、配偶、父母及其他亲友、故旧都有可能托你办事、求你照顾，在这方面稍一松懈就可能出问题。既要防止利用关联交易为本人或特定关系人谋取利益，也要防止相互为对方及其特定关系人提供便利。就银行而言，还要特别注意防止所谓“在职投入、离职产出”的现象：在职的时候，违反规定、政策向企业提供信贷资源，离职后接受这些企业的高额补助或高薪聘请。这虽然是个别现象，但也要警惕。若发现此类问题，要及时向纪检监察部门报告。

三是对内幕交易保持高度警惕。随着市场经济的发展，内幕交易的规模和危害也日益显现出来。内幕交易的实质也是利用工作上的便利为个人谋取私利。但是在大多数时候，主要的违法、违纪者并不直接从事交易，而仅是提供内部信息，因此隐蔽性更强、危害性更大。作为大型银行的工作人员，我们每天都会不同程度地接触到许多市场、客户、政府的信息，这些信息泄露出去可能会影响到市场的公平公正运作，因此，我们必须牢固树立一种观念，绝不利用在银行工作的特殊条件来谋取额外的好处。通俗点说，就是不能让自己或亲友赚那种昧着良心的钱。保守银行机密，正确对待自己的工作职务，需要提出更高、更严的标准。

四是严格遵守选人、用人制度。要严格执行领导人员选拔任用工作有关规定，规范领导人员提名制度，健全领导人员回避、交流制度，完善领导人员选拔任用和管理监督机制，加强对领导人员选拔任用全过程的监督，防止用人不公、“带病上岗”、“带病提拔”。这里最重要的核心问题是，一定要做到公开透明、公正合理、依法合规，体现公平竞争原则，真正做到择优。有人说：“吏治的腐败是最大的腐败”，对银行来说，选人、用人也是事业成败的关键。每个领导人员都要出于公心，以建设银行事业大局为重，不能以个人好恶取人，不能拉山头、搞宗派、搞小团体，更不能搞“顺我者昌、逆我者亡”。

五是坚持亲友回避。过去，我们已经实行了亲友回避制度，但执行还不到位，主要问题是，不能回避时公开不够、登记不够、说明不够。各级领导人员要提高自觉性，向行内推荐人才时要进行登记和说明情况。亲属在建设银行工作的，要严格执行任职回避制度和工作回避制度。例如，山西日升昌票号当时就有“三爷不用”的制度，也就是少爷、姑爷、舅爷不能参与票号的内部业务管理，也就是“亲属回避”。亲友回避做好了，利益输送、内幕交易等问题也会在很大程度上得到解决。

六是严格执行财务会计制度。各级机构和相关领导人员都要自觉遵守法律法规和银行内部规定，不做任何隐瞒财务信息、提供虚假财务报告的事情，不随意的抵押、担保、委托理财和投资入股，不违规自定薪酬、自发补贴等。各级机构要加强对营销费用的管理，要认真检查处理做假账问题。

七是坚持勤俭节约。要大力提倡艰苦奋斗，反对花钱大手大脚、铺张浪费，行内公务活动不得超规格接待；上下级之间、部门之间不搞“内部营销”；外部营销要遵守市场规则和行业惯例，不搞大吃大喝；严禁用公款出国（境）旅游。要正确执行带薪休假制度。实行带薪休假既是落实国务院新颁布的《职工带薪年休假条例》，也体现了企业对员工的关怀。带薪休假外出旅游的员工，吃住都必须花自己的钱，各级机构不得相互接待，既花公款，又牵扯接待方的精力，影响正常的工作。

最后强调一下，要加强纪检监察队伍建设。我行纪检监察队伍是一支立场坚定、作风良好、工作勤奋、积极向上的队伍，在推进反腐倡廉建设、促进改革发展等方面发挥了重要作用。面对当前的新任务和新要求，必须进一步加强这支队伍的建设。在组织建设上，要配精、配齐、配强纪检监察人员；加强纪检监察与业务部门的人员交流，探讨建立纪检监察领导人员和业务骨干的横向或纵向定期交流制度；各级机构纪委书记的分工，在内容上要注意统一协调，不宜分管信贷、财务等与纪检监察相冲突的工作，要认真做好纪检监察工作，使自己成为这方面的专家。在能力建设上，要加强对纪检监察人员的培训、培养和锻炼，纪检监察人员自身要加强学习，注意密切联系建设银行实际开展工作，勇于在思路和方法上开拓创新。要积极探索纪检监察的触角向垂直条线、业务单元、海外分行的深入问题，防止建设银行管理体制改革和业务向国际拓展后，对其领导人员和关键岗位员工的监督出现真空。

加强反腐倡廉建设是全行的任务，各级党委义不容辞，各级机构、各个部门都有责任、有义务抓好辖内或所属系统的反腐倡廉建设。要把反腐倡廉建设的思路、任务和要求贯彻到各级机构、各个部门的业务经营管理活动中，抓好各项经营管理工作的责任落实，努力保障各项业务又好又快地发展。

在改革开放中建设世界一流商业银行

郭树清

（原载《人民日报》2008 年 3 月 10 日）

《政府工作报告》在总结过去五年的主要经验时指出，改革开放是决定当代中国命运重大而关键的抉择；开放也是改革，开放兼容才能强国；改革开放贯穿于现代化建设的整个过程，任何时候都不能动摇。国有商业银行近几年来所走过的路程，从一个侧面有力地诠释了这些判断和结论。

从 2005 年秋天开始，中国建设银行、中国银行和中国工商银行在一年内先后成功上市。三家银行市值都进入了世界最大银行前 10 位，综合排名也不断前移。以建设银行为例，2007 年在《福布斯》“全球上市企业 2 000 强”中列第 69 位，资产回报率和股本回报率明显超过《银行家》排名前 25 家银行的平均水平。

我国银行市场价值和国际形象的巨大变化，充分证明了以胡锦涛同志为总书记的党中央关于金融改革的决策是正确的，充分证明了国家多年来为强健银行体系化解金融风险所采取的措施是必要的，充分证明了银行战线的广大员工在贯彻科学发展观的实践中敢于探索善于创新，充分证明了实行社会主义市场经济的中国也完全有希望培育出国际先进银行。

（一）只有建立现代治理结构才能从根本上转变运行机制

中国的商业银行首先是改革的产物，但同时又是改革的对象。20 世纪 80 年代，重新组建的国有银行仍遵循着行政化管理模式，经营上受外部干预较多，金融服务和风险控制能力低下。90 年代，金融领域实施了系统改革，在多方面取得了显著成绩，但是由于长期积累的各种包袱十分沉重，因而金融企业的运行机制仍然存在着不少问题。一直到 2003 年，四大银行的不良贷款率还高达 20% 以上，财务上虚盈实亏、风险内控薄弱、资本金严重不足，处于所谓“技术上已经破产”的尴尬境地。银行体系的脆弱导致金融业潜藏着巨大的系统性风险，严重威胁着国民经济的稳定、安全和可持续增长。正是在这样的背景下，党中央国务院果断作出了动用外汇储备注资，实施国有银行股份制改造试点的决策。这场改革具有特殊的严峻性和紧迫性，因此，温家宝总理将其形象地比喻为“背水一战”。

尽管财务重组是不可或缺的必要条件，但是如果不能建立起现代银行制度，彻底转变运行机制，国有银行用不了多久又会重新陷入困境。对此，决策者、执行者和国内外的研究者有着非常一致的看法。传统体制的要害在于，缺乏直接的产权约束，以多个行政部门体现单一国有制，官僚化倾向无法逆转。因此，建立国有资产出资人制度，落实国有资本的具体代表，引进合适的机构投资者，形成多元化的股权结构，是建立现代银行制度的几项基础工程，也是改革进程中互相联系的几个关键环节。建设银行在2003年底国家注资以后，在这方面做了大量工作。

事情在开始时并不顺利。由于对国有银行的前景不甚乐观，不止一家的国内知名企业拒绝了1元1股的初始投资资格。国家电网、上海宝钢、长江电力根据多年来与建设银行的良好业务合作关系，同意与汇金公司和建银投资一道发起设立建设银行股份有限公司，由于总的资本规模很大，三家企业合计出资80亿元只占到4.12%。境外机构投资者积极性也不高，出资价格明显偏低，与多家知名银行的接触谈判先后中止。这一切并没有动摇我们的引资原则，这就是保持国有绝对控股、提供先进技术、回避竞争、出价要明显高于净资产。经过多方艰苦工作，终于在上市前引进美国银行和淡马锡公司为战略投资者。两家机构出资近40亿美元购买国有股，使汇金公司很快以溢价收回一部分稀缺资本，从而能够通过其他金融机构重组为国家创造额外的价值。

美国银行拥有全美最大的零售网络，同意在未来7年时间里无偿提供技术援助，愿意关闭其在中国的零售网点，同时不反对我行在美设立分支机构或并购银行，而且承诺积极配合建设银行的海外战略。淡马锡则代表了另一种运作模式，形成了很好的补充和制约。为确保上市成功和后市稳健，我们设计了一个综合交易结构，分发行上市前、上市时和上市后三个阶段、三种价格，加权计算折现值，超过了最先进银行交易股价的平均水平，最大限度地挖掘出市场潜力，规避了可能的风险。更重要的是，引进战略投资者对于优化公司治理、学习先进技术、培养急需人才发挥了良好作用。

上市后，建设银行的公司治理很快实现了与国际先进银行的接轨，同时也逐渐显示出鲜明的特色。由股东大会、董事会、监事会和高管层组成的治理架构机制完善、运行规范，能够充分保证所有股东在法律和公司章程约定的范围内行使权利，董事会在公司章程和股东大会授权的范围内独立地履行公司决策职责并承担相应的法律责任，经营管理层在董事会授权范围内自主行使经营管理权，监事会切实履行监督职责。一些外籍董事反映，在权力制衡和程序公正方面，建设银行的公司治理已经超过了许多欧美金融机构。2007年，香港《财资》杂志授予建设银行“最佳公司治理企业”奖。

目前董事会由17名董事组成，其中13名为非执行董事。汇金公司派出的专职董事和其他独立董事，围绕银行发展的战略性问题进行了广泛的调研，为公司决策作了重要准备。来自海外的6名董事的加入，对于提升建设银行董事会工作水平发挥了良好的作用。我们不回避运行中的矛盾，以开放的态度探索学习，确保决策既民主、科学、审慎，又及时、果断、高效。一方面，严格执行制度和程序，必要的通报、披露、协商、交流，一件都不能省略；另一方面，充分考虑商业银行的实际，搞好委托—代理，防止过度制衡，确保在瞬息万变的市场面前赢得先机。

在严格执行法律的前提下，党委会在公司治理中可以发挥非常重要的作用。区分商业活动与党务活动是处理好各方面关系的基本原则。作为政治领导核心，党委必须保证党的路线、方针得到落实，在重大问题上把关定向，但是绝不代替公司治理机构履行职能，而且要主动创造条件，支持董事会、高管层行使职权，包括法律规定的用人权。党委还要配合其他机构积极推动民主管理和民主监督，充分发挥广大员工的聪明才智。自上市以来，建设银行已召开三次全系统职工代表大会，审议公司发展战略和关系职工切身利益的议案。一些全行性的工作会议也邀请一线员工代表参加。员工们以多种方式提出成千上万条有价值的建议，为银行带来了难以估量的财富。

上市后，建设银行努力提高公司透明度，为股东和公众提供完整准确的经营信息，主动接受市场和社会各方的监督，并以此作为改进管理的基本依据。公众和媒体监督事实上也成为银行治理的一个重要组成部分。

（二）形成以客户为中心的文化是股份制改造的核心内容

如果说建立起现代公司治理结构是艰难的，那么要转变国有银行的经营文化则需要付出几十倍甚至是几百倍的努力。由于长期处于竞争不足的市场环境，加之金融资源紧张且约束机制缺失，国有银行养成了等客上门的“官商”习惯，甚至还形成了等人来求的衙门作风。直到股改上市前夕，建设银行还普遍存在着主动服务意识薄弱、产品和流程不够人性化、客户排队时间长等突出问题。针对这种情况，我们及时提出要建立“以客户为中心”的理念和机制，并将其确定为股份制改革的核心内容。

“以客户为中心”，说到底就是了解客户关切，从客户的角度对银行经营活动进行评估，并对作业流程、服务方式、管理制度、资源配置方式进行彻底变革。毫无疑问，确立“以客户为中心”的改革涉及每一个分支机构、每一个员工。我们组织全行开展了深入讨论，并以具体投诉案例为典型进行解剖和分析。大家惊奇地发现，原来我们有许多事做得不合适、不妥当，包括过去习以为常，认为责任不在银行的交易失败，实际上并不能全部归结为不可抗拒的外界因素。一旦转变视角，全行上下便对客户服务中的瑕疵顿感歉疚，对业务流程方面存在的弊端有了切肤之痛。

我们选择客户最不满意的领域作为重点，本着先易后难的原则，着力提高服务效率和质量。从2005年开始，在所有网点配备大堂经理，清理和优化柜面交易系统，迅即着手推进普通业务的标准化和专业化处理。随后，与美国银行合作实施零售网点转型项目，采取优化流程、大堂制胜、智能排队、分区办理等措施，有效地缓解了长期存在的排队问题。截至2007年底，已实施转型的网点达5 266个，产品销售增长115%，交易效率提高近30%，客户平均等候时间为9.7分钟，比转型前减少4分钟。与此同时，建立了“客户之声”调查和“神秘人”检查制度，通过电话银行全天候受理投诉。2007年收到投诉2万多件，均作出了妥善处理。2007年金融服务需求出现“井喷式”增长，仅代销基金就相当于上年的8倍，但是总体的服务质量继续保持上升。

落实“以客户为中心”，需要深入推进业务模式转型。由于历史原因，建设银行形成了过分重视大客户、过分重视存贷款、过分重视利息收入的业务模式。对中小客户、零售业务、消费金融、中间业务认识不足，资源投入上更有明显差距。我们将业务转型提高到最重要的优先位置，引导全行统一思想，而且充分利用经济增加值、内部转移价格和考核指标等机制手段，将越来越多的财务资源和人力资源转移到战略性业务及新兴服务方式上。长期存在的苦乐不均、忙闲不等、分配不公的问题也得以缓解。

落实“以客户为中心”，需要创造性地满足客户的需求。我们积极创新金融产品，2007年进行创新和改进的产品达460多项。在消费金融、投资者服务，特别是公司和个人理财方面，开发引进了令人耳目一新的产品和服务，受到客户的热烈欢迎。努力为客户提供更为方便、安全、快捷的金融交易服务，在同业中率先开通人民币活期、定期存款全国通存通兑，大力发展自助银行、网上银行、电话银行和手机银行业务。到2007年底，服务客户的自助银行达到2 729家，自助银行可实现的交易种类达100余种，现金自助设备达到近2.4万台，三年翻了一番，极大地方便了客户。

落实“以客户为中心”，需要不断改善客户体验。为使前台服务人员专注于面对面服务，我们确定了60个前后台分离项目，到目前已经完成49个。85%的中心城市分行实现了网点管理、财务会计、档案、计算机管理等多个领域的“大集中”，98%的一级分行实现了网点现金集中配送，金库数量减少了一半。与此同时，还积极稳妥地推进机构扁平化改革，有的分行则开展了业务单元制试点。大量的行政人员和后台操作人员被充实到客户服务一线，一大批专业化运作的机构和团队正在健康成长，销售、交易、稽核、基础管理的效率成倍提高，误差则大幅度下降。

体制、机制改革的推进，促进了业务转型取得实质性突破。2007年个人银行业务的利润贡献度达到24.1%，比上年提高7.89个百分点；中间业务净收入比上年增长127%，居四大银行首位；资产质量、净利息收益率、综合盈利能力保持国内领先。建设银行的成绩受到国内外市场和媒体的充分肯定，继2005年被英国《银行家》评为“年度最佳银行”、2006年被《财资》评为“中国最佳本地银行”之后，2007年又被《环球金融》、《资本》、《亚洲金融》等多家国际知名媒体一致评为“中国最佳银行”。

（三）强化风险管理需要实现系统性创新

风险管理包括文化、制度和技术三个层面。我们与国际先进银行相比，技术和制度固然有很大差距，然而首先最重要的是风险文化的不成型。成熟的风险文化，就是能够实现激励与约束有机统一的文化，就是能够寓控制于服务之中的文化。

国有银行过去形成的巨额不良贷款，除外部干预和一些人违规之外，主要原因在于对客户不了解，对经济走势不能正确判断，在于没有调动全体员工的积极性，在于不能抓住真正的风险点。在认真总结自身教训的基础上，我们确定了“了解客户、理解市场、全员参与、抓住关键”的风险理念。风险文化的逐步成熟，为实现精细化管理、以收益覆盖风险提供了最有力的保障。

各级领导人员是否廉洁从业是现阶段银行能否控制风险的关键。建设银行2005年提出领导人员廉洁自律六项要求，规定各级领导人员必须把公事与私事严格分开，不搞迎来送往，不送纪念品和土特产，在业务活动中回避亲友，不能回避时必须说明和登记，严守银行机密，不得利用内部信息为他人谋利，等等。目的在于从源头上抵制商业贿赂，有效遏制利益输送、假公济私及以贷谋私。同时，完善问责制，并坚决贯彻实施。问责对象覆盖上至董事长、行长、监事长，下至基层经办人员的每一个岗位，尤其是加强了对各级机构“一把手”的监督制约。

内控管理体系构筑并无一定之规，建设银行结合实际进行了大胆探索。2005年，实施了审计体制改革，通过首席审计官对全行审计工作实行直接管理，建立起垂直向上报告的审计体制，为审计的独立性、权威性和有效性提供保证。2006年，总行设首席风险官，逐级向下派出风险总监或主管，形成了垂直的风险管理条线。实行风险经理和客户经理“平行作业”，将风险管理关口前移至贷款审批之前，使风险管理更加贴近市场，以实现业务发展和风险管理的协调统一。

风险管理技术的引进和创新取得了丰硕成果。建设银行在同业中最早引入经济增加值方法，通过经济资本配置的杠杆作用，把业务转型和风险控制的战略要求落实到业务单元、分支行、员工等各个层面。实施行业限额管理，推出行业准入、客户名单制等控制手段，将发展战略和风险偏好转化为操作性的管理指引。风险评级预警系统、信用卡和个人住房贷款评分卡系统的开发，为实施更高水准的风险控制奠定了基础。借助科学先进的风险管理技术，建设银行传统粗放式的业务扩张已经转变为经营上的精耕细作，盈利模式脆弱、发展后劲不足、核心竞争力不强的问题得到了根本扭转。

操作风险需要商业银行时刻警惕和防范。在过去很长一段时间内，我们过分重视编写制度条例，各级机构和每个环节“层层加码”，比如有的交易要客户按十几个手印，签几十个名，这种做法看似很安全，但实际上并不能真正达到目的，更不方便客户。近年来，我们不断对主要业务流程进行优化，找出关键的风险点，取消不必要的控制环节，在方便客户的同时又加强了风险控制。我们在全行推广“六西格玛”管理方法，在寻找识别风险点方面发挥了非常有效的作用。

针对过去粗放随意的工作作风，提出了“务实、高效、严谨、廉洁”的八字方针，要求全行注重细节，从小事抓起，堵塞疏漏，认真做好基础管理、风险预警和案件防堵工作。从2005年开始，连续三年进行了案件专项治理，取得了明显成效。案件总数由2004年的73件下降到2007年的19件，涉案金额由4.4亿元下降到0.2亿元。

我们还注重将风险理念向客户传导。针对近年来资本市场异常火暴的局面，特别重视代理销售的基金、信托、保险产品及其他投资关联产品的风险提示，把一切可能的市场波动风险、交易环节风险都充分揭示出来，反复教育客户。研究制订交易高峰期计算机系统应急备份方案，并提示客户可能存在的技术风险，做到防患于未然。

（四）有中国特色的先进银行能够更好地承担社会责任

股改上市以后，建设银行确立了“为客户提供更好服务，为股东创造更大价值，为员工搭建广阔的发展平台，为社会承担全面的企业公民责任”的使命，更加自觉地尊重各利益相关方的关切，积极履行社会责任。

建设银行每一个员工都懂得，必须为股东和国家创造长期、稳定的回报。目前，建设银行每年向国家缴纳税收350多亿元，国有股东获得的分红和净资产增加也各有约300亿元。大体上说，建设银行每赚10元钱，国家得到的收益是8.5元。如果按股票市值来计算，2007年末国有股权益比四年前注资时增加了5.25倍，这无疑是一个国有资产保值、增值的生动案例。

坚持以人为本，首先要切实保障员工权益。我们三年前就开始推进用工制度并轨改革，每年将一定比例的派遣制员工转为短期合同工，将一定比例的短期合同工转为中长期合同工，使每一个员工都有平等的发展机会。不断加强员工培训，2007年投入培训经费2.7亿元，培训员工43万人次。全行员工自愿捐款成立了“职工互助基金”，以帮助特困员工包括内退和分流的特困员工解决生活困难。三年来已累计资助员工或其家属近3万人次，有力地促进了和谐社会建设。

依法合规经营是企业最基本的社会责任。对一家特大型金融机构来说，这不仅是自身防范风险的需要，而且对于建设法制社会也有很强的影响和示范作用。建设银行严格执行国家的法律法规和各项政策，自觉接受监管部门的监督，坚决服从国家的宏观调控。着力调整和优化信贷结构，减少膨胀过快的房地产和制造业贷款，压缩产能过剩和潜在过剩行业贷款，有效地控制高污染、高能耗行业贷款。

全国性大型商业银行实际上具有金融基础设施的功能，因此，建设银行的一些产品和服务具有一定的公益性质。曾经有咨询公司的研究报告指出，很大比例的低收入客户只能给建设银行带来负的价值，但是我们坚信把他们排斥在外既不符合社会的要求，也不符合建设银行的根本利益，应当坚持为大众客户提供尽可能周到、便利的金融服务。在推行细分客户、专业化、差异化管理的同时，尊重客户权益，平等对待客户，不搞“店大欺客”、“嫌贫爱富”。事实上，建设银行目前提供的一些基本服务品种是严重亏损的，如支票、汇票和本票结算；还有一些服务则完全免费，如为民政部门代发社保资金等。2008年初，南方遭遇低温冰雪灾害，建设银行员工克服停电、停水等一切困难，不计成本代价，坚持开门营业。许多员工冻伤、摔伤，但为灾区人民保障了基本的金融服务。

商业银行对于社会所能作出的最大贡献，在于其可以把改善民生与创造价值紧密结合起来。我们清楚地看到，城乡居民在就业、创业、住房、教育、医疗、保健、养老等方面所能得到的金融支持还非常有限，中小企业和农业农村普遍存在着“融资难”问题，这些既是社会关注的难点热点，又是银行潜力巨大的业务增长点。在过去三年里，建设银行的住房金融覆盖到越来越多的中低收入人口；小企业贷款从无到有，“成长之路”、“速贷通”、与阿里巴巴合作的网上贷款等信贷产品运作良好；面向农业和农民的多种金融产品取得了多方共赢的效果，其中最有说服力的事例是，对新疆建设兵团农户小额贷款累计13亿元，无一笔不良贷款。目前个人和小企业贷款已经占全部新增贷款的一半以上，净利息收益率也明显高于其他贷款。

积极倡导“绿色信贷”，促进节约型社会建设。坚决贯彻落实国家环保法律法规，在信贷审批中实行环保一票否决制。曾经有一高评级重点客户，经济效益很好，但污染排放严重超标，建设银行毅然否决了对该企业27.5亿元的授信；相反，对于促进环境保护、有利于改善生态环境的风力发电、城市污水处理等产业，则给予了积极支持。三年前，党委就明确提出建设节约型企业的号召，要求全行员工开动脑筋，提出合理化建议，尽最大努力减少能源资源消耗。双面复印、背面打印，取消不必要的纸质文件和存档材料，出差和会议不发个人卫生用品，提倡少用或不用一次性物品，不仅节省了大量开支，而且培养了良好风气。

多年来，建设银行始终积极投身各项公益事业。连续10年向中国青少年发展基金会捐款，建立“希望小学”25所。2007年出资1.2亿元，资助全国各地8万名品学兼优的贫困高中生完成学业；出资5 000万元启动“中国贫困英模母亲”资助计划；与美国银行一道为在上海举办的世界夏季特奥会提供400万美元赞助和全方位的金融服务。建设银行已连续两年获得“最具责任感企业”称号，是金融系统唯一的获奖机构。2008年以来，先后向南方10个省份捐款1 200万元，及时将建设银行30多万名员工的关心和慰问送给遭受雨雪冰冻的灾区人民。

行百里者半九十。虽然建设银行的改革发展取得了辉煌成绩，但是与国际最优秀银行相比我们仍然有很大差距，学习实践科学发展观，推进战略转型仍然面临着非常艰巨的任务。根据世界经济论坛的全球竞争力报告，中国综合排名列第34位，但是金融市场成熟度仅列第118位，融资可获得性更是影响商务环境最主要的负面因素。作为金融服务的供应商，我们深感惭愧，同时更觉责任重大。我们不能有任何懈怠，必须付出更艰苦的努力。

在开展深入学习实践科学发展观活动试点工作动员大会上的讲话

郭树清

（2008年4月1日）

同志们：

党的十七大系统阐述的科学发展观集中体现了马克思主义中国化的最新成果，是我国经济社会发展的重要指导方针，是发展中国特色社会主义必须坚持和贯彻的重大战略思想。今年2月，中央决定部分省市县和中央部门、企业及高等院校先期开展学习实践科学发展观活动试点工作，建设银行是金融系统中唯一的试点单位。这个消息经媒体报道以后，在行内外引起了强烈反响。许多同志表示，这既是中央对建设银行工作的肯定，也是对我们的高度信任。总行同志与全系统同志一样都感到十分光荣，同时也觉得责任重大。党委高度重视这项工作，已多次召开专门会议，认真学习中央有关指示精神，研究制订了学习实践活动试点方案，并得到了中央试点工作领导小组的批准。今天，我们正式召开启动动员大会，对开展深入学习实践科学发展观活动试点工作进行安排和部署。下面，我代表总行党委讲几点意见。

一、充分认识开展深入学习实践科学发展观活动的重要意义，增强做好试点工作的责任感

我行党委在年初已作出决定，贯彻落实科学发展观，转变建设银行的业务发展方式是全行今年工作的主题。中央确定建设银行为深入学习实践科学发展观活动的先行试点单位，为我们注入了新的巨大动力，一定会促进我行的各项工作加快步伐、提高水平。这次学习实践活动意义重大，我们体会有以下几个方面。

第一，开展深入学习实践科学发展观活动，是贯彻落实党的十七大精神的重大战略部署。党中央对开展深入学习实践科学发展观活动高度重视，十七大闭幕后不久，胡锦涛同志即作出指示：深入学习实践科学发展观活动2008年上半年先行试点，奥运会后在全党推开。1月22日，胡锦涛同志在同全国宣传思想工作会议代表座谈时指出，要在全党开展深入学习实践科学发展观活动，引导广大党员、干部深刻认识科学发展观的科学内涵、精神实质、根本要求，着力转变不适应、不符合科学发展观要求的思想观念，着力解决影响和制约科学发展的突出问题，把全社会的发展积极性引导到科学发展上来，把科学发展观贯彻落实到经济社会发展各个方面。2月18日，胡锦涛同志在同全国组织工作会议代表座谈时再次强调了这项工作，要求全党进一步增强贯彻落实科学发展观的自觉性和坚定性。在全国组织工作会议上，习近平同志指出，在全党开展深入学习实践科学发展观活动，是党的建设和组织工作的重中之重，要认真做好试点工作，取得经验后再全面推开。中央领导同志的重要讲话，为我们开展深入学习实践科学发展观活动试点工作指明了方向。

第二，开展深入学习实践科学发展观活动，是推动建设银行全面协调可持续发展，实现战略愿景的动力源泉。胡锦涛同志在十七大报告中指出，科学发展观第一要义是发展，核心是以人为本，基本要求是全面协调可持续，根本方法是统筹兼顾。我行股改上市以后，确立了“始终走在中国经济现代化的最前列，成为世界一流银行”的愿景，提出了全面战略转型要求，从业务结构、盈利模式、价值创造和竞争能力等方面进行了描述。具体提出：到2008年，基本建立专业化和差别化的营销服务体系；到2010年，基本完成业务结构转型；到2015年，接近世界一流银行水准；到2020年，成为世界先进银行。能否实现我们的愿景，达到这些目标，关键就在于用科学发展观

来指导我行的各项工作，根据“全面协调可持续”的基本要求，制定正确的发展战略，创新工作机制，提高解决问题的能力，加快转变业务发展方式，更好地满足市场和客户需要，增强建设银行的市场响应能力、客户服务能力和风险控制能力。

第三，开展深入学习实践科学发展观活动，是理顺各种关系，建设和谐企业的根本途径。建设和谐企业，是以人为本核心原则的内在要求，是实现可持续发展的重要基础。和谐出凝聚力、和谐出竞争力、和谐出创造力。随着我行改革不断深化，利益格局不断调整，员工思想观念不断更新，各种矛盾冲突也日益凸显，这就更加需要我们加强和谐企业建设。贯彻落实科学发展观，很重要的一条就是正确处理改革、发展和稳定的关系，理顺处理好各方面的利益关系，在实现业务快速发展的同时，主动与各利益相关方包括股东、客户、员工、社区、商业伙伴甚至竞争对手等，建立起更加和谐、更加融洽的关系，促进建设银行又好又快地发展。2007 年我们重新修订了中长期发展战略纲要，提出了建设银行的使命：为客户提供更好服务，为股东创造更大价值，为员工搭建广阔的发展平台，为社会承担全面的企业公民责任。通过这次深入学习实践科学发展观活动，这项使命一定可以得到更好的贯彻。

第四，开展深入学习实践科学发展观活动，是加强建设银行领导班子和领导干部队伍建设的迫切要求。领导班子和领导干部处于全行核心地位，领导班子和干部队伍建设关系到建设银行发展的全局。当前，我行改革发展的任务很重，对领导班子和干部队伍建设提出了很高的要求。能否主动适应市场环境的发展变化，不断提高经营管理水平，实现业务持续健康发展，既是对各级领导班子和领导干部能力水平的考验，更是对各级领导班子和领导干部能否全面贯彻落实科学发展观的检验。开展深入学习实践科学发展观活动，就是要求领导班子和领导干部进一步转变观念，提高对科学发展观的认识水平和领导科学发展的能力。

这次学习实践活动，是用马克思主义中国化的最新成果教育党员和党员领导干部，必将对建设银行的长远发展产生深远影响。同时，我们在试点工作中还肩负着为全行以至于金融系统开展深入学习实践科学发展观活动探索办法、积累经验的任务。切实搞好这次学习实践活动试点工作，意义深远、责任重大。我们要充分认识做好试点工作的必要性、重要性，把思想统一到中央要求上来，以高度的政治责任感做好试点工作。

二、认真总结近年来学习贯彻科学发展观的实践经验，为做好试点工作打好基础

党的十六届三中全会第一次提出科学发展观的基本理念以来，建设银行就开始了认真的学习实践和探索。这几年也正好是建设银行进行股份制改革试点的时期。在党中央、国务院的正确领导下，建设银行率先实施重组改制，成功实现海外公开上市，上市后着力推进内部改革，加快业务战略转型，努力构建和谐企业，市场价值和国际形象发生了翻天覆地的变化。建设银行之所以取得令人瞩目的成绩，就是我们坚决贯彻落实中央关于深化金融改革的决策和部署，一以贯之地学习实践科学发展观的结果。对此，我们有一些初步的体会和认识。

第一，实现科学发展必须建立和完善现代银行制度。只有建立健全现代公司治理结构，才能从根本上转变国有银行的运行机制。十六届三中全会指出，现代金融企业必须做到“资本充足、内控严密、运营安全、服务和效益良好”，全国金融工作会议进一步提出要“规范、严格、彻底、创新”。我们以开放的态度积极探索，审慎处理公司治理结构运行中的矛盾，健全相关各方的沟通机制，做到信息共享和交流顺畅，努力实现制衡与效率的协调统一。强化统一法人意识，集中经营决策和资源配置权力，加强条线管理，提升全行执行力，改变管理松懈、粗放的局面。健全职工代表大会和工会制度，积极推动民主管理。主动接受市场和公众监督，完善信息披露。一些外籍董事反映，在权力制衡和程序公正方面，建设银行的公司治理水平已超过许多欧美金融机构。

第二，实现科学发展必须建立“以客户为中心”的经营理念和运行机制。客户满意度是检验科学发展成效的基本尺度，以自我为中心是不可能实现科学发展的。近年来，我们在全行大力倡导“以客户为中心”的经营理念，服务态度和服务质量有了根本性好转。通过实施前后台分离，优化业务流程，使柜员专注于为客户提供面对面的营销服务；实施零售网点转型，有效地缓解了

长期存在的客户排队问题；通过组建专业化机构团队，开始为客户提供个性化的综合金融服务；自助渠道、电子银行发展步伐加快，极大地方便了客户，满足了客户的多样化需求。

第三，实现科学发展必须调整业务结构、转变盈利模式。根据市场和客户需求进行战略转型，转变业务发展方式，是我们在实践中积累的成功经验。实现科学发展的关键在于，必须从根本上改变过去规模盲目扩张、经营管理粗放的发展格局。我们针对以前存在的过分重视大客户、存贷款业务、利差收入、国内市场等问题，及时调整资源配置机制，加快公司业务自身的转型，引导全行将越来越多的经营资源向中小企业、个人客户、消费金融、中间业务、海外市场等战略性业务和新兴领域转移，促进了业务健康持续发展，我行资产质量、净利息收益率、综合盈利能力保持国内领先，转型绩效受到国内外市场的充分肯定。

第四，实现科学发展必须做到风险控制与业务发展的协调统一。反思国有银行曾经背负的巨额不良资产包袱，究其根源，除外部不适当干预和内部违规外，还在于把风险控制与业务发展割裂开来，没有抓住真正的风险点。要使风险内控能力切实强健起来，必须对传统管理办法进行系统性的创新，做到寓风险控制于业务发展之中。我们确立“了解客户、理解市场、全员参与、抓住关键”的风险理念，积极推行审计、风险系统垂直管理，建立贴近市场的平行作业机制，都收到了良好效果。与此同时，我们还引进“六西格玛”管理方法，摒弃经验主义和“拍脑袋”做法，坚持以事实和数据为基础，提升了精细化管理水平。

第五，实现科学发展必须充分发挥全行员工的创造性和主动性。发展依靠员工，发展为了员工，员工满意度是衡量企业科学发展的重要标志。近年来我们在改进人力资源管理方面做了一些工作。在全行范围内建立了“员工之声”调查制度，认真听取基层员工意见；加强员工职业生涯规划工作，大力加强员工培训；贯彻“注重综合素质，突出业绩实效”的人才理念，从战略高度组织人才储备和培养工作；切实保障员工权益，稳步推进用工制度并轨改革，使每一个员工都有平等的发展机会；主动关心分流人员，加大对困难员工的救助力度，促进了企业和谐。

第六，实现科学发展必须处理好与各利益相关方的关系。股改上市后，我们在经营管理过程中更加自觉地尊重各利益相关方的关切，坚持为国家、为股东创造长期稳定的高额回报。坚决贯彻宏观调控政策，积极倡导“绿色信贷”，大力推进节约型企业建设。将改善民生与创造价值结合起来，积极为“三农”发展提供金融支持，长期致力于帮助城乡居民特别是中低收入群体解决就业、创业、住房、教育、医疗、保健、养老等方面的金融服务难题，主动投身各项公益事业。通过积极承担企业公民责任，我行树立了良好的社会形象。

在看到已有成绩的同时，必须认识到我们学习实践科学发展观还是初步的，许多方面还是零散的或不够系统的，有些时候也不是那么自觉的。我们要清醒地认识到，建设银行作为有机统一的整体，转变业务发展方式还亟待解决一些深层次的矛盾和问题，我们的组织架构、作业流程、服务方式、管理制度、企业文化还需要进行更大力度的变革。我们的内部机构之间不能实现弹性边界和无缝隙连接，缺乏主动的沟通和协调配合，习惯于各行其是，甚至画地为牢，这恐怕是建立科学发展体制机制的一个严重障碍。与国际最优秀的银行相比，我们还存在盈利模式单一、业务结构不合理、专业化经营管理能力薄弱、核心竞争力不强、品牌价值不高等问题。最近英国《银行家》公布了“2008 世界银行品牌 500 强”，建设银行品牌价值仅为汇丰控股的五分之一，而我们的股票市值却与汇丰不相上下。

从我国金融业的整体状况看，学习实践科学发展观也是非常紧迫的根本性任务。近些年来，金融业有非常大的发展，但总体上看还比较落后。“世界经济论坛”有一个《2007—2008 国家竞争力报告》，2008 年中国总体上排名第 34 位，这是很靠前的。但是，其中的金融市场成熟度指标中国仅排名第 118 位，融资服务的可获得性也在 100 名之外。金融是现代经济的核心，在配置资源方面发挥着很重要的作用，但是在我国发挥得还不够理想，存在很多问题。比方说，中小企业融资难，外资企业在本地融资也难，个人金融服务不完善，银行网点经常排长队，中等偏低收入的人买房很难贷到款，农村和许多城镇社区缺乏金融服务设施等。当然，还有其他方面的问题，如管理和市场监管等问题。

无论是建设银行面临的矛盾和问题，还是整个金融业存在的问题，都需要通过更加深入、系统、全面、自觉地学习实践科学发展观来寻找答案和解决办法。

三、准确把握试点工作的指导思想、目标要求与基本原则，深入研究试点工作需要解决的重点问题

（一）牢牢把握试点工作的指导思想

总行的《试点方案》明确了试点工作的指导思想。一要全面贯彻党的十七大精神，高举中国特色社会主义伟大旗帜，以邓小平理论和“三个代表”重要思想为指导，组织学习实践科学发展观的各项活动；二要始终抓住各级领导班子和党员领导干部这个重点，认真学习、准确把握科学发展观的重大意义、科学内涵、精神实质和根本要求，努力改造主观世界，切实增强贯彻落实科学发展观的自觉性和坚定性；三要做到“五个着力”，即着力转变不适应科学发展观的思想观念，着力提高深化改革、领导科学发展、促进建设和谐企业的能力，着力解决影响和制约建设银行科学发展的突出问题，着力解决员工、客户和社会反映强烈的突出问题，着力构建充满活力、富有效率、更加开放、有利于科学发展的体制和机制。

（二）努力实现试点工作的目标要求

通过这次学习实践活动，要使广大党员特别是领导班子和党员领导干部达到统一认识、提高能力、解决问题、创新机制的目标。

统一认识，就是要对事关建设银行科学发展全局的重大问题形成共识，确立符合实际的科学发展模式。改变“官商”作风，树立“以客户为中心”的理念；改变过分追求规模和速度的经营思想，树立数量、质量和效益相统一的理念；改变过分注重短期效果的倾向，树立长期可持续发展的理念；改变单纯重视利润的评价标准，树立统筹兼顾企业绩效、社会关切和自然环境的理念。

提高能力，就是提高领导班子和领导干部学习实践科学发展观的能力，包括研究探索、改革创新、科学决策、贯彻执行等方面的能力。通过提高能力和明确思路，切实推动我行战略转型工作的深入开展。大力发展零售业务，向批发与零售业务并重转变；全面调整产品和服务结构，向传统与新兴业务并重转变；努力改进盈利模式，向利差与非利差并重转变；积极探索综合化经营，向多功能银行转变；加快拓展海外业务，向国际化银行转变。

解决问题，就是重点解决内部基层、市场客户和社会公众反映强烈、影响制约建设银行科学发展的突出问题，包括业务流程、服务质量、产品结构、社区金融、考核评价、企业和谐等。最近，“客户之声”项目的研究报告已经完成，这是一份极具参考价值的研究成果，总行高管层和部门领导干部要认真研读，深入分析，作为调研和查找问题的主要依据之一，并研究提出切实可行的整改措施。

创新机制，就是要推动形成有利于建设银行科学发展的管理体制和运行机制，在完善公司治理、组织架构、风险内控、激励约束等方面迈出新的实质性步伐。总行要成立相关专题小组，由党委同志、高管人员分别牵头负责，充分进行研究论证，提出具有可操作性的整改方案和制度办法，也欢迎董事、监事一道参加。建设银行的发展离不开整个金融业和国家经济社会的大环境，所以我们还要组织专门的研究力量，对如何促进我国金融业和经济社会事业的科学发展提出意见和建议。这些题目都需要相关部门参加，从第一阶段起就要着手工作，边学习，边探索；边总结，边提高。

（三）始终坚持试点工作的基本原则

在试点工作中，要坚持好五条原则：一是正面教育为主。着眼于保护和调动广大党员、干部推动建设银行科学发展的积极性，重在自我提高，重在总结经验，重在明确方向。总结经验教训要深刻全面，查找问题要实事求是，但是不搞对号入座，追究个人责任，更不能搞人人过关。二是突出实践特色。把开展学习实践活动与贯彻落实党的十七大的一系列战略举措结合起来，与总结建设银行改革发展的成功经验结合起来，与推动建设银行业务可持续发展结合起来，与促进体制机制创新结合起来，与解决党性党风党纪方面存在的突出问题结合起来。三是坚持群众路线。充分发扬民主，让群众参与，请群众评判，受群众监督，使群众满意。虽然这次活动的重点是领导班子和党员领导干部，但是每个党员都必须搞好学习和自我教育，更要关心总行党委和本部门领导班子的各项活动，积极参与其中，努力贡献自己的力量。四是解决突出问题。要把查找问题、解决问题贯穿学习实践活动的始终，边学、边查、边改，确保取得实效。五是着眼长期实践。学习

实践科学发展观是长期任务，要立足巩固基础，自觉长期坚持。实际上，这次活动的目的是打牢基础，构筑一个新的良好起点，为今后的长期学习实践开好头。

（四）围绕《试点方案》提出的八个方面问题深入进行研究探索

根据实际情况和金融行业的特点，我们提出这次试点工作要研究解决的八个方面问题。具体包括：一是如何在活动中突出实践特色，引导广大党员把改造主观世界与改造客观世界有机结合起来，使学习理论与推动实践紧密结合、相互促进。二是如何在活动中突出抓好总行党委班子、总行部门和试点分行领导班子以及高级经理级以上领导人员这个重点。三是如何在活动中坚持以正面教育为主，创新方式、方法，务求取得实效。四是如何在活动中坚持从建设银行实际出发，确定活动的具体方法和步骤。五是如何加强对活动的组织领导，搞好对各种机构的分类指导，探索适合金融业特点的学习实践科学发展观的活动方式。六是如何坚持群众路线，吸收群众参与，组织基层广大员工和客户进行评议。七是如何组织好员工满意度和客户满意度的测评工作，正确评价和检验活动取得的成效。八是如何巩固、发展学习实践活动取得的成果。回答好这八个问题是这次试点工作的重要任务。

四、认真落实试点方案的计划和步骤，加强组织领导，确保试点工作取得实效

（一）明确本次试点工作的时间和范围

这次试点工作从现在开始，到7月下旬基本结束，集中活动时间为3个月左右。试点范围包括总行本部和总行直属机构、上海市分行本部、河北省分行本部和唐山市分行本部。党的组织关系在总行的党员，都要参加总行本部的活动。试点分行要尽快制订试点方案，报总行领导小组批准后组织实施。

（二）认真落实试点工作的具体程序和办法

根据中央政治局常委会批准的《关于在全党开展深入学习实践科学发展观活动的试点方案》，学习实践活动大体分为学习调研、分析检查、解决问题、完善制度四个阶段，各试点单位可以根据自身的实际情况灵活掌握。鉴于我行以往学习实践科学发展观已经有了一定基础，查找问题实际已有一段时间，因此我们认为应当将主要精力集中到解决问题和完善制度上来，总行党委决定，将前两个阶段合并成一个阶段进行。这样，总行的试点活动就分为学习检查、集中整改、完善制度三个阶段来执行。试点分行开展活动不一定照搬总行的安排，应根据自身情况研究确定，不过大体上也不要超过三个阶段，各个阶段在时间上不作严格划分，可适当交叉。

学习检查阶段，总行本部和试点分行召开动员大会，由党委主要负责同志作动员报告；组织广大党员深入学习党的十七大精神，学习中央有关文件、胡锦涛同志的重要论述，广大党员干部特别是领导干部都要精读《科学发展观重要论述摘编》（试用本），还要学好其他有关学习材料。集中学习采取个人自学、中心组学习、专题讲座、座谈交流等多种形式进行，学习要紧密联系实际，对照检查存在的问题。领导班子成员和党员领导干部要采取联系点调研、基层岗位体验、上门走访客户等多种形式，带队进行调查研究，广泛听取员工和客户的意见，着重梳理在贯彻落实科学发展观方面存在的主要问题，形成专题调研报告和分析材料。总行党委、总行各部门及直属机构和试点分行领导班子成员要参加一次专题民主生活会，认真总结过去几年来在贯彻落实科学发展观方面的成绩和经验，分析和检查存在的不足和问题，统一领导班子成员思想认识。在此基础上，召开总行党委扩大会议进行讨论，写出建设银行贯彻落实科学发展观情况的分析报告，请股东代表、董事、监事、基层单位代表和客户代表进行评议。每位领导班子成员和党员领导干部从一开始就要准备专门的笔记本并拟订学习调研提纲，然后在调查、交流、讨论中不断修改和完善，形成高质量的发言稿和调研材料。

集中整改阶段，在学习检查的基础上，总行各部门、各直属机构和试点分行对以往边学、边查、边改的情况进行总结，根据需要和可能，梳理出影响面较大、需要集中解决的突出问题，如服务质量、市场营销、资源配置、业务结构等问题，并针对这些突出问题制定整改措施，确定整改时限，落实整改责任；要统筹协调、集中力量抓好整改落实，力争在解决员工和客户最关心、最直接、最现实的问题上取得实效。在边整边改的基础上，对整改的实际效果及时进行员工和客户满意度测评，并组织行内外专家对整改情况进行评议。

完善制度阶段，在集中整改的基础上，总行要修订中长期业务发展规划，解决影响和制约当前建设银行科学发展的体制机制问题，包括修订完善业务导向政策、内部资源配置办法、新的机构改革方案、对分支机构和员工的综合考评办法；研究提出促进我国金融业科学发展的意见和建议，研究提出促进我国经济和社会事业科学发展的意见和建议；要制订长期学习实践科学发展观的规划，在更高的起点上建立健全贯彻落实科学发展观的长效机制。在试点活动基本结束时，总行要统一组织员工、客户代表及行外专家对建设银行深入学习实践科学发展观活动的实际效果进行评价。试点分行要健全内部制度、改进运行机制，提出完善全行体制机制的建议。

这次学习实践活动，要突出领导班子和党员领导干部这个重点，但是也不能放松对普通党员和党员干部的要求。对离退休老同志可采取比较灵活的方式，如组织他们参加学习、讨论和座谈等。这次试点工作，只在总行本部及个别一级分行、二级分行开展，但是全行系统要积极帮助分析问题，提出改进建议。

（三）切实加强对试点工作的组织领导

试点工作在总行党委领导下开展。总行成立深入学习实践科学发展观活动试点工作领导小组，领导小组组长由我担任，副组长由张建国同志、谢渡扬同志担任，领导小组成员由总行党委委员和部分高管人员担任。领导小组下设办公室，负责日常工作，主任由辛树森同志兼任，副主任由于永顺同志、杜亚军同志兼任。办公室下设综合研究、推进督导、学习宣传三个组。试点一级分行、二级分行也要成立以分行党委主要负责同志为组长的试点工作领导小组，设立日常工作机构。

（四）要坚持解放思想、改革创新

试点的过程，是解放思想、改革创新的过程。这次试点活动没有固定的模式，没有现成的答案，需要我们解放思想、积极探索。学习调研要切实转变不符合科学发展的思想观念；分析检查要按照科学发展观的内在要求查问题、分析根源、总结经验教训；解决问题要用改革的办法破解发展难题，用科学的思维推动理论探索；完善制度要突破影响和制约科学发展的体制机制障碍；方式、方法要尊重基层创造，发掘党员喜闻乐见的方式。要不断研究新情况、解决新问题，真正形成对在金融系统乃至于全党开展学习实践活动具有普遍借鉴作用的好做法、好经验、好思路。

（五）要统筹兼顾，努力做到两不误、两促进

今年是全面贯彻落实十七大精神的第一年，各方面的工作都要开好局、起好步，任务很重。要处理好完成本单位各项工作与做好试点工作的关系，把开展试点工作与业务经营活动紧密结合起来，作为推动各项工作的重要动力，作为提升科学发展水平的重要机遇，进一步激发广大党员、干部的积极性、主动性、创造性，努力做到抓学习、促工作、促发展。

同志们，做好这次试点工作，是党中央交给我们的一项重大政治任务。我们一定要充分认识试点工作承担的重大责任，以认真负责的态度、改革创新的精神、求真务实的作风解放思想、积极探索，圆满完成试点工作各项任务，为在整个金融系统乃至于全党开展深入学习实践科学发展观活动作出积极贡献！

在中国建设银行春季工作座谈会上的讲话

郭树清

（2008 年 5 月 30 日）

同志们：

这次会议开得非常好。大家都赞同张建国行长所作的工作报告，对下一阶段工作安排有了全面的了解，更有决心和信心把全年的任务完成好。

根据大家讨论交流的情况，我谈几点意见，也请大家在接下来的学习实践科学发展观分析报告评议会上一并研究和提出批评。

一、关于银行的外部环境和金融市场的发展前景

当前的经济金融形势非常复杂，不确定性大大增加，超出了我们年初的预期。除了遭遇自然灾害外，宏观经济受国内、国际各种因素的影响，也出现了很多重要变化。例如，随着季节转暖，蔬菜、水果等农副产品供应增加，本来预期消费品价格会逐步回落下来，但是，物价总水平实际上还在继续上涨，而且已经扩散开来，逐渐演变为全面上涨。4 月，居民消费品价格同比上涨8.5%，是12 年来次高水平；工业品出厂价格同比上涨8.1%，创三年多来的新高；原材料、燃料、动力购进价格上涨11.8%。进口价格指数上涨更为厉害。2 月进口价格同比上涨18.1%，比上年同期上升13.3 个百分点，3 月仍达到17.6%，输入性通货膨胀的压力空前显著。国际石油价格上年初大约是每桶50 美元，有人预测到今年底会达到每桶150 美元。世界头号铁矿石供应商巴西淡水河谷公司，今年把铁矿石基准价提高了65%，澳大利亚铁矿石供应商则提出要加价85%，理由是要再加一个运费价差。能源价格的变化必然会向中下游转移，特别是石油涨价后各种原材料，包括化肥、农药、塑料薄膜都会跟着上涨。在这样的剧烈冲击下，经济和金融的周期性波动恐怕在所难免，利率水平、存款准备金比率都可能再度发生变化。

我们对宏观金融形势必须有清醒的认识。上年，很多大公司、大银行的利润增长在50% 以上，有的小银行甚至超过100%。但是，这样的好日子可持续吗？虽然我们主观上希望能持续，但实际上是做不到的。一些上年业绩很好的企业和金融机构，今年第一季度的利润就急剧下挫。为什么？因为它们上年有很多收益来自股市，当期业绩非常好。今年股市猛跌，就出现了比较大的反差。建设银行今年前五个月的税前利润保持了高速增长的势头，但大家千万不要拿简单的算法来预测我们全年的利润。下半年会怎么样还说不准。我们绝对不能被冲昏头脑，一定要看到后续发展隐藏着不确定性和波动性。

前几年，我们去美国考察的时候，看到很多基金公司连续几年的收益率都在20% 以上。我想，几家公司有这样的业绩是合理的，但如果包括养老金、保险基金在内，所有的基金公司年收益率都达到20% 以上，那肯定有问题。因为美国经济没有增长这么快，也没有这么多的产出。所有的基金收益率同时都大大超出经济发展水平，那是无源之水，肯定不能持久。不久前，美联储前主席沃尔克在他的八十大寿聚会上说，美国的金融危机大体上平均每五年一次。虽然危机的深度小多了，但经济的周期性、波动性依然存在。同样，中国的经济也不可能每年都保持11% 以上的增长速度，必然会经历周期性的交替。古语说，文武之道，一张一弛，宏观经济也是如此。

我们一定要针对未来可能的经济波动做好充分准备。在年初的全行工作会上，我们提出要下决心甚至要以“壮士断腕”的精神来进行结构调整，就是基于对上述形势的判断。今年以来，全行信贷结构调整已初见成效，行业不良率在5% 以上的退出类客户贷款余额已减少199.17 亿元，比年初存量压缩21.98%。有的项目，如电厂、公路，近期前景还不错，但考虑到可持续性不太好，我们毅然退出了。结构调整要继续坚持，不要受周围环境的影响，不要看到别的银行拿到那些短期效益很好的项目又后悔了。结构调整不需要对外大肆宣传，要埋头抓紧推进，力度要继续加大。即使遇到一些压力，也要坚持自主经营原则，时刻保持冷静的头脑，正确应对。这一点非常重要。

对最近欧美银行出现的次贷危机，我们要认真研究，注意从中吸取教训。从美国的银行来看，它们的公司治理并不像宣传的那么好，内部人控制实际上是非常严重的。股东会、董事会的作用比较有限，很多银行的董事长、CEO 都是一个人，很难起到制衡的作用。他们设计的金融衍生产品非常复杂，而且越搞越复杂，更重要的是风险没有锁定，评级机构在危机中也起了推波助澜的作用。这些都是值得我们认真吸取教训的。

但是，我们也要注意到另一种倾向。现在社会上有一种舆论，包括建设银行内部也有一些同志头脑发热，认为我们一下子就能成为超过欧美等发达国家银行的大银行了，甚至比它们强多了。有人说，欧美银行没有什么了不起，次贷危机说明它们的风险管理其实不怎么样。对此，我们要客观地进行分析。虽然我们这几年财务指标确实

比它们好，市值也比它们高，但是不能因此就觉得自己一切都变好了。我们与欧美银行还根本不在一个发展层次上，还没有具备与欧美银行相同水平的产品和服务创新能力。我们所处的市场增长潜力非常大，而美国、欧洲一年经济增长能达到2%、3%就很不错了。在中国这个高速成长的市场环境下，银行还比较少，金融服务供给还很不足，而欧美的金融服务已经属于竞争过度，不可比的因素很多。

我们千万不要把自己看得过高，甚至飘飘然。在风险管理、市场运作、产品开发、IT系统、人力资源管理等方面，欧美先进银行有很多地方值得我们学习。在学习实践科学发展观活动查找问题时，我们总结出第一个问题就是有自满情绪。这不是做官样文章，而是一个实实在在的问题。我们需要不断地向国际先进银行学习，该考察的还要去考察，该请教的还要去请教。对出国或跨境培训要继续加大力度，今年要抓住形势好的时机，在力所能及的范围内再多搞一些项目。

二、关于支持抗震救灾和灾后重建

“5·12”汶川大地震发生后，全行上下紧急动员，各分支机构和整个系统的表现都非常优异。震区分行克服一切困难，确保银行服务不中断；及时开辟相关业务的“绿色通道”，为救灾争分夺秒；针对各种非常规的新情况，推出创造性的应急服务；全行员工心系灾区，踊跃捐款、捐物。这次地震的震级和烈度为多年所未有，而建设银行组织的抗震救灾行动坚强、迅速、有力，从一个侧面展现了学习实践科学发展观的新风貌。

突如其来的灾害，给震区分行带来了很大的影响和损失。我们有3位员工死亡、4位员工失踪，大家都感到十分悲痛。从目前的情况来看，四川省分行以及其他受灾分行的损失比预想得要大。许多员工个人的财产损失惨重，特别是住房，没有倒塌的也有不同程度的损害。这些问题我们必须给予统筹解决。特别要强调的是，对受灾造成的财务损失、绩效考核以及客户损失带来的风险要早评估，认真做鉴定，把问题和损失估计得充分一些。当然，我们不提倡报“过头账”，把问题说得超出客观事实，但是千万不要低估。根据风险监控部提供的材料，这次地震加上年初的冰雪灾害，我行受影响的贷款有400多亿元，可能会形成不良的有60多亿元。这个数字还是一个阶段性的预测数，没有见底，因此，评估工作一定要做好。如果情况属实，下半年就要考虑计提拨备。现在国家要求对受灾的企业、个人要尽可能地给予照顾，但是也不提倡简单地“一风吹”，否则道德风险难以控制，借款人都可以不还钱了。这两者之间如何把握，还需要研究。我们要认真分析，做好预案，拿出一些恰当的解决办法来。

对于受地震影响的个人住房贷款，我们要研究解决措施。借款人死亡了，按照规定的办法就可以核销。但是，客户受伤的情况怎么处理？还有，客户虽然没有受伤，但是房子震裂了，客户跟开发商发生争议不愿意还款，又怎么办？诸如此类的问题还有很多，需要我们尽快研究。

支持灾后重建是我们义不容辞的责任，我行应该走在同业前列。我们要发挥在基础设施建设、住房建设等方面的优势，扎扎实实地做好相关工作。

三、关于中间业务和产品创新

今年以来，全行中间业务发展的势头非常好。前4个月中间业务毛收入比上年同期增长105%，增幅位居四行第一，全行员工为此付出了辛勤努力。但是，我们现在也遇到了一些新的困难，特别是根据监管要求，需要对银行提供担保的理财产品及时进行调整。我们要不折不扣地执行银监会的要求，但是产品创新还要坚持，还要积极进行探索，这个思路不能改变。没有产品创新就等于是原地踏步走，不可能取得进步。在贷款规模紧缩的情况下，我们必须主动寻找新的路子，开发新的产品，要研究出一些可行的解决方案来。我们现在销售的理财产品，有20%是不需要担保的。大家要一起来研究，想办法挖掘这里面有用的做法。有的同志建议把我行部分资产打包后，分类进行评级，再定向销售，把评级比较高的卖给风险承受能力比较低的大众客户，把评级比较低的卖给机构投资者。这些办法都可以大胆尝试。

有的分行反映，我行产品创新速度慢，市场竞争力不强。我分析，主要的问题是报批链条长、风险控制不当。创新本身就要冒一定风险，关键是做到风险可控，一开始要尽可能把关键的风险点把握住，收益要反映风险水平，要能够覆盖风险。要不断优化产品创新流程，使创新更加贴近市场，更好地抓住风险点，这个方向不能改变。

四、关于绩效考核

大家在讨论中对这个问题特别关注。一是建议考核政策要精细化，要兼顾地区差异和条线差异。对此，总行和分行要一起来研究改进。二是反映总行直接经营的集团类客户贷款对分行的综合贡献度比较低，在一定程度上减弱了分行做好有关服务工作的积极性。在这方面，我们要作调整。在总行与分行之间、分行与支行之间利益有冲突时，要尽量向下倾斜，也可以通过双向记账，鼓励上下配合和共同努力。三是考核有一些漏洞。例如，信用卡发卡的费用标准，个人客户和公司类客户之间差异过大；相对于卖保险和卖基金，我们对卖国债的激励力度不够。对这些漏洞，一定要及时采取弥补措施。

绩效考核没有十全十美的办法，必须根据实际不断调整和完善。在汇丰银行和美国银行，绩效考核办法也是每年都在变。总的原则不变，但具体方法要变。因为任何一个指标和办法都是相对的，严格来说也是有漏洞的，有合理的地方也有不合理的地方，时间一长，不合理的地方就会放大。因此，我们对绩效考核和激励机制不要追求百分之百的合理，但是一旦发现问题，就要及时完善，要适应全行的业务发展战略和一定时期的经营策略。总的来看，我们的考核机制是一年比一年好，在不断进步，效果也是明显的。

五、关于机构改革

大家反映，这几年我们推进的机构改革取得了明显成效。前后台分离、网点转型、专业化机构团队建设对提高服务能力、改善市场形象、提升客户满意度都产生了很好的效果。我们要进一步推进组织机构改革，建立“市场导向、专业专注、有机统一、内控严密、运作高效”的现代商业银行组织架构。

要强调的是，改革除了要因地制宜、分步实施之外，非常重要的一点就是不要把精力集中在“定职能、定机构、定编制”上。我们是企业，是现代商业银行，要高度重视流程的合理性。不要把部门职能界定看得过重，否则永远都在定职能，永远也定不清楚。银行业务是一个有机整体，无论我们怎么切分，在哪里“下刀”，总会有界面，都有接合部，总是有千丝万缕的联系。要想完全搞清楚，既不可能，也没必要。所以，搞改革要跳出这种思路。

机构之间的分工应当相对清晰，在运行中要互相配合和互相支持，真正形成弹性边界、无缝隙连接。我们一定要牢固树立这样的观念，只要是建设银行的事，任何人、任何部门都有责任关心，对跟自己工作关联部门的事要主动关心，如果没有人处理，要向上级报告，或向其他部门反映。如果属于部门之间的过渡地带、交叉的问题，应主动走访其他部门，保持良好的沟通，这样问题才能得到最快解决。我们最近为抗震救灾推出了很多应急服务措施，充分体现了各个部门之间无缝隙协作的效果。按照过去的做法，灾民如果提供不了银行卡或存折，肯定是取不出钱的，但现在不一样了，我们在把握住风险的同时，处理得很好。这也是学习科学发展观，贯彻以客户为中心、以人为本的理念的结果。如果只知道援引规章制度，强调这方面有规定、那方面有限制，谁也不能改，客户的燃眉之急就解决不了。

机构改革的核心问题是一定要从过去僵硬、顽固的部门机构、编制、职能的框框里解放出来，推进模块化、团队化和专业化。美国银行的管理部门、经营单位都比我们多得多，但是整体市场反应能力比我们快得多，官僚主义比我们少得多，相互之间的摩擦也少得多。这是因为它们推行了模块化管理，部门之间是伙伴关系。比如美国银行的电子商务模块，在示意图中电子商务部是深蓝色的，周围有一圈浅蓝色的单位，表示是与它有比较密切关系的部门，外面一圈是颜色更浅的支持部门，再往外又是十几个灰蓝色的辅助部门，各个部门组合在一起是一个有机的整体。

一个机构好比一个西瓜，我们总是在琢磨怎么切，其实怎么切都有瓣，怎么切都有边有面。我们不要认为能切得很好，当然首先我们要想切好，不能乱切。建设银行的情况就是这样，我们要在尽可能切好的情况下，提倡无缝隙连接。部门之间要强化内在联系，不要形成互相推诿的格局，见了权利大家都抢，见了责任大家都推，有了问题大家都跑。市场每天不断有新情况、新问题，不断有客户投诉，有的部门在基层行请示上来后一再推搪，甚至三个月不回话，即使研究解决方案也是按照自己框定的规则来进行，根本不解决客户的问题。这样的工作方式和思维方式都还停留在过去，说明问题的根子没有解决。

内设机构不要求上下完全一样，分行可以根

据市场客户环境来决定，但是核心原则是必须搞专业化经营。建立专业化和差别化的营销服务体系已写入我们的业务发展战略纲要。在这方面，不同分行之间进度差别很大，有的分行已经基本成形，有的分行还有很大差距。讨论中有同志提出有些业务在分行要不要设立专门的部门，希望总行明确。是一级部还是二级部，或者叫中心，都由大家自己根据情况来定。

机构的规模和运作方式要灵活多样。不要像过去那样，一个部门设30人的编制，别的部门至少也要搞到25个人，这不是从市场需要出发，没有灵活性。在美国银行，CEO之下有十来个条线，都是一样的层次和级别，但人数有天壤之别，完全根据需要。比如零售业务有近十万人，而战略并购业务团队只有十几个人。有的分行反映，有些部门不好设，比如说投资银行、财富管理，总行没有确定的说法，怎么办？这两项业务是必须发展的，很多分行也都尝到了投资银行业务的甜头，包括代理发债、财务顾问、IPO等。我觉得，可以考虑将有关职能合并在一起，或者放到其他部门，关键是根据市场和客户的需要，做到专业、专注。没有专业化，就不可能做到高效。

六、关于股权变化和战略合作

前几天，建设银行和美国银行同时发布了一个公告，美国银行将以每股2.42港元的行权价格，从汇金公司买入60亿股建设银行H股，这个增持价格是IPO价格加3%。对此，国内外都有些报道和议论。借这个机会跟大家讲一下，我们建设银行自己的人不能不清楚。之前我们也作过说明，也公开披露过，可能大家没注意。现在看到的这次行权交易是我们2005年与美国银行谈判达成协议的一部分，这个结果完全是市场运作的产物，既合乎法律，也合乎道理。

现在有人说美国银行占了很大便宜，那是怎么比的呢？是和目前建设银行6港元以上的股价相比，问题在于因果关系没搞对。如果没有美国银行入股，没有锁定期长达7年之久的战略合作，不会有这个股价。当然，更重要的是我们上市后需要进一步深化改革、进行战略转型和流程再造，而与美国银行的合作为我们提供了不少有利的条件。

2005年我们引进战略投资者时，国际上很多大银行都不看好建设银行，甚至认为我们问题很多，有大量的不良资产没有暴露。当时与我们洽谈了几个月的多个国际著名金融机构先后退出。国内的金融机构也不看好，我们在成立股份公司邀请发起人时，曾有不止一家的国内大型企业拒绝了作为每股1元的发起人股东。在当时的情况下，我们和美国银行的谈判是非常艰苦的，美国银行进来也是要承担较大市场风险的。双方最终达成的协议也非常合理，为不同的投资阶段设计了不同档次的交易价格：美国银行首期投资25亿美元购买汇金公司持有的9%建设银行股份，在建设银行IPO时不管价格多少都要再认购5亿美元的股份，五年内可以按照汇金公司确定的行权价格继续增持，最高持股比例可以达到19.9%。我们的发行价是净资产的1.96倍，这个价格超过了世界一流银行的平均水平。为什么能这么高呢？美国银行的入股和期权安排是增强境外投资者信心的一个非常重要的因素，上述设计的目的就是要保证我们的股票发行能够平稳和顺利。而且，这是“一揽子”交易，没有期权就没有前面的价格和投资比例，也不会有建设银行上市后股价的持续稳定表现。

另外，这个交易安排也契合了当时国有银行股改整体工作的需要。在我们之前成功上市的中银香港和交通银行，发行价是净资产的1.6倍左右，这给我们奠定了很好的基础。我们作为第一个上市的四大国有银行，情况不太一样。如果我们走得成功的话，后面的工商银行和中国银行就会有很大的便利。从效果看，包括建设银行在内的几家银行的股票发行价格也正是一个台阶一个台阶地推着往上走的。

考虑美国银行入股的另一个因素是，它们愿意向我们转移先进的管理经验和技术。按照协议，这个合作承诺长达七年，美国银行每年至少派50位专家到建设银行工作，双方合作的内容全面、广泛，效果显著。在网点转型、个人业务、中小企业、风险控制、IT等方面，双方合作得非常好，我们确实得到了实惠。与其他银行引进战略投资者相比，建设银行跟美国银行的合作很有特点。美国银行是资产负债全球最大的商业银行之一，与我们合作的互补性很强。而且，美国银行承诺在中国境内不和我们展开市场竞争，特别是不设零售机构。美国银行还承诺全力配合我们在海外市场进行并购，有很多并购项目计划，美国银行一直在和我们一起研究。

总体上看，建设银行和美国银行的战略合作非常成功。今年双方又确定了一批新的合作项目，包括美国银行将加大对建设银行人员的培训力度。在国家注资金额基本一样、每股净资产差不多的情况下，为什么建设银行的H股价格比其他银行高出比较多的差价呢？一个重要因素，就是有美国银行长期合作的承诺在起作用。市场自身是非常公平的，也是全面的，早已把一切有利和不利因素吸纳进去了。

美国银行这次增持60亿股建设银行股票之后，持股比例将上升到10.75%，但这部分股权在2011年8月底之前不得转让。他们原先持有的建设银行股份，到今年10月底禁售期结束。上年11月，美国银行的首席财务官就说过，为应对次贷危机带来的糟糕的财务状况，他们可能会减持一部分最早入股的建设银行股票。当然，在2011年3月以前，他们还有进一步行使期权的机会。这些都是正常的市场行为。而且，美国银行与我们一直保持沟通，在操作时会事先通知，征得我们的同意。对于社会上最近出现和将来可能还会出现的一些议论，大家要有所准备，多做解释，使外界有正确理解，免得出现错误信息误导投资者和公众，影响我们下一步的改革发展。

当前，总行本部和直属机构、上海和河北的分行本部以及唐山分行本部正在按照中央部署开展深入学习实践科学发展观的试点活动。5月7日，中央政治局委员、中组部部长李源潮同志到总行调研时指出，国有银行必须要有更强的服务意识、竞争意识、改革创新意识、风险危机意识和人才意识。源潮同志的讲话抓住了建设银行改革发展的要害，对我们触动很大。要把建设银行的改革发展推向新阶段，建成世界一流银行，我们必须进一步增强学习实践科学发展观的自觉性和坚定性，进一步解放思想，努力把各项改革发展和管理工作做好。

（根据录音整理）

在中国建设银行先进基层党组织、优秀共产党员和优秀党务工作者表彰大会上的讲话

郭树清

（2008年6月30日）

同志们：

今天，我们在这里隆重集会，热烈庆祝伟大的中国共产党建党87周年，表彰全行在改革发展和抗震救灾中涌现出来的先进基层党组织、优秀共产党员、优秀党务工作者。首先，我代表总行党委，向受到表彰的先进基层党组织和优秀共产党员、优秀党务工作者表示热烈的祝贺！向一直默默奋斗在抗震救灾第一线的灾区分行各级党组织和广大共产党员表示诚挚的感谢！向受到地震灾害的员工及家属表示亲切的慰问！

5月12日发生的四川汶川特大地震，是新中国成立以来破坏性最强、波及范围最广、救灾难度最大的一次地震。这起历史罕见的地震灾害，造成了巨大的人员伤亡和财产损失，举国震惊，举世关注。地震发生后，在党中央、国务院和中央军委的坚强领导下，抗震救灾和灾后重建工作正在有力、有序、有效进行。全行发扬“一方有难，八方支援”的精神，捐款、捐物，支援灾区抗震救灾，向灾区人民送温暖、献爱心。广大共产党员和离退休老同志通过交纳“特殊党费”的方式支援抗震救灾，表达了对灾区人民的深切关爱和对党的忠诚。截至6月29日，全行12万余名共产党员已交纳“特殊党费”4 730多万元。在这场特大地震灾害面前，灾区分行各级党组织视灾情如命令、视时间如生命，行动迅速、组织有力，带领职工群众全力以赴，奋力抗震救灾，在抢救员工生命、保护我行财产、做好受灾员工和家属的救助工作中，充分发挥了党组织在危难

时刻的战斗堡垒作用；党员领导干部和广大共产党员临危不惧、奋不顾身、冲锋在前，充分发挥了共产党员在危急时刻的先锋模范作用，涌现出了许多可歌可泣的感人事迹和优秀人物。刚才，来自地震灾区分行的先进基层党组织和优秀共产党员代表的发言使我深受感动，他们以自己的实际行动，显示了基层党组织的凝聚力和战斗力，展示了共产党员顾全大局、勇挑重担、无私奉献的崇高品质。

近几年来，在全行改革发展中，各级党组织和广大共产党员、党务工作者坚持以邓小平理论和“三个代表”重要思想为指导，深入学习实践科学发展观，团结带领职工群众求真务实、开拓创新、艰苦奋斗，在深化内部改革、推动战略转型、促进业务发展、强化内部管理、改善金融服务中发挥了十分重要的作用，一大批先进集体和优秀个人用自己的模范行动展示了我们党与时俱进的先进性，展现了新时期共产党员的精神风貌。

今天受到表彰的先进集体和优秀个人是全行各级党组织和广大共产党员、党务工作者的突出代表。全行各级党组织和广大共产党员、党务工作者要向这些先进集体和优秀个人学习，学习他们自觉实践科学发展观、开拓进取、奋力拼搏、真抓实干的精神风貌；学习他们在抗震救灾中奋不顾身、冲锋在前、模范带头、舍己为人的感人事迹；学习他们时刻牢记党的宗旨、心系群众、服务群众、乐于奉献的崇高精神；学习他们爱岗敬业、恪尽职守、严于律己、清正廉洁的优良作风。

6 月 13 日，中央召开了省区市和中央部门主要负责同志会议，胡锦涛同志、温家宝同志在会上发表了重要讲话。这次会议是在国际、国内形势出现不少新的复杂因素，党和国家工作面临不少新的严峻挑战的情况下，在我国抗震救灾和恢复重建、经济社会发展、北京奥运会筹办等工作的关键时刻召开的一次极其重要的会议。认真学习、全面贯彻会议精神，对于全行进一步统一思想、坚定必胜信心、全力做好各项工作具有十分重要的意义。全行要坚决贯彻落实中央的要求，结合开展深入学习实践科学发展观活动，全力支持抗震救灾和恢复重建，做好北京奥运会金融服务，推动产品、服务、机制创新，努力完成全年各项经营任务，推动全行业务又好又快地发展。

下面，结合学习贯彻中央会议精神，我着重就如何做好抗震救灾和加强党的建设讲几点意见。

一、认真学习贯彻中央的有关指示精神，全力支持抗震救灾和灾后重建工作

当前，抗震救灾形势依然严峻、任务十分繁重，各级党组织、领导人员和广大共产党员要认真学习贯彻胡锦涛等中央领导同志重要讲话精神，按照中央的统一部署和总行党委的要求，进一步发挥各级党组织的战斗堡垒作用、各级领导人员的模范带头作用和广大共产党员的先锋模范作用，为夺取抗震救灾胜利作出更大贡献。

第一，要进一步发挥各级党组织的战斗堡垒作用。要深刻领会党中央关于抗震救灾和灾后重建的一系列重要指示精神，进一步把思想和行动统一到中央的重大决策部署上来。要组织广大党员和职工群众妥善安排受灾员工的基本生活，认真做好相关救助工作，抢修受损网点设备和基础设施，确保正常营业和运行安全。要进一步加强对抗震救灾和灾后重建工作的领导，确保抗震救灾和灾后重建工作领导有力、紧张有序、落实到位。要自觉把抗震救灾和灾后重建与业务工作结合起来，坚持业务工作服务于抗震救灾和灾后重建，在推进各项业务工作的进程中做好抗震救灾和灾后重建工作，以抗震救灾和灾后重建的实际效果检验各项业务工作成效。

第二，要进一步发挥各级领导人员的模范带头作用。这场特大地震灾害，是对各级领导人员最现实、最直接的考验。各级领导人员要深入到困难最集中、任务最繁重的地方，靠前指挥。各级领导人员要做组织抗震救灾和灾后重建的带头人，做完成急、难、险、重任务的带头人，做帮助受灾职工群众解决困难的带头人，做维护灾区分行稳定的带头人，真正成为职工群众的主心骨。要把抗震救灾和灾后重建作为领导班子思想政治建设的生动课堂，在实践中提高领导人员领导科学发展的能力。

第三，要进一步发挥共产党员的先锋模范作用。广大共产党员要积极响应中央和总行党委的号召，以自己的模范行动来影响和带动灾区分行广大职工群众增强信心、战胜困难。要坚守岗位、恪尽职守、勇挑重担，在维护灾区分行稳定、保证业务正常运营中发挥应有的作用。要及时了解、掌握、反馈受灾员工的思想动态，有针对性地做好受灾员工的思想政治工作和心理安抚工作。要

及时发现、总结抗震救灾和灾后重建中涌现的先进典型，利用多种形式广泛宣传他们的先进事迹和崇高精神，激励广大党员为抗震救灾和灾后重建作出更大贡献。

第四，要进一步发挥全行的支持作用。各级党组织和共产党员要按照中央和总行党委的部署，统一思想认识，组织和动员本单位力量，大力支持抗震救灾和灾后重建。要继续发扬“一方有难，八方支援”的精神，开展形式多样的帮扶活动，帮助灾区渡过难关。要坚持“以客户为中心”的经营理念，完善相应机制，着力提高服务效率和质量，特别是要及时了解灾区政府、受灾企业、客户的特殊需求，及时研究新的服务举措，全力为抗震救灾和灾后重建工作提供良好的金融服务。

二、深入贯彻落实科学发展观，进一步加强全行党的建设

全行改革发展的实践证明，只有重视和加强党的自身建设，建设银行才能取得更大成绩。随着改革的不断深化，我行已经进入了一个新的发展阶段。要把建设银行建成世界一流银行，必须全面贯彻科学发展观，高度重视党的建设，充分发挥党的政治优势。

第一，切实加强思想政治建设。思想政治建设是党的建设的核心。加强思想政治建设，首先要用中国特色社会主义理论体系武装头脑，自觉用科学理论指导客观世界和主观世界的改造，提高运用科学理论解决实际问题的能力。当前，要全面贯彻党的十七大精神，尤其要深入贯彻落实科学发展观。科学发展观集中体现了马克思主义中国化的最新成果，是我国经济社会发展的重要指导方针，是发展中国特色社会主义必须坚持和贯彻的重大战略思想，也是把建设银行的改革发展推向新阶段、建成世界一流银行的行动指南。今年上半年，中央确定我行作为深入学习实践科学发展观活动试点单位，总行本部和直属机构、上海市分行本部、河北省分行本部和唐山市分行本部的试点工作正按照中央的要求有序进行。下半年，我们要在中央的统一部署下，在全行深入开展好学习实践科学发展观活动，使广大党员特别是党员领导干部深刻领会科学发展观的时代背景、精神实质、科学内涵和本质要求，努力把科学发展观的要求转化为推动科学发展的自觉行动和实际能力。

第二，切实加强领导班子建设。领导班子处于全行核心地位，领导班子建设关系到建设银行的发展全局。各级党委要充分认识加强领导班子建设的极端重要性，切实把这项工作抓紧、抓好。要增强领导班子执行党的路线、方针、政策的自觉性，提高领导班子的开拓进取意识和改革创新能力。要按照“集体领导、民主集中、个别酝酿、会议决定”的方针，进一步完善领导班子的决策制度和议事规则，提高民主决策、科学决策水平。要维护和增强领导班子的团结，在班子内部营造互相信任、互相支持、互相补台、互相谅解的良好氛围。要加强人才队伍建设，坚持党管干部原则与经营管理者依法行使用人权相结合，将组织考察和引入市场竞争机制相结合，不拘一格选人、用人；大力推进核心人才工作，分级建立后备管理人才和业务核心人才库。继续深入开展以“政治素质好、经营业绩好、团结协作好、作风形象好”为主要内容的“四好”领导班子创建活动，全面提高全行各级领导班子的整体水平。

第三，切实加强基层党组织建设。胡锦涛同志在今年全国组织工作会议上指出：党的基层组织是党执政的组织基础，抓基础、打基础的工作始终不能放松。越是改革发展任务繁重，越要加强基层党组织建设，越要注重发挥基层党组织的作用。因此，我们要以发挥基层党组织推动发展、服务群众、凝聚人心、促进和谐的作用为重点，进一步加强全行基层党组织建设。要积极推进基层党组织设置创新，不断扩大党组织的覆盖面。要巩固先进性教育活动成果，进一步落实保持共产党员先进性六个长效机制文件，不断完善基层党组织的各项制度。要围绕经营工作，抢抓发展机遇、解决发展难题，积极完成各项任务。

第四，切实加强党员队伍建设。党员是党的肌体的细胞，党组织的凝聚力、创造力和战斗力最终要靠党员的先锋模范作用来体现。因此，我们要扎实抓好党员队伍建设这一基础工程。要组织党员学习党章、引导党员遵守党章、教育党员增强党员意识，真正使其成为牢记宗旨、心系群众的先进分子。要构建党员联系和服务群众工作体系，搭建发挥党员先锋模范作用、密切党群关系的工作平台。要尊重党员权利，发扬党内民主，不断提高党员参与党内事务的热情。要建立健全党内关怀、帮扶机制，做好关心、爱护老党员和

生活困难党员工作，增强党组织的亲和力。要认真做好发展党员工作，重点做好在基层一线、青年骨干和女职工中发展党员工作。

第五，切实加强作风建设和反腐倡廉建设。认真对照胡锦涛总书记提出的树立八个方面良好风气的要求，不断加强自身修养，牢固树立艰苦奋斗的思想，大力弘扬求真务实精神。深入基层调查研究，严格执行“客户接待日”制度，认真倾听群众的呼声，通过言传身教去主动影响群体的执行力，特别是“一把手”，要以身作则、率先垂范。要按照中央和总行党委有关廉洁自律的规定，进一步完善教育、制度、监督并重的惩治和预防体系。这里，我再次呼吁全系统党员和党组织要加强对总行党委的监督，对任何以总行领导名义或领导亲属名义进行的推销活动要坚决予以抵制。要突出重点岗位、重点环节，持续开展治理商业贿赂工作。继续抓好案件专项治理，落实《案件防控及整改方案》要求，实现案件总数、涉案金额、百万元以上案件逐年下降。严格落实领导人员问责制度，对违反廉洁从业规定、用人失察失误、管理失职渎职等问题的领导人员及时追究责任。进一步加强和改进巡视工作，加强对各级领导班子及领导人员的监督。认真落实党员领导人员报告个人事项的规定，抓好领导人员任期经济责任审计。

三、切实加强对党建工作的领导，不断提高党建工作水平

第一，不断健全和完善党建工作责任制。加强对党建工作的领导是各级党委的重要职责，各级党委要切实担负起党要管党、从严治党的政治责任，不断完善和认真履行党建工作责任制，形成党委统一领导、各有关部门齐抓共管、一级抓一级、层层抓落实的工作格局。各级党委主要负责同志要认真履行好本单位党建工作第一责任人的责任，切实加强对党建工作的领导和指导，坚持党建工作与业务工作两手抓。

第二，在围绕中心、服务大局中开展党建工作。各级党组织要把党建工作放到全行工作大局中去思考、去谋划，把党建工作的实际成效体现在推动全行科学发展、促进改革发展上。要围绕中心工作、理清工作思路、创新学习模式，着力提高党组织的学习能力、教育管理能力、创新能力和服务能力，不断激发组织活力。要找准党建工作与业务经营的结合点，充分发挥党组织的战斗堡垒作用和党员的先锋模范作用。要善于寻求和利用好的载体，例如，通过建立“党员责任区”、“党员先锋岗”、“党员示范岗”等载体，实现党建工作与推进改革、增强市场竞争力、防范金融风险的有机结合。要把促进中心工作和重大任务的完成情况作为检验、考核党建工作的标准，认真寻找差距，不断改进完善。

第三，以改革创新精神推进党建工作。当前，随着全行战略转型和各项改革不断引向深入，必将涉及各种利益关系和利益格局的调整，也可能会面临许多亟待研究解决的新情况、新问题。例如，在股份制条件下，如何通过抓好党建来凝聚人心、促进发展问题；坚持党管干部原则与经营管理者依法行使用人权统一机制问题；等等。这些问题，有的与体制、机制有关，有的与传统思想观念有关，必须通过深化改革和锐意创新来加以解决。我们一定要进一步解放思想、实事求是、与时俱进，特别是要抓住党建工作中的重点、热点、难点，通过深化改革，寻找解决问题的治本之策，推动党建工作不断有新的突破和新的进步。

同志们，明天就是我们党87周年生日了，我们要以纪念中国共产党成立87周年为契机，以这次表彰的先进基层党组织、优秀共产党员和优秀党务工作者为榜样，进一步认清形势、坚定信心、振奋精神、开拓进取、扎实工作，努力开创全行党建工作新局面，为把我行建设成为世界一流银行提供坚强有力的组织保证。

关于促进我国经济社会事业科学发展的若干建议

郭树清

（2008 年 9 月 12 日）

改革开放 30 年来，我国经济社会事业发展取得了举世瞩目的巨大成就。人民生活水平空前改善，国家综合实力一跃而居于世界前列，全球战略格局发生了深刻变化。我国已经成为最大的资本输出国，预计今年或明年也将成为最大的商品输出国，对世界经济、金融、政治和文化的影响力不断增强。但是，我国经济社会发展也存在着许多不平衡和不协调的现象，面临着诸多问题和挑战，在有些方面甚至有可能对未来发展构成严重的障碍和风险。在深入开展学习实践科学发展观的活动中，结合对银行业的前景展望和分析，我们也认真研究了国家经济社会实现科学发展的若干重要问题，形成了一些意见和建议，现报告如下，供中央有关部门和领导同志决策参考。

一、加大城乡统筹力度，破除二元制度束缚，努力改变城镇化落后于工业化的局面，促进国民经济全面协调可持续发展

计划经济时期形成的城乡分割的制度安排，至今仍然在相当大程度上发挥着作用，这不仅导致城乡居民的身份差异，损害了社会公平正义，而且限制了产业结构优化升级，拉大了收入分配差距。与同等经济发展水平国家相比，我国城市人口的比重、第三产业产出和就业的比重都相差十多个百分点以上。因此，以人口城镇化为核心，在城乡统筹方面迈开实质性步伐，是现阶段提高经济发展质量、切实改善基本民生、建设社会主义和谐社会的中心环节。

（一）因地制宜，加快进城农村人口融入城镇的速度

目前全国进城就业的农村人口已超过两亿，加上留在农村的家庭成员，数字可能再增加一倍。城市化是不可逆转的过程。从总体上说，这些人口最终必然会转入城镇，如果限制这种转移，那么在经济上、政治上、社会管理上都会付出很高的成本。近些年来，一些省市已经采取了开放户口或实行居住证制度的改革措施，但还应当在规范的基础上进一步降低准入门槛，使得已有稳定就业或收入来源的非城市户籍人口分期、分批转为正式市民。应当优先落实社保统筹和子女入学两个方面的平等待遇，实现进城农民与市民的实质性融合。有条件的地方，可以增加其他方面的公平待遇。

（二）将已经基本实现工业化的农村地区按城镇来规划、建设和管理

东南沿海省市、内地大中城市周边、独立工矿区及其他乡镇企业发达地区、非农产业在就业和产出方面已经占据主导地位地区，继续按农村或集镇管理，严重限制了当地经济社会的进一步发展。建议根据产业水平和人口规模，重新界定其行政单位，分别按大城市、中型城市、小城市或建制镇来对待，并建立起相应的组织和制度架构。据估计，这些地区涉及 3 亿左右人口，新的社会整合过程将创造出大量新的需求和就业岗位。更重要的是，这一举措势必会大大提高当地群众的生活质量，为实现全面小康社会奠定坚实基础。

（三）以贯彻实施《中华人民共和国城乡规划法》为契机，大力提升城乡开发和建设的一体化水平

长期实行的城乡规划建设分离政策导致了严重的资源浪费和环境破坏，一方面城镇的建成区土地利用率不高（据估计潜力在 40% 左右），另一方面每年要新占大量农田，而且农村也发展了许多分散的非农产业；一方面一些城镇的公共设施过剩，另一方面农村又严重短缺。农村的集体经济用地、乡镇企业用地和农民宅基地事实上已

有相当的比例通过非规范的途径转变为非农用地、商业用地，国家、集体和农民的利益都受到了不同程度的损害。只有正视这些问题，为工商业多种发展、社会事业及城市居民休闲度假提供专门的土地，才能有效地堵塞各种旁门左道，才能为实现城乡统一规划建设和管理创造条件。

（四）统筹安排城乡公共服务供给

利用城市和大的集镇基础设施和人才条件的优势，进一步增强对农村人口的教育、文化、卫生等公共服务供给能力。根据人口集中程度，在中心村建立起必要的公共服务设施，将新农村建设纳入统一的城镇化战略。鼓励农村义务教育相对集中，国家应为落后地区寄宿制学校的农村学生提供生活费补助。支持城镇学校建设，接纳进城农民工子女入学，尽快实行高中生按就学地参加高考的政策。

（五）积极探索新型的农村社会保险体制

近年来，国家在农村地区实行了低保制度，建立了新型合作医疗体系，一些经济发达地区建立了新型的农民养老保险制度。政府应利用发展新型产业、土地承包权流转、国家建设征地等有利时机，进一步加快农村基本社会保险的建设步伐。通过这些方面的基础工作，为将来城乡社会保险体制并轨创造良好条件。

二、夯实农业基础，坚定不移地推进专业化、现代化和市场化，科学、合理、高效地利用国土资源

粮食安全对于中国社会的稳定和发展具有特别重要的战略意义，农业是粮食安全最重要的基础。我国许多农产品的产量已经名列世界第一，但是与人口规模、经济发展速度和社会生活质量要求相比，农业基础依然比较薄弱。农产品的生产、流通、研发、服务总体上还很落后，农村的生产、生活条件严重滞后于国民经济的发展。农业和农村发展迫切需要实现进一步的制度创新。

（一）政府应全力支持发展现代农业

继续增加财政对农业的投入，特别是要加大财政在江河治理、粮油基地建设、土地整理和农业科技方面的支出。在目前的体制背景下，应当坚持并落实地方的农业责任制，确保粮食的正常生产和供应，即使是沿海发达省区，也必须保证一定数量的粮食和其他农产品的产量。切实改善对“三农”的金融服务，在推动农村经济繁荣、改善民生方面建立新的体制。将传统农业与现代农业相结合，在因地制宜推动发展专业化、规模化、精细化现代农业的同时，支持鼓励发展具有特色的传统农业，特别要鼓励支持那些产量有限、附加价值较高、生产方法传统的特色产品的生产。

（二）完善土地承包制和经营权流转市场

要继续把农业的改革和发展放在突出位置，进一步延长土地承包经营权，参照对林地的承包年限，将农民对土地的承包年限从目前的30年扩展到70年。依法按照自愿有偿原则，建立健全土地承包经营权流转市场，积极鼓励有偿流转，扶持现代农业。对进城农民的宅基地，可考虑随承包土地一并流转、出售、抵押和置换，允许农民对承包地的使用权进行抵押，将农村富余劳动力和人口从土地束缚中解脱出来。

（三）实行更加严格的耕地保护制度，确保农业用地总量稳定

实行科学的国土规划，严格土地用途管理，全国基本农田的总量控制指标要切实落实到各级政府，建议对沿海发达地区立即实行“非农用地总量零增长”政策。严格规范农村土地使用权和所有权流转，确保农业土地用途不得随意改变。

（四）引导和鼓励农民集中居住，减少对农田的非农占用

科学规划农村宅基地的集约使用，配合新农村建设，鼓励农民集中居住，并从政策上引导，为集中居住的农民提供更好的水、电、气等公共设施服务。探索解决进城定居农民两头占用住房和土地的问题，搞好土地整理和复垦。积极妥善地解决好城市周边的“小产权”房地产问题，开正门、堵旁门、关后门。

（五）科学制定并严格执行国土资源利用规划

提高用地规划的科学性和严肃性，使其具有法律效力，一经确定，就不得随意改变。针对目前城镇建成区普遍存在土地利用集约程度不高的问题，加大流动调整力度，减少对新增土地的依赖。工业和城市及村镇发展应当尽量利用非农用土地，特别是加强对山地、丘陵、荒滩的有效利用。鼓励有条件的地方在科学合理的前提下填海造地。同时，区分东、中、西部不同地区，大、中、小不同城市及村镇，制

定差别化的非农用地政策，确保土地科学合理地利用。

（六）明晰政府在土地管理中的权力和责任范围

以完善土地税费改革为途径，明晰中央、地方政府在土地管理中的权力和责任。研究制定地方政府合理收缴和使用管理土地出让金的办法，限制地方政府“经营土地”的权力，加大对土地违法行为的执法力度，强化落实土地问责制，用严格的法规和制度惩治滥占乱用土地的行为，防止严重浪费土地资源换取经济发展的短期行为。

三、深刻认识我国经济社会未来发展的薄弱环节，加快教育体制改革，强化人力资源开发和人力资本建设，建成人才强国和知识大国

在现代经济条件下，国家和企业的市场竞争力已经主要取决于知识、技术和人才，而不是物质、货币和金融资本。我们与世界发达国家之间的差距越来越表现在教育和培训的水准方面。现阶段最大的挑战是大中学校毕业学生实际操作能力薄弱和创造性欠缺，这关系到未来中国经济和社会能否实现可持续发展，能否有一个光明的前景。

（一）改革办学模式和教学管理，建立现代学校治理结构

进一步改变一元化办学体制和单一的政府投资渠道，探索多元化办学体制，广开渠道，充分挖掘和吸纳社会资金投入教育，探索多种形式的办学模式。改变行政化的学校和学术管理体制，设立校董会和校监会，形成现代学校管理制度和治理结构。大学和高中等非义务教育机构，应当分成国立、省立、市立及民间设立等多种形式。

（二）面向市场培养人才，改革教学方式

加大对传统应试教育的改革力度，推进素质教育和高考招生制度改革，促进从人才培养模式到人才选拔模式的系列配套改革。加强高校与社会的联系，以社会需求和市场为导向，调整办学方向和培养目标。在教材调整和学科设置上，紧跟时代发展方向。在教学上更多采用试验、案例分析、讨论和互动交流等灵活而有启发性的方式，鼓励学生主动参与学习和实践过程。建立能促进学生发挥创造力的教育制度，用素质教育取代应试教育，提高学生的动手、动脑能力。

（三）加大国家财政对教育的支持力度，有条件地区普及高中教育

继续大幅度提高中央、地方教育支出占财政总支出的比例。进一步提高和巩固中西部地区“普九”人口覆盖率，切实采取措施降低农村中小学生的辍学率，尤其是要解决女学生辍学率偏高的突出问题。对于贫困山区代课教师生活困难的问题，应提供财政补贴加以解决。在已达标的沿海经济发达地区，积极鼓励普及高中教育。

（四）加强非义务教育，建立有效的在岗在职培训体系

加快发展普通高中和大学，特别是发展大专级的职业技术学院教育，适当减少职业高中和中专。鼓励在岗、在职培训机构的设立，倡导多层次、多形式的在岗、在职培训，使知识更新、技能提高与社会生产实践紧密相结合，推动学习型社会建设。

四、全面落实以人为本方针，着眼于从根本上改善基本民生，动员多方面资源，加快建立覆盖城乡全国统一的社会保障体系

加快全国城乡统一的社会保障体系建设既是改善民生问题的重要环节，也是维护社会稳定的重要举措。当前，我国城乡社会保障发展不平衡，农村社会保障制度严重滞后，城市部分居民尚未纳入社会保障范围；社会保障运营和管理制度还不健全，统筹层次低，社会保险关系转移接续难，社保基金筹资机制还有待进一步强化。

（一）进一步扩大城乡社会保障覆盖范围

坚持“广覆盖、保基本、多层次、可持续”的方针，将城乡各类居民纳入社会保障覆盖范围，实现应保尽保，以社会保险、社会救助、社会福利为基础，以基本养老、基本医疗、最低生活保障制度为重点，以慈善事业、商业保险为补充，构筑起全国范围的社会保障网络。

（二）加紧研究和探索社会保险的跨地区接转和城乡并轨

完善城乡居民最低生活保障制度，逐步提高保障层次。要进一步完善和拓展以城镇职工和居民基本养老保险、基本医疗保险、失业保险、工伤保险和生育保险为主要内容的社会保险体系，

改革机关事业单位养老保险制度。尽快建立和完善农村社会保障制度，重点加强最低生活保障、养老保险和医疗保险三项制度建设。在农村地区已实施低保和新型合作医疗的基础上，应当立即着手建立保障水平有差别的全面的社保体系。在我国的财政收入规模和国有资产规模及土地等其他公共资源的条件下，完全可以尽快制订出方案并付诸实施。

（三）加大社保资金多方筹措，确保社保资金保值增值及安全

强化政府、用人单位、个人三方筹资机制，切实做到权利与义务相对应，认真履行单位的社会责任和个人的缴费义务。国家加大对社会保障资金的投入，财政支出中社会保障支出应达到相应的比重。在预算体制中建立健全规范的社会保障预算，增加社会保障资金来源，切实将一定比例的财政收入划归社保基金。尤其是在当前财政比较宽裕和土地权益不断升值的条件下，加上企业国有资产已有的巨额积累作为后盾，制订具体方案将一定比例的国有资产积累划归社保基金，彻底改善目前社保基金总量偏小的状况。对社保基金的运作，必须遵循保值、增值审慎投资的原则，同时，在确保社保资金绝对安全的前提下，积极探索社保基金保值、增值的新途径。

（四）确保社会保障的公平效应和制度运行效率

进一步加强政府对社会保障的管理，充分发挥政府调节收入分配、维护社会公平、提供均等公共服务的职能。加快实施“社会统筹与个人账户”相结合的基本社会保障制度。尽快提高统筹层次，首先加速实现养老保险的省级统筹，实现养老保险关系在省内的人员流动、关系的接续和转移。在此基础上，尽快出台制定全国统一的社会保险关系转续办法，逐步实现社会保险的全社会转移接续。

（五）建立面向中低收入居民的住房保障体系

要确立城镇中低收入居民“人人有房住”的目标，对各地公共保障性住房供给必须设立最低目标，通过实行政府和市场有机结合的运作方式，采取切实措施推进廉租房制度的建立健全和经济适用房制度的改进规范。多渠道增加公共住房建设投入，扩大廉租房和经济适用房供给。政府还应根据自身财力，通过租赁补贴、购房补贴以及住房贷款贴息，对困难家庭提供财政援助。此外，要实行商业性与政策性相结合的住房融资模式和运作机制，形成多层次、广覆盖、可持续的住房金融服务体系，改进对中低收入居民住房金融服务。

（六）加快建立健全突发性灾难危机救援和保障机制

中央和地方都要加快建立健全重大自然灾害的监测系统和预警机制，提高对重大突发性灾害的监测预报能力。同时，要建立标准统一的重大自然灾害信息发布制度。建立国家危机应对中心，构筑以中央财政为主，各地方财政支持配套的全方位的国家巨灾风险保险体系，完善统一、高效的自然灾害紧急救援应急协调联动机制。重视抢险救灾专业队伍建设，加强应急救援队伍业务培训和应急演练。

五、以消除基础产品价格扭曲、促进生产要素自由流动为重点，进一步强化市场机制在资源配置中的基础性作用

与我国产品市场化相比较，要素市场化改革明显滞后，资金价格市场化水平很低、劳动力市场分割严重、土地市场和资源要素价格严重背离市场价值，导致许多生产要素出现“总量过剩而结构不足”的突出问题。

（一）进一步促进商品和生产要素在地区之间自由流动，积极支持企业跨地区的投资、并购和重组

从完善统一的市场机制入手，拆除各种有形和无形的市场分割壁垒，打破地方保护主义。按照市场规律的内在要求，通过财政税收、信贷、法律及必要的行政等手段，鼓励企业跨地区的投资、并购和重组，同时积极推动跨区域的各种商品市场和产权市场的建立和完善。鼓励各种形式的跨区域经济实体、行业联合体、协作体的形成，增大统一市场的基础力量。

（二）深化利率和汇率改革，进一步发展完善金融市场

培育有利于市场利率和汇率形成的金融市场环境，确立灵活、有效的货币政策以调节金融资源的供求和运行。积极完善上海银行同业资金拆借市场，以 SHIBOR 为基准，制定具体时间表，逐步放开市场利率。大力发展各种债券市场，确立各种债券统一审批、发行、监管框架。进一步加大金融业对内和对外的开放力度，依法、有序

地允许设立更多的民间和外资金融机构，发挥金融市场在经济活动中优化资金配置的作用。抓紧统一公司债市场，完善股本市场。进一步建立鼓励长期投资、价值投资的体制和机制。

（三）建立统一、开放、竞争、有序的就业市场

打破劳动就业城乡分治的格局，进一步取消农村富余劳动力进入城市就业的各种行政性障碍和歧视性政策，落实进城务工人员的社保待遇安排，促进劳动力的合理流动。建立灵活的工资制度，在劳动力价格由市场供求形成同时，取消本地和外来工人工资差异，实行同工同酬。加强对弱势群体的保护，落实最低劳动工资保护制度，完善工会职能，充分发挥工会在员工工资集体谈判中的作用。进一步建立和规范多层次职业介绍网络，加强就业指导和培训，形成用人单位和劳动者双向选择、合理流动的机制和规则。进一步加强劳动仲裁和就业市场管理，严厉查处侵害劳动者权益的行为。

（四）完善土地要素市场

发挥市场配置土地资源的基础性作用，提高土地利用率。规范土地交易渠道，健全公开、透明的土地交易机制。对经营性用地一律采用拍卖方式公开出让，防止土地过度投机和闲置。实行土地价格评估制度和地产成交价格申报制度及定期确定并公布基准地价、标定地价制度。

（五）改变资源性要素价格背离市场价格的扭曲现状

在确立生产标准与集约化程度及税收征管前提下，放开资源性要素生产市场，鼓励各类投资者进入资源性要素产品生产领域，催生资源价格形成的市场机制。建立依据国际市场价格水平变动的能源价格自动调节机制。积极运用各种金融避险工具和方式，增强抵御国际能源及资源市场价格波动的能力。

六、采取行政、法律、经济等多种手段，大力调整和优化产业结构，全面贯彻科学发展思想，切实转变经济发展方式

我国在转变经济发展方式方面尚未取得根本性突破，国民经济产业结构不合理，服务业在国民经济中比重偏低，重外延、轻内涵，重速度、轻效益，拼消耗、轻环保等境况依然存在。此外，企业竞争力不强、区域经济发展不平衡、经济社会发展不和谐等问题还很突出。

（一）建立健全科学的经济发展政绩考核体制

以经济发展、社会民生和社会稳定、文明、进步、和谐为基本原则，力求将经济增长、环境保护、资源节约三者结合起来，具体化为衡量和考核地方政绩的主要指标，同时，辅以社会评价、媒体舆论和百姓口碑等软性指标，促进地方政府成为经济发展方式转变的主导力量。

（二）确立有利于经济发展方式转变的财政税收体制

减少生产环节税种并降低税率，增加消费环节税种，将税收重点从生产、交易环节转移到消费、交易环节，从税收制度与政策上，促进企业生产方式的变革，抑制片面追求产值的趋向。综合运用财政税收优惠手段，鼓励企业技术、产品、生产流程创新，大力从事节能减排研发和投资。

（三）加大改革创新力度，健全现代服务业快速发展的制度环境

改革阻碍服务业发展的行业管理体制和运行机制，打破服务行业存在的垄断，进一步放宽通信、金融保险、医疗卫生、文化教育和科技服务等行业的进入管制。结合事业单位的改革，清晰政府公共产品供应和一般服务产品供应的关系，扩大服务类产品的市场供应范围、规模和品种。将加强城镇社区建设和促进服务业发展结合起来，创造服务业发展的新内涵，在满足人民群众日常生活服务需求的同时，提供潜力巨大的工作岗位数量。按照市场定价的原则对服务业价格进行指导，鼓励社会各种资金向服务业流动，同时提高国债资金在服务业的使用比例，弥补财政资金对服务业投资的不足。

（四）拓宽思路，充分挖掘民间社会在动员资源服务公益目的方面的极大潜力，增加新的服务业资源

积极促进各类社会中介组织发展，支持引导各种社会捐赠和慈善事业，创造出新的服务业资源，充分满足公众对社会服务的需求。要在各级党委和政府的主动参与和指导下，使各种社会中介组织形成良好的内部治理结构，依法、合规、健康地发展。同时，政府应因势利导，在民众捐赠公益事业的要求越来越强的情况下，引导鼓励社会捐赠和慈善事业的发展，尽可能地发挥其调节收入分配和扶助困难群体的积极作用。

（五）走新型工业化道路

在继续发挥劳动密集型产业竞争优势的同时，

把增强企业自主创新能力作为中心环节，加大技术创新和品牌创新的力度。紧跟市场需求，调整优化产品结构、企业组织结构和产业布局，提升整体技术水平和综合竞争力，促进工业由大变强。大力发展高新技术产业，以信息化带动工业化，用高新技术和先进实用技术提升改造传统行业。由主要依靠增加物质资源消耗向依靠科技进步、劳动者素质提高、管理创新转变，推动产业结构优化升级，增强发展协调性和持续性。

七、坚决摒弃“先污染后治理”的发展方式，努力恢复自然生态，鼓励清洁能源和低损耗产品，建设资源节约和环境友好型产业和地区，全面提高环境保护水平

我国经济发展目前仍停留在过度依赖能源资源消耗之上，能源资源利用率和配置效益低下。一方面，我国能源资源储量有限，一些重要能源资源的人均占有量大大低于世界水平，但我国单位产出的能源资源消耗量却明显高于世界平均水平；另一方面，能源资源的高消耗带来了高污染，使我国经济增长付出了过高的环境代价。加大环保力度，确保经济与环境的和谐发展是我们面临的严峻挑战。

（一）进一步制定严格完善的环保考核指标

根据不同区域的人口、资源、环境和经济总量，以及环境污染或可能污染的特点，尽快设立并完善对各种废气和废水排放含量与总量控制的技术指标体系，在对地方政府的政绩考核中，有针对性地突出不同地区节能减排和环境保护的考核重点。

（二）促进整个产业和布局向环保型转变

在东部发达地区，应当继续提高工业的集中程度，加快结构升级，把发展重点放到服务业和高新技术等低污染产业上来。在中西部地区，避免工业遍地开花，避免成为国际和东部地区“两高一低”行业的承接地区。进一步整合和提升乡镇企业发展和水平。坚决摒弃以牺牲环境换发展的方式，确保经济发展中的环境质量。

（三）推进资源价格改革，促进节能减排

2007 年我国单位 GDP 能耗仅比 2005 年下降 5.4%，远落后于“十一五”规划的要求，节能减排任务十分严峻。应当择机提高资源价格，逐步使资源价格与国际价格接轨，以抑制过度的和不合理的资源消费需求，补偿环境治理成本。理顺价格、税收和补贴的三角关系，消除价格扭曲，将财政对能源生产企业的补贴适当转移至对公共事业（如公共交通）和低收入人群的补贴，防止低收入人群生活水平因资源环境价格改革而下降。同时，制定相关政策引导能源消耗结构合理调整，增加水电和风力发电等清洁能源的使用。

（四）制定更加严格的污染排放标准，加大环保执法力度

通过提高和严格执行污染排放标准，推动企业技术、产品的升级改造，提升污染防治水平。迫使没有达标的企业加大环保投入及早达标，对于那些无法达标的企业逼其退出市场。同时，杜绝地方政府为短期经济利益而放纵污染企业的行为，通过更加严厉的经济和行政手段处罚违规企业及行为。通过大幅度提高关税、加大打击走私力度等措施，防止国外污染物品输入我国。

（五）积极探索和参与国际环保合作

加强与国际组织及机构的环保交流，积极建立和稳步推进国际环保项目的合作，特别是有关环保技术与方法的引进和学习。仔细研究、深入理解目前国际上实行的各种环保公约、协议，并针对我国的具体国情拟订参与方案。同时，积极探索在国内实行污染排放配额制，建立排放配额交易市场。大力推进绿色信贷政策，扶持企业的节能减排环保项目。保护并鼓励非政府环保组织及力量，共同推动与监督环保工作的执行。

八、高度重视精神产品生产和精神文明建设，树立新的文化发展观，形成物质生产力与文化生产力相互促进的格局，全面提升国家整体软实力

我国文化产业在国民经济中的比重偏低，对国内消费和就业拉动效应还不明显。文化产品和服务的数量、质量、品种与人民群众的精神文化需求差距较大，国际竞争力不强。文化人才特别是高级人才明显不足，有利于人才脱颖而出的体制、机制和社会环境尚待完善。文化传播方式和手段相对单一，国际社会对中国形象的认识仍有较大偏差。

（一）动员社会各界力量，加大对公共文化服务的投入

保证一定数量的中央财政转移资金和新增文化经费主要用于农村和城市低收入人群文化需求，重点抓好基层文化设施建设。积极引导和鼓励社

会力量捐助设立各种文化事业基金和兴办图书馆、博物馆、文化馆等公益性文化事业，鼓励文化技术创新与品牌建设，在用地、税收等方面给予政策优惠，并确立相应鼓励性的国家荣誉制度。

（二）深化文化体制改革，积极发展文化产业

转变文化管理观念，推进文化事业单位内部改革和机制创新。加快经营性文化事业单位转制和国有文化企业公司制改革，建立和完善国有文化企业的“资产管理”模式，提高国有文化企业竞争力。逐步实现文化产业监管由“准入式管理”转向“市场化管理”，赋予民营文化产业机构“平等待遇”。推动文化企业的兼并、重组、上市，打造一批具有国际影响力的文化产业集团。

（三）保护和复兴中国传统文化

制定传统文化保护、开发与复兴的国家战略，并扎实稳步推进落实。加强文化典籍的收集、整理、出版工作，在中小学和高等教育中强化中华传统思想美德教育，增加经典范文、诗歌、书法、绘画等中华优秀传统文化内容。设立国家文化专项基金，用于重要文化遗产的保护和濒危文化遗产的抢救。积极培育文化创意群体，引导企业成为文化创新主体，加速科技与文化的融合，提高文化自主创新能力。

（四）加强文化对外交流，扩大中国文化的影响

积极开展对外文化交流，增进世界对中国文化和价值观的了解，推动汉语在海外的学习和应用。大力创新和拓展传播渠道，加快构建传输快捷、覆盖广泛的文化传播体系，提高我国文化传播能力。积极培育外向型骨干文化企业，构建国际文化营销体系，逐步扭转我国文化产品贸易逆差较大的局面。

（五）创造文化人才积聚和文化人才辈出的良好制度环境

完善文化人才选拔机制，打破文化用人体制封闭的内循环系统，充分发挥市场在文化人才资源配置中的基础作用，形成有利于文化人才辈出的机制和条件。加强知识产权保护，调动和保护文化工作者在文化事业策划、文化产品生产、社会文化管理中的主动性和积极性。

九、适应全球化要求，把握我国经济逐步进入世界经济中心地位的趋势，进一步利用好国际和国内两种资源的两个市场

随着经济全球化推进，我国对外开放面临新的挑战。我国在产业行业标准制定、大宗产品和金融市场定价等国际经济政治事务中缺少话语权，进出口结构不合理。对外投资还处在战略考虑不充分、数量少、规模小、效益低的起步阶段。资本市场开放明显滞后于商品、服务、贸易和外商直接投资发展，人民币的国际地位有待进一步提升。要以全新的视角去观察世界的变化，并采取切实的措施奠定我国在世界经济中的地位。

（一）积极争取在国际事务和经济贸易中的话语权和决定权

进一步发挥我国在国家主权类国际组织（如联合国、世界银行、国际货币基金组织）中的影响力，支持和鼓励我国企业参与发达国家跨国公司的技术标准合作研究活动，主动介入世界主要技术标准及有关规定的制定。进一步提高我国相关行业的集中度，积极建立产品“联合采购”机制，大力发展商品期货市场，提高我国企业在国际大宗商品贸易中的定价权。

（二）充分发挥比较优势，不断调整进出口结构

要密切关注我国进出口价格指数变化，有针对性地采取措施，逐步改善贸易条件。大力扶持自主品牌和技术，提高产品的出口附加价值。要努力改变我国在国际社会分工中不利的低端产业地位，改变中国被动的市场参与者形象，充分发挥贸易大国对国际市场商品价格一定的调节作用。

（三）全面启动和推进对外直接投资，积极稳步实施“走出去”战略

实行更积极的对外投资政策，将支持企业对外直接投资作为国家经济发展战略的重点。研究制定以国家主权投资基金、国有企业、民营资本和个人为主体的多层次国家对外投资战略和政策。进一步完善企业海外直接投资导向目录，在国家宏观战略和政策指导下，坚持商业原则和企业自主决策的原则，采用灵活多样的投资方式，现阶段以参股或合资为主要方式，不图“控制权”的虚名。到海外投资开发能源、原材料和农业等初级产品，建立有优势的海外生产基地，加快发展海外营销网络。其他形式的金融投资和资本输出也应受到积极审慎的支持。应高度重视对发达国家的金融和科技领域的直接投资，还要选择一定比例的新兴市场国家进行投资，以实现国家对外投资的合理布局。加大对企业海外直接投资政策

支持力度，在外汇管理、境内外融资、税收等方面给予适当的倾斜，简化审批程序。

（四）积极探索海外投资风险防范机制

政府部门要把支持企业对外投资作为新的工作重点，指导和帮助企业控制风险。加快海外投资立法，构建投资风险预警体系，完善海外投资服务机制，增强企业抵抗海外风险的能力。建立海外投资保险制度，通过引入多家保险机构、政策性保险商业化运作等手段，扩大海外企业投保覆盖面。争取和利用双边及多边投资保护协议、多边投资担保机构公约等措施，保护我国海外投资企业利益。

（五）逐步推动人民币成为国际货币，促进我国国际金融中心形成

提高金融监管水平，拓宽和规范资本流入与流出渠道。完善人民币汇率形成机制，鼓励对外贸易和投资使用人民币。采取切实有效的政策和提供相应服务，积极推动人民币从周边地区流通向更广的地区扩展。同时，还要采取措施鼓励外国投资者直接使用人民币在国内投资，形成人民币境内外的良性循环。逐步使人民币资本项目交易从部分可兑换过渡到基本可兑换，促进我国国内金融中心向国际金融中心转化，吸引更多的海外投资和金融人才，增强中国在国际金融领域的直接影响力。

十、认真总结我国机构改革的经验教训，积极借鉴国外好的做法，进一步推动政府职能转变，建立起现代行政管理体系

目前，我国市场经济体制仍不完善，政府对市场微观经济运行仍干预过多、行政审批事项过多、程序复杂且不规范。另外，政府在提供社会管理和公共服务方面依然薄弱，政府机构运行效率不高，对行政权力的监督制约机制还不完善。面对这些问题和挑战，需要推进体制创新，不断深化改革开放。

（一）进一步优化政府机构，提高行政效率

要依法规范各级政府的职能和权限，按照职能和事权划分，设置和优化整合政府机构。实行中央、省、县（市）三级政府体制，县级以下可根据需要设立派出机构，减少政府机构的层级。综合考虑不同地区的人口、地域和经济总量等，增加省级政府的数目。同时，按照精细化、专业化和部门模块化的原则，在大部制体制下，加强政府职能部门之间的无缝隙连接，理清部门内部关系，减少决策和协调成本，优化机构运行，提高办事效率。

（二）大力提高政府宏观调节、市场监管、社会管理和公共服务水平

中央政府更多地致力于整个社会的宏观管理和经济的宏观调节，地方政府更多地致力于具体的社会管理和公共服务建设。本着公平、公正、公开的原则，建立和完善市场监管的制度体系、执行组织体系和处罚体系，摒弃对微观经济直接的行政干预。坚持“以人为本”、“民生为重”的原则，重点关注基础设施、教育、治安、公共卫生、收入分配、市场秩序、社会信息服务、环境保护，以及社会保障和社会救助等方面公共产品的提供和管理，借助社会机构、企业事业单位和媒体等的评价和舆论力量，提高公共产品的质量和服务水平。

（三）实行全国行政执法统一和司法统一制度，创造公平和公正的市场竞争环境

市场经济的运行需要有相应统一的市场争端、冲突处理体系和市场劣行的处罚体系，应通过行政执法和司法统一的制度安排，在加强对假冒伪劣产品的查处力度等方面，消除长期存在的地方保护。实行国家法院和地方法院分设制度，为解决跨地区经济纠纷和案件建立公平、公正的司法保障体系，以创造良好的市场竞争环境。

（四）清晰政府审批权限与范围

按照“小政府、大社会、少审批、多服务、高效率、法制化”的思路，明确界定政府行政审批内容和权限。逐步减少审批事项，增加备案内容，减少和简化政府行政审批程序，加强对政府审批的动态管理和事后监督，杜绝“权能生利”的权力“寻租”现象。

（五）强化政府行政问责制建设

加快制定和实施指向明确、措施刚性和反应快速的统一行政问责制度体系，实施地方和部门首长负责制，明确问责范围、规范问责程序、严格责任追究。切实发挥各级人大机构的监督和质询作用，有效地监督和约束各级政府的权力。真正做到有权必有责、用权受监督、违法受追究，提高政府公信力。

（六）全面理清政府与事业单位的关系，实现政事分离

推进事业单位分类改革，清晰地界定事业单

位性质、地位和职能。对承担政府职能的机构要“归政于政”；对非政府职能事业单位按市场企业化处理，政府不再直接介入或参与其中；对于确需保留的事业单位，实行“政事分离、管办分离”，废止事业单位在其行政管理体制的垄断和特权地位。同时，引入市场竞争机制，鼓励社会其他力量参与公共服务供给，形成多元化的公共服务供给体系。

（七）推动公共财政改革，加强政府提供公共服务的力度

将所有政府参与分配的社会资金纳入政府预算，提高复式预算的层次，建立事权和财权相匹配的制度。按照公共财政的内在要求，提高公共财政的公开性与透明度，强化公共财政审计。加快财税体制改革，完善公共财政制度建设，不断提高政府公共服务的均等性和公正性。

在深入学习实践科学发展观活动动员暨试点工作总结大会上的讲话

郭树清

（2008 年 10 月 7 日）

同志们：

在中央试点工作领导小组和办公室的指导下，经过半年来的努力，我行学习实践科学发展观试点工作取得了圆满成功，得到了各方面的充分肯定。温家宝总理在我行分析检查报告上批示：“学习实践活动紧密联系实际，有针对性地查找问题、解决问题，注重实效，提高科学管理和经营水平。这种做法好。”王岐山副总理批示：“建行在试点工作中取得初步成效的基础上，针对查找的问题，完善和落实好整改措施。要把科学发展观贯彻到银行发展、改革、管理工作的各个方面。在当前国际金融动荡之际，坚定信念、增强信心，加快建立现代商业银行，为促进国民经济又好又快发展作出新的贡献。”在全党第一批深入学习实践科学发展观活动工作会议上，我行作为交流经验的 7 个试点单位之一作了发言。与会同志反映建设银行的试点工作扎实有效、创新性强、与业务结合紧密，很有特色。这都为在全行开展深入学习实践科学发展观活动奠定了良好基础。

一、试点工作取得的主要成效

在试点工作中，我们紧密联系金融企业实际，努力把握科学发展观的内涵和实质，敢于正视并切实解决存在的问题，学习实践活动取得了明显成效。

（一）深入开展学习讨论，树立起科学发展的经营理念

党委认真做好思想发动，组织进行深入学习讨论。党员干部重点精读了胡锦涛同志在十七大上的报告和中央编发的学习读本。总行邀请国内外著名专家就宏观经济、金融市场、产业升级、节能减排、绿色银行等内容来行交流辅导，各部门也举办了生动活泼的报告会或座谈会。大家认识到，必须通过学习把握中国特色社会主义理论体系，牢固树立科学发展思想，在观念上实现“四个改变”：改变“官商”作风，树立“以客户为中心”的理念；改变追求规模速度的经营思想，树立数量、质量和效益相统一的理念；改变过分注重短期效果的倾向，树立长期可持续发展的理念；改变单纯重视利润的评价标准，树立统筹兼顾企业绩效、社会关切和自然环境的理念。

（二）认真进行分析检查，进一步理清发展思路

党委成员与高管人员及部分董事、监事一道深入基层，征求员工和客户的意见。在广泛调研的基础上，党委召开了民主生活会和专题扩大会，全面、冷静地总结经验，严肃、坦诚地剖析问题。

认真组织起草分析检查报告，多次召开评议会，听取基层员工、中层干部、客户和股东代表、监管部门以及专家学者的意见。通过集思广益，形成了建设银行实现科学发展的基本思路：以中国特色社会主义理论体系为指导，坚持解放思想、改革创新、以人为本，围绕提高核心竞争力，持续优化业务流程，不断完善体制机制，强化基础管理和风险内控，调整收入结构和盈利模式，实现全面协调可持续发展，为客户提供更好的服务，为股东创造更多价值，为员工搭建广阔的发展平台，为社会承担全面的企业公民责任，努力走在中国经济现代化的最前列，成为引领市场的世界一流银行。

（三）客户服务能力明显提升

试点工作一开始，我们就从金融服务企业的实际出发，确立边学边查边改的原则，在解决客户反映强烈的问题上下工夫。根据查找的近 2 000 个问题，梳理归并为 38 个整改项目。目前，22 个项目正在持续进行，已完成的 16 个项目收到了良好效果。例如，将电话银行人工服务调整至语音菜单首位，平均接通时间从 40 秒缩短到 15 秒；通过增加辅导和修改程序，解决了网上银行客户操作不便的问题；实行公司业务授信限时承诺制，审批时间缩短 40%；聘请中介机构进行可用性和稳定性测试，建立客户体验中心，为从根本上提高产品和服务质量创造条件。

今年以来，新启动流程优化项目 305 个。截至 8 月底，超过 1 万家零售网点完成转型，占全部零售网点的 76.9%；转型网点日均销售量提高 67%，客户等候时间平均下降 39%。个贷中心流程再造后，业务平均办理时间缩短了 55%。在全系统建立“行长客户接待日”制度，已接待客户 2 000多人，处理问题 2 200 多项。汶川地震发生后，全行上下克服种种困难确保银行服务不中断，并创造性地推出救急取款、绿色通道、延迟收款、减免手续费等及时改进服务的新举措。奥运会、残奥会期间，我行信息系统安全运营，为客户提供了良好的服务。上半年服务质量调查显示，全行个人客户综合满意度为71%，比上年上升 13 个百分点。

（四）解决了许多员工关心的现实问题

通过“员工之声”系统等多种渠道，认真听取基层员工的意见和建议，群策群力改进工作。采取一系列措施改善员工的工作、生活、学习和成长环境。例如，优化柜面流程，实行弹性排班，解决员工轮休不便的问题，使近 14 万名柜员受益；优化劳动组合，将 2.4 万网点后台人员转为临柜人员，平均每天增开窗口1 400个；全面清理报表，大幅度地精简手工登记作业，减轻基层员工负担；充实核心人才队伍，加强专业人才培养，拓宽员工职业生涯发展空间；加强员工培训，总行上半年组织培训人次同比增长 47%。

试点分行积极探索解决一线员工关心的现实问题。上海分行努力消除多种用工制度差异，仅上半年就将 267 名派遣工转为合同工；河北分行积极探索基层机构绩效考核机制，优化员工薪酬分配制度，更好地调动了员工工作积极性；唐山分行成立后勤配送中心，提供物品配送上门服务，缓解了事务性工作对前台一线的困扰。

（五）进一步完善了运行体制机制

党委结合金融业和我行实际，研究确定了三大类 16 个调研专题。第一类是当前改革发展最紧迫的问题，包括完善个人客户服务平台、加快产品创新、加速公司业务转型等；第二类是影响制约科学发展的体制问题，包括完善公司治理、加强风险控制、健全激励机制等；第三类是有关长远和全局的问题，包括制订学习实践科学发展观中长期规划和三年业务规划、提出促进我国经济社会科学发展和金融业科学发展的建议等。专题完成后，我们努力将成果应用到实践中去。例如，制订实施了总行机构改革方案，明显提升了模块化和精细化管理水平；加快全行专业化营销服务体系建设，个贷中心、理财中心、私人银行等机构团队迅速发展起来；完善小企业信贷体系，上半年小企业贷款增长 12%，高于全部贷款增速 5 个百分点。

（六）增强了主动服务经济社会发展的责任感

通过开展学习实践活动，大家认识到，作为国有控股大型银行，必须坚决贯彻国家的宏观调控政策，维护经济金融稳定，支持国家经济社会发展。今年以来，我行信贷投放合理有序，信贷结构调整大力推进。截至 8 月底，全行退出类公司客户贷款余额比年初减少 371 亿元，完成全年退出计划的 70%。实施绿色信贷，支持节能减排，积极参与太湖流域水污染排污权交易试点、碳交易项目论证等工作。致力为“三农”提供支持服务，细化涉农信贷政策，积极组建村镇银行；创新推出高校债务重组方案；为中低收入群体推出贴息贷款、置换贷款等新的产品和服务。累计向地震灾区捐款1.76亿元，其中员工个人捐款和交纳特殊党费1.36亿元。

我们站在国有控股大型银行的角度，组织研究起草促进我国经济社会事业科学发展和金融业科学发展的政策建议，提出了加强城乡统筹、发展现代农业、开发人力资本、消除价格扭曲和开放金融综合化经营等方面的建议。

我行试点工作成效显著，但也存在一些不足。主要表现在：学习调研还不够系统深入，对科学发展观的理解、把握还不够深刻，结合工作实际的探索还需要加强；一些难点问题研究还不够充分，解决方案不够全面彻底；一些内部协调要求较高的整改项目在抓落实方面还需要加强；宣传教育的形式不够丰富，方式方法还不够灵活多样。

二、学习实践科学发展观的体会

通过学习实践科学发展观，我们对涉及建设银行改革发展的重大问题，重新进行了深入系统思考，形成了一些新的认识。

（一）自觉服务国家经济和社会发展大局，进一步增强科学发展的紧迫感和使命感

科学发展观第一要义是发展，具体到国有控股商业银行，就是通过不断改革创新，实现业务健康成长，通过持续增强综合金融服务功能，促进国民经济和社会事业又好又快发展。截至9月底，我行资产总额达到7.2万亿元，比2003年底增长一倍多；不良贷款率为2.15%，比2003年底下降一半；上半年实现净利润587亿元，同比增长71.3%。但是，我们也要清醒地看到，这其中有很多不可比的因素，我行在经营理念、思维习惯、管理方式、信息技术、产品创新等诸多方面仍然亟待改善，特别是在精细化管理方面还有很长的路要走。从银行业的总体状况看，也普遍存在着客户等待时间长、服务品种少、中小企业融资难、农村金融服务严重短缺等问题。金融是现代经济的核心，金融业滞后于经济社会发展，必将影响总体资源配置效率，削弱我国在全球经济的地位，拖累我国的现代化事业。因此，我们要有更强的大局意识、服务意识、竞争意识、改革创新意识和风险危机意识，形成共同的思想基础，进一步加快改革开放和科学发展步伐。

（二）必须将“以客户为中心”的理念嵌入银行的全部制度和流程，落实到经营管理各个环节

坚持“以人为本”这个核心，就是要充分了解客户关系，把业务发展的目标落实到满足客户需要上，以客户满意度作为检验科学发展成效的基本尺度。了解客户、了解市场，说到底也是银行形成核心竞争力、实现投入产出最大化和风险损失最小化的根本保证。我行的产品服务和制度规程还有大量的不合理、不经济、对客户不够友好、不够人性化的问题。调查结果表明，全行营业网点服务质量还不同程度地存在问题，已转型的网点还有许多软件硬件不到位，特别是大堂经理缺岗率近四分之一。我们要在数据和事实的基础上，运用“六西格玛”等现代管理方法，认真研究客户需求，关心客户体验，用“以客户为中心”的流程优化来引导内部分工，准确严密地定义、分析现存问题，全面妥善地加以解决，杜绝简单的“拍脑袋”行为，真正做到尊重客户关切，不断改进服务、加快创新。

（三）必须改进人力资源管理，充分调动员工的积极性和创造性

坚持“以人为本”这个核心，还要尊重员工关切，关心员工成长，将员工满意度作为检验科学发展成效的又一重要标准。人才已替代资本成为现代银行制胜的核心要素。广大员工处于工作一线，他们最熟悉市场、最了解客户、最能感受到经营管理政策的合理性，哪些问题影响和制约了改革发展进程，员工认识最清楚、体会最深刻，也最有发言权。只有把业务发展的目的同时落实到为员工发展搭建广阔平台上，按照市场导向、业务带动、提高效率的原则优化人力资源结构，充实完善专业化团队，健全激励约束机制，才能充分发挥广大员工的主观能动性。

（四）必须加快经营模式战略转型，推动业务健康持续发展

落实“全面协调可持续”的基本要求，具体到我们商业银行，就是推进战略转型，多种业务并重，国内外市场兼顾，收入来源多元化，盈利能力持久化。由于历史原因，我行的业务结构很不合理，盈利模式比较脆弱，过分依赖公司业务、利差收入、传统产品和国内市场。我们要继续打好结构调整这场转变发展方式的“硬仗”，拿出“壮士断腕”的决心从潜在高风险项目和领域退出，将更多的资源投向成长性良好的市场，向批发与零售业务并重、传统与新兴业务并重、利差与非利差业务并重、多功能、国际化银行转变。

（五）必须统筹兼顾各方利益，妥善处理改革发展中的多种关系

运用“统筹兼顾”的根本方法，具体到建设银行，就是要努力实现公司治理机构相互制衡，多个利益主体共赢，局部与整体统一，风险与收益平衡。我们要继续健全公司治理各方独立运作机制和灵活沟通机制，探索制衡与效率的协调统一；推进机构扁平化、专业化和管理集中改革，推动内部管理前台、中台、后台协调，总分支行联动；完善风险管理体制，增强风险内控的独立性和有效性；尊重各方面的利益关切，与股东、客户、员工、社区建立和谐融洽的关系，形成互利共赢的良好发展格局；积极投身社会公益事业，大力支持环境保护、教育文化、民生改善和抗灾救灾。

三、做好全行学习实践科学发展观活动，切实推进银行发展方式转变

（一）进一步深刻认识学习实践科学发展观的重大意义

胡锦涛、习近平同志在全党深入学习实践科学发展观活动动员大会上作了重要讲话。锦涛总书记指出，必须用中国特色社会主义理论体系武装全党，把深入学习实践科学发展观摆在突出位置，把党的政治优势和组织优势转化为推动经济社会又好又快发展的强大力量，把最广大人民的根本利益作为贯彻落实科学发展观的根本出发点和落脚点，全面推进社会主义经济建设、政治建设、文化建设、社会建设以及生态文明建设。我们要结合实际认真学习，全面贯彻落实。

当前，全球金融市场动荡加剧，国内经济金融形势也存在很多不确定性因素。全行要以科学发展观为指导，紧密关注、深入分析、积极应对。美国次贷危机以来的形势发展在很多方面超出了市场预期，呈现了一些新特点。例如，这次金融危机的爆发是从世界金融中心——华尔街开始的，最先倒掉的不是小银行，而是一些大银行和大的投资公司。这场危机也暴露出我们长期以来对发达国家的主权风险意识比较淡薄。因此，我们要有的放矢，重点研究可能诱发系统性风险的关键性因素，制定好风险预案，全面提高防范和应对系统性风险的能力。我们必须深刻认识到，只有抓住机遇、促进科学发展，才能把国有控股银行建成全球性的大银行，才能真正获得国际金融的话语权和规则制定权，才能在未来动荡的世界经济中占据有利的战略高地。

（二）加强组织领导，有针对性地做好分类指导工作

深入开展学习实践科学发展观活动是全行各级党组织的中心任务。总行成立了学习实践活动领导小组。组长由我担任，副组长由张建国、谢渡扬、辛树森同志担任，其他党委委员担任领导小组成员。领导小组下设办公室，负责日常工作。办公室主任由辛树森同志兼任，于永顺、孙志新、李卫平同志任副主任。各级党委也要成立学习实践活动领导小组，设立日常工作机构，党委成员要结合分管工作确定各自任务。党员领导干部既是活动的参与者，又是活动的组织者，要充分发挥表率作用。各分行要抓紧做好各项准备工作，尽快制订活动方案，精心组织实施。总行将派出若干指导检查组，对分行学习实践活动进行督导。

要大力加强学习，使学习成为全行的习惯。不断查找问题，使整改成为工作常态。总行本部要着重做好有关项目的持续整改工作，已经完成的整改项目要侧重于深化成果应用。已开展试点工作的分行要积极推广完善已有活动经验和成果，抓好所属分支机构的学习实践活动。

（三）正确把握学习实践活动的目标要求和原则

这次活动要与全行贯彻落实党的十七大精神结合起来，与改进对市场客户的服务结合起来，与促进体制机制创新、推动业务可持续发展结合起来，达到提高思想认识、解决突出问题、创新体制机制、促进科学发展的目标。

提高思想认识，就是要对事关建设银行科学发展战略和全局的重大问题形成共识，牢固树立科学发展思想，确立符合实际的科学发展模式。每一个一级分行和二级分行都要具体落实这个要求。广大党员领导干部要全面、准确地把握科学发展观的时代背景、科学内涵、精神实质和根本要求，认真改造主观世界，增强危机感，通过开展活动深入、系统地寻找本地区和本部门实现科学发展的答案。

解决突出问题，就是要集中精力重点解决基层员工、市场客户和社会公众反响强烈、影响制约建设银行科学发展的突出问题。一级分行及以下机构要将整改重点放在客户服务、基础管理、建立专业化营销体系、查找风险隐患、加快信贷结构调整和完善激励约束机制六个方面，在每个方面都必须拿出切实有效的行动来。总行工作组下去指导检查时要把这几个方面的整改情况作为主要内容，特别是在基础管理方面，这是全系统的薄弱环节。例如，对于档案文件的管理，制度执行起来松一阵、紧一阵，很多重要活动没有记录；分行之间的差异也很大，个人贷款资料的保存不一致。西方先进企业和商业银行在这方面做得就比较好，有的银行300多年前的文件都能找到，而我们有的机构搬到新办公楼后很多重要文件就找不到了。因此，我们必须在基础管理工作上下大力气。我们还要注意将整改工作与外部审计以及内部审计检查发现的问题结合起来，进行系统整改，尤其是对于一些屡查屡犯的问题，要切实加以解决。

创新体制机制，就是要推动形成有利于建设银行科学发展的管理体制和运行机制，按照“规范、严格、彻底、创新”的要求，在完善公司治理、组织架构、风险内控、激励约束等方面取得实质性的进步。我们确定了到今年底基本建立专业化和差别化的营销服务体系的目标，但是有些分行的相关工作进展不理想，要通过这次活动，制定措施，迎头赶上。

促进科学发展，就是坚持把务求实效作为开展学习实践活动的出发点和落脚点，把科学发展观的要求转化为科学经营管理的实际能力和自觉行动。要认真组织实施《深入学习实践科学发展观中长期规划》和《中国建设银行三年业务发展规划》。探索建立衡量银行科学发展的指标体系，形成分期规划、滚动实施、跟踪评价、持续改进的长效机制。进一步加强企业文化建设，营造崇尚科学发展的浓厚氛围。

全行开展学习实践活动，要按照中央的要求，把握坚持解放思想、突出实践特色、贯彻群众路线、正面教育为主的原则。

坚持解放思想，就是要坚持实事求是的思想路线，从理论与实践结合上加深对落实科学发展观的认识，更新发展观念、开动脑筋、相互启发，不回避矛盾和认识差异，认真探求现代商业银行的发展规律，敢于和善于学习一切先进的理念、文化、技术和制度，勇于开拓、大胆创新。我们要认真吸取次贷危机的教训，对西方金融机构、金融市场不迷信，同时要看到客户服务能力和风险控制水平与国际先进银行还有较大差距，坚持学习国际先进银行经验不动摇，推进自身管理现代化。

突出实践特色，就是要立足服务型企业的实际，带着课题学习、带着问题实践。将转变业务发展方式作为我们贯彻落实科学发展观的基本内容，各项经营管理工作要进一步专业化、精细化、科学化。各分行要抓好客户服务和业务结构调整，把加强基础管理作为改进和完善制度的重点。

贯彻群众路线，就是要充分发扬民主，坚持开门搞活动，让员工全程参与，虚心听取群众意见，真诚地接受客户和员工监督。民主生活会、分析检查报告、满意度测评都要主动接受客户和员工的评议。

正面教育为主，就是要着眼于保护和调动广大党员干部推动科学发展的积极性，重在总结经验、明确方向和自我教育。开展批评和自我批评，既要严肃坦诚，又不搞对号入座、不纠缠历史旧账、不追究个人责任。

（四）抓好关键环节，有序推进活动深入开展

按照中央要求，第一批学习实践活动从9月开始，到明年2月基本结束，分为学习调研、分析检查和整改落实三个阶段。各阶段起止时间分行可以自己掌握，要坚持进度服从质量，规定动作一定要做好。

学习调研阶段重在提高认识，重点要抓住学习培训、深入调研、围绕科学发展进行解放思想讨论三个环节。总行将组织四期分行领导人员科学发展观专题培训班，分行也要采取专题讲座、集中研讨等多种形式围绕解放思想、科学发展、改革创新进行学习培训。党员领导干部要带头作学习报告和撰写心得体会。领导班子成员都要结合业务发展中的薄弱环节和滞后领域，确定重点调研课题，认真撰写调研报告，及时进行调研成果交流。讨论交流要紧密联系工作实际和党员干部的思想实际，敢于正视问题，认真总结经验得失，开阔胸襟、开阔思路，克服满足现状、因循守旧的思想，开创思想解放的新境界。

分析检查阶段重在找准问题，重点要抓住召开领导班子专题民主生活会、形成领导班子分析检查报告、组织群众评议三个环节。领导班子成员要结合分工，重点查找个人和班子在贯彻落实科学发展观方面存在的突出问题，深刻分析原因，明确努力方向。开好专题民主生活会，开展严肃认真的批评与自我批评。分行党委主要负责同志要全程参与分析检查报告的讨论修改工作。初稿形成后，要以适当方式广泛听取各方面的意见。报告形成后要在一定范围公开，认真组织群众评议，参评人员既要有本单位员工，也要有基层单位和客户代表。

整改落实阶段重在解决问题，重点要抓住制订整改落实方案、集中解决突出问题、完善体制机制三个环节。要以分析检查报告为依据，充分利用学习调研成果，对查出来的突出问题和需要完善的制度，按轻重缓急和难易程度，制订全面的整改方案，提出整改落实的目标和时限要求，明确分管领导、分管部门和具体负责人员，落实整改责任。解决问题要突出重点，敢于攻坚克难。对于涉及全局性的问题，要积极探索上下联动解决问题的有效形式。做好体制、机制的完善和创新工作，努力解决制度滞后、流程不畅、机制缺陷等问题。全面加强廉洁自律建设，提高全行的凝聚力、执行力和战斗力。

学习实践科学发展观是一个学习、实践、再学习、再实践的不断提高的过程，各级党组织要深入持久地抓好学习实践活动，促进我行客户服务和风险管理水平的提高，加快经营模式的战略转型，迈出科学发展的扎实步伐。

认真贯彻中央精神　积极应对各种挑战
不断提升全行科学发展水平

——在中国建设银行秋季工作座谈会上的讲话

郭树清

（2008 年 11 月 11 日）

同志们：

我们这次会议的时间很巧，正好昨天国务院召开会议专门安排部署扩大内需工作，会议由李克强副总理主持，温家宝总理作了重要讲话。中央根据当前国际国内的经济金融形势，在宏观调控政策方面作出了重大调整。因此，我今天的讲话内容临时作了调整，专门增加了一个部分，首先传达党中央、国务院关于扩大内需的最新决策和部署。这样就能够在我们近期的工作中，尽快结合实际加以贯彻落实。

自春季座谈会以来，在总行党委的领导下，我行深入学习实践科学发展观活动试点工作扎实推进，到 8 月底已圆满结束；全行改革发展的各项工作按照年初部署稳步展开，许多分行探索创新，取得了不少新成绩和新经验；经营管理方面，经受了美国次贷危机引发的全球金融海啸的严峻考验，克服了地震等自然灾害和其他罕见的困难，我行今年前三个季度的经营业绩达到了国内外同业的领先水平；与此同时，干部培训、员工队伍建设、企业文化建设、履行社会责任方面也迈出了新的步伐。事实充分证明，党委的领导坚强有力，现代公司治理机制运行顺畅，董事会决策正确，管理层执行有力，监事会监督有效，各级分支机构尽职尽责，全行员工精诚团结、斗志昂扬，能够战胜一切困难。我代表党委会和董事会向全行各级管理层和全体员工表示衷心的感谢！

不久前，党的十七届三中全会刚刚闭幕，会议作出了关于深化农村改革的决定，胡锦涛总书记在会议开始时和结束时都作了重要讲话。学习贯彻十七届三中全会精神也是我们这次会议的主题。30 年前，中国的经济改革从农村起步，随后逐步推向城市、推向各行各业，带来了人类历史上前所未有的社会变革，数亿人口摆脱了贫困，受此影响，世界经济近十几年也呈现了前所未有的持续繁荣。30 年后，农村改革的号角再次吹响，这预示着未来几十年，中国经济发展和社会进步将取得新的更伟大的成就。

农业和农村是我国经济社会发展最关键的领域，也可以说是最薄弱的环节，在改革发展方面面临着最繁重的任务，在未来的现代化中蕴藏着最伟大的潜能。只有抓住农村改革发展这个重点，才能掌握整个改革发展的主动权，才能带动经济社会新一轮大发展。我个人理解，十七届三中全会的决定主要有三个突破：一是明确了现有的土地承包关系要保持稳定并长久不变；二是强调要破除城乡二元结构；三是提出要发展多种形式的农村金融服务。希望全行上下都要深入学习和深刻领会十七届三中全会精神，密切关注并认真研究"三农"方面的改革发展，因为这既关系国民经济全局，也关系金融业发展的全局。作为大型国有商业银行来说，学习贯彻三中全会精神要和我们的业务发展紧密结合起来，后面我还会讲到。

张建国行长一会儿将报告我行前三个季度的经营情况，并对下一阶段的管理工作作出部署。我先讲几点意见。

一、认真学习贯彻党中央、国务院关于宏观调控的新决策和新部署

在国务院昨天召开的会议上，温家宝总理指出，近期以来，国际金融市场剧烈动荡，金融危机正加速从虚拟经济向实体经济、从发达国家向新兴经济体和发展中国家扩散，主要发达国家经济出现衰退，世界经济受到严重冲击。国际金融危机对我国经济的负面影响已经显现并日益加重，外部需求继续萎缩，工业增速下滑，投资增长后劲不足，部分行业的企业经营困难，就业形势趋于严峻，财政收入增幅大幅回落，经济下行势头明显。中央决定，当前要实行积极的财政政策和适度宽松的货币政策，出台更加有力的扩大内需措施，加快民生工程、基础设施、生态环境建设和灾后恢复重建，提高城乡居民特别是低收入群体的收入水平，促进经济平稳较快增长。

按照上述目标，结合明年经济工作安排，今年第四季度需要出台一系列加大投资和促进消费的措施。这些政策措施既要有利于促进经济增长，又要有利于推动结构调整和发展方式转变；既要有利于拉动当前经济增长，又要有利于增强经济发展后劲；既要有利于扩大投资，又要有利于拉动消费；既要有利于保持经济增长势头，又要有利于深化各项改革。

具体有十项措施。一是加快建设保障性安居工程。加大对廉租住房建设支持力度，加快棚户区改造，实施游牧民定居工程，扩大农村危房改造试点。二是加快农村基础设施建设。加大农村沼气、饮水安全工程和农村公路建设力度，完善农村电网，加快南水北调等重大水利工程建设和病险水库除险加固，加强大型灌区节水改造。加大扶贫开发力度。三是加快铁路、公路和机场等重大基础设施建设。重点建设一批客运专线、煤运通道项目和西部干线铁路，完善高速公路网，安排中西部干线机场和支线机场建设，加快城市电网改造。四是加快医疗卫生、文化教育事业发展。加强基层医疗卫生服务体系建设，加快中西部农村初中校舍改造，推进中西部地区特殊教育学校和乡镇综合文化站建设。五是加强生态环境建设。加快城镇污水、垃圾处理设施建设和重点流域水污染防治，加强重点防护林和天然林资源保护工程建设，支持重点节能减排工程建设。六是加快自主创新和结构调整。支持高新技术产业化建设和产业技术进步，支持服务业发展。七是加快地震灾区灾后重建各项工作。八是提高城乡居民收入。提高明年粮食最低收购价格，提高农资综合直补、良种补贴、农机具补贴等标准，增加农民收入。提高低收入群体等社保对象待遇水平，增加城市和农村低保补助，继续提高企业退休人员基本养老金水平和优抚对象生活补助标准。九是在全国所有地区、所有行业全面实施增值税转型改革，鼓励企业技术改造，减轻企业负担1 200亿元。十是加大金融对经济增长的支持力度。合理扩大信贷规模，加大对重点工程、"三农"、中小企业和技术改造、兼并重组的信贷支持，有针对性地培育和巩固消费信贷增长点。

第十项措施与我们关系最密切，所以我全文引述如下：取消对商业银行信贷规模限制。适应经济发展的需要，灵活运用利率、存款准备金率、公开市场操作等工具保证市场流动性充分供应，对不同类型金融机构实行有差别的流动性管理政策。着力优化信贷结构，改善融资环境，坚持区别对待、有保有压，配合财政政策，加大对重点工程建设和灾后恢复重建的信贷支持，加大对"三农"和中小企业的信贷支持，加大对技术改造、兼并重组、过剩产能向外转移的信贷支持，加大对节能减排、发展循环经济的信贷支持，同时继续限制对"两高"行业和产能过剩行业劣质

企业的贷款。改进金融服务，积极发展面向农户的融资和小额信贷，进一步推动消费信贷发展。

前七项措施涉及的投资，到2010年底约需4万亿元，中央拟安排1.18万亿元左右。今年第四季度在原计划基础上，先增加中央财政资金1 000亿元，提前安排明年的灾后恢复重建基金200亿元，加上由此带动的地方和社会资金，预计总投资规模可达4 000亿元，明后两年要进一步加大投资力度。

这十项措施明确具体、突出重点、统筹城乡、支持发展、改善民生、惠及百姓。在经济形势复杂多变的情况下，采取一系列扩大内需的措施，促进经济平稳较快发展，这是中国应对当前国际金融危机最重要、最有效的手段，也是对世界最大的贡献。

温家宝总理对扩大投资提出了四句话的要求，这就是：出手要快，出拳要重，措施要准，工作要实。要突出重点、认真选择、加强管理、提高质量和效益。要优先考虑已有规划的项目，加大支持力度，加快工程进度，同时抓紧启动一批新的建设项目，办成一些群众期盼、对国民经济长远发展关系重大的大事。在国家宏观调控下充分发挥市场对资源的配置作用，发挥中央和地方两个积极性。

会议强调，尽管我们面临不少困难，但我国内部需求的潜力巨大，金融体系总体稳健，企业应对市场变化的意识和能力较强，世界经济调整为我国加快结构升级、引进国外先进技术和人才等带来了新的机遇。只要我们及时、果断地采取正确的政策措施，把握机遇、应对挑战，就一定能够保持经济平稳较快发展。

国家扩大内需的政策一出台，各方面就反响强烈。建设银行H股和A股价格昨日都大幅上涨，因为外界一致看好建设银行在基建投资方面的特色服务能力，这确实也符合实际。我们在同业中最熟悉和擅长交通、能源、水利、环保、住房等方面的金融服务，在投融资领域树立了良好的市场形象，我们面临着新的重大机遇。一定要把贯彻国家政策与发展银行业务紧密结合起来，把促进扩大内需与增强银行竞争实力紧密结合起来，把服务国民经济大局与搞好银行内部管理紧密结合起来。

我们在此次扩大投资的大部分领域已经做了许多基础性工作，这次会议后，更要加大工作力度。要主动协助地方和部门完善发展规划和投资计划；要搞好项目评估，提供优质的咨询服务；还要积极配合投资主体搞好融资方案、造价审查等工作；要坚决执行国家的环保政策、产业政策和结构调整政策；同时还要注意支持好民间投资和社会投资。

二、深刻总结和吸取全球金融危机的经验教训

我们是从事金融工作的，此次全球金融危机造成了如此严重的后果，值得我们认真、深入地观察和分析，其经验教训势必会成为我们的宝贵财富。这次金融危机是自20世纪“大萧条”以来最严重的金融危机，有许多与以往不同的新特点。它爆发于经济金融最发达的美国，而不再是爆发于落后脆弱的发展中国家；它直接爆发于世界金融的心脏，而不再是爆发于被边缘化的地区；它从最大的金融机构开始破产，而不是像过去那样总是由小银行首先成批倒闭。目前这场危机仍处于发展过程中，由于欧美各国都采取了超强的政府干预措施，因而金融市场体系暂时地稳定下来，但是要害问题并没有得到根本解决。

这次金融危机的直接起因是住房按揭贷款发放过度。表现在两个方面：一是本身不具备偿还能力的次级客户也能得到贷款；二是全部住房按揭贷款余额高达12万亿美元左右，加上非住宅的商业地产按揭贷款，总数超过14万亿美元，比美国一年的GDP还要多。为什么能够发放过度？原因就比较复杂了。

第一，因为所谓金融产品创新使得住房融资和再融资过分便利，这也就是人们通常所说的金融创新过度，虚拟经济严重脱离实体经济。美国的大批放贷机构在中介机构的协助下，把数量众多的次级住房贷款转换成证券在市场上发售，吸引各类投资机构购买。投资机构利用计算机模型等“精湛”的金融工程技术，再将其打包、分割、组合，变身成新的金融产品，出售给对冲基金、保险公司等。

第二，因为对存在巨大风险隐患的金融衍生产品和金融机构缺乏监管。金融衍生产品属于表外业务，本来就没有机构负责监管，几大投资银行表内杠杆率有20~30倍，且没有引起监管机构的警惕。外部评级机构和审计机构作的评级和审计失真早已大量发生，但是并没有引起政府的重

视。另外，美国实行复杂的监管架构，容易出现监管真空。比如，美联储只负责监督商业银行，无权监管投资银行，而美国证券交易委员会只负责监督投资银行。

第三，因为对于这种空前规模的过度信贷，货币政策当局迟迟不能发现。传统上使美联储感到警觉的指标是通货膨胀率，但是由于经济全球化的发展，近十几年来全世界的物价指数都处于下行区间。加之资金方面持续的流动性过剩，市场利率逐步走低，更助长了盲目乐观的情绪。

第四，因为现行的金融评级制度和会计制度掩盖了这种过度信贷的危险性。美国金融机构有三个典型特征：依赖短期融资、高杠杆率、市值定价的会计准则。许多高风险结构产品之所以大行其道，最主要是因为以收费谋利的评级机构将这些产品动不动评为 AAA 级或 AA 级资产，既误导了市场，也误导了自己。市值定价有其合理的一面，然而问题也在于，它使得金融机构的资产负债表在市场繁荣时期放大繁荣，在危机时期加剧了危机。

这次金融危机还存在着更深层次的原因。第一，过分迷信自由市场的经济观念盛行多年。近三十年来，美国奉行里根—撒切尔主义，强调“最少的政府干预，最大化的市场竞争，金融自由化和贸易自由化”。长期担任美联储主席的格林斯潘多次表示反对政府监管对冲基金和金融衍生产品。

第二，“反周期”的理论和政策实践达到了脱离实际的程度，形成了所谓完全熨平经济周期的幻想。过去十多年里，美国经济也曾有小幅调整，但美联储每次都是通过放开货币闸门来遏制经济衰退。为应对“互联网泡沫”破裂后的衰退，2001 年 1 月至 2003 年 6 月，美联储连续 13 次下调了联邦基金利率，使利率从 6.5% 降至 1% 的历史最低水平。美国经济确实保持了较长时期的繁荣，但是，由于没有周期性的调整和消化，该暴露的问题没有暴露，许多矛盾集中在一起爆发。可以说，这是经济社会领域“抗生素滥用”的典型案例。

第三，美国的政治体制对危机的形成也起到了很大的推动作用。美国总统每四年选举一次，每次选举前后，政府都想保持较高的经济增速，千方百计地刺激经济、鼓励消费。美国式的消费模式本来就浪费极大，几十年来广受国际社会批评，但是由于其内在的体制、机制的原因，这种模式不仅没有改变，反而不断得到强化。近年来，个人消费支出占美国 GDP 的比重达到了 70% 的历史新高。从 2001 年末到 2007 年底的 6 年，美国个人积累的债务更是达到过去 40 年的总和。

第四，美国式的福利社会模式把住房市场和金融市场的泡沫吹到极限。美国不同的政党领袖和政府领导人多年来一致宣扬所谓“美国梦”的理想，其中最重要的一条就是每个美国家庭都有一套属于自己的体面的住房。支持房地产和建筑业的繁荣，可以说是美国历届政府共同的执政理念。“房利美”和“房地美”（以下简称“两房”）是世界其他任何国家都难以见到的准政府机构。“两房”过去提供贷款有很多限定，如必须是购买一套住房，是自住房，贷款金额也有一定限定，也不向次级客户提供融资，但后来这些限制逐渐取消了。因为“两房”转变为上市公司，盈利动机日益强烈，但官方支持的背景又不变，所以出现了急剧扩张。危机爆发前，“两房”购买或担保的住房按揭贷款达到了 5.8 万亿美元的规模。

第五，美国这次金融危机的发生发展也有深刻的外部原因，这就是世界经济金融前所未有的全球化。

我们要客观地看待这场危机，既不能低估其影响，也不要过度悲观。有人说，美国经济要彻底垮台了，其实不然，美国经济实力仍然是全球最强的，美国制造业还是全球第一，农产品产量虽然不一定最多，但其出口第一。更为重要的是，美国的服务业创造的增加值世界最多。美国的无形资产、科技水平、创新能力等都还是全球领先。最新的国家竞争力排名，美国仍是世界第一。还有人说，美元要崩溃了，可能也不符合事实，因为目前还没有谁能替代它。欧元先天不足，十几个国家财政政策有很大差别，经济状况也很不一样，遇到风吹草动，各国由于自身利益问题，也很难采取一致的行动来维护欧元。日本经济相比美国还是差了许多，日元更难以替代美元。中国按购买力评价计算，总的经济规模已经名列第二，但是真正有自主创新能力的工业企业很少，进入世界 500 强的就更少，服务业水平与发达国家无法相提并论，国家竞争力排名为全球第 30 位，比上年提升 4 位。我们的人民币很有潜力，但是成为世界主要货币尚需时日。因此，尽管美国和美元受到了冲击，但在世界经济金融体系中仍然处于主导地位。

此次金融危机给我们带来很多教训和启示，结合我们银行的实际，我想强调以下三点：

第一，一定要有强烈的风险意识，形成良好的风险文化，并将其贯穿于市场营销、客户服务和产品创新等各个经营管理环节。风险管理始终是商业银行永恒的主题，任何时候都要有强烈的风险意识。发达国家同样可能存在着巨大的主权风险隐患。评级最高的金融机构，甚至“百年老店”都有可能倒闭、破产。吸取次贷危机教训，突出的就是要健全风险管理体系，坚持良好的风险文化，保持审慎经营态度，不跟风潮、不赶时髦、不怕别人嘲笑、不怕一时丢失市场份额。在这次世界性的金融危机中，也凸显出一些卓越的银行。比方说富国银行，不仅经受住了冲击，而且竞购到美联银行，股票逆市上扬，市值已跃居美国第二。这看似偶然，但却有其内在必然性。实际上，长期以来富国银行的经营一直以稳健著称，是美国唯一的一家AAA级的银行。这样的银行值得我们尊敬，应该花一些工夫去认真分析、研究和借鉴。

要坚持我们提出的“了解客户、理解市场、全员参与、抓住关键”的风险管理理念，这既是客户服务的基础，也是风险管理的基础。一定要多做面对面的业务，做好客户调查。在市场营销中，要注意充分揭示和估计风险。近几年来，总行反复强调要认真对待资本市场风险，销售基金和理财产品一定要做好风险提示。绝大部分的机构和员工高度重视，并且已经贯彻到实际工作中；但确实也有少数分行和基层机构风险提示不够，甚至还存在夸大收益、误导客户的嫌疑，埋下了很大的隐患。产品设计也是如此，一定要考虑各种风险和市场波动因素，使收入始终能够覆盖风险。

第二，一定要不断加强基础管理，不断优化业务流程，苦练内功，努力攀登世界先进水平。基础管理作为企业经营管理的根本性要素，是支撑企业稳步发展的基石。从这次美国金融危机的情况来看，基础管理良好的金融机构受到的冲击也相对就要小一些。例如，我们的战略合作伙伴美国银行、渣打银行，还有桑坦德银行，比其他欧美大型银行都要好很多。的确，近年来我们的经营业绩非常优秀，主要指标在国内大银行继续保持领先，特别是每股收益、股东权益回报率、净资产收益率都是很高的，可以说是全球大银行的最好水平，但是，这并不能证明我们已经总体上做得比国际先进银行更好了，并不能证明它们长期创造和积累的科学管理方法已经不值得我们学习了。

基础管理贯穿于企业管理的各方面、全过程，细密而繁杂。只有打好基础才能立足长远，各种先进的管理思想、管理理念、经营战略才能发挥作用。我们必须把加强基础管理工作摆在更加突出的位置，彻底转变经营文化、传统思维方式和工作习惯，学习借鉴六西格玛方法精益求精的观念和深入细致的量化分析方法，花更多的时间、下更大的力气来改进基础管理，真正实现管理的科学化、精细化。

第三，一定要继续坚定不移地深化改革和扩大开放。在此次全球金融危机中，我们中国的银行之所以相对来说没受太大影响，而且资产负债表比较健康，根本的原因是近些年的改革开放取得了实质性的进展。像过度放贷或盲目放贷的问题，我们过去有过沉痛的教训，原来那么高的不良资产率是怎么形成的？又是如何化解的？因此，没有改革开放是不可想象的。坚持扩大开放，就要正确对待国外的金融机构和金融体制。

一方面，我们要对次贷危机认真研究，对西方银行的盈利模式进行重新认识和思考，绝不能迷信西方金融机构和金融市场，不能迷信复杂的产品创新，不能迷信计算机、模型和公式。它们走过的错误道路、付出的巨大代价，我们绝不能重复。另一方面，也要看到我们与欧美银行处于不同的发展阶段，它们走在金融业发展的前列，更容易犯错误。我们各自的市场环境和国情也不同，绝不能照抄、照搬，必须是有选择地借鉴，在互利的基础上发展双边或多边合作。要通过深化与战略投资者的战略合作来推动和促进我们银行内部的各项改革，形成一个开放型的、世界性的金融机构。

深化改革，最主要的是继续完善公司治理结构，形成建设银行科学发展的体制和机制，建立起严格规范的现代银行管理制度。我们要继续深化内部机构改革，不断完善风险内控和激励约束机制。这些方面的改革，方向和目标都不能动摇。

实施海外战略，是我们满足国内客户需要、

扩展全球经营网络、解决国际竞争力不强的有效途径，更是我们逐渐走出国门，主动学习和引进最先进的经验和技术、及时掌握信息、培养提高核心人才的需要，是实现世界一流银行战略愿景的需要。可以预料，在相当长时间内，我们在海外赚不到多少钱，但是推进海外战略的意义十分重大而深远。当然，“走出去”也有很多风险，实施并购，拓展海外业务，务必要十分审慎。我们要坚持把握四项原则：一是业务导向，二是战略整合，三是提升价值，四是风险可控。

坚持改革开放，集中起来说就是，一定要从中国的实际出发，敢于和善于探索符合自己的发展道路，形成富有自身特色的核心竞争力。尽管未来中国经济发展不可避免地面临资源环境约束、人口老龄化、贸易壁垒、贫富差距扩大等多种不利因素，但工业化、信息化、城镇化、市场化和国际化将支撑中国经济持续快速发展。这为银行业的改革发展创造了良好的外部环境。

我行抓住了历史机遇，引进战略投资，率先完成了股份制改造，已经初步具备强有力的竞争优势。如拥有广泛的客户基础，具有较为合理的分销网络，在一些业务领域保持了持久的优势地位，风险内控和成本控制体系不断完善，逐步形成了独特的企业文化，初步建立起制衡与效率相统一的公司治理结构，包括在全行系统建立职工代表大会制度等。

在看到优势和成绩的同时，也要看到在完善公司治理、优化业务和收入结构、加强基础管理、提高服务能力等方面仍有很大空间。下一步要从“硬实力”和“软实力”两方面大胆探索培育符合国情、适合建设银行实际、特色鲜明的核心竞争力。“硬实力”建设，要重点加强产品创新和管理、加快渠道建设、强化科技支撑、优化人力资源配置；“软实力”建设，要重点改进公司治理、优化机构组织和业务流程、完善风险管理、提升企业文化。

三、关于当前经济环境和需要注意的几个突出问题

此次百年一遇的国际金融危机发生时，全球经济刚经历了第二次世界大战后持续时间最长的繁荣期，2002—2007 年，无论是发展中国家还是发达国家，都出现了经济持续快速增长。国际货币基金组织最近警告说，金融危机对国际金融市场造成了严重冲击，世界经济将陷入严重下滑阶段。根据其最新预测，明年全球经济增长只有 2.2%，大大低于上年 5% 的增速。其中，美国和欧盟都是负增长 0.3%，据说这是自第二次世界大战以来首次出现的现象，新兴经济体将由 8% 降低到 5.1%。美联储报告 9 月工业产出下跌 2.8%，跌幅为近 34 年来之最，10 月失业率达到 6.5%。

目前我国经济对外依存度较高，全球经济放缓以及由此带来的外需减弱必然会给我国经济发展带来负面影响。第一，外需增长逐步放缓。10 月当月出口增长 19.3%，环比下降 2.2 个百分点，当月的出口交货值只增长 6.8%，中国进出口商品交易会订货下降两成多。第二，投资增速也明显下滑。10 月为 24.4%，下降了 3.2 个百分点。前三个季度新开工项目的计划投资额同比只增长了 1.7%。第三，工业生产增速下滑。10 月已降到 8.8%，1～10 月为 14.4%。此外，发电量和用电量都是负增长，港口吞吐量下降，煤炭积压，汽车产销也放缓。部分行业企业困难，财政收入也开始下滑。银行情况还好一些，但也出现利润增幅下滑。

今年以来，从我国经济增长速度出现了逐月放缓的趋势。前三个季度 GDP 增长 9.9%，这是近 5 年来 GDP 首次出现个位数的增长。CPI 上涨 7.0%，其中 9 月 CPI 上涨 4.6%，10 月进一步跌落到 4%，已连续 6 个月出现回落。PPI 连续同比增高的势头扭转，9 月 PPI 上涨 9.1%，10 月骤降为 6.6%。房地产市场出现了大幅调整，投资、需求减弱，交易量萎缩，大中城市房价走势差异化显现。9 月，全国 70 个大中城市房屋销售价格同比上涨 3.5%，涨幅比 8 月低 1.8 个百分点，环比下降 0.1%。第三季度末房地产投资累计增速为 26.5%，比第二季度末下降 7 个百分点，其中 9 月增速仅为 5.7%，为近三年来最低。

我国经济在经历了前五年的双位数高速增长时期后，有可能步入平稳发展或下行的通道。事物发展都存在着一定的周期性，这是不可抗拒的客观规律，有高峰就有低谷。市场经济本身就必然是会波动的。研究部有一个研究报告说，在过去近 50 年间，我国经济经历了 6 个周期性变化，平均周期长度为 8 年。结论令人欣慰，波动振幅趋于缩小，说明增长的可持续性明显增强。我们建设银行这几年盈利超常规增长，特别是今年上

半年达到了71.3%的水平，这显然是不可能长期维持的。因此，我们一再提醒全行务必要有危机感、紧迫感，不能形成幻想，要及早准备应对增速下滑的局面。现在遇到较大困难，我们必须要有坚定的信心、坚强的意志、科学的态度、合理的对策。

第一，既要充分估计外部经营环境严重的不确定性，又要全面了解我们的各种有利条件。全球金融危机得到缓解的难点在于房地产市场仍未调整到位。在此之前，全球金融机构的资产质量仍有可能继续恶化，这样资本金可能又被吃掉一部分，即使至此为止，政府注入的资本金也有一个如何退出的问题；如果市场不积极回应便无法达到目的，如果发挥了较强的刺激作用，那么又可能回到流动性过剩和严重通货膨胀的那种局面。我国经济处于完全不同的状态，保持一定的增长速度应当说不那么困难，但是生产和销售之间一旦出现障碍，就有可能陷入自我收缩的旋涡，这就是宏观调控所要努力防止的。另外，在中央政府的投资增加后，其他投资能不能跟上也非常紧要。自去年第四季度以来，不少城市土地流拍，房地产市场不景气使地方政府财政收入大幅下降，加之资本市场也陷入低迷，地方和企业的资本金来源急剧萎缩，许多项目因缺乏资本金而不具备贷款条件。此外，消费需求的迅速扩大也有不少障碍。我们也要及早考虑如何应对这些难点问题。

我们之所以有信心应对好这场危机，是因为当前我国总体经济形势是好的，而且我国金融机构的实力普遍增强，盈利能力和抗风险能力明显提高，市场流动性总体上还比较充裕，金融体系也是稳健和安全的。尤为重要的是，我国的工业化、城镇化、信息化趋势不会逆转，无论是投资还是消费都蕴藏着巨大需求，灵活的市场机制已基本形成，政府的调控能力较强，社会政治保持稳定，因此说国民经济发展的基本态势没有改变。

从我行自身的情况看，我们的风险偏好一直以来比较谨慎，并从业务发展战略上较早地进行了结构调整和战略转型，已经见到了较大成效。例如，我们率先推行了风险条线垂直化管理，大力推进信贷结构调整，严格执行行业限额和退出计划。今年以来，公司类退出类客户贷款余额比年初减少了400多亿元；房地产开发贷款增幅大大低于贷款平均增幅。我们的外币债券主要投向了国债和机构债，没有股票和制造业公司债，投资组合属于比较保守和稳健的类型，风险控制和处置有效，尽管也遭受了一定损失，但在可承受的范围内。同时，经过近几年的改革发展，我们在公司治理、客户服务、员工素质等方面得到了显著提升，综合竞争实力进一步增强。

第二，既要进一步增强风险防范意识，又要积极主动地服务经济、开拓市场。在经济步入下行周期时，政府从宏观全局考量，实行积极的扩张性政策，作为国有控股的大型商业银行，我们应当自觉贯彻执行。同时，许多陷入困境的企业过去长期是我们的优良客户，我们不能视而不见，而应当急企业之所急、想企业之所想，更主动地为它们做好金融服务。毋庸讳言，银行会面临控制资产质量和维持业务、利润增长的双重难题。我们的风险管理水平到底怎么样、能不能经受住经济周期性波动的影响，今明两年是考验全行各级经营机构的关键时期。

中央关于银行信贷方面的政策很清楚，即“有保有压”，既不鼓励盲目放贷，也不鼓励盲目惜贷。我们的方法应当是兼顾两个方面。一方面，我们既要理解地方政府发展经济的迫切愿望以及客户的难处，又要体现对客户的理解与支持，与他们患难与共，做好“雪中送炭”；另一方面，要区分情况、分类指导，帮助企业出谋划策，提供金融综合解决方案，寻求多方共赢。要把握好客户选择的标准，门槛不能降低，防止规模冲动卷土重来。对于确实不符合准入标准的客户和项目，要注意拒绝的方式方法，这里就体现了我们的工作水平和工作艺术。

防范风险也不能强调过头，过犹不及。不考虑市场和客户实际，片面追求风险最小化的做法也是不可取的。如果处处谨小慎微、畏首畏尾，就像惊弓之鸟，什么事情也做不成，最终也不符合银行自己的利益。能不能把服务大局与创造价值很好地结合起来，能不能把开拓市场与控制风险很好地结合起来呢？我认为是可以的，最关键的是要开动脑筋、刻苦工作，不能简单化、图省事、做懒人。处理好这方面的关系，说到底还是要靠解放思想和实事求是，要靠改革创新。这几年我们下大力气研究探索为“三农”服务、小企业信贷、中低收入居民的住房服务等陌生领域，而且都取得了一定的成效，如新疆建设兵团农户贷款、浙江阿里巴巴网络银行贷款、“速贷通”微小企业贷款，还有中德住房储蓄银行转型，都是很好的例证，这为我们破解信贷困局奠定了很好的基础。

第三，既要一如既往地抓好传统业务，又要抓住新的机遇加快结构调整和战略转型。传统业务既是当前全行经营收入的主要来源，也是战略转型的基础。全行要继续巩固传统业务，如基础设施贷款、个人住房贷款、企业存款、储蓄存款、资金结算等。

公司业务要加快结构调整。继续推进我们的既定计划，重点支持基础设施和民生工程项目，除交通、能源、城建之外，要高度关注教育、卫生、科技、文化、社会保障等民生领域，环保、水利、现代农业等广义涉农领域，以及关系国家综合实力的装备、航天、军工等领域。我这里要特别提醒大家，要高度重视各种机构客户和事业单位，特别是学校、医院、各种市场中介机构、社会中间组织，以及社区、街道或一部分发达的村镇，其中不乏金融资源丰富的优质客户。

个人业务方面，城镇化加速、流动人口增多和大量改善型住房需求都将推动住房消费持续快速增长。发展个人住房信贷业务不能动摇，并要继续巩固优势地位。个人存款与投资业务方面，仍有许多非常有潜力的客户没有为我们所重视，城市里大量的知识分子和各种专业人士、外籍人士还没有在建设银行开户，电子银行在便利客户使用方面仍然与同业有较大差距。

中间业务方面，目前外部形势不太乐观。例如，资本市场低迷影响了理财业务发展；外贸不景气影响了国际结算业务；监管部门叫停企业发债及理财产品担保，停售或限售部分趸缴型保险产品等。受这些因素影响，明年中间业务发展预期要适当降低。但是，也要看到我国中间业务市场仍然十分广阔，大量的社会中介机构需要我们提供服务，我行许多产品的潜力也尚未得到充分挖掘。大力发展中间业务的方向必须坚持，而且工作力度还得继续加大。

结构调整和战略转型是一个长期任务，因此现阶段既要脚踏实地做好眼前的各项业务，又要未雨绸缪，提早准备未来的发展基础。例如，新农村建设、小企业、小城镇、县域金融服务还远远没有得到满足；投资理财、私人银行等业务还有极大的发展空间；基金、租赁、信托、保险等综合化经营方面我们才刚刚起步，当然，综合化经营必须设立“防火墙”，实施风险隔离。虽然这些业务对我行当前利润贡献度还很低，有些甚至还赔钱，但它们未来潜力巨大。我们必须提前做好准备，舍得投入。今年以来，除了和美国银行、淡马锡的合作项目之外，我们正在积极研究与桑坦德银行、渣打银行在国内外的多种合作项目，包括汽车融资、城市商业银行、农村商业银行、村镇银行等多个领域，这都是着眼于长远的重要举措。

开拓新兴业务市场，提高转型业务竞争力，必须围绕市场和客户加大产品创新力度。但这并不是说我们去搞虚无缥缈的交易或风险很大的产品，要掌握以下几条原则：一是客户切实需要；二是风险能够得到充分的揭示，并且要采取足够的防范措施；三是风险定价要科学，要充分考虑市场波动因素；四是风险可以分散，始终处于可以承受的范围；五是要有严格的授权和经常性的检查评估。

四、关于近期的几项重点工作

（一）按照中央统一部署，认真开展好深入学习实践科学发展观活动

建设银行既是今年2月中央确定的23个试点单位中唯一的金融机构，也是第一批开展学习实践活动的单位。在中央试点工作领导小组和办公室的指导下，经过半年的努力，总行本部和三家试点分行的学习实践活动试点工作取得了圆满成功，得到了党中央、国务院领导和各方面的充分肯定，同时也有力地提升了我行在社会公众心目中的形象。从10月开始，全行系统已经正式启动深入学习实践科学发展观活动，近期总行还要向分行派出指导组。各级党组织正经过学习调研阶段，进入分析检查和整改落实阶段，学习实践活动正在有序推进。活动要取得实效，关键是要紧密结合我行的实际，有针对性地查找问题、解决问题，完善和落实好整改措施。尤其是要重点解决客户服务、基础管理、专业化营销、结构调整、风险控制、人力资源等方面的突出问题。

要通过深入学习实践科学发展观，真正转变银行发展方式。转变发展方式包括转变思维方式、工作方式和业务增长方式，这几个方面又是相互联系的。一些同志还没有完全摆脱传统落后思维方式的束缚，没有真正掌握科学的认识论和方法论。思考问题、分析决策在相当多的时候还存在主观随意的现象，基于数据和事实的科学管理准

则尚未成为自觉的工作素养。只有切实转变我们的思维方式、工作方式，才能真正转变发展方式。

（二）统筹安排，做好今年年底和明年初各项经营管理工作

要关注市场变化，提高研究能力，切实支持和保障经营管理。在当前形势下，通过及时地分析研究，采取更加积极的应对措施、更加灵敏的调控手段显得尤为重要。要密切关注国际、国内经济走势、货币市场、资本市场以及商品市场变化，尤其要关注原油、铁矿石、粮食等大宗商品价格的波动及其影响。对与我们业务关系密切的房地产、制造业、钢铁、电力、石油、煤炭等行业，必须重点深入研究。要分析研究国家政策变化，包括降息、下调准备金率、减税、财政支出扩大、房地产政策调整等带来的影响。

要加强对国内外金融市场走势的研究把握能力。10月末全行本外币债券投资规模达到2.2万亿元，占总资产的三分之一。客观地说，我们现在分析研判复杂金融形势和市场变化的能力还明显不足，必须抓紧时间，从人力、信息、技术等方面尽快提高我们的水平。在研究的基础上，要制定风险防控预案，发现风险隐患要及时处理，重大风险事项要快速响应，尽可能地减少损失。

要认真研究安排好明年的经营计划。现在，市场形势变化很大，这给我们制订计划提出了很大挑战。明年的经营预算怎么编制、财务业绩方面的指标如何安排，都需要我们认真分析、统筹考虑，作出合理的预测。分行可以就明年的计划安排和考核指标向总行提建议。

国家和地方政府扩大内需采取了一系列措施，增大了民生工程、基础设施等各方面的投资，这是我们的特长和优势所在。我们一定要抓住机遇，及早联系对接，搞好信贷安排工作。总行已经有些初步打算，准备与有关部门和机构进行更密切的接触，希望各部门、各分行都能积极配合。

岁末年初是营销旺季，往往也是案件高发期，对此全行上下要保持高度的敏感和充分的警醒，认真做好每一件工作，增加收入和利润，减少成本和损失。

（三）进一步加大力度，推动专业化经营和精细化管理

第一，要强化专业化团队建设，按照专业专注的原则扎实推进专业化经营。大型、中型、小型公司业务都要有专门的服务机构和团队。继续加强个贷中心、理财中心、财富中心、私人银行、电话银行等专业机构团队的建设，配足专业人员。公司业务团队和个人业务团队在市场营销、客户维护等方面应紧密配合，但在管理体系上要逐步分开。重点抓好城区机构改革，尤其是省会级的大城市。最近总行正在制定分支机构改革指导性文件，准备列出几个模式来，供各分行考虑选择。

第二，要持续深入推进产品服务、业务管理以及支持保障的流程整合和优化。目前很多业务处理还是落在前台，中台、后台业务集中的潜力很大。我们要确保全行60项前台与后台业务分离改革目标的顺利完成，这对IT也提出了要求，系统优化要加紧。中台、后台业务集中的方向不一定局限于省内，要尽快考虑建立跨省的区域性综合型后台业务处理中心。

第三，加强贷后管理，保持资产质量领先优势。目前贷后管理仍然是信贷管理中最薄弱的环节。根据统计，超过50%的不良贷款是由于贷后管理不善造成的。贷后管理效果不理想，有主观和客观两方面的原因。从主观上来看，可能是由于近年国内宏观经济形势较好，因而产生了麻痹大意思想。从客观上来看，客户经理营销服务任务繁重，对贷后管理无暇顾及。随着经济变化和产业结构调整力度的加大，贷后管理水平的差距对资产质量的影响还会进一步显现出来。因此，必须抓实贷后管理工作。

第四，要加强档案管理、数据管理等基础性工作。至今还有许多机构、许多部门，包括总行的机构和部门在档案管理方面做得不够好，数据管理方面的情况也不理想。在对公数据管控项目抽取的4家分行350个客户的26个数据项中，系统信息与原始资料完全对上的，最多的分行只有14户，最少的只有4户。这些工作显然需要大力加强。

第五，要抓好《巴塞尔新资本协议》的实施准备工作。这也是一项重要的基础工程，要以此促进全行提升数据质量，规范政策制度，改进客户评级、风险评级以及绩效考核等工作。

（四）做好培训教育和人才队伍建设工作，提高员工队伍素质和员工满意度

建设银行的发展最终还是取决于员工队伍整体素质的提高，要从战略高度重视和加强人才培养与队伍建设工作。在经营环境复杂、遇到比较大的困难的情况下，更加需要做好员工的思想工作和业务技能培训。推进专业化经营、实施精细化管理、创新产品和服务、开拓新型市场、加强综合研究分析，都急需一大批高素质的专业人才。

一方面，要继续加大培训力度。这几年，尽管我们的培训投入每年都增长50%左右，培训效果也逐步改善，但还存在不少问题。如常规性培训多、专业性的培训还不够，培训的面还不够宽，基层的大堂经理、客户经理、产品经理、关键的专业技术岗位人员参加培训的机会还比较少等。我们要进一步扩大培训面，提高培训的针对性和有效性，继续加大出国或跨境培训力度。

另一方面，也要做好人才引进工作。自1998年起，我行就陆续引进了一些境外高层次金融人才，对我行改革发展起到了一定的促进作用，其中也有不少经验教训。下一步，要根据我行战略发展的需要，继续解放思想，加大人才引进力度。尤其要在资金交易、投资银行、IT、产品创新、市场研究、财务管理以及海外业务等关键领域积极引进人才，并做好绩效考核、岗位安排等工作，使人才进得来、留得住、用得好，起到应有的作用。

尊重员工关切，关心员工成长，充分调动员工的积极性和创造性，不断提高员工满意度，是贯彻落实科学发展观的客观要求和具体行动。依托“员工之声”项目，总行不久前对全行员工满意度进行了调查。境内及香港机构29.6万名员工参与了调查，参与率达94%。调查显示，全行员工满意度均值为67%，比全球金融同业水平高1个百分点。我们在最高管理团队的管理行为、直接主管的有效性、团队协作、奖励与认可、整体满意度等方面高于全球金融同业水平。员工反映强烈的问题集中于学习与发展、薪酬与福利、工作与生活平衡、工作本身等方面，我们要加以改进。

调查结果也提示，要高度关注长三角区域、总行本部、工龄10年以上员工和高学历员工的价值追求和满意度问题。这4个群体的员工满意度相对较低，分别为61%、62%、66%和64%。长三角区域是我们的业务和盈利重心之一，系统内贡献大，虽然市场份额不是很高，但这也是同业的重点倾斜区域，区域内市场竞争十分激烈，员工工作压力可能更大一些。总行本部员工工作态度与工作积极性对全行经营发展有着广泛的影响，需要高度重视。老员工是我们宝贵的财富，如何激发他们的积极性和创造性不仅影响着他们自身的工作效果，而且还会对新员工产生影响。高学历员工满意度较低，说明他们的期望与现实有差距，可能有自身不适应、眼高手低等原因，但可能也有我们岗位设置、工作安排方面的原因。总之，要做好员工满意度分析，改进我们工作中的不足，激发员工的积极性。

今年是一个非常特殊的年份，世界出现了前所未有的复杂的经济金融形势，我们国家发生了一系列的大事和难事，明年看来也很不轻松，可以说经济和金融都进入了一个艰难时期。但是，只要我们坚定信心、迎难而上、沉着应对、扎实工作，我们就一定能够战胜各种困难，建设银行就一定能够取得更辉煌的成绩。

谢谢大家！

全面落实科学发展观要求 努力提升全行经营管理水平

——在中国建设银行工作会议上的报告

张建国

（2008 年 1 月 21 日）

刚才，总行党委书记、董事长郭树清同志作了《转变建行的发展方式还需要付出艰辛的努力》的报告，充分肯定了2007 年全行改革发展所取得的成绩，深入、透彻地分析了制约我行实现科学发展的主要问题，对今年和未来一段时期全行推进战略转型、加快内部改革、实施结构调整提出了要求。希望大家深入学习、认真领会讲话精神，身体力行、全面贯彻落实，把科学发展观和建设银行实际紧密联系起来，落实到业务发展方式的根本转变上，转化为实施战略转型的实际行动和具体安排。

下面，我向大家报告我行 2007 年的经营管理情况，并对 2008 年的主要工作进行安排，不妥之处请大家批评指正。

一、一年来全行改革发展取得了良好成绩

2007 年，全行认真落实科学发展观要求，各项改革取得了新的进展，经营水平全面提升，主要经营指标创出了历史最好水平，在同业中表现优异。

全行总资产历史性地突破了 6 万亿元大关，达到65 981. 77 亿元，较年初增长 21. 10%；总负债余额为 61 758. 96 亿元，增长 20. 66%。

增收节支并举，成本费用控制加强。成本与收入之比为42. 12%，比上年下降 1. 85 个百分点。

资产质量不断改善，风险抵御能力继续增强。2007 年末全行境内不良资产率为 1. 70%，比上年下降 0. 59 个百分点；境内不良贷款额为 820 亿元，比上年减少 107 亿元；不良贷款率为 2. 60%，下降 0. 69 个百分点。拨备覆盖率比年初提升 28 个百分点。

经营效益大幅提升。全行实现税前利润 1 008. 16亿元，比上年增长 53. 41%；实现净利润 691. 42 亿元，比上年增长 49. 27%。

主要财务指标在同业中表现优异。总资产回报率（ROA）为 1. 15%，比上年提高 0. 23 个百分点；股本净回报率（ROE）为 19. 50%，比上年提高 4. 50 个百分点；净利息收益率为 3. 18%，比上年拓宽 0. 39 个百分点。

（一）深化改革取得新成果

——成功回归 A 股市场。2007 年 9 月 25 日，我行成功回归 A 股市场。回归 A 股是我行深化改革的重要步骤，进一步拓宽了资本补充的渠道，确立了我行在国内市场的品牌形象，扩大了在国内市场的影响。

——综合化经营试点取得新进展。2007 年建信基金公司树立了良好的品牌形象，实现净利润 2. 24 亿元，进一步坚定了我行推进综合化经营的信心。2007 年 12 月，我行和美国银行共同发起设立的金融租赁公司正式挂牌营业。洽谈并购信托公司也取得了阶段性的成果。

——内部配套改革启动。去年我行启动了深化人力资源改革、组织架构再造、产品研发与创新机制、IT 项目开发与整合、信息整合和管控、业务流程优化、全面成本管理、全面风险管理八个重点基础建设项目。这八项工程是确保我行可持续发展、提高综合竞争实力的基础工程，是“打基础、利长远”的大事。目前八项工程顺利推进，个别项目已经取得了明显成效。

——业务流程再造效果显著。2007 年，我行制定了《中国建设银行流程管理规划》。总行部门共提出 63 项流程方面的改革安排，正在全行有序推进。各分支行主动开展并完成 312 项流程改进工作，取得了阶段性成果。

（二）结构调整逐步深化，经营结构全面向好

——认真执行宏观调控要求，自觉服从大局。去年，全行自觉服从、认真执行国务院及相关部委关于宏观调控的要求，信贷投放实行年度控制总量、按季把握节奏、逐月监控投放、重在调整结构的方法，人民币贷款新增3 497亿元，控制在3 500亿元以内，很好地处理了创造收益与执行宏观调控政策的关系。

——客户结构进一步向好。全行A级及以上公司类客户贷款占比达到90.41%，历史性地突破了90%，比年初提高3.31个百分点。个人VIP客户结构及资产规模得到持续优化及提高，2007年底全行个人高端客户总量达32 024人，增长128%。

——优势产品、重点区域和战略性业务快速发展。固定资产贷款占比继续提高。2007年底全行固定资产贷款余额为9 045.2亿元，占公司类贷款余额的40.25%，比年初提高了0.79个百分点。其中，基本建设贷款余额为8 260.3亿元，提高了1.66个百分点。

小企业客户业务快速发展。2007年底全行小企业贷款余额为1 569.5亿元，增长56.3%。小企业贷款平均收息率高达8.92%，比基准利率上浮近20%。管理基础相对较好、区域经济较为活跃的部分沿海地区，小企业贷款新增占全行的80.5%。

个人贷款总量控制和结构优化目标双双实现。2007年底个人贷款余额为7 127亿元，新增1 334亿元，圆满完成了新增控制在1 335亿元以内的目标。其中，个人住房贷款新增占比达95.7%。个人住房贷款余额继续保持同业第一。

重点地区分行公司类贷款余额占比有所上升。2007年底重点地区分行公司类贷款余额占比为58.71%，提高了0.65个百分点。长三角和珠三角地区的贷款余额占比分别上升了0.39个和0.47个百分点。

——行业结构持续改善。产能过剩、“两高”、节能减排行业贷款余额为7 175亿元，虽比年初增加1 092亿元，但增量主要集中于优质大客户和行业龙头企业。调控行业A级及以上贷款占比93.14%，较年初提高了3.85个百分点。房地产业、制造业贷款增幅下降。

——收入结构进一步改善。2007年中间业务净收入为307亿元，增长127%，中间业务收入占比由上年的8.88%上升到14.03%，提高5.15个百分点。市场占比较上年提升3.16个百分点，达到25.72%。实现了中间业务收入“增幅四行第一，收入总量第二”的年度目标。

（三）业务转型全面推进，核心竞争力持续增强

——零售业务发展顺利，销售能力不断增强。在部分金融同业负增长的情况下，个人存款比年初新增1 190亿元，达到23 067亿元。新增位居四行第二，增量占比超过54%。

借记卡主要业务指标创历史最好水平。2007年累计发卡2.24亿张，新增4 485万张；实现消费交易额4 310亿元，增长102.82%；收入达到45.55亿元，增长58%。

信用卡业务继续加大了重点产品和业务创新力度，保持快速发展。全行信用卡当年新增626万张，增长95%；实现消费交易额786亿元，增长94%；实现业务收入14.4亿元，增长87.5%。

代销基金业绩同业领先。2007年全行代理基金231只，代销量达7 728亿元，同比增加7倍；实现手续费收入117.78亿元，增加了11倍多，四行占比达到34.05%，提升了10个百分点。

——机构业务从转型中寻求商机、以创新赢得市场。实现了第三方存管业务（CTS）上线客户数量、吸收证券公司存款量、代理保险业务收入新增和增速等七项同业第一。代理保险业务收入达9.64亿元，增长51%。CTS业务合作券商105家，占全国券商总数的98%；累计导入客户1 688万户，市场占比33.96%；吸收证券公司存款3 454亿元。

——投资托管业务紧跟资本市场的创新发展，提高了市场竞争力。年末托管资产规模达9 249亿元，比上年增加2.5倍；托管费收入达10.25亿元，比上年增加3.9倍。基金托管规模增加2.89倍。

——投资银行业务健康快速发展。通过短债承销、理财产品、直接投资、IPO主承销及资产证券化等多种渠道为客户融资1 168亿元。全年投资银行业务收入超过24.9亿元，比上年翻了一番多。理财产品超常规、爆炸式发展。全年发行理财产品272期，金额达1 418.6亿元。上市公司重组、企业上市时担当财务顾问、内地企业到香港或者其他境外市场上市担任主承销等方面都取得了前所未有的新成绩。

——国际业务增长势头良好，海外发展战略稳步推进。国际结算额达到2 854亿美元，增长49.95%，超过同期全国外贸进出口增速26.45个百分点。我行贸易项下国际结算量增速、国外保函余额及收入增幅等五项指标位列五行第一。海外发展战略得到有效落实，各项工作稳步推进。澳大利亚悉尼代表处于11月底正式开业。正式向越南国家银行递交了在胡志明市设立分行的申请。

——金融市场业务努力提升经营绩效、各项业务稳步发展。去年金融市场业务条线直接经营本外币资产18 219亿元，占全行总资产的28%；实现经营收入722亿元，同比增长47%。代客结售汇、外汇买卖业务1 997亿美元，增长65%；实现收入22.55亿元，增长43%。外汇代客衍生业务交易额111亿美元，增长25%；实现收入3.62亿元，增长174%。

（四）转变服务方式，客户服务水平明显提升

——网点转型成效日益显现，客户满意度明显提高。2007年全行实现转型网点5 266个。转型网点日均产品销售量增长115%，工作效率提高了30%~40%，客户等候时间下降了29%。神秘人检查得分为94.12分，客户及员工满意度显著提高。

——网点建设全面推进，网点服务功能改善。2007年全行共实施网点整体装修项目2 865个。全行对外营业的理财中心增加到1 443个。年初规划的80家财富中心全面建成。2007年底实际运行自助设备23 857台，比上年增加4 367台；自助银行2 729个，比上年增加1 145个。自助渠道实现收入8.3亿元，增长57%。

——服务手段转变取得新进展。网上银行、电话银行、手机银行业务不断创新，以95533客户服务中心为核心的服务支持体系不断完善，提高了解决客户问题的能力，促进了全行服务质量和服务水平的显著提高。2007年底全行电子银行客户7 070万户，当年新增2 741万户；电子银行交易额120万亿元，比上年增加3倍。

——客户服务模式不断创新。市场营销逐步从传统的以分支行、部门为主，转变为以大客户服务团队、产品直销团队、小企业服务中心、财富中心、理财中心、个人贷款中心等专业化营销服务机构为主。

——完善重点区域联动、上下联动、海内外联动机制，联动营销取得了重大突破。储备了一大批优质项目，为今年乃至未来的业务发展奠定了良好的基础。海内外分行业务联动成效显著。2007年国内分行通过海外机构办理进口开证业务量达27.37%，比上年提高14.23个百分点；国内分行通过海外分行办理汇出汇款达到了总行规定的50%的要求。

（五）强化风险管理基础工作，内控水平全面提升

——新的风险管理体制运行状况良好。建成了以一级分行为主体的柜面业务操作风险非现场集中监控体系，风险监控能力显著增强。垂直报告线路进一步明确，确保了总行风险管理政策和偏好传导顺畅。风险管理立足于了解客户、把握市场，逐步从被动规避风险、事后处理风险，向积极经营风险、主动管理风险转变。风险管理基础工具的研发和运用取得了阶段性成果。

——多策并举，不良资产处置加快。全行以不良贷款盘活处置为重点，扎实工作、艰苦攻坚，全年共处置不良贷款422.5亿元，比上年多处置38.7亿元。正式启动了国内商业银行第一单不良资产证券化项目。

——推进合规管理，案件防控实现“四个下降”。全行深入开展“三查一审”活动，对银监会2006年现场检查发现问题的平均整改完成率达到98%，获得了监管机构的认可。2007年全行内审整改完成率达93.1%，比上年提高了5.2个百分点。组织“平安建行”创建活动，案件呈现“四个大幅下降”的良好态势。全行共立案查处各类案件19件，比上年减少36件，下降65.4%；涉案金额2 017万元，比上年减少6 616万元，下降76.6%；百万元以上案件和涉案金额分别下降77%和83%。

一年来，全行结构调整逐步深化，业务转型全面推进，资产质量稳步向好，客户服务水平明显提升，基础管理和风险内控不断完善，各项工作都取得了前所未有的良好成绩。我们清醒地认识到，取得这样的成绩得益于党中央、国务院的正确领导，得益于政府部门、国内外股东、合作伙伴的关心和帮助，得益于广大客户的长期支持，得益于全行员工的共同努力和无私奉献。在此我提议，大家用掌声来感谢全行员工的共同努力，更感谢政府部门、国内外股东、合作伙伴、广大客户对建设银行事业的支持与帮助！

二、深入分析经济金融形势，努力把握经营策略

今年是全面贯彻落实党的十七大精神的第一年，是实施“十一五”规划承上启下的一年，也是我行继续提升经营管理水平的关键之年。国民经济将继续稳健增长，但经济运行中长期积累的突出矛盾和问题还没有根本解决。当前国际、国内经济金融等方面出现了一些值得注意的新情况，宏观调控、资本市场、我行经营和同业竞争等方面也出现了新形势、新变化、新问题，商业银行在经营管理上面临着比去年更为严峻的挑战和新的机遇。

（一）国际经济金融走势存在较大不确定性

——大宗商品、资产价格持续上升，泡沫风险日益积累。国际油价一度突破100美元/桶的心理防线，至今依然高位运行；国际黄金价格连创新高，已突破900美元/盎司，正朝1 000美元/盎司迈进；国际粮食价格疯狂上涨。2007年小麦价格飞涨112%，大豆猛涨75.1%，玉米上扬47.3%。此外，铁矿石、钢材、棉花等各类商品价格也在高位徘徊，对全球经济、金融稳定构成严重威胁。随着我国经济对外依存度的提高，整个经济金融受国际市场的影响也越来越大，国际经济金融的震荡对我国经济金融的影响不容忽视。

——国际经济金融形势复杂多变，次贷危机负面影响极其深远。2007年春夏之交在美国率先爆发了次贷危机，全球的经济、金融遭受了重创，负面影响极其深远。次贷损失什么时候能够见底、负面影响有多大，目前仍然难以准确估量。

美林、花旗、瑞银等全球著名机构的CEO已因次贷损失巨大而被迫辞职。汇丰银行被迫关闭了在美国的一家次级抵押贷款公司。英国北岩银行发生了大规模储户挤提，资不抵债。欧洲、美国、日本金融机构遭受的损失预计超过630亿美元。

次贷危机带来连锁反应，危机影响不断地向其他产品、其他领域扩散。美国房地产业自次贷危机爆发以来，持续低迷。有关媒体预测，今年六七月间美国可能有200万个家庭因不能偿还银行按揭贷款而破产。次贷危机进一步向信用卡、车贷等其他领域蔓延，美国消费者信用卡违约率同比增加了三成。次贷危机还造成了股市震荡，汇率、利率走势扑朔迷离等问题。从2005年7月21日我国实行新的人民币汇率机制以来，美元对人民币已贬值12%。美元对其他主要货币贬值的程度还要大一些，有的甚至达到了16%。去年第四季度美元又进入了一个新的降息周期，带动了许多国家、地区中央银行调低利率，未来走势很难判断。

次贷危机发生后，穆迪、标准普尔两大评级公司对许多债券的评级一降再降，整个国际金融市场基本上是有行无市。许多国际知名大机构纷纷裁员，次贷危机发生几个月内美国抵押贷款机构已经裁员4万人，房地产公司裁员近2万人。就在上周，《华尔街日报》报道花旗集团可能在近期裁员两万人。

（二）国内经济金融形势整体较好，但增长由偏快转为过热的趋势尚未缓解

国内经济金融形势整体较好，但也存在一系列值得高度重视的问题，集中表现为经济增长由偏快转为过热的趋势尚未有效缓解，物价由结构性上涨演变为明显通货膨胀的风险加大。去年12月召开的中央经济工作会议确定，2008年经济发展的基调是“防过热、防通胀、重民生”。

——要密切关注宏观经济特点及其影响。2007年国内生产总值（GDP）增长11.4%，预计2008年GDP增长速度将有所下降。

2007年12月全国CPI指数增长幅度是6.5%，去年全年为4.8%。物价由结构性上涨向全面通货膨胀转变的风险加大，这已引起党中央、国务院领导的高度关注。

贸易摩擦不断加剧。去年我国对外贸易总额超过21 000亿美元，历史性突破了2万亿美元大关。从1995年到2007年的12年间，中国是全球遭受反倾销贸易调查、发生贸易摩擦最多的国家。去年底我国外汇储备历史性地突破15 000亿美元，达到15 300亿美元。人民币升值压力加大。

房地产价格走势不明，市场成交量缩小。2007年10月以来，房价环比涨幅连续回落，楼市“拐点论”引发了很大的争论。价格一旦回落，商品房销售则会受阻，我行个贷以及相关业务的都会受到影响，还会使我行抵押资产缩水，安全性难以得到保证。预计中央银行还有加息的可能。利率上升不仅会使提前还贷的人越来越多，同时还可能使按揭和其他个贷的借款人违约概率上升。

——宏观调控政策和市场形势可能发生的变化将对银行经营产生较大的影响。在宏观调控的

大背景下，调控的举措越来越密集、工具越来越丰富，需要高度重视的是，政策力度越来越大，我们必须保持高度的政策敏感性，认真贯彻执行国家宏观调控政策。

节能减排指标纳入政绩考核。从今年开始，国务院对地方、部委、相应机构的政绩考核加入了节能减排的内容，这可能对相关行业的贷款质量带来明显影响。为此，我行要严格执行行业贷款限额，实行名单制管理。

实施从紧的货币政策。去年中央银行10次上调法定存款准备金率、6次加息、6次定向发行中央银行票据。中央银行对所有在中国境内经营放款的机构实行了更加严格的管理。从紧的货币政策是近10年来首次实施。自今年1月中央银行再次上调存款准备金率后，准备金率已达15%，创22年新高。这些措施实施以后，一些银行已经从流动性过剩转变为流动性短缺，经营压力增大。

规范资本市场。上证综指2007年涨幅达96.66%，A股市场成为2007年全球表现最强的股市。当前中国的股票市场平均市盈率已超过60倍，是全世界市盈率最高的一个市场。即便是当年日本股市崩盘时，市盈率也没有中国这么高。最近监管机构已经释放出强烈的信号，要在资本市场上打击投机、规范管理、鼓励创新。资本市场的跌宕起伏和中央银行调控手段出台时间的突发性，给银行负债业务带来了很大影响。

——金融同业竞争加剧。在过去几年间，包括建设银行在内的一批商业银行完成了“三步曲”的改革任务，在坚持科学发展、做好做优、调整结构、实施转型等方面取得了阶段性成果，竞争力大大增强，同业之间的竞争将会越来越激烈。由于我行近年来经营业绩良好，因而其他商业银行特别是几家大银行都把我行作为主要竞争对手，我们要有思想准备，迎接来自同业的强大挑战。

同时，我们也要看到，国家有关经济政策的调整以及我行近几年改革发展打下的经营基础，为我们进一步发展提供了有利的内外部环境。两税合一的税收改革将大幅降低多数企业客户的税负水平，提高中资银行和企业客户税后净利，这对于中资金融机构来说是较大的利好因素。2007年我行已计提90亿元内部退养员工未来的成本，对我们未来的竞争将起到积极作用。

尽管市场变化会对经济金融以及我行经营产生影响，但市场机会总是存在的，而且总是给有准备的人的。市场火暴的时候有机会，市场低迷的时候也有机会，市场在跌宕起伏的时候依然有机会。

三、以科学发展观为统领，努力做好今年各项工作

根据当前经济金融形势和我行的工作实际，2008年全行主要经营指标计划初步确定如下：

——2008年底，全行总资产力争达到74 800多亿元。境内人民币贷款计划新增3 500亿元，增长11%。其中，个人贷款增长1 200亿元。存款余额力争接近65 000亿元，增长12.35%。实现中间业务收入410亿元，较上年增长28%。实现理财产品销售量2 000亿元以上。

——成本收入比继续改善，计划控制在33.4%以内。

——全行计划实现税前利润1 225亿元，较上年增长24%左右；计划实现税后利润933亿元，较上年增长约40%。总资产净回报率（ROA）保持在1.34%左右，比上年增长0.23个百分点；股本净回报率（ROE）达到20.64%，增长2.13个百分点。不良贷款率计划控制在2.50%以下。

为实现上述任务目标，需要我们以科学发展观统领全局，集中全行的辛勤努力和智慧，自觉执行宏观调控要求，积极推进结构调整和经营转型，继续加强内控和基础建设，促进各项业务较快健康发展。

（一）抓好重点，力争实现今年经营目标

第一，要努力执行好控制贷款规模的要求。能不能自觉执行宏观调控政策要求，特别是监管机构提出的规模管理的目标，这是对我们有没有大局意识、能不能够坚持科学发展的考验。今年监管部门要求商业银行不仅不得突破年度规模总量，而且每个季度还要做好比例控制。各分行要正确理解，执行好中央、监管部门和总行的有关要求。但是，有些同志甚至有些分行的领导，对于实施的规模管理要求不甚理解。年初伊始，有三四个分行出现明显的贷款冲动，一个分行甚至在三天内就发放了89亿元贷款，几乎把总行分配的全年增量规模都贷出去了。这种情况要坚决杜绝。2007年第四季度，全行授信业务风险监测系统上线运行，总行可以通过这个系统对每一家分支行、每一个行业产业、每一笔贷款的发放情况进行实时监测，对报警或提示项目及时处置、持

续跟踪。总行将充分利用这一系统，严格贷款规模总量控制，按季掌握进度，逐月监测结果。建设银行是一个整体，各级机构一定要在自觉服从宏观调控的大局上保持一致，不要互相博弈。希望大家提高认识，牢固树立大局意识、责任意识和政治意识，端正经营思想，防止放贷冲动。

第二，要切实调整好信贷结构。在宏观调控这一背景下，信贷规模管理使得贷款成了稀缺资源，商业银行的议价能力应得到提升，贷款的行业产业结构也更应该得到优化。但是，我行的有些情况却不是如此。例如，至少在过去的五年里，全国的房地产价格一直处在不断上升的过程之中，尽管当前房地产价格有所调整，但今天的价格和五年前相比也不能同日而语。房地产类设有质押或抵押的债权应该能够得到加固、维护，风险不断缩小，而我行的这类贷款质量却并不理想。又如，从去年初开始，总行在全国十几个大行业、114个小行业中逐步推行了行业限额管理，但是我们对几个不良贷款比率一直很高的小行业，如软件业、文化艺术业、科技交流和服务推广业等，贷款余额不仅没有减少，反而还在增加。另外，在去年底的时候，我们执行下浮贷款利率的客户比例不升反降。针对这些情况，我们要提高定价和议价能力，加强行业、产业的分析研究，进一步推进行业限额管理和名单制管理，以更好地指导全行开展经营活动。

贷后管理一直是商业银行的老大难问题。既然我们已建立了授信业务风险监测系统，就要明确责任，利用好系统，加强监控和贷后管理。要坚决停止对个别行业的新增授信，如娱乐业、住宿业、小型商贸餐饮业等。总行正在研究加强制造业这个大行业的信贷管理问题，探讨是否可以把制造业中的小企业贷款单独拿出来统计，以更加客观地反映制造业贷款的真实情况。

另外，总行在研究逐步把贷款审批权向一级分行集中，不允许县级支行审批放款，二级行的审批权总行将统一考虑。建议各分行根据本行的具体情况率先行动，向上集中贷款的审批决策权。

第三，统筹把握好资金营运。我们应该用发展的眼光来看待流动性过剩和负债管理这个问题。过去的几年来，社会各界都在讲流动性过剩问题，但是，客观的现实是，从流动性过剩变成流动性紧缺的情况随时都可能发生。我国外汇储备急剧增加，资本市场不断壮大，全社会流动性过剩，但目前商业银行已经出现了流动性和结构性紧缺的问题。有不少小银行靠同业拆入、向中央银行再贷款维持运转。即使是大银行，个别时点上也出现了资金调度不灵的问题。随着存款准备金率的不断提高，银行被冻结的资金总量越来越大。同时，资本市场的变化造成存款在不同类型的金融机构之间大进大出、大幅迁徙的可能性越来越大，今后资金营运的难度会越来越大。我们一定要努力发展负债业务，加强资金预测和调度。

第四，重点解决好外币业务的主要矛盾。我国经济对外依存度越来越高，客户对外汇业务的服务需求越来越多。外汇业务可以为商业银行拓展、稳定优质客户，提高综合收益水平。但是，去年我行受外币存款减少40亿美元的影响，被迫靠购汇来保证支付，目前外汇存贷比高达118%。

从今年初开始，总行就把解决好外汇资金营运问题，特别是增加低成本、稳定的外汇资金来源作为今年的工作重点之一。在这方面，要做好三件事：一是各级领导都要对此高度重视。尽管人民币升值预期很高，但是外币负债业务的机会依然不少。二是解决好价格问题，包括对外合理定价和内部合理计价，并适当在绩效考核、内部激励上作出倾斜。三是要借我行获得中央银行境内外币支付系统港元结算银行资格之机，大力吸收同业存款。

第五，积极支持好综合化经营。建信基金管理公司、金融租赁公司和拟购中的信托公司都是我行综合化经营试点的重要平台。借助这些平台，既可以提高全行整体获利能力，又能解决许多客户的金融服务需求。目前，有的公司已经取得了丰厚的收益，有的公司尚处在投入期，但未来会对打造我行的整体市场竞争力发挥出积极作用。大家一定要认识到，这些平台是建设银行自己的，支持帮助他们拓展市场、提高水平，就是做好我们自己的事情。

（二）坚定信心推进经营转型，保持中间业务良好发展势头

由于市场形势的不确定性，我们提出的中间业务目标是，市场占比不减，巩固市场第二位次。同时，重点区域和重点产品达到与全行位次相匹配的水平。2007年，河北、辽宁、湖北、四川、甘肃5个分行中间业务跃居当地同业第一，加上原有的河南、福建、厦门、三峡、湖南5个分行，已有10个分行的市场占比居当地同业第一。希望今年能再有两个分行加入到当地“排头兵”的队伍里来。

为实现中间业务良性增长，要改进管理手段。实行产品分类管理，明确竞争目标。突破原有的八大类产品统计口径，根据产品的生命周期、竞争态势、历史增速、市场环境等因素，将中间业务产品分为传统差距、传统优势、新兴业务、市场敏感四个类别，分别采取较快、略快、高速、适当增长等不同的增长目标和策略。按市场份额对产品经营情况进行考核，打造建设银行品牌。要完善买单制，更好地鼓励先进、鞭策后进。

抓好基金业务的替代产品发展。由于资本市场变化，今年基金销售业务可能不如上年火暴。而我国保险市场处在一个特别的发展时期，监管机构也格外重视银保合作，机会很多。上年我行代理保险销售总量增长和业务收入增长都取得了同业第一，但在四行一邮的市场占比仅排名第四。加强银保合作，发展代理保险业务具有方向性和战略意义，要用其快速增长来弥补基金销售可能出现的负增长。在今后几年，每两年我们代理保险业务的排名力争上升一位。

加快发展个人业务、小企业业务、信用卡业务、电子银行业务、金融市场业务、投资银行业务等都是经营转型的重要内容，要按照总行的部署扎实推进。

（三）继续加强内控和基础建设，构建安全营运的长效机制

加强风险管理是商业银行永恒的课题。风险内控要跟得上形势变化和业务发展，时刻紧绷风险内控管理这根弦。对于案件防控和信贷风险，全行在理念、制度建设、工具开发上都确实提高了许多，但是风险管理要全面，要覆盖对公业务和对私业务、信贷业务和非信贷业务、表内业务和表外业务、境内业务和境外业务。要把合规经营、维护稳定、安全保卫以及防范操作风险、市场风险、信用风险等都纳入风险内控管理工作之中。

要确保稳定，坚持做好案件防查、安全保卫工作，巩固来之不易的成绩。要密切注意市场的变化，提前应对好以下几方面的风险：一是重视防范美国次贷危机和国内资本市场变化造成的市场风险；二是分析研究国家宏观调控、稳定物价、利率上调、人民币升值等因素的滞后作用对相应行业和企业的影响，多做一些压力测试分析，加大不良贷款处置力度；三是关注新的风险苗头，对于表外担保类、公司债、理财产品的风险管理要瞻前顾后，防患于未然。

要立足长远，继续推进八大基础项目。下大力气维护优化 IT 系统，保障生产安全运行，珍惜建设银行的声誉和形象。战略合作项目要在推动业务转型和管理流程改进方面发挥更好的作用。

（四）主动配合国家审计署搞好审计检查

国家审计署已决定今年对我行进行全面审计检查，上周审计署审计组开展前期工作的同志已经进驻。加强内部管理、提高经营水平，既要靠我们自身努力，也要借助外力的推动。外部审计检查是提高经营管理水平的一次绝佳机会，可以帮助我们改进体制、机制的建设，进一步促进依法合规经营，提高管理水平。国家审计署目前已确定总行本部和北京、天津、上海、广东、深圳、四川分行作为重点检查对象。尽管是“1+6”的检查重点，但总行各部门和各分行都要高度重视、积极配合，为审计检查创造应有的条件，保证审计检查工作顺利开展。希望大家端正态度、周密准备、认真对待，发现问题及时整改。

春种秋收，希望大家全面落实科学发展观要求，把全行的改革继续推向深入，把全行的经营水平提到更高的层次，以此来推进我们实现一流世界银行的目标。

以科学发展观为统领 努力完成全年各项工作任务

——在中国建设银行春季工作座谈会上的讲话

张建国

（2008年5月29日）

同志们：

我向大家报告今年前5个月的经营情况，并根据当前经营形势对今年后一个时期的重点工作作出安排。

一、总结经营成绩，增强发展信心

今年初，总行党委决定把贯彻落实科学发展观、转变业务发展方式作为全行工作的主题。2月底，中央确定我行为深入学习实践科学发展观活动试点单位，为我行经营增添了新的动力。前5个月，全行认真贯彻落实科学发展观要求，严格执行国家宏观调控政策，坚持推进业务结构调整，继续强化风险管理和优化服务，全力支持抗灾、救灾，各项业务保持了良好的发展态势，为做好全年工作奠定了坚实的基础。

（一）扎实推进各项业务发展，经营效益持续增长

认真落实年初全行工作会议部署，各项业务全面持续发展。截至5月27日，全行总资产达68 638亿元，比年初增加3 752亿元。各项存款达61 186亿元，比年初增加3 471亿元。各项贷款余额达33 649亿元，比年初增加1 980亿元。中间业务净收入达153.13亿元，比上年同期增加79.35亿元，同比增幅为107.54%。税前利润达到736亿元，比上年同期增加了280亿元，增幅为61.56%。境内不良贷款余额为731亿元，比年初减少89亿元；不良贷款率为2.18%，比年初又改善了0.41个百分点。

公司贷款投放控制有序。截至4月底，全行公司类人民币贷款比年初新增1 551.9亿元，完成全年新增计划的73.9%，增幅为6.6%。

个人业务稳步增长。4月末，个人存款当年新增2 126亿元，较上年同期多增637亿元，新增创历史同期最高。网点转型和自助渠道建设稳步推进，全行转型网点数量达到7 358个。全行已安装运行ATM25 217台，比上年末增加1 360台，总量跃升同业第一。公积金贷款市场占比49.53%，房改金融业务居同业领先地位。信用卡新增发卡218万张、累计发卡达1 478万张，卡片活动率达48.12%，较年初提高1.44个百分点。

电子银行功能不断丰富，服务水平显著提升。95533客户服务中心系统平台实现全行统一，改善了客户体验。截至4月底，全行电子银行客户数达到8 464万户，当年新增1 395万户，比年初增长20%。全行电子银行与柜面交易量之比达到40.28%，比上年末提高4.09个百分点。

机构业务坚持创新，实现了国防重点项目和军队总部级客户的营销突破。全口径军队武警存款市场占比为13.76%，较年初提高1.77个百分点。“社保营销年”初战告捷，新增各类社保财政专户71户，新增存款82亿元。新CTS系统正式上线运营，第三方存管上线客户达1 724万户，遥遥领先同业。高校债务重组方案得到教育部、银监会、财政部的认可，抢得了市场先机。

金融市场业务投资组合不断优化。截至4月底，直接经营的本外币资产时点余额折合18 653亿元人民币，占全行总资产的26.8%。全回报口径的本外币投资组合收益率3.94%，比上年底提高42个BPS。

投资银行业务快速发展，综合经营取得新进展。理财产品发行总量同业领先，前4个月发行理财产品442期，金额达3 769.3亿元。中期票据承销业务居市场优势地位，成为铁道部发行的中期票据牵头主承销商。企业年金业务取得突破，

成功营销了港中旅等一批客户。

中间业务收入保持快速增长。4月末，我行中间业务市场占比28.54%，位居同业第二。收入总量与工商银行的差距进一步缩小到3亿元，领先中国银行的优势扩大到10亿元。产品收入超过3亿元的产品达到14个。代销保险收入同比增速222.35%，位居四大银行第一。完成国际结算业务量1 312亿美元，同比增长66%，重回同业第三的位置。

（二）严格执行宏观调控要求，合理把握贷款节奏和投向

今年以来，我行认真执行宏观调控政策，合理把握信贷投放的总量和节奏，各项贷款增长幅度实现了平稳回落。前5个月，人民币贷款新增1 979.7亿元，同比少增172.3亿元，完成全年新增计划的56.56%。

全行扎实推进信贷结构调整，认真执行行业、产业信贷政策，重点抓住信用风险管理，优化经济资本和行业限额管理，有针对性地开展了压力测试。公司类贷款客户结构继续优化。A级及以上客户贷款余额占公司类非贴现贷款的91.48%，比上年末上升了1.07个百分点。前4个月，退出类行业贷款已减少了124.44亿元，完成全年退出计划的41%。不良率高于10%及5%～10%行业贷款余额分别比年初减少了221.76亿元、110.62亿元。房地产业、制造业、“高耗能、高污染”等调控行业新增贷款主要投向了行业排头企业和优质客户。为了满足灾后重建需要，适当增加了对电力、交通、制造业等行业的贷款投放。

（三）坚持严格风险管理，案件防控继续向好

去年初启动的八大重点基础项目继续推进，基础建设和风险内控不断加强。全行充分利用授信业务监测系统，加强风险监测和风险提示，提高了资产组合管理水平，不良资产处置力度进一步加大。前4个月处置盘活不良贷款169.22亿元。

继续加强案件防控。1～4月，全行共立案查处各类案件3件，比上年同期减少4件，下降57.1%；涉案金额为365万元，比上年同期减少499万元，下降57.7%。其中，百万元以上案件1件，涉案金额为208.58万元，比上年同期减少459.89万元，下降68.8%。

（四）积极投身抗灾救灾，全力支持灾后重建

面对突发的雪灾和强烈地震，总行指导有力，分行措施得当，各级领导靠前指挥，广大员工众志成城，展示了建设银行人良好的精神风貌，积极履行了国家控股银行的社会责任。

根据对灾区分行震灾受损情况的初步统计，截至5月28日，我行有3名员工遇难，16名员工受伤，4名员工失踪。有1 639项资产受损，灾区分行及员工资产损失5.12亿元。受雪灾、震灾影响的贷款有429.93亿元，预计可能形成不良贷款68亿元。这些只是初步统计数字，情况每天都在发生变化，灾害的损失非常严重。

我行全体员工心系灾区，分别向冰冻雪灾地区和四川地震灾区捐款1 200万元和12 000多万元。其中，在震灾中全行员工和党员同志自愿为地震灾区捐款超过1亿元。我行还积极为抗灾和重建提供金融服务与资金支持。南方冰冻雪灾发生后，通过信贷绿色通道向灾区投放217.26亿元专项贷款。四川地震以后，全行急灾区之所急，想灾区之所想，在很短时间内开辟了各种金融服务的“绿色通道”，实施了为灾区个人贷款客户给予还款宽限期、捐赠款项汇划免费服务等十多项特别措施。

二、抓好重点工作，努力实现全年经营目标

今年以来，国际国内经济金融形势复杂多变。全球经济增长放缓，次贷危机影响仍在，能源等产品价格快速上涨。国内通货膨胀压力持续增加，资本市场、房地产市场波动加剧，走势扑朔迷离。尽管经济金融情况复杂，不确定因素增加，但中国经济发展的基本面不会改变。外部环境对我行经营直接的影响，通过全行同志的共同努力，也一定可以克服。一方面，我们要加强对宏观形势的分析研究，适时调整经营策略；另一方面，要增强做好全行工作的信心，努力实现今年的经营目标。

（一）密切跟踪经济金融形势，适时调整经营策略

温总理讲：今年是中国经济最困难的一年，难在国际、国内不可测的因素较多，因而决策困难。在四川地震发生后，温总理又强调，灾害的发生进一步加剧了中国经济的不确定性。今年也是我行经营比较困难的一年。根据前五个月的经营形势，为了更好地激励全行完成全年目标任务，总行拟对年度计划、KPI考核规则、激励和考核政策进行相应调整。

1. 根据市场变化，调整经营计划

一是调整信贷结构计划。截至5月27日，各项贷款比年初增加1 980亿元。与上年同期相比，信贷增量结构发生了较大变化。上年同期个贷增加了730亿元，而今年增加不到300亿元。许多优质公司客户的信贷需求极其旺盛，我行受规模所限，难以满足客户需求。根据这种实际情况，总行拟将个人贷款全年新增计划调低亿300亿～400亿元，相应调增公司类贷款新增计划。

今年个贷发展比较缓慢，大家要客观地分析。首先是上年我行房地产开发贷款投入较少，增幅只有5%。因此，个贷业务的资源储备有限，导致今年个贷增长缓慢。其次是通过审计检查和这两年多次内部检查发现，我行个贷的管理基础还不牢固。截至5月20日，个人类不良贷款余额为85.28亿元，比年初增加7.55亿元；不良贷款率为1.13%，比年初增加0.06个百分点。我们要控制好个贷的放款节奏，腾出精力，强化基础管理。最后是房地产市场走向不明。深圳、广州等地第一季度房地产价格急剧回落。高盛公司预计，未来一年中国房地产价格会下降11%。但是国家统计局发布的信息表明，全国70个大中城市今年第一季度房地产价格上涨9.5%，4月房地产价格仍然微涨。在这样扑朔迷离的形势面前，审慎地放缓放款节奏，对我行加强风险管理、提升整体经营水平有利。

二是关于财务计划。震灾发生以后，国务院决定，压缩预算的5%用于支持抗震救灾和灾后重建。我们要响应国务院的要求，尽管两次大灾使全行遭受了损失，但人力费用和非人力费用支出计划暂不调增。

2. 支持灾后重建，完善考核体系

第一，对受灾分行的财务损失，在效益考核中将全额剔除，同时根据实际损失，相应追加资本性支出指标和费用指标。对因灾害影响分行信贷质量或造成信贷损失的部分，经过风险部门认定后，将从相应的绩效考核和信贷质量考核中剔除；因灾害对分行KPI指标的计划执行产生重大影响的，将相应调整分行的KPI考核；分支行因灾害而造成的固定资产、机具等损失，总行将适当安排专项费用。

第二，对受灾分行相应调增信贷规模。在冰冻雪灾和四川地震发生之后，总行已经适时对受灾地区分行的信贷规模作了调整。西藏分行在贷款计划执行完毕后，总行再考虑调增其贷款规模。

第三，完善考核体系和方法。我们现行的考核体系分年度KPI考核、经济增加值和经济资本计量、风险体系相关指标三个方面。总行考虑通过整合现有的三大考核体系，做到内容透明、公开，方法简单、合理，考核兑现迅速。按修订进度，有的考核政策在本次会后就可以作出相应调整。例如，中间业务原来是考核各分行的市场位次，现在根据大家的建议，中间业务KPI考核时将统筹考虑市场位次、市场占比、占比提升和发展速度等几项综合指标。

（二）深入贯彻科学发展观要求，促进全行经营良性发展

我们要坚持全面发展、协调发展、可持续发展的发展观，努力推动我行各项业务又好又快发展。

一是坚持既定的经营思想和业务发展战略。面对当前复杂多变的经营形势，全行必须坚持以科学发展观统领全局，更加自觉地贯彻国家宏观调控要求和支持灾区复产、重建的有关部署，全面扎实地提高经营水平。要坚定不移地继续把传统业务做大做强、做好做优；继续推进结构调整和经营转型；继续加强基础建设和风险内控。努力维护我行在传统商业银行业务领域的优势，努力巩固在创新业务方面取得的成绩，不断提升全行的综合竞争实力。

二是坚定完成全年经营目标的信心。虽然今年遭受到冰冻雪灾、地震灾害等影响，以及经济中的不确定性因素给我行经营带来了新的挑战和困难，但全行仍要争取达成年初董事会确定的经营目标。希望各级领导团结依靠广大员工，贯彻落实好总行要求，适时调整经营举措，促进各项业务全面健康发展，确保全年经营目标的完成。

（三）充分认识当前经营难点，抓好工作重点

1. 大力发展负债业务

前5个月全行一般性人民币存款较上年同期多增加了227亿元，但是与其他几家大银行相比，我行有一定的差距，而且还出现了存款大进大出很不稳定的状况。在备付金率、准备金率不断被推高的形势下，要保证经营稳定，就应该一如既往地重视人民币存款工作。

关于外币存款，从今年初开始，总行加强牵头营销并协助分行组织营销，加快外汇业务产品创新，大力推进中小商业银行外币清算代理工作。

细化差别化定价管理的标准，鼓励分行以有竞争力的市场价格争取外币资金来源。但总的看来，我行1～5月整个外币存款下滑势头还是没有得到根本性的扭转。外币贷存比率超过了110%，一些优秀客户对外币贷款的需求得不到满足。目前，整个银行业外币贷款利率报价已经达到LIBOR利率加1 000点以上。只要一家商业银行外币资金紧缺的情况得到缓解，市场利率报价就会下降，其他银行的经营就会立即陷入被动。我行如果不能有效地解决外币资金紧缺问题，就会进一步影响我行的整体正常经营。

没有充足的外币资金来源，就谈不上产品创新和经营创新；没有充足的外币资金来源，就不能支持海外分行的良性发展，更谈不上海外战略的贯彻实施。因此，要从战略高度、长远角度着眼，并进一步下大力气，把外币业务做得更好。

2. 坚持推进结构调整

由于经济运行中不确定性因素增加，因而信贷结构调整面临压力也随之加大。全行要采取切实有效措施，进一步加大调整力度。要充分认识宏观调控对经济结构变动的影响，主动顺应国民经济结构调整的大势。

结构调整涉及内部利益格局的变化，要妥善处理好当前利益和长远利益的关系、局部利益和整体利益的关系，坚决按照总行的部署和要求抓好落实。

结构调整主要就是优化信贷资产结构。结构调整不是简单的消极退缩，而是在了解客户、把握市场的基础上，增强对风险的识别、控制和化解能力。要认真做好信贷投向政策的研究，有选择性地进入一些市场发展潜力大的新兴产业。积极推进区域、产品、行业、客户多维资产组合管理。

在结构调整中，要特别强调结合经营战略转型，确保优势产品、重点区域和战略性业务有序健康发展。把握发展机遇，加快发展中小企业和个人客户、消费金融、中间业务、海外市场等新兴领域业务。

实施结构调整，要关注可能出现的贷款合同违约问题。我行与客户已签订贷款合同，但因规模控制无法发放贷款的现象在一定程度上存在。如果不执行贷款协议，客户一旦起诉我们，不仅是败诉的问题，还将影响到我行的市场形象。

3. 防范新的风险隐患

虽然全行不良贷款余额比年初减少，但是剔除已实施的不良资产证券化的因素，我行不良贷款实际上有所增加。当前宏观经济形势已经显露了一些新苗头、新问题，要通过这些苗头，研究对我行经营管理的影响，防范新的风险隐患。

一是要警惕港、澳、台及韩资企业。由于劳动力成本上升，因而当初招商引资优惠政策到期后转移投资，使我行债权落空。二是要警惕出口导向型制造业民营企业。受能源、原材料价格影响，部分出口导向型制造业、民营企业成本上升，出口受阻，被迫停产，使我行资金受损。三是要警惕中小房地产开发商。由于资金短缺甚至资金链断裂可能出现的道德风险，易诱发新一轮“假个贷”问题。四是要警惕因股票、房地产市场价格变化。资产变现困难、个贷类不良贷款持续增加极有可能产生逃废债现象。五是要警惕政策性和新产品经营风险。前天，银监会已经叫停了商业银行为本行发行理财产品提供担保的业务，也禁止商业银行为其他企业、其他金融机构发行理财产品提供担保。希望大家认真执行，坚决杜绝经营中可能出现的政策风险。

4. 拓展新业务增长点

一是房改金融。我行特别突出的一项业务优势领域就是房改金融。目前全行住房资金存款市场占比高达60.8%。要保持和利用这一优势，密切关注国家相关部委、监管机构的新动向。中央经济工作会议确定今年经济工作的任务之一就是“要完善住房保障体系，加快廉租住房建设，改进和规范经济适用房制度，着力解决城市低收入家庭住房困难”。社保理事会原理事长项怀诚、建设部部长汪光焘和我行董事长郭树清都分别向国务院提交了很好的建议方案，得到了中央领导的高度重视。中央有可能进行试点、大力推进。总行在今年初已经成立了专门团队，提前介入房改金融。各分行要发挥优势、全力以赴把这项工作做好。

二是黄金业务。黄金业务应该成为我行新的业务增长点。虽然我行很早以前就创立了“龙鼎金”品牌，但在业务上远远落后工商银行、中国银行。有些银行的黄金业务是24小时经营和服务，我行一天只有四五个小时，实现的效益也只有其他银行的几分之一甚至几十分之一，这与我行的市场地位、市场形象很不相称。总行在3月研究决定由金融市场部牵头，改变不同部门各自为政的做法。大家要坚定信心、抓紧动作，把这项业务开展好。

三是年金业务。作为一项战略性业务，目前年金托管规模依然较小，与同业领先者的差距巨大。要加快全行企业年金业务组织体系建设，加强企业年金业务宣传营销，扩大社会影响力。

四是村镇银行。目前村镇银行建设方面我行已经取得了阶段性的进展。现正在制订详细的实施方案，准备上报银监会备案。

五是中间业务。中间业务是我行战略转型的载体。发展中间业务符合商业银行未来的发展方向，要继续大力推进。要坚持发展和规范并举的原则，不能违反政策，注重对相关的产品规范管理。注意经营风险和市场变化。

今年以来，理财产品继续保持了很好的发展势头，理财产品具有复杂性、多变性、综合性的特点。银监会一直很关注理财产品，4 月 11 日，银监会出台了关于规范商业银行个人理财业务有关问题的通知，目前，又对各商业银行理财产品的业务经营状况作了通报。我行高度重视理财产品的风险控制，业务开展质量较好，得到了银监会的肯定。但是，我们也要认真检查、反思，是不是所有产品的风险提示都做得很好，对个别理财产品是不是也有不当宣传，是不是也有违规销售现象。大家要引起重视。

其实理财产品除了担保类，还有许多的产品极具发展空间，对于这些中间业务，要下更大的力气。已经在市场上具有优势的产品，要做成品牌。

5. 配合审计检查，强化整改工作

外部审计检查是提高经营管理水平的一次绝佳机会，可以帮助我行改进体制、机制建设，促进依法合规经营，进一步提高管理水平。从前一阶段配合审计署的检查工作情况来看，全行积极配合，做得很好。对于审计检查的意义，大家都有正确的认识，但是，审计检查反映出来的经营管理问题也很多。大家要端正态度、认真对待、及时整改，从中总结出我行改革发展的成绩和经验教训，并以此为契机，促进和完善基础管理。

6. 搞好奥运服务，保证安全运行

要加强奥运安全运营保障工作的组织和领导，进一步建立健全全行的应急处理机制，做到精心组织、明确责任、措施到位。要以高度的政治责任感和社会责任感认真抓好各项安全保障工作，确保奥运会期间系统安全、运营稳定、服务高效。要加强应急演练，熟能生巧，提前演练才能确保万无一失。希望大家服从总行要求，在奥运之前加强演练。

常言道：机遇与挑战并存，困难和希望同在。这句话完全可以概括 2008 年我们面临的客观形势。我们既要正视面临的困难和挑战，又要看到我行是中央确定的金融业深入学习实践科学发展观活动试点的唯一单位，通过试点活动已经并将继续激发出强大的发展动力。要看到过去 5 个月，我们的工作已经为完成全年的经营目标奠定了坚实基础；更要看到，积极向上、众志成城的建行人精神！我们要依靠这些动力、基础和精神，把全行各项工作做得更好。

把握全局　主动谋划　勇于创新　为全行改革发展提供坚强有力的人力资源支持

张建国

（2008 年 7 月 9 日）

刚才听了大家的工作情况汇报，很受启发。人力资源部同志勤奋敬业、工作踏实，具有很强的执行能力。全行人力资源管理做了很多工作，取得了一定的成绩。在今后的工作中，大家要继续发扬优良传统，保持良好的工作状态，对全行战略性工作主动思考、及早谋划、积极创新，提高人力资源管理工作的超前性和预见性。具体来讲，要做好以下几点。

一、人力资源管理要改进工作方法，增强主动性、前瞻性，敢于创新、勇于创新

要围绕全行改革发展对人力资源管理的要求，主动、深入研究并思考全行党建工作和人力资源管理的战略性、基础性和急迫性问题，提出解决问题的思路和对策。例如：

——如何为建设银行实施海外发展战略及时提供人力资源支持；

——如何建立针对信用卡中心、企业年金中心、投资托管部、信息技术条线开发中心、电子银行条线呼叫中心等不同机构和部门的人力资源管理机制和模式；

——如何加强对机构设置的管理，在充分研究论证的基础上，按照集约、高效、科学、合理的原则设立机构；

——如何改进并发挥好人力资源管理团队派驻业务条线的作用，完善工作机制和模式。

要根据总行党委关于深入学习实践科学发展观活动的部署和要求，完成好人力资源部承担的调研专题，切实做好整改工作。

二、要关注全行的经营形势和改革发展，做到胸中有全局

人力资源管理工作只有把握整体，在建设银行战略全局下来谋划和推进，才能做好本部门工作。全行的机构改革、结构调整、战略转型、风险管控、效益提升等各项工作，都需要人力资源提供及时、有效的支持。人力资源部门的同志只有多了解全行的改革发展、研究经营形势的变化、关注宏观经济发展的趋势，才能及时有效地配合支持全行的各项改革发展。

三、人力资源管理工作要厘清职责、明确方向、突出重点

人力资源部门有几大职责：党建和组织工作、领导班子和干部队伍建设、全行人力资源配置和管理、全行员工培训工作。

第一，切实加强全行党建和组织工作。全行改革发展的实践证明，只有重视和加强党的自身建设，建设银行才能取得更大成绩。随着改革的不断深化，我行已经进入了一个新的发展阶段。要把建设银行建成世界一流银行，必须全面贯彻科学发展观，高度重视党的建设，充分发挥党的政治优势。要继续切实加强党的基层组织建设和党员队伍建设，当前尤其要加强对总行直属机构和海外分支机构的基层党建工作，及时健全党的基层组织，保证党员组织生活的正常开展。

第二，切实加强各级领导班子和干部队伍建设，完善对领导班子和领导人员的考核。党委组织部门担负着领导班子建设和管理的重要职责，要切实加强对各级领导班子和领导人员的监督管理，改进考核方式，创新干部日常监督管理机制。应加强对后备干部队伍的跟踪考察和管理，强化绩效指导，为后备人才和新提任领导人员的领导力发展提供支持；充分运用现代技术手段完善对分行领导班子和领导人员的非现场考核方式；通过领导班子集体述职、巡视制度、民主生活会和届中考核，丰富和改进现场考核方式。要完善相关制度，使干部提名、选拔程序、任用条件、职数设置等都有明确的标准和要求，提高选人、用人的公信度和满意度。干部工作也要敢于创新，总行本部可以选择一些部门副总经理和总经理助理岗位开展公开竞聘。

第三，切实加强和改进全行人力资源配置和管理。总行本部存在着忙闲不均、人浮于事的现象，部门间没有建立起有效的人员流动机制。要仔细分析总行本部各部门的人员情况，深入分析各部门不同岗位、不同人员实际的工作负荷量，可与几大银行总部人员进行比较。人力资源部要对各部门人员配置作出合理规划，明确部门职责、岗位描述、人员配置和工作负荷等，形成分析报告。要建立有效的管理机制和手段，人力资源部对业务部门的人员需求要敢于管理、善于管理、有的放矢，不能被动地被业务部门牵着走，而是要加强与业务部门的协作，主动、积极、有效地进行人员的合理配置。要加强总行本部的考勤管理，采取切实措施落实总行本部的考勤制度，严格管理。总行本部作为全行经营管理的指挥部，理应为全行作出表率。

要加强对全行人力资源配置的跟踪管理，建立严格的标准和程序，严把进人关。要加强全行人员规划能力，优化人员结构，有效控制人员总量。要适应新的《劳动合同法》的要求，及时研究制定劳务用工管理办法，根据不同岗位合理确

定用工形式，规范用工管理。

要切实加强和改进全行薪酬管理，建立有效的激励约束机制，为全行的改革发展提供强有力的支持。

第四，切实加强和改进员工培训工作。全行培训工作取得了明显成效，今后要更加注重提高培训工作的质量，多采用上岗培训、体验式培训等形式，丰富培训的手段和方式。要提高培训的针对性和有效性，分层次、分类别、有重点、重实效，要注重培训的投入—产出收益，优先培训最紧缺的人员，将培养和使用更好地结合起来。

人力资源部要发扬积极探索、勇于创新的精神，发挥全部员工的积极性和创造性，抓住重点、难点问题，围绕重点专题制订计划、分工负责，在深入调研的基础上，研究提出切实可行的方案和措施。

坚定信心 审慎应对 稳妥做好年终收官和明年开局工作

——在中国建设银行秋季工作座谈会上的讲话

张建国

（2008 年 11 月 11 日）

同志们：

刚才郭树清董事长及时传达了党中央、国务院关于扩大内需，促进经济增长的决策和部署，对贯彻中央决策精神、推进我行经营管理和业务发展提出了要求。讲话深入透彻、高屋建瓴，我完全赞同，希望大家会后认真学习、贯彻执行。下面我结合经营管理中的具体情况谈几点想法，供大家讨论、研究。

一、增强忧患意识，既要充分肯定成绩又要看到经营管理中的问题

今年以来，我行各项业务稳健发展，主要经营指标在国有大型商业银行中保持领先地位，信贷结构持续改善、存款形势明显好转、经营绩效稳步增长、内控与风险管理水平不断提高。

（一）资产负债和中间业务稳步增长

1. 资产总量突破 7 万亿元。截至 10 月末，资产新增 7 540 亿元，负债新增 6 780 亿元，余额分别达到 73 359 亿元和 68 412 亿元，是国内第二家资产超过 7 万亿元的银行。

前 10 个月，人民币贷款增加了 3 530 亿元，增长了 11.48%，在四大银行中位居第二。人民币存款新增由第二季度四大银行最末上升为第二，有效地保持了全行流动性需求。

外币存款余额为 157.06 亿美元，新增 18.67 亿美元，外币贷款减少 10.17 亿美元，目前全行头寸富余约 14 亿美元，为境外分支机构的流动性提供了有力支持。今年全部还清了上年的购汇款，在汇率剧烈波动的环境下有效地控制了外币敞口风险。

2. 信贷结构进一步优化。基础设施贷款增长了 19%，增加了 1 582 亿元，在公司类贷款中的占比由 2005 年的 28.4% 提升到目前的 37.5%。房地产开发贷款得到了控制，第三季度新增 38 亿元，比第一季度和第二季度分别减少 92 亿元和 13 亿元。个人住房类贷款在住房成交量急剧萎缩的情况下保持了 10% 的增长，增量和增幅均居四大银行第一。信用卡透支额新增 91 亿元，列四大银行首位。

高信用等级客户占比持续上升。A 级及以上客户贷款余额占比提高 1.70 个百分点。宏观调控行业中 AA 级及以上客户贷款余额占比提高 3.62 个百分点，不良率高于 10% 和 5% ～10% 的行业贷款余额分别减少 273 亿元和 150 亿元。退出类客户名单的贷款减少 402 亿元。

小企业贷款新增 405 亿元，涉农贷款新增 725 亿元，救灾贷款累计发放 457 亿元，三项合计同比多增 793 亿元，很好地贯彻执行了国家信贷政

策要求，也体现了我行关心民生、履行社会责任的大行风范。

3. 中间业务持续快速发展。前三个季度中间业务净收入为304亿元，同比增长35%；在总收入构成中占比15.53%，提高了1.12个百分点；各地市场在四大银行中占比第一的分行达到19个，较上年增加9个；收入3亿元以上产品达17个，其中，个人人民币结算及银行卡、代客资金业务、财务顾问、代销基金、代销保险5个产品收入超过20亿元。

（二）财务指标继续领先同业

1. 利润大幅增长。虽然今年以来债券处置损失和减值准备计提合计达104亿元，但税前和税后利润仍实现了1 071亿元和826亿元，分别保持了30%和48%的高增长，税后利润增幅在三大上市银行中位居第一。

2. 主要财务比率全面提升。资产回报率为1.59%，股东权益回报率为24.59%，净利息收益率为3.30%，均为三大上市银行的最好水平；成本收入比率为34.48%，同比下降1.36个百分点。

（三）风险控制得当

1. 不良贷款率不断下降，拨备覆盖率进一步提高。截至10月末，全行境内机构不良贷款额比年初减少46.32亿元，不良贷款率比年初下降0.38个百分点，分别为773.9亿元和2.2%。拨备覆盖率达119.41%，在2005年66.78%、2006年82.24%、2007年104.41%的基础上进一步提高。

前三个季度处置不良贷款204亿元，完成全年计划的97%。完成了国内第一单不良资产证券化，处置不良贷款84.52亿元。

2. 外币债券减持和拨备计提力度加大。外币债券余额已由年初的278.5亿美元减少至132.6亿美元，占总资产的比例由4.22%下降到1.81%。由于及时减持，少发生债券损失6亿美元。截至9月末，外币债券共计提减值准备金124.82亿元，拨备覆盖率达到8.6%，其中雷曼债券已全额计提了减值损失准备。

3. 案件继续保持下降态势。前10个月，全行共立案查处各类案件8件，比上年同期减少6件，下降43%；涉案金额为1 608.78万元，同比减少249.98万元，下降13.45%。

（四）基础管理工作再上新台阶

网点转型和流程改造顺利推进。全行已有10 275家零售网点实现转型，占零售网点总数的79%。转型网点日均销售量提高67%，客户等候时间平均下降39%。网点改造和装修进展顺利。自助渠道建设加快，到9月末ATM已达28 026台，市场覆盖率在四大银行中位居第一。

信息系统支持和服务能力显著提高。全行圆满保证了奥运期间信息系统安全稳健运行，没有发生任何故障。CTS等关键业务系统稳定性进一步增强。核心业务系统优化后提高了前台柜员操作的便利性，提升了对电子渠道的支持能力。外币业务系统支持能力经受住了市场检验。境内港元清算系统受到人民银行支付结算司多次好评。10月我行中标中国外汇市场外汇结算银行，成为唯一的美元结算行。网上销售整合平台等零售业务系统、新一代现金管理平台等公司业务系统，以及支持实施《巴塞尔新资本协议》的后台业务系统建设都取得了积极成果。

上述成绩的取得，得益于总行党委、董事会的正确领导，得益于监管机构、监事会的监督保障，也得益于全行同志的共同努力。在此，我谨代表管理层向大家表示由衷的感谢。

（五）经营中依然存在一些必须注意的问题

我们要清醒地认识到，经营成绩中包含着不少特殊情况，经营管理中还存在许多需要改进的地方。

如税后利润虽然增长了48%，但仅因实施“两税合一”税收优惠就占了近18个百分点，去年以来的利率上调因素也占了相当比重。虽然第三季度末存款占比上升，但成本较高、期限较长的协议存款新增了1 202亿元。还原已证券化的不良资产中尚未回收的67亿元，不良额比年初反弹20亿元，不良率仅减少0.2个百分点。正常和关注类贷款中逾期贷款余额及占比分别增加152.73亿元和上升0.35个百分点。房地产正常和关注类贷款中逾期贷款余额及占比分别比年初增加18.92亿元和上升0.55个百分点。

又如市场风险的集中暴露反映了我行资产组合结构抵御金融危机的能力亟待加强。9月处置外币债券的净损失高达56亿元，损失率约为27%。估计未来损失和拨备还会增加。

再如今年国家审计署对我行总行本部和6个分行实施的全面审计，共查出违规金额192亿元，涉及违规向政府融资平台发放贷款、违规向房地产企业发放贷款、信贷资金违规流入股市、违规办理结汇、违规向贷款企业收取财务顾问费五类主要违规事项。

三方面的问题表明，我行要真正做到依法合规经营、全面规范管理，成为国际一流银行，还任重道远。

二、增强危机意识，应对好多方面的挑战

当前，全球金融市场仍然处在剧烈的动荡之中，会对我国经济金融产生持续影响，未来我行经营将会遇到更加严峻的挑战，全行要做好准备，保持警惕。

（一）审慎应对全球金融危机对我行经营的影响

要警惕交易对手信用风险可能随时暴露。利率和汇率波动加剧，外汇理财业务潜在风险凸显。如7月以来澳大利亚元对人民币已贬值近30%，相关理财产品的损失已远超预期收益，客户市场风险转换为银行信用风险的可能性加大，我行已有9家分行为客户垫款约2.3亿元。境外交易对手自然终止或主动减少对我海外分行拆放及境内分行海外代付，境外机构对境内资金的依赖加大。

要警惕进出口行业潜在风险。今年以来，纺织服装、外贸进出口等行业遭受重创，预计未来形势仍不容乐观。截至9月末，我行出口行业客户不良贷款余额增加5.26亿元，不良率上升0.45个百分点；188个正常和关注类贷款客户出现风险迹象，涉及贷款余额130.4亿元。全行要牢牢记住1997年亚洲金融危机时离岸业务和进口信用证项下垫款风险集中暴露的教训，不但要关注出口行业，还要避免进口信用证项下业务的风险变化。

要警惕外资金融机构收缩信贷，造成我行债权悬空。"科弘系"事件就是个典型，花旗银行等外资银行收回贷款导致该公司既定融资方案无法落实，资金链断裂。我行风险敞口高达8亿元。

还要警惕部分外商投资企业陷入困境恶意逃废债。由于需求萎缩、成本上升、账款拖欠等造成经营困难，部分外商投资企业，特别是总部位于境外的"两头在外"企业的风险正进一步上升，一夜之间人去楼空的现象屡见不鲜，部分分行的一些客户已经出现了此类情况。

（二）密切关注国内经济复杂多变带来的风险

受国际经济金融危机和国内经济结构性矛盾影响，前几个月我国GDP增速放缓、投资和出口下滑、企业利润骤减、房市观望色彩浓厚、证券市场深度下探，企业逃废债事件时有发生。明年，全行经营状况和财务指标预期存在不确定性。

1. 谨防有效贷款需求萎缩。为扭转前段时间宏观经济呈现出的下行态势，日前国务院及时果断地决定采取灵活审慎的方法，对宏观经济政策作出重大调整，开始实行积极的财政政策和适度宽松的货币政策。即使如此，明年对经济整体的把握也由前几年的防止过快增长改为保8%，而且由于银行反应的滞后性，贷款可能会出现阶段性放缓局面。一方面，原有扩大再生产项目进度已经减慢，新上项目开工已被推迟，前一时期已有很多上市公司公告将所筹资金用途更改为流动资金需要；另一方面，银行对风险的警觉性提高，对市场风险迹象心存戒备，会提高贷款准入门槛，使得企业融资难问题短期内得不到改善，形成"惜贷"局面。

2. 不良贷款反弹压力加大。部分"两高一资"行业及基础原材料、周期性行业利润已经出现严重下滑，许多地方和行业也遇到了前所未见的困难。在有可比性的1 609个上市公司中，第三季度主营业务收入环比下降超过3%，净利润环比下降约20%。过去4个月，浙江出现多家大企业倒闭事件，直接债务达200多亿元，互保债务更是高达上千亿元。企业盈利下降，已直接影响了偿债能力。据美国有关机构测算，经济增长每下滑1个百分点，银行不良资产率将上升0.4个百分点。而我行信贷成本率每上升0.1个百分点，将增加拨备近40亿元。

3. 利差进入下行通道。一是单边降息会快速收窄利差，即使对称降息，由于贷款重新定价期限短于存款，收息率下降也快于付息率下降。最近3次降息和房贷新政将减少我行明年利息收入约150亿元。目前市场判断我国已进入降息周期，中央银行未来一年内可能仍会连续数次降息。预计2009年，存贷款基准利率每平行下移27BPS，我行利息收益将减少25亿元。二是存款定期化趋势提高成本。今年我行一般性存款中定期新增占比达到87%。三是流动性宽松，投资收益下降。10月我行日均超额备付金比过去多300亿~400亿元，缺乏投资渠道。同时，投资收益持续下降，10月末5年期和1年期政策性金融债收益率分别比6月末下降174BPS和129BPS。

综合上述因素，审慎地预计，明年净利润很难实现两位数增长，即使乐观估计，也绝无可能再延续今年的超高速增长。根据大股东要求的按成本—收入比和利润增长约束费用预算的原则，明年的费用增长将明显受此拖累，全行要有过紧日子的打算。

三、增强机遇意识，坚定发展信心

看大势、识大局。全球经济金融危机以及经济环境的复杂多变对我们也是个很好的学习机会，是提升我行经营管理能力的契机。

（一）我国宏观经济整体良好，市场在变化中显露商机

总体判断，我国经济较快发展的态势不会改变，商业银行仍然存在巨大的发展空间。首先是决定我国经济增长的驱动因素没有实质变化。人口红利将持续到2020年，劳动力依然数量丰富、成本低廉。技术后发优势很大，制度和机制创新释放的生产力也会成为不竭源泉。资本管制将把外部冲击降到最低限度，出口增幅虽然大幅下滑，但仍可保持高位运行。更重要的是，党中央、国务院防止经济下行的决心，国务院对宏观经济作出的重大调整，以及此前连续出台的组合政策，对未来经济的提振作用将逐步显效。而且从近十年的经验来看，我国经济抗冲击的弹性强大，如1997年的亚洲金融危机、1998年的特大洪灾、2003年的“非典”均未对我国经济造成重大影响。

市场变化中蕴藏着巨大商机。国务院确定的十大措施，投资总额将达4万亿元。今后两到三年，基础设施建设需求将特别旺盛，如上海世博会、洋山港建设等需求超过3 000亿元；深圳世界大学生运动会地铁场馆配套建设约800亿元，四川灾后重建国家计划3年投入1万亿元。铁路、高速公路、石油、电力以及能源资源类项目等国民经济支柱行业发展空间巨大。十七届三中全会出台的“三农”政策，必将使新农村建设提速。全行要发挥优势，把握住、利用好这些市场机会。

（二）提高市场敏感性，方能抓到发展机遇

1. 因地制宜，客观分析市场和客户。不同行业、地域、企业受宏观经济变化影响不一样。由于各分行面临的具体问题不尽相同，因而要开的“药方”肯定也不一样，必须随市场而变，对症下药。如房地产业，尽管形势扑朔迷离，但其作为国民经济的支柱产业之一是不容置疑的，全国房价走势在一线城市、二线城市存在巨大差异，即使同一城市的不同区域，风险状况也不相同。

2. 超前预见，防范关联性风险。经济形势变化的传导遵循一定的路径和规律，我们要主动地往前看，想得远一些、做得早一些，不能老当“救火队”、“消防员”，疲于应付。例如，房地产经营状况低迷，这会对上游的钢铁、建材，下游的家装、家电、汽车制造等行业造成负面连锁反应。大家要未雨绸缪，防患于未然。

严格防控操作案件，努力构建长效机制。经济复杂多变，以银行为目标欺诈案件会反弹，全行要进一步防控操作风险，进一步完善防控操作风险的长效机制。

3. 及时应对，努力提高市场反应速度。要举一反三。比如类似苏州“科弘系”因外资金融机构逼债，厦门“星星系”一个股东经营的两个企业对外互相担保，两系皆因老板出走，将信用风险转嫁给我行。希望此类事件不要再发生。

再比如重大项目建设，许多国有骨干企业前段时间受市场、政策影响出现了困难，甚至五大电力集团陷入全面亏损；随着形势变化，发展机会再现，现在能否与之患难与共为将来争取到紧密战略合作伙伴的客户等。

四、全行团结一致，确保业务健康发展

面对复杂多变的经济金融形势，下一步的经营策略是什么？概括起来就是看大势、做实事，保持业务稳健增长。

（一）坚持存款是立行之本，同时有效控制成本

美国次贷危机引发的全球经济金融危机再次证明了“手中有钱，心中不慌”的道理。存款是商业银行的传统业务，更是商业银行赖以生存并确保基业长青需要始终专注的重点。我行新的KPI办法中已经对存款作了妥善计量，明年存款目标是四大银行新增占比不能下降。

抓存款要注意切入点，要在基本结算账户这个源头上下大力气。要通过改进激励机制、改善产品功能与服务水平、明确客户经理的工作目标等来增加基本结算户，优化存款结构。要重视产品整合和全行联动，尽可能保证客户存款在我行系统内部运转。要关注财政性存款，把握扩张性财政政策及地方政府发债潜在的业务机会。

禁止高息揽存和高息负债，在降息通道中尤

需如此，类似9月末降息后高成本协议存款突增的现象要引起反思。对于市场化的存款品种，要采取更市场化的管理方式。大额度、长期限、高利率的金融机构存款要由总行集中决策。

（二）坚持做好贷款结构调整和风险控制

继续保持信贷业务稳健发展。越是复杂多变的经济环境，越能考验银行的信贷经营能力。中央银行取消规模管理以后，许多地方政府、企业甚至分支行急切盼望增加贷款。总行认为超速放贷和人为惜贷都不符合全行利益，需坚持稳健发展。据此，年内信贷计划调增325亿~525亿元，明年人民币贷款增速初步考虑为12%~13%，大家可按照这个方向去努力。贴现利率波动较大，有盈利机会要好好把握。

认真执行信贷投放的保、压、控、退政策。在目前经济环境不确定性依然较大的时期，各分行要对客户进行分类管理，对不同区域、不同客户、不同产品实行不同的信贷政策。既要有保，也要有压；既要有进，也要有退；既要有锦上添花、雪中送炭，也要有当机立断、果决退出。要借助放松信贷政策的契机，加快结构调整。这方面总行相关部门会给大家一些具体指导意见，我这里强调一些重点。

要重点投放抗周期性强及国家促进投资、扩大内需政策的受益行业，如地市级以上的城市基础设施建设、铁路、高速公路、电信、核电等新能源行业、石油等资源行业、大型装备制造行业、大型商业和物流等服务业以及规模化的大农业等。重点支持军队、武警、三甲医院、教育名校等机构类客户。

选择性进入与行业龙头骨干、与大型企业集团有密切的上下游产业链关系的小企业。

重点压缩"'双高'、产能过剩、产能潜在过剩"行业，不良率较高行业，进出口敏感型行业，受国内外需求下降影响大的行业，如奢侈品制造、工艺品生产、电子产品、纺织服装、打火机、玩具、一般钢铁、焦炭、造船、汽车，以及玻璃、水泥、铝合金等建材行业等。要压缩潜在风险高、客户综合贡献度低、缺乏优质项目支撑的BBB级及以下客户。

对于房地产行业，要重点保证具有长期战略合作的客户以及竞争力较强的客户；重点满足已签约项目，小额、期限短且能够带来较多个贷业务的联动效益较好的项目。从严控制发放非抵押房地产开发贷款，已经发放的，要与客户协商补充项目足值抵押；贷款发放前后，要对贷款进行严格的评估和贷后管理。加大退出房地产行业中的小企业客户的力度。要严格控制房地产市场不确定性和房价波动较大区域的贷款投放总量和投放节奏；对基础管理薄弱、风险暴露突出、资产质量较差的分行，严格控制贷款增长和贷款投向。个人住房贷款要重点投向房地产市场和房价保持相对稳定的区域，支持收入稳定的个人客户购买自住用房的需求。重点防止"假个贷"，如对集团批量购房、大面积高档住房要特别警惕。监管机构发布房地产行业个人住房贷款新政后，总行适时制定了原则要求，并拟在年底拿出实施细则。

信用卡业务重点在提高发卡质量，增加交易额，谨防欺诈。

2009年，全行不良贷款余额要控制在890亿元以内，不良贷款率要控制在2.2%以内，不良贷款拨备覆盖率保持在120%左右；要维护住全行资产质量整体水平在四大银行中的领先地位。

（三）继续坚持大力发展中间业务

明年中间业务发展形势喜忧参半。忧的是资本市场低迷和政策变化对前几年发展成熟的中间业务产品发展不利，如代销基金、基金托管业务、与资本市场相关的理财产品、国际结算和代客资金交易业务等均将受到更深程度的影响。喜的是经过多年努力，发展中间业务、转变经营模式的理念在全行已经深入人心，激励考核政策的强力推动大大激发了全行发展中间业务的工作热情。同时，中间业务产品市场广阔，我行许多产品的潜力尚未得到充分挖掘。截至9月末，在可比的10大中间业务产品中，我行只有代理保险位居同业第一，而单位人民币结算收入总量仅为工商银行的45%，结算收入市场占比大大低于我行企业存款的市场占比；个人人民币结算及银行卡收入不足农业银行的65%。但差距即是潜力，在这些领域，我行有很大的发展空间。

结合我行中间业务"确保总量同业第二、增速同业第一"的定位，初步安排明年中间业务计划增长15%左右。

在产品结构上，首先要巩固好今年发展比较突出的产品，如代理保险、财务顾问、国际结算、代销基金等，力争市场份额在今年的基础上有所提升。其次要大力发展受经济环境影响小、市场前景广阔的传统产品和新兴产品。如单位人民币结算和理财产品。总行今年专门成立了牵头管理结算和产品的部门，理顺了管理机制，加之对公网点转型和今年部分分行提高了单位账户收费等措施的效果主要体现在明年，这方面落后的状况明年应该得到扭转。总行今年调整了黄金业务管理模式，最近又开通了24小时交易，这些措施将有力地推动黄金业务发展；造价咨询业务是我行在银行同业中独具优势的领域，在内部管理机制、专业队伍建设、激励考核、与资产业务联动等方面仍有许多潜力可挖；贷记卡和电子银行收入总量还没有形成规模，明年仍要争取较快发展。还要积极培育未来收入增长点，如企业年金托管、私人银行业务等尚处于起步阶段的业务，要打好基础、增加收入。

（四）结合降息周期调整资产负债策略

既然判断未来中央银行将继续下调存贷款基准利率，收益率曲线将进一步平坦，那么我行资产负债管理策略也要相应调整。严格控制长期限、高成本的固定利率负债，对2年期、3年期、5年期单位存款及协议存款进一步实行主动负债。适当增加固定利率贷款规模，优质贷款要尽早投放，减少降息带来的利息损失。贴现业务规模可逐步扩大，增加未来信贷管理弹性。缩小人民币债券流动性组合规模，货币市场工作重心从保流动性转为提高资金使用效率。适当拉长人民币投资组合久期，提高债券投资收益。抓紧做好在境内发行人民币次级债券和在香港发行人民币普通债券的各项准备工作，争取能够在市场利率运行到底部时选择最佳发行窗口。

外币业务要以流动性为核心。境内维持适度的存贷盈余。明年存款要保持一定增幅，市场份额在四大银行占比中进一步提高。贷款要把握好投向和节奏，与存款进度相匹配。海外分行要重新研究定位，明确发展方向，加快调整结构，提升本土化生存能力。原则上不新增货币市场和债券市场资产业务，将精力放在境内外联动业务及寻找当地有效实体经济需求贷款；努力拓展存款、存单等负债业务，逐步减少对外资银行资金拆借和总行资金的依赖。要关注美元中期内走强的可能性，及时做好相关币种避险管理，减少汇率波动对全行尤其是海外行经营绩效的影响。

（五）统筹安排年内各项工作

今年贷款新增目标已从3 675亿元调增到4 000亿元，如果优质贷款确有需求，可再适度调增200亿~300亿元。一般性存款新增争取达到8 900亿元，其中，公司类存款新增不低于3 600亿元，储蓄存款新增不低于5 300亿元，各分行要抓好岁末年初和市场形势变化的揽存良机。中间业务净收入争取巩固住30%的增长水平。

未来一段时间经济形势仍会表现为复杂多变，经济下行在前几个月传导后，负面影响还会不断释放，各分行要扎扎实实地做好风险排查和控制工作。要做实中间业务和拨备计提工作，保证经得起时间检验和内外部审计，符合监管要求。

在费用安排方面，今年的良好业绩保证了费用安排还有一定余地，在继续坚持控制成本、节约开支的前提下，考虑到物价上涨超出预期以及业务发展难度加大等因素，总行对费用配置政策进行一些调整。对员工费用的EVA挂钩政策，取消年初按EVA计划一定比例封顶的限制。非员工费用也会作一些补充配置，如房租费、运钞费等六项专项费用按项目需求据实调整预算等。经过以上政策调整，预计全行的费用需求基本可以得到满足。

（六）做好客户、媒体和员工的沟通工作

对客户要坚持原则，也要讲究策略。要花更大精力，既不断拓展新客户，也要维护好现有客户。对于信誉好、产品有市场、经营有前景，但因政策性因素或暂时性原因导致经营财务资金紧张、贷款期限不匹配的存量授信客户，要急人所急，雪中送炭，及时调整还贷计划；对于已列入退出名单的客户，要把握好退出节奏，避免“一退就死”；对于有投资方逃逸或撤资等恶劣逃废债行为的客户，必须坚决、及时地采取措施保护我行权益。

当前情况复杂多变，矛盾容易滋生，舆论非常敏感，大家要更多地理解监管机构的难处，妥善处理外部信息披露。各分行也要进一步完善应急机制，加强内部演练，预防并妥善处理好各种突发事件。

经济复杂多变、资本市场不景气或多或少会影响我们一些员工及其家人的心情和生活，在基层行这种情况可能更多一些，各级领导要更多地关心员工，更主动地送去温暖，实实在在地排忧解难。

我们坚信，只要全行同志精诚团结、信念坚定，把思想统一到中央的要求上来，把行动统一到总行的部署上来，我们就一定能够顺利地度过这个冬季，迎来充满希望的明年。

谢谢大家！

在沿海地区分行行长座谈会上的讲话

张建国

（2008 年 11 月 11 日）

同志们：

刚才听了几个分行反映的具体情况，下面我提三点要求。

一、密切跟踪形势变化、妥善应对好挑战

全行机构中，沿海地区分行业务占比较大，遇到的情况相似，所在地区经济市场化程度高，外向型经济占比大，民营经济活跃，中小企业多。当前国际金融危机对我国经济影响从南到北、从东到西不断蔓延，沿海地区分行首当其冲。从现在情况看，11 个沿海地区分行信贷资产质量总体较好，受金融危机影响不太大，截至 10 月末，有 8 个分行不良率保持在 2% 以下，其他 3 个分行的不良额也比年初下降，说明大家在风险管理方面付出了艰辛的努力。

虽然受影响不太大，但不等于没有影响，近期发生在我行的几个重大信贷风险事项造成了很大损失，大多是外资企业等进出口相关企业经营陷入困境后高管人员逃逸，将风险转嫁给银行的情况，大家不可掉以轻心。4 月底召开的春季工作座谈会上，曾要求全行提高 5 个警惕，其中包括警惕港、澳、台及韩资企业，由于劳动力成本上升，当初招商引资优惠政策到期后资金撤离，导致我行债权落空的风险。近期韩圆急剧贬值，汇率深度震荡，韩资企业纷纷撤资回国，风险凸显。有些情况才刚刚开始，我们这 11 个分行所在区域情况极其相似，总说举一反三，就是要提早落实相应的风险防范措施。

二、总结推广好的做法，防范新的风险

近期中央连续出台了新的扩大内需、促进经济健康发展的政策，目的在于防止经济大起大落。由于新政刚刚推出，成效显现尚需时日，同时，要高度关注新的风险：一是国内政策改变后，外部经济环境改变需要一个过程，目前受影响行业企业经营不确定性大。二是一些地方政府、行业企业甚至分支行都有贷款冲动。要坚定信心、保持冷静，在低迷的市场环境中冷静把握商机。三是我行的信贷结构仍然不够合理，一些列入退出类客户的存量贷款退出力度还不够大，不良资产处置压力大。如剔除不良资产证券化因素，我行不良贷款实际上有所增加，保持四大国有银行中资产质量领先地位的压力加大。四是前一段时间经济下行所显露的部分行业企业经营困难问题不可能在新政出台后立即扭转，仍可能持续一段时间。

面对新的风险，全行应高度重视，不断探索新的工具与方法，在控制风险的前提下加快业务发展。如我行在发展中小企业信贷业务方面，深圳分行搞的民营企业互保基金业务模式、浙江分行与阿里巴巴合作开办的网络银行贷款、江苏分行与淡马锡合作的镇江模式等，都在有效防控风险的同时获得了良好的业务发展机会。全行应及时总结风险防范的好经验、好做法，结合自己的实际情况加以借鉴与推广。

三、要敢于发展、善于发展，在发展中化解风险

实践表明，无论形势如何变化、风险怎么演变，一定要通过发展来解决问题、化解风险。全行要统一认识，坚决贯彻执行国家宏观调控政策，把服务大局与创造价值结合起来，积极营销国家重点项目和优质客户等有效需求，支持整体经济发展、增强自身实力，防止出现“惜贷”的情况。一是根据我行信贷客户需求实际情况，调增了今年的信贷规模，并将根据我行客户有效需求项目用款的实际需要安排规模，确保对有效需求项目的资金支持充分到位。二是在当前市场情况下，优质项目竞争更加激烈，市场拓展难度加大，要采取有效措施，提高客户准入资质审查和信贷

审批工作效率，减少续议，进一步提高对重点优质客户的服务效率。总行部门要列出名单，明确可优先支持的客户对象，实行差别化管理。一级分行、二级分行也要比照办理。

在代理中央财政非税收入收缴业务代理银行招标会上的陈述词

张建国

（2008 年 12 月 23 日）

尊敬的各位领导、各位评委、各位同仁：

我非常荣幸能够代表中国建设银行参加本次代理中央财政非税收入收缴业务代理银行的招标。

中国建设银行是一家国际一流商业银行，是四大国有商业银行中首家上市的银行，为中国金融改革和发展的历史写下了浓墨重彩的一笔。近年来，我行全面贯彻落实科学发展观，强化“以客户为中心”的经营理念，以稳健的发展步伐不断缩小与世界先进银行的差距，已成为国内同业中综合服务能力最强、最具市场竞争力的商业银行。

自 1954 年成立以来，我行作为唯一一家履行财政和银行双重职能的国有专业银行，在支持、服务国家财税体制改革进程中发挥了积极的作用，积累了丰富的经验，特别在资金结算、账户管理等方面享有盛誉，获得了广大客户的充分肯定。

下面简要介绍一下我行参加本次投标的八大优势。

一、安全可靠的业务系统

重要客户服务系统是我行面向政府客户等重要客户提供的综合服务平台，使用高度严格的加密机制，利用覆盖全国的专门网络，为财政客户提供安全性远高于普通客户的资金结算服务。该系统在我国金融领域独树一帜，曾荣获“中国人民银行金融科技一等奖”。在此平台上，我行为财政部量身定制的“代理非税收入收缴业务系统”，具备资金划转、信息实时查询与反馈等多项功能，完全能够满足非税收入收缴业务安全、及时、准确的个性化需求。

二、行之有效的实施方案

我行制订了详尽的非税收入收缴业务实施方案，涵盖业务办理、信息反馈与核对、应急处理、风险控制等各项业务环节，建立了一系列制度体系文件。经过四年 145 家执收单位的实践认证，该方案是安全、有效和可靠的。

此外，我行积极开展流程创新优化，通过批量缴款、POS 机代收等业务办理新模式，为缴款人提供了更加高效、快捷的收入收缴渠道。

三、协调统一的管理机制

我行成立了由我牵头的“非税收入收缴业务领导小组”，构建了总行、主办机构、协办行三级的组织管理架构，建立了“非税收入收缴业务绿色通道”等畅通的信息渠道，制定了完备的业务考核办法、科学合理的利益分配机制，既有力地调动了全行的积极性和主动性，又为规范业务管理提供了有效保障。

四、完备健全的风控体系

我行具有先进的风险管理理念，构建了以前台经营部门基础管理、主管部门检查审批、风险检查和综合审计“三道防线”为基础的风险防范体系，形成了相互制约、相互监督的内控机制，建立了内外结合、自上而下的审查稽核机制，完全能够全面、有效地识别并处理整个业务流程中可能出现的风险。

五、覆盖全国的服务网络

我行对服务架构进行了持续优化和调整，建立了营业机构、自助设备、网络系统三位一体的服务体系，结成了全天候、全方位、多功能的服务网络。在境内现有13 000多个机构网点、23 000

多台自动柜员机和近2 800家自助银行，营业网点覆盖全国，布局合理、功能完善，完全能够满足非税收入收缴业务点多面广的需求。此外，我行还与其他金融机构开展了相互代理业务合作，进一步拓宽了我行的服务半径和服务区域。

六、专业过硬的服务团队

多年来代理财政业务的丰富经验为我行打造了一支能打硬仗、专业高效的服务团队，我行要求各级行要定岗、定责、定人，指定专人办理非税收入收缴业务。同时不断加强业务培训力度，确保培训面和合格率达100%。四川汶川地震后，我行紧急启动业务应急预案，第一时间确保捐款资金的及时归集和救灾资金的迅速划拨，累计办理捐赠款项7.8万余笔，上划资金近129亿元，未发生一笔差错，全力保障了国家赈灾工作的顺利实施，得到财政部、民政部等部委的高度赞扬。

七、成熟丰富的代理经验

我行密切关注财政体制改革动向，积极配合财政部开展国库管理制度改革，自2000年起，先后与财政部在国库集中支付、非税收入收缴、预算单位公务卡等领域开展诸多合作。

我行已累计代理中央非税收入收缴业务近18万笔，代收资金818亿元，无重大失误和错漏，积累了丰富的业务经验。

八、优质高效的客户服务

我行紧紧围绕“以客户为中心”的经营理念，以提升服务品质、提高客户满意度为宗旨，着力打造国际一流、国内领先的客户服务体系。我行率先推出“客户之声”和“客户接待日”制度，聆听客户心声；率先推出客户体验中心，进一步拉近与客户的距离；推出营业网点“神秘人”检查制度，寻查并纠正服务薄弱环节；制定代理业务时间等服务标准，严格规范了业务服务流程和服务质量。

综上所述，我行有能力并且有信心继续做好非税收入收缴业务！

我行有能力并且期待与财政部开展更深层次的合作，为国家金财工程建设添砖加瓦！

最后，我谨代表中国建设银行向财政部、中机国际招标公司以及各位评委表示深深的感谢，并预祝此次招标活动圆满成功！

在2008年中国建设银行工作会议上的讲话

谢渡扬

（2008年1月22日）

同志们：

昨天，郭树清董事长和张建国行长作了重要讲话，他们的意见和要求我都赞成。从昨天下午到今天下午，与会代表对全年工作和两个讲话进行了热烈讨论，大家都对完成今年的任务充满信心。下面，我谈几点想法和意见，供大家参考。

一、全面理解国家宏观调控政策，切实重视和加强风险防范工作

去年以来，宏观经济层面发生了一些值得关注的变化。为此中央提出，要把防止经济增长由偏快转为过热、防止价格由结构性上涨演变为明显通货膨胀作为宏观调控的首要任务，出台了一系列的政策措施。在货币政策方面，去年底召开的中央经济工作会议提出实施从紧的货币政策，这是一个很强烈的政策信号。中国人民银行通过窗口指导、发行票据、提高利率和存款准备金率等办法，对信贷规模的增长进行了严格控制。去年以来的几次加息，存款利率上调幅度总体大于贷款利率上调幅度，这也反映了抑制贷款扩张冲动的调控趋势。

对于宏观经济形势的走向，我们必须要有清醒的判断；对于国家实施宏观调控的决心、出台措施的力度，我们必须要有正确的认识；对于商

业银行由此受到的影响，我们必须要有足够的估计。认清形势变化和由此带来的挑战，提早研究，采取应对措施，有利于争取主动，使良好发展的势头保持下去。举例来说，今年国家宏观调控的一个重点是抑制房地产价格的过快上涨，调控力度正在不断强化。现在有人已在争论近几年迅猛上涨的房地产市场价格是否可能出现“拐点”，对于与房地产市场关系密切的商业银行来说，不确定因素和变数在增加。例如，随着利率的提高，贷款客户的还本付息负担会增加，因为绝大部分住房贷款都是浮息产品，如果同时价格大幅下降，客户面临的困难可想而知。房地产市场的波动很多时候会大于经济波动的幅度，这是在上面两种因素的双重影响下造成的。发达国家在过去的经济周期中，很多金融机构包括一些实力很强的机构都曾经遇到很大的困难。美国发生的次级住房抵押贷款债券危机是一个最新的例证，花旗银行因为次贷损失，第四季度报告出现98亿美元的巨额亏损。这个问题我们也作了一些研究，但是还不够充分。值得注意的是，有的金融机构次贷损失比较少，他们比较警觉，及早采取了一些措施，这对我们也是一个启示。总之，一定要加强对宏观经济的分析研究，关注市场变化，落实董事长、行长提出的要求，把风险防范措施做在前面，只有这样才可以争取主动，防范可能发生的损失。

宏观调控对于作为微观经营主体的商业银行来说，不可避免地会造成一些短期、局部的影响。不少同志谈到，有些客户的维护可能会遇到一些困难，有些市场机会可能要舍弃。但从长期和全局看，宏观调控政策的目标是要解决经济运行中存在的突出问题，是针对可能影响经济健康发展的因素，是要通过“控总量、稳物价、调结构、促平衡”，确保经济又好又快发展。如果宏观经济层面的突出问题累积发展下去，得不到解决，那么整个经济大局就可能出现大问题，最终也会给整个银行造成严重的损害。所以，从长远和本质上看，宏观调控与银行自身的经营目标和利益取向是一致的，对银行防范风险、保持健康稳定发展是有利的、必要的。作为一家国有控股的大型银行，建设银行必须坚决贯彻国家的宏观调控政策，维护经济健康、稳定的大局，这是我们义不容辞的责任。全行上下一定要在这个问题上树立非常明确的、正确的观念，从积极的、正面的角度认识宏观调控，不论哪个分行、哪个地区、哪个部门，都要结合实际情况，不折不扣地贯彻总行的要求。

另外，也要认识到宏观调控不仅是挑战，同时也是机遇。我们要善于顺势而为，把更多的注意力放到盘活存量、调整结构上来。结构调整是总行针对当前形势，同时从长远角度出发作出的一项重要决策，具有现实意义和战略意义。全行上下一定要统一思想，坚定不移地执行好结构调整的有关政策，既要确保当期经营目标顺利实现，又要处理好业务增长的结构问题；既要求量，又要保质，确保业务健康、平稳发展。郭董事长、张行长、朱小黄首席风险官，还有今天上午发言的同志，都重点谈到了结构调整问题，这是在宏观调控的大形势下采取的一项很好、很重要的措施。

近两天股市又有很大的波动，香港及内地的股市都大幅下跌，我行的股价也和大盘一起下调。所以，对于宏观经济的情况，我们确实要非常密切地关注。“凡事预则立，不预则废”，把情况研究得透彻一些，把各种因素特别是不利因素估计得更充分一些，有利于趋利避害，在变化的形势当中把工作做得更好。

二、切实贯彻落实科学发展观，努力实现全面协调可持续发展

党的十七大提出，要“把科学发展观贯彻落实到经济社会发展的各个方面”。在去年秋季工作座谈会上，我们把学习贯彻科学发展观作为一个重点，后来又利用各种形式，组织各级领导干部和员工进行了深入学习，学习的目的在于贯彻，关键是如何在学习领会的基础上贯彻好、落实好，真正用科学发展观统领经营管理的各项工作。

全面协调发展、可持续发展是科学发展观的基本要求。建设银行要实现科学发展，必须在科学地制定发展战略的基础上，通过战略转型、结构调整和内部改革，保证战略目标的实现。郭树清董事长在这次会议上提出，实现战略转型是建设银行践行科学发展观的基本内容，对战略转型的重大意义进行了高度概括。具体到实现“全面协调发展”，我认为需要着力调整优化收入结构，这是结构调整的一个方面。2007年，我行中间业务实现跳跃式增长，净收入增幅超过120%，中间业务收入在全部业务收入中的占比大幅提高，达到14%，提高了5个百分点，这是一件具有战

略意义的事情。过去，国内银行业有一个特点，或者说一个弱点，就是业务收入的构成过于单一，主要依靠存贷款利差，中间业务收入明显偏小，与国外先进银行相比，这是一个巨大的差距。与公司和个人信贷业务相比，中间业务主要靠向客户提供金融服务，比的是产品、技术和服务创新，相对来说风险较小，受经济周期性波动等外部因素的影响较小，中间业务的比重提高了，经营的稳定性也会随之提高。今年中间业务收入计划指标安排得比较稳妥，定得不是很高，张建国行长在昨天的报告中专门说过。希望大家从贯彻科学发展观的高度，把推进中间业务发展作为一项战略性任务做实、做好。

实现可持续发展，要注意处理好风险与效益的关系，特别是当市场出现过热的情况时，我们更要保持冷静的头脑，从长计议。要注意统筹兼顾当期收益与未来价值增长的关系，既要有能力抓住市场时机，争取提高股东回报，又要以战略的眼光放眼未来，谋求长远的发展。要统筹兼顾巩固和扩大传统竞争优势与发展新兴市场业务的关系。传统竞争优势是确保我行当前市场竞争位置的支柱，仍然要继续抓好，新兴市场可能决定未来的竞争格局，要大力开拓。要注意分析研究经济增长、社会进步和客户行为模式的改变，把握由此引发的服务需求发展趋势。我在很多场合说过，以电子银行为例，不同年龄的人接受程度不同，年轻人更容易接受，他们都很习惯用网上银行、电话银行来获取银行服务，这些年轻人将来很快会成为接受银行服务的主要人群。可以预计这个市场会很快地发展，容量是很大的。对这类具备巨大潜力的业务，要争取市场的先机，确立竞争的优势。

三、切实落实内部审计年度项目计划，配合做好国家审计署的全面审计工作

去年，全行审计系统合理配置审计资源，着力完善审计方法，严格信息管理，加强队伍建设，工作取得了明显的进步。内部审计揭示出的一些局部环节和局部地区存在的重大控制缺陷和问题，对于全行防范风险、规范经营起到了促进作用。郭树清董事长和张建国行长对审计发现问题的整改工作十分重视，全行要继续加大工作力度，切实贯彻落实董事长、行长的有关批示要求。今年内部审计系统要突出重点、抓住关键，密切关注内外部情况的变化，按照总行的安排认真组织实施审计项目。各级分支机构和部门要进一步提高认识，对审计工作给予积极配合，共同发挥好内部审计的作用。

刚才，于永顺首席审计官对内部审计工作已经讲得很全面，我只再补充两点。我们不久前成立了香港审计分部，这是我们在海外成立的第一个由总行直接领导的审计机构。成立香港审计分部，既是进一步完善公司治理结构、深化审计体制改革的一项重要举措，也是适应海外发展战略的需要，探索对海外机构和业务实施有效监督的一种尝试。香港审计分部要秉承独立、审慎的理念，适应香港地区特点，尽快建立相应的工作机制。在组织开展好审计项目的同时，要积极探索、努力创新，为总行加强对海外机构的监督控制，完善全行内部审计管理体制，促进审计业务向国际先进水平靠拢提供借鉴和经验。总行相关部门也要为分部工作的开展做好支持保障。我行在香港地区有多个业务机构共同运行，在海外业务当中占了很大的比例，是整个海外业务的一个重点。随着在港业务的快速发展，香港金管局希望我们加强对在港业务的审计，并提出了明确的要求。这次于首席专门拜会了香港金管局，成立香港审计分部的举措得到了对方非常正面的评价。

今年国家审计署要对建设银行做一次全面的现场审计，审计对象包括总行本级和几家一级分行，审计内容涵盖资产、负债、损益等方面。这项工作非常重要，郭树清董事长、张建国行长非常重视，总行成立了专门的领导小组，张行长亲自挂帅担任组长，庞首席、朱首席、于首席都担任副组长，对做好配合工作提出了明确要求。希望有关部门和分行高度重视这项工作，做到认真对待、积极配合、虚心接受。各级机构要本着实事求是、自我检验、自我完善的原则，对照国家经济金融政策、法律法规和我行内部规章制度、程序，提前开展自查自纠工作，及早清除隐患。对以往内外部审计检查发现的问题、疑点、线索和提请关注事项，要尽早开展自我评估和清理工作，抓紧时间落实整改。要高度重视此次检查发现的问题，认真吸取经验教训，举一反三，彻底改进。

四、继续推进全员培训，为全行战略的实施提供人才保障

总行党委高度重视培训工作，全行员工对此

也有很强烈的期盼。去年是培训工作的大年，培训的人数、内容、效果都有明显的改进。今年全行培训工作的总体思路是，按照党的十七大精神要求，以科学发展观为统领，全面落实总行党委关于培训工作的指示要求，加大培训投入、整合培训资源、创新培训模式，进一步推进全员培训工作，使培训工作在去年的基础上再往前迈一大步。

今年我们准备在香港至少办两期分行、总行部门主要负责人参加的专题培训班，这项工作现在正在积极筹划之中，大家对于培训内容的要求可以尽早与人力资源部沟通，以便予以安排。另外，今年的培训安排还借鉴了其他银行在战略合作方面的经验。按照郭董事长的布置，最近我们了解了兄弟行战略合作的进展情况，他们的培训工作以及与战略合作伙伴的合作形式各有千秋，值得我们借鉴学习。

今年要继续加大培训资源向一线员工倾斜的力度，在培训的内容上也要做一些新的改进，更加注重内容、质量、效果。去年我们在香港举办了29期大堂经理、客户经理培训班，今年要进一步完善深港联动模式，积极拓展境外培训渠道，扩大境外培训规模。按照郭董事长、张行长建议，还准备安排一些一线人员到美国银行学习和在岗培训。希望今年培训工作为全行业务发展、人才储备、核心竞争力的增强作出应有的贡献。

再简单讲一下监事会的工作。最近一段时间，2007年度监督的相关工作正在按部就班地进行，已经对十几个分行的行长及8个部门的总经理进行了访谈。在访谈当中，分行行长和部门总经理们对监事会的工作提出了很多好的建议，我在这里向大家表示感谢，希望大家继续支持监事会的工作。

同志们，今年是奥运年，是我国经济、社会发展的重要一年，让我们振奋精神、共同努力，坚持以科学发展观为统领，按照总行的统一部署做好全年各项工作，再创良好的经营业绩！

在中国建设银行审计工作会议上的讲话

谢渡扬

（2008年3月24日）

2007年是审计工作取得显著成效的一年。各级审计机构按照年度工作计划，突出重点、加大力度，高质量地完成了一批审计项目，揭示了多项重大风险隐患和违规操作问题，提出了促进业务发展和完善管理的相关建议，有关审计成果得到各方面的高度重视，直接推动了相关整改工作，有效地体现了审计的价值。在过去一年里，组建了香港审计分部，全面完成了审计办事处撤并整合，强化了人员和财务管理，进一步完善了垂直管理机制，优化了人员结构，强化了审计成本效益观念；继续狠抓审计队伍、审计技术、审计规范三项建设，审计队伍的整体素质和专业能力稳步提高，内部审计工作水平持续增强，审计工作质量和效率不断提升。

上午于永顺同志作了工作报告，全面总结了去年的工作，明确了今年的工作任务和措施，我完全赞同。请大家在深入研究和理解的基础上，认真贯彻落实到实际工作中去。下面我就当前的审计工作谈几点意见。

一、正确认识当前内部审计工作面临的形势

一是新形势给内部审计工作带来了新的挑战。国际市场石油、粮食等重要商品价格持续上升，美元不断贬值，美国次贷危机的负面影响深远；国内经济增长由偏快转向过热的趋势尚未缓解，价格上涨压力加大，节能减排形势严峻，股市震荡加剧，我国南方大部分省区又发生了多年不遇的冰雪灾害。这些国内外因素都增加了经济运行的不确定性，给银行业的经营管理带来了新的考验。在应对这些国内外宏观经济形势变化的同时，

法国兴业银行期货交易员舞弊案件、瑞士信贷错账事件警示我们：内部风险的防范丝毫不能放松。

根据总行战略部署，今年全行要进一步转变业务发展方式，全面提升竞争力，努力实现把建设银行建成一流银行的奋斗目标。今年的工作会上，郭树清董事长对于转变我行的发展方式、实现战略转型提出了明确要求；张建国行长对 2008 年经营管理进行了总体部署。

在这种形势下，我们内部审计部门如何帮助银行应对不断变化的内外部风险，如何更积极地融入业务转型，促进战略目标的实现，如何充分体现内部审计的工作价值，这些都是内部审计工作面临的新课题、新挑战，需要我们深入思考、共同探索。

二是内部审计工作已经步入新的发展阶段。2005 年以来，随着审计体制改革的不断深化、新的内部审计准则的修订实施、非现场审计系统等审计工具的开发与使用，我们的内部审计工作能力得到了进一步提升。可以说，经过多年的改革与发展，我们在体制、机构、技术、能力和实际工作成效等多方面，与以前相比都取得了长足的进步。与此同时，董事会、监事会和高级管理层对内部审计工作给予了更多的关注，全行上下对内部审计工作重要性的认识显著提高，我们的审计环境也越来越好，许多分支机构都积极主动地要求进行审计。这说明我们的内部审计工作已经发展到了一个新的阶段，内外部对审计寄予了更新、更高的要求和期望，提醒我们不能满足于已经取得的成绩，需要在更宽领域和更高层次上提高工作水平。

三是内部审计工作在发展过程中还面临一些矛盾和问题。与国内外先进水平相比，与新形势、新发展阶段的要求相比，我们的审计理念、技术手段和作业流程需要不断更新和完善；审计队伍整体专业水平仍不能完全适应审计工作的需要，能够胜任高层次审计工作的专业人员还不够充足，对海外机构和子公司以及新兴业务的审计还不能满足业务发展的需要；部分审计机构的独立性还不够高。有的审计机构对驻地分行的内部控制及综合执行力评价的结果高于实际；有的审计人员原则性不强、敏感性不够，对审计发现的重要问题不反映。例如，毕马威会计师事务所 2007 年 1 月 17 日对我行首尔分行出具了有保留意见的审计报告，这是多年来建设银行第一份被出具保留意见的外部审计报告，首尔分行没有按规定向总行报告，审计部赴首尔分行审计组也没有在审计报告上反映这一重大违规行为。这是一件很典型的事例，一定要吸取教训，今后绝对不允许审计系统再发生类似问题。

在队伍建设、人员培养、薪酬管理等方面也存在一些矛盾和困难，如人员交流不够畅通、优秀审计人员晋升空间有限、有的机构薪酬低于驻地分行本部水平。导致这些矛盾和问题的原因是多方面的，有历史和客观的因素，有驻地分行的配合支持因素，也有审计机构负责人存在畏难情绪，不主动去沟通、协调、争取的因素。因此，我们必须正确分析面临的新机遇、新挑战，深刻把握新阶段的工作特点，高度重视面临的新矛盾、新课题，要用发展的办法解决前进中的问题。

二、强化科学审计的理念和方法

科学的审计理念和方法是我们确定和实现工作目标、完成工作任务的基础，特别是在新的发展阶段，在审计资源非常有限的情况下，对提高工作质量和效率尤显重要。在此再予以强调，希望大家重视。

一是科学认识审计工作与业务发展的关系。从根本上讲，审计是手段，促进业务发展是目的。审计与审计对象的目标是统一的，审计工作必须能够为银行的价值创造贡献力量和智慧。对于这个关系，我们审计人员和业务经营管理人员都必须有正确、科学的认识。在以往的审计中，就整体而言，我们比较侧重和擅长合规性审计，保证作用发挥的较为突出，而咨询建设作用却相对不足。随着全行经营管理规范性的不断提高，在转变业务发展方式、实现战略转型的要求下，审计部门协助和促进业务部门提升经营管理水平显得尤为必要和重要。

近两年的实践表明，一方面，我们今后应当加强管理类审计，适当组织咨询类的审计调查，重点关注对产品、流程、效益的分析，提出直接促进业务发展、改进经营管理的建议；另一方面，在合规性审计中同样也要发挥建设职能，从制度、机制、管理方法上，多多关注如何提高依法合规经营的程度，如何减少、杜绝违规行为，如何促进高风险、重大问题的整改。因此，今年内部审计要因势而为，紧紧围绕郭树清董事长提出的实现战略转型的八个方面工作，将监督、评价、建设三项职能有机结合起来，在继续做好合规性审计的同时，加大管理咨询审计力度，将其作为提高内部审计工作层次的切入点和新的审计价值增长点，为促进全行业务发展作出新的贡献。

二是合理运用先进、科学的工作方法和手段。先进的审计方法和手段始终是推动内部审计工作发展的强大动力。内部审计必须加强先进审计技术方法的运用，使之与业务发展保持同步，只有这样才能保证审计质量、提高工作效率，有效实现审计目标。

应该说，我们的审计电子化手段和审计规范、内部控制评价等方法走在国内同行的前列。相关业务部门出于经营管理的需要，也看中了这套系统，纷纷提出或已经引入了“非现场审计系统”作为其日常管理的工具。在这种情况下，我们不能安于现状，必须再接再厉，在加大对已有系统和方法应用的同时，不断完善“非现场审计系统”等工具，始终保持已有的优势和领先地位。要根据内外部业务发展和管理的需要，加大审计技术的科技含量，在审计抽样技术、计算机辅助审计技术等方面争取新的突破，并加强对这些技术的推广培训力度，促进先进审计技术应用水平的整体提高。

此外，在工作安排、审计重点选择、审计技巧运用、日常工作管理、交流沟通等方面都需要讲究工作方法，积极借鉴和引入先进科学的技术方法和管理理念，以保证工作质量、提高工作效率。

三是深入推进审计工作制度、流程、手段的完善与创新。随着时间的推移和我行战略转型工作的深入，内部审计系统的一些配套管理制度、作业流程需要不断进行更新、调整和完善。我们要增强改革创新的紧迫感，从有利于提高审计质量和效率、有利于提升内部审计价值、有利于促进全行改革与发展的要求出发，加快对那些不适应发展和管理要求的制度、流程、手段的完善与创新。

在管理制度上，要进一步完善总行对审计分部、总审计室的管理手段和考核措施；在工作流程上，要推进标准化作业，以内部审计章程和准则为基础，建立不同审计项目、不同管理模式下的审计作业流程；在技术手段上，要全面推广计算机辅助审计技术，将非现场审计嵌入审计流程，实现现场审计和非现场审计的紧密结合。

三、强化审计人员责任意识和专业能力

审计工作的发展，必须通过审计人才来支撑和引领。只有有效地激发审计人员工作的主动性和责任心，提高审计人员的学习能力、实践能力和创新能力，才能为审计工作的全面发展提供支撑力和推动力。为此，在深入推进专业化建设和加大审计人员培训力度的同时，必须尽快强化责任意识，完善激励约束机制。

一是加强审计人员责任体系建设。自建立垂直管理的内部审计体制以来，审计队伍面临的任务十分繁重，审计事项和管理工作也日益复杂。建立明晰的内部审计人员责任体系的目的是加强审计自身内部控制、强化责任意识、降低审计风险、进一步规范管理，也是完善审计人员激励约束机制的重要组成部分。因此，建立审计人员责任体系是严格自律、自我完善的主动行为。从某种意义上说，清晰界定了职责也是对审计人员的一种保护，能避免出现工作失误、避免承担非审计责任，大家要积极认真地开展此项工作。

二是深化具有审计特色的激励约束机制改革。自2005年内部审计体制改革以来，审计系统逐步完善了岗位序列管理，建立了审计机构工作考评体系，分层级开展审计人员绩效考核。这些都为深化审计系统激励与约束机制改革打下了良好的基础。在目前的审计人员中，中高级管理人员和专业技术人员占比接近80%。高职等人员都应该成为业务知识精深、审计技能娴熟的带头人，专业化建设的主力军，在工作中有所建树、有所作为，做到名副其实。为更好地调动积极性，管理上需要进一步完善激励约束机制，强化责任意识，增强压力和动力，切实提高执行力和专业工作能力。要为各层级管理岗位和专业技术岗位人员提供公开、公平、公正的发展环境，给能力强、素质好、业绩优的审计人员搭建施展才华的平台，逐步树立能上能下的用人理念和管理机制。

审计作为后台部门，在激励方面同前台营销部门还是有一些区别的，在这方面已经作了一些探索，希望审计部和人力资源部配合，充分借鉴各审计分部、各总审计室好的经验，适时提出统一的指导意见，切实起到激励约束的作用。

四、强化严格、规范、科学的管理

应当清醒地认识到，内部审计系统在不断加

大监督力度的同时，也越来越受到了全行上下的关注。因此，内部审计部门要更加严格自律，认真执行规章制度，实行规范和科学管理。

一是领导干部要以身作则，严格要求自己。各审计机构的领导要增强执行政策制度的自觉性，加强党风廉政建设，提高领导干部的开拓进取意识和改革创新能力。郭树清董事长在今年的工作会上指出，是否具有改革创新精神是衡量一个领导班子和领导干部是否称职的主要标准。各审计分部和总审计室负责人要密切关注内外部环境的变化，更新理念、善于探索、勇于创新、拓宽审计领域、丰富审计手段，不断提高审计价值。领导干部要以身作则，切实改进工作作风，认真对照胡锦涛总书记提出的八个方面良好风尚的要求，深入查找和努力改进自身存在的问题，特别是要对那些审计独立性不高、管理不严格、责任意识不强、工作压力不大的现象，要认真反思、尽快改进。

二是严格执行审计规范和各项管理制度。目前，我行已经建立了以审计章程和准则为主体的内部审计规范体系，形成了总行垂直管理情况下的各项管理制度，各级机构和审计部门必须切切实实地贯彻执行。审计部门必须坚持内部审计的独立性，全面、真实、完整地揭示和报告审计发现的问题；必须注重审计人员职业操守，严格遵守审计人员职业道德准则等相关规定，保持职业审慎性，有效地规避审计风险；在人员和财务管理上，必须严格执行总行各项规章制度，切实履行审批手续，增强自律能力，杜绝各种违规、违纪事项。

三是坚持以人为本，形成良好的工作学习氛围。根据审计工作的实际需要和审计人员的不同情况，结合审计专业化建设，本着对建设银行事业和审计工作高度负责的精神，要切实加强对审计人员的培养，为审计人员的个人成长与发展创造更多、更好的机会和条件，充分调动审计人员的工作积极性。要关心审计人员的工作和生活，在政策允许的范围内，尽可能解决好审计人员的实际困难，营造和谐的审计工作环境。要针对不同审计人员的需要，开展多种多样的专业培训，提高审计人员的履职水平。除审计部门组织培训之外，应更多地安排审计人员参加当地分行举办的与审计业务相关的各类业务培训。

五、积极配合国家审计署的审计检查工作，学习先进的审计理念和方法

今年国家审计署对我行进行了全面的审计检查。总行审计部和相关审计机构要高度重视，大力支持和配合审计检查工作。一是要按照总行的部署安排，认真积极地配合有关工作，及时了解相关信息，加强沟通与反馈，做好协调、联络工作；二是积极协助驻地行对以往审计发现的问题、疑点、线索等进行清理，促使其进一步落实整改；三是要学习审计署审计组优良的工作作风，先进的审计理念、技术和方法，取人之长、补己之短。对于审计署审计组检查发现的情况，特别是那些重要发现，要查找我们审计工作中的薄弱环节，认真加以改进，促进我们自身审计水平不断提高。

在中国建设银行春季工作座谈会上的讲话

谢渡扬

（2008 年 5 月 30 日）

同志们：

昨天上午，张建国行长作了经营情况报告，今天郭树清董事长还要作重要讲话。对这次会议的部署和要求，希望各分行、各部门结合实际贯彻落实。下面谈三点意见，供大家参考。

一、居安思危，密切关注国际国内经济金融形势

近几年来，建设银行的经营业绩突出。2007年税后利润比2006年增长49%，同口径增幅达到

60%。今年前4个月，境内外业务实现税前利润600多亿元，同比增幅达70%。面对这样的经营形势，我们一定要全面、辩证地看待成绩，居安思危，始终保持头脑清醒。花旗等国际一流的大银行，都曾经业绩辉煌，但在次贷危机中损失惨重。温总理说，“形势稍好，尤须兢慎，居安思危，思则有备，有备无患”。越是形势好的时候，越是要增强忧患意识，做好应对困难和风险的准备。

今年以来，国际、国内经济金融形势复杂严峻，不确定性加大。国际方面，次贷危机仍未见底，影响逐步扩散。国际货币基金组织4月发布的《全球金融稳定报告》预测，源于美国次贷危机的全球金融动荡将造成高达9 450亿美元的损失。在次贷危机的冲击下，美国经济的基本面已经出现了问题。国际货币基金组织4月公布的《2008年春世界经济展望》称，2008年美国经济将进入轻度衰退。昨天，美国商务部公布了修正后的2008年第一季度GDP指标，按年率增速为0.9%，仅比2007年第四季度提高0.3个百分点，已经连续两个季度保持极低的增长率。一般来说，经济连续两个季度出现负增长即可视为衰退。如果世界第一大经济体陷入衰退，则必将拖累全球经济。事实上，欧洲、日本的经济增长速度已经放缓。另据国际清算银行今年3月公布的调查结果，全球金融衍生产品总值从2002年的100万亿美元猛增到2007年末的516万亿美元，相当于全球GDP总额的十多倍。如果次贷危机进一步加剧并引发全球金融市场的动荡和恐慌，后果将难以设想。在国内方面，CPI指数几个月来持续高位运行，全球原油、原材料、粮食等价格加速上涨，使得输入型通货膨胀的压力增大，“双防”的任务依然很重。年初南方发生的冰雪灾害和“5·12”汶川大地震，给国民经济和人民生命财产造成巨大损失，给2008年下半年及以后宏观经济走向增加了一些不确定因素。因此，我们必须要切实加强对国际国内经济金融走势的研究、分析和预测，未雨绸缪，做好应对经济周期性波动和预防系统性风险的准备，确保全行业务经营持续健康发展。

二、审慎应对，正确处理风险和效益、质量和速度的关系

在这里有几个问题要提请大家注意：

一是高度关注部分贷款业务面临的风险。以房地产行业相关贷款为例，随着国家对于房地产市场的调控力度不断加强，房地产销售价格增幅比去年同期回落了10.3个百分点，房地产行业贷款的信用风险逐步加大。前4个月，全行房地产行业逾期贷款和不良贷款增加相对都比较快。近年来内外部审计发现，在房地产类贷款管理和操作中不规范和违规现象仍然屡屡发生，例如，向四证不全、自有资金不足的借款人发放贷款，贷款封闭管理未有效执行，贷款资金被挪用，贷款抵（质）押物管理不严甚至悬空等。1~4月，对公房地产贷款新增投放194亿元，大大超过了年初制订的全年新增50亿元的计划。对此，各级行要予以重视，强化风险意识，坚决贯彻落实总行相关结构调整、客户退出政策，加强贷款发放和后续管理。

二是促进中间业务的健康发展。前4个月，全行中间业务发展态势良好，手续费及佣金净收入实现132亿元，比去年同期增长102%。但从结构上看，信用承诺等与信贷业务相关性较高的中间业务收入增长比较快，而与资本市场相关性较高的基金销售相关收入情况却不理想。中间业务的发展可以考虑细分，要鼓励发展与资产业务关联度小的业务。要实现中间业务健康发展，确保中间业务收入实质性增长和战略转型目标实现，关键在于创新和服务。我们要下大力气提高和改进研发能力，把服务工作做实、做细，实实在在地搞创新，扎扎实实地增收入。

三是提高贷款议价、定价能力。2007年，中央银行连续六次加息，在此情况下，我行今年新发放的公司类贷款加权平均利率仍然逐月下降，总体上低于基准利率，其中约30%执行的是利率下限。公司类贷款对全行净利息收益率（NIM）指标有比较大的影响，而投资者对我行领先的NIM指标一直很关注、很赞赏。今年以来，同业NIM指标显著提高，工商银行、中国银行、交通银行缩小了与我行的差距，招商银行的NIM指标已经超过了我行，竞争压力明显加大。大家对这个问题要深入分析，采取措施提高贷款议价、定价能力。

三、不断完善公司治理，为科学发展提供保障

作为全国金融企业中唯一的试点单位，

我行正在认真组织推进学习实践科学发展观试点活动。进一步完善公司治理，为贯彻落实科学发展观提供制度保障，是学习实践活动的一个重要方面。

次贷危机发生以来，大家都在分析其中的原因和教训，如监管失灵、信息披露不透明、资产过度证券化等。过去一年，不仅一些中小型金融机构难以为继，多家国际知名的金融机构，如花旗银行、瑞士信贷、摩根士丹利、贝尔斯登、法国兴业也接连出现重大风险，遇到了很大困难。这些金融机构有比较成熟的公司治理和先进的风险管理，为什么也会出现这样大的问题？原因是多方面的，公司治理机制存在重要缺陷应该是原因之一。实践是检验真理的唯一标准，这些银行未能对重大风险保持必要的警觉、未能对问题的严重程度作出清醒估计、未能及时进行预防处置，因而最终未能避免形成重大损失，事实表明，它们的公司治理机制在关键时刻、关键问题上没能有效发挥作用。

我行在股改和上市以后，董事会、监事会、管理层按照公司治理的基本要求，各司其职、各负其责，较好地发挥了各自的作用，保证了业务的健康快速发展。但我行的公司治理组织框架建立的时间毕竟还很短，还缺少经验，要确保公司治理机制有效发挥作用，还有很多工作要做。我们在学习实践科学发展观活动中，应该把进一步完善公司治理作为一项重要任务，认真总结经验，借鉴国外银行的教训，结合实际进行创新和完善，努力形成权责明确、运作规范、相互协同、有效制衡的公司治理机制。

公司治理不仅是“三会”和管理层的事情。各部门、各条线、各分行是公司治理框架的延伸和有机组成部分，在落实全行战略决策、执行和完成经营计划、支持配合监督工作过程中具有重要作用，在经营管理活动中，都要很好地贯彻公司治理机制的基本理念。在这方面，我们在开展学习实践科学发展观活动中需要大胆探索，争取有所创造。

在中国建设银行秋季工作座谈会上的讲话

谢渡扬

（2008 年 11 月 12 日）

同志们：

下面我谈几点意见，供大家参考。

一、认真研究全球金融危机，从中吸取经验教训

对当前的金融危机，大家都非常关注，郭树清董事长在报告中对这个问题作了全面深入的分析，讲得很透彻。我行也受到金融危机的影响，随着全球经济增长减缓甚至衰退，实体经济的困难可能引起银行业风险的扩大和增加。认真研究、吸取这次危机带给我们的经验教训，对于今后的健康发展未尝不是一件好事。建议总行各部门、各分行多花费些力气认真反思、总结教训、引以为鉴，这对今后的发展大有裨益。

有几个方面的问题值得特别关注。一是危机暴露出了西方国家在金融理论、金融制度、金融监管、会计准则、信用评级等方面存在重大缺陷，金融机构的公司治理、风险管理存在偏差和不足。未来金融业的体系构架、监管规则、通行惯例等方面都将发生重要的调整变化，最近将要召开的二十国首脑会议，也会研究相关问题，对此，需要密切关注、深入研究。二是在这次危机中，金融机构表现各异。在同一市场和同一个国家中，有的百年老店轰然倒塌，有的化险为夷、绝处逢生，也有的处变不惊、一枝独秀。加强对典型个案的深入研究，可以从中汲取许多有益的营养。三是紧密联系实际，研究金融危机对我行的影响，把规避风险、调整结构的工作做在前面。作为一家特大型银行，我行的研究工作近几年虽有所加

强，但仍是我们一个突出的弱项。以吸取全球金融危机的经验教训为契机，建议从总行做起，各部门、各分行都要下决心，大力加强研究方面的工作。

二、深入学习实践科学发展观，坚持走科学发展之路

几家大型国有商业银行近几年在改革发展上取得了举世瞩目的成绩，但要清醒地认识到，这些业绩的取得，与国内经济处于上升周期的外部环境密切相关。判断一个银行是不是好银行，不能仅看在经济处于上升通道阶段发展如何，还要看在宏观经济发生波动甚至出现危机时，能否抵御风险、保持健康稳定的发展。从这个意义上讲，我行正在开展的学习实践科学发展观活动非常及时、非常必要。学习实践活动要紧密结合各分行的实际，对经营管理工作进行深入反思，对存在的不尽科学之处切实加以改进，进一步端正发展思路，摆正发展方向，坚定走科学发展之路的信念。

要实现科学发展，解决好制度性问题至关重要，进一步完善公司治理结构，是建设银行稳健运行、科学发展的基本保障。要进一步促进决策、执行和监督的规范化、科学化，努力形成决策科学、执行有力、监督有效的公司治理机制，从根本上、长远上为科学发展提供制度保证，确保全行的改革发展事业始终按照科学发展观的要求向前推进。要在全行上下切实贯彻现代公司治理的理念，形成与公司治理要求相一致的传导、落实机制，形成公司治理的"上下联动"。各级分支机构和子公司也要建立健全自身的决策、执行与监督机制，通过完善体制机制实现健康发展。

昨天，董事长传达了党中央、国务院出台的扩大内需、促进经济平稳较快增长的十项措施。这十项措施非常重要，坚决贯彻这一重大部署，是我们化风险为机遇的难得契机。在新的情况下，各方面对银行的期望很高，特别是在取消贷款规模管理后，各分行在贷款投放上可能会面对更多的需求、更大的压力，一定要坚持全面理解和正确贯彻国务院的决策和部署，既要抓住业务发展的机遇，又要避免因为把握得不好，形成或积累风险。我们要把贯彻落实党中央、国务院的决策和部署，与学习实践科学发展观紧密结合起来，从建设银行的实际出发，认真研究具体措施，加大信贷支持力度，做好金融服务；同时，要保持清醒的头脑，有保有压、调整结构、稳中求进，切实做到对银行负责、对客户负责、对国家负责的统一。

三、大力加强培训工作，满足员工日益增长的培训需求

近年来，在总行党委、董事会和管理层的关心下，全行培训工作很受重视，各部门、各分行也给予了积极支持，培训工作明显加强，大幅增加了投入、改善了培训条件、扩大了培训范围、提高了培训力度，取得了明显的成绩。今年组织的高中层管理人员的培训，在境内外安排的基层业务骨干培训，风险管理、审计和个金等条线的国内外权威资格认证培训等，都非常受欢迎，对于提高员工的综合素质、业务技能发挥了积极作用。

培训工作对于银行、员工都十分重要。科学发展观强调以人为本，我认为加强培训也是以人为本的一个要求，是员工实现自我发展的一个方面，也有利于调动员工的积极性，加强员工的认同感。我们的发展战略和各项任务都要靠员工来落实，全面加强培训工作，打造一支素质精良的员工队伍，是一项功在当前、利在长远的战略性任务。

最近总行聘请外部咨询机构作的"员工之声"调查显示，全行员工对培训的满意度还不高。这个问题需要辩证地看，它一方面反映出我们的培训工作还存在不足，比如培训的覆盖面还不够，有些培训的系统性、针对性还不强，需要进一步改进；另一方面说明广大员工自我学习、自我提高的要求很迫切，参加培训的积极性很高，培训需求很旺盛，对我们加强培训工作的期望值很高。有关部门和分行要对此进行分析研究，制定对策，加大培训资源整合和投入，加大培训力度，扩大覆盖面，创新培训模式，使更多的员工能够得到培训机会，使各层次的员工能够得到所需要的培训，使整体培训水平和效果不断提高。

最近，中央召开了全国干部教育培训工作会议，总行将就贯彻落实会议精神，实施新一轮大规模员工教育培训的工作作出具体部署。各级行要在总结2008年培训工作的基础上，按照大规模培训员工、大幅度提高员工素质的要求，制订2009年的培训计划，使全行的教育培训工作更加贴近建设银行科学发展的需要，更加贴近全行员

工健康成长的需要。要进一步加大培训资源向一线员工的倾斜力度，充分体现培养和激励相结合的原则，组织好一线员工急需掌握的新产品、新知识和新要求的培训。要采取切实措施，使培训工作得到更大的改进和加强，进一步提高培训对业务发展的支持度和贡献度，力争做到使员工基本满意。

关于监事会工作和内部审计工作。目前，监事会年度监督、检查工作正在有序进行，近期组织了两次与分行行长的集体访谈，委托外部会计师事务所对两家一级分行财务会计信息质量和相关内部控制情况的检查也即将展开，希望大家给予支持和配合。今年，我行在做好配合国家审计署审计工作的同时，内部审计各项工作持续加强，特别是审计的有效性有明显改进和提高。今年以来，内部审计条线高质量地完成了一批工作审计项目，揭示出了一些重大风险隐患和违规操作问题。各级行、各部门要从问题的根源和本质入手，举一反三，切实做好整改工作，进一步强化合规经营理念。在市场环境变化较快的情况下，要密切关注新风险、新问题，建立健全内部控制制度，共同做好风险防范工作。

在2008年部分分行企业年金业务座谈会上的讲话

罗哲夫

（2008年8月27日）

同志们：

今天，我们在这里召开部分分行企业年金业务座谈会，主要任务是深入贯彻落实全行发展战略要求，总结2008年上半年企业年金业务的开展情况，交流经验、分析形势、统一思想，进一步谋划我行企业年金业务发展思路，努力提升市场竞争力，尽快把业务做上去，形成规模，为促进我行业务转型和结构调整作出贡献。下面就如何推进我行企业年金业务讲几点意见。

一、全行企业年金工作稳步推进，市场局面初步打开

经过全行上下的共同努力，自去年底我行获得企业年金受托人和账户管理人业务资格以来，全行年金业务条线的全体同志以强烈的使命感和责任感，奋力开拓，努力克服业务开展初期的各种困难，在市场开拓、运营体系建设、系统开发等方面取得了可喜的成绩，为我行企业年金业务的全面发展奠定了良好的基础。

（一）重点客户营销取得一定成果，开创了较好的局面

在总分行的共同努力下，对铁道部等30多家大型中央企业客户开展了持续营销，取得了客户的高度认可，并成功获得了港中旅、贵航集团、深圳航空、工商银行、花旗银行等一批重点客户的企业年金业务。据统计，截至7月末，我行受托签约客户23家，管理受托资产54.3亿元，账户管理签约客户20家，管理个人账户70.8万户，托管签约客户41家，初始托管规模65亿元，其中，已进入投资运作客户25家，托管金额31.67亿元。虽然这个成绩与我行的目标还差得很远，但是客观地看，一是我行年金业务毕竟刚刚起步，有一个营销周期；二是由于受3月财政部34号文的影响，一大批中央企业的企业年金实施进度放缓；三是部分省市的企业年金相关政策尚未出台，这些因素对业务开展有推迟、放缓的作用。但是，从某种程度上讲，给了我行更加充分的时间准备，对我行下一步行动更为有利。

即便在这种情况下，一些分行的企业年金业务发展也取得了较好的成绩，如贵州、深圳、甘肃分行在业务开办之初，依托自身客户资源，边学习、边摸索，积极营销，持续跟进，截至7月末，已超额完成年初总行下达的企业年金计划任务；北京、江西分行在积极跟进铁路企业年金方

面也做了大量工作；河北省分行、三峡分行紧盯唐钢、开滦、三峡总公司等一大批客户不放松；浙江、福建等分行在托管业务方面也取得了较好的成绩；广东、厦门等分行则根据本辖区中小企业众多的特点，积极宣传推介我行"养颐乐"系列年金标准化产品；河南、广西等分行以提供前期咨询服务为切入点，正在结合当地政府企业年金政策培育市场，加大客户营销力度，充分取得了目标客户的信任。

（二）企业年金运营和组织管理体系基本确立

目前，全行已经形成企业年金受托、账户管理、托管三大类产品和服务序列。目前，我行托管业务已经有了很好的基础。企业年金账户管理系统优化按计划完成，系统的功能适应性，流程合理性、报表灵活性，以及新增渠道服务查询都得到了改善。结合我行自身企业年金管理，目前38个分行企业年金账户管理系统上线培训已经完成，已有29家分行实现了系统上线运营，有力地促进了全行企业年金账户管理业务运营和服务能力的提升。

全行企业年金机构设置、部门职责、运营架构和运营模式已基本确立，今年以来，总行陆续下发了企业年金账户管理、托管业务、受托业务操作流程，各项业务管理和风险控制制度体系基本建立。目前已有35家分行设立了企业年金中心或任务型团队，38家分行组建了本行养老金托管服务团队和托管分中心。企业年金组织机构、场地及设施已基本到位，初步组建了一支市场营销和系统运营队伍。

（三）企业年金产品开发已经形成良好的开端

经过半年多的研发，我行作为发起人，在商业银行中率先推出了面向中小客户群体中的"养颐乐"系列企业年金标准化产品，该产品的推出不仅大大增强了我行在中小客户群体中的竞争和服务能力，而且联系了一批企业年金同业机构，扩大了我行在企业年金市场的影响力。目前，总行正在对"养颐乐"各方面功能进一步完善，争取在奥运会后全面推广，使其成为我行企业年金的一个拳头产品。我行在企业年金集合计划的产品创新方面也进行了积极的探索。拟由我行任账户管理人和托管人，与其他机构合作开发的年金集合计划的研发已取得了阶段性成果。

但是，在看到成绩的同时，还必须认识存在的问题和差距。年初，我们制订了受托100亿元、账管100万户、托管规模新增60亿元的全年业务计划，如果剔除建设银行自身年金业务，目前受托、账管和托管完成情况分别为计划的7%、16%和27%，与年初制订的计划差距很大，这也是召开此次会议的主要原因。这里既有客观因素，也与分行努力有关。从客观上讲，我行受托、账管资格获得比其他机构晚了整整两年，确实给我行企业年金业务发展带来了一定的困难。作为一项新业务，企业年金知识结构和产品特点与银行传统业务确实存在较大差距，总行、分行的营销水平和业务能力有一个提升过程。但是从主观上看，也确实存在认识不足、重视程度不够、缺乏主动性的情况，一些分行只注重短期效益，缺乏长期战略考虑，对年金业务的重视和投入不足，在人员配备、专业机构设立及市场拓展方面行动迟缓；有些分行因种种原因频繁更换年金业务牵头管理部门和业务人员，大大影响了业务的连续性，年金业务发展内部资源整合不够，一些分行企业年金业务多头管理，营销手段单一，全行综合优势未能得到充分发挥。对此，我能够理解分行的想法，毕竟年金业务投入大，不仅不赚钱、而且还费力。但从长远来看、从战略高度看，如果我们现在不占领市场，将来更难进入。目前属于"跑马圈地"的阶段，即使短期内没有回报，但适当增加投入还是值得的。

二、认清形势，把握机遇，迎接挑战

（一）企业年金业务对我行业务转型和结构调整的战略意义

许多发达国家的经验表明，养老金管理业务是商业银行重要的业务支柱，企业年金只是养老金的一部分。当前，许多企业越来越重视"以人为本"的发展策略，随着原有企业年金在规定的期限内完成向规范化、市场化运作模式的转变，越来越多的企业开始建立企业年金。此外，年初国务院通过了《事业单位工作人员养老保险制度改革试点方案》，确定在山西、上海、浙江、广东、重庆5省市先期开展职业年金试点，试点的主要内容是建立职业年金制度，实行社会化管理服务。最近，国家有关部门正在积极探索建立农民工养老保险和农村养老保险制度。最终目标是尽快建立覆盖所有城镇居民的基本养老保险制度，形成具有中国特色的社会保障体系，其中各种养老基金的商业化运作是主要方向。各种情况表明，我国年金市场已步入快速发展时期，年金市场的快速发展必将给金融服务创新带来巨大的商机，这也是各大金融机构不遗余力地争取年金业务的原因。建立以企业年金受托业务为龙头的企业年金资产管理业务链，大力发展与企业年金相关的养老金中间业务，改变依靠存贷利差的盈利模式，发展我行资产管理业务板块具有重要意义。

更进一步看，随着所得税收制度的改革，将促进人们从储蓄养老向各种养老理财方式转移，这将对商业银行的业务结构带来深远影响，即带动个人储蓄业务向个人养老理财业务转移；银行从吸收存款向个人理财业务转移。企业年金业务正是这一业务转型的先驱，其发展不仅为未来建立个人权益类金融账户管理搭建了一个平台，而且为个人理财服务，包括年金抵押贷款、年金龙卡、电子银行等各种个人理财产品的开发带来了更大的空间。

此外，能建立企业年金计划的企业都是好企业，都是我行要竭力拓展和维护的优质客户。企业年金业务作为战略业务，可以进一步密切银企关系。企业年金业务可以吸引和巩固优质客户，直接带动电子银行、银行卡、理财产品、担保、结算等对公业务的发展，企业年金业务丢失的后果往往不仅是代发工资、银行卡等个人业务的丢失，对结算、理财甚至资产负债等对公业务也将带来负面影响。

综观国际著名的商业银行，都把养老金业务作为综合化经营的重要内容。无论是从社会责任、社会形象还是业务发展的角度出发，我行都应及早规划，尽快把企业年金业务做大做强、做出品牌，提升建设银行作为国际一流商业银行的市场形象。

（二）目前的市场情况

企业年金业务正处在发展机遇期，总体上看，市场形势还是非常有利的，当然竞争也更加激烈。

一是企业年金业务即将迎来新的发展时期。今年以来，受财政部34号文对企业缴费总额的限制和统一税收优惠政策迟迟未能出台的影响，许多企业客户暂缓了年金计划，等待政策的进一步明朗。但是大型企业筹备企业年金的计划并没有放缓，目前，铁道部、中石化等一批特大型企业集团正在按照自身的节奏加紧推进企业年金计划。铁道部全系统企业年金实施方案已全面启动，要求所有路局要在年内完成各类年金管理人的选择工作，并于明年1月投入运行。一大批中央企业年金招标工作也即将开始，许多大企业都把推进企业年金作为今年的一项工作目标，各地方政府的相关企业年金政策也将纷纷出台。根据我们的预计，奥运会结束后，一些大企业和地方都将出现一个年金业务的高潮，必须全行动员，做好各方面应战准备。

二是市场竞争格局复杂，客户选择机构更加理性。经过两次资格认证，目前受托人11家、账户管理人18家、托管人10家、投资管理人21家。随着年金机构和资格数量的增加，市场竞争将更加激烈，管理人角色之间的回避制度及同一机构的多资格也将直接导致同业竞争和合作关系更加错综复杂。专业互补、合作共赢将是任何一家机构实现发展壮大的必由之路，在合作中竞争、在竞争中合作将是未来年金市场的主旋律。

三、下一步工作安排

今明两年将是决定企业年金市场格局和我行年金市场地位的关键时期。年金业务既具有先入为主、不易转移的特点，又具有一定的不可再生性，市场机遇稍纵即逝，客户资源一旦失去难再挽回。因此，各行要认清形势，增强忧患意识，牢牢把握市场快速成长的战略机遇期，进一步增强加快年金业务发展的紧迫感。同时，年金业务也是我行各项业务中营销周期较长的业务之一，对此要有长期攻坚的心理准备，不断增强工作的韧性，坚持不懈地实施全程跟踪。

在这里，我提几点具体要求。

（一）增强紧迫感，充分认识企业年金业务对我行业务转型和结构调整的战略意义

全行要统一认识，要把企业年金作为战略性业务来抓。就各行而言，虽然企业年金业务短期内谈不上盈利，业务量也不大，但如果现在不重视，很有可能丢掉当地这一块资产管理市场，其结果必然是重点和优质客户的流失，对我行的传统业务形成强大冲击。只有从战略层面上对企业年金的业务的本质有前瞻性和全面性的认识，才能够正确认识和解决当前无利可言与长远、稳定的规模收益的矛盾，单项业务“亏本”和综合业务的贡献度的矛盾。要认识到企业年金的发展对我行未来业务转型和结构调整的带动作用，加强战略规划，整合安排战略资源。我们的目标是努力把企业年金业务作为业务创新的成长点，为未来养老金业务发展打下基础。

虽然我行企业年金未来具体的发展目标还需要根据市场发展情况进一步论证，但是我有一个基本观点，就是企业年金的业务发展目标应该与我行公司业务的市场地位和影响力相匹配，这是年金业务发展的原则性要求。即使当前遇到一些困难，但总行发展企业年金业务的决心是明确的，发展要求是不能动摇的，必须抢占市场先机，尽快上规模，这也是总行召开此次会议的主要目的。只要各分行把企业年金业务做上去了，全行目标就能实现。从这个角度上看，我们今年的计划要求并不高，下半年铁道部及一大批企业都要开展企业年金，全行要充分利用今年剩余时间努力冲刺，完成今年的任务还是很有可能的。因此，各分行回去后，一定要结合本次会议的精神，认真研究，加大工作力度，力争完成今年企业年金各项计划。

（二）研究市场，明确目标，进一步加强企业年金营销工作

一是要继续加强对重点客户的营销组织工作。各分行要结合当地市场情况，深入调查研究，确定本地区目标客户。大型集团客户企业年金业务的资金规模大、职工人数多、示范效应强，其归属将对市场格局产生重大影响。全行要对行业性、集团性大型企业实施重点攻坚。这些客户总分行要联动，各部门要积极配合，一旦客户提出需求，要迅速响应。各分行对尚未建立企业年金计划的企业要密切关注，提前介入，可采取签订意向书的方式，巩固营销成功。

在此，请大家一定要特别重视对铁道部的年金营销工作，这不仅仅关系到200多万个人账户、150多亿元存量资金的管理和业务划转，更是加强我行与铁道部多年合作关系的纽带，全行务必要高度重视、协调一致。这方面，总行集团客户部带了个好头。8月8日，总行铁道营销服务领导小组已就铁道部的企业年金营销工作作了专门部署。这两周，各分行已纷纷行动起来，北京、四川分行已经应客户要求，提交了我行企业年金服务方案，初步反映不错。目前，总行年金中心和托管部已经完成标准化年金服务版本，供分行参考。如果我行能顺利取得一半以上路局的年金业务，那我们在营销其他大型国企年金业务时就会容易得多。

当然，大客户的营销也不容易。现在市场竞争十分激烈，一些中央企业大客户，总行领导都亲自前去营销，昨天我还陪同张行长亲自去华能营销。在大客户营销方面，总行集团客户部发挥了很大作用，积极主动地与年金中心一起进行营销。由于年金中心刚刚成立，因而自身的营销能力还有待提高，主要还是要依靠公司业务部、集团客户部的营销渠道。

二是要在大客户攻坚的同时，抓大不放小，加大“养颐乐”企业年金产品推广力度。“养颐乐”是一个标准化产品系列，其本质是我行发行的面向中小企业客户的共同基金，产品标准化程度高、议价能力强、营销成本小、市场潜力大。随着年金市场的不断发展，中小客户聚沙成塔的效应将逐步显现。大客户和中小客户对我行年金业务健康发展的作用都不容忽视，要以“养颐乐”为基础，对中小客户开展个性化、规模化相结合的针对性营销。我们计划，结合部分地区年金市场启动，加大推广力度，争取年内实现800～1 000家。

总行要以受托业务为主线，利用“养颐乐”品牌的知名度，继续研发并推广后续产品，推出多种集合计划年金产品，形成我行企业年金服务专业化和差异化的竞争优势；要继续做好“养颐乐”产品宣传工作，引导分行根据当地市场和客户结构情况，细分市场，因地制宜地开展中小客户营销工作。

（三）统筹资源，实现全行效益最大化

我行在发展企业年金业务上具有很好的优势。首先是我行的客户资源，这是许多其他机构无法比拟的；其次是我们的业务网络，我们有一支强大的客户经理队伍，许多分行客户营销能力都很强；最后，是我行的品牌和社会知名度。现在的问题是要把建设银行各项产品和服务优势转化为我行年金的营销优势、竞争优势和品牌优势。

对内要明确分工、密切配合、加强协调，对外要一个窗口对客户，形成具有合力的营销格局。我行目前有受托人、账户管理人、托管人三项资格，从单个业务上看都很重要，但根据国家规定，针对同一个企业年金项目，我行受托人和托管人这两个角色可能存在冲突，业务此消彼长。因此，总行年金中心和托管部更需要加强部门合作。投资托管部从建设银行整体利益最大化角度出发，主动提出支持年金中心，在资质冲突时，优先发展我行受托和账户管理业务。年金中心也要进一步加强与其他机构的合作，通过“市场互换”，实现受托、账管和托管业务的全面发展。

大部分分行都是采取由一个部门牵头营销的方式，这样很好，但是，多头管理造成无人管理的情况也存在。各分行也应本着我行效益最大化原则，加强内部协调，对内明确分工，一个窗口对客户，提高营销效率。

（四）加快年金运营体系建设，提升服务能力

全行要在大力拓展市场的同时，切实提升运营及服务能力，企业年金运营是一项细致的工作，涉及开户缴费、归集支付、信息变更等诸多环节，各项工作来不得一丁点儿马虎，必须依托一个健全的运营体系和先进的业务系统来实现，全行要结合自身年金的运营，全面提升我行系统运营能力和服务能力。总行要稳步推进年金信息管理系统优化升级，满足客户个性化需求，力争提供更多的增值服务功能，使我行年金信息系统在现有基础上功能更强大、流程更科学、运行更稳定、客户更满意；分行要组织年金中心，特别是账户管理运营机构操作人员应加强对信息系统的学习和研究，提高营运能力，尽快实现年金业务属地化服务。

企业年金是一项资产管理业务，在任何情况下，都必须把防范风险放在首位。对客户来说，企业年金的安全性是第一位的，要把企业年金的全面风险管理能力作为我行核心竞争力。各行要充分认识企业年金业务风险状况，从业务运作层面看，受托、账管和托管业务各环节都存在风险，各分行要严格按章操作、规范运行，促进业务规范化、标准化、高效化，实现持续健康发展。

（五）加强企业年金队伍建设

要实现我行企业年金业务发展目标，没有一支高素质的企业年金人才队伍是不可能的。总行要实现专业化经营，增强企业年金中心人员力量。但是分行才是推动我行企业年金发展的基础，全行38家分行，几万家客户，全部依赖总行的力量也是不现实的，因此，必须要加大对分行年金人才的培养。我们要在全行范围内培养一支精干高效、素质过硬的年金业务骨干队伍，每个分行要配备确保发展年金业务所需的人力资源，这样一个运行体系才能够基本满足客户营销及业务运营的需要。各分行要重视解决企业年金人力资源需求和专门人才的配备，企业年金是新业务，专业人才匮乏问题比较严重，有些分行虽已建立年金机构，配置了相应人员，但多数还是兼职，这既影响到我行的竞争力，同时也会对运营安全产生影响，存在巨大的风险隐患。希望各分行对此予以高度重视，同时要切实落实好培训工作，特别是要加强对分行年金业务师资队伍的培养；总行年内还准备举办三期企业年金业务培训，各分行一定要珍惜机会，选派优秀人员，围绕业务管理、专业知识、营销技巧和操作技能等内容，尽快培养一批年金业务骨干。

（六）认真落实总行的考核激励政策

今年，总行在一级分行KPI指标数量减少的情况下，增加了“企业年金个人账户管理”、“企业年金受托资产”和“企业年金托管资产”指标，将企业年金业务纳入“现买单制”的激励范围，直接挂钩人力费用。各分行要对企业年金业务的激励政策认真落实执行，不要截留，更不能将相关激励费用挪作他用。

同志们，2008年将是决定我国企业年金市场格局和我行市场地位的关键一年。这次会议不仅是座谈会，也是加快企业年金业务发展的动员会，全行要及早行动，不断增强企业年金业务发展的紧迫感，大力开拓市场，锻造精干、高效的专业团队，确保我行企业年金业务快速、持续、健康发展。

在全行机构业务创新转型座谈会上的讲话

罗哲夫

（2008年9月17日）

同志们：

今天来参加这个会议非常高兴。这次座谈会的主题选择得非常好，大家能够坐到一起，共同研究机构业务创新和转型的有关问题。对公业务的创新和转型既是当前对公业务的难点和热点，也是我们学习和实践科学发展观试点活动过程中专门研究和调研的课题之一。希望通过这次座谈会，大家能够畅所欲言，深入地探讨机构业务未来的发展方向，明确业务发展目标，研究出一些有效的政策措施。

这次会议准备得比较充分，我昨天详细地看了我们的会议材料，从几个方面能够看出总行机构业务部下了很大的工夫。第一，详细分析了今年前8个月全行机构业务的经营情况，包括经营形势分析和问题反思。第二，研究了机构业务各主要领域的变化趋势，以及当前机构业务面临的机遇和挑战，包括国家的有关政策、下一步主要产品的推进策略、同业的一些动态及动向等，都作了深入的分析和判断，非常务实。第三，材料中系统总结了总行机构业务部深入学习和实践科学发展观试点活动的主要工作和进展。第四，系统回顾和介绍了机构业务创新的最新进展情况。这些内容都很好，下面我着重讲四点意见。

一、今年上半年对公业务的进展情况

一是对公业务结构调整取得进展。我行认真贯彻国务院监管部门“区别对待，有保有压”的政策原则，采取了一系列有效措施，严格控制了贷款指向，把握了投放的节奏、方向，加大了结构调整力度，对“双高”和产能过剩的行业从严控制投放，对房地产开发企业客户实施选择性的退出政策，对于国家鼓励和要求大力发展的行业和企业加大了支持力度。我们积极支持小企业信贷业务，小企业贷款余额比年初新增了251亿元；全力支持灾区恢复重建，向灾区发放赈灾恢复贷款365亿元；支持“三农”的支农贷款较年初新增了503亿元。从有保有压的角度讲，我行确定的退出客户贷款余额到今年6月底为1 232.70亿元，比年初减少318.80亿元，已完成今年500亿元退出计划的60%。

二是资产质量进一步改善。从客户结构上看，A级以上对公类客户的非贴现贷款余为23 093亿元，占比达到91.70%，比年初提高1.25个百分点；对公类不良贷款余额为640.67亿元，比年初减少了101.90亿元，不良率为2.43%，较年初下降0.56个百分点。

三是经营效益大幅度提高。上半年累计实现对公贷款利息收入912亿元，比上年同期增长了215.20亿元，增幅达到了30.90%，特别是对公中间业务收入增幅达到205.50%，占全行中间业务收入的比重较去年上升了23.84个百分点，创造了历史新高。

四是对公业务转型稳步推进，专业化经营步伐加快。截至6月底，全行已经组建了42家小企业经营中心，在业务转型，特别是在对公业务经营模式转变方面取得了一定的进展。一些分行根据总行在对公业务转型方面的方向性要求，主动地进行了创新和试点，形式也多种多样。目前总行对专业专注经营，包括经营重心的上移，还没有统一的要求，还在总结哪种形式更符合建设银行的实际，有待成熟稳定后再向全系统推广。

从今年前8个月的经营情况看，我们也存在一定的问题和隐忧，突出地表现在以下三个方面：

一是不良贷款的反弹压力较大。主要是受地震灾害、冰雪灾害的影响，同时由于人民币升值的影响，我国出口下降，东部沿海地区的出口企业面临较大困难，这些因素都导致今年下半年不良贷款反弹压力增大，我预测到今年底不良贷款余额较6月底会有增加，各分行要在资产质量方面给予更多的关注，确保实现今年“双降”的任务目标。

二是由于一些政策的调整，下一步增加中间业务收入的难度增大。大家目前看得到的几个政策都将给我们的中间业务开展带来影响。其一是代理保险，仁刚总经理接下来还会详细讲，保监会认为今年上半年银行代理保险业务发展步伐太快，对整个保险业的风险加大，可能会采取措施，降低发展速度，我行的代理保险业务必将受到影响。其二是银监会对收取贷款承诺费有不同意见，目前我行正在与之交涉沟通，从我们内部讲，要对贷款承诺费、财务顾问费的收取规范性给予重视，及时检查和纠正其中可能存在的流程不合理等问题。

三是对公业务转型，包括经营模式转变工作的推进力度不够。原因有以下几个方面：首先，在思想认识上还是不统一，特别是对经营模式的转变，如对经营重心上移到分行，或者一些大客户上移到总行管理，在认识上不统一，影响到推进的力度。其次，考虑到全国各地的情况不太一致，总行没有作统一要求，一些分行等待观望，等待其他分行的成熟经验，这种氛围较浓，也影响到进度。因为总行没有给大家提出一个硬性的统一要求，特别是时间上的要求，只是要求各行按照总行的部署能快则快，造成了各行在执行力度上的不足，对推进工作也造成了一定的影响。这次会议将机构业务经营重心的上移当做一个讨论题目，我希望大家能积极研讨出新的成果。

二、对公业务转型的体会和工作内容

通过学习和实践科学发展观，我们关于对公业务转型的思路更加清晰。我认为，对公业务转型的一个根本问题就是对公业务的可持续发展问题。现在建设银行的主要业务收入就是对公业务收入，但是考虑到长远的发展，如利率下调后对 对公业务收入的影响会越来越大，根据目前测算，明年这种影响就可能增大，整个银行的业务结构将会发生变化，对公业务必须做好应对，积极研究业务转型问题。对公业务转型涵盖了客户结构的转变、业务结构的转变和收入结构的转变，根本目的还是在于保持建设银行对公业务的可持续发展。因此，我们不能只注重眼前利益，更要考虑长远，未雨绸缪，积极应对政策变化，预先要有充分的准备，才能保持盈利能力和盈利水平不下降。

对公业务的转型比较紧迫的内容有两个方面：

一方面，是业务结构的转型。在对公业务转型中我们提到，传统业务、新兴领域，包括小企业业务、机构业务、中间业务，整个业务结构的转变是对公业务转型的重要内容。

另一方面，是公司业务经营模式的改革和调整。网点转型也可以说是经营模式的转型。通过经营重心上移，使下级网点的销售和盈利能力大幅度提高。这要求有一定的条件作支撑，这些支撑条件的落实也决定了对公业务转型的速度。比如前台业务向后台集中分离，过去，我们曾将非实时业务向后台集中，下一步我们还要进一步减轻前台的压力，部分实时的业务也要向后台转移，这就对业务系统和业务流程的改变提出了要求。建立新的业务系统需要较长时间，前后台业务分离、后台业务集中也需要一个过程，客观上决定了对公业务转型可能较个人业务转型会慢一些。

同时，内部核算体系和考核体系的调整对转型也非常重要。现在的网点已经习惯了传统的经营模式，内部考核也都是按照基数法，下一步大客户都向上集中了，内部的考核也必然要有相应变化。经营重心上移了，但客户服务还是在前台，如何确保服务质量不下降，以及对网点考核什么、如何考核，都必须得到有效解决。

这些条件不具备，转型过程中就会出现一些不好解决的困难和问题。目前我们能做的就要抓紧做，需要具备条件之后才能做的，就要积极创造条件。我考虑，包括这次座谈会关于机构业务经营重心上移的议题，就是目前已经能够着手实施的内容，也包括内部考核的办法，一些分行已经具备了一定的经验，比如河北省分行的营业部就做得不错，积累了一些经验。各分行经营重心上移的工作一定要抓紧推进。

现在我行的对公业务转型工作进展不一，我个人评价，我们行的业务结构调整做得比较好，但经营重心上移做得相对一般，跟总行的要求还有很大差距，最差的是网点转型。下一步我们要积极创新条件，加快推进对公业务转型的各项工作。

三、积极发挥机构业务在对公业务转型中的平台和作用

机构客户是对公业务的重要组成部分，是对公业务转型的重要平台和支撑。几年来，全行机构业务由小到大、由弱到强，在多项空白领域都取得了有效的突破和进展，在机构业务的指标表上，我们看到，2005 年全行机构业务条线贡献的 EVA 只有 19.40 亿元，在全行占比仅为 12%，而仅今年上半年，机构业务的 EVA 就已经达到了 86.30 亿元，同比增速 81.76%，在全行的占比已经提高到 24.74%。同时，我还注意到，机构业务的指标分析不是简单地分析量的大小，而是兼顾了质量、速度、结构和效益的有效均衡，初步实现了又好又快发展。例如，今年上半年，机构类负债业务的平均付息率为 1.69%，较全行一般性存款平均付息率低 0.27 个百分点；机构类资产业务不良率为 1.75%，较全行贷款的平均不良率低 0.37 个百分点；AA 级及以上客户余额占比为 76.20%，比全行对公贷款该项指标平均值高 5.78 个百分点。各项业务发展的速度也都非常好，尤其是机构类中间业务发展速度很快，同比增速已经达到了 284%，是全行各业务条线中增速最高的。机构业务实现的中间业务收入在全行的占比已经由 2005 年的 1% 提高到了今年的 11.97%，机构类中间业务收入在机构业务毛收入中的占比已经达到了 17.60%。我分析了一下，在目前全行增长最快的五项中间业务产品中，有三项是机构业务条线牵头的，一项是与机构业务条线直接相关的。牵头产品分别是百易安、鑫存管和代理保险，相关产品是理财产品。机构类中间业务的

产品种类也从传统的代理业务逐步发展到了新型代理产品和包括对公理财、资金托管、保证金存管、联名卡等多项新兴产品在内的多类产品共同支撑的格局，超亿元的产品2005年只有1项，2008年全行预计可达6项。这些成绩的取得非常不容易，在此，我要感谢全行机构业务条线的共同努力，同时我更希望大家能够针对机构客户的特点，认真研究和实践，加快机构业务的转型创新步伐。

一是要充分认识机构客户在业务转型中的作用，加大拓展力度。在今年初的工作会议上，郭董事长在讲话中指出，结构调整的主要方向是：在产业结构中，总体上减少对第二产业的投入，增加对第一产业和第三产业的投入；在客户结构中，要增加个人、机构客户的比重。机构客户有着不同于其他客户的鲜明特点，随着经济发展和社会进步，机构客户将逐渐成长为银行业务发展的重要领域，它有效地连接着对公和个人客户，是我们可以用批发性手段带来、锁定、维护和拓展高端对公和个人客户的平台，是发展性地挖掘和培育高端个人潜在客户的基础，对银行的业务转型承担着很重要的作用。比如我们的清华大学试点，我们拿下的不仅仅是清华大学本身，更是其身后巨大的、不断成长和丰富的高校教师和学生等现实和潜在的个人高端客户，我们的CTS业务不仅能带来巨大的直接收益，更重要的是用我们先进的系统引入和锁定了一批高端的对公和个人客户，很有价值。其他机构客户也是如此，因此，大家要充分认识拓展机构客户的意义和责任，研究客户的最新需求，加大拓展力度。

二是要积极研究机构客户的经营重心上移，配合对公网点转型工作的推进。随着利率市场化趋势的加强和企业直接融资比例的提高，对公业务的转型已经非常迫切，机构业务作为对公业务转型的重要内容之一，要根据机构客户的特点进行积极的研究、主动的思考并进行必要的实践。经营重心上移的根本目的是要适应客户不断扩大的业务需求，提高我行对客户的服务水平，通过经营重心上移，力求使服务符合大企业全球视野、综合经营、集团化架构和集约化经营的趋势，整合我们的各类营销资源，提高服务效率，提高我们在市场上的竞争能力。对公网点的转型是个比较复杂的系统工程，随着经营重心的上移，在公司业务渠道建设上，要逐步建立一些金融中心、商务中心、结算中心。当然，这里的内容是非常复杂的，要继续深入研究这方面的问题。最近总行要召开一次座谈会，召集一些分行就对公网点转型的目标和方向进行一次研讨，明确整体的目标和方向。对公网点转型的另一个重要内容还包括要优化劳动组合、平衡零售窗口和对公窗口的工作量，相关研究已经取得进展。

四、全行机构业务转型创新的工作要求

对公业务的转型过程实际上也是一个不断创新的过程，无论是管理、产品还是经营模式，都要进行必要的创新，没有创新，就不可能实现对公业务的转型。我们业务领域的扩大需要创新，给客户提供更具竞争力的产品需要创新，对公经营模式的转变也需要创新，所以，在业务转型的过程中，每一步都离不开创新，创新也是我们学习实践科学发展观的一个重要课题。我结合机构业务讲三点：

第一，要抓好机构业务产品创新的推广工作。机构业务管理的领域和范围非常广，领域比较宽泛，涉及的创新内容非常丰富。现在这些创新的产品许多都是以分行为创新主体，这些创新凝聚着机构业务条线所有员工的心血，所以我希望这些创新的内容和产品不要局限在某个分行，要抓紧推广，要积极研究各分行创新产品共享机制，只有这样才能有利于创新成果的迅速分享。

第二，要突出重点产品，创出品牌。现在机构条线产品种类多，要研究怎样才能够把这些复杂丰富的产品有重点地创出一些品牌，就像鑫存管、百易安一样。下一步要多找出几个重点，比如龙信通等产品就不错。这件事与我们的产品宣传也有一定的关系，希望能和总行有关部门，特别是负责公共关系的部门加强联系，取得它们的支持，打造出更为丰厚的品牌效益。

第三，要探索建立创新的考核和激励约束机制。这个考核激励包括对总行的机构业务部，以及总行机构业务部对下面各分行的机构业务条线。总行今年已经启动了对创新产品的评比，设立了不同奖项，鼓励创新的机制初步建立。我希望机构条线要加强对各分行的考核、激励，使机构条线的创新工作再上一个新的台阶。

希望通过这次座谈会，全行机构业务条线进一步巩固前8个月的经营成果，克服面临的困难，将后续几个月的工作做得越来越好。

夯实信息管理基础　促进我行业务发展

——在新一代信贷管理信息系统全行推广上线动员会上的讲话

罗哲夫

（2008 年 11 月 14 日）

同志们：

今天总行召开新一代信贷管理信息系统全行推广上线动员会，目的是在上线前对相关工作进行动员和部署，提请各行高度重视系统推广上线工作。总行已于昨日印发了《关于新一代信贷管理信息系统推广上线工作的通知》，明确了上线工作的相关要求。在此，我想着重谈三个方面的问题。

一、高度重视，进一步做好全行信息管理工作

（一）全行信息管理工作必须紧紧围绕业务发展目标，按照“满足监管需要、提供决策支持、引导业务发展”的总体要求，合理配置、运用、管理信息资源

商业银行是信息高度密集型的企业，无论是政策制定、风险管理，还是市场拓展、产品创新，都必须以方便、快捷、高效的信息服务作为保障。经营管理决策过程本身就是对外部环境信息、同业信息、客户信息等进行收集和分析的过程，科学、正确的决策必须有全面、及时、准确的信息作为支撑。当前，我们面临着国际金融危机，对行业走势的判断，下一步投向重点在哪里、业务转型如何实施、哪些业务盈利、哪些业务不盈利、从长期趋势看需要重点发展哪些新兴业务，这些决策的制定都需要数据分析作为支撑。外部环境越是动荡不安，经营形势越是复杂多变，就越凸显出管理信息对商业银行业务决策不可替代的支持作用。在当前国际国内经济金融形势存在诸多不确定因素的情况下，全行信息管理工作必须紧紧围绕业务发展目标，充分开发和有效利用信息资源，深入挖掘管理信息中所蕴藏的市场机会、风险隐患，为业务发展和转型提供强有力的支持，推动企业核心竞争力的持续提升。全行信息管理工作战线的同志们应当进一步树立和强化这种责任感和紧迫感。

（二）要不断强化信息管理的基础工作，重视信息资源的集成管理，提高信息资源使用效益

经过数十年的努力，我行信息管理工作已初见成效，目前信息支持和服务范围已涉及信息披露、外部监管、金融统计、风险管理、KPI 考核、经济资本管理、准备金管理，中小企业、集团客户、机构客户管理等众多领域，为全行业务发展提供了有效的信息保障。尽管如此，与不断增长的业务需求和日益严谨的外部监管要求相比，全行信息管理基础仍显薄弱，具体表现为：一是信息挖掘不充分，存在管理信息资源不能充分利用的浪费现象，信息利用程度有待提高；二是信息质量监测手段匮乏，信息质量管理水平参差不齐，信息失真现象不同程度地存在，在某些分行甚至非常严重；三是信息需求部门与信息管理部门的互动效应未能形成，在信息采集、管理、使用、支持各环节之间未能形成目标一致、联动管理的机制，缺乏构建和谐数据文化的条件，深化信息应用、持续改进信息质量的推动力严重不足。我们必须要下大决心，强化信息管理的基础建设，包括系统建设、人员队伍建设、制度建设，在管理手段上，要重视信息资源的集成管理，通过集成管理实现企业信息系统各要素的优化组合，形成要素间强大的协同作用，最大限度地利用管理信息的功能，避免信息资源的重复、分散、浪费和效率低下，实现信息资源的高度共享，降低信息资源管理成本，提高信息资源使用效益。

二、新一代信贷管理信息系统的主要目标和任务

新一代信贷管理信息系统的开发建设是完善信息管理基础工作的重点工程之一，是我行信息

整合与管控的重要举措。信贷资产占建设银行资产总额的60%左右，是我行最重要的盈利资产，这决定了我们对信贷类管理信息有着持续、旺盛的需求。1998年，我行开发上线了CMIS1.0版系统，开创了建设银行管理信息系统建设的先河。近十年来，CMIS经过1.54、2.0、3.0几次大的版本改造，目前已成为我行应用广泛的专业化管理信息系统，系统数据应用遍及全行四级机构，支持完成了信贷资产清分、不良资产剥离、债转股、集中消化历史包袱、重组改制信贷审计等建设银行的重大工作。

按照总行科技规划的统一安排，CMIS要与信贷管理的全流程紧密结合，对公信贷业务流程系统（CLPM）、新个贷业务系统（A+P）、国际卡系统、资产保全系统（SARM）等信贷业务前端操作系统将在数据源方面与CMIS进行衔接。为此，总行于2007年底启动了新一代信贷管理信息系统项目，由总行信息中心、信息技术管理部牵头，厦门开发中心负责项目技术实施。在总行公司业务部、风险管理部、授信管理部、住房金融与个人信贷部、财务会计部、资产保全部、信用卡中心等部门和浙江、吉林、山西、甘肃、北京、广西、江西、山东、四川、上海等分行的大力支持下，系统开发工作目前已如期完成，下一步就是要确保平稳、安全地在全行上线运行。新一代信贷管理信息系统上线后，能够实现以下六个方面的重要目标。

（一）搭建全行统一的信贷信息发布平台

依托该发布平台，总分行将按照统一的业务主题、指标定义、报表口径、用户体系管理和发布信贷信息；支持对信贷信息的应用范围、应用方式、需求入口、实现流程进行统一、规范的归口管理；基本统一了信贷报表口径，构建了稳定、独立、多维的信贷应用指标体系；首次实现按照业务主题归集和管理数据，为特定客户建立量身定制的、具有明确业务主题的数据应用分析。该发布平台为统一信贷信息应用口径、解决信贷信息“数出多门”问题奠定了扎实的基础。

（二）构建全行统一的信贷信息质量监测平台

该平台将信息质量的衡量标准、检核要求和报告机制纳入系统当中，以支持监测、评估和报告数据质量状况，定位数据质量问题产生的根源，确定解决数据质量问题的方案，推动数据质量问题的解决。这一平台的搭建将顺应系统架构和数据流向的改变，支持在信贷信息前台、中台、后台系统及其管理部门之间，按照“全流程控制、联动管理、人机监控、持续改进”原则，实施信息质量管理，以不断地提升数据质量和数据的规范化、标准化程度。这既是实现数据质量管控目标所迈出的坚实一步，也是构建建设银行健康数据文化的有益尝试。

（三）归集和整合CLPM、A+P、国际卡、SARM等重要信贷源系统数据

对信贷数据源的整合和统一发布使用，使全行经办机构人员所采集的大量信贷信息有了统一的应用出口，奠定了深化使用的基础，促进了应用口径的统一。

（四）进一步提升信贷信息发布时效

通过实现信贷信息在全行的集中管理，支持更大量的信贷信息按天发布，这是信贷信息应用时效的一次飞跃。

（五）扩大信贷信息应用范围

不仅首次依托发布平台发布用于决策支持的高管层报表，而且还借助风险十二级分类制度的全面实施，发布应用十二级分类信息；借助CLPM系统信贷流程的构建，对额度授信等关键信息实现首次发布使用。

（六）实现采集端的平稳切换

采集端的平稳切换不仅大大减轻了基层行人员信息采集工作量，而且在系统开发过程中通过对数据源组织清洗补录、账务核对、嵌入检核规则、初始化上线清理、发布采集规范等，促进了数据源系统数据质量的改进。

通过上述系统开发目标、功能定位和数据范围，我们可以看出，新一代信贷管理信息系统运行后将成为构建我行信用风险数据集市、支持《巴塞尔新资本协议》实施的关键基础，是信息披露、经济资本管理、信贷准备金计提等关键信息应用的支持系统，对统一我行信贷数据口径、减少重复录入具有重要作用。该系统所构建的数据质量监测检核平台对持续改善我行信贷信息质量、实施数据质量管控具有重要意义，能为向市场和关键风险相关者提供更加清晰和透明的披露数据提供支撑。同时，系统功能和流程的改变，也将促使全行信贷信息管理职能、岗位职责、工作流程、工作重心的全面转型，依托该系统将逐步在全行建立起新的信贷信息管理、应用及考核体系，这是信息管理流程再造的有效尝试，并将促进信息的采集和管理，使用部门全方位关注和持续改进信息质量，对构建我行的和谐数据文化大有好处。

三、对系统上线和后续管理工作的要求

（一）高度重视、精心组织，确保历史数据衔接和系统上线工作顺利

完成历史数据与对公新数据源的衔接，实现新老数据源在特定时间点上客户、合同、账务的关联，这既是新一代信贷管理信息系统上线的先决条件，也是我们即将在全行部署的上线工作中的重头戏。历史数据衔接工作完成的好坏，关系到建设银行信贷数据能否实现历史传承、数据应用和信息披露能否平稳过渡，对将要构建的信用风险数据集市的数据质量也将产生影响，意义重大。历史数据衔接工作复杂、涉及面广、实施难度较大，为确保历史数据衔接及系统上线的相关工作顺利，总行已成立由行领导担任组长，信息中心、信息技术管理部、公司业务部、风险管理部、授信管理部、财务会计部、住房金融与个人信贷部、资产保全部、厦门开发中心负责人为成员的上线工作领导小组，负责该系统上线的领导工作。各行务必要高度重视、精心组织、周密部署，尽快成立上线工作领导小组，统一部署系统上线的各项工作，确保历史数据衔接和其他上线工作按期保质完成。

（二）确保系统上线后的稳定运行和高效管理

CMIS的稳定运行一直受到内外部和上下游系统的高度关注，特别是新一代信贷管理信息系统上线后大量数据将按天加载发布，各行务必要确保上线后系统的安全稳定运行。该系统的开发上线并不仅仅是推广一个单纯的科技应用项目，而是涵盖了信息管理流程再造、强化信息资源集成管理、提高信息使用效益、全面提升信息质量水平等诸多目标的一项复杂工程。因此，各行必须在系统上线后尽快掌握系统应用和数据质量检核功能，适应数据流向的改变，建立起新的管理模式，通过总分行的共同努力，促进管理模式向更加集约化、流程化、标准化的方向转变。

（三）充分运用系统信息检核功能，确保数据的及时性、安全性、规范性、完整性

各行信息管理部门要借助新一代信贷管理信息系统质量监测平台的建立，配备专门人员，持续监测和组织改进信息质量；信息质量的监测改进要以关键应用为导向、以检核报告为依据；管理行要指导和带动分支行开展工作，信息管理部门要推动数据源系统改进数据质量；信息管理部门要与信息采集、使用部门密切配合，加强对信息质量检核规则的研究；信息采集部门要以数据拥有者的主人翁态度，从信息资源是建设银行战略资源的的高度出发，不断提高信息录入质量，从信息源头严把质量关；数据使用部门不仅要充分使用和分析数据，更要借助业务优势，加强对信息质量检核规则、涉及信息质量的业务规则的研究，并要与信息管理部门一起研究风险分类、减值损失、客户行业属性等关键信息如何保证质量的问题。

（四）充分发挥系统作用，深入挖掘信息价值，满足业务发展最迫切的需求

信息应用是信息管理的根本目的，各行要以深化应用作为信贷信息管理的工作重点，并以应用带动质量管理；要不断丰富和优化信息应用手段，贴近业务需求，细分用户类型；要不断深化对信息应用领域的拓展，信息管理部门要与信息使用部门密切配合，针对当前的业务热点问题特别是经济资本管理、信贷结构调整等，强化对信贷信息中业务线索和规律的挖掘和分析。我们要从学习实践科学发展观的高度来看待信息的应用和管理工作，通过扎扎实实的工作，推动“人人使用数据，人人关心数据”的良好数据氛围和健康数据文化在我行的早日形成。

深入推进反腐倡廉建设
为建设银行又好又快发展提供坚实保障
——在中国建设银行纪检监察工作会议上的报告

辛树森

（2008 年 2 月 21 日）

同志们：

这次会议的主要任务是深入贯彻党的十七大精神，以及胡锦涛总书记在中央纪委二次全会上的重要讲话和中央纪委二次全会精神，认真落实全行工作会议要求，回顾总结 2007 年全行的纪检监察工作，研究部署 2008 年的工作任务。

一、2007 年主要工作回顾

2007 年，在总行党委的正确领导下，全行纪检监察工作认真贯彻落实中央关于反腐倡廉建设的一系列重大决策部署，紧密结合建设银行实际，开拓创新、锐意进取，以加强领导人员教育和监督、深化案件查防为重点，扎实推进员工职业操守建设、违规惩戒、纪检监察信访等各项工作，取得了明显成效，有力地推动了惩治和预防腐败体系建设，促进了领导人员廉洁合规从业，实现了案件"四个大幅下降"，为建设银行深化改革、加快发展创造了良好的内部运营环境。

（一）认真开展反腐倡廉教育和监督工作，领导人员廉洁合规从业意识明显增强

各级行以反腐倡廉、遵法守规为主要内容，通过组织中心组专题学习、座谈会、宣讲会、演讲比赛、讲座、考试、参观监狱、观看警示教育片、编印和学习警示教育手册等形式多样的教育活动，营造了良好的廉洁合规从业氛围。全行党员特别是领导人员认真贯彻执行中央纪委《关于严格禁止利用职务上的便利谋取不正当利益的若干规定》，扎实开展了自查自纠活动。总行党委在强调坚决贯彻中央有关廉洁从业要求的同时，针对实践中出现的新情况，重申并补充制定了《中国建设银行领导人员廉洁合规从业八项要求》，进一步规范了领导人员从业行为。各级行继续深入推进治理商业贿赂工作，组织开展了不正当交易行为自查自纠"回头看"活动，并对基金销售、同业拆借和代理保险三项业务中可能存在的不正当竞争行为进行了专项清理和排查。总行加大了巡视监督力度，对吉林、浙江、福建、湖北、广东、重庆六个分行的领导班子进行了巡视，加强了对被巡视分行领导班子在权力运用、合规经营、内控管理、廉洁从业方面的制约和监督。各级行坚持和完善领导人员民主生活会、述职述廉、民主测评、诫勉谈话、廉洁从业报告、任期和离任责任审计、效能监察、任职及评先资格审核等多项监督制度，取得了积极效果。据统计，全年各级行谈话 10 376 人次，述职述廉 13 221人次；二级分行级以上领导人员主动上交礼金、礼品折合人民币 130 万元；共对 1 576 名领导人员进行了任期和离任责任审计。

（二）深入推进案件查防工作，案件实现"四个大幅下降"

在银监会、总行领导的高度重视和大力推动下，特别是张建国行长亲自主持召开了三次案件防控工作视频会议，各业务主管部门积极行动、有效联动，全行上下对做好案件查防工作的认识逐步提高、信心显著增强、工作力度明显加大。各级机构和有关部门以深入推进《中国建设银行案件防控及整改方案》（以下简称《方案》）实施为主线，努力发挥"三道防线"的梯次防控作用，狠抓《方案》9 大类 108 项措施的贯彻落实，着力构建了以"领导高度重视、部门各司其职、条块密切配合、全员广泛参与"为基本特征的案件查防体系。在全行的共同努力下，2007 年案件同比实现了"四个大幅下降"，降幅达到并远远超过了年初银监会和总行确定的下降 20% 的目标：案件数量18件，比上年减少37件，下降67.2%；涉案金额为1 996万元，比上年减少6 637万元，下降76.9%；百万元以上案件3件，比上年减少10件，下降76.9%；百万元以上案件金额为1 305万元，比上年减少6 151万元，下降82.5%。各级行还进一步理顺了案件管理关系，使案件管理部门职责更加清晰、合理；进一步健全了案件应急处置机制和工作流程，防止人员潜逃、防止损失扩大、防止媒体炒作的“三个防止”办案方针得到了有力贯彻；进一步强化了案件整改要求，案件重点整治行“一行一策”的全面整改机制和新发案件“一案一整改”的个案整改机制正式确立，案件整改的层次和效果明显提高；进一步提升了员工特别是前台人员识别案件风险的能力，全行共成功防范和堵截各类案件线索39件，避免或挽回经济损失5 295万元。

（三）着力加强员工从业行为管理，员工职业操守建设迈出了坚实步伐

针对案件暴露和审计发现问题中风险比较集中的员工博彩行为和风险投资行为，总行连续出台了针对性很强的“九条禁止性规定”，明令禁止员工从事与职业要求相冲突的博彩活动和风险投资活动；同时，组织全行深入开展了针对员工博彩行为和风险投资行为的专项清理和排查，及时发现和消除了一批风险隐患，有效地减少了员工挪用、侵占银行资金参与博彩活动或进行风险投资的案件发生。各级分支机构在认真做好总行统一部署的专项排查基础上，还结合实际，组织开展了其他内容的排查活动，有力地加强了对员工从业行为的监督。根据总行党委的要求，为全面规范员工从业行为，总行纪检监察部在全面吸收“九条禁止性规定”、充分借鉴海内外同业经验并广泛征求意见的基础上，制定了内容更加充实、要求更加明确的《中国建设银行员工职业操守》，系统地提出了员工从业履职的基本准则和基本要求。围绕《中国建设银行员工职业操守》，各级行认真开展了一系列宣传、教育和实践活动，扎扎实实地推进了职业操守建设。

（四）切实加大责任追究和积分管理力度，违规失职惩戒制度更加严格和完善

2007年，全行共处理违法、违纪、违规、失职人员8 976人次，其中一级分行领导级人员2人，二级分行领导级人员261人，县级支行领导级人员1 221人，网点负责级人员1 838人。在被处理的人员中，开除的66人，留用察看的41人，撤职的50人，降级的23人，辞退的46人，限期调离的11人，免职的37人。对于员工的轻微违规行为，各级行积极推行违规行为积分管理工作。2007年，全行有56%的机构发生了积分，涉及员工49 451人，累计积分145 172分。为建立更加合理、完善的违规失职惩戒制度，增强处罚制度的震慑力，总行纪检监察部会同法律事务部对《中国建设银行工作人员违规行为处理办法》、《中国建设银行领导人员问责办法》和《中国建设银行关于违规行为积分管理的暂行办法》等有关违规、失职惩戒的规章制度进行了修订和整合。目前，法律事务部牵头起草的《中国建设银行工作人员违规失职行为处理办法》和纪检监察部牵头起草的《中国建设银行轻微违规行为积分管理办法》已经面向全行征求了意见，待进一步修改完善后正式印发执行。

（五）扎实做好纪检监察信访工作，群众举报的问题得到妥善处理

2007年，全行系统共受理纪检监察类信访举报1 694件，比上年减少481件，下降22%；其中，总行受理402件，比上年减少114件，下降22%。中央纪委、银监会等上级机关转我行查报结果的10件，以及总行领导批转举报件76件，均按要求进行了及时核查或处理，在规定的时间内全部办结。对于11件内容具体、反映问题重大、线索清楚、可查性强的信访举报，总行直接组织力量进行了核查。各分行也按照“多查少转”的原则，加大了直接核查力度，核查质量有所提高。通过认真核查，全行对56名确有违规、违纪行为的人员给予了党纪、政纪处理；对202名有苗头性问题的人员进行了诫勉谈话或提醒谈话；对一些反映不实的问题在一定范围内进行了澄清，旗帜鲜明地支持和保护了一批锐意改革、严格管理的领导人员；同时，对信访核查过程中发现的一些潜藏问题或风险隐患进行了必要的提醒和反馈，使被反映单位和人员能够及时予以改进。

（六）努力构建惩治和预防腐败体系，反腐败抓源头工作取得新进展

各级行认真贯彻落实中央《建立健全教育、制度、监督并重的惩治和预防腐败体系实施纲要》和总行党委的《实施意见》，着力抓好教育、制度、监督、惩治四个环节的中心工作，使全行的经营管理水平、员工队伍素质、遵章守纪意识、员工及客户满意度、企业社会形象都有了较大幅度的提升。一是抓教育基础性工作，形成不想腐败的自律防线。2007 年，在全行开展的各种反腐倡廉教育中，县级支行行级以上领导人员作报告 4 131人次，听报告 216 205 人次；请外部人员作报告 417 场次，受教育73 614 人次；组织先进报告会 572 场次，参加听讲103 642人次；组织服刑人员现身说法 308 场次，接受教育53 900 人次。二是抓制度建设，形成不能腐败的保障防线。各级行坚持用制度管权、管事、管人，针对不同的业务岗位、品种、流程，及时修订各种规范性文件和规章制度。为了提升规章制度的可遵循性，总行组织全行对 1980 年以来的规章制度进行了全面清理，并顺利启动了业务流程操作手册项目。三是抓监督检查，形成不易腐败的约束防线。全行着力发挥业务经营部门的管理职能和纪检监察、风险管理、审计、合规等部门的监督职能，重点加强对信贷审批、人事任免、财务支出、集中采购、资产处置等领域权力运行的制约和监督。仅总行纪检监察部对集中采购事项的监督就多达 772 项，涉及金额 72.7 亿元。四是抓执规执纪，形成不敢腐败的法纪防线。通过加大惩戒和问责力度，保持了对违法、违纪、违规和失职行为的高压态势。

（七）不断加强纪检监察自身建设，纪检监察队伍履职能力有所提高

各级行进一步完善了纪检监察组织机构设置，将一批思想素质好、业务能力强、年轻肯干的同志充实到了纪检监察队伍。截至 2007 年底，全行设有纪检监察机构 416 个，配备专职纪检监察人员 1 935 人，兼职纪检监察人员 2 374 人；有 29 个一级分行推行了纪检监察派驻制度，共向基层机构派出了纪检监察特派员 1 697 人。各级行高度重视纪检监察人员的学习和培训，总行成功举办了一级分行纪检监察部总经理深港培训班，组团对美国和加拿大的四家银行进行了学习考察，选派系统 30 多名业务骨干参加了中央纪委培训班。各一级分行也举办了一系列纪检监察业务培训和转培训活动。为提高纪检监察业务的自动化处理水平和工作响应速度，更好地满足上市后内外部对纪检监察业务信息的需要，总行组织开发了纪检监察管理系统。系统从 2005 年初开始进行可行性论证，至 2007 年 7 月中旬完成开发，之后在广东和江苏两个分行进行了试运行，并在哈尔滨、常州和广州举办了三期共 297 人的集中培训，今年 1 月 28 日已在全行正式上线。

总体来看，2007 年是全行纪检监察工作深入推进、健康发展的一年，成效明显，但是，也要清醒地认识到，我们的工作离中央纪委、银监会、总行党委的要求以及全行员工的期望还有不少差距，受社会风气、经济波动等因素的影响，反腐倡廉建设的任务仍然十分艰巨。突出表现在：一是教育、制度、监督并重的惩治和预防腐败体系还不健全，一些关键领域的监督机制仍没有建立到位，少数领导人员廉洁自律意识不强，执行总行党委廉洁自律要求还不够坚决，个别领导人员道德败坏，以权谋私、权钱交易、腐化堕落等现象还时有发生，影响恶劣；二是全行基础管理和基层管理仍然比较薄弱，内控水平、执行力以及 IT 系统防控风险的能力均有待提高，特别是从内外部审计、检查发现的情况看，一些分支机构的违规问题还比较严重，潜藏着较大的案件风险隐患，加之个别机构和部门对案件查防工作认识不足、重视不够、采取措施不得力，案件面临反弹压力；三是受社会不正之风和彩票、资本市场财富投机效应的影响，员工心态不稳、职业操守失范，尤其是沉溺于博彩和高风险投资的情况还屡有发生，给我行安全运营带来了很大隐患；四是纪检监察自身建设还有待进一步加强，个别分支机构的纪检监察力量配置和少数纪检监察人员的业务素质、专业化水平还不能完全适应现代商业银行的需要。对上述问题，各级行要有清醒的认识，必须采取有力措施认真加以解决。

二、2008 年纪检监察主要工作任务

2008 年是全面落实党的十七大精神的第一年，是改革开放 30 周年和北京奥运会举办之年，同时也是国家加强宏观调控、建行加快战略转型的重要一年，深入推进今年的反腐倡廉建设任务艰巨、意义重大。全行纪检监察工作要主动适应内外部形势发展的需要，深入贯彻落实党的十七大精神，以及胡锦涛总书记在中央纪委二次全会上的重要讲话和中央纪委二次全会精神，认真落实全行工作会议要求，坚持标本兼治、综合治理、惩防并举、注重预防的方针，按照“反腐倡廉抓班子、案件查防抓基层”的总体思路，紧密结合建设银行实际，着力加强领导人员教育和监督，

着力深化案件查防工作，深入推进以完善惩治和预防腐败体系为重点的反腐倡廉建设，为建设银行实现又好又快发展提供坚实保障。

（一）认真学习贯彻党的十七大和中央纪委二次全会精神，深入推进惩治和预防腐败体系建设

党的十七大和中央纪委二次全会从党和国家事业发展全局和战略的高度，精辟地分析了当前党风建设和反腐败工作面临的形势，深刻阐述了新形势下加强反腐倡廉建设的重要性和紧迫性，明确了当前和今后一个时期加强反腐倡廉建设的指导思想、基本要求、工作原则和主要任务。全行要深入学习十七大和中央纪委二次全会精神，深刻领会十七大将反腐倡廉建设确定为党的五项基本建设任务之一的精神实质，充分认识加强反腐倡廉建设的极端重要性，切实增强责任感，在党风建设和反腐败工作上做到政治上更加坚定、思想上更加清醒、认识上更加统一、行动上更加自觉，把反腐倡廉建设放在更加突出的位置，旗帜鲜明地反对腐败，更加有效地预防腐败。

建立健全惩治和预防腐败体系在反腐倡廉建设中具有全局性、战略性的地位。各级党委要认真落实党风廉政建设责任制，把推进惩治和预防腐败体系建设作为一项重要的政治任务来抓，各级纪委要加强组织协调，抓好党风建设和反腐倡廉工作的任务分解，督促有关职能部门按照各自职责开展工作，进一步巩固和发展全行齐心合力抓反腐倡廉的局面。要认真落实中央即将颁布的《建立健全惩治和预防腐败体系 2008—2012 年工作规划》的要求，及早准备，尽快制定符合建设银行实际的工作规划，将建立健全惩治和预防腐败体系与我行改革发展同步推进，着力推进教育、制度、监督、惩处各方面的工作，努力建立比较完善的拒腐防变教育长效机制、反腐倡廉制度体系、权力运行监控机制和违规失职惩戒约束体系。

（二）扎实开展反腐倡廉教育和监督，促进领导人员廉洁从业和权力规范运行

教育在反腐倡廉建设中居于基础性地位。要突出领导人员这个重点，把反腐倡廉教育作为领导人员教育培训的一项重要内容，并融入领导人员的培养、选拔、管理、使用等各个环节之中，深入开展对领导人员的理想信念、党风党纪、廉洁从业和艰苦奋斗的教育活动，教育和引导各级领导人员讲党性、重品行、做表率，做到自重、自省、自警、自励，时刻防止权力滥用。要将反腐倡廉教育同社会公德、职业道德、家庭美德和个人品德教育有机结合起来，不断丰富教育内容、改进教育方式，综合运用正反两方面的典型和现代信息手段，增强教育的说服力和感染力，提高教育的针对性和有效性。要加强调研，认真研究推进廉洁文化建设的工作思路，将廉洁文化有机融入到企业文化建设之中，进一步营造以廉为荣、以贪为耻、风清气正的良好氛围。

进一步加强领导人员廉洁自律工作。十七届中央纪委二次全会对党政领导干部和国有企业领导人员廉洁自律工作分别提出了“五个重点”和“七个不准”的要求。根据中央纪委二次全会精神，结合建设银行实际，今年我们要重点抓好以下几个方面的工作：一是继续认真抓好中央纪委《关于严格禁止利用职务上的便利谋取不正当利益的若干规定》和总行党委印发的《中国建设银行领导人员廉洁合规从业八项要求》的贯彻执行，继续推进治理商业贿赂工作，深入治理领导人员违反规定收送现金、有价证券、支付凭证和收受干股，以及以赌博和交易等形式收受财物、利用婚丧嫁娶等事宜收钱敛财等问题，坚决查处和纠正领导人员放任、纵容配偶、子女和身边工作人员利用其职权和职务影响经商办企业，以及领导人员违规插手或以权谋私操纵信贷审批、财务收支列账、集中采购、资产处置和核销等问题。二是根据我行经营管理中存在的突出问题，重申并补充提出以下要求：(1) 严格财务管理，严禁账外经营和设立“小金库”，严禁虚列费用资金，严禁将费用资金转入员工或其关联者个人账户，严禁授意、指使、强令财会人员进行虚假财务处理；(2) 严格人力资源管理，严禁任人唯亲、选用提拔不合格干部，严禁违规自定薪酬、兼职取酬、滥发补贴和奖金；(3) 严格住房管理，严禁利用职权多占住房、长期占用公房，严禁从与我行有贷款或其他业务往来的关联企业优惠购房；(4) 严格用车管理，严禁工作变动后仍占用原单位车辆，严禁以借用等名义占用客户或下属单位及个人的车辆，严禁超标准配车和公车私用，坚决避免公车使用过程中发生恶性交通事故；(5) 严肃个人投资理财纪律，严禁贷款、集资或借用客户资金参与证券投资活动，严禁利用内幕信息进行股票交易，严禁参与或组织地下借贷，严禁以个人或家属名义经商办企业以及从事有偿中介、代理活动，严禁相互为对方及其配偶、子女和其他特定关系人从事营利性活动提供便利条件。三是密切关注中央修订《国有企业领导人员廉洁从业若干规定》的进展情况，结合党和国家的有关政策规定，着手对我行多年来出台的一系列关于规范领导人员从业的要求和规定进行整合，争取早日形成符合当前实际、统一完善、便于执行的《中国建设银行领导人员廉洁从业若干规定》。

认真落实各项制约和监督措施，重点加强对领导人员特别是主要负责人的监督，加强对人、财、物管理使用等关键岗位的监督。一是深入贯彻实施党内监督条例。严格执行民主生活会、述职述廉、民主测评、谈话和领导人员报告个人有关事项等制度，建立健全函询、质询制度，坚持经济责任审计、问责等制度，有效防止权力失控、决策失误、行为失范。二是进一步加强和改进巡视工作。党的十七大报告将巡视制度写入党章，充分体现了中央对巡视工作的肯定和重视。今年，总行将在对往年巡视工作进行全面深入总结的基础上，继续选择部分一级分行开展巡视，重点加强对领导班子特别是主要负责人的监督，促使分行领导人员本人不出现违规、违纪问题，在执行总行决策部署和依法合规经营上不出偏差，在抓管理、防风险上不失职渎职。有条件的一级分行，在报经总行同意后，可开展对二级分行的巡视试点工作。三是加强对用人、集中采购等重要事项和业务的监督。要积极配合组织人事部门做好领导人员任职考察和审核工作，加强对领导人员选拔任用全过程的监督，防止和纠正领导人员“带病提拔”、“带病上岗”的问题。要认真贯彻执行《中国建设银行纪检监察部门集中采购监督规定》，将集中采购监督纳入各级纪检监察部门的常规性工作范围，不断提高监督效果，促进集中采购合规有序进行。四是认真做好效能监察工作。各分行除按照总行统一部署，在重点抓好《方案》落实情况效能监察之外，还可结合实际，针对辖内发生的突出违规问题、员工反映强烈的热点问题、重大经营决策过程及执行效果、重大财务支出项目和经营活动的投入产出、基层机构和业务管理部门履行管理职责情况等，开展单项或综合事项的效能监察。五是认真加强民主和群众监督。坚持和完善职工代表大会、行务公开等民主管理制度，积极推行行长接待日制度，高度重视群众信访监督工作，主动征求员工和客户的意见，及时纠正各种损害群众利益的不正之风，切实维护好员工的合法权益和客户的正当利益。

（三）巩固提高案件查防成果，全面加强案件查防工作

今年是案件查防工作的巩固提高年，各级行要在去年案件查防成果的基础上，进一步推进《方案》的实施，坚持和完善综合治理、齐抓共管的查防体系，突出抓好案件多发行、管理薄弱行、风险集中部位和新发案件的整改，下大力气加强和改善基层管理，着力解决屡查屡犯的顽疾，力争保持案件逐年减少的良好态势，努力实现银监会提出的案件数量下降20%以上，百万元以上案件不得突破2007年水平的工作要求。

一是深入推进《方案》贯彻落实。今年是《方案》继续全面推进的关键之年，必须千方百计地确保各项措施落到实处。各级机构和部门负责人特别是主要负责同志要加强组织领导和协调力度，充分发挥上级特别是总行牵头主办部门的条线管理作用。各业务主管部门除了要完成本级层面的工作之外，还要发挥系统管理作用，认真履行对下指导和监督的职责，对本业务条线落实《方案》的真实性和有效性负责。在推进《方案》实施过程中，各级纪检监察部门要继续承担起总牵头的职责，发挥好总协调和总督办的作用，认真加强日常督办和跟踪，及时掌握本级牵头主办部门和下级分支行落实《方案》的进展情况；在全行范围内认真开展针对《方案》落实情况的专项效能监察，并继续将《方案》落实情况作为一项重要内容，纳入全行的合规综合大检查；认真组织《方案》实施工作的“回顾”活动，对整改措施进行重检，对整改效果进行评估，及时修订工作内容，使各项措施更为有效。

二是认真加强案件整改机制建设。要坚持和完善新发案件“一案一整改、一案一验收”的制度，进一步规范新发案件整改的流程和要求，提高整改的效率和质量，有效地遏制同类同质案件反复发生。要结合案件分布的情况和特点，联合有关业务主管部门和案发行组织召开专题剖析会和研讨会，研究制定有效对策，认真做好案件集中业务部位和环节的重点整改。要在认真总结近年来推行案件重点整治行经验的基础上，积极推行案件整改重点联系行制度，将2007年发生了较为典型案件的内蒙古自治区、青海、山西、浙江、湖北、贵州、黑龙江、福建等分行确定为案件整改重点联系行，通过密切联系、加强沟通，建立持续跟踪、快速联系、随时检查、定期督导的工作机制，确保发案机构整改到位。

三是大力推进案件快速反应机制建设。要进一步严肃报案纪律，完善案件快速报告的机制；要坚持和完善“三个防止”的办案方针，进一步优化案件应急处置机制和流程，将案件损失和影响降到最低；要推进新发案件快速整改机制建设，明确总行主管部门和案发分支机构“双线”整改要求，突出案件整改的时效性；要坚持重大案件和典型案件现场调查指导、分析研究制度，坚持案件风险提示和预警制度，充分发挥案例的教育、引导、警示功能；要提高案件查办效率，在案情基本查清、损失基本确定、涉案人处理完毕后尽快结案；要进一步加强与外部监管、公安、司法、媒体等有关方面的沟通，形成良好的互动关系，为做好案件查防工作营造良好的外部环境。

四是着力构建案件查防的长效机制。要进一步明确案件防控职责，进一步推进防范操作风险的“三道防线”建设，继续巩固和完善“领导高度重视、部门各司其职、条块密切配合、全员广泛参与”的综合治理、齐抓共管体系；要大力改善基础管理，着重推进流程银行和制度手册化建设、构建 IT 系统有效预警和控制风险的技术屏障、优化基层机构监督力量配置、大力提升监督检查效能和制度执行力，着重抓好与案件查防密切相关的“六项关键制度”的落实，提高基础业务操作的规范化水平，增强基层机构防范操作风险的意识与能力；要以案件暴露出的问题为主，同时认真收集、整理近年来内外部审计、检查发现的问题，研究建立全行性的“问题库”，并由总分支行联动，逐一对问题进行深入剖析和认真整改，真正形成问题推动的持续整改机制，解决屡查屡犯问题；要贯彻落实银监会的要求，完善案件问责机制，加大追究案件尤其是百万元、千万元以上案件中违规失职领导人员责任的力度。对于百万元以上案件，二级分支行领导和一级分行主管部门领导应当承担责任；对于千万元以上案件，除二级分支行领导和一级分行主管部门领导要承担责任之外，省分行领导也应当承担责任，总行主管部门管理失职的，也应当承担责任。要抓紧研究制定《中国建设银行案件管理办法》，进一步规范多部门参与、总分行联动的案件查防工作流程，将有关案件查防的好的工作机制正式确立并固定下来。

（四）扎实推进员工职业操守建设，加强员工从业行为管理

员工职业操守建设和从业行为管理是关乎全行每一个员工的一件大事，对提升全行员工的整体素质、打造一支有战斗力的员工队伍、树立和保持建设银行良好的上市公司形象、从源头上预防案件和道德风险具有十分重要的意义。要把《员工职业操守》作为新员工入行培训的基本教材，作为全行管理人员任前、任中培训和员工岗前培训的必要内容，认真开展职业操守专题教育活动，将学习培训覆盖到所有员工。各级领导人员要做良好职业操守的积极实践者，增强责任意识，严格自律；要自觉接受广大员工的监督，用自己的模范言行赢得广大员工的信任和支持。要将员工行为排查作为员工从业行为管理的重要手段，以总行统一开发的员工行为排查系统为平台，坚持集中排查与日常排查相结合，将职业操守的相关规定列入员工行为排查内容，重点加大对员工博彩行为和风险投资行为的专项排查和清理力度，切实提高对各种风险的识别、评估、监测和处置能力，增强排查的有效性，从源头上消除容易诱发案件的不稳定因素。

（五）严格执规执纪，全面加强违规惩戒、积分管理工作

要加快修订、整合现行违规失职惩戒规章制度的步伐，合理地设计违规惩戒条款，科学设定处理档次，争取早日通过并实施新修订的《中国建设银行工作人员违规失职行为处理办法》和《中国建设银行轻微违规行为积分管理办法》，尽快形成统一、科学、有力的违规失职惩戒规范体系。新办法通过后，要加强学习和宣传，并及时出台《中国建设银行工作人员违规失职行为处理操作规程》等配套规章，确保新办法得到有效实施。同时，要尽快修订和完善《中共中国建设银行党纪处理操作规程》，建立统一、严密的党纪处分流程。要逐步提高案件和重大违规问题责任处理的审理层级，明确对案件责任人的处理一律要经过总行核准；对涉及资金亿元以上且性质严重的重大违规问题的责任人处理，也要经过总行核准。要深入推进积分管理工作，加强对积分管理办法的学习宣传，提高各级领导和全行员工对积分管理工作的认识，转变积分管理仅仅是一种惩戒方式的观念，认识到积分管理对促进业务管理的积极作用；要加强积分管理工作监督检查，对下级分支机构积分管理工作开展情况，及时组织检查和调研；要督促各级机构合理安排好2008年的检查计划，平衡前台、中台、后台检查频率，扩大积分的覆盖面，推动积分管理工作平衡发展。

（六）认真做好纪检监察信访工作，努力提高信访举报核查质量

要加大对群众信访举报的直接核查力度，对于上级机关批转和总行领导有专门批示，以及署名真实、线索清楚、内容具体、反映问题突出的信访举报件，总行和一级分行要按照“多查少转”的原则，直接组织力量进行核查；对一些可能给建设银行造成负面影响的问题要建立快速查处机制，并通过适当的方式及时反馈和澄清。要加强对下级信访核查工作的事中、事后监督，切实推进信访督办工作。各级行要按照总行对信访举报督办工作的要求，积极组织对下级行信访举报工作的督办和调研，加强对下级查办信访举报件的跟踪，加大对下级上报核查报告的审核力度，切实提高核查报告的质量。要认真做好网上举报系统的维护管理，密切关注网上举报系统的使用情况，做好网上举报信息的收集、分析和核查，规范网上举报工作流程。要加强对信访工作的教育引导，既要教育引导领导人员正确对待信访举报，欢迎和自觉接受群众监督，严肃处理对举报人打击报复的行为，又要教育引导员工正确行使信访权利，提倡和鼓励署名举报。对署名举报的，要为举报人保密，并将核查结果以适当方式向举报人反馈，对署名举报的有功人员要给予奖励。

三、进一步加强纪检监察自身建设

面对建设银行改革与发展的新形势，以及日益繁重复杂的工作任务，纪检监察部门和人员要按照“政治坚定、公正清廉、纪律严明、业务精通、作风优良”的要求，始终保持旺盛的事业心和工作热情，不断加强自身建设，练好“内功”。

（一）创新纪检监察工作理念和思路，不断提升纪检监察工作的价值和贡献度

完成股份制改造和境内外上市后，建设银行在股权结构、公司治理、组织架构、战略愿景、业务发展、基础管理、员工身份、企业文化、经营环境等方面都出现了明显变化，社会监督明显加强，全行纪检监察工作面临着许多新情况、新问题、新挑战。我们只有不断适应新形势、新任务的要求，积极探索纪检监察工作的新理念、新思路和新方法，在继承中发展、在发展中创新，才能在建设银行改革发展中发挥更大的作用，才能不断提升纪检监察工作的价值和贡献度，也才能保证做到纪检监察工作不削弱、纪检监察的地位和力量不削弱。为此，全行纪检监察人员要不断更新工作理念，积极树立起“监察融入业务”、“监察保障健康”、“监察促进发展”、“监察创造价值”的意识，进一步增强做好工作的使命感、责任感和荣誉感，持续保障业务健康发展，持续保护员工健康成长。要勇于创新工作思路，认真总结过去好的做法，继续加大探索力度，进一步深化并努力推进“六个延伸”：由对领导人员廉洁从业的监督，向对权力运行过程的监督延伸，以促进正确决策和减少腐败行为；由对领导人员的关注，向对全行员工的关注延伸，不断加强员工职业操守建设和从业行为监督管理；由对案件的事后查处，向对案件的事前、事中主动防控延伸，努力将案件风险消除于“始发”甚至“未发”状态；由对员工违法、违纪案件的查处，向对重大违规操作事件的查处延伸，逐步构建覆盖严密的员工违法、违纪、违规、失职行为的查处体系；由对员工行为的排查，向对员工行为和业务风险点“双排查”延伸，把对人的监督和对事的监督结合起来；由对境内机构及人员的监督，向对海外机构及人员的监督延伸，主动适应建设银行海外业务不断发展的新形势。

（二）加强纪检监察组织建设，管好用好纪检监察队伍

一是加强纪检监察组织建设。要认真落实中央纪委“三个加强”（纪检监察机构加强、纪检监察力量加强、纪检监察工作加强）和总行党委“两个不削弱”（党风建设和反腐败工作不削弱、纪检监察的地位和力量不削弱）的要求，进一步健全纪检监察组织机构，确保有党委的机构必须设立纪委和纪检监察部门，未设党委的分支机构由上级行派驻纪检监察特派员，或在上级行设置专门的纪检监察监督团队进行巡察。要积极适应全行组织架构由层级制向矩阵式、单元制逐步过渡的变化趋势，认真探索对垂直管理条线加强纪检监察监督的有效方式和途径，不断完善纪检监察监督体制，避免出现监督真空。二是进一步加强纪检监察系统的“双重领导”。各级党委要加强对纪检监察工作的指导，经常听取纪委和纪检监察部门的工作汇报，旗帜鲜明地支持纪委和纪检监察部门行使职权，为纪委和纪检监察部门履行职责创造有利条件。上级纪委、纪检监察部门也要加大对下级纪委、纪检监察部门的领导力度和业务指导力度。为强化上级纪委的领导，当前的重点是：实行一级分行、二级分行纪委书记交流任职制度，不仅新任命的纪委书记要异地任职，而且任职时间较长的纪委书记也要逐步进行异地交流。下级党委提名推荐纪委书记时，应当事先与上级纪委充分沟通；对纪委副书记的任命和调整，必须报经上级纪委同意；纪委书记特别是兼任有其他职务的纪委书记，应当将主要精力放到履行纪检监察职责上来，避免分管与纪委书记职责相冲突的业务。各级行纪委书记和纪检监察部负责人要增强系统管理的观念，服从上级行纪委和纪检监察部门的领导和安排，认真完成上级行纪委和纪检监察部门布置的工作任务，定期或不定期地向上级行纪委和纪检监察部门汇报工作，重大问题要及时报告。三是进一步加强基层机构纪检监察特派员队伍建设。要按照总行即将出台的基层机构监督力量整合方案，合理配置和充实基层机构监督力量。对于那些已经单独派驻纪检监察特派员的基层机构，各分行要加大管理力度，进一步发挥好纪检监察特派员的作用；对于那些尚未单独派驻纪检监察特派员但业务规模较大、人员和网点数量较多以及内控管理比较薄弱的基层机构，应当单独派驻纪检监察特派员；对于那些可以不单独派驻纪检监察特派员的基层机构，应当按照总行方案要求，合理确定基层机构监督力量整合的方式。纪检监察特派员作为由上级行派出的监督人员，应当认真履行对被派驻机构违法、违纪、违规、失职行为的综合监督职责，特别要加强对基层机构负责人和重要业务岗位员工从业行为的监督，对其在工作表现、经济往来、家庭状况、社会交往等方面的异常现象及时予以掌握和排查。

（三）加强纪检监察人员的思想作风及业务能力建设，努力培育一支开拓进取、奋发有为的纪检监察队伍

一是认真加强思想政治建设。要紧密联系纪检监察工作实际，自觉加强党的基本理论、方针、政策的学习，在思想上、政治上、行动上与党中央保持高度一致，做党的忠诚卫士和群众的贴心人。要加强党规、党纪教育，以更高的标准、更严的纪律要求自己，筑牢拒腐防变的思想道德防线，努力成为加强学习的模范、真抓实干的模范、严于律己的模范。二是认真加强作风建设。纪检监察人员要敢于同各种腐败现象作斗争，切实维护党的先进性和纯洁性；要严守纪律，讲党性、讲原则，扶正祛邪、惩恶扬善，切实维护公平与正义；要大力弘扬党的优良传统和作风，艰苦奋斗、勤俭节约、谦虚谨慎、廉洁从业，模范遵守党纪法规，自觉接受党组织和广大员工的监督。三是认真加强业务能力培训和学习。今年，总行将组织筹办一级分行纪委书记专题研讨会、一级分行纪检监察部负责人及业务骨干培训班、纪检监察特派员培训班，将加强与中央纪委培训中心的合作，对一级分行业务骨干和二级分行纪委书记进行轮训。各分行也要大力加强对纪检监察人员的培训力度，组织好各种培训和转培训。今后，对于新任的纪委书记和纪检监察部总经理，所在行和上级行都要安排他们履职培训，为他们尽快适应新岗位工作创造条件。各级纪检监察人员要自觉加强纪检监察专业知识和金融、财经、法律、现代科学等方面知识的学习，了解现代商业银行业务、改善知识结构、加强实践锻炼、拓宽工作视野、增强工作本领，不断提高纪检监察工作的专业水平。要继续坚持纪委书记和纪检监察部总经理向上级行纪委和纪检监察部门述职和每年至少报送1篇调研报告的制度。四是认真加强纪检监察管理系统的学习应用和维护管理。要加强系统的学习和培训，尽快适应新的工作模式和工作流程，力争早日熟练掌握系统的操作和使用；要认真做好系统的维护和管理，保证系统安全、平稳运行；要对系统使用过程中暴露出的问题进行收集、鉴别和整理，为下一步系统后续优化、升级做好充分准备。

同志们，2007年纪检监察工作取得了良好成绩，今年的工作任务将更为艰巨，让我们再接再厉，继续发扬求真务实、开拓创新的精神，坚定信心、埋头苦干，不断开创纪检监察工作的新局面，为建设银行实现又好又快发展提供坚实的保障。

用科学发展观统领全行反腐倡廉建设和纪检监察工作

——在中国建设银行纪委书记培训班上的讲话

辛树森

一、如何正确认识和把握科学发展观、反腐倡廉建设及其两者之间的内在联系

（一）科学发展观的内涵

经过前一段时间的学习，相信大家对科学发展观的内涵已有所掌握，这里跟大家再简要梳理一下。

科学发展观是党的十七大的重大历史贡献。十七大报告把科学发展观放在了突出位置，对科学发展观的历史地位进行了明确定位，即科学发展观是对党的三代领导集体关于发展的重要思想的继承和发展，是马克思主义关于发展的世界观和方法论的集中体现，是同马克思列宁主义、毛泽东思想、邓小平理论和“三个代表”重要思想既一脉相承又与时俱进的科学理论，是我国经济社会发展的重要指导方针，是发展中国特色社会主义必须坚持和贯彻的重大战略思想。对于我们把握发展规律、创新发展理念、转变发展方式、破解发展难题，努力实现科学发展、和谐发展、和平发展具有长远的指导意义。

1. 科学内涵。胡锦涛同志把它概括为四个基本观点：第一要义是发展，核心是以人为本，基本要求是全面协调可持续，根本的方法是统筹兼顾。现在把这四个基本观点作个解释。第一个观点，第一要义是发展，讲的是科学发展观的本旨。也许有人讲，以前我们提以经济建设为中心，现在讲科学发展，是不是科学发展将否定经济建设为中心呢？当然不是，经济建设为中心也好、科学发展也好，其第一要义都是发展，发展是实质，科学发展是鼓励发展的，而不是否定发展的。第二个观点，核心是以人为本，核心是指科学发展观和别的发展观能够区别开来的东西，科学发展观强调以人为本，而其他发展观则没有。第三个观点，基本要求是全面协调可持续，全面，是指经济、政治、文化、社会四个面；协调，是指城乡、区域、经济社会、人与自然、对内对外五个协调；可持续，是指经济、社会和自然三位一体，和谐发展，结果是可持续。第四个观点，根本方法是统筹兼顾，就是城乡、区域、经济社会、人与自然、对内对外五个统筹。科学内涵里的四个基本观点是一个整体，从抽象到具体，再到抽象，然后再到具体这样排出四个观点来，形成了科学发展观的体系。

2. 精神实质。科学发展观的精神实质，就是经济社会的发展要又好又快地发展。科学发展观是用来指导发展的，发展是硬道理，发展是第一要务，离开发展就无所谓发展观。发展首先要抓好经济发展，坚持以经济建设为中心，用发展的办法解决前进中的问题，这是我们党领导人民建设中国特色社会主义的一条基本经验。我们必须始终坚持聚精会神搞建设，一心一意谋发展。20世纪头20年，对我国来说，是一个必须紧紧抓住并且可以大有作为的重要战略机遇期。我们必须十分珍惜和切实用好这一重要战略机遇期，集中力量，加快发展。要实现这个目标，发展要有新思路，必须更好地把握和运用现代化建设规律。科学发展观的根本着眼点，就在于用新的发展思路实现更快更好地发展。

3. 总体要求。深刻领会贯彻落实科学发展观的总体要求。党的十七大报告把它概括为四个方面的基本要求：第一个要求是坚持一个中心、两个基本点的党的基本路线，这是为深入贯彻落实科学发展观提供政治保证；第二个要求是构建社会主义和谐社会，这是为深入贯彻落实科学发展观提供社会保证；第三个要求是深化改革开放，这是为深入贯彻落实科学发展观提供动力保证；第四个要求是加强和推进党的建设，这是为深入

贯彻落实科学发展观提供组织保证。这四个方面的基本要求是从全党全国的大局提出的总体要求，是深入贯彻落实科学发展观的一个完整的保证体系。通过这四大保证组成一个体系来保证科学发展观的深入贯彻落实。这是总体要求。

（二）全面科学地认识腐败、反腐倡廉建设和纪检监察工作

1. 从历史的角度看腐败与反腐败。从社会学的理论来看，腐败是阶级社会的产物，是一种消极的社会历史现象。自有文字以来，中国的历史都记载下了贪污腐败的劣迹，正如著名学者王亚南所说："中国一部二十四史从某种程度去看就是一部贪污史！"尤其在中国古代长达两千年的封建社会里，专制主义的政治体制不可避免地成为腐败的根源，"权集一身"的皇帝成为中国社会的最高统治者，也是官僚集团的总代表。由于缺乏体制上的约束，必然导致皇帝个人的私欲纵横、恣意挥霍，如东汉末年的汉桓帝不能兴家业，内库没有多少余钱，就靠卖官聚钱作为私藏，大量聚敛钱财，还专门建造了一个"万金堂"用来存放。无独有偶，一千四百年后的明神宗也是爱钱胜过爱民的皇帝，他吸民之脊血，内库金银堆积如山。"上梁不正下梁歪"，皇帝利用政治权力攫取经济利益，为其服务的各级官吏也同样要分一瓢羹，这样很自然地形成各级官吏疯狂敛财、贪赃枉法。"三年清知府，十万雪花银"即是剥削阶级统治下贪官污吏的真实写照。贪污腐败如蚁噬柱，侵蚀着中国古代王朝的统治。纵观各个朝代的更迭，每个封建王朝后期的衰落，总是与当时的政治黑暗、社会腐败、民不聊生分不开的。因此，历代统治者为维护政权，于是把贪污腐败犯罪视为动摇其政权的大敌，并在肃清腐败、修明内政方面采取了一些尝试，采取了一些措施。

一是创立严刑峻法、重典治吏。选择严刑峻法，针对腐败的滋生和蔓延，以暴治暴，尤其从我国历代封建王朝制定对官吏惩处的法律上看，都体现了以儆效尤的思想。秦王朝的《秦律》、汉代的《汉律》、宋代的《职制》、清代的《大清律例》均从不同侧面规定了对贪污腐败的惩处措施，逐步完善了惩治腐败的法律。

二是制定各种制度反腐败。第一，构建监察制度，加强廉政监督。逐步形成了我国古代以皇帝制度为核心，御史监察制度为主干，谏官制度和举报制度为补充的监督体系。第二，厚禄养廉制度。历代统治者为满足官员的需要，防患于未然，力图达到澄清吏治的目的，采取提高官吏俸禄的方法。如北魏孝文帝颁布"俸禄制"、雍正实行"养廉银"，都在一定程度上遏制了腐败犯罪。第三，封赐制度。统治者往往采取树立廉吏，给予其特殊封号及奖赏的方式，为百官树立典范力求达到激励鞭策官员的目的。历史上著名的清官包拯、海瑞死后，皇帝均又谥（shi）又彰，包拯被赐谥"孝肃"、追赠礼部尚书官号，海瑞被赐谥为"忠丘"；清代的康熙也曾谥于成龙为"天下廉吏第一"。第四，形成了一些奖廉惩贪为主的考课制度。如晋代实行"公廉"；唐代对流内官实行"四善二十七最"的考课；两宋则以"清谨"、"廉恪"为考课标准。第五，有些朝代还建立了回避制度、轮换制度和禁止官吏经商的制度，对防止官吏结党营私、徇私枉法起到了一定的预先防范作用。

三是道德教化。法律上惩治腐败与道德教化、倡导廉洁是两种刚柔兼具的利器，很多聪明的统治者往往将其把持在手中兼而用之。早在西周初期周公就提出了"明得慎罚"思想。孔子把"欲而不贪"作为从政的五种美德之一，强调官吏一要知廉耻，"道之以德，齐之以礼，有耻且格"，为官者讲廉耻就会规规矩矩，不阿上、不欺下、不枉法、不贪赃，促使社会风气淳化；二要道德践行，修身正己，孔子提出"修己以敬"，认为只有修己才能"安人""安百姓"。唐太宗有云"廉俭兴邦"。清代康熙提出"治国莫要于惩贪"。还有如"其身正，无令而行；其身不正，虽令不从。公则生明，廉则生威"。这些反腐倡廉的思想在不同的历史时期，一定程度上鞭策了官员的言行，遏制了腐败的滋生，缓解了阶级矛盾和对抗。

腐败是人类社会一定发展阶段带有普遍性的历史现象。进入近代社会以来，腐败常与市场经济伴生，更与公共权力结合。尽管世界各国社会制度和文化背景存在差异，但都不同程度地遭遇到腐败问题的困扰。西方发达国家建立和完善市场经济体制一般都经历了上百年或者更长的时间，其发展过程中都出现过腐败严重甚至猖獗的情况。20 世纪 80 年代的澳大利亚曾被称为"贪婪的 80 年代"。从 19 世纪 40 年代，英国和美国先后进入了绵延半个多世纪的腐败高发期。进入 21 世纪以来，虽然各国都在继续探索治理腐败的有效措施，但没有哪个国家能够在反腐败问题上高枕无忧。

从世界范围看，近现代发达国家的反腐败措施主要有：实行政务公开。早在1776年瑞典就开放了政府记录，供民众查询；美国制定了《情报自由法》、《联邦行政程序法》等，1976年通过的《阳光下政府法》规定，联邦政府的50个机构和委员会的会议必须公开举行。舆论监督。通过相对独立的新闻报道、转播、调查、评论等，发挥舆论监督的作用。建立弹劾制度。现代国家反腐败无禁区，通过落实弹劾制度、责任追究制度等，即使贵为总统也免不了尴尬甚至下台的命运。规范政党筹款制度。美国规定，个人向候选人捐款一次不得超过1 000美元，一年不得超过2.5万美元；候选人收到的捐款只要超过200美元，就必须公布捐款者的姓名、住址、职业、捐款日期和数额；候选人的开支超过200美元的，也必须公布。实行政务官与事务官分开的现代公务员制度。通过克服早年的恩赐官职制、政党分肥制的弊端（政党分肥制是19世纪二三十年代以后在美国兴起的一种按照党派关系分配政府职务的制度），逐步发展为如今的占职位少数的政务官由党派轮流担任、占职位多数的事务官由考试录用的制度，有力地遏制了官员的结党营私。实行财产申报与公开制度。早在1766年，瑞典公民就有权查阅官员直到首相的财产与纳税状况；美国规定，行政官员、议会议员、法官等15 000名官员的财产必须公布；韩国从1993年开始开展“阳光运动”，政府高官必须向社会公布财产。进行反腐败立法。现代国家主要有预防性的廉政规范立法与惩治性的反腐立法，前者如美国有《从政道德法》，英国有《荣誉法典》、《防腐败法》等；后者如美国有《反海外贿赂法》，德国有《利益法》、《回扣法》等。此外，还有司法监督、议会监督、审计监督等制度。这里简要提一下美国《反海外贿赂法》，该法于1977年制定，1988年修订，这部法律惩罚的对象是为了获得或者保持生意，而向外国政府官员、政治家或者供职于外国政府控制的机构中的人员行贿的美国公司或者个人，并对在美国上市公司的财会制度作出了相关规定。该法对个人的惩罚措施为10万美元的罚款和五年监禁；对公司则是最高200万美元的罚金。该法的制定更多的是出于一种公平市场竞争观念，目前，联合国、美洲国家发展组织等国际组织也将此种反贿赂和公平竞争的理念付诸实践，越来越多的国家赞成在跨国商业竞争中不应采取贿赂作为赢得合同的手段，这种商业规则得到了越来越普遍的运用。

从世界范围内谈反腐败，就不得不谈香港廉政公署，它以致力于打击贪污而闻名全球。香港廉政公署成立于1974年2月15日，其工作主要分为3个部分，即调查、预防和教育，分别由3个专责部门负责，即执行处、防止贪污处和社区关系处。香港廉政公署在反腐机制和运作方面主要有如下几个显著的特点：一是香港廉政公署直接隶属于最高行政首长，独立行使其职权。香港廉政公署是根据《廉政公署条例》而成立的，并不隶属于政府公务员架构，根据《基本法》，香港廉政公署全权独立处理香港一切反贪污的工作。其虽有预算的编列，但却与一般政府机关不同。二是香港廉政公署有广泛的调查权力，可以调阅任何资料、处置财产、搜索扣押权。三是廉政专员的地位特殊。廉政专员是香港廉政公署的最高首长，由香港最高行政长官自行委任，负责指挥香港廉政公署，并有权发布优于法律的命令、制定肃贪政策。四是监督有力。由于廉政公署位高权重，因而香港设计了几种重要的监督方式，除成立四大委员会（贪污问题咨询委员会、审查贪污举报咨询委员会、防止贪污咨询委员会、小区关系市民咨询委员会）外，还成立了投诉机构，负责处理市民投诉香港廉政公署滥权事宜。这些委员会及投诉机关均独立于香港廉政公署之外，甚至拥有香港廉政公署的预算决定权，监督权力非常大。

面对世界范围内日益严重的腐败问题，反腐败的国际合作也显得日益迫切。2000年12月4日，第55届联合国大会提出设立特设委员会，起草一份预防和打击腐败的综合性国际法律文件。在完成一系列的准备工作后，2002年2月至2003年10月，包括中国在内的107个国家及28个国际组织和非政府组织代表在维也纳就《联合国反腐败公约》（以下简称《公约》）前后进行了7轮谈判，终于完成了《公约》的起草工作。《公约》于2005年12月14日正式生效。2003年12月10日，外交部副部长张业遂代表我国政府签署了《公约》。目前已有140多个国家签署了这项《公约》。

《公约》确立了反腐败的五个机制。第一是预防机制。第二是刑事定罪和执法机制。第三是国际合作机制。公约规定，缔约国应当就打击公约规定的犯罪进行国际合作，包括引渡、司法协助、执法合作等。第四是资产追回机制。《公约》规定，缔约国应当对外流腐败资产的追回提供合作与协助，包括预防和监测犯罪所得的转移、直接追回财产、通过国际合作追回财产、资产的返还和处置等。这是本《公约》最引人关注的焦点之一。第五是履约监督机制。《公约》规定，设立缔约国会议，负责监督《公约》的实施。此外，《公约》还规定缔约国应当通过技术援助和信息交流来便利《公约》的实施等。

我国加入《公约》，对于我们建立健全惩治和预防腐败体系具有重要促进作用；为解决我国查办涉外案件中的“调查取证难、人员引渡难、资金返还难”提供了国际合作依据。早在 2001 年 1 月，新华社就曾报道，根据不完全统计，中国有超过 4 000 名贪污、贿赂犯罪嫌疑人携带 50 多亿元公款逃到国外，其中绝大多数是贪官。此前，我国追捕、惩治外逃腐败分子的一个重要渠道是借助于国际刑警组织。然而，由于种种原因，我国追捕外逃贪官面临很多不利因素。在很多时候，尽管我国司法机关侦查到了贪官外逃的大致情况，但出逃者到底躲藏在哪里、现在状况如何等，都很难搞清楚，因此，提请国际刑警组织协助缉拿难度非常大。此外，引渡外逃贪官也是一大难题，因为那时只有少数国家与我国签订了双边引渡条约，被外逃犯罪分子视为“最佳避难所”的发达国家，多数没有与我国签订引渡协议。一些西方国家打着“保护人权和司法独立”的旗号，向一些犯罪分子提供所谓的“难民”身份、政治避难或居留权，使相当多的外逃罪犯逍遥法外。《公约》专章规范了反腐败的国际合作内容和方式，包括司法协助、引渡、被判刑人的移管、刑事诉讼的移交、执法合作、联合侦查和特殊侦查手段等条款；同时还创设了腐败犯罪所得资产追回（即涉外追赃）程序制度。这对我国追捕外逃贪官、开展涉外追赃提供了极为重要的法律依据。

2. 我国纪检监察的历史沿革。纪检监察，顾名思义，它有两个概念、两项职能。一是纪检，它是中国共产党的纪律检查职能；二是监察，它是国家行政系统（政府）中的专业监督职能。

先说监察的历史。在中国，秦始皇统一中国后，为了维护和巩固其政权，就在全国范围内建立了上面提到的御史制度，创建了监察机关，至今延续了两千多年。秦朝的中央监察机关是御史府，其长官为御史大夫。西汉的中央监察机关被称为御史大夫寺。东汉时期，御史大夫寺扩大为御史台，魏晋南北朝、隋唐宋元等朝代一直沿用这一称谓。明朝把御史台改为都察院，清朝沿用。到了民国，孙中山主张五权宪政：立法权、行政权、司法权、考试权和监察权，均设置了专门机构，单独行使、互相制衡。孙中山的主张后来被国民党政权确立下来。新中国成立后，建立了独立的、专门的行政监察体制，各级人民政府设置了人民监察委员会。1954 年，人民监察委员会改为监督部，1959 年，由于各种原因，撤销了行政监察机关。一直到 1986 年 12 月，第六届全国人民代表大会常委会第 18 次会议决定设立中华人民共和国监察部。1993 年，中纪委、监察部合署办公。

再说纪检的历史。1921 年 7 月，党的一大就制定了党的纪律。1922 年党的二大通过的《中国共产党章程》单列了“纪律”一章，提出了政治纪律、组织纪律和保密纪律的基本要求，以后的历次党章都包含了党的纪律的内容。1927 年，党的五大通过了《中共第五次修正章程议决案》，提出：“在全国代表大会及省代表大会，选举中央及省监察委员会”。这是我党历史上建立的第一个纪律检查机关，主席由我党早期领导人王荷波担任。1949 年 11 月 9 日，中共中央作出了《关于成立中央及各级纪律检查委员会的决定》，中央纪委书记由开国元勋朱德担任。1955 年，中央纪律检查委员会更名为中央监察委员会，书记由德高望重的董必武担任。“文革”期间，党的各级组织包括党的纪律检查机关陷入瘫痪。党的十一届三中全会后，恢复成立了中央纪律检查委员会，陈云任第一书记，邓颖超任第二书记，胡耀邦任第三书记。1993 年，中纪委、监察部合署办公。

建设银行纪检监察历史沿革。1984 年，建设银行纪检机构建立，当时叫党组纪检组。由于党的关系在地方，因而全行各级纪检机构实行了本行党组和地方纪委双重领导的体制。1987 年，中央决定建立国家行政监察机构，建设银行据此成立监察室。那时虽然中央纪委和监察部是分开的，但在建设银行系统是合署办公的。当时建设银行党组决定建设银行系统“暂先实行纪检和监察部门合署办公，待上级纪检和监察部门有新的规定之后再行分设”。1993 年，党中央和国务院决定，党的纪律检查机关与行政监察机关实行合署办公，实行一套工作机构、两个机关名称，履行两种职能的体制。根据这一决定，建设银行保持了监察与纪检合署办公的体制，这种合署办公的体制一直延续到今天。1998 年 5 月，根据中央要求，建设银行成立了党委，同时成立党的纪律检查委员会，凡设立了党委的各分支机构，都同时设立党的纪律检查委员会，由本级党委和上级纪委双重领导。

3. 反腐败工作的极端重要性和历史地位。古人早已清楚地认识到，贪污腐败可以导致亡国，也会累及身家性命。正如《贞观政要》中所言，“为主贪，必丧其国；为臣贪，必亡其身。”纵观历史，贪污腐败虽有时为最高统治者所容忍甚至纵容，但从整体上看，历代统治者为了维护其统治，都要从制度上对贪污腐败进行规范和遏制。从前面的介绍中我们可以清楚地看到：不仅中国如此，外国也是一样；不论是封建君主社会，还是近现代资本主义社会，执政者都是把治理和预防腐败作为巩固其统治和执政地位的重要措施和手段。

我们党成立以后，历来就十分重视反腐败工作，并在长期的革命、建设和改革实践中，形成了一套完整的理论体系。

革命战争时期。党的中心任务是领导人民推翻“三座大山”，实现民族解放和人民当家做主。以毛泽东同志为核心的第一代领导集体，从党所处的历史地位和肩负的神圣使命出发，把统一战线、武装斗争和党的建设作为中国革命的三大法宝，注重思想作风建设是这一时期我党的反腐倡廉的显著特点。1942 年我们党开展整风运动，提出“反对主观主义以整顿学风，反对宗派主义以整顿党风，反对党八股以整顿文风”，是一次深刻的马列主义的思想教育运动。经过延安整风，全党形成了理论联系实际、密切联系群众以及批评与自我批评的作风。这一时期另外的一个特点就是强调严明的纪律。早在井冈山时期，毛泽东同志制定的“三大纪律八项注意”就成为全党全军必须遵守的铁的纪律。坚决维护和严格遵守党的纪律也成为党在各个时期反腐倡廉的基本要求。

新中国成立初期。新中国成立前后，党面临执掌全国政权、恢复国民经济的历史任务。围绕巩固新生的人民政权、加强与人民群众血肉联系的问题，我们党把廉洁从政作为党的建设特别是党的作风建设的重要内容，对执政后如何拒腐防变进行了探索。毛泽东同志多次指出，因为胜利，党内的骄傲情绪以及其他各种错误情绪可能生长。他要求高级干部学习《甲申三百年祭》，告诫全党不要当李自成，不要重犯胜利时骄傲的错误，要警惕敌人“糖衣炮弹”的攻击，务必保持谦虚谨慎、不骄不躁的作风，务必保持艰苦奋斗的作风等。这些论述丰富了党的反腐倡廉理论。新中国成立初期，我们党开展了反贪污、反浪费、反官僚主义的“三反”运动和整党整风运动，党的八大要求全党继承党的优良传统和作风。后来尽管我们在工作中发生过严重的失误，但由于全党同志发扬党的优良作风，因而能够团结和带领全国各族人民顶住国际上反华势力的压力，战胜暂时的经济困难，保证了社会稳定和各项事业的发展。

十一届三中全会以后。国家的工作重点转移到社会主义现代化建设上来，全面实行改革开放。以邓小平同志为核心的第二代领导集体清醒地认识到，在改革开放尤其是经济体制转换的历史条件下可能出现腐败易发、多发的严峻形势，告诫全党如果失去警觉，可能要毁掉一批干部，作出了“执政党的党风问题是有关党的生死存亡的问题”这一重要论断，把加强反腐倡廉的问题及时地提到全党同志面前。邓小平同志根据新时期反腐败斗争的新情况和新特点，提出和阐明了关于党风廉政建设和反腐败的一系列重要思想，大大丰富和发展了党的反腐倡廉理论。这些重要思想主要有：紧紧围绕经济建设这个中心，把反腐败贯穿于改革开放的全过程；坚持“两手抓、两手都要硬”的方针，一手抓改革开放，一手抓惩治腐败；反腐败要靠制度、靠法制；反腐败必须依靠和发动群众，但不能搞运动；为了促进社会风气的好转，首先必须搞好党风，要从党内抓起、从高级干部抓起、从具体事件抓起；要加强思想教育，保持艰苦奋斗的传统；党要接受监督，要有专门机构铁面无私的监督检查；严格维护党的纪律；等等。邓小平同志的这些重要思想，回答了在新的历史条件下我们党如何正确开展反腐败斗争的基本问题，具有鲜明的时代特色。

以江泽民同志为核心的第三代领导集体，从

新时期如何全面加强和改进党的建设的政治高度，对社会主义市场经济条件下的党风廉政建设和反腐败问题进行了深入思考。江泽民同志提出，全党要正确认识党处于执政地位，特别是长期执政及其带来的影响这一重要问题，深刻指出反腐败关系党心、民心，民心向背决定政党、政权的兴衰存亡；要求领导干部树立正确的权力观、地位观、利益观。强调“治国必先治党，治党务必从严”，要求把从严治党的方针贯彻到党的思想、组织和作风建设等各个方面。我们党成功地开展了“讲学习、讲政治、讲正气”的“三讲”教育，创造了新时期对党员领导干部进行马克思主义教育的有效形式和宝贵经验。江泽民同志提出的“三个代表”重要思想，对于全面推进党的建设的新的伟大工程，深入开展反腐倡廉工作，保持党的队伍的先进性和纯洁性，保持党和国家的长治久安具有根本指导意义。

以胡锦涛同志为总书记的新一代领导集体，更是把反腐败提到了一个前所未有的高度。党的十六大以来，以胡锦涛同志为总书记的党中央从我国社会主义初级阶段的基本国情出发，准确把握新世纪、新阶段我国经济社会发展的阶段性特征，强调坚决惩治腐败是我们党执政能力的重要体现，有效预防腐败更是我们党执政能力的重要标志，确立了标本兼治、综合治理、惩防并举、注重预防的方针，提出建立健全惩治和预防腐败体系，这标志着我国反腐倡廉建设进入了新的发展阶段。

从十六大以来的6年间，在每年召开的中纪委全体会议上，胡锦涛同志都到会发表重要讲话，在京的中央政治局常委、政治局委员全体出席。我非常荣幸参加了这6次全会，聆听了历次总书记的重要讲话。在这里，我把总书记这6次重要讲话的精神与大家一起重温一下。

2003年2月19日，在中纪委第二次全体会议上，胡锦涛指出，当前和今后一个时期深入开展党风廉政建设和反腐败工作，必须全面贯彻十六大精神，解放思想、实事求是、与时俱进，坚持标本兼治、综合治理的方针，在继续下大气力惩处腐败的同时，加强教育、发展民主、健全法制、强化监督、创新体制，把反腐倡廉寓于各项重要政策措施之中，从源头上预防和解决腐败问题，更好地为实现全面建设小康社会的奋斗目标服务。胡锦涛还特别强调，领导干部要牢固树立正确的世界观、人生观、价值观，着力解决好权力观、地位观、利益观问题，特别是要解决好坚持立党为公、执政为民的问题。只有一心为公，立党才能立得牢；只有一心为民，执政才能执得好。关键是要坚持做到权为民所用、情为民所系、利为民所谋。

2004年1月12日，在中纪委第三次全会上，胡锦涛强调，要在全党大力弘扬求真务实精神、大兴求真务实之风。关键是要引导全党同志不断求我国社会主义初级阶段基本国情之真，务坚持长期艰苦奋斗之实；求社会主义建设规律和人类社会发展规律之真，务抓好发展这个党执政兴国的第一要务之实；求人民群众的历史地位和作用之真，务发展最广大人民根本利益之实；求共产党执政规律之真，务全面加强和改进党的建设之实。

2005年1月11日，在中纪委第五次全会上，胡锦涛强调，反腐倡廉能力是党的执政能力的重要体现，是巩固党的执政地位的重要保证。各级党委和政府都要增强忧患意识，做到居安思危，从提高党的执政能力、巩固党的执政地位的战略高度进一步认识做好反腐倡廉工作的极端重要性，始终把反腐倡廉作为一件大事来抓，始终旗帜鲜明、毫不动摇地反对腐败。胡锦涛强调，坚决惩治腐败是我们党执政能力的重要体现，有效预防腐败更是我们党执政能力的重要标志。坚持标本兼治、综合治理，惩防并举、注重预防，抓紧建立健全与社会主义市场经济体制相适应的教育、制度、监督并重的惩治和预防腐败体系，这是党中央在总结历史经验、科学判断形势基础上作出的重大战略决策，是反腐倡廉工作向纵深发展的必然要求，是在发展社会主义市场经济条件下更好地防治腐败的必由之路。

2006年1月6日，在中纪委第六次全体会议上，胡锦涛强调指出，党风廉政建设是党的建设新的伟大工程的重要组成部分，是党的执政能力建设和先进性建设的重要内容。要从党和国家事业发展的大局出发，从巩固党的执政地位、完成党的执政使命的战略高度出发，顺应广大干部群众的愿望，坚定不移地把反腐倡廉工作深入持久地开展下去，保证中国特色社会主义事业沿着正确的方向前进。

2007年1月9日，在中纪委第七次全体会议上，胡锦涛同志指出：党风廉政建设和反腐败斗争任务仍然艰巨，各级党委、政府和纪律检查机关一定要坚定不移地贯彻标本兼治、综合治理、惩防并举、注重预防的反腐倡廉战略方针，抓紧完善惩治和预防腐败体系，把反腐倡廉工作融入经济建设、政治建设、文化建设、社会建设和党的建设之中，拓展从源头上防治腐败工作领域，坚定不移地把党风廉政建设和反腐败斗争推向深入。并要求全党要全面加强思想作风、学风、工作作风、领导作风、干部生活作风建设，弘扬新风正气，抵制歪风邪气，着力解决突出问题，努力实现领导干部作风的进一步转变。在工作中，要在各级领导干部中大力倡导“八个方面”的良好风气。

2008 年 1 月 15 日，在第十七届中纪委第二次全体会议上，胡锦涛强调，当前和今后一个时期，加强反腐倡廉建设必须深入贯彻落实科学发展观，坚持标本兼治、综合治理、惩防并举、注重预防的方针，以完善惩治和预防腐败体系为重点，强化权力制约和监督，深化改革和创新体制，拓展从源头上防治腐败工作领域，努力形成拒腐防变教育长效机制、反腐倡廉制度体系、权力运行监控机制，切实提高反腐倡廉建设成效，为全面建设小康社会提供有力的政治保证。并强调“四个坚持”：坚持加强思想道德建设与加强制度建设相结合，坚持严肃查办大案要案与切实解决损害群众切身利益的问题相结合，坚持廉政建设与勤政建设相结合，坚持加强对干部的监督与发挥干部主观能动性相结合。

（三）如何把握科学发展观与反腐倡廉建设之间的内在联系

通过以上对科学发展观内涵和反腐倡廉建设的简要介绍，我们可以看出，实现科学发展的内涵十分丰富，其中本身就包含了反腐倡廉建设的内容。贯彻落实科学发展观，将从总体上解决我国发展中存在的各种矛盾和问题，为反腐倡廉建设提供基础；反腐倡廉建设的不断推进，将有力地保障科学发展观的贯彻落实。因此，两者之间存在内存、必然的联系。具体而言，我个人的体会主要有如下三个方面。

1. 反腐倡廉建设是落实科学发展、构建和谐社会的重要内容。科学发展、社会和谐是我们党不懈奋斗的目标。作为落实科学发展、构建和谐社会的组织者和领导者，中国共产党必须高度重视加强自身建设，坚定不移地反对腐败，不断提高拒腐防变能力，否则将直接影响落实科学发展、构建和谐社会工作的进程。当前，由于党内各种不正之风和腐败现象的存在，破坏了社会稳定、阻碍了社会发展、影响了社会和谐，这些不正之风和腐败现象所引发的矛盾，必须通过反腐倡廉建设来解决。实践也证明，大力开展反腐倡廉建设有利于维护社会公平正义、理顺群众情绪、消除社会不和谐因素，因此，反腐倡廉建设是落实科学发展、构建和谐社会的重要内容，是落实科学发展、促进和谐社会建设的重要组成部分。

2. 反腐倡廉建设是落实科学发展、构建和谐社会的重要途径。科学发展、社会和谐的主要表现是生产力不断发展、民主政治不断进步、先进文化得到推行，而反腐倡廉建设正是实现这些目标最重要的促进力量和有效的途径：通过优化经济发展环境，及时发现和解决影响改革发展的突出问题，促进经济持续快速健康发展；通过发展民主、强化监督，抓住易于滋生腐败的关键环节和重点部位，用制度规范权力的运行，促进社会主义政治文明建设深入推进；通过抓党风、促政风、带民风，提高党员干部的道德修养和自律意识，倡导廉荣贪耻的社会氛围，推动社会主义精神文明和先进文化建设向前发展。

3. 反腐倡廉建设是落实科学发展、构建和谐社会的重要保障。一方面，人民群众是历史的创造者，是推动落实科学发展、构建和谐社会的主体和决定力量。实现最广大人民的根本利益，密切党群关系，是落实科学发展、构建和谐社会的重要保障。只有大力开展反腐倡廉建设，严肃党的纪律特别是政治纪律，严肃惩处腐败分子，才能保持党员队伍的先进性和纯洁性，营造和谐的党群、干群关系和良好的党风、政风，也只有坚决纠正损害群众利益的不正之风，才能赢得人民群众的拥护和爱戴。另一方面，反腐倡廉建设是落实科学发展、构建和谐社会的重要保证。纪检监察机关作为党内监督的专门机关，肩负着检查党的路线、方针、政策和决议执行情况的重要职责。落实科学发展、构建和谐社会是党中央提出的两大战略思想，因此，监督检查这两大战略思想的执行情况如何必然也成为纪检监察机关的重要职责，而为改革、发展、稳定局面保驾护航，更是纪检监察机关的职责所在。充分履行职责，大力加强反腐倡廉建设，保证科学发展观的落实，促进和谐社会建设，纪检监察机关能发挥积极作用。

二、如何科学地分析判断当前反腐倡廉形势

（一）当前反腐倡廉形势

正确分析和判断反腐倡廉形势是我们确定思路、明确任务、指导工作的基础，也是统一思想认识、坚定信心形成反腐倡廉整体合力的前提。如果对形势判断不正确，必然会导致政策失误、工作失衡、方向失偏。对形势究竟应该怎么看？

党的十七大报告指出，全党同志一定要充分认识反腐败斗争的长期性、复杂性、艰巨性，把反腐倡廉建设放在更加突出的位置，旗帜鲜明地反对腐败。这是我们党在准确把握我国经济社会发展阶段性特征的基础上，对当前反腐倡廉形势得出的科学判断。

腐败是一种社会历史现象，从根本上说是剥削阶级和私有制的产物。当前，消极腐败现象仍然比较严重，有着深刻的历史背景和社会原因，对此，我们必须有一个清醒的、全面的、科学的认识和把握。改革开放30年来，特别是党的十六大以来，党风廉政建设和反腐败工作在继承中发展、在改革中创新，取得了新的明显成效。特别是在查办大案要案、深挖腐败分子、加强制度建设、强化对领导干部的监督、治理商业贿赂、纠正损害群众利益的不正之风等方面取得了重要进展。但我们同时应该看到，腐败多发于社会转型的历史阶段，这是世界各国政府面临的一个共同课题。伴随着我国经济体制深刻变革、社会结构深刻变动、利益格局深刻调整、思想观念深刻变化，反腐倡廉建设也面临许多新情况、新问题，加上工作上存在的薄弱环节，使得腐败的滋生蔓延有了可乘之机，一些地方易发、多发。这就决定了深入开展反腐败斗争必然经历一个长期的过程，面临着复杂的情况和艰巨的任务。

（二）近年来全行反腐倡廉建设和纪检监察工作的基本情况

从我们建设银行内部来看，总行党委一贯高度重视党风建设和反腐倡廉工作，特别是自总行新一届领导班子成立以来，郭树清董事长在历年纪检监察工作会议上对反腐倡廉建设的重要性作了全面、系统的阐述，指出：加强反腐倡廉建设是党中央作出的重大决策，是建设银行的一项长期任务，是建设银行实现科学发展的必然要求。加强反腐倡廉建设有助于提升建设银行的内控管理水平，有助于树立建设银行的品牌形象，有助于我们培养和造就职业金融家队伍，有助于促进建设银行的长远发展，有助于解决一些现实问题的需要。并且强调：作为上市银行，我们在反腐倡廉、防范风险方面面临着更大的压力。近年来，总行在召开董事会、全行工作座谈会、经营形势分析会、风险总监座谈会、安全稳定工作视频会等重大会议上都把反腐倡廉建设特别是案件防控工作作为一个重要内容，专门听取汇报，并就有关工作进行研究和部署。这些都反映出总行党委、总行高层对反腐倡廉建设的高度重视和对纪检监察工作的高度关注。

回顾和总结近年来我行反腐倡廉建设开展的工作，主要有以下几个方面。

1. 深入推进领导人员廉洁从业。2005年以来，总行党委根据中央的要求，每年都结合建设银行实际，根据特定时期领导人员从业行为出现的新情况，提出具体、有针对性的要求。2005年，总行党委制定了“廉洁自律六项要求”，规定上级负责人出差必须轻车简从，下级机构领导不到机场车站迎送；内部不允许送纪念品、不收受土特产；行内不搞相互宴请；公私分开，公务活动中不得掺杂私人感情和利益因素；亲友回避，不能回避的要声明并登记；严守商业秘密，不得利用内部信息为个人谋私。2006年，总行下发了《关于进一步节约从简做好内部接待工作的通知》，进一步强调召开内部各种会议不得摆放水果、鲜花、香烟等与会议无关的物品；行内各类会议不准备饭店已配备的卫生洗漱用品；到下级机构调研或检查工作，除在住宿地餐厅就餐外，应在职工食堂与员工一起用餐；等等。这些规定从最平常的事情、最细微的环节入手，通过最基本的制度设计，从源头上遏制现实存在的庸俗风气和一些腐败现象，如商业贿赂、利益输送、跑官要官、铺张浪费等。党委带头坚持公私分开、亲友回避，郭树清董事长向全行公开声明：凡是打着总行党委同志的旗号，自称是总行党委某某同志的亲属或朋友，到建设银行要求贷款、承包工程或科技项目、收购资产、推销商品或劳务等情况的，各级机构的同志一律不予受理，并及时向总行党委办公室报告。今年4月，总行党委又提出了廉洁从业八条补充规定。八条补充规定的内容非常具体，对于进一步规范各级领导人员的职务消费行为和廉洁从业行为具有很强的针对性，

得到中纪委和中央学习实践科学发展观试点办公室的高度肯定。

2. 认真落实党风廉政建设责任制。我行1999年制定下发了《中国建设银行党风廉政建设责任制实施办法》，近年来，我行在贯彻落实党风廉政建设责任制中，紧密结合金融行业特点和本行实际，不断加大工作力度，认真细化分解责任，建立完善配套制度，加大检查考核力度，严格责任追究，保证了全行党风廉政建设责任制的落实，有力地推动了反腐败工作和各项业务工作的顺利开展。根据中央对建立党风廉政建设责任制的规定和要求，结合建设银行实际，我行要求各级领导人员增强"四个意识"，即合规经营意识、廉洁从业意识、勤勉敬业意识、诚实守信意识。同时，要求各级领导人员必须担负起"四个责任"，即抓好辖内业务发展和防范风险的责任，从源头上预防和治理腐败的责任，严格管理、带好队伍的责任，解决辖内存在的突出矛盾和问题、维护稳定、保证安全的责任。各级行按照"四个责任"的要求，结合实际进一步细化和分解，落实到各级行、各部门和具体人员，逐步形成了"部门抓系统、部门对系统负责"的责任模式；业务部门实行"一岗双责"，将党风廉政建设工作同业务工作一同部署、一同检查、一同落实、一同考核，使党风廉政建设措施落实到业务第一线。各行采取领导人员层层签订党风廉政建设责任书或党风廉政建设责任状、党风廉政建设承诺书的做法，逐步形成了横向到边、纵向到底、环环相连、层层相扣的责任网络。

3. 加强对领导人员的监督管理。根据《中国共产党党内监督条例》和中纪委的要求，总行党委于2004年决定对所辖一级分行建立巡视制度。四年来，总行党委每年派出2个至3个巡视组，先后对20个分行进行了巡视，对其中5个分行的"一把手"进行了调整，占被巡视分行的25%。通过巡视，加强了对被巡视分行领导班子在权力运用、合规经营、内控管理、廉洁从业方面的制约和监督，促进了一级分行领导班子建设和业务的健康发展。针对我行的案件和违规经营风险主要发生在基层行，基层负责人涉案比例较高的情况，对基层行全面推行了纪检监察员派驻制，从体制设计上加强了对基层机构及其负责人的监督管理，目前有30个一级分行对基层机构全面或部分推行了纪检监察特派员制度，全行纪检监察特派员达到1 407人，对于强化对基层负责人的监督、防范风险和案件起到了积极的作用。为了对领导人员加强教育引导，多敲警钟，防微杜渐，2005年，总行制定了《中国建设银行规范领导人员从业行为的谈话办法》，各级党委、纪委和组织部门通过坚持对下级领导人员实施任免谈话、警戒谈话、提醒谈话、诫勉谈话，对进一步规范领导人员从业行为、加强对领导人员的监督管理起到了积极的作用。

4. 建立对领导人员的问责制度。2004年，总行制定了《中国建设银行领导人员问责办法》，不但对领导人员个人违反廉洁自律规定或发生其他违规、违纪行为要追究责任，而且对领导人员用人失察、决策失误、管理失职等造成辖内发生案件、重大违规事件、重大风险隐患、重大财物损失或严重不良影响的，都要严肃追究领导人员的责任。问责制度的建立进一步强化了对各级领导人员特别是对各级行"一把手"的硬约束，改变了以往"集体研究决策，最后无人负责"的现象。2005年有2名一级分行主要负责人和多名二级分行主要负责人因辖内案件多发，根据问责制度的规定被免职或引咎辞职，在全行乃至社会引起了很大反响，大大增强了各级领导人员的管理责任意识和勤勉敬业意识。

5. 全面加强案件查防工作，案件数量连续出现大幅下降。案件高发一直是困扰银行发展的一个痼疾。关于这方面，我想重点展开讲一讲。20世纪90年代，我行每年发生的案件都在一二百起，多时甚至达到三百多起，平均下来是天天有案件。以下是自1996年以来全行案件数据情况：

1996年373件，涉案金额63 231万元。其中，百万元以上案件42件。

1997年271件，涉案金额61 919万元。其中，百万元以上案件56件。

1998年187件，涉案金额38 384万元。其中，百万元以上案件39件。

1999年143件，涉案金额43 671万元。其中，百万元以上案件29件。

2000年100件，涉案金额22 240万元。其中，百万元以上案件15件。

2001年105件，涉案金额21 439万元。其中，百万元以上案件23件。

2002年84件，涉案金额17 106万元。其中，百万元以上案件16件。

2003 年 80 件，涉案金额 75 662 万元。其中，百万元以上案件 15 件。

2004 年 73 件，涉案金额 44 143 万元。其中，百万元以上案件 20 件。

2005 年 72 件，涉案金额 21 350 万元。其中，百万元以上案件 19 件。

2006 年 55 件，涉案金额 8 632 万元。其中，百万元以上案件 13 件。

2007 年 18 件，涉案金额 1 996 万元。其中，百万元以上案件 3 件。

2008 年 7 件（不含烟台），涉案金额 1 379 万元。其中，百万元以上案件 2 件。

近年来特别是股份制改革以后，全行将加强案件查防和内控管理放在了一个特别突出的位置，采取了一系列措施，做了大量工作。归纳起来，主要有以下几项：

一是从案件风险集中的重点部位、重要人员和突出问题入手，连续开展以“防风险、降案件”为主要目标的专项治理活动，长期保持了案件防控的高压态势。近年来，我行针对一些突出问题连续开展了不同主题的专项治理活动，例如，2000—2002 年，针对基层管理薄弱、基层机构案件高发的问题，全行连续 3 年开展了加强基层机构、网点及其负责人管理活动；2003 年，针对“十案十违章”的问题，全行开展了有章不循违章操作专项治理活动；2004 年，为了给重组改制创造良好条件，全行开展了“降不良、防案件、抓管理、促发展”攻坚战活动；2005 年，按照银监会的统一部署，扎扎实实地开展了案件专项治理活动；2006 年，开展了治理商业贿赂专项治理工作和案件专项治理“回头看”活动；2007 年以来，我们又在同业率先制定并实施了《案件防控及整改方案》三年规划，进一步将案件防控工作向纵深推进。

二是从强化监督效能入手，大力完善监督机制、监督力量配置和监督手段，形成了全面加强案件查防工作的合力。这方面的工作主要有：第一，加强了“三道防线”建设。所谓“三道防线”，指的是前台业务部门、中台风险管理部门、后台内部审计监察部门。这“三道防线”之间形成了梯次互进的关系。第二，全面推行了基层机构纪检监察员派驻制和会计主管委派制，逐步建立并推行了对公授信业务客户经理和风险经理平行作业的制度，加强了对基层机构和前台业务的风险控制。这里有一组数据：对 1998 年至 2004 年发生的案件作统计，在各类案件中，发生在基层机构和网点的占 80% 左右，基层各级负责人作案的约占 40%，基层机构负责人案件涉案金额一般在 80% 以上，有一年高达 95%。历年来涉案金额最大的都是基层机构负责人作案，而且大多是与会计科长、股长或会计主管联手作案。但 2005 年以后，这种状态出现了变化，基层机构负责人作案的比率明显下降，涉案金额也明显减少，而且基层机构负责人涉案的案件大多是受贿案件，涉案金额也都不是很大。原因有多方面，但很重要的一点是这些基层委派监督力量起作用了。第三，监督手段大大丰富。目前，我们的内控监督手段不仅有传统的岗位制衡、稽核、对账、业务检查、群众信访监督、行为排查等“人防”措施，而且通过加大科技投入，我们有了更多的高科技“技防”手段，如柜面业务检测系统、授信业务实时监控系统、集中对账系统、会计档案管理与稽核系统、柜员身份指纹认证系统、支付密码系统、电脑验印系统等。

三是从完善案件查防激励约束机制入手，先后出台了一系列震慑违法、违纪、违规失职行为的奖惩制度，进一步夯实了不敢作案的有效防线。在激励机制方面，总行制定了《关于工作人员堵截、检举和抵制违规违纪及违法犯罪行为的奖励办法》；在约束机制方面，我们不仅率先在金融业中出台了针对各种违规行为进行处罚的“法典”——《中国建设银行工作人员违规行为处理办法》，而且创造性地借鉴了交管部门对违章司机进行扣分管理的办法，对轻微违规行为实行了积分管理制度。经过多年的修改完善，我行违法、违纪、违规失职行为处理制度建设取得了很大成效，已经构建了涵盖所有机构、人员、岗位、部位、流程的多层次问责体系。

四是从改革、完善体制机制和制度入手，构建案件治理的长效机制。例如，改革了审计体制，加大了审计力度，审计的独立性显著提高，审计发现的问题有了质的变化，2005 年通过审计发现的案件有 2 起，2006 年有 1 起，2007 年有 5 起，2008 年到目前为止已有 2 起，而且其中不少是大案、要案。如今年云南省曲靖市分行人力资源部员工蔡孝先挪用案件、四川省资阳支行员工林波涉嫌侵占 ATM 资金案件，都是内部审计发现的。此外，我行全面启动了风险管理体制改革，进一步提高了风险管理和信贷审批的独立性和权威性；完善了财务管理体制和集中采购体制，单独设立了采购部；实现了审计监管检查发现问题的集中整改，初步建立起了盯住问题的持续整改机制；推进了会计管理与业务营运管理体制改革，实现了三个层面的分离（核心业务交易的前后台分离、营业网点对公对私的分离、会计管理与营运操作的分离）。随着这些改革的逐步深入和到位，全行核心竞争力得到了提高，业务处理效率和风险控制水平也有了显著改善。

通过这一系列有力措施，全行案件查防工作取得了明显成效：一是全行案件从2001年起连续7年保持下降态势，2005年以来更是连年出现“大幅下降”，下降幅度均在60%以上。二是基础管理显著好转，出现了“四高五低”的良好态势。“四高”，即员工合规守法意识明显提高、堵截案件成功率明显提高、历史陈案暴露率明显提高、案件自查发现率明显提高。“五低”，即案件数量明显降低、涉案金额明显降低、基层机构负责人作案明显降低、节假日作案明显降低、会计差错明显降低。

6. 从源头上防治腐败和预防风险工作得到进一步加强。一是完善公司治理结构。建设银行成为海外上市的股份制商业银行后，产权结构和治理机制发生了变化。我行通过理顺公司内部各机构关系，确保股东大会、董事会、监事会和管理层依法履行职责，处理好党委会与“三会”以及高管层之间的关系，逐步建立起合理的权力结构、明晰的权力运行程序、科学的权力监督制约机制，有效地制衡权力运行，防止因“权力过于集中”导致的腐败和风险。二是积极探索改革体制机制，从源头上防治腐败和预防风险。在2007年全行纪检监察工作会议上，党委书记、董事长郭树清同志代表总行党委就“深化改革，进一步推进反腐倡廉制度建设，努力从源头上预防腐败和案件发生”提出了“十项治本措施”。内容涉及公司治理结构，业务流程再造，组织架构转型，风险、财务、人力资源管理改革等内部体制机制多方面的深层次问题。一年多以来，全行围绕“十项治本措施”相继出台了一些重大改革举措，启动了一批系统工程，其中有的工作已经取得了明显的成效或阶段性的成果，全行各项内部管理的体制、机制得到进一步完善，从源头上预防腐败和防范风险的效应逐步凸显，得到中纪委、中央学习实践科学发展观试点办公室的肯定。

7. 加强纪检监察队伍建设。按照中央纪委关于“股份制改造要做到三个加强：纪检监察机构加强、纪检监察力量加强、纪检监察工作加强”的要求，2005年，我们专门制定了《中国建设银行纪检监察组织机构设置方案》和《中国建设银行纪检监察特派员管理办法》，健全了纪检监察组织机构，加强了纪检监察部门力量，使纪检监察部门在反腐倡廉工作中较好地发挥了参谋助手作用、组织协调作用、监督检查作用、工作引导作用、宣传教育作用和执纪惩戒作用。

经过近几年的努力，全行在反腐倡廉建设方面取得了明显的成效：全行党纪、党风方面有了根本性好转，基础管理水平不断提高，内控能力得到加强，员工遵章守纪意识明显增强，行业不正之风有了明显改善，领导人员遵纪守法、廉洁从业的意识进一步增强，勤俭办行、艰苦奋斗的风气得到恢复，迎来送往、公款宴请、赠送礼品、公私不分等不良风气有了好转。特别值得一提的是，近3年来，全行一级分行领导人员中没有因严重违法、违纪、违规问题而受到查处的，反映二级分行以上领导人员违法、违纪、违规问题的信访件数量也逐年下降，全行案件连续大幅下降。

（三）当前我行反腐倡廉建设方面存在的主要问题

在取得显著成效的同时，我们还应该看到，建设银行加强反腐倡廉建设还任重道远。近年来，通过内外审计、检查、群众信访举报、员工不良行为排查等途径，经常都会发现各种各样的问题，有的问题还很严重。监守自盗或内外勾结的案件并没有绝迹；设立“小金库”、乱列财务费用开支、违规发放贷款、资产处置中以权谋私、操纵工程装修及大宗物品采购等违规、违纪问题还时有发生；在公务活动中讲排场、比阔气、铺张浪费，用公款办私事，对上级机构、部门领导人员请客送礼，用人上的不正之风等消极腐败现象在一些机构、部门和领导人员身上还有不同程度的表现。下面我重点讲一下各级领导人员在廉洁自律和领导班子建设方面存在一些问题，以及全行在案件防控方面面临的严峻形势。

1. 各级领导人员在廉洁自律和领导班子建设方面存在的主要问题。从今年和近两年开展巡视监督掌握的情况来看，全行各级领导人员在廉洁自律和领导班子建设方面仍然存在一些问题。一在领导班子自身建设方面。有的分行的党委会议制度不规范，分行党委会、党委扩大会、行务会的议事内容界限不清；有的分行党委会议记录要素不全、记录过于简单，看不出会议决策过程；有的分行贯彻民主集中制不够好，不能自觉遵守"三重一大"集体决策原则，没有充分发挥集体领导、民主决策机制作用；有的分行领导班子党内政治生活和组织生活不够健全，成员之间互相开展批评不够。二在工作作风方面。有的领导人员作风漂浮，工作不落实；有的分行领导班子成员与辖区各行（部）没有建立联系制度，领导班子成员深入基层调研和指导帮助基层工作不够，尤其是偏远分支机构，缺乏与员工直接的接触交流；有的领导人员在工作中还一定程度地存在会议多、文件多、工作安排部署多、具体检查落实少的"三多一少"问题。三在内部管理方面。有的分行对二级分行主要负责人管理不严、监督不力，对暴露出的问题没有进行严肃的批评教育，辖属还存在违规经营、弄虚作假、作风跋扈的问题，违反廉洁自律有关规定的现象时有发生。在案件责任追究方面，多数分行对案件及违规的基层人员责任追究力度较大、处理较严，但在对违规的中层管理人员处理上有"施之以软"的现象，使警示和震慑作用没有得到充分的发挥。另外，一些分行在基础管理和内部控制相对薄弱，有的强调业务开拓发展多，忽视了业务发展与风险控制的平衡关系；有的内控制度执行不严格，甚至对总行三令五申、再三明令禁止的"小金库"问题也没有引起足够的重视。四在深化改革方面。部分干部的思想观念和队伍的整体素质与建设银行上市后的发展要求还有较大差距，安于现状、守摊子、依赖于上级行照顾的"等、要、靠"思想还在一定范围内还存在。有的对进一步推进全行改革的认识不到位，没有从整体布局上通盘考虑和推进改革，有的改革措施还不到位。有的对涉及员工切身利益的改革存在畏难情绪，存在求稳怕乱心理。有的在改革过程中思想政治工作还存在薄弱环节，总、分行的政策规定宣传不到位，部分干部员工思想不太稳定。六在廉洁自律方面。个别领导人员对自己要求不够严格，没有认真执行总行党委关于廉洁自律的相关规定，还存在内部营销、相互宴请，在对外营销过程中有涉嫌商业贿赂的行为；到机场、车站、码头迎送总行领导的现象基本杜绝了，但迎送总行部门领导的现象依然存在；超规格安排上级机构出差人员的食宿、向上级机构人员赠送礼品和土特产品，以及内部宴请的现象还时有发生。还有一些现象更加需要引起注意，例如，"在职投入、离职产出"的问题，去年我们接到信访举报，某支行的几名行级领导在离职后到曾在我行借款的企业任职，并由企业许以高薪。问题虽然未经查实，但也反映出商业贿赂确实存在不正当利益输送后移的新动向，需要我们予以足够的重视。

2. 案件防控的形势仍然非常严峻。通过这些年的努力，全行案件数量虽然基本得到了控制，但我们并不能过于乐观。大家知道，就在前不久，贵州分行又发生了一起涉案金额为 877 万元的大案，引起全行及银监会的震动。在今年上半年国家审计署对我行的审计过程中，也发现了一些案件线索，涉及金额巨大。

从内外部的各种变化因素来看，案件存在着较大的反弹可能。我们分析，主要包括以下因素：

一是经济环境的变化。前几年，全球和我国的经济形势都很好，资本市场火暴，但现在由美国次贷危机引发的全球金融危机和经济动荡，已经开始越来越深入地影响到我们的各个方面。一方面，企业整体盈利能力下降、个人投资收益下降、投资渠道减少；另一方面，经济主体融资需求旺，而银行收紧信贷，市场融资难度加大。资金缺口使犯罪分子很容易盯上银行，拉拢腐蚀我们的干部员工，实施侵害银行的犯罪。过去的经验教训告诉我们，越是在经济形势不好的时期，越是容易滋生各种案件，给银行经营"雪上加霜"。

二是外部法制环境的变化。建设银行上市后，员工身份在适用《刑法》条款上有着重大改变，员工职务犯罪所适用的罪名法定刑大幅降低，员工作案特别是作大案的道德风险将增大。国有商业银行的工作人员在股份制改造之前，在《刑法》上一直被作为"国家工作人员"对待。但随着商业银行的股改上市，银行员工的身份在法律上发生了变化，由国有企业的国家工作人员转变为股份制企业的员工，由此，职务犯罪适用《刑法》的条款也发生了相应的改变。以前可以按照法定刑很高的贪污、挪用公款定罪的，现在则只能以挪用资金罪、职务侵占罪等法定刑较低的罪名定罪量刑。如原来的贪污罪，最高可以判处死刑，但现在相对应的职务侵占罪最高只有 15 年；

原来的挪用公款罪最高为无期徒刑，现在相对应的挪用资金罪最高只有10年。员工身份的变化，使职务犯罪所能适用的刑罚大大减轻，犯罪成本大大降低。现在问题出来了，建设银行的员工，无论你挪用资金还是职务侵占，也无论你挪用和侵占了多少资金，哪怕上千万元、上亿元，都不会被判无期徒刑和死刑，少则几年，多则十几年，捞一大笔钱，几年或十几年后出来，照样是条好汉！这是很可怕的。更可怕的是，反正就几年和十几年，小案不值得去做，要做就做大的。只要做得成，有可能做成千万元甚至亿元大案，做成惊天大案。以前我们讲案件防范时经常讲的一句话：让员工“不想做”、“不敢做”、“不能做”。现在看来，要想让人家“不想做”、“不敢做”就难了，今后案件防范的重点要放在“不能做”，也就是让他“做不成”上，至少让他做不成特别巨大的案件。对于法制环境发生变化的问题，总行去年曾向全国人大法工委写了一个报告，建议修改《刑法》，提高挪用资金罪和职务侵占罪法定刑。但能不能采纳、什么时候修订，都是一个未知数。

三是员工心态的变化。近年来，社会上赌风很盛，各种合法和非法的博彩业日益“兴隆”，为我们防控案件增加了新的压力。从作案动机和资金用途情况看，去年以来，全行共有13起案件都直接与涉案人沉溺于赌博、彩票等博彩行为和炒股、经商等风险投资行为有关，占全部案件的52%。如去年湖北省荆州市潜江支行运钞车被盗案件，涉案人员长期陷入赌博不能自拔，欠下赌债十余万元，最后不得不铤而走险作案。这是其一。其二，近年来，我国宏观经济形势趋好，既刺激了资本市场的财富效应，也刺激了部分员工的财富欲望和投机心理，加之今年下半年全球金融危机，导致国内资本市场也出现激烈动荡，对员工的职业操守构成了严峻的考验。这种情况下，员工的财富欲望、投机心理和一夜暴富的心态，以及在短时间里个人投资出现大幅缩水可能引发极个别员工铤而走险，无疑对发生银行案件产生了直接的影响。

四是案件特点的变化。从近年的案件发生情况来看，案件出现了一些新情况和新特点。第一，案发区域越来越分散。过去我们讲案件重点整治行，就是因为这些行案件比较集中。但现在案件分布的区域越来越广，遍及东部、中部、西部地区。从这一点来看，案件防控绝不是哪一个分行的问题，而是必须全行共同面对的重大挑战。第二，案件向中台、后台部位和管理岗位蔓延。过去案件几乎都集中于前台经营部门和操作岗位，但在今年以来的7起案件中，发生在中后台及管理岗位的就有3起，占比43%。这一方面说明我行近几年紧抓案件防控的措施发挥了明显作用，前台操作风险管控能力有了明显提升；但另一方面也说明我们在推进案件防控工作过程中欠缺全面风险管理的视野，案件防控的领域有待拓宽，内容尚待补充，措施亟须完善。第三，贿赂案件占比增多。随着国家治理商业贿赂力度的加大，贿赂案件的占比有所增加，而且出现了不正当利益输送后移的新动向。2005年，我行贿赂案件仅占全部案件的11%；2006年和2007年占比上升至22%；今年已发现6起受贿案件线索，其中已立案2起，占29%。第四，在传统作案手段的基础上，一些新的作案花样和手法不断出现，有的还具有了高科技作案的特征。近年来，尽管传统的作案手段如挪用挂账资金、虚增存款套现、套取空白凭证等仍是涉案人员作案的主要手段，但随着现在银行业务科技系统的广泛应用，一些新的、具有一定科技含量的作案手法也正在不断出现、翻新。如老百姓广受困扰的短信诈骗，犯罪分子费尽脑汁，编造出“无中生有”的消费提示、中奖信息、亲人生病或发生事故直接发短信让你汇钱（“您好，请把那钱汇入建设银行账号；账号：××，户名：××，汇好回个信息”）、银行系统更新等各种各样的诈骗信息来套取储户资金，可谓花样百出、防不胜防。再如，现在信用卡和网上银行可以说是越来越普及了，相应地针对信用卡和网上银行作案的案件也在逐步增多。去年上半年，我们有个分行的客户，其网上银行资金被犯罪分子利用木马程序盗取，闹得沸沸扬扬。也是去年，我们另一个分行还发生了一起盗用客户信用卡刷卡套现的案件，同样给我们敲响了警钟。

三、如何用科学发展观统领全行反腐倡廉建设和纪检监察工作

科学发展观集中体现了马克思主义中国化的最新成果，既是我国经济社会发展的重要指导方针，也是我们开展反腐倡廉建设和纪检监察工作必须坚持和贯彻的重大战略思想。通过以上对反

腐倡廉形势的分析，用科学发展观统领全行反腐倡廉建设和纪检监察工作，当前的重点是要转变不适应、不符合科学发展观的思想观念，进一步厘清工作思路、改进工作方法、完善体制机制，不断提高反腐倡廉决策的科学性、措施的协调性和工作的实效性。具体来讲，应着力在如下几个方面下工夫、用气力。

（一）在指导思想上，牢牢把握“四个坚持”

科学发展观的第一要义是发展，核心是以人为本，基本要求是全面协调可持续，根本方法是统筹兼顾。为此，我们在指导思想上必须始终牢牢把握“四个坚持”。

1. 紧紧围绕中心，坚持把促进全行改革发展作为纪检监察工作的第一要务。科学发展观的第一要义是发展。用科学发展观指导纪检监察工作，必须始终把服务发展、保障发展、促进发展作为纪检监察工作的出发点和落脚点。自觉地把纪检监察工作融入建设银行经营发展之中，主动分析违规、案件、信访的新动向，找出影响业务运行和发展的薄弱环节。加强监督检查，通过效能监察、专项检查、巡视监督，保证总行各项政策和决策得到贯彻执行。坚决查处影响和破坏建设银行改革和发展的人和事，为业务发展扫除障碍、保驾护航。要通过履行职责、明确政策、划清界限、澄清是非、刹风整纪，旗帜鲜明地支持改革者、鼓励探索者、教育失误者、追究诬告者、惩治腐败者，创造鼓励人干事业、支持人干事业的氛围，努力为全行各项事业健康发展创造良好环境。

2. 坚持以人为本，着力把以人为本的要求融入各项工作之中。以人为本是科学发展观的核心，用科学发展观指导纪检监察工作，就必须坚持以人为本，本着“实现好、维护好、发展好全行员工的根本利益”的原则，着力把以人为本的理念和要求融入各项工作之中。要严格监督各级党组织执行《党章》、《党内监督条例》、《党员权利保障条例》等党内规章，切实保护广大党员的民主权利；监督和改进职工代表大会、行务公开等制度，完善信访举报渠道和方式，确保员工民主监督权利，维护好员工群众的根本利益。进一步强化反腐倡廉教育，通过开展不同形式、具有特色的教育培训，发挥教育的预防作用。立足于关心和爱护干部，对监督检查中发现的苗头性、倾向性问题，通过谈话制度早打招呼、早作提醒，避免出现更严重的问题。进一步完善责任追究机制，加快修订、整合现行违规失职惩戒规章制度的步伐，合理设计违规惩戒条款，科学设定处理档次，进一步提升制度的人性化。进一步提高办案和执法水平，加强对办案工作的内部管理和监督，保障被审查人员的合法权利，同时正确把握政策，注重保护和挽救干部。

3. 坚持统筹兼顾，正确认识和把握四个关系。统筹兼顾是科学发展观的核心，用科学发展观指导纪检监察工作，就必须统筹兼顾，正确认识和把握四个关系。一是正确把握和处理好强化监督与业务改革发展的关系。强化监督必须自觉地服从和服务于全行改革发展这个中心，牢固树立政治意识、大局意识和责任意识，始终围绕总行党委的统一部署，紧扣中心开展和改进监督。二是要正确把握和处理好惩处与保护的关系。坚持查处与保护并重，正确处理好严肃执纪与保护干部、从严执纪与宽严相济的关系，切实做到既依纪、依法惩处腐败分子，又最大限度地调动和保护各级领导干部干事业、谋发展的积极性。三是要正确把握和处理好治标与治本的关系。既要采取有力的措施遏制各种消极腐败现象的滋长蔓延，强调治“标”，又要通过深化教育、建立机制、制度创新、体制改革和强化管理，从源头上消除滋生领导干部队伍消极腐败现象的土壤和条件，从严治标，解决当前一些突出的问题，为治本提供基础、增加动力，着力治本，巩固治标成果，从源头上预防和惩治腐败。四是正确把握和处理好纪检监察部门专门抓与各部门齐抓共管的关系。坚持和完善“党委统一领导，党政齐抓共管，纪委组织协调，部门各负其责，依靠群众的支持和参与”的领导体制和工作机制，处理好纪检监察与其他业务部门的关系，通过明确职责、层层分解任务，充分发挥业务部门的作用，着力构建部门和业务条线各负其责、密切配合、齐抓共管的反腐倡廉工作格局，形成工作合力。

4. 坚持全面协调可持续，更加突出治本和从源头上拓展防治腐败和案件风险的工作领域。全面协调可持续是科学发展观的基本要求，用科学发展观指导纪检监察工作，就必须努力推进反腐倡廉建设的全面协调可持续发展。要以完善惩治和预防腐败体系为重点，正确处理惩治和预防的关系，坚持教育、制度、监督、改革、惩处五环并举，构筑不愿腐败的自律机制、不能腐败的预防机制、不敢腐败的惩处机制。综合运用“治标”与“治本”这两个手段，深入推进反腐倡廉建设全面协调可持续，从根本上解决腐败的问题。

（二）在具体工作中，着力突出“四个环节”

基于以上认识，结合胡锦涛总书记在党的十七大报告中提出要“以完善惩治和预防腐败体系为重点加强反腐倡廉建设”的精神，以及4月28日中共中央政治局审议通过《建立健全惩治和预防腐败体系2008—2012年工作规划》的要求。下一阶段纪检监察工作的重点是，按照科学发展的要求尽快研究制订符合建设银行实际的惩治和预防腐败体系工作规划，并着力从强化教育、监督、惩处、协调四个方面入手，推进全行惩防体系的建设，为全行各项事业的健康发展提供支持和保障。

1. 紧紧抓住教育这一基础环节，增强干部员工的廉洁合规意识和践行科学发展观的自觉性。加强教育是进一步增强干部员工队伍思想道德修养和廉洁合规意识的基础。结合近年来全行开展教育工作中存在的不足，下一阶段应注意从如下几个方面加以改进。一是在教育内容上突出针对性。根据“反腐倡廉抓班子、案件查防抓基层”的要求，组织党员领导干部重点学习贯彻党的十七大精神、中国特色社会主义理论、邓小平理论和“三个代表”重要思想、科学发展观，重点加强理想信念和从业道德教育、党的优良传统作风教育、党纪条规和法律法规教育，强化廉洁自律意识；组织广大员工重点学习去年下发的《职业操守》和近年来系统内外发生的典型案件，从正反两个方面强化员工的规范从业意识，强化遵章守纪的思想防线。二是在教育形式上突出丰富性和灵活性。继续坚持近年来一些行之有效的形式，如利用专题培训、演讲、报告会、参观监狱、请服刑人员现身说法、内部刊物、网页等多种形式，因地制宜地开展“五个一”和“三个层次”等丰富的教育活动。三是在教育的组织上突出统筹性。把加强思想教育与构筑有建设银行特色的优秀企业文化结合起来，增强企业凝聚力；把加强思想教育与提高员工队伍业务素质结合起来，提高业务技能；把加强思想教育与严格管理结合起来，规范员工行为。通过教育活动，促进员工队伍增强法纪观念，打牢贯彻落实科学发展观的思想基础。

2. 切实履行监督这一重要职能，确保各项权力的正确行使和业务的有序运行。强化监督是确保各项权力的正确行使和业务有序运行的关键。一是进一步发挥各种监督力量的作用，形成监督体系。督促各级行党组织认真履行《中国共产党党内监督条例（试行）》赋予的监督责任，积极参与重大经营管理事项的决策，加强对党员领导人员的管理和监督，发挥党组织的监督作用。充分发挥纪检监察特派员的职能，加强对基层机构的监督。进一步总结经验，发挥党委巡视的监督作用，加强一级分行领导班子在权力运用、合规经营、内控管理、廉洁从业方面的制约和监督。加强信访查处力度，进一步优化网上举报系统，发挥员工群众的民主监督。积极参加地方组织的行风评议活动，通过多种形式自觉接受客户和社会的监督，发挥客户及社会公众的监督作用。通过进一步发挥各种监督力量的作用，逐步形成多层次、多角度的监督体系。

二是统筹协调各个监督部门的关系，探索信息共享机制，进一步整合基层监督力量。按照总行新近出台的整合方案，重新梳理纪检监察部的职能定位，进一步理顺与各相关部门的关系，努力克服重复监督、交叉监督的问题，进一步明确监督的责任，提高监督的效能。要加强人力、审计、风险监控等各监督管理部门之间的协调沟通、互通信息，摸索建立相对规范的信息交流和共享机制，着手研究各个部门之间、管理系统之间的对接和数据交换，并在此基础上整合并挖掘分析相关监督数据，为实际工作提供更加科学的决策参考。针对基层机构监督力量重叠等问题，要尽快出台《中国建设银行基层机构监督力量整合方案》，加快对基层监督力量的整合。

三是开展检查，提高各项制度和规定的执行力。在领导人员执行廉洁自律情况方面，下一阶段，要对全行各级领导人员落实中央纪委廉洁自律“五项重点”、“七个不准”和总行有关廉洁从业的规定进行抽查，重点是检查今年党委提出的“廉洁自律八项补充规定”（建党发［2008］4号）的贯彻落实情况。在案件防控方面，通过效能监察、审计、合规检查，加强制度执行的检查与监督，着重抓好与案件查防密切相关的“六项关键制度”的落实，提高基础业务操作的规范化水平；在全行范围内开展针对《方案》落实情况的专项效能监察，并将《方案》落实情况作为一项重要内容纳入今后的各项检查；认真组织《方案》实施工作的“回顾”活动，对整改措施进行重检，对整改效果进行评估，及时修订工作内容，使各项措施更为有效；坚持新发案件“双线”整改，督促总行主管部门和案发分支机构落实“一案一整改、一案一验收”的制度；继续坚持案件风险提示制度，及时将行内新发案件、外部典型案件、内外部审计检查发现的突出问题向全行通报预警。在教育预防方面，继续抓好领导人员谈话制度的落实。对分行落实谈话制度情况进行抽查，了解谈话效果，通过落实谈话制度，对领导人员多敲警钟，及时提醒，防微杜渐。在权、钱关键环节方面，抓好今年初下发的《中国建设银行纪检监察部门集中采购监督规定》的执行，提高集中采购的透明度和效率，防范集中采购工作中的各种违规行为。

四是继续坚持和完善员工从业行为的监督和管理。加大《员工职业操守》的执行力度，指导分行开展职业操守教育，督促员工各项行为规范的贯彻落实。按照今年印发的《中国建设银行员工行为排查办法》，继续加强对领导人员和重要岗位员工的行为排查，将员工行为排查作为员工从业行为管理的重要手段，逐步完善总行统一开发的员工行为排查系统，坚持集中排查与日常排查相结合，切实提高对各种风险的识别、评估、监测和处置能力，增强排查的有效性，从源头上消除容易诱发案件的不稳定因素。

五是根据形势变化和实际工作要求及时调整监督对象和重点。根据今年风险和案件的特点及出现的新苗头，在继续重点保障经营性资金安全的同时，及时顺应资源分布和权力结构的变化，强化对信贷审批、资产保全、集中采购、财务费用、人力资源、金融市场等资源集中业务和权力运行部位的监督，进一步规范其管理，推进其严格落实分权制和岗位分离机制，有效避免出现“一手清”和“一言堂”现象。

3. 充分利用惩处这一有效手段，形成对违规和腐败行为的有力警示和威慑。严肃执纪是切实保证全行员工队伍廉洁合规的重要手段。一是要把开展对贯彻落实科学发展观情况的监督检查作为维护党的政治纪律的重要任务。下一阶段，要考虑将贯彻执行科学发展观纳入今后的效能监察和巡视工作方案之中，纠正违背科学发展观的行为，严肃查办违纪、违法案件，对于贯彻落实科学发展的重大决策部署不力的单位，要研究追究相关领导干部责任的具体办法；加强与人力资源部联系，探索把各单位落实科学发展观的情况列入对领导班子和领导干部的考核内容，促进总行党委的各项要求在各单位的贯彻落实。

二是要强化对领导人员的问责。2005 年，我行率先在金融系统出台了《领导人员的问责办法》。下一步要根据总行修订的《中国建设银行工作人员违规失职行为处理办法》，进一步强化对各级领导人员特别是对各级行“一把手”的硬约束，改变“集体研究决策，最后无人负责”的现象。

三是要进一步完善对工作人员违规行为的处理。今年我行对《工作人员违规行为处理办法》和《轻微违规行为积分管理办法》都进行了修订，下一步要组织好对两个办法的学习、宣传和贯彻，加强对两个办法执行情况的监督检查。

4. 全面发挥组织协调这一作用，努力从源头上解决体制、机制上的深层次问题。

一是推进惩防体系建设。构建惩治和预防腐败体系是全行各级党组织的任务，但落实《实施纲要》，大量的工作还需要组织协调，纪委监察部门要抓好党风建设和反腐倡廉工作的任务分解，督促有关职能部门按照各自职责开展工作，进一步巩固和发展全行齐心合力抓反腐倡廉的局面。

二是推进案件防控体系的建设。案件防控是一项全行性的系统工程，涉及各个部门和业务领域、工作环节的分布广，纪检监察部门要充发挥组织协调作用，督促各级机构和部门要按照《中国建设银行操作风险管理政策》关于“三道防线”的要求，明确防控职责，齐抓共管、形成合力。特别是督促《案件防控方案》各项工作的牵头部门、协办部门切实承担起责任，各尽其职、各负其责，通过不断修订制度、优化流程、完善系统，建立健全案件防控的长效机制，并按照“部门抓系统、部门对条线负责”的要求，履行好系统管理职责，组织、指导、监督好本业务条线落实《案件防控方案》工作，建立和完善全行的案件防控体系。

三是跟踪了解全行各项改革措施的推进。在 2007 年全行纪检监察工作会议上，郭树清董事长就“深化改革，进一步推进反腐倡廉制度建设，努力从源头上预防腐败和案件发生”，重点提出了“十项治本措施”；在今年全行工作会议上，又提出要进一步推进八个方面的改革；在今年全行纪检监察工作会议上提出了“四项任务”，要特别注意处理好“七个方面”的问题，这些措施都是改革和完善体制、机制，从源头上预防腐败和防范风险的治本之策。虽然这些改革的内容直接涉及纪检监察部门的很少，但作为全行反腐倡廉建设的组织协调部门，纪检监察部门要充分发挥职责，通过专项调研、效能监察等手段，主动了解、跟踪和督促这些改革措施在全行的贯彻落实。

（三）在自身建设上，重点强化“四个提升”

用科学发展观指导纪检监察工作，还需要我们加强自身建设，进一步转变思想观念、提高工作能力、拓展工作领域，逐步完善工作机制。

1. 工作理念和思路创新上要有提升。完成股份制改造和境内外上市后，建设银行在股权结构、公司治理、组织架构、战略愿景、业务发展、基础管理、员工身份、企业文化、经营环境等方面都出现了明显变化，全行纪检监察工作面临着许多新情况、新问题、新挑战。纪检监察人员不断适应新形势、新任务的要求，积极探索纪检监察工作的新理念、新思路和新方法，积极树立起“监察融入业务”、“监察保障健康”、“监察促进发展”、“监察创造价值”的意识，勇于创新工作思路。

2. 在工作领域的拓展上要有提升。按照统筹兼顾、全面协调可持续的要求，进一步深化并努力推进“六个延伸”：由对领导人员廉洁从业的监督，向对权力运行过程的监督延伸，以促进正确决策和减少腐败行为；由对领导人员的关注，向对全行员工的关注延伸，不断加强员工职业操守建设和从业行为监督管理；由对案件的事后查处，向对案件的事前、事中主动防控延伸，努力将案件风险消除于“始发”甚至“未发”状态；由对员工违法、违纪案件的查处，向对重大违规操作事件的查处延伸，逐步构建覆盖严密的员工违法、违纪、违规失职行为的查处体系；由对员工行为的排查，向对员工行为和业务风险点“双排查”延伸，把对人的监督和对事的监督结合起来；由对境内机构及人员的监督，向对海外机构及人员的监督延伸，主动适应建设银行海外业务不断发展的新形势。

3. 在践行科学发展观的能力上要有提升。进一步强化运用科学发展观的根本方法考虑问题、谋划工作的自觉意识，认真加强思想政治建设、作风建设、业务能力培训和学习，着力提高以下“五种能力”：围绕改革发展的中心任务开展纪检监察工作的能力，对领导人员有效监督的能力，依法执纪、依法办案的能力，适应上市银行经营管理需要开拓创新的能力，协助党委加强党风廉政建设和组织协调反腐败工作的能力。

4. 完善纪检监察工作机制上要有“提升”。进一步强化纪检监察部门在反腐倡廉建设中的专业主导地位。当前的重点是：逐步摸索一级分行、二级分行纪委书记交流任职制度，以切断监督人与被监督人的人情和利益关系；逐步探索建立下级纪委书记推荐任命征求上级纪委意见的制度，下级党委提名推荐纪委书记时，应当事先与上级纪委充分沟通；建立比较规范的日常工作及重大问题的报告制度。通过这些手段，进一步强化各级纪检监察部门在监督上的独立性和权威性，解决同级监督偏软的问题。

在科学发展观的指导下，全行反腐倡廉建设和纪检监察工作通过在指导思想上牢牢把握“四个坚持”、在具体工作中着力突出“四个环节”、在自身建设上重点强化“四个提升”，不断提高纪检监察工作水平，为全行改革发展提供支持保障。

在建设银行信访工作座谈会上的讲话

辛树森

（2008 年 7 月 16 日）

同志们：

为了深入贯彻中共中央、国务院《关于进一步加强新时期信访工作的意见》以及中央处理信访突出问题及群体性事件联席会议近期召开的重要会议精神，认真贯彻落实最近一个时期以来胡锦涛总书记等中央领导同志对信访工作的重要指示，贯彻落实中央联席会议文件［《关于加强对在京非正常上访行为依法处理工作和完善非正常上访人员劝返接回机制的实施意见（试行）》（中信联发［2008］5号）、《关于开展县（市、区）委书记大接访活动的意见》（中信联发［2008］6号）、《关于组织中央和国家机关干部下访的意见》（中信联发［2008］7号）］精神，确保北京奥运会的成功举办和改革开放30周年纪念活动的成功举行等重大活动事项的安全运行，根据我行信访工作的实际，经研究，总行在奥运临近时刻召开这次全行信访工作座谈会。

今年初，我国南方多省遭受了低温雨雪冰冻灾害，5月12日，又发生了四川汶川特大地震。连续灾害造成的巨大损失震撼了全国人民，也更加凝聚了全国各族人民的爱国、强国之心。在党中央的坚强领导下，抗震救灾工作在很短的时间取得了重大阶段性胜利，目前，党和国家预定的各项工作在有序进行。原定5月中旬召开的信访工作会因抗震救灾工作推迟到现在召开。这次会议是一次分析形势、统一思想、明确任务的会议。各一级分行分管信访工作的领导和分管部门的负责人及总行有关部门的同志到会参加。会议将深入学习研究党中央、国务院和中央领导同志关于当前和今后一个时期信访形势的深刻分析和正确判断，充分认识我行信访工作目前面临的新情况、新问题，明确应对和处置我行信访突出矛盾和存在问题的积极举措和有效方式，通过交流研讨，就进一步加强信访工作建设，积极妥善处理和化解各类信访突出矛盾，创建和维护我行改革发展健康、有序的环境提出了更多积极的意见和建议。会议期间，我们特邀公安部、国家信访局有关部门领导到会指导，并请他们就国家和地区面临的社会治安和信访形势、正确理解和妥善处置信访突出矛盾等大家关心、关注的问题进行授课和情况介绍。希望通过座谈、授课、交流，使大家开阔眼界和思路，明确形势和任务，进一步推进全行信访工作依法、合理、规范、有序地开展。

下面，我就当前我行信访工作形势和需要进一步强调的几个问题讲几点意见。

一、正确把握我行信访形势和发展趋势

党中央、国务院高度重视信访工作，胡锦涛总书记、温家宝总理等中央领导同志对信访工作多次作出重要指示和批示，要求从维护社会稳定、构建和谐社会的高度出发，切实加强并依法做好信访工作。中共中央、国务院《关于进一步加强新时期信访工作的意见》从发展和战略的高度，明确了我国现阶段历史时期信访工作的定位和作用，分析了我国现在和今后很长一段社会发展和矛盾凸显期的社会信访问题的特殊性、复杂性、长期性特点。中央为此多次召开会议，研究部署信访工作，提出了明确的具体要求。6月26日，胡锦涛总书记主持召开中央政治局常委会议，再次研究当前进一步加强信访工作的意见。6月28日，中央召开全国处理信访突出问题及群体性事件电视电话会议，中央政治局常委周永康同志作了重要讲话，就当前和今后一个时期解决信访突出问题、坚决维护社会稳定等工作作了全面部署。目前，经过各方面不懈的努力，全国信访形势中积极有利的因素在不断增加，为做好今后工作奠定了较好的思想、实践和群众基础。

总行党委和领导对信访工作同样高度重视，坚持从维护大局稳定出发，把信访工作作为构建和谐建设银行的基础性工作，要求加强对信访反映的各类不同问题认真研究、妥善解决和慎重处理。郭树清董事长、张建国行长对信访工作多次提出要求，非常关注信访包括上访处置方面的问题，通过对信访反映问题及核查结果的审阅、批示以及我行应对和处置各类上访中反映和暴露出来的各种问题，提出加强经营管理、防范银行风险、加快改革创新以及履行社会责任方面的重要意见。为进一步规范全行信访管理，总行根据国家有关法律规定要求，结合建设银行实际，先后制定了《中国建设银行来访处理操作规程》、《中国建设银行总行处置群体性上访应急工作预案》，规范了全行信访信息的统计管理，为信访的动态和趋势分析提供了必要的条件。目前正在草拟全行来信处理操作规程、修订信访工作管理办法，以进一步促使全行信访工作向规范化、制度化方向发展。

各级行党委和领导在肩负经营管理和市场竞争巨大压力的同时，高度重视处理信访问题，解决信访难题。许多分行领导重视对初信、初访的处理，注意对来信反映涉及员工利益、劳动争议、违法违规、领导作风以及客户投诉等问题的核查、研究和严肃处理。有的分行党委加强组织领导，重视矛盾排查化解，在做好正常上访活动接谈处理的同时，

加大对非正常上访行为的掌控，配合地方有关部门加强对个别重点人员的教育、引导，有效阻止、减缓了部分群体性聚集、进京上访问题的反复。河北省地处北京周边，进京通道达160多条，分流协解人员频繁进京上访，稳控难度大。分行分管领导等负责同志在分行党委统一领导下，积极做好日常稳定工作，同时，任劳负重，组织人员并亲自做接返工作，及时控制事发局面，有效地缓解了总行压力。辽宁等省分行党委把信访工作列入议事日程，认真研究、妥善处理协解上访人员提出的信访事项，加强教育疏导，较好地减少了进京上访问题的发生。陕西等省分行积极与地方党委、政府联系沟通，得到当地有关部门支持帮助，从政策、教育等多个层面加强了维稳工作，收到了较好的效果。各行具体负责这方面工作的分行办公室、纪检监察、安全保卫以及人力资源等部门各司其职、同心协力，使维稳工作得到确保落实。

在积极推进全行改革发展的进程中，各级组织重视通过对信访问题特别是信访突出矛盾和存在问题的妥善处理和积极应对，厘清和解决了一些历史遗留问题，积极化解了大量涉及行内、行外不同人员群体利益诉求方面的争议和突出矛盾；同时，不同程度地缓解了一些有待国家有关方面从法律或政策层面作出明确规定或需要进一步研究解决的现实矛盾和利益冲突问题。总之，通过全行上下包括信访工作在内的共同努力，不断营造了和谐有序的工作局面，维护了全行的整体形象和利益，对我行的改革发展发挥了积极的保障作用。

在这里，我代表总行党委向奋战在信访工作第一线，在维护全行稳定大局和信访工作秩序中恪尽职守、勤勉实干、忍辱负重、团结协力工作的各有关部门的同志们表示深深地敬意和感谢！

在分析我行信访工作形势有利方面的同时，还要看到信访反映出的问题十分复杂，有些往往涉及深层矛盾，不稳定、不确定的因素仍然大量存在，信访形势依然严峻，信访处置和全行维稳任务依然十分繁重，我们对当前特别是今年下半年的信访形势和可能出现的新情况应保持清醒的认识和足够的估计。

一是银行业信访突出矛盾已成为社会凸显和引起高度关注的问题。当前，中央和国务院高度关注并正在积极、慎重和妥善处理的重点领域的信访突出问题，如国企改制、涉法涉诉、劳资纠纷、社会保障、企业协解、复转军人等问题，在我行包括其他几家国有控股大型商业银行中均有不同程度的集中反映。银行信访突出矛盾与社会重点领域信访突出问题相互交织，并可能较长时间存在和反复，这是银行管理和发展历史上从未出现过的新情况。

二是全行信访量近年来总体呈上升趋势，部分省区分行在高位运行，虽然不同时期、不同地区信访反映有所不同，但以协解及内退人员为主体的群体上访仍然持续不断，上访人员通过各种联系方式跨省区组织和串联，采取围堵、聚集、冲击、哄抢各级机构办公和营业网点场所，通过网络向社会甚至境外机构和媒体散播不实信息等，上访活动中违法、违规的过激行为给我行正常经营带来了严重的干扰；围绕信访特别是群体上访问题出现的不尽客观甚至严重歪曲的内外报道和内部反映，对我行改革发展和社会形象带来不利影响，在社会上也造成了一定的负面影响。为此，中央和国务院多位领导同志多次批示或直接过问我行等上访及处置问题，要求我行严肃对待、认真研究，妥善处理好上访突出矛盾问题。

三是一度持续上升的大量来信来访反映的问题，涉及经营管理、执法执规、班子和队伍建设、员工切身利益等诸多方面，其中经认真核查，确有部分与信访反映不同程度相符。有些较长时期未能及时纠正，有的因各种原因已难以返回当时的政策环境中去予以处理，由此引发大量信访问题。有些信访问题出现频繁、越级、反复，说明稳定员工情绪、创建和谐建行、完善治理结构、提升经营活力的任务还十分艰巨。

四是对信访反映的一些问题有时处置还不够及时、有力。随着改革发展的不断深入，我行在客户、市场、劳动与劳务用工以及社会经济生活诸多方面面临的对象和矛盾日益多元、复杂，通过信访反映出的问题多与员工及客户的权利、义务、利益相关，很多情况多又涉及历史、政策、法律层面，往往比较复杂、敏感。一些单位与部门在信访处理中，有时过于简单、粗化，有的拖延过久，致使初信、初访变成重信、重访，或问题上交，或矛盾扩大激化，有的面临新的法律风险，近年来我行系统出现的劳动与劳务纠纷败诉案例已不在个别，分析原因，经营管理及信访处理中存在政策执行不严、操作不尽周密的问题也是其中重要因素之一。

二、认真落实信访责任，积极化解信访矛盾，为全行改革发展提供有力保障

当前，国家特别是首都北京，奥运会、残奥会、改革开放30周年纪念活动等重大国际、国事活动频繁。维护社会稳定、促进和谐发展的任务对我行各方面工作包括信访工作提出了新的更高的要求。

（一）适应社会发展和形势变化要求，树立信访工作新理念

中央明确指出，信访工作是涉及全局的一项重要工作，是构建社会主义和谐社会的基础性工作。对处理信访突出问题及群体性事件工作，中央要求坚持以人为本、综合施策、标本兼治，一手抓事要解决、有效化解矛盾纠纷，一手抓依法处理、切实维护社会秩序，进一步形成群众依法有序信访、信访问题依法按政策及时就地解决的良好局面，为经济社会又好又快发展创造更加和谐、稳定的社会环境。

作为国有控股大型上市金融企业，我行不仅机构网点和员工数量众多，而且直接、间接的客户队伍庞大，伴随对社会的广泛、多元服务和自身业绩水平的大幅提升，今天我行已在国际、国内具有巨大影响。社会各方对我行的各种信息都可能通过包括信访渠道在内的多种方式得到反映，因此，信访工作不仅是我行各级组织联系群众的桥梁、纽带，而且日益成为疏通和观测行内外对我行经营管理状况各种评价、反映的重要窗口。在加速我行改革发展，建设国际一流银行的过程中，我们要深入贯彻落实党的十七大精神，坚持按科学发展观的要求，在信访工作中树立做好构建和谐发展的基础性工作的理念，充分利用信访这个桥梁和窗口，进一步做好有利于和谐发展的各项工作。同时，还要在信访工作中树立“积极维护稳定也是重大政治责任”的理念，立足政治和全局的高度，充分认识依法、妥善做好化解信访突出问题，及时处置群体性信访频发工作的重要性、长期性，努力把这一政治任务做好、做稳，为确保北京奥运会的圆满举办和改革开放30周年纪念活动的成功举行，为确保首都和各行所在地区社会稳定，尽我们最大的努力。

（二）按照科学发展观和可操作性要求，完善信访程序制度

国务院颁发的《信访条例》和《中共中央、国务院关于进一步加强新时期信访工作的意见》是信访工作的重要指导和遵循依据。我行根据党和国家有关规定要求，结合近年全行信访实际，在调研的基础上，先后制定了有关管理办法、要求和操作规程，这些对于规范信访秩序、加强信访管理、提高信访处理水平、化解信访突出矛盾起到了积极作用。为认真贯彻实践科学发展观的基本要求，推进和谐社会、和谐建行建设，根据全行改革发展和经营管理对信访工作的要求，当前和今后一个时期仍要继续在信访实践中摸索和完善必要的管理办法和制度规定，强化遵法规、可操作、维护群众利益、促进和谐稳定的信访意识和作用。

这里重点强调四个方面工作：

一是信访督察、督办和报告制度。对需要核查处理和加大处置力度的来信、来访问题，可采取督察、督办的工作方式，在注重提高时效性的同时，切实加强对信访所涉问题基本事实以及引发各种风险可能性的准确把握和判断，通过督察、督办，有效调节和化解信访问题和突出矛盾。对要求及时报告的信访工作情况应认真落实，确保信息对称、沟通畅通、上下联动、及时处置。

二是排查化解矛盾和劝返稳定工作机制。应对近些年发生的群体非正常上访突发矛盾，从总行到大部分分支机构逐渐摸索建立了处置和化解冲突的工作程序和机制。实事求是地说，排查化解矛盾主要靠的是政策的感召作用，劝返接回工作更多的是通过或借助公安政法等行政力量。分行和基层的同志为维护稳定，任劳任怨，做了大量工作，确实十分辛苦。也有同志认为，作为企业能做的工作都做了，甚至能力以外的也做了。我非常理解这些同志的心情，但是在中国特色的国情和目前强调维护和谐稳定是压倒一切以及仍然比较严峻的信访形势下，我们还要树立大局和忧患意识，付出更多辛苦，确保一方平安。

三是积极依靠地方党政部门妥善化解信访难点和突出矛盾的工作机制。从目前信访案件内容分析，除部分情况完全属于我行内部管理问题，应自行解决外，包括协解与军转等劳动与劳务纠纷、企业间债权债务矛盾、客户业务纠纷、其他各种涉法、涉诉等相当部分问题都与地方党政、司法及社会其他方面存在直接间接、或多或少的关系，需要紧紧依靠并通过它们的参与和帮助，借助行政复议、行政诉讼和行政监察等行政法律

的支持，予以妥善解决和处理。这既是有效解决信访问题的基本经验，也是应坚持和完善的信访工作机制。

四是信访信息汇集分析制度。要进一步改变信访信息分散、信访处理难以形成合力的状况。目前，总行已对全行全口径信访信息的归口统计管理作了明确规定，各分行和有关部门要认真落实。要通过信访信息的汇集分析，做到对区域和全局信访数量增减、突出矛盾变化、问题分布地区等情况的明了，从而形成对当前和今后一段时期我行信访反映问题及信访总体趋势的正确把握，做到一方面向中央和国务院及有关部门及时、准确报送我行信访及群体性突出矛盾方面的基本情况和积极建议；另一方面更好地指导和加强全行信访工作。

此外，在加强日常办信接访、督察督办的同时，要认真梳理群众信访中带有普遍性、倾向性的问题，通过深入调查、分析研判，及时提出完善政策的意见和建议，为各级领导和相关职能部门提供决策依据，促进政策不断完善，推动矛盾批量化解。有条件的分行可在信息汇总和经验总结的基础上，尝试开展信访作为“第二研究室”的工作，使信访工作更好地服从、服务于改革发展和经营管理的需要。

五是完善信访处置的综合协调机制。目前，我们发展管理工作中遇到的许多矛盾和问题多以信访形式、通过信访渠道反映，信访诉求问题的化解处置又涉及多个环节，信访工作应按照胡锦涛总书记关于信访是构建和谐社会基础性工作的要求，努力发挥综合协调、疏通引导、联系广泛、建言献策的作用。

（三）深入排查化解矛盾纠纷，妥善处理信访突出问题

要重视初信、初访和政策性信访问题的处理。近年来，我行系统全口径信访量即包含受理各类信访问题的主要部门（信访、纪检监察、人力资源以及风险等部门）受理的信访件总量呈高位波动，少数地区呈上升趋势，信访问题涉及范围日趋广泛，信访突出矛盾多以具有相同诉求的群体访的形式出现，并与社会上类似群体的问题相重叠。信访反映的问题中有些与国家现行的政策法规相关，有些与我们改革发展不同时期在政策规定实施中的具体操作有一定的关联。大量信访诉求涉及对政策规定的理解，处在不同的层面、站在不同的角度，对政策规定所抱的心态和接受程度很容易产生差异。处理信访问题既要坚持政策法规的严肃性，同时也要心怀维护群众合法权益、帮助确有合理合法诉求群众解决问题的信访工作激情。信访人员对政策规定存在疑虑和误解，要坚持依法按政策做好宣传解释工作。对符合政策法规调整解决范围的要慎重处理，在本级职责范围内并具备解决条件的，应及时研究、妥善解决；目前还不具备必要条件或需要上级主管部门协调解决的，应及时报告请示，同时要与信访人员及时反馈沟通，取得理解。只要我们的工作注意及时、主动并确有诚意，认真按政策法规要求，善于换位思考，设身处地去做工作，就可能有效防止和降低初信、初访转化成重信、重访，就有可能较好地防止和降低初信、初访演变成重信、重访甚至反复的缠闹访问题。

要继续做好信访矛盾的摸底排查和预发信息的分析研判工作。目前，摸底排查和预发研判主要针对可能出现的突发性和较大规模跨省区越级群体上访特别是奥运会期间重大国事期间的群访问题。不论是协解人员还是发生业务纠纷的客户类群体，他们与我行都没有劳动合同或行政隶属关系，他们的动向、行为和自发的组织活动难以确定和把握，但是根据现实的国情特点，为了最大限度地减少可能对我行改革发展带来的负面影响，维护社会和谐稳定，取得地方党委政府和社会的理解、帮助和支持，存在群体上访突发矛盾和潜在隐患的各级行特别是基层机构务必要从维稳的大局出发，务必妥善安排一定的人力、精力，积极配合当地维稳部门把摸底排查这项“分外”的工作尽力做好，通过信访信息尤其是极少数重点人串联惑众、组织非正常上访活动情况的事前了解和及时沟通，使有关部门加大预警工作力度，使可能酝酿扩大的矛盾“稳定在基层，化解在当地”。在这方面，不少单位为顾全大局影响、维护全行利益，做了大量工作，今后还要继续做好摸底排查和信息报告工作。6 月 28 日，中央召开联席会议，部署了县（市、区）委书记大接访和中央、国家机关干部下访工作，宗旨就是贯彻“把问题解决在当地，把矛盾化解在基层”的要求，大接访和下访工作由地方党委和中央信访督导组统一领导，这为我们集中处理信访矛盾和处置上访难题提供了很好的工作时机和有利条件，有关分行要抓住时机，一方面对本区域内频发的信访特别是群体非正常上访问题要加强重点防范和处理，另一方面要善于借助有利条件和地方党委政府统一领导的力量，积极做好配合、支持、协助的各方面工作。

要全力做好信访矛盾纠纷和信访突发事件的积极化解和妥善处置工作。根据几年来各级行处理信访特别是上访突发矛盾的工作经验，除做好日常性信访问题的及时处理、不累积矛盾外，有几个关键环节仍需引起重视：一是坚持做好接访工作。通过接访安排，尽力稳定上访人员可能冲动的情绪，避免上访人员以不接访为由扩大和激化事态，同时，直接了解和掌握上访人员的真实心态和动机，分析研判上访行为可能的发展趋势。做好接访既是争取处置工作主动权、有效化解矛盾的积极姿态，也是正面宣传和加强政策法规教育的有利时机。接访中也要注意做好自身安全防范准备。二是加强与所在地区党政有关部门的日常联系和及时沟通，做好必要的工作汇报，取得他们的理解和帮助。当出现非正常上访等群体性事件及其他违法、违规问题时，坚持在他们的有效介入和统一领导下，积极做好配合工作。三是高度重视、慎重处理并妥善维系好与新闻媒体单位的联系，主动加强与他们的信息通报，取得他们对我行改革发展和经营管理的理解和支持，并为他们及时提供可能出现的事件、问题的真实信息材料，防止出现内外宣传报道后可能发生的被动局面。

要做好重信、重访问题的专项治理。重信、重访问题一般时间跨度久、情况复杂、处置难度较大，是引发信访突出矛盾的主要问题。最近中央处理信访突出问题及群体性事件联席会议《关于集中开展重信、重访问题专项治理工作的实施意见》提出，为保证今年和今后一个时期大事、特事的正常运行，要求把重信、重访治理工作当做一项重要任务妥善抓好。由于多种原因，目前全行重信、重访数量处于高位运行，2007 年，总行信访办公室和纪检监察部受理各类来信在全行总量的占比提高了 10 个百分点，其中重信占较大比例；接谈各类重访 62 批次、552 人次，与 2006 年相比分别均有上升。重信、重访处置牵扯各级组织较多的工作精力，有必要集中时间妥善处理。一是进行一次全面梳理。各行对辖内同一信访人相同问题来信或来访三次以上，目前仍未息诉、息访的信访件进行全面清理、分类分析。二是研究解决和处理意见，明确责任主体，落实承办单位和人员。三是加强各方联动和综合治理，按照《信访条例》规定进行复查、复核，必要时可尝试举行公开听证，并将听证意见向社会公示，与地方或司法部门有关联的重信、重访问题，可商请当地信访联席会议或有关部门帮助处理，还可以充分借助近期中央决定开展的大接访、中央下访督察工作机会，在立足自己的问题、以自己为主解决的同时，还可以把我们遇到的一些难点信访问题商请有关部门帮助处理。总之，力争降低重信、重访件数，实现息诉、息访要求。

（四）严密组织领导，落实信访责任

今年的信访工作特别是妥善处理初信、初访，降低重信、重访，及时化解群体性事件及非正常上访突出矛盾等任务繁重，各级行要加强对工作的组织领导、及时研究部署、加大工作力度、落实领导责任。“一把手”作为第一责任人，应切实负好总责；分管领导应做好过细的组织和督导工作。

要理好旧账，负起历史责任。因经营管理需要，近来总行加大了分行及总行部门的岗位交流和调整。新一届党委和班子要根据本单位建设和管理发展要求，不回避包括信访问题在内的历史矛盾，妥善处理历史积累和遗留问题，防止信访矛盾日积月累导致扩大、激化，甚至形成法律和其他风险。

要落实责任和追究制。目前全行信访状况不尽平衡，各行要根据本行实际，按照“属地管理、分级负责”和“谁主管，谁负责”的原则，明确信访工作各责任部门及其具体职责，承担和履行综合协调、受理（办信、接访）处置以及政策法规的研究解答等工作。要细化工作方案和措施，逐级分解任务，并有效形成合力，确保信访办理和处置的责任落实到位、组织协调到位、问题解决到位、疏导稳控到位。要合理界定责任追究的原则。衡量和评价一个地区、部门或单位的信访工作情况，关键不在于信访量的多少，而在对信访问题的处理原则、方式，应当认真研究和解决的问题是否得到及时妥善处理。对因措施不得力、工作不到位甚至不按政策法规处理，造成工作被动和恶劣影响、引发矛盾激化、产生严重后果的，要坚决予以责任追究。

要通过关注信访特别是重要、重大信访事项及突出矛盾问题，指导经营管理工作的改革、调整和进一步完善。

同志们，在党的十七大精神指引下，在党中央和国务院以及总行党委的正确领导下，经过全行员工的共同奋斗，我们建设银行在建设中国特色金融业的道路上，正朝着预期的目标稳健推进。让我们坚持以科学发展观为指导，保持高度的政治责任心和历史使命感，同心协力、再接再厉，努力把信访工作进一步做深、做细、做实、做好，为维护建设银行的改革与发展，为促进社会和谐与进步，为确保北京奥运会圆满成功和改革开放30周年纪念活动成功举行作出新的贡献！

在深入学习实践科学发展观活动动员暨试点工作总结大会上的讲话

辛树森

（2008年10月7日）

刚才郭树清董事长作了重要讲话，对在我行系统开展深入学习实践科学发展观活动作了全面、系统的部署和要求。谢渡扬监事长传达了中央重要文件精神。按照中央的统一部署，建设银行被列为第一批开展学习实践活动的单位。总行本部和上海、河北、唐山分行本部于今年2月至8月集中开展了深入学习实践科学发展观活动试点工作，不再参加面上的学习实践活动，但要进一步巩固和扩大活动成果。试点分行下属分支机构要统一参加面上的学习实践活动。

根据《中共中央关于在全党开展深入学习实践科学发展观活动的意见》（以下简称《意见》）和《关于第一批开展深入学习实践科学发展观活动的实施意见》（以下简称《实施意见》）的要求，结合总行本部和试点分行前期试点经验，总行党委制定了《关于在全行系统开展深入学习实践科学发展观活动的实施方案》，将于近日下发全行执行。下面，就如何具体展开学习实践活动作两点说明。

一、按照各阶段环节扎实、有序地开展学习实践活动

根据中央《意见》和《实施意见》的安排，第一批学习实践活动从2008年9月开始，到2009年2月基本完成。分学习调研、分析检查、整改落实3个阶段，每个阶段包括3个环节，加上活动开始前的准备环节和活动结束时的总结测评环节，共有11个环节。各分行要紧密结合自身实际，认真抓好每个阶段、每个环节的工作，确保学习实践活动扎实、有序推进。

第一，准备环节。开展学习实践活动，做好思想准备、组织准备、工作准备是第一步。这是前期试点工作的经验总结。这一环节要着重抓好3件事：一是制订学习实践活动方案。二是成立领导小组和办事机构。三是筹备召开动员大会，10月中旬前安排部署，主要负责同志要亲自作动员讲话。各一级分行要把制订活动方案作为准备工作的重点，在认真调查摸底的基础上，围绕科学发展主题，设计有自身特色的实践载体，确定符合实际目标要求和切实可行的具体方法步骤。动员讲话稿不需要审批，活动方案报总行活动领导小组备案。

第二，学习调研阶段。学习调研是整个学习实践活动的基础，这一阶段要抓好学习培训、深入调查研究、解放思想讨论3个环节。一是学习培训。要采取中心组学习会、专题培训班、轮训班、研讨班等集中学习的方法，组织广大党员、干部认真学习党的十七大报告、《毛泽东邓小平江泽民论科学发展》、《科学发展观重要论述摘编》和胡锦涛总书记等中央领导同志有关重要讲话，二级分行以上党员领导干部还要学习《深入学习实践科学发展观活动领导干部学习文件选

编》。不同层次的党员干部要有相应的集中学习时间，领导干部要带头作学习报告。要创新学习载体和学习形式，引导党员、干部联系实际学、带着问题学，真正领会和掌握科学发展观的科学内涵、精神实质和根本要求，增强学习的效果。二是深入调研。要结合金融业的特点、面临的新形势、新问题和建设银行实际，着重围绕影响和制约科学发展的重大课题、客户和员工最关心的现实问题、有关学习实践科学发展观长远性和全局性的问题开展调研。领导班子成员要确定重点调研课题，采取联系点调研、基层岗位体验、上门走访客户等多种形式，带队进行调查研究，广泛听取客户和员工的意见和建议，着重梳理在贯彻落实科学发展观方面存在的主要问题，认真撰写调研报告，及时进行调研成果交流。三是围绕科学发展进行解放思想的讨论。各分行要在调研的基础上，就如何解决影响科学发展的认识问题开展解放思想的讨论。解放思想讨论要坚持实事求是、从实际出发，立足于开阔眼界、开阔思路、开阔胸襟，使之成为更新发展观念、转变发展思路、形成科学发展共识的有力推动。提高贯彻落实科学发展观的自觉性和坚定性。

第三，分析检查阶段。这一阶段是把认识成果转化为实践成果的关键阶段。要围绕《实施方案》提出的5个方面的重要问题，广泛征求意见、深刻分析原因、明确改进思路。这一阶段也要抓好3个环节：一是召开检查贯彻落实科学发展观情况的领导班子专题民主生活会。会前要认真征求各方面意见，对征求到的意见进行归纳整理；领导班子成员要撰写发言材料，进行自我检查；民主生活会要认真开展批评与自我批评，积极地分析问题、查找原因、提出建议，肯定对的、坚持好的，纠正错的、调整偏的，形成民主、团结、务实、创新的氛围。这次专题民主生活会可与年度民主生活会结合召开，可以适当扩大列席人员范围。二是形成领导班子分析检查报告。这是分析检查阶段的中心环节，也是整改落实的依据和方向。撰写领导班子分析检查报告，要充分运用前段深入调研、开展解放思想讨论、民主生活会的成果，突出检查分析问题、厘清科学发展思路这个重点，避免写成一般的工作性报告。县级支行领导班子是否撰写分析检查报告由所属一级分行党委决定。三是组织群众评议。领导班子检查分析报告形成后，要认真组织评议，广泛征求党员、群众的意见。参评人员既要有本单位的员工，也应有一定的基层单位和服务对象的代表，要注意吸收熟悉情况的人员参加。群众评议中提出的正确意见要体现到修改后的分析检查报告中来。分析检查报告和评议结果要在一定范围公开。评议可根据实际情况采取召开座谈会或书面评议等形式进行。

第四，整改落实阶段。学习实践活动的成效，最终要落实在整改实践上。这一阶段要抓好制订整改落实方案、解决突出问题、创新体制机制3个环节。一是制订整改落实方案。各分行要把领导班子分析检查报告中提出的整改措施目标化、具体化、责任化，做到“三明确一承诺”，即明确整改落实的目标、方式和时限要求，明确整改落实的具体措施，明确分管领导、分管部门的责任。整改落实方案制订后，采取适当方式公布，作出公开承诺；整改落实情况要向员工通报，接受员工的监督。二是解决突出问题。解决问题是突出实践特色的集中体现。要选准突破口和切入点，抓住那些既事关全局又有可能经过努力解决的问题，集中精力加以解决。要坚持量力而行、尽力而为，积极探索上下互动、左右联动等解决问题的有效途径。各分行、各部门情况不同，解决问题不要攀比，什么问题突出就解决什么问题。三是创新体制机制。这是学习实践活动取得实效的重要标志。要按照总行《实施方案》的要求，从学习实践活动一开始，就高度重视做好创新体制、机制的工作，要认真学习掌握党的方针政策和国家法律法规，充分借鉴学习调研成果，充分运用领导班子检查分析报告，勇于突破制约科学发展的体制、机制束缚。对于需要上下级行共同努力才能解决的体制、机制问题，可以向上级行提出建议。

第五，总结和测评环节。这是学习实践活动最后一个环节，各单位要认真总结学习实践活动取得的成效和经验，在此基础上做好满意度测评工作。主要测评两项内容：一是解决突出问题的满意度，二是对活动开展情况的满意度。要科学制定测评指标，合理确定参评人员范围，保证测评结果客观、真实，注意防止盲目攀比测评结果。

以上11个环节的各项任务，有的是阶段性的，有的则需要贯穿于学习实践活动全过程。例如，深入学习、解放思想、解决问题、完善机制等，都要自始至终抓好。这次学习实践活动不作统一转段要求，各分行要注意各个环节之间的互相联系和互相衔接，坚持进度服从质量，以每个环节的高质量保证整个活动的高质量。要注意讲成本、重实效，防止形式主义。

二、采取有力措施，务求学习实践活动取得实效

各级分行党委要从领会中央精神、制订实施方案、搞好思想发动等方面入手，扎实做好各项准备工作。做到思想上高度重视、工作上落实责任、组织上提供保障，确保学习实践活动各项要求落到实处。

（一）要加强组织领导，落实领导责任

学习实践活动在总行党委领导下开展。总行成立深入学习实践科学发展观活动领导小组，组长由总行党委书记、董事长郭树清同志担任，副组长由张建国、谢渡扬、辛树森同志担任，成员由总行党委委员担任。各一级分行也要成立以分行党委主要负责同志为组长的学习实践活动领导小组，设立日常工作机构。领导小组在党委领导下开展工作，主要职责有 4 项：一是贯彻落实中央有关指示精神，按照总行党委部署研究学习实践活动的有关重要事项，及时提出相关建议。二是根据中央精神和总行党委要求，对学习实践活动每个阶段的工作进行指导。三是了解掌握学习实践活动进展情况，发现和解决活动中遇到的问题，总结推广典型经验，做好宣传工作。四是加强对学习实践活动的督促检查，总行将派出指导检查组对各分行学习实践活动进行检查指导，各一级分行也要加强对分支机构的督导。

（二）要坚持从实际出发，鼓励探索创新

开展学习实践科学发展观活动的过程，是解放思想、改革创新的过程。要把改革创新精神贯穿于学习实践活动始终。学习调研要坚持改革创新，真学真信、真懂真用，切实转变不符合科学发展的思想观念；分析检查要坚持改革创新，按照科学发展观的内在要求查摆问题、分析根源、总结经验教训；解决问题要坚持改革创新，用改革的办法破解发展难题、用科学的思维推动理论探索；完善制度要坚持改革创新，突破影响和制约科学发展的体制、机制障碍；方式、方法要坚持改革创新，尊重基层创造，使学习实践活动开展得有声有色。

（三）要加强舆论宣传和引导，营造浓厚氛围

要高度重视学习实践活动的宣传工作，宣传开展学习实践活动的重大意义，宣传学习实践科学发展观的先进典型，宣传学习实践活动的部署、要求、做法、经验和成效。总行和各分行要编发学习实践活动简报，建设银行报和总行信息网站要设立专栏，加大宣传力度，努力营造开展学习实践活动的良好氛围。

（四）要把开展学习实践活动同推动当前各项工作紧密结合，做到两不误、两促进

各级分行党委要统筹安排学习实践活动各个阶段、各个环节的工作，做到有机衔接、前后呼应。要处理好完成业务工作与做好学习实践活动的关系，把开展学习实践活动作为推动各项工作的重要动力，作为提升科学发展水平的重要机遇，进一步激发广大党员、干部的积极性、主动性、创造性，努力做到抓学习、促工作、促发展，使我们建设银行的各项工作再上新台阶。

在建设银行纪检监察特派员培训班上的讲话

辛树森

（2008 年 10 月 15 日）

同志们：

这次纪检监察特派员培训班是在深入学习实践科学发展观活动向全行推开的大背景下举办的。10 月 7 日，总行通过视频召开深入学习实践科学

发展观活动动员暨试点工作总结大会，郭树清董事长代表总行党委，对前一阶段总行学习实践科学发展观的试点情况作了全面总结，对下一步各分支机构开展深入学习实践科学发展观活动作了动员和部署。这次特派员培训班，也是全行纪检监察系统深入学习实践科学发展观活动的一个组成部分。

这次培训班为特派员提供了一个集中学习纪检监察专业知识和相关技能、交流监督工作经验的平台，目的是要进一步提高纪检监察特派员的执行力和履职能力，提高基层行纪检监察工作的整体水平，为基层行加强内控、防范风险提供更好的支持保障。

总行对加强纪检监察特派员的培训十分重视。在总行下发的《中国建设银行纪检监察特派员管理办法》中明确："对新聘任的特派员，上岗前要组织纪检监察和有关业务知识的学习或培训。"总行还要求各一级分行、二级分行平时要加强对特派员的工作指导和培训。近年来，全行特派员队伍不断扩大，新加入这个队伍的人员较多，为尽快提高这支队伍的整体素质，今年初召开的全行纪检监察工作会议上提出，本年度总行要举办一期纪检监察特派员培训班。

为办好这次培训班，总行纪检监察部和有关分行做了大量准备工作。安排的培训内容很丰富：有深入学习实践科学发展观、进一步加强纪检监察特派员队伍建设的要求，基层业务主要风险点的识别及防控，对基层机构负责人经济责任审计和对基层业务审计发现的主要问题及防控方法，犯罪心理学与员工行为观察，基层发案特点、原因与员工行为排查，基层信访特点、原因及信访核查、处置，授信业务责任认定方法，纪检监察特派员工作内容及方法等课程设置。除纪检监察条线的同志介绍情况外，还聘请了总行有关部门的专家和大学教授为大家授课。

培训班能不能办得很成功，关键还要看学员们的努力。参加培训班的学员，多数是来自基层的特派员，平时工作非常繁忙，能参加总行举办的培训班机会不多。还有一部分学员是分行纪检监察部的负责同志，分行的同志肩负着承上启下的重任，也需要加强学习、积累知识，这样才能更好地领会上级的精神、指导下级的工作。这次培训班时间很短、课程安排很满、学习任务很重，希望参加培训的全体学员要珍惜机会，集中精力搞好学习。

下面，我对加强特派员工作讲几点意见。

一、全行特派员制度的建立和发挥作用情况

我行于2005年在全行推行纪检监察特派员制度。经过近四年的实践，纪检监察特派员制度在促进基层机构依法合规经营、加强内控管理、有效遏制案件和违规事件发生等方面发挥了积极作用。

（一）特派员制度建立的主要经过

20世纪末到21世纪初，全行基层机构案件高发，基层机构负责人涉案较多，防范案件风险的重点需要放在基层。当时，全行对基层机构的管理相对薄弱，对基层机构负责人的监督不到位，存在"上级监督太远、同级监督太软"的情况。为加强内控管理、防范案件风险，总行在2001年全行纪检监察工作会议上提出，要加强纪检监察干部的集中统一管理，保证纪检监察部门开展工作的相对独立性和权威性。此后，山东、甘肃两个省分行率先试点，对基层机构派驻了纪检监察特派员，逐步积累了经验。为落实中央纪委提出的"国有企业在改革中要做到纪检监察机构加强、纪检监察力量加强和纪检监察工作加强"的要求，总行纪检监察部在建设银行进行股份制改造初期，对山东、甘肃两个省分行推行特派员制度的情况进行了深入调研，认为向基层机构派驻特派员有利于全行加强对基层机构及其负责人的监督管理，有利于进一步遏制和减少案件的发生，并能较好地落实中央纪委"三个加强"的要求。因此，总行党委在报送中央纪委的《中国建设银行纪检监察组织机构设置方案》中，除了明确建设银行各级机构有党委的要设立纪委及其办事机构外，还明确要对全行的基层机构推行纪检监察特派员制度。2005年，总行下发了《中国建设银行纪检监察特派员管理办法》（以下简称《办法》），明确了特派员监督的对象与重点，任职条件与竞聘办法，职责与权限，对特派员的管理与考核、奖惩与解聘等内容，并在通知中要求各分行做好特派员选聘、培训、考核、激励等方面的配套工作，强调要坚持公开竞聘的办法，确保公开、公平、公正、择优选聘特派员，不能把特派员作为安置、照顾人的岗位；要做好对特派员的培训，使他们在工作内容、工作方法的掌握上少走弯路；要坚持特派员定期到派出行汇报、交流

工作制度，派出行纪检监察部门要加强对特派员的日常考察和定期考核，督促特派员敬业和廉洁；要在人员使用、收入待遇等方面强化对特派员的激励和约束措施。由于办法比较完善、管理比较规范，因而特派员制度的建立起点较高。许多分行根据总行《办法》要求，结合辖内实际，积极稳妥地进行了试点。随着特派员试点工作的逐步展开，全行基层纪检监察力量得到了加强。

（二）目前全行特派员配备情况

据统计，截至去年6月底，全行纪检监察特派员共1 407人，其中专职特派员585名，占42%，兼职特派员822名，占58%；截至今年6月底，全行纪检监察特派员增加到1 466人，其中专职特派员828人，占57%，兼职特派员638人，占43%，专职特派员数量有了明显增加。目前，有30个一级分行对基层机构全面或部分推行了纪检监察特派员制度。

（三）特派员队伍的素质情况

总行下发的《特派员管理办法》规定了政治素质好、学历大专以上、在建设银行连续工作满5年等任职条件，加上各分行严格选拔，保证了特派员队伍的整体素质较好。主要表现在：一是政治素质高。专职特派员都是党员。二是学历高。在专职人员中，大学本科以上学历占55%，大学专科学历占45%，大学本科以上学历的占比高于全行平均水平。许多特派员具有会计师、经济师、工程师、律师或助理会计师、助理经济师、助理工程师等业务职称。三是业务经历丰富。在专职人员中，有许多同志分别从事过会计、信贷、储蓄、财务、市场营销、运营管理等业务，有相当一部分同志长期在基层从事管理和实务操作，有一些同志担任过基层机构负责人职务，对相关业务比较熟悉，对基层行的风险防控也比较了解。四是工作能力较强。许多同志走上特派员岗位后，很快就能进入角色，在工作中不但善于发现问题，而且能够促使问题及时解决，多数同志沟通和组织协调能力较强，不少同志在工作思路和方法上有创新。

（四）推行特派员制度的作用和效果

从几年的实践情况看，实行特派员制度主要有以下作用和效果：一是增强了上级行对基层行的监督管理力度。特派员制度的建立，使上级行对基层机构、网点及其负责人的监督管理工作得到加强，较好地实现了风险防范关口向基层一线前移。特派员不但能及时发现并向派出行报告基层行存在的问题，而且能跟踪督促问题的整改，及时堵塞管理漏洞，消除风险隐患。其结果是更好地保护了基层机构负责人和重要岗位员工不出或少出问题，对防范和减少基层案件和风险的发生发挥了积极作用。1996—2004年全行平均每年发生案件157件，2005年为72件，2006年为55件，2007年为18件，今年到目前为止有7件。案件下降，是总行党委和各分行党委对防控案件高度重视、全行上下共同努力、多种因素共同作用的结果，其中，特派员制度的建立是减少案件发生的一个重要因素。二是使纪检监察条线在基层的监督力量得到加强。实行特派员制度的基层行，原有纪检监察人员职数基本不变。通过改变管理体制和用人机制，把原来基层行班子推荐和基层行主要负责人领导下的纪检监察员改变为上级行公开选聘和派驻基层行、把基层机构主要负责人作为重点监督对象的特派员，由于地位、职责、权限、人员、管理的变化，使纪检监察条线在基层的监督力度和监督效率大大提高；同时，使纪检监察队伍向知识化、专业化、年轻化迈进了一大步，初步解决了基层机构纪检监察监督力量薄弱的问题。三是为培养和锻炼优秀干部提供了较好的平台。特派员独立开展工作，有利于充分发挥工作的主动性、积极性和创造性。在特派员这一特殊岗位工作，对于提高政治素质和组织协调能力、全面熟悉掌握业务知识、增强风险防范意识都很有帮助。有的分行通过特派员岗位，培养了不少专家型和管理型人才。有的特派员工作力度很大，成为基层机构负责人在加强内控管理方面的得力助手。

二、各分行要进一步加强特派员队伍建设

（一）充分认识加强特派员队伍建设的重要意义

加强特派员队伍建设是巩固案件防控成果的需要。近年来，全行持续开展案件防控及整改工作，加大专项治理力度，从体制、机制、制度、科技、教育、监督、惩处等方面入手加强防控和整改，初步建立起"领导高度重视、部门各司其职、条块密切配合、全员广泛参与"的综合治理体系，经过全行上下的共同努力，特别是纪检监察战线上同志们付出了辛勤劳动，使案件防控工作取得了显著成效，实现了案件总数、百万元以上案件数量、涉案总金额、案件损失金额四项指标逐年下降，有章不循、违章操作现象明显减少。这其中，派驻基层机构的特派员们做了很多艰苦

而细致的工作，特派员通过近距离加强对基层机构负责人的监督，经常观察、了解员工行为，开展反腐倡廉和防范风险教育，参与对业务关键风险点的检查，强化了对基层机构的监督机制，促进了基层机构的内控管理工作，为全行案件的持续大幅下降作出了积极的贡献。在此，我代表总行纪委，对在基层机构辛勤工作的特派员们表示衷心的感谢！

虽然现在案件相对以往减少了，但是我们在思想上不能麻痹、工作上不能松懈。案件减少是我们采取了各种措施，并且大家长期共同努力的结果，一旦我们思想上麻痹、工作上松懈，许多措施就会失灵，案件就可能卷土重来。最近，个别基层行又发生了重大案件，负面影响较大，这提醒我们，案件随时都可能发生，所以各级机构、纪检监察部门及特派员们都要保持清醒的头脑。同时，我们还要看到，目前我行的管理还存在不少薄弱环节，外部监管机关、审计部门以及内部检查每次都会发现许多问题。当前，全行正在实施战略转型、经营方式转变、业务流程再造、组织机构改革、人员岗位调整，面临许多新情况、新问题，在制度建设滞后于改革创新的情况下，如果我们的监督管理再跟不上，就可能留下重大风险隐患。长期以来，80%以上的案件发生在基层，40%左右的涉案人员是基层负责人，案件风险主要在基层，这一格局现在变化不大。根据建设银行的实际情况，我们在今年初全行纪检监察工作会议上提出了“反腐倡廉抓班子、案件查防抓基层”的要求。加强纪检监察特派员队伍建设是落实“案件查防抓基层”的一项重要措施，是使案件风险防范的关口前移、进一步提升基层行内控能力的需要。

（二）认真做好特派员的配备选聘工作

一是要积极稳妥地扩大特派员队伍对基层机构的覆盖面。2005年，总行下发特派员管理办法时已明确，要结合实际推行特派员制度。过去已经试点的分行，要认真总结经验，进一步完善特派员制度。其他分行要借鉴试点分行的经验，结合辖内实际，积极稳妥地推行。现在已过了近四年时间，各分行之间发展很不平衡，有的领导很重视，特派员配备到位，效果也比较明显；而有的领导重视不够、推进不够理想，特别是有的案件和违规问题较多的基层机构还没有配备特派员，这种情况必须得到改进。结合实际推行特派员制度的基本要求不变，但我们要进一步强调：近两年来案件和违规问题较多的基层机构要配强、配足纪检监察特派员，现在未配备的要尽快配备到位；少数还没有配备特派员的分行，要抓紧研究，积极推进这项工作，特别是人员多、业务量大、离上级行较远的基层机构，更应尽快配备特派员。二是要配精、配强特派员。特派员的基本素质如何，直接关系到特派员作用的发挥、关系到基层纪检监察工作成效的好坏，因此，一定要搞好特派员的选聘工作。一级分行要与基层行一起把好特派员的“入口”关。希望各级行在特派员选聘工作中坚持高标准，严格按照特派员管理办法规定的任职条件和选拔程序择优选聘，确保选聘的特派员在年龄、学历、工作经历、政治面貌等方面“硬件达标”，并在热爱纪检监察工作、熟悉建设银行业务、有强烈的事业心和责任感等方面“软件达标”。

（三）切实加强对特派员的管理和考核

加强对特派员的管理考核，对于促进特派员增强工作责任心、调动工作积极性十分重要。同时，这也是从另一个角度关心、爱护特派员。各级行在对特派员的管理考核工作中，一是要建立健全相应的规章制度。明确特派员工作任务、岗位职责，以及考核管理方面的措施要求，使特派员对自己该做什么、做了什么、做得怎样等心中有数，使派出行对特派员的管理、考核有据可依。二是要确保特派员工作的独立性和权威性。对特派员的选派、考核、奖惩、交流、培训等由派出行统一管理；特派员工资和福利待遇的发放、差旅费的报销等，由派出行严格管理掌握，使特派员能在基层行更好地履行监督职责。三是要强化对特派员日常工作的监督管理。要求特派员建立规范的工作日志，定期向派出行纪检监察部门提交工作报告，每年向派出行纪检监察部门述职述廉，派出行将特派员工作日志、工作报告和述职述廉报告作为对特派员考核的重要依据。派驻行要协助派出行做好对特派员出勤、参加组织活动等方面的日常管理工作。

（四）要为特派员的工作学习生活创造良好的条件

特派员工作任务繁重，并且按规定要异地交流任职，生活条件比较艰苦。各级机构和纪检监察部门要关心、关怀特派员。一是要为特派员营造良好的工作环境。派出行应按规定给予特派员相应的职级待遇，畅通特派员工作汇报路线，积极鼓励、支持特派员大胆行使监督职权。派驻行领导及其他员工应积极支持配合特派员工作，不得以各种方式拒绝、阻碍特派员按照授权和规定程序正确履行职责。二是要为特派员多提供学习培训机会。特派员从事监督工作，既要掌握纪检监察专业知识，还要熟悉银行各方面的业务和管理知识。各级行要加强对特派员的教育培训，定期举办特派员业务培训班，结合每月工作汇报进行业务交流座谈，创造条件让特派员参加各类银行业务知识培训班，全面提高特派员的知识水平和工作能力。三是要为异地交流的特派员提供必要的生活保障。四是要为特派员的长远发展创造条件。特派员岗位是培养锻炼干部的重要渠道之一，各分行可以挑选优秀人才到特派员岗位进行锻炼培养，并形成特派员队伍良性的进入和输出机制，将特派员岗位建设成为锻炼人才、培养人才的一个基地。

三、对特派员的几点要求

（一）积极参加深入学习实践科学发展观活动，把科学发展观的要求贯彻到具体工作中

科学发展观集中体现了马克思主义中国化的最新成果，是我国经济社会发展的重要指导方针。纪检监察工作也必须坚持以科学发展观作为指导。

当前，我行改革发展的势头很好，为客户服务的流程、渠道、技术、产品等都在不断改进，内部管理的体制、机制、制度、监督、问责等不断完善。上半年经营业绩继续增长，全行实现净利润达到587亿元，同比增长71%。但是，我们还要看到，当前的外部形势对银行的负面影响增大，由美国金融危机引发的全球金融市场动荡加剧，对我行也造成了一定影响。国内经济金融形势也存在很多不确定性因素，我们必须居安思危。

刚刚闭幕的党的十七届三中全会重点研究了农村改革问题，同时也分析了经济金融形势，强调必须增强忧患意识、积极应对挑战；要保持经济稳定、金融稳定、资本市场稳定，保持社会大局稳定，继续推动经济社会又好又快发展。全行要认真学习贯彻三中全会精神，面对当前复杂的国内外经济金融形势，进一步提高风险防范意识，研究制定风险防范对策，尤其要提高防范系统性风险的能力。包括特派员在内的纪检监察干部更需要增强忧患意识，为降低金融风险多做工作。

全行纪检监察干部要牢牢掌握和自觉地运用科学发展观的精髓和要求，以指导和推进纪检监察工作和反腐倡廉建设。在基层工作的特派员，更要注意把科学发展观的要求贯彻到具体工作中。

（二）充分认识学习的重要性，增强学习的自觉性

学习是个人增长才干、提高素质的重要途径，是做好各项工作的重要基础。纪检监察工作的政治性、政策性和实践性很强，不加强学习，就很难履行好职责。随着全行改革的不断深入，纪检监察部门的工作职能也在转变，纪检监察工作已融入了建设银行的各项业务当中，总行的纪检监察部门就经常与业务部门一起分析案件发生原因，共同研究防范措施。目前，全行各方面业务和产品的创新步伐很快，不要求纪检监察干部都成为银行业务专家，至少也要对各方面的业务有所了解，不做“门外汉”。为此，要求我们必须加强学习。纪检监察特派员的工作没有现成的模式可以照搬，需要我们在实践中不断学习，在学习中不断实践，在学习和实践中不断总结提高。特派员的岗位是一个有重要使命的岗位，能到这个岗位工作，是组织上对大家的信任。同时，这个岗位也为大家提供了学习更多知识的机会和条件。但是，要抓住机会和条件，需要责任心和自觉性，关键还要看大家的努力。我相信大家都能够充分利用在特派员岗位工作的机会，加强学习，不断提高自身素质。

（三）严格要求自己，树立特派员的良好形象

纪检监察特派员不是一个简单的称号，他代表了至少三个特殊的身份：一是共产党员；二是纪检监察干部；三是上级行特别派出的人员。无论从哪种身份来说，我们都要高标准、严要求。共产党员，是我们选拔特派员的基本条件。作为党员，必须发挥先锋模范作用，无论在学习、工作和生活作风上，都要做出表率，忠于党的事业，为党的事业多作贡献，不做违反党纪国法的事情。作为纪检监察干部，是监督别人的人，一方面要善于发现问题，督促纠正问题或帮助解决问题；另一方面自己要行得正、站得稳。“己不正焉能正人”，要求别人做到的事自己首先做到，要求别人不做的事，自己坚决不做，这是一个基本的原则。严格要求自己，是大家能正确地履行职责、行使权力、发挥作用的基础。作为上级行派出的人员，要时刻牢记自己是代表上级行在行使权力，一言一行不仅影响着自己的形象，而且影响着上级行的形象，同时影响着纪检监察队伍的形象。纪检监察特派员要特别注意自觉地管住、管好自己，经常“自重、自省、自警、自励”，在各方面都要严格要求自己，起表率作用，“做党的忠诚卫士，当群众的贴心人”。

（四）讲究工作方法，正确履行好职责

特派员身份特殊，除了行得正、站得稳以外，还必须讲究工作方法。第一，要有全局意识、政策意识和法纪意识，防止片面性、主观性和随意性。第二，要注意处理好与派驻行的关系，尊重派驻行的同志，对基层行领导人员和全体员工发展业务、提高效益的积极性要给予支持和保护。对特派员职责范围内的工作，要主动加强与派驻行班子成员，特别是与主要负责人的沟通与交流，争取他们的理解和支持。对上级行布置的纪检监察工作，要结合派驻行实际，主动向派驻行领导班子提出贯彻的意见，当好他们的参谋。第三，对基层行经营管理上存在的问题，要多提醒。对违规、违纪问题，该制止的要制止，该报告的要报告。对苗头性问题要有敏感性，要善于发现蛛丝马迹和识破假象。第四，要搞好组织协调工作。对党风建设和反腐倡廉工作，特别是对防范案件和风险的任务，要按照“谁主管、谁负责”的原则，督促派驻行有关人员认真担负起各自的工作职责，引导他们主动开展工作。第五，要注意抓好工作落实。对上级行的有关部署和要求，要组织好检查、考核和责任追究等方面的工作，确保上级行的部署和要求落到实处。第六，要加强调查研究。特派员交流力度较大，新到一个地方，先要深入群众，全面了解派驻行的情况，摸清底数，然后提出切实可行的工作思路和计划。平时，要结合学习和实践，研究思考一些问题。总行要求分行纪委书记和纪检监察部负责人每年写一篇调查报告或研究文章，希望特派员在这方面也有所表现，为进一步提高全行的纪检监察工作水平作出贡献。

（五）突出工作重点，加强案件防范和对领导人员的监督

特派员除日常工作外，最重要的工作是两项：一是加强案件和重大违规事件的防范。基层行易出案件和违规事件，所以，特派员要把协助基层行加强案件和重大违规事件防范作为头等大事，积极协助派驻行开展案防教育，加强规章制度的学习和培训，加强业务操作关键环节的检查，加强对员工不良行为的了解和排查。要经常关注苗头性问题，一旦发现，就要督促及时采取措施、堵塞漏洞、消除隐患。其他银行发生了案件，也要注意自己所在的机构有没有类似的问题，需不需要采取相应的措施。二是加强对领导人员的监督。对领导班子及其成员尽职尽责、遵法守规、廉洁自律、民主集中制、重大问题决策、选人用人、财务开支、内控管理等方面，要敢于监督，对失职行为要及时向派出行反映，不符合规定和要求的事项要及时、有针对性地提出整改建议，并对整改工作进行督促和检查，确实起到特派员应有的作用。

纪检监察特派员制度是我行在新形势下进一步推进纪检监察工作的有益尝试。这是一个新的体制、一项新的探索，需要大家去实践、去开拓创新。大家的工作开展得如何、能否取得良好效果，直接影响着这项制度的生命力。希望大家在各自的岗位上勤奋学习、努力工作、开拓进取，争取不负党委厚望、不辱纪检监察使命，为基层行加强内控、防范风险作出更大的贡献。

在中国建设银行第二届职工代表大会第一次会议上的讲话

辛树森

（2008年11月11日）

各位代表、同志们：

在全党认真学习贯彻党的十七届三中全会精神的形势下，我们迎来了中国建设银行第二届职工代表大会第一次会议的召开。会议的任务：高举中国特色社会主义伟大旗帜，坚持以邓小平理论和“三个代表”重要思想为指导，认真贯彻落实科学发展观，按照中国工会第十五次代表大会关于建设中国特色社会主义工会的要求，研究部署今后一个时期全行工会工作和职工代表大会建设。总行党委对这次会议非常重视，总行党委成员集体出席会议，党委书记、董事长郭树清同志代表总行党委向会议致了祝词，党委副书记、行长张建国同志作了关于今年全行经营形势的报告。下面，根据大会的安排，我把近三年的工会和职工代表大会建设情况向大家作一个汇报。

一、三年来全行工会工作和职工代表大会建设主要情况

2005 年以来的三年是不平凡的三年。面对复杂多变的形势和艰巨繁重的改革发展任务，全行各级工会坚持以邓小平理论和“三个代表”重要思想为指导，深入贯彻落实科学发展观，认真落实总行党委的指示精神，围绕中心、服务大局、发挥优势、履行职责，团结带领广大职工解放思想、改革创新，各项工作全面推进，在推动全行改革发展中发挥了应有的作用。

（一）加强职工学习教育，促进了职工素质的提高

为适应建设世界一流商业银行战略对全行职工和工会工作提出的要求，三年来，全行各级工会充分发挥“大学校”的作用，引导、帮助职工提高自身的素质，努力维护职工的精神文化权益。开展了“高举旗帜、科学发展、共建和谐”主题教育活动，引导广大职工认真学习邓小平理论和“三个代表”重要思想，学习实践科学发展观，用马克思主义中国化最新理论成果武装头脑，牢固树立中国特色社会主义共同理想。探索了职工思想政治工作的新方法、新途径，广泛开展了职工思想道德建设和精神文明创建活动，加大了对职工的人文关怀和心理疏导。贯彻人才强行战略，深入开展了“创建学习型组织，争做知识型职工”活动，强化了职工业务技能和岗位培训，加强了职工阅览室和图书馆建设，职工队伍学习成长的平台越来越丰富，终身学习的理念在职工中牢牢树立。坚持用先进典型示范引领职工，制定了《中国建设银行股份有限公司先进典型评选表彰暂行办法》，成立了先进典型评审委员会，规范了先进典型的推选工作，突出表彰和宣传了以“劳动模范”为代表的一大批不同类型的先进典型。三年来，共向全国总工会推荐表彰先进个人 6 名，向中国金融工会推荐表彰先进个人 118 名，总行表彰先进个人 206 名，广大职工比、学、赶、超，立足本职、争创一流业绩的热情空前高涨。加强了工会文化阵地和文体协会建设，积极开展了丰富多彩、健康向上的文体活动。三年来，总行工会分别举办了职工乒乓球比赛、职工羽毛球比赛和全行桥牌选拔赛；各一级分行都定期举办全行性的职工运动会和文艺汇演，以此来检验和推动本单位文化体育活动的开展；各基层工会根据不同时期和不同职工的需求，积极组织职工开展篮球比赛、桥牌比赛和书法、美术、摄影大赛等，有的还以“文体活动为载体、业务发展为目的”，会同业务主营部门，有计划、有组织地开展了一系列卓有成效的业务营销文体联谊活动。通过开展文体活动，激发了广大职工的工作热情和创造活力。

（二）坚持完善职工代表大会制度，深化了职工民主管理

根据总行党委的意见，2005 年我行在金融系统率先建立了职工代表大会制度。三年来，在总行党委的正确领导下，在总行各部门和各分行的大力支持下，第一届职工代表大会每年都按时召开会议。为保证职工代表大会一开始就步入制度化、规范化的轨道，制定了《中国建设银行股份有限公司职工代表大会议事规则》，对职工代表大会程序、规则、职权、组织及会议制度等相关事宜进行了确定，保证了职工代表大会在制度和法律范围内行使权力。职工代表大会的内容不断得到充实和丰富，全行发展的重大问题，如全行的发展战略、经营方针、长远和年度计划、体制改革方案以及涉及职工切身利益的改革方案，均提交给职工代表大会进行了审议，并广泛听取了职工群众的意见和建议。职工代表大会提案工作成绩显著，制定了《中国建设银行股份有限公司职工代表大会职工代表提案管理实施办法》，研制了《提案征集管理系统》软件，三年共征集职工代表提案 1 222 件，内容涉及经营管理、产品创新、科技开发、人力资源管理、薪酬管理、员工培训、制度法规、员工福利等多个方面。总行有关部门对职工代表提案高度重视，进行了认真研究和回复，提案回复率为 88.1%，职工代表对提案回复满意或基本满意率为 81.3%，提案征集

和办理情况都向职工代表大会进行了专门报告。加强了职工代表队伍建设，对各选区职工代表由于工作岗位变动等因素需要调整或缺额的，及时进行了补选，共按程序调整补选职工代表60人。职工代表能够依照程序和有关规定参加民主管理、行使自己的权利、履行相应的义务，较好地发挥了作用。在总行的示范带动下，全行各级机构均建立了职工代表大会制度。从三年来的实践看，推行职工代表大会制度，进一步完善了我行的公司治理结构，更好地落实了职工民主参与、民主决策和民主监督权利，对稳定职工队伍、凝聚人心、构建和谐环境，促进全行的改革发展发挥了重要作用。同时，广大职工在参与民主管理实践中，自身素质也得到了提高。中华全国总工会和中国金融工会给予了高度评价，认为在金融系统乃至全国，我行走在了前面，为金融系统在推动民主管理和维权机制建设方面积累了重要经验，具有里程碑意义。

（三）积极开展劳动竞赛，推动了中心工作完成

三年来，全行各级工会组织团结动员广大职工充分发挥主力军的作用，紧紧围绕全行发展战略和“以客户为中心”的理念，组织开展了各种形式的劳动竞赛，有力地推动了全行中心工作。2005—2006年，总行工会按照党委关于“努力改进和提高服务质量，使我行的服务工作焕然一新”的要求，联合有关业务部门组织了“全行柜面服务大比拼”劳动竞赛系列活动；2007年，总行工会联合总行12个部门在全行开展了“学业务、练技能、比服务、防风险”为主题的柜面业务竞赛活动，活动历时一年，覆盖了全行所有前台岗位，柜面业务人员参训率达到100%。这些形式多样的竞赛活动提升了柜面人员综合业务水平、服务质量和服务效率，增强了风险防范能力，加快了业务办理速度，缩短了客户等候时间，强化了“以客户为中心”的经营理念及服务文化。

（四）认真贯彻《劳动合同法》，构建了和谐的劳动关系

加强协调劳动关系、维护职工合法权益，是工会推动构建和谐的切入点。三年来，全行各级工会抓住发展和谐劳动关系这条主线，以《劳动合同法》颁布为契机，认真履行代表和维护职工合法权益的神圣职责，加大了维权力度、提高了维权水平，在构建规范有序、公正合理、互利共赢、和谐稳定的新型劳动关系方面做了大量有益的工作，发挥了应有的作用。大力开展了《劳动合同法》的学习宣传活动，通过案例分析、答疑解惑，提高了职工对劳动合同重要性的认识，形成了推进劳动合同工作的良好氛围。积极参与了《中国建设银行〈劳动合同法〉实施意见》、《劳动合同文本》、《劳动合同管理办法》的修订，充分反映了广大职工的意见和建议，从源头上保障了职工的权益。协助指导职工签订好劳动合同，不仅提高了劳动合同的签约率，而且确保了劳动合同条款合法、合规。目前与建设银行建立劳动关系的员工基本都签订了劳动合同。针对劳动合同实施过程中遇到的新情况、新问题，积极开展调查研究，推动有关部门加以解决。加强了劳动争议调解委员会建设，积极参与劳动争议调解工作，为维护全行的稳定发挥了作用。根据全国总工会和中国金融工会的统一部署，在全行广泛开展了创建劳动关系和谐企业活动，通过总结经验和表彰先进，大力加强劳动关系协调，有力地促进了全行社会主义新型劳动关系的建立。

（五）大力救助困难职工，营造了团结友爱的氛围

在改革发展过程中，由于各种原因，部分职工生活遇到了困难，全行各级工会把帮扶困难职工、维护职工权益作为维护稳定、促进和谐的大事来抓，为党委分忧、为职工解难。根据总行党委提出的“要加大对特困员工的帮扶救助力度，要把帮扶工作提高到营造关爱和谐氛围、保持员工队伍稳定、调动广大员工积极性的高度来认识”的要求，总行工会2005年制定下发了《关于进一步加强特困员工帮扶工作的意见》，要求各行加强职工互助基金建设，多渠道筹集资金，使帮扶工作实力不断增强。目前全行已经建立总行及一级分支机构、二级分支机构的三级职工互助基金帮扶机制，重点对生活特别困难的员工，包括内退分流人员和员工家属子女，给予安老、抚孤、助医、助学等方面的救助。互助基金建立以来，全行累计发放互助基金1 459万元，救助员工1 046人次（不含雪灾和地震救助的人数），其中，总行互助基金共实施了5次救助，救助金额为588万元，救助特困员工70人（不含雪灾和地震救助的人数）。与此同时，全行各级工会积极开展两节期间向困难职工送温暖活动，三年来全行各级工会慰问困难职工资金达4 500多万元，共慰问救助困难职工近30 000人次，其中，总行工会两节期间送温暖活动发放慰问金共计510万元，共慰问救助困难职工5 100人次。今年初南方部分省市发生了雪灾，5月12日四川、甘肃等省又发生特大地震，总行工会从互助基金和工会经费中分别下拨了130万元和89万元救助款，对在雪灾和地震中损失比较大的员工及时进行了救助。通过建立职工互助基金和开展送温暖活动，切实帮助了困难职工，得到了全行各级领导的肯定，赢得了广大职工的高度赞誉和大力支持，营造了全行对特困职工及其弱势群体的关爱氛围，增强了全行的凝聚力和向心力。大家普遍反映：建立职工互助基金和开展送温暖活动是总行党委立党为公、执政为民思想的具体体现，是构建和谐建行的重要举措，是总行党委企业文化建设的亮点工程。

（六）加强工会组织建设，提高了工会组织的凝聚力

2005年，总行党委作出了《关于在股份制改造中加强党对工会工作领导的意见》（以下简称《意见》），对全行工会组织建设提出了具体的要求。各级分支机构认真贯彻总行党委的《意见》精神，从一级分行到二级分支行工会组织建设正在走向完善，工会组织做到有机构、有人员、有职责。全行有32家一级分行按照联合代表制组建了工会委员会，选举产生了工会主席、副主席。二级分支行已全部建立了工会委员会，选举产生了工会主席和副主席。加强了工会干部队伍建设，全行工会配备了937名专职工会干部。积极开展了创建“职工之家”活动，下发了《建设职工之家活动规范》，坚持“建家”标准。近年来，76个基层工会委员会被全国总工会、中国金融工会和总行工会授予了“模范职工之家”荣誉称号。

在看到成绩的同时，我们也清醒地认识到工会工作与总行党委的要求和全行职工群众的期盼还存在一定差距，主要是工会服务职工、维护职工权益的能力和水平还需要进一步提高，工会工作的运行机制、活动方式还需要进一步创新，工会干部联系职工群众、服务职工群众的意识还需要进一步加强。

三年的实践也使我们体会到，要做好工会工作和职工代表大会工作必须做到“五个坚持”。一是要坚持以中国特色社会主义理论体系为指导，认真贯彻落实科学发展观，全面提高运用马克思主义立场、观点、方法解决问题的能力，切实提高用科学发展观统领工会工作全局的自觉性、坚定性。二是要坚持党委对工会的正确领导，坚决贯彻执行党的路线方针政策和总行党委的决策部署，把对党负责和对职工群众负责统一起来，通过创造性地开展工作，把党委的主张真正变成广大职工的自觉行动。三是要坚持服从、服务于全行工作大局，自觉把工会工作放到全行工作大局中去思考和部署，在全行改革发展中找准位置、体现价值、发挥作用。四是要坚持把维护职工合法权益的职能放在突出位置，倾听职工呼声、反映职工愿望、解决职工困难，把广大职工的积极性保护好、引导好、发挥好。五是要坚持推进工会工作创新，逐步形成适应新形势、新任务要求的工会组织体系、运行机制和工作方法，使工会工作在继承中发展、在创新中前进，进一步增强工会工作的科学性、系统性、预见性，使工会工作更好地体现时代性、把握规律性、富于创造性。

二、今后三年全行工会工作和职工代表大会建设的主要任务

今后三年，随着改革开放继续深入，我行职工队伍的思想观念、利益诉求、民主意识等将会出现新的变化。贯彻落实科学发展观，实行全行经营方式的转变，建设世界一流商业银行，促进职工全面发展，促进和谐建行建设，要求全行各级工会肩负起共同使命，承担起繁重任务。全行工会工作的机遇前所未有，挑战也前所未有，机遇大于挑战。我们一定认真贯彻中国工会第十五次代表大会对工会工作提出的新要求，按照总行党委的战略部署，适应全行改革发展的需要，顺应广大职工的期待，在服务大局和服务中心中展现新作为，在依法科学维权中作出新贡献，努力开创全行工会工作新局面。

（一）不断提高职工队伍素质，团结动员广大职工为推动全行又好又快发展作出更大贡献

不断提高职工队伍的素质，培养和造就一支高素质的职工队伍关系到职工全面发展、关系到全行竞争力的提高，既是维护职工权益的关键所在，也是工会新时期的战略任务。要在广大职工中深入开展学习实践科学发展观活动，引导广大职工用科学发展观武装头脑，带头落实总行党委关于转变银行发展方式、推进战略转型和结构调整的重大决策。要在广大职工中深入开展社会公

德、职业道德、家庭美德教育，推动创建文明单位等群众性精神文明创建活动的开展，在职工中倡导健康、文明的生活方式。要主动争取有关部门的支持，创新职工技能素质培训的方法、载体和手段，全面提升职工培训质量和水平，让每个职工都能及时掌握工作所需的新知识、新技术，促进职工业务素质不断提高。要积极开展劳动竞赛，引导职工立足本职岗位建功立业。要继续开展“创建学习型组织，争做知识型职工”活动，认真总结交流经验，加强对活动的领导，把“争创”活动引向深入，在全行形成天天学习、终身学习、全程学习和团队学习的机制，促进职工更新思想观念，提高职工学习能力、创新能力、竞争能力，推进职工队伍知识化进程。要大力宣传先进典型，发挥先进典型的带头示范作用，在职工中形成学习先进典型、尊重先进典型、崇尚先进典型、争当先进典型的良好氛围，为全行的改革发展提供强大的精神动力。要加强对文体活动的投入，加强工会文体阵地和文体协会建设，积极开展文体活动，丰富职工业余文化生活，最大限度地满足职工不同层次的精神文化需求。

（二）以完善职工代表大会制度为重点，把全行民主管理工作不断推向新的更高的水平

职工代表大会是企业推进民主管理工作的基本形式，是职工群众行使民主权利的重要平台，是维护职工合法利益的重要制度。我们要坚决贯彻中国工会第十五次代表大会精神，以丰富内容、创新形式、规范程序为重点，进一步完善职工代表大会制度，提高职工代表大会的质量。要根据有关法律法规，进一步充实职工代表大会内容，坚持做到：该向职工代表大会报告的，都要向职工代表大会报告；该由职工代表大会讨论的，都由职工代表大会进行讨论；该由职工代表大会讨论通过的问题，都应提交职工代表大会讨论通过，全面落实职工代表大会的职权。要进一步加强职工代表大会提案工作，每次会前都要深入宣传会议的中心议题和提案重点，发动职工以主人翁姿态关心全行的改革发展，积极提出意见和建议；要认真整理职工提案，对于确定要落实的议题，认真组织督促落实，并及时向职工反馈；要创新工作方法，对提出好的提案的职工和落实提案工作做得好的部门，给予表扬和奖励。要加强对职工代表的培训，帮助职工代表掌握职工民主管理的政策法规、经营管理知识，熟悉职工代表大会规则、操作程序、职权行使及相关内容，提高调查研究和综合分析能力，从而提升参与管理的素质。要充分发挥工会在职工代表大会建设中的作用。工会是职工代表大会的工作机构，在职工代表大会召开过程中，工会组织承担着向党委汇报、与行政沟通、同职工联络的中枢作用；在职工代表的推选、培训、提案征集、职工代表大会的筹备和组织中，工会组织起着重要的组织作用；在职工代表大会决议的落实和职工提案的办理中，工会组织发挥着重要的监督作用。因此，工会一定要从履行自身职责、维护职工权益、促进全行发展的高度，配合有关部门做好职工代表大会制度建设工作。

（三）以加强协调和妥善处理劳动关系为重点，进一步促进全行劳动关系的和谐和稳定

积极协调和妥善处理劳动关系，是发展和谐劳动关系的重要手段。各级工会组织要立足特点、发挥优势，围绕劳动关系的建立、运行、监督和调处等关键环节，着力在健全和完善利益协调机制、诉求表达机制、矛盾调处机制、权益保障机制等方面下工夫。在建立健全利益协调机制方面，要健全完善定期向党委汇报制度、工会与行政部门联席（联系）会议、劳动关系三方协商机制，加强宏观参与和从源头参与；要联合有关部门推进劳动合同制度建设，推动全行全面实行劳动合同制度，提高劳动合同签订率，规范劳动合同内容；要抓好以工资为主要内容的集体协商，积极推行集体合同制度；要完善行务公开制度，落实职工的知情权、参与权、表达权和监督权。在建立健全诉求表达机制方面，要拓宽职工意见表达渠道，搭建多种形式的沟通平台，把职工群众利益诉求纳入制度化、规范化、法制化的轨道；通过深入基层，开展调查研究，建立职工维权热线，利用互联网等现代化信息手段，健全工会信息收集、整理机制；要加强舆论宣传工作，利用工会组织的宣传阵地表达职工的意愿、反映职工的呼声。在建立健全矛盾调处机制方面，要建立健全职工队伍状况、劳动关系矛盾的调查和分析机制，做好劳动争议信息收集、分析和评估等工作，及时发现矛盾苗头，完善矛盾纠纷排查工作制度；要加强法制宣传和普法教育，教育职工通过理性、合法的方式维护自身权益；要主动配合有关部门加强劳动争议调解工作，妥善处理职工群体性事件，努力把劳动关系矛盾化解在基层，解决在萌芽状态，维护职工队伍的稳定和全行的稳定。在建立健全职工权益保障机制方面，要加强劳动保护，促进职工特别是基层一线职工工作环境的改善；要加强困难职工帮扶工作，继续深入开展送温暖活动，加强职工互助基金建设，拓展帮扶范围，完善帮扶方式，提高帮扶水平，加大对困难职工的帮扶力度。

（四）进一步加强工会自身建设，努力提高工会干部的整体素质

不断推进工会自身建设，是做好工会各项工作的重要保证。全行各级工会要按照中国工会十五大的要求，全面加强工会的思想建设、组织建设、作风建设、能力建设，努力增强工会组织的吸引力和凝聚力，使工会成为学习型、服务型、创新型的职工群众组织。要进一步拓宽用人视野，改进选拔方法，把那些素质高、作风正、热爱工会工作的同志选拔到工会各级领导岗位上来，特别是一级分行、二级分行要将现存的工会工作委员会改为工会委员会，选举并配备主席、副主席。这项工作在总行党委的高度重视和关心支持下有了很大进展，我们还要继续努力。要加强工会干部培训，搞好理论、法律、政策等方面知识的学习，努力培养一批熟悉劳动就业、收入分配、社会保障、劳动保护和劳动法律的工会工作干部。要加大培养选拔优秀年轻干部的工作力度，搞好干部交流和轮岗，不断优化工会干部队伍结构，创造优秀人才脱颖而出的良好环境，更好地调动工会干部的积极性和创造性。要深入基层、深入群众、深入到实际工作中去调查研究，既要客观地、实事求是地向党委反映情况、提出建议，又要真心诚意地帮助职工群众解决实际问题，竭诚为他们办实事、办好事。

适应新的形势，不断充实和调整职工之家创建活动的内容和考核标准，从依法履行维护基本职责的要求出发，巩固和规范工会组织，落实工会各项重点工作，努力把建会、建制和建家工作有机结合起来，努力提高基层工会的整体工作水平，真正把基层工会建成受职工群众信赖的“职工之家”。

进一步加强对工会女职工工作的领导，支持和帮助女职工组织不断加强自身建设，充分发挥其应有的作用；要高度重视工会财务工作，坚持依法进行工会会费的收缴使用和管理；要不断加强各级工会经费审查委员会的建设，强化对各级工会经费的审查监督。

同志们，未来三年，任务艰巨、责任重大。我们一定要紧密团结在党中央周围，高举邓小平理论伟大旗帜，认真贯彻落实科学发展观，在总行党委的正确领导下，解放思想、锐意进取，努力推进全行工会工作的创新发展，为把建设银行建设成为世界一流商业银行而不懈奋斗。

在全行案件防控工作（视频）会议上的讲话

辛树森

（2008 年 12 月 24 日）

同志们：

今年，全行按照总行党委和董事会、监事会、高管层的要求，加强管理、改革创新，经营业绩又创新高，管理水平再上台阶。与此同时，案件防控工作也取得了新的成绩，案件数量和金额保持了持续下降的势头，特别是操作性案件得到了有效控制。今年发生在柜面部位的操作性案件只有 4 起，与去年同期相比，数量下降了 60%，占比下降了 22%。与贿赂案件等主要由于员工个人道德原因引发的案件相比，操作性案件更能准确反映一个银行风险管理的真实水平。操作性案件数量降到个位数是历史性突破，说明近几年我行紧紧围绕基层机构和基础性业务抓案件防控的措施发挥了作用，操作风险管控能力有了比较明显的提升。

在看到成绩的同时，我们也要看到，国际国内的经济、金融、社会环境动荡不安，银行的经营管理面临着新的问题和压力；全行的基础管理水平没有根本性的提升，屡查屡犯的问题仍然比较突出，案件尤其是大案反弹的压力仍然较大。因此，大家不能有丝毫懈怠，要再接再厉、长抓不懈。下面，我就做好下一阶段的案件防控工作讲几点意见。

一、持之以恒，高度重视案件防控工作

案件防控工作是全行反腐倡廉建设和风险管理工作的一项重要内容，全行上下都予以了高度重视。总行领导对案件防控工作更是严格要求、一贯支持。去年，总行开了三次像今天这样的视频会。今年，张建国行长、朱小黄副行长和总行党委、董事会、监事会、高管层的其他多位领导曾多次批示，强调全行要从案件中吸取教训，深入整改，在解决当前突出问题的基础上，建设防范案件的长效机制，促进案件形势根本好转。董事会风险管理委员会每次会议都将案件查防工作情况作为一项专门议题，听取汇报，提出要求。大家要深刻领会总行领导关于案件防控的指示要求，切实承担起“抓经营管理，保一方平安”的责任，切不可有丝毫的麻痹思想、侥幸心理和懈怠情绪。一旦发生案件，一大批人就要因此受到责任追究，所在机构也会人心不振、业务下滑、发展受挫。所以，大家一定要保持高度的警惕和清醒的头脑，常思案件之害、常怀忧患之心、常抓防控之策，持之以恒，长抓不懈。

二、脚踏实地，扎扎实实地抓好管理

今年初的全行纪检监察工作会议，就反腐倡廉建设和案件防控工作提出了“反腐倡廉抓班子，案件防控抓基层”的总体思路和要求，抓住了我行当前案件防控工作的主要矛盾，全行上下一定要深刻领会、坚决执行。

按照这个思路，抓案件防控要从两方面入手。

首先，要抓领导班子。抓住了领导班子，一方面，能促其合规经营、严格管理、廉洁从业；另一方面，通过领导人员的身体力行，可以带动员工合规操作、爱岗敬业。近年来，我行按照中央的要求，着力推进教育、制度、监督并重的惩治和预防腐败体系建设，先后出台并实施了“党委廉洁自律六项要求”、“简化公务接待的补充通知”、“领导人员廉洁合规从业八项要求”、“领导人员廉洁自律八条补充规定”等重要制度；按照中央的要求，根据管理的需要，总行还开展了对一级分行的巡视。下一步，总行还将出台《中国建设银行领导人员任前廉政谈话办法》和《中国建设银行领导人员任职前党委组织部听取纪委意见和纪委回复党委组织部意见试行办法》。通过巡视和严格执行廉洁从业的各项规定，促进了各级行领导班子廉洁从业、加强管理；增强了各级行领导人员的大局观念和风险意识，提高了各级行领导人员的政治素质、管理水平和执行力。但是，部分机构、少数领导人员仍然存在违反廉洁自律要求的现象，个别机构甚至发生了腐败案件。今年，我行查处了3起贿赂案件，其中2起案件的涉案人是一级分行内设部门的负责人，这是以前没有出现过的现象。

其次，要抓基层建设，增强基层抵御案件风险的能力。近几年，我行的操作性案件绝大部分都发生在基层机构。加强基层机构的建设，提高其风险防范能力，对于防范案件具有十分重要的意义。基层建设的内涵很丰富，涉及方方面面。基层的建设主要靠基层自己，但是也离不开上级管理机构的支持和帮助。作为上级机构，不仅要关注基层机构操作风险比较集中的现实，也要理解基层工作的难处，帮助他们找到解决问题的方法。基层的工作千头万绪，对外，要面向市场，承受竞争的巨大压力；对内，要带队伍、抓管理、任务很多，担子很重。因此，上级管理机构直至总行部门一定要坚持人性化管理，要树立服务基层的意识，把管理寓于服务之中，帮助基层出主意、想办法，以增强基层抵御风险的能力。

关心基层，需要着力的方面很多。就业务管理而言，其中有一条很重要，就是制度设计要立足于基层实际、作为上级行、我们会经常听到基层员工反映上级行的制度不十分符合基层实际、不便于执行、不能起到严密防范操作风险的作用。上级管理机构应当重视基层的声音。我们制定规章制度，一方面，要符合风险控制的实际需要，不能迁就、图省事、怕麻烦；另一方面，还要适应基层的执行环境，要通俗易懂、简便易行。

目前，基层机构统一配备了委派会计主管，有的机构和网点还配备了柜员主管、风险经理和纪检监察特派员。这些监督力量是我们抓基层管理的宝贵资源，一定要充分利用好，让他们在加强基层监督管理方面形成合力、发挥作用。对于基层的案件防控工作而言，纪检监察特派员在协助基层机构负责人抓管理、前移案件防控关口方

面应当而且可以起到重要的作用。对纪检监察特派员的工作，委派机构要严格要求，驻在机构要大力支持，纪检监察特派员自身也要严格自律，主动、大胆地开展工作，以良好的工作成绩来回报各方面的支持。

三、以人为本，加强员工从业行为管理

以人为本是科学发展观的核心，按照科学发展观指导和推进建设银行各项工作，就必须坚持以人为本，本着“实现好、维护好、发展好全行员工的根本利益”的原则，着力把以人为本的理念和要求融入到各项工作之中。同样，案件防控也必须坚持以人为本的原则。各级管理人员要树立以人为本的管理理念，对员工既要严格要求，又要热情关心，主动地为员工排忧解难。事实证明，人性化的关心比简单的压服、单纯的责罚更有效，更能激发员工的工作热情和向善之心，使他们远离邪念的诱惑。

但是，关心员工并不是放弃对员工的管理。正确的做法是以关心促进管理，在管理中体现关心。当前的重点是要对员工博彩、高风险投资、参与民间借贷的行为保持高度警惕，要仔细排查、果断处置。除专项排查活动外，各级管理人员要坚持日常排查，把排查寓于日常管理之中，在日常管理中观察员工的行为规律和思想动态。要通过排查处置、教育引导，使那些希望通过博彩一夜致富的员工清醒过来，避免越陷越深；使那些参与博彩和高风险投资的员工远离接触权、钱、物的重要岗位。对赌博、购买私彩、大额购买彩票或者出借个人账户给他人博彩的，要及时采取严厉的措施，直至清除出员工队伍。对参与民间借贷的员工，也要高度关注，尽量让他们远离接触资金的重要岗位。

四、及早谋划，做好明年案件防控工作

关于明年的案件防控工作，将在明年初召开的全行纪检监察工作会议上作全面部署。下面我就明年案件防控工作作一初步的安排和部署。

明年案件防控工作的基本目标是：确保案件总数不反弹，争取案件总数和百万元以上案件有所下降。

为了完成这个目标，需要重点抓好五个方面的工作，概括地说，就是“围绕一条主线，深化一个机制，落实一个制度，推进一项活动，探索一个方法”。

（一）“围绕一条主线”，就是以继续抓好《案件防控及整改方案》（以下简称《方案》）落实为主线

今年是《方案》实施的第二个年头，通过实施《方案》，我们取得了三个重大成果：一是全行上下尤其是各级领导人员对于案件防控工作的认识明显提高；二是案件查防的联动机制基本形成；三是案件数量和金额显著下降。明年是《方案》实施的最后一年，全行要再接再厉，继续扎实推进。对于尚未落实的措施，要抓紧安排部署，力求早日到位；对于已经落实的措施，要开展回顾跟踪，评估效果，继续巩固深化。总之，大家要持之以恒、坚持不懈，让《方案》有一个圆满的结局，实现张建国行长去年提出的“每年见成效、三年见大成效”的目标。

（二）“深化一个机制”，就是继续巩固和深化“上下联动、部门协作”的案件查防机制

这个机制是我们在制定和落实《方案》、推进“三道防线”建设的过程中形成的，是案件防控长效机制的核心内容，要继续坚持、巩固和深化。第一，各级机构负责人要进一步增强案件防控的意识和能力，涉及案件防控工作的事项要主动过问、积极参与，重大事项的部署要亲历亲为。第二，各业务条线要主动参与、积极行动，在制度建设、流程改造、IT 系统建设、监督检查等方面继续狠下工夫。第三，全行员工要进一步增强风险观念和责任意识，谨慎履职、合规操作，自觉抵制违规行为，主动消除案件隐患。第四，要依托“三道防线”建设，巩固和深化联动机制。前台业务部门要坚守案件防控的第一线，在业务流程中主动防控；中台的运行和风险管理部门要利用监测分析、制度推动、政策导向等科学管理的工具，积极发挥监督和支持的作用；后台审计监察部门要进一步提高揭示风险、查处案件、组织和监督整改方面的效能。

（三）“落实一个制度”，就是贯彻落实《中国建设银行案件管理办法》，进一步加强对案件的全流程、精细化管理

一是要严肃报案和立案纪律。发现案件线索的，必须在 24 小时内向总行报告，确保做到快速反应；案件线索符合规定的立案标准的，必须据实立案，不得讲条件、搞“博弈”。二是加强和完善案件应急处置工作。案发后，所在机构要立

即成立案件查处领导小组，组织案情核查、资金追讨等专项任务团队协同配合，将案件带来的损失和影响降到最低。三是加强案件调查和处理工作。发生案件的，不论大小，一级分行都要尽快组织现场调查；对于重大案件，总行有关部门要到案发现场监督和指导办案，一级分行负责人要到总行汇报查处情况。案件问责要严格依据事实，体现客观性、严肃性和公正性。要适应监管部门的政策要求，逐步加大对管理责任和领导责任追究的力度。四是加大整改力度。继续坚持和完善案发机构和业务条线“双线整改”制度、“一案一整改、一案一验收”制度、案件重点联系行“一行一策”制度，确保案件暴露出的问题得到全面、系统和持续的整改。

（四）“推进一项活动”，就是开展以加强基层机构内控管理为重点的合规建设系列活动

基层机构有章不循违章操作、屡查屡犯的问题是困扰我行案件防控工作的顽症，因此，明年要在全行开展以加强基层机构内控管理为重点的合规建设系列活动。一是编写“基层机构操作风险防范简易手册”，从分析近年来案件和重大违规事件暴露出的突出问题入手，梳理、提炼若干易于记诵、便于执行的基层机构风险防范要点指导员工操作，使员工耳熟能详，形成操作上的自觉。二是组织专门力量，从审计、各级业务检查、监管检查发现的问题中总结近年来基层机构经营管理活动中存在的突出风险和多发问题，以此为“标靶”，开展深入的业务排查活动。三是在全行开展“基层合规建设大讨论”活动，促进员工认真思考、积极建言献策，使合规操作在基层机构和网点获得广泛的认同。同时，将形成的讨论成果转化到实实在在的合规建设中去，反过来又引导约束员工的操作行为习惯。四是建立基层合规的日常工作机制和培训机制。按照《中国建设银行案件管理办法》的规定，在支行及以上机构建立案件查防工作联席会议制度，学习上级行关于案件查防工作的制度和要求，定期总结、部署所辖案件查防工作。强制在网点晨会中设置“每日合规一讲”，重点学习基层机构风险防范要点、上级行的“风险提示”、288 条和积分管理办法的关键条款等，并定期组织考试。各级机构在开展针对基层机构负责人的各种培训中，要将案件防控作为一项必学课程，进行重点辅导和讨论。五是扎实推进积分管理，加大积分在基层机构管理中的应用力度，使每一个员工的每一次违规行为都能按规定进行积分，以切实起到防微杜渐的作用。

（五）“探索一个方法”，就是加强研究和创新，着力探索解决屡查屡犯问题的方法

前不久，张建国行长作出重要批示，要求总行相关部门深入研究今年的案件，想办法解决同质、同类案件反复出现的问题。而从现实情况看，近年来案件暴露出一个突出问题，就是同类问题屡禁不止、同质案件屡查屡犯，这个问题值得我们深刻反思，必须下大力气研究解决。总行明年要把它作为一个专项调研课题，组织力量进行重点研究，争取用一年到两年的时间，摸索出一套可以有效克服屡查屡犯问题的机制和方法，以期在破解这道难题上迈出一大步。

同志们，还有几天我们就要告别 2008 年了。元旦在即，新年将至，首先预祝大家节日快乐、幸福安康！同时，也希望大家扎实工作，抓好年底的案件防控工作，以平安和吉祥迎接 2009 年。

抓住机遇　扎实工作
加快财富管理工作的创新与发展

——在全行高端客户业务座谈会上的讲话

陈佐夫

（2008年3月27日）

同志们：

今天，我就高端客户业务下一步的发展讲几点意见，主题是抓住机遇、扎实工作，加快财富管理工作的创新与发展。讲话分五个部分，第一是当前的经济形势，第二是财富管理工作面临良好的发展机遇，第三是建设银行财富管理业务的现状，第四是财富管理业务当前存在的困难和问题，第五是对下一步工作的几点看法。请大家讨论。

一、当前经济形势严峻，未来发展不确定性增加

（一）国际经济、金融环境动荡

以美国为首的西方发达国家的经济失衡加剧。由于次贷危机的影响，经济增速放缓、美元持续贬值，金融市场的风险加大。主流经济学家认为，次贷危机的影响并未结束。西方主要发达国家出现了通货膨胀迹象，经济发展陷入衰退或低迷，不少金融机构遭受了巨大损失，陷入了流动性危机。

（二）中国宏观经济形势严峻

一是今年是中国经济发展最不确定的一年。温家宝总理在“两会”闭幕记者招待会上指出，今年很可能是中国经济发展最困难的一年。经济发展过程当中积累下来的一些深层次矛盾开始暴露，包括固定资产投资增长过快、货币投放过多、国际收支长期处于不平衡状态等。最突出的现象就是物价上涨幅度过大，今年1月、2月的物价上涨指数创下了经济高速增长12年以来的最高点。资本市场也出现大幅度的调整。二是金融机构面临比较大的困难。金融市场开放以后，金融机构面临的竞争压力加大，而股东和市场对金融机构的盈利要求也不断提高。同时，中资金融机构在走向国际市场的过程中也存在不确定性和巨大的风险。

二、大力发展财富管理和私人银行业务面临良好机遇

居民个人财富快速增长，理财意识大大增强，理财需求日益高涨

一是全社会的财富大幅增长。伴随着国内生产总值连续5年两位数的增长速度，居民收入也普遍增加。城镇居民人均可支配收入由2002年的7 703元增加到2007年的13 786元，农村居民人均纯收入由2 476元增加到4 140元。党和国家十分重视居民收入特别是财产性收入的增长，十七大报告中首次提出“创造条件让更多群众拥有财产性收入”，温家宝总理在政府工作报告中也指出：“要逐步提高居民收入在国民收入分配中的比重”。据统计，我国居民“财产性收入”的增幅巨大，2005年增幅为19.7%，2006年增幅为26.5%，均超过了同期GDP的增长，这里面蕴涵着财富管理的巨大商机。

二是富裕阶层形成并不断壮大。中国的富裕人群正以超过20%的年增速不断壮大。中等收入群体人数已超过2 000万人，在顶级富裕人员中，资产达10亿美元以上的有106人；资产达100万美元以上的有60万人。从亚洲范围来看，我国资产达100万美元以上人员拥有量仅次于日本，位列亚洲第二。其中，2000—2006年，我国高净值人士增长量为日本的2倍。

这些富裕人士有较强的理财意识，但理财能力一般，自我进行投资组合的能力较差，需要金融机构给予更多的信息、建议方案和代理服务。我们的高端客户提出，希望银行能全方位地帮他们打理财富。随着外资银行对这些客户的营销力

度加大，我们只有抓紧、抓好财富工作，才能留住这部分客户。

三是人口老龄化对财富管理的要求。据估算，到2010年，我国的老龄人口将达到1.6亿人，步入老龄化的阶段。老龄人口的需求包括两个方面，其一是生前所需要的退休、养老、应急资金规划等服务；其二是去世之后的财产传承、信托安排等服务需求。这个市场相当庞大，而且相对稳定。

三、建设银行财富管理业务的现状

（一）建设银行财富管理业务的发展经历了三个阶段

第一个阶段是2001年底全行正式推出统一的个人理财业务品牌，各级行开始重视为个人高端客户服务。第二个阶段是2005年制定《中国建设银行业务发展纲要》，明确了“以富裕客户和大众富裕客户为重点”的个人客户战略，并提出了“加紧设计建立适合富裕客户需求特点的业务模式”的战略任务。第三个阶段是2005年6月总行正式成立高端客户部，进一步加强了个人高端客户业务的规划、管理和探索。2006年5月在全行高端客户业务座谈会上，明确了“用三年时间建成较为完善的私人银行业务体系”的奋斗目标。前三个阶段，我们从起步，到开始实践，再到找准定位。下一步就要进入到第四个阶段，也就是加速发展的阶段。

通过这几年的业务发展，我们对财富管理业务有了比较深刻的认识和体会。据初步估算，全行金融资产300万元以上的个人客户占全行个人客户总数的0.06%，可是高端客户存款占全行个人存款的5.1%。高端客户在建设银行的金融资产中，70%以上是存款，还有近30%购买基金、理财产品等。有的基层行长说，维护住一个拥有5 000万元到1亿元金融资产的私人银行客户，就相当于维护住了一个县级财政局，而且比维护一个财政局所花费的成本要小很多。

从基金、理财产品的销售来看，财富管理、理财规划做得好，高端客户关系维护得比较牢固的分行，产品销售相对顺利，中间业务收入也完成得好。

（二）建设银行发展财富管理和私人银行业务具有一定的基础和优势

一是广泛的客户基础。目前我行拥有2.5亿个人客户，其中比较活跃的有6 000万左右。截至2007年底，金融资产达300万元以上的高端客户达到了3万多人，高端客户拥有的金融资产也超过了1 100亿元。这是我们拥有的巨大优势，也是做好财富管理工作的基础。

二是健全的服务网络。庞大的网点资源是财富中心成长的土壤和根基，也是我行财富管理和私人银行业务的优势所在。截至2007年底，全行共有13 448个网点、1 443家个人理财中心。尤其是80家重点为金融资产300万元以上客户提供财富管理服务的财富中心建成开业，标志着差异化、全方位、全天候服务的服务框架基本建立，这个渠道体系覆盖了不同层次的客户群体，满足了从传统银行服务到财富管理服务的多层次需求。同时，在电子服务渠道方面，贵宾服务专线的建设目前已经进入测试阶段，网上银行的贵宾客户服务界面也正在酝酿之中。

三是形成财富中心与网点的良性互动。“双客户经理”的服务模式满足了客户对传统银行服务便利性和财富管理服务专业性两方面的需求，提供了较为一致的客户体验。在核算方面，设计了过渡阶段高端客户收益主要体现在网点的办法，较好地解决了财富中心初创阶段与网点的利益冲突问题。从目前的实践情况来看，效果良好。

四是产品、服务体系初具雏形。2007年由我行组织向高端客户发售产品共计200多亿元，其中总行产品30余亿元，分行产品170余亿元。“建行财富”系列产品的基本框架基本形成。我行还陆续推出了委托—代理交易、单笔投资顾问等服务，为私人银行客户的服务作了铺垫和准备；在非金融服务方面，我行着力打造了机场贵宾登机、健康医疗等拳头产品，深受高端客户的欢迎。

五是培养和锻炼了一批业务专家和管理人才。全行目前有4 000余名理财师，财富中心集中了将近400名理财师中的精英。目前财富中心客户经理的总数将近500人，比上年增长了14倍。诸如李向党、王红梅、郭建华、李春峰等不少服务客户的模范人物也陆续集中到了财富中心。同时，我行还加大了选派财富管理和私人银行业务的优秀人员出国考察和学习的力度，有90余人取得新加坡私人银行证书，5人经过1年的脱产学习，获得新加坡管理大学财富管理硕士学位后返回建设银行工作，另有第二批派出的5名同志目前正在新加坡攻读学位。

六是建设银行财富管理的品牌形象初步形成。

不久前，中国社会科学院金融研究所公布的《银行理财产品评价报告》中，披露了7家银行在中国市场销售的理财产品出现“零收益”甚至负收益的情况，给银行和客户带来了不良影响。我行销售的理财产品未出现这种现象，所有产品都按期兑付，并为客户带来一定的收益。此外，我们的机场嘉宾服务、健康管理服务等都得到了市场的认同，有一定的口碑。可以说，“建行财富”的品牌效应逐渐形成。最近总行正式推出了“建行财富”品牌，并将启动一轮集中的营销推广。相信通过精心的打造，“建行财富”一定能够在高端客户中初步形成一定的影响力和号召力。

四、建设银行发展财富管理和私人银行业务面临的困难和问题

（一）品牌缺失

我们需要建立一个简洁、明了，能准确代表建设银行业务特点的财富管理品牌。但是现在，在我们还没有找到一个大家都能普遍达成共识的子品牌之前，先沿用母品牌。

（二）客户需求和产品设计的矛盾

高端客户现在对我行最不满意的就是产品太少，没有根据他们的需求推出定制化产品。主要原因是我行针对高端客户的产品流程不顺畅，客户需求得不到及时、有效的响应。目前的产品销售流程仍然是产品设计—产品发售—客户购买，没有实现“理财规划—客户需求—产品设计—再次理财规划—客户购买”的合理流程。产品部门认为定制化产品缺乏规模效应也是造成矛盾的因素之一。

另外，随着高端客户需求的不断升级，委托—代理交易、理财规划审核、账户托管、产品组合、非金融服务等均要求有统一的后台支持，但我们在这方面还有很大欠缺。

（三）客户经理队伍的管理

一是财富中心客户经理配备情况不均衡，有些分行没有按照客户资源情况配备相应数量的客户经理。

二是对客户经理的绩效考核不科学。部分分行参照机关工作人员的一般标准执行财富中心理财师的绩效，不仅低于同级别公司客户经理，也低于网点客户经理。实行“买单制”后，财富中心客户经理与基层网点优秀客户经理的收入差距进一步拉大，现有的薪酬体系和绩效考评办法无法真实体现其业绩。

三是理财师队伍流失情况严重。由于缺乏职业生涯规划、激励不到位，个别分行理财师流失率超过10%。部分同业甚至提出，建设银行的理财师，不需试用，直接上岗。当然，这一方面反映了建设银行的理财师素质很高，另一方面也提醒我们，市场上对财富管理和私人银行业务人才的争夺十分激烈。

（四）业务定位不清，业务边界交叉

一是财富中心及财富管理业务的定位问题。全行大部分财富中心承担了管理职能、支持职能，而且财富中心的客户经理还支持、指导理财中心和网点的客户经理维护和拓展客户，其工作业绩虽然在全辖个人客户的“大账”中得到体现，但没有体现在财富中心的“小账”上。

如果财富中心仅仅承担独立经营的职能，那么财富中心自身“小账”明晰，价值也容易得到认可，但财富中心的资源将难以为全行所充分利用。同时，脱离了建设银行庞大的网络资源，财富中心其自身业务开展也有可能成为“无源之水”，难以发展壮大。

二是财富中心及财富管理业务的考核问题。由于对财富中心承担的职能划分不清晰，导致各分行对财富中心的考核也存在认识模糊，高端客户流失的责任也很难界定清楚。总行今年下发的《财富中心绩效考评与资源配置指导意见》虽对财富中心的考核指标设置、机构间利益分配、人力及非人力费用配置作出了规定，导向明确，但由于受到组织架构、系统支持、利益归集、资源总量的限制，在实际操作中不能得到有效落实。

（五）市场竞争激烈

一方面是来自外资银行的竞争。外资银行进入中国市场后，就以财富管理和私人银行业务为突破口。据了解，渣打、花旗等多家银行均已在中国内地设立私人银行业务机构，其他外资银行也通过设在中国香港、新加坡等地的机构来拓展中国内地市场。财富管理和私人银行业务是外资银行最有优势的地方，拥有比较强大的投资研究和产品组合能力，有的外资银行是声誉良好的百年老店，以全球化的服务体系、丰富的金融产品提供全面解决方案。我们很多的顶端客户都接到过外资银行的电话，邀请他们去开户，去做一下理财规划、购买一些产品，等等。

另一方面是来自国内银行的竞争。随着国内

银行股改上市、引进战略投资者等举措的完成，各家银行都对个人高端客户业务高度重视。国内银行纷纷成立了私人银行机构，推出私人银行服务。工商银行、中国银行、招商银行、中信银行、民生银行已经明确要成立私人银行业务机构。工商银行从2002年就开始布局个人理财中心、贵宾理财中心等高端客户差别化服务渠道，并在服务流程和系统建设方面做了大量工作。去年又加大力度建设财富管理中心。共研发销售理财产品1 543亿元，较上年增长862亿元，增幅达126%。交通银行则直接在战略规划中明确“要做财富管理银行”，把财富管理业务视做交通银行的未来。

五、对下一步工作的几点意见

（一）尽快明确财富管理业务的定位

我们要尽快明确我们财富管理工作的业务定位、客户定位、产品和服务的定位等。对金融资产在50万元以下的客户，主要通过我们的标准网点、自助设备来提供服务，销售的产品主要是一些大众化的产品，包括基金、标准化的理财产品等。对金融资产在50万～300万元的客户，主要通过标准网点、自助设备、理财中心等，可以向他们销售一些比较有优势的理财产品，客户经理可以为他们提供服务。对金融资产在300万元到1 000万元及1 000万元以上的客户，他们的服务渠道包括财富中心、理财中心和标准网点、自助设备。这样的客户，我们要配备网点和财富中心的客户经理一起为客户服务，这也是我们提出的“双客户经理”的意义。对这种客户，客户经理应该是专属的，产品也应该是专属的。

（二）要正确认识大力发展财富管理及私人银行业务的重要战略意义

对个人高端客户的服务能力是银行核心竞争力的重要体现。以我们的战略合作伙伴美国银行为例，虽然全球财富和投资管理业务板块的营业收入目前仅占其总收入的10%，但跟踪调查发现，客户由普通网点转移到至尊银行服务渠道后，营业收入由0.2%上升至35.7%。为进一步提高财富管理业务的市场竞争力，美国银行于2007年7月成功收购了拥有150多年历史的美国信托，将其作为美国银行私人银行业务发展的重要平台，进一步稳固其私人银行业务在美国本土的市场统治地位。

做好财富管理和私人银行业务又能带动建设银行整体核心竞争力的提升。财富管理和私人银行业务的特点，决定了这项业务是银行发展方向和服务模式的“先头部队”。财富管理和私人银行业务要求银行内部所有的从业者以客户需求为出发点和落脚点，横向整合对公、对私的服务资源，纵向建立极短“半径”、极高效能的总分行联动体系和客户需求响应体系。这对我行现行的管理体制和管理文化提出了更高的要求。可以说，若率先建成这样的业务流程和体系，个人银行业务就有了光明的未来。

从历史的角度看待财富管理和私人银行业务，这是事关商业银行生存和发展的重大问题。高端客户业务处在整个个人客户群体价值链的顶端，目前我行个人银行业务的利润贡献度偏低，说明我们的客户结构不合理。如果高端客户在客户构成中的比重再高些，个人银行业务的效益必定会有明显改善。如果不能提升对个人高端客户的服务能力，就无从谈起将个人银行业务作为未来的主要利润来源。

董事会、高管层非常重视和关心财富管理和私人银行业务的发展。今年，为应对市场竞争，结合我行实际情况，总行决定在高端客户资源集中、经济发展水平较高的地区试点设立私人银行业务机构，开办私人银行业务。各分行必须深刻领会总行的战略意图，整合好资源，大胆进行业务创新。

（三）要建立“以客户为中心”的产品研发、销售流程和产品体系

财富管理业务需要与客户充分沟通，了解客户的资产状况、风险偏好等特点，在此基础上根据客户要求进行相应的资产组合配置。好的产品是联系我们与高端客户之间的重要纽带，是拓展维护高端客户、聚集“人气”的有力工具。大众客户的产品销售流程不能满足高端客户的需求，应建立高端客户定制化或小规模集约化的产品研发和销售流程，以需求决定产品。

稀缺性产品必须定向销售给高端客户，大众类产品可以优先供应给有需求的高端客户。对一些超高净值客户的个性化需求，总分行要快速响应，为客户做个性化的产品设计。

（四）要建立健全科学的成本分析和绩效评价体系

财富管理和私人银行业务是我们要大力发展的战略性业务，但是，目前我行的财富管理业务处于

初级发展阶段，更需要各部门、各岗位通力合作。在现阶段，要非常清晰地计算财富管理和私人银行业务的利润贡献条件还不成熟。从考核的角度讲，我们应该从财富管理业务所承担的职能来确定考核的参考指标。财富中心的绩效考核应与其承担的职能有机结合，应先界定承担的职能类型和职能权重，据此确定考核内容、管理指标和权重。

（五）建立完善的风险防范制度

财富管理和私人银行业务在国内没有现成的经验可循，但市场和客户要求我们不断创新、不断突破。因此，严格防范和控制风险尤其重要。无论是研发、销售产品，还是为客户提供解决方案；无论是进行客户关系维护，还是为客户提供金融和非金融，都要合规、合法，绝不能不讲规矩、不顾风险。只有合法、合规经营，我行的财富管理和私人银行业务才能持续、健康地发展。

我们需要特别注意风险提示工作，一些高风险类的产品只能在财富中心销售或通过财富中心组织销售，财富中心的理财师要向客户把风险讲明、讲透，把产品销售嵌入一个综合的理财规划里面去。部分分行把一些结构复杂、风险很高的产品放到柜台去销售，连柜员自己都没搞明白就卖给客户了，这样的做法蕴涵了巨大的风险。随着财富中心业务不断做实和交易功能的增加，操作风险的控制也要提上议事日程，尤其是对客户经理的操作授权。要防止客户经理越权或违规操作，造成风险。

（六）要正确处理好几个关系，群策群力发展财富管理和私人银行业务

一是正确认识和处理财富管理与私人银行业务的关系。财富管理业的兴起是从服务富裕客户发展起来的。而传统私人银行业的核心职能就是为客户打理好资产，这本身就属于财富管理的范畴。只是传统私人银行一般处理的都是资产管理方面的事务，基本不涉及客户负债方面的管理，但现代私人银行已经扩大到为客户提供负债管理，典型产品有飞机、游艇融资等大额融资产品。因此，财富管理本质上是现代私人银行的核心。从某种意义上讲，现代私人银行是财富管理的一个重要组成部分，是服务高净值以上客户的、较高层次的财富管理，它们之间是包含与被包含的关系。实际上，私人银行从事的核心业务就是财富管理，我们只要把财富管理业务的基础打牢了，私人银行业务的发展就能水到渠成。

二是正确认识和处理财富管理业务和传统零售银行业务、公司业务、投资银行业务的关系。财富管理业务并不是传统零售银行业务的简单升级版本，而是从产品、服务、渠道、人员等方面按客户需求提供个性化服务，是对现有金融服务的创新。这两项业务又存在很多有机的联系，传统零售银行可以向财富管理及私人银行推荐客户；财富管理规划中必然会包含存贷款等传统银行产品；一些理念先进、结构复杂、风险较大的产品可以从财富管理及私人银行业务中产生出来，成熟之后再下移到传统零售银行。所以，这两种业务是相互依赖、紧密联系的，我们只有在各个层面都能满足客户需求才能提高客户对我行的忠诚度和贡献度。

在财富中心和网点的关系方面，我们要防止两个倾向：一个是“穿新鞋，走老路”，把财富中心当做一个豪华的网点来使用，不在财富管理和私人银行业务的探索和研究上下工夫，业务和功能与网点没有任何区别，追求“小而全”；另一个是“穿新鞋、走错路”，把财富中心当做一个“会所型俱乐部”，完全脱离了金融机构的核心功能，不壮大财富管理的核心竞争力，不进行实际交易，不能满足高端客户差别化金融服务需求，只进行理论化的理财规划，不负责规划的实施、跟踪、调整。

财富管理业务和公司业务、投资银行业务具有相辅相成、互相促进的关系。很多高端客户拥有自己的企业，或者是企业高管，其个人的财富管理业务需求与公司的金融需求往往密不可分。财富管理和私人银行的客户经理要成为收集客户需求的责任人，负责将这些客户的需求传递给相关的部门，相关部门应当迅速反应，高效地予以解决。

三是正确认识和处理个性化服务和标准化流程的关系。虽然财富中心处理的是高端客户个性化的业务，但是财富中心给客户的体验应当是一致的，流程应当是规范而且标准的。我们正在美国银行的协助下梳理财富中心的服务和销售流程，2008 年可以取得阶段性的进展。我们即将推出的流程必须要有竞争力，同时要符合监管要求，最终达到“以客户为中心”，满足富裕客户和高净值客户的服务需求。

（七）充分重视财富中心管理者的重要作用

财富中心负责人的作用十分重要，既是财富

中心的管理者，又是高端客户的客户经理，还是私人银行业务的先行者。财富管理和私人银行是一项全新的业务，服务理念、业务模式与传统银行业务都有很大的区别，对财富中心管理人员的综合素质、学习能力都提出了很高的要求。各行要重视对财富中心管理人员的培养，抽调业务素质过硬、善于学习、勇于创新的人才充实队伍，以对该项业务高度负责的态度来指导财富中心队伍建设工作。

同志们，今年是我行财富管理和私人银行业务发展承上启下的关键时期，也是我行私人银行业务的起步之年。希望到会的同志认真参加会议，积极建言献策，寻求加快发展的思路，同时要把总行的要求带回去，主动向分行党委汇报，并制定切实可行的加快发展的措施。

希望大家以高度的责任感和使命感，满怀豪情地投入到工作中去，只要我们上下团结一致、共同努力、扎实工作、全力以赴，就一定能够把财富管理和私人银行业务的发展推向一个新的阶段！

抓住机遇　巩固优势
提升服务　加快发展

——在住房金融与个人信贷业务座谈会上的讲话

陈佐夫

（2008 年 4 月 11 日）

同志们：

这次我们请部分分行主管房金业务的副行长、房金部门负责人和总行有关部门的同志来到美丽的南宁，召开住房金融与个人信贷业务座谈会，主要目的就是研究如何抓住国家重新构筑住房保障体系的新机遇，巩固房改金融业务传统优势，扩展住房信贷市场和金融服务新领域，进一步推动全行住房金融与个人信贷业务又好又快发展。因此，这是一次战略性会议，意义重大，对今后全行住房金融与个人信贷业务的发展将起到十分关键的作用。

2008 年是中国经济和世界经济的多事之年。从经营的外部环境来看，国内外突发性事件不断发生，次贷危机逐步扩大，波及范围不断增加，随着美元的持续贬值，造成了全球性的通货膨胀，油价和金价屡创新高，有色金属和粮食价格也出现了明显上涨。中国经济发展存在较大的不确定性，从第一季度总体情况来看，我国国民经济的基本面是好的，支撑国家经济平稳较快发展的主要因素没有改变，有关部门预计，我国今年 GDP 增速仍将维持在 9% ~10%。但也出现了一些异常情况：一是全国工业生产和投资大幅回落；二是出口增幅明显下降，贸易顺差逐步减少；三是房地产业持续低迷，购房观望气氛浓厚；四是资本市场持续走低；五是人民币升值幅度加大、速度加快；六是物价指数仍维持高位，第一季度 CPI 指数上涨了 8% 左右，全年 CPI 指数预计将上涨 6%。

在这样的外部经营环境下，通过全行员工的共同努力，第一季度我行取得了较好的经营业绩：一是贷款节奏控制较好，按照监管机构要求，第一季度全行贷款计划增长 1 400 亿元，实际增长了 1 418 亿元，较好地完成了计划目标；二是存款业务增长较快，新增 3 135 亿元，特别是储蓄存款增长了 2 428 亿元；三是中间业务收入实现翻番，不良贷款实现“双降”，整体利润完成较好。这些成绩的取得，与全行员工的努力是分不开的，与在座同志、房金业务条线广大员工的共同努力，都是分不开的。在此我代表郭树清董事长和张建国行长对大家的辛勤努力表示慰问和感谢。

前一阶段，国家加快推动住房保障体系的建设，深化住房制度改革，出台了一系列文件和土地、税收、金融方面的政策。在国家深化住房制度改革和住房保障体系建设政策的指引下，如何加快住房金融创新和试点，积极介入住房保障市场，扩展住房金融服务新市场，是当前建设银行着力研究解决的重大课题，也是我们此次会议的主题，借此机会，我讲三点意见。

一、统一思想，提高认识，增强完善住房保障金融服务的紧迫感和使命感

（一）完善住房保障金融服务是深入贯彻国家着力保障和改善民生问题的客观要求

国家高度重视解决城镇居民住房保障问题。胡锦涛总书记在党的十七大报告中提出了努力使全体人民“住有所居”的目标。近期，温家宝总理在政府工作报告中明确要求“抓紧建立住房保障体系。坚定不移地推进住房改革和建设，让人民群众安居乐业”。国家相关部门对完善住房保障政策下发了一些具体的文件，提出加大保障性住房的供应，促进保障性住房融资渠道多元化和法制化。因此，国家完善住房保障体系的大政方针和发展方向已经非常明确，各地政府也将陆续出台配套措施，由省级负总责，市、县抓落实，加大工作力度，加快建立多渠道解决中低收入家庭住房困难的政策体系。

实践已经证明，抓住了住房制度改革的方向，就抓住了房地产市场的发展方向，也就抓住了住房金融业务的发展方向。国家加快完善住房保障体系为商业银行发展住房金融业务创造了良好的政策和市场环境，作为国有控股且住房金融业务居于市场领先地位的商业银行，积极呼应国家住房政策，主动协助政府研究解决中低收入居民住房融资问题，履行中央金融企业的社会责任，提供配套金融服务，是国家对我们的客观要求，更是我们建设银行义不容辞的责任。要抓住建设银行住房金融业务发展的未来，就必须抓好住房保障市场、抓好中低收入居民住房金融服务、抓好住房金融与个人信贷市场新空间的扩展。

（二）提升住房保障金融服务水平是巩固房改金融业务优势的必然选择

房改金融业务一头联系着国家住房保障政策和中低收入居民住房消费市场，另一头与银行商业住房按揭市场紧密耦合，具有连接两类住房市场和广大人民群众的独特优势。从1988年承办至今20多年来，我行始终秉持“支持房改、服务百姓”的宗旨，不断创新产品和服务，以优质的服务赢得了各级政府和中国百姓的认可，稳居同业市场首位。据有关部门统计，全国累计归集公积金16 230亿元和7 180万户，其中，我行累计归集9 207亿元和5 947万户，全国累计发放公积金贷款8 565亿元，其中我行累计发放4 698亿元，各项业务市场占比都在50%以上。房改金融业务不仅为我行提供了稳定的住房资金现金流，产生了可观的中间业务收入，带动了我行自营性个人住房贷款业务的发展，同时还为我行带来了大量的客户资源，带动了龙卡、负债和理财、电子银行等业务的发展，延伸了我行的营销触角，产品联动效应和综合效益显著，提高了建设银行住房金融品牌价值。

国家加快建设住房保障体系，与房改金融业务的发展息息相关。完善住房公积金制度，提高住房公积金使用效率，帮助中低收入住房困难家庭解决住房问题，成为当前和今后一段时期住房资金管理部门重点关注和解决的问题，更成为商业银行进一步扩展中低收入居民住房金融服务的新“战场”，同业竞争将日趋激烈。如何发挥和利用我行在同业市场中的领先优势，扬长避短，取得先发优势，是贯彻落实张建国行长“这是我行真正的优势所在。应完善机制，全行重视，守牢这块市场”重要指示的关键。全行房金条线必须振奋精神，增强危机感、紧迫感和使命感，重新思考业务定位，以“二次创业”来重新争夺和竞争，以不辜负总行党委的期望。

（三）完善住房保障金融服务是确保住房信贷业务健康发展的重要举措

据建设部门2005年调查统计，人均住房10平方米以下的住房困难群体全国有1 000万户，每年还要新增就业职工1 000万人，包括就业大学生、农民工等中等偏低收入群体，他们的住房需求将带动未来住房和住房金融需求的持续强劲增长。可以预计，在未来较长一段时期，国家要着力建立和完善市场调节和政府保障相结合的住房政策框架体系，除了需要政府积极作为，投入一定数量的公共资源外，更多的还是坚持以市场机制为主，建立多元化的投融资机制，充分发挥商业银行的重要作用，多渠道地解决中低收入群体的住房问题。

从住房消费方面来看，除少部分低收入群体

外，其他大多数中低收入居民，住房消费应由居民自己承担为主，政府提供必要的政策扶助。而随着经济适用房、经济租赁房、限价商品房等适合中低收入居民需求特点的住房项目逐步增加供应，住房保障市场将成为住房市场发展的重要组成部分。因此，中低收入住房信贷市场将成为住房金融业务未来发展新的利润增长点，这不仅是促进住房信贷业务持续发展的现实要求，而且也是巩固我行住房金融领域专业品牌、加快住房金融业务健康发展的战略要求。如果忽视、丢掉、放弃这块市场，就会丢掉未来住房金融市场非常重要的一部分，这直接关系到住房金融业务未来的发展，关系到我行业务转型的成功，对此我们绝不能有任何闪失，要加强多方联动，切实做好工作。

二、抓住机遇，扎实工作，积极应对压力与挑战

在分析、把握和认清外部政策和难得历史机遇的同时，我们也必须清醒地认识到，机遇与挑战并存。尤其是近一段时期以来，商品住房市场和住房金融外部政策环境复杂多变，住房公积金市场和个人住房贷款市场同业竞争异常激烈。从第一季度的数据来看，无论是房贷还是个贷的新增，工商银行已成为同业第一，我行面临着市场地位下降的严峻形势，面临着巩固市场和同业竞争的双重压力。主要包括两个方面。

（一）房改金融业务面临政策调整和同业竞争的双重压力

一是住房公积金运作方式可能面临重大政策调整。国家有关部门正在研究完善公积金制度的政策建议，酝酿加大对存量公积金的运用力度，扩大公积金资金运用方向和运用渠道，甚至考虑调整公积金按设区城市运作的体制，这也是国家加快建立住房保障体系，建立保障住房多元化、法制化融资渠道的必然要求。如果国家一旦决定调整住房公积金运作体制，首当其冲受其影响的就是建设银行，将势必严重影响我行的同业市场份额、住房资金和中间业务收益的稳定性。若我行不能行之有效地应对公积金市场变化和运作机制的可能调整，将很可能会丧失市场优势，丧失我行20年建立的传统优势和住房金融品牌影响力，甚至直接决定我行房改金融业务的生死存亡。

二是公积金操作管理模式转型，同业竞争激烈。各地住房资金管理部门积极推进操作管理模式转型，放开承办银行范围，委托要求和金融需求出现了新变化，住房公积金使用率不均的状况有所加剧，部分地区已出现资金运用紧张、职工贷款申请不能满足等现象。如何巩固与住房公积金管理部门长期战略合作关系，创造性地帮助解决公积金使用难题，探索公积金贷款和组合贷款发展和服务新模式，对我行内部经营机制和营销服务体系提出了更高的要求。同时，伴随着住房公积金覆盖面不断扩大，住房资金归集市场蕴涵着巨大的发展空间和难得的市场机遇，其他商业银行已充分认识到住房公积金业务重大的社会效益和经济效益，正在加大资源投入，使用各种手段分化我行市场份额，给我行住房资金归集和中间业务收入造成深远影响，面临着巩固同业市场份额、实现中间收入增收的双重压力。

三是住房维修基金业务同业市场争夺越来越激烈。国家新的《住宅专项维修资金管理办法》已于2008年2月1日起正式实施。随着各地维修基金管理细则的出台和逐步完善，逐渐加大了收缴力度，住房维修基金业务将有巨大的增长空间。因此，近两年将是住房维修基金市场争夺及格局划分的关键时期，各家银行纷纷加大投入，争夺市场，同业市场竞争异常激烈，谁能提早介入，抓住政策出台时机，谁就能抢占制高点。

（二）自营性个人住房贷款增长乏力，同业竞争形势严峻

今年第一季度，个人贷款新增不足200亿元，在全行所有贷款中的占比不足20%，计划完成情况不够理想，作为个人贷款的主要品种的个人住房贷款面临增长乏力的状况。从市场环境来看，去年底，为贯彻落实从紧的货币政策，监管部门进一步加强了商业银行商业性房地产信贷的管理，随着国家宏观调控政策的不断加强，房地产市场观望气氛增浓，住房交易量持续下滑，部分地区出现了住房价格涨幅回落甚至下跌的情况。

严峻的房地产信贷调控形势，紧缩的住房信贷政策和不断提高的信贷门槛，包括信贷规模的控制、信贷结构的调整，抑制了部分购房人的贷款需求，个人住房贷款市场的增长面临较大制约。而我行受市场的影响较大，第一季度个人住房贷款增长计划完成情况不理想，同业市场排名下滑。作为我行传统优势的住房金融业务，面对严峻的形势，我行个人住房贷款业务能否顶住压力，保

持持续、快速、健康的增长，能否巩固住目前的商品住房市场同业市场格局，保持住我行的住房信贷市场份额，为获取稳定客户资源和收益来源及推进业务转型奠定基础等面临严峻的考验。

三、贯彻全行战略发展纲要，发挥传统优势，提高服务质量，大力拓展住房金融服务空间

新阶段、新形势，新机遇、新挑战。如何抓住国家住房保障政策和市场新机遇，积极应对客户需求和政策市场变化，巩固和发挥房改金融业务优势，积极介入住房保障市场，大力拓展住房信贷市场，加大住房商品市场和住房保障市场的联动，促进全行业务战略转型，将是下一步住房金融业务发展和转型的重中之重。

新修订的《建设银行业务发展战略纲要》（以下简称《战略纲要》）明确要求“大力发展个人住房贷款，积极介入住房二级市场和住房保障市场；巩固房改金融业务市场优势；加快发展消费信贷”。这既是我行业务发展战略纲要的长期要求，也是建设一流零售银行的必由之路。为贯彻《战略纲要》，落实张建国行长的指示，做好下一步的住房金融市场开拓工作，提出几项要求。

（一）领导重视、组织落实，建立“一把手”负责制

第一，各级行要提高认识、高度重视，增强责任感、紧迫感和使命感，从战略高度认识住房金融业务发展工作。第二，为保障此项工作的有效组织实施，各行要建立“一把手”负责制，分行“一把手”要亲自去拜访政府住房保障部门和住房资金管理部门高层，成立由相关部门参加的扩展住房保障市场和中低收入住房金融工作推进团队，落实人员和工作机制，做好工作部署，积极开展工作。第三，要加强总分行间的联动，各分行要注意加强与总行的沟通、汇报和交流，总行住房金融部要积极组织分行经验交流、通报进展情况，并建立适当的督促和通报机制。

（二）因地制宜，做实方案，抢占先机

扩展中低收入住房金融服务市场，总行已经有了一定的研究基础。两年前，在郭树清董事长的亲自主持和领导下，成立了专门小组研究支持国家住房保障建设和居民住房消费的问题，包括中德住房储蓄银行的业务发展问题等，形成了《关于完善中低收入居民住房保障和金融服务的若干建议》等研究报告，得到了国务院领导的高度重视及国家相关部门的正面回应和支持。

为抓住机遇，始终走在住房金融业务发展的最前列，从现在起就要必须全面转入扩展中低收入住房金融服务的战略实施阶段。会后，各分行要结合总行政策要求，抓住当地政府积极贯彻落实国家住房保障政策的有利时机，积极争取当地政策支持，加快研究、细化和完善具体方案，申请率先进行试点。

一是要密切加强与各级住房资金管理部门、住房保障部门的沟通和合作，及时掌握当地政策动态，密切关注当地保障性住房整体建设规划、项目实施等情况，并积极介入当地经济适用房、限价商品房和中小户型、中低价位普通商品住房项目市场，在与政府合作中寻找我们的商业机会，将履行社会责任与自身发展和盈利目标结合起来。

二是要坚持市场化和商业化运作的基本原则，在“风险可控、有利可图”的前提下，一方面，要与当地政府住房政策目标相配套和衔接，与有政府背景的开发机构和房地产开发商优质楼盘项目进行合作，加强资金封闭管理和资金监管。另一方面，要针对当地市场和中低收入购房群体特点，设计住房信贷产品，加快研究推出有关服务措施，借助政府优惠政策，在产品、利率、流程、制度上给予客户便利，进一步提高建设银行在住房金融领域的专业领先形象和特色。

三是各分行要发挥主观能动性，因地制宜，积极探索新路子和新思路，优先支持和选择其中的中等偏低收入居民进行试点，如政府公务员、刚刚就业的大学生等，这些客户虽然收入不高，但收入相对稳定，成长性较好。在全面评估还款能力、落实抵押担保、整体把握信用风险的基础上，可以适当降低准入门槛，并且在贷款方式和服务手段上给予一定的差别化优惠。

（三）完善服务，发挥优势，巩固房改金融市场份额

各行必须坚持以客户为中心，密切跟踪外部政策和市场变化，未雨绸缪，加强与政府主管部门的沟通合作，提前应对和准备各种预案，积极介入、快速应对，巩固房改金融同业市场。

一是要抓好住房资金管理部门客户源头，巩固住房公积金归集市场，拓展维修基金市场。尤其是要加强与2 400多家公积金管理机构和600多家维修基金管理机构的合作，巩固和密切与客户的合作关系，扩展新的合作领域。

二是主动调整住房资金业务结构，增加中间业务收益。加大公积金贷款受托发放力度，发挥住房公积金市场优势，加强公积金贷款和商业按揭的产品组合，挖掘优质客户资源和潜在价值，开展公积金和龙卡、电子银行等交叉营销，增加房改金融产品附加值，扩大市场影响，发挥衍生效应和综合效益，提升住房金融品牌形象。

三是结合当地公积金使用特点，以公积金贷款为切入点，创新产品和服务，引导探索新思路。例如，研究推出公积金接力贷款、置换贷款、贴息贷款等新产品，既能帮助缓解当地公积金临时资金紧张局面，又能满足中低收入职工的住房融资需求，将解决公积金临时资金周转困难，提高资金使用效率，实现保值、增值两者兼顾或组合运用，挖掘市场商机，拓展个人住房信贷新市场。

（四）坚定信心，加快发展个人住房贷款业务

总行党委历来都非常关注和支持个人住房贷款的发展，面对市场的变化和不确定性，请大家务必坚定发展信心，努力拼抢市场，促进住房金融业务又好又快发展。当前就是要切实抓住住房商品和住房保障两个市场，以扩展保障性住房金融市场为契机，进一步推动个人住房贷款业务的发展：

一方面，在当前住房市场交易量出现持续下降，住房贷款需求受到抑制的情况下，各行要积极拓展营销渠道，特别要加强新建住房和楼盘的营销工作力度，同时要进一步拓展二手房市场，加大“房易安”产品的宣传推广，加快产品创新，积极推进“直贷式”营销服务模式，简化业务流程，提升服务水平和质量，加强对分行的差别化管理，进一步增强市场竞争力。

另一方面，要增强风险防范能力，进一步提高资产质量。董事会、高管层高度关注个人贷款质量问题。在刚刚召开的董事会上，住房金融部就个贷资产质量情况也向各位董事作了专题汇报，总体情况还是健康的、风险是可控的，但我们绝不能松劲，要采取多种措施压缩和化解不良贷款，严加防范“假个贷”，同时要加强个贷中心流程项目和个贷系统等基础建设力度，提升管理水平。

同志们，住房金融业务一直是建设银行的特色和优势业务，也是全行上下必须共同完成的战略任务，需要前台、中台、后台的联动和整体配合。各分行和各部门务必站在全行战略发展的高度，着眼长远，在组织机构、财务和人力资源配置、配套政策措施和信息技术等方面加大支持力度，加大政策倾斜和贯彻执行力度，为住房金融业务与个人信贷业务的发展提供强有力的保障。

去年全行住房信贷业务经受了严峻的市场考验，按照国家宏观调控和总行党委的要求，住房金融部门和各分行做了大量艰苦细致的工作，全面完成了总行党委要求的任务。今年和今后一段时期，我们面临的形势将更加复杂、更为严峻，任务更加繁重，必须积极应对压力与挑战，更加扎实勤奋地开展工作。我相信，通过同志们的共同努力，住房金融工作一定能再上台阶、再创辉煌，为全行业务的战略转型和发展作出应有的贡献。

认真践行科学发展观
促进电子银行业务快速发展

——在2008年全行电子银行业务座谈会上的讲话

陈佐夫

（2008年7月17日）

同志们：

非常高兴来到沈阳参加全行电子银行业务座谈会。这次会议是在全国抗震救灾工作取得阶段性重大胜利，举世瞩目的北京奥运会即将开幕的特殊背景下召开的。充分体现了总行党委对电子银行工作的关心、支持和重视，同时也意味着对电子银行业务的期待。奥运会后，中央将在全党开展学习实践科学发展观试点活动，目前正在23个单位和地区进行试点，建设银行作为金融业唯一试点单位，现已进入整改落实关键阶段。因此，这次会议的主要任务是，以科学发展观为指导，研究和解决新形势下影响并制约电子银行业务发展的突出问题，促进全行电子银行业务又好又快发展。下面，我首先代表总行党委讲几点意见，供大家参考。

一、当前面临的经济及金融形势

（一）国际经济金融形势

受美元持续贬值和美国次贷危机的影响，尤其是高油价、高粮价及一些初级产品不断涨价的影响，世界经济正面临着高通货膨胀和低增长的双重压力。

（二）国内经济金融形势

今年初以来连续发生了多起特大自然灾害，以及其他重大社会事件。经济出现流动性过剩、通货膨胀、人民币升值及高物价等诸多矛盾，面临的不确定性因素增多，下滑迹象开始显现，金融机构面临的形势也不容乐观。

（三）我行上半年经营情况

在总行党委的正确领导下，经过全行员工的共同努力，上半年全行取得了良好的经营业绩。截至6月底，全行总资产达到69 400亿元，贷款余额达到34 108亿元（其中个人贷款7 578亿元，位居同业第二位），当年新增2 441亿元；全行存款余额达到56 400亿元（其中个人存款25 813亿元），当年新增4 412亿元（其中储蓄存款新增2 690亿元，排名同业第三位，比工商银行少700亿元，比农业银行少1 000亿元）；贷款不良率连续3年持续下降，降至2.12%，在四大国有商业银行中继续保持资产质量最好；上半年全行实现中间业务收入229亿元，同比增长73%；净利润达到590亿元，同比增长72%（以上数据尚未经审计，仅作为内部通报使用，不得对外披露）。

二、关于电子商务

（一）我国电子商务发展现状

1. 电子商务基础设施条件持续改善，网民规模增长迅速。2007年新增网民7 300万人，到2008年2月底，我国网民总数达到2.21亿人，跃居世界第一位。到2007年底，我国IP地址总数达到1.35亿个，网站数量150万个，域名总数达到1 193万个，均居世界前列。

2. 电子商务发展的政策环境和法律环境日趋完善。《中华人民共和国电子签名法》的正式实施和《电子支付指引》的颁布，为我国电子商务发展提供了政策和法律保障。

3. 电子支付创新层出不穷。电子商务的核心是交易，近几年电子商务领域支付创新层出不穷，电话支付、手机支付、账户支付都表现出强劲的增长态势。如支付宝用户达到6 000万，日均交易额达2.7亿元。据统计，目前每天有900多万人浏览淘宝网，而一家大型商场每天的客流量最多也只有15 000多人，按此测算，每天上淘宝网的网民相当于600家大型商场的客流量，数量非常可观。前不久，阿里巴巴董事会主席马云在淘宝网成立5周年的庆典上明确提出，再用5年时间在全球范围内超过e－Bay、亚马逊，10年超过全球零售巨头沃尔玛，将淘宝打造成全球最大零售商。电子商务及互联网正在改变生活、改变世界。

4. 互联网应用日趋成熟，产业规模急剧膨胀。一是政府推进步伐加快。2006年，国家信息化领导小组明确提出了“十一五”期间电子政务发展目标，要求50%以上的行政许可项目实现在线处理。目前包括国务院、各级政府很多行政性事务审批都是通过互联网办理的。二是行业和企业电子商务迅猛发展。目前，绝大多数银行、保险公司都建立了自己的网站，化工、纺织、房地产等领域都涌现出一批具有竞争优势的电子商务平台。企业自建电子商务平台呈爆炸式发展。据统计，在国内3 000多万户中小企业中，使用第三方电子商务平台的企业已接近30%。电子商务已经成为众多企业不可缺少的工具。三是电子商务服务商实力越来越强，服务范围逐步扩大。2007年11月6日，阿里巴巴在香港交易所上市，市值超过200亿美元。建设银行市值一直保持在2 000亿美元左右，但我们的员工、营业网点比阿里巴巴多得多。阿里巴巴员工和网点机构不到建设银行的1%，但市值却相当于我们的十分之一。完美时空、巨人、网龙等电子商务公司相继上市，标志着我国电子商务正在崛起，且影响越来越大。四是电子商务越来越普及，日趋生活化。网上购物、缴费、报名、教育、求职、定票、理财等网络应用，逐步渗透到普通消费者衣、食、住、行、用各个层面，成为人们习以为常的经济生活方式。目前通过网上炒股票、炒基金的网民达到 3 822 万人，通过网络求职的网民达到 2 184 万人。

（二）我国电子银行业务发展现状

电子银行业务发展 10 年来，各家商业银行纷纷建立和完善了包括网上银行、电话银行、手机银行、短信金融服务在内的电子银行产品服务体系，培育了规模庞大的电子银行客户群体和各自的电子银行品牌。2007 年，我国企业网上银行交易额达到 230 万亿元，个人网上银行交易额接近 16 万亿元。不久前我在加拿大刷卡消费，商户对我能即时收到消费短信提示非常吃惊，因为加拿大还没有短信金融服务。这说明中国电子银行发展很快，有些方面还比较超前，超过了欧美发达国家。

随着电子商务的发展和新技术手段的应用，近两年我国电子银行业务又呈现出新的特点：一是集约化。主要商业银行纷纷建立大规模的客户服务中心、后台处理中心和国际互联网网站平台。我行已经建成了 95533 成都中心和电子银行北京中心，95533 兰州中心、武汉中心正在建设之中，下一步还将在北京、武汉、成都、广州、合肥等地建设综合性后台处理中心。二是专业化。网上银行越来越专业，有的甚至与专业网站合作。招商银行网上银行分专业版、大众版、财富版；工商银行、招商银行开通电话银行贵宾专线服务。我行正式推出的私人银行业务中很重要的一项内容就是开通了 95533 贵宾服务专线。三是精细化。各家商业银行客户服务中心专业化分工越来越细，更加关注客户体验、售后服务和系统自身的稳定性以及解决客户问题的能力。四是差别化。虽然各家银行电子银行产品服务体系基本相同，各渠道主要功能也基本一致，但各家银行均有各自的亮点和特色。如招商银行专属电子银行渠道的理财产品、民生银行在线客服、工商银行网上视频节目、中国银行家居银行服务等都各有特色。

（三）我行电子银行业务简况

总行党委高度重视电子银行工作。张建国行长来建设银行工作后召开的第一个部门座谈会就是电子银行座谈会，这两年我接到郭树清董事长、张建国行长有关电子银行业务的批示也非常多。此外，总行在人、财、物等资源投入上也给予了重点倾斜，考核力度不断加大，有力地推动了全行电子银行业务快速发展，成绩有目共睹。

1. 电子银行业务更加注重数量、质量和效益协调发展。前些年我行电子银行业务处于发展初期，当时更注重客户拓展和规模扩张，现在则更加注重数量、质量和效益协调发展。截至 2008 年 6 月底，全行电子银行客户数达到 9 210 万户（网上银行、重客系统、电话银行、在线手机银行、短信金融服务客户数之和）。其中相当一部分客户是重复计算的，因为有的客户既上网上银行，也开通了电话银行和手机银行。今后条件成熟时应按身份证号或其他标记统计客户，以避免重复统计。上半年全行电子银行交易额达到 78 万亿元，其中网上银行（含个人网上银行、企业网上银行、重客）交易额近 30 万亿元，实现电子银行业务收入 6.6 亿元，均创历史最好水平。

2. 电子银行市场竞争力显著增强。网上银行经过多次改版升级，与工商银行、招商银行的差距不断缩小；95533 客户服务系统平台实现了全行统一，在国内首家建成了领先同业的真正意义上的集中分步式客户服务体系，尤其是汶川特大地震发生后，迅速将 95533 成都中心人工电话切换到其他分行中心，较好地保证了全行 95533 人工电话接通率，体现了 95533 中心在应急处理方面的优势，也体现了近两年我们的建设成果；在线手机银行领先优势进一步巩固；国际互联网网站管理体制基本理顺，初步搭建了网上商城，网站浏览量持续攀升。

3. 电子银行市场影响力和品牌知名度显著提升。近两年，我们相继参加了一些专业机构的评奖，多次荣获有影响力的重要奖项，这说明我们的市场影响力和品牌知名度有显著提升。

4. 不断涌现出福建省分行、厦门市分行等全面领先同业的先进分行。在厦门召开董事会时，郭树清董事长和董事会成员在了解到厦门市分行网上银行发展得非常好，遥遥领先当地同业后，郭树清董事长提出要总结经验在全行推广。福建省分行电子银行业务也已全面领先当地同业，郭树清董事长、张建国行长给予了充分肯定，为全行树立了典范。其他分行应积极向这两家分行学习。

5. 电子银行业务在全行业务发展过程中发挥了不可替代的重要作用。电子银行作为服务建设银行客户的重要经营渠道和服务窗口，已经渗透到建设银行经营活动的全过程。前几年，我们把电子银行作为一条辅助渠道。但通过近几年的快速发展，电子银行在全行经营管理中发挥着越来越重要的作用，已经不再是一条辅助渠道，而是建设银行的主要渠道和主要业务之一，是我行不可或缺的重要业务平台。

6. 在业务发展过程中，锻炼培养了一支较高素质的电子银行专业队伍，涌现出荣获“中国建设银行突出贡献奖”和“十大杰出青年”的优秀代表，这是支撑我行电子银行业务持续发展的宝贵财富。

上述成绩的取得主要得益于几个方面：一是总行党委及总行主要领导高度重视。二是总行在资源投入上重点倾斜。三是电子银行业务指标纳入行长 KPI 考核体系，考核权重不断加大。四是全行从事电子银行业务的员工的共同努力，以及总分行和各有关部门对电子银行工作的大力支持。

三、目前我行电子银行业务存在的主要问题

虽然近几年全行电子银行工作取得了显著成绩，但与市场和客户的需求相比，与国内先进同业尤其是招商银行、工商银行相比，与建设银行的地位相比，与总行党委的要求和期望相比，差距仍然很大。突出表现在三个方面。

（一）指导思想问题

全行上下对电子银行业务的地位和作用的认识仍然不统一、不到位，有些同志、有些分行仍不同程度地存在重传统业务轻新兴业务、重传统渠道轻电子渠道的思想观念和现象，对发展电子银行业务的主动性不够，尤其在经营过程中新产品、新服务的开发压力不够大，缺乏紧迫感，在产品服务和经营过程中，没有注意与电子银行业务协调对接。现在很多业务发展都要求统筹兼顾、整体推进，我在与美国银行接触过程中发现，美国银行每推出一项产品，不仅要与客户接触、要客户参与，而且涉及美国银行的相关部门也都要参与。比如美国银行所有的业务面向市场推出之前，都要和客户服务中心进行对接，客户服务中心一旦认为可能对业务影响太大，就会提出不同的意见，包括行使最终否决权。

（二）与战略地位和市场影响力不相适应

近几年来，尤其是股改上市后，建设银行各项业务发展都很快，市场影响力和市场地位逐步提升，在世界 500 强和中国 500 强中，建设银行的位次都非常靠前。总行党委明确提出，建设银行要建成国际一流商业银行，电子银行必须率先建成国际一流。但从目前情况来看，电子银行差距还非常大，特别是发达地区分行，与工商银行的差距更大。我们很多业务在各地同业中都取得了第一的市场地位，但电子银行业务的各项指标在当地同业取得领先的却是凤毛麟角。前不久，福建省分行有一篇文章对比分析了建设银行、工商银行、招商银行三家银行的网上银行，分析结果是工商银行支付优势明显、招商银行代理缴费功能强大，我行在这两个重要指标上则偏弱。

（三）以客户为中心的经营理念不扎实，服务意识不强

近几年我行电子银行包括 95533 客户服务中心服务水平进步比较明显，但客户总体满意度还不高，对客户反映的问题解决还不够好。部门之间、业务之间各自为政，各管一段的情况还比较普遍，处理客户问题时，缺乏快速处理的机制。从根本上讲，还是以银行为中心、以部门为中心的观念在很多人心中根深蒂固，以客户为中心的经营理念扎根不深，服务意识不强。

（四）产品和服务缺乏明显优势，品牌不突出，同业竞争力相对较弱

与工商银行、招商银行还有比较明显的差距，特别是网上支付成功率、系统稳定性等关键指标竞争力不强；国际互联网站服务内容还不够丰富；网上商城还没有真正发展起来；电话银行虽然系统平台领先同业，但解决客户问题的能力和服务水平与客户的要求还有很大差距。在年初工作会议上，郭树清董事长就明确提出要抓紧建立问题解决中心，但时间过去快半年了，现在还没有完全到位，必须抓紧落实。

四、当前应着力解决好的几个问题

学习实践科学发展观，促进全行电子银行业务又好又快发展，关键是要研究解决好新形势下影响制约电子银行业务发展的突出问题。归纳起来有三个方面：一是服务问题，二是产品创新和市场竞争力问题，三是正确处理好安全性和便捷性问题。这三个问题和李源潮同志来建设银行指导学习实践科学发展观试点活动所提要求是完全吻合的。

（一）着力解决好服务问题

服务是我们在竞争中的立足之点，是业务发展之基。要真正赢得客户、留住客户，还要做好精细化服务，将优质服务渗透到工作的全过程。搞好电子银行服务工作，必须坚持以客户为中心，高度重视“客户之声”。要抓紧建立客户体验中

心，在新产品、新服务向社会推出之前，先在银行内部进行充分的客户体验测试，将问题解决在面向客户推出之前。要高度重视售后服务工作，进一步增强服务意识，通过优质的服务来弥补系统的不足。

总行党委向中央汇报学习实践科学发展观试点活动的情况报告，其中很重要的一点就是要求抓好四方面工作：一是要改变官商作风，真正树立起以客户为中心的经营理念。二是改变过去追求规模、速度的经营思想，真正树立起数量、质量和效益协调发展的理念。三是改变过去注重短期效益和短期效果的思想，树立起长期可持续发展的经营理念。四是改变过去单纯重视经济指标和利润的思想观念，树立起企业绩效、社会关切和自然环境协调发展的理念。这四方面都与服务有关，总的来讲，服务问题必须提到议事日程上来，成为各项工作的重中之重来加以解决，切实弥补我们整个经营管理工作的不足。

（二）着力提高产品创新和市场竞争力

当务之急是要解决好网上支付成功率低、签约流程复杂、证书下载难、系统稳定性不高等问题。要高度重视创新效果，对推出的新功能、新服务，对应用情况要进行跟踪分析，接受市场的检验。产品创新要紧盯市场热点，与市场紧密结合，同时要增强前瞻性和敏感性，敏锐捕捉业务发展趋势，切实提高市场竞争能力。

（三）着力解决好安全性与便捷性问题

安全性是客户最关心的问题，据调查，有70%以上的客户将网上银行的安全性能作为选择银行的首要因素。解决电子银行安全问题，必须从技术和业务两个层面入手。在技术层面，要加强力量，滚动加固安全手段，跟踪研究电子银行安全问题；在业务层面，抓紧建立电子银行业务监控平台，加强业务监控。据了解，工商银行技术部门有专职负责攻击性测试的人员，专职负责跟踪研究电子银行安全问题，我行上海市分行组建了业务监控团队，效果也很好。我们这么大的银行，几千万客户，如果缺乏技术和业务监控环节，一旦出现重大安全事故，后果将不堪设想。有些案子虽然金额不大，但市场影响特别坏，对建设银行信誉、形象和整个业务影响都比较大。比如去年上海市分行发生的一个10多万元的案子，金额不大，但经过媒体炒作，对建设银行形象造成了较大损害。因此，技术部门和业务部门都要高度重视。要尽快建立由专职人员组成的电子银行安全团队，各分行都要加强人员管理，特别是关键部位的人员管理，切实防范操作风险和道德风险。

便捷性是影响客户体验的关键指标。如果过分强调安全性，而牺牲便捷性，牺牲客户体验，则势必影响业务发展。因此，在重视安全性的前提下，要尽可能地优化流程、简化操作，尽可能地降低可能对客户的影响。

（四）重点抓好奥运服务，通过优质服务树立品牌

做好奥运服务是全国近一段时期重中之重的工作，无论是政府还是监管部门都高度重视。北京市金融办管理金融服务的部门反映，近几年金融机构服务质量大幅度提高，但建设银行的服务水平在北京地区只排第四名，必须抓紧改进。

第29届奥运会即将开幕，各国运动员、媒体工作者和其他工作人员，几十万海内外观众正陆续来到北京，也包括沈阳等奥运会协办城市。这既是展示建设银行形象、提高国际影响力的一次难得的机遇，也是接受国内外客户检验的一次巨大考验。因此，全行上下特别是奥运主办、协办城市以及重点旅游城市所在地分行务必高度重视，重点抓好营运的安全和服务的质量，努力为客户提供高效、优质的服务，切实提升我行整体服务水平。

同志们，电子银行业务是朝阳业务，蕴藏着巨大的潜力。大力发展电子银行业务是我行贯彻落实科学发展观、加快转变业务发展方式、促进全行战略转型的重要举措，对保持建设银行持续竞争力、实现国际一流商业银行战略愿景具有十分重要的意义。电子银行业务发展日新月异，每天都在发展变化，略有犹豫就会被同业落下。当前我们既面临着难得的机遇，也面临着严峻的挑战，任务艰巨、使命光荣。希望在座的每一位同志和从事电子银行工作的每一位员工，进一步增强责任感、使命感和危机感，进一步增强服务意识、加强配合、提高执行力，努力推动全行电子银行业务再上新台阶，为建设银行成为国内领先、国际一流的现代商业银行作出新的更大贡献。

在2008年部分分行信用卡业务座谈会上的讲话

陈佐夫

（2008年9月27日）

同志们：

今天，我们请部分分行分管信用卡业务的副行长、信用卡部门负责人和总行有关部门的同志齐聚山城重庆，召开信用卡业务座谈会。在北京奥运会期间，我行系统和业务运行安全稳定，其中信用卡条线为全行业务的平稳运行提供了保障，为境内外客户提供了优质的金融服务，在此，我代表总行向大家表示感谢。下面，我谈几点意见。

一、关注国际金融形势对商业银行经营的影响

今年的世界金融业和中国经济都面临着前所未有的考验。因美国次贷引发的金融危机，其严重程度可能超过20世纪30年代大萧条、70年代及90年代的金融危机。美国十几家金融机构破产清算或被兼并，其中还包括几家重量级的百年老店。世界范围内的金融机构都因此遭受了不同程度的损失。专家估计，受此影响，还将有近百家银行因受牵连而倒闭。

这轮金融风暴导致国际市场金融机构的市值大幅度缩水。由于缺乏信心，投资者趋于谨慎，全球流动性严重不足。

此次金融危机预示着全球金融格局将重新整合和调整。目前，各国政府为防止因美国金融风暴引发“多米诺骨牌效应”，纷纷向金融市场注资。专家估计，因次贷危机引发的这次金融危机已使各国金融机构损失了5 000亿美元，最终损失会扩大至1万亿美元，受此影响，各国资本市场蒸发的财富高达几万亿美元。目前，谁也说不清美国因次贷而暴露出来的金融黑洞还有多深，绝大多数人抱悲观态度。

面对这场来势凶猛的金融海啸，与国际接轨的中资金融机构也无法独善其身。是机遇、还是陷阱，很难判断，有待观察。我们认为，中国金融业发展的重点仍然是国内业务，只有国内业务做实、做强后，才能以此为基础走向国际，一定要在了解和熟悉国际市场的游戏规则后才能采取有效应对措施。

二、把握国内经济形势对我行业务的影响

中国经济的基本面总体是好的，今年以来由于原材料、劳动力成本上升以及国际原油涨价引起的通货膨胀，属于成本推进型，呈现出先高后低之势，前8个月平均为7.1%。宏观调控和货币政策从上半年的“两防”改为“一保一控”，实行差别化政策，也有经济增速放缓的迹象。在科学发展观研讨班上，温家宝总理又提出了“三保”的调控思路，即保证宏观经济、金融市场、证券市场稳定。

中国金融机构经过近十年金融体制改革的洗礼，自身经营状况是好的，肌体是健康的，尤其是在市场占主导地位的国有控股商业银行，近年来更是获得了持续、健康的发展。由于市场相对隔离，国际金融危机传导到中国存在滞后期和衰减期，影响有限，目前看不至于掀起大的风暴。即使有的银行买了国际金融机构债券，自身也有消化的能力，至多是盈利减少、拨备增多，不至于引起资不抵债的危机。

尽管面临国际、国内的复杂形势，在总行党委的正确领导下，通过全行员工的共同努力，今年前三个季度，我行取得了较好的经营业绩。全行实现净利润842.67亿元，比去年同期增加271.66亿元，增幅为47.58%；资产总额达7.32万亿元，较上年末增加7 255亿元，增幅为10.99%；负债总额为6.84万亿元，较上年末增加6 682亿元，增幅为10.82%；实现中间业务收入307.52亿元，同比增速为28.97%，其中信用卡条线中间业务收入达到12.4亿元，成为全行中

间业务发展的重要动力。

三、近期信用卡业务的工作要求

目前，中国信用卡市场还处于发展的上升时期，竞争激烈，市场格局处于混沌状态。

我们面临两大问题：

一是中资、外资银行加快发卡所形成的压力，给予我行调整的时间不多，竞争形势时不我待。

近年来，国内各大信用卡发卡行纷纷加大资源投入，进行大规模的业务扩张，信用卡发卡量从2003年的500万张发展到目前的1.1亿张（持卡人约4 000万人），全国性发卡机构已达到27家；外资银行通过各种方式进入中国信用卡市场，《外资银行管理条例》的正式实施，使得具备法人资质的外资银行能够在境内独立发卡，东亚、渣打、花旗等多家银行已发行借记卡，其中渣打的智通卡以“类似信用卡”功能变相进入了信用卡市场，国内信用卡同业竞争将日趋激烈。

二是信用卡机构经营管理上面临的问题，包括客户数量增加、服务品种增多、恶意透支显现等引起的问题。

招商银行今年上半年年报公布后，专家给予了消极评价，主要依据是认为招商银行的零售业务包括信用卡业务前景不乐观。招商银行目前发卡已超过2 000万张，在同业中居首位，但今年发展速度低于去年同期，不良率由去年的1.92%上升至今年的2.74%，增幅达42.7%，是全行不良贷款率1.25%的2.2倍。招商银行管理层认为主要原因是近两年信用卡发展过快、风险控制不严。这也为我们敲响了风险控制的警钟。

今年前三个季度，我行信用卡业务发展非常快，新增发卡量超过了招商银行，新增贷款余额位居六大发卡行的首位。但应该看到，在我们紧盯招商银行等主要竞争对手，加快推进信用卡业务发展并取得成效的同时，工商银行、农业银行、交通银行也都在加速发展信用卡业务。如农业银行的发卡总量虽与我行差距较大，但今年前9个月增长势头迅猛，新增卡量已超过我行和招商银行。

面对上述形势，我行信用卡业务需做好以下三个方面工作。

（一）准确定位，稳步发展

我行信用卡业务目前的定位，仍然是要在保证质量的前提下加快发展。国内信用卡市场从2003年开始进入高速发展时期，同业发卡量从百万张增长到千万张，今年已经超过亿张，基本是两年一个几何级数的增长。

如果说前五年是“跑马圈地，”那么从今年开始就是要精耕细作、精准营销，再不是前两年单纯的先声夺人。要做到找准发卡对象，把合适的信用卡产品发给合适的人。讲求发卡对象、找对发卡对象，对我们的经营管理乃至资产质量都会产生较大影响，甚至决定着这项业务的成败。

在发卡问题上，我们要求重点城市行首先仍需按照总行要求，加快营销发卡推进。其次是进一步发挥条线联动作用，条线的发卡效果和质量都值得肯定。

（二）控制风险，提高质量

信用卡业务本身就是高风险业务，对风险的控制是否得当，是业务发展的关键。当前控制风险主要有几个方面：

一是恶意透支，客户利用发卡方面的疏漏，持卡进行超过自己还款能力的消费，拖欠甚至拒绝还款；

二是商户和客户相互配合，套取银行现金，造成银行风险敞口；

三是犯罪分子或集团恶意犯罪，给银行造成信誉和资金上的损失。

（三）完善服务，树立品牌

信用卡专家指出，中国发展信用卡主要做好三件事：树品牌、返现金、抓服务。这也符合我行的发展要求。

信用卡经过5年的发展，目前在渠道、产品等方面均呈现高度同质化，服务成为竞争中制胜的唯一法宝。过去招商银行靠“一卡通”先声夺人，取得先机，现在各家银行都能“卡卡通”，连通已经不是问题，客户更关注的是服务。服务从咨询、办卡效率、使用便捷、疑难的帮助、投诉的回应等的每个方面、每个环节都不可缺失，强大和完善的后台基地是提供优质服务的基础和条件。品牌是在市场竞争中建立起来的，是靠长期良好的服务口碑建立起来的，不能单靠推荐、评比，更不能依托行政力量。

我行信用卡发卡已走过5周年。5年来，信用卡业务取得了很好的成绩，这与总行高管层的高度重视、各分行对总行加快信用卡业务发展战略的坚决贯彻是分不开的。从今年的总体情况看，信用卡业务发展势头也非常好。为更好地完成全年信用卡业务经营任务，同时为明年的业务推进做准备，我们召开这次座谈会，目的是分析、总结前一阶段工作，进一步明确年内目标，同时为明年的业务发展打基础。因此，这次会议既是总结分析会，又是交流会，也是明年工作布置会。大家务必将会议精神带回各行，贯彻好、落实好。

同志们，今年是我行信用卡业务发展非常关键的一年，是承上启下的一年，各行一定要正确理解和把握总行的战略意图，切实推进全行信用卡业务又好又快发展。各行要继续保持今年前9个月的良好发展势头，全力以赴完成全年目标。我相信在全行的共同努力下，一定能够再创佳绩，圆满完成今年任务，向实现建设银行信用卡业务"国内领先、国际一流"的目标再迈近坚实的一步！

在2008年网点转型推广工作视频会上的讲话

陈佐夫

今天召开2008年网点转型的动员会，通过过去一年的实践和努力，大家对网点转型有了新的认识，因此，今天的会实际就是一个启动会。

大家都记得，2005年我行正式提出"以客户为中心"的经营理念，强调转变经营机制，在战略发展纲要中提出了通过3年的努力，在同业创一流的目标。3年来，建设银行各项业务都稳步推进，特别是在刚刚过去的2007年，各项业务都取得了良好的业绩，零售网点转型作为战略转型的重要组成部分，也取得了明显的成效。2008年是实施发展纲要的第三年，实施网点转型是实现零售业务三年创一流的关键一年。在今年全行工作会议上，郭树清董事长明确提出，要继续积极稳步地推进零售网点转型，切实按期完成网点转型计划。下面，我结合2007年工作完成情况，就下一步转型推广工作重点谈几点意见，请大家参考。

一、进一步提高认识，加大工作力度，确保今年转型目标的如期完成

先进零售银行的经验表明，能否提供"一致的、持续的和可测量的"客户服务，是衡量零售银行业务水平的重要标志。2007年实施的零售网点转型工作就是以客户为中心，按照国际一流零售银行的服务标准和管理技术，对我行网点服务流程进行的一次脱胎换骨的改革与转型。

经过一年的努力，全行共有5 266家网点按照转型服务流程投入运行。1 000家转型网点的验收结果显示，网点日均产品销售量69笔，比转型前增长115%；客户平均等候时间9.7分钟，比转型前减少4分钟，神秘人检查反映出网点服务质量及客户满意度比转型前明显提高。

实践证明，我行实施的网点转型的方向是正确的，此项工作至少在两个方面促使传统网点发生了根本性的改变：一是启用新的服务流程后，网点客户和交易得到了有效管理和分流，客户服务的标准化程度提高，客户等候时间整体下降；二是网点重新调整了岗位设置，突出了网点营销服务功能，转型网点产品销售量显著提升。同时，通过网点转型，前台、后台分离工作得到快速推进，网点事务性工作有所缓解，员工满意度有所提升，业务转型在网点得到了认可。

作为2008年的一项重点工作，总行董事会、高管层对网点转型推广工作高度关注，今年总行仍然将网点转型的数量和效果纳入年度KPI指标进行考核。许多分行领导班子十分重视此项工作，如河北、甘肃、湖南等分行，"一把手"亲自抓，积极配置资源，转型取得了很大进展。2008年，各行要按照总行的统一部署，年初启动第三批4 000家网点，7月再启动2 000家网点，确保年末全行标准转型网点达到10 000家。在转型推广的同时，还要组织好对前两批转型网点的验收工

作，不断巩固转型的成果。

尽管去年网点转型工作取得了一定成绩，但按照转型的标准要求，我们只是迈出了一小步。与2007年相比，2008年的转型工作更加具有挑战性。一方面，如何保持去年转型的5 200多家网点的转型效果，将转型回落程度降到最低，并逐步实现“形似”到“神似”的转变，还有很多工作要做，工作压力很大；另一方面，2008年末要达到10 000家标准化零售网点的转型，虽然转型数量和去年大体相当，但2008年待转型的网点基础条件相对较差，需要改进的难度更大，如部分分行面积小、环境差的网点还很多，一线人员数量短缺、结构不合理的情况还普遍存在，要实现转型的要求，需要各行投入更多的工作精力。因此，各分行对今年的转型工作，思想上不能懈怠，工作力度上不能减弱，资源投入不能减少，要在总结去年好的工作经验的基础上，继续加强对网点转型工作的领导和专门项目组的推进工作，做好培训、沟通和宣传，加大对所辖网点的指导力度，确保全行每位一线员工都熟知网点转型的内容和精髓。

二、巩固和加强已转型网点的效果和质量，在长效机制上下工夫

网点转型是一项长期性工作，员工的服务行为和习惯与转型网点的更高需要有一个磨合的过程，在转型过程中出现阶段性的反复现象也是难免的，我们要做的工作是努力将这种反复幅度降到最低，建立起长效机制，这需要总行、分行和网点员工的共同努力。

在总行，管理部门要针对1 000家重点关注的首批转型网点出台监测管理办法、建立转型档案，定期对这些网点的销售和服务指标进行分析、通报，研究改进措施。

在分行，职能管理部门要比照总行对分行确定的转型网点建立起有效的反馈机制，加强对客户等候时间、销售量、客户满意度等关键指标的定量监测，并针对出现的问题及时进行解决。

在基层网点，全体员工要提高对转型内涵和实质的认识，把转型与提高网点的销售服务有机地结合起来，按要求真正落实人员、流程和各项转型措施，避免验收小组一走，网点运行模式又回到转型前的现象。网点负责人要改变管理模式，勇于走出柜台，到客户区域现场解决客户的问题。要学会科学的管理方法，提高对数据指标的分析运用能力，坚持用数据说话，提高对网点协调和管理的能力。

如果说2007年重在播种，2008年就要有所收获。起步难，巩固成果更难，各行要围绕巩固和提升转型效果，多研究、多下工夫，因行制宜地出台必要的支持政策，化解人员短缺、硬件不足等问题，逐步使转型工作从形似转向神似。

三、坚持改革和创新，把网点转型推向深入

网点转型是一项创新性工作，首批转型网点是全行共同努力的成果，我们要加倍爱护和珍惜，共同维护、巩固现有成果。同时，我们还应该看到全行战略转型和零售业务转型是一个持续和深入的过程，目前的转型仅仅是迈出了第一步，是打破传统经营模式的开始。今后我们还将在柜面操作系统、网点业绩评价、网点员工岗位资格和考核等方面继续将转型工作推向深入。

为配合网点转型，总行专门开发了两个系统，一个是客户排队监测系统，重点监测网点服务水平；另一个是低柜销售整合平台，为个人业务顾问等销售岗位提供操作简便、信息丰富的销售门户。今年这两个系统要在全行转型网点逐步推广，各分行要认真组织，做好两个系统的推广工作，为提高网点的销售服务能力创造良好的条件。

网点转型后，网点功能从交易核算为主转向销售服务为主，柜面员工岗位进一步细分为“五岗位一角色”，岗位职责也发生了变化，为了适应网点转型的需要，总行启动了新的岗位培训教材和流程示范片的编排工作，用于今年岗位培训和上岗考试，使网点的岗位考核与转型后的网点岗位设置相适应。同时，对于网点的业绩评价和绩效考核，总行有关部门也正在研究相应的办法和指引，深化网点转型基础性工作。

针对10 000家以外的3 000多家暂时不符合转型条件的网点，总行在积极研究其他转型的方式。同时，我们也鼓励各分行在管理上进行探索创新，围绕剩余网点打好转型“攻坚战”。

四、强化中后台对网点的服务意识，切实解决好一线员工的后顾之忧

网点转型是从客户服务流程入手对现有服务模式的一次变革，相应地需要管理模式尽快从部门银行向以客户为中心转变。如果没有前后台的服务和支持，即使网点转了型，转型效果也很难

持久。网点转型真正要做到位，需要前后台部门统筹考虑，对现有的管理模式进行突破和调整。因此，各行要在全行逐步形成梯次服务的关系。要让客户满意，首先要保证使为客户服务的一线员工满意，员工满意的前提是中后台管理保障部门对一线的理解和支持。对我们的各级管理人员来说，一线员工就是特殊的客户，工作要围绕“始于员工，终于员工”来开展，要围绕网点的营销服务功能配置资源。前后台业务的划分要以是否面对客户为标准，前后台分离工作成功与否，除了风险控制以外，还要把是否减轻网点负担作为衡量的标志。各行要借助网点转型推广出台相关支持一线的配套政策，例如，统筹调配网点人员，确保转型网点能够达到标准人员配备，按照业务要求设计明确的梯次晋升通道，使员工目标明确、有所追求；统筹安排网点装修改造资源，优先保证网点转型的需要；进一步改进相关业务制度，减少前台柜员的无效劳动；切实转变中后台部门和管理行的工作观念，加强中后台对前台的支持和服务，尽量多承担事务性工作，尽可能减少网点会务、报表和处理杂务的时间等。

总之，各行要通过网点转型的契机，切实为基层网点解决一些实际问题，包括就餐等。

同志们，通过近一年的推广，网点转型已经深入人心。尤其是网点精神的推广，我们初步建立了相互尊重、相互鼓励的工作氛围，让员工第一次感受到自己的劳动得到了领导和同事的认可，感受到自己的价值。零售网点转型的实质是服务流程和业务流程的再造，也是一次创新能力和提高执行力的尝试，更是一次服务观念的彻底改变，这是一次功在当代、利在长远的工作。有的分行总结道：“浴火凤凰，为重生而痛苦”，这些都是对转型的形象描绘。我们知道今年有不少分行将转型工作列入今年的重点工作，配备了相应资源。总行也将加大指导和支持这项工作的力度，在可能的条件下，配备适当费用，保证转型顺利推进。各行一定要克服困难，创造性地落实各项措施，切实做到网点转型始于客户、终于客户、以人为本，通过转型，真正提高网点的管理水平和市场竞争力。为把我行建成一流的零售银行打下坚实的基础。

金融危机与商业银行盈利模式转型

陈佐夫

当前所经历的金融危机，是过去75年以来最为严重的，它迫使国际金融业对低股本、高杠杆、低资产回报、高资本回报的“两高两低”盈利模式进行深刻反思，更加注重商业银行的稳健经营和盈利模式的回归。对中资银行而言，面对危机所衍生的一系列挑战，能否借鉴国际同业的经验教训，按照科学的认识论和方法论实施盈利模式转型，是化挑战为机遇的关键之举。

一、金融危机的发生及其影响

金融危机的发生与发展。这场危机植根于美国银行业“创造产品并分发”的盈利模式及其所分发的次贷债券。2000年互联网泡沫破灭和“9·11”事件后美国连续11次降息，在保险和评级机构的“帮助”下，美国银行业不再受本行存款或本国储蓄的限制，5年间不断将所发放的次贷证券化，从全球储蓄汲取资金。然而从2005年开始，美国利率连续11次回升，房市泡沫破裂引发次贷坏账及其债券贬值，2007年春季起危机全面爆发。2008年7月，“两房”被美国政府接管；同年9月，雷曼兄弟破产，美林被收购，高盛、摩根士丹利转为银行控股公司，AIG集团被政府接管。花旗银行在连续5个季度亏损后，被迫于11月靠政府注资200亿美元和担保2 490亿美元潜在损失，以避免破产命运（见图1）。美国政府从救“两房”、救投行、救保险、救商业银行到救实业……华尔街经历的这场“世纪洗牌”迅速波及欧洲、日本等世界主要金融市场，次贷危机最终演变成一场世界性的金融“海啸”。

金融危机的影响。全球股市在截至2008年10月15日的一年内损失了约27万亿美元，即缩水了40%。债券和信用证券的市值亏损达2.8万亿美元，相当于全球银行3.4万亿美元核心资本的85%，仅美国就已有20家商业银行倒闭。虽然金融体系处于这场风暴的中心，其衍生的效应已波及更广泛的经济层面。石油价格从147美元/桶跌至不足40美元/桶，美国本土汽车销量10月同比下降32%，三大巨头通用、福特、克莱斯勒在破产边缘挣扎，钢铁自夏初以来价格跌幅为20%～70%，铁矿石价格已下降1/3，大宗商品运价则下跌逾八成。金融危机对中国经济也造成了巨大影响，一是劳动密集型、低附加值出口产业已经受到了严重冲击；二是国际资本市场的剧烈波动导致中国股市持续下滑，并伴随大幅震荡；三是危机加剧了短期国际资本流动的波动性，加大了对投机性资本和流动性管理的难度，银行业2009年盈利形势堪忧。

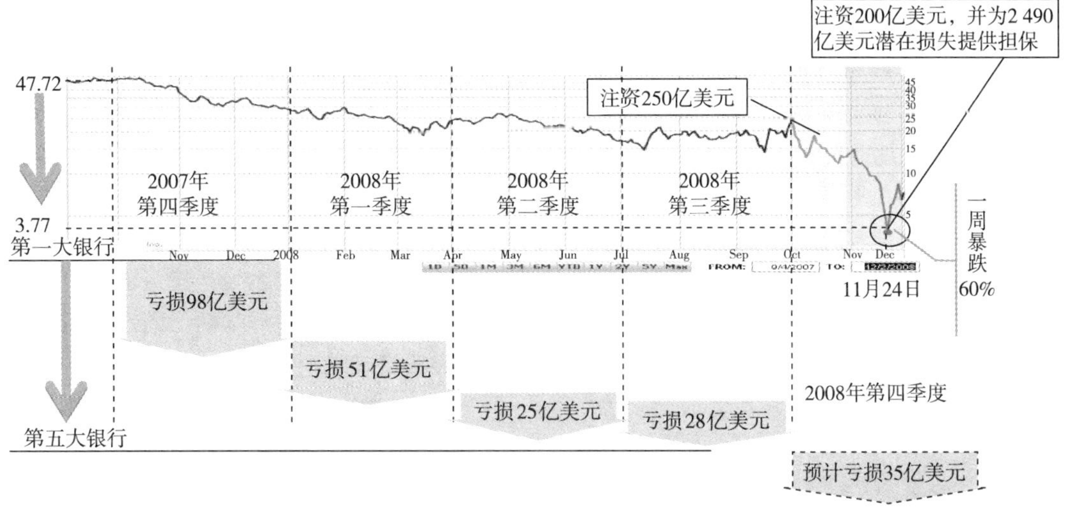

图1　花旗银行身陷困境

二、金融危机下商业银行盈利模式的重新定位

华尔街盈利模式的崩溃。本次金融危机导致美国独立投资银行的消失，这标志着华尔街盈利模式的终结和崩溃，主要有两方面原因：一是高杠杆经营下巨大的流动性风险和资本损失风险。在这次危机爆发前，美国的五大金融机构普遍存在高杠杆经营的问题（见图2）。2007年底，美国5大投资银行拥有资产总额4.3万亿美元，但只有2 003亿美元的股权资本，即杠杆率为21.3倍。然而，其表外负债的名义价值有17.8万亿美元，这意味着实际上杠杆率达到88.8倍之巨。高杠杆固然提高了资本回报率，但也加倍放大了单一业务风险的冲击力。二是对高风险收益的过度追求和缺乏自我约束机制。对于操纵投资银行资产投资的分析师而言，其年终的奖金几乎是以业绩作为唯一的考核条件，缺乏监管当局的参与约束和风险回报平衡的激励相容约束，经营者滋生无节制高风险交易的道德风险，哪管“毒药”债券之后洪水滔天。

商业银行审慎稳健经营与盈利模式回归。在危机中幸存的国际金融机构不得不回归商业银行的本源：一要控制财务杠杆，保持稳健经营。商业银行在经营中应坚守资本充足率不能低于8%的底线，即杠杆比例不能超过12.5倍，对各种投资也要像贷款一样按照评估的风险权重实行资本约束下的总量控制。二要加强风险预警，及时风险预控。应建立和完善内部风险评级标准，而非过度依赖外部评级公司，加强系统性的压力测试，对可能发生的或已经发生的风险暴露应提足风险准备。三要健全创新流程、控制创新风险。要建立金融创新的风险回报识别、评估和应对流程，根据金融体系发展水平、银行专业方向和风险控制能力，适度把握金融创新的广度和深度，确保金融创新与客户需求密切联系，而非撇开基础需要创造出与实体经济完全脱节的金融游戏。

我国商业银行盈利模式转型的必要性和可行性。首先，从国际金融监管的趋势和国内金融市场状况来看，美国和欧盟的金融监管正在从自由

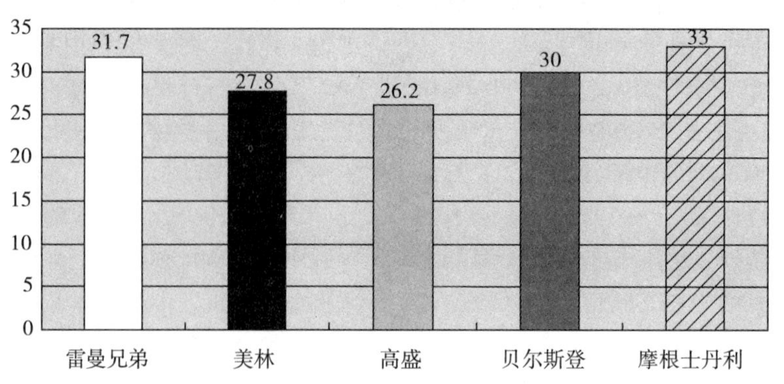

图2　2008年9月23日美国五大金融机构财务杠杆率

竞争演变为政府干预和审慎监管，新的国际金融体系将建立在可问责和透明的基础上。对我国而言，银监会近期发布了实施《巴塞尔新资本协议》的一系列监管规章，促进银行盈利模式转变和经营行为理性化；我国银行存贷差不断扩大，银行支付的存款利息成本相对增加，存贷利差进入下行通道，2008年9~11月连续降息，使银行利润空间受到挤压，商业银行推进盈利模式转型势在必行。其次，通过一系列改革，我国商业银行资本充足率和经营结构都有显著好转，截至2008年第三季度，共有192家商业银行资本充足率达标，达标银行资本占商业银行总资本比例从2003年末的0.6%上升到目前的84.9%；盈利能力明显增强，2002年，主要商业银行税前利润仅为364亿元，2007年，银行业金融机构实现税后利润4 467亿元；收入结构进一步发生了积极的变化，非利息收入占比呈现不断扩大的趋势，这些为银行业盈利模式转型提供了基础条件。

三、我国商业银行盈利模式的主要缺陷与转型策略

我国商业银行盈利模式的主要缺陷。一是盈利结构单一。国际一流银行的非利息收入占比已达到70%~80%，一般的好银行达到50%，而亚洲的好银行一般也达到40%。虽然我国银行非利息收入增速较快，但在主营业务收入中占比仍较小，大型股份制银行、城市商业银行、农村合作金融机构的非利息收入占比仅分别为17.5%、3.67%和0.7%。二是市场定位趋同。我国商业银行经营结构区别不大，银行无论大小都定位为综合性银行①，趋同的市场定位导致在细分领域的过度竞争。业务增长和收入增长都主要依赖于批发业务，资产结构中偏重对公信贷，在客户结构上普遍奉行的“大户”战略。三是产品同质化。国内银行产品同质化严重，创新以移植、模仿为主，缺乏客户细分基础上的产品需求深度挖掘，产品设计的针对性和个性化不够，缺乏投入—产出核算和风险回报评价，创新技术和人才储备远未适应需要，还远远不能适应市场需求和经济发展的需要。四是服务渠道多元化程度低。例如，国际一流银行的网上银行创造了30%的利润，网上银行的业务量已超过整个银行业务量的50%。而我国商业银行网上银行等新型服务平台建设仍为短板，例如，在电子商务方面银行仅提供充值服务，而客户基他交易都直接在第三方流转，未充分释放银行在整个供应链中的信用、信息和交易中介等功能和增值潜力。

我国商业银行盈利模式的转型策略。商业银行盈利模式转型成功的关键在于策略取向、目标设定、路径选择和执行控制。其一，盈利模式转型的策略取向要尽可能采取“未雨绸缪”式的前瞻型、主动式转型，而非“亡羊补牢”式的危机型、被动式转型。在转型过程中要严守“三性”平衡底线，协调处理好速度与质量的关系，确保长期可持续发展。其二，盈利模式转型的目标设定要符合市场发展规律，应在深入挖掘市场和客户需求的基础上确定盈利模式转型目标，使对客户及其产品和服务方式的选择由粗放型走向专业化、精细化、科学化。当前，中资银行尤其应当

① 美国最大的200家金融机构中，综合性银行不到一半，而专业化银行的ROA比综合性银行高出0.8%，ROE高出3.4%。

着力加强对经济周期波动承受力较强的零售业务（见图3）和中间业务发展①。其三，按市场规律审慎选择盈利模式转型路径，要在市场细分的基础上，逐步从高端、中端和私人银行竞争，发展到特定市场竞争；当盈利模式成型后，针对目标市场设计产品和渠道服务组合模式及其品牌策略，开展最佳定位竞争；逐步形成以客户为中心的、应需而为的产品和渠道整合服务能力。其四，实施精细化的盈利模式转型执行控制，应按照科学发展观的要求，将盈利模式转型任务分解落实到执行层面，将盈利目标转化聚焦到流程再造、产品创新和战略并购行动等具体项目中，国内外领先银行将六西格玛等精细化管理方法应用于盈利模式转型的成功实践已经证明，盈利模式转型的成功率 = 转型方案的质量 × 转型执行的效率 × 转型成果的接受率。

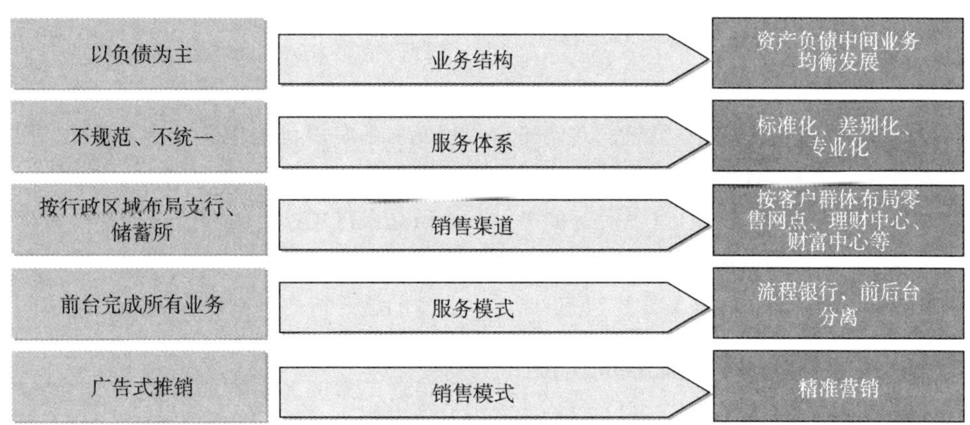

图3　零售业务盈利模式转型策略

总之，既要做赚钱的银行，也要做受人尊敬的银行！本文在对当前这场经济金融危机所带来的影响分析基础上，提出了采用科学的认识论和方法论实施商业银行盈利模式转型的策略取向、目标设定、路径选择和执行控制模式，以期对于国内商业银行按照科学发展观的要求，在稳健经营的基础上开拓创新，从而为实现长期可持续发展提供借鉴参考。

① 零售业务具有客户数量多、风险相对分散等特点，资本回报率（ROE）和资产回报率（ROA）高于其他业务，有利于规避非系统性风险，与中间业务一同成为银行业务的利润“稳定器”，在经营得当的基础上，可在不同经济周期中持续增长。国际性大银行零售业务的贡献度普遍为40%～55%。

在部分分行信用卡业务座谈会上的讲话

范一飞

（2006 年 9 月 14 日）

同志们：

这次召集几个分行的分管行长专门座谈信用卡业务，目的是要交流信息、统一思想，共同研究落实前不久召开的视频会议精神，加快我行信用卡业务发展，缩小在主要市场与竞争对手的差距，早日成为国内最大、最好的信用卡发卡银行。前面听了大家的发言很受启发，我集中再讲三点。

一、进一步提高对信用卡业务重要性的认识

大家知道，信用卡是盈利贡献潜力很大的产品，又是开展中高端客户营销工作的基础性产品。在美国银行的整个业务中，个人银行业务的利润贡献度大概占到 50%，信用卡业务又占到个人银行业务利润贡献度的 50%，即在整个银行里，信用卡业务的利润贡献度达到 1/4 左右。在美国这样一个成熟的市场环境下，仅美国银行每年信用卡的新增量还有大约 200 多万张。相比之下，我国还是一个新兴市场，总的发卡量不超过 3 000 万张，不及美国银行 1 家的发卡量，但近年成长很快，发展前景是非常广阔的，大家一定要看到我们在信用卡业务领域的巨大潜力。目前我们的信用卡业务还处在亏损状态，但根据美国银行专家和我们的测算，未来一两年就会盈利，而且对我们整个业务的贡献度会与日俱增。

为什么全世界差不多所有的金融机构都把信用卡业务看得这么重要？这是由信用卡业务的特殊性质所决定的。我们传统上都把信用卡业务看做是一项中间业务，因为银行卡最初主要是作为支付结算工具使用的。其实这项业务的性质已经发生了很大的变化，早已由最初的以中间业务为主逐步演变成以资产业务为主，实质是通过信用卡向客户发放无担保的信用贷款。由于信用卡没有担保，透支利率比较高，所以它也是一种高风险、高收益的业务。在银行所有的贷款业务中，没有一项正常贷款的利率可以和信用卡透支利率相比。信用卡为什么要给客户一个免息期？很大程度上是发卡机构用这个免息期作为一种奖励，吸引客户使用信用卡、使用透支额度。这也可以看做是银行或者信用卡公司为了取得透支利息向客户提供的一种奖励或者回扣。正是因为信用卡业务的这些特性，所以它是一项集中间业务及资产业务于一身，高回报伴随高风险的业务。美国银行信用卡业务资产净收益率高达 2.4%，而整个商业银行平均的资产净收益率达到 1% 就很了不起了。现在中国的银行好像还没有几家达到 1%，我们建设银行状况算好的，大约是 0.9%。

信用卡客户也是一个特定的群体，特别是使用循环透支额度的往往是以中端客户群体为主，这部分客户恰恰也是我们零售银行业务最理想的客户群体。所以，把他们吸引来、留住，实际上就为我们整个个人银行业务赢得了很好的客户基础。最顶端的那一部分客户通常属于私人银行业务的范畴，他们更多的是把信用卡作为支付工具使用的。普通的大众客户可能在信用卡透支方面有很大需求，但银行出于谨慎的原则，不一定愿意给他们信用额度。所以对信用卡业务而言，最理想的业务对象就是中端客户，也就是我们通常讲的中产阶层这个群体，包括教师、律师等。

从各国的经验来看，中产阶层群体有两个特点：第一个特点是随着工业化完成，中产阶层的群体扩展速度非常快。第二个特点是中产阶层通常知识含量非常高，一方面，他们对未来预期比较乐观，敢花钱；另一方面，他们上升为高收入阶层或者说变成顶端客户的可能性也是比较大的，这样一来，信用卡业务又为进一步拓展私人银行业务打下了一定基础。总之，信用卡业务是真正代表了我们建设银行未来的一项十分重要的战略

性业务，希望各位切实提高对这项业务重要性的认识。

二、认清形势，找到差距

截至2006年8月，全行发卡量已经达到了487万张，离500万张只有一步之遥了。我们基本上已经找到了一条在中国市场环境和建设银行现有条件下拓展信用卡业务的路子，各个分行也都有一些很好的办法。福建省分行是全行仅有的几个在当地无论是总发卡量，还是新增发卡量都占绝对优势的一个分行，他们驻点营销的模式、加强对客户数据的分析、推进联动营销都非常有成效。福建省分行信用卡业务和基他个人银行业务一样，在全行系统和当地都是出类拔萃的。浙江省分行虽然现在总发卡量和当地领先者还有一定的差距，但是2006年新增发卡量已实现当地第一，把对手甩在了后面。龙卡汽车卡在浙江成了一个“杀手锏”，做得非常出色。江苏省分行总发卡量已是当地第一，虽然2006年新增上稍微被对手超过了一点，但相信最后几个月会抢回来。深圳市分行在总行下达的计划基础上自我加压，又较大幅度地提高了全年确保完成的发卡目标，提出了尽快追赶主要竞争对手的中期目标和措施。广东省分行明确了联动营销的发卡比例，针对房贷、理财卡，向客户推广“房卡二合一”、“理财一加一”套餐，也是非常有成效的。山东省分行联动营销做得很好，率先推出了名城卡、名企卡，竞争力得到了加强。即便在我行信用卡业务发展上与竞争对手相比较为薄弱的北京和上海，也还是有不少工作成效的。北京市分行在名校卡发行方面力度很大，已经发展了十多所高校，前段时间还专门开了行长办公会，研究落实信用卡营销竞赛活动的措施。上海市分行专门成立了信用卡推进领导小组，并且明确了第一批名企卡的争办任务，拿下了像宝钢这样的特大型企业，8月发卡量也是淡季不淡。总的来说，虽然我们现在差距还很大，但整个信用卡业务正在向好的方向发展，如果今年我们能实现新增300万张发卡量任务的话，等于今年一年完成了相当于过去两年的工作量；如果说在发卡质量方面也有提高的话，则可能相当于过去两年半的工作量，这是很了不起的，我代表总行向各位、向信用卡战线的同事们表示感谢。

但是大家也要看到，我们现在面临的竞争形势还非常严峻。从发卡量上讲，无论是总量还是今年新增量，我们现在都还处在第二位，特别是7月、8月两个月，跟主要竞争对手的差距拉大了。4月当月发卡量一度超过了招商银行，5月下来了，6~8月差距越拉越大，这究竟是什么原因，大家还可以再做分析。从交易量来讲，我们比不过工商银行，而且差距还不小，特别是工商银行和中国银行完成股份制改造和上市以后，它们在信用卡业务上一定会加大力度，都会把信用卡作为和战略投资者合作的一个主要领域。中国银行招股书里明确讲要跟RBS合作成立信用卡公司；工商银行的战略投资伙伴美国运通更是专业做信用卡的，而且做得很成功，专门面向中、高端客户发卡，工商银行已经推出了带运通标志的信用卡。我们与招商银行、工商银行相比本来就有差距，它们加大力度以后，我非常担心这个差距会不会进一步拉大。所以总体来讲，我行信用卡业务面临的竞争形势非常严峻，时不我待，希望大家抓紧时机，切实采取措施迎头赶上。

三、明确目标和任务

现在全行零售业务提出的口号就是要做到“国内领先、国际一流”，我们信用卡业务也是这个目标。具体来讲，可以分三步走：2007年全行信用卡发卡量要全面赶超主要竞争对手，争取成为国内发卡量最大的商业银行；2008年信用卡交易额、透支额、营业收入、资产质量力争成为国内第一，并全面实现盈利；以后要用更长的时间使我们的产品、服务等各个方面全面达到国际一流水平。我们还要逐步将信用卡业务拓展到海外市场，初步考虑明年争取在香港地区发卡。

这里提出的目标和步骤是否切实可行，大家可以讨论。为了实现目标，以下几方面的工作非常重要，请大家研究。

（一）重新划分职责、优化流程

划分职责包括两个方面。一是总行信用卡中心和各分行的职责要划分。总行信用卡中心作为职能部门主要还是应该偏重于规划、管理、产品开发、营销组织和中后台的处理，而主要由分支行和网点来承担市场拓展、商户营销和前台服务等工作。特别要处理好信用卡专业直销团队和分支行的关系。专业直销团队的首要职能是把营销规划、组织协调工作做好，其次是把指导培训工作做好，而不是去直接取代分支行和营业网点的工作。大家可能会有些疑虑，觉得支行推荐的客户质量不一定过关，或者基层销售人员对信用卡不热心、不了解，这里的关键是要加强考核和培训。网点暂时没有营销能力，并不代表这个网点就永久不具备这个能力，更不代表可以把这个网点废而不用。我们必须充分发挥全行 14 000 个网点的作用，直销专业团队要把网点能力的培养作为重要职责之一。

二要处理好前台、中台、后台的关系。信用卡业务的前台就是个人银行业务部门、公司机构业务部门等所有直接面对客户的部门。要最大限度地调动前台部门营销的积极性，KPI 考核、资源分配都要向前台部门倾斜。此外，我们还可以利用外部的资源和力量，将诸如保险公司之类的非银行金融机构的营销队伍变成我们的前台，最大限度地发挥合作优势。信用卡的中台、后台则要尽可能施行专业化的管理和运营，包括审批、制卡、对账单打印、催收、数据分析、客户服务等，能集中的要尽可能集中。前台、中台、后台要各司其职，形成合力。以集中化、专业化、高效率的后台运作和管理为全行卡业务提供强有力的支持和保障，把前台从一些繁复事务的处理中解脱出来，集中精力开展营销工作。

为此，我们相应的业务流程和管理方式要优化，包括我们的综合经营计划、KPI 指标，该下给谁就下给谁，该落实到哪个环节就落实到哪个环节，不能再像过去那样，好像信用卡的事就只是信用卡部门的事。我们办信用卡业务，不只是信用卡中心办信用卡，而是我们整个建设银行办信用卡，就如同我们办零售业务，不是说仅仅零售业务部门办零售业务，而是我们整个建设银行办零售业务。我们相关的考核体系要调整，业务流程要优化。划清职责以后，环节之间、部门之间如何衔接好、配合好就很重要了，这需要我们去精心设计、谋划。

要强调的是，这里所说的职责划分和流程优化不是权宜之计，即使将来信用卡部门成为事业部或者经营实体，即使有朝一日我们与美国银行合资成立信用卡公司，为最大限度地发挥建设银行的整体优势，卡部门或卡公司与其他前台部门和分支行仍应按上述框架密切进行协作。

（二）把改善用卡环境作为当前一项重中之重的工作来抓

信用卡业务或者银行卡业务能不能真正发展起来，关键有两点：一是卡产品本身的设计是不是符合消费者的需要，二是用卡环境。我行在信用卡产品开发方面应该说做得不错，这几年有很多创新，甚至走在同行的前面，但现在用卡环境制约了我们整个卡业务的发展，严重影响了客户服务质量，也影响了市场拓展。用卡环境，狭义地说就是在线交易的速度和成功率能不能达到客户的要求，核心问题是授权响应速度、POS 机布放、特约商户的拓展、收单业务开展得如何，再扩展到相关的渠道建设，包括网点、ATM，进一步扩展到电话银行、网上银行等，能不能满足持卡人的需要。用卡环境不改善，卡发得越多，越会遭来投诉。因此，改善用卡环境要作为当前的一个重点来抓。

（三）加强联动营销

总行信用卡中心要加强数据分析，把目标客户定位清楚。目标客户分为两大类：第一类是建设银行已有的客户，包括个人类客户、公司类客户；第二类是目前虽不在建设银行，但通过我们的营销有可能到建设银行来的客户。我行客户资源数量庞大，目前对公客户是 250 万户，个人账户是 1 亿多户，个人客户至少有几千万户，公积金客户有 3 000 多万户，房贷客户有几百万户。还有外部的资源也可以利用起来，如前面提过的与保险公司、证券公司等加强业务合作，互惠互利，共享销售队伍和客户资源。总行信用卡中心要把基础工作做好，在数据分析的基础上将目标客户定位清楚，再具体和前台部门协商，共同制定客户营销策略，分步实施。

我们要马上着手进行数据分析，尽快把明年的经营计划指标确定下来。对明年总行各业务条线都提出相关建议指标，再根据区域、分行分解；只要各个业务条线都认可、各个分支行都认可，联动就有基础了；再把相关的资源配置好，考核激励跟上，最终将营销目标落实到人。

（四）加强考核激励

要进一步加大对信用卡业务的考核力度，把 KPI 考核的权重适当加大，资源配置再进一步倾斜，重要的就是考核一定要落实到人。同时，要讲求科学方法、细化考核办法。

发展信用卡业务是为了盈利，而不是单纯追求发卡量。现阶段之所以看重发卡量，是因为市场刚开始形成，是瓜分客户资源的重要时机，只有把客户拉过来，后面才会有用卡交易和透支消费，才有机会赚钱。但也不能单纯考核发卡量，比较科学的是考核信用卡业务的增加值。现阶段卡业务增加值为负，无法考核，只能将增加值分解为发卡量、交易额、营业收入、透支额、资产质量等具体指标进行考核。其实，我们现行信用卡业务考核方式对做得好的分行还是很有利的，在信用卡发卡量上考核过以后，接下来是利息收入，再算上中间业务又考核了一次。我们说信用卡业务目前总体上亏损，不是说所有分行都亏损、增加值都为负，像浙江省分行信用卡业务就一定是盈利的，一定是作了贡献的。对他们来说，由于是多层次考核，把几次考核结果加在一起，权重其实很大。即使在这种情况下，我们还可以再加大一些力度，充分体现我们发展信用卡业务的决心。但是在具体考核到每个人的时候，一定要讲究考核方法，在发卡量之外，还要考核动户率、交易额、透支额等，不能为了追求表面的轰轰烈烈去进行考核激励。以前有些分行为了完成指标任务，办了一堆卡锁在自己的抽屉里，以后如果发现这种弄虚作假现象，要严肃处理。这就对我们的管理提出了更高的要求，系统支持不支持、考核方法要不要作修改调整，希望总行信用卡中心能有个指导性的意见。

（五）加强产品创新

当前产品创新方面可做的工作有很多，比较重要的有三点：一是差别化授信、差别化服务和相关产品开发。既然我们锁定的目标客户是中端以上的客户群体，那么我们在服务上就要真正适应这些人的需求。当务之急就是要打破5万元额度的人为限制，加快把我行的白金卡、钻石卡推出来。二是认同伙伴、联名卡业务的拓展。我们的名校卡、名企卡就是一种认同卡，下一步怎样利用全国性的社会团体拓展认同卡业务，总行信用卡中心和有关部门要成立专题小组研究，规划、建立包括像高尔夫协会、足球协会，以及石油、石化、铁道部这类系统的认同关系。三是余额转移、自动调额、分期付款业务等，下一步还要花大力气来研究、拓展。

（六）要加强基础建设

信用卡基础建设必须加快，首先是数据库的建立和维护、卡片的设计和制作、内部征信体系的开发、IT系统的升级改造、呼叫中心的建设等。其次就是加快业务骨干的招聘和培训工作。我们员工中可能大部分对信用卡业务还是比较陌生的，所以培训要加强。不只是信用卡常识方面的培训，还应包括销售技巧、风险防范技巧等。

同志们，从现在到年底三个半月的时间将是十分关键和十分艰苦的，但只要我们团结一心、振奋精神、迎难而上，我们确定的信用卡营销竞赛目标就一定能够实现！

加大贸易融资投放力度 促进国际结算业务快速发展

——在全行贸易融资及国际结算视频培训会议上的讲话

范一飞

（2008年6月26日）

同志们：

大家上午好！正如罗哲夫副行长所讲的，当前加快中间业务发展、促进对公业务转型是我们面临的一个十分重要的现实问题。今天我们通过视频系统对全行相关管理人员和操作人员进行国际结算和贸易融资业务培训，这不仅仅是一次培训，也是一次加快业务发展的动员会。罗哲夫副行长对这次会议非常重视，亲自提议并主持召开。

首先，我讲一下我行当前业务的发展情况。前5个月全行外汇相关中间业务发展形势很好，在全国外贸出口放缓的情况下，国际结算业务量完成1 654亿美元，同比增长了65.5%，国际结算业务收入实现了6.85亿元，超过了单位人民币结算业务收入，同比增长了124%，增幅相当可观；

在四大银行中的结算量占比提高了1.59个百分点，收入占比提高了8.42个百分点，无论是国际结算业务收入还是贸易项下结算量的增速都保持了四大银行的第一位，排名比年初提升了一个位次。在信贷规模紧张、外汇资金头寸严重不足、短期外债指标持续压缩等情况下，我行主要业务指标增速能够保持四大银行领先的势头，成绩确实来之不易，值得肯定。

与此同时，贸易融资产品创新的速度和数量明显加快，产品的领先程度和市场竞争力明显提高，单证集中处理工作稳步推进。最近香港集中处理项目也已经完成，在国内同业中率先实现了跨境集中处理。经过几年的努力，今年我们还被美国《环球金融》杂志评选为“中国最佳贸易融资银行”。以前这个奖项长期被中国银行垄断，这是我行第一次获此殊荣，标志着我行贸易融资和外汇业务整体实力已开始得到市场认可。在这个过程中，同志们，特别是基层行和国际业务条线的同志们付出了艰辛的努力。在此，我向大家表示衷心的感谢！

在看到成绩的同时，也要看到一系列问题：

第一，虽然成长很快，但业务规模与同业先进相比还有很大差距，特别是与中国银行相比差距很大。当然，中国银行具有海外网络等方面的先天优势，特别是在非贸易结算方面享有一些特殊政策待遇，我们与它们的可比性还不是很高，但是相对于现有的客户资源以及建设银行在市场中的整体地位而言，我行国际结算方面的市场地位的确还有待进一步提高。

第二，要看到我行贸易融资的投放力度还严重不足。从近期人民银行通报的数据来看，中国银行和工商银行的贸易融资余额已经分别达到我行的8倍和6倍，这个差距实在是太大了；在贸易融资与全行对公贷款的占比方面，工商银行是我行的5倍，而中国银行则达到我行的11倍。从这里也可以看出，为什么我国际结算市场份额与他们两家相比存在如此大的差距，具体原因下面我还会作进一步分析。

第三，信贷规模资源的约束制约了贸易融资和国际结算业务的发展。今年宏观调控力度进一步加大，对公条线的本外币信贷规模都非常紧张，大家在推动外汇业务发展方面普遍感到资源短缺。虽然有些分行通过积极进行信贷产品结构调整，优化了资源配置、基本满足了贸易融资的需求，但绝大部分分行面临的形势还是比较困难的。怎样做好统筹协调，还有一些问题，包括政策问题需要我们研究解决。

另外，贸易融资与国际结算专业人才短缺的问题越来越突出，刚才罗哲夫副行长也讲了这个问题。目前，全行前后台部门包括国际业务条线非常缺乏熟悉和精通国际结算与贸易融资的人才，人才配置远不能满足对业务拓展、客户服务和风险控制的需求。这在一方面严重制约了我行业务拓展，另一方面也容易在业务发展中积累一些风险和问题。

下面我就加快贸易融资和国际结算业务的发展，讲几点意见。

一、进一步提高对贸易融资和国际结算重要性的认识，鼓励贸易融资投放

当前，中国经济仍处在高速发展通道，对外贸易依存度不断提高，工商企业不断走出国门，国际化程度不断提速，外汇业务的市场资源与潜力非常巨大。张建国行长曾经指出，国际业务是未来的重要发展方向，不仅对我行，甚至对整个中国的商业银行都有重要意义，全行上下应高度重视，无论哪个阶段、哪个时期，不重视国际业务都会对全行整体业务造成重大影响。

由于各种原因，我行国际结算等外汇业务长期没有得到应有的重视。现在看来有必要更新观念，进一步提高认识。

第一，要明确国际结算是国际业务乃至整个外汇中间业务的核心，要把国际结算作为战略性业务来抓。国际结算本身就是一项极为重要的中间业务，它还可以带动一系列中间业务，如结售汇、有关资金业务等。可以说各类外汇中间业务的开展都需要以国际结算业务为基础，国际结算业务规模和市场份额标志着一家银行外汇中间业务发展的整体水平。今年1～5月全行国际结算带来的结算手续费收入和结售汇收入共计28.81亿元（其中结算手续费收入6.85亿元，代客资金交易收入接近22亿元），占全行中间业务收入的16.6%，带动效应非常明显。所以，要重视中间业务、重视外汇业务，就要牢牢把握住国际结算这个核心，要把国际结算作为一项十分重要的战略性业务来抓。而发展国际结算，又要重点抓好贸易项下的国际结算，因为贸易结算一直是我们国际结算业务的主要收入来源。要充分依托中国

进出口贸易这个巨大的市场资源，把国际结算业务做上去。

第二，要充分认识到贸易融资的推动作用，把发展贸易融资作为促进国际结算业务发展的重要手段。国际结算业务发展要依托进出口贸易，而贸易结算的发展必须依靠贸易融资的支撑和带动。很多人不理解为什么要重视贸易融资，主要是对贸易融资的功能和作用还缺乏了解。可以这么说，在国际贸易活动中，除了少量一手交钱、一手交货的边贸活动以外，都需要以银行信用支持或取代商业信用作为媒介。在大部分情形下，国际结算与贸易融资相互伴随，是一枚硬币的两个侧面。因此，在国际结算业务中，贸易融资的特殊功能是无法回避的。可以这么说，要开展国际结算，就必须发放一定金额的贸易融资。从对金融市场的现实情况来看，贸易融资的投放力度也决定了一家银行国际结算业务的规模和市场份额；贸易融资的产品有没有竞争力、投放力度够不够、相关的资源配置能不能跟得上，最终决定了一家银行外汇中间业务的市场地位。

第三，要认识到贸易融资对于业务转型和信贷结构调整的重要意义。随着我行对贸易融资经营管理能力的提高，贸易信贷资产质量大幅度提升，去年新投放贸易融资实际不良率只有0.016%，而这部分很小的贸易融资投放带动相关结算和结售汇收入效益非常明显。贸易融资对于提高资产的流动性、减少经济资本占用、提高经济资本的综合效益也具有明显的优势。所以，我们从优化资源配置、优化资产结构的角度出发，也应该提高对贸易融资重要性的认识。

二、采取积极措施，解决国际结算和贸易融资发展中的问题

刚才提到，虽然当前业务发展形势不错，但还面临着多方面问题，有些需要总行层面协调解决的，有些需要在分支行层次多做工作。下面，我提九点具体要求：

第一，分行领导班子要高度重视国际结算和贸易融资业务。分行领导必须关注国际结算业务的发展情况，特别是中对外贸易量比较大的分行“一把手”和分管行领导都要亲自过问，关注国际结算和贸易融资业务的发展，重视解决业务发展中存在的困难和问题。从经验来看，凡是国际结算业务做得好的分行，都离不开分行领导特别是“一把手”的重视和支持。

第二，要积极利用信贷产品结构调整，优化资源配置，解决贸易融资的信贷需求。今年贸易融资业务发展面临着本外币规模两面挤压的困难，我们在外汇资金头寸方面无法和中国银行、工商银行竞争，在一定程度上影响了我行的业务发展，总行一直在想办法。但是，贸易融资本币贷款规模的问题更多地还需要在分行层面进行调剂，总行已经明确了信贷结构调整的相关政策，希望大家落实好。至于外汇贷款，我们要求把贸易融资排在第一位，把紧缺的外汇资金优先用于满足贸易融资需求，而不是用于一般性的项目贷款。当前，全行贸易融资整体上数量并不大，进一步支持我们业务发展所需要的规模，在系统内并不难解决，关键是大家认识到不到位、有没有决心。

第三，要加强部门联动与协调，提高国际结算承办率。国际结算、贸易融资不是国际部一个部门的事，而是全行的一项重要工作。对公业务条线及中后台各部门要通过明确牵头部门、建立会商制度等形式确立协调机制，加强沟通和业务联动。对外营销要有整体意识，统一实施对客户的本外币业务一体化营销。在业务拓展和客户营销中，要综合考虑我行现有的本外币授信需求，提供满足客户整体需求的科学服务方案和一揽子组合产品，要狠抓外汇基本结算户和人民币基本结算账户的开立。这里，我要特别强调提高授信客户国际结算业务承办率的问题：凡是有进出口业务资源的客户授信，一定要考虑贸易融资需求；凡是在我行有人民币贷款的客户，一定要考核国际结算的承办率。像过去客户在我行办理人民币信贷等相关业务，而在其他银行办理国际结算，由其他银行获取国际结算收入的事情，希望不再发生。

第四，要加强对国际结算目标客户进行主动授信营销的意识。国际业务客户对贸易融资的效率要求很高，很多客户提出贸易融资需求要当天满足，所以要提前准备，采取主动授信方式，根据目标客户的潜在需求，提前做好额度授信准备。这样一旦客户提出需求，我们马上能够响应。在主动授信方面，深圳市分行有很好的理念和做法。今年深圳市分行的国际结算业务发展势头非常猛，系统排名大幅提升，很了不起。一会儿深圳市分行和浙江省分行还要介绍经验，希望大家加强交流和学习。

第五，要加强产品经理队伍建设，提高贸易融资专业化管理水平。贸易融资产品创新越来越快、专业性越来越强，当前产品经理队伍建设滞后的问题极为突出，前台营销人员和后台审批人员对产品不够熟悉的情况也比较普遍，这些都制约了外汇中间业务的可持续发展。要解决这一问题，除了加紧“招兵买马”、加强贸易融资产品经理队伍建设外，还必须加强培训。重点区域的分行尤其要重视加强对客户经理和后台相关岗位人员的专业培训，尝试对前后台相关人员在上岗、晋升方面实行国际业务资质考试制度，提高受理、调查、审批等方面的专业化管理水平。

第六，要突出重点区域、重点客户的战略。总分行要协同配合，确立总行、分行的国际业务重点客户和重点区域，逐步建立起全行的国际结算重点客户群体。对重点区域和重点客户要在融资服务和结算服务等方面给予配套的优惠政策，提供满足高端客户需求的差别化服务，具备条件的分行可以探讨建立贸易融资服务“绿色通道”制度。在提高专业化管理水平的基础上，进一步提高我行贸易融资的便利性和竞争力。

第七，重视解决国际业务人力资源需求，及时补充国际业务人员，留住现有人才，加大员工的培训力度。国际业务一直是我行人才流失的“重灾区”，人才匮乏问题比较严重。有些分行领导班子比较重视，问题得到了有效解决，但从整体上看情况还很不乐观。国际业务人才的培养周期长、替代成本高，人才流失往往伴随着客户资源流失，这已经严重影响到我行的竞争力，希望各分行对此予以高度重视。

第八，要认真落实总行的考核激励政策。今年总行进一步加大了对外汇业务的考核激励力度，一是在一级分行 KPI 指标数量减少的情况下，仍保留了“外汇业务增长”指标；二是增加了外汇业务的费用配置，费用总量较以往年度有了明显增加，首次将国际结算等中间业务纳入“现买单制”的激励范围，对相关外汇中间业务收入直接挂钩人力费用，同时为国际业务分配了专项营销费用。各分行对国际业务条线的激励政策要认真落实执行，不要截留，更不能将相关激励费用挪作他用。

第九，要加强对贸易融资业务的管理与风险控制。在加大贸易融资投放力度的同时，要加强风险控制。注意宏观调控对行业和客户经营状况所带来的影响，特别是相关业务与国际市场联系密切，要关注和研究国际市场的变化情况。当前尤其要重视一些出口加工企业和外贸企业的经营动向，要及时应对，通过提高风险保证金、增加抵押品及至于果断退出等措施来化解风险。要把握好贸易融资产品可控货权、自偿性强的特点，加强对交易流程的控制，实时监控贷款资金的使用，充分利用贸易融资“短、频、快”和“封闭管理”的优势，做到既满足客户需求，又能达到风险和收益的有效平衡。

三、重视贸易融资和国际结算产品的创新工作

产品创新是业务发展的必由之路，贸易融资产品创新工作是一项长期、持续的工作。去年国际业务条线产品创新取得了丰硕成果，如近年推出的“海外代付”、“融货通”、“证票通”等创新产品，有力地促进了业务发展，取得了良好效果。今年上半年，在内外部环境较为困难的情况下，又通过贸易融资产品创新，有效地缓解了一些矛盾和问题，保证了国际结算业务的持续高速发展。

贸易融资产品创新要更加贴近市场需求，关注客户需求的个性化、差异化和区域特点，要充分发挥基层和第一线的优势，重视新产品的试点工作，调度试点分行的积极性。只有建立灵活的创新机制，才能跟得上市场变化，才能赶上甚至领先同业。去年在广东省分行开展了贸易融资业务创新试点，效果不错，要继续总结经验，具备条件时加速在全行推广。

四、加强境内外业务联动

对于海外分行业务发展，总行高管层非常重视，张建国行长今年又提出了海外分行业务转型的明确要求。海外分行要发展、要转型，必须通过加强海内外业务联动来实现，要不断加大联动力度、扩大联动范围、创新联动形式。过去海内外联动更多的是境内分行支持境外分行业务发展，但是自去年以来情况有所变化，境外分行也开始通过联动发挥对境内分行的支持作用。比如在境内分行外币资金头寸紧张的情况下，境外分行通过“内保外贷”支持了相当部分境内分行的贷款需求，今后这方面的联动工作还要进一步加强。最近经过努力，国家外汇管理局把我行“内保外贷”额度扩大了 1 倍，从过去的 50 亿美元增加到

100亿美元，为我们开展相关业务联动创造了有利条件，希望大家抓住机遇。海外分行要通过联动积极推进业务转型，提高中间业务收入占比，这方面任务还很重。总行国际部等部门要继续发挥好协调作用，加强对境内外业务联动和海外分行业务转型的指导和管理。

五、要加强贸易融资和国际结算业务培训

今天的培训形式很好，不仅限于国际业务及其他对公条线部门参加，还组织了风险部门等中后台部门参加，对贸易融资业务涉及的前台、中台、后台各个环节加强培训，有助于提高贸易融资整体的经营管理水平。像这样的培训要形成制度，并常规化地开展下去。要充分利用总行培训中心和国外银行等多方面资源，组织多种形式、不同层次的贸易融资和国际结算业务培训，吸收和借鉴同行业的先进经验。比较重要的境外培训我们还将一如既往地开展下去。各分行也要定期组织类似的培训，不断提高培训的广度和效果。

巩固经营成果　加快创新步伐
推动全行国际业务再上新台阶

——在中国建设银行国际业务工作座谈会上的讲话

范一飞

（2008年7月31日）

同志们：

今天，我们在这里召开全行国际业务工作座谈会，这次会议的主要任务是落实年初全行工作会议要求，通报和交流前一阶段全行国际业务发展情况，部署下一阶段工作。张建国行长将在会上作重要讲话。下面，我先对全行国际业务发展总体情况做一个回顾，并就下一阶段国际业务工作提几点具体要求。

一、我行国际业务发展情况的简要回顾

今年是我行国际业务开办20周年。20年来，国际业务经历了风风雨雨，从小到大、从弱到强，有过辉煌，也有过挫折。经过总分行的共同努力，国际业务已成为推动全行业务增长的重要力量。特别是2003年以来，全行高度重视国际业务，将其作为战略性业务来抓，使国际业务取得了快速发展。短短5年间，全行外汇利润增长了3.7倍，外汇中间业务收入翻了1倍多，外汇一般性存款在四大银行中占比提高了4.82个百分点，外汇不良贷款率大大低于全行平均水平，国际结算量和结售汇总量分别增长了3.5倍和4.28倍，双双超过农业银行，重新回到市场第三的位置，国际结算手续费收入已接近工商银行。特别是最近一年多，在总行党委、高管层，尤其是张建国行长的高度重视下，我行国际业务增速明显加快，在推动全行战略转型中发挥了重要作用。今年上半年，在国际、国内经济金融环境异常复杂，经济方面不确定因素很多的情况下，全行国际业务的各项业务指标仍取得了突飞猛进的增长，体现了全行在国际业务方面的竞争力、执行力和创新能力。

自股改上市以来，各级行国际业务部较好地履行了外汇业务牵头经营管理的职能，积极推动部门间的协调联动，做了大量卓有成效的工作。其中包括创新性地建立了外汇业务考核体系、组织了对国际业务经营管理模式和外汇业务经营效益的调研、在四大银行中率先成立了国际贸易单证处理中心、在国内同业中最早实现单证业务跨境集中处理等。不断推出创新产品，其中很多产品在同业中处于领先地位，树立了我行良好的国际业务品牌形象，表明我行外汇业务正在从市场跟进型向市场领先型迈进。

在全行的共同努力下，我行外汇业务经营管理水平迈上了一个新的台阶，组织机构逐步健全、风险意识明显加强、市场竞争力稳步提高。2007年，我行被美国《环球金融》杂志评为中国区最佳贸易融资银行。过去这一奖项曾长期被中国银

行所垄断，能获此殊荣，也标志着我行贸易融资和外汇业务整体实力已经得到了市场的广泛认可。

二、2007 年及 2008 年上半年主要经营业绩

2007 年以来，我行国际业务经受住各种不利因素的考验，取得了较好的经营业绩，全面完成了年度 KPI 指标。主要表现在以下方面：

外汇业务效益增长显著。2007 年实现外汇利润 16 亿美元，在五大银行中排名第三位。实现外汇中间业务收入 36.05 亿元，同比增长 42.7%，占全行中间业务的 11.3%，剔除代销基金收入后，占比达 17.8%。

外汇中间业务增速加快。2007 年国际结算量突破 2 000 亿美元大关，全年累计完成 2 854 亿美元，同比增长 50%，超过同期全国外贸进出口增速 26 个百分点。贸易项下国际结算量增速在五大银行中排名第一位；国际结算量同比增速、国际结算量在五大银行中占比新增、贸易项下国际结算量在四大银行中占比新增三项指标列五大银行第二位。全年累计完成代客结售汇业务量达 1 782.14亿美元，同比增长 65.47%；结售汇总量一举超越农业银行，达 2 176.42 亿美元，在五大银行中排名第三位；国外保函业务增速在五大银行中排名第一位，全年开出境外保函为 112 亿美元，余额达 123 亿美元，总量和余额规模均大幅超过工商银行，在五大银行中排名第二位。

外汇存贷款业务管理初见成效。2007 年外汇全口径存款余额为 138.40 亿美元，在五大银行中排名第三位。其中，外汇对公存款余额为 89.49 亿美元，剔除汇金公司大额外汇存款转出因素，比年初增加 18.39 亿美元；外汇个人存款余额为 39.38 亿美元，比年初减少 21.34 亿美元；外汇同业存款余额为 9.53 亿美元，比年初减少 10.7 亿美元，剔除花旗集团大额存款转出因素，比年初减少 1 亿美元。

年末外汇贷款余额为 134.76 亿美元，比年初增加 32.91 亿美元，有效地控制在总行年度目标之内。外汇逾期及非应计贷款率仅为 0.86%，低于全行平均水平 1.4 个百分点。

外资银行业务稳步推进。2007 年外资银行人民币借款业务取得了快速发展，新增提款额为 142.99 亿元，同比增长 139.5%；累计完成边贸结算量 35.72 亿美元，同比增长 67.65%。代理行范围不断扩大，与 125 个国家和地区的1 305家银行建立了总行级代理行关系，覆盖了我国主要贸易伙伴国和世界五大洲。

海外业务稳健发展。2007 年末，我行海外经营性机构（含建行亚洲和建银国际）资产总额为 244.01 亿美元，比年初增长 63.6%，实现拨备后税前利润 2.53 亿美元，同比增长 55.2%。在去年的国际金融形势下能够保持这样的增长，成绩来之不易，值得肯定。这也是去年我们国际业务发展中的一大亮点。

2008 年上半年以来，在人民币持续升值、国家外汇管理及进出口贸易政策调整的背景下，我行外汇业务克服了美国次贷危机及全球经济增长放缓等多重不利因素影响，继续保持健康、快速增长的良好势头。

经营效益进一步提高，单位外币结算业务收入有望超越工商银行。外汇中间业务收入和单位外币结算业务收入均实现翻番，其中单位外币结算业务收入达到同期单位人民币结算业务收入的 1.42 倍，在全行业务战略转型中发挥了重要作用。上半年全行外汇中间业务收入为 37.42 亿元，同比增长 119%；单位外币结算业务收入为 9.17 亿元，同比增长 142%，与同业第二的工商银行相差不到 5 000 万元。

主要外汇业务成功实现“保三争二”的经营目标。国际结算量已确保夺回同业第三的位次，自 2003 年以来，首次超过农业银行。上半年累计完成国际结算量 2 079 亿美元，超过农业银行 301 亿美元，并进一步缩小与第二名工商银行的差距，同比增长 63%；跟单项下业务量占比较 2007 年末提高 3.36 个百分点；6 月末贸易项下国际结算量在四大银行中占比 18.62%，比 2007 年末提高了 3.43 个百分点，贸易项下国际结算量增速及在四大银行中占比新增继续保持第一；完成代客结售汇量1 260.38亿美元，同比增长 68.13%；截至 5 月末，结售汇总量在五大银行中占比 17.87%，比 2007 年末提高 0.74 个百分点。

截至今年 6 月底，各境内分行通过海外机构办理的进口开证笔数占比达 44.86%，比去年的平均水平提高了 17.49 个百分点，其中北京、河北、黑龙江、上海、苏州、江西、河南、湖北、三峡、广东、海南、贵州、云南、青海、宁夏、新疆 16 家分行对海外机构的进口开证笔数占比均超过 50%。

外汇存款余额止跌回稳。6 月末外汇全口径

存款余额为136.44亿美元，比5月末增加9.15亿美元，扭转了自2007年5月以来逐月下滑的趋势，仅比年初下降1.96亿美元。其中，外汇对公存款发挥了支撑作用，余额达90.77亿美元，比年初增加1.28亿美元，在外汇全口径存款中占比66.52%；外汇个人存款余额为32.28亿美元，比年初减少7.11亿美元，自2005年7月汇改以来已累计下降30亿美元，降幅接近50%；外汇同业存款余额为13.40亿美元，比年初增加3.87亿美元。

外汇贷款额度控制卓有成效。今年以来，外汇资金比较紧张，外汇贷款的需求又非常旺盛，通过购汇来发放外汇贷款的呼声很强烈。为避免购汇引致高额的汇兑损失，我们采用挖掘内部资源、控制外汇贷款增长的方式。6月末全行外汇贷款余额为134.62亿美元，比年初下降0.14亿美元，降幅为0.1%，有效地控制在全行控制额度内。贷款结构进一步优化，贸易融资占比由年初的12.5%提高到13.85%。

海外业务持续增长。6月末，我行海外经营性机构（含建行亚洲和建银国际）资产总额为310.25亿美元，较年初增长27.1%，实现拨备后税前利润为1.48亿美元，同比增长60.9%。海外市场调研和机构申设工作取得了积极进展。目前，我行已向越南、美国、英国的监管机构分别递交了在胡志明市、纽约市设立分行，在伦敦设立子银行的申请，各项境外筹备工作正在稳步推进之中；我行在中东地区设立经营性机构的申请已获银监会批准，目前正在进行境外申设准备工作；悉尼代表处于2007年11月底开业后，已启动将代表处升格为分行的工作，并已正式向银监会递交了申请。此外，我行也正在积极寻找合适的海外并购机会。通过这些努力，全行海外业务发展战略正在逐步加以落实。

上述经营业绩是在国际、国内经济环境异常复杂，经营条件极其困难的情况下取得的，是在我们的外汇贷款比年初有所下降的背景下取得的，因此，尤其显得难能可贵。这是各级领导高度重视、相关部门大力支持和总分行上下共同努力的结果，凝聚了全体国际业务条线人员的艰苦努力和辛勤汗水。在此，我向同志们表示热烈的祝贺和衷心的感谢！

正确认识和总结所取得的成绩，对我们下一步更好地开展工作能够起到促进作用。总的来看，主要工作措施有以下几方面。

（一）管理层高度重视，业务发展战略清晰

总行党委对国际业务高度重视。根据内外部经营、金融环境的变化，制定和组织实施了外汇业务发展战略，明确了我行国际业务发展的基本思路和总体目标。总行管理层从落实全行整体发展战略要求出发，结合我行股改上市后面临的新形势和新任务，明确了具体的外汇业务产品、区域和客户发展战略，提出了全行今后一段时间内外汇业务发展的基本方向，促进全行提升对外汇业务重要性的认识，政策执行和传导的效果有所提高。在这一过程中，总行管理层采取了积极有效的措施，对国际业务采取倾斜性的资源投入，确保了业务战略实施取得良好效果。在考核激励方面，通过编制外汇业务年度综合经营计划，逐步加大了对外汇业务的考核力度，在一级分行KPI指标不断精简的情况下，持续保留了外汇业务指标；对外汇业务的激励费用逐年增加，并积极开展了对外汇存款、外汇中间业务的买单制激励。在推动产品创新方面，通过有区别的风险计量和经济增加值政策，引导全行优先发展相关的外汇业务产品，鼓励和推动各级机构在外汇贷款、贸易融资、外汇中间业务等方面开展产品创新。在调整资产负债结构方面，根据市场和外管环境的变化，推动和实施了更为灵活有效的外汇存贷款管理，通过经济手段大力发展外汇存款、优化外汇贷款结构，使我行成为近年来五大银行中唯一一家没有通过购汇方式解决贷款需求的银行，避免了高额的汇兑损失。总行资债部和国际部做了大量艰苦、细致且卓有成效的工作。在加强系统管理方面，总行管理层大力加强了国际业务的政策指引，加强了培训和调研，并且为此投入了大量的财务资源，支持各级机构吸收和培养国际业务管理人才，为推动全行国际业务更上一层楼打下了较好的基础。总行党委高度重视海外业务发展战略，通过各种渠道壮大海外机构网络，把深化境内外机构联动作为充分挖掘内部资源、推动境内外机构更好、更快发展的重要措施。正是总行党委、管理层和董事会的高度重视和正确领导，全行对开展国际业务重要性的认识有了进一步的提高，管理政策得到了较好的落实，业务持续下滑的局面得到了扭转，主要外汇业务增长迅速，市场份额逐步提升，经营管理水平得到提高，海外机构的资产规模和营运能力显著提升。

（二）业务营销和产品创新不断加强，拓展了外汇业务的新领域

1. 注重实际效果，面对不同的目标客户群体，开展不同层面的外汇营销活动。针对外汇业务需求面广的总行级重要客户，总分行积极举办综合性品牌营销，提升了我行外汇业务的整体品牌形象；为客户提供一揽子的金融服务，巩固了与客户的长期合作关系。针对外贸公司、船厂、航空公司等专业型企业，根据客户的不同需求，开展了专项产品营销活动，加深了客户对建设银行产品的了解。2007 年下半年以来，总行共组织综合性营销 5 次、专项营销 8 次，取得了良好的效果。总行国际部在牵头组织重点客户营销活动的同时，还积极参与并协助分行做好营销工作，会同客户经理直接走访客户，指导分行为客户设计综合性服务方案，成功地拓展了中石油、中石化、中海油、中粮、中建总和金川公司等重点客户，使我行成为第一家有资格向伊朗开立石油进口信用证的中资银行，树立了我行国际业务的品牌优势。

2. 满足市场需求，不断推出外汇业务新产品，提高自主创新能力和产品市场竞争力。2007 年及 2008 年上半年，全行共成功推出外汇创新产品 25 项。贸易融资方面，在同业中率先推出了“融货通”、直接出口保理、出口信用保险项下买断、船舶出口保理、证票通、票据保付等贸易融资新产品，在国内市场处于领先地位。目前我行正在为“融货通”产品申请商标权。总行陆续开发了小企业贸易融资、出口信用保险项下融资、“E－TRADE”网上贸易结算、国际金融公司担保项下福费廷业务等产品，进一步完善了贸易融资产品体系。还开发了票据保付等替代型产品，以减轻我行的短债指标压力。国外保函方面，响应国家鼓励企业“走出去”的政策，适时推出“海外融资保”产品，同境外融资安排、境外结构性外汇买卖等业务进行组合，满足不同客户的多样化需求。在船舶保函领域进行积极探索，成功为中船重工等十多家客户提供了保函服务。开发了延期付款保函产品，缓解了融资性担保额度不足的问题。代理清算方面，大力拓展代理中小商业银行外汇清算业务，先后与南京市商业银行、恒丰银行等 11 家国内商业银行签订了代理外汇清算协议；成功获得人民银行外币支付系统港元结算银行资格，并积极营销本外币资金互存业务，为吸收同业外币存款、缓解我行外币头寸紧张的局面提供了新的途径。适时推出“汇得全”产品，满足了客户外汇汇款全额到账的业务需求。“边贸 e 路通”成功上线，提高了资金清算效率。国际融资方面，在出口信贷业务的基础上，积极拓展出口信贷再融资产品。在人民币升值的形势下，为出口企业规避了汇率风险，同时为我行介入出口卖方信贷市场提供了契机，实现了“银、企、保”共赢；在国内外汇资金紧张的情况下，积极拓展筹资渠道，海内外分行联动，成功办理东方航空公司 1.3 亿美元飞机融资项目。此外，上海航空公司飞机融资项目协议也即将签约，南航、海航等飞机融资项目正在洽谈中。

（三）基础工作稳步推进，有效防范了业务风险

1. 狠抓制度建设和内部控制，强化风险防范意识。2007 年，总行组织了全行外汇业务合规性专项检查，首次利用外汇业务信息管理系统中的相关功能实现了外汇业务专项检查的电子化，为相关统计工作提供了系统管理和分析平台。针对检查中发现的问题，对各分行的整改工作提出了要求，有效地化解了各分行在经营管理中存在的风险隐患。

配合新产品的推出和原有产品的优化，总行及时制发了相关的外汇业务规章制度，进一步规范了新产品的操作规程，改进了已有产品和业务的操作流程，降低了操作风险。为促进国际结算等重点中间业务的发展，提高贸易融资市场的竞争力，在相关部门的积极配合下，总行国际部投入了大量精力，对贸易融资的信贷制度和业务流程进行了大幅度调整，适时根据市场需求和同业动向，对授信制度和产品进行了完善和优化，大大提高了贸易融资业务的反应速度和办理效率。在配合产品创新和优化的同时，根据宏观经济形势变化对不同行业和客户的影响，及时作出行业预警和客户预警。通过不断完善内控机制，有效地控制了风险，贸易融资资产质量继续保持在历史最好水平。

2. 严格执行外部监管规定，保证经营管理的合规性。2007 年，国家审计署对我行境外筹资转贷款业务进行了专项审计。针对此次审查的重点，总行提出了加强内部流程和档案管理工作的有关要求，并要求认真做好自纠自查工作。还根据财政部有关文件，及时下发通知，对开展转贷款领域商业贿赂治理工作提出了具体要求。由于准备充分、措施得力，我行境外筹资转贷款业务得到了审计小组的肯定。

去年以来，我行较好地完成了短债指标分配及日常数据监测等工作，各月末的外债余额均控制在外汇局要求的额度之内；通过积极与外汇局联络协调，了解外汇局在短债管理方面的最新政策规定，及时向相关部门和各分行传达，提出了具体的执行要求；我行还主动向外汇局提出加强和完善短债管理的建议，采取措施有效应对短债管理政策调整对我行业务发展造成的影响。

从今年7月14日起，外汇局、商务部和海关总署推行出口收结汇联网核查管理政策。新政策的实施不仅增加了柜台人员的工作量，而且增大了银行合规性审查的责任。这项政策从办法出台到实施只有一周的时间，其中有很多工作需要银行配合和落实。总行及时召开了视频动员和培训会，各部门、总分行做了充分准备，确保了政策按时实施。从目前各分行反馈的信息看，没有发生明显的客户投诉、违规操作等现象。

3. 进一步理顺业务流程，提高电子化管理水平。2008年6月8日，新一代贸易融资系统海外扩展项目成功上线，将建行亚洲的香港和澳门两地业务集中到上海单证中心进行处理，这是国际贸易单证中心成立以来的又一次重大突破，实现了贸易融资单证业务处理外包服务模式的创新。至此，上海单证中心已经集中了8家国内分行、2家海外机构的单证业务，为全国单证业务的逐步集中，以及提供外包服务积累了宝贵经验。与此同时，单证中心还与美国银行合作开展了“六西格玛项目”，进行业务流程再造，提高了操作效率，有效地控制了风险。

我行国际业务的电子化管理水平在同业中始终保持领先地位。除了新一代贸易融资系统被评为2007年度中国人民银行科技进步三等奖外，其他系统也在加紧升级和研发，并获得了行内外一致好评。国家外汇管理局对我行开发的外汇业务信息管理系统给予了很高评价，指定我行作为国际收支统计监测系统的全国首家试点行和推广行；我行率先在国内推出的E－TRADE系统和外汇业务信息管理系统均荣获2007年度中国建设银行金融科技进步三等奖。此外，我行还成立了“CLPM贸易融资优化小组”，对CLPM系统中9项贸易融资功能进行了优化，并成功实施上线。

4. 加大培训力度，提升员工队伍素质。去年以来，各级行开展了全方位、多层次、多角度的外汇业务培训活动，既有一级分行行长、总经理参加的国际金融高级研修班和外汇业务管理人员培训班，也有面向全行业务操作人员的贸易融资、国际保理、国外保函、国际融资及国外银行业务培训班，还包括外资银行举办的境内外培训和研讨活动，进一步提高了从业人员的素质。

（四）加强协调联动，外汇业务的战略地位得到体现

全行对外汇业务的重视程度明显提高，形成了发展外汇业务的良好氛围，国际业务的内部经营环境得到显著改善。

计财、资债、风险、审批、法律等综合管理部门，在计划编制、绩效考核、财务资源配置、价格管理、信贷政策调整、业务流程梳理以及合法合规性审核等方面，给予了外汇业务大力的支持。公司、集团、机构、个金、金融市场部等经营部门加强了业务联动，加大了本外币一体化营销力度，积极推出创新产品，在发展外汇业务方面作出了积极的努力。信息技术管理部及其下属分中心为国际业务系统开发提供了有力的技术保障。相关部门的支持配合，为外汇业务的健康可持续发展提供了保证。

（五）境内外联动继续向纵深推进，海外机构建设取得了积极进展

在总行的统一指导和境内外分行的大力支持配合下，我行的境内外业务联动进一步向纵深推进。各境内机构加大了在清算、结算业务方面对海外机构的倾斜力度，通过海外机构办理的进口开证业务占比不断提高。各海外机构也积极克服自身资金紧张的困难局面，采取加强当地同业拆借、吸收当地机构存款、转卖部分特定资产等多种方式筹措资金，大力支持境内分行的外汇融资需求，尽可能地帮助境内分行维护与重要客户的关系。各海外机构还根据市场变化，配合总行政策，在贸易融资等业务领域不断推出创新产品，并依托建设银行集团在境内网络、资金和客户群体等方面的优势，积极与境内分行联动，努力拓展中资企业的跨国经营业务，境内外业务联动取得了良好的效果。

（六）认真履行外事管理职能，在国际交流与合作中充分发挥桥梁作用

我行外事工作一贯坚持“统一领导、归口管

理、分级负责、协调配合"的原则，始终以服务于全行业务发展为工作重心，统筹协调全行重大外事活动，积极促进对外交流与合作，促进全行涉外业务顺利、健康、有序发展。

股改上市之后，总行国际部协调安排了我行领导与德国前总理施罗德、美国财政部长保尔森、美联储主席伯南克、英国金融监管局主席麦卡锡等国际政要会晤等一系列重大外事活动，为我行国际化经营创造了良好的外部环境。战略合作项目启动以来，总行国际部承担了我行与美国银行、淡马锡开展的101个战略合作项目的翻译工作，培养了一支熟悉政策、了解业务、精通外语的高素质国际交流人才队伍，为我行对外交往的顺利开展提供了人才支持和保障。

2007年9月，总行召开了首次外事工作座谈会，传达了中央外事工作会议和中央企业外事工作座谈会精神；总结分析了近年来全行外事工作情况，研究了存在的问题，听取了分行的意见和建议。这有利于统一全行外事工作思路，建立健全外事管理规章制度，推动管理创新，提高各级领导对外事工作重要性的认识。

三、当前面临的形势

据权威部门预测，今年我国宏观经济将保持持续增长的势头，预计全年GDP增长将维持在10%左右，中国经济平稳较快增长的基本面没有改变。但是，今年是中国近十年来经济形势最为复杂的一年，下半年仍存在很多不利于外汇业务发展的因素。

（一）我国外贸发展形势严峻，出口企业经营环境恶化

今年1～6月，我国出口总值为6 666.05亿美元，同比增长21.9%。其中6月出口额为1 215.33亿美元，同比增长仅为17.6%。6月是传统的出口旺季，增速大幅下滑非常罕见，值得关注。造成这一现象的原因是多方面的，主要归咎于贸易条件的恶化。从数字来看，去年初的贸易条件基本保持在1，也就是出口价格和进口价格基本持平。到今年前5个月已经下降到了0.95，意味着进口商品价格高于出口商品价格，相当一部分本来应该属于国内企业的利润转移到了国外。下一步贸易条件是否会进一步恶化，很值得我们探讨。一方面，人民币还会继续升值；另一方面，国际市场上大宗商品，特别是能源、原材料价格如果进一步上涨，将对我国的进出口贸易产生非常不利的影响。

从政策环境来讲，传统的出口导向型政策在转变，企业在短期内很难适应。从2005年开始，国家相继对出口退税、加工贸易和配额管理政策进行了调整，2006年和2007年相关政策更是频繁出台，出口退税政策调整了6次左右，加工贸易政策调整了5次，增补了加工贸易禁止和限制的目录共计3 300多项，这些政策发布之前往往时间都很紧，留给企业的缓冲期很短，让企业适应起来有很大的难度。另外，中央银行多次上调存款准备金率、控制贷款规模、提高贷款利率，这也使企业的财务成本上升，对出口也造成不利影响。

企业的经营成本上升，挤压了利润空间。新《劳动法》的实施，原材料、能源的价格上涨，环保方面如节能减排等方面更加趋于严格，使得企业的成本上升。现在外贸出口面临的形势还是很严峻的，特别是出口加工型企业的情况不太理想，一些地区出口加工型企业停产面达到1/4左右。

（二）资金供求失衡，我行外汇资金头寸紧张

我们正面临一个很矛盾的现象。一方面，官方储备不断增加；另一方面，市场的外汇资金供给非常短缺。建设银行也如此，一方面，我们有大量的外汇头寸，光在市场上运用的就有300多亿美元；另一方面，所有的分行，包括我们的境外分行都感到资金紧张、外汇奇缺。只要人民币的升值压力存在，这种矛盾的现象就很难有根本性的好转。最近，我们通过调整价格机制，外汇存款业务有所好转，但是外汇资金紧张的局面仍将会长时间存在。

（三）同业竞争日益加剧

随着加入世界贸易组织后我国金融市场的逐步放开，银行业竞争呈现国际化趋势。截至2007年末，已有汇丰、渣打、花旗等20余家外资银行在内地成立了法人银行，中外资银行的竞争格局已经初步形成。面对国有商业银行股改上市、股份制银行迅速成长、政策性银行加快转型、外资银行全面进入的市场竞争形势，如何提升外汇业务经营管理能力，在激烈的竞争中巩固并不断扩大市场份额，将是我行外汇业务发展面临的新挑战。

四、我行国际业务发展中存在的不足

如何看待我们自身的经营情况呢？刚才我谈

到了积极的一面，由于全行上下的积极努力，这两年取得的成绩是骄人的、令人欣喜的。但是也要看到，我行的国际业务起步相对晚一些，基础还比较薄弱，市场竞争力也不够。

主要体现在：

——市场份额低，与同业的差距仍然较大。我们绝大部分外汇业务的市场份额排名第三位，甚至第四位。根据国际部提供的资料，我们的企业外汇存款排名第四位，储蓄存款排名第三位，同业存款排名第三位，进出口贸易融资排名第四位，境外筹资转贷款排名第二位，国际结算排名第三位，结售汇量排名第三位，代客外汇买卖排名第三位，国外保函排名第二位。

2008 年上半年全行累计完成国际结算量2 000多亿美元，同比增长 63%，但是也应当看到，我们在五大银行中的占比只有 14.55%，比中国银行落后了 32 个百分点，比工商银行落后了 5 个百分点；去年我们的国际结算增速很快，达到 50%左右，但中国银行增长了 61.56%。中国银行有这么大的基数、这么大的市场份额，但还能实现这么高的增速，说明我们跟中国银行的差距还在拉大。在我行 38 家一级分行中，有 21 家贸易项下国际结算量排名第三位或者第四位，不仅与中国银行的差距很大，而且与工商银行的差距也很明显。外汇存贷款的市场份额都比较低。我们整个的外汇存款只有中国银行的 1/4，工商银行的 1/2 左右。进出口贸易融资的四大银行占比只有 5.72%，差距太大，还不到农业银行的 1/2。贸易融资是一项非常有潜力的业务，各分行要高度重视这个问题。今年 1 ~5 月，虽然我们的结售汇总量超过了 1 000 亿美元，但是我们在五大银行的占比只有 17.87%，增速低于工商银行，只超过了农业银行 109 亿美元，领先的幅度还很微弱。

——全行系统内，不同分行之间的发展很不平衡。在贸易项下的国际结算量方面，有两家分行在当地同业中是排名第一位的，分别是三峡市分行和新疆维吾尔自治区分行，有 15 家分行在当地同业中排名第二位，15 家分行在当地同业中排名第三位，还有 6 家分行在当地同业中排名第四位，分别是天津市分行、山西省分行、苏州市分行、浙江省分行、青岛市分行和深圳市分行。上半年在 38 家一级分行中，上海、广东、深圳这 3 家分行的国际结算超过 200 亿美元。外汇存款方面，上海、北京、广东、深圳这 4 家分行的外汇存款超过 10 亿美元，但是还有 12 家分行的外汇存款不到 1 亿美元，最少的分行只有 800 万美元，当然这与分行所处的环境有关。要特别提一下山西省分行，2 000万美元的外汇存款，却对应 3 亿多美元的外汇贷款；还有云南省分行，只有外汇存款 3 900 万美元。再看市场占比，山西省分行外汇存款在当地四大银行中占比只有 2.7%，甘肃省分行在当地四大银行中占比只有 4.95%。

——国际业务的定价能力还有待提高。近两年来，我们与同业相比存款下降较多，说明我行在定价管理方面还存在差距。怎样针对市场的变化，及时调整定价策略，很值得我们反思。定价管理主要包括两个方面，即对客户的产品定价和我行内部资金定价。这两年我行个人外汇存款大幅萎缩，汇得盈产品从最高时的 20 亿美元下降到现在的水平，主要原因是我们的价格没有及时跟上市场的变化。市场竞争这么激烈，但价格调整滞后，没有及时跟上市场，导致存款“搬家”。

在贷款方面也存在同样的问题。尤其是在去年，外汇贷款需求如此之猛，实际也是定价问题。市场上外汇紧缺，我行的海外代付业务，付给外资银行的成本达到 LIBOR +800 到 1 000BPS，但很多分行的价格还在 LIBOR +40 到 50BPS。当然，可能一部分收益是通过其他方式来实现的，但是这种贷款价格在市场上也很不合理，造成了我们对贷款企业的补贴，这也是外汇贷款需求长期居高不下的原因之一。希望相关部门，尤其是综合管理部门，对这一问题给予高度重视，一是要紧随市场调整，二是要灵活定价，体现我们的战略导向。

总体来讲，差距意味着潜力，意味着我们国际业务未来成长的空间还很大，大家对目前所处的形势和位次要有清醒的认识，在看到差距和不足的同时，也要看到我们的潜力。各分行要真正采取措施，把我们的国际业务做上去。

五、充分认识国际业务的重要性，明确下一阶段工作的具体要求

（一）要把国际业务提高到关乎我行生死存亡的高度来认识

国际业务是一个广义的概念，根据商业银行的经营范围，其外延可大可小。国际业务包括四个方面：一是境内的外币业务，传统上我们把它作为国际业务来看，包括外币存贷款等业务。二

是境内非居民的本币业务，虽然是本币业务，但因为它是非居民的，所以通常也把它列入国际业务。三是跨境业务。四是海外业务。后两者是最典型的国际业务。境内外币业务和境内非居民本币业务是否属于国际业务，要根据我行管理和机构设置的要求来灵活定义。从广义上讲，这些都属于国际业务，但从我行目前的实际情况来看，在境内外币存款方面，个人外币存款由个金部管理、同业存款由机构部管理、企业存款由公司部管理，都不在国际部的管辖范畴；我行对境内非居民本币存款还没有纳入国际业务的管理范畴。

近几年来，总行高度重视国际业务，张建国行长要求把国际业务提高到关乎我行生死存亡的高度来认识，希望引起大家的重视。

1. 发展国际业务有利于提升核心竞争力。国际业务是高成长型业务，是充满朝气的业务。回顾改革开放的30年，大家可以看到有两项指标对比是很强烈的：一是每年对外贸易增长和GDP增长对比。每年GDP的平均增速是10.7%，而进出口贸易量的增速都在20%以上，甚至到30%左右，进出口贸易的增速要比GDP的增速高出差不多20个百分点，这种趋势的对比很强烈。二是进出口贸易额和境内人民币存贷款的增速对比。最近这几年，进出口贸易额始终维持着20%以上的增幅，而人民币存贷款的增幅，特别是人民币贷款的增幅只有百分之几，差额为十几个百分点。这意味着在中国经济中，进出口贸易以及与之相关的经济指标增长幅度要超过国民经济的平均增长幅度。如果我们把银行业务分为与国际经贸合作密切相关的国际业务和非国际业务两部分，国际业务的发展基础和市场空间相对来说是越来越大的，而与之相对应的这部分业务增长却是略显滞后的。从这个意义上来说，如果我们对国际业务放松了，或者是放弃了，就意味着我们核心竞争力的下降，意味着我们整体市场份额的萎缩。

2. 发展国际业务有利于建设银行实现战略转型。在国际业务中，相当一部分都是战略转型中需要强调发展的新兴业务，国际结算、结售汇、代客业务等中间业务都是鼓励发展的对象。目前外汇中间业务占全部中间业务的11%，这个数字不算很大，但是，相信还有很大的成长空间，对未来发展会更加重要，这与我行加快发展中间业务的战略导向是完全吻合的。

3. 发展国际业务有利于落实科学发展观。学习科学发展观，很重要的一条是提倡创新，要通过创新来推动业务转型。在国际业务中，相当一部分是创新性业务，是高端业务，若不抢占制高点，则这家银行的核心竞争力是无法提高的。当前国际业务中的很多产品，相对国际市场而言不是创新产品，但相对我行来讲就是创新产品，把产品创新等方面的业务抓好，对于整体提升我们的市场竞争力是很有意义的，对创造价值、培养人才、锻炼队伍，甚至对于我们提升人民币业务的经营管理水平，也是很有意义的。

4. 发展国际业务有利于完善经营布局，改善资产结构。建设银行按市值排名已经稳步进入全球10大银行，但是与一些排名在我们后面的银行相比，无论是收入结构还是资产结构，仍存在不尽合理的情况。从币种来讲，主要集中在人民币业务上；从区域结构来讲，主要集中在境内。也就是说，建设银行的经营状况受中国经济的影响很大，在中国经济发展好的时候，能充分享受中国经济高增长所带来的收益；当经济出现波动的时候，其风险也可想而知。我们提出要建设国际一流商业银行，这种经营格局是必须要改变的。要大力推进资产结构的调整和收入结构的改善，必须重视国际业务、海外业务，提升其在全行业务中所占的份额，使收入来源多元化，资产分布更加合理。

（二）下一阶段推进国际业务的具体工作要求

尽管上半年的国际业务工作取得了可喜可贺的成绩，但是面对复杂的国内外经济环境、面对激烈的市场竞争，我们一定要保持清醒的认识、付出百倍的努力，这样才能巩固阶段性成果。要变压力为动力，变困难为机遇，迎难而上，激流勇进，使我行的外汇业务再上新台阶。下面我就下一阶段如何发展国际业务讲几点具体意见。

1. 围绕综合经营计划和KPI指标，加快推动外汇业务转型与发展，力争全面完成年度计划。截至6月末，大部分指标已完成过半，多项指标超额完成序时进度。下半年，全行上下要继续努力，国际结算量要继续保持领先农业银行的优势，国际结算手续费收入要逐步缩小与工商银行的差距，并力争超越工商银行。

各级行都要做好外汇业务经营形势分析，及时研究指标异动原因，提高对计划执行情况的监测、考核力度。总行将继续对全行主要指标完成情况和外汇业务KPI指标完成情况进行通报、排名，督促计划完成情况不好的分行采取措施提高增速，确保全面完成外汇业务KPI计划。

各分行要提高执行力，在分行层面发挥总行各项政策的导向和激励作用，坚决落实总行为外汇业务配置的各项费用激励政策，费用比例只能加码，不得挪用。现买单的激励费用要确保兑现给基层前台和营销团队。

要加大吸收外汇存款的工作力度，充分利用近期出台的各项政策，大力营销对公及个人外汇存款，做好各类外汇理财产品的市场推广，扭转外汇存款的不利局面。同时，适度发展外汇贷款，坚决执行总行的额度管理政策，优化贷款结构，提高贷款收益。

2. 继续完善外汇业务经营管理政策。外汇存款方面：要继续保持外汇对公存款的增长势头，加大外汇同业业务的拓展力度，大力吸收保险公司、外资银行等机构的外汇资金，抓紧研究大额协议存款营销方案；要加快外汇个人存款产品的开发和升级，努力提高我行外汇个人存款的竞争力，采取措施遏制外汇个人存款持续下滑的趋势，扭转外汇个人存款在一般性外汇存款中占比不断降低的局面。

要研究适当下调大额外汇存款内部资金转移议价的准入标准，增加议价方案的灵活性。对于存款期限相对稳定的外汇存款，可以考虑突破1 000万美元的下限要求，增加我行外汇存款价格的市场竞争力。

目前，总行正在研究外汇存款专项劳动竞赛的相关方案。各分行要及早动员、尽快部署、抓紧落实，保证总行的激励政策能够正确传导到经营一线，充分调动基层组织和员工拓展外汇存款业务的积极性和主动性。

外汇贷款方面：要密切关注“放开外币贷款优惠利率底线价格管理试点”在苏州、深圳两家分行的开展情况，及时跟踪推行效果，在全行范围内尽快放开外汇贷款价格管理，做到价格水平随行就市。

总行相关部门要认真分析研究一些分行提出的在风险可控的前提下，增加外汇贷款额度的建议。如果外汇资金头寸紧张形势有所缓解，可适当增加外汇贷款控制额度，用于发放贸易融资和综合效益高的现汇贷款，以促进外汇中间业务健康快速发展，并提高本外币业务的整体收益。

3. 不断优化业务流程，提高服务质量和服务效率。进一步改进贸易融资流程。在贸易融资受理、调查和授信方案申报等环节，重视发挥贸易融资产品经理的作用，发挥国际业务部门的专业优势，在受理、审批等方面加强横向沟通，提高业务流程的专业化水平，保证授信服务质量。

扩大单证中心处理范围。在原有上海单证中心的基础上，要研究适时筹建北京和广州单证中心，逐步上收全行的单证业务。立足本行、面向社会，尝试向国内中小商业银行及外资银行提供贸易单证的外包服务，摊薄单证中心的总体成本和费用，以此推动单证中心由单纯的成本中心逐步向成本加利润中心这一综合的盈利模式过渡。

完善业务系统和管理系统，改进服务手段。加紧进行外汇业务数据分析项目的数据整合，通过建立模型，对相关数据进行深入分析和加工，反映我行外汇业务的整体情况，以先进的技术手段保障我行外汇业务的科学经营和精细管理。下半年将在E－TRADE系统上推出网上外汇汇款功能，进一步优化新一代贸易融资系统，提升系统的业务功能和服务水平。推进国家（地区）和国外金融机构内部评级和限额管理信息系统建设，利用该系统进行国家和国外金融机构信息导入、信用评级、授信和限额分配。

4. 加大产品创新和营销力度，增强外汇业务竞争力。总分行要按照外汇业务产品创新计划落实各项相关工作安排。贸易融资方面：完成并推出供应链融资，优化出口退税权利质押贷款和证票通业务的产品功能，研究代理中小股份制银行的国际结算业务；探索国内贸易险项下相关融资和基于SWIFT TSU平台为客户提供的贸易融资解决方案；继续扩大境内外资银行代付业务的合作范围，探讨海外代付的替代产品。国外保函方面：增加保函业务的反担保方式，积极研究用于贸易结算工具的付款保函，拓宽我行国外保函的业务范围；研究开发以“海外融资保”为平台的外币资金管理产品组合，进一步增强“海外融资保”的竞争力；鼓励分行为当地中小商业银行办理转开、代开或保兑国外保函业务。国际融资方面：继续丰富国际融资业务的产品种类，进一步探索和改进现有国际融资产品的融资结构，在2008年外汇贷款额度紧张的情况下，发挥我行国际融资业务优势，积极寻求自有资金以外的替代性解决方案，通过多种筹资渠道实现对出口信贷、飞机和船舶融资等业务的支持。边贸业务方面：积极推进我行对俄罗斯、蒙古、哈萨克斯坦、越南、朝鲜等国的边贸业务，在对越南边贸结算中，尽快推出“边贸通”产品，在降低风险的同时，提高边贸结算效率。

在做好外汇业务产品创新的同时，各级行的国际业务部门要会同客户部门，加强产品营销力度，通过开展各种形式的产品推介会，树立建设银行外汇业务的品牌形象，提高市场知名度和竞争力。各分行还要做好本外币一体化营销，努力提高外汇业务的承办率。

5. 提高风险控制能力，保持外汇业务健康、快速的发展势头。要继续采取措施，使外汇贷款不良率和不良额保持双降，资产质量优于全行整体水平。受今年宏观调控、银根紧缩、生产要素价格上涨等因素的影响，部分行业客户资金链吃紧，成本上升，部分外向型经济发达地区的出口企业出现大面积亏损，可能会对我行的贸易融资等信贷业务带来严重威胁。因此，在加快业务发展的同时，一定要把风险管理作为一项重要工作长抓不懈。

继续做好分支机构外汇业务市场准入工作。充分利用外汇业务信息管理系统的外汇业务市场准入功能，对近几年分支机构开办、增办和停办外汇业务的情况进行梳理，优化外汇业务机构的区域布局，通过印发《中国建设银行分支机构外汇业务市场准入管理办法》，督促分支机构加强外汇业务市场准入管理。加快个人外汇业务的渠道建设，加强对私营业网点的外汇业务市场准入管理，扩大外汇业务覆盖面。对已开办外汇业务三年以上，管理不善、业绩不佳的机构要坚决停办其外汇业务。

在全行“三查一审”工作的总体框架下，加大外汇业务监督检查力度。各分行要建立外汇业务定期检查制度，提高全行外汇业务合规经营和规范操作的意识。总行将在全面外汇业务合规检查的基础上，不定期地进行外汇业务专项检查，以确保外汇业务的合规、健康发展。总行和相关分行要做好国家审计署对我行整体审计中涉及国际业务问题的整改工作。

加强外汇政策研究，加大执行力度，确保合规经营。在出口收结汇联网核查系统的推行工作中，要利用我行先进的业务系统和专业人员为客户提供增值服务，展示我行的服务能力，提升市场形象。各分行要注意收集政策实施后的问题和客户需求，及时向总行反映有关情况。各部门要研究如何进一步完善业务流程、改进客户服务、提高办理业务的效率和便利性。在短债管理方面，要充分利用短债指标统计口径调整的契机，调整业务结构，扩大 90 天以内海外代付业务的比重，缓解我行外汇资金头寸不足和短债指标紧张的局面。

6. 完善机构管理职能，稳定和壮大国际业务队伍。各级行要采取措施保持国际业务组织机构稳定。一级分行国际业务部要按照“有利于业务发展、有利于集中管理、有利于防范风险”的原则确定职责，不要求与总行国际部完全对应，但必须要履行外汇业务的牵头管理职能。二级及以下分支机构国际业务部门或团队要发挥专业人员的集中优势，切实承担起外汇业务的经营管理责任。在我行机构改革的深化过程中，特别是在组织机构和职能设置的整合过程中，各级机构要保持国际业务组织机构和人员队伍的稳定。

发展国际业务不仅仅是国际业务部一个部门的事情，而是全行各个部门共同的责任。相关部门，包括机构调整过程中的新设立部门，要密切配合、整体联动，认真做好本部门职责范围内的国际业务工作。

总行人力资源部和国际部已经研究了设立国际结算师和翻译师序列的相关问题，下一步要抓紧落实。在此基础上，要进一步研究建立有利于国际业务发展的激励有力、约束有效的人才选拔和薪酬分配机制。各分行要积极行动、率先尝试，采取措施吸引、培养并留住国际业务人才，不断壮大人才队伍，改变我行国际业务人才数量不足、流失严重的情况。

要通过定期举办多渠道、多层次的培训，增强客户经理的本外币综合营销能力。特别要加大对柜面人员的培训力度，国际业务部门要会同个人业务部门编制柜面人员外汇业务应知、应会手册，提高我行外汇业务窗口服务水平。要进一步充实海外机构内派员工人才库，完善人才库入库人员海外随岗实习制度；创造机会选派业务贡献大、增长速度快的分支行主管领导赴境外学习考察。

7. 积极拓展海外业务。各海外分行以及总行相关部门要切实按照《海外分行业务转型指导意见》的要求，积极推动海外分行的业务转型；各海外分行务必严格控制债券投资业务占比和没有合理利润水平支撑的低效资产扩张，调整并优化资产结构和业务结构；总行相关部门要在自身职责范围内切实承担起海外分行及海外业务管理职责，要以境内外一体化为原则，积极做好海外业务发展的指导与支持工作。

要抓紧我行海外机构网络建设。已向境外监管当局正式递交申请材料的，要稳步推进各项境外筹备工作顺利开展；已完成国内报批工作的，要加快其境外申设进度。纽约分行、伦敦子银行、中东地区经营性机构筹备小组成员及其他相关工作人员应及时到位。同时，海外并购事宜和目标市场的考察调研工作也要积极开展。

海外机构、总行各部门和境内各分行要根据业务发展的需要，切实做好海内外业务的联动。境内分行要继续加大在清算业务、结算业务方面对海外分行的倾斜力度，进一步落实“双50%”的比例要求。各海外分行要根据市场变化，配合总行政策，在贸易融资等业务领域不断推出产品创新，并依托建设银行集团在境内网络、资金和客户群体等方面的优势，积极与境内分行联动，努力拓展中资企业的跨国经营业务。

各海外机构要加强全面风险管理，确保资产质量。

总行财务会计部和国际业务部要共同牵头做好海外核心系统的开发工作。

8. 进一步提高外事工作管理水平。要贯彻落实中央外事工作会议和中央企业外事工作会议精神，强化全行外事归口管理职能，继续为全行业务发展提供外事保障和支持；制定和完善外事工作管理办法；开发并推广外事管理信息系统；推动全行国际交流人才队伍的建设。要以支持业务发展为出发点，进一步加强对全行因公外事出访的审批和管理，强化外事的归口管理。要严格执行国家和我行外事管理的方针政策，使外事工作更好地为全行整体业务发展服务。根据总行的工作安排，今年下半年，还将召开第二次全行外事工作座谈会，对外事工作进行具体的部署并提出要求。

机遇与挑战同在，困难与发展并存。国际业务所取得的出色成绩，是总行党委和高管层高度重视、各部门相互配合、各分行不懈努力的结果。全行要把成绩作为新的起点，巩固经营成果、加快创新步伐，再接再厉、再创佳绩，为推动国际业务再上新台阶、实现战略转型作出更大的贡献！

我国银行改革与建设银行的发展

——在居港大陆海外学人联合会的演讲

范一飞

（2008年8月21日于香港）

我作为我国国家银行或国有银行改革的参与者之一，有幸见证了这场深刻而伟大的变革，真可谓感慨良多。我想以建设银行公章的演变过程为线索，将国有银行的改革历程划分为专业化改革、商业化改革、股份制改革三个阶段，并对以上三个阶段的改革过程及其成败得失进行简要分析，请各位指正。

1979—1993年是中国国有银行的专业化改革阶段。当时，建设银行是国务院直属机构，是名副其实的国家银行。当时的金融专业教科书上也明确写着：中国人民建设银行与中国人民银行等一起构成我国国家银行。那时我们的公章是由“中国人民建设银行”字样与中华人民共和国国徽组成，与其他国家部委公章的大小和样式毫无二致。这一阶段，中国经济表现出典型的“弱财政、强金融”特征，政府还赋予国有银行很多的财政功能，并使其作为经济发展的“推进器”，为国家的经济发展和改革作出了巨大的贡献。就是在这一阶段，在周道炯行长的带领下，以兴办储蓄业务为标志，建设银行的网络及其银行职能迅速健全和发展，建设银行从原来像国家财政机关变为更像一家银行了。但是，在计划经济的大背景下，完全由国有银行充当经济的“推进器”有着先天的缺陷，国有银行在不断扩张功能的同时，也逐渐成为经济风险的“吸收器”，承担了过多的风险。

1994—2003年是中国国有银行的商业化改革阶段。这个时候，建设银行的公章也悄然发生了些变化，中间的五角星替代了国徽，“中国人民建设银行”的字样也被“中国建设银行”所取代，但印章尺寸仍较以前一样大小。这一时期，政府市场化取向的经济体制改革目标，为金融体制改革实现质的突破提供了理论依据和政策准备。同时，由于亚洲金融危机等外部环境带来的冲击以及专业化改革的成败得失，使得政府必须对国有银行改革采取新的思路。为了实现国有银行的商业化，建设银行在王岐山行长的带领下，全行上下进行了多方面的艰苦探索，付出了艰巨努力。建设银行先后改革了资金计划体制、财务会计体制、信贷审批体制、风险内控体制，清理整顿了内部经营秩序，更新了经营理念和思路，面貌焕然一新。另外，政府也做了不少事情：从1993年开始，国家先后组建了国家开发银行、中国进出口银行和中国农业发展银行这三家政策性银行，实现了商业性银行业务与政策性银行业务的分离，扫除了四大专业银行向商业银行方向改革的业务障碍；1994年，国家专业银行的说法被取消，正式被命名为“国有独资商业银行”；1995年，公布了《商业银行法》；1996年，建立了全国同业拆借市场，并有限地放开拆借利率，解除国有银行与非银行机构的所有权关系；1998年8月，财政部决定发行特种国债2 700亿元，补充四大国有银行资本金，使之到达《巴塞尔资本协议》8%的硬性要求。这些措施都对国有银行的商业化进程起到了重要的推动作用。

然而回顾这段历史我们发现，这个时期人们对银行商业化改革更多的是从具体形式上去理解的，还没有从更深的层次去认识。关于商业银行首先应该认识到它必须建立在一定产权基础上，没有产权基础的商业银行很难认定是商业银行，其次才应考虑经营上的商业化内涵，而管理问题更是浅层次的。必须分清产权—经营—管理三个层次，越往后越是问题的表象，但这一时期显然只是认识到了第二个、第三个层面的含义，缺乏第一个层面的基础。因此，商业化改革存在局限性。

1998年，时任建设银行行长的周小川创造性地提出了通过产权改革对国有银行实行股份制改造，以此建立国有银行健康机制的想法。想法提出初期，一石激起千层浪，各界人士议论纷纷。1999年，周小川行长在《人民日报》发表文章，首次正式地提出了国有银行也需要进行股份制改造的改革思路。在他的推动下，中国成立了第一家资产管理公司——中国信达资产管理公司，建设银行大约2 400亿元的不良资产被剥离至此公司。随后，工商银行、农业银行、中国银行也纷纷效仿，成立了相应的资产管理公司。因此，外界所说的2003年中国银行业开始股份制改革，其实早在1998年就开始尝试了。只是后来由于种种原因，“先剥离，后股改，再上市”的想法被搁置了。

2003年至今，国有银行改革进入一个全新的阶段——股份制改造阶段。随着股份公司的设立，这时的建设银行公章上，“中国建设银行”的字样被“中国建设银行股份有限公司”所取代，公章尺寸也明显缩小了许多，标志着建设银行从国有独资商业银行正式改制成为股份制商业银行。而以中国银行、工商银行为代表的国有银行也开始了以财务重组、公司治理改革、引进战略投资者、资本市场公开上市为主要特征的股份制改造。经过几年的努力，国有银行在一系列财务指标和竞争力指标方面都有了明显的改善，中国银行业发生了巨大变化。以建设银行为例，2003年末建设银行的总资产为35 542亿元，截至2008年6月底增长到70 577亿元，资产规模增长了近1倍；2003年末资本充足率为6.51%，到2008年6月底提高到12.06%；资产质量持续好转，不良贷款率在过去5年连续下降，2003年不良贷款率为9.12%，到2008年6月底下降至2.21%，同期拨备覆盖率也由63.76%提高到117.23%。更为可喜的是，建设银行的客户服务水平和金融创新能力明显提高。银行服务水平是衡量所有商业银行经营管理状况最基本的尺度，服务水平的提高并不仅仅是指服务态度的好转，还有服务内容的创新。以前四大国有商业银行服务水平明显低于股份制商业银行和外资银行，客户的抱怨和投诉很多。随着股份制改造的顺利进行，建设银行倡导和确立了“以客户为中心”的经营文化，更加注重服务水平的提高，更加注重围绕客户需求来改造业务流程、加大业务创新力度。在2008年上半年贷款总额受到控制的情况下，建设银行坚持推进业务结构转型，加大金融创新力度，理财业务迅猛发展，营业额跃居首位，而传统的存贷款营业额降至第二位，越来越多的普通百姓开始选择将金融资产交与建设银行进行打理。建设银行还从战略合作伙伴——美国银行请来大批专家，以帮助提高关键领域的管理和经营水平。可以说，股份制改造给国有银行带来了翻天覆地的变化，在中国银行业改革的历史中具有里程碑式的重要意义。

但与此同时，期望“一股就灵”，即通过产权制度的改革来解决国有银行面临的所有问题也是不现实的。尽管从市值上来看，国有银行已经位居世界前列，工商银行排名世界第一位，建设银行排名世界第二位。但从实际能力上来看，国有银行还有很多需要改进和加强学习的地方，我们万万不能对取得的成就估计过高。国有银行近几年的良好表现，很大程度上得益于中国宏观经济的持续向好，国有银行仍然没有接受过一个完整经济周期的检验。因此，国有银行面临的挑战依然严峻，改革任务依然繁重。

回顾中国银行业近三十年的改革历程，其中有艰辛，也有喜悦。伴随着一次又一次的变革，传统的国有银行发生了翻天覆地的变化，其中既有技术层面的变化，也有制度层面的变化。股改上市无疑是国有银行改革走出的最坚实的一步，但接下来还有一系列艰巨的任务。由于长期的体制掣肘和多年的“坏文化”积淀，改革很难继续深入，更不可能一蹴而就，毕竟，改革不可能“毕其功于一役”。人们的思想是不断进步的，我们在认识到国有银行改革是个漫长而曲折的道路的同时，也应认识到在进一步的中国金融改革进程之中，国有银行改革必将达到新的历史高度。对此，我充满信心。

正确汲取美国金融危机教训 坚定我国金融业改革开放信念

——在“21世纪亚洲金融年会”上的演讲

范一飞

（2008年11月30日）

尊敬的各位嘉宾，女士们，先生们：

上午好！很高兴参加第三届“21世纪亚洲金融年会”。近来，国际局势风云变幻，华尔街金融风暴以前所未有之势席卷全球，众多金融机构纷纷倒闭破产，世界各大股票市场纷纷巨幅下跌，投资者损失惨重，全球经济增长已处于严重下滑之中。这次金融危机，对日益融入国际体系的中国金融业也产生了一定的影响。下面，我想结合中国实际情况，就如何汲取这次金融危机的教训，从而更好地把握中国金融业改革开放的问题，谈谈个人的一些看法。

一、绝不能因为我国经济金融受到一定影响而否定国际化与改革开放

2008年9月，以美国第四大投资银行——雷曼兄弟公司申请破产保护为标志，美国次贷危机演变为金融危机。由于当今世界经济金融紧密关联，美国金融危机又通过美国高度开放的金融体系从美国国内蔓延到国际市场。有关方面估计，这次金融危机使整个金融系统的损失将超过上万亿美元，全球股票市场市值自年初至10月已经蒙受了超过27万亿美元的损失。金融危机不仅使金融业遭受重创，也拖累了实体经济的发展。2008年第三季度，美国、日本、加拿大经济出现了负增长，英国、德国、法国经济增长几近停滞，在0.9%以下，冰岛等国家甚至面临国家破产境地，美国、欧盟失业率上升到了6.5%以上的高位。国际货币基金组织11月将2009年全球经济增长率下调至2.2%，发达经济体经济增长率下调至-0.3%，新兴和发

展中国家经济增长率下调至5.1%，均大幅低于2008年经济增长水平。

肇始于美国的金融危机对我国金融业和经济发展也产生了一定的影响。我国金融业对外投资主要是以债券为主的证券投资，截至今年9月末，我国主要银行业金融机构境外证券投资总额为1 598亿美元，占我国银行业金融机构总资产的1.84%，其中大部分是美元资产。我国商业银行持有的美国债券浮亏达几十亿美元。从数字上看，金融危机给我国银行业海外投资带来的直接损失并不大，但欧美金融危机仍看不到完结迹象，美国房价还在回落，国际大型金融机构证券价格仍然跌跌不休，我国金融业海外证券投资估值亏损风险将有所放大。不过，我国金融业投资的国外证券总额并不多，而且其中相当一部分是准国家信用等级、AAA等级的高信用等级债券。目前我国银行业持有的美国“两房”债券本息偿付正常，对雷曼兄弟、次级住房贷款、Alt—A住房贷款支持债券等风险较大的国外债券风险拨备覆盖率也都在100%以上，因此，美国金融危机不会影响到我国金融业总体经营状况。我国经济外向度很高，对外贸易依存度超过65%，对美国、欧盟的净出口均占到我国对外净出口的65%以上，美国发生金融危机，经济走弱，欧洲也遭受重创，也通过影响我国净出口进而影响到我国宏观经济的发展。

有人认为我国经济金融之所以受到影响甚至造成损失，是由于改革开放及国际化的结果，否则可能根本就不会受到影响。我认为这是一个认识上的误区。虽然我国经济金融由于不断扩大对外开放，日益融入国际体系，受到欧美金融危机的影响，金融业遭受了一定的损失，但应该看到，正是由于不断加强对外开放，在国际大环境中接受洗礼，我国经济金融才更具有生命力、竞争力，成为此次金融危机中全球经济金融表现为数不多的亮点。中国经济由于对外开放发生了巨大的变化，经济总量已跃居世界前四位，在世界上的影响力与日俱增。中国银行业加入世界贸易组织对外实行全面开放以前，普遍存在着不良资产比例高、资本充足率低、盈利能力偏差、公司治理落后等较为严重问题，但在对外开放后，与外国同业展开近距离竞争，中国银行业的危机意识、竞争意识大大增强，经营理念、公司治理、风险控制、盈利能力、国际形象等诸多方面得到了根本性的改善和提高。可以说，在当前世界经济与金融日益全球化、经济依存度与融合度不断提高、国际分工协作越来越密切、信息技术高度发达的状况下，金融业对外开放是适应我国经济全球化发展、提升自身国际竞争力的必然，故步自封、关上大门、与世隔绝已经是根本行不通的。

当然，在推进对外开放中，我国金融业也应该把握好对外开放的“度”。要确立实施国家主权金融观念，银行、证券、保险业在对外开放中，中国金融机构在中国境内要处于主体地位，国有控股金融机构要居于主导，我国金融业“走出去”，要确立国家金融的国际战略利益。这次金融危机对我国影响较小，一个重要因素是我国没有过早地或不合时宜地推进资本项目对外开放，虽然从长期看，我国资本项目对外会完全放开，但在当前我国经济金融国际竞争力整体水平还不高的状况下，对外汇流动实行一定的管制，资本项目有限度地对外开放是完全有必要的，这也是为了给我国经济发展创造更为有利的环境。

从另一个方面来看，金融危机给我国金融业带来挑战的同时，也为我国金融业拓展国际市场提供了良好机遇。与外资银行在我国营业性机构超过400家、在华资产超过1.2万亿元人民币相比，我国银行业海外市场拓展还很不足。当前国际大型银行海外收入占比一般都在30%以上，而我国银行业海外收入占比多在10%以下。随着我国银行资产规模大幅扩增、资本日益充足，风险控制能力也有了提升，我国银行业开拓国际市场的“基本功”不断走强，而这次美国发生金融危机，欧美金融业遭受重挫，金融门槛降低，都为我国银行业开拓国际市场特别是欧美市场提供了很好的机遇。我们应当坚持改革开放不动摇，当然，我国银行业也会结合自身优势和业务发展需要进行国际市场拓展。

二、金融危机的根源不在于金融创新，金融创新要根据实体经济发展需要展开

美国金融危机导致了人们对金融创新的重新思考。很多人认为，是金融创新造成了本轮金融危机，但追根溯源，美国金融危机错不在于金融创新。相反，正是有了独领全球的金融创新，美国经济才保持了自20世纪80年代以来长达20多年的繁荣。金融创新实现了人们可以足不出户全天候享受各种便利金融服务的愿望。金融创新无

论是对金融业本身，还是对社会经济发展，都是巨大的推动力。既然如此，在这次金融危机中，金融创新为什么引起如此巨大的争论呢？毫无疑问，是脱离实体经济发展需要的过度金融创新，在逐利动机下金融创新产品的过度开发和滥用，缺乏有效监管，推波助澜了本次金融危机。

现在来看，金融危机爆发前夕，在金融创新链条上，包括创新金融机构、金融分析师、评级机构、监管者甚至美联储，无一不被创新过程中的巨大经济利益牢牢捆绑在一起，美国金融创新越来越游离于实体经济之外，成为金融业自身相互逐利的平台，推动虚拟经济迅速膨胀，向危机演化。20世纪80年代初期，MBS在美国债券市场上只有微不足道的份额，到2007年底竟超过6.5万亿美元，2000年CDO市场的发行量几乎为零，到2007年市场规模竟超过2万亿美元，CDS最近10年的发展速度更是匪夷所思，到2007年底名义市值已达到62万亿美元，几乎相当于当年的全球GDP水平，是美国GDP的4倍还多。在过度逐利的金融创新推动下，2007年，全球外汇资金和金融衍生产品全年交易量合计达到3 259万亿美元，相当于2006年全球GDP总和的67倍，远远脱离了实体经济。

应该说，这次金融危机的重要原因不在于金融创新本身，而是脱离于实体经济发展需要的虚拟经济的过度膨胀。金融机构过度逐利演绎出数量庞杂、结构繁复、风险难辨的金融创新产品，加之金融监管不力等，推动了这场危机的爆发。

因此，要正确认识金融创新的作用与潜在影响，不能误读美国金融危机教训，因噎废食，放弃或放缓金融创新。对我国来说，当前金融创新不是太多而是太少，金融产品种类稀少、层次单一，已经不适应中国经济金融发展的要求。我国金融业应该在有效防范风险的前提下，结合经济社会发展需要，大力进行金融创新，推出更多、更加适合社会需要的新产品和新服务，当然，对风险较大的金融衍生产品的创新也要审慎一些。与此同时，金融监管也要跟上金融创新的步伐，适时、适度地对金融创新进行监管和引导，避免监管滞后、缺位与“过度监管”问题的发生。

三、平衡金融企业效率与金融体系稳定，处理好自由市场与宏观调控的关系

在金融危机爆发之前，美国金融业在全球的表现为人注目，花旗、美林、AIG等大批美国金融机构在国际上享有盛誉，而这些金融机构的共同特点是在崇尚自由市场主义、崇尚充分竞争、反对政府干预的美国社会里，享有充分的、近乎放任的经营自主权，而这也被视做美国金融业保持充分活力、提高经营效率、在国际上处于竞争领先位置的重要因素。相反，受到严重管制、国有化程度高的外国金融业经常被美国等批判。就美国金融监管来说，套用JP摩根大通银行董事会主席兼CEO杰米·戴蒙的话语：“美国现在的金融监管体系是1913年建立的，时间相对靠近内战，这是一个历史悠久、有些过时的体系，有的领域没有覆盖。”这就表明美国反对政府干预，主张由市场自身修正。在金融危机爆发前，美国金融高管和交易员不受约束的天文报酬也说明了这点。美国金融危机爆发，大批金融机构破产，AIG、“两房”甚至包括花旗银行等，都是只有在政府的救助或国有化下勉强渡过危机，而没有得到政府救助的雷曼兄弟等只有接受破产倒闭的命运。2008年诺贝尔经济学奖得主克鲁格曼近来对布什政府犹豫不决和行动迟缓的干预行为提出了强烈的批评等，认为加强对市场的干预，反对市场放任自流，对美国来说是完全有必要的。

其实，实践已经证明，市场调节作为一种有效的资源配置手段，在解放生产力、调动微观经济主体积极性和提高全社会资源配置效率方面具有明显优势，但是，完全自由市场经济本身也存在天然缺陷和不足，只有辅之以及时、有效的宏观调控，让市场经济规律这一“看不见的手”和政府干预这一“看得见的手”共同发挥作用，正确处理好金融企业效率与金融体系稳定的关系，才能实现国民经济的健康、持续、稳定发展。近30年来，新自由主义经济理论与观念深刻影响着人们的思想和行为，长期成为主流的经济学派之一。人们普遍相信市场自身的力量和自身调节的作用，并用于指导经济管理。而这次金融危机爆发的事实和迅速弥漫的过程，不得不让人们要在理论上进行重新思考。金融作为现代经济的核心，因其本身的特殊性，应在政府宏观调控作用下实行有限度的竞争，而不是无条件的竞争。当然，政府宏观调控和监管也必须适合市场准则，要通过市场准入规则建立，基准利率、准备金率调整，再贷款与公开市场操作等市场手段来实现，规模管理、行政指令无疑不是很好的调控手段和方式。

四、金融应始终坚持以代理业务为主、以自营业务为辅的经营模式

当前这场金融危机仍在深化和扩散，欧美金融业的损失仍在扩大。金融危机深化，部分人将其归咎于西方金融实行混业经营的结果。自《格拉斯—斯蒂格尔法》废除以来，美国金融业加快了混业经营的步伐，但从实际情况来看，贝尔斯登、雷曼兄弟、美林、华盛顿互惠等银行在此次金融危机中破产倒闭的大型金融机构并没有完全实行混业经营；实际上还是分业经营；相反，高盛、摩根士丹利等机构在金融危机发生后倒是还加速了混业经营的步伐。因此，金融危机与是否混业经营和分业经营没有必然的联系。分业经营和混业经营都各有其金融风险产生，分业经营可以在一定程度上避免综合经营可能产生的风险，混业经营也可以消除分业经营产生的金融风险。

但是欧美特别是美国金融业务经营模式已经严重地由以原代理业务为重心向以自营交易业务为重心转移，而自营交易业务又高度依赖于杠杆操作。比如高盛，1997 年该行投资银行代理业务与自营交易收入大致相当，至 2006 年，自营交易占总收入的比重已经超过投资银行代理业务约 53 个百分点，也就是说，传统的经纪和承销业务所占比重大幅下降，收入和利润主要来源于交易和自有投资，而这些交易和投资又主要依赖高杠杆。2007 年底，高盛、美林的杠杆率都达到 28 倍，摩根士丹利杠杆率达33 倍，雷曼兄弟杠杆率达 30 倍。如果算上结构型投资工具 SIV 等表外业务，华尔街投资银行的杠杆率达到 50 倍以上。套用商业银行的算法，这些投资银行的资本充足率为 1% ~2% 。业务重心的转移、高杠杆比例的操作，使这些金融机构承受风险能力急剧降低。不仅投资银行如此，业务重心由代理业务加速向自营交易业务转移，也使花旗银行等商业银行遭受巨大损失。因此，探究金融业的实质，金融业提供金融服务，要在适应实体经济需要的基础上，以代理业务为主，在风险可控的基础上，适度开展自营业务。

当前，我国金融业混业经营尚处于初级阶段。美国金融危机不会阻挠我国金融业综合化经营的进程。当然，由于我国金融风险管理水平还不高，因而在推进我国金融业综合化经营的同时，应明晰产权，建立健全银行、证券、保险等不同类型金融业务之间的风险隔离机制，强化我国金融业在综合化经营中的风险管理。随着我国金融业综合化经营的不断推进，对包括商业银行在内的各类金融机构，尤其是资本金总体规模较小的证券公司、信托公司等开展业务时，均应设定一定的杠杆比例限制。基于资产负债结构的特殊性，吸取美国金融危机教训，当前我国金融业提供金融服务尤其要以代理业务为主，自营业务要严格控制规模和风险。

总的来说，要辩证地看待美国金融危机的产生与演进。对已日益全面融入国际市场的我国来说，不能因为此次金融危机对我国造成了一定的影响，就否定对外开放、否定金融创新、否定综合化经营等。相反，应坚定不移地继续有序推进对外开放，我国金融业的金融创新要在适应经济社会发展需要的基础上进一步加快，金融综合化经营要在风险控制与防范的基础上进一步推动，金融企业活力要在市场化宏观调控的基础上进一步得到有效释放。

谢谢大家！

在北京市分行2008年度专题民主生活会上的讲话

范一飞

（2008年12月18日）

非常高兴参加北京市分行党委的专题民主生活会，我今年是第三次来北京市分行，第一次是陪董事长来宣布领导班子任命，第二次是陪张建国行长来调研，这次是参加分行专题民主生活会，借此机会我与大家谈谈心。

第一，要正确认识北京市分行的优势地位和特殊条件，充分肯定成绩，对照总行要求查找差距和不足，在科学发展观的指导下开展工作。今天的民主生活会开得非常好，大家结合分管工作谈了成绩，也谈了主要问题和下一步的工作思路。应该说北京市分行这几年无论是改革还是发展都取得了很大的成绩，包括在加强基础管理、推进业务发展和转型、清理和消化不良资产、抓班子建设、队伍建设等方面，成绩是有目共睹的。王军同志来的时间不长，只有7个月左右的时间，工作思路非常清晰，无论是一个中心、两项重点工作，还是20个战略规划立项，都抓住了建设银行改革发展的重要环节，切中了管理、发展、风险防范的要害。刚才我仔细看了已经立项的改革项目，每个项目都有具体的目标、时间要求和具体的责任人、责任部门。非常好，我也很高兴看到多数项目都已经有了进展。今年大事多，难事也多，北京市分行冲锋在前，比如奥运服务工作，难度很大，北京市分行非常好地完成了任务。再比如说汶川地震的服务和赈灾工作，对我们全行都是一次严峻的考验，可以说面临最大考验的是灾区分行，其次就是北京市分行，我们出色地完成了为灾区人民及灾区企业服务、赈灾的任务。今年分行的预算情况和综合经营计划完成得还不错，我原来预想北京市分行利润可能突破100亿元，现在看是95亿元，也好，把基础夯实一点，迎接明年更多的挑战，这完全符合总行党委的精神。

我行是从今年开始开展深入学习实践科学发展观活动的，但是，用科学发展观来指导我们的工作、指导经营发展、推进业务转型和体制改革，是我们近年来一直都在坚持的。应该说北京市分行这几年的工作始终贯彻了科学发展观的思想，按照总行党委的部署，出色地完成了各项任务。当然，这并不是说我们就没有缺点、没有不足，刚才各位同志发言中都讲到了，怎样在学习实践科学发展观的活动中进一步加深对分行各项经营活动的了解，加深对市场、客户的了解，加深对总行各项改革发展决策的认识，在以后的活动中怎样解决问题、缩小差距，这是我们下一步要做的重点工作。

第二，要牢固树立“首都行”意识，争当全行系统改革发展的排头兵。我非常高兴地听到刚才大家发言中都提到了“首都行”，我觉得“首都行”提得好，可以说抓住了我们北京市分行的本质特征。前两天我到深圳参加了深圳市分行的民主生活会，我跟他们讲深圳市分行改革发展的特色体现在“特区行”，那么北京市分行的特色是什么？我们有别于其他分行最本质的特征是作为首都分行，立足首都，从某种意义上可以说是总行在北京地区机构功能的直接延伸。

我想“首都行”至少可以体现在两个方面：一是“首都行”是“首善之行”，刚才分行的同志也提到这个高度了。什么是“首善”？“首善”就是最好，而且要首先做到最好。比如在学习实践科学发展观方面，其他分行做不到的，北京市分行首先要做到，我们就是要用这样的高标准、严要求来衡量自己的工作。北京市分行的各部门、各支行和所有员工都应该牢固树立“首善之行”的理念。二是“首都行”要树立“总部银行”的意识。北京不仅仅是中国的政治中心、文化中心，从某种意义上来讲，也是中国的金融中心、经济中心，因为全国没有任何一个城市拥有的全国性金融机构和全国性甚至跨国公司的总部比北京多。怎样营销好、服务好这些公司总部，不仅关系到北京市分行，也关系到我们全行，责任重大，这是作为“首都行”的特色。另外，总部银行还有一个含义就是离总行最近，怎样处理好和总行各个部门的关系？刚才有同志讲到在营销大客户方面分支行职责有一些不清晰的地方，我相信总行和分行方面也存在着一些职责不很清楚的地方。还有跟兄弟分行的利益，北京市分行与兄弟分行的利益纠结是最多的，可以说你中有我，我中有你，账不是那么容易算清楚的。作为“首都行”，其中有丰富的内涵，正是因为我们是“首都行”，有很多别的分行没有的优势、特殊的条件，所以还有很多方面值得去思考、总结。

北京市分行承担了很多额外的工作，也背上了很多其他行没有的包袱。至少有一点我知道，无论是总行领导还是总行部门，对北京市分行的要求都比较高，大家可能会觉得压力很大。其实并不是说其他分行不存在问题，一方面是因为北京市分行是“首善之行”，我们要求别的分行做到的，首先要求北京市分行要做到，对北京市分行就要高看一眼，要求自然就多一些。另外，我们都生活在北京，更容易发现北京市分行的问题。但从另一方面说也有有利的条件，因为离得近，总行也能够给北京市分行更多的支持。所以，我希望北京市分行能够正确看待总行的批评，更多从积极的意义上去理解，把批评更多地看成是一种鞭策和激励。所以今天我想对北京市分行提一个要求，要争做全行系统的排头兵，希望大家对照学习实践科学发展观活动讨论一下，这个要求高不高，能不能经过努力去实现。

第三，要进一步加大改革和创新的力度，加快发展。科学发展观的内涵确实非常丰富，对照科学发展观的要求，特别是董事长在秋季行长座谈会上讲的五点要求，我们应该全面进行对照检查，通过资产负债表、损益表，认真分析分行的业务结构、资产结构、收入结构。包括横向的和纵向的，全面分析市场同业的情况，找出我们和本地区同业之间的差距。也可以看看我们在系统内的情况，但是我不鼓励北京市分行与系统内比，应该提高对自己的要求，看看和本地区同业相比存在哪些差距，还有哪些问题和不足。从表面上看可以举出很多的问题，比如说我们的收入结构、业务结构、客户结构不是很合理，中间业务收入比重偏低，基本结算户偏少，收入偏重于公司业务。在可持续发展方面我们也有一些问题，如不良贷款、基础设施投入不足、网点投入严重不足等问题，还需要改进和加强。

当前对北京市分行威胁比较大的，或者问题比较突出的，我归纳出三个问题：

第一个问题是基础管理工作有待于进一步加强，经营体制有待于进一步理顺。外部审计和内部审计中都查出了一些问题，特别是不良资产比例偏高，反映的核心问题还是基础管理比较薄弱。长期以来，经营管理体制基本上还是传统的模式，还没有摆脱高度分散的特征，经营重心偏低。我多年前就讲过，个贷业务虽然是零售业务，但是从受理到审批再到发放每一个环节风险都很大。“假个贷”的核心就是内外勾结，骗取银行资金，“假个贷”防不胜防，因此审批环节必须上收集中。好在这个问题现在终于解决了，但我们付出了多大代价？眼下对公业务经营重心的上移问题又更为突出地摆在我们面前了。

第二个问题是市场份额与同业先进银行相比差距过大，有待于进一步提高。北京市分行整体来讲不弱，在业务方面，我们的贷款、中间业务都可以，虽然与工商银行相比有差距，但差距不是很大，就是存款，这么多年来差距是不是有所缩小？我记得20世纪90年代的时候，工商银行是5 000多亿元，咱们是2 000多亿元，总量差了一半；现在咱们6 000多亿元，他们是13 000亿元，还是差了一半，十几年来没有多大的变化。但与此同时，全行相比较，建设银行与工商银行市场份额的差距是大大缩小的。北京市分行的差距确实不是短期内形成的，有很多历史的和客观的原因。差距也就意味着潜力，在学习实践科学发展观的工作中能否争取缩小差距，这个问题很值得讨论和研究。我相信分行党委对这个问题早就有所认识，也采取了很多措施。

第三个问题是不良资产包袱比较重，收入结构也不是很合理。特别是刚才我听有的同志讲，分行的资产质量排名在全行比较靠后了，我也有些担心。现阶段不良资产的问题和收入的问题实际上是同一个问题的两个方面，至少是密切相关的，不良资产要通过种种方式处理，最后归根结底还是要动用财务资源。收入上不去、收入结构不能很好地理顺，我们解决不良资产的能力也会受到影响，所以这是一个大问题。怎样把这一问题作为学习实践科学发展观的课题来打一场攻坚战，妥善解决和消化不良资产包袱，希望分行进一步重视。

第四，知难而进，做好今年的收尾工作和明年的开局工作。随着国际金融形势的变化，国内经济增长也在减缓，明年可能是我们比较困难的一年，北京市分行还有这么多的不良资产要消化，很多基础设施方面的投入还要加强，困难更加突出一些。总体形势不好，从财务上来讲可能会减收，减收的同时支出还要增加，对我们是很大的考验。我们现在很多的费用指标、工资都是跟效益挂钩的，北京市分行还有一个特殊的问题，就是2 000多名派遣制员工要转制，这也需要财务资源的投入和支持。所以要对明年的困难有充分的估计。但是大家也不要失去信心，不要被困难吓倒，最近这几年分行已经打下了一个很好的基础，比如今年的战略规划立项基本上把分行改革发展的要害问题查找出来了，已经开始逐项研究、解决，再加上总行必要的扶持，我相信北京市分行能够渡过难关。这需要分行自身的努力，另外也希望总行各方面，包括我们在座的人力资源部等部门，在政策方面给予一些倾斜和扶持。分行要加强汇报和沟通，把体制、机制方面的问题提出来，确实会涉及总行的也不要回避。我是你们的联络员，会积极帮助你们去协调，所以希望分行加强与总行的沟通。我也注意到你们征求到的群众意见中有一些问题不是分行范围内能解决的，需要和总行相关部门沟通，也希望总行指导检查组把这些问题及时地进行归纳、整理，向总行相关部门反馈。

我就讲到这里，祝愿北京市分行在党委和王军同志的带领下取得新的更大的成绩，谢谢各位！

在深圳市分行
“学习和实践科学发展观活动”
专题民主生活会上的讲话

范一飞

我代表总行党委列席这次民主生活会，主要想表达两层意思。

一、充分肯定深圳市分行党委一年来的工作成绩

新一届党委成立时间虽然不长，但很快了解并结合深圳市分行实际，在业务拓展、改革创新、强化管理、班子建设、队伍建设等方面都承接了上届党委留下的良好局面。特别是以下几个方面让我印象深刻。

一是改革力度大。深圳市分行的改革涉及了传统业务的深层领域，初步见到成效。年初的时候，我们都为分行党委捏了一把汗。目前真正彻底做到集团客户集中经营的，全系统只有深圳市分行一家。深圳市分行的改革精神值得肯定。

二是创新意识强。从刚才班子成员的发言中，无论是经营模式创新还是产品创新，都给我留下了深刻的印象。

三是以改革创新带动发展。目前深圳市分行利润增量系统第一，中间业务收入同业市场份额第一，从去年比中国银行少3亿元到今年超过中国银行3亿元，的确很了不起。在南部发达地区能做到市场份额第一，不容易。

四是班子团结向上，一心为公，以人为本，政通人和。可以看出，班子成员心情比较舒畅，彼此心照不宣、配合默契、无介蒂、无隔阂，团结一致向前进。

去年田行长来的时候，我们都为他捏了一把汗。因为深圳市分行的前任班子干劲十足，业务指标冲得很高。当时总行党委有些担心，我作为深圳市分行的联系人更担心。经过1年，深圳市分行在各方面都更上一层楼，打开了新的局面、

创造了新的业绩，值得充分肯定。

二、希望分行党委对照科学发展观要求，查找不足，立足长远，思考未来

（一）深圳市分行要有特区意识、超前意识

今年是改革开放30周年。30年的大部分时间里，深圳特区一直走在全国改革开放的最前沿，尤其是改革开放第二阶段由农村转入城市以后，城市改革实际就是深圳经验在全国复制，深圳很多有特色的创举逐步变成全国的做法。作为建设银行在经济特区的分行，深圳市分行要永远保持排头兵意识和超前意识。深圳市分行一定要眼睛向外，紧紧盯住国际一流的商业银行，借鉴它们好的做法和经验，进一步加大改革开放力度，加快发展步伐。深圳市分行的特色、优势，就是离香港近，很多方面可以向香港直接借鉴和学习。我们要把潜在的优势转化为现实的优势，必须把这篇文章做好，这是我们的使命和责任。

当前有一种思想非常危险，那就是金融危机爆发后，国外很多银行出了问题，而我们的影响不大，我们有些人就因此盲目自大，自以为很了不起。其实在经营商业银行的很多方面，与人家相比，我们还是小学生，我们的成绩还是小儿科，虽然国际上一些大银行暂时遇到了这样、那样的困难和问题，但它们的经营能力和基础管理水平比我们还是高出一大截，不是我们短时间可以超越的。如果我们关起门来妄自尊大、坐井观天，这是很危险的。

首先，要深刻学习认识科学发展观的内涵。

科学发展观最重要的内核就是解决又好又快发展的问题。"快"字容易理解，关键要在"好"字上做文章。

什么叫好？好的发展首先要安全。如果一个企业不能安全生产，银行不能安全运营，就谈不上好。落实安全运营，只有从基础抓起，切实防范操作风险。在这方面，这几年深圳市分行党委花了很大工夫，也取得了很大的成绩和进步，但仍要警钟长鸣，永远不能松懈。

特别是我们处在深圳这个环境下，有些风险可能是我们以前从未遇到的，随时可能发生。对银行而言，最大的风险毫无疑问是信用风险。但最大的风险并不是最可怕的风险，最可怕的风险是操作风险。大家可能记忆犹新，前几年山东省分行出现刁娜案件，当时大家觉得不可思议，这样的案件居然能发生。案件发生以后，总行和山东省分行采取了这样、那样的措施。但前不久刁娜案件在山东省分行再次上演，虽然金额少一些，但整个作案的手段和情节几乎一模一样。现在发生案件，各方面的追究制度很严格，虽然财务损失不大，但我们的声誉损失、干部队伍受到心灵上的创伤难以估量。包括发生案件的一些直接、间接责任人，职业生涯上受到的损害无法弥补。如果连我们的干部都保护不了，谈何以人为本？风险管理不是单靠哪一个人、哪一个部门，全行上下都要把弦绷紧，千万不能麻痹，麻痹之日、松懈之时，就可能是大祸来临的时候。

其次，好的发展要有质量。银行最看重的就是资产质量，保持良好的资产质量是我们应有的责任。安全运营是基础，良好的资产质量是前提。特别要注意处理好风险与效益的关系。这次金融危机对我们教训深刻，在金融危机面前，谁都不敢说自己的风险管理很到位。在这次金融危机中发现，全球很多大银行的信用风险管理形同虚设，很多风险管理的方法和工具在金融危机面前统统失效。

这就如同医生看病，感冒咳嗽我们一望便知，症状很明显，正如企业的小毛病我们很容易发现，但真正得了癌症却不容易觉察。就像最近几个重大不良贷款的暴露，其实企业早就已经不行了，但我们不知道，突然有一天企业主跑了，才发现企业已经病入膏肓。其实企业由好变坏不是霎那间的事，短则几个月，长则几年，它有一个过程，也一定会有很多的迹象表露，就像雷曼兄弟公司一夜清盘，它在破产前也有很多症状。为什么我们的系统没有及时预警？为什么风险管理、限额管理没有起作用？不要以为这几年我们不良贷款"双降"就可以高枕无忧了，其实资产质量形势还非常严峻，任重道远，千万不可掉以轻心，下一步我们面临的困难和问题还很多。

再次，好的发展结构上要合理、要科学。

最后，好的发展应该是可持续的发展。好的发展一定是持续的、均衡的发展。如果今年高速增长，明年负增长，像"打摆子"一样，忽热忽冷，这能叫科学发展吗？作为金融机构我们不可避免地会遭受外部危机的影响，我们的资产质量、利润增长不可避免地会有一些波动，但好的金融机构就要能做到将波动努力减小，在别人头脑发热的时候，我们能保持一份冷静；在别人滑坡的

时候，我们还能保持适度的增长，这才是好的发展，也才是科学的发展。如果寅吃卯粮，过了今年不思明年，头痛医头，脚痛医脚，就不是好的发展。

（二）真正下工夫把市场、把自己研究透

究竟未来几年，深圳市分行所处的形势会有什么变化？在变化中我们有哪些商机、有哪些风险？市场是由客户组成的，客户的行为、需求会有什么变化？市场中有很多信号、参数，如价格、利率、汇率等会有什么变化？我们是不是真的把它研究透了？我们有的同志做事热情很高，但经常拍脑袋想当然。从建设银行整体来说，我们对市场的研究和认识能力还很弱，这一点总行要检讨。客观辩证地讲，市场无限大，市场也无限小，对某些人来说遍地是黄金，但对某些人来说到处是困难、满眼是风险，什么事情都不能做。我们对市场的研究以及对自身认识的提升都是永无止境的，正如同哲学上讲我们对客观世界和主观世界的认识是永无止境的一样。

例如，我们在研究建设银行问题的时候，发现同样是会计结算人员，但由于在不同的机构或者不同的层级，收入可以相差很多倍。这不是简简单单的算账考核，它深刻地反映出传统的商业银行管理架构远远不能适应市场的要求。这是我们中国的银行业与生俱来的问题，最要害的就是人员的机构化问题。比如说某个人在某部门或者某支行，他就是某支行或某部门的人，不同支行或部门的经营状况或者核算结果就决定了个人的收入差距。人员的部门化、机构化似乎天经地义，但孰不知人的部门属性和机构属性不改变，人文关怀就不可能彻底，人人平等就是一句空话。据我了解，国外大商业银行多是由总行直接管理到人，做相同工作的员工特别是基层员工，收入差别在全行范围内并不大。我们现在还远远做不到这一点。实现这一目标的前提之一是要建立全行统一的人力资源管理体制，消除人的部门属性和机构属性。为什么美国银行能做到总行统一给零售网点调班？如果人都被各个机构管死，它还能做到这一点吗？当然，我不是说要将来我们也要把所有的人都集中到总行统一管理，分支行完全没有调配权，只是想举例证明要真正认清我们自身，认清楚商业银行的规律，或者说认清楚建设银行改革的目标模式，其实我们还有很长的路要走。

最后，我用陈云同志的一句话与大家共勉：不唯上，不唯书，只唯实。不唯上就是说要敢于冲，不是总行所有的东西都是正确的。深圳市分行要敢试、敢闯，对陈规陋习要敢于挑战，对不适宜的规章要敢于提意见。我们要始终高举特区分行敢于创新这面大旗。

我看了分行党委学习实践活动征求的问题，这些问题都充分反映了民主管理的精髓，这些问题反映近期、眼下的事情比较多，都需要引起重视，但这些问题鲜有从长期、长远角度，从深层次上或换一个角度去考量的。这里面有些问题是关乎总行的，比如一笔授信资料几百页，就涉及总行授信部、风险部等，还有其他一些问题也是针对总行的，请总行检查组梳理一下带回去交给各个部门研究改进。在这里，我代表总行管理层、总行有关部门作个检讨，很多方面给你们添了麻烦，束缚了你们的手脚、影响了你们的竞争力。今天会上解决不了你们任何实质性的问题，所讲的仅供你们参考。

统一思想 提高认识 积极做好不良资产证券化工作

——在2008年不良资产证券化专题业务培训班上的讲话

朱小黄

（2008年1月25日）

同志们：

今天我专程赶来参加不良资产证券化专题业务培训班，有特殊的含义。就在昨天，我行不良资产证券化项目债券发行取得了成功，这是国内大型银行第一单不良资产证券化项目，标志着我行不良资产处置迈出了转折性的步伐，具有里程碑式的意义。此次不良资产证券化项目于2006年底启动，其间面临很多问题和困难，在总行领导和高管层的亲自参与下，经过1年的高效运作，取得了成功，成果确实来之不易。这让我对保全队伍又有了新认识，表明保全队伍除了具有能打硬仗、有大局意识、务实高效、经营理念和运营模式成熟等特点外，还具有较强的创新能力和较高的技术水平。下面，我就全行的经营形势、不良资产证券化项目后续服务商工作及2008年资产保全的主要工作讲几点意见。

一、2007年全行经营情况

2008年全行工作会议刚刚结束，去年全行各项业务经营取得了很好的业绩，用董事长的话说，2007年是建设银行史无前例的丰收之年。在充分考虑成本、计提拨备的情况下，经过比较保守的测算，我行税前利润达到900多亿元，税前利润增长率超过50%；净利润达到600多亿元，税后利润增长超过40%；ROA达到1.1%左右，ROE达18%左右；不良贷款余额为823亿元（审计前），比年初下降118亿元，不良率为2.54%，比年初下降0.77个百分点；净手续费及佣金收入超过300亿元，增长1倍还多，是前所未有的。经过去年下半年的大量工作，贷款结构得到了很好的调整。这说明总行党委、董事会、高管层对重大形势的判断是非常正确的，对国家金融政策的执行是坚定有力的。

我行上市以来，总体形势越来越好，这与保全系统的工作有直接的关系。在座的各位奉献了很多的心血，也取得了显著的成绩。这几年不良贷款处置额直线上升，去年处置额达到422亿元，创历史最高水平，确实让人刮目相看。不良资产核销额达到93亿元，即使扣除年初实体包20亿元的因素，也达73亿元，这个成绩也很突出。而且值得肯定的是，在422亿元的不良贷款处置额中，现金回收占了大半，接近70%，这很不容易。当然，保全工作成绩的取得离不开宏观经济环境的繁荣，你们抓住了时代赋予的机会。在这次全行工作会上，董事长和行长的讲话对保全工作的成绩给予了高度评价。受行领导委托，借此机会，我代表总行高管层，对保全系统在2007年取得的优异成绩和付出的辛勤汗水表示衷心的祝贺和感谢！向2007年资产保全业务“百佳工作者”表示热烈祝贺！

二、加强学习，把握精髓，充分认识不良资产证券化的作用

去年我在保全工作会议上讲，今后不良资产处置要逐步走工具化的路子。我们过去做不良资产的处置，很大程度上就是给分行施加压力，对不良率的控制是任务分配式的、压制式的。今后我们的精力要用在工具创造、制度安排、机制建设、素质提升上。证券化就是处置不良资产的有效工具和制度安排。证券化的本质是分散风险，把银行整个经营风险分散，处理和消化各种风险敞口。不良贷款的证券化除了消化风险敞口、调整结构之外，主要是直接处理不良资产，找到愿意通过承受一定风险来获取投资收益的人，让他们承担风险。今后我们要充分利用资产证券化这个工具平衡资产质量，快速处理不良资产。今年我行还要拿出70亿元再做第二单，过完春节就要启动。希望相关行仔细甄别资产、测算现金流，

完成资产池的构建。

证券化在西方已非常普遍，20 世纪 90 年代中期，巴塞尔银行监管委员会曾对银行资产支持证券化有过一个指导性文件。但这个指导性文件在中国的实施有特殊性，在纯市场的条件下，不需要这么多条件。美国次级债对我们的重大教训就是我们分散风险的工具和能力不够，其中重要的一点是证券化市场不成熟。美国次级债的风险实际上让亚欧国家共同承担了，这是金融体系比较完善的表现。我行这次不良贷款证券化是一个完善体制的具体行动，这个过程将推动中国金融体制的调整。

值得指出的是，这次证券化的行动，实际上把我们建设银行不良资产的经营能力和处置手段提升到一个国际化水平上。此次开办的“建元 2008 - 1 重整资产项目”，在构建基础资产池、尽职调查、资产估值、信用评级、交易结构设计、交易文件制定、路演推介、发行上市等各个环节，完全是按照国际惯例和标准付诸实施，市场化程度很高。而且，从结果看，我们这次完全是市场化了，债券的认购分散在十几个机构，而且都是纯市场化的机构投资者，这说明我们产品的设计、交易结构、现金流的测算比较合理。

为达到规定的发行条件以及中介机构提出的专业要求，北京、广东等 10 个一级分行通过全程积极参与，及时对照现行制度进行反思，不断规范、解决经营管理中存在的具体问题，同时也在工作中带进了一些新鲜的观念，带好了一支队伍。所以说，我们做了一件市场化、标准化、国际化的事情，还带出了一支国际化的队伍。

三、高度重视，周密安排，切实履行资产服务商的权利和义务

这次资产证券化工作得到了郭树清董事长和张建国行长的高度关注，罗哲夫副行长和我在具体的操作环节上直接进行了参与。证券化这件事，我最担心的是我们行内以为不良贷款证券化后就甩掉了包袱，希望这个培训班能解决这个问题。我们是服务商，要将这件事做好。

按照国际惯例，资产服务商一般由独立的第三方担任，但监管部门经综合考虑各种因素，最终要求我行作为资产服务商，负责基础资产池的管理处置。主要原因有：一是我行具有一支专业的不良资产处置队伍；二是我行对基础资产池中全部 565 户借款人、1 000 笔贷款的情况了如指掌；三是我行在多年经营管理中积累了广泛的客户资源和紧密的业务关系；四是我行建立了较为完善的风险控制体系。这四项优势条件，有利于实现不良资产回收价值最大化，有利于防范处置中的操作风险和道德风险。我行担任资产服务商角色，充分说明了监管部门对我行的信任，同时也开创了我行中间业务的新领域，进一步拓展了利润新来源。

作为国内商业银行首单不良资产证券化项目，总行党委从项目启动开始就给予了高度关注和大力支持，并明确提出这项工作只能成功，不能失败。各行要高度重视资产服务商的工作，并要做相关制度安排。

一是强化考核机制。今年，总行经研究，决定将证券化受托资产现金回收额与一级分行行长 KPI 指标挂钩。对于涉及不良资产证券化项目的 10 家分行，总行在考核其不良贷款余额指标时，将根据该项目现金回收计划执行情况进行调整：未完成现金回收计划的，将还原增加不良贷款余额；超额完成的，将还原减少不良贷款余额。

二是明确激励政策。我行按合同中规定应取得的 5% 处置费用，总行除扣除必要的税金外，要全部配置给资产服务商业务。其中，3% 的处置费用实行实报实销；1.75% 要作为专项激励费用。各分行要确保激励费用真正用在资产服务商业务，重点激励项目团队。各分行不得以任何理由截留或挪用，做到政策执行到位、奖励兑现到位，确保形成有效激励。

三是组建专门项目团队。该项目优先级产品实际存续期为两年，其中第一年最为关键。为确保优先级债券两年内兑付完毕，今年要回收现金 20.6 亿元（含过渡期已回收的 6.66 亿元）。从一般意义上讲，证券化的法律责任更重、更大，要优先安排、合理配置资源、合理安排回收进度，表内、表外都要做好。对此，相关 10 家分行绝不能掉以轻心，要抽调精兵强将组成项目团队，专门负责受托资产的处置回收工作，力争“早收、快收、多收”。

四是创新处置手段。资产服务工作要以现金回收作为根本出发点和落脚点，在综合考虑成本、收益的基础上，用足、用活现有回收政策，并加大创新力度，努力开辟多元化的现金回收途径和渠道，大胆尝试减债、转委托、分包出售等处置

手段，核心是保证现金流的回收。

五是强化管理和督导。总行资产保全部按照不低于表内不良贷款的管理水平，延续现有的内部分工和管理模式，在确保完成表内处置任务的基础上，加强资产服务商业务的制度建设，简化审批流程，突出抓好重点分行和重点项目的执行和督导，防范操作风险和道德风险。

四、2008年资产保全工作要求

借此机会，我就今年资产保全工作提几点要求。

（一）认清形势，积极应对，增强紧迫感和责任感

从我行整体状态来看，我们对不良资产的控制能力得到了很大提升，连续两年圆满实现不良贷款“双降”目标，不良贷款余额和不良贷款率均达到历史最低点。监管部门今年对“双降”并没有明确要求，但同业竞争日趋激烈，我行在资产质量方面的竞争优势正在逐步缩小。据了解，工商银行2007年末的不良贷款率已经控制在2.9%以内，今年将会更低，不排除有超过我行的可能。我行最大的亮点一直是资产质量优于其他分行，所以我们的任务很重。现在资产质量不是监管部门要不要求“双降”的问题，而是我行已将“双降”变成一个自觉的经营方针，各分行不要留有余地。大家要仔细研究KPI指标，各种指标所指向的是综合经营能力和水平。我们允许平均线以下的分行不良率可以上下波动，但总体上要下降，高于3%的分行坚决不允许再上升，不良率较高的分行，如辽宁、大连、青岛、甘肃、黑龙江、西藏几家分行要重点考虑不良资产的处置。

现在需要大家有一个理性的认识，今年的工作，张建国行长在报告中讲，目标是2.5%以下，实际安排是2.1%。按照这个目标，保全系统今年至少要处置375亿元，剔除95亿元的证券化，还要至少处理280亿元，目标要按照300亿元的规模来筹划。我也非常理解保全系统，你们很辛苦，既要做好处置工作，又要做好服务商工作，任务重、压力大。但形势严峻，希望大家认真执行好总行这种经营安排。

第一，今年计划处置比例均为历年最高。今年处置计划虽与去年持平，但存量不良贷款余额同比减少了近200亿元，降幅达10%，处置比例近40%，超过近两年平均水平10个百分点。当然，也有下迁的，每年有200亿～300亿元。今年行长会的主题就是结构调整，出台了很多具体政策。目前结构调整幅度较大，大家对任务的调整要有进一步的思想准备。

第二，存量不良贷款结构恶化加大了处置难度。去年不良贷款核销77亿元，是2006年的两倍，但损失类贷款余额反而增加了14亿元。截至去年末，单户5 000万元以上的大额不良贷款余额为371亿元，占比近50%，这些项目情况复杂、处置周期长。未到期不良贷款余额为235亿元，占比近30%，受法律及合同限制，银行难以要求债务人提前还款。

第三，部分行业不良贷款反弹压力大。去年，我行认真执行宏观调控，压缩了贷款增量，同时对行业限额进行管理，严格控制高污染、高耗能以及产能过剩行业的资金投入，制定并执行了行业限额管理等措施，推进了信贷结构调整。但由于新增贷款绝大部分投放于上半年，宏观调控的结果将对“两高一剩”等行业贷款产生影响。随着宏观调控的有效性进一步增强，部分行业贷款质量可能继续下滑。另外，结构调整的力度要加大，这次总行党委下的决心非常大，时间安排上是两年。结构调整的第一个维度是不良率高于10%的行业坚决退出。不良资产行业涉及200多个大行业，按照最细的分类，大概有1 000多个行业，在审批中不许上报、审批。第二个维度是行业预期亏损、不擅长的行业要按照郭树清董事长的要求“壮士断腕”，如纺织行业预期不好，一些高新科技技术流程不成熟的不能投入。不能为了局部利益不退出，一直陪伴一个企业的兴衰。确定全面退出行业中的重要客户，可以由总行或一级分行直接经营，但要报总行公司部批准。这是几个大的政策界面。

第四，金融生态环境还有待完善。部分企业不讲诚信、恶意逃废银行债务的现象时有发生，如河北沧化、宝硕等一些大企业所在的地方整体经济环境、法制环境、信用环境、市场环境和制度环境建设较为恶劣，执法行为的公平性、公正性及效率有待提高。对那些金融生态环境不好的区域，我行在贷款审批上也要体现出差别化。

（二）周密部署，突出重点，采取切实有效措施

近几年，国民经济继续保持平稳、快速发展，资本市场已步入良性发展轨道，企业整体盈利能力和抗风险能力有了显著增强，外部政策环境不断完善。同时，全行整体财务实力显著提高。这些因素的变化，有利于金融企业加快处置不良资产。各分行要抓住当前有利时机，采取切实有效措施，实现不良资产又好又快处置，确保完成全年各项任务。

一要深入推进资产保全业务单元制改革，探索公司化运作的机制。近两年，38家一级分行根据总行制定的总体目标和原则，因地制宜、因行制宜，积极推进资产保全业务单元制改革，形成了各具特色的经营模式。这些模式有效地推动了不良资产处置效益和效率的提高，但不良资产集中度还不够。2008年，除个别不良额小、不良率低的分行外，全行要在前期试点的基础上，全面推进不良资产集中经营。大项目必须实现一级分行直接经营，小项目可以采取委托经营或联合经营的方式，有条件的分行要实现划账经营。

要加大保全业务系统公司化运作的步伐，建立相应的成本控制、项目团队激励、投入产出分析、人力资源管理等几个方面的公司化运作的机制。证券化资产服务商工作本身就是一个公司行为，处置费用是单独核算的。既然是公司化运作，激励机制、人力资源管理就要讲成本核算、要算账。保全系统要在内部管理上下点工夫，一步一步向前走，今年要有大的迈进。在资源的配置方面，总行要及时提供支持。各分行如何集中，我看应该是全国一本账，全国一个大公司，不同分行的人可以交流，全国的资源，比如宁波、厦门、三峡等不良资产少的分行，可以到别的分行去做，这要作出尝试，不然就是人力资源的浪费。集中经营大的项目，重心也要上移。与地方对话，总行直接出面，有些事就好做。各分行有什么难办的事、难处置的项目，可以主动向总行保全部汇报。小项目可以委托经营、联合经营，将机制建立起来，围绕公司化这个目标，成本数据分析都要在系统中统一核算，需要组建一个专业团队来支持。

二要抓好重点分行和重点项目。截至去年末，不良贷款规模在30亿元以上的分行有8家，20亿元以上的分行有8家。同时，有14家分行不良贷款率在3%以上。上述这些分行的资产保全工作必须进一步加强。总行资产保全部要将北京、河北、山西、辽宁、大连、黑龙江、江西、青岛、广东、甘肃10家分行作为工作重点，部门领导要分工负责、重点联系，加强现场指导和服务力度。对于126户亿元以上的重大不良项目（金额合计241.7亿元，占公司类不良贷款的32.6%），总行资产保全部要继续坚持大项目专家诊断制度，对诊断的项目要定期跟踪监测，确保处置措施落到实处。情况发生重大变化的，总行、分行要实时沟通，及时调整处置策略和方案。要运用回收、重组、还原等手段，加快清理处置“假个贷”项目，力争年内将存量项目处置完毕。

三要突出三项业务考核激励。2007年，资产保全业务考核激励政策发挥了良好的导向作用。今年，首先要继续保持政策的连续性和稳定性，突出对不良贷款处置和超值现金回收的考核激励；对于超额完成计划的分行，总行要在预留的费用中给予单独激励。其次要突出对已核销呆账资产现金回收的考核激励。截至去年末，全行已核销呆账资产达618亿元，其中有追索权的债权为416亿元。已核销呆账资产回收一直是财政部关注的重点，也是我行创造利润的有效途径。为加大激励力度，全行今年要按已核销资产现金回收额的13.45%配置费用，而且全部是人力费用。最后要突出对证券化受托资产现金回收的考核激励。这项政策前面已经提到，这里就不再赘述。各分行要确保将总行配置的专项激励费用全额兑现到资产保全条线，有条件的，还要配套增加费用和奖励，充分调动保全员工的积极性。

四要加强四项工作。

第一，要加强调查研究。在总结第一单不良资产证券化项目经验的基础上，深入探索市场化不良资产处置手段。各分行要针对转型期内不良资产处置的新问题、新情况进行调查研究；对不良资产处置市场和环境进行调查研究，研究新形势下不良资产处置的新手段、新途径。东北地区有关分行要按国家有关要求做好装备制造业不良贷款的市场化处置工作，为全行市场化处置不良贷款积累经验。

第二，要加强SARM系统维护使用和加快个贷催收体系建设。SARM系统现已进入二期优化阶段，预计将于今年3月测试，6月在全行推广。各分行要在充分利用系统一期规范业务操作、确保系统数据质量的基础上，按要求做好系统二期的数据整合、补录和维护工作，充分发挥系统效能，提高精细化管理水平。要考虑与ERP系统的接口，保全要算账，要计算成本，这是一项长期工作，基础管理投入一些也是必要的。

个贷催收这项工作要加强。现在要着力投入一些基础业务工作，要研究如何在A+P系统上做一个催收模块。个贷催收还没有形成一个完善的体系，所以今年各分行要继续以A+P系统催收处置模块为依托，实现个人类贷款短信、电话、信函、上门催收的常态化运行。尚未配备95533专职坐席员的分行，要在第一季度内配备到位。要重点推进逾期1年以上个人类不良贷款的集中委外催收、司法催收工作，提高回收处置效果。

催收系统很重要，全世界的银行在个贷违约方面都有一个严密的系统。我们要在实行个人贷款黑名单制和公布违约信息方面有所考虑。保全牵头管回收并不是业务流程外的事，而是正常业务流程里面的一个环节。贷款放完了，如果正常回收，还本付息，这个流程到此结束；如果没有正常还款，保全的催收和处置应该马上跟进。

第三，要加强队伍建设。各分行要按照总行有关要求，切实加强资产保全条线风险经理的聘任工作，培养一支相对稳定的资产保全专业队伍。同时，要加强业务培训，2008年总行要举办三期资产保全业务培训班。各分行要在做好转培训工作的基础上，根据本行实际情况开展有针对性的业务培训，提高资产保全人员的业务素质和专业技能。

第四，加强风险控制。国家审计署今年将对我行进行资产、负债和损益的审计，各分行要高度重视。从近年来的内外部审计检查情况看，资产保全业务始终存在风险隐患，特别是在收取、处置抵债资产以及核销呆账等环节发现问题较多，甚至发生了案件。不良资产处置业务很可能是审计署关注的重点之一。为此，总行要在第一季度组织开展全行资产保全业务大检查，各分行要认真自查，自查面要达到100%，发现问题要及时纠正、就地整改、消除隐患，特别要防范内部人员的道德风险，堵塞漏洞。同时，各分行要针对检查发现的问题，对现有制度办法进行系统梳理，逐步建立覆盖从接收到处置完毕各环节的不良资产管理制度。

五要逐步实现五个努力目标。即处置手段国际化、经营模式市场化、管理规范化、操作流程化、水平专业化。各分行要从业务研究、制度建设、机制建设、队伍建设等方面入手，逐步实现“五化”发展目标。

同志们，2008年的资产保全工作任务重、压力大，我们一定要加强领导、高度重视，牢固树立战胜一切困难的信心和决心；一定要统筹兼顾、突出重点，进一步完善和发挥激励机制的导向作用；一定要勤勉敬业、求实创新，继续发扬“特别能吃苦、特别能战斗、特别能钻研、特别能奉献”的精神。让我们团结一心，开拓奋进，为全面提升资产保全工作的价值贡献而继续努力！

在风险战略协助评分卡项目验收会上的讲话

朱小黄

（2008年1月30日）

同志们：

大家好！

刚才听了项目组、试点分行对评分卡项目情况的介绍，很欣慰，项目从规划、开发到试点整个过程安排得当，开发速度超出了我的预期。项目办、房金部、卡中心、技术部、审批部、信息中心等部门和各试点分行都为这个项目作出了重要贡献。今天，评分卡项目顺利通过验收，我代表风险条线以及项目的组织者对在项目开发过程中付出艰辛劳动的总行各相关部门、试点分行表示衷心祝贺和感谢！

听了评分卡项目有关工作的介绍，我对评分卡的了解也逐步深入。刚才各位专家作了论证，验收结果表明这个项目的先进性和创造性是符合要求的。零售信用风险评分卡既充分借鉴了美国银行丰富的评分卡模型开发使用经验，又是以我行自身研发力量为主导，基于建设银行实际特点和中国经济环境设计开发的。在国内同业，我们是第一家正式将零售评分卡应用于经营实际的银行，在国际领域，我行也开始跻身技术领先的国际活跃银行行列。希望评分卡上线运行后，能大幅提高零售业务的风险管理能力，并不断提高我们的发展质量和创利水平。要使评分卡充分发挥作用，我们还要在后续工作中付出更大努力。为把这项工作做好，我简单谈几点意见。

首先，我想再强调一下评分卡项目的重要性。

近年来，随着我国经济的快速发展，零售银行业务成为银行业战略发展的重点领域。为此，董事会、监事会、高管层对零售业务风险控制、风险管理工具应用、零售客户细分管理都给予了高度关注，我们这项工作的顺利推进与高层的关注是分不开的。简而言之，评分卡的推广实施具有以下几方面重要意义：

一是根据风险特征确定个人客户的区分标准，有利于完善零售信贷审批机制、丰富风险管理手段。相对于公司业务领域较为完善的风险管理体系，目前我们在零售业务的风险管理工具、风险控制标准方面还显得有所欠缺。特别是由于对客户缺乏明细的区分标准和根据，长期以来我们主要依靠经验判断设定个人信贷的准入门槛，有时候会根据业务拓展或者业务规模控制的需要人为地整体降低门槛或者抬高门槛，这不符合风险管理的本质要求，不利于准确地、有针对性地管理风险。为此，开发支持零售客户细分管理的工具显得尤为重要和迫切。从这个角度讲，评分卡的开发可以说是恰逢其时。通过客户评分，我们可以有效地区分客户群体的违约风险特征，从而建立审批标准。通过推行全行统一的个人客户评分政策和审批标准，也有利于统一风险偏好，确保风险政策的有效传导。

二是促进流程优化，有利于提高效率、降低成本，也进一步降低了操作风险损失。在前一段时间分行调研过程中发现，要有效地遏制“假个贷”，就需要查堵业务流程、人员配置方面出现的漏洞和问题。在个别机构，一方面业务流程不尽合理，工作效率受到影响，一些不必要的流程环节占用了大量人力资源；另一方面由于人员紧缺、人力资源分布不合理，一些关键部位的审核把关反而没有到位，从而催生了风险隐患。从试点表现看，应用评分卡实现的自动审批率已达到30% ~50%，如果评分卡运用得当，不仅可以大幅提升工作效率、降低成本，还可以通过流程优化，将更多的人员从系统可以替代的领域中退出来，转到需要专家判断、审核把关的关键环节中去，从而降低操作风险。

三是通过建立个人客户信用评分体系，为差别化的客户管理策略提供支持。美国次级债危机出现以后，我们反思自身的个贷管理体系，相对于美国建立的个人客户信用评分体系以及相应的风险分散措施，我们缺乏这样的差别化管理机制，而评分卡的实施可以弥补这个不足。随着零售评分卡整体工作全面完成，我行可将信用评分范围覆盖到全部零售信贷客户，从而得到我行零售客户信用风险结构的全景，为重审零售信贷政策提供依据，也为实施《巴塞尔新资本协议》内部评级法奠定基础。在服务方面，我们可以通过与评分相关的客户信息分析客户的信贷需求。由于零售评分信息的共享，对在我行已进行过信贷申请的客户，在申请其他各类信贷业务时能获得更为快捷、优质的服务。

其次，我想谈一谈对于零售风险计量工作的期望。

评分卡项目是《巴塞尔新资本协议》实施工作中的一个骨干项目，我行能够率先在零售评分卡项目上取得突破，这个起步很重要。目前，我们的各级机构还不太习惯从计量基础出发进行经营决策判断，但要逐步学习、适应和充分运用，这是全面风险管理的需要，也是现代银行经营管理的一个趋势。

在零售内部评级体系和风险计量推进方面，除了准备全面推广的房贷申请评分卡、信用卡评分卡外，我已了解到房贷行为评分卡、消费贷款申请和行为评分卡、客户综合评分卡、零售敞口PD/LGD/EAD计量也陆续进入开发阶段。希望风险计量团队在保证质量的基础上加快进度，也希望有关部门、机构给予必要的支持。

我也了解到风险计量模型实验室项目也已启动。一方面，要通过建立统一、规范、标准的IT平台，整合风险信息资源、集成风险计量模型类型，实现风险信息统一化、规范化管理和应用，也使风险计量模型实现系统化、流程式研发，提高模型开发效率，控制模型风险；另一方面，要建立科学、完善的实验室管理规章制度，规范模型研发流程和文档管理，积累模型开发经验，同时在人力资源方面培养一支专业基础知识扎实、综合素质高、实践与创新能力强的风险计量模型研发队伍。这项工作意义重大，可以有效地推动我行风险计量工作发展的进程，进而全面加强我行风险预控能力，提升我行竞争力。希望项目组在建设过程中着眼于我行未来的业务发展，为风险计量工作的不断前进打下扎实的基础。另外，也希望业务部门能积极参与，建成后业务部门也可以利用这个平台进行数据分析和挖掘工作。

目前，我们在风险计量的经验、人才队伍、数据基础等方面有了一定的积累，下一步应该继续加大投入，通过培养一支专业的零售风险计量队伍、建立一套适用于建设银行的零售风险计量工具、塑造一种领先于市场的零售风险偏好和文化，完善一系列与零售风险计量相关的政策、制度、流程、标准，把零售风险管理能力培养成建设银行的核心竞争力。

最后，我想对下一阶段零售风险计量工作提几点要求。

一是要提高认识、协调配合，确保评分卡相关项目开发、推广进度。评分卡的推广上线是我行零售信贷业务风险管理的一项重大变革，涉及政策、流程、岗位等各个方面的变化。大家务必对评分卡项目的推广工作有足够的认识，各相关部门、分行要对于推广工作高度重视，要派出全职人员参与这项工作，成立相应的推广小组，明确负责人员，制订推进方案，参与人员应保持一定的延续性。绝不能因为一个部门或者一个分行的工作不到位而影响全行的推广工作。

在具体分工上，房贷申请评分卡推广工作由房金部和风险管理部联合牵头负责，审批部配合。信用卡申请评分卡推广工作由信用卡中心和风险管理部联合牵头负责，评分决策引擎系统开发部分由风险部和信用卡中心共同完成。信用卡行为评分卡目前已顺利上线，卡中心要做好行为评分卡的运行、监测、分析工作，与风险部共同研究行为评分卡的优化和相关政策的制定工作，保障行为评分卡效能不断提升。

信息技术部门要配合评分卡项目的推广阶段立项，以及后续开发、优化、测试、推广工作。目前，对个人住房抵押贷款的行为评分卡、消费额度贷款和汽车贷款的申请和行为评分卡，也已明确由内部评级系统 IRB 项目开发决策引擎，应尽快落实进度，以满足评分卡模型和业务策略不断升级变化的需要。

对于评分卡涉及的风险政策、制度方面，由风险部、审批部按管理领域分别草拟，连同对应的评分卡模型一并报风险控制委员会会议审定，请各部门、各分行尽快对《零售敞口评分卡管理办法（征求意见稿）》提出修改意见。对于评分卡涉及的参数管理，风险管理部负责在风险政策、制度框架下进行风险参数的升级调整，业务部门负责市场参数的升级调整，技术部负责系统的技术维护。

由于评分卡系统的实施将导致业务流程和岗位设置发生合理的改变，业务部门和分行要在人力、岗位、系统、流程、管理等方面作出必要的调整和适应。

二是继续拓展零售计量领域，尽快将风险计量研究成果转化为现实生产力。拓展零售计量领域，应从拓宽广度和挖掘深度两方面入手。在拓宽广度方面，力争将开发房贷申请评分卡和信用卡评分卡的经验移植到前面提到的几个新的同类项目中，缩短各个项目的开发、试点、推广周期，尽早地将试验领域的模型、政策、流程推向经营管理实践。一方面要在实践中检查工具的合理性、有效性；另一方面也要加快计量工具投产速度，更早地为建设银行创造价值。在深度方面，对已经进入试点运行阶段的系统表现进行分析，充分挖掘系统信息对经营管理的价值，建立以系统平台作支撑的信贷准入、审批、贷后管理政策。

三是加强宣传、培训，为零售计量项目的推广提供支持。在零售计量项目推广过程中，由于我行业务人员绝大多数为第一次接触此类工具，因而做好宣传、培训工作至关重要。要让各级分支机构、相关人员充分认识、了解各类零售计量工具的积极意义，尽快熟悉、发挥零售计量工具的作用。

四是切实提高数据质量，完善数据基础。随着以统计模型为基础的管理工具逐步增加，数据基础对于全行经营决策的重要性应引起高度关注。在总行制定的统一标准下，各分行应建立数据管控措施，明确责任，提高基础信息的真实性、完整性和时效性，减少因数据问题导致系统决策错误的现象。

强化大额授信客户风险管理
加快信贷结构调整
确保信贷资产质量持续稳步向好

——在2008年"双十大"贷款客户暨资产质量重点联系二级行风险处置专题座谈会的总结讲话

朱小黄

（2008年3月1日）

同志们：

这次会议开得很好，我们用一天半的时间，对全行"双十大"贷款客户的风险处置情况、信贷结构调整重点联系一级分行、信贷资产质量重点联系二级行的风险化解和处置情况进行研究，解决明确了一些具体工作上的问题，颇具成效。参加此次会议的总行有关部门负责人与"双十大"贷款客户所在行风险总监、信贷经营与风险管理部门负责同志进行了充分的交流研讨。可以看到，大家都事先做了准备，付出了很大的努力，认真分析了"双十大"贷款客户经营财务状况和我行贷款风险变化情况，研究拟订了针对性强的风险处置措施方案。在这里，我要顺便提一下我们跟监管部门和审计部门的关系。刚才银监会的同志把银监会的意见和想法跟我们做了交流，我认为我们与监管部门和审计部门要加强沟通和交流，保持信息的共享和对称。借这个机会，我要重点讲一下下一步的工作和执行中需要强调的问题。

一、完善相关制度，加大监测、考核力度，进一步加强"双十大"贷款客户和重点联系行风险管理

此次会议的主题是关于"双十大"贷款客户和重点联系行的风险化解和处置。2006年底以来，全行通过建立大额授信客户风险处置机制，包括采取十大关注和十大不良贷款客户（以下简称"双十大"客户）风险处置机制、信贷资产质量重点联系二级行直管机制、银监会大额不良台账监测管理等一系列有效措施，取得了显著成效。截至2007年末，总行和各一级分行十大关注客户关注类贷款余额比年初减少283.13亿元，其中通过现金回收172.09亿元；总行和各一级分行十大不良贷款客户不良额比年初减少98.17亿元，占全行不良贷款减少额的83.19%；总行确定的39个重点联系二级行不良额累计减少45.23亿元；列入银监会大额不良贷款监测台账的341户不良贷款比年初减少了67.72亿元。

通过全行上下的努力，我们取得了一些成绩，但也应该看到尚存在一些不足，比如2007年总行"双十大"客户中仍有8户的风险处置进展不理想，哈工大集团从原来的关注类下降至不良，2008年仍需要继续加强对这些客户的风险处置管理。此外，总行确定的39家信贷资产质量重点联系二级行中，除8家二级行因资产质量转好、不良率低于10%调出2008年重点联系二级行名单外，其余的31家二级行不良率仍高于10%，还需要继续进行重点监控管理，且有15家二级行因存量贷款质量恶化、不良率高于10%新进入重点联系二级行名单。这些都反映出我们还需要进一步加强管理。下一步工作要请风险管理部门在以下方面进行重点完善和推进。

一是完善相关的制度办法。从去年第一季度专题会议研究落实"双十大"贷款客户风险处置措施，部署加强重点联系二级行风险监控管理以来，我们总结摸索出了一些经验和好的办法，下一步要将其制度化，完善相应的"双十大"客户风险处置、重点联系行风险处置等制度规章，明确标准、职责、考核和基本流程等，将这项工作常规化、规范化，纳入风险管理的常规手段之中。

二是健全相关的信息监测反馈体系。要形成对总行“双十大”和各一级分行“双十大”客户风险处置、信贷结构调整、资产质量重点联系行风险处置情况的信息监测反馈体系，通过加强台账管理、定期汇总分析、通报风险处置执行的进展情况等，形成良好的信息沟通反馈机制，督导各分行做好各项风险化解和处置工作。

三是加强对重点联系行的监控考核和指导。在重点联系行的监控考核方面，要在完善信息分析反馈机制的基础上，加强信息沟通、完善考核机制、加强指导。要对重点联系行的风险处置情况进行评价，一方面将其纳入各一级分行领导班子和风险总监，以及该机构的绩效考核内容，完善激励约束机制；另一方面要通过调整信贷授权、暂停办理授信业务等措施，加强业务管理。这是一项涉及全行各层级部门的重要工作，而不仅仅是风险管理部门的工作。

二、充分认识到在当前国家宏观调控下，我行进行结构调整工作的必要性以及面临的良好契机，切实做好2008年结构调整工作

今年，董事会、监事会、高管层一再强调要重点抓好结构调整这项工作，全行必须要把这个问题提到战略性的高度来认识，统一思想，认真贯彻落实。下面我想深入地阐述我行目前下大决心、大力气抓结构调整工作的原因和面临的机遇，以及下一步如何落实贯彻好这项工作。

（一）结构调整工作的必要性

1. 主动地做好结构调整，是要与国家宏观经济运行的客观规律相适应。首先，要从正面理解宏观调控的现实积极意义和历史意义，自觉执行国家宏观调控政策。当前宏观调控的直接起因是我国经济中固定资产投资增长过快、货币信贷投放偏多、国际收支顺差较大，特别是去年以来，物价总水平持续上升。不解决好这些问题，显然我们就不能保持长期、快速、健康的增长。从深层次来看，经济发展是一个从不成熟走向成熟的过程，在这个过程中要不断解决经济中的问题。在不同的经济发展阶段，经济发展的主题是不一样的，中国经济在二十多年的发展历程中，一直都处于高速的发展阶段，升级换代、产品更新、消费更新都是经济生活中的自然规律，是经济结构趋于成熟、完善、有效的内在要求。从这个角度来看，宏观调控符合经济发展内在规律，结构调整正是要适应当前经济内在运行规律的变化。

其次，结构调整是消化当前经济发展和运行中各种矛盾、保持可持续发展的必经之路和必然选择。我们可以清楚地看到，当代经济最大的特点是经济全球化，传统的以一个国家、一个地区为市场背景的国民经济结构，而在经济全球化浪潮的作用下，传统的经济结构正在发生剧烈的变革。对于中国经济而言，经济结构调整面临着几项大的突出矛盾：一是基础设施仍显滞后，难以满足社会经济发展的需要；二是高科技、新技术产品不多，产品缺乏市场竞争力；三是国内消费需求比重偏低；四是劳动力价格、资源价格“双低”，经济发展的可持续能力不强。概括地说，以牺牲环境和巨大能耗为代价、经济附加值不高，而付出的未来代价很高的经济增长方式必须改变。这种改变，在经济运行上主要是指经济结构调整。目前政府各项宏观调控政策正是基于此点。上述中国经济运行中存在的深层次矛盾，还带来了很多深层次的社会问题。如民生问题、污染问题、可持续发展问题、社会稳定问题等。虽然都是局部性问题，但是带来的影响将是全局性的，如不及时采取坚决果断的措施，就很难避免经济的大起大落，就会对经济发展和社会造成巨大损失和危害。要消化各种矛盾、保持可持续发展，结构调整乃是必经之路和必然选择。

金融作为国民经济的核心，其运行可以看做国民经济运行的一个缩影，在宏观调控和结构调整方面必须有所作为，这既是银行自身发展的需要，更是对社会和国家经济承担的重大责任。因此，在这个过程中，我们要主动顺应国民经济结构而嬗变，不断调整自身的信贷结构、业务结构、功能结构，经营更加理性，业务决策更加符合世界经济和中国经济的发展趋势。

2. 结构调整是解决深层次风险管理问题的一条重要途径和渠道。应该说，我们银行已经走过了盲目追求规模、粗放经营的发展阶段，特别是近几年来，我行花大力气抓风险管理工具制度建设工作，初步形成了避免粗放经营的管理工具和方法。目前我们的优势是全行已经构建了全面风险管理的框架，经营部门更多地用风险管理的标尺来衡量、规范自己的营销行为和思路，基本解决了粗放经营的问题。但是我们也应该看到，我们在风险管理中还有很多亟待解决的问题。目前可能其他银行还没有达到我们实施全面风险管理

的程度，但我们要清醒地认识到风险管理工作的阶段性，下一个阶段，我们要将工作重点转入解决一些深层次的问题，我们必须要清醒地认识到当前银行面临真正深层次的风险是什么。真正的、深层次的风险就在于我们银行面对国民经济变化所客观存在的运行方式和运行结果。结构调整就是解决深层次风险管理问题的一条重要的途径和渠道。

实际上，我行这几年在业务转型和考核办法等方面已经作了很大的调整，采取了一系列措施，如大中型客户授信审批五项基本原则、公司类客户准入退出标准、审批标准、行业底线等，在基础设施建设、小企业信贷、按揭贷款、信托产品、租赁业务等方面打开了市场，客户和产品结构呈现了一个好转的趋势。但相对应信贷增量结构调整来讲，存量业务结构的调整就困难得多，因为这必然涉及方方面面的关系。但是，这些存量贷款到期之后怎么办？对此，我们必须有一个清醒的认识，解决好信贷存量的结构调整问题，就要解放思想，打破过去传统的经营方式，从传统的规模经营模式向效益模式转变，处理好当前和长远，以及各方面的利益关系，布好结构调整这盘棋。

古人云：“庸者谋子，高手谋势”。对个别具体的风险进行控制，是解决一般风险问题的手法，而对结构调整的风险控制，才是更高层面的风险管理。因为对管理风险而言，事后化解不如事中控制，事中控制不如事先预防。为此，我们就要痛下决心，通过自觉的结构调整，使我行成为具有合理业务结构和信贷结构的银行，这样才能具备抵抗真正的系统性风险的能力。事先布局好结构调整这盘棋，这才是风险管理的高境界。

3. 结构调整是要防范体系性风险、防范经济周期衰退对银行生存造成的冲击。风险管理的核心价值之一就是防范周期性风险。在经济高速增长时期，商业银行贷款增长较快，其高速扩张的风险容易被掩盖。一旦经济景气下降、市场需求发生变化，因调整造成的经济波动会使大量的银行贷款成为坏账，导致银行的系统性风险集中显现。我们做过国民经济增速变化对我行资产质量的压力测试，证明国民经济波动 1 个百分点，其对建设银行资产质量的影响将达 0.38 个百分点。一个银行能抵御住系统性风险的冲击，才能够真正证明这个银行的风险管理是成功的，也能够真正证明银行风险管理的能力和水平是经住了历史检验的。

目前抵抗经济周期风险的工具尚不完善，比如在风险计量和数据管控方面，包括经济资本和风险限额的计算，在数据方面有一个天然的缺陷。这主要是由于中国经济二十几年以来都是高速增长，虽然有一些小的经济波动，但没有出现过大的衰退，所以违约概率和损失概率的计量均没有经过最大压力的测试。但是如果把 1993 年、1994 年等这些已剥离不良资产的损失概率、损失程度全部加入现有的数据基础中去，那我们现在所有的业务就都不能做了，这就是风险计量方面尚需完善的地方，我们抵抗经济周期风险的工具和手段，特别是观念并没有真正到位。风险管理的从业人员对此要有理性的深刻认识，要进一步解放思想，打破传统的局部利益、小利益的束缚，克服盲目的、片面追求规模效应的冲动，树立新的观念、运用新的工具。

各行要充分认识到这种形势，在当前国民经济还处在偏快，但还未发展成全面的经济过热时，主动顺应国民经济结构调整的大方向，优化信贷资源配置，通过结构调整熨平业务运行的经济波动风险。

4. 在思想上，要秉承“有所为，有所不为”的经营哲学。实际上，从某种程度上讲，2008 年经济运行的不确定性非常大，我们不能在“山雨欲来”之时还在这里“歌舞升平”。首先，结构调整的哲学基础就是“有所为，有所不为”。有所为者，要勇敢有力去为，有所不为者，也需要勇气、决策能力，以及更为大气、更为长远的判断力去不为。对于优良产业、行业和客户要毫不犹豫地积极拓展，主动争取；对于夕阳产业、行业和客户，即使目前还不错，也要果断退出。

其次，要处理好各方面之间的利益调整关系。信贷结构调整特别是信贷退出，必然会影响银行与地方政府以及客户的关系，因为“雪中送炭”总是比“釜底抽薪”要得人喜欢。对这个问题我们要从长远、宏观上来看，银行服务除了日常的流程服务外，其实还包含着更深的含义和社会责任。银行有责任促进国民经济向好的方向发展，为企业经营创造良好的环境。实施结构调整实际上是维护了良好的规范经营企业的公平和利益。在当前间接融资仍是主流的情况下，银行的选择势必影响到部分企业的生存和发展，若不能理性处理与地方政府的关系，则既不符合地方政府的利益，也不符合银行的自身利益。我们应当携手地方政府与客户一起创造新的经济文明，维护好经济金融环境，与整个经济共同进步，同时实现自身保值、增值。从长期来看，这才是为客户服好务的根本保障。

（二）信贷结构调整面临重要机遇

当前是一个关键的历史时机，国家宏观调控和我行内外部的环境都为结构调整创造了良好的机遇。

1. 当前宏观调控为信贷结构调整提供了难得的机遇。在当前国家宏观调控的大背景下，人民银行、银监会都加大了对商业银行落实国家宏观调控政策的监管力度，贷款规模受到限制，信贷投向受到约束。从紧的货币政策使我们深切地感到了结构调整的压力，贷款规模的不足迫使我们要把“好钢用在刀刃上”，把有限的资源投向最有效益的行业、客户和产品上。因此，从这个意义上，宏观调控为我行的信贷结构调整带来了良好契机。

2. 经济的高速增长带来了我行结构调整的机会。近年来，我国经济一直保持了较高的发展速度，有一个好的改善民生的经济环境。以企业产权制度和内部结构为主要内容的改革逐步深化，优胜劣汰的市场经济规律在调控经济发展中的特殊作用越来越突出。经济结构调整步伐加快、产业升级周期缩短、企业竞争明显加剧，这些市场经济的动态特征使得银行业选择和发展的空间进一步扩大。全社会贯彻落实科学发展观，势必对金融业的结构调整起到推动作用，此所谓机会难得。

3. 我行上市后，股东对于银行指标考核的转变，给结构调整创造了良好时机。建设银行上市后，正从过去传统单纯的考核规模、利润指标向效益质量综合性的考核指标转化，在治理结构、内部控制、决策流程、业务流程、队伍素质、风险管理能力等方面得到了很大提升，使我们有时间和精力来推动结构调整工作。同时，建设银行目前经营形势良好，完全有能力从现在开始，以“壮士断腕”的决心，不惜牺牲短期的一部分效益、利润，对信贷存量进行“清盘式”的梳理，并对各种信贷业务存量作彻底的结构调整，可以说是“恰逢其时”。

4. 与同业相比，建设银行在风险管理方面处于较为领先的位置，这也使我们有机会来进行结构调整工作。通过这两年狠抓风险管理制度、工具建设，优化流程，推进风险管理体制改革和机制创新，以及风险文化建设等工作，目前，我行已经初步建立了覆盖各类风险的识别、监控和管理的体系和对重大风险事项的实时处置和应对机制，形成了符合现代商业银行要求的全面风险管理框架，与同行业相比走在了前面，这也使我们能够腾出时间来解决其他同业目前尚没有时间来考虑解决的一些深层次的风险问题。

（三）切实做好结构调整工作

1. 运用好信贷准入退出政策、考核指标、审批与监控等结构调整的工具。2008 年，总行下发了《关于做好 2008 年信贷结构调整工作的通知》（建总发［2008］27 号），制定了更为严格的信贷结构调整政策，各行要运用好信贷准入退出政策、考核指标、审批与监控等结构调整的工具，贯彻落实好各项工作。一是在行业政策方面，加强行业研究，严格执行公司类客户准入退出标准和行业限额管理等，根据各分行所处区域的经济环境，明确信贷结构调整的主要方向，制定本行信贷退出政策和要求，实行差别化的信贷结构调整。二是要把好审批和监控两个关口，贯彻授信业务五项基本原则、审批标准、行业底线等有关要求，在信贷结构调整方面提前引导，做好基础设施、小企业信贷等我行重点发展的行业、产品的信贷指引，严格对退出行业的审批把关，优先支持总行重点及高信用等级客户的授信审批，要运用好内部评级系统、监测系统等工具，加强现场检查和日常监控。三是在考核指标方面，总行将在 2008 年 KPI 考核指标中设置信贷结构调整指标，用于考核结构调整工作效果，优化 EVA、经济资本考核机制，对需要退出的行业和客户，实际计量的经济资本占用将有所增加。各分行也应研究制定对所辖分、支行信贷结构调整工作的考核措施和利益补偿方案，严格奖惩。

2. 建立结构调整的组织管理体制。行政性的组织和推进也是一个结构调整的重要工具。综合管理部门和业务经营部门都要承担起结构调整的具体落实工作。加强领导，把结构调整作为常规日常化的管理工作。主体是公司业务部，公司业务部要按照信贷结构调整文件的规定和总行工作会议的要求进行落实，动态更新优先支持类客户和项目名单，确保结构调整政策及时得到优化，各分行的信贷结构调整方案要上报总行公司业务部审核确认后进行落实。公司业务部要建立结构调整的重点联系行制度，实施差别化的管理。集团部、机构部是业务的主管部门，要组织落实所辖的各项工作。监控部门要配合公司业务部门做好结构调整的监控工作，对结构调整的重点地带及时监控，发现并提出问题。

3. 解决处理好前台和后台、营销和审批、投放和质量之间的关系。首先，前台部门，包括直接经营的二级分支行，可能会从当前的短期利益出发，从营销的角度出发，产生一些偏离轨道的想法和行为，对于其中不合理的行为，审批部门要善于运用风险管理的工具，对具体项目和客户严格把关，把对当前短期利益、实际利益的追求放到长期的可持续发展的大利益下来作判断，处理好短期与长远利益、局部与整体利益、经营目标与合理结构之间的矛盾。其次，在信贷投放和质量方面，今年在结构调整中考虑的一个重要维度就是资产质量。明确不良率为5%～10%，以及不良率10%以上行业的非优质客户要坚决退出。总行有关部门要做具体的指导，解决好信贷结构调整中总原则和具体识别标准的关系。按照今年的信贷结构调整文件的有关规定，存量要退出涉及的贷款约1 500亿元，其中已经有很大一部分是不良资产，这1 500亿元如果分两年来退出，每年大概要退出700亿～800亿元，而我们实际每年营销以及审批的贷款约5 000亿元，实际投放的贷款约有3 500亿元。这说明替代性的市场资源绰绰有余，各行要想办法积极营销好的客户来替代退出的客户，不等不靠、克服困难，坚决按照总行确定的战略部署，执行总行信贷结构调整要求。

三、统筹兼顾，加大对煤、电、油、运等抗灾救灾后续工作必要的信贷支持力度

关于宏观调控和信贷投放进度，人民银行、银监会都提出了明确的要求。如果第一季度按照35%控制的话，我行的信贷投放增量大约是1 100亿元。从今年1月、2月的信贷投放情况来看，与同业其余四大银行相比，我行的信贷投放控制是比较严格的，较好地贯彻了宏观调控的要求。截至2008年1月末，我行各项贷款余额为31 322.6亿元，比年初新增577.4亿元。与去年同期相比，少增136.7亿元，占全年信贷新增计划的16.5%；2月末，我行各项贷款余额为31 773.4亿元，比年初新增1 028.3亿元。与去年同期相比，少增140.8亿元，占全年信贷新增计划的29.38%。

现在有一个新的因素需要各分行关注，今年的冰灾带来了一些突发性的信贷需求，具体表现在受灾地区煤、电、油、运等综合管理部门所在地有一些突发性的需求。在控制信贷投放进度的过程中，我们不能死板地看待这些突发性的信贷需求，要有维护社会政治经济运行稳定的大局意识。一方面要贯彻宏观调控、结构调整的要求，将灾后重建工作与结构调整有机结合起来；另一方面要加大对煤、电、油、运抗灾救灾后续工作必要的信贷支持力度，统筹考虑全年贷款投放节奏，适时调整贷款投放进度计划，加强灾后重建市场动态等风险管控，这也是国务院、人民银行和银监会的要求。

四、加强授权管理，审慎确定转授权幅度，公司类授权重心要适当上移

近几年，我们一直在强调公司业务经营重心、审批授权上移的问题，总行最近检查发现，有一些分行对转授权和再转授权的边界用到了最大量，简单地往下转，能转就转，这个做法虽然表面上不违规，但是不谨慎。公司类信贷授权不能随便转，转下去之后想实现结构调整是很难的，授权重心要上移。尤其是对于一些发生重大风险事项的、越权审批的、管理上没有根本改进的二级分支行必须要上收信贷审批权限。原则上，在上收权限的过程中，特别要注意上收授信的审批权限。当然，对于小企业、个贷等正在按照中心化经营模式进行调整的业务，配套的审批体制也要作调整，要用派出模式来解决审批效率问题。对于退出行业中确需维持或介入的重要客户，比如AAA级客户、总行级重点客户，也不是“一刀切”都不做了，但是要统一上收到总行和一级分行直接经营。大家要认识到，在这里特别强调公司业务经营重心和授权重心的上移，也是结构调整的需要。

五、要把控制资产质量持续向好，作为一个自觉的经营行为，不要留有余地

在资产质量问题上，首要的是要保持真实性。现在，银监会在监管的文件里面只是提到了要力争不良总体“双降”这么一个方向，没有硬性的规定。我认为，到今天为止，资产质量的向好、金融环境的改善，是我们可持续发展的基本道路，

是一个自觉的经营行为。但是，要区分情况进行差别化的管理，比如不良贷款率较高的总行信贷资产质量重点联系的分支行，必须要下大力气加大风险处置力度；不良率已经降低到一定水准的分支行，不可能客观上没有风险，要控制好不良的波动，在总体上要保持稳定；不良率已经很低的分支行，也要加强管理，不允许留空间、留余地。

目前 KPI 和 EVA 考核指标都已经与过去不同，考核指标、工资奖金都和资产质量有关系，像以前那种留余地的做法会影响自身的发展和收益。今年总行也不会搞基数法，所以，各行要抓住当前经济形势较好的有利时机，抓紧回收处置不良资产，不要留余地。我跟大家强调这个信号，就是希望大家一定要把资产质量的控制与改善作为一个自觉的经营行为，不要盲目留余地。

六、重点抓好结构调整、体制完善、压缩不良与案件防控等工作，切实加强全面风险管理

今年，风险部门要继续按照去年南宁风险管理工作会议的精神，结合年初总行工作会议的精神、目标和要求，贯彻落实安排好今年的工作。抓好风险管理工作的重点，即“结构调整、体制完善、压缩不良、控制案件”，切实加强全面风险管理基础建设。我要特别强调控制案件的问题，银监会今年对控制案件工作提出了明确的要求，案件数量要比去年下降 20%。去年我们通过采取一系列有效措施，案件数量比前年下降了 83%，从前年的 55 件下降到 18 件，按照银监会的要求，今年要控制在 15 件以内，这对我们这么大一个机构而言，任务相当艰巨。

在目前的状况下，我们通过改善管理、改造风险管理工具和方法，切实加强了对案件的防范和管控工作，要完成今年的案件管控任务还是有可能的，去年我行对案件管控的工作成效也证明了这个判断是正确的。纪检监察系统、保卫系统和风险系统为此都付出了很大的心血，今年还要继续抓好案件的防范管控工作。案件控制是一个全行性的工作，不仅仅是纪检监察部门的责任，风险部门也要积极配合。去年风险部门加强对操作风险的监控，组织了 13 个关键风险点检查，今年，根据检查落实情况和实际业务情况，关键风险点从 13 个调整到 8 个，实事求是地反映了目前存在的问题，要通过分析来解决这些问题。业务部门要主动地控制好这些风险点。对于操作风险的监控管理，风险部门有不可推卸的责任，要进一步加强案件防控工作，切实加强全面风险管理。

深入学习实践科学发展观
有效防范系统性风险
保障业务全面协调可持续发展

——在 2008 年全行风险管理工作会议上的讲话

朱小黄

（2008 年 8 月 28 日）

同志们：

2008 年全行风险管理工作会议是在深入学习实践科学发展观的大背景下召开的。会议的主要内容是以科学发展观为指导，进一步贯彻落实年初全行工作会议和春季行长座谈会会议精神，深入分析当前面临的风险形势，研究制定应对系统性风险的有效措施，做好下一阶段工作安排，保障全行业务全面协调可持续发展。我在这里先谈几点意见，供大家讨论，后面张建国行长还要作重要讲话。

一、深入学习实践科学发展观，全行风险管理工作取得显著成效

近年来，全行风险管理工作自觉贯彻落实科

学发展观，紧紧围绕科学发展这一主题，开展了卓有成效的探索和改革，资产质量持续改善、业务结构不断优化、操作风险事件数量持续下降、风险管理能力逐步提升，有力地保障了全行业务的全面协调可持续发展。概括起来，主要有以下几个方面：

第一，风险管理体制改革深入推进，体制价值值得充分肯定。在全行范围内初步形成了以垂直管理和平行作业为核心的风险管理组织体系，建立了“三道防线”，全面实施大中型公司类客户平行作业机制，充分发挥了前台业务部门在客户风险识别和控制中的“第一道防线”作用，加强全行风险条线与前台经营条线沟通交流，促进了前台、中台、后台统一的价值观的形成，业务发展与风险控制相互促进。市场风险管理的资源得到有效整合，管理体制进一步理顺。总的来说，风险管理的新体制焕发出了强大的生命力，体制改革的价值充分显现。

第二，风险管理紧贴市场和客户，较好地贯彻了边界管理的思想。根据市场环境和业务发展的需要，风险管理积极探索构筑合理的风险边界，使业务在边界内健康发展，风险管理的主动性和有效性显著增强。采用资产波动法计量经济资本，率先在国内金融同业推行行业限额管理，有效地支持了全行信贷结构调整，资产组合的风险管理水平不断提高。同时，制定了五项基本原则、行业审批指引和信贷政策底线，风险管理逐步回归科学、理性，边界管理得到了很好的体现。

第三，政策制度体系更加适应业务发展，统一的风险偏好得到了较好的体现。在统一的风险偏好指引下，风险政策的覆盖范围已从对公业务拓展到零售业务，从表内扩大到表外，从信用风险延伸到市场风险和操作风险。风险管理政策与业务发展目标、资本配置、激励机制等有机结合，统一的风险偏好得到了较好的体现和执行。同时，风险管理政策制度与流程和业务发展结合得更加紧密，积极进行重检和梳理，全面落实发展战略和风险回报要求。

第四，围绕客户和流程，风险监控不断创新管理模式。2007 年，授信业务风险监测系统（CRMS）开发并推广上线，实现了风险的及时预警提示，加大了政策执行情况监督力度，有效地推进了风险控制“关口前移”，授信业务风险的实时监测、及时处置、持续跟踪与整改机制不断健全完善。加强重点领域风险监控，包括“双十大”客户、重点联系二级行、重大风险事项监控处置等。建立基层机构关键风险点监控检查制度，认真梳理主要业务环节中的关键风险点，风险管理的有效性显著增强，有力地保证了全行资产质量不断提高。

第五，信贷审批质量与效率显著提高，有力地促进了业务健康发展。信贷审批在推进方案审批、健全审批制度、把好风险关口的同时，重点推动审批实现了“标准化、专业化、透明化、程序化”，信贷审批质量和效率显著提高，对市场的响应能力明显增强，对业务发展的服务与保障作用得到了很好的发挥。

第六，风险管理工具建设取得良好成效，价值创造效果显现。信用风险方面，积极探索压力测试方法和工作流程，将压力测试工作成果积极运用到业务决策中；客户评级、零售评分卡等风险计量技术的研发和推广运用取得了关键性进展，市场风险和操作风险的工具建设稳步推进。风险管理支持前台部门筛选客户、评价评估、合理定价、贷后管理等方面的能力快速提升，价值创造效果明显体现。

第七，完成新资本协议的总体规划并分步实施，积极促进战略转型和风险管理体系再造。通过认真研究新资本协议，分析我行实际情况，2007 年完成了《建设银行实施新资本协议总体规划》，在实施过程中注重与业务实践紧密结合，推进了风险管理模式由传统的“经验判断为主”发展到“经验和量化依据并重”的阶段，经济资本、风险限额以及评级技术成果不断在业务中加以运用，积极支持和促进了全行业务转型。

第八，全面风险管理的基础设施建设稳步推进。系统建设方面，内部评级系统开发和优化、数据管控机制的建设都取得了阶段性工作成果；人员队伍建设方面，通过加大风险管理条线培训与考核，条线人员的业务素质和职业操守不断提升，一批思想素质高、业务能力强、善于学习，不断进取的风险管理人员迅速成长起来，对全行业务的快速发展形成了强有力的支撑；风险文化建设方面，风险文化通过一些耳熟能详的关键词，逐步渗透到从领导层面到执行层面的重要环节，影响到员工的行为，全员风险意识逐步增强，成为建设银行持续健康发展的“软实力”和根基。可以说，过去的几年里，全行风险管理紧密结合业务发展战略目标，以实际行动自觉贯彻落实科学发展观，风险管理工作取得了令人满意的成绩，为全行科学发展作出了重要贡献。

同时，我们还要看到，当前国内外宏观经济形势发生了很大变化，不确定性在急剧增加，错综复杂的宏观风险因素交织在一起，加上我们的业务结构还不尽合理、内部管理基础应该说还很薄弱、风险管理能力还不能完全适应未来科学发展的需要，随时都有可能引发系统性风险，对建设银行整个经营体系造成了重大冲击。因此，我们要密切跟踪，深入分析当前可能引发系统性风险的各种风险因素，提前制定应对措施，针对自身内部管理薄弱环节，夯实内部基础管理，提高抵御系统性风险的管理能力，保障业务的全面协调可持续发展。这是我们这次开会要重点解决的问题，也是风险管理工作践行科学发展观的重要体现。

二、从防范系统性风险角度准确把握当前外部形势

（一）系统性风险是影响银行可持续发展的关键所在

科学发展观的基本要求是全面协调可持续。就商业银行来讲，最关键的是科学安排好自身的发展目标和业务结构，在可承受的风险范围内获取长期稳定的价值回报。换句话讲，也就是银行在其发展过程中要能够抵御各种风险因素，包括经济周期或重大突发事件的影响和冲击，实现资本或股东价值的持续稳定增长。在经济全球化程度日益加深、中国参与国际分工的范围日益扩大、世界主要经济体的兴衰相互影响的今天，中国银行业面临的风险因素更加错综复杂，不确定性日益加剧，有效防范和应对系统性风险已成当务之急。

回顾一下西方银行业近百年的发展史，我们不难看到，有些银行辉煌一时，但转瞬即逝；有些银行曾经也是“百年老店”，但最终因为个别风险事件轰然倒下；还有些银行历经风雨，依然屹立不倒，并且焕发出强大生命力，成为令客户和同业尊重的“常青树”。我认为，这类银行的成功之道，就在于它们追求的不是一时的繁荣，而是长期稳定的发展，因此能够历经经济周期波动，实现持续盈利和稳健的发展。这就告诉我们，一家银行要能够在纷繁复杂的市场环境中站稳脚跟，并在激烈的同业竞争中脱颖而出，最关键的是能够有效抵御各种外部风险对银行体系造成的冲击，成功避免经营的大起大落，最终实现银行价值的持续稳定增长。

那么，各种风险是如何影响到银行的可持续发展的呢？我们来分析一下。就信用风险而言，一个客户的违约，其影响可能局限于一个点，一批客户的违约可能会影响到一个行业或一个区域的资产组合质量，但不足以威胁到一家银行的生存，银行也可以通过内部管理措施或提取拨备来冲抵这些影响。但值得注意的是，如果怠于管理，这种风险就会逐渐积累，形成大范围、大面积的不良资产，对银行的生存发展造成巨大威胁。20世纪末，我国国有商业银行的不良资产平均在20%以上，若不是政府施以援手进行两次大的政策性剥离和注资，应该说在技术层面上早就处于“破产”的状态了。再看市场风险。市场风险在近几年才被频繁提及，大家对它的熟悉程度可能不及信用风险。它的一个显著的特点是外生性，即主要由利率及汇率政策的调整、股市及大宗商品价格的变化带来对银行的直接冲击或间接影响。尤其近几年金融衍生工具的推出和运用，使其在成为避险工具的同时，由于投机心理和操作的不规范性使风险出现的概率大大增加，破坏作用更具“杀伤力”。与信用风险相比，市场风险的爆发更加突然，市场价格波动直接体现为损失，能量的积聚在瞬间爆发，犹如经济链条上的一个个链接点出了问题，一旦点燃便会产生“多米诺骨牌效应”，不断向周围传递和蔓延，波及面及影响程度都会很深，很容易形成大的系统性风险，对银行的破坏是巨大的。操作风险的情况又不相同，除了外部事件外，这类风险的内生性特点较为突出。如果银行内控出了问题，其关键制度、流程或系统存在缺陷，一旦被内部人员恶意利用，就有可能引发系统性风险。而且这种风险很容易同其他风险尤其是市场风险交织在一起，对银行造成致命的打击。如历史上巴林银行的倒闭以及今年法国兴业银行的内部欺诈造成的巨额损失事件都典型地说明了这一点。所以说，尽管上述风险作用的形式、特点各不相同，但有一点是共同的，就是我们首先要紧密跟踪那些最有可能引发系统性风险的外部风险因素，提早应对，否则这些因素很可能在某个时点集中爆发，对银行的运营体系构成重大威胁。

（二）准确把握当前外部经济形势

引发系统性风险的一个重要因素就是银行外部宏观形势的变化，这是银行不能控制和影响的，但是我们要重点跟踪、观察和研究。

1. 经济走势。经济走势的变化对银行的影响是非常重大的，甚至是决定性的影响。一方面，要关注经济下滑的可能性。今年以来，宏观经济运行出现了明显的变化。根据最新公布的数据，GDP 增速已经从第一季度的 10.6%，下降到第二季度的 10.1%，其中 6 月的增速是 10.01%，与去年同期相比，回落了 1 个多百分点。对于这样一个变化，是表明经济增长速度回调到了一个正常合理的区间，还是由此开始进入了下行通道，目前还很难判断。另一方面，还要关注物价上涨压力。从 2007 年 3 月起，CPI 涨幅连续攀升。2008 年 5 月开始逐步回落至 7 月底为 6.3%。但这主要得益于物价基期因素减弱和行政性价格管制，物价上涨压力并没有得到有效缓解。工业品出厂价格 PPI 加速上涨至 7 月底的 10%，创 12 年以来的新高，货币投放的压力、进口初级产品价格上涨、国内资源性产品价格改革因素都将对 CPI 形成进一步上涨的压力。以石油为例，虽然原油价格较高位有所回落，但对 CPI 的影响依然很大。据中金公司估计，原油价格每上涨 10 美元，我国 CPI 将上升 0.4 个百分点。

与此同时，我们还要充分估计国际金融市场动荡、贸易保护主义抬头对我国经济平稳较快发展、抑制通货膨胀所带来的困难，充分估计经济下行和通货膨胀抬头出现叠加的可能，对“滞胀”风险保持高度警惕。

2. 宏观调控政策。经济形势的多变，会带来各项宏观调控政策的相应调整，因此要密切关注宏观调控重点、力度和时机的变化。

首先，要关注货币政策。2007 年至今，存款准备金率已历经 15 次上调，达到 17.5% 的历史高位，目前则更多地采用发行中央银行票据的方式回收银行体系流动性。信贷规模控制有所放松，增加了中小企业信贷规模。可以说，货币政策从紧的基调没有改变，但政策手段的灵活性将适度增强。其次，要关注监管政策。近年来银行产品创新力度不断加大，业务结构得到优化，风险转移能力有所增强。但有些“创新”通过表内业务表外化来规避信贷控制，它们并未减少风险，反而扩大了风险敞口。如果监管部门调整对此类“创新”的监管政策，很可能对目前开展的业务带来政策性风险。再次，要关注产业政策。目前，落后生产能力淘汰成为产业结构调整的重点，新开工项目准入管理更加严格，在建项目合规的检查力度不断加大。有关部门正抓紧制定技术标准，细化相关政策，提高“节能减排”的可操作性。这些将有利于落后生产能力退出，加快部分行业的企业分化，也会对银行信贷结构调整提出新的要求。银行在进行市场营销和信贷审批时要密切关注这些政策，特别是监管政策和产业政策的变化以及对银行经营管理活动的影响。

3. 房地产市场。房地产行业是国民经济的支柱产业，这一市场的变化关系到国计民生。2007 年第四季度，国家加大了房地产市场调控力度，调控成效开始显现。不少城市频频出现土地“流拍”、“底价成交”甚至“退地”现象。从宏观调控的政策看，未来国家对房地产市场调控的态度是比较明确的，管理力度还会不断加强。从市场供需来看，2008 年上半年，全国完成房地产开发投资同比增长 33.5%，较上年同期提高 5 个百分点；房屋竣工面积同比增加 13.8%，较上年同期提高 2.7 个百分点；但商品房销售面积同比下降 7.2%。这组数据说明房地产市场的供给能力还在增加，但市场观望情绪浓厚，部分地区房屋交易量出现显著下降，供需之间的不平衡对房价的未来走势将构成较大压力。因此，无论是从国家宏观调控政策来看，还是从市场的供需平衡来看，房地产市场出现变化的可能性还是比较大的。

目前，房地产开发企业资金回笼较慢、融资难度加大、资金成本上升。部分企业为缓解资金压力，采取了“假个贷”、“假首付”、“假房价”等违规方式套取银行资金。一些城市因房价下跌引发违约甚至“断供”案例明显增加。房地产贷款在银行业资产组合中的比重较高，而且据银监会调查显示，目前主要银行业中很多房地产开发贷款和个人住房贷款是在 2007 年房价处于高位时发放的。这一资产组合的风险状况比较令人担忧。我行的良好个人贷款拖欠虽然近期有所回落，但其中的风险依然不能忽视。有些同志认为目前个人按揭贷款首付比例较高，抵押物足值，应该不会出现大的问题，但是一旦系统性风险来临，房价下跌，交易市场低迷，客户还款意愿下降，这些抵押担保等风险缓释措施可能就失去作用了。按照最近的压力测试结果，如果利率不发生变化，在房价下降30%的压力情景下，个人住房贷款不良率将上升1.36个百分点。

4. 国际国内金融市场。金融作为经济运行的核心和命脉，它的发展趋势直接关系到银行体系的安全性。

首先，要关注资本市场。2007年第四季度以来，资本市场持续低迷，上证指数从6 214点回调，目前已经跌破2 300点，大约60%的市值蒸发。2007年国有工业企业近50%的利润来自资本市场，股市下跌导致上市公司投资收益大幅缩水，现金筹集能力削弱，上市公司不少企业资金紧张、财务状况恶化、偿债能力下降。从个人情况看，2007年，不少客户贷款炒股、押房炒股，股市大幅下调使得其资产严重缩水，可能引发道德风险和信用风险。张建国行长多次强调要严防信贷资金违规进入股市，我们在这方面提前制定了一些风险防范措施，主动应对，下一步还要继续密切关注这类风险状况的变化。

其次，要关注利率和汇率波动。从汇率来看，自我国汇率体制改革以来，人民币兑美元一直处于单边升值的态势，但是从上个月开始，人民币升值预期明显下降。另外，随着时间的推移，汇率波幅也不断加大，美元兑其他外币也呈现出错综复杂的波动态势。从利率来看，为应对次贷危机，美国等国家多次降息，目前美国利率水平处于相对低位，但国内通货膨胀高企，又使其存在加息压力。另外，全球经济出现衰退迹象，投资者信心不足，导致美元、欧元等利率大幅波动，使得国内金融机构和企业面临的市场风险加剧。

再次，要关注国际金融市场。美国次贷危机影响实体经济，房地产市场低迷。与此同时，房地产按揭贷款违约率不断上升，由次级按揭贷款向优质按揭贷款蔓延。2008年7月，美国第二大房屋信贷银行——印第麦克银行（IndyMac）被联邦存款保险公司接管。随后，美国最大的两家房贷机构——房利美和房地美也陷入了困境，它们共持有或担保着5.2万亿美元的房屋按揭贷款，大约占美国全部房屋按揭贷款的一半。我国金融机构也持有相当部分美国金融债和“两房”债券，对美国房地产信贷风险转化为美元债券的市场风险要高度关注。

（三）综合影响

上述外部因素及其变化综合考验着我行的资产质量、盈利能力和风险管理能力。

1. 对资产质量的影响。近些年，特别是股改上市后我行的资产质量稳步提升，但是还没有经历过一个完整经济周期的考验。一旦经济周期进入下行阶段，经济增速放缓、股市低迷、房地产市场和出口形势严峻，再加上自然灾害等突发事件的发生，这些交织在一起的因素到底会对我行的资产质量产生多大影响，需要我们分别进行研究。如出口形势的影响，我行出口相关行业贷款占比近3%，估计影响不会太大；但是房地产行业占比近20%，房地产市场的变化对全行的影响可能就比较大，需要我们作出认真的评估、分析和判断。

2. 对盈利能力的影响。经济下行可能引起不良贷款增加，由此带来的拨备上升肯定会对我行盈利有所影响。此外，受股市下滑影响，大量资金回流银行，存款呈现明显的定期化趋势。据人民银行数据分析，在今年前7个月新增企业存款和居民储蓄中，企业定期存款和居民定期储蓄占75.7%，较上年同期上升41.6个百分点，中央银行加息对银行付息成本的不利影响开始集中体现。同时，目前银行的净利差可能已经到达历史高位。如果银行资金筹集成本继续上升，接近甚至超过国债或中央银行票据的票面收益率，那就会出现“利率倒挂”的情况，在账面上表现为投资亏损，对银行盈利将造成严重冲击。这一现象必须引起我们高度的关注。

3. 对风险管理能力的考验。最能检验一个金融机构风险管理成效的标准就是看它在经济波动乃至经济周期下行阶段的表现。近几年，尽管我们在这方面开展了积极的研究和探索，在风险政策研究、信贷结构调整、风险计量和预警、行业风险限额管理、宏观经济压力测试等方面取得了一些进展，但是总体来看，对宏观经济波动和系统性风险的研究、分析、应对能力还比较薄弱，人才储备也严重不足。

为什么要花时间讲这么多外部因素呢？因为过去我们一直处在经济高速增长的环境中，有很多风险和问题被暂时掩盖住了，对系统性风险的认识普遍不足，研究也很不够。但是，现在情况发生了变化，一旦这些外部风险因素引发系统性风险，经济形势发生了逆转，我们如何应对？“靠天吃饭”恐怕是不行的，必须要靠我们自身的努力才能“安全过冬”。举个例子可以很形象地说明这个问题。一场流行病的蔓延，作为我们个体是无法控制的，但如果我们平时注意锻炼、加强防护，不断提高自身的免疫力和抵抗力，这种有巨大危害性的疾病很有可能不会影响到健康的个体。所以，应对系统性风险的根本之策，在于增进对外部经济金融形势敏感性的同时，清晰认识到内部管理中存在的薄弱环节和主要问题，练好“内功”，以不断提升的风险管理能力，保障业务的全面、协调、可持续发展。

目前，我想还是要重点抓好几项工作。一是抓结构调整，熨平经济周期波动风险，增强抵御系统性风险的能力；二是以贷后管理为重点，抓基础管理，提升风险管理能力，解决风险积累引发的系统性风险问题；三是抓新资本协议推进和风险计量工作，促进风险管理体系再造，有效地支持建设银行战略转型和科学发展。

三、加强风险分析研究，以结构调整为工具，积极应对系统性风险

（一）密切跟踪，加强风险分析研究，支持结构调整持续深化

当前极其复杂的风险环境，迫切需要全行加强风险分析，积极研究对策。风险分析要紧紧围绕结构调整，密切跟踪宏观经济中可能诱发系统性风险的关键性因素的变化，如宏观经济走势、政策法规变化、产业结构调整、环保和节能减排、资产价格波动等。张建国行长十分重视这项工作，要求我们多进行一些区域或行业的综合性研究，提供更多的宏观层面的决策依据。最近，风险管理部确定了15个研究课题，包括通货膨胀、农产品、节能减排、石油、股市、汇率、利率、债券、地方财政、铁矿石等基础原材料、煤炭、进出口、房地产、结构调整以及次贷危机。授信管理部也集中力量对房地产行业、以纺织为代表的出口行业以及成本上升（如化纤）等行业进行了深入研究。这些研究都是为了解决系统性或板块上的问题，而不是具体个案问题，目的就是要指导我们防范系统性风险，适应未来的形势。在这里，我也希望总行各部门及分行的领导和人员都能够重视系统性风险的研究工作，争取尽快拿出成果，提升全行对系统性风险的前瞻性和分析判断能力。

（二）推进压力测试，及时制订各种应对预案

今年以来，我们分别从总行和分行两个层面同时推动压力测试工作。总行层面，已经完成了个人住房抵押贷款、房地产开发贷款和宏观经济的压力测试。下一步还计划通过加强与高校合作，集中总行与分行专业团队，初步建立工作程序，年底前完成整体压力测试方案。分行层面，大部分分行已经制订了压力测试方案，还需加快压力测试进度，争取9月底初步完成工作任务。我想特别强调的是，压力测试既是国际先进银行普遍采用的风险管理工具，也是防范系统性风险有效的手段。最近两年，我行不断改进压力测试方法和技术，积累了不少经验，多项压力测试成果都得到了银监会领导的肯定，现在关键是要把压力测试的经验和成果运用到系统性风险的防范过程中。下一步，总行将组织专家对分行压力测试情况进行评价、研讨和完善，争取明年初在应用上取得进展。分行要按照总行的统一部署，保质、保量完成压力测试任务。如果遇到技术上的难题，总行风险部要及时提供技术支持和帮助，共同协作，把这件事情做好。

（三）下一步结构调整具体安排

1. 结构调整的进展情况。截至7月末，公司类退出贷款客户退出进度比较理想，贷款余额比年初减少344.1亿元，退出计划完成率达64.93%；不良率高于10%及不良率为5%～10%的行业贷款余额明显下降，分别比年初减少263.75亿元和115.74亿元，其中，对于要实施战略退出的行业、低信用等级客户贷款余额比年初分别减少211.06亿元和19.33亿元。从分行来看，深圳、海南、青海、宁波、陕西、上海、新疆等分行结构调整进展比较好，已经完成了全年退出任务的80%以上，大连、内蒙古、西藏等分行结构调整进展比较缓慢，全年任务完成还不足30%，希望这些分行能够引起警惕、端正态度、认真对待，加快退出进度。总体来看，在全行的共同努力下，贷款的行业结构、客户结构都在逐步优化。这些成果来之不易，更应珍惜、巩固和进一步扩大。

2. 结构调整存在的主要问题。从年初以来全行结构调整情况来看，还存在一些问题，主要表现在：一是少数分支机构对结构调整政策执行不力。在未经总行核准的情况下，对于实施战略退出的客户，或者贷款限额预警行业审批新发放贷款。二是退出贷款客户压缩进度的行际差异较大，部分分行退出进度迟缓。截至7月末，有22个分行退出计划完成率低于全行平均水平（64.93%）。三是部分分行执行贷款限额管理政

策不力，对于贷款余额已经占贷款限额80%的行业，或已经出现限额预警信号的行业，有的分行没有严格控制，导致7月底公共设施管理业等五个行业门类出现红色预警，金属制品业等三个行业门类出现橙色预警。

3. 下一步结构调整方向。考虑到目前的宏观经济走势，结构调整这项工作刻不容缓，越快越好。结构调整就是要“有保有压”，对于“压”什么，大家都比较清楚了，我这里重点讲一下要“保”什么，或者说重点要进入哪些行业。一是进一步拓展盈利能力强、行业龙头的大型集团企业和公司客户，世界500强跨国企业集团及其在华投资企业，中国百强企业和国内绩优上市公司。加大力度营销政府机构客户、优质事业法人客户和优质金融机构客户。二是继续稳固基本建设融资主力银行地位，以“十一五”规划的重点项目为主，大力支持能源、交通等基础产业、基础设施和支柱产业中的优质项目。三是优先支持发展核电、大型水电、60万千瓦以上的火电及风电项目；优先支持铁路、港口、高等级公路、民航等重点项目；优先支持纳入规划的石油、石化和煤炭行业的大型项目；优先支持规范运作的城市基础设施项目。四是积极发展贸易融资、银团贷款和信贷替代类的创新性业务；加大对第三产业特别是文教卫生、出版、广播电视等方面的金融投入和服务。积极支持具有竞争优势产业集群化的小企业，市场定位明确、科技含量高的成长型小企业，扶持优质民营小企业，重点关注与大企业集团有密切上下游产业链关系、市场销售确定、现金流量稳定的小企业。五是有选择地支持制造业中符合产业发展趋势、应用先进技术、环保、节能、高效的装备制造业项目。总之，谈到“保”的问题是比较复杂的，需要根据实际情况不断研究和调整，但核心的一点是要对客户的风险有科学、准确的评估和安排。

4. 结构调整策略。结构调整是要讲究策略的。目前结构调整的工具很丰富，如风险限额、经济资本、贷款定价、信贷审批、名单制管理和授权等。大家要善于运用，有一些是针对增量方面的，确保增量的结构符合我们的要求，但是在解决存量结构的不合理以及潜在的风险方面，还是要综合运用这些工具加大行业退出力度，这是结构调整的核心目标。

这里我想再着重谈谈赤道原则的有关问题。去年以来我们在赤道原则的实证性研究方面做了大量工作，为日后的进一步推进奠定了良好基础。现在要加快赤道原则实施准备，争取早日成为赤道银行。为什么这么讲？从战略层面看，实施赤道原则有助于信贷安全，有助于推进全面风险管理，有助于实施“走出去”的国际化战略，有助于赢得投资者和社会公众的理解和信任，有助于履行大型银行的社会责任。从现实情况看，环境风险已成为我们面临的重要风险之一，若不主动应对将会陷入被动：一是下半年可能进行的资源价格调整将会使部分高耗能、高污染企业陷入困境，银行对这类企业必须高度警惕并采取措施；二是北京环境交易所和上海能源环境交易所的设立，标志着国家未来将以市场化方式推行节能减排，对于银行来讲又意味着机会；三是新的环境管理标准的陆续出台，将会增加相关企业的生产成本，从而影响其偿债能力。因此，我们要清醒地认识到面临的压力和可能的机遇，加快推进赤道原则实施的相关工作。在推进过程中，要深刻认识到履行赤道原则的各项承诺对于我们这样一个中长期信贷业务占很大比重的大型商业银行来说，可能面临更加复杂的形势，产生的影响也是很大的，因此，整个实施工作必须要经过严密的分析和论证。总行层面要加快赤道原则相关文件的准备，加快对我行业务影响范围的调查和有关环保标准国内外差异的分析研究，加强同国际金融公司、国内环保机构、银行监管机构及非政府组织（NGO）的沟通与配合；各分行也要积极配合总行的工作，并做好推进赤道原则的相关准备。下半年总行可能会选择部分分行进行试点，希望这些分行给予积极配合。

四、以贷后管理为重点，强化内部管理，逐步消化或缓释系统性风险

（一）内部管理存在的主要问题

最近的审计及监管检查表明，我行内部管理还存在诸多不容忽视的问题和薄弱环节，经过系统梳理和归纳，主要反映在以下几个方面。

1. 贷后管理薄弱。贷后管理薄弱问题可以说是中国金融界的一个共性问题。根据我行日常管理以及审计结果，在整个信贷流程中，有近50%的问题出在贷后管理环节。究其根源，除了认识层面的原因外，我想贷后管理的机制、方法和手段的不健全恐怕是贷后管理薄弱的深层次原因。

第一，贷后管理考核、激励相对不足，维护存量客户的激励机制相对弱化。相应地，从事贷后管理的专门岗位人员也明显不够，和庞大的存量资产不相匹配。目前我们增量和存量大概是1∶10的关系，在资源的安排上，大量的人力、物力和财力基本上是围绕着这个“1”做文章，对全行3万多亿元的存量资产管理不够，而这部分存量资产恰恰是我们利息收入的主要来源，是客户关系维护的重要基础，也是挖掘新的贷款需求和机会的源泉。第二，缺乏有效的贷后管理工具，贷后管理系统化、自动化处理水平低，造成贷后管理效率低下，效果不佳。第三，贷后管理的制度基础没跟上，相关办法和制度相对落后，无法满足信贷业务发展和风险控制的需要。第四，贷后管理培训不足，影响了贷后管理的工作效果。如果我们不从思想上真正重视贷后管理，不从体制上采取措施有效地解决贷后管理中的问题，日积月累就会酿成巨大隐患，银行的可持续发展就失去了根基、失去了保障。

2. 表外业务的风险需引起关注。近年来，表外业务发展迅速，产品创新力度不断加大，但内部管理没能及时跟上，存在的风险隐患需引起重视。一是受信贷规模控制影响，表内业务风险出现向表外转移的苗头，特别是我行承担一定风险的表外担保类融资业务，增速比较快。二是与表内业务相比，我行表外业务配套管理制度和风险监测体系还不健全，风险管理一直比较薄弱。三是受各种因素的影响，出口型企业风险增大，信用证垫款风险不容忽视。四是表外业务风险已经引起了监管当局的重视，上半年开展了理财产品的检查和调研，叫停了各类理财产品担保业务，不排除还会出台一些限制性政策。

3. 授信流程控制存在薄弱环节。重组改制以来，全行进一步加强了授信业务风险内控管理，信贷资产质量持续稳步向好。但由于种种原因，我行信贷经营管理中仍然存在薄弱环节。一是部分分行合规经营意识淡薄。外部审计发现我行房地产贷款违规操作问题比较突出，包括违规发放土地储备贷款、向政府部门融资平台违规发放贷款、在房地产科目外向不具备条件的房地产开发商发放贷款、向一些地方政府违规以低密度住宅名义审批的别墅类建设项目发放贷款等，还存在个别分行向未核准固定资产项目发放周转贷款的问题。二是授信流程风险内控管理仍未到位。如银监会2007年检查发现，我行信贷管理中存在违规办理信贷业务、越权或逆程序办理授信业务等问题。上半年授信业务风险监测系统（CRMS）也发现了这类情况。三是抵押担保问题仍未得到根治。2007年房屋和土地使用权抵押贷款风险排查结果显示，全行未取得真实有效的房屋或土地权证、未缴清土地出让金及相关税费、抵押物不属于法律认可范围的问题、抵押物灭失或抵押人擅自处置抵押物等问题仍然存在。四是集团客户暴露的风险比较突出。上半年集团客户重大风险事件已形成不良贷款24.56亿元，且处置难度相对较大，风险亟待关注。五是个人客户贷款关键环节风险控制较为薄弱。上半年个人客户重大信用风险事项涉及贷款余额5.76亿元（其中“假个贷”余额为5.1亿元），不良贷款余额为5.21亿元，反映出未严格执行面谈、面签制度以落实借款人购房的真实性，未定期对合作开发商和项目进行现场回访与检查，对可疑按揭贷款项目没有及早发现并排除风险隐患等问题。

4. 市场风险的新情况值得关注。这突出表现在代客业务上。表面上看起来，代客业务大部分都会背对背平盘，银行不直接承担市场风险，但这里恰恰存在着我们一直在强调的系统性风险——一旦市场发生逆转，客户出现亏损，很可能违约，这样就容易由市场风险引发信用风险。在银行流动性过剩和贷款规模增长受限，国内企业规避市场风险、提高资产收益的需求日益增加的情况下，我行代客衍生交易量增长很快，市场风险在不断加大，这对我行的市场风险研究分析能力、判断能力和事前防范能力都提出了更高的要求。

5. 操作风险管理要特别关注低频率高损失事件可能引发的系统性风险。今年上半年，我国连续发生了几次影响范围广泛的自然灾害，包括雪灾、四川地震、洪灾事件，这些灾害不但给我行造成了直接经济损失，也影响到我行部分机构日常业务的正常运行和重要客户的资产质量，带来了大量间接损失。此外，信息系统故障也是突发性事件另一个重要的风险源，银行对于信息系统的高度依赖和数据大集中，都使这类事件的影响范围和严重程度大大升级，对此必须有足够的应对措施和应急预案。

（二）加强内部管理的主要工作安排

1. 着重解决贷后管理薄弱问题。近日，总行制定下发了《关于进一步加强贷后管理工作的指导意见》（以下简称《指导意见》），公司业务部门也启动了对公信贷业务贷后管理风险评估与流程优化项目，其他相关部门也开始积极行动起来。对如何加强贷后管理问题，我着重强调几点：第一，贷后管理既不是哪一个人的事情，也不是哪一个部门的事情，业务条线、风险条线、保全条线、审计条线以及法律合规条线都要积极参与到贷后管理实践中，切实履行岗位职责，发挥积极作用。第二，《指导意见》是全行贷后管理的纲领性要求，总行相关部门尤其是授信管理部、公司业务部、个人业务部以及分行还要结合各自业务特点再进一步细化。这是下一阶段全行推进贷后管理的重点工作，风险管理部门要注意做好指导。第三，加快贷后管理工具和技术开发，使贷后管理逐步从依靠"人控"向依靠"人控"和"机控"并重转变。以个贷业务为例，如果不借助个贷管理信息系统，仅仅依靠现有的人手，我们是不可能管理好规模如此庞大的个贷业务的，更不能实现管理的精细化。公司业务也面临同样的问题。因此，各部门、各层级都要加快贷后管理工具和技术的研发，从长期来看，这将是影响全行贷后管理水平的最关键的因素。第四，建立合理的贷后管理激励机制。下一步，各部门、各分行都要尽快制定明确的贷后管理考评办法，建立激励约束机制。在这个问题上，各分行差异都很大，分行不要等总行的政策，能早动手的，要尽快行动。此外，贷后管理也不是单纯为了解决管理薄弱的问题，在这个过程中还能够通过比较客户的风险度和成长性，推动客户结构调整，还能够挖掘客户潜在的业务需求，创造业务发展机会，推动公私业务联动和中间业务收入稳步提高，可以说是一举多得。希望大家能够认识到位、行动到位、落实到位。

2. 全力以赴控制不良贷款反弹。上半年，我行不良贷款控制取得的效果很不错，但从下半年预测情况看，资产质量压力还是很大。一是上半年正常关注类贷款中逾期欠息贷款比年初增加188.24亿元，使下半年贷款质量面临着更大的压力。二是如果不采取有效的控制措施，下半年不良贷款很可能会出现反弹。按照去年同期不良贷款生成率测算，今年下半年将暴露不良贷款171.69亿元，而根据资产保全计划及上半年完成情况，下半年的不良贷款处置额大约为135.57亿元（包括证券化处置70亿元），不良贷款暴露的金额大于处置金额。

与同业相比，我行资产质量优势在缩小。以工商银行为例，我行对工商银行不良率优势也相应由2007年初的0.5个百分点缩小至2008年6月末的0.2个百分点。据了解，今年工商银行全力加大核销呆账等不良贷款处置力度，如果我们不进一步加快处置，我行在下半年很可能会丧失资产质量领先优势。

因此，全行要充分重视不良资产反弹压力和同业竞争压力，争取超额完成资产保全工作计划，不仅仅要实现"双降"，还要能够保持同业领先地位。下一步，各行要在控制好不良贷款新暴露的同时，加大不良贷款回收、盘活力度，要利用好新的核销政策加快核销，本着"成熟一个，上报一个"的原则及时申报。同时，要做好第二批不良资产证券化项目储备，加快第二批证券化进度，拓宽不良贷款处置渠道。

3. 控制表外业务风险。下一步，总行层面，各业务部门要进一步梳理整合各类表外业务品种的业务流程、操作规程，完善规章制度；风险部门要进一步细化政策底线，加强风险监控力度，做好风险提示。分行层面，各行要密切关注出口型行业等重点领域的风险监测和预警，加强对客户财务报表的审核与分析，提高表外风险管理能力；对信托理财产品要落实专人跟踪管理，做好对企业还款能力的分析、评估，制订切实可行的兑付方案，如果发现客户出现不能按期偿还信托理财资金的"苗头"，要及时制订预案，落实应对措施。我也提醒分行，要更多地创新不需要我行承担风险的表外业务，在增加中间业务收入的同时不扩大甚至减小风险敞口，这样的创新是值得鼓励的。

4. 继续强化授信管理。全行要把授信业务风险当做当前管理的重点，有效避免其风险由单个向局部、再由局部向全局蔓延，最终酿成系统性风险。一是要认真落实"第一道防线"的风险管控责任，前移风险管理关口，在客户营销和授信方案谈判中落实风险与回报管理。各行要根据大中型公司客户经营重心上移的实际情况，严格按总行有关规定确定信贷经营主责任人，合理配备客户经理和平行作业风险经理，提高授信方案质量。二是要严格执行总行信贷政策和信贷审批程序与权限，严把审批关口，提高审批质量和效率。

各级信贷审批部门要严格按照总行规定的信贷审批权限和程序受理审批信贷业务，令行禁止、合规审批、尽职尽责。同时，要加强前台、后台之间的沟通与联动，在控制风险的前提下，积极帮助拓展并维护好重点、优质客户关系，促进全行信贷业务持续健康发展。三是要加强作业监控和业务督察，强化执行力。各行要落实专门岗位人员，加强对授信业务关键环节操作风险监控检查，严格按规定落实贷款条件，严禁未落实贷款条件就发放贷款。四是要加强对客户的统一授信管理，防范集团客户多头授信风险。有的分行出于自身利益而规避统一授信控制，大的集团客户也希望以此继续保持与银行间的信息不对称，这是很危险的。各行要认真执行“先评级、后授信、再使用”的公司类客户授信审批流程，严格按照有关规定要求加强对客户的统一授信管理，要认真吸取“德隆系”、“虹仪系”“泰跃系”、“华尔森系”等企业集团授信管理上的教训，切实防范集团客户风险。五是要加强押品管理。研究制定统一的押品管理制度，建立押品管理系统，规范和加强抵质押的准入、评估、监测以及日常管理。六是进一步完善政策制度。尽快完成节能减排授信管理工作方案、额度授信管理办法、受灾地区信贷政策和表外业务风险管控方案。

5. 充分重视代客理财业务和衍生产品风险控制。全行要把这一问题上升到有效防范市场风险引发系统性风险的层面去认识，并采取有力措施。总行层面，要定期对衍生产品交易业务的管理规定进行重检、加大市值重估频率、细化交易担保比例、审慎规定交易担保要求。同时要尽快健全、完善市场风险管理政策制度，包括制定交易账户与银行账户的划分办法，规范市场风险计量、资本管理、模型验证与压力测试的相关制度，完善债券投资减值损失的测算方法，修订债券投资减值准备计提暂行办法等。分行层面，一是要严格落实额度授信管理要求。在额度申请和审批时，要针对有需求的客户，分割出适量的资金交易额度；在办理业务时，要严格执行额度支用的规定，必须占用相应的资金交易额度，并落实担保措施和保证金。二是要加强持续跟踪和风险监控。预见到风险或者出现风险时，要能够及时报告、及时应对。要及时对代客业务进行市值重估，在市场出现剧烈变化时，更要及时重估市值，督促客户增加担保或者补充保证金。三是要加强客户准入管理和过程管理。风险条线要从代客业务的准入阶段开始，参与到市场风险管理的全过程中，要认真识别、梳理、评估本行存在的市场风险。四是要向客户充分提示风险。五是要保证人力资源，要配备专门的岗位，培养专业人才。

6. 操作风险着重抓“两头”，加快系统和工具基础建设。全行操作风险管理的“三道防线”虽已初步建立，但各防线独立的管理效能和“三道防线”之间的管理合力尚未得到有效发挥。各层级和各条线对操作风险管理重点和关键环节的把握仍有待明确和细化。一是要进一步加强业务持续性管理，进一步规范应急管理、危机管理的标准及相应流程，严格防范“低频率、高损失”事件可能对银行体系带来的冲击。二是全面推进操作风险自评估，深化关键风险点检查，特别要注意加强对资金交易等关键业务、关键流程、关键风险点的识别评估，完善制度流程，杜绝恶性案件的发生。三是积极推动操作风险管理基础工具、系统建设，在完善自评估、关键风险指标和损失数据三大工具的基础上，设计符合建设银行操作风险管理需要的系统架构和功能，搭建起全行操作风险的管控平台和信息报告平台。

五、扎实推进新资本协议实施，实现风险管理体系再造

2007 年 2 月，中国银监会发布《中国银行业实施新资本协议指导意见》，明确提出了实施新资本协议时间表。2008 年 7 月，刘明康主席主持召开“实施新资本协议高层指导委员会”第一次会议，张建国行长参加了会议。会议再次明确了实施新资本协议的目标要求，审议了即将发布的第一批指引。推进实施新资本协议已经成为一项艰巨而紧迫的重大部署，2008 年和 2009 年必须完成申请实施的准备工作，时间很紧、任务很重、头绪很多、要求很高，因此今天在这里，我想再着重谈一下这个问题。

（一）实施新资本协议必须坚持支持业务应用的指导思想

尽管实施新资本协议是一个监管要求，但我们近几年来的工作都坚持把业务应用放在突出位置。在工作安排上，优先选择业务发展迫切需要的公司类客户评级、个人信贷业务评分等作为重点工作，并将阶段性成果及时应用于业务实践，取得了良好效果。比如通过建立公司类客户的评

级体系，支持了我行公司业务的客户评价和信贷审批，并为行业风险限额、经济资本分配等工作奠定了基础。个人信贷业务评分卡的引入，大幅节省了人力资源，平均可以代替50%左右的人工工作量，流程效率大幅提高。特别是信用卡行为评分卡上线以后，客户申请信用卡额度调整所需的时间从原来的2～3个工作日缩短到几分钟，经调查，客户满意度可以提高10个百分点左右。在实施新资本协议过程中必须突出业务发展导向，这一点要始终坚持。

（二）实施新资本协议是一项艰巨而紧迫的历史任务

结合我行风险识别、计量、控制和转移等环节的既有基础，根据我行的战略目标及业务发展的需要，以建设世界一流的银行风险管理体系为目的，我行已经开始实施新资本协议的准备工作，并取得了一定进展。我们完善了风险治理结构，形成了相对独立、专业的风险管理体系；制定了信用风险、市场风险、操作风险的管理制度和《实施新资本协议总体规划》；启动了公司客户评级、个人信贷评分卡、抵押品管理监测系统、组合风险管理等风险计量项目，已经完成了部分模型的设计和系统开发工作。

尽管取得了一定的进步，但与实施新资本协议的要求相比，我们仍然面临着艰巨的挑战，还存在一些亟待解决的问题。

一是思想认识需要进一步统一。根据我的了解，有的同志对实施新资本协议还是心存疑虑的，认为国际上一些实施新资本协议的先进银行在次贷危机来临时也深陷其中，不能幸免，在中国银行业要不要实施新资本协议、是否能够实施新资本协议、新资本协议究竟能给我们带来何种益处等问题上存在模糊认识。在这里我要和大家说，实施新资本协议对于我们建设银行具有十分重大的现实意义，它将促进建设银行风险管理体系的再造。新资本协议在形式上是一个监管框架，但如果大家仔细看一下新资本协议的提出及完善过程，不难发现其核心框架吸收了最新的风险管理理论，来源于国际活跃银行领先风险管理的实践。通读全文，我们可以看到新资本协议整体框架以风险管理体系建设为中心，对银行的治理结构、政策制度、管理流程、风险计量、IT系统、数据管理、信息披露、风险文化等各方面提出了一套完整而规范的标准，体现了全面风险管理、风险与收益平衡、将风险管理能力培养为核心竞争力等先进理念，是一个变革管理模式、提升管理水平的科学体系。风险管理是银行核心竞争力的基础，建设银行要想真正成为世界一流银行，实现风险管理模式由传统的“经验判断为主”发展到“经验和量化依据并重”的转变，就必须把风险管理尤其是风险计量这个内功练好，就必须扎扎实实做好实施新资本协议的各项工作，这样才能确保我行的战略转型和科学发展。因此，我们制定了一系列提高风险管理水平的措施，在组织实施过程中，监管部门提出了实施新资本协议的要求，正好提供了一个加强风险计量工作的契机，与我们提高风险管理水平的安排不谋而合。

二是资源投入需要进一步加强。有别于国内其他大型银行全面外包的模式，我行新资本协议的实施采用以业务发展的需要为主导、以内部研发为核心的模式。相对而言，我们的这种模式有利于尽快支持业务发展，有利于通过业务实践来检验和推动各项工作的进程，有利于培养自己的核心团队。但由此而带来的挑战也很多，最大的一个挑战就是工作内容的广泛性和严格的技术标准，需要我行各个业务领域、各个层面、各种类型的专家全面与深入的参与，仅靠风险管理部门的人员，根本无法完成这些工作。同时，需要在一定阶段内集中投入一定的资源，确保各项工作任务的完成。这些必要的投入体现出阶段性、高强度、高效率的特点，需要相关部门在实施过程中给予充分重视和支持。

三是项目进度需进一步加快。2007年底我曾主持了一个会议，明确了信用风险组、操作风险组、市场风险组、第二支柱组、第三支柱组、信息系统组六大实施项目组的牵头负责部门和主要工作任务。2008年，我们提出了实施新资本协议的41项主要工作。据目前统计，按照计划正常推进的仅有10项，不足25%；基本正常的14项，进度延迟的工作则多达17项！尽管存在一些客观原因，但这还是反映出我们对这些工作的重视程度不够，反映出我们对于先进风险管理的理论和技术的认知程度远远不够，反映出我们对风险体系再造的复杂性估计不足，反映出我们对于我行管理基础的薄弱程度的认识还很欠缺，反映出我们投入的资源还严重不足。这是一个大问题！

四是总体进度在国内不具有领先优势。我们曾经认为我行在实施新资本协议尤其是风险计量方面，在国内处于相对领先水平，实际上，近年来国内同业投入了大量人力、物力、财力，已经逐渐赶超我们。比如工商银行，客户评级和债项评级组成的二维评级体系已经正式上线运行，今年已经达到信用风险内部评级法初级法的要求，2010年将申请实施内部评级法高级法。国家开发银行、交通银行、招商银行的进程也很快。从我们的工作任务看，公司敞口需要开发18个客户违约概率模型，零售敞口方面需要再开发6张评分卡、确定零售敞口分池的方案，市场风险需要围绕内部模型法的实施达到8个定量标准和11个定性标准，操作风险需要完成从数据积累、自评估、关键指标、系统开发等一系列开创性工作。在实施新资本协议这场竞争中，未来的工作异常艰巨。

（三）明确责任，突出重点，确保实施新资本协议工作目标的实现

现在距离2009年底只有16个月的时间了，实施新资本协议不是将来时，而是进行时。要实现第一批申请实施新资本协议的目标，必须加快推进和实施，刻不容缓。为此，我提出以下三点要求：

第一，明确责任。六大实施项目组的牵头负责部门，需对自己工作领域的任务承担第一责任，必须集中精力、确保人力，把各自的工作做好。各组要和新协议办公室商定2009年底以前月度工作任务时间表，每月向行领导汇报进度。2008年10月底之前，必须完成“实施新资本协议申请与验证”项目立项，加强项目管控。

第二，全员参与。强化风险管理涉及方方面面，除了前面6个实施组牵头部门之外，总行的相关部门也必须认真配合，确保各自业务领域的工作能够在2009年底前达到我们的既定目标；各分行必须扎扎实实做好基础管理工作，不折不扣地执行近期总行的各项管理规定；同时，积极参加总行相关项目的建设过程，有试点任务的分行，每个项目必须至少明确2名专职工作人员全程参加总行的项目团队。

第三，突出重点。实施新资本协议工作千头万绪，在这种情况下，必须讲究工作方法，统筹安排、突出重点。要尽快制订海外机构实施新资本协议的方案；要把信用风险管理作为重中之重，2008年必须确保一般公司类客户评级、事业客户评级、零售贷款池风险参数等系统的开发工作，2009年上半年完成全行的应用推广；市场风险方面，2009年必须完成市场风险的内部模型法体系；操作风险方面，2009年必须达到标准法要求，ERPF系统等相关系统的改造连接工作需要及早启动；信息系统与数据方面，2009年完成信用、市场、操作风险三大数据集市建设，建立和强化管控体系，确保数据的准确性、完整性和一致性；同时要尽快启动资本充足率的管理与披露系统，确保在2009年实现“端到端”的报告与管理。

同志们，奥运会刚刚闭幕，我们就召开了全行风险管理工作会议，张建国行长也亲临会议，并且要作重要讲话，这充分说明总行党委和管理层对风险管理工作的高度重视。希望大家鼓足干劲，拿出奥运健儿奋力拼搏的精神，积极落实好各项措施，巩固资产质量领先优势，全面提升风险管理能力，为建设银行迈向世界一流银行努力奋斗！

积极应对危机　强化风险管理
保障全行业务健康稳定可持续发展

——在全行风险管理专题视频会议上的讲话

朱小黄

（2008年10月22日）

同志们：

今天，我们召开全行风险管理专题视频会议，研究部署如何应对当前面临的各类风险，此举充分说明总行党委、总行管理层对全行风险管理工作予以高度重视，也充分说明当前全行面临的风险形势非常严峻，外部经济环境不容乐观。这里，我先通报一些情况，重点提示大家关注已经出现的一些风险“苗头”，并提出下一步采取的具体应对措施。

一、全球金融危机给我国银行业带来深刻的影响

在当前全球性金融危机下，中国经济发展受到了较大冲击，危机的影响面已经从单一行业蔓延到产业链上的多个行业，从少数客户扩散到亲周期行业的大部分客户，从经济区域内的局部扩散到整个区域，银行的外部经营环境有所恶化，信用风险领域面临前所未有的挑战。主要表现在：

——全国出口增速持续下滑。2008 年前三个季度，我国累计出口增长 22.3%，较上年同期回落 4.8 个百分点。

——企业利润率下降。受出口增速下降影响，企业利润出现了明显的下降。2008 年 1～8 月，全国规模以上工业企业实现利润同比增长 19.4%，较去年同期下降了 17.6 个百分点。

——经济增长速度放缓。出口增速下降拖累经济增长速度下降，前三个季度 GDP 同比增长 9.9%，较去年同期下降 2.3 个百分点。

——能源、原材料等基础产业陷入萧条。出口增速下降和经济增速放缓导致市场需求下降，进而导致钢铁、有色金属、煤炭、电力等能源及原材料基础产业产能过剩矛盾突出。目前，用来反映工业生产活跃程度的发电量指标也开始下降，据中电联的统计数据显示，全国规模以上电厂发电量 6 月同比增长 8.3%，7 月为 8.1%，8 月只有 5.1%。

——企业借贷困难，资金链断裂风险加剧。据社会科学院的调查，有 92% 的中小企业面临融资困难，借贷资金达到 20% 的中小企业大约占 37%，大约有四成的中小企业需要借助民间高利贷。据国家发展改革委统计，2008 年上半年，全国有 6.7 万家规模以上的中小企业倒闭。不光中小企业，最近爆发出来的浙江飞跃、中港房地产等一系列重大风险事件都是由于民间借贷导致资金链断裂所引发的。资金链断裂的对象由小型、劣势企业转变为一部分行业龙头、上市公司，说明资金短缺现象带有一定的普遍性。

——房地产市场持续低迷。2008 年以来，主要城市陆续出现了房地产交易量萎缩、价格下跌的现象。据有关研究机构测算，假如未来一年房屋销售额萎缩 30%，半数企业将出现资金缺口，如果危机延续，会有六成企业面临资金压力；假如销售额萎缩 50%，有六成企业在第一年将出现资金缺口，有七成企业在第二年面临危机。一旦房地产开发企业大面积倒闭、破产，将对银行资产质量造成严重冲击。

——股票市场跌幅全球最大。自去年以来，我国上证指数跌幅近 70%，跌幅居全球首位，目前仍在低位震荡。股市“跌跌不休”不仅造成民间财富缩水、消费能力明显下降，企业投资收益减少，而且股票市场的融资功能严重弱化。

二、当前需要关注的若干风险“苗头”

自去年以来，总行针对宏观经济的变化及时出台了一系列调整性政策，全行上下采取了多项应对措施，由于认识早、动手快，目前来看效果是比较明显的，第三季度末全行的经营情况和风险状况总体上表现不错。截至 9 月末，全行不良贷款余额为 752.9 亿元，比年初减少 67.36 亿元，不良率为 2.15%，比年初下降 0.43 个百分点，实现了不良贷款“双降”；结构调整取得了较好成效，公司类退出贷款客户贷款余额比年初减少 401.9 亿元，退出计划完成率达 75.84%，不良率高于 10% 的行业、不良率为 5%～10% 的行业贷款余额比年初分别减少 273 亿元和 150 亿元；全行利润等财务指标表现良好。

但是，市场环境瞬息万变，特别是最近几个月变化很快，当前错综复杂、变化莫测的经济形势必然会影响到我行各项业务的发展，当然，这种影响里也可能潜伏着重大的发展机遇，需要我们及时把握；但从风险角度来看，这种影响更多的是对我们处理和应对金融危机的一次挑战。目前从各方面收集的情况来看，我行个别业务领域已经出现了一些风险“苗头”，这些“苗头”一旦被忽视，就有可能逐渐集聚并发展成“燎原之火”，对全行资产质量和整体经营情况造成大面积创伤。因此，我在这里提示出来，请各行务必引起重视。

（一）关注相关行业风险

一是出口相关行业。在外需下降、人民币升值的不利影响下，目前国内一些出口相关行业客户经营十分艰难，有的已经破产倒闭。目前，我行出口相关行业贷款超过 1 000 亿元，涉及的客户数量达 3 000 多户，行业超过 50 个。截至 9 月末，出口相关行业客户不良额为 11.64 亿元，比年初及 6 月末分别增加了 5.26 亿元和 1.59 亿元；

不良率为 1.09%，比年初及 6 月末分别上升了 0.45 个百分点和0.19 个百分点。其中，纺织和服装、鞋、帽制造业不良额比年初增加了 1.39 亿元，批发业不良额比年初增加了近 1 亿元，这充分说明，出口相关行业客户承担的风险和损失已经开始向银行转移。同时我们必须清醒地认识到，这些不良贷款的暴露可能仅仅是“冰山一角”，经摸底了解，我行 188 个出口相关行业非不良贷款客户（涉及贷款余额 130.4 亿元）出现了资金周转困难、连续亏损、贷款逾期等风险迹象，如果情况继续恶化，我行面临的出口行业贷款风险将成倍上升。

二是房地产行业。近两年在国家宏观调控政策引导下，我行房地产类贷款增速得到了比较合理的控制，呈逐年下降的趋势，但截至 2008 年 9 月末，我行房地产类贷款（包括房地产开发贷款、土地储备贷款和个人购房贷款）余额合计 9 792.24亿元（接近万亿元），如果再加上大量以房地产作为抵押的其他信贷业务，这个数字还是非常庞大的。虽然目前我行房地产类贷款的资产质量总体较好，但已经出现了风险“端倪”。截至 9 月末，房地产相关贷款中非不良拖欠贷款余额比年初增加 76.02 亿元，余额占比比年初上升 0.58 个百分点，拖欠率同比上升 0.15 个百分点；个人住房贷款不良额增加了 9.17 亿元，不良率上升了 0.06 个百分点。在当前市场行情不好、后市不容乐观的情况下，房地产行业可能还会爆发出更多的信用风险，我们绝不能掉以轻心。同时，房地产行业的上、下游行业，如建材、建筑、家装、家电、家具等行业，我们也要一并予以关注。

上周，总行风险部针对房地产行业又做了一次压力测试。测试结果显示，在中度压力情景下（房价下降 20%，成交量下降 30%，利率上升 1.08 个百分点，城镇居民收入增长 12.5%），我行房地产开发贷款不良率将从 9 月末的 3.55% 上升至 6.48%，房地产上下游相关行业贷款不良率将从 9 月末的 1.84% 上升至 2.18%，个人住房贷款不良率将从 9 月末的 0.83% 上升至 2.24%。

三是钢铁、焦炭行业。由于国际经济低迷、国内经济整体下滑，市场对钢铁的需求量陡降。近期国内钢材价格出现暴跌，多家钢厂纷纷降价、限产，据专家预测，今年钢铁行业将出现整体行业性亏损。目前来看，我行钢铁行业的资产质量比较稳定，截至 9 月末，钢铁行业贷款余额为 1 015.24亿元，不良额为 2.81 亿元，比年初减少 2.09 亿元。但我们要意识到，钢铁行业出现问题是最近几个月的事情，对银行资产的影响必然相对滞后，所以我们必须未雨绸缪，提前安排策略，积极应对钢铁行业低迷带来的行业风险。

另外，处于钢铁行业上游的焦炭行业，近期行情也十分不好。库存严重积压，价格下挫，一批小型焦化企业关门停产，部分大型企业纷纷限产 50% 以上，行业整体性风险凸显。同时，铁矿开采行业也将受到牵连。下游的造船业、运输业等前景也不容乐观。

四是电力、煤炭行业。2008 年以来，受自然灾害以及电煤供应紧张、价格高涨等因素影响，电力行业的经济效益大幅下滑。今年前 8 个月，电力全行业利润同比下降 81.6%，特别是火电行业的利润骤降 147.5%，亏损严重。截至 2008 年 9 月末，我行电力行业（包括电力发电业和电力供应业）不良贷款比年初增加 13 亿元，不良率比年初上升 0.23 个百分点。近期虽然煤价稍有回落，但仍在高位运行。鉴于用电市场需求减弱，特别是以出口为主、外向型经济比重较大的省份回落更加明显，电力行业的盈利情况仍不容乐观，其经营财务风险需要引起关注。

受经济增速放缓、电力行业波动、提高煤炭出口关税税率等因素影响，煤炭需求量出现大幅下降，自 8 月中旬以来，各港口煤炭库存量不断攀升，秦皇岛及南方主要港口库存量较上半年增加近 1 倍，煤炭价格已开始回落。未来受国际、国内经济下行，以及下游行业如钢铁、电力走软等因素影响，煤炭需求量可能进一步减少，加之限价令影响，行业利润势必受到影响。截至 9 月末，我行煤炭开采和洗选业贷款余额为 512.43 亿元，不良额为 2.43 亿元，比年初减少 0.22 亿元，虽然资产质量继续好转，但潜在的风险仍应提前关注。

（二）关注一些产品风险

一是贸易融资类产品。贸易融资类产品是基于进出口业务衍生出来的，因此对内、外部经济形势波动和客户信用风险的变化反应最为敏感。目前来看，我行信用证、海外代付、信托收据贷款、出口商业发票融资等品种风险有所上升。以信用证为例，截至 9 月末，我行信用证垫款比年初增加了 2.04 亿元，仅第三季度垫款就增加了 1.5 亿元，说明风险暴露速度开始加快。

当前形势下开展贸易融资业务要特别注意以下两方面风险：一方面，贸易融资被挪用、滥用，被用做套取银行流动资金贷款的工具，特别是被挪用到房地产投资、证券期货等高风险投资领域；另一方面，由于出口市场萎缩、订单下降，导致出口企业设备开工率降低，企业财务状况恶化，发生拖欠员工工资、出现大幅度裁员等异常变动情况。

二是代客资金交易业务。过去我们一直认为，银行在代客资金交易业务中只是代理客户进行交易，不会也不可能承担市场风险，但从实际情况看并非如此。最近发生的几起风险事件充分说明，在市场行情不好的情况下，代客资金交易业务的市场风险将显现出来，并很可能转化为客户的信用风险而转嫁到银行身上，因此必须引起我们的高度重视。当前代客资金交易业务的市场风险表现在两个方面：一方面，一些客户所做的与欧元长短期利差相挂钩的交易，因挂钩的市场指标超出了设定区间，出现了不同程度的重估亏损。一旦客户违反协议要求，不愿支付或无力支付，我行只能被迫垫付资金。据统计，目前已有 9 家分行为客户垫款约 2.3 亿元。但也有部分业务量较大的分行在面临同样问题时，因及时与客户沟通，并加大催收力度，至今尚未发生垫款现象。这说明，市场风险管理不光是总行的事情，各分行也要承担起识别、监控和化解市场风险的职责，特别是在汇率、利率变化加剧，金融市场动荡的形势下，更要重视代客衍生交易业务风险。另一方面，在远期结售汇和远期外汇买卖业务中，也出现了一些值得关注的市场风险。今年上半年因人民币兑美元升值步伐较快，代客美元远期结汇交易量较大，但在目前人民币兑美元升值停滞，甚至出现贬值的趋势下，客户之前所做的部分美元远期结汇交易按市值重估已出现亏损。另外，部分非美元币种今年下半年以来对美元大幅贬值，部分非美元币种（如欧元）远期售汇交易按市值重估也出现亏损迹象。尽管到目前为止，这项业务还没有发生因客户违约而导致我行垫款的情况，但因市场风险的加大，市场风险转化为信用风险的“苗头”值得关注。

三是银行承兑汇票。第三季度以来，部分中小企业及民营企业出现了较大的资金周转和经营困难，对我行表外业务特别是承兑业务质量产生了不利影响，虽然全行承兑垫款率低于年初，但发达地区个别分行的客户出现了大额银行承兑汇票垫款，随着经营困难的企业数量进一步扩大，银行承兑汇票等表外业务的风险将继续暴露。截至 9 月末，全行银行承兑汇票余额为 1 958.7 亿元，垫款余额为 10.03 亿元，比年初增加了 0.42 亿元，比第二季度增加了 0.88 亿元，说明第三季度垫款额上升较快，需要引起关注。

（三）关注几类客户风险

当前，我们必须关注以下几种类型的企业风险。

从企业类别来看，要高度关注韩资、台资等外资企业风险。今年以来，发生多起韩资企业因经营困难而停产、资金链断裂、未按法定程序歇业关闭或非法撤离的重大风险事项，以及台资企业高层管理人员弃厂逃逸事件，给我行信贷资金带来了很大风险。这些事件提醒我们，要特别关注港、澳、台、韩等国家和地区投资的出口加工企业风险，对于注册资本或实收资本较低，从事低附加值的劳动密集型加工贸易，无实质固定资产或以租赁场地方式经营，以废旧设备方式出资的外资出口加工企业原则上要尽快退出。

从经营范围来看，一是要关注“两头在外”的出口加工型企业。根据总行掌握的情况，这类企业在我行的不良贷款呈上升趋势，仅今年上半年这类企业的不良率就上升了 1.02 个百分点。二是外贸企业。在出口形势严峻的情况下，外贸企业经营困难，银行信贷资金面临明显的风险和损失。今年以来，我行外贸企业贷款风险不断暴露，截至 6 月末不良率比年初上升了 0.45 个百分点。

从企业规模来看，要重点关注中小企业贷款风险。目前，受原材料涨价、劳动力成本提高、人民币升值、国家出口退税政策变化、国外消费市场疲软等因素的共同作用，小企业群体面临较大经营压力。特别是靠低成本优势的“低档次、技术落后、低附加值”的劳动密集型小企业及出口导向型小企业经营困难，部分甚至出现生存危机，信用风险加大。

从经营形式来看，要重点关注关联企业和集团企业。特别是经营扩张较快、摊子铺得过大、目前融资能力较差、对外担保金额较大的关联企业和集团企业，这类企业往往一损俱损、一荣俱荣，一旦出现问题，给银行带来的损失将成倍增加。

（四）关注部分区域风险

今年以来，受外部经济衰退的冲击，珠三角、长三角、环渤海等区域出口导向型企业违约率不断上升。进入10月以来，长三角地区连续发生了多起重大风险事件，苏州“科弘系”以及其母公司中国金属（百慕大）有限公司、五环氨纶实业集团、浙江华联三鑫石化有限公司、浙江江龙纺织集团有限公司等客户纷纷出现重大问题，涉及我行信贷资金17.18亿元。环渤海区域也发生多起外资企业赖账逃逸事件。10月，位于东莞的全球最大的玩具代工商之一——合俊集团旗下的两家工厂倒闭。下一步，这种影响还可能扩散至上游的原材料行业，加剧产能过剩的矛盾，此外，中西部地区的能源、原材料等基础产业也将面临不利影响。由于各个区域都集中了大量经营性质相似的企业，因而单一客户风险很可能演变成整个区域的信用风险，我们必须提高警惕，做好各种应对工作。

（五）关注当前案件形势

过去的经验教训告诉我们，越是在经济形势不好的时期，越是容易滋生各种案件，给银行经营“雪上加霜”。下面我通报一下当前我行案件形势、特点以及暴露出的主要问题，提请各行加以注意。在现在这个时期，特别是马上进入年末关门的关键时期，一定要提高警惕、加强管理，严防各类案件的发生。

1. 当前案件形势。截至9月末，全行共立案查处各类案件7件，比去年同期减少7件，下降50%，涉案金额为1 378.78万元，比上年同期减少为479.98万元，下降25.82%，风险金额为499.88万元。其中，百万元以上案件2件，比上年同期减少1件，涉案金额为1 085.58万元，比上年同期减少219.09万元，下降了16.79%，风险金额为338.58万元。

除上述案件外，全行还有6起重大违规事件，涉及金额2 193.05万元。从目前看，今年的案件总数和百万元以上案件数未突破银监会规定的“案件总数不突破14起，大案不突破3起”的限制，但是百万元以上案件数已接近银监会限制的上限。

从性质来看，在7起案件和6起重大违规事件的违法、违规主体均为内部人员。7起案件中操作性案件5起，贿赂案件2起。5起操作性案件中，有3起挪用资金案和2起职务侵占案。6起重大违规事件中，挪用资金1起，职务侵占1起，借贷纠纷1起，违规贷款1起，贿赂事件2起。

从地域分布来看，7起案件分别发生在天津、四川、云南、福建、湖南和贵州省分行，6起重大违规事件分别发生在河南、江西、北京、重庆、海南和湖北省分行。总的来说，案件和重大违规事件发生的地域较为分散，但是个别分行、个别区域较为集中。这一点等会儿我还要专门谈到。

从案件金额来看，与去年相比，案件的涉案金额和风险金额均有不同程度的下降，但是重大违规事件的涉及金额同比却有所增加。

2. 案件特点及暴露出的主要问题。

一是案件分布区域较为分散，但是个别区域较为集中。从今年案件的分布来看，尤以西南地区最为集中，不仅案件数量占全行的57%，而且每个案件的涉案金额都不低，4起案件中有1起为百万元以上案件，另外有3起案件涉案金额均接近百万元。10月8日，贵州省分行京瑞支行营业室发生了一起会计柜员侵占客户资金的案件，涉案金额达877万元。说明在经济活动日趋活跃的西南地区，社会价值观正在经历深刻变化，道德风险正在积聚，而银行的基础管理还没完全跟上。此外，中部地区虽然只发生了1起案件，但是还有3起重大违规事件发生，其中1起涉及金额相当高，说明该区域风险热度较高，也应予以重点关注。

二是中后台部位和管理岗位案件凸显。与以往案件几乎都集中在基层操作岗位不同的是，7起案件中，发生在中后台及管理岗位的3起，占比42.86%。6起重大违规事件中，有3起发生在中后台及管理岗位，占比达50%。一方面说明我行近几年紧抓案件防控的措施发挥了明显作用，前台操作风险管控能力有了明显提升；另一方面也说明我们在推进案件防控工作过程中欠缺全面风险管理的视野，案件防控的领域有待拓宽，内容尚待补充，措施亟须完善。

三是博彩和炒股行为仍然是引发案件的主要诱因。今年的7起案件中有3起是由于当事人嗜好赌博或热衷炒股直接诱发犯罪。从这些案例可以发现，员工一旦超出自身的风险承受能力，沉迷于大额博彩和高风险投资活动，就容易越陷越深，失去理性，最终铤而走险。

四是涉案人员潜逃比例增大，员工日常行为排查有待加强。今年发生的5起操作性案件中，由涉案人员潜逃直接发现的案件有2起，还有1起案件涉案人案发前就已经潜逃，客户来取款才发现问题，合计占比达到60%。这些说明我们平时的风险敏感度还不够高，风险排查工作还需要花大力气去加强。

（六）关注审计查出问题

今年以来，国家审计署对总行及北京、天津、深圳、上海、广东、四川6家分行2007年度资产负债损益情况进行了审计。目前审计工作已经基本结束，审计的初步意见也已基本形成。初步意见显示，我行在信用风险、市场风险和操作风险管理方面存在一些值得关注的问题，而且多数都是屡查屡犯的问题，这个现象很值得我们每个人反省和深思，在外部经济金融环境出现不利变化的情况下，不健全的内控体系、薄弱的基础管理将会进一步削弱我们的风险抵御能力。我在这里通报一下这些风险方面的问题。

第一，房地产贷款违规操作问题。部分分行向“四证”不全的房地产企业和向自有资金不足的项目违规发放贷款，向BBB级（含）以下信用等级客户擅自发放纯新贷款，向政府融资平台发放土地储备贷款或未经总行核准，违规发放土地储备贷款，有的贷款封闭管理不到位，抵质押物有效性不足。另外，由于一些理财产品募集的资金间接投向了房地产等行业，在房地产开发企业经营困境逐渐加深的情况下，这些违规或不规范操作使得房地产贷款风险进一步增大。

第二，改变资金用途套取银行资金。在当前形势下，部分企业难以获得银行贷款，利用个人类贷款套取银行资金，主要表现就是利用虚假按揭贷款和个人消费贷款用于企业运营和周转。

第三，内部人员存在违规行为。为了向部分限制企业发放贷款，部分机构或经办人员人为调整修改企业的各类财务报表和资料，调整客户行业、规模属性，规避政策限制。另外，部分员工（客户经理）与客户之间存在不正常经济往来，员工利用个人账户，协助客户进行资金运作或参与客户资金融通，归集客户资金（有的资金来源于本行个人贷款）炒股、买卖基金、黄金、外汇、彩票、拆借，甚至从事实体经营活动。

三、采取多种政策措施，全面应对可能出现的系统性风险

面对当前错综复杂、形势严峻的外部经营环境，针对已经出现的若干风险“苗头”和长期存在的管理“死角”，我们必须保持高度的敏感和充分的警醒，我们的风险分析和研究要更加及时，风险应对和控制要更加积极，风险政策的制定和调整要更加灵活，经营决策也要比以往更加审慎和稳健。只有这样，我们才能在金融市场跌宕起伏、经济进入下行通道的不利情况下安然度过“寒冬”，减少经济变化给我行带来的风险收益波动，实现全行各项业务健康、稳定、可持续发展。我这里着重谈九条具体的政策措施。

（一）明确重点，加快进行结构调整

实践证明，实施积极的结构调整是有效应对经济危机的重要举措。全行要严格执行年初下达的信贷退出计划，加大退出力度，加快退出步伐，同时注意讲究调整策略，“有保有压”，处理好实现信贷结构调整目标与控制资产质量之间的关系。

第一，加快行业结构调整。重点投放那些在经济周期波动中需求弹性小、抗周期性强及国家促进投资、扩大内需政策的受益行业，如具有资源优势的行业、具有垄断特点的行业、符合国家节能减排要求的行业、具有市场话语权的行业等。重点投放行业如地市级以上的城市基础设施行业、铁路行业、公路行业、电信及核电等新能源行业、石油等资源行业、大型装备制造行业、大型商务和物流等服务业以及规模化的大农业等。

重点压缩我行存量信贷资产中不良率较高的行业以及不符合我行风险偏好的行业，如化纤、仪器仪表、通信设备、计算机及其他电子设备制造业，零售业，医药制造业，文化、娱乐业，住宿、餐饮业等行业。严格控制和压缩出口型等敏感性行业客户贷款规模，如奢侈品、电子产品、纺织服装、鞋、帽制造业等行业。对于受国内外需求下降影响大的行业，如钢铁、煤炭、焦炭等我们近期要采取“适度压缩”的策略。

第二，加快区域结构调整。东部地区要重点发展城市基础设施建设，有效提供最终消费品生产的企业、个人金融业务等，要“压”房地产开发行业及纺织服装等劳动密集型出口加工行业。西部地区是我国的资源基地，要“保”资源及能源的开发利用、基础设施（公路、铁路、通信等）建设，以及列入国家重点支持的生态建设项目等。个人住房贷款重点投向房地产市场和房价保持相对稳定的区域，对房地产市场不确定性和房价波动较大的区域，要控制贷款投放总量和投放节奏；对基础管理薄弱、风险暴露突出、资产质量较差的分行，要严格控制贷款增长和贷款

投向。

第三，加快客户结构调整。大家要看到，在当前复杂多变的形势下，以前我们没有营销到的一些优质客户出现了新的信贷需求，我们要看清形势、摸清客户情况，抓住这个发展机会积极营销，巩固和扩大优质客户群体。针对大中型客户，要重点抓实行专业化经营、具有垄断竞争优势的跨国公司在华投资企业、中国百强企业和国内绩优上市公司；针对小企业客户，要重点抓行业龙头骨干小企业，与大型企业集团有密切上下游产业链关系的小企业。在基础设施项目中，重点抓涉及国家经济命脉的重点项目，如京沪高铁项目，纳入规划的石油、石化和煤炭行业的大型项目，以及规范运作的城市基础设施项目。

要重点压缩出口相关行业客户，如纯贸易型出口代理企业，"两头在外"企业，劳动密集型、低附加值出口加工企业，以及港资、澳资、台资、韩资等外商投资企业，适当控制综合化经营跨国公司。要认真贯彻落实总行《小企业信贷结构调整意见》，严格控制"双高、产能过剩、产能潜在过剩"行业中小企业贷款投放。

我再强调一下房地产行业中的客户调整问题，近期要重点保证优质客户、长期战略合作客户以及竞争力较强的房地产客户资金需求；重点保证已签约项目的资金需求，回收再贷规模、新增规模要优先满足已签约并已投放部分贷款的客户及项目；重点保证小额、期限短且能够带来较多个贷，业务联动效益较好的项目的资金需求。退出重点是存量不良贷款客户、年内贷款到期的BB级（含）以下贷款客户，潜在风险高、客户综合贡献度低、缺乏优质项目支撑的BBB级客户也要积极退出，逐步退出房地产行业中的小企业客户。

第四，加快产品结构调整。鼓励创新型和风险共担型产品，如用供应链融资产品替代传统流动资金贷款、银团贷款等；大力发展现金流充足的"速贷通"业务。重点支持收入稳定的居民购买自住房；重点支持项目主体结构封顶和开发建设资金充足、建设进度顺利的住房项目，积极介入符合广大居民需求的中小户型、中低价位、"双限"房等住房项目。压缩、控制受贸易和商品交易量影响比较大的信贷产品，如国际贸易融资业务中风险较高的流动资金贷款及出口装运前贸易融资产品、票据承兑等；严格控制一人多套投机性住房贷款；从严控制发放非抵押房地产开发贷款，已经发放的，要与客户协商补充项目足值抵押。

这里我想重点强调一下结构调整中的两个策略问题：一是上面所讲的行业、区域、客户和产品退出和进入调整，是总行目前已经能够看得清和看得准的。鉴于目前形势还会出现很多复杂的变化，还需要各行根据经济形势和宏观政策的变动，结合区域的实际情况来把握。二是各行要根据企业经营与还款资金来源的实际情况，找到结构调整的合适、可行的方法，合理把握信贷退出时机和节奏。不能为完成计划而退出，否则很容易因为采取不恰当的策略"一退就死"，从而产生新的不良贷款，把企业和我们自己逼到"死胡同"，使提高资产质量工作陷入被动。但是，对于那些必须坚决、及时退出来的企业，就应该当机立断，果断扣划、冻结企业账户款项，抓紧处置抵质押物，最大限度地降低我行资产损失。

（二）严格执行行业风险限额

行业风险限额管理是结构调整的重要工具，应通过设定合理的边界来主动管理风险，而不是被动接受和处理风险，做到"未雨绸缪"。同时，行业风险限额管理也是防范行业集中度风险和系统性风险的有效手段，有句俗话，叫"不要把鸡蛋放在一个篮子里"，就是要防止风险承担过分集中，以免遭受不利影响时超出银行的风险承受能力，给银行整个经营体系带来毁灭性的冲击。

在这里，我要再次强调行业风险限额执行的严肃性，各行不能搞无故特殊。总行要进一步加大限额监测预警和提示的工作力度，各分行对出现限额预警后的客户准入和新增投放要严格控制，对接近或达到限额的行业，要加快退出客户的退出步伐，腾出空间保证优质客户需求。在当前的严峻时刻，我们一定要统一风险偏好、统一行动方向，强化行业限额的执行力。

（三）加大贷后管理工作力度

从刚才提到的审计结果和案件情况来看，贷后管理仍然是我行相当薄弱的环节。此次金融危机的影响还存在进一步扩大和恶化的可能性，对客户可能出现的生产经营不利、收入下降、难以支撑甚至撤资逃逸现象，各行要采取有效措施，加强贷后管理，确保存量信贷资产安全。

第一，加大客户现场走访频率和力度。对于受影响程度深、授信余额大的企业，客户经理要保持与客户的实时联系。对于重点客户，行领导要亲自参与走访调查。各行要在年底前积极推行跟踪管理例会制度，按照“早发现、早决策、早处置”的精神，确保贷后管理信息交流充分、决策及时、执行有力。

第二，要明确客户的监控重点。一是要持续关注金融危机对客户的影响，分析评估影响程度，加强对客户生产经营情况的监控；二是要密切监控企业资金、出入境变动情况，警惕资金外逃，监控管理人员动向，及时掌握逃逸迹象，防范客户逃废债务；三是要加强对担保的管理与监控，对担保充足性进行重估，确保担保合法、有效、充足，切实发挥风险缓释作用。

第三，提高风险处置的反应速度和力度。要对辖内企业情况做到心中有数，要将困难估计得更充分一些，把风险预案做得更周全一些，发生问题后要在最短时间内作出反应，采取果断措施，尽最大的可能挽回损失。

第四，加强零售业务的贷后管理。首先，前移风险控制关口，从拖欠的第一期起就要启动催收程序，及早采取催收措施，严防风险状态向下迁徙。同时丰富催收手段，加大对拖欠类贷款的监测和催收。其次，提高风险监测水平，加强贷后督导。再次，加强贷款用途和资金流向管理，防止贷款流入股市、基金等制度不允许的范围。同时，密切防范员工通过任何形式以个人账户参与客户个人贷款资金往来结算，定期进行自查，对存在违规行为的员工要严肃处理。

（四）以信贷大检查和审计整改为契机，全面梳理、排查和防范风险

今年9月末，总行部署了2008年信贷业务大检查。这次检查的现实意义非常突出，目的也非常明确，就是要全面排查和充分揭示各类风险隐患，掌握在当前形势下可能导致不良贷款反弹的主要风险因素和传递路径，积极防范应对可能出现的系统性风险，确保完成资产质量控制目标，保障全行业务全面、协调、可持续发展。今天，我趁这个机会再强调几点：

第一，各行要高度重视、周密部署、精心组织，确保各项检查要求落实到位。要充分认识到当前复杂经济形势下银行业务发展中面临的压力，风险形势较为严峻的分行（主要是外向型经济发达的沿海地区）要由“一把手”亲自抓落实，防止例行公事、走过场。

第二，此次检查要求对存量贷款核实风险状况，与年度贷后检查结合，逐户检查、逐户过关。各行对检查发现的突出风险和薄弱环节要查实、查细、查透，对已出现风险迹象的贷款客户要采取“一户一策”，提出切实的解决方案，主动采取措施应对化解各类风险隐患。

第三，要对发现的问题举一反三，寻找问题根源和风险来源、传递路径，抓紧研究制定加快信贷结构调整、进一步加强授信业务风险管理的针对性措施，增强我行抵御经济周期性波动风险的能力。

第四，落实责任，抓好审计整改工作。各行要高度重视这次审计整改工作，各行“一把手”作为审计整改工作的总负责人，对整改工作要做全面部署和落实。分管领导具体负责分管业务领域的整改工作，要把整改要求落实到具体部门和责任人，明确工作进度，同时布置相关检查和监督工作，确保整改工作落到实处、见到实效、不走过场，切实起到夯实管理基础、堵塞管理漏洞的作用。

（五）建立重大风险事项日报制度，提高应对处置能力

今年以来，我行授信企业陆续发生外商投资及出口相关企业关停并转、管理人员逃逸等重大信贷风险事项，总行将进一步加大重大风险事件报告、处置管理，对于影响大、形势严峻的重大风险事项要采取日报制度。

对企业因资金链断裂、生产经营陷入困境或环保、质检及其他行政处罚等原因导致关、停、并、转或发生管理人员逃逸事件，各行要建立由负责经营的主管行长为第一责任人的快报机制，明确责任机制和工作流程，第一时间内向总行报告企业发生风险事件的基本情况和原因、企业在我行授信业务及其变化情况、有关分行已采取和拟采取的应对措施及效果、授信风险发展变化趋势、预计对我行信贷资产质量的影响以及可能造成的损失，并及时向总行报告后续处置情况。总行将由授信管理部牵头负责有关衔接事项和对行领导的报告，跟踪、督促落实行领导的有关指示。

（六）严格控制不良贷款反弹，确保资产质量持续向好

虽然截至9月末全行不良额、不良率实现了“双降”，但良好类贷款出现拖欠的金额比年初增加了152.73亿元，其中拖欠60天以上贷款余额比年初增加了27.22亿元，再加上行业、区域、产品和客户风险均呈系统性上升，我行不良贷款面临的反弹压力不断加大。

下一步，我们要着重抓好关注类贷款的管理，密切跟踪潜在风险因素的变化，积极与客户商讨有效的风险防范措施，防止贷款向下迁徙；已经形成不良的要加大处置力度，通过催收、抵债资产处置等多种方式降低损失；符合核销条件的要及时安排好核销申报工作，加快核销进度。另外，近期总行根据财政部文件精神，调整了损失类贷款的直接认定标准，将符合呆账核销的贷款直接认定为损失类。各行要按照总行要求，及时对损失类贷款进行认定核销。

（七）从严把握新增授信业务准入门槛和审批标准，持续改进对优质客户的服务效率

在目前复杂的国际、国内经济金融形势下，出现系统性风险的可能性不断增大，银行在选择行业与客户方面将更为审慎，全行要进一步加强信贷审批系统管理，统一风险偏好，切实落实总行关于防范系统性风险的要求，提高信贷政策执行力。

同时，由于对优质客户资源的争夺更加激烈，审批环节要进一步提高效率，保证有限的信贷资源用于优质客户，在加快推进对公授信申报审批电子化的基础上，近期在全行推行合规性审查“一次作业”，要求合规审查人员一次性审查所有申报材料，对确需补充完善的事项一次性通知申报单位，避免重复申报、多次补充材料、多次续议等问题发生，切实提高授信审批效率。

（八）加强代客衍生产品业务的风险控制

10 月 17 日，总行发文要求全行进一步加强代客结售汇、外汇买卖业务的内部管理，各行要严格执行相关文件规定。在代客衍生产品交易方面：一是将业务重心从市场拓展调整到加强风险管理和解决历史遗留问题上来。当前要集中精力，解决处理好部分客户违约导致我行垫款的问题，与客户商讨可行的解决方案；与此同时，加大催缴力度，对连续两次延迟支付的客户，将根据相关协议条款规定采取强制平盘措施，由客户承担市场风险损失。二是加强其他未到期交易的风险管理，及时将市场情况和平盘机会告知客户，对已出现一定浮亏又不愿提前平盘的客户，要求客户追加保证金，而不能简单地用授信额度来替代保证金。三是彻底摒弃代客资金业务基本没有风险的错误观念，认真检查代客资金交易业务中每一个环节的风险点，尽快加强薄弱环节的风险管控，确保我行在交易前对产品和客户的风险控制有充足把握。

在远期结售汇和远期外汇买卖方面：一是对交易的实需性严格把关，并切实落实客户交易担保要求，如果采用授信额度为客户办理交易，必须严格执行有关风险管理和审批规定；二是对于已做的未到期交易，要严格执行对客户交易定期重估的规定，必要时要求客户追加交易担保；三是控制期限较长的业务，积极拓展低风险的即期结售汇等业务。

（九）加大案件排查力度，切实做好案件防控工作

第一，全面加强前台、中台、后台的案件防控。过去，我们的注意力更多的是放在前台特别是柜面业务上，今后，结合案件暴露出来的新特点、新问题，我们要在不放松对前台操作风险的管控下，也要认真审视中台、后台管理中存在的风险隐患和管理漏洞，关注中台、后台管理权力有效制衡和监督的问题，真正将全面风险管理理念贯彻到案件防控工作中来。

第二，严格禁止员工博彩行为，遏制引发案件的主要诱因。总行曾多次下文明确禁止员工参与赌博、大额购买彩票等，可今年多起案件发生的根源仍然牵涉到赌博，说明我们个别员工的风险意识还相当淡薄，个别分支机构的风险排查工作还做得很不够。今后，特别是岁末年初时期，各分行要保持高度的警惕，仔细排查，一旦发现风险“苗头”，要敏锐反应、果断处置。

服务战略 转换职能
支持经营转型和各项业务目标的全面实现

——在2008年全行计财工作会议上的讲话

庞秀生

（2008年2月27日）

同志们：

一年一度的全行计财工作会议为各个业务条线之间和总分行计财条线高级管理人员提供了沟通与交流思想的好机会。希望大家能够利用好这个信息知识共享和交流的平台，实话实说，共同筹划好全年工作。

下面，我先做个发言，总结2007年的计财工作情况，对2008年计划安排的重要政策作一些说明，并对2008年计财工作提几点具体要求，考虑不周的地方，请张建国行长指示，也请大家在讨论中充分发表意见。

一、2007年计财工作回顾

2007年，全行计财工作紧紧围绕发展战略，通过深化体制改革、夯实管理基础、提高服务能力，积极促进了全行业务的健康发展和经营水平的全面提高，财务效益大幅增长，各项指标均圆满完成计划任务。总的来看，工作很辛苦，很有创造性，取得的成绩也很突出。总结一年来的计财工作，2007年取得的主要成绩有以下几方面。

（一）系统调整综合经营计划管理体系，积极推动全行战略转型

2007年的核心工作之一就是系统地调整了综合经营计划管理体系。在保持基本框架不变的基础上，根据对战略的积极思考和响应，对各项政策工具、计划编制流程、工作组织方式和方法等方面进行了系统的调整，向全行传达了统一的价值理念和政策信号，对推动全行战略业务快速发展发挥了重要作用。包括改进了分行KPI和等级行考评办法，增加了战略执行、同业竞争等指标；引入条线KPI，增强条线对战略的执行力以及对系统的指导作用和管理责任；推行内部资金全额计价，按资产波动法计量经济资本，使分行、产品和条线的绩效评价更为准确和统一；建立了“三下两上”的计划编制流程，充分发挥了计划编制作为统筹规划目标、工作任务和资源配置的统一载体作用；根据战略配置财务资源，支持零售网点转型5 266个，约占全部网点的40%；购置ATM和存取款一体机7 575台，有效地减少了网点转型后的柜面压力；创新战略性业务激励费用统一配置方式，对50多项产品进行挂钩激励，并对14件重点产品直接买单到销售前端等。

这次会议又对经济增加值管理办法和绩效工资分配办法作了调整，把这些汇总起来，实际上综合经营计划体系主要的内容都作了一次系统的调整，总体效果是好的，是符合业务发展需要和战略转型要求的。但调整之后也远未达到理想的状态，有些方面有好的改进，但也会有问题。事实上，这么大一个系统运行起来，总是需要一个试错、纠错的过程，我们今后的路还很长。

（二）提升资产负债和中间业务管理的战略高度，大力引导结构调整

贯彻国家宏观调控要求，调控贷款总量，把握投放节奏，将全年人民币贷款投入控制在宏观调控要求的3 500亿元总量目标内，并力促贷款结构的优化调整。全年基本建设贷款和个人住房贷款新增占比达到全部贷款新增总量的74%。总体而言，基本保证了优质客户的合理需要。

逐步推进内部资金全额计价，通过价格信号引导资产负债结构调整。在年初推出分档次准全额计价模式的基础上，扎实做好价格曲线构建、系统开发测试、数据优化调整、人员培训等多项工作，顺利于10月和11月分别推出本外币内部资金全额计价，实现了交易层面逐笔转移计价，并实现了全行四级机构计价结果自动入账。在全额计价方面，我们后来者居上，在现在的中国银行业遥遥领先，这件事意义深远。一个银行的管理应该有一个考核评价的基准，对外竞争也要有一个定价的基准。转移价格就是我们定价的基准和考核评价的基准，它对我们做好内部的管理工作是一个很重要的基础工程。

统筹协调全行中间业务管理各项政策，通过市场占比考核、标杆管理、产品分析、经验推广与信息共享、加强理念宣导等措施促进全行中间业务飞跃式发展，实现增速四行第一位，总量跃居同业第二位，市场占比提升 3 个百分点。

加强流动性管理，在资本市场持续活跃导致存款稳定性下降和人民银行频推货币紧缩政策的情况下，通过加强头寸预测、制订应急预案、均衡安排投资，保证了支付安全，并将全行人民币日均备付率控制在 2.76% 的较低水平。

（三）深化财务管理职能，向专业支持和服务转型

适应全行经营管理体制的变化，建立对业务条线的专业支持团队，提供计划管理、绩效考核、资源配置、财务分析与决策等方面的直接服务和专业支持，在财务职能转变方面迈出了不小的步伐。已开展工作包括与业务部门进行计划编制沟通，推出财富中心绩效考评与资源配置指导意见，探索电子银行经营效益评价方法，对理财产品、外币贷款等重要业务开展盈利性分析等。研究建立了信用卡条线财务管理模式，部分事业部制试点分行已向业务条线直接派驻专职财务人员，为下一步财务管理组织体系和财务职能的转变打下了很好的基础。

（四）循序渐进地推进全面成本管理，分步落实各项管理措施

2007 年，推进全面成本管理的主要措施包括：针对不同网点类型和功能分区要求修订了面积、装修单价等网点建设财务标准，修订了业务用车配置标准；在全行范围内区分不同类型划分成本责任中心 3.6 万个，并拟订了责任中心预算编制方案，明确成本开支责任，落实问责制，实现成本由事后管理转向全过程管理；改进总行本级预算核定方式，建立重要费用公示制度，提高预算监控能力；筹划所得税和印花税等重点税种的税收工作，有效地降低税收成本。这方面有的工作是无形的，是在为未来全面推行成本管理打基础。

（五）加强内控建设，完善财务制度，落实审计整改

2007 年的一项重要工作就是借鉴国际上内控管理的先进经验和《萨班斯法》的核心内容，积极开展财务报告内控建设。在此过程中，组织全行开展财务报告内控建设试运行，对 36 项主要业务的 233 个关键风险点进行记录、测试和评价，对 79 万笔业务进行抽样测试，探索了有效开展内控建设的组织管理模式，为今后正式运行提供了人员、知识、经验的准备。

适应企业会计准则和金融企业财务规则的最新变化，实施《中国建设银行会计基本政策》，全面系统修订《中国建设银行财务管理暂行办法》，提高制度的弹性和可操作性，满足上市以来全行内部治理结构和管理流程的变化需要。调整重要财务事项授权体系，提高审批效率。动态跟踪国家政策变化，将以前年度应付福利费转作企业年金，妥善处理福利费用列支范围等问题，在合规条件下增加员工福利水平。

适应综合化经营趋势，制定《中国建设银行子公司管理暂行办法》，保证子公司服务并参与全行战略执行，延伸金融服务价值链，明确建设银行对子公司的管理方式和方法，加强对子公司的风险控制，努力实现资本保值、增值。要吸取过去建设银行办了大批附属企业，最后造成很多窟窿、很多漏洞的教训，现在就着手研究子公司的管理。

切实抓好审计整改，强化对责任人的认定和处理，从严治行。2007 年全年核查审计发现财务管理问题共计5 522项，全年完成整改问题5 237项，整改完成比例达 94%，共认定责任人2 721人次。通过责任认定和整改，对财务管理提出了更为严格的标准和要求，向全行发出了从严治行的警示信号，减少今后发生违规问题的可能性。在财务规范管理方面不能松劲，宁可过严，不能放松，否则我们多年的努力就会慢慢被侵蚀。

（六）推进财务信息系统建设，促进财务管理职能变革

企业资源计划财务系统（ERPF）提前推广上线，经费、资产和分摊模块全面应用，切实提升了全行财务信息处理、财务事项控制和财务风险管理水平。该系统上线后，价值突出体现在以系统为载体的一系列财务管理职能的变革和提升。依托 ERPF 系统，全行顺利完成 2007 年年结工作，改变了多年以来计财员工年末通宵熬夜的现象。

全行共建立经费共享中心 264 家，其中 12 家城市分行和 4 家省级分行实现了分行层级建设一个共享中心的模式，提高了财务集中管控的力度。一方面，共享中心的建设要循序渐进，不能一蹴而就；另一方面，现在有些分行具备了向更高层次集中的条件，应该尽可能地向一级分行或者中心城市集中，这也是我们的发展方向。

成本分解工作取得突破，首次实现了在全行范围内全面计量各级行的责任中心成本，各条线和各部门的责任成本、完全成本，以及各产品完全成本，并在此基础上实现由总行集中统一生成包含全行条线和产品维度的绩效报告，有力地支持全行管理会计工作的进一步推进。

（七）不断提高对外信息披露水平，积极配合 A 股上市

2007 年，我行财务报告和年报编制质量有了实质性的改善。一是运用知识积累，主动安排期前、期后调账调表事项，2007 年年报审计调整数量较上年降低 70% 左右。二是做好分析预测工作，及时进行政策建议和内外部沟通，合理安排各项财务指标。三是根据会计准则及内部管理政策要求，及时安排一次性计提内退员工费用 90 亿元，调整债转股计量方式，并做好对外信息披露，平稳消化政策影响。四是不断充实和完善报告披露内容，提高对会计准则的理解和报告写作水平，不断提高报告质量。2006 年年报在美国媒体专业联盟（LACP）年报评比中获得了商业银行类年报评比金奖。

还有一项工作就是改善核算基础，在 CCBS 中实现逐笔计算存款应付利息和利息支出以及贷款利息收入截止性差异调整，全行各个层级利息收支得以全面、准确和均衡反映。这件事情意义深远，以前由于体制原因，各分行的税前利润与当地同业缺乏可比性。去年是真的可比了，或者说开始可比了，这有助于我们进行工作评价和确定工作目标。提到同业占比，不能老讲存款占比，存款占比不是我们考核的重点，真正的重点是税前利润，它是各项业务综合能力和竞争能力的表现。这个条件具备了之后，同业利润的占比就能够成为管理考核评价的一个重要基准。

2007 年，我行成功回归 A 股市场，全行计财部门积极努力，组织完成集团房地产权证确权、纳税情况摸底和财务尽职调查，组织完成招股说明书和补充财务信息编报以及 A 股估值等工作，圆满配合了 A 股上市。

我这里要特别提一下，会计和营运管理体制改革这两年的工作效果是很明显的。有很多过去前台的工作已经撤出柜台，在后台进行集中的处理，柜员的操作效率也因此提高了百分之二三十。这几年全行网点没增加，人员没增加，但每年的交易量却增加百分之三四十。网点转型和改造是一个重要方面，会计和营运管理体制改革也是非常重要的方面。

上述成绩的取得，凝聚着全体计财人员的心血和汗水。作为计财战线的一员，我为大家取得的成绩感到自豪，在这里我向大家表示衷心的感谢。在总结成绩的同时，我们也要清醒地认识到，计财管理还存在不足，对全行业务转型、架构调整和市场竞争的专业支持与服务知识积累不足，服务意识、服务能力欠缺，缺乏贴近市场和内部客户的调查研究，客户需求响应和政策调整时滞偏长，实现财务职能转型的要求任重道远。

计财工作的效果应当取决于其对全行业务转型、市场竞争和架构调整的支持程度。各个方面都在动，计财工作也必须跟得上。如果计财工作与业务部门协调得好，积极主动地做些事情，就能对全行有很大的推动和帮助；反之，计财工作如果停滞，业务部门就无法推进，做起来事倍功半，效果大打折扣。

当然，财务管理也不是万能的。从另一角度说，现在各方面的需求很多，互相之间也存在着矛盾和交叉，财务很难一一满足。我们整个机构处在快速成长和变革过程中，新的组织结构出现了，老的组织结构还在继续，两个之间在交叉、在磨合，最终的模式还很难确定。与国外银行相比，我们在财务管理中面临的问题可能更为复杂。在这个过程中，财务部门要更加积极主动地去做，大家也要多理解、多体谅。

二、2008 年综合经营计划安排

2008 年，国内外经济金融形势不确定性较大。同时，我们内部还面临着转变发展方式的艰巨任务，同业的增长也给我们带来了很大的挑战。因此，2008 年综合经营计划执行的压力相当大。

我重点就几个比较突出的问题做一下说明，希望大家理解总行的政策导向和要求，回去之后做好落实。

（一）几项矛盾比较突出的任务目标

在2008年各项计划中，矛盾比较集中的主要是利润指标、贷款利息收入、贷款规模、中间业务和外币存贷款。

第一个是利润指标。从去年的情况看，虽然大家没有预料到最后的绩效会超额这么多，但实际上年初时也都普遍感觉到完成计划是有余地的。今年的情况有所不同，很多人都说利润指标压力比较大，完成计划没有把握。客观地讲，今年的任务安排得确实比较满，余地不大，但也不是高得离谱，经过努力是可以实现的。

第二个是贷款利息收入。总行要求今年上浮比例提高，分行压力比较大。提高贷款利息收入是一个很重要的政策导向。去年开始规模紧张，贷款的收益率在提高、定价在提高，上浮水平理应提高。在规模紧张的情况下，有的分行卖了利率下浮的贷款，再按上浮10%贷出去，这种做法应该提倡。

今年贷款利息收益率的提高是利润增长的一个新的增长点。由于规模紧张，银行在这方面更有话语权了。但是建设银行的数据告诉我们，情况并非如此。在去年贷款规模紧张的情况下，上浮的比例逐月下降，从年初的36%，到第四季度掉到了28%；下浮的比例却在逐季提高，由33%上升到39%。

大家都说我行的贴现利率高了。从实际情况看，四大银行中我们的贴现和转贴现合起来是定价最低的，贴现比工商银行低0.95个百分点，转贴现比农业银行低1.61个百分点，产生这些问题的原因值得我们思考。个贷方面，即使需求很旺盛，去年第四季度发放的个贷，除了个人住房贷款，仍有15%进行了利率下浮。种种数据显示，在定价话语权提高的情况下，我们在定价能力方面亟待提高。

调整贷款结构，就是要相同的定价情况下风险更小，相同的风险情况下定价更高。这两条是结构调整围绕的核心。

第三个是贷款规模。贷款规模控制是一项全行性工作，各部门要各司其职，在压力和矛盾中寻找机遇，完成优化客户结构、提高客户贡献度的战略调整。计财部门一方面要通过考核、激励、专业服务等手段，引导业务部门提高交叉销售能力，以贷款带动基本结算户、中间业务、存款、卡业务等，提高客户贡献度和公私联动；另一方面要配合贷款部门控制好贷款规模和投放进度，必要时采用经济利益处罚手段。

此外，今年是理财产品发展的好时机，贷款规模紧可能给理财产品的上游需求提供了更好的机会。今年如果理财产品收益率不错，又能比较安全的话，销售情况就会比较乐观。

还要注意个贷的发展，太快了不好，但是慢了不符合业务结构调整的方向。受国家宏观调控的影响，2月消费贷款每天都在负增长，个人住房贷款也开始负增长，第一季度个贷规模很难达到35%的进度，全年也不一定能用出去1 200亿元。在贷款规模上，个人业务和公司业务之间有调解的余地。

第四个普遍感觉难度比较大的指标是中间业务。2007年业绩不俗，2008年要实现持续增长和市场份额的继续提升，难度确实不小。但要认识到中间业务是我们经营转型的核心内容，是我们创新、销售、服务、客户基础等多方面能力的综合体现，未来中长期内，这都将是我行以及所有同业的必争之地。总行将通过调整绩效考核和激励政策、落实销售任务、加大产品创新力度等多种手段促进中间业务的发展。各项政策调整后，分行2008年绩效挂钩费用和KPI考核得分将在很大程度上取决于中间业务收入的增长情况。

最近与几个分行行长座谈，大家对完成指标还是很有信心的，而且与同业相比，我们的指标不是最高，其他银行也增长得非常快。比如国际结算，好几家银行1月国际结算的增长速度远远超过了国家进出口增长的速度。所以中间业务是不是做得好，不能光纵向比，还要横向比，要在同业中保持领先。

第五个矛盾突出的问题是外汇存贷款。根据中央银行去年8月提出的外汇头寸管理要求，境内外汇资产必须以境内外汇资金来源做支持，国家注资和上市筹集的资金只能用到境外去。2007年，在全行境内存款下降三四十亿元的情况下，贷款却增了二三十亿元，总行被迫以不低于LIBOR加700点的换汇成本为外汇贷款提供资金。购汇在人民币升值的情况下成本是非常高的，即使考虑其带来的外汇中间业务，也是得不偿失的。总行几个部门已经形成共识，分行要靠购汇去投放贷款的话成本就是LIBOR加700点。

在外币贷款上，一方面，财务上不能作出太大的牺牲；另一方面，根据市场情况发展外汇业务、发展外汇中间业务国际结算，即使亏损，可能还得保持必要的外汇贷款投放。高管层经协商，决定现在开始给国际部安排2亿美元的外汇贷款额支持重点贸易融资的需求，随着情况的好转再陆续安排，全年还是按照预想的，安排7亿美元左右，相当于50亿元人民币，按照这个数字一步一步慢慢走。也就是说，一方面要讲效益，另一方面也要尽力满足市场的需求，支持外汇业务和国际业务的发展。

在当前这种形势下，重点要发展外汇存款。外汇存款上去了，外汇贷款还可以增加。总行对外汇存款给予了优惠的激励政策，多次上调外币内部资金转移价格及外币存贷款优惠利率底线，各行要按总行的政策导向，大力吸收外汇存款。对外汇资金的运用要做好统筹调度，保重点、提高效益，除利用融资和传统结算服务外，还要通过提供外汇资金交易等新型增值和避险服务，稳定和维护好客户关系。外汇存款应该说建设银行1月做得挺好，只下降了3亿元，比其他几家银行的下降幅度少得多，我们有几家重要的分行，外汇存款已经在增长。

（二）几项政策工具的调整

分行KPI考评指标和考核规则有部分调整，新增信贷结构调整和特色理财产品销售两项考核指标体现了结构调整要求；对信用卡、电子银行和高端客户等几项战略性指标调整了考核口径，大家如果细心对比前后两年的口径差异，就会发现，指标由原来的新增卡数和客户数变成了反映更高质量要求的贷记卡客户净增、网银高级活动客户新增和高端客户金融资产新增。在战略性激励业务指标中，我们也会看到许多这种细节的调整，这反映了总行对提升战略性业务内涵发展质量的政策要求。对KPI考评规则的调整将考虑提高公平性和敏感性，增加对市场占比的考核，减少计划完成率考核带来的博弈和考核不公平问题，将中间业务KPI指标标准分值从15分提高到18分，计分范围扩大到0~27分，增强了中间业务对分行KPI最终得分的作用力度。

内部资金转移价格从去年10月起已经实现按交易逐笔计算的本外币资金全额计价，这是我们在完善绩效评价参数方面一个巨大的进步。在推动内部资金转移价格向市场价格靠近的过程中，总行会考虑分行对利润变化的承受能力，采取渐进调整的方式，分步到位。本次计划安排中，已将存款准备金价格由原来的2.09%调整到1.89%，将各项贷款内部转移价格适当调低，确保各项贷款都是赚钱的。调整的过程中也会涉及一级分行的利益变化，对此我们也是在把握着，并且通过其他手段做一些平衡。

经济资本计量参数和计量方法也有进一步的优化，参数调整充分征求了贷款部门和分行的意见，最后形成的方案中，对公非贴现贷款的平均经济资本占用比例由原来的7.2%左右上升到8.4%左右，比第一次计划下达时的比例低了2.36个百分点，在分行可承受范围内。对贷款减值准备的应用中，考虑到分行的实际困难，在计量对公贷款EVA绩效薪酬挂钩时，设定了0.4%~0.9%的信贷成本率范围，主要是为平抑分行年度间因大项目影响或资产质量陡变引致绩效薪酬总量的巨幅波动。去年就存在这种问题，谁抓到了一个大项目，因为当年还没有信贷成本，马上就赚大钱，哪个大项目一下转为不良了，一下子这个分行就下来了，上不去。我们把这个波动找平一些，哪怕刚拉来的贷款，也得有0.4%的成本，如果出现了大额的不良，信贷成本用0.9%封住，不能因为资产个别项目资产质量的变化影响全行的绩效评价和薪酬。这件事总的来说符合总行的战略发展要求，有利于各行的考核传导。需要明确的是，我们仅在计量挂钩费用时采用这个政策，KPI和等级行考核仍按分行实际贷款减值准备，对资产质量的激励约束力度没有改变。

上述几个绩效评价参数调整后，对公贷款执行基准利率会有0.5%左右的经济增加值。2006年可能有接近1.5%的增加值，2007年大概有1%。大家以前认为有贷款就有经济增加值、就有工资，我们就是要改变这种状况，贷款不能忽视风险，所以把经济增加值的点数给降下来，给予合理的评价和考核。风险可控、定价合理、满足优质客户需求的公司贷款能够赚钱，但是不能只靠它赚钱，把全部精力都放在上面。

大家都知道，贷款还有附加的价值，从分行对公贷款计划的积极上报可见，分行在计划安排中不仅考虑了贷款本身的效益，还考虑了它对存款和中间业务的带动作用。综合算账后，即使利率下浮，对公贷款还是赚钱的，只是不像前两年那样赚很多。因此，这样的安排没有降低分行放贷积极性，效益评价却更为理性和客观，对分行充分利用贷款规模资源，提高定价能力和优选客户也有正面的促进作用。分行要从战略结构调整大局的角度正确看待对公贷款效益评价的理性回归，加强对业务发展的科学引导。

（三）关于财务资源配置

2008 年财务资源的总体形势是，员工费用增长的外部约束更加严格，非员工费用和资本性支出保障较为充分。我们的着眼点是钱要花得聪明、花得值，该花的花，有利于长远发展的要花。董事会根据国家主管部门的要求对我行下达的员工费用控制目标是，员工费用增幅与利润增幅的比例是 0.6∶1，这是我们必须遵守的边界。实际上，董事会对于全行的员工费用应该说在思想上是很开放、很开明的，从建设银行的发展和从员工利益的角度给予了很充分的考虑。总行资源配置会在这个框框里协调公平与效率、当期利益和远期利益等各方面因素，作出一个全行利益最大化的安排。所以，大家比较员工费用增长速度时，与利润或业务量增长的对比也应该用 0.6∶1 的规则来衡量。

总行在进行配置时，由于今年把利润压得比较满，所以员工费用也安排得比较满，我们安排出的比例是 12% ~13%，实际按照董事会给的数据是 14%，总行留了一部分，是因为如果分行实际超过计划了，总行要保证挂钩兑现。到年末，留的这部分肯定也都出去了，当然，不同分行超的程度不一样，超得多的相应也会多拿一些工资。

另外，也要客观认识到以后的收入增长不可能总是维持过去的高速度。过去三年内我们的收入水平已经翻番，跟同业比，我们现在的成本收入比已经高于工商银行和中国银行，员工费用占总费用比例也高于这两家银行。虽然人均收入不是最高，但这是由于我们人均效益和人均资产等生产力相对不足，从相对水平来看，员工费用已经不低。

利用好现有资源，对不同类型人员和业务做好差异化的激励政策，这是我们的工作重点。按照董事会的规则，工资增幅不能超过绩效增幅的 60%，如果绩效继续增长，按照绩效增长 0.6 的比例还可以增加工资，这个并没有封顶。所以我们应尽可能少封顶，今年的计划安排在设计上就是尽量少出现封顶保底。当然，完全不封顶不行，我们没有那个把握，但我们会尽量兑现，谁干得好就积极兑现。

非员工业务管理费用安排增长了 16% 左右，资本性支出安排了 165 亿元，增长了 27%，比较宽裕。作这样的安排，一方面是要覆盖目前的价格上涨因素保障基本运营，另一方面是要充分保障战略转型所需要的资源投入。

在 2008 年的资源配置政策中，员工费用总量分配办法的调整是大家最为关注的，涉及大家的切身利益。为什么要调整？我们在此以前执行的员工费用总量分配挂钩办法是 2002 年出台的，曾发挥过巨大作用，但随着全行发展模式的转变以及企业价值观的调整，原办法在效率和公平两方面都渐有失效之处。从效率角度看，每年封顶保底的分行都占大多数，说明体制设计有问题，挂钩费用对效益增长的敏感度不够。今年的做法设计和过程中调整实际是去掉了保底和封顶，对效率有更灵敏的刺激。从公平角度看，收入最高行和最低行的人均收入差距已扩大到 4 倍之上，高于各地经济禀赋和主观努力对收入差距的影响。而从员工费用构成看，基本薪酬占比仅为 40%，保障性收入相对不足。

2008 年员工费用总量分配办法重点作了以下调整：一是统一基本薪酬核定方法，增设岗位薪酬，将固化薪酬占比提高到 60% 左右，稳定固化薪酬增长机制，基本薪酬平均增长 10.9%，岗位薪酬平均增长 5%；二是将经济增加值总量挂钩改为增量挂钩，在保障各行既得利益的基础上，考虑各行历史因素的影响，采用公平、透明的规则计量得出各行的绩效平台，激励在此基础上的绩效增长；三是将经济增加值分解成中间业务、对公非贴现贷款、个人住房贷款和其他业务经济增加值，分别采取不同的挂钩规则，突出了战略导向，并解决了靠吃大户、放贷款赚取员工费用等激励不合理的问题。

进行这些调整后，我们今年收入最高的行和最低行收入差距由去年的 4 倍多降到了 3.87 倍，一些困难的行，情况会有比较好的改善。当然，这个指标也不是降得越低越好，没有一定的差距就没有激励，核心还是激励绩效，激励在当地市场的竞争能力。我们要适当兼顾公平，不是要牺牲效率，也不是通过牺牲我们激励约束机制的有效性来单纯强调公平，总行注意了这方面的平衡，调整的力度也是适度的。

这次下达的员工费用分配办法，根据计划编制过程中发现的问题及分行的建议，对挂钩方法和个别参数又作了一些调整，已发给大家，大家要认真学习，做好对下的测算和分解工作。如何贯彻落实总行的分配政策，我想，还是要结合各行的实际情况，平稳过渡，不一定立即完全套用总行的模式，但必须要达到我们上面所说的提高基本保障、鼓励增量绩效、实现差异化激励的目的，对于那些严重依赖大公司、大项目存贷款拿绩效工资的机构，至少要在增量费用上给予足够力度的调整，存量绩效工资要逐步调整到位。

需要指出的是，对于绩效分配，计财部门和人力部门的分工是各有侧重的：计财部门把握总量的分配，传导业务导向的信号；人力部门负责具体对员工的薪酬分配。薪酬分配的管理有其特定的规律，要考虑基础保障、考虑岗位的差异、考虑绩效的差异，还有其他的因素。在实际工作过程中，具备条件的分行，可以配合人力资源部门在再分配方面做进一步的探索，按不同岗位系列分配基本岗位和绩效薪酬；总行人力部门也将探索推进岗位梳理和分析评价工作，建立岗位分类、分级管理体系，为岗位薪酬的再分配提供支持。当然，从知识积累、提高效率、政策落实角度看，一级分行对二级分行以下的分配机制有一个统一的要求是必要的；总行接下来会对全行员工费用再分配机制做进一步的研究，收集分行目前一些好的做法，整理出几种典型模式，向全行推介。

关于员工费用分配办法，我就先说这么多，大家可以继续讨论。另外，还有几项资源配置政策也要强调一下。

一是完善落实买单制。张建国行长在前些天的讲话中也提到，长远看买单制并不一定是最科学的办法，但在现阶段还是有着积极作用的。当然它也对现有的绩效薪酬体系带来了一定冲击，但是有一点冲击也好，我们的整个薪酬分配体系在新的矛盾面前也需要作出调整。

计财部门应从全局和专业角度参与分配方案的审核，保证各项激励政策的公正性和合理性；对需要进行交叉营销或业务联动的战略性业务激励，要督促业务牵头部门在与相关业务部门充分沟通的基础上拟订分配方案；对承担产品销售支持并作出直接贡献的产品经理，也应考虑给予适当激励。在加大对前台激励力度的同时，对中后台也要建立合适的绩效考核和激励机制，平衡好各岗位基本薪酬和绩效薪酬之间的比例关系；平衡好个人努力和团队协作的关系，对个人也要有团队协作考核指标，建设银行的竞争力最终要体现在团队和组织的战斗能力之中。

二是要根据任务配置好资源。这一点在非员工费用配置中尤其要注意，年初就尽量将资源根据任务配置下去，不要事后奖励，影响业务开展，也影响费用开支进度。应该说，我们的非人力费用和资本性的投入还是比较充裕的，该花的钱不要吝惜，但也要建立相应的责任机制和评价机制，花了钱没达到预定效果的，谁花的钱谁要承担责任。

此外，前几天张建国行长到灾区视察，回来特别提到，对于灾区在车辆、电子设备等方面的损失，要给予适当的安排。这一点总行的态度是积极的。

三是要不断改进财务资源配置和管理方式。总行今年对保险费、媒体广告费、房租费、钞币运送费、网络通信费和长期资产摊销费用六项刚性较强，并对业务发展有重要支撑作用的非人力费用实施分项预算管理，安排了25%的增长，非常充足，这是一个初步的尝试，事后的监控和考核很关键。此外，培训费用要充分保障，这是构建核心竞争力必需的投入。

三、2008年计财工作重点和要求

2008年是落实全行新战略纲要的第一年，计财管理要适应新的经营形势，更好地发挥对全行业务发展和经营转型的促进作用，关键在于深化内部改革、加快职能转换，包括计财体制机制的改进、管理方法和管理手段的更新以及专业支持能力的提高等。围绕这个主题，2008年全行计财工作重点有以下几个方面。

（一）组织综合经营计划编制执行，贯彻落实各项政策

把计划落实好，把体制方面的一些改变落实好，这不是很容易的事情。总行所设计的方案是经过了详细测算的，这个结果在一级分行能够适用，但照搬到300多个二级分行就不见得能够适用了，特别是到6 000多个支行头上，就肯定不行了。

因此，各行计财部门要立足于综合经营计划，

做足、做实、做好“统筹谋划”的功课。一要做好“解读者”，要加强学习研究，正确解读和深刻领会总行各项政策变化中蕴涵的战略意图，充分发挥总行政策向下传导的枢纽作用，切勿囫囵吞枣、一知半解或者仅仅担当总行与基层行之间的“二传手”。二要做好“执行者”，沟通和协调各相关部门，将战略细化、实化为本行的各项任务目标和经营指标，建立良好的绩效评价体系并配置相应资源，并统筹组织计划执行。三要做好“创新者”，总行的政策安排考虑了分行行际差异产生的政策弹性需求，给分行留出了一定调整空间，分行要在总行原则范围内结合本行特点和当地同业情况做好政策的本土化。

总的来说，把这件事情做好要靠发挥大家的才智，发挥大家的能力，这也是对各一级分行计财部门一个很重要的挑战。能把这件事情做得好，全行的工作就能做得好，总行的政策也就能落实得好；如果做得不好，总行的政策传导就要出现偏差。

当然，对于总行的政策有什么意见和建议，大家要积极地反映。一个企业，一个有生命力、有活力的企业，一定是有好的试错、纠错机制的企业，不能因为怕犯错就什么都不做，故步自封，这样的企业没有活力和生命力。要大胆地改革、大胆地去变，过程中有问题也一定要反映。上级行要思路开阔，计财部、资债部、风险部要多听大家的意见，多听各部门、各分行的意见，作出适时的调整。

（二）服务于战略和内部客户，提高专业化支持与服务水平

在商业银行的价值链中，计财部门既不是价值创造的起点，也不是终点。要实现价值增值，必须紧紧围绕战略转型和内部客户，提供高效的专业化服务，要适应转型，配合、支持转型，计财部门的工作方法、工作流程要跟进调整。

提高专业化支持与服务水平，要注重知识的积累和共享。我们建设银行计财部门是一个系统，大家都在创造知识，我们要想办法把这些知识变成全行的知识，变成对业务部门有用的知识。此外，还要加强与业务部门的双向交流，要通过学习培训和短期交流等方式，实现计财部门对业务部门相关人员的财务知识输送和业务部门对计财部门人员的业务知识输送。

在此基础上，今年要重点做好以下几个方面的工作：

一是加强分析预测工作。业务与财务，犹如汽车的前轮与后轮，关联性和协同性强，分析和预测要将两者衔接，计财部门的分析预测不能只局限于财务数据表面，要深入挖掘其中的业务动因。

二是适应专业化经营的推进。组织框架的调整，需要从财务上给予支持。今年初的行长会上提出了不少内容，董事长的报告、行长的报告都提出不少，有很多组织框架调整的事情，计财部门要跟上，不然这些调整就不能有真正有效地推进。

要在绩效考核和资源配置上配合全行专业化机构的建设，注意解决专业化机构与传统网点在利益考核上出现的一些新的矛盾，对财富管理中心等已经制定绩效评价与资源配置指导意见的，要进行实施效果的跟踪评价，持续提供并改进计财支持与服务；对公司业务经营重心上移后相关机构的绩效考核也要进一步研究。

三是改进基础核算体系，重点研究投资托管部等具有独立经营性质的内设部门的独立核算方案。其实不完全是前台部门，后台部门也存在这个问题，比如一些后台业务处理中心。去年我们在信用卡中心已经有了突破，今年要完成信用卡业务条线财务管理模式的变革，由计财部向信用卡部派驻团队，垂直管理、双向汇报，全面理清信用卡业务与各分支机构间的财务收支，完成必要的 ERP 系统的改进和改造，年末要拿出独立完整的信用卡业务资产负债表。

四是积极尝试和实践对业务单元提供财务专业支持和服务，并总结其中经验全行共享；财务支持与服务的形式可以多样化，BFO 制度不是唯一选项。

五是改革优化资本性支出管理，使之更有效率地服务于内部客户，提升管理效率和资源效能。去年我们在网点建设和 ATM 的投入上，效果不尽如人意。业务部门反映财务上有问题，先预算，再授权，然后采购，时滞太长，使得全行资本性支出进度总是偏慢。

这次会议有一个关于资本性支出的待议文件，希望大家能好好地思考，有些事情要突破原有的框架。我们过去加强财务控制，把预算、授权、采购层层把得很严，那是针对当时特定情况。现在全行财务管理的规范性、大家对花钱效果的重视比过去好多了，我们有些事在财务流程上就要简化、要放权，放权给下面分行、放权给业务部门。计财部门不能说完全撒手，需要把关，但是不能把得太多，流程不能太长，要加强调度。

（三）推行全面成本管理，细化落实各项成本管理措施

实施全面成本管理是一项长期战略任务，绝非一朝一夕可以完成，但每年都应该有所进步。今年要重点做好以下几项工作：

一是划分成本责任主体，试编责任中心预算。通过落实成本管理责任，增强各责任中心的成本效益意识，促进责任中心成本预算和成本核算机制的有机统一。

二是加强本级预算管理，提高本级成本管理水平。本级成本管理是全面成本管理的一个难点，要通过对本级预算执行情况进行评价、考核和奖惩，将财务目标的实现与部门和员工个人切身利益联系起来，使本级部门和员工主动关心财务预算和成本控制；本级费用不能敞口安排，本级人均员工费用增幅原则上不应超过本行员工费用平均增幅；后台集中营运的费用需求要保障，但行政性办公性费用标准要严格控制。

三是加强支出标准化建设以及重大投入后续跟踪评价，制定办公场所面积、安全防卫设备、电子银行设备等资本性支出标准，研究租赁房产等标准化合同；组织对近两年重大投入进行跟踪评价分析及实施效果后续跟踪，以投入—产出为标准衡量全行资源投入质量。

四是加快新的成本分解等管理会计方法的研究和应用。重点研究客户运营成本计量方法，构建新的条线、产品、客户运营成本计量体系，选择基础较好的分行作为管理会计的试点，及时启动管理会计系统建设的试点工作，实现为管理者提供可以信赖的分条线、分产品、分客户的分析结果的目标，为业务发展和管理决策提供有效的服务手段和管理工具。这项工作启动的时机已经成熟，但重点是先提出需求，应当是在解决问题的过程中去提出需求、在了解客户和我们内部客户的需求过程中去提出需求。

（四）加强资产负债和中间业务管理，促进结构调整

要统筹运用业务计划、内部转移价格、价格管理、利率管理等手段，进一步明确业务结构调整的政策指向，抓好协调落实。主动顺应国民经济结构调整的方向，推进信贷结构调整和信贷资源配置优化；加强对中间业务的分类指导，加快东部地区市场竞争力的提升，努力实现中间业务在四大银行中增速第一、市场位次第二以上的目标。加强产品管理和创新制度建设，组织制定、完善产品创新计划、考核、评估等基本制度，加强产品创新管理；运用美国银行协助项目成果，推动产品评估、流程优化和标准化工作。

在这里我着重讲一下关于定价能力建设的问题。中国的利率市场化正在推进的过程中，这是“十一五”计划提出的很重要的一点。可以预见，未来的四年，每年都将会有实质性的推进。对我们来说，过去定价很简单，都是根据人民银行基准利率而定，定价能力还比较弱。事实上，定价能力是构成商业银行核心竞争力的重要因素。所以我们要跟上利率市场化的进程，既不能快，也不能慢，要逐步建立和强化定价能力。

人民银行有一些思路，比如去年开始推出SHIBOR，意图是将它变成中国的LIBOR。目前SHIBOR还不是很完善，特别是在半年以上期限上与市场预期还不够一致。但是在3～6个月的部分是比较好的，是与市场的预期基本一致的，在这个期限的产品定价上，我们要尽可能地和SHIBOR靠拢。当然应用的时候也要考虑客户和市场的接受能力，至少对金融客户和部分公司客户提供产品时都应当把SHIBOR作为定价的基础，其他的可以慢慢推进。

这项工作很重要。市场化的定价形式就是在基础利率上加减点，这个加减点实际上就是风险价格。如果现在不去探讨，我们就不会知道风险成本是多少、风险价格如何确定。因此，现在就要研究这个基准，要研究在基准上的风险定价是多少。要建立起这样一个流程：业务部门如果需要推出某个产品，财务、风险、科技等后台几个核心部门要能跟上，顺畅地支持它。这样我们才能在未来的定价能力建设上能够跟上利率市场化的进程。

（五）加强内控建设，提升财务信息披露水平

全面推进财务报告内部控制建设，在总结试运行成果的基础上，组织开展财务报告内控建设全行正式运行工作，结合前后台管理模式的变化，全面建立和完善事前、事中、事后紧密衔接的内部控制体系，切实发挥财务报告内部控制防范风险、提高财务报告质量的作用。2008 年，我们将会完整地披露季报、中报和年报，要提前安排各项成本收入按月按季均衡列支，在各个重要会计期时点对重要财务事项的账务处理情况提前进行核查，避免出现期后调整事项，从源头上提高对外披露财务报告的质量和水平；切实抓好审计调整和管理建议书的整改落实工作，并引以为戒，不要在同一个地方跌倒两次；要按照国际一流商业银行的水准，逐步提高财务报告编制水平和披露水平。

（六）加强财务监管，以主动配合国家审计署对我行的审计为契机，规范财务管理

财务监管不能完全依赖现场检查，要采取不同手段多管齐下，强化财务监管能力。要充分发掘 ERPF 系统细化核算科目后的信息价值，加强数据分析，提高非现场监管能力；要重视审计信息，透过审计结果看到其中反映的财务管理问题，切实落实整改并举一反三，堵住漏洞；要积极推动分行开展财务自查，并加强对分行自查流程合规性和合理性的管理，通过控制过程提高分行的自查效果。

要高度重视并主动配合国家审计署对我行的审计检查。对审计署的工作要高度重视，总行和分行之间信息要沟通好，财务部门和审计部门要沟通好。我们不是在应付审计，而是要积极配合他们的审计，发现问题，改进我们的工作。被确定为重点检查对象的分行要按照总行统一部署，积极配合，为审计检查创造应有的条件，保证审计检查工作顺利开展；未被列为重点检查对象的分行绝不能“事不关己，高高挂起”，要按照审计检查的条件自省、自查，以此为契机，规范财务行为，促进依法合规经营。对各项财务违规行为，总行将从严查处，发现一起，处理一起，绝不姑息。

（七）加强学习、培训和调研，提高支持服务能力

转换计财职能，要求我们切实提升业务素质，提高支持服务能力。要重视并加强计财员工的学习培训，包括学习财务会计制度、内部管理政策以及业务知识。员工职业生涯规划工作要引起重视，要做好计财专业人才成长的引导工作，加快成长和成才速度，调动员工自觉学习的积极性。要特别强调调研工作的重要性，今年在这方面要有大的起色。各种政策制度从来都不是空中楼阁，不是坐在办公室里就可以思考出来的，必须从实际出发、从实践出发，多到基层和前台调查研究。工作要沉下去，灵感才能浮上来。最后，要搭建良好的管理交流平台，分享学习、培训和调研中的知识、技能和经验，以实现知识的积累和共享。

总的来看，2007 年我们已经为股东交出了一份出色的答卷，这其中凝结了计财部门的智慧和辛劳，大家辛苦了，丰硕的经营成果就是对大家最好的肯定。希望大家再接再厉，以饱满的热情迎接新形势下的挑战。

全行经营形势判断及应对措施

——在全行风险管理专题视频会议上的讲话

庞秀生

（2008 年 10 月 22 日）

一、经营形势判断

关于当前及来年的业务运营与财务收支形势，可以用三句话概括：2008 年前 9 个月日子很好过，2008 年全年日子过得去，2009 年日子将比较难过。

2008 年前 9 个月，全行业绩增长继续保持了良好势头，税前利润和税后利润分别增长了 30% 和 48%，预计在四大银行中居首位，ROA、ROE 等各项核心业绩指标也得以持续提升。存款新增占比在四大银行排名由上半年末的第四位上升至 9 月末的第二位，贷款增速也比较适度。但进入

10 月以来，存贷款余额均有一定程度下降，中间业务发展速度明显放缓。

从 2008 年全年来看，虽然受全球金融危机影响，外币债券投资遭受损失，但预计全年利润仍能完成董事会计划目标，并且利润增长率在四大银行中仍会保持领先，中间业务全年预计能达到 30% 左右的增长率，保持总量第二位、增速第二位的水平。

受到内生和外部因素的影响，目前我国宏观经济各种经济数据显示出经济向下运行的信号，各种判断表明，银行业 2009 年将面临十分严峻的外部形势，业务经营将困难重重。

中间业务将从高速增长回落到平稳增长，但即使实现平稳增长也实属不易。一是国际、国内金融市场动荡，直接影响到与资本市场相关的基金业务及理财业务的发展。二是全球经济下行、外贸进出口增速下降、“热钱”进出活跃程度减弱以及人民币升值速度放缓也将对国际结算和代客资金交易等业务产生一定影响。三是近期监管政策的变化也增加了商业银行中间业务发展的难度。如银监会不允许银行对企业发债及理财产品进行担保，对贷款承诺收费进行规范，停售或限售部分趸缴型保险产品。截至 9 月底，我行上述 8 类产品合计收入超过 140 亿元，占全行中间业务收入的 40% 以上。这些产品发展的受限将直接影响到明年全行中间业务的发展。四是伴随贷款有效需求下降，银行贷款议价能力也会下降，将对财务顾问及理财产品等中间业务产生不利影响。五是发展改革委已经开始着手对银行业收费价格垄断进行调查，服务收费环境渐趋严格。

净利息收入的增长也将十分有限，甚至零增长。中央银行 9 月以来两次降息并且有一次非对称性降息，虽对今年的影响不大，但将减少明年的利息收入 70 多亿元。市场判断中国已进入降息周期，中央银行未来一年内将连续 2～3 次进行非对称性降息，并可能会扩大个人住房贷款下浮幅度。据测算，存贷款基准利率每平行下移 27BPS，我行 2009 年的效益将减少 25 亿元；个人住房贷款下浮幅度调为 20%，我行 2009 年效益将减少 21 亿元，如下浮 30%，效益将减少 64 亿元。而且，我行今年的资产负债结构变化在降息趋势下也不是特别有利。截至 9 月底，全行增加了 7 200 多亿元生息资产，其中 3 200 亿元是存中央银行准备金，今年新增的长期资产不多，相应明年以低利率重定价的资产就多，并且即使明年下调准备金率，长期利率的下行将使得收益增长较为有限。

除了收入增长面临困难外，风险成本控制的难度会更大，可能会成为明年最突出的问题。银监会刘明康主席在第三季度经济金融形势通报会上指出，我国经济的下行趋势正在形成，银行业不良资产和信贷成本率上升之势已成必然。外部预测我行的信贷成本率将比今年上升 50% 以上，我们自己保守地估计，至少也要比今年提高 0.1 个百分点，达到 0.7% 左右，对利润增长形成巨大压力。

根据上述情况，审慎地预计，明年的净利润将为零增长；即使持乐观态度，利润增幅也难以达到两位数。而根据董事会提出的按成本—收入比和利润增长约束的费用预算核定原则，明年的费用增长也将极为有限，所以明年在费用安排上，存量范围内的结构调整是不可避免的。

二、年底的政策安排和明年的应对措施

为了及早应对明年的经营困难，从现在开始就要做好各项工作和政策安排。

中间业务基础要做扎实，切实遵循合规性要求，收入实现要真实，不含水分。中间业务计划有所调整，根据市场形势，将不再考核代销基金收入。贷款方面，要根据形势判断，密切跟踪资产质量的变化，审慎地计提拨备，提升风险抵御能力。

在费用安排方面，今年的良好业绩保证了费用安排还有一定余地，在继续坚持控制成本、节约开支的前提下，考虑到物价上涨超出预期以及业务发展难度加大等因素，总行对费用配置政策进行一些调整。员工费用的 EVA 挂钩政策，取消年初按 EVA 计划一定比例封顶的限制；中间业务市场份额挂钩比例按年底实际占比考核。考虑行际平衡因素，对个别收入增长低于 10% 的分行，按 10% 保底，负数计入奖金池；对个别收入增长超过 22% 的分行，按 22% 兑现，盈余计入奖金池，以后年度以丰补歉。对非员工费用作一些补充配置，房租费、运钞费等六项专项费用按项目需求据实调整预算；其他基数费用增长比例由年初的 6% 调增到 10%；考虑到核算科目调整因素，对电子银行 UKEY 支出和信用卡权益支出等按新增客户数和支出标准全额补助费用；网点转型费

用补助标准从6万元/个提高到8万元/个；主营业务收入增长挂钩费用对超计划部分进行兑现，其中中间业务收入挂钩费用由于市场形势影响而少于年初计划安排的，不再清算扣回。经过以上政策调整，预计分行的费用需求基本可以得到满足。各行要根据制度规定，合理、合规地安排好这些增量资源，利用这个机会去满足一些有利于长期发展的费用需求，不留欠账，缓解明年的资源压力，使用过程中尤其要注意财务规范，规范核算、规范列支。近几年来，全行财务规范化管理水平得以较大提升，审计查出的违规金额大幅下降，全行要继续坚持规范管理，切不可放松。调整后的费用预算将于近期下达分行，各行要严格执行预算。

明年的政策还没有考虑成熟，也只是一些个人想法。最重要的是要增强政策调整的灵活性，更好、更快地适应市场变化。如流动性不足在今年7月还是一个问题，但到9月已大为缓解，银行业整体备付率达到3%～4%，已高于2%～3%的正常水平。9月底以来，由于流动性增加及降息预期影响，市场利率急剧下降，尤其是长期利率下行较多，5年期债券收益率已从前9月平均4.9%的水平降至目前的3.5%左右，已低于1年期收益率，并且远低于存款成本。但第三季度全行增加了1 200亿元3～5年期的协议存款，甚至在9月降息后的最后一周，邮储固定利率协议存款仍增加了382亿元，利率为5.20%，而同期的政策性金融债利率仅为4.05%。在降息周期下，意味着以后年度付息成本的进一步增加，这就是对市场响应慢、缺乏预期管理的一个经验教训。

从趋势上判断，明年的有效贷款需求可能会下降，居民投资渠道收窄会有利于存款的平稳增长，所以明年市场会出现流动性过剩问题，将导致市场利率持续走低，中长期资金价格仍有下调空间。总行将根据市场利率走势，及时调整内部资金转移价格，对除个人储蓄存款外的存款，适时恢复主动负债政策。所以分行要密切关注市场的变化，及时调整经营策略，加强主动负债管理，多吸收短期低成本的资金。资产结构安排上，可以适当增加中长期资产占比，及早做好项目储备。

中间业务要继续大力发展，不能放松，各行要充分认识到发展中间业务对全行战略转型的重大意义。明年的中间业务虽然拓展难度加大，但通过加大客户拓展力度、加强收费管理和交叉销售等措施，仍将实现10%～20%的增长，其中重点产品收入增长应在20%以上，达到在四大银行中增速第一位、总量第二位的目标。

贷款总量安排上，中央银行的政策允许各商业银行适当增加今年的规模，明年预计不再进行规模控制。根据我行的情况和初步沟通的结果，今年全年贷款新增从3 675亿元增加到4 000亿元，公司类和个人类贷款分别再增加200亿元和100亿元。明年将根据外部形势的变化和实际情况确定贷款投放，初步预计增速在12%左右。各行在贷款管理中要注重以下几个方面：一是贷款发放始终要将风险管理放在首位；二是要保证中小企业、涉农贷款和救灾贷款的需求；三是要落实进度管理，明年贷款要平稳增长，避免大起大落；四是关注贷款有效需求的变化，及时进行策略调整。

在资源安排上，明年会有比较大的局限，要注意有轻有重。各行要提前梳理明年的资源需求，对重点支出作好安排。要考虑充分利用房地产市场价格走低的机会，在经济发达地区、城市繁华区域和经济强县增加网点建设投入，营业网点自有率争取提高3个百分点。同时全行要减少对非生产性房产设施的资源投入，继续严格控制办公楼建设。

扎实做好决算基础工作
切实提升财会管理水平
促进全行业务持续稳定发展

——在2008年财务会计决算会议上的讲话

庞秀生

（2008年12月2日）

同志们：

今天召开中国建设银行2008年度财务会计决算会议。会议的主要任务是部署年终财务会计决算，安排好岁末年初各项财会工作。下面我就相关工作讲几点意见。

一、加强组织领导，认真做好财务会计年终决算

今年年终决算，各行要紧紧围绕“关好账、开好门”这个中心任务，根据决算文件要求，从基础和细节入手，扎实做好每项工作。总体上要实现三个目标：一是确保财产清查彻底，损益确认真实；二是年终结转顺利，业务运行平稳；三是切实提高财务会计报告质量。

（一）做好年终结转前的各项基础工作

结转前的各项工作是决算的重头和关键，是年终决算顺利完成的基础。实践证明，只有日常工作抓得实、年终清理抓得彻底，财务报告质量才能得到保障。各行要严格对照决算文件要求，认真组织清查，及时发现和解决问题，避免流于形式、走过场。决算文件中对贷款、投资、抵债资产、担保物等清理核查作了详细布置，下面我特别强调几点：

一是认真做好资产盘点清查。资产清查要覆盖全面，要组织好现金查库工作。金库检查要干净彻底，要特别重视自有及代客保管黄金等贵金属的清查，确保财产安全。年底前，由会计部门牵头，个人存款与投资、营运管理等部门配合，对库存本外币现金、ATM和尾箱现金、贵金属、有价单证、重要空白凭证和其他重要物品做一次彻底清查，保证账实相符。

二是及时清理资金挂账。要利用年终决算的机会，对“3140待处理结算款项”做一次彻底清查，重点关注解决利用3140违规垫款、违规代发工资、内部账户取现、挪用资金、隐匿收入等违规问题。清查过程要形成书面记录，不仅要列明违规事项，而且也要明确限期解决的要求和责任人，会计部门负责人和会计主管行长都要签字确认。对于年底前解决了哪些问题，哪些还没有解决，也要专项说明。这些材料要作为后续解决3140问题的基础和依据。明年上半年总行财会部要组织相关部门对清查结果在全行范围内进行复查，对于这次没有清出来的或者清出来但并未实际落实解决的，要从重处理，会计部门的负责人也要承担责任。

三是做好账务核对工作。年终决算前，各行要在抓好与外部客户、人民银行、同业往来等外部账务核对工作的基础上，重点做好内部账务核对，特别是系统内往来账务、理财产品表外账与业务台账的核对工作，确保全行账账、账簿相符。

四是清理核查代客理财业务。各行要集中专门力量对代客理财业务进行全面清理核查。建设银行现在的理财产品基本都在表外，但是有些产品银行是担险的，或者至少是部分担险的。承担了风险，就要按照国际会计准则的要求，在资产负债表内核算。年末各行要把理财产品核查清楚，认真解决审计已经发现的问题。凡是提供了全额保本承诺的信贷类理财产品，要在资产负债表内确认；对于非保本的理财产品，必须严格按照协议规定，规范操作，杜绝为理财产品垫款；对于已发生的理财产品垫款，要落实责任管理部门，加大催收力度，及时追偿，落实清理、保全措施，

避免逾期挂账和损失。

五是真实、完整地反映损益。利息收支虽然已经实现了系统自动计提，但各行仍要对业务系统中存贷款种类、利率等参数设置进行认真核实，防止由于参数错误影响账务数据。中间业务收入要严格按照权责发生制核算，对于财务顾问、工程造价、企业管理顾问、保函业务等涉及估计与判断的中间业务收入，要在合理的受益期限内予以预计或递延确认。对于实际未提供服务，而是与贷款发放直接相关的收费不得作为中间业务收入，对于后面这条要求，大家必须有一个正确认识。第一，这是国际会计准则的规定，不严格执行就会导致会计确认错误；第二，从中间业务稳定增长的角度看，也不应将其确认为中间业务收入，因为这类业务是不可持续的，即使今年确认为中间业务收入，明年也不能再确认了。资产减值和预计负债的计提要覆盖全面，从目前风险变化的趋势来看，减值的计提要采取更为审慎的态度，无论信贷和非信贷资产、表内和表外资产都要按照制度要求，由归口管理部门牵头组织清理核查和减值测试，特别是对于在表外核算的对外债务担保、保函、银行承兑汇票等或有事项，如已经形成潜在风险，即使尚未发生垫款，也要比照预计负债管理流程确认相关损失。

（二）确保 CCBS 等系统年终结转顺利完成

顺利完成年终结转是保证旧年度账务按时关闭、新年度正常对外营业的前提。由于年终结转涉及的系统较多，不仅包括全行统一的 CCBS 核心业务系统，总行统一开发的网银、龙卡、证券、个贷、重客、资金清算、ERPF 等业务系统或管理系统，而且还涉及分行的特色业务系统，因而总行营运管理、信息技术管理部要作好系统年结的总体部署和计划安排，把握好时间进度，尽早组织系统年结模拟演练，及时编制发布各系统年结协同计划表，落实各系统关闭时间和结转要求，避免由于系统结转原因影响新年度正常开业。这项工作，需要全行上下、各个部门通力协作，共同完成。

（三）高质量完成外部审计及财务报告编制工作

明年 4 月底前，建设银行需要按照两套监管标准和会计准则，编制两套年度财务报告和季报，时间紧、任务重，工作交叉比较多，数据质量要求高。各行会计部门要负责牵头组织，会同有关部门与毕马威积极沟通，及时处理外部审计中遇到的问题。各行要在年终决算领导小组的领导下，建立部门之间、上下级行之间以及与毕马威之间的有效工作机制，及时解决问题，保证外部审计和财务会计报告编制工作按时完成。作为财务会计人员，在与毕马威合作过程中，要始终坚持两点：一是审慎，二是规范。要通过与外部审计师的密切配合，审慎、规范地反映建设银行所面临的潜在风险。

二、坚持不懈地改善财务会计管理基础

要认真做好会计确认计量、账务核算组织、会计信息质量、财务报告内控建设等财务会计基础工作，这是关系到建设银行整体管理的基础是否稳固的重要方面。如果财会基础工作不扎实，全行业务就难以平稳运行，经营管理也不可能稳健深入。近年来，通过推进会计和营运管理体制改革、实施核心业务前后台分离、ERPF 系统经费账务集中核算等一系列改革举措，全行财务会计基础管理工作取得了长足的进步，这是有目共睹的，但我们也要对在基础管理方面的差距有清醒的认识。比如会计处理不符合准则要求，导致期后审计调整事项仍然为数不少；权责发生制作为一项基本的会计确认原则还没有得到全面地贯彻落实；会计核算错误、违规处理财务收支的现象还时有发生，有些还造成了较大的损失或隐含了较大的操作风险。从对部分基层机构财务收支核算的检查情况看，问题还是很多，有些问题甚至长期得不到纠正。出现这些问题，有制度不执行、违规操作的原因，但更要关注到其背后的制度不完善、管理措施不扎实、责任不落实、监督控制手段滞后等深层次问题。归根结底，还是我们的管理基础很脆弱，全行要在管理基础方面多下工夫。目前，随着战略转型和专业化经营的不断推进，全行在组织机构方面面临一些调整，相关职能也会发生一些变化，但不管怎么变化，抓好财会基础工作是长期性的重要任务，不能冲淡、不能放松。财会部门要树立长期目标，突出完善制度、落实责任、优化系统控制、提高人员素质这四个环节，持续地加以改进。关键是要减少浮躁，要集中一定的精力和力量，每年集中解决几个基础管理方面的实际问题，使我们的管理能力逐步提高。这其中很重要的一点是知识化。要在工作中，在发现问题、解决问题过程中积累知识，

把这些知识变成流程、制度，变成培训教材，让大家了解掌握，最后嵌入系统中去，为各方所用。具体要求方面，当前还是要抓紧解决以下三个“老大难”问题，这些问题都是财会基础问题，解决不好会存在较大的潜在风险。

一是抓紧研究实现待处理结算款项的规范化管理与核算。待处理结算款项的存在有其合理性和客观性。在核算上，有许多需要过渡或暂时落地的资金要使用这个核算码。但现在这个核算码成为一个矛盾集中的地方，收容站变成了垃圾桶。今年审计部门对待处理结算款项进行了专项检查，发现的违规问题比较多，也比较普遍，对此，总行财会部已经进行了详细分析，初步提出了解决方案。第一，要细化核算码设置。这个核算码下核算的事项90%以上都是正常的，但确实有一些事项存在问题。因此要把这个核算码进行分解，把正常的事项分离出来，用其他核算码核算，让非正常的事项范围变小，并且显现出来，然后落实归口管理部门。第二，要明确管理权限和责任。核算码细分后，要针对每个核算码设置开户权限，加强对使用核算码人员的授权控制。对于问题较多的环节，要提高权限级别，把权限授予违规成本更高的人，并严肃追究违规责任。第三，要逐步加大后台集中处理的力度，通过改造和优化IT系统，完善系统监控手段，提高挂账自动化管理水平。

二是强化系统内往来收支的规范化管理与核算。系统内收支不平将直接影响损益数据的真实性。这个问题长期以来一直没有得到很好的解决。目前，造成全行系统内往来收支不平既有操作层面的原因，也有制度不够完善、无法满足现实需要的原因。财会部一定要下工夫，尽快想办法，从源头上解决问题。今年总行已经对境内系统内往来收支进行了清理，下一步，要在前期清理的基础上重点研究海外分行、子公司与总行、境内分行之间的往来资金利息收支规范化管理问题，尽快出台相关制度文件，全面解决整个集团内部往来收支对账问题，提高对外信息披露数据的质量。

三要认真完成内部管理类资金账户清理工作。由于管理分散的原因，我行内部管理类资金账户分布广、数量多、操作流程不统一，形成了一定的潜在风险。今年审计发现的问题中，其中一个就是工会账务问题。目前总行在全行范围内组织了内部管理类资金账户清理，撤销了一些无效或重复账户。下一步要重点从规范制度、明确责任的角度入手，按照“统一管理、归口负责、分类规范、有效监控”的原则，切实落实财会部门牵头管理和使用部门归口管理的责任，统一规范不同类型账户的管理规程。内部账户的管理，关键在于落实，要把每个账户都搞清楚，明确权限设置，明确管理办法，明确谁有权开账户、谁有权审查账户、谁有权记账。业务部门可以根据业务要求开立和管理专用账户，但记账工作原则上应由财会部门来做。如果有特殊情况必须自己记的，财会部门一定要有定期账务检查制度与账务控制要求。总行将根据前期调查研究的结果，尽快出台相关的管理办法，指导分行做好内部管理类资金账户开立、使用、管理和监控规范管理，进一步压缩内部管理类资金账户的数量，分行要认真研究和梳理本行实际情况，按总行部署和要求开展清理，力争在2009年上半年完成相关的规范、清理工作。

三、准确把握总行组织机构改革精神，健全和完善财会管理体制

机构改革是大家比较关心的问题。今年6月，总行成立了财会部，形成了事前计划与预算、事中控制与核算、事后考核与披露的一体化财会管理体系，从会计事项的发生开始，一直到财务报告披露，都集中在一个部门完成。其中涉及会计的主要职能包括会计制度建设、财务报告编制、内部控制、经费和固定资产核算等。这次改革，体现了重组上市后新的形势要求，符合现代商业银行财务会计管理工作的基本方向和框架，有利于加强财务会计的全过程管理。各行计财、会计部门要正确理解总行此次机构改革的意图，一方面要各司其职，保持思想的稳定和工作的连续性；另一方面要积极适应总行在管理上的变化，强化协调配合，理顺管理流程。

总行机构改革后，分行会计部门分别对应总行财会、资金结算和营运管理等部门，存在上下级行之间部门设置不一致的情况，对此，各行要有客观的认识。总分行的职能特点、管理重心等并不完全一致，不可能做到机构设置的一一对应。比如在准则实施、财务报告编制方面，总行要承担主要职责，分行更多的是具体实施和配合。严格意义上的会计工作将更多地集中在总行；而在

面向客户、面向基层、面对柜员的服务中，分行会计部门承担的任务更重一些，这些任务是艰巨的，风险也很大，各级领导必须重视，投入更多的精力。总行部门职能的定位很清楚，会计工作方面归属于财会部，后台营运方面归属于营运管理部，对公业务柜面管理方面归属于资金结算部，个人业务方面归属于个人部。分行的机构设置，关键是要更好地满足业务和管理的发展要求，因地制宜，而不是简单强调上下级行之间的完全一致。

总行财会部成立后，需要对会计的职能定位进行重新研究和思考，尤其是要突破对会计工作的传统的、固有的认识。美国银行财会队伍几千人，我们十几万人，本身就说明不合理。如果这么多人都是会计人员，那么谁去做客户服务、谁去办理业务、谁去营销，显然这种定位既不符合现代商业银行的经营理念，也不符合实际情况。今后，财会管理体制主要建立在二级分行以上，财会人员也主要是二级分行以上财会部门的人员，柜面人员不再作为会计人员管理。目前推行的委派会计主管可以考虑逐步改为营业经理或是其他名称。在目前过渡阶段，各行可以根据本行管理需要决定会计主管角色和名称是否改变，如果条件暂时不具备，仍可作为会计主管由二级分行委派，待条件成熟时再进行改变。

财会部门要承担规范核算的职能，但这种职能主要体现在制度建设、系统需求和检查监督方面。要通过系统建设，将制度要求镶嵌在系统中；通过检查监督，保证核算真实，严肃财经纪律。柜面管理职责主要是由资金结算、个人存款与投资部门承担，以充分发挥业务部门贴近客户、贴近市场、贴近柜员的专业优势。要按照这个思路，研究确定柜面的人员管理、劳动组织、制度建设和风险控制要求等。

四、持续推进财务会计报告内控建设，建立长效机制

财务报告内控建设是一项重要的基础工程，是今后分行会计工作的重点与核心内容。这项工作前两年开始搞试点，去年全行试运行，推行得不错，总体上方向正确，未来必须按部就班地推进。通过前两年的试点、扩大试点和全行试运行，各行熟悉了财务会计内控建设的要求，在组织、方法上积累了经验，为下一步工作赢得了主动。下一步的重点，一要更科学，二要更知识化，三要更注重解决实际问题。各级行会计部门要建立起一支财务报告内部控制专业队伍，每年定期做这项工作。这支专业队伍建立起后，专业性很强，是真正的会计人员，这个方面要多下工夫。

财会部一定要盯住这项工作，不能放松，要做得更实。要继续坚持财务会计报告内控建设方向，通过内控建设，构筑记录、测试、改进、评价的持续循环机制。满足监管要求是一方面，但更重要的是建立长效机制，形成确保财务会计报告质量的有效“抓手”。一是机制上为审核财务会计报告奠定基础，让大家对会计信息质量真正放心；二是形成定期常态化的评价制度，持续检讨制度、流程和系统，不断改进和完善；三是保证各项制度和管理措施的有效落实，切实维护财经纪律；四是将定期的检查评价和日常的检查监督有机结合起来，形成动态的财会监督体系；五是推动稳健的财会内控文化建设，形成依法合规、严格核算的控制环境。

明年，财会部门要按照全行内控评价牵头部门的实施要求，持续推进财务会计报告内控建设，并作为全行内控建设的有机组成部分。现阶段的工作重点是立足于财会部的职责，围绕财务会计报告质量，以会计的初始确认为起点，合理确定内控建设的范围，有效界定关键控制环节，并对内控记录和测试手册进行重新梳理，为明年的正式运行打好基础。今后，在每年的外部审计前，要按照内控建设要求，结合毕马威的审计方法，在全行范围内开展自我测试和评价工作，主动发现和解决问题，力求实效。

五、抓好岁末年初的几项重点工作

临近年底，既要对全年性的工作收好尾，也要着手考虑安排明年的工作计划，任务十分繁重。各行要统筹规划，突出重点、抓好落实。

一是全面完成今年计划预算目标和编制2009年综合经营计划。今年末各项业务、财务收支都要做实。经营上的具体工作由业务部门来做，但财会部门要把好关。要扎实做好财务收支的组织与核算，收入要不含水分，支出要不留欠账。要妥善做好年末费用安排和支出控制，加紧组织实施今年的资本性支出项目，保证资本性支出及时规范入账。要及时、充分认定风险变化与资产损失，谨慎计提各项减值准备。各行要加强对预算

执行情况的监控，及时与总行进行沟通，确保全面完成预算任务。

2009年的综合经营计划编制方案即将下达分行。总体来看，明年的宏观经济形势不容乐观，上周，中央银行大幅降息108个百分点，预期还会有几次降息，全行利差空间将快速收窄，净利息收入面临负增长，即使乐观估计，全行利润可能会是零增长。各行要根据总行政策导向，及时调整经营策略，提早做好计划编制与安排。贷款方面，要在控制风险的前提下，抓住商机积极营销，做好项目储备，保证明年有一个比较好的增长。负债业务方面，到目前为止，与市场利率相比，3个月以上的存款都出现利率倒挂，因此明年要特别加强主动负债管理，关注市场利率走势和内部资金转移价格变化，努力发展短期低成本存款资金业务。中间业务收入作为明年利润增长的主要驱动因素，要不遗余力地发展，全行计划实现15%～20%的增长。绩效考核和激励机制要根据外部形势，作出适应性调整，鼓励分行在逆境中拓展业务的积极性。总行将考虑未来利率变动趋势及个贷利率政策调整等因素影响，适当调整部分管理参数，实现在可控风险和成本情况下，业务的经济增加值产出为正，以激励分行努力发展业务。目前，内部转移价格已经根据中央银行最近一次调息情况进行了相应调整，另外还打算将贷款业务的经济资本成本率适当调低，总行会密切关注政策和市场的变化，保持政策调整的灵活性。各行明年综合经营计划的编制工作现在就可以着手展开，春节前各行要把综合经营计划报到总行，明年2月把综合经营计划落实下去。

二是深入推进全面成本管理。经济形势越严峻，越需要从严控制成本支出，全行要切实在全面成本管理上下工夫，提高资源使用效率。总行近两年一直在强调这方面的工作，但由于费用总量比较宽松，因而分行对这项工作的重视程度还不够。当前的经营形势与经营目标要求我们必须强化全面成本管理工作，明年全行财务资源安排的总体要求是坚持“有保有压”政策。保正常运营、战略性支出，压消耗性低效支出；保经营性费用支出，压管理性费用支出。要通过财务资源优化配置和结构调整来实现业务发展和成本控制的目标。全行除战略性费用可有少量增长之外，其他业务管理费用总量力争实现零增长。员工费用方面，除适当安排少量激励费用支持中间业务增长目标，以及按国家政策规定安排统筹费用刚性增长外，员工费用基本保持上年水平；非员工费用方面，要保证折旧、长期待摊费用两项合计23%左右的刚性增长，对支出弹性较高、近年来增幅较大的招待费、差旅费、会议费等消耗性费用要压缩10%左右，用于满足房租费、电子设备运转费、钞币运送费等低弹性、保运营的费用增长需求，剔除折旧和长期待摊费用后，非员工费用基本保持零增长。在这样的形势下，需要我们动员全行力量来抓成本管理，要在成本管理上下工夫。总行要研究相关的政策和方法，各分行要按照总行要求，在落实成本责任、严格费用定额管理、细化成本控制标准等方面拿出一些行之有效的措施，做到既保障业务发展，又实现成本有效控制的目标，切实把全面成本管理向前推进。

三是组织做好税务自查和规范。当前国家新一轮的税制改革已经展开，企业所得税、个人所得税、增值税、营业税、消费税等法律法规都已经或正在出台，税收征管也更趋于严格；此外，随着我行业务的快速发展，涉税活动与涉税交易不断增加，在税务管理和执行方面也暴露出一些薄弱环节。据了解，今年国家税务总局已经对金融同业组织了全系统的稽查，明年有可能对建设银行系统进行国税、地税联合的全面稽查，这对我们既是一次挑战，也是一次机会。税务工作在全行财务工作中是一个相对薄弱的环节，各行要借这次机会，对2005—2008年各涉税事项组织一次全面的自查和清理，切实提高税务规范管理的基础。自查的重点要放在征管政策变动比较大的企业所得税、个人所得税、营业税、印花税等相关税种。自查过程中涉及政策把握不准、特殊税务安排等问题，要积极、主动地与总行和当地税务主管机关进行沟通，妥善解决税务纠纷，化解潜藏的税务风险，确保建设银行税务工作经得起外部稽查的检验，维护建设银行依法纳税的良好社会形象。

同志们，明年中国经济不容乐观，建设银行也将面临着前所未有的挑战。我们既要坚定信念，坚定不移地推进全行业务战略转型，不断寻求新的发展契机，又要充分估计形势的变化，未雨绸缪、冷静应对、提早准备。希望全行财务会计人员树立信心、不畏艰难，为不断提升全行财务会计管理水平、支持全行业务持续健康发展而努力。

认真做好2008年审计工作

——在中国建设银行审计工作会议上的讲话

于永顺

（2008年3月24日）

同志们：

这次全行审计工作会议的主要内容是贯彻落实全行工作会议精神，总结2007年审计工作，研究和部署2008年审计工作。

根据会议安排，我首先就去年的工作情况和今年的工作部署等内容作审计工作报告，随后大家开展分组讨论和大会交流，谢渡扬监事长将发表重要讲话，最后金磐石总经理将对会议进行总结，也请王淑敏、李晓玲董事给予指导。

一、2007年审计工作回顾

在董事会、监事会和高管层的领导下，2007年各级审计机构按照年度工作计划，突出重点，加大审计力度，高质量地完成了一批审计项目，取得了显著的审计成效，揭示了多项重大风险隐患和违规操作问题，审计工作得到各方面的大力支持，为全行规范经营和风险防范工作发挥了重要的促进作用，为建设银行的价值创造作出了很大的贡献。与此同时，各级审计机构努力完善管理机制，狠抓审计队伍、审计技术、审计规范三项建设，内部审计工作集约化、精细化和规范化水平持续增强，审计队伍的整体素质和专业能力稳步提高，审计工作质量和效率不断提升。

（一）突出重点，加大审计力度，提高审计价值

2007年，全行审计系统开展了全面业务审计、财务管理审计等24大类系统审计项目，各级审计机构还结合各自实际情况实施了大量自选审计项目，全年共开展审计项目2 300多项次，提出审计建议近8 000条。上述审计项目突出了重点业务领域和管理薄弱环节，审计影响力明显，审计建设职能得到提升。全年审计项目实施情况呈现出以下特点：

一是突出重点，统筹兼顾，审计资源得到有效利用。2007年，审计项目突出针对了房地产贷款、集团客户授信、债券投资、中间业务、个人贷款等重点业务发展领域以及财务管理、重要单证管理、柜面业务操作、信息安全等管理薄弱环节。与此同时，坚持周期覆盖，继续安排了全面业务审计、海外机构审计、任期经济责任审计、内部控制审计评价等传统项目。

二是及时揭示重大违规问题和重要风险事项，得到了董事会、监事会和高管层的高度重视。一方面，在2007年的审计项目实施过程中，对高风险业务、基础管理和案件易发产品和环节进行了重点关注，例如，山西、内蒙古、贵州、甘肃等总审计室和沈阳审计分部等机构分别发现了山西吕梁交城县支行会计主管张佩川挪用银行资金等4起案件和1起案件线索；另一方面，根据董事会、监事会和高管层的要求，揭示了有关信贷资金流入股市、内部员工违规个人贷款、存款与柜面业务违规操作、虚假资金证明、债券投资与市场风险管理、信息数据质量等方面存在的典型问题和风险隐患，及时调配审计资源实施了对员工贷款流程、关联交易、关键指标数据质量等领域的审计。

有关审计发现得到了董事会和监事会和高管层的高度重视，明令禁止有关违规行为，组织有关专项排查清理活动，有力地支持了全行案件防查工作，有效地促进了审计整改和有关问题的处理。

三是提升了审计的建设职能。为提升审计在改进经营、提高效益等方面的促进作用，在专门安排世界500强企业在我行业务情况、小企业信贷业务、专项激励政策、一线柜员等审计调查项目的同时，在其他现场审计项目和非现场审计监测中，我们的审计人员开始注重对审计发现问题的成因分析，从改革发展、管理机制、业务流程、

经营理念和企业文化等方面深入剖析发现的问题。这些工作取得了良好效果，在深入分析有关领域发展现状的基础上，查找了改善经营管理的途径与方法，提出了相关建议，实现了审计视角从关注操作层面向关注管理层面的转变。

有关审计成果提升了审计工作的质量和层次，获得了总行领导和有关部门的好评，体现了“审计可以为业务发展直接作出贡献”的价值作用，展示了审计工作新的视角和积极探索的创新意识。

（二）优化机构设置，完善管理机制，夯实审计工作基础

一是深化改革，进一步落实审计机构整合工作。按照深化内审体制改革要求，总行有关部门、相关审计机构和分行密切配合，进一步落实机构整合，撤销了9家机构尚存的25个办事处。总行通过指导、协助有关审计机构结合实际制订具体方案，稳步落实机构与人员调整、固定资产清理和移交等工作事宜，保证了整合工作与日常工作同步进行，机构调整和人员安排平稳有序。截至8月末，审计办事处建制全部撤销，全部审计机构实现了集中管理。

二是组建建设银行香港审计分部，加大了对境外机构的审计监督力度。根据建设银行香港地区业务发展的需要和当地金融监管机构的要求，总行于2007年末着手组建建设银行香港审计分部。组建建设银行香港审计分部是总行完善公司治理结构、深化审计体制改革的一项重要举措，是对境外机构和业务监督的一种尝试，对于加强在港机构内部控制、提高风险管理水平、促进境外业务健康发展有着重要的意义。

三是完善机制，健全各项配套措施。在总结垂直管理机制成功运行经验的基础上，总行有关部门和各级审计机构共同配合，在机构管理、人员管理、岗位管理、财务管理等方面相继出台和实施了一系列的政策和措施，逐步落实人员交流机制，不断优化人力资源配置，规范内部岗位设置，加强费用薪酬管理，完善考核激励措施，弘扬审计先进事迹，进一步规范和夯实了基础工作，保证各项工作有章可循、规范有序。

四是注重实效，加强调研和现场检查工作。为了进一步提高审计工作信息化、专业化、规范化水平，2007年，总行组织赴天津分部等28个审计机构，围绕新技术方法推广、专业化建设和机构管理三个中心课题进行现场调研，实地了解各机构工作开展情况和存在的实际困难，研究解决办法。针对审计项目质量管理、审计技术应用和基础管理规范性等问题，审计部还组织对西藏自治区分行等9个机构进行了现场检查，了解审计机构的基础管理情况，共同研究落实和执行总行的有关规定和工作思路，促进整体工作质量的提高。

（三）加强“三项建设”，开拓工作思路，提高审计能力

一是以专业化为核心，加强审计队伍建设。

——出台和推进了专业化建设的具体措施

2007年，总行制定下发了《中国建设银行推进内部审计专业化建设的指导意见》、《中国建设银行推进审计机构专长化与人员专家化建设的实施方案（试行）》，对全系统专业化建设工作进行了总体部署，明确了专业化建设的目标、内容、步骤和具体措施，对各审计机构的相关具体工作给予了及时指导和有力的推动。各审计机构已按照意见及方案精神，积极贯彻落实各项要求，制定并上报实施细则。目前已经明确了各机构专业发展方向，确定了总行级核心人才及专业审计人才库人员，正在深入开展审计专业化建设的各项工作。

——改进管理模式和组织架构，加强专业团队建设

为充分适应审计专业化建设的要求，各机构探索进行了管理模式和组织架构的重建，逐步改变传统的层级管理模式，建立专业化管理和区域管理相结合，以专业化管理为主、区域管理为辅的矩阵式管理模式，根据专业分工设置内部处室或团队，并将区域管理职责分配到各专业处室（团队），各专业处室内再按照业务单元细分岗位。

——开展形式多样的培训，强化审计人员专业能力培养

各级审计机构努力丰富培训方式，突出实用有效，深入挖掘资源，积极拓宽渠道，加大指导力度，加强培训流程控制，开展了一系列培训工作，强化了审计人员专业能力培养，为实现内部审计工作总体目标起到了有效的支撑保障作用。据统计，总行及各审计分部、总审计室2007年共举办了264期短期业务培训，参训人员10 744人次；举办全审计系统视频培训4期，参训人员8 764人次；举办各类审前培训505期，参训人员

6 623人次；参加总行其他部门及驻地分行的外部培训及讲座770期，参训人员12 618人次；审计系统人均参训14.7次，比上年增长24.6%。与往年相比，举办培训班的数量、参训人次均呈持续递增趋势。

二是完善审计规范，改进审计方法。

以修订内部控制评价体系、建立IT审计规范体系、建设审计知识库、审计抽样技术研究为龙头，完善审计规范体系，推动审计方法的持续改进。

——在广泛调研的基础上，梳理了各业务单元相关产品及管理活动和业务单元关键控制点，对抽样技术、重大控制风险事项标准及综合执行力评价标准进行了专题研究，起草了《一级分行内部控制审计评价项目及内部控制审计评价体系修订工作方案》。

——为了更加深入、有效地开展IT审计工作，以信息技术软课题项目形式，启动了IT审计规范体系建设项目。通过引入国际业界标准，结合国家、行业和我行IT相关制度，最终制定形成了以《中国建设银行信息系统审计准则》、《中国建设银行信息系统审计指南》为主体的IT审计规范体系。

——为了实现我行审计系统内部的知识积累和资源共享，推进审计专业化建设进程，组织筹划并实施了审计知识库系统建设，为审计人员研究、学习搭建了基础环境。

——针对审计抽样技术难题，成立了抽样技术研究项目组，在一批审计业务骨干的共同努力下，初步完成了《审计抽样指南》的编写工作。

三是加紧技术创新，提高工作质量和效率。

——为了满足审计业务增长的需求，在基于操作数据存储系统（ODS）业务数据交换平台上建立了统一的数据渠道，进一步丰富了审计数据来源，提高了数据标准化水平和数据质量，为拓展审计业务领域、进一步提高审计深度提供了扎实的技术平台。

——在整理、优化信贷业务审计模型的基础上，积极开发负债业务和财务管理审计模型，提高审计监测的覆盖面。同时，在系统中增加模型批量运行功能，增设了模型运行结果库模块，强化了非现场审计系统对疑点的管理功能。

——为了满足审计业务发展的新需求，在现有审计管理信息系统应用架构下，进一步对项目管理、项目实施、成本管理、报表统计分析功能进行优化，提高系统运行效率，充分发挥信息资源集中优势，提高审计项目实施效率和审计工作管理水平。

总行党委、监事会和高管层对2007年审计系统的工作给予了充分肯定。郭树清董事长作出了重要批示："审计工作严肃认真而且富有创新精神，为建设银行的价值创造作出很大的贡献。希望在新的一年里继续努力，更上一层楼。"

我们取得的各项工作成果，得益于总行党委、董事会、监事会和高管层的高度重视和正确领导，得益于有关部门和机构的大力支持配合，同时也是全体审计人员共同努力的结果。在此，我对董事会、监事会和总行有关部门表示衷心的感谢！对全体审计人员致以崇高的敬意！

同志们，自2005年审计体制改革以来，我们的内部审计工作在体制、机构、人员和技术等方面有了很多可喜的变化，审计工作成绩非常显著。我们取得的成绩越大、进步越明显，越要注重对存在不足的认识和分析。当前我们存在的不足主要表现在以下几个方面：

在基础管理方面，有些制度需要进一步完善，《内部审计章程》、《内部审计准则》等制度，需要根据实际情况尽快进行修订，审计履职免责制度、激励约束机制相关的办法、审计发现问题分类统计与处理的办法等需要补充建立。有的工作流程和制度需要进一步规范执行，如个别审计项目没有严格执行内部审计工作流程，个别审计机构在财务管理中存在不规范的现象。

在人员管理方面，人员结构优化难度较大，有的人员专业能力低、学习能力差，不能熟练掌握和运用审计工作必需的技术、工具和方法。有的机构熟悉新兴业务的人员少、专家型高端审计人才少，不能适应新形势下内部审计工作的需要。有些人员独立性不高、责任意识不强、工作压力不大。例如，在2007年一级分行内部控制及综合执行力评价项目中，部分审计机构迁就驻地分行，审计评价结果与实际情况差异大，在客观上给总行评价一级分行内部控制水平增加了难度，说明有的机构负责人工作独立性不高。

关于审计工作独立性的问题，我记得曾在不同场合多次谈了自己的看法，也对一些影响审计独立性的现象进行了评价，对审计人员独立性发挥不好的后果进行了分析，并提出了要求。应该说，近年来，审计工作的独立性有所进步。但是，去年各审计分部、各总审计室上报的内部控制评价结果与我们掌握的实际情况及总行文件的评价标准差距不小，这让我对如何发挥审计独立性和交叉审计有了新的思考。我想，一方面，我们要进行适当的交叉审计。实际上，我们现在充分发挥相关审计分部的职能，对一级分行副行级以上领导同志进行任期、离任经济责任审计，也是在交叉审计。当然，还有其他的交叉审计。另一方面，我们也不能走极端，要寻找一个较好的平衡点。对于全部依靠交叉审计，我还是不赞成，还是要强调，各审计机构在审计驻地分行时，审计结果、审计报告都要体现和增强审计的独立性。

对于我们今年如何做好一级分行内部控制及综合执行力评价，既体现出我们审计人员的客观、公正和独立性，又减少了大家工作中的为难之处，避免给今后的工作中带来不必要的麻烦，这确实需要大家认真思考。但是，还是要客观独立地进行评价。通过审计指出问题既有利于被审行改进不足、完善管理，同时也体现了我们审计人员的尊严，进而减少了审计的风险。

又如，2007 年对首尔分行的现场审计中，审计组没有揭示分行未按规定向总行报告重大事项的违规行为，说明有的审计人员原则性不强、敏感性不够；有的机构中高级管理人员对业务整体情况不了解、不关心，审计专业工作不深入，质量控制把关不严，习惯于官僚主义和形式主义，说明有些人员工作压力不大。

在专业化建设与新技术方法推广方面，深入钻研专业的意识和积极性需要进一步强化，专业学习研究能力需要进一步提升，专业化建设与审计工作的结合程度需要进一步提高。新技术方法的运用水平和对审计规范的遵循程度，在审计机构和不同人员之间仍然存在不平衡现象，例如，部分人员由于主观原因，仍然不能利用非现场审计系统和审计管理信息系统等先进工具开展工作。

导致上述不足的原因是多方面的，需要我们认真思考。对于客观、历史的因素导致的，要用发展的眼光，主动争取克服和降低影响；对于那些能够通过主观努力予以克服和改进的，我们要实事求是地认识与分析，用积极的态度，采取措施尽快予以改进，特别是那些由于管理不严格、执行不落实、激励约束不力而导致的问题，一定要高度重视，下力气抓紧解决。

二、认真做好 2008 年审计工作

今年是全面贯彻落实党的十七大精神的第一年，也是我行继续提升经营水平的关键一年。在新的形势下，我们要进一步深入学习领会全行工作会议精神，统一思想、提高认识、实事求是、全面深入地认识取得的成绩和存在的不足，认真总结经验，不断完善和改进工作方法，进一步提升审计工作水平，为建设银行的价值创造作出更大贡献。

2008 年建设银行内部审计工作的主要任务是把审计工作与全行中心工作紧密结合起来，进一步深化改革创新，加强审计专业能力建设，加强审计规范化和科学化管理，认真全面履行审计职责，进一步扩大审计工作效果，适应新阶段的发展要求，为建设银行的改革发展发挥更大的促进作用。

目前，总行已经下发了全年系统性的审计项目计划，各审计分部和总审计室也向总行上报了自选审计项目计划。各级审计部门要按照计划要求，抓紧做好具体实施工作，确保高质量地完成年度审计项目。为做好今年的各项审计工作，按照今年审计工作的总体思路，在现有工作的基础上，我们要更加注重以下几个方面的工作。

（一）把审计工作与全行中心工作紧密结合起来

我们要把握建设银行发展的大局，高度自觉地将内部审计工作融入银行改革发展的全局之中。我们安排工作、揭示问题和分析建议，必须紧紧围绕全行发展战略，立足于全行中心工作，要把有利于规范经营、有利于防范风险、有利于改进管理、有利于提高效益作为工作的出发点和检验标准。因此，我们的各级审计人员特别是领导干部，要加强对业务经营形势的跟踪研究，加强对实际情况的了解和分析，善于掌握各地区和各项业务的特点、善于寻找审计工作与全行中心工作的结合点、善于抓住审计工作的重点和着力点。

在 2008 年系统审计项目计划安排中，一方面，要求关注全行经营管理过程中存在的突出问题，将审计资源向网点转型、信贷业务、中间业务、资金业务、信息安全等重点领域倾斜；另一方面，注重发挥审计建设职能，在全行战略转型的过程中积极发挥内部审计应有的作用。一是通

过开展与业务发展直接相关的审计调查项目，提升审计对前台业务的服务能力；二是各类项目在合规性检查的基础上，注重对相关政策制度的有效性以及业务产品的风险效益情况进行评价，寻找改进经营管理的途径与方法，提升审计的附加价值。

希望大家深入理解总行系统审计项目安排的初衷，在审计实施过程中，牢牢把握和落实审计工作的指导思想，同时结合实际情况确定好、实现好自选审计项目的目标，切实把审计工作与全行中心工作紧密结合起来。

（二）加强对审计工作的统筹规划

2006年以来，总行陆续制定了《中国建设银行2006年至2010年审计工作规划》、《中国建设银行2006年至2010年审计人员职业培训规划》、《中国建设银行推进内部审计专业化建设的指导意见》，加强对各审计机构的具体指导。各审计机构要深刻领会总行有关文件精神，加强对自身发展的规划和研究，加大落实执行力度。

一方面，在新的发展阶段，各级审计机构要更加注重对审计工作思路与工作方法的总体考虑、统筹协调，增强对经济金融环境变化的感知力，关注信用风险、流动性风险、市场风险等因素的影响，加强对宏观性、前瞻性和战略性问题的研究，增强审计工作的敏锐性、主动性和有效性，推进审计工作的系统性、规范化、全面性和科学化建设，努力实现新的发展目标，适应新的发展要求。

例如，香港审计分部作为一个新成立的审计机构，人员少、业务新、任务重，更要注意结合实际情况，研究工作思路和方法，突出工作重点，提高工作效率，保证工作质量，履行好总行赋予的工作职责。

另一方面，各审计分部和总审计室要认真分析自身工作中在审计独立性、审计理念、人员素质、技术、方法、管理等方面的现状，实事求是地总结经验、查找不足，结合实际情况明确努力方向，针对薄弱环节制定有效的改进措施。总行也要加强调查研究和检查指导工作，通过各方面的努力，解决各审计机构发展不平衡的问题，实现审计系统整体的进一步发展。

例如，有的机构提出，驻地分行经营管理相对比较规范，审计很难发现重大问题，目前的考核导向不太公平。针对这种情况，我们在完善考核办法的同时也要认真分析，审计对象是不是的确没有重大问题，我们的人员专业水平和审计手段是否适应，我们能不能进一步提高审计工作的层次，为促进业务发展提供有价值的建议，为全行总结出行之有效、具有推广价值的经验和方法，这些都有大有可为的审计空间、在工作考核中能够被高度认可的内容。诸如此类的课题，是值得我们用有所作为的态度去思考、去努力的。

（三）提高审计项目的针对性和实际效果

近几年来，我们一直致力于提高审计项目的质量和效率，审计发现的影响力和工作效果在很多方面比较显著。但是，我们也有一些审计项目、一些审计机构的工作结果不尽如人意，特别是在当前，全行战略规划和业务转型对审计工作的开展提出了新的要求，我们必须千方百计地进一步全面提高审计项目的针对性和实际效果。在坚持把审计工作与全行中心工作紧密结合起来的总体指导思想下，要注意以下几个要点：

一是要提高针对性。要积极主动地开展对建设银行改革发展最有利、最有效、最迫切的审计工作，关注那些与实现全行发展战略、完成中心工作目标密切相关的内容。要从实际出发，结合中心工作，抓住那些高风险领域、内控薄弱点和案件高发的部位和环节；要深入分析研究审计对象的特点，抓住那些有价值、有意义、有代表性的事项。

二是要提升工作层次。在合规性审计的基础上，加强创新意识，创新工作方式，提高工作层次。要善于从微观入手，从宏观着眼，站在解决问题、促进业务发展的角度，注重对产品、流程、效益的分析，提出具有建设性的审计建议，实现审计工作价值。

三是要注重审计信息的加工利用。针对各类项目成果，特别是发现的各类重大问题，要采取中期报告、审计要情、审计简报和审计发现季度汇总分析等形式及时上报，提高反映问题的时效性，为总行尽早掌握情况、作出决策、防范风险等提供信息支持。与此同时，各级审计机构也要采取多种形式，促进审计对象对审计信息的利用。

四是要采用科学的管理组织方式和先进的技术方法。审计工作在强调质量的同时，也要讲究成本，实现低成本、高质量和高效率，以较低的审计资源投入取得较大的审计成果。为此，必须借助科学管理和先进技术，合理配置资源，实现审计资源和成果利用的最大化，保证审计质量和效率。

（四）加快审计工作制度、方法、手段的完善与创新

内部审计工作要适应形势发展和审计工作自身发展的要求，我们的制度办法和方法手段必须不断完善与创新。

在制度创新方面，要根据实际执行效果和形势变化，从提高审计工作质量、效率和效果的角度出发，对那些不适应发展和管理要求的观念、制度、流程、手段等进行持续的完善和创新。总行将组织力量对《内部审计章程》、《中国建设银行内部控制审计评价体系》、《中国建设银行分支机构负责人聘（任）期经济责任审计办法》、《中国建设银行总行本级审计办法》、《中国建设银行海外机构审计办法》进行修订。同时根据审计业务发展需要，及时出台新的准则和指引，对新型审计业务进行指导和规范。

在方法手段创新方面，要紧密结合我行业务的实际变动情况，改进风险评估方法、完善审计计划体系，探索开展涵盖地域、行业、产品三个维度的风险评估分析，提高审计项目设置的针对性和科学性；进一步开展审计抽样等审计技术及方法的研究和推广，为审计人员提供具体、简捷、实用的审计工具，提高审计工作实效；进一步优化非现场审计系统，加强非现场技术的应用，提高模型的准确性和审计监测效率；完善和丰富审计管理信息系统功能，为提高审计管理的集约化和精细化水平提供强有力的信息技术支持。

此外，我们要大力加强日常管理方法和常用审计技巧、工具的创新与改进。各级审计机构在日常工作中积累的好经验、好做法、好工具，要积极向总行审计部反映、宣传，创造条件加以推广应用；要鼓励各级审计人员发挥聪明才智，积极探索新的工作方法、技巧；各级审计机构要广泛听取各方面的合理化建议，改进工作方法、提高工作效率。例如，机构和人员考核办法，审计工作底稿、审计报告、审计信息的形式和管理办法，审计发现问题的分类统计、处理方法，加强审计整改、促进审计成果利用的措施，都需要我们运用创新的思路加以改进和完善。

（五）全面深入推进专业化建设

内部审计专业化建设是进一步提升内部审计质量和价值的一项重要举措。经过全系统上下近一年的探索，我们取得了一定成效，打开了良好的局面。2008 年，要进一步充分认识到这项工作的持续性和艰巨性，坚定不移、扎实稳健、深入持久地加以推进，尽早抓出效果，为持续提高我们的工作水平发挥作用。

一是要深入、广泛地动员和宣传专业化建设工作的意义和作用，领导干部带头，人人参与、相互促进，各级审计人员都要用实际行动、实际效果来推动这项工作。要注重四个“结合”，即将专业化建设与审计项目相结合、与审计流程相结合、与质量控制相结合、与审计人员素质提高相结合。

二是要将“两库”建设作为全年专业化建设的重点工作。通过内部审计知识库建设，搭建全行审计系统知识积累和共享的信息平台；通过专业审计人才库建设，实现专业人才的科学管理与有效激励。逐步明确专业人才库的准入、考核、退出标准，实现人才库的良性循环。

三是要将专门培训作为专业化建设的重要形式。去年我们的培训工作取得了不错的效果，且不乏亮点，希望大家保持住这种良好的势头。总行今年的培训计划已于年前下达，各审计机构也制订了各自的培训计划，总的来看，今年的培训内容更加丰富，培训方式更加多样，将给广大审计人员提供更多的培训机会，希望大家充分珍惜和利用。各审计机构一定要以加强审计队伍建设为根本出发点，以专业化建设为主线，深入研究培训重点、加大培训力度、创新培训形式、挖掘培训资源、突出培训效果，继续扎实稳健地做好培训规划的贯彻落实工作，确保今年的培训工作再上一个台阶。

（六）严格审计工作和人员管理

为了实现审计工作又好又快地发展，开拓审计工作的新局面，我们要进一步加强自身建设，严格审计工作和人员管理，力求对外树立内部审计的良好职业形象，对内建立积极向上、奋发有为、和谐稳定的内部审计氛围。

一是要进一步提高审计独立性，保证独立、客观、公正地开展审计工作。应该讲，随着总行垂直管理内部审计体制的建立，各审计机构的独立性显著增强了，但是，个别机构负责人还是没有摆正自身位置，在实际工作中表现为独立性不强。希望各审计机构主要负责人一定要以身作则、率先垂范，以严肃的态度对待和处理这个问题，坚持客观公正的原则，独立行使审计职权。总行也将针对具体情况，合理运用异地交流任职的办法，帮助有关机构负责人提高工作独立性。

二是要继续完善工作、人员、财务管理制度，严格规范管理，加强监督指导。进一步完善各种管理手段，规范审计行为，严明工作程序，强化工作责任意识，降低审计风险，有效地控制审计成本，树立审计成本效益观念，增强自律能力，防范财务风险，合理费用开支，提高审计系统财务资源的有效利用水平。

三是要加强审计队伍建设。要加强忠于职守、坚持原则、实事求是、廉洁自律、开拓进取、模范遵守审计人员职业道德为主要内容的作风建设；各级领导要把握审计工作的特点，充分激发审计队伍的创造力和凝聚力，要讲究工作方法和交流沟通方式，开展换位思考，诚心诚意地进行思想交流，虚心听取意见和建议，关心审计人员的工作、学习和生活，主动协调和积极帮助解决各方面的困难；各审计机构要建立规范有效、公平公正的激励约束机制，努力构建和谐稳定的内部审计氛围，为审计人员发挥才能创造优越的环境。

（七）加强交流、沟通、配合工作

审计工作是一种监督，更是一种促进业务发展的手段。在工作中既要讲科学、讲原则，又要讲方法、讲艺术，保持审计工作的灵活性和适应性。因此，在我们切实履行好审计职能的同时，要尊重审计对象，树立发展意识，加强交流、沟通、配合工作。在审计活动开展过程中，相互理解、相互学习、共同发展。我们要积极研究尝试开展事前审计的途径，注意前移审计关口，在产品开发、制度设计阶段就积极介入，关注业务发展态势，关注情况变化，与有关部门及时交流、沟通，提供合理化建议，提示风险线索，支持和配合处于各道防线的部门和机构做好自身工作，将风险防患于审计之前。

今年审计署对我行进行审计，对此，总行党委、董事会、监事会和高管层都非常重视，成立了以张建国行长为组长的配合国家审计署审计工作领导小组，庞秀生、朱小黄同志和我是副组长，安排我当常务副组长，金磐石同志担任领导小组下设的办公室主任。

应该说，前期配合、支持审计署审计组工作情况良好。1 月 22 日总行召开会议进行了部署，会上张建国行长和谢渡扬监事长都提出明确要求。被审计的 6 家分行也都按照总行的部署和要求，实行“一把手”责任制，均成立了由分行“一把手”担任组长的配合审计署审计工作领导小组。各个相关的审计分部和总审计室也积极进行配合，有的当顾问、有的当副组长、有的总审计室还参与小组工作。目前，整个工作进展都非常好。

对于审计署的审计，审计部和有关审计机构要高度重视，大力支持和配合，学习审计署审计组优良的工作作风，先进的审计理念、技术和方法，促进我们自身审计水平不断提高。与此同时，我们要注意处理好自身审计项目与国家审计署审计工作的关系，交叉安排审计对象和审计时间，做到既不耽误自身审计工作，又保证审计署审计组的工作。

另外，贵州省分行以审计署审计为契机，梳理内部检查发现的问题，加大力度，落实整改，努力提高整改率，切实防范风险。我觉得这个做法很好，值得提倡。

同志们，让我们齐心协力、发扬成绩、克服困难，用奋发有为的精神，持续提高内部审计工作水平，为建设银行的价值创造作出新的更大的贡献！

第三部分　改革发展与内部管理

改革创新与业务发展

资产负债管理工作

一、积极应对复杂多变的外部环境，采取有效措施，保证了全行流动性安全，提高了资金使用效率，并高质量地满足了支付结算系统的要求

2008 年，面对冰雪灾害、汶川地震、次贷危机、股市动荡、货币政策由从紧到适度宽松的复杂形势，我们通过加强头寸预测调度、适时调整流动性组合规模与期限、及时向海外分行提供流动性等措施，实现了支付安全和较低的备付率水平。2008 年全年人民币日均备付率 2.53%，较 2007 年下降 0.23 个百分点，在四大银行中位居第二位。人民银行认为建设银行流动性管理工作优秀，并指定我行在“人民银行与商业银行支付服务与政策协调例会”上介绍经验。

二、牵头制定全行业务发展三年规划和全行组织架构改革指导意见（草案）

为推进实施《中国建设银行业务发展战略纲要》，我们在与所有业务部门和各分行反复沟通讨论的基础上，制定了《中国建设银行 2008—2010 年业务发展规划》，并组织各部门、各分行予以落实。组织开展全行机构改革研究工作，起草了《中国建设银行组织机构改革指导意见》。这两份文件对指导全行业务发展具有重要意义。

三、通过推动中间业务发展，促进了产品管理流程优化和考核机制改进，带动了产品与服务创新

通过计划安排、考核引导、产品分析、流程梳理等一系列措施，克服股票市场大幅下跌和监管政策调整等不利因素，推动中间业务稳定发展。2008 年全行实现中间业务毛收入 407 亿元（还原贷款承诺费前），净收入 393 亿元，同比均增长 27%。中间业务毛收入总量在四大银行中排名第二位、增速在四大银行中排名第一位，与工商银行差距缩小至 41 亿元。

四、精心组织编制了四份定期报告，获得多项国际荣誉

牵头编制了 2007 年年报、2008 年中报和季报及相关业绩公告。其中 2007 年年报获美国媒体专业联盟（LACP）年报评比银行类（亚洲区）白金奖及“最佳致股东信函”金奖，在全球 3 000 多家参赛企业中，综合得分排名第 18 位；同时，还获得美国 Mer Comm 公司 ARC 国际年报大赛和香港管理专业协会（HKMA）年报评比的奖项。规范、高水准的信息披露，对提升我行市场形象、增强投资者信心、提高管理水平具有积极意义。

五、成功组织首次在香港发行人民币债券

牵头组织完成我行在香港首次人民币债券发

行工作，成功募集资金30亿元，发行价格低于当时同期限存款利率，扩大了我行在港机构的影响力。

六、加强外汇头寸管理，控制外汇风险敞口

通过建行亚洲转拆海外分行，加强外汇头寸管理，全部还清了2007年30亿美元购汇，有效控制了全年购汇敞口风险。推动人民银行放宽对商业银行的境外头寸限额管理，进一步理顺了海外分行外汇资金管理渠道。

七、组织完成多个参股、并购投资项目研究

完成境内外投资并购项目研究报告30多宗，为管理层决策提供了依据；完成了增资建行亚洲建银国际11亿美元、中信国金私有化方案修改、参与信达公司改制等工作；牵头研究我行发起设立村镇银行总体规划、管理方案和可行性论证工作，我行发起设立的首家村镇银行——湖南桃江建信村镇银行于2008年12月9日开业。

八、组织完成人民银行外汇交易中心清算银行投标工作，拿到美元清算银行资格

牵头组织参与人民银行外汇交易中心的外汇清算银行竞标活动，通过加强组织协调、周密准备方案，我行成功中标成为美元清算银行，为拿到99%的外汇交易清算份额奠定了基础。

九、较好地完成了综合经营形势分析的组织工作

牵头组织四次总行季度经营形势分析会，综合汇报材料内容丰富、观点明确、建议实在，为在复杂经营形势下沟通意见、形成共识提供了有价值的参考意见。

十、牵头设计开发理财产品，推动产品创新

牵头研究开发的理财产品——“大丰收”已顺利上线发售。截至2008年底，产品规模近50亿元人民币，开创了我行实时申购赎回、组合基础资产、客户调研等多项工作的先河。组织了全行首次产品评奖活动，推动了产品创新工作。

十一、全面推行全额资金计价管理

在四大银行中率先全面推行全额资金计价管理，彻底改变了传统的上存下借差额管理模式，实现了全行资金的集中统一管理，为经营计划、绩效评价、产品定价和资产负债调控等提供了重要基础，成为我行重要的经营管理工具。

十二、制定颁布银行账户利率风险的相关计量规则

根据对外信息披露和内部风险管理要求，制定和颁布了《中国建设银行银行账户利率风险重定价缺口计量规则》和《中国建设银行银行账户净利息收益模拟和利率敏感度计量规则》。规范了利率风险的计量技术，明确了市场风险的识别、计量和报告等流程。

资产负债管理部
执笔：张立强
审稿：许一鸣

财务会计管理工作

2008年，建设银行财务会计工作紧紧围绕全行发展战略，通过深化内部体制改革、更新管理方法、夯实管理基础，不断提高服务和专业支持能力，积极促进全行业务持续健康发展。

一、增强综合经营计划调控能力，完善绩效考核体系

在保持综合经营计划管理体系稳定的基础上，通过积极研究宏观经济环境和各项政策工具变化、

提高财务预测能力、适时调整资源配置方式和考核激励体系，增强计划执行的调控能力，改进绩效考核体系，对推动全行各项业务持续健康发展、引导全行经营行为符合企业价值最大化目标发挥了重要作用。

一是加强对综合经营计划执行情况的掌控。全面监控综合经营计划执行情况，并根据经济形势的变化，制定夯实中间业务收入基础、审慎计提拨备等政策，在增强风险抵御能力的前提下，保障经营目标的实现。

二是改革优化资本性支出管理。加大计划执行情况监控力度，按照资本性支出进度及时调整分行网点建设计划，并对执行情况按季通报考核，使资本性支出计划得到有效执行。2008 年，全行资本性支出执行额度控制在董事会对行长的授权之内。全年完成网点装修 3 300 余个，网点购置 425 个，网点自有率比 2007 年提高 3 个百分点。

三是改进绩效考核体系，清晰传递总行的战略导向。一方面，大幅精简评定等级行的指标数量，合理安排指标权重，改进指标考核计分规则；另一方面，调整一级分行 KPI 考核办法，突出最能够体现战略意图、促进核心竞争力提高、对效益增长提供长期支持的指标，完全实现量化考核。

四是研究制定二级分行绩效考核与工资分配指导意见。通过进一步细化界定机构类群和员工类群的归属、确定各类群的目标薪酬和岗位工资占比、设置考核指标和工资挂钩方式等内容，统一了全行二级分行对下考核和分配的基本方法、原则和流程。

二、改革和完善财务管理职能，加大专业支持与服务力度

适应全行经营管理体制的变化，深化财务管理职能，从计划编制、资源配置、管理改革方案设计、盈利分析等角度全面加强对业务条线的财务支持，提高了财务管理与业务经营的融合度，搭建起良好的财务专业支持平台。

一是及时配合研究了对公信贷职能上移、集团客户分级管理等一系列部门重点改革项目；二是将信用卡中心作为独立主体单独编制预算，理顺了财务报账及相关财务管理流程；三是优化财富中心绩效评价方案，出台了《私人银行绩效评价与资源配置指导意见》，跟踪评价实施效果；四是进一步加强对全行性业务支持中心的统一管理，出台了《总行业务支持中心设置、建设规划与管理方案》，整合业务支持中心建设规划，明确管理方式，满足统一规划、合理布局、科学决策和规范管理的有关要求，提升了业务支持中心建设的全局性、整合性及投入产出水平，支持全行业务战略转型和可持续发展。

此外，积极监督和指导子公司各项财务活动，认真审核和研究建信基金公司、建信租赁公司、村镇银行、中德住房储蓄银行等的财务预算编制、条线支持、增资支持等事项，积极配合建设银行不断拓展新兴金融领域、向国际化银行迈进的发展战略。

三、推行全面成本管理，细化落实各项成本管理措施

深入推进全面成本管理，在全行营造“人人节约、处处增效”的文化氛围，形成节约成本的良好风气。

首先，进一步完善全面成本管理方案。研究下发了《关于推进 2008 年全面成本管理实施的指导意见》，对全行推进全面成本管理进行统一部署与指导。

其次，试编分行责任中心预算、推行责任中心预算管理。在全行范围根据不同类型划分成本责任中心 36 000 个，编制责任中心预算，并利用 ERPF 系统功能，启用责任中心预算平台分析监控预算。

再次，改进非员工费用配置方法。对各行 2008 年钞币运送费用、营业用房房租费、长期资产摊销费用、保险费和媒体广告费、网络通信费等费用实行分项预算管理，并形成年度预算与要求，按季监控执行情况。

最后，采取多项措施加强总行本级预算管理。主要有：提高预算编制的精细化水平和准确度；细化管理要求，压缩日常行政性费用；严格按照权责发生制要求，正确反映各项费用支出，并落实均衡支出要求；加强预算执行监控和分析，提高预算的总体把握及控制能力；建立以部门为对象的考核和利益奖惩机制。

四、规范财务监管，提高财务管理规范化水平

针对内外部检查中发现的问题，严格落实各项整改措施，并在此基础上举一反三，全面改进

内部管理制度和流程，花大力气提高财会管理的规范化水平。

一是建立重大合规性财务风险专项报告制度，提高全行财务管理水平和风险控制能力。对于分行在外部监管机构检查中被认定为性质严重或影响损益超过一定金额的财务违规问题，总行给予相应的整改指导和政策分析；外部监管部门出具处理决定后，总行及时督促被检查行进行整改，有效防范和化解合规性财务风险。

二是积极开展税务自查，防范与控制税务风险。2008 年，先后完成多项税务自查，对涉税事项进行梳理，排查税务风险。在此基础上，密切关注新企业所得税法的实施、流转税改革推进等问题，积极研究国家税收政策，合理降低税收成本，为全行业务发展创造良好的税收环境。

三是认真落实案件防控要求，加大会计营运检查工作力度。为提高各分行风险防范意识，确保全年无重大恶性案件发生，2008 年总行共开展联合大检查 9 次，检查覆盖 36 家分行及下辖 72 家分支机构。内容涉及会计营运工作组织开展情况，基层机构现金、重空、授权管理等高风险事项。通过检查，有力推动了基层机构案件风险防控工作的开展，促进了制度完善、系统和流程优化，财务会计部门案件形势有了明显好转。

四是切实抓好审计整改，杜绝屡查屡犯、屡禁不止问题。对于内外部审计所发现的共1 400余条问题，根据其不同性质，会同相关部门认真分析，逐项追踪，完善制度、优化系统和流程，并结合检查情况向全行进行通报和警示，全行整改完成率达到95% 以上。

五是围绕财务报告内部控制要求，财务报告内部控制体系建设由制度建设向精细化管理迈进。以财务报告体系标准为平台，逐步建立起相应的考核检查机制，推动规范操作和内部经营水平的提高。在总结财务报告内控建设试运行工作经验的基础上，归纳内控设计缺陷 217 项，逐一落实改进部门，并结合新的工作职责，积极着手设计财务报告内控体系框架，初步完成内控记录及测试手册的修订工作。

五、完善财务会计制度，夯实财会管理基础

围绕着“完善制度、落实责任、优化系统控制、提高人员素质”四个环节，累计新增和调整相关财务会计制度二十六项，持续改进财会管理基础。

一是扩大分行财务授权权限，提高审批效率。修订原有财务授权方案，对装修等项目采取预算管理替代授权审批，扩大分行授权权限；对固定资产出租等事项取消授权，在有效控制风险的前提下，进一步提高审批效率；合并部分同类型事项的财务授权，执行统一的授权额度，使授权体系更加简洁清晰。

二是加强对重大财会事项的制度研究和指导。明确了内退人员费用管理及相关税务处理办法，清理理财产品表外账务，对未按规定在表内核算的理财产品进行调整。规范贷款承诺费确认，将发放贷款后尚未摊销的贷款承诺费计入利息收入，确保相关账务核算符合会计准则和国家相关规定。

三是健全内部管理类账户的管理。先后两次组织全行内部账户核查与清理，制定了《中国建设银行内部管理类账户管理办法》，提出落实部门责任、分类指导、健全过程控制的管理思路，为进一步规范全行内部账户管理奠定了基础。

四是加强内部资金对账管理，确保系统内往来收支核对一致。针对我行系统内往来收支核对不一致、数据质量不高等问题，组织全行进行账务核查清理工作，配合资金全额计价系统，初步实现了境内系统内往来收支自动对账。

五是积极参与各项新产品、新业务的设计和开发，研究制定相应会计核算制度。下发了《中国建设银行国内保理业务会计核算规定》、《关于规范代客结构性理财产品支出计提及收益发放会计核算的通知》、《关于印发建元 2008 - 1 重整资产支持证券化项目会计核算规定的通知》等文件；积极参与第三方存管优化改造项目、商用物业贷款证券化、黄金交易业务、“大丰收”理财产品等的设计，不断丰富财务会计制度体系。

六、完成财务报告编制和外部审计工作，不断提高财务报告质量

2008 年，建设银行财务报告和年报编制质量有了实质性的改善。

一是积极运用知识积累，合理主动确定财务报告日期前、期后调账调表流程，切实减少总行层面审计调整。通过编制 2008 年总行年终结账控制要点表和《2008 年度财务报表常规期后调整事项》，梳理每项业务涉及部门、办理流程，明晰关键控制环节，跟踪落实，从源头上提高对外披

露财务报告的质量和水平。

二是完成国际、国内财务报告趋同工作。2008年度财务报告按照趋同后的财务报告版本进行编制，除会计政策、表达习惯和排列顺序差异外，改进后的两套财务报告中近95%的篇幅实现了一致，有关差异的页数不到30页，有利于减少财务报告编制成本，提高了财务报告的披露质量和信息透明度。

三是按时高质量地完成了2008年度各期财务报告编制工作。经外部审计师审核，建设银行财务报告真实公允地反映了本行及本集团于资产负债表日的财务状况、经营成果和现金流量。

四是保障ERPF系统的正常运行，及时产生总账等重要经营数据信息，统筹安排海外核心业务处理系统（OCBS）实施前期准备工作，加强数据监测力度，保证账务数据质量。

五是顺利完成财务报告系统开发及上线，实现了审计调查表填表数据的直接提取，强化了报表数据的严肃性和生成流程的科学性，有利于进一步提高财务报告质量。

六是认真抓好外部审计师管理建议书有关问题的整改落实。截至2008年底，毕马威管理建议书中所列31个问题中已完成整改24个，占全部问题的77%，待整改的7个问题主要是涉及全行整体管理水平和计算机系统等方面的历史问题。

七是严格按照财政部的决算要求组织我行2007年度决算编制工作，决算报表编制质量高、组织得力，再度获得财政部通报表扬。

七、循序渐进地推进管理会计改革，积极试点管理会计系统建设

在对全行管理会计应用情况调研和需求分析的基础上，积极研究国内外同业实施管理会计案例和经验，初步完成了管理会计业务需求设计。优化ERP系统从外围系统自动提取分摊参数的方案，提高了分摊参数获取自动化，保证了分摊参数正确，提高成本分解的数据质量的同时减少了分行工作量；做好外围系统数据源变化的衔接，调整条线、产品盈利性分析报表生成机制，规范原始数据收集流程，提高报表发布频率和发布质量，为全行产品、条线的盈利性分析及绩效考核提供了有效支持。

财务会计部

执笔：张　歌

审稿：俞　斌

资金结算业务

为进一步发展中国建设银行资金结算业务，有效提升资金结算业务核心竞争力，总行于2008年6月底正式成立资金结算部，主要职责为对公客户提供营销支持和服务、现金管理及支付结算管理。自成立以来，资金结算部按照科学发展观的要求，牢固树立以“客户为中心”的经营理念，严格按照“规范、高效、务实、创新”的管理要求，强化营销支持和服务能力，致力于资金结算产品创新和品牌建设，优化柜面操作业务流程和产品实施渠道，加强基础管理和风险控制，全面提升了资金结算业务的核心竞争力。2008年全行实现单位人民币结算业务收入19.22亿元，同比增长6.55亿元，增幅为51.70%；全年实现结算量53 527万笔，同比增加12 200万笔，增幅为29.52%；截至2008年12月31日，全行单位人民币银行结算账户存款余额为2.57万亿元，同比增幅达30.53%。

一、支持营销重大客户，拓展资金结算市场

主动加强与前台部门市场拓展工作，与客户部门共同组织了对中石油、铁道部等众多国内知名企业和机构客户的营销活动，参与了英博啤酒续签协议修订和江森自控公司投标等跨国公司现金管理业务合作项目，拜访了上海铁建、国家开发投资公司、神华能源等重点客户，参与组织了“中移动省级财务集中”项目，参与了多次银企

合作恳谈会、推介会，直接对客户进行现金管理业务宣传和产品推介，通过营销活动，拓展了我行资金结算产品客户市场，提升了我行现金管理业务品牌。

二、推进产品研发，构建资金结算产品体系

2008年，加快了资金结算产品的创新研发，完成了周期支付限额产品、大型集团客户财务公司代理结算产品的研发，启动了全新设计的财资管理系统，推广上线了重要客户服务系统外币现金池产品、账户信息主动推送产品以及卡特彼勒汽车金融、中石油管道局等多个客户急需的现金管理产品，配合客户部门开发、推出了中央财政公务卡报销系统、海关税费电子支付系统整合项目等，满足了客户需求，实现了业务快速发展。

同时，本着“分类科学、标准统一、规划全面、特色突出”的原则，认真梳理资金结算产品，构建了以“收付款产品”、“流动性管理产品”、“信息报告产品”、“对公投资理财产品”为产品主线，辅以“行业现金管理解决方案”的资金结算产品体系，并组织编写了《中国建设银行资金结算产品手册》，涵盖了44个具体产品及11个相关行业现金管理解决方案，为开展现金管理产品营销奠定了基础。

三、加强电子渠道建设，提升价值创造能力

一是优化重要客户服务系统功能，在中国石化财务有限责任公司本部及下属9家分公司率先使用中石化财务公司资金管理平台，满足了中石化特定需求。

二是在全行35家分行开通中央财政公务卡报销业务，签约中央财政预算单位970家，发卡量30 427张，公务卡完成报销9 901笔，报销额2 817万元。

三是推出武警公务卡资金管理平台，新增了公务卡消费、查询、转账等功能，满足了客户资金归集、提高财务效益、强化财务监督与管理的需要。

四是开发建设现金管理业务系统，完成了8个方面共85项基础产品的需求设计，实现客户营销产品的灵活组合，完成产品定义和产品模型定制，完善了客户签约流程，完成了收支一条线、收支两条线以及混合模式的业务测试。

五是完成了3批6家一级分行财库税行联网系统的推广支持工作和与TIPS接口的优化调整任务，帮助上线分行实现了税款征收入库、退库、更正、免抵调库等业务的网络化实时作业。

四、优化操作流程，提升服务与管理效率

为解决基层网点柜员分工不合理、柜员排班轮岗不便、系统授权转授权机制缺失等问题，总行启动并完成了转岗/转授权项目推广的工作，全行压缩授权人员26 425人，增加普通临柜人员24 066人，每周增开服务窗口9 429个，增加“作五休二”柜员2 406人，重组了内部组织模式，优化了柜面劳动组合，精简了操作流程。组织开展了CCBS重大专题改造工作，完成了密码验证优化版本推广、单位人民币支付结算服务协议整合，共完成CCBS系统36项任务的优化改造。取消了银行汇票用压数机手工压印汇票小写金额等方式，通过系统改造和流程优化减轻了柜员压力，减少了风险隐患，增加了客户满意度，提高了工作效率。

五、推进前后台分离，加快业务集约化管理

在湖北省分行、云南省分行和大连市分行试点基础上，完成了12家一级分行13个城市的同城实物磁码票据交换业务提入集中处理项目的推广工作，释放了前台营业网点人力资源，降低了操作风险和票据交换营运成本，提高了业务处理准确性。启动了单位银行结算账户管理后台集中审批改革，将前台自行处理单位结算账户的开立、变更调整为由二级分行以上的后台审批，并对核心系统相关功能进行改造，实现了系统控制，规范了账户管理，降低了操作风险。

六、参与对公网点转型，推进对公业务发展

在全行范围内就对公网点人员设置、业务种类、业务量占时等相关内容进行调研，摸清全行对公网点实际情况，参与公司业务部起草和修订《对公营业网点转型实施方案》。设计了《单位外汇账户开立申请书》，统一外汇账户开立格式标准。组织完成了员工绩效考核系统的应用推广，强化了单位银行结算账户、收入等资金结算业务情况分析，为业务经营管理提供了数据支持。

七、加强业务交流，提高资金结算管理水平和能力

加强与国内外同业现金管理业务交流。与美

国银行进行现金管理业务合作，就系统直联战略合作项目业务及技术需求进行多次讨论，形成了系统直联的初步方案。先后参加了欧洲现金管理（Euro Finance）西班牙年会、上海现金管理年会、招商银行昆明现金管理会议、第六届中国现金财资及风险管理年会等专业会议，了解把握海内外市场结算与现金管理业务发展的新动向。

八、强化操作管理，防范资金风险

一是组织修订《CCBS 核心业务系统业务操作手册》，重新明确了业务处理流程和交易使用规则；二是制定《重要客户服务系统批量代发代扣业务管理办法》，规范重要客户服务系统批量业务操作；三是加强系统授权复核参数管理，提出 CCBS 系统电子汇划来账落地处理流程的优化改造方案和具体实施计划；四是按季通报客户对账情况，加强考核，积极推进电子对账，提高对账率。通过加强系统控制，增强技防措施，切实加强案件易发时段、部位、环节等柜面操作管理，防范案件风险。五是加强业务检查，会同营运、个金、投资和财会条线组织了“防范操作风险、确保资金安全”专项检查活动，对核心系统授权复核参数设置及执行情况、渠道来账处理、暂收暂付款核算、柜员尾箱和金库业务等 18 项内容进行了重点检查，全行通报检查情况，持续跟踪并督促分行做好后续整改工作。

九、开展业务培训，做好人才培养

为宣传我行的对公支付结算和现金管理业务，促进现金管理理念在基层行和客户中的推广，2008 年组织各类培训 35 期，培训内容涉及现金管理业务与实例、重要客户服务系统产品介绍、支付结算产品与制度、票据防伪以及相关系统和业务管理等。

资金结算部
执笔：孟　强
审稿：李国建

信息中心运行情况

2008 年，在总行党委和管理层的正确领导下，信息中心紧密结合内外部新形势、新要求，认真贯彻落实科学发展观，积极推动相关管理信息系统的优化改造，加强数据质量管理，深化数据管控，强化信息服务，为经营管理决策提供信息支持。主要工作举措和工作成果总结如下。

一、提高数据质量，满足外部监管要求

根据银监会对非现场监管报表（俗称 1104 报表）和大额授信客户风险信息的监督检查要求，按月对监管数据质量进行检查、核对。牵头完成了对统计管理信息系统（以下简称 SMIS）的优化工作，在总分行信息管理部门的共同努力下，SMIS 系统于 2008 年 6 月在全行上线。SMIS 系统既是 1104 报表的核心数据源之一，又承担了人民银行数据报送、综合统计报表、龙卡指标、同业信息处理、报表定制与加工、统一指标管理等任务。根据人民银行对金融统计数据报送要求，2008 年我行通过 SMIS 系统向人民银行新、旧系统同时报送两套数据。

2008 年，银监会正式实施分支机构非现场监管报表。为统一报表口径、减轻分支机构报表压力，总行统一加工生成各级行非现场监管报表基础数据并下发，分支机构负责审核、补充后向各级银监会报送，我行分支机构监管报表报送工作走在同业前列。2008 年，根据国家外汇管理局的制度要求，总行正式按月报送外汇资产负债统计报表。

随着我部对公信贷数据源由信贷管理信息系统转换为对公信贷流程系统（以下简称 CLPM），为促进信贷信息质量的提升，满足内外经营管理需要，我部先后数次提出了 CLPM 系统相关数据信息清理、核对以及补录的业务需求，并借助于与美国银行合作的数据管控项目，完善了 CLPM

系统贷款利率和客户财务数据的采集规范，优化利率数据录入界面，将对数据质量的要求嵌入到系统中。在相关部门的共同努力下，CLPM 系统的数据质量稳步提高。

为提高征信信息质量、加快客户异议信息处理，我部积极协调人民银行解决历史数据问题，督促分行及时纠改错误信息。在技术部的支持配合下，按照人民银行开展两端（人民银行总行和商业银行总行）数据库核对的要求，认真查找问题，研究解决办法。同时，顺应对公信贷数据源系统的调整变化，组织完成我行企业征信系统的优化改造工作。以 CLPM 系统为数据源的新版企业征信系统于 2008 年 11 月在全行上线。

在全行的共同努力下，2008 年我行客户风险统计信息报送工作受到了银监会的通报表扬，金融统计数据报送工作得到了人民银行的肯定。我行征信管理工作再上新台阶，被人民银行评为 2008 年度征信工作先进集体。

二、推进信息整合，支持经营管理需要

为满足信贷资产十二级分类管理以及信息披露等需要，2007 年底启动新一代信贷管理信息系统（CMISII）建设项目，CMISII 归集和整合了对公、对私信贷数据源，于 2008 年 11 月开始在全行推广。CMISII 搭建了全行统一的信贷信息发布、质量监测平台，支持总分行将按照统一的业务主题、指标定义、报表口径、用户体系管理和发布信贷信息。

对基础数据更大范围的整合依托企业级数据仓库系统。总行数据仓库系统自 2005 年 9 月起开始建设，到 2008 年底已有 22 个系统的数据整合进入其中。数据仓库为资产负债管理、中间业务管理、客户关系管理、客户贡献度计算、资本充足率计算、监管报表生成等业务应用提供数据支持。数据仓库系统建设采取滚动开发机制，目前在建数据仓库三期，时间窗口为 2008 年 8 月至 2009 年 8 月，主要任务是：根据新资本协议实施总体规划的要求，初步建立完整的风险主题类数据仓库模型，整合和清洗风险类信息，支持风险类应用的实施；按照管理会计试点项目的需要，完善财务绩效主题类数据仓库模型建设，为财务绩效类应用实施提供数据支持等。

为使员工能够通过单点登录访问多个应用系统，我部牵头企业信息门户系统建设和全行用户统一管理工作。总行信息门户系统于 2007 年 5 月上线后，经过 2008 年的进一步优化，实现了邮件系统的直接登录和主页信息的个性化定制；分行信息门户系统在三个分行试点上线成功。

三、加强信息分析，提供决策支持

除了对信息系统进行维护管理、完善系统自身的信息查询功能之外，信息中心还编制了大量报表、数据信息和分析资料，为行领导和业务部门提供决策参考。我部撰写的定期分析材料包括：金融同业产品及市场竞争动态信息、宏观经济金融形势监控报告、全行主要经营指标分析、同业主要指标数据分析、非现场监管指标分析等。除定期报告之外，还撰写一些专题分析报告。如结合国内外经济形势变化和外部监管要求，对个贷质量压力测试、次贷危机等热点问题进行了针对性分析；与分行联合开展“中心城市行竞争力比较研究”、“个人住房贷款业务发展及风险防范研究”、“宏观调控及产业结构调整背景下东部沿海分行经营发展现况及对策研究”、“新形势下我行中间业务发展战略研究”等专题分析。

由于表现突出，我行被银监会授予“2008 年监管统计分析重点研究课题突出贡献奖”，在国有商业银行中，只有建设银行一家获此殊荣。

四、初步建立数据管控体系基本框架

为从根本上解决数据问题，2006 年 7 月，总行党委作出了由信息中心牵头组织实施数据管控工作的决定。为此，信息中心于 2007 年初启动与美国银行的战略合作项目——对公客户信息管控，旨在通过引进美国银行在客户信息管理方面的经验，建立建设银行的客户信息管理机制，推动现有流程的优化改进。经过一年的探索和试点，2008 年进入全行推广阶段，各分行初步搭建起了基本的数据管控框架。与此同时，开展了数据管控二代项目，进一步完善了对公客户贷款利率和客户财务数据的采集规范，将对数据质量的要求嵌入到 CLPM 系统中。CLPM 系统功能优化后，上海和山东两家试点分行贷款利率数据的出错率明显降低。

2008 年，数据标准的制定工作得到进一步加强，先后完成对公信贷产品数据标准、个人客户信息数据标准、个人信贷数据代码标准、第三批公共代码标准的制定与颁布工作，支持了对公信

贷流程系统、关系型客户关系管理系统、个人信贷管理信息系统等重点系统的上线，同时，第一次启动了产品数据标准的制定，使“产品”这一核心通用数据的规范化迈出了重要的第一步。

五、启动新资本协议第三支柱及数据组前期准备工作

根据银监会的安排，我行预计在2010年前实施新资本协议。按照总行制定的总体实施规划和分工安排，信息中心牵头第三支柱和数据组工作，主要任务是编写新资本协议数据需求、完成数据差距和影响性分析、确定数据部署、制定并实施新资本协议数据管控体系、计算风险加权资产和编制监管报表等。其中，第三支柱的咨询工作2008年底已经正式启动。

信息中心

执笔：李晓杰

审稿：王怀伟

经济金融理论研究

2008年，研究部学习和践行科学发展观的要求，贯彻执行总行党委战略部署，围绕全行中心工作，密切跟踪国内外宏观经济金融形势变化，高度关注国内外银行同业动态，加强对建设银行改革发展、经营管理等方面的深层调研，加强对金融市场变化、同业竞争状况的跟踪分析力度，加大对宏观经济金融形势与政策、行业与区域发展的深度研究，努力为总行高层及全行的经营管理、改革发展、战略决策提供支持与服务，在提升建设银行价值增值、品牌形象和公众影响力等方面，发挥了积极作用。

一、在研究工作中落实科学发展观

2008年初，中央确定建设银行作为深入学习实践科学发展观活动试点单位，研究部在行领导牵头和直接指导下，承担了编写《关于促进我国经济社会事业科学发展的若干建议》和《关于促进我国金融业科学发展的若干建议》两个重点专题调研报告的任务。在对大量相关资料进行深入学习与研究的基础上，经过多次调研、集中讨论和修改，较好地完成了两个重点专题调研报告，为我国经济社会事业和金融业科学发展献计献策。根据试点活动的要求，安排了多种形式的科学发展观学习、讨论、交流、查找不足、整改建制、督促提高等活动，在深入调研和分析的基础上，较好地完成了研究部自定的两个有关科学发展观专项课题的调研任务。

二、围绕全行经营管理和业务发展需求，深入扎实地开展调查和研究工作

根据业务发展的实际需求，重点围绕如何实施建设银行业务战略转型，存在哪些亟待解决的问题，如何评价行业、区域信贷资源配置政策及其效果，如何运用有限的信贷资源提高效益、改善结构，如何确定行业、区域评价体系及机制等课题及相关的热点问题，到有关分行开展调研。开展对相关重点客户、上市公司的实地走访，掌握相关行业、产业、企业真实的信息。其中由部领导带队的调研有十余次，召开不同层次和不同范围的课题及专题讨论、交流会数十次。经反复深入讨论与细致修改，先后完成了《建设银行一级分行投入产出效率研究》、《建设银行区域信贷资源配置问题研究》和《交通运输业发展趋势及信贷市场研究》等课题的研究任务，为建设银行经营管理、政策调整、市场机会和风险把握等提供了参考。

三、开展银行同业发展动向与趋势研究，为政策制定和经营发展提供分析与论证

关注银行业经营环境和同业发展变化，强化了对银行同业的研究。推出了《中国商业银行发展报告》等共十四份系列研究报告，从中

国商业银行的经营环境、发展新趋势、改革创新、业务发展、经营效益、渠道建设、风险状况及风险管理体系建设、股份制商业银行、城市商业银行、农村商业银行、境内外资商业银行等不同层面与方面，对中国商业银行的发展变化作出了较全面的论述与研究，成为目前国内第一家专门针对中国商业银行的发展、特点和趋势进行全面系统分析和研究的机构。同时，还按季度推出了我国上市商业银行财务与经营状况系列研究报告，及时总结上市商业银行经营业绩及业务发展情况，为业务开拓和经营管理提供分析。

关注国际先进银行社会责任发展趋势，对赤道原则、绿色银行、清洁能源和碳金融发展机制等相关内容进行了深入研究，并就中国商业银行加入赤道原则的可行性进行评估论证，完成了银监会、人民银行等相关课题的协助研究任务。

四、为行领导准备有关综合性材料、演讲稿及报告，配合总行有关部门和有关分行展开业务研究、营销和培训工作，为重要客户提供增值服务

先后为行领导参加有关论坛、峰会、座谈会、庆祝会、年会、学术研讨会、接受媒体采访等准备综合材料、演讲稿、背景资料及报告等十多份，向分管行领导提交行业和区域课题研究报告六份。参与董事会战略委员会的相关工作，向董事会战略委员会提供形势分析材料并作形势分析报告，参与总行体制改革方案、发展规划等工作组工作并撰写相应材料，参与风险管理部、机构业务部等部门关于《巴塞尔新资本协议》、服务业市场等的研究与业务推进工作。先后向资债部、财会部、授信管理部和公共关系与企业文化部等多个部门提供了十多份宏观经济金融形势分析材料，还参与了《建设银行2008年中期报告》和《建设银行2008年年度报告》相关部分的编写工作。积极配合国际业务部、机构业务部、公司业务部、投资托管服务部和北京、广东、江苏、安徽、宁波和深圳等部门与分行开展营销及培训工作，为产品推介会、客户营销会、与重要客户共同举办的论坛及相关业务培训会等，宣讲解读政策，分析研判形势，与相关部门及分行共同推进重要客户的营销及业务培训工作。

五、跟踪国内外经济金融形势变化，分析与预测发展趋势，为全行经营管理和行长座谈会提供形势分析报告

面对国际、国内经济金融形势的急剧变化和国家经济政策重大调整，我部进行了有针对性的研究工作。先后推出了六份中国经济金融形势分析与预测研究报告，提交全行工作会议及季度分行行长座谈会作为参阅材料。为了强化国际化视野的研究能力，拓展研究领域，加大了对国际经济金融形势研究力度。在美国房地产经济不断恶化、国际金融市场动荡加剧的情况下，先后完成了《美国经济、房地产及相关债券市场走势分析》、《当前世界经济金融形势对我国的影响》和《美国次贷危机引发国际金融危机：原因及后势》等八份系列性的研究报告，及时提出了美国次贷危机对全球经济的影响还将进一步加深加大的预测，对美国及全球金融危机产生的原因、影响、趋势和警示等进行了深入的分析和探讨。这些研究报告对于总行把握国际经济形势变化、制定相应政策与经营策略有着重要的参考作用。

六、参与、推进对内对外研讨交流，应邀媒体专访与采访，提升了建设银行的影响力

由于研究部工作做得规范、深入，赢得了一定声誉，被行内和行外更加重视，总行各部门及有关方面、银监会、人民银行、有关主管部门纷纷邀请参加各种业务会议、问题讨论、课题和论坛，提出意见、观点或发表演讲数十次。应邀接受各大经济媒体的专访、采访达百次之多，各种媒体播发及转载上千次。

先后接待苏格兰银行经济学家、太平洋经济合作组织（PECC）、凯恩克劳斯（Cairncross）基金会、开发银行、建银国际、摩根士丹利等国际机构与公司高管层及研究人员的来访，共同讨论全球经济金融变化情况，探讨宏观经济未来走势和政策取向，邀请清华大学教授进行题为“银行信贷周期”的演讲会，扩展研究工作的视野及社会的影响力。

七、改进“两刊”及博士后工作站工作，打造高质量的研究部品牌产品《研究报告》和《决策参考》

2008年，《现代商业银行导刊》和《投资研

究》两份月刊坚持正确的舆论导向和严谨规范的办刊宗旨，紧密围绕建设银行改革与发展的需要，结合经济金融形势和热点及难点问题，通过编发研究报告、开设分行专栏、特别约稿和采访报道等多种形式，及时传达总行党委的战略意图与工作要求，介绍交流国内外先进的经济金融投资理论和实践经验，较好地反映报道了建设银行业务经营情况和先进经验。“两刊”注重提高理论深度和实际应用价值，注重品质提高，丰富内容，较好地完成了12个月各12期杂志的编辑出版任务。全年共处理来稿近2 000篇，单次审稿量超过1 500万字，刊发320篇文章，较好地发挥了“两刊”沟通信息、交流经验、传播知识、业务探讨等的平台作用。

博士后工作站不仅组织了第一批博士后中期考核和研究项目汇报会，而且按招收计划、相关程序与管理办法，在相关媒体、网站等发布公告，聘请有关专家学者对报考人员进行笔试和面试，顺利地完成了第二批博士后的招收工作，组织拟定了2008—2010年博士后研究项目，举行了研究项目开题报告会。先后组织博士后人员分批分次到有关部门与分行进行调研活动，直接参与并承担了相关部门的业务研究工作，还参加有关学术单位举办的学术会议达十多次。

研究部的《研究报告》和《决策参考》已经成为研究部的品牌产品。2008年，根据建设银行业务战略转型和结构调整需要，抓住一些热点问题进行深入研究，形成了15份《决策参考》、23份《研究报告》，得到了行内、行外较多的关注，在扩大建设银行及研究部社会影响力，促进业务市场开拓及经理管理水平提升，为重要客户提供价值增值服务等方面，发挥着积极的作用。

研究部

执笔：孙永红

审稿：郭世坤

公司业务

面对2008年复杂多变的经济金融形势，公司业务部着眼长远，立足现实，审时度势，及时调整工作思路和重点，紧紧围绕“巩固传统优势，深化结构调整，推进业务转型，强化科学管理，全面提升公司业务价值创造力”的工作思路，圆满完成了既定工作任务，取得了令人瞩目的成绩。

一、全面完成年度经营目标，对全行效益提升作出重要贡献

1. 贷款实现平稳较快增长，确保优质重点客户信贷需求。公司类人民币贷款全年新增4 106亿元，同比多增1 996亿元，增速17.46%，高于全行平均增速0.92个百分点；其中，票据贴现新增602亿元，同比多增1 161亿元，实现了既定目标。2008年上半年，按照国家“双防”政策的要求，采取“按季控制、按月监测”的调控方式，各季度全行新增计划执行准确率均达到99%以上；2008年下半年，根据国家“一保一控”及“扩内需、保增长”的政策要求和全行统一部署，多次调增贷款计划、积极增加贷款投放，有效地满足了重点客户（项目）和优质小企业客户的信贷需求；积极支持救灾工作，研究出台受灾地区贷款投放不受行业风险限额的限制，对受灾地区涉及保障群众基本生活、灾后重建行业按非限制性行业执行准入和审批等政策措施，开辟救灾贷款绿色通道，确保资金及时到位。总结推广有关分行服务“三农”经验，加大对“三农”的支持力度。全年累计发放救灾贷款559亿元，小企业贷款比年初新增411亿元，涉农贷款新增1 034亿元，在促进业务发展的同时，较好地履行了企业社会责任，树立了良好的社会形象。

2. 有效组织企业存款竞赛活动，继续巩固市场地位。本外币企业存款全年新增3 945亿元，计划完成率108.3%；四大银行新增占比31%，居第二位。针对上半年企业存款增长缓慢的状况，公司部于6～11月在全行组织开展了对公负债业

务竞赛活动，定期对38家一级分行和100家中心城市行活动开展情况进行总结通报；与总行相关部门协商沟通，先后3次提高内部资金转移价格32个百分点；提高存款在等级行和一级分行考核中的占比，激发分行营销的主动性；制定了《中国建设银行企业存款指导意见》，加强对分行负债业务发展的指导，强化企业存款基础管理。我行企业存款的市场地位得到了进一步巩固。

3. 积极推进信贷结构调整，成效明显。行业结构上，不良率较高的271个退出类行业实现了贷款余额、不良贷款余额和不良贷款率的“三下降”，分别较年初下降198亿元、101亿元和2.31个百分点；全行5 135户信贷退出客户贷款余额比年初减少645亿元，超额完成全年信贷退出计划（完成率122%）。在产品结构上，基础设施贷款占非贴现贷款余额的42.36%，较年初提高了2.12个百分点；增幅为21.7%，高于对公非贴现贷款平均增幅6.08个百分点。在客户结构上，A级（含）以上客户非贴现贷款余额占比92.47%，比年初提高了2.05个百分点；其中AA级客户贷款新增占比达117.26%，余额占比较年初提高6.4个百分点；BBB级及以下客户贷款余额较年初减少339亿元。在区域结构上，东部地区贷款新增占比54.7%，增幅为16.5%；中西部地区抓住基础设施建设的机遇，贷款增幅高于全行对公贷款平均增幅1.3个百分点，非贴现贷款新增中70%为固定资产贷款。

围绕信贷结构调整，总行下达了530亿元信贷退出计划及客户名单；扩大了名单制管理行业范围，制定并下发了电力、煤炭、煤化工、铜冶炼、房地产、建筑业的准入退出标准和客户准入名单；严格客户准入核准，全年共完成各项核准1 298户，金额约1 300亿元。实施小企业重点发展战略，明确了16家小企业重点推进行；调整票据业务发展思路和策略，增加贴现业务量和提高收益水平；推出供应链融资等低风险信贷产品，优化流动资金贷款结构。

4. 对公中间业务实现超常规发展。全年实现对公中间业务收入238亿元，占全行中间业务收入的55.47%，比上年提高27.56个百分点；同比增长149亿元，增长率166.71%，计划完成率149.81%。其中，公司部牵头产品收入为91亿元；同比增长61亿元，增幅达200.69%，完成全年计划的169.79%。从产品看，单位人民币结算业务收入为15.1亿元，增幅达42.3%；造价咨询业务收入同比翻番，实现收入17.4亿元，增幅达150%；银团贷款不断推广，间接银团贷款有序展开，实际转让银团份额125亿元，全年银团贷款中间业务收入为3.75亿元，增幅达636.45%；国内保理业务超常规发展，以保理系统上线为基础，34家分行开办了国内保理业务，11家分行实现了零的突破，管理费收入超过1亿元，是上年的7.1倍；推出建设工程项目资金监管、保险资金独立监督业务、分离式保证等创新产品，仅建设工程项目资金监管业务即收入6.67亿元，是近年新产品收益最明显的一个。

2008年，围绕中间业务收入增长目标，总行制定下发了《中国建设银行公司客户中间业务发展指导意见》，在全行范围内组织开展公司客户中间业务评优创先活动，明确了单位人民币结算业务的指导性激励政策。制定印发了《工程造价咨询业务印章管理使用规定》，提高了工作效率，建立了造价咨询业务定期调查制度，组织召开造价咨询业务座谈会研究讨论业务发展。

5. 资产质量和财务效益稳步提升。对公不良贷款余额696.16亿元，不良率2.44%，分别较年初下降46.37亿元和0.59个百分点，在经济形势日益严峻、企业风险不断加大的背景下，对公贷款的持续“双降”，为确保全行资产质量在四大商业银行中处于领先地位作出了积极贡献。全年累计实现公司类客户贷款利息收入1 870亿元，同比增长420亿元，占全行贷款利息收入的77.1%；公司类客户存贷款利差5.70个百分点，比上年末提高0.54个百分点；票据贴现收益率6.03%，比上年末提高2.41个百分点。全年累计办理买入返售转贴现业务994亿元，创造利息收入14.62亿元，收益率4.32%；全年共提供票据理财基础资产334亿元，增加理财中间收入0.84亿元。

2008年，公司业务部制订下达了各行全年贴现利息收入和贴现收益率指导计划，有效引导分行强化贴现价格管理。全年共22次调整价格控制底线，并对分行价格底线采取差别化管理。推动以SHIBOR为基准的贴现定价机制改革，在上年参与票据网转贴现买入、卖出报价的基础上，增加了对买入返售转贴现业务的报价；初步拟订了以3M—SHIBOR为基准加点的贴现定价指导模型。

二、加强市场营销和业务联动，推动业务持续发展

1. 全年共举办了三届“中国建设银行供应链融资产品推介会”，树立起了“建行供应链融资产品”的品牌，客户感知度和认同感迅速提高；举办了两期重要客户对公理财产品推介会，深入挖掘客户理财需求，公司业务条线销售对公理财产品 2 247 亿元，完成全年销售计划的 392%。

2. 创新营销服务模式，与清华大学合作举办银企高管培训班，有效拓展了银企合作的广度和深度，开创了银企共赢的新局面，受到了参训一级分行行领导和客户的一致称赞，并得到了总行领导的肯定。

3. 组织召开长三角、珠三角、粤深港等区域的业务联动座谈会，确定区域联动客户营销和产品创新名单，研究推动区域业务转型的思路和措施。同时，开展对鄂尔多斯盆地能源开发区域经济发展、客户金融服务需求的调查，筹备建立鄂尔多斯能源开发区域联动机制。

4. 加强公私联动，积极推进信用卡交叉营销。按月统计公司业务发卡进展，定期通报发卡完成情况，全行公司（含集团）业务贷记卡客户累计净新增 70 万户。

5. 企业年金业务取得了较大发展。2008 年是我行取得两项年金资格，正式开展业务的第一年，在市场营销、制度建设、系统开发、运营管理等方面均取得了较大进展，成功完成了对港中旅、宝钢、开滦集团等一批大型中央企业年金业务的营销任务，尤其是成功入围铁道部企业年金备选服务机构，率先推出了面向中小客户的“养颐乐”系列年金产品。截至 12 月末，中标受托资产净额 74 亿元，管理个人账户数 100. 5 万个。

6. 与淡马锡富登担保公司签署了《发展小企业金融业务合作协议》，推进与富登担保公司开展小企业担保业务试点工作并成功合作开办首笔业务。我行小企业业务市场形象逐步确立，并获得“2008 年度中国 CFO 最信赖银行最佳中小企业服务奖”。

三、深化改革，推动公司业务战略转型

1. 对公信贷经营职能整合成效显著。在总结北京、宁波等 5 家第一批试点分行对公经营职能整合模式和特点的基础上，提出了推进信贷经营职能整合建议和意见。8 月举办对公经营职能整合模式专题研究班，形成整合模式、绩效考核评价等六篇专题研究报告，为优化职能整合工作提供了理论支持。10 月组织召开对公信贷经营职能整合及对公营业网点转型工作座谈会，全面了解分行改革进展情况，听取分行的意见和建议。11 月完善优化了《对公信贷业务经营职能整合优化方案》并印发全行执行，提出四种供分行借鉴的整合模式，并启动了河北、天津、上海等 12 家分行第二批试点工作。

2. 积极探索对公营业网点转型工作。年初联合会计部对全行对公营业网点情况进行摸底调查，形成了《对公营业网点调查分析报告》。在调研分析的基础上，起草了《对公营业网点转型实施方案》并提交行长办公会审议；根据全行整体安排，与资金结算部共同成立对公营业网点转型工作组，积极开展对公营业网点转型方案细化完善工作。

3. 专业化建设工作取得阶段性进展。截至 2008 年末，全行共建立票据中心 676 个，小企业中心 254 个（其中“信贷工厂”模式 78 家，比上年增加 56 家），工程造价咨询中心 141 个，企业年金中心等 38 个。

四、加强业务规划和行业研究，为业务发展提供决策依据

1. 根据国际、国内经济金融形势变化和国家宏观调控政策要求，及时研究制定公司业务部贯彻落实“国十条”、“金九条”、中央经济工作会议、金融促进经济发展若干意见的政策措施。下发了《关于做好当前对公信贷营销工作的通知》，引导分行适应宏观形势变化，加强对重点行业、重点客户的营销，增加项目储备，扩大市场有效需求。下发了《关于对各地政府计划投资项目情况快速调查的通知》，对中央 4 万亿元投资及地方政府配套投资进行摸底梳理，以制定相应项目营销对策。

2. 跟踪热点行业，及时研究城市基础设施、电力行业、出口相关行业、奶制品相关行业、造船业、房地产等行业，并形成分析报告；其中，《关于电力行业当前形势分析与判断》、《城市基础设施领域的市场机遇和营销策略》、《金融风暴下的全球造船业及银行的应对举措》、《现阶段房

地产市场形势分析及2008年我行对公房地产业务发展的政策建议》等在公司业务参考刊发，对全行开展相关行业业务提供了信息参考和指导。组织举办热点行业研讨会，通过前后台联动，对钢铁、纺织、城市基础设施建设、房地产等热点行业进行充分研讨。

3. 加强房地产行业的政策研究，完成了《现阶段房地产市场形势分析及2008年对公房地产业务发展政策建议》、《关于2008年1～5月对公房地产贷款业务有关情况的报告》、《关于2008年上半年对公房地产信贷业务运营情况的报告》、《关于加强当前对公房地产贷款管理几点意见的请示》和《2008年对公房地产贷款业务发展指导意见》，指导全行房地产业务的发展。

4. 起草了《中国建设银行公司业务渠道管理办法》，明确了对客户经理、营业网点、电子银行三大渠道提出建设与管理的总体要求。

5. 牵头编写了《公司及机构业务三年发展规划（2008—2010年）》和《建设银行小企业业务发展情况及三年规划的报告》并提交董事会审议，深入分析市场前景和业务形势，明晰业务发展的总体思路、市场定位和业务发展目标。

五、强化产品创新和管理，提高盈利能力

1. 完成54项产品创新计划。开发完成小企业小额无抵押贷款、“养颐乐”系列年金产品、应收账款质押融资、保兑仓、应收租赁转让、搭桥贷款、保证金理财、间接银团贷款、工程项目建设资金监管业务、银行承兑汇票“自由贴”等创新产品，并制定下发了《搭桥贷款管理办法（试行）》、《应收账款质押授信业务管理办法（试行）》、《应收租赁款转让办法》、《工程项目建设资金监管业务管理暂行办法》和《操作规程》等相关业务管理办法或操作规程，完成了54项产品创新，对公业务服务手段不断丰富；网络银行电子商务信贷业务目前已在浙江分行全部上线推广，我行共向507家企业累计发放贷款10.7亿元，实现中间业务收入1 800万元，综合收益明显。组织开展推进置换保证、履约保函证明、工程建设合同担保、加工贸易台账保证金保函、海关风险保证金保函等8项保证业务试点工作；同时，金银仓、采矿权抵押、金银岛电子商务信贷业务、沉默租赁保证等产品创新也在有序推进中。

2. 产品创新得到社会或行内充分认可。“成长之路”业务获“2008第一财经金融价值榜”年度最佳金融服务品牌。“商用物业抵押贷款”和“电子商务e贷通”获得2007年全行产品创新项目二等奖（一等奖空缺）。

3. 强化产品管理。印发了《中国建设银行对公产品管理暂行办法》，推进对公产品管理与创新责任体系建设。召开了两次对公产品创新研讨会，就如何建立对公产品管理与创新责任体系以及应收租赁款转让、间接银团贷款、存款透支理财三通账户等产品创新进行了探讨，拓宽了产品体制建设和产品管理、产品创新思路。在西宁召开银团贷款推进工作座谈会，连任中国银行业协会银团贷款与交易专业委员会第二届主任单位，承担委员会日常工作，成功争取京沪高铁银团贷款项目独家牵头行的地位。就工程造价咨询业务甲级执业资质事项与建设部积极沟通，建设部已基本同意对我行造价咨询甲级资质继续给予延期。

六、完善制度建设，保障业务稳健发展

1. 完善小企业评级办法和评级体系。研究制定了《小企业信用等级审定权限》、《小企业信用评级管理办法》等相关政策制度，目前小企业评级系统在五家试点分行成功上线，明年将在全行推广。

2. 下发了《小企业经营中心作业指导书》，对小企业信贷业务各环节的岗位人员、业务职责、操作流程及标准等进行了标准化界定；编写“小企业业务流程操作手册试运行方案”，完成“小企业信贷业务流程项目”评审和试运行工作；对小企业信贷业务流程和各项管理工具进行修订和完善，编写小企业“成长之路”和“速贷通”业务管理办法和操作规程初稿。

3. 修订下发了《单位通知存款管理办法》、《现金管理产品手册》和《国内保理业务管理办法》及会计核算、费率标准、合同文本等相关管理规定；制定印发了《分离式保证业务管理办法》、《保险资金间接投资基础设施项目独立监督业务管理规程（试行）》、《关于增加临时存款账户为办理协定存款业务账户类型的通知》、《对公客户金融市场理财产品操作规程》、《企业年金业务管理办法》、《账户管理业务操作规程》和《受托管理业务操作规程》；完善了《商用物业抵押贷款办法》；贯彻银监会《商业银行并购贷款风险管理指引》和行领导指示精神，起草完成了

《中国建设银行并购贷款管理办法（征求意见稿）》；起草了《间接银团贷款暂行办法》、《房地产开发贷款管理办法》、《土地储备贷款管理办法》；参与银监会《固定资产贷款管理办法》和《商业银行项目融资指引》的修订完善工作，参与人民银行《经济适用房贷款管理办法》和《廉租住房建设贷款管理办法》。对公业务规章制度的修订完善，有效促进了业务的快速发展。

4. 加强重点客户管理。完善了《公司及机构类总行级重点客户管理办法》，对总行级重点客户的认定标准、方式等内容进行修订。较好地完成了总行级重点客户动态管理工作，对 166 个公司及机构类集团客户下属单位申请享受总行级重点客户待遇更名的客户资料进行了审核，及时将存在风险隐患或信用等级不达标的 13 个客户调出总行级重点客户名单。协助集团客户部对前八批 1 315 个总行级公司类重点客户及其 3 580 个集团客户成员单位进行年审。

七、强化基础管理，提升经营管理水平

1. 开发完成对公客户预警跟踪管理系统和分行试点工作，全面提高了全行贷后管理的实时监控和预警风险化解能力。

2. 按照“六西格玛”方法启动了贷后流程优化和贷后管理风险自评估工作，初步查找出对公业务贷后管理的 15 个关键风险点以及部分行业的风险特征指标，修订完善了《公司及机构客户贷后管理办法（初稿）》和《公司及机构客户贷后管理流程操作手册（初稿）》。

3. 制定了《关于加强公司类客户信贷业务贷后管理的通知》，明确了行业、区域、客户、产品各维度贷后管理的工作重点，并对贷后管理频度、贷后分析监测、贷后管理决策、风险防范措施等各项工作提出了具体要求。

4. 配合完成了内外部审计检查工作。高度重视国家审计署对公司信贷业务现场审计检查，积极做好审计的组织和协调工作，及时就房地产贷款、保证等业务反馈审计需求事项 35 件，牵头反馈本级审计取证记录 14 项；针对审计发现问题，指导督促分行做好沟通解释和整改落实工作。同时，下发了《关于做好 2008 年内部审计发现问题整改工作的通知》，加大对内部审计检查发现的房地产开发贷款、担保贷款抵质押物管理、资金证明等业务领域问题的整改力度。

5. 规范业务操作，防范业务风险。加强对信贷承诺类业务收费的管理，下发了《关于加强信贷承诺类业务收费规范管理的通知》，研究草拟了《中国建设银行贷款承诺业务操作规程》，针对包括贷款承诺业务在内的重点产品组织全行调查，规范业务操作；制定完善承兑、保证等业务相关制度规定，下发了《关于进一步加强银行承兑汇票业务管理的通知》和《关于当前承兑业务发展情况的通报》，加强表外业务风险控制；开展对买入返售等业务的专项检查，确保分行规范操作。

6. 优化系统功能，支持业务发展与管理。一是开展 OCRM 二期试点，完成北京、三峡、广西、重庆和陕西五家分行试点工作，解决试点行上报各种问题单 272 份，各项功能改进 101 项。二是完善 CLPM 功能，新增国内保理、e 贷通、黄金质押、分离式保证、应收账款质押等新产品，优化评级平行作业、业务申报审批流程等业务功能。三是完成相关系统整合工作，建立 CLPM 系统与 SARM、CBD、NTFS、CMIS、OCRM、ECIF、保理等系统的接口，实现了对公客户信息统一和共享，提升工作效率。四是与信息中心共同完成了和美国银行合作的数据管控一代项目和二代项目，进一步加强对对公客户数据的管理控制，提高系统信息质量。五是圆满完成保理系统全国推广上线工作，目前全行已有 34 家一级分行所属 200 家二级分支机构开办了国内保理业务。六是稳步推进网络银行电子商务信贷业务项目，外联接口及业务辅助功能两部分功能模块已成功切换上线，网上银行及流程优化功能模块的开发也已确定上线时间表。七是完成票据业务系统两次版本升级切换工作以及“系统优化项目试运行报告”。八是年金业务系统全面优化，为年金业务健康发展搭建了良好平台。

八、加强队伍建设，提升人员素质

1. 制定下发了《关于加强公司业务培训工作的通知》，对全行公司业务培训的总体目标、培训对象、培训内容、培训形式和培训管理工作提出了明确要求。同时，及时跟踪、监督分行培训计划的制订和执行情况，指导分行培训工作的开展。

2. 组织开展产品培训、业务培训、“百佳客户经理”培训、管理人员培训等各类培训班 29 期，累计培训 2 193 人次。配合人力部举办 5 期二

级分行公司业务主管行长专题培训班。

3. 组织开展第四届中国建设银行公司及机构业务“百佳客户经理”的评选活动，进行全行表彰活动，树立优秀客户经理典型。

4. 与人力资源部联合开发客户经理岗位培训教材，起草了《公司业务岗位培训教材编写方案》，并报行领导同意，拟于明年启动教材的编写工作。

5. 研究起草了《中国建设银行对公业务队伍建设指导意见》，对对公客户经理岗位管理、人员结构、考核激励、培训等方面提出指导性意见，不断强化队伍建设管理。

公司业务部

执笔：邓　云

审稿：靳彦民

集团客户业务

一、工作成果

截至2008年底，集团客户业务所辖客户贷款余额为20 225.85亿元，占全行对公贷款28 511.1亿元的70.94%，贷款余额比2008年6月（集团客户信息管理系统6月才上线）增长了1 488.03亿元，增幅为7.94%；存款余额为7 180.33亿元，占全行对公存款32 882.24亿元的21.84%；不良贷款余额为53.37亿元（不含保全部），占全行对公不良贷款696.16亿元的7.67%；不良率为0.27%。

同时认真学习实践科学发展观活动，并荣获“先进基层党组织”称号。

二、主要工作举措

（一）争取市场营销先机

1. 顺势而为，灵活调整客户营销策略

在年初宏观调控趋紧、贷款规模不足的形势下，不断根据客户的需求创新各种解决方案，并及时通过召开融资替代产品研讨会、视频交流等形式，梳理下发了重点产品介绍模板及营销案例，为维护银企关系发挥了重要作用；9月全行风险视频会第一次透露贷款规模将适当放松的时候，立即组织对大客户、大项目进行摸底，强化银企沟通，掌握客户需求，表达我行支持意愿，深化合作整装待发；在年末放开信贷规模、各家银行尚未有大动作时，快速反应，夺得了贵广铁路、中石化集团系统内短期融资券及中期票据业务、龙源集团2009年风电项目等大批优质项目，并于11月在以“抢夺市场，防范风险”为主题的全行集团客户业务座谈会上，明确地提出了在新形势下的工作思路与工作要求，在此轮经济周期波动所带来的市场机遇中占得了先机。

11月、12月两个月，所辖客户贷款投放增长明显，累计发放3 280.26亿元，新增1 123.01亿元，占后两个月全行对公贷款新增1 445.72亿元的77.68%。

2. 有进有退，把握行业和区域营销热点

按照全行信贷结构调查要求，严格执行有关行业结构调整政策。对铁路、核电等新形势的营销热点，充分发挥我行在“两基一柱”上的传统业务优势，集中精力重点营销行业内的龙头企业，协调行领导亲自带队进行高层营销；对汽车、钢铁、船舶行业等受冲击较大的行业，组织专人进行了专题调研，出台了《关于我行汽车行业信贷经营情况及拟采取工作措施的通报》、《我行船舶制造行业信贷业务分析报告》等，及时对有关行业的经营工作加以指导和管控；对所辖房地产客户进行摸底调查，及时把控其资金流向和现金流状况，并于10月8日召集各一级分行房地产公司业务条线代表，举办了房地产业务培训会，邀请中国住宅及房地产研究副会长顾云昌作了《全国房地产市场、企业运行状况分析及宏观调控政策》专题讲座。

针对不同区域的特点采用不同的营销策略。对受进出口贸易冲击较大的珠三角地区，积极关注最新的发展情况，严防风险；对内蒙古自治区、新疆维吾尔自治区等具有发展潜力、集中了大批国家重点扶植项目的区域，采取积极营销、大力争取的态度；对环渤海等区域，积极促进各项业务的稳健和可持续发展，组织召开了环渤海区域协调委员会2008年上半年、下半年工作例会。

积极推进海外业务，提高风险防范意识。重视防范韩资、港澳台资等境外在华的小型集团客户，特别是两头在外的加工企业、贸易企业的风险，对于"走出去"企业进行深入分析和科学评估，召开"走出去"客户金融服务研讨会，深入探讨企业"走出去"整体形势和客户金融需求；组织召开"跨国公司全球授信研讨会"，研究为中资跨国公司"走出去"业务提供金融支持，以及对外资跨国公司进行全球授信的具体实施方案，并组织专人赴南非、安哥拉、赞比亚等地进行业务考察，撰写了《充满商机的非洲——对我行加快发展非洲业务的建议》、《中国企业"走出去"金融服务市场分析报告》等调研报告。

3. 支持灾后重建，营销四川大批基础建设项目

本着特事特办的原则，向四川灾区企业紧急发放贷款近10亿元，有力支持灾区灾后重建。11月，在成都同中国东方电气集团公司、攀枝花钢铁（集团）公司、四川高速公路建设开发总公司、四川省机场集团有限公司、成都地铁有限责任公司、成都高新技术产业开发区管委会6家重点客户签订了战略合作协议，进一步支持了灾区基础设施建设。

4. 全面落实"国十条"、"金九条"，营销成果丰硕

成功办理了建设银行迄今为止单笔最大的理财产品业务——中石油95亿元乾图理财产品；成功办理了中石化股份公司在我行境内金额最大的外币借款保函业务——为其广州分公司开具2亿美元借款保函；与铁道部进行历史上规模最高的会晤，并成为第一家与其签署战略合作协议的商业银行；中标港中旅集团年金业务，成为该集团唯一的企业年金业务合作银行，这也是系统内营销成功的第一单中央企业年金业务；获得我行在电力行业上的首个银团贷款牵头行资格：中电国际江西贵溪2×600MW火电等五个电力联产项目178亿元银团贷款牵头行；赢得广西防城港核电有限公司的基本结算户，这是中国广东核电集团有限公司下属第一个在我行开立基本结算户的核电项目，是我行在营销中国广东核电集团有限公司的一个重大突破。

在由经济观察报和香港管理专业协会共同举办的第六届"中国杰出营销奖"的角逐中，"高端客户资金管理经典模式——中国移动资金管理网络营销案例"一举荣获"中国杰出营销奖"金融类最高奖项——"卓越奖"。

（二）多层联动，发挥集团客户综合业务平台作用

集团客户部自成立以来，就以打造集团客户综合业务平台为己任，积极为我行投行业务、年金业务、租赁业务、国际业务、信用卡业务等的发展乃至个人高端客户的拓展牵线搭桥。

1. 部门协作

联合总行相关部门开展横向联动，成功召开了五次重点客户对公产品推介会，介绍我行对公信托理财产品、中期票据、融资保函、融资租赁等产品，取得了显著效果。仅以春季产品推介会为例，以此为平台，我行与铁道部进一步沟通了800亿元中期票据业务的相关事宜，并在会后不久由我行牵头发行第一期200亿元中期票据；国电集团在会上承诺发行30亿~50亿元"乾图理财"产品，并将其纳入即将于5月初与我行签订的"战略合作协议"文本条款之列；中国核工业建设集团提出30亿元金融租赁业务需求；万科股份有限公司将发行10亿元企业债，承诺由我行提供担保；京沪高铁有限责任公司、清华控股等客户对"乾图理财"和中期票据表示出浓厚兴趣。

截至12月底，我行通过大型集团客户共承销短期融资券462亿元、中期票据130亿元（待售160亿元），发售各类对公理财产品220亿元。积极协助年金中心，集中营销大型集团客户企业年金业务。我行已与49家客户开展了受托业务，受托金额11.15亿元，参与年金人数22.93万人；与48家客户开展了账管业务，账户总数33.73万户。

2. 区域联动

与香港分行联动，在上半年我行外汇资金非常紧张的背景下，成功地营销了中国铝业公司1.08亿美元和4亿英镑存款，中国铁建股份有限公司A股募集资金55亿元、H股募集资金53亿港元存款以及中船重工5亿美元内保外贷和1亿美元现汇贷款业务，有效地缓解了我行外汇头寸紧张的局面。

组织召开了环渤海区域协调委员会2008年上

半年、下半年两次工作例会，带动环渤海区域9家分行协调发展，区域联动取得了显著成效，区内分行对区域重点联动项目建立跟踪台账、加强客户信息收集、组建专业营销团队、采取多级多层团组联动、适时启动高层营销等策略，及时出击，集中攻坚，成功地营销了一大批重点项目，如京沪高铁项目拿下基本户和牵头行资格，首钢京唐钢铁项目获银团贷款联合牵头行资格并争取到105亿元的贷款额度等。

（三）推陈出新，夯实内部管理

1. 加强客户分级管理，提升经营管理水平

为加强对集团客户的差别化管理，提升经营重心，分清各层级的职责，切实提高对重要集团客户的营销服务能力，制定并下发了《集团客户分级管理指导意见》，对集团客户实行分类分级经营管理。

2. 确立全行战略性客户，明确营销工作重点

稳定的优质集团客户群体是我行可持续发展的基石。为促进与其进行长期、全面、深入的合作，明确了94户全行战略性客户名单，作为全行经营的重点，将由总行直接牵头经营管理。同时，选择了3 882户作为分行级战略性客户。

3. 对分行的集团客户经营利益补偿

为彻底解决分行间利益调整问题，以对京沪高铁项目和铁路资金归集的利益调整补偿为突破口，进行专项的深入研究和调查。全年共安排30 916万元利益补偿资金。其中，资金结算网络利益补偿费用共计25 000万元，参与分配网络106个，涉及经办行千余家；中石化加油站上门收款补贴费用5 916万元，对为2 421座加油站提供服务的分支机构进行补贴。

针对今年以来各地因为贷款规模紧张出现的不同程度的不按照合同约定发放贷款的情况，与后台部门召开多次业务协调会协商解决方案，先后协调了太中银铁路项目、华能呼伦贝尔能源开发有限公司等企业贷款发放问题，维护了我行信誉和银企关系。

4. 制度建设

制定了《集团客户部集团客户授信限额管理内部操作流程（试行）》，细化了流程，促进了限额授信的更好执行；推动财会部、风险管理部等部门修订战略性客户的经济资本计量参数，适当降低其经济资本占用，提高了经济增加值；下发了《核电业务若干政策调整方案（试行）》，推动核电政策的调整。另外，制定了集团客户部（营业部）客户团队与会计结算柜台基本业务联系操作流程、《中国建设银行总行营业部反洗钱机构和职责分工规定》和《中国建设银行总行营业部客户身份识别和客户资料及交易记录保存工作规程》等，进一步推进了集团客户业务的精细化管理和风险管理工作。

5. 针对一级分行辖内集团客户授信模式问题，与总行相关部门进行了多次沟通协调，促成了在新版额度管理办法中对此作出了调整；针对各成员行材料报送效率不高导致集团客户授信限额申报前期时间较长的问题，进行了授信限额全程监测，并定期在网站上公布各分行材料报送进程，提高了集团客户授信流程的效率和透明度；针对重点客户信息不集中和维护周期较长的问题，开展了重点客户动态维护工作，每月向全行公布全套最新重点客户名单，便于前后台各业务条线监控和使用等。

集团客户部

执笔：周 婧

审稿：程远国

机 构 业 务

2008年，全行机构业务积极践行科学发展观，紧跟市场变化，把握市场机遇，通过坚持业务转型、结构调整和持续创新，圆满地完成了年度各项经营指标，并在多个重点业务领域取得了系列突破，多项业务在同业居于首位，机构业务“三年变格局”的阶段目标已经实

现，为新形势下机构业务的全新发展打下了坚实的基础。

一、主要经营成果

（一）效益迅速提高，机构条线对全行利润贡献持续上升

2008年机构业务经营毛收入较上年增加88.02亿元，在全行经营部门毛收入中的占比为12.72%，较上年增长2.02个百分点。机构业务存款付息率为1.72%，较全行一般性存款付息率2.01%低0.29个百分点，较对公客户存款平均付息率1.75%低0.03个百分点。同业存款付息率为1.84%。贷款收益率达7.39%，较全行贷款收益率7.20%高出0.19个百分点，较对公客户贷款平均收益率7.35%高0.04个百分点。

（二）业务转型取得显著成效，中间业务收入大幅增长

改变了传统简单代理模式，以创新带动中间业务发展，依靠新的产品、新的模式、新的指导方法，实现了中间业务的结构优化和高速增长。2008年，全行机构业务条线实现中间业务收入44.37亿元，同比增长183%，当年计划完成率为162%。中间业务的产品种类也从传统的代理业务，逐步发展到了新型代理产品和包括对公理财、资金托管、保证金存管、联名卡等多项新兴产品在内的多类产品共同支撑的格局，超亿元的中间业务产品已经达到6项。

（三）信贷客户结构不断优化，资产质量稳步提升

机构贷款年末余额为1 406亿元，较年初增长221亿元，完成当年新增计划的116%。全行事业法人贷款累计投放583亿元，其中AA级（含）以上的客户投放501亿元，占比85.92%，比上年上升8.66个百分点，存量贷款中AA级及以上客户贷款余额占比80.36%，较年初上升7.51个百分点，比对公条线该指标平均值高7.09个百分点，贷款资源明显向优质客户倾斜。机构业务不良贷款率和不良贷款额呈现“双降”的局面，不良率为1.36%，较年初下降了0.83个百分点，较全行2.13%的贷款不良率（审计前）低0.77个百分点。事业法人关注类贷款占比9.54%，比年初下降了5.69个百分点，信贷质量有效提升。信贷资产转让业务累计办理450亿元，利息收入达到2.34亿元，业务前景广阔。

（四）克服了诸多市场动荡因素影响，机构业务存款较好增长

全行机构类全口径存款总额为15 976亿元，较年初增长10%。机构业务存款增长良好，时点余额达到12 062亿元，较年初增长1 904亿元，增幅达19%，当年计划完成率达到145%，占对公存款新增的48.26%。受金融海啸和国内证券市场大幅下滑的影响，同业存款较年初下降了402亿元，年末余额为3 913亿元。

（五）在重点业务领域有进展和突破

2008年在代理保险业务收入当年新增、武警业务领域、高校贷款总量、高校贷款质量、CTS存管客户数、CTS手续费收入、中央财政授权支付业务、代理开行业务六大领域八项关键指标中我们位居同业第一，重点业务的市场竞争力得到大幅提升和加强，“三年变格局”的阶段目标已然实现。

二、主要工作情况

（一）搭建银保全方位合作平台，代理保险业务收入大幅增长

贯彻落实行领导提出的“银保合作具有方向性和战略意义，要用其快速增长弥补基金销售负增长”要求，搭建与保险公司的全方位合作平台，理顺管理机制，拓宽合作范围，全面推进业务快速发展。到12月末，全行保险代理业务实现收入28.33亿元；保险公司在我行的存款余额为553亿元，较年初增加225亿元，增幅为69%。网银、电话销售商业保险已经进入试运行阶段，保险公司授信评级工作平稳推进，为银保全面深入合作创造了条件。

（二）“八一工程”有效进展，在武警板块取代工商银行成为主服务银行

全行在军队武警业务方面克服了抗震救灾、奥运保障等外部影响，突破了工商银行等同业的“围追堵截”。业务市场占比较年初提升了4.21个百分点，达到16.2%，计划完成率为102.16%，存款余额达到551亿元，存款在1亿元以上的重点客户首次过百，达到112家。我行在武警板块取代工商银行成为主服务银行，合作关系进一步巩固；实现了空军装备部等总部级客户的重大营销突破；成功营销了海军重大国防项目及配套项目，形成了由“点”到“线”再到“面”的合作局面；拓展了与总参、总政的业务合作，解决了多年来与总政业务合作中的症结；与总后勤部财务部的业务合作也初现端倪，争取了军人保障卡业务；为武警边防局、南京军区联勤部和沈阳军区联勤部创新搭建了适合部队资金集中改革需要的管理网络系统，为业务拓展搭建了良好的平台；继续加深了与部队综合性医院的业务合作；结合今年特殊的时代背景，以慰问抗震救灾部队、“八一”建军节和服务奥运保障为契机，开展了多种形式的拥军活动，获得了客户高度认同，树立了建设银行良好的社会形象。

（三）事业法人业务积极应对政策和市场变化，不断开辟业务发展新局面

进一步完善了名单制管理，对教育行业信贷客户实行集中准入，实现全名单管理。配合风险部门做好行业风险限额调整和相关核准工作，不断提高信贷准入工作效率。继续推进精细化管理工作，加强对信贷投放的监控管理，加强贷款项目的储备管理，开展了百大事业法人信贷客户的综合贡献度调查工作，配合相关部门对事业法人客户内部评级系统进行优化完善。2008 年顺利完成了事业法人贷款投放任务，事业法人贷款新增计划完成率为 124%。事业法人存量贷款中 AA 级及以上客户达 1 322 家，贷款余额为 1 130 亿元。事业单位一般性存款年末余额为 1 717 亿元，较年初增长 265 亿元，超额完成年度计划。截至 12 月末，全国有 153 所全日制高校与我行签订全面（战略）合作协议，有 166 所高校达成单项业务合作协议；在我行开户并有贷款的“211 高校”客户 54 家，占 211 高校总数的 50.5%，我行高校贷款余额为 670.74 亿元，不良率仅为 0.37%，是同业中贷款量最多、质量最好的银行。2008 年我行主动会商国家教育部、财政部、银监会等主管部门研究高校债务重组，相关方案获得监管部门和主管机构的认可，教育部已明文要求部属高校积极同我行磋商实施债务重组工作，高校债务重组已在三所部属高校进入实施阶段。清华大学金融服务经验推广取得实效，与读者集团、华西医院等行业领先客户成功签署了战略合作协议，在现金管理、电子银行、财务顾问、结构性融资、信用卡等方面开展深层次合作。积极履行建设银行的社会责任，与相关国家部委建立起经常沟通的渠道，有策略、有步骤地向灾后重建市场逐步渗透。与国家开发银行“民生四领域”方面的创新合作已取得实质性突破。通过与国家开发银行开展间接银团贷款——联合贷款的方式，由国家开发银行担保，我行适当介入低风险流动资金贷款业务。

（四）成功中标代理中央财政非税收入收缴业务，继续保持中央财政授权支付业务市场第一

2008 年总行继续中标代理中央财政非税收入收缴业务，多家分行在当地的地方财政国库集中收付业务市场也取得了有效拓展，包括公务卡在内的各项代理财政业务在全行得到有效推进，与财政部、主要预算单位的合作关系进一步加深。全年代理中央财政授权支付业务达 2 180 亿元，较上年增长 49%，继续保持市场第一；代理中央财政非税收入收缴业务为 483 亿元，较上年增长 150%；代理拨付三峡移民资金 90 亿元；代理发放军队转业干部退役金 39 亿元；财政存款总量为 3 369 亿元，较年初增长 311 亿元。成功开办公务卡报销业务，并在全行推广。已形成了“以建设银行个人信用卡为媒介，以预算单位账户为基础，以现代化电子系统为支撑”的全方位、多层次的预算单位公务卡服务体系。全行累计发行财政预算单位公务卡近 50 万张，进一步巩固了我行的代理财政业务市场。与行内有关部分充分协商，积极参与财政部国库现金管理改革工作。组织对我行代理中央财政授权支付业务系统和中央财政非税收入业务系统进行了优化，加强对代理国库集中收付业务的检查、指导，加强对各项财政业务的培训，初步建立了分行地方财政业务评价体系，全行代理财政业务服务质量得到了明显提升。

（五）“百易安”成为全行增长最快的中间业务产品，政府机构业务领域不断延伸

全行“百易安”业务实现手续费收入 4.6 亿元，同比增加 4.4 亿元，是全行增速最快的中间业务产品。全行“百易安”业务在贷款资金监管领域的应用得到了迅猛的发展，在福利资金和捐赠资金等领域也取得了实质性突破。通过坚持创新和风险控制并举，“百易安”业务得到了健康发展。2008 年还组织分行积极配合开展委托贷款清理和“总量、风险”双降工作，中央部门委托贷款清理方案已经获得国家有关部门的认可，代理老委托贷款业务实现手续费收入 4 884 万元，创近年新高。银关通市场占有率为 6.7%，较年初提升 2.8 个百分点。汶川地震后，积极参与组织抗震救灾有关金融服务工作，提出了服务公益组织的产品创新方案，组织对口支援金融服务工作。将环保部、水利部、民政部、中国红十字总会、中国慈善总会及其下属单位纳入了重点营销目标，就排污权交易、碳排放交易合作等环保新领域合作与北京产权交易所及其下设北京环境产权交易所进行了积极营销，重点关注了第三方支付业务，积极发掘新政策变化带来的商机。

（六）"社保营销年"捷报频传，成为首家提供全行统一的社保业务综合服务系统的银行

"社保营销年"取得了良好的营销业绩，为此，张建国行长特别签发贺信，祝贺广东、湖北、山西省分行在"社保营销年"活动中取得重大突破。截至12月底，全行新增社保基金账户1 463户，完成计划的270%。代理社保资金存款余额为2 369亿元，比年初增长657亿元。在养老保险个人账户做实业务上，继辽宁省分行成功续签独家代理合作协议后，湖北省分行、河南省分行分别夺得湖北省财政账户、河南省收入户的独家代理资格。在事业单位养老保险业务全国首批五个试点中，山西省分行率先成功赢得该省省直机关独家代理资格。在"五险合一"的制度改革中，深圳市分行成功争取到深圳市财政局独家开立的社保基金集散户。广东省分行在全省各地区形成了大面积的有效突破，与多家地区社保机构签订了全面合作协议。2008年我行积极参与了人力资源和劳动保障部关于社保基金投资管理办法的资格认定办法等相关配套细则的制定工作，寻找我行先期介入的基础。由总行自主开发的社保综合服务系统（SSIS）是业内首家全行统一的社保业务综合服务系统，已顺利上线，该系统实现了与社保管理部门的实时连接与数据交换，实现了社保基金管理、社保基金投资理财、资金结算等诸多功能，为我行社保业务赢得了技术优势。

（七）依托授信资源联动营销中间业务，加强同业存款管理，银行同业业务经营模式有效调整和改进

国内银行客户授信量已经达到10 785亿元，授信客户涵盖了各种国内银行类型，其中对政策性银行、国有控股大型商业银行和全国性股份制商业银行客户的授信覆盖率已达到100%。国内银行机构客户年度用信量已近6 000亿元，无一笔不良。下半年，积极引导分行与辖内同业客户开展银行同业间信贷资产转让、存放同业等资产业务合作，累计运用资金60亿元。同时，依托授信资源，探索中间业务转型途径，银行同业类中间业务收入达到1 200万元的历史新高。积极配合有关部门，按照"分步走、差异化、有选择、有条件"的原则推进同业存款价格改革，及时遏制高成本协议存款增长势头。完成了"国内金融机构额度管理系统"（CLMS）的一期开发、测试等工作。系统上线后将有效提高我行对国内金融机构的风险管理水平，提高额度管理的完整性和实时性。

（八）延伸CTS系统服务优势，打响"鑫存管"业务品牌

尽管证券市场全年低迷不振，对证券公司存款造成影响，但我行证券客户保证金独立存管客户数总量和存管手续费收入仍位居行业第一位，存款总量位居第二位。通过重新开发和建设新CTS系统平台，全面提升了"鑫存管"业务的服务质量和服务水平。CTS业务延伸也取得突破，深圳市分行成功试点了典当行融资账户监管服务，上海市分行成功试点了投资者预约开户登记服务。第四季度，我行积极参与多层次资本市场和场外交易市场建设工作，成功营销天津股权交易所。天津股权交易所已确定我行作为首家试点清算银行，我行为"两高两非"公司股权、私募基金挂牌交易提供资金结算服务，将有助于促进我行的投资银行业务、对公理财业务、中小企业贷款等相关业务发展。

（九）代理信托、财务公司、期货等非银业务飞速发展，金融产品创新领先同业水平

全年累计发行代理信托资金收付业务系列产品111期，实际创造的中间业务收入超过2亿元，代理信托资金收付业务系列产品已经步入良性发展的轨道。全年与财务公司客户开展回购型信贷资产受让业务450亿元，利息收入首次突破2亿元大关，达到2.34亿元。全行财务公司结算网络已经超过40个，网络使用率得到极大的提升。境内汽车金融项目自下半年启动后，进展顺利。河北省分行和上海市分行还分别首次开办了异地标准仓单质押贷款业务和回购型汽车金融零售资产受让业务，非银行金融机构资产业务在创新中逐步推进。期货结算业务发展迅速，今年我行被《证券时报》首次评为"期货业最佳结算银行"。2008年共完成产品创新10项，其中信托类产品9项，有效推动了非银业务的快速发展。

（十）业务管理不断精细，业务创新成效突出

按照《机构业务创新管理实施方案》要求，

年初确定的37项创新任务已基本完成，多数项目已经不同程度地开展推广，业务创新开始进入总结推广阶段，有效挖掘了各项机构业务创造效益的潜能。在银行家杂志社主办的2008年度“中国金融营销奖”的评选中，“百易安”产品创新营销案例荣获2008年度中国金融营销奖公司业务类“金融产品十佳奖”。“百易安”业务流程优化获得全行产品创新三等奖。总行先后印发了《机构业务岗位培训教材》、《机构业务产品服务手册》、《机构业务分类指导案例集II》和分行运营情况分组经营提示，刊发了49期《机构业务参考》，不间断地为基层机构和从业人员提供政策解读、业务规范、产品组合、服务案例方面的有力支撑。

机构业务部

执笔：周　欢

审稿：孙玉辉

国 际 业 务

一、2008年外汇业务经营情况

【外汇中间业务收入快速增长】实现外汇中间业务收入64.87亿元，同比增加28.82亿元，较上年增长80%。

【国际结算量快速增长】全年累计完成4 481.5亿美元，同比增长1 627.55亿美元，增幅在四大银行中遥遥领先，达到57.03%，而且是四大银行中唯一一家增幅超过上年增幅的银行。国际结算量四大银行占比17.78%，比年初提高了3.39个百分点，排名第三位，超过第四名——农业银行2.93个百分点。

全行实现国际结算收入为19.51亿元，同比增长11.39亿元，增幅为140.27%，增量及增速均列四大银行第一位，在四大银行排名中保持第三位，已接近“双超”目标。在四大银行中占比25.48%，较上年末增长了11个百分点。

【国外保函业务规模和收入双双实现新突破】截至年末，我行国外保函余额为235.70亿美元，同比增长91.25%，国外保函业务规模在国内同业中稳居第二位，超出位居第三名的工商银行1倍；实现国外保函业务收入3.27亿元，同比增长180.81%。

【外汇存款止跌回升】截至2008年末，我行外汇全口径存款余额为160.32亿美元，四大银行排名保持第三位。余额较年初增加21.92亿美元，增幅为15.84%。其中，对公外汇存款余额为95.84亿美元，比年初增加6.35亿美元，增幅为7.10%；个人外汇存款余额为36.33亿美元，比年初减少3.05亿美元，降幅为7.75%；外汇同业存款余额为28.15亿美元，比年初增加18.62亿美元，增幅为195.38%。

【外汇贷款结构调整初见成效，不良率有所上升】截至年末，全行外汇贷款余额为130.57亿美元，四大银行排名保持第三位。余额较年初减少4.19亿美元，降幅为3.11%。其中，外币贸易融资余额为17.16亿美元，在外汇贷款中占比较年初增加了0.64个百分点；国际保理预付款3.5亿美元，较年初增加3.15亿美元，实现了飞跃式增长。外汇逾期及非应计贷款率为2.54%，比年初增加1.68个百分点。表外业务方面，海外代付余额为20.04亿美元，较年初新增5.45亿美元，增长率为37.35%。

外汇存贷比（不含转贷款）从年初的82%下降至69%，降低了13个百分点，在保证外汇资金有效运用的基础上，提高了外汇流动性。

【国际融资业务优势向多个领域延伸】2008年，全行共完成国际融资签约额4.68亿美元，实现国际融资业务综合收入0.84亿元。在市场竞争激烈、转贷款整体下滑幅度较大的不利情况下，实现转贷款费收入0.78亿元，超额完成年初计划指标；转贷款余额超过20亿美元，在四大银行中稳居第二位，比第三位工商银行高出1倍以上。在财政部下发的前三个季度政府贷款备选项目清单中，确定我行为转贷行的项目总金额排名在各政策性银行和商业银行中居首位；出口信贷和飞机融资取得突破，成功签约东航、上航两笔飞机融资项目；与中信保共同完成第一例再融资保单项下出口信贷再融资项目。

【国外银行业务快速发展，国外银行同业存款大幅增长】截至年末，全行外资银行存款余额58.76亿元，较年初增加13.57亿元，增幅达30%。

【边贸业务取得积极成果】2008年，我行边贸账户行范围进一步扩大，新签8个账户协议，共与毗邻国家的25家外资银行建立了70个边贸账户，全年共完成边贸结算总量86.68亿美元，同比增长55.22%，实现收入0.94亿元人民币，同比增长46.18%。

【备用信用证担保人民币贷款稳步增长】全年共接受外资银行备用信用证担保129笔，发放贷款25.89亿元。

【代理行网络进一步扩大】2008年以来，我行新增代理行53家；截至年末，我行已与127个国家和地区的1 330家银行建立了总行级代理行关系。新增代理行分布以亚洲、非洲和中南美洲地区等新兴市场为主，进一步完善了我行代理行网络的全球布局。

二、主要举措

（一）积极应对金融危机，防范经营管理风险，大力拓展业务

在全球金融危机爆发前，全行国际业务条线提前预见并采取了多项加强风险防范的措施，果断地终止了部分高风险国外银行的额度；同时，在全行开展了贸易融资风险排查，避免了可能发生的损失，为危机爆发后及时采取措施提供了决策依据。

金融危机爆发后，总行迅速成立了应急小组，组织召开了业务分析及风险提示会，在各业务条线中率先印发了风险管理指导意见，对危机形势下加强外汇业务风险防范提出要求。根据形势变化多次调整国外银行金融机构额度，冻结了国外中小商业银行金融机构额度，变更了部分产品管理和操作流程，对外币账户进行了分层次清理。针对金融危机对实体经济的影响，采取了一系列临时性控制措施和紧急处理方案，调整了贸易融资受理条件，及时转变工作重心，将防范和化解风险作为首要任务，有效地保证了各项外汇业务的健康发展。

在采取措施防范风险的同时，利用国家出台刺激经济发展政策的有利时机，按照《抓住机遇加快国际业务发展的指导意见》的要求，坚持在控制风险的前提下大力拓展外汇业务。一是扩大了对重点项目和优质客户的外汇信贷投放。在资金短缺的不利形势下，仍保证了铁道部、中石化、南航、台山及阳江核电等重点客户的大额融资需求。二是发挥境外筹资转贷款不占用自有资金的优势，争取到一批转贷款大项目的主办权，积极为促进贸易往来和国内企业"走出去"提供支持。三是在额度核准、价格审批、信贷管理等多个方面对贸易融资业务给予政策倾斜，因势利导地开发贸易融资和国外保函产品，在不利的市场形势下积极为客户提供支持。

（二）针对突发事件影响，及时转移工作重心，确保外汇存贷款管理工作顺利开展

上半年，我行外汇资金陷入近年来罕见的紧张局面，银行外汇流动性面临重大风险；然而短短几个月之后，市场形势急转直下，外汇贷款从"供不应求"迅速转为"需求停滞"。之后，由美国次贷危机演变而成的全球金融危机又严重波及我国金融市场和实体经济，对我行各项外汇业务都产生了重大影响。面对突发事件，我行把加强外汇存贷款管理、保持外汇资金流动性作为工作重点，并及时采取了相应措施。

在全行的共同努力下，我行外汇资金紧张的形势有所缓解，外汇存款止跌回稳，外汇贷款控制卓有成效，保证了重点客户已签约贷款合同的履行，满足了部分重要客户新增外汇贷款需求和我行外汇贷款结构调整的需要，使我行成为四大国有商业银行中唯一没有通过购汇解决外汇资金需求的银行，避免了汇率风险。

（三）积极创新产品，拓展业务范围，完善业务处理流程

1. 创新产品，扩大业务范围

在总行组织的2008年全行产品创新评奖活动中，"E－TRADE"和"融货通"分别荣获二等奖和三等奖。推出"证票通"、"票据保付"、"短期信保项下买断"、"出口订单融资"等多项贸易融资新产品，积极推进与西班牙桑坦德银行在票据保付、福费廷、信用证保兑、供应链融资、风险参与、业务互惠等领域的合作。

研究以境外资金替代自有资金的方式拓展飞机融资业务，在国内商业银行因贷款规模限制纷纷退出的情况下，成功签约东航、上航飞机融资项目。积极开拓出口信贷业务，与中信保共同创新，完成第一例再融资保单项下出口信贷再融资项目。

正式推出了金融机构反担保项下国外保函和结构性延期付款保函产品“海外支付保”，根据经济形势的变化，鼓励开展100%保证金担保项下特定用途的海外融资保业务，在不利的市场形势下寻找新的业务发展机会。

大力拓展代理中小商业银行外汇清算业务，先后与17家国内商业银行签订了《代理外汇清算协议》；落实行领导关于大力发展代理外币清算业务的工作部署，在众多同业竞争者中脱颖而出，最终取得人民银行境内外币支付系统港元结算行资格，并于4月实现首家上线运行；进一步加大了对中国外汇交易中心的营销力度，获得了银行间外汇市场询价交易净额清算业务第一大币种——美元的代理结算银行资格。

加强离岸业务研究，积极与监管部门沟通，了解离岸业务管理政策。撰写的《离岸金融业务拓展研究》一文荣获中国投资学会2007—2008年度科研课题二等奖。

2. 优先发展贸易融资业务，国际贸易单证集中处理初见成效

利用总行制定和调整制度办法的时机，将贸易融资列入全行优先发展的信贷产品，争取到一系列有利于贸易融资发展的优惠政策，对表外贸易融资产品引入折扣系数管理，帮助企业解决了进口信用证额度的问题，实现了对贸易融资的差别化处理。

国际贸易单证集中处理工作取得进展。一是成功承接了建行亚洲的贸易融资单证集中处理业务，开创了国内中资银行受理境外机构贸易融资业务的先河。二是国际贸易单证处理中心建设已列入全行项目规划，确定将在北京、上海和广东建立三个处理中心。

（四）抓住时机，积极营销，以产品服务带动业务拓展

通过产品宣传、推介和对客户的走访以及举办联谊活动，提升市场拓展能力。首次推出国际结算大客户授牌制度，第一批评选出30家总行级国际结算重点客户，在“国际结算重要客户联谊会”上由行领导亲自授牌，增强了客户在我行办理外汇业务的荣誉感和忠诚度。以产品为主题，举办了多次产品推介会。走访中海油、中石油等重点客户，根据企业需求量身设计解决方案。利用多种渠道进行外汇业务宣传，组织了“二十年激情与梦想——建设银行国际业务扬帆远航”主题征文活动。针对“融货通”、“E－TRADE”等产品在重要媒体上进行宣传，引起了客户及同业的普遍关注。

针对转贷款重点项目，从源头上主动加强营销。在信贷规模紧缩的情况下，充分发挥境外筹资转贷款的优势，完成了一大批境外筹资转贷款项目；巩固国外保函拳头产品的市场地位。以“海外融资保”为代表的融资性保函新增业务量同业排名第一位，非融资性保函应用领域进一步拓宽，境外承包工程保函、飞机租赁保函、贸易支付类保函取得长足进展。通过海外融资保产品有力带动了海外分行低风险信贷业务规模的增长和收益的提升，在外部金融市场和船舶市场剧烈波动的环境下，仍保持了产品不良率为零的记录；继续发展代理外资银行外币资金清算业务。充分利用我行在代理清算方面的领先优势，吸引境外同业在我行开立代理清算外币账户，增加我行的中间业务收入和外汇沉淀。会同有关部门提高我行外币清算管理水平和清算能力，连续第三年获得美国摩根大通银行颁发的美元直通清算直通优秀奖。2008年，基本实现了“双超”目标（“双超”目标，即国际结算量超过农业银行排名第三位，国际结算收入超过工商银行排名第二位）。

（五）推进外汇业务系统开发建设，提高信息技术支持能力

完成了外汇业务基础数据整合（FDI）项目，初步搭建了我行外汇业务基础数据管理平台；E－TRADE系统增加了网上汇款功能，进一步提升我行国际结算市场竞争能力；具有工作流功能的NTFS升级版本成功上线，为单证中心集中处理及工作流的定制打下了基础；开发了NTFS与CLPM系统批量接口功能，解决了贸易融资业务在CLPM系统操作中存在的问题；完成了交易对手内部评级和限额管理系统，完善了我行国外银行风险管理手段。

（六）从机构建设、业务转型和联动工作入手，促进海外业务拓展能力提升

1. 海外机构网络建设取得突破性进展。美联储正式批准了我行在纽约设立分行的申请，这是

我行继首尔分行后第7家获批的海外分行，也是我行在美洲设立的第一家经营性机构；伦敦子银行的申请已获得批准，新加坡分行多年来的牌照升级问题得到解决，悉尼代表处升格分行的申请已获银监会批准，并被商务部列入澳中自由贸易区谈判金融领域的首要议题向澳方要价；境内外业务联动继续向纵深推进，基本达到总行提出的“双50%”要求。

2. 海外业务转型工作取得成效。正式印发了《关于我行海外分行业务转型的指导意见》，对各海外机构提出了业务转型目标，要求各海外分行优化资产及收入结构，降低债券投资业务占比，积极拓展负债业务和中间业务，不断提高中间业务收入占比，进一步深化境内外业务联动力度，以增强自身抵御市场风险的能力。这一要求取得了积极的成效，有效抵御了金融危机的影响。

3. 境内外业务联动工作继续向纵深推进。2008年通过海外分行办理的主要币种清算业务占比均达到80%以上，通过海外机构办理的进口开证业务占比达到47%，较上年提高了20个百分点，基本达到了总行提出的“双50%”要求。

执笔：展　佳

审稿：姜国云

海外机构与海外业务

一、海外机构及业务发展概况

2008年是全球经济增长预期急剧逆转、全球经济形势面临严峻考验的一年。美国次贷危机、雷曼兄弟公司破产引发的金融海啸使欧美金融机构遭受重创，各主要发达国家已相继宣布其经济陷入衰退，新兴市场国家经济增速放缓。

在严峻的市场环境下，各海外经营性机构继续贯彻我行《海外发展战略纲要》，围绕“做强亚洲、巩固欧非、突破美澳”的海外业务发展指导思想，结合年初海外机构负责人座谈会的相关精神，努力优化资产及收入结构，降低债券投资业务占比，拓展国际结算、外汇清算、投资银行等中间业务，深化境内外业务联动，开始着力贯彻海外业务转型。

受全球金融危机的不利影响，各海外机构的信贷业务和债券投资业务出现多笔不良，整体经营情况恶化。截至2008年底，我行海外经营性机构（含建银国际和建行亚洲）资产总额为270.8亿美元，实现拨备后税前利润2.13亿美元。同时，根据形势需要，总行各职能部门加强了对海外机构的管理和支持力度，在业务指导、业务授权、考核、检查、IT建设、人力资源等方面着手制定了一系列具体政策；在总行的组织和推动下，各海外机构同境内机构积极配合，推出了一系列满足客户需求的联动创新产品，境内外业务联动继续得以深化，境内机构通过我行海外机构办理的进口开证和汇出汇款业务占比显著提高。

2008年，我行海外机构建设取得突破性进展。美联储于12月8日正式批准了我行在纽约设立分行的申请，伦敦子银行的申请也于12月10日正式获得英国金融服务局批准；悉尼代表处升格为分行的申请于9月1日获得银监会的正式批准。同时，相应的机构建设工作顺利开展。

二、总行对海外机构的业务管理、指导及支持

2008年，国际业务部按照全行《海外业务发展战略纲要》确定的目标，结合海外业务发展及国际金融市场的实际情况，采取多项措施，确保海外业务在不利的国际经济金融环境下平稳发展。

（一）提出海外机构业务转型要求

总行针对全行海外业务发展的现状与存在的问题，从年初起对各海外机构提出了业务转型的要求，并于5月正式印发了《关于我行海外分行业务转型的指导意见》（建总发［2008］81号），要求各海外分行优化资产及收入结构，降低债券投资业务占比，积极拓展负债业务和中间业务，

不断提高中间业务收入占比，进一步深化境内外业务联动力度，以增强自身抵御市场风险的能力。

1. 组织召开海外机构负责人座谈会

2008 年 1 月 23 日，国际部组织召开了年度海外机构负责人座谈会。此次会议由国际部主持，各海外机构及总行相关部门负责人参加了会议。会议的主要议题是总结 2007 年海外业务工作，围绕如何贯彻落实海外发展战略纲要及进一步做大做强海外业务，提出了现有海外分行实施全方位业务转型的要求，研究确定了 2008 年海外业务各项具体工作措施。

2008 年 11 月 12 日，在全行秋季行长会期间组织召开了海外机构工作座谈会。此次会议由国际部主持，各海外机构及总行相关部门负责人参加，主要针对第三季度末全球金融市场形势急剧恶化以来各海外机构的经营情况进行汇报总结；结合银监会对东京分行的现场检查发现，对目前各海外机构在风险管理与内控、业务发展策略、市场定位等方面存在的问题进行深层次探讨，并确定了业务转型、“一行一策”的整改方向。

2. 召开海外业务分析及风险提示电话会议

2008 年 10 月 8 日，范一飞副行长主持召开了海外业务分析及风险提示电话会议，总行有关部门负责人及各海外机构负责人通过电话联线参加了会议。会议重点研究了近期国际金融市场动荡对我行海外业务经营的影响及下一阶段的应对措施，听取了各家海外机构对所在地最新市场形势及自身经营情况的汇报，对当前形势下海外机构的经营策略和风险防范工作进行了讨论。

（二）海外机构网络建设工作取得突破性进展

我行纽约代表处升格为分行的申请于 2008 年 10 月 2 日获得纽约州银行局批准，于 2008 年 12 月 8 日获得美联储批准，纽约分行申设工作圆满完成。纽约分行是我行继首尔分行后第 7 家获批的海外分行，也是我行在美洲设立的第一家经营性机构。我行伦敦子银行的申请于 2008 年 12 月 10 日正式获得英国 FSA 批准，预计可于 2009 年第一季度获颁牌照并开始营业；新加坡金管局口头表示可以接受我行牌照升级的申请，新加坡分行已会同国际部完成了相关申请材料的准备工作，将与新加坡金管局进行事前沟通；我行悉尼代表处升格为分行的申请已于 9 月获得银监会批准，目前各项当地申设工作正在全力推进之中。

（三）境内外业务联动得到继续深化发展

2008 年，国内分行通过海外机构办理的进口开证笔数占比为 47%，较 2007 年提高了 20 个百分点，已经接近总行 50% 的要求；2008 年我行国内分行通过香港、法兰克福、首尔三家分行办理的汇出汇款业务达 12 万多笔，香港分行作为我行港元和亚洲美元清算中心、法兰克福分行作为我行欧元清算中心的地位得到确立；各境外机构也进一步提高了对国内分行的服务质量和效率，并不断降低收费水平。

总行相关部门及国内分行也从各方面积极推动境内外业务联动。公司部为有效促进区域联动，为香港机构与内地分行的业务联动搭建平台，建立了区域联动机制，在广东省分行、深圳市分行分别设立了珠三角区域分行联动办公室和粤深港三地机构联动办公室，负责协调落实区域合作与联动过程中的具体事项。国际业务部两次组织境内外分行举办境内外联动研讨会，为加强境内外分行的沟通交流提供了平台。

（四）采取措施，加强对海外机构的业务管理、指导及支持

2008 年，总行有关部门进一步完善了针对海外机构的各项管理制度，采取有效措施支持和保障海外机构业务转型的顺利开展以及境内外联动工作向纵深推进。

——人力资源部结合海外机构对有关专业和岗位经历人员的需求，完成了我行第一个海外机构内派员工人才库的初步建设工作。

——资产负债管理部调增了海外分行向总行的拆借额度，确保分行渡过难关；向建行亚洲、建银国际实施了增资；向人民银行申请将总行向海外分行拆出的资金纳入我行头寸下限，并获得批准，使总行向海外分行的拆出资金有了进一步扩大的空间。

——财务会计部会同有关部门，研究制定境外分行经营业绩的综合评价办法，力争全方位评价境外机构经营业绩，建立更加科学合理的激励约束机制；还牵头会同信息技术管理部、国际部，共同发起了海外业务核心系统开发项目，迈出了海外经营性机构 IT 系统整合的第一步。

——信息中心牵头发起了海外分行数据整合和应用支持项目（分析阶段），该项目的实施可以实现境内分行与海外分行数据的集中处理，同时建立全行统一的管理类应用支持机制，满足总行对海外分行的管理和外部监管的需要。

——风险管理部为促进海外分行经济资本管理工具的应用，2008 年发布了《中国建设银行海外分行 2008 年经济资本计量方案》（建总发［2008］35 号），将海外分行经济资本计量纳入统一管理。此外，为促进海外分行金融市场业务稳健开展，还出台了《关于印发〈2008 年度海外分行交易性市场风险限额方案〉的通知》（建总发［2008］98 号）。

——审计部组织实施了对六家海外分行和纽约代表处的年度现场审计，形成了相关审计报告，提出了存在的主要问题，并要求限期整改；此外，香港审计分部完成了组建工作，组织实施了多项在港机构的经营管理审计。

——公司业务部通过在广东省分行、深圳市分行分别设立珠三角区域分行联动办公室和粤深港三地机构联动办公室，负责协调落实区域合作与联动过程中的具体事项，有效促进了香港地区各机构的业务快速健康发展。

——集团客户部起草并下发了《跨境授信管理办法》，强化了与海外分行之间的信息沟通渠道，建立相应的沟通平台，与海外分行联动，共同拜访了多家跨国企业集团的总部。

——机构业务部加强了对境外非银行金融机构客户额度的管理工作。雷曼公司、美林证券宣布破产后，及时采取了一系列措施加强了对境外非银行金融机构客户的风险预警和监控。

——个人存款与投资部与建行（亚洲）合作推出了一系列服务，试点推出一卡双账户的“陆港通龙卡”以及合作开展“见证开户”等服务，满足往来于内地、香港之间客户的需求。

——金融市场部根据 5 月召开的海外分行债券投资集中管理专题会议精神，经过与海外分行的充分沟通，于 9 月向海外分行下发了《关于海外分行外币债券投资业务集中管理的通知》（建总发［2008］166 号），根据海外分行债券投资业务集中管理的实施方案要求，在年底前初步完成了各海外分行外币债券的前台数据的集中，做到了总行金融市场部、市场风险管理部可以实时跟踪各海外分行的债券投资信息。

——投资银行部在总结全行投资银行业务联动经验的基础上，制定了《关于进一步规范境内分行与建银国际控股有限公司开展境内外投资银行业务联动的指导意见》，由此明确了联动指导原则，规范了联动业务范围、联动流程、利益分享等事宜，充分调动了各方积极性。

——信息技术部组建了香港支持中心，规划在未来对海外分行提供统一的 IT 系统建设等方面的技术支持服务；派员赴新设海外机构筹备组，参与了新设海外机构的 IT 系统的建设工作；此外，还协同总行有关业务部门及相关海外机构，完成了若干海外分行 IT 系统的研发和推广工作。

——营运管理部牵头完成了外汇清算系统（海外版）在香港分行的上线、建行亚洲（香港）和建行亚洲（澳门）的 SWIFT 报文收发及清算业务迁移、新加坡分行和建行亚洲 SWIFT 建押方式的转换等工作。此外，还完成了外汇清算系统头寸调拨模块优化等基础性工作。

——法律合规部对部分分行资金业务审批权限进行了调整，适当扩大上述分行资金业务中如衍生产品交易和同业拆借等方面的审批权限，以此提高审批效率，更好地促进业务发展。在关联交易管理方面，下发了《关联交易管理办法》、《关联方识别指引》等文件，对全行（含海外分行和海外附属公司）关联交易管理和关联方的识别进行规范和指导，以满足关联交易信息披露的需要。

三、各海外机构业务开展情况

（一）香港分行

1. 业务发展概况

截至年底，香港分行总资产规模达 961.63 亿港元，较 2007 年增长 10.18%；贷款总额为 677.15 亿港元，较 2007 年增长 15.26%；累计收入总额为 9.24 亿港元，预算完成率为 126.9%；实现拨备后税前利润 4.798 亿港元，较 2007 年同比增长 42%，预算完成率为 108.4%。中间业务收入总额为 8 610 万港元，同比增长 8%，预算完成率为 149.8%，中间业务收入占比 9.32%；人均实现利润 262 万港元，同比增长 95%。

2. 改进内控及加强风险管理的主要措施

（1）全面开展信贷审批流程改革。聘请德勤会计师事务所对现行信贷流程出据分析报告，对各个业务环节提出优化建议。集中力量清理历史遗留问题，全数完成积压的信贷年检工作，清理了多年信贷统计报表数据上的误差。同时，更换信贷审批部部门主管，增加信贷审批部人员配置，为信贷审批工作注入了新鲜血液。

（2）对信贷审批委员会成员构成进行重检，

前台人员全部退出，实现风险承担和风险监控的分离。

（3）设立市场及操作风险管理部，实施各类风险模块式管理。

（4）按照《巴塞尔新资本协议》精神，设计出旨在进行全面风险管理、以提升风险管理的质量和效率的风险监测和报告模板，并于2008年第四季度开始全面推行季报制度。

（5）根据标准普尔等国际评级体系的模板，参考同业的标准，自主研发全新的信用评级系统，计划于2009年正式投入使用。

（6）结合香港金融管理局的监管意见，调整分行委员会构架，并根据各委员会的业务特性变更相关人员构成。

（7）内部审计职能剥离，原香港分行审计部与总行审计分部实现工作职能的平稳过渡。

（8）加强内控管理，建立“合规政策库”，提高员工合规政策的培训力度。同时，根据香港金融管理局的建议，积极策划“合规性代表制度”的落实方案，提升合规性管理的独立性。

2008年12月，香港金融管理局将香港分行评级自2007年度的“2级——负面，前景不看好”上调至“2级——正常，前景乐观”。本次评级调整，说明监管当局对过去一年香港分行各项治理工作表示满意，也说明目前香港分行管理体制基本健全、经营状况稳定，业务发展符合香港政府和监管机构的各项法律法规。

（二）新加坡分行

1. 业务发展概况

截至年底，新加坡分行总资产为12.66亿新加坡元，比上年底的10.38亿新加坡元增加2.28亿新加坡元，增长22%；税前利润（总行预算口径）为1 678万新加坡元，完成总行指令性预算指标535万新加坡元的3.14倍。但由于受外部环境影响，新加坡分行存量债券投资的重估价值不断下降，按照国际会计准则39条规定进入损益的重估损失达1 865万新加坡元。年底前又按照总行的要求，计提了债券投资准备金1 275万新加坡元。若考虑上述两个因素，2008年，新加坡分行的税前利润亏损1 462万新加坡元。

2. 主要工作举措

（1）进一步加强境内外分行的业务联动

2008年，新加坡分行与内地分行及其他海外分行的业务联动取得了很大的成绩。一年来，新加坡分行拜访内地分行，主动建立业务合作关系，共同营销客户。经过努力，新加坡分行在海外代付、贸易融资、内保外贷、银团贷款等业务方面的联动取得了良好的发展，为境内外客户提供了更加全面的银行服务。

2008年，随着内地分行贸易融资业务需求的不断增加，新加坡分行借此机会积极推广，开发了多种联动性贸易融资与结算的新产品与服务，如海外代付、假远期信用证偿付、D/A票据保付项下的贴现及应收账资产转让等，并努力扩大联动业务规模。

（2）积极应对市场变化，加强各类风险管理

受金融危机影响，债券市场价格持续下降，面对上述情况，新加坡分行加强对金融市场和持有债券的日常监控，严格执行总行债券投资管理及市场风险限额管理的要求，对风险较大的债券，采取了坚决的退出政策，择机出售了部分债券，及时控制了信用风险和市场风险，同时释放出了部分资金，一定程度上增加了新加坡分行资金的流动性，有利于分行业务的结构性调整。

2008年，新加坡分行加强了资金流动性管理，对本地区经济及市场变化可能带来的流动性风险进行分析并开始着手制定应急预案。第三季度，针对同业市场上1个月以上的长期资金短缺，实际拆借利率居高不下、隔夜利率波动巨大等情况，为防范流动性风险，新加坡分行采取了多项组合措施，包括：加大出售海外代付资产的力度、改变拆入资金的期限组合、增加长期资金所占比重，减少错配等。

在信贷投放方面，新加坡分行更为审慎，对信贷类资产质量进行重新梳理与评估，制定相关应急预案，加大对已发放贷款的重检频率等。

（3）推进业务转型，完善资产负债结构

在资金运用方面，为符合总行关于严格控制债券投资在总资产中的占比要求，一方面出售风险较大的债券，另一方面严格控制新增债券投资。截至年底，新加坡分行债券投资余额从2007年底的5.89亿新加坡元下降到5.03亿新加坡元，减少0.86亿新加坡元，下降15%。债券投资占总资产的比重从2007年底的57.5%下降到2008年底的39%。同时银团贷款、内保外贷、贸易融资等信贷业务年底余额8.15亿新加坡元，比2007年底的3.54亿新加坡元增加4.61亿新加坡元，增长130%。信贷资产占总资产的比重已经从2007

年底的34%上升到2008年底的64%。

在资金来源方面，分行加强与当地金融机构的业务合作，努力扩大当地银行间的资金拆借额度，减少对总行资金的依赖。截至2008年底新加坡分行从总行拆借资金的比重下降，由2007年底的占总资产的81%下降至28%。从同业市场拆借的比重从2007年底的11%上升至68%，客户存款从上年底的2.3%上升至4.6%。

（三）法兰克福分行

1. 业务发展概况

截至2008年12月31日，法兰克福分行资产规模达到8.39亿欧元，实现利润797万欧元（拨备前税前），比2007年增长219%，是分行成立九年来利润最高的一年。但由于美国次贷危机蔓延发展成为全球性金融危机，法兰克福分行原有的存量债券资产受到严重影响，在计提债券价差准备金和特别准备金后，分行出现了账面亏损。

2. 主要经营管理举措

（1）拓展融资渠道，扩大资金来源，支持国内分行外汇融资需求

从2008年初开始，法兰克福分行克服美国次级按揭债危机、人民币持续升值、国家外汇管理局实施严厉的外债指标控制政策等多种不利因素，全力拓展资金来源渠道。一方面加强当地同业拆借、吸收当地机构存款；另一方面继续拓展贸易融资合作渠道，与多家欧洲银行互访，签订风险参与合作协议。法兰克福分行分别与RZB、BHF、WGZ等银行开展业务合作，转卖贸易融资项下资产，有力地支持了金融危机全面爆发前国内分行外汇融资需求，并尽可能地帮助了国内分行维护与重要客户的关系。

（2）推动产品创新，满足国内分行和客户需求

法兰克福分行根据市场变化，适应新形势下贸易融资业务需求，配合总行政策，不断推出产品创新。除了继续发展海外代付和福费廷转卖等业务外，还推出了假远期信用证即期偿付业务；与深圳市分行、广东省分行等签订了贸易融资项下资产转让合作协议并开展业务；推出票据保付业务，协助上海市分行办理成功第一笔贸易融资票据保付业务；与浙江省分行开展出口项下以电代邮催收服务等贸易融资新产品。

（3）开拓与企业收购相关的金融服务

随着中国经济的进一步发展，国内企业“走出去”的现象越来越普遍。在德国，中国企业收购当地中型企业以获得核心技术和销售网络的项目逐步增多，法兰克福分行依托建设银行集团在境内网络、资金和客户群体等方面的优势，积极与境内分行联动，努力拓展中资企业的跨国经营业务。当年向金风（德国）公司发放贷款3 634万欧元用于其收购（内保外贷）。

（4）加强风险管理，持续改进信息技术系统

2008年，法兰克福分行逐步对已有的软硬件系统进行了全面的升级，全面采用机架式带镜像服务器，较大地提高了法兰克福分行计算机系统的安全性和可靠性；与总行系统连接方面，开通了两条通过香港到总行的新专线，在新专线上除了运行已有系统外，还启用了总行的OA系统；在支付系统方面，2008年法兰克福分行作为首批成员加入了SEPA（单一欧元支付区）支付体系。在现有的TARGET2系统实现了新格式标准，在SWIFT系统中密押方式也实现了从BKE到RMA的平稳切换。

（四）约翰内斯堡分行

1. 业务发展概况

2008年，约翰内斯堡分行在控制风险、继续保持零不良资产的同时，资产和利润继续保持增长。总资产为715 181万兰特，拨备后税前利润为8 431万兰特，资产和利润分别为2007年底的187%和200%，ROA和ROE分别为1.54%和25%，人均利润为285.8万兰特。

2. 主要经营管理举措

（1）以发展为基调，落实总行海外战略，植根本土经营

约翰内斯堡分行结合自身特点，以扎根本土、建立双边客户基础、走专业化经营发展道路为经营原则；以南非当地以小客户为起点，逐步营销优质大客户；以做实双边客户贷款资产为基础，逐步丰富金融产品，提供综合性金融服务。

2008年，约翰内斯堡分行成功营销了一批南非知名公司，为这些公司提供了包括结构性贸易融资、一般性公司贷款、资金市场、外汇买卖等一系列服务，并联合建银国际的投资银行服务团队，为客户提供全面金融服务。

通过资金市场产品，约翰内斯堡分行成功营销IDC和Sasol的大额兰特存款，加上Investec和Sanlam等当地知名机构，南非当地大公司已成为分行兰特融资的重要渠道，支持了资产的增长。

(2) 发挥集团优势，开展多方面联动，延伸建设银行客户服务

约翰内斯堡分行开展联动业务的指导思想：依托全行的网络和资源支持，结合非洲情况，注重海内外联动和本土化经营的有机结合，坚持走有机多维度联动和专业化道路。约翰内斯堡分行利用地域优势，成功营销了该公司的大额兰特存款业务，为下一步做好对 Sasol 的客户服务工作，提高建设银行的品牌在南非的知名度，进一步争取其他业务，推进国内分行营销 Sasol 公司在中国的项目打下了基础。

同时，在总行非洲战略的指导下，约翰内斯堡分行加强了对非洲金融机构的研究力度，增加了专职的非洲国家和风险研究功能，对已有业务往来及有潜在业务拓展机会的国家进行了相关政治经济宏观研究。

(3) 因地制宜，建立独特的银行非洲经营风险防范体系

非洲属政治、经济风险高的区域，公司制理及财务信息披露参差不齐。约翰内斯堡分行根据实际情况，扎实细致的研究风险管理方法，审慎管理风险，探索了建设银行在非洲地区开展业务的经营方法。通过几年来的探讨和实践，约翰内斯堡分行逐步形成了风险框架定位。区域经营范围确定为南部非洲国家，主业为传统商业银行业务。通过实施既定的风险偏好和政策，在相对可把握的业务和区域范围内，依托专业的传统商业银行队伍，逐步增加和积累在南部非洲从事商业银行业务的经验。

(4) 成功完成办公楼专修和搬迁工作，市场形象获得进一步提升

在总行的支持下，约翰内斯堡分行成功在当地的金融中心核心位置购买办公楼。为确保搬迁工作的顺利进行，约翰内斯堡分行聘请了专业的固定资产管理人员，负责监理办公楼施工建设，以保证建筑质量和进度。办公楼的装修、改造、搬迁均按计划完成，并于 2008 年 9 月 1 日成功实施了办公环境及计算机机房搬迁，各项费用预计控制在总预算之内。约翰内斯堡分行并在大楼重要位置放置了建设银行标志，提升了建设银行在当地的市场形象。

(五) 东京分行

1. 业务发展概况

截至 2008 年底，东京分行的总资产达到 6.16 亿美元，同比增长 27.2%；实现主营业务收入 990.8 万美元，同比增长 52.5%；实现拨备前利润 492.6 万美元，同比增长 158.7%；全年实现利息收入 2 965 万美元，其中主要业务收入有：贷款利息收入1 086万美元，债券投资利息收入1 191 万美元，海外代付利息收入为 593.2 万美元；实现中间业务收入 98 万美元。不良贷款为 957.4 万美元，不良贷款率为 2.92 %，债券投资损失为 1 084.73万美元，不良资产率为 3.35%。

2. 主要经营管理举措

(1) 开通日元二级清算业务，为加盟一级清算打下基础

2008 年，东京分行开通日元二级清算，为全行提供了日元清算服务。东京分行自开业以来，一直将日元清算业务作为未来分行的主要功能性业务和核心业务来抓，经过多年的精心准备，并抓住总行海外分行业务转型战略的契机，于 2008 年初正式推出日元清算业务。此次开通的日元清算虽然为二级清算，但不仅丰富了东京分行的服务功能，还为东京分行日后开通一级清算做了有益的尝试。2008 年，东京分行全年办理日元清算业务 2 003 笔。

(2) 加强境内外联动，相关业务发展迅速

2008 年，东京分行紧紧围绕总行关于加强海内外联动，实现境内外分行双赢的战略思想，主动联系国内分行，积极探索加强境内外联动的新思路，取得了良好的成绩。东京分行注重提高前台业务人员与国内分行的业务联动意识，注意利用自身优势积极开展与境内机构的业务联动，一方面利用分行掌握的信息和客户资源，主动为国内总行及分支行介绍业务；另一方面利用自身优势，积极为国内机构开展业务进行营销，根据国内机构提供的信息或委托，为国内分行的业务发展提供了一定的帮助。分行充分利用各种机会与日本经济往来频繁的沿海省市分行及其下属机构进行联系，积极寻求内外联动的业务合作机会。东京分行拜访过的国内分行有：辽宁省分行、北京市分行、贵州省分行，有的还到二级行，与国内分支行一起走访、营销客户。通过以上活动，不但加强了与国内分支行的相互了解，而且在一些项目的拓展上也有了实质性的发展，为以后的业务联动发展打下了良好的基础。东京分行全年累计办理联动业务规模为 4.5 亿多美元，实现收益 593 万美元。通过近几年的境内外联动业务的

经验，东京分行认为联动业务不仅能给境内外分行带来可观的经济效益，还可以通过其发挥建设银行整体优势，实现建设银行与建设银行客户的双赢，并对改善建设银行对外影响力具有积极作用。

（3）积极开展新产品开发，丰富产品结构

东京分行视产品为银行业务的生命线，一向重视新产品开发，2008年在外保内贷、结构性内保外贷等产品方面取得了良好的成效。过去分行叙做的均为国内分行开立保函，海外分行参与融资形式的内保外贷，在整个业务的进行过程中，国内分行给海外分行创造业务机会。2008年分行开发的外保内贷业务与上述内保外贷正好相反，是海外分行给境内分行创造业务机会和介绍客户的业务品种。2008年，东京分行与上海市分行合作，由东京分行开出保函，上海市分行为日资企业客户大川原制作所上海市分公司提供融资；东京分行与江苏省分行合作，由东京分行开出保函，江苏省分行为日资企业客户福溢工艺（南京）有限公司提供融资。外保内贷不仅给海外分行带来了手续费收入，还给国内分行带来了客户关系和新业务。

（六）首尔分行

1. 业务发展概况

截至2008年12月31日，首尔分行总资产规模为11.6亿美元；全年累计办理贸易融资业务15 060笔，累计结算金额为45亿美元；全年共办理外汇买卖27亿美元；全年共实现中间业务收入151.7万美元，其中结算手续费收入实现128.9万美元，代客外汇买卖收入实现22.8万美元；2008年底的不良资产率为1.27%，较上年度下降35%；全年实现拨备前利润1 490万美元，税前利润825.08万美元，税后利润622.89万美元，资产回报率为1.27%，成本收入比为20.7%。

2. 主要经营管理举措

2008年，在认真总结经验的基础上，首尔分行制定了“适时调整资产结构，优化客户群体，扩大中间业务产品比重，促进贸易融资业务稳步增长；积极参与银团贷款，努力开拓投资咨询等新的业务品种；从严客户准入，加强风险控制、强化贷后管理，使内部管理更加精细化、科学化；提高服务技能，努力打造高效的学习型集体”的整体发展战略。

（1）严控资产增长，加快业务转型，大力拓展低风险业务

2008年9月在全球金融危机爆发后，首尔分行针对市场前景不明朗，企业信用较难把握的情况，积极采取措施控制资产规模增长，特别是新增债券资产的增长。一方面严格按照总行的相关规定，严格控制债券投资的种类和数量；另一方面严格控制贸易融资项下信用贷款的投放，并全面对存量资产进行梳理、评估和动态跟踪，确定现有资产的风险关联程度。与此同时大力拓展低风险业务，如汇款等中间业务产品，在海外分行中率先开发了个人汇款“预结汇”业务产品，扩展了服务领域，增加了中间业务收入。

（2）优化客户结构，从严客户准入，强化资产管理

2008年首尔分行严把客户准入关，对既有客户进行了严格筛选，主动退出了一些可能存在潜在风险的客户，巩固了优质客户，适量地扩展新的客户群体。在信用风险系统支持方面，2008年初，首尔分行引进了外部专门信用评价机构“韩国信用评级”公司提供的信用评价系统，通过该系统可以对公司的信用状况进行较全面的分析，包括信用分析、信用评价、早期预警等；通过该系统能够对企业进行比较客观、透明的授信审核及事后管理，完善监控机制，强化资产质量。

（3）加强流动性管理，防患于未然

针对韩国市场美元流动性严重不足的情况，首尔分行加强了流动性管理。在减少资产规模的同时，积极采取措施加强资金头寸的调度和管理，密切关注市场动态，制定相应预案，以确保流动性安全。按照总行统一部署，要求各部门严格控制头寸，防止业务开展过程中可能出现的流动性风险。

（4）加强境内外联动，努力实现双赢

此次金融危机，一些韩国在华投资企业出现了经营困难，陆续已有一些公司从中国境内撤资。为了及时协助国内分行掌握企业经营动向，首尔分行指派了专人收集最新企业信息和业务发展情况，并及时反馈境内各相关分行，为其化解资金风险提供第一手资料。首尔分行曾先后为广西壮族自治区分行、苏州市分行、青岛市分行等多家分行及时提供了境内公司韩国总部的情况，并积极协助境内分行进行韩资企业的资信调查，协助处理国内分行在韩业务纠纷等。

同时，首尔分行与建银国际、大宇证券在韩

国推广联合基金产品，以拓展分行业务服务品种和领域。同时积极协助总行与韩国大宇证券公司签署了《全面业务合作协议》，进一步贯彻执行总行加强境内外联动的整体战略部署，努力创造境内外业务共赢的局面。

（5）服务全行，加强经济信息收集工作

全年向总行和境内外分行发送《每周动态》，内容包含分行经营动态、内外联动信息、行情信息、韩国政治经济动态等内容。

2008 年首尔分行分别完成了《广告调研》、《韩国数字出版行业的发展与配套金融服务调研》、《韩国商业银行中间业务调研》等报告，为总分行了解韩国金融市场运作提供了有益的信息支持。

（七）伦敦代表处

2008 年 3 月 14 日，中国银监会审批同意了我行在伦敦设立子银行的申请。

2008 年 3 月 25 日，根据英国法律要求，伦敦代表处注册成立私人有限公司［CCBC（London）Limited］，该私人有限公司为伦敦子银行牌照申请人。2008 年 4 月 17 日，张建国行长正式向 FSA 递交了伦敦子银行牌照申请。

从 2008 年 4 月开始，伦敦子银行由申设阶段转入筹备阶段。

2008 年 9 月 16 日，伦敦代表处向 FSA 补充上报了伦敦子银行信息系统规划，向 FSA 承诺了未来子银行目标及实施路线图。在加强与 FSA 审批官员的沟通与交流、及时了解子银行的审批进度情况并回复 FSA 提出问题的同时，伦敦代表处完成了新办公室租赁选址及签约、办公室装修、人员招聘、应用系统建设以及完善规章制度建设等工作。2008 年 12 月 5 日，伦敦代表处及筹备组迁入新办公室办公。

2008 年 12 月 8 日至 10 日，伦敦子银行第一届董事会第一次会议在伦敦举行，伦敦子银行独立董事、总行拟任非执行董事及执行董事参加了会议，会议由毛裕民总监主持。董事会对子银行的组织结构、各功能委员会职责、主要规章制度再次进行了讨论并提出修改意见；通报了筹备进度；董事会利用两整天时间与管理层及主要部门负责人讨论了业务策略、市场营销、风险管理、业务运行、人力资源等各方面内容，各董事充分说明了自己的建议和意见。

12 月 10 日，伦敦子银行牌照申请获得英国金融服务局（FSA）的批准。

（八）纽约代表处

1. 纽约分行申设工作取得重大进展，顺利取得纽约州银行局和美联储的批准

2008 年 10 月 2 日和 12 月 8 日分别获得了纽约州银行局和美国联邦储备理事会（美联储）对我行在美国纽约州设立州持牌分行申请的批准。批准设立的建设银行纽约分行可以从事批发性业务，包括商业存款、商业贷款、贸易融资、外汇买卖和其他商业银行业务。

2. 认真做好境内外分行联动工作，体现窗口和纽带作用

2008 年，在分行申设任务紧迫、工作繁重的情况下，纽约代表处仍积极开展好境内外分行的联动工作，充分体现了代表处的窗口和纽带作用，同时也为未来纽约分行开展相关业务打下了基础。

3. 认真做好培训团组的接待和联系工作

2008 年，纽约代表处继续加大境外培训力度，虽然受四川特大地震自然灾害的影响，赴美考察团组和人数仍数量众多。全年，纽约代表处共负责接待和联系各类团组 22 批次，合计近 200 人次。其中，行领导团组 3 批、人力资源部青年管理人员纽约大学培训 4 批、美国银行培训 5 批、纽约分行申设工作小组 4 批，其他团组（包括总行通知的行外机构）6 批。在人手紧、纽约分行申设工作任务重的情况下，代表处本着“大局为重，重点突出”的原则，认真落实各项规章制度和外事纪律，进一步优化工作流程，保证了出访团组的访问质量，取得了良好的效果和很好的反馈。

（九）悉尼代表处

1. 悉尼分行的申设工作进展情况

悉尼代表处自 2007 年底正式开业后，围绕申设分行这个中心任务，积极推进筹备分行的各项工作，组织协调召开了悉尼分行筹备协调会，并正式启动了分行申设工作。悉尼代表处 2008 年先后四次向澳大利亚审慎监管局（APRA）进行阶段性工作报告，加强了我行与当地监管机构的关系。

2. 代表处的日常业务开展

悉尼代表处利用各种场合积极与驻澳中资企业和华人华侨建立起广泛联系，为我行日后业务开展打下良好基础；同时积极联络各相关政府部门，为 2008 年开展业务铺平道路。

悉尼代表处认真做好日常市场调研，记录代理行评级和澳洲金融市场变化以及当地政策经济形势，并按时上报给总行，以便总行及时了解代表处工作动态和澳洲金融市场情况，掌握国外银行重大变动事项，防范交易对手风险。

悉尼代表处在开业时已初步完成了办公室建章、建制工作，2008 年又逐步完善了内部规章制度，按照总行要求进行公文运转，并完成了选择悉尼代表处会计、修改办公室租赁合同、协助安排总行、分行在当地进行培训等行政性工作。

执笔：秦海飙

审稿：姜国云

投资托管业务

2008 年，受证券市场大幅下挫影响，国内基金净值缩水严重，年末国内基金总净值比年初减少 40.42%。面对不利的市场形势，我行着力加强与优质托管客户合作，努力调整托管产品结构，积极创新托管产品，不断增加托管业务类型和品种，各项投资托管业务继续保持稳步发展。截至 2008 年底，全行投资托管规模为 6 298.90 亿元，其中，托管基金资产净值为 4 532.34 亿元，市场占比 24.02%，稳居同业第二位并达到我行历史最好水平；全年获得新批托管基金只数和托管新基金只数均位居同业第一位；其他证券类资产托管业务、QFII 和 QDII 托管业务、企业年金托管业务、实业投资托管业务都取得突破性进展；全年实现托管费收入比上年增长近四成；获得香港财资杂志 *The Assets*“ 2008 年度中国最佳托管银行(境外客户境内托管)”奖。

一、证券投资基金托管业务稳步发展

截至 2008 年底，我行托管基金资产净值为 4 532.34亿元，市场占比 24.02%，较年初增加 1.24%，稳居同业第二位并达到我行历史最好水平，与工商银行差距缩小了 3.46 个百分点；全年获得新批托管基金 41 只，托管新基金 32 只，均位居同业第一位。

2008 年，面对证券市场持续震荡下跌的不利局面，为确保证券投资基金托管业务稳步发展，我行采取了以下一系列行之有效的措施：

一是及时分析研判市场形势，抓准政策信息，调整产品结构，主动营销债券基金产品。2008 年，我行利用 A 股市场出现单边下跌行情、监管部门对固定收益类产品实行审批绿色通道的有利时机，主动营销基金公司债券基金产品，相继取得易方达、交银施罗德、工银瑞信等基金公司的债券基金托管权。

二是抓住业务审批源头不放松，积极向证监会申报基金等托管产品，我行获批的基金产品数量和托管新基金数量分别为 41 只和 32 只，均居业内第一位。

三是加大营销力度，与大型基金公司建立合作伙伴关系。2008 年，我行与南方、易方达、大成、兴业等业内大中型基金管理公司开始首次托管业务合作，并加大了对资金实力强、有银行背景的大型基金公司客户的营销力度，稳定了与工银瑞信、交银施罗德基金管理公司的合作关系，增加了汇丰晋信、民生加银等新的合作伙伴。截至 2008 年底，与我行建立基金托管合作关系的基金公司共 34 家，另有 10 多家公司与我行达成托管合作意向。

四是积极创新基金产品，增加托管业务产品类型和品种。2008 年，我行已与 8 家基金管理公司签署了 QDII 基金托管业务法律文件，并新增托管了 3 只 QDII 基金。同时，通过积极营销，与富国、长盛基金管理公司就创新的基金产品达成合作意向，富国基金公司的封闭式债券基金成功募集，长盛可分离交易型基金相关法律文件已上报证监会。

五是优选基金产品。到 2008 年底，国内股票基金业绩排名第一位的华宝兴业多策略增长基金是由我行托管的基金产品，华夏、华宝兴业、工银瑞信和交银施罗德基金公司等入围前10名的6只基金都是我行的重要合作伙伴。

六是努力推动我行托管的主代销基金等产品销售工作。为做好我行托管的基金等产品首发主代销工作，增加托管规模和市场占比，我部与总行相关部门密切配合，研究制定印发了证券投资基金等产品首发主代销工作激励政策，调动了各分支机构主动积极营销主代销基金等产品的积极性，扩大了我行托管的主代销基金等产品的首发主代销销售规模。

二、其他投资托管业务取得突破，收入结构得到较大的改善

（一）其他证券类资产托管业务

截至2008年底，我行其他证券类资产托管净值为427.37亿元，全年累计实现托管费收入5 776.48万元，比2007年增长80.16%。

受2008年国内股市持续下跌影响，我行托管的保险资产净值较年初相应下降，但由于增加了创新性投资型保险产品的托管，收入结构得到较大的改善，2008年度保险资金托管收入较上年增长47.55%，保险证券类资产托管组合账户数量增加39%；在证券集合资产托管业务方面，我部加强了客户营销和产品储备工作，该项业务得到了快速发展，全年收入达到1 361.22万元；通过加强业务管理、完善制度建设，确保了信托证券投资财产保管业务的安全运营和健康发展，全年已累计实现保管费收入3 822.46万元，较上年收入增长1.78倍。

（二）QFII、QDII托管业务

截至2008年底，我行托管QFII资产净值173.15亿元，全年实现托管费收入624.65万元；托管QDII资产净值158.41亿元，全年实现托管费收入6 445.08万元。

2008年，我行成功获得了韩国现代证券、韩国科提比资产管理公司、美国奥斯普瑞资产管理公司、美国奕耐斯特四家机构的正式托管委任，其中3家已经通过我行递交了申请；协助韩国保德信、新加坡华侨银行、法国兴业资产、韩国产业银行4家客户通过证监会评审，并取得QFII资格；为韩国保德信、新加坡华侨银行、澳大利亚安保3家QFII客户取得了共计3.25亿美元的投资额度。

（三）养老金托管业务

2008年，我行养老金托管资产规模和收入取得了较快增长。到年底，我行共托管养老金资产524.17亿元，比年初增加159.05亿元。其中，托管企业年金基金84.84亿元，比年初增加69.22亿元，增长4.43倍，完成全年规模新增计划60亿元的141.4%，累计实现托管费收入108.92万元。

2008年，我行组织直接参加了67家客户的企业年金托管业务营销及投标工作，指导、协助分行参加了25家客户的企业年金托管业务营销及投标工作，成功取得了香港中旅集团、宝钢集团等41家客户企业年金托管人资格。成功举办了全行企业年金托管业务推介会，组织完成了31个企业年金项目的托管合同谈判及签署、25个项目的企业年金基金操作备忘录的谈判及签署。积极加强与外部管理机构间的合作联盟，先后与平安养老股份有限公司、中国人寿养老股份有限公司、工商银行等机构建立了沟通机制，就对接标准合同文本以及操作流程备忘录、共同拓展客户、开发企业年金集合计划等开展了全面、积极的合作，并取得了不同程度的重要阶段性成果。加快了产品和服务创新，研究开发了企业年金集合计划产品、发债抵押资产监管、股权投资基金投资托管等产品，探索了企业年金基金缴费归集和待遇支付的多种模式设计等服务创新。

（四）实业投资托管业务

截至2008年底，全行实业投资托管业务规模达到481.93亿元，当年新增331.86亿元，增长2.21倍；本年累计实现业务收入1 953.83万元，比上年增长1.33倍。2008年，我行保险资金基础设施投资托管业务取得新突破，截至2008年底，保险资金基础设施投资托管规模已达229.73亿元，当年新增185.83亿元，增速达到4.23倍。按照签约金额统计，我行所占市场份额达到60.73%，居银行业第一位。京沪高铁股权投资计划、天津城市基础设施债权投资计划、上海世博园债权投资计划等市场影响较大的重点项目均成为我行托管业务的客户，我行的市场品牌得到有效树立。

三、重视制度建设，夯实业务管理基础

2008年，总行先后修改、完善了《企业年金基金托管服务方案》、《企业年金基金托管业务投

标书》等多项文件标准版本，制定并下发了《中国建设银行企业年金基金受托财产托管账户业务管理操作规程（暂行）》和《中国建设银行企业年金基金风险准备金账户业务管理操作流程（暂行）》。这些规章制度的实施，优化了业务操作流程，强化了内控管理和检查监督，为投资托管业务安全稳定运营提供了重要保障。

四、投资托管业务运营服务水平进一步提高

2008年，在客户需求不断增加，托管业务品种和投资组合账户数量持续快速增长的情况下，我行及时准确完成了基金、保险、证券、信托、QFII、QDII、养老金、实业投资托管等各类托管业务数十万亿元托管资产的资金清算、会计核算及估值、监督稽核工作，按时完成了各类托管资产日度、月度、季度、半年度及年度报表和报告工作；投资托管服务上海备份中心正式运营，实现了托管业务在北京、上海两地的同时作业，保障了托管资产的安全运营和异地备份；按照新会计准则和中国证监会对于年度报告信息披露的要求，完成了大量托管数据追溯调整及报表的编制、复核工作，确保了新会计准则实施中第一次年度报告信息披露工作的圆满完成；作为首批中国证监会关于基金信息披露标准化工作试点的托管银行之一，我行顺利完成了XBRL系统开发、调试、培训及与基金公司联网测试工作，加快了基金信息披露标准化的工作进程。

执笔：杨增亮　王云鹏

审稿：李春信

企业年金业务

2008年，企业年金中心努力克服业务开展初期的各种困难，奋力开拓市场，在市场营销、组织和运营体系建设、制度建设、系统开发、产品研发等方面都取得了明显进展，截至2008年12月31日，企业年金基金受托资产净额74亿元，管理个人账户数100.5万个。

一、企业年金业务运营情况

（一）统筹兼顾，年金业务全面铺开

1. 加大中央级企业及大型地方国企的营销力度，逐步打开市场局面

2008年，企业年金中心建立重点年金项目储备库，并牵头协调集团客户部、北京等重点分行，组建专项营销团队，对重点项目开展持续跟踪营销，已对中铁工、中铁建、华能集团、中石化、航天科工、中冶集团、中国电信、中国移动、中国铝业、鞍钢、宝钢、武钢、开滦、唐钢等50多家大型中央企业和地方特大型客户进行了持续营销，提供服务建议、服务方案80余份，取得了积极效果。

截至2008年末，我行已成功营销了一大批大型企业，其中首创集团、乐凯集团、开滦集团、唐钢集团、港中旅、贵航集团、深航集团、宁夏银行、黑龙江电力、汾酒集团、金元集团、特变电工、吉林森工等客户的企业年金已在我行成功运营。

2. 铁道部年金营销攻坚，取得可喜进展

铁道部作为我行最大的年金客户，总行领导予以了高度重视，郭树清董事长在拜会铁道部领导时专门进行营销，希望双方加强合作。在各类年金会议中，罗哲夫副行长和顾京圃总监要求全行一定要将铁路年金工作作为全行一项战略业务来抓。

2008年初，企业年金中心即将铁道部企业年金的营销工作当做全年主要工作来抓，协调集团部、托管部等先后三次召开全行铁路年金工作会，根据不同时期制定营销策略，部署有关工作。根据各路局的不同需求，年金中心适时编制了路局企业年金“受托咨询、账管+托管服务方案”，为分行的营销提供技术支持。同时，为使我行争取更多份额，路局所在分行也将铁道部年金营销列为今年年金工作的重中之重，总、分、支行上下联动，采取高层拜访、路演讲解、召开研讨会

等多种形式，对各路局展开了全方位的营销活动。

截至年末，铁道部下属路局中的南昌铁路局、乌鲁木齐铁路局已基本确定由我行担任账户管理人。在全力营销铁道部年金的同时，年金中心充分利用我行账户管理系统优势，先后为南昌、乌鲁木齐铁路局开发了符合铁路年金特点的高度个性化的账户管理系统，目前，该系统已在上述两家路局成功上线。此外，我行为沈阳铁路局专门设计的委托人系统也正在开发过程中。

3. 研发“养颐乐”系列年金产品，满足中小客户需求，树立品牌形象

由于单一计划对规模和成本的限制，阻碍了中小企业客户年金业务的发展。针对这一情况，年金中心充分发挥受托人资格优势，经过半年多的研发，成功推出了分别同中国银行、农业银行合作的“养颐乐”系列年金产品，使我行成为第一家发起企业年金产品的商业银行，打破了保险机构主导的年金市场格局。该产品一经推出即在市场上产生了积极反应。为拓展市场，推广新产品，企业年金中心配合有关分行，先后组织青岛、厦门、北京、江苏、福建、广东、河北等22家分行举办了建设银行企业年金及“养颐乐”系列产品推介会30余场，收到了良好效果。

截至年末，我行“养颐乐”企业年金系列产品共计签约客户98家，意向性受托资产规模为1.5亿元，预计管理个人账户数为23 000户；实际管理受托资产金额为1 500万元，管理个人账户数为5 000户。

（二）统筹规划，确保建设银行员工企业年金运营安全稳定

按照我行企业年金规范化运作管理的相关要求，年金中心作为建设银行年金的受托人和账户管理人，负责建设银行年金的受托管理和账户管理运营。该项工作涉及全行38家分行、2家培训中心，30多万名员工的切身利益，技术要求高，责任重大，任务十分艰巨。为确保建设银行员工企业年金上线成功，年金中心在全行范围内先后开办了五期上线培训班，并分三期逐步上线，确保上线成功，运行稳定。

截至年末，全行38家一级分行及哈尔滨培训中心、常州培训中心企业年金数据已全部完成移交，实现上线运营，运营稳定。目前，管理建设银行员工受托资产60.4亿元，管理个人账户31.2万户。

（三）狠练内功，提升技术支持与服务保障能力

立足于长远发展，年金中心在大力拓展市场的同时，始终将提升技术支持与服务保障能力作为中心一项重点工作来抓。截至2008年12月31日，年金中心共撰写服务建议书、标书、年金咨询方案95件，产品团队共审查确认合同、备忘录104件，为市场拓展提供了技术支持，为年金运营提供了扎实的服务保障。

（四）取长补短，与多家机构开展战略合作，形成专业互补、合作共赢局面

经过两次资格认证，目前受托人11家、账户管理人18家、托管人10家、投资管理人21家。随着年金机构和资格数量的增加，市场竞争将更加激烈。企业年金中心根据这一市场形势，并结合我行年金业务特点，积极开展对外合作。截至2008年12月31日，我行已与工商银行、中国银行、农业银行、招商银行等签署了战略合作协议，搭建起了符合我行年金业务特点的战略合作平台。

二、完善机构设置、建章立制、优化升级系统、夯实发展基础

（一）初步建立了全行组织管理与运营体系，实现专业化经营

根据总行机构改革方案，设立企业年金中心作为总行直属运营机构，这标志着我行企业年金业务向专业化运营迈出实质性的一步。2008年以来，年金中心紧紧围绕实现专业化经营的业务目标，制定并下发了《企业年金业务管理办法》，从制度上完善全行企业年金业务组织机构设置和运营体系建设，推动分行设立专业化的企业年金中心及相应的受托运营机构和账户管理运营机构。截至2008年12月31日，全行已有35家分行设立了企业年金中心及账户管理运营机构，38家分行设立了受托运营机构，初步构建起了约200人的分行年金队伍，全行企业年金组织管理与运营体系已基本确立。

（二）完善管理制度，实现规范化运营

自我行获得受托和账户管理资格以来，针对年金业务专业化程度高、风险管理要求高的特点，年金中心将实现规范化运营列为首要工作，制定并下发了《账户管理业务操作规程》、《受托管理业务操作规程》等操作办法，规范运营，防范操

作风险。同时，年金中心积极为分行提供技术支持，修订并下发了规范的《受托管理合同》、《账户管理合同》、《操作备忘录》，以及标书、服务方案、客户手册等标准化材料。

（三）优化年金信息系统，满足系统运营要求

通过在实际运营中不断总结经验并积极了解客户个性化需求，经过一年的不断系统升级优化，我行企业年金账户管理系统服务能力得到了大幅提升，系统的功能适应性、流程合理性、报表灵活性以及新增渠道服务查询都得到了改善，已能充分满足业务运营需要及客户个性化要求；受托系统在基本满足业务要求的情况，年金中心深入了解客户需求，研究受托业务系统开发规划，梳理业务流程，为下阶段受托系统升级打好基础；年金中心在账户管理系统和受托系统稳步推进的同时，也在积极探索符合我行年金业务特点的综合化年金信息平台，为打造涵盖账户管理、受托和委托人系统的综合化系统平台做了充分的技术准备。

（四）加大人员培训力度，打造专业团队

为尽快在全行范围内打造一支精干高效、素质过硬的业务队伍，2008 年，年金中心已组织或协助分行举办了 36 期企业年金业务培训班，其中“养颐乐”专题培训 4 期，账户管理专题培训 5 期，综合类培训 27 期，参加培训人员达 2 000 人次。通过上述培训，基本实现了在全行范围内建立起一支基本满足客户需求的营销服务团队的目标。

执笔：刘　伟

审稿：陈玉祥

个人金融业务

2008 年，建设银行个人金融业务围绕我行业务发展战略，坚持“以客户为中心，以市场为导向”的经营方针，积极应对外部市场环境变化，加快推进业务转型，夯实管理基础，各项业务快速发展，对全行的效益贡献度大幅提升，市场竞争力明显增强。

一、个人金融业务营运的主要成果

（一）个人存款新增创历史新高

2008 年，建设银行抓住市场机遇，积极开展营销活动，增强与投资理财市场的资金联动，大力吸收个人存款。截至 2008 年底，个人存款余额为 29 677 亿元，当年新增 6 514 亿元，创历史同期新高。其中定期存款增长显著，在新增额中占比达 79%。

（二）新兴投资理财类产品高速增长

1. 个人理财产品销售实现倍数增长。全年共销售理财产品 424 期/次，产品涵盖了银行、证券、保险等几大领域，募集金额超过 2007 年的 5 倍。

2. 黄金业务增势迅猛。2008 年，建设银行加快推出实物黄金新产品，增加实物黄金业务开办网点数量，扩大销售渠道，开通个人账户金 24 小时交易，积极开展专题营销，促进了个人黄金业务的快速增长。

3. 代销保险业务网均和人均收入领先同业。2008 年，建设银行通过网点转型释放销售能力，大幅提高代销保险业务市场竞争能力。当年个人金融条线代销保险业务收入超过 2007 年的 3 倍，网均和人均收入位列四大银行首位。

4. 代销基金业务表现突出。2008 年，代销基金 3 256 亿元，代理基金总数达到 326 只，形成了涵盖股票型、平衡型、债券型、保本型、货币型、QDII 基金等完善的产品线，在市场及同业中树立了一流的基金销售品牌。

（三）借记卡新增发卡量突破 4 000 万张

截至 2008 年底，建设银行借记卡累计发卡达 2.71 亿张，当年新增 4 757 万张，借记卡对个人业务的基础地位和作用进一步巩固。

（四）自助设备数量位居同业首位

2008 年，建设银行继续大力推进自助渠道建设，当年新增自助设备8 039台，增长34%，累计总量已达31 896台，位居同业第一位。

二、个人金融业务运营的主要措施

（一）确定主题开展特色营销

针对不同时期市场特点和热点，推出营销活动，提升经营业绩，强化市场影响力，包括“龙卡升级新体验，建行好礼贺新春”第一季度旺季营销活动，“刷建行龙卡，08共夺金”奥运主题活动，“建行杯——中国家庭理财教育”系列活动，“小投入　大收益”基金定投活动，“金秋银冬，喜迎丰收”第四季度主题营销活动等，巩固和拓展了优质客户资源，推动了重点业务持续快速发展。

（二）加大创新力度，满足客户需求

1. 研究细分客户需求，推出借记卡系列新产品。一是试点推出连接内地、香港两地双账户的陆港通龙卡；二是开发完成“姚明珍藏龙卡”；三是发行了“信达龙卡”、“幸福龙卡”、“读者龙卡”等联名卡，进一步丰富了借记卡产品线，为客户带来更加实惠贴心的交易体验。

2. 推出“结算通”产品。2008年4月在全国开通“结算通”，该产品具备较强的结算功能，支持账户透支，较好地满足了个体工商户及私营业主对资金流动性的需求。

3. 创新推出存款与资本市场联动产品“自动理财账户——新股随心打”。该产品在充分保障客户对资金流动性需求的同时，积极参与市场投资，进一步丰富了客户的投资理财手段。

4. 简化存款挂失流程，提高效率。优化了代理挂失、当天即时销户、补发存折、密码重置等挂失业务流程，满足客户在账户、密码挂失后及时使用资金的需求。

5. 推出“平安理财宝”家庭投资型保险理财产品，有效地促进了理财业务发展，较好地满足了客户多方位金融需求。

（三）系统建设有效支撑业务的发展

1. 渠道管理信息系统成功上线，建立了全行完整、及时、准确的网点信息数据库。

2. 自助业务运营控管系统（ATMS）新阶段开发功能成功上线，实现了无卡异地存款、企业年金账户查询、ATMC备付金风险控制等新功能，在拓展业务的同时加强了风险控制。

3. ACRM系统一期在全行上线推广。系统通过实施三大业务主题、五大业务分析模型、36项业务多维分析功能，支持业务决策、精细化管理。

4. 个人金融产品营销服务系统试点上线，基于整合营销理论，构建了全行统一的营销服务平台，能够有效解决“挖掘客户、捕捉商机、把握营销机会”等系列问题，并将实现渠道营销标准化管理，促进个人金融产品营销模式变革，进一步提高销售能力和提升市场竞争力。

5. 完成了OCRM系统三期优化。通过实施扩大客户信息范围、完善客户评价、建立VIP升降级机制等十个方面功能，更好地支持VIP客户服务和产品销售。

6. 实现了全行准贷记卡集中授权，有效降低了运营成本，提高了客户服务效率。

7. 优化个人结售汇系统性能和相关功能，并在奥运前成功提速，有效提升了业务处理效率和客户满意度。

8. 开发了个人结售汇管理信息系统，为个人结售汇业务管理提供了便利。

9. 开发个人国际速汇业务系统，实现了与境外汇款公司的系统直联，客户可在各开办网点直接办理汇入款解付及汇出汇款。

10. 在理财产品综合支持系统上开发了自动理财账户功能，提高了理财业务的市场竞争力。

（四）加快渠道建设，扩大服务覆盖面

着力打造差别化渠道体系，不断提升渠道服务能力，注重理财中心和自助银行渠道建设。截至2008年底，全行对外营业的理财中心达到2 068家，扩展了富裕客户服务渠道覆盖范围；自助银行达3 595家，有效分流了网点柜面压力，延伸了服务网络。

（五）稳步推进网点转型工作，增强销售能力

1. 提前完成全行标准化零售网点的转型工作。到2008年底，转型网点数量达到11 610个，转型网点在客户服务、产品销售、员工体验、工作效率等方面都有了较大程度地改进和提高，客户等候时间缩短35%，日均产品销售量增长85%。此外，试点推进小型零售网点转型，规范小型零售网点转型的业务功能、岗位职责、服务流程和营业管理要求。

2. 推进网点二代转型，完成首批100个理财中心的推广，从岗位角色、VIP客户管理与服务、客户经理销售流程等方面进行了规范。

（六）加强队伍建设，提升人员素质

建立了个人理财岗位资格认证体系，明确了理

财师培养采取行内和社会两条途径，实现了初级、中级、高级三级逐级向上认证的管理模式，提升了理财师队伍的技能水平。截至2008年底，取得理财师证书的个人理财从业人员共计30 035人。

（七）持续提升服务品质

1. 建设客户体验中心，加强客户体验管理。在北京、上海、厦门、广州、成都建成客户体验中心，收集客户对产品和服务的意见和建议，不断提升服务水平。

2. 推进奥运服务，创造优质服务环境。2008年北京奥运会期间，积极提高外币网点开办率，拓展客户服务渠道，优化自助业务系统，开办外币储蓄异地应急取款业务，完善风险防范机制和应急处理措施，实现了奥运期间安全稳定运行，为境内外客户提供了优质高效的金融服务，获得了《金融时报》等媒体的好评，被银行业协会授予"中国银行业迎奥运文明规范服务系列活动组织奖"，北京安华支行营业部等113家分支机构被授予"2008年度中国银行业文明服务示范单位"称号。

3. 推出特殊金融服务，创新服务措施，全力支持抗震救灾。相继开通抗震救灾绿色通道，快速办理向地震灾区的捐款和汇款业务；推出"汇款免收费"、"受灾客户救急取款"、"免费结算"、"异地挂失"、"外币结汇特殊服务"、"理财产品提前兑付"、"特殊查询"、"善意提醒确保捐款安全"等服务措施；设立临时营业点，迅速恢复营业，在安置点附近服务客户，满足受灾客户金融需求。

（八）规范经营，确保业务健康有序发展

为进一步提高客户服务水平，制定了理财产品销售指引，针对销售人员，明确了产品销售过程中的风险揭示要求。同时，全面梳理理财产品，对可能出现兑付风险的产品制定有效应对措施。此外，加大对保险销售的管理力度，深入调研代销保险管理模式以及保险销售情况，规范柜面代销保险业务。

2008年，建设银行个人金融业务各项工作快速推进，在实现业务健康、有序发展的同时，获得了社会各界的认可和好评，被银监会、人民银行、《理财周报》等机构授予了"中国银行业迎奥运文明规范服务系列活动组织奖"、"奥运支付环境建设工作优秀单位奖"、"2008年最佳零售业务领军团队"等27项殊荣。

个人存款与投资部
执笔：黄媛媛　冯　南
审稿：赵富高

财富管理与私人银行业务

在全行战略转型和机构改革的大背景下，2008年10月，原高端客户部更名为财富管理部与私人银行部（以下简称财富部）。新成立的财富部在承担原高端客户部的全部职能的同时，经过对高端客户需求的深入研究、业务发展实践的长期积累和相关准备，对业务发展方向定位更明确清晰。2008年也是我行高端客户业务取得快速发展和突破的一年。

一、业务发展成果

（一）客户数量快速增长，客户结构持续优化

截至2008年底，全行高端客户总数超过6万人，较年初增长93%。其中，私人银行客户接近年初客户数的3倍。

（二）客户金融资产总量增速远超预期

截至2008年底，全行高端客户（金融资产AUM 300万元以上，下同）金融资产月日均余额较年初增长138%。其中，私人银行客户（金融资产AUM 1 000万元以上，下同）金融资产月日均余额较年初增长207%，呈现客户等级越高，金融资产增长越快的趋势。

（三）"建行财富"系列产品销量迅速提高，产品盈利能力加强

2008年全行共销售高端客户理财产品（含系统支持分行发行）74期，募集金额142亿元。其中，“建行财富”高端客户专属理财产品50期，募集资金107亿元，实现中间业务收入7 700万元，较2007年31亿元的募集资金总量实现大幅增长。

（四）财富管理与私人银行品牌形象大幅提升

2008年，我行先后获得《理财周报》“最佳零售银行（财富管理）”、“最佳风险控制私人银行”、“最佳银行财富管理中心”，金融界网站“最佳设计创新理财产品奖”、“2008中国金融产品社会公益奖”、“中国私人银行服务十大影响力品牌”，中国主流媒体理财联盟“最具成长性私人银行”，21世纪经济报道2008年度优秀私人银行团队“金贝奖”等8个社会奖项。

二、主要工作举措

（一）正式推出私人银行，积极探索具有建行特色的私人银行业务发展道路

2008年7月，建设银行私人银行首先在北京市分行正式挂牌经营，并先后在上海市分行、广东省分行开业。建设银行秉承多年来在理财和财富管理业务方面积累的深厚经验，深入了解客户需求，致力于为客户提供以资产管理为核心的私人银行服务，先后与多家行外知名机构合作尝试为北京、上海、广东、浙江等地的机构和个人提供了遗嘱信托、子女教育金安排、家庭资金管理等个性化金融解决方案。在满足高净值客户深层次、个性化服务需求方面，迈出了实质性步伐。

（二）加强理财产品创新，丰富服务手段与内容，打造具有建设银行特色的财富管理业务模式

1. 丰富“建行财富”产品种类，初步形成新股申购类、基金类、结构性产品类、外币类、股权投资类、精选股票投资类、爱心公益类、债券类、信托贷款类、另类投资类十大“建行财富”系列理财产品线。尤其是在汶川地震后，我行快速创新，推出“建行财富·爱心公益类”理财产品，以“爱，也可以这样表达”为宣传口号在全行组织销售，市场反响强烈，并获“2008中国金融产品社会公益奖”，展示了我行快速的产品创新能力，诠释了“善者建行”的服务理念。

2. 响应高净值客户个性化产品需求，推出定制化理财产品服务。采取分行上报需求，总行销售部门联合产品部门共同定制的模式，为单笔投资金额1 000万元以上的高净值客户提供产品定制化服务。年内共定制理财产品29期，募集资金近20亿元。

3. 优化产品销售流程，有效控制产品销售风险。启用新版高端客户风险评估问卷，完善产品适合度问卷调查机制，进一步规避销售过程中可能出现的风险揭示不充分等风险隐患。

4. 适应资本市场客户投资偏好的变化，及时调整产品策略，加大对短期低风险产品的研发和推出力度。有的分行在基础资产项目资源紧张的情况下，腾出优质信贷资产规模，保证理财产品的持续供应。部分分行还推出了本行的特色产品，厦门市分行发行了“建行财富·理财宝”人民币理财产品，深圳市分行推出了“天天盈”、“周周盈”等理财产品。

（三）借鉴美国银行经验，建立财富中心统一规范的业务流程

2008年，建设银行与美国银行成功合作，开发了“高端客户关系管理项目”。经过7个多月的努力，在北京、广东、四川3家分行顺利完成试点，于当年9月正式在全行上线推广。

该项目明确了财富中心岗位设置和配置比例，提出了我行高端客户服务的价值主张，制定了差别化的主动联系策略，规范了财富管理业务流程，设计了多个标准化工具和信函模板。通过试点财富中心项目改进后与改进前的数据对比分析，签约客户AUM平均增长148%，客户签约数量平均增长214%，平均服务客户的时间由改进前的26%上升到68%，效果良好。

（四）依托建设银行自身业务优势，在高端客户专属服务渠道尝试差别化传统银行产品与服务

根据高端客户的差异化服务需求和我行传统银行业务发展现状，重点在个人资产负债业务、网上银行、差别化定价等方面进行创新，并就个人支票、个人贷款、小企业联动营销等事项与相关部门进行深入沟通，初步形成相关业务需求和服务流程改进需求。首先在满足个人高端客户迫切需求的大额定期存款产品寻求突破，下发《关于在财富管理中心及私人银行开办个人高端客户定期储蓄存款的通知》。着手准备财富管理卡和私人银行卡发行，并以“两卡”为介质，对财富管理客户和私人银行客户实施差别化定价。

（五）充实服务内容，优化服务流程，提升非金融服务品质

1. 丰富非金融增值服务内容，扩大服务范围，优化机场服务与健康关爱服务流程和方式。建立全行统一的95533#001非金融服务平台，开辟与第三方公司呼叫中心对接的快速响应机制，为客户提供更快捷便利的服务。

2. 创新非金融服务积分管理制度，通过开发推广非金融服务管理系统，建立“谁受益，谁承担”的异地服务费用分摊机制，有效识别目标客户，全行全年机场服务费用降低了70%。

3. 持续向客户经理及高端客户提供全面的财经资讯，改版《财智人生》，加强对热点经济话题的深度解析，进一步提升客户资讯服务品质。

（六）稳步推进渠道建设，加快财富中心向专业化经营机构转化

1. 2008年持续推进财富中心向专业化经营机构转化，在财富中心推进机构设置和交易系统的引入工作。明晰财富中心业务交易模式，确立了账务核算的基本原则，为财富中心绩效统计及利益返还奠定基础。

2. 继续稳步推进财富中心布局，加大向重点城市和中心城市的资源倾斜力度，截至2008年底，全行共建成开业财富中心106家，私人银行3家，初步完成对高端客户资源丰富地区的有效覆盖。

3. 在北京、上海、广东、深圳等地初步搭建完成高端客户专属电子服务渠道400贵宾服务专线，针对高端客户的差别化服务渠道体系进一步完善。

（七）丰富营销手段，客户维护拓展效能不断提高

坚持“维护和拓展并重”的客户战略，开展“了解你的客户”、“客户推荐客户”、“奥运营销”、“贡献中国私人银行业务定向营销”四次全行性的营销活动，取得良好成效。“了解你的客户”活动，有效推动了财富中心与客户建立实质性的维护关系；“客户推荐客户”活动，全行成功拓展高端客户7 000多名，新增AUM近300亿元；“奥运营销”活动，拓展了包括奥运冠军邓琳琳在内的10余名获奖运动员和教练员；“贡献中国私人银行业务定向营销”活动，加强了私人银行品牌在重点目标客户群体中的传播，成功拓展私人银行客户4名，并与20余名目标客户建立了联系。

有的分行还根据当地市场特点，策划了多项特色营销活动。北京市分行针对高净值客户开展了“融汇建行，财富同行”、上海市分行针对高端客户子女开展了“博思汇”系列活动、福建省分行提出“七专服务”理念，全行当年举办各种主题活动300多场次，对业务发展发挥了积极的促进作用。

（八）加大培训力度，从业人员素质不断提高

1. 随着全行优秀理财人员向财富中心和私人银行的集中，2008年全行加大了培训力度。总行牵头组织了8期培训，共培训470余人次，占全行财富中心工作人员总数的80%。另外，还通过“建行财富”投资大讲堂、“中外名家”系列讲座、财富顾问周会、投资策略视频会议等形式，进一步丰富培训内容。各分行也在从业人员素质提升方面下了很大的力气，举办了多期AFP、CFP以及其他专业知识技能培训，全行近千人次接受培训。

2. 2008年，全行财富管理与私人银行业务条线中，有多个团队和个人获得社会各种理财大赛奖项，充分展示了这支专业队伍的良好素质，大大提高了建设银行财富管理和私人银行业务的品牌和市场形象。

（九）改进和完善业务基础管理，不断提高精细化管理水平

1. 2008年，在完善《财富管理中心绩效评价与资源配置指导意见》的基础上，总行下发了《私人银行绩效评价与资源配置指导意见》，明确财富中心、私人银行要与网点共同做好高端客户服务，客户关系的维护要坚持以客户为中心和有利于业务整体发展的总体原则，进一步规范财富中心和私人银行的绩效评价和资源配置。

2. 改进财富管理与私人银行业务报表体系，完善了统计口径，进一步提升了数据统计对业务发展的指导功能。

3. 在风险管理方面，对全行渠道建设、业务交易、产品销售、客户服务等关键环节的风险隐患进行梳理，提出防控措施和改进要求。

（十）持续改进IT系统，强化信息技术对业务发展的支持保障功能

1. 2008年，重点启动了财富管理与私人银行业务流程支持项目。作为财富管理业务的重要管理系统之一，该项目能有效解决当前高端客户信息分散于不同业务系统的问题，构建起全行集中的统一的业务平台。

2. 通过对财富管理服务系统（WMSS）进一步优化，完善财务诊断、财务规划、投资规划及财富报告等功能，为财富中心签约客户管理提供了支持。

3. 启用“理财产品综合支持系统”，规范理财产品的销售管理工作。

执笔：景　华　高开勇　马　耘　孙　潇　范丹阳

审稿：杨　刚

住房金融与个人信贷业务

2008 年，我行住房金融与个人信贷业务持续稳健发展，个人贷款结构进一步优化，房改金融业务优势进一步巩固，保障性住房市场拓展取得初步成果，基础管理进一步加强，树立并强化了品牌形象，全面完成了存贷款及中间业务收入计划，资产质量总体优良。2008 年先后荣获《环球金融》杂志评选的“最佳抵押贷款银行”奖和《欧洲货币》杂志评选的“最佳房地产投资奖”。

一、主要业务发展情况

（一）个人贷款增长稳定，结构调整、效益贡献突出

1. 个人贷款新增、个人住房贷款余额和新增均居同业首位

截至 2008 年末，全行个人贷款余额为 7 979.83亿元，本年累计发放贷款 179 万笔约 3 096亿元，比年初增长 852.39 亿元，其中：自营性个人住房贷款余额为 6 870.93 亿元，本年累计发放 87 万笔达 2 105 亿元，比年初增长 756.37 亿元；个人消费贷款余额为 1 108.9 亿元，本年累计发放 92 万笔达 991 亿元，比年初增长 96.02 亿元。

2. 个人贷款产品、客户、区域结构持续优化

重点发展个人住房贷款，充分调整个贷产品、客户增长结构。2008 年个人住房贷款新增占全行个人贷款新增的 88.74%；个人住房贷款主要投向购买自住用房的客户，一手房贷款和二手房贷款合计新增 751.4 亿元，占全部个人住房贷款新增的 99.34%；个人消费贷款发挥了维护优质客户的重要作用。

管理水平高、不良率较低的重点分行和市场发展较为稳定的地区是全行个人贷款增长的集中区域。2008 年全行个人贷款新增的 72% 集中在 24 家不良率低于 1% 的分行，个人贷款不良率超过 2% 的 4 家分行仅占全行个人贷款新增的 0.65%。中西部及东部二三线区域分行个人住房贷款增长在全行占比大幅提高，安徽、河北、河南、吉林、陕西 5 家分行新增合计 169 亿元，占全行个人住房贷款新增的 22%，比上年提高了 12 个百分点。

3. 个人贷款利息收入同比大幅提高

个人贷款本年实现利息收入 525 亿元，比上年多收入 48 亿元。其中个人住房贷款利息收入为 443 亿元，比上年多收入 122 亿元；个人消费贷款利息收入为 82 亿元，比上年多收入 12 亿元。

（二）个人贷款资产质量保持稳定，不良率比年初有所下降

截至 2008 年末，全行个人不良贷款余额为 82.27 亿元，比年初上升 8.15 亿元；不良率为 1.03%，比年初下降 0.01%，全行有 20 家分行不良额年初相比实现了“双降”，有 23 家分行的不良率下降。

剔除地震灾害影响因素，全行个人不良贷款余额为 75.98 亿元，比年初上升 1.77 亿元，不良率为 0.95%，其中个人住房不良贷款余额为 54.68 亿元，比年初上升 3.27 亿元，不良率为 0.8%，比年初下降了 0.04%；个人消费贷款不良余额为 21.2 亿元，比年初下降 1.5 亿元，不良率为 1.91%，比年初下降了 0.33%。

（三）房改金融业务继续保持传统优势地位，新兴领域拓展成绩突出，中间业务收入稳步增长

1. 住房资金增势迅猛，房改金融主要业务继续保持较高市场份额

截至2008年末，全行住房资金存款余额合计为3 736.81亿元，比年初增长838.18亿元，比上年多增近480亿元，市场占比为62%，比年初上升了0.63个百分点。其中，公积金存款余额为2 813.92亿元，比年初增长757.29亿元，比去年多增561亿元，市场占比56%，比年初上升了1.29个百分点。全行住房公积金贷款余额为2 889.67亿元，比年初增长467.17亿元，余额市场占比49.03%。

2. 新兴领域拓展成绩突出，综合效益显现

截至2008年末，全行住房维修基金签约客户数为4 511家，本年新增签约户数1 765家，住房维修基金比年初增长42.03亿元，余额接近390亿元；本年新签约公积金龙卡合作协议87个，签约发卡的住房资金中心和分中心达到149家，发卡超过400万张。

3. 中间业务收入稳步增长，居同业首位

截至2008年，全行住房金融与个人信贷业务条线实现中间业务收入14.65亿元，完成全年计划的113%，其中实现房改金融业务直接中间业务收入11.17亿元，比上年多实现收入2.95亿元，同比增幅为35.9%，居同业首位。

二、主要工作措施

（一）加大营销力度，拼抢市场，全力促进业务加快发展

在政策调整中积极寻找机会，在有效识别风险的基础上主动开展营销活动，引领条线主动跟进客户需求，及时调整竞争策略，把握住了发展机会，促进了业务发展。2008年，我部组织开展了针对首套房贷客户的“让房贷减负 为幸福增值”旺季营销活动，以抓服务、抓质量、抓贷后管理为重点的服务与质量提升竞赛活动，以“保障、安居、自住”为主题的“惠民安居”活动，针对“中低收入群体”的“建行阳光 还贷无忧”营销活动，以打造二手房贷款专业品牌为目的的“房易安”营销推广活动，以稳定存量客户为主要目的的“存贷通”专项营销活动；会同集团部、公司部开展了对万科等优质开发企业的联动营销活动，以服务灾区、支持重建为主题的“重建家园计划”活动等一系列营销活动。

（二）优化结构，打造个人贷款业务核心竞争力

2008年，在全行实施差别化的产品、区域、客户管理手段和发展策略，抓住目标客户，把握核心产品，选择重点区域，突出打造我行个人贷款的核心竞争力，重点发展个人住房贷款，支持居民真实自住购房行为，对优质客户实行差别化收入还贷比，鼓励重点分行按照总行核定的个人贷款计划进度加快发展，控制房价波动较大的地区和经营管理能力差、资产质量差的分行的贷款投放，加快发展二三线等房价稳定城市的房贷业务，加快深圳、广州、上海、杭州、重庆、厦门、大连、宁波、北京、昆明等重点城市的二手房贷款业务发展，推进二手房贷款流程和经营模式的转型。

（三）加快服务创新，守牢房改市场

2008年，我行把巩固拓展同业市场份额作为房改金融业务的首要任务，密切跟踪政策体制调整要求，关注同业竞争趋势，主动开展高层营销和签约营销，围绕客户需求，加快服务创新，进一步推广公积金龙卡联名卡、公积金委托提取还贷服务和公积金电子渠道，加强与龙卡、电子银行的交叉营销，加快研发公积金小额跨行支付服务和客户端服务系统，研究推出了公积金与商业按揭组合的接力贷款、贴息贷款、置换贷款等产品组合，在巩固存量市场，抢挖他行市场，保持资金稳定的同时，维修基金业务市场和优质住房资金归集单位、职工个人客户的服务市场得到有效拓展，房改金融产品附加值进一步增加，与公积金管理机构和维修基金管理机构的合作关系进一步巩固。

（四）积极拓展保障性住房市场金融服务，打造新的竞争优势

2008年，我行积极研究中低收入居民住房金融服务需求，探索扩展住房金融服务新领域，通过加强与政府主管部门的合作，支持优质保障性住房项目、经济适用房项目建设和销售，为中低收入群体创新推出服务措施，在部分大中城市取得营销突破。据统计，自2008年5～12月，全行共与30个设区城市政府签署了保障性住房金融服务合作协议，发放保障性住房开发贷款近50亿元，按揭贷款65亿元，惠及4.6万户中低收入家庭，市场反应良好，为争取在保障性住房市场的领先优势奠定了基础。

（五）强化管理，控制风险，确保业务健康发展

1. 完善制度，规范操作，严格控制前端风险

为防范前端操作突出的"假个贷"、合作机构欺诈、项目纠纷以及抵押物评估等风险，我行制定下发了《关于加强管理严防"假个贷"的通知》、《个人信贷业务合作评估机构管理暂行办法》、《个人信贷业务合作中介机构管理暂行办法》等制度办法，对个人消费贷款经办机构实行动态管理，完善了贷前营销调查流程，进一步严格了贷前调查、面谈面签等操作流程，完善了贷款合同，明确了前端销售渠道、销售人员的管理和操作标准，进一步加强和规范了个人贷款前端销售工作。

2. 强化贷后管理，加大催收力度，全力提高资产质量

2008 年，通过加强系统监测、前移风险关口、丰富催收手段，及时催收逾期贷款、处置不良贷款等手段，有效遏制了全行短期逾期贷款上升的势头，大部分分行依托个贷催收平台，将催收重点前移到了逾期的第一期。在定期通报资产质量变化情况的同时，加强非现场监测和数据分析，加大"一户多贷"、大额贷款等群发性风险的监测力度，持续监测关注个人贷款灾害损失情况，加快处置存量"假个贷"和不良贷款，及时部署受灾贷款核销工作，2008 年有四家分行实现了"假个贷"清零目标。

3. 重视审计发现问题，加大整改检查力度

通过逐条梳理审计检查发现的问题，我部下发《关于做好个人类贷款整改检查，确保业务健康发展的通知》，制定印发了《员工贷款管理规定》、《关于进一步加强个人贷款资金及账户管理的通知》等文件，提出了整改要求，并以落实整改为契机，结合市场变化出现的风险点，进一步梳理完善了业务流程制度和操作规程，加强了关键环节的风险控制，提高了条线政策执行力。通过组织开展合作楼盘检查、个人贷款合规检查、抵押物登记情况检查，最大限度地消除了风险隐患。

（六）以个贷中心规范化建设为重点，推进基础建设，着力构建长效机制

1. 有效推进个贷中心规范化建设，打造专业服务形象

2008 年，总行制定下发了《关于推进个贷中心规范化建设的通知》，大力推进个贷中心规范化建设。在二手房交易活跃、公积金业务量大的省会城市和计划单列市，积极组建二手房贷款中心、公积金贷款中心等专业经营平台，打造个贷中心的专业服务形象。

2. 全面推广流程优化项目，持续优化业务流程

在全行启动个贷业务流程优化推广工作，制定下发了《个人贷款业务流程优化指引》、《个人贷款中心岗位设置及人员配备优化指引》和《公积金贷款和组合贷款业务流程优化指引》，业务流程的进一步优化和完善，提高效率的同时，提高了风险防范能力。

3. 加快系统建设，提升科技支持力度

完成了个贷系统信贷管理信息数据集中切换、操作型房金客户管理系统推广应用、个贷网上银行上线、个贷总行 95533 短信平台上线、公积金贷款业务向 A + P 系统的迁移准备以及系统数据清理等工作，初步具备了支持计划分析、控制检查、执行操作的系统服务功能；配合风险部门，完成了住房贷款评分卡优化推广工作，试点并开始推广消费额度贷款和汽车贷款评分卡项目，为贷款审批、客户评价提供了科学的工具；制定了个贷系统和委托性住房金融系统应急预案，组织进行了全行应急演练，实现了奥运期间系统的安全运营。

（七）加强条线队伍建设，强化业务培训考核，建立房金业务客户经理晋升通道

2008 年，在人力资源部门的支持下，建立了房金业务客户经理制，打通了房金业务人员的晋升通道，以新开发的《住房金融与个人信贷业务岗位培训教材》和《住房金融与个人信贷客户经理培训教材》为蓝本，强化客户经理尤其是前台销售人员的业务培训，组织开展了 18 期、共有 1 250人次参加的业务培训，有效地提高了房金业务客户经理素质。

执笔：蔡军花　杨　宇

审稿：杨绍萍

信用卡业务

一、主要业绩

（一）客户数和发卡量稳步增长

截至2008年底，全行信用卡当年净增客户637万户，增速为54%，累计客户数达到1 543万户。当年净增发卡611万张，增速为48%，累计达到1 871万张。广东、江苏、上海、浙江分行累计客户数均突破100万户；当年净增客户前5位的分行为：广东（70万户）、江苏（51万户）、浙江（40万户）、上海（39万户）和湖南（39万户）。

（二）消费交易额增长迅速

全行信用卡实现消费交易额1 579亿元，比上年增长101%。全行信用卡账户活动率为51.40%，较年初提高5.03个百分点。在活动率快速提升的同时，活动卡卡均消费交易额达到1.8万元，比上年增长24%。上海（184亿元）、广东（158亿元）、福建（147亿元）、浙江（133亿元）和江苏（125亿元）5家分行当年消费交易额超过百亿元，排名全行前5位。

（三）分期付款和商户业务快速推进

2008年，全行信用卡分期付款业务交易额为35亿元，实现分期付款业务收入1.7亿元。分期合作商户累计达到3 081户，当年新增2 375户；全行有效商户规模近12万户，当年新增3.7万户；特惠商户总量达到9 613户。深圳、上海、广东、浙江、江苏等分行分期付款交易额居全行前5位，合计交易额占全行的52%。

（四）业务收入增长较快

全行实现业务收入28亿元，其中信用卡业务收入24亿元，比上年增长100%。从信用卡利息性收入贡献看，利息性收入11亿元，占比为46%，同比提高2个百分点。信用卡中间业务收入14亿元，同比增长100%。信用卡业务收入过亿元的7家分行是：广东（2.5亿元）、上海（2.4亿元）、浙江（2.2亿元）、深圳（2.1亿元）、江苏（1.6亿元）、福建（1.4亿元）和北京（1.4亿元）。

（五）资产质量保持良好

截至2008年底，全行信用卡贷款余额229亿元，比年初增加129亿元，增幅为129%。全行逾期90天以上贷款不良率为1.28%，逾期180天以上贷款不良率为0.78%，资产质量保持良好。

二、重要工作举措

（一）发挥全行整体优势，形成较为完整的信用卡营销体系

全行继续发挥我行渠道和客户资源优势，以网点转型为契机，大力推广信用卡预审批系统，网点营销主渠道作用得到充分发挥；与公司机构条线联动成功争办铁路龙卡、公务卡等重点发卡项目，联动营销渠道已成为重要的销售渠道；直销团队加快专业化建设，逐渐成为我行营销发卡的有力渠道，信用卡柜面营销、交叉销售、联动营销、联盟营销等全方位的信用卡营销体系已经形成，为业务发展提供了有力保障。

全行在奥运、购物、旅游、餐饮等领域开展集中、统一的发卡营销和用卡促销系列活动，分行配合各具特色的区域性营销活动，提升客户忠诚度，进一步提高了龙卡信用卡的品牌影响力。

（二）不断加大产品创新力度，快速推进重点产品

产品创新力度不断加大。在初步形成标准卡、三名卡、特色卡、公益卡和商务卡五大类产品体系的基础上，针对中高端客户细分市场先后推出钻石卡、白金卡、奥运白金卡、高尔夫白金卡、创富精英卡、锦江龙卡等创新产品，确立了我行在信用卡中高端市场的领先地位。此外，个性化卡已研发成功，产品体系更趋完善。

重点产品推进速度显著加快。汽车卡累计卡量达到87万张，其中本年新增发卡50万张，增速达到132%；百货卡合作商户已达63家，累计

发卡突破160万张，本年新增超过80万张；财政公务卡签约预算单位超过5 000家，已发卡50万张，消费交易额在各财政业务代理银行中列首位；奥运白金卡推出8个月时间发卡42万张，活动卡均消费额达到3万元，产品号召力和市场影响力居同业奥运产品之首。

（三）加快分期付款业务发展与创新，加大商户业务拓展力度

信用卡分期付款业务推进加快，已形成账单分期、商户分期、邮购分期、大额分期四大类产品系列，本年实现分期交易额35亿元，同比增长300%，成为信用卡中间业务收入的增长亮点。同时加快分期业务创新，推出了汽车分期、家装分期、婚庆分期、专项消费分期等分期产品，进一步丰富了我行信用卡分期付款产品系列。

各行充分认识到商户拓展对商户业务的先导性作用，发挥联动营销优势，加大对分期商户、收单商户和特惠商户的拓展力度，全行合作商户数量不断扩大，商户结构不断优化，初步建立以大型集团性商户为核心、区域和行业覆盖面广泛的商户资源平台。同时，各行对现有合作商户的促销宣传力度也进一步加大。深圳、北京、上海和江苏分行积极联合国美、大润发、宏图三胞等大型连锁性商户共同推动商场分期业务发展，交易量在全行位居前列；广东省分行与东风日产、湖北省分行与东风雪铁龙等汽车厂商合作开展汽车分期营销；内蒙古、河南、重庆、河北分行加强条线联动，面向优质房贷客户、集团性客户和行内员工开展家装分期和专项消费分期营销促销活动；广东省、北京市分行成功发展了当地大型连锁特惠商户，进一步提升了我行特惠商户的整体品质和品牌效应。

（四）风险控制体系日益完善，风险管理能力进一步提高

已基本形成从目标客户选择到征信审核、额度管理、交易监控、逾期催收、资产保全等关键流程的信用风险和操作风险控制体系。全行积极应对外部经济金融形势变化，加快信用卡进件处理、申请评分和预审批系统应用，通过准确把握目标客户群体、规范征审作业流程、提高业务处理集中度、加大套现打击力度、开展催收竞赛等措施，有效防控风险。福建分行实施《信用卡征信审核业务流程操作手册》六西格玛项目，建立标准化的征信审核业务流程，取得作业质量与作业效率“双赢”。河南分行尝试由风险管理人员派驻直销团队，加强风险管理与前端营销的业务联动，规范受理行为。黑龙江分行通过成立征信审核作业后台运行中心、吉林分行通过加大信用卡集中审批力度，规范业务操作，提高审批效率。

（五）大力推进基础设施建设和系统开发，集中化、集约化经营管理取得新进展

大力推进信用卡IT项目建设，信用卡数据仓库、评分卡、进件系统、本外币收单系统等多个关键系统相继投入应用，为加快信用卡业务集中化、集约化进程创造条件，实现了制卡作业、账单管理、上门前催收等作业的集中统一，也为产品研发、营销发卡、业务决策、客户服务、风险管理等提供了重要支持。

在基础运营方面，运行中心建设进一步加快。电话客户服务坐席规模已达1 270席，目前我行800接通率和客户满意度均超过90%，基础建设对客户服务质量的提升作用显著。此外，兰州运行中心已投入试运行，南宁运行中心也已建设到位，上海花木基地正加快建设。

（六）管理体制改革推进加快，组织建设进一步健全

实施信用卡中心组织架构改革，组建工作团队，实施扁平化管理；总行向信用卡中心派驻人力资源管理团队，不断加强信用卡人力资源管理，取得明显成效；总行扩大对信用卡中心财务授权，继续对信用卡业务在财务资源上政策倾斜，对业务快速发展起到保障和支持作用。单元制建设也取得实质性进展，银监会已正式批复信用卡中心成为分行级专营机构。成立信用卡中心党委及11个基层党支部，在党委领导下成立中心工会、团委。

（七）加强与美国银行的业务合作，各咨询项目进展良好

与美国银行在业务发展、风险管理、运营、信息分析管理和财务管理五个业务领域加强合作，并在产品创新研发流程、数据仓库、评分卡、联盟伙伴合作等项目中取得良好进展。

信用卡中心
执笔：朱中楠
审稿：赵宇梓

金融市场业务

一、2008年金融市场业务经营情况

2008年，金融市场业务在本币投资组合管理、黄金交易、代客及理财业务等领域取得了良好的经营业绩，全年实现业务收入708亿元（分成前收入为726亿元）。总行本级实现收入583亿元。

（一）本外币投资组合经营规模继续增长，投资收益率同比提高

2008年，金融市场部本币债券投资披露收益率为3.84%，较上年底提高68个基点。本币组合经营规模为18 273亿元，其中债券组合为16 406亿元，同比增长9.6%；货币市场组合为1 867亿元，同比增长48%。债券质押式回购成交53 725亿元，同比增长11.5%，市场排名第二；信用拆借交易达16 063亿元，同比增长41.3%。一级市场共承销各类债券6 602亿元，其中国债为699亿元，前三个季度排名市场第二。央行票据为4 955亿元，政策性金融债为675亿元，其他债券为273亿元；债券二级市场累计成交9 153亿元，同比增长161%。

（二）自营债券交易发展较快，黄金业务市场占比增长迅速

2008年自营债券交易量累计11 585亿元，同比增长300%，银行间市场交易量增长迅速，排名四大银行第一位；柜台国债交易量排名保持市场第二。全年黄金业务量总计458吨，同比增加664%。实物金销售、黄金租赁业务市场份额占比保持领先，账户金业务市场份额逐步扩大。

（三）代客外币交易量同比增幅较大，市场份额继续提高

2008年全行代客结售汇、外汇买卖业务量（含境外NDF交易）为2 615亿美元，同比增长30%，其中结售汇业务量为2 397亿美元，同比增长35%。2008年我行即期结售汇市场份额提高至10.90%，同比上升了0.3个百分点；远期结售汇达361亿美元，同比增长89.7%。全行共完成代客衍生产品交易量121.36亿美元，同比增长9.02%。其中代客债务风险管理业务增长最为迅猛，交易量为94.04亿美元，同比增长68.12%。

（四）理财产品发行量快速增长，品牌市场影响力不断增强

2008年共发行理财产品338期，发行量为3 294.4亿元，是2007年发行量的4.63倍。其中，对私发行理财产品128期，募集资金1 898.4亿元；对公发行理财产品210期，募集资金1 396亿元。设计发行了以抗震救灾为主题的“建行财富·公益捐赠类”理财产品，募集金额达1.02亿元人民币，提升了我行理财产品品牌影响力，受到社会各界的好评，并被金融界网站评为“2008年度最佳设计创新理财产品奖”。

二、主要工作举措

（一）根据市场形势变化，果断调整经营管理策略，有效控制经营风险

密切关注宏观政策走向，以灵活谨慎的策略积极应对多变的市场环境，优化本币组合管理模式。把握利率走势和债券相对投资价值，合理安排债券投资进度和品种，采取“杠铃型”期限配置结构，稳定并适度拉长组合久期。积极增持优质企业信用产品，加大一二级滚动交易和结构调整力度，实现了可观的价差收入。积极推进主动型、精细化管理，加强对市场反应速度和把握能力，在利率走高下提高持有待售账户规模，获取可观收益。加强流动性管理，经受市场考验，有效维护全行流动性安全，提高风险应对能力。

（二）抓住市场机会，择机减持信用产品敞口，降低外币组合的信用风险，最大限度地减少损失

全年外币投资组合合计减持债券200.47亿美元。加强流动性管理，采取回购、货币掉期方式保障外币流动性。加强风险管理，调整货币市场

及债券投资交易对手范围，严控交易对手风险。

（三）优化自营组合规模与结构，大力推动账户金、实物金交易和黄金租借业务发展

上半年利用资金充裕推低货币市场利率的机会，通过开展持有期交易获取低风险收益。适当通过信用产品提高组合收益率。活跃债券做市交易，巩固我行做市商地位。通过延长交易时间、降低买卖价差、改手动报价为自动报价、分行营销活动、开通24小时交易等多项措施，提高我行账户金的市场竞争力。利用黄金价格波动和黄金租借业务独特的避险优势吸引了大批黄金企业，推动我行黄金租借业务快速增长。进一步理顺分行实物黄金销售和平盘流程，为全行实物黄金销售提供了充足稳定的货源和顺畅的盈利模式。

（四）市场营销、产品创新与风险控制并举，代客资金交易业务稳健发展

积极开展市场营销，组织13场总行代客外汇资金交易营销推介会，涵盖了重点分行的重点客户，取得了良好的效果。积极筹备个人保证金外汇买卖业务，完成了业务系统的开发、业务规章制度的制定等工作。针对人民币汇率市场的变动，适时推出了即远期组合结售汇产品，满足了分行的营销需求。代客衍生金融工具业务通过提升客户服务水平，积极支持分行客户营销，巩固和发展了一批包括财政、能源、交通等行业在内的大客户。进一步规范业务流程，强化系统性风险管理与控制，积极协助分行回收客户垫款，抓住市场机会反向平盘，妥善处置与雷曼未到期交易等，保障业务稳定运行。

（五）立足客户需求，强化产品创新，狠抓基础管理，理财业务取得新进展

抓住市场契机，大力发展低风险产品；稳步推进对公理财业务；加大对分行的服务力度，授权分行开展7天滚动、短期债券等类型业务。结合国内银行间外汇掉期的市场机会，创新本外币结合理财产品。为进一步提高产品竞争力，通过分散市场配置，尝试设计了跨市场的境内外结合理财产品。加强产品后续管理，及时披露产品相关信息，做好和投资者的沟通工作，加强对现有QDII产品的监控评估，修改完善汇得盈常规产品结构方案。

（六）提高研究能力，加强基础管理和制度建设

针对国际国内市场发生的重大变化，提升研究的深度和力度，支持前台交易与客户营销。完成各类研究报告逾360篇。其中每日快讯逾200篇，研究周刊49篇，交易员周评50篇，专题研究8篇，内部参考5篇，为建建设银行报供稿50篇。在部领导的直接指导下，研究完成了投资学会重点课题——《金融市场业务战略转型构想》。密切配合前台加强客户营销：全年共参与各类营销活动16次，分行客户反映良好。

牵头负责银监会外币投资业务现场检查，配合相关部门完成理财业务现场检查，及时组织提供调阅文件资料，多次与银监会检查组人员当面沟通解释，撰写检查事实评价反馈意见，并做好后勤保障工作。积极配合内外审及相关部门完成季度/年度信息披露、内外审计调查相关工作，撰写《2008年度金融市场部内部控制自评估报告》、《2008年部门管理建议书问题整改报告》，提供投资者关注问题解答、完成财务报表期后调整等事项。配合相关部门做好计划财务管理工作，编制综合经营计划并呈报金融市场业务运营分析，加强财务分析与预测，重点剖析汇兑损益等资金类项目变化。组织部门参加“华尔街金融风暴”学习活动。

执笔：王红强　刘　彦

审稿：杨爱民

投资银行业务

2008年，建设银行投资银行业务条线面对国内外经济形势的变化及我国经济政策的调整，积极应对、紧抓机遇，通过着重市场研究、大力加强创新、充分发挥建设银行传统优势和境内外联动优势等有效措施，实现了业务规模和收入的跨越式发展。当年，建设银行投资银行业务通过债务融资工具承销、理财产品发行、财务顾问等产品和多元化服务帮助各类客户实现融资 2 471 亿元。全年实现业务收入 66.1 亿元，比上年增长 41.2 亿元，增幅为 165%。

出色的业绩也为建设银行投资银行业务赢得了众多的荣誉：2008 年，建设银行投资银行业务在《首席财务官》杂志社主办的"第二届中国企业金融创新论坛暨 2008 中国 CFO 最信赖银行评选颁奖盛典"上获得了"最佳投行业务奖"，并在《21 世纪经济报道》"金贝奖"金融理财产品评选中，荣获"年度最佳人民币理财产品奖"、"年度最佳收益表现理财产品奖"、"年度最佳公司理财产品奖"三项大奖。

一、主要业务成绩

（一）财务顾问业务成效显著，新型财务顾问取得喜人成果

2008 年，全行财务顾问业务成绩显著，财务顾问成功项目个数迅猛增长，财务顾问服务质量明显提高，业务规范性大为改善，客户结构进一步优化，客户满意度不断提高，新型财务顾问业务实现成倍增长，领先同业。当年实现财务顾问业务收入 48.7 亿元，完成全年计划的 156%，比上年同期增长 174%；联动建银国际等机构推荐营销新型财务顾问项目 200 余个。

新型财务顾问业务方面，建设银行继续积极推进企业首次公开发行及再融资、并购重组、股权投资、项目融资、大股东回购增持等财务顾问业务，并针对不同客户为其推出量身定做的、全面的、个性化的财务顾问方案。当年，建设银行在同业中第一个推出了"一揽子解决方案"财务顾问产品，该产品可以为客户提供全面、专业的投融资方案以及配套的后续服务，已在客户中获得了一致好评。其中，投资银行部为建新集团提供的一揽子财务顾问服务涉及境内股权投资、境外 IPO 财务顾问等多项业务，是建设银行投资银行业务产品组合最多、涉及面最广的成功案例之一，开创了国内银行业一揽子财务顾问先河，既满足了客户的多元化融资需求，降低了融资成本，同时也为建设银行带来了可观的中间业务收入，体现了建设银行品牌、客户资源、产品创新等方面的综合实力。

（二）债务融资工具承销业务继续发展，发行量达到 822.5 亿元

2008 年，建设银行债务融资工具承销业务通过加强对发行规模大、外部评级高的优质客户的重点营销，实现了单笔项目债券承销金额的增长。其中，单笔承销金额最高的铁道部中期票据项目注册发行金额达到了 800 亿元，首期发行量为 200 亿元，在市场中居绝对领先地位。当年，投资银行部承销短期融资券及中期票据发行项目共计 33 个，总承销金额达到 822.5 亿元，比上年增长 196.8 亿元，增幅为 31.45%，其中短期融资券承销金额 692.50 亿元，同比增长 10.67%，自该业务开展以来累计发行项目 98.5 期，承销金额 2 267亿元，市场排名连续三年保持市场第一。2008 年，建设银行债务融资工具承销业务共实现收入 2.3 亿元，同比增长 48%。

（三）理财产品发行继续保持强劲增长

2008 年，投资银行业务条线共设计推出"利得盈"、"建行财富"、"乾图理财"等各类理财产品 910 期，金额 4 289 亿元，是 2007 年同期发行额的 6.6 倍，居市场领先地位。为建设银行创造收入 18 亿元。其中：基于信贷资产和票据资产为基础的"利得盈"、"乾图理财"产品发行 1 616 亿元，较 2007 年同期多发行 1 161 亿元，同比增幅为 255%；基于资本市场的"乾图理财"、"建行财富"、"利得盈"发行2 665亿元，比 2007 年同期增加 2 468 亿元，增幅1 252%。"大丰收"中篮子一组合信贷型理财产品 8 亿元。已经实现担保费收入、销售管理费收入、服务商管理费收入等各类收入共计约 14 亿元，同比增加 216%。

（四）信托公司收购已经报国务院批准

经过严格细致的尽职调查和审计评估，通过艰苦的谈判，建设银行于 2008 年 5 月中旬在合肥签署了《关于合肥兴泰信托有限责任公司之增资协议》，实现了建设银行控股兴泰信托 67% 的股权。该事项在 2008 年已经国务院审批同意。这是建设银行继设立基金公司、租赁公司以后，在尝试综合化经营方面的又一重大突破，也是四大国有商业银行中首家涉足信托行业。建设银行拥有信托牌照以后，利用信托独特的制度安排和灵活的金融手段，将有力推动产品创新和制度创新，更好地满足客户多元化的需要，打造全新的投资

运作平台，提升全行盈利能力，创造股东价值。

（五）产业基金顺利推进并取得实质性进展

2008年，建设银行经过充分的市场研究和密切的政策跟踪，将以产业基金管理为主的资产管理业务确定为未来建设银行投资银行重点业务之一，并以产业基金管理为核心和突破口，通过与发展改革委等监管部门积极沟通，以及与国家部委、地方政府、国有企业等多类合作对象积极探讨，在当年即取得了实质性进展。当年，国内首家医疗健康产业基金在发展改革委进行了备案，已经开始了首期资金募集；航空产业基金管理公司也已经开始正常运作，正在进行项目筛选和资金募集；文化产业基金的合作意向和合作条款已经基本确定，即将进入管理公司注册成立阶段。另外，与铁道部、江西省政府、成都市政府、广西北部湾、上海城投、深圳创投企业等多家政府和企业正在积极洽谈其他基金合作事宜。

（六）资产证券化取得阶段性成果

2008年建设银行证券化逐一克服了CMBS项目的抵押权变更登记、会计出表、流动性支持等国内市场公认的证券化业务重要障碍，成为了第一家在这三个方面取得突破的银行，并于10月底向银监会递交了申报材料，取得了阶段性成果。此外，投资银行部于2007年底完成的RMBS 2007-1项目，在2008年给全行带来了1 905万元贷款服务费收入和4 090万元次级资产支持证券收入。

（七）建银国际业绩显著

2008年，作为建设银行设立于香港地区并面向全球开展投资银行业务的全资子公司，建银国际（控股）有限公司通过与建设银行总部及境内机构联动，在全球资本市场受困、IPO市场基本冻结的时候积极推进股权投资、资产管理、产业基金等新业务创新，超额完成全年预算并取得成立以来的最好业绩。当年，建银国际实现收入13.17亿港元，税前利润10.84亿港元，超过中银国际、工商东亚等中资在港及香港本地投行，在香港投资银行中名列前茅。各项财务指标也表现良好，成本收入比18%，资本回报率28%，远优于业内平均水平。2008年建银国际完成了一批重大项目，包括保荐中国第二大水泥生产商在港上市、协助中国核工业总公司、信达资产管理公司等中央级企业在港买壳、协助华能集团、中国重汽、世贸股份等行业龙头企业开展回购与增持业务等。建银国际提供的优质服务也获得了市场和同业的高度认可。2008年国际权威期刊*The Asset*授予建银国际2008年度3A国家奖："香港最佳本地投资银行"大奖，证明建银国际的优秀业绩与服务获得了客户与同业的一致认可。此外2008年建银国际还先后被China Venture授予"中国区最佳新锐私募股权投资机构"奖项，被《证券时报》评选为"香港地区最佳中资投行"，获《经理人》杂志颁发的"2008中国最具创新力公司"奖项，获香港《资本》杂志颁发的"2008资本杰出领袖"奖项等。

二、主要工作举措

（一）加强业务联动，打造全新的投资银行运作平台

2008年，建设银行投资银行业务充分发挥总分行及与建银国际之间的联动优势，积极推进了财务顾问、股权投资、股票承销等业务的发展。同时，建设银行通过建银国际在境内新设子公司、推进收购信托公司相关事宜、积极成立产业基金等方式进一步扩展了投资银行业务范围，丰富了投资银行服务内容。此外，借助境内外业务联动平台，秉承互惠合作，优势互补的原则，与信达资产管理公司、银河投资管理公司、宏源证券等在A股IPO、直接投资、私募股权投资、企业债承销和重组方面展开全面合作，为建设银行投资银行业务全方位介入国内资本运作市场奠定了坚实的基础。目前建设银行投资银行业务已形成了国内以总分行投行业务条线为依托、海外以建银国际为平台的国际化经营模式。产品范围覆盖了股票承销、债务融资、财务顾问、并购重组、项目融资、直接投资、产业基金、财富管理及资产证券化等多个领域，可全面满足客户各类投融资需求。

（二）以创新带发展，不断满足各类客户不同需求

为更好地满足客户需求，2008年成功推出了"利得盈"、"建行财富"、"乾图理财"和"乾元"等各类理财产品，在市场上取得了广泛好评；推出了并购重组财务顾问业务，满足了客户在国家行业整合、产业升级的大潮中对并购业务的需求；在市场上率先推出了私募股权类、应收账款类、票据类、基础设施建设类等多种创新理财产品；同时，在中国成立了首家医疗及文化、航空等产业基金管理公司，通过产业基金的设立来满足社会及民生领域的投融资需求。

（三）把握理财业务市场机遇，信贷类产品发行量勇夺市场第一

2008 年上半年宏观调控和信贷规模偏紧，建设银行抓住机会，以贷款为基础资产的“利得盈”、“建行财富”信托理财产品的发行实现了超常规跳跃式发展。在银监会要求停止开具融资类保函业务后，全行迅速调整工作思路，抓住市场有利时机，大力发展非保本型理财产品，使建设银行的该类产品在同业中保持了市场排名第一。

（四）信息技术建设及应用不断发展

2008 年，成功研发并在全行推广使用了“常年财务顾问分析软件”，并且联合总行多个部门及成都开发中心着手开始研发“理财产品数据管理系统”和“投资银行业务综合支持项目”两大业务管理系统。其中，“常年财务顾问分析软件”实现了行业分析、企业财务数据分析的自动化；“理财产品数据管理系统”上线后将统一管理建设银行所有理财产品数据，确保建设银行理财业务信息提供及数据传输的及时性、准确性、权威性；“投资银行业务综合支持项目”上线后将满足建设银行投资银行业务高速发展需求，实现投资理财产品设计、销售、信息管理、资产管理、财务顾问业务登记管理、债券融资业务管理、资产证券化业务基础资产管理和全行投行产品信息数据库等多项功能。

（五）加强业务交流、规范业务管理

2008 年，全行投资银行业务条线通过开展业务培训、组织业务研讨会等方式积极进行业务交流，加深了职员对投资银行业务的了解和认识，提高了业务条线员工的业务素质，为全行投行业务整体推进发展提供了良好的基础。

2008 年，总行下发了《关于加强中期票据业务营销工作的通知》、《关于印发〈关于大力开展并购财务顾问业务的指导意见〉的通知》、《关于开展存续期内“利得盈”和“建行财富”基于信贷资产的信托理财产品风险排查的通知》等多项通知要求，全面提高了全行的业务管理水平、风险控制力度，规范了业务管理，提高了业务能力，带动了业务规模的有效提高。

（六）强化业务激励制度，促进业务持续快速发展

2008 年，总行投资银行部根据业务发展实际制定了针对投行重点产品和业务的激励制度。该制度在原有投行激励制度的基础上，细化了业务和产品分类，加大了重点业务和产品的激励标准，进一步明确了挂钩档次分类，促进了全行投资银行业务的持续快速发展。

执笔：左　锋　张寒松

审稿：王贵亚

资产保全业务

一、2008 年主要工作成果

（一）全面超额完成不良资产各项处置回收计划，不良贷款处置比率再创新高

全年处置各类不良资产 474.75 亿元，实现不良资产现金回收 268.18 亿元，超值现金回收 81.10 亿元，全面超额完成各项业务计划。其中，处置不良贷款 405.06 亿元，完成计划的 145%；处置非信贷不良资产 69.69 亿元，完成了计划的 114%。2008 年不良贷款处置比率高达 49%，创历史最高水平。核销呆账 136.10 亿元，创股改以来最高水平。

（二）成功发行首单重整资产证券化项目，不良贷款处置手段创新取得重大突破

2008 年 1 月 24 日，由我行发起的国内首单商业银行重整资产支持证券——“建元 2008－1”重整资产证券化产品在银行间债券市场成功发行，一次性处置表内公司类不良贷款 84.52 亿元，实现发行净收入 20.26 亿元。此举标志着我行批量化、市场化处置不良贷款取得重大突破，对全行不良贷款额和不良贷款率的大幅度“双降”起到了关键作用，并获得《财资》杂志2008年度金融衍生产品及结构性产品“最佳结构性交易”优胜奖。债券发行后，相关分行认真履行资产服务商职责，全年实现信托财产现金回收19.80亿元，优先级债券兑付本金16.71亿元，兑付比例近八成，创造了良好的市场声誉。作为资产服务商，我行收取资产处置费用和服务费9 348万元。

（三）统一集中经营模式，业务单元制改革取得新成果

2008年，总行制定下发了《资产保全业务单元制改革推进方案》，要求各一级分行集中经营存量省会城市和异地大额不良、新增不良贷款及证券化受托资产。对省会城市不良贷款，原则上划账经营。深化改革取得新成果：一是截至2008年底，27个分行出台改革推进方案。其中，10个分行完成存量不良资产移交工作。二是机构和人员进一步精简。2005—2008年，二级分行保全机构由291个减少到67个，减少77%；专职人员由2 156人减少到1 147人，减少47%。三是处置效率和效益进一步提高。2008年全行不良贷款处置总额比2005年增加了近100亿元。不良资产人均处置额由2 180万元提高到4 141万元，提高90%。

（四）大项目处置取得积极进展，有效助推全行“双降”

2008年初，总行重点参与经营单户亿元以上126户重大公司类不良项目，安排专人负责联系。2008年底，“百大项目”80户取得重大进展，共处置不良贷款78.6亿元。其中，三九医药股份有限公司（3.65亿元）、潍坊北大青鸟华光科技股份有限公司（3.19亿元）、深圳京广发展有限公司（2亿元）等35个重大不良项目全额处置完毕。在受金融危机影响，钢铁、水泥行业业绩持续走低的情况下，重大债转股项目攀枝花钢铁有限公司（14.52亿元）、天津振兴水泥有限公司（3.38亿元）、大同大有水泥有限公司（5.29亿元）等项目的处置取得了成功。

（五）“个人类贷款标准化催收作业流程体系”常态运行，个贷催收处置渠道更加完善

2008年，“流程体系”步入常态化运行轨道，基本实现了“部门合作无边界，工作流程无缝隙”的工作目标。表现在：标准化短信催收在总行平台集中发送，日均发送催收类短信5 082条，提醒类短信32 195条，系统发送成功率达100%；标准化电话催收业务覆盖全行，95533外呼接触率达51%，催收成功率达69%；标准化信函催收业务稳步推进，29个分行开展个人类贷款对账单寄送服务。总行相继出台“假个贷”还原、特殊账务处理等专项政策，使“假个贷”余额在不良个贷中的占比由最高峰时的39%下降到20.92%。

（六）SARM系统（二期）成功上线，资产保全业务信息化水平进一步提高

2008年10月，开发历时14个月的SARM（资产保全业务管理系统）（二期）成功上线。二期实现了与CLPM的信息整合，使保全业务处理步入流程化和标准化时代。资产保全业务数据采集有了标准化的格式，在不良贷款接收、方案制订、申报和审批方面有了标准化的流程，为项目公开化、标准化、程序化和业务精细化管理提供了有力支撑，资产保全业务数据的质量和时效性得到了进一步提高。该项目荣获中国人民银行2008年度银行科技发展奖二等奖。

二、2008年重点工作措施

（一）明确任务目标，早部署，早落实

2008年全行工作会议结束后，资产保全系统率先举办不良资产证券化专题业务培训班，并对2008年资产保全工作作出明确部署。各分行认真贯彻落实总行要求，结合本行实际，在完善上一年度工作措施的基础上，确定了包括证券化受托资产在内的2008年工作具体目标任务，并积极采取措施，抓好落实，为完成全年目标任务奠定了基础。

（二）继续推行重点联系行制度

为实现全年计划目标，2008年初确定北京、河北、山西、辽宁、大连、黑龙江、江西、青岛、广东、甘肃10个分行为重点联系行，由总行资产保全部副总经理级以上领导人员担任重点分行联系人，牵头开展包括现场调研、共同研究制订大项目处置方案等工作，有针对性地指导和帮助分行解决工作难点，实现不良资产处置计划。至2008年底，10个重点联系行均圆满完成全年计划，自行处置不良贷款120亿元，占全行计划内处置的37%。

（三）全面推广大项目专家诊断机制

在总结上年专家诊断工作经验的基础上，2008年，总行进一步扩大不良资产专家诊断项目范围和参与诊断的专家范围。全年总行共集中专家诊断10次，对100个不良贷款项目、358个非信贷项目和45个核销项目进行了诊断，有力地推动了项目处置进展。

（四）深入研究不良资产处置技术

2008年，资产保全系统注重处置手段的深入挖掘和创新，从灵活运用催收、重组、核销等常规手段，拓展到资产证券化、债权转让、打包出售等新型市场化手段，不断提高综合运用各种处置手段的能力。

（五）加大风险控制和培训力度

2008年，总行组织完成了对《资产保全规章制度选编》和《资产保全案例精选 2002—2007》的修订、编写工作，为保全条线依法合规开展工作提供了依据。针对不同层次员工的培训需求，按照前瞻性、提高性、普及性的原则，组织了三次全行性培训，采取课程讲授、案例教学、研究讨论、视频培训等多种形式，注重形式和内容创新，成效显著。

资产保全部

执笔：张立亚

审稿：于妍玲

技术创新与发展

2008年，技术部贯彻落实全行发展战略，以安全生产和奥运安全保障为重点，大力推进科技创新和精细化管理，信息技术工作取得了长足的进步。

一、完成了奥运保障及安全生产任务

奥运期间，我行各重要应用系统及总分行基础设施运行安全平稳，与奥运会相关的25套关键系统可用率为100%，系统的各项技术指标均在正常范围之内，实现了零重大故障、零有效投诉的预期目标。

在交易量快速增长的情况下，各主要生产系统运行可用率进一步提高，全年未出现影响业务正常开展的重大故障和安全事件，为各项业务的快速发展奠定了坚实的基础。全年CCBS系统、个人贷款系统（ALS）、资金清算系统、重客系统、新一代贸易融资系统（NTFS）可用率达100%，国际卡系统、网银系统、龙卡系统为99.99%。

二、科技创新取得新的成果

全年共实施了232个项目，其中续建105个，新建127个，交付98个，在全年主要精力为奥运保障服务的情况下，实施和交付的项目再创新高。共有39个项目荣获建设银行金融科技进步奖（其中特等奖1项，一等奖6项）；10个项目通过了人民银行科技成果鉴定，获得了人民银行专家的高度评价，有8个项目处于国内领先水平。新提出专利申报18项，计算机软件著作权登记11项，并荣获了中国建设银行知识产权管理奖。

网上银行系统不断推出新产品。个人网银推出了个人贷款、实物黄金、港股直通车等15项新产品和155项功能优化，在国内首创了证书预制功能，客户数增长超过31%；企业网银开通了e贷通、企业年金等9项业务，客户数、交易量分别增长65%、77%；第一个海外分行网银项目——法兰克福网上银行1月正式上线。

呼叫中心整合项目（CCI）完成全国推广，推出了95533个性化菜单设置、电话支付等22项新产品，完成了29项功能优化，创新推出了重要客户固定坐席功能。在“5·12”大地震中，凭借先进的系统架构和技术，成功将成都坐席中心的人工业务迅速转接到其他分行坐席，保证了95533业务的正常运转。

理财产品综合支持系统分别在1个月和20天内完成了“新股通”和“大丰收”两大产品的开发、投产，填补了我行在打新股理财产品方面的空白。全年共募集人民币4 278亿元、12.8亿美元、17.2亿港元，管理费、服务费、手续费收入累计超过40亿元。

分析型客户关系管理系统（ACRM）在2008年10月完成全行推广。模型验证表明，利得盈、平衡型基金客户购买响应能提高5倍，信用卡预审批购买响应能提高7倍，首次实现了我行客户、产品和关联关系的数据量化分析，在“接触客户、尝试挖掘”方面取得了重大突破。

现金管理平台于2008年6月正式上线，投产了社保业务、三星集团现金管理、银期直通车等产品，初步建立了产品与服务定制灵活、能够为公司和机构客户提供人民币结算和现金管理服务、为客户和业务管理部门提供有效信息服务的现金管理支持平台。

银保业务系统新增接入保险公司4家，上线新险种16个，并拓展了网银渠道支持，统一了接口标准。全年实现业务收入28.33亿元，同比增长190%。

数据仓库系统实施了Teradata系统扩容，完成了30个应用和优化功能释放，新增数据表320张，逻辑优化1 057项，涵盖了客户管理、资产负债、监管例规等应用，涉及信息中心、财务会计部等6个部门，全面提高了历史数据的管理和应用水平。

分行操作数据存储系统（ODSB）完成全部38家分行推广上线，集中部署了4个卸数应用，完成ERPF、SMIS等总推分系统向ODSB平台迁移，实现了物理架构调整和模型升级，初步形成了统一的分行数据服务平台。

CCBS2.0系统优化项目于2008年11月正式上线投产。增加了对公对私账户拆分、柜员与机构分离、尾箱与柜员分离、实时批量辅助平台系统、大批量业务处理系统、产品业务子系统等一系列新功能，实现了对多个业务解决方案的优化，系统的稳定性、处理性能、可扩展性明显提高。

全新的CTS系统上线投产，实现了总行集中处理和全交易应用优化，彻底地解决了突发交易量增长造成的通信堵塞，消灭分行层次的系统故障点，系统容错性和整体容量大幅度提高，成功应对了4月24日证券印花税调整交易峰值新高和“5·12”汶川大地震等突发事件，全年手续费收入超过4.5亿元，同比增长265%，继续位居市场首位。

票据集中提入业务集中处理项目建成投产，初步实现了后台业务的集中化、工厂化、流程化处理，有效支持了前后台业务分离，显著减少了营业网点业务处理量，提高了业务处理准确率。

信息总线系统（EAIH）进行了40余项应用优化，完成了交易分类部署，实现了各类生产故障隔离，系统交易容量提升至2 000万笔，接入系统增长18个，增长36%；发布交易增加534只，增长76%；日交易量从500万笔增长到800万笔，峰值达到了1 100万笔，系统运行稳定，近36个月无重大生产事故。

抢通抗震救灾捐款“绿色通道”。在“5·12”四川大地震发生后，技术部迅速投产了救灾捐款免收手续费功能，并抢通了网上银行等电子渠道、财政部捐款账户等抗震救灾捐款“绿色通道”，保证了救灾款项及时送到灾区。

三、基础管理能力与专业服务水平进一步提高

IT资源整合稳步推进。成立了香港支持中心和深圳个人贷款系统支持中心，分别负责海外机构信息技术支持及管理、负责全行个人贷款系统的开发应用和运维支持。完成了分行集中监控实施，包括存储集中监控、CCBS分行大前置应用监控、重要应用系统日志、进程监控、总分行监控一体化等多项工作任务，大幅度降低了业务系统的运行、维护成本。

生产基地建设有序进展。总行成立了以张建国行长为组长的生产基地建设领导工作小组和指挥部。签署了北京、武汉、广州生产基地购置合同，部分完成了付款，落实了土地“九通一平”等开发配套事项，成都生产基地已经达成土地购置意向；完成了生产基地需求分析和项目可行性研究、设计任务书、项目建议书，组织了对美国、日本、西班牙国际先进数据中心的考察，组织了武汉生产基地建筑设计方案公开招标，各项工作正有序推进。

配合国家审计署完成对我行的审计工作。2008年1月至8月，国家审计署对我行进行了全面审计。技术部共计投入超过1 000人天，为审计署建立并维护了IT工作环境，及时提交了高达19TB的运行数据，涉及CCBS、ERPF等21个关键系统，覆盖了6个开发中心和2个数据中心，保证了审计署各项工作的正常开展。

完善IT管理规章制度体系。制定并下发了《信息系统运行管理办法（试行）》、《总行信息技术应用软件测试管理办法（试行）》、《员工信息安全手册》、《系统软件版本管理规范和策略（V1.0）》等10个规章制度、规范，进一步完善

了 IT 管理的制度规范体系。

改进项目管理流程和工具。大力推进 CMMI 管理体系建设，组织北京、上海、武汉、广州和成都开发中心通过 CMMI 二级认证，厦门开发中心通过了三级认证，进一步规范了软件开发流程，提高产品开发效率和投产质量。

加强技术标准研发。制定并发布了《系统软件版本管理规范和策略（V1.0）》、《Oracle 数据库规范》、《信息技术（产品）分类目录（2008 年 4 月修订版）》等技术标准规范，组织了邮件、搜索引擎等 6 类技术产品的主动选型，开展“渠道接入技术及应用一体化策略研究”、“总分行后台系统外联技术综合研究”等专题研究，不断完善技术架构规范体系。

对应用架构进行了优化、调整和完善。实施了以 EAI 为主体的全行交易线调整，对 EAI 系统、电子渠道等关键系统交易途径进行了优化，减少了单一风险点；实施了以 ODS 为核心的数据线架构分析和调整，对 ERPF、个贷等项目群等重点应用中的文件漏发、死进程等跨中心、跨项目的问题逐一进行分析和解决，提高了数据线的稳定性和运行效率；实施了分行架构规划项目，对总分行架构进行梳理与优化，推进分行架构的建立与实施。

创新了测试管理流程。制定了《总行信息技术应用软件测试管理办法》、《测试环境应用版本管理规程》、《测试环境版本控制实施细则》等测试工作制度规范，完成了各开发中心的测试平台集中上收，实施了“全流程”准生产环境建设，测试周期平均缩短了 1/3。全年共完成了 39 个系统、46 个版本的 156 项测试任务，共发现各类缺陷 11 946 个，其中致命缺陷 1 228 个，保证了投产项目的质量。

健全信息安全管理体系。制定并下发了《信息系统运行管理办法（试行）》、《员工信息安全手册》等制度规范，组织了 IT 风险评估体系建设和信息系统等级划分评估标准建设，完善、推广信息系统授权认证平台、密码安全服务平台、终端安全传输等安全基础设施。发现、整改互联网应用潜在安全隐患 150 余个，发现并关闭了假冒我行网上银行的网站，互联网安全漏洞的数量及其严重程度大幅下降。

改进 IT 规划方法。完成了“与美国银行战略合作 IT 规划项目”，借鉴美国银行制定年度项目及预算计划的流程、方法，以及编制中长期战略的经验，对我行 IT 规划及年度项目计划流程进行优化，对“2008—2010 年 IT 规划”进行了修订。

规范供应商进场和需求管理。一是加强了供应商人员进场的规范化管理，对违规进场人员进行清理；二是加强了采购需求管理，对采购需求进行整合，提升了采购议价能力和采购效率；三是开展了奥运 IT 应急采购，对供应商开展事前预评估和奥运专项检查，保证了对奥运安全生产密切相关的各项设备、软件和服务及时到位。

加强 IT 团队建设。全年举办了“全行高级 IT 管理者专题研修班”等 40 期培训班，培训人员涵盖了 38 家一级分行及开发中心、数据中心的管理人员、开发和运维人员，及时更新 IT 队伍的知识结构，提升专业技能水平。

技术部

执笔：彭四林

审稿：马　龙

营运管理业务

一、持续推进前后台业务分离，初步形成以一级分行为主体的非“立等”交易业务集中营运体系

开发推广批量代收付业务处理系统全行统一版本，21 家分行实施批量业务一级分行后台集中。集中后，分行后台只需 4 ~7 人即可处理全辖批量业务；引入加密软件，集中开立、使用和管控资金归集账户，有效控制了数据被篡改、资金被盗用风险。

协同相关部门开发推广票据交换提入业务集中处理系统，17 家分行实现票据交换提入业务的后台集中处理，业务效率得到了提高。

完成了电子渠道落地业务后台集中处理系统开发与试点。系统上线后，跨行落地业务可实现一级分行后台集中处理；系统自动记忆人民银行支付机构号，落地业务笔数降低，效率提升；系统自动控制重汇、大额授权和重要交易要素，减少人工干预，降低了风险；客户到账速度提高，客户体验改善。

优化外汇清算系统及业务流程，实现汇入汇款后台通知、客户账户信息报告发送、报文处理和收发、外汇清算等业务的总行集中，完成了最后 8 家分行外汇汇出汇款业务的上移，正式建成总行直通网点的外汇汇划和清算业务扁平化处理机制。外汇汇入汇款自动处理率达到 88%，比 2008 年初提高 5 个百分点，境内外汇汇款业务处理效率和速度居同业前列。

积极推动各项操作性事项集中，会计和营运管理体制改革明确的 60 项前后台分离任务，业务及系统设计、主要集中事项已基本完成，初步形成了以一级分行为主要层级的集中营运体系，柜面业务操作明显减少，业务处理效率进一步提升。

二、完善现金集中配送体系，成效显著

进一步扩大金库集中作业内容和覆盖的地域范围。二级分行以上城市配送服务覆盖邻近县市，尾箱集中配送服务网点 9 414 个，集中率为 100%，比年初提高 5 个百分点；现金、重要空白凭证领交集中配送服务网点 9 138 个，集中率为 97%，比年初提高 4 个百分点；集中维护离行式自助设备 5 499 台，集中率达 95%，比年初提高 29 个百分点；现金清分整点服务网点 7 867 个，集中率达 84%，比年初提高 26 个百分点；全行金库比年初减少 50 座，三年累计减少 445 座，比改革前的 1 244 座减少 36%；人民币日均备付率 0.51%，比上年下降 0.12 个百分点。

拓展与境外银行合作，创新外币现钞调运模式。外币调运改由外资银行上门收款，有效解决了长期困扰分行的外币调运在途时间长，现钞备付率、调运成本和风险过高等问题。

三、健全稽核监测机制，控制柜面业务操作风险

完成稽核、柜面监测系统优化和试运行。规范和统一了稽核流水钩对规则，增加问题认定标准、原因归类、查询统计功能，优化及新增稽核预警模型 125 个，监测规则 66 个，增强了预警功能，稽核监测覆盖面、风险识别能力大幅提升。

变革稽核作业模式，制定了《常规性稽核作业手册》，推行常规性稽核流水作业，按照业务类别、风险程度、人员等级派发任务，试行稽核分类作业，发现问题分类督改，稽核效率进一步提高；开展存贷款利息结计、个人汇款、汇划等专项稽核，稽核深度增强；将预警信息处理直接延伸到网点、业务部门，风险控制的时效性提高；发挥业务部门联动效能，总行发布典型案例分析材料 8 期，提示案例 58 个，各行向业务部门提示风险信息 4 668 条，有效地促进了整改。

正式建成由一级分行集中的会计稽核体系，全行直接从事稽核的人员为 1 011 人，比改革前减少了 4 160 人，柜面业务差错率由改革前的万分之 3.92 下降到 2008 年末的万分之 0.92，2008 年，通过稽核与柜面监测，纠改违规操作 18 291 笔，直接堵截潜在资金损失事件 2 173 笔，涉及金额 10.4 亿元。

四、拓展外汇清算业务，提升外汇清算服务竞争力

在成功取得人民银行境内外币支付系统港币代理结算银行资格后，积极参与人民银行境内外币支付系统与香港金融管理局 RTGS 系统互联，承担港币清算职能，通过人民银行系统处理的业务笔数与速度位居参与银行前列。发挥专业优势，针对外汇交易中心业务需求，调整、优化了我行外汇清算系统，完善了竞标方案，积极参与营销，为我行竞标成功外汇交易中心美元结算银行资格奠定了基础，有力提升了我行外汇业务市场地位。

清算服务对象逐步扩展至境外机构。境内外汇清算系统改造后，在香港分行如期投产，实现境内分行与香港分行在同一平台处理业务、汇款“瞬间到账”，大幅提升了香港分行清算业务效率；建立海外机构 SWIFT 报文集中收发服务机制，完成新加坡分行、建亚香港、建亚澳门的集中，启动伦敦、纽约、法兰克福和香港四家分行的集中工作。海外机构系统投入和成本减少，效率提高，操作简化，控制灵活，为逐步构建我行外汇清算全球集中处理体系创造了条件。

五、组织业务运维，全面提升服务保障能力

雪灾、地震灾害和奥运期间，总分行营运部门快速反应，有效组织业务应急处理。积极采取渠道分流、延长系统服务时间等业务应急措施，确保了各项资金应急支付，实现了救灾款项第一时间到账；建立了奥运带班和营运问题日报制度，及时处理异常情况，保证了系统安全稳定运行和业务正常开展。奥运期间指导分行处理其他商业银行系统错误等原因造成的我行客户异常账务294笔，涉及金额50 359万元。

实现多系统集中运行、规模化成效显著，集中运行的系统由年初的10个增加到20个。人员复用程度提高，总值班时间缩短30%。全年共投入14人全程、全职参与35个系统的开发，提升了系统后台运行的前瞻性、规范性和稳定性。

建立了参数变更、运行问题和个人业务错账调整纵向到网点、横向到部门的电子化处理流程，有效地避免了传统模式下审批流于形式的问题，风险控制能力大幅提高；首次实现了CCBS业务参数文档下载和查询功能；错账调整模块联动CCBS自动完成账务处理，提高了业务效率，节省了15%的人员。

完成大额支付系统与清算系统剥离、人民银行支付系统前置机AIX平台移植、小额支付系统优化和清算主机升级等项目，支付系统运行稳定性增强，大额系统处理效率提升2.7倍。应急流程由人工落地转为系统自动分流，应急效率和分流能力显著提高。

配合完成了新CTS系统与重要部系统的剥离和证券系统对账模式的优化，日终处理效率分别提高了20%和80%。新CTS系统取消分行节点，账务处理能力和准确性大幅提高，实现与券商对账的自动处理。持续优化CCBS、重要客户、理财卡境外交易等近20个系统的后台管理功能。

完成个金OCRM、社保服务、公务卡、银期直通车、银保综合服务系统分行层面业务运行接收工作。有序推进了现金管理平台、房金OCRM、ACRM、个人金融产品营销服务、个人理财、对公理财、低柜销售整合平台等系统的接收准备工作。

积极支持多项业务产品创新和上线运营，协调解决龙卡信用卡批量代收付业务作业提交和清算记账总分行不同步、对账不符等问题。总行本级全年人均完成的业务量增幅为：资金交易后台业务14.05%，会计核算业务40%，SWIFT报文收发26%，外汇清算总笔数25%，系统业务参数维护18%。

六、夯实管理基础，规范营运后台业务操作

制定了《现金集中整点管理办法》，规范了现金整点业务管理和操作；制定下发了《总分行间系统内往来对账业务管理规程》，解决了总分行间往来账户入账不规范、不及时问题，保证了对账质量；制定了《批量代收付业务后台集中处理操作规程》，统一批量代收付业务模式，规范操作，防范风险；修订了《营运工作考评办法》，完善考评体系；制定了账户金和结构性外汇买卖表外核算和STP业务处理规定，修订了《资金交易核算业务操作手册》，规范交易核算操作，防范操作风险；完成了多项生产系统总行层面业务运维操作手册编写，实现了系统业务运维管理规范化、流程标准化、操作专业化。

七、加大督察力度，有效防范营运作业风险

组织自助设备集中维护运行情况专项检查、营运后台业务大检查、针对所有网点和金库的现金业务突击检查等多层次的业务检查。总行直接组织15次跨区域非营业时间金库特别检查，覆盖38家一级分行和8个上海黄金交易所指定金库，全部完成对发现的问题的整改，有效地防范了营运作业风险。

针对各级营运部门本级业务操作风险监控“灯下黑”的问题，根据本级会计核算风险特点，设计推广专门针对本级的风险预警模型、稽核方式，组织开展专门针对本级的检查整改活动，强化对本级操作风险的监控。精心组织营运部门柜员权限清理，从总行本部入手、积累经验，进而在全行营运条线全面推开，全行共清除多余操作权限37 730个，约占操作权限总数的20%，有效地防范了岗位权限管理风险隐患。实现全行营运条线无重大违规问题和重大运行事故、案件。

八、强化业务培训，全面提高员工履岗技能

总行本部开展了各业务模块知识培训，为增进业务协调和内部岗位交流创造了条件。针对管理、操作人员特点不同，分层级成功举办了现代

商业银行营运管理、配送作业管理、货币反假、营运风险管理、支付清算系统业务管理、批量代收付业务系统操作、票据交换提入系统操作等专业培训，提高了管理水平，增强了操作技能。

营业管理部
执笔：孙　蓉
审稿：沈　明

电子银行业务

2008年，全行上下以科学发展观为指导，深入贯彻行领导“率先建成国际一流电子银行”和“二次创业，超常规发展电子银行”的指示精神，坚持速度与效益、规模与质量、加快发展与风险防控“三并重”，加快电子银行发展。着力赶超先进同业，着力提升市场竞争力，着力提升市场影响力和品牌知名度；践行“以客户为中心”的经营理念，优化流程，改善服务，提高服务能力和服务水平，推进全行电子银行业务又好又快发展。

一、网上银行

2008年，个人网上银行产品功能和服务进一步优化。推出了网上银行代理保险服务、账户金24小时服务、银期直通车产品。新增“结算通”、网上支付“E付通”和“陆港通”龙卡产品，实现了个人贷款网上还款功能，推出了“无驱无软、即插即用、放心安全”的建设银行预制证书网银盾作为个人网上银行的新型安全工具。2008年新增个人网银客户1 204.3万户，总计达到3 092.2万客户；实现交易额13 843.8亿元，比上年同期增长36%；实现交易量74 458.2万笔，比上年同期增长19.3%。

2008年，企业网上银行坚持以客户为中心的服务理念，顺应市场需求，新增优化多项功能。基础服务方面，完成跨行交易集中处理系统改造，解决了原跨行交易落地引起的效率低、柜台人员压力大等问题。新增取整收款、定比例收款、定条件付款等。收付款功能更加多样化和人性化。电子商务方面，新增“E贷通”业务，实现了贷款业务流程电子化、标准化，推进了电子商务业务进一步创新；投资理财类新增“鑫存管”和“银期直通车”等，填补了我行企业网上银行投资理财业务的多项空白。其他方面，新增企业年金，并在外联平台实现公积金业务。国际业务方面，新增代理行业务，为客户开展边贸结算业务提供了便利。本年新增企业网银客户18万户，总计达到51万客户；实现交易额21.8万亿元，比上年同期增长21%；实现交易量25 206万笔，比上年同期增长71%。

二、手机银行

2008年，我行手机银行业务呈现快速发展态势，总分行营销推广力度不断加强。其中，总行牵头组织的“用建设银行手机银行，赢移动充值好礼”及“用建设银行手机银行，赢2008赛事门票”等系列营销活动，对推动业务发展起到了良好作用。同时，手机银行服务日趋丰富，我行率先在业界推出了3G版手机银行服务，新增了包括个人贷款、账户金、债券投资、理财产品、基金定投、约定转账、我的E+账户、公益捐款、购汇还款、定活两便存款、简单密码管控等一系列服务功能，手机股市业务实现和18家大券商合作，使投资理财业务得到进一步优化。本年新增手机银行客户170万户，超额完成全年计划的170%，比上年同期增长了204%，全行共实现交易量1 509万笔，交易额540亿元，分别比上年同期增长了167%、273%。

三、短信金融服务

2008年，短信金融服务业务实现了跨越式发展。在业务规模方面，客户数达到4 165万户，新增1 853万户，增长80%，实现业务收入2.4亿元，比上年增长313%，在服务功能方面，推出个人客户一体化和跨渠道互动开通短信服务、企业短信一体化签约、创新推出了企业代替个人付费集中签约功能，解决分行的迫切需求。此外，还推出个人账户上行短信查询，优化柜台签约、短信内容模板等功能和服务。各分行全面开通了基于个人和企业客户的账户变动通知服务，增加服务品种，扩大服务范围。在系统建设方面，总行在新疆维吾尔自治区、宁夏回族自治区分行短信金融服务业务集中试点成功的基础上，正式实施总分行短信平台整合。2008 年总行成功实现了河北、天津、内蒙古、黑龙江、甘肃、广西、山西、安徽、青海和湖北 10 家分行短信业务集中。

四、95533 客户服务

2008 年 1 月，总行在上海分行顺利完成呼叫中心整合项目推广，至此，全行 38 个分行呼叫中心业务完成总行统一整合管理。我行集中分布式呼叫中心的客户服务体系初步建立。

2008 年 1 月，全行统一的 95533 外呼系统建设完成了在 95533 客户服务成都中心、天津、辽宁、重庆等 15 家分行的推广工作，下发了《中国建设银行 95533 外呼经营业务管理办法（试行)》，以规范全行外呼业务发展。

2008 年 4 月，总行 95533 总控中心（北京）开始启动建设。

2008 年 4 月，总行启动 95533 客户服务武汉中心建设。

2008 年 5 月 12 日，四川遭受特大地震灾害，总行在第一时间将 95533 客户服务中心的电话统一调配至广东、上海、湖南、福建、厦门、深圳等地进行分流，保证了地震灾害期间 95533 业务不受影响。

2008 年 6 月，总行完成了电子银行北京中心的装修施工验收工作，同月，电子银行北京中心成立，同年 7 月，电子银行北京中心对外营业。

2008 年 6 月，总行 95533 总控中心（成都）完成验收，正式投产。通过发挥总控中心作用以及合理配置资源、强化培训等手段，保证奥运期间全行 95533 接通率达到 90% 以上，奥运城市或所在分行 95533 人工服务接通率达到 95% 以上。

2008 年 6 月，全行 95533 开通英语服务，在 95533 菜单中增加了英语服务的提示。同时于 7 月下旬将英文知识库上挂知识库系统，保证全行英文服务质量。7 月 28 日至 8 月 24 日，95533 成都中心集中对网点人员提供了英语、日语、韩语、德语、法语、俄语六种语言的翻译服务支持。我行多语种服务受到了客户的好评及媒体的关注。

2008 年 7 月，95533 客户服务兰州中心成立。

2008 年 7 月 16 日，总行推出私人银行服务，同日，我行开通全国 400 – 88 – 95533 高端客户服务专线号码服务。

2008 年 7 月，完成首部《95533 客服代表资格认证培训教材》，强化了 95533 的培训基础工作，将全行 95533 培训提高到一个全新水平。

2008 年 7 月，开通 95533#001 非金融服务专线，丰富 95533 对高端客户的服务品种，在开通非金融服务积分查询的基础上，继续拓展服务功能，开通非金融服务预约申请及积分扣划功能，填补了我行非金融服务内容的空白。

五、国际互联网网站

电子银行部充实了国际互联网网站的运营管理力量，网站管理人员增加至 10 名，在明确人员分工及岗位职责的基础上，制定了内部管理流程，初步构建了一支专业化的运营管理队伍。

2008 年 3 月，电子银行部下发了《关于加强国际互联网网站信息发布工作的通知》（建总函［2008］236 号)，首次以行发文的形式，面向全行明确了“统一规划、统一管理、分工负责、统一监督”的网站信息发布机制，并规范了网站信息发布流程，提出网站信息问责制，有效保证了网站运营维护的及时准确。同时电子银行部与行长办公室联合按月下发关于国际互联网网站运行情况的通报，加强了网站运营维护的监督和管理。

2008 年 11 月，在深圳召开了我行国际互联网网站业务管理研讨会，总行相关部门及 23 家分行电子银行部主要负责人出席了会议。会议明确了网站创造价值、网站创造效益的建设理念，达成网站广阔天地、大有可为的发展共识。此次会议在网站发展历程中具有里程碑意义。

2008 年，国际互联网网站率先推出电子银行个人客户申请表在线填写、打印下载服务，在同业中处于领先地位。该项服务的推出，不仅拓宽了客户申请的渠道，加强电子银行与网点的互动，还有效提高了柜面电子银行业务的办理效率，是我行创新流程、改善服务的一项重要举措。

2008 年 11 月，国际互联网网站推出账户查询服务，首期开通信用卡账户查询。利用网站的低门槛性，有效拓宽了我行账户查询业务的服务渠道，是网站在实用功能上的重要突破。

2008 年 5 月，四川汶川特大地震发生后，国际互联网网站作为我行信息宣传的重要平台，第一时间推出“中国建设银行与你携手同心，共渡难关，抗震救灾，重建家园”的专题页面，在对我行抗震救灾最新动态和服务举措进行宣传报道的同时，树立了我行良好的企业社会形象，引起了社会各界的高度关注。其间专题页面总点击量逾 3 000 万，总访问人次达 35.4 万。

奥运期间，为方便中外客户的金融需求，国际互联网网站在首页推出“涉外金融服务指南”，发布涉外金融服务的热点业务及奥运城市比赛场馆周边网点信息，并提供了中英文对照版本，为中外客户提供优质高效的奥运金融服务。

强化网站主域名 www.ccb.com 的宣传，2008 年 6 月，我行取消了 www.ccb.cn 和 www.ccb.com.cn 的域名自动跳转，并于同年 12 月，规范了分行网站域名使用，明确以目录式域名的形式 www.ccb.com/xx/进行配置，并允许进行对外推广。

六、电子商务与市场营销

首届建设银行“E 路通”杯全国大学生网络商务创新应用大赛至 2008 年 5 月进行园满结束，全国1 284所高校的近五万名在校大学生直接参与，覆盖全国 300 多个城市和地区。近 40 家报纸媒体和近 60 家网络媒体以及各省教育厅网站、各高校的校园网对大赛和我行电子银行服务给予关注和报道。

在全行的共同努力下，首届大赛取得了圆满的成功，建设银行获得由中国银行家杂志社主办的 2008 年度中国金融营销奖零售业务类“金融产品十佳奖”殊荣。

七、管理与风险控制

电子银行从业人员成功纳入全行岗位资格认证体系。组织编写完成《电子银行业务》岗位培训教材，填补了全行电子银行条线教材的空白，首次在举行全行电子银行岗位资格考试，共有 9 000多人参加电子银行业务岗位资格考试，有力促进了基层员工电子银行业务营销服务工作。

建立全行统一的电子银行报表系统。实现数据来源和总分行数据口径的双统一，建立了单一数据来源、数据口径的统计模式，有效解决了报表统计的统一性、准确性和及时性问题，同时直接将业务数据展现到网点，满足了各级行对电子银行业务的统计分析及决策参考需要。

完成 2008—2010 年电子银行业务发展规划，形成了我行电子银行中长期发展战略。规范电子银行开通业务流程。出台一系列业务开通制度。推广电子银行移动签约服务，制定移动签约业务管理办法。推进构建纵深的电子银行安全体系。

成功推出了预制证书，加强客户风险教育，初步搭建电子银行风险监控平台，完善电子银行安全策略，通过关闭高风险交易、严格限额管理、加强简单密码控制、强化网上注销安全控制、开通追加验密功能、建立黑名单管理、增加附加码公告牌、提供在线网银病毒专杀工具等一系列电子银行安全防范举措，在不同阶段多次遏制不同类型风险事件的发生。

八、产品研发与组织建设

个人网银以启动高端版和银行卡网上小额支付项目为工作重点，引入美国银行战略合作项目可用性测试的先进经验，改善和提升客户体验。为个体工商经营者推出“结算通”新产品，领先同业；推出“E 付通”支付业务，开创了我行网上支付新模式；推出银期直通车功能，丰富了我行投资理财品种。

企业网银全面优化产品功能，推出鑫存管和银期直通车业务，填补了我行企业网银投资理财产品的空白；推出了“E 贷通”功能，国内首创网上签订贷款电子合同；推出了定条件付款功能，为客户提供个性化的条件组合式转账服务，全面超越了同业的同类功能。

手机银行以持续保持同业领先地位为目标，率先在国内推出了 3G 版手机银行，提供手机到手机转账直接调用手机电话簿、页面换肤等特色功能。首创多渠道下单，手机支付的推送式支付模式，大大提升了客户满意度及业务拓展能力。

家居银行实现河南、湖南、广东、黑龙江、厦门 5 家分行家居银行服务试点应用，并开通服务申请、转账汇款、基金业务、信用卡还款等基本功能，推出一体化和渠道互动签约功能。

互联网网站重点打造网站账户查询服务，为客户提供便捷易用的账户查询渠道，支持账户类型同业最多；推出人才招聘功能，提供网上报名、投递简历、笔试、面试、录用通知等全流程服务；新建了对外邮件服务平台，开辟邮件营销服务新途径。

电话银行顺利完成呼叫中心整合平台在全行的推广工作，使服务能力和服务水平达到国内领先水平；推出个人快捷菜单服务；实现客户进线后系统自动识别客户身份；开通400贵宾服务专线，为高段客户提供尊贵的在线服务。

安全改进方面推出网银预制证书功能；建设业务风险监控平台，实施业务风险监控和电话外呼确认功能；推出跨渠道一点接入商户管理、安全认证载体管理、按客户安全认证类型设置交易限额等功能。

进一步解放和发挥研发中心作用，全面承担电子银行产品的研发、项目实施、产品日常支持维护，用新思维、新方法、新流程打造"以客户为中心的需求分析和产品设计"体系。

以服务为根本，以客户体验为龙头，以关系管理为要务，建立电子银行运营发展的新架构。

调整项目研发与管理流程，将客户体验融入各个环节，最大限度地引进快速见效的方法手段，打造电子银行特色的、以客户体验为中心的项目研发与管理流程。

重新拟定并下发执行新的项目管理流程，增加需求评审过关会、客户之声审查、原型设计与可用性测试、上线审查会、用户满意度反馈等环节，针对各个环节，引进方法与工具，建立相应流程制度。

九、对外战略合作

2008年，我行与美国银行在网上银行领域设立"提升网上银行客户体验"战略协助项目。在美国银行专家的指导下，通过可用性测试，针对网上银行代理保险业务在流程方面、页面信息提供方面、视觉设计效果等方面进行改进，最终使得该功能的客户主观使用方便性提高了6%，目标客户对改进前后的产品原型主观满意度提升了11.8个百分点。该项目是我行首个引入国际通行的可用性测试方法的电子银行产品研发项目，通过客户体验测试的实践，学习美国银行基于用户体验研究的可用性研究工作方法与测试工具；同时了解用户体验及可用性研究组织架构和岗位设置，为培养我行的可用性研究专业人才及建立相应的组织管理机制做好准备。

2008年，我行成功开展了个人网上银行客户体验稳定性及可用性监测战略协助项目。该项目结合建设银行实际，创新性地建立了国内银行业首个个人网上银行稳定性及可用性监测系统，建立了较为完整的监控管理流程。该项目通过7×24小时不间断地对个人网银系统进行外部监控，收集客户体验可用性数据，发现问题后及时发出警报，使网银问题处理反应时间由以前的20分钟缩短到了5分钟内。通过项目的实施，我行从业务角度展开监测，统计分析客户可用性，达到先于客户发现问题的目的，并建立了个人网上银行稳定性监测报警与应急响应的规范处理流程，实现了个人网上银行稳定性监测系统与建设银行IT服务管理系统流程的有效整合。

2008年，与美国银行合作项目——呼叫中心合作项目顺利结束。通过合作项目设立了95533#999网点理财业务支持专线，为网点柜台人员、客户经理提供个人理财产品营销和服务的在线支持；建立理财产品问题解决流程，并通过建立总行各相关部门之间的联系沟通机制来保证其高效运作。项目的实施为95533客户服务问题解决中心的建设打下了基础，有助于提高95533客户服务中心与网点对客户问题解答的一致性，改善客户体验，提高最终解决客户问题的能力。同时设计了全新的私人银行客户专属客服代表培训课程和考核体系，并首次对95533客户服务北京中心高端专属坐席和95533客户服务成都中心的专家坐席开展培训，提升了我行对私人银行的客户服务水平。呼叫中心合作项目的开展使我行能积极应对同业竞争，拓展了95533专业化分工，快速抢占金融业400贵宾专线市场份额，为我行私人银行业务的发展打下了扎实的基础。

执笔：孙曙光

审稿：马春峰

内部管理与风险控制

办公自动化与基础工作管理

2008年，行长办公室认真学习实践科学发展观，更新理念、创新方式，不断提升办公管理精细化、专业化水平，充分发挥了“综合协调、督察落实、信息调研、参谋决策”的职能作用。

一、深入组织学习实践科学发展观，牢固树立“为内部客户服务”理念

在全行学习实践科学发展观活动中，行长办公室着重结合中央要求和总行的试点方案，制订了部门实施方案，试点工作有序开展。经过认真调研，在广泛征求分行和本部门党员群众意见的基础上，形成了分析检查报告，并召开专题民主生活会，进行全面对照检查，分析存在的问题，逐步落实整改。试点活动期间，行长办公室不仅承担了大量有关会议和活动的组织协调、对外联络及联络沟通工作，还参与起草了科学发展观试点工作方案，完成了党委分析检查报告、试点工作总结、部分工作简报和多份向中央学习实践活动领导小组及办公室汇报材料、科学发展观轮训班辅导报告、深入学习科学发展观活动动员暨试点工作总结大会领导讲话等重要材料。

二、强化基础管理，健全办公秩序，进一步提高行务系统运行效率

1. 认真抓好印章管理和认证制度，有效防范印章保管使用环节隐藏的操作风险。做好日常印章管理，认真履行印鉴和相关印章的使用保管职责，2008年，总行统一组织了全行印章管理岗位资格考试试题库建设工作，开展岗位资格考试，推行印章管理人员认证制度，提高履岗适岗能力，共有15家分行累计组织了772名印章管理人员培训，岗位资格考试均取得了较好成绩。

2. 着眼长远，加强档案基础设施和信息化建设。业务快速增长日益给档案管理和档案库房带来极大挑战。2008年，行长办公室起草完成了《归档文件资料保管期限表》和《电子文书档案权限管理规定》，编写了《条码管理使用操作指引》。全行档案库房规划与建设取得了可喜进展。与财会部共同编制了档案库房建设预算，制订档案区域集中方案，与采购部共同完成档案密集架集中采购。总行本部与总后勤部档案馆签订承租协议，著录移库档案条目信息23 581条，并完成1980年至2001年文书档案的移库工作。档案管理信息化程度进一步提高，全年累计有30万人次登录档案网站。为了方便用户查询，行长办公室组织了6次专题讨论会，完成档案管理系统优化项目需求任务书，加紧对系统进行信息优化和功能改造，最大限度地发挥系统效能，提高档案的利用价值。

3. 持续提高公文管理质量和效率。针对公文运转不合规、公文格式不规范、公文处理不及时等突出问题，2008年，总行下发了《关于进一步严格公文运转程序的通知》，以“提示单”形式进行提醒并督促整改，全年共发送公文问与答

191 条，退回文件 229 件。下发了《关于进一步规范公文跨级直发方式的通知》，明确适合跨级直发的内容和范围，解决公文严肃性和效率性问题，节省了基层行处理公文时间。开展公文质量效率检查评比活动，召开了“公文质量与效率座谈会”，对优秀核稿人员进行表彰，充分调动分行改善公文质量的积极性。

4. 深入开展保密宣传、检查和机具管理。2008 年国家机关发生多起计算机泄密事件，保密工作形势严峻。行长办公室召开了全行保密工作座谈会，并在总行机关内开展了两次计算机安全检查和涉密载体清理工作，对要害部门、关键岗位的计算机和移动存储介质进行了检查整顿。加强保密技术装备的配备，采购了保密检查工具、保密电话机、物理隔离的专用计算机等一批保密设备，配发保密专用优盘，还为 9 家海外机构配置了 18 套商密公文加密传输卡。开展多种形式宣传教育活动，组织编写《保密知识手册》，强化全行保密意识等。

5. 加大督办力度，保障政令畅通，促进全行提高执行力。不断健全督察工作机制和工作制度，全面督导落实重大行务决策，加强分行贯彻总行重要会议精神督办和分行请示事项督办。扎实开展督察调研，2008 年，在长沙、西安组织部分分行进行座谈和调研，积极研讨适应新形势发展需要，大力运用督察调研成果检验目标管理，促进全局工作。

三、适应经营管理体制改革，调整办公运行方式，完善电子化、网络化功能

随着经营管理体制和组织架构的一系列改革，建设银行正逐步由层级管理向垂直化、条线化、扁平化方向转变。行长办公室密切关注跟踪，及时发现并研究解决业务战略转型和机构改革中产生的新情况、新需求和新问题，在公文处理流程、OA 系统改进、办公电子化等方面积极优化改造，有效提高了协同办公能力和工作效率。

第一，OA 系统应用向海外分行延伸。为实现海外机构的信息实时传递，2008 年，行长办公室制订了《OA 系统海外机构部署方案》，并于 6 月份正式开通了海外机构 OA 系统，解决了长期以来海外机构公文信息滞后的问题，同时还编写了海外机构用户操作手册，方便海外机构人员学习和使用。

第二，上收审计条线 OA 系统管理，规范审计机构公文处理流程。2008 年，行长办公室顺利完成了 38 个审计机构 OA 系统上收工作，理顺并加强了对审计机构 OA 系统管理和运行维护。

第三，优化 OA 系统。OA 系统 3.0 版已成功上线，通过制度创新和信息技术手段减少了“文山”，基本实现了“有用、能用、好用、管用”。2008 年，OA 系统已覆盖全行各级机构和网点，年处理公文 60 万份，成为全行使用范围最广、效率比较高的系统管理工具之一。

第四，引入远程通信多媒体技术。广泛应用视频会议系统，加快了总行工作部署的传递速度，大量节约了全行会议费用开支。

四、广泛开展信息收集，努力服务业务发展，支持领导决策

一是及时向国办、中办报送信息专报。系统收集、整理全行改革发展综合情况和重大业务动向信息，注意挖掘自身特点，集中报国家领导关注的焦点问题。二是采编《每日动态》。紧紧围绕各类重大事件和建设银行深入推进改革创新等工作重点，广泛收集、捕捉、研究、提炼信息，精心组稿，突出情报价值，使行务信息在参谋、工作交流方面发挥更大的作用。三是抓实行内相关信息服务工作，不断加强行务信息网络建设，重点指导和管理企业网站主页信息，确保了主页发布的信息准确、及时、全面。

五、加大培训力度和加强队伍建设，提高人员业务素质和履岗能力

2008 年，行长办公室进一步加大培训力度，分别举办了办公管理实务培训班、印章管理培训班、档案管理培训班和海外机构 OA 系统管理使用培训班，通过多种形式授课，不断提高办公室系统人员的业务素质。同时，加强印章管理、公文写作等岗位培训教材建设，2008 年，完成了《印章管理》岗位教材编写工作，共 14 万多字，教材通俗易懂，操作性强。《保密管理》已完成初稿。

六、认真做好行史编撰工作

编辑出版了 80 万字的《中国建设银行大事记》12 000 册，并于年初向全行发行。完成《中国建设银行史》和《中国建设银行辉煌 50 年》

两本书的编辑和定稿工作，并交付出版社。完成了建设银行首部年鉴，即《中国建设银行年鉴2007》和《中国建设银行年鉴2008》两本书、约260万字稿件的征集、修改、审定以及印刷出版集中采购等工作。

执笔：杨　丹

审稿：陈宝东

集中采购管理

2008年，采购部按照年初张建国行长等行领导在听取采购部工作汇报时提出的加强基础管理、提高采购效率、加强廉政建设的要求，以科学发展观作指导，扎实开展工作。全年共组织实施采购项目808个，采购预算802 262万元，其中审批分行超授权项目81项，采购部执行项目727项，完成699项，完成率为96%。已完成项目采购预算751 591万元，预算完成率为97%，合同金额640 199万元，比预算节约111 392万元，节约率为15%，成本节约效果明显，发挥了采购规模效应，为我行改革发展提供了优质的产品和服务。

一、明确工作思路，强化内部管理

针对集中采购工作实际，采购部2008年明确提出"合规采购、高效采购、优质采购、廉洁采购"的工作思路，以此来布置工作、落实工作、推进工作和检查工作。

（一）合规采购重在加强制度建设、提高执行力

一是抓制度建设。多次召开专题会议研究修改《中国建设银行集中采购管理办法》、《中国建设银行集中采购操作规程》和《中国建设银行供应商管理规程》，提交行长办公会审议通过后正式颁发，从制度上搭建与全流程管理配套的制度框架。同时制定了《采购部举报投诉处理规定》、《采购部督办、催办管理办法》、《采购部严格公文运转的措施》等内部规章制度；下发文件，严格控制单一来源采购方式和供应商提前进场。二是抓制度落实，提高执行力。具体讲就是落实到工作任务上，落实到岗位权责上，落实到推进工作和检查工作上，防止工作华而不实、浮而不深、粗而不细。三是抓工作细节。针对日常工作中出现过或可能出现的问题，发动员工研究制定《采购部易出问题环节50个怎么办》，规范化、标准化解决工作中出现的复杂问题。

（二）高效采购重在及时保障供应

对采购项目实施计划管理。基于现代采购理念首次对采购项目实行计划管理。年初，部门负责人带队走访了总行采购数量多、金额大的7个主要业务部门，与部门充分沟通衔接，平衡、编制、下达了《2008年总行本级集中采购计划》，对总行本级587项集中采购项目实行计划管理。做到了计划编制讲科学，计划执行讲严格，计划调整讲及时，工作推进讲主动。从计划执行实际效果看，采购项目平均执行时间为29天，比实现全电子化流程管理的美国银行快6天。

精心编制、动态调整全行性集中采购商品目录。修订编制《全行性集中采购商品目录》，界定了总分行采购范围，明确了每项商品的采购内容以及需求、管理部门。下发时间比往年提前48天。

按重点制订工作计划，将任务分解落实。年初对30项主要工作逐项进行分解，明确了完成时间、责任团队和部门分管负责人，做到分工明晰，责任具体，各司其责。

推进采购信息化建设。和信息技术管理部厦门开发中心一道自主设计和开发了"采购部采购信息登记系统"，实现了从采购需求登记、采购签报、采购预算、采购执行，到合同执行管理等信息登记的目标以及其他辅助管理功能。

特事特办，做好抗震救灾等特殊事项的保障工作。面对突发的汶川地震灾害和176个奥运项目应急采购，采购部通过开辟绿色通道、限时办结、与信息技术部实行例会制等形式，做好采购

项目安排和衔接工作，保障商品及时供应。

（三）优质采购重在提供质量最好、性价比最优的产品和服务

为更好地服务全行业务发展，年初，采购部提出要努力使基层行使用人员和广大客户对采购的产品满意；努力使业务需求部门和各级管理人员对采购部的工作和采购人员的专业能力满意。并以加强供应商售后服务管理为切入点，建立了三项制度：

一是建立分行和总行部门意见建议反映反馈渠道。采购部收到反映信息后，在10个工作日内研究、提出整改措施，通过部门网页用问题整改、问题解答方式进行反馈。

二是建立定期听取分行意见建议制度。采购部先后四次召开座谈会，听取分行的意见建议。需要供应商整改的，及时向对方提出了整改落实要求；需要采购部整改的，逐一做了研究整改，并通过部门网页向分行做了反馈。

三是建立对供应商的约见谈话制度。提示谈话是发订单前，由采购部负责人向厂家的董事长或总经理提出"保证产品质量、保证按时供货、保证售后服务"的要求，并由对方作出承诺。警示谈话是及时对意见比较集中的供应商提出改进工作的要求。勉励谈话是防止落选供应商人走茶凉，放弃全行在用设备和机具的维护保养，帮助他们分析落选原因，争取再次合作的机会。

（四）廉洁采购重在防范道德风险

一是公开透明。为保证员工的知情权和监督权，采购部每周采购工作进展情况、重大采购项目、接待供应商情况等，除报告分管行领导之外，还在部门网页上公布，供全行查阅。二是严肃纪律。采购部全体员工将《采购人员七遵守八不准》各项要求严格落实到实际工作中，坚持定期开展自查自纠工作。主动将制定的《采购人员七遵守八不准》，上升到规章制度的层面，在总行制定的《中国建设银行工作人员违规失职行为处理办法》和《中国建设银行工作人员轻微违规行为积分标准》中加入了16条涉及采购人员的内容。6月，总行这两个办法颁发后，采购部又结合实际，及时研究、制定了执行措施，做到防微杜渐、警钟长鸣。

二、自觉、主动接受监督

创造接受监督的条件：除了每周的工作情况在部门网页上公布外，每半年向员工汇报一次工作，工作总结报审计部和纪检监察部备案。

健全接受监督的制度：主动建立了全行对采购部员工不良行为的监督渠道。通过公布举报投诉电话，全行员工一旦发现采购部负责人或员工的不良行为，即可分别向总行监督部门或采购部总经理反映。对实名举报的，调查核实后给予及时反馈。

探索接受监督的方式：除了每一个采购项目都邀请纪检监察部门进行监督之外，还主动联系总行审计部一年做一次内部审计，主动联系总行纪检监察部进行执法监察。

扩大接受监督的范围：主动在大宗采购活动中设立举报箱，接受供应商的监督。对供应商的投诉举报，本着"改进工作，有错必纠"的态度，认真核实处理。全年共收到四件举报投诉信，均受到认真对待，专门组织人员进行实事求是的调查，核实后予以反馈。供应商表示只有建设银行才有这样的态度和效率。

三、加强党支部建设，推动管理深化

2008年，采购部认真开展深入学习实践科学发展观活动，有力地推进了各项工作的开展。4月29日，中央试点工作领导小组成员、中央国家机关工委副书记李宏同志带队到建设银行进行座谈，采购部作了汇报；5月7日，中央政治局委员、中央组织部部长李源潮带队到建设银行调研，采购部作了汇报；10月7日，在总行召开的深入学习实践科学发展观活动动员暨试点工作总结大会上，采购部作了专题汇报。领导的重视和关心既是对采购部开展活动成果的检验，同时也是对采购部工作的鼓励。

为实行科学决策、民主决策，实现民主集中制，采购部拟定了《采购部关于部领导集体决策的规定》，将重大事项均纳入集体决策制度范畴；党支部定期向员工汇报工作，认真听取员工的意见建议，在落实整改后向员工反馈；支部始终坚持走群众路线，每一个方案的提出都经过充分讨论。

党支部多次组织活动，使科学发展观落到实处。汶川大地震发生后，支部组织员工积极向四川和陕西地震灾区捐款捐物；部门一名员工因病住院，采购部紧急召开党支部会议，迅速发动员工自愿为该员工捐款25 900元，为其送去温暖；

采购部党支部还充分发挥支部委员的作用，在供应商举报投诉处理中，由纪检委员牵头负责调查工作。

四、做好支持保障，服务采购工作大局

（一）做好培训工作和宣传工作

为了提高员工素质，提升采购专业化水平，采购部始终重视员工专业能力的提高，积极开展培训工作。全年共参加行外培训2次，部外培训2次，组织部内培训10次。于7月底举办了全行采购实务培训班，邀请美国银行全球技术与营运采购执行官约瑟夫·马丁内斯先生授课并实行互动交流，使学员有效地理解、掌握美国银行先进的采购理念和经验。培训结束后，专门组织人员对培训录音及课件进行整理，编制成111页的培训教材供员工学习，还发送各分行采购业务条线及总行相关部门供其参考借鉴，该项工作得到了普遍认可。

采购部本着实事求是的原则，加大采购工作宣传力度，全年在总行平面媒体发布有关采购的稿件30篇；重视发挥部门网页的作用，在部门网页上发布各类信息163篇。

（二）广泛开展调研，为采购决策提供有力依据

2008年分别对招标代理机构等8种采购商品的市场情况和供应商情况进行了调研，并提供了4份调研报告，为采购项目决策提供了依据；组织员工前往供应商生产基地进行实地考察，深入了解供应商生产线及产品，使采购项目执行更有方向性和目的性；为做好出纳机具集中采购，采购部与会计部、营运管理部派员组成调研小组，提前对分布在全国11个省市的25家供应商进行了实地考察。

执笔：郭金江　部　倩

审稿：吴建中　冯春祥　顾万寿

全面风险管理

2008年，我行风险管理工作深入贯彻落实科学发展观，积极应对国际金融危机和国内经济下行带来的不利影响，加快结构调整，强化贷后管理，完善风险管理政策制度，以实施《巴塞尔新资本协议》为契机加强全面风险管理体系建设，资产质量稳定向好，风险抵补能力不断增强。截至2008年末，集团口径不良贷款余额为838.82亿元，较上年减少12.88亿元；不良贷款率为2.21%，较上年下降0.39个百分点；拨备覆盖率为131.58%，较上年末提升27.17个百分点。荣获《亚洲银行家》杂志评选的“风险管理成就奖”和“零售风险管理卓越奖”，荣获《经济观察报》评选的“中国最佳风险管理银行奖”。

一、形成建设银行历史上第一份《风险偏好陈述书》，建立风险偏好形成与传导机制

经过反复讨论和认真研究，《中国建设银行股份有限公司风险偏好陈述书》于2008年4月形成并获董事会批准，成为制定各种风险政策、业务发展政策、确定收益目标的重要依据。它以定量指标和定性描述相结合的方式清晰地表述了全行近中期总体风险偏好以及信用风险、市场风险和操作风险偏好，明确了以政策和工具为主要载体的风险偏好传导机制，为业务经营和管理活动提供了可遵循共同的指引。

二、信用风险管理

1. 持续推进结构调整，促进信贷结构逐步优化。2008年初，在充分调研的基础上制定并下发了《关于做好2008年信贷结构调整工作的通知》，按照“差别化”方针，坚持“有保有压”、“有进有退”，并配套推进相应措施。从执行情况看，信贷结构调整取得了明显成效，拟退出类客户退出贷款638亿元，对于促进信贷结构的健康优化、保持资产质量稳定向好发挥了重要作用。

2. 强化贷后管理，提升风险管理精细化水

平。制定下发了《加强贷后管理工作的指导意见》，在职责、工作重点和流程、系统建设以及激励机制等方面提出了明确要求，推进全行建立贷后管理长效机制。对公预警客户跟踪管理项目在全行逐步推广上线，为强化贷后管理提供了有力工具。同时，信贷资产十二级分类系统正式上线运行，使风险监控针对性和精细化水平得到了显著提升。

3. 完善政策制度，促进业务健康快速发展。根据业务发展和市场变化，积极开展信贷政策制度梳理与重检工作，完善了贷后管理、额度授信、细化信贷资产分类管理等信贷业务流程管理政策制度。下发了信贷资产十二级分类办法，使风险分类能够更及时准确地反映信贷资产的质量状况；修订了额度授信管理办法，进一步明确了有关程序和标准；细化了行业信贷政策底线，下发了表外业务信用风险政策底线；加强了对小企业的信贷指导，出台了授信业务押品管理办法等，进一步增强了制度的适应性和科学性。

4. 强化风险管理工具建设。持续改进经济资本计量方法，及时调整经济资本计量相关参数，进一步体现了经济资本平衡风险与收益的本质，推动经济资本计量在预算、考核、限额、定价等领域运用，并向海外分行延伸，初步建立了全行整体风险的计量和评估体系。同时，行业风险限额管理体系逐步完善，范围已覆盖全行80%以上对公贷款，并实现了经济资本限额和行业贷款限额双线控制。风险管理的主动性进一步增强。

5. 重点防范业务发展中的新风险，促进资产质量稳步向好。针对理财类担保业务中存在的风险，结合监管要求，先后印发了《关于加强以贷款为基础资产的信托理财产品保函风险管理有关事项的通知》和《关于加强融资类担保业务风险管理的通知》，切实防范业务开展过程中的信用风险和操作风险。

三、市场风险管理

1. 积极采取措施，有效控制风险敞口。一是适时重检并调整了外币组合风险价值（VaR），全行承担的市场风险敞口规模和损失程度得到了有效控制。二是对发行体/交易对手风险状况进行梳理、排查，外币投资组合中高风险交易对手的债券投资余额持续下降。三是下发了《关于进一步加强代客衍生产品交易风险管理的通知》，对全行代客衍生产品交易风险进行了规范。

2. 对金融危机中所暴露的薄弱环节及时进行改进和完善。一是完善市场风险政策制度体系。先后制定了包括市场风险管理政策、银行账户与交易账户划分办法以及资金交易重大风险事件报告等制度文件。二是加强对次贷危机、雷曼兄弟破产、“两房”危机等重大风险事件的分析和报告，积极应对。三是安排专人负责市值重估结果的验证，努力提高市场风险估值计量水平。四是细化了债券投资减值的判定标准，扩展了减值准备计提范围，提高了减值测试结果的合理性与准确性。

同时，针对金融危机背景下美元及欧元汇率大幅波动的情况，果断叫停了人民币债务管理等代客衍生产品业务，防止风险敞口的进一步扩大，并督促对已发生垫付的情况进行清理追偿。这些举措对防范业务创新和发展中的风险，保障业务的稳健运行和资产质量的持续向好发挥了积极作用。

3. 积极推进组织机构改革，不断完善市场风险管理体制。一是调整优化市场风险管理架构。在总行风险管理部下设了市场风险管理部，整合了全行市场风险管理资源，并明确了报告线路和组织模式，在市场风险管理体制方面率先在国内四大行中取得了较大突破。二是部署研究分支机构市场风险管理要求。结合2008年下半年出现的代客衍生产品交易风险事件，对总分行市场风险管理职责和人员配备方面提出了明确要求，提高全行应对和管理市场风险的能力和水平。三是积极配合参与海外分行金融市场业务集中管理工作。根据行内工作安排，积极配合推进海外分行债券投资集中管理事宜，通过优化调整市场风险限额管理流程，进一步规范和提升了海外分行管理。

四、操作风险管理

1. 加强基层机构关键风险点检查。根据案件综合治理与操作风险管理要求，组织全行认真开展基层机构关键风险点监控检查工作，适当调整关键风险点至8个，进一步提高了工作质量和效率，有效控制了“高频低损”操作风险。全行操作风险损失金额大幅减少，全行2008年发生操作风险暴露金额为12.7亿元，与2007年相比减少了19.5亿元。

2. 有序推进操作风险自评估。组织公司业务部、个人金融部、住房金融与个人信贷部、信息技术管理部、营运管理部、电子银行部、信用卡中心7个部门（业务条线）分别在本条线开展了操作风险自评估项目。截至2008年末，38个分行承担的86个自评估项目已经全部完成。通过自评估的开展，对推动流程优化、制度改进和防范操作风险起到了积极作用。同时，在不相容岗位梳理和上述关键风险点检查的共同作用下，进一步强化了业务流程管理，支持了案件防控工作的顺利开展。2008年全行共立案查处各类案件10起，比2007年减少8起；涉案金额1 670万元，比2007年减少330万元。

3. 加强奥运期间主要生产系统的应急演练与预案完善，保障各项业务安全稳定运行。为全力保障奥运期间金融服务，风险部门牵头相关部门开展了主要生产系统的综合演练和模拟切换演练，并进行了全行范围内信息系统奥运专项自查，以及与之关联度密切的供电系统、机房设施等安全检查，针对存在问题及薄弱环节进行了认真整改，有力保障了奥运期间各生产系统及各项金融服务的顺利运行。

4. 积极应对重大突发性自然灾害，为灾区银行业务正常运行提供支持。2008年，面对雪灾、地震、洪灾等重大突发性自然灾害，风险条线及时启动应急预案，制定下发了《关于做好地震灾区信贷工作的紧急通知》，在全力支持抗震救灾的同时，保障了灾区银行业务正常营运和优质服务，树立了我行良好的社会形象。

五、全面推进实施《巴塞尔新资本协议》

2008年，根据《建设银行实施新资本协议总体规划》，从制度建设、系统开发、数据管控等方面全面推进，各项工作取得了新的进展，尤其风险计量工具及相应制度建设取得阶段性成果。一是对公客户评级体系全面优化，违约概率模型从2个细化为24个；中小企业、一般公司类、事业单位的PD模型完成了系统开发工作。二是初步构建了零售业务评分卡体系，在国内同业中率先完成了信用卡、个人住房贷款等主要申请评分卡的自主研发和上线，实现了对部分零售信贷业务的自动审批和风险跟踪，实现了模型、政策、流程的有机统一，对于促进零售业务审批流程的再造，实现零售业务管理向标准化、系统化、自动化的转变具有重要意义。三是开展了押品评估和监测研究，完成了押品评估监测系统需求分析项目的业务需求，并出台了《授信业务押品管理办法》。四是推进市场风险计量工具的应用，明确了全行收益率曲线的应用规则，研究拟定了《中国建设银行市场风险压力测试方案》和《中国建设银行市场风险模型校验方案》。五是操作风险管理的基础工具已取得明显进展，管理信息系统已开展研究论证。六是利率风险和流动性风险体系基本建立。各项工作的顺利推进，使全行风险计量和基础管理水平得到进一步提升。

六、加强风险分析研究工作

1. 加强行业等宏观层面研究。为加强国际金融危机大背景下的风险分析研究，总行成立了由张建国行长任组长的行业性风险应对领导小组，从全行层面加强对行业风险的整体性把握和管控。组织实施开展了房地产、钢铁、纺织、汽车、城市基础设施等7个行业的发展趋势和信贷政策取向的研究分析，确定了包括通货膨胀、农产品、节能减排、石油、股市、结构调整、次贷危机等15个研究课题并进行了研究论证，为全行信贷决策提供了有力支持。

2. 推进和完善压力测试工作。完成了个人住房抵押贷款、房地产开发贷款和宏观经济的压力测试，研究建立压力测试工作机制和工作流程，并将测试成果积极应用于防范系统性风险的业务实践中。

七、深化风险管理体制改革，加强风险条线队伍建设

1. 积极推进改革，提升风险管理的集约化和专业化水平。一是制定下发了《一级分行所在城市行风险条线集中管理指导意见》，推进建立符合城市行经营管理特点的集约化、专业化风险管理模式。二是整合市场风险管理资源，提升市场风险管理的独立性和专业性。同时调整了操作风险部分职能，组建了业务持续性管理团队，加强了对重大突发事件的管理和应对。三是进一步完善风险条线考核评价体系，并对风险管理评价体系进行了调整和优化。通过上述工作，风险管理集约化和专业化管理水平得到了进一步提高。

2. 加强风险条线队伍建设。举办了多期风险总监、风险主管、风险经理及一级分行风险管理部门负责人等各类培训班，并组织举办了6期一

级分行风险管理部业务骨干跟岗学习培训班。依托《风险经理能力培训教材》对全行风险经理进行全面轮训，2008年仅总行就举办各类风险培训班38期，培训各类风险管理人员2 701人次，比2007年增加73%，对全行风险管理条线人员的专业能力提高起到了积极作用。同时，制定了《风险条线人员绩效考核管理指导意见》，进一步明确了客观、公正评价风险条线人员的情况和业绩的原则，增强了风险管理的独立性和有效性。

执笔：卢　娜　徐　霞

审稿：刘桂峰

授 信 管 理

2008年，授信管理部以科学发展观为指导，围绕“加强信贷结构调整、提高信贷资产质量”等中心开展一系列工作，收到了较好的效果。

一、积极贯彻“以客户为中心”的经营理念，完善差别化的评估评价与审批流程，增强信贷政策制度的适应性，提高授信审批的响应能力

一是公开承诺限时审批。下发了《关于对评级、授信业务实施限时审批承诺的通知》（建总函［2008］159号），全行授信审批部门向申报单位公开承诺限时审批，相关流程优化措施实行以来，总行受理审批全流程平均用时缩短了3个工作日，授信审批响应能力明显提高。

二是优化和规范审批流程。本年度推进全行大中型客户信用评级全面实施电子化，并选择四家分行作为试点单位，先行推进电子化申报审批工作，大幅降低管理成本，提升授信服务效率，有效规范了授信管理操作。

三是实行合规性审查“一次作业”。要求合规性审查人员全面、及时审查授信业务申报材料，主动加强与申报单位的交流及沟通，避免重复申报、补报、续议等问题发生，提升审批作业速度。

四是建立重点优质客户快速通道。积极促进重点项目与战略支持客户营销与关系维护，包括优先安排上会、精简申报材料、简化审批环节、优化额度管控，进一步提高了客户核准和信贷审批工作质量与效率。

五是强化系统执行力，贯彻总行风险偏好，审批通过的信贷业务结构进一步优化。要求审批人认真贯彻执行国家宏观调控政策和2008年11月以来中央关于扩内需、保增长的政策措施，把握大势，守住底线，勤勉尽职，敢于决断，正确处理业务发展与防范风险的关系。当年，全行共审批通过各类公司客户授信业务9.9万亿元，其中11～12月审批通过金额占全年的23%，进度明显加快。审批通过的授信业务中，AA级以上客户占比81.47%，同比增加3.47个百分点；我行发展战略和信贷政策重点支持的基础设施相关行业客户授信业务3.6万亿元，同比增加6%，其中11～12月审批通过基础设施行业各类授信业务1.03万亿元，占同期审批通过额的45.11%，有力地促进了全行信贷业务健康稳健发展。

六是继续稳妥扎实推进平行作业工作，精心组织，努力提高工作质量和效率。2008年，全行按平行作业方式完成客户信用等级评定46 943户，较上年同期提高了17.06%，其中71.21%的信用等级评定在5个工作日内完成。全行对25 991个额度授信项目出具授信风险评价意见，其中对261个授信方案提出不宜给予授信，对689个授信方案提出了调整授信内容的建议。全行完成固定资产贷款项目评估4 022个，较上年同期减少704个，但评估项目总投资同比提高1 592亿元，风险评估审查部门对不符合条件的108个项目提出了不同意贷款的建议，并得到经营部门采纳，平行作业的质量与效率均得到有效提高。

二、加强授信业务监控督察，促进全行信贷结构持续优化

一是提高信贷政策执行力。依托授信业务风

险监测系统（CRMS），健全完善了授信业务风险实时监测、及时处置、持续跟踪与整改机制，全年处理日常风险提示及预警3 057起，下发《风险事项提示书》331份，《风险监控整改意见书》55份，进一步提高了对风险偏好和信贷政策制度执行情况的监控能力。

二是加强信贷结构调整监控督促。逐月对国家政策和监管要求明确限制或退出行业、“双高、产能过剩、产能潜在过剩”等行业贷款情况进行监控，按季通报全行；按旬发布风险监控旬报，公布行业限额预警信号，提醒有关部门根据情况调整相关行业经营策略，为全行深化信贷结构调整提供依据。

三是主动调整优化行业限额管理流程。2008年中根据业务部门传达的信号，对市场需求旺盛、资产质量较好但出现红色预警信号的行业进行了专题分析，提出了限额调控建议；对处于预警状态行业中的战略性支持客户和国家重点建设项目，由事先核准改为发放后报客户主管部门备案方式，简化审批环节，促进业务健康发展。

三、针对复杂多变的经济形势，加大风险排查力度，提升对重大信用风险事项的应对和处置能力，全面防范可能发生的系统性风险

针对金融危机对不同行业的影响，及时组织加强对出口相关行业、房屋和土地使用权抵押贷款、小水电企业贷款、融资担保业务等重点行业和产品领域的风险排查，摸清风险底数，制定管控措施，尽可能主动防范风险，减少损失。

牵头组织了对18家信贷余额较大、预计受经济周期下行影响较严重分行的现场信贷检查，其中对各行单户信贷余额3 000万元以上客户进行了逐户检查，直接检查的信贷余额占境内公司类信贷余额的24.72%，较全面地排查存量信贷资产风险状况，研究落实风险防范措施预案。

及时发布授信风险提示，加强重大风险事项处置报告力度，提高反应速度，完善处置手段，努力降低信贷损失。针对10月企业倒闭风潮，迅速建立了媒体监测信息发布制度；加强存量授信客户风险预警监控，下发对关停并转、逃逸等风险事项的监控报告制度，逐户研究落实重大信贷风险事项处置措施。2008年分行共计上报40起重大风险事项，较同期减少14起，涉及信贷金额与不良额比2007年分别减少76.72亿元和6.29亿元。

四、加强信贷质量管理的前瞻性和主动性，加快处置大额不良贷款，促进信贷质量稳步向好，进一步提高风险抵御能力

一是细化完善监控指标与手段，增强监控的前瞻性和主动性，提高资产质量管理水平。从相对滞后的逾期、借新还旧等指标监控，逐步过渡到更有前瞻性的客户财务指标监控，同时加强了对内外部审计监管机构关注客户、财务经营状况明显变化客户及出现违约因素客户的跟踪监控力度，及时提示分行加强信贷管理，促进风险及早化解，避免风险集中暴露和贷款质量在关键时点激烈波动。加强贷款分类规范性检查，降低不良贷款分类偏离度，确保信贷资产质量真实性。年初以来，我行不良率保持平稳下降态势，年末全行不良贷款额和不良贷款率分别比年初下降35.81亿元和0.44个百分点。在遵循一贯审慎原则，充分考虑宏观经济变化与自然灾害影响基础上，根据监管当局要求，我行加大了减值准备计提力度，不良贷款拨备覆盖率稳步提高，风险抵御能力进一步增强。

二是加快处置消化大额不良贷款风险。总行成立了由朱小黄副行长担任组长的大额授信风险处置小组，各一级分行按总行要求建立由主管行领导牵头、相关部门分工协作的工作机制，按照“一户一策”的要求落实风险处置措施和时间进度，限期处置消化不良大户风险。截至12月末，总行和一级分行“十大关注”客户贷款余额844.31亿元，比年初减少91.25亿元；“十大不良”客户不良贷款额为285.98亿元，比年初减少114.27亿元。总行45个资产质量重点联系二级分支行不良贷款余额总计110.20亿元，比年初减少50.15亿元，37个二级分支行比年初实现不良贷款额、不良贷款率的“双降”。

五、结合我行授信业务发展实际，加大行业分析与研究力度，加强审批指引研究重检工作，为主动调整信贷政策和信贷决策提供科学依据

组织专门团队对房地产、钢铁、城市基础设施等热点行业进行深入分析和研究，先后完成了相关行业发展趋势与我行信贷政策取向研究报告

并以信贷决策参考下发全行。牵头完成了对煤电油汽运企业、钢铁行业、建材行业、出口企业贷款风险状况的专项调查。成立了行业与系统性风险应急工作团队，捕捉行业普遍性与客户群体性的风险信息，及时调整授信管理政策。继续推进审批标准研究制定工作，完成家电制造、国内保理业务、保险公司客户等 8 个新专题信贷业务审批指引，并对房地产、火力发电、医院、政府融资平台等近 30 个审批指引进行了重检，加强授信审批决策指导。

六、重视授信管理基础建设，保障授信管理水平的可持续提升

一是加强授信制度建设。组织业务骨干全面梳理主要的授信业务风险管理流程，启动了授信业务风险管理内控手册的编制工作，强化内控基础管理。拟定出台了《中国建设银行个人信贷业务审批规程》、《中国建设银行信贷资产风险十二级分类操作规程（暂行）》、《关于进一步明确客户行业属性划分及调整审核有关事项的通知》、《中国建设银行大中型公司及机构客户信用等级调整（推翻）审定指引（试行）》等规章制度，深入研究完善项目评估与授信业务风险评价等贷前平行作业操作流程，进一步统一和规范了授信管理操作，促进了业务的标准化、透明化、程序化和专业化。

二是加强专业培训。举办了 3 期贷前平行作业培训班，专职审批人教材轮训班 18 期，累计培训1 772人，为全面提升全行贷前平行作业水平和授信管理队伍素质提供了保障。继续探索模拟培训及案例培训等创新培训模式，全年共完成 9 期高级专职贷款审批人、24 期合规性审查人员模拟培训班。组织了有关碳纤维、纺织、光伏发电、液晶面板等行业和宏观经济形势等热点问题的视频培训，进一步提高了授信管理人员把握风险的能力。

三是持续推动 IT 系统建设。分别启动了 CRMS 系统二期、审批决策支持系统的开发以及贷款损失准备金系统的 I 期优化和 Ⅱ 期研发，提升了授信管理手段。

执笔：张　杨

审稿：熊　波

审 计 监 督

2008 年，审计系统围绕全行中心工作，强化科学审计理念，完善管理机制，创新技术方法，深入推进审计队伍专业化建设，充分利用非现场系统等审计工具，高质量地完成了各类审计项目，全年工作取得了显著成效，审计成果得到总行领导的高度重视和充分肯定，在审计体制、非现场审计手段、审计成效等多方面，得到了审计署、银监会以及国内同业的好评。

审计重点关注了基础管理薄弱环节和高风险领域，并积极开展了一系列业务调查，及时揭示了一些违规问题和风险隐患，审计的针对性进一步得到了提高，发现问题、提示风险的能力进一步增强，审计价值进一步提升，改善管理、促进发展的建设职能作用显著。全年共组织完成审计项目 2 400 多项次（其中系统性审计项目 22 大项），发现问题 53 600 多个，发现案件线索 2 起，提出审计建议 10 300 多条。

一、突出重点，切实提高审计工作的针对性

为加强基础管理，组织开展了挂销账业务审计、抵质押物管理审计、会计基础管理与营运管理审计、企业年金管理审计、整改机制及效果审计评价等项目，揭示了体制机制、内部控制、操作流程、会计核算等方面存在的缺陷，提出了提高业务营运效率和管理服务水平、夯实基础管理的相关建议。

为促进信贷结构的优化调整，开展了公司类大额不良贷款审计、对公信贷业务准入与退出审

计调查等项目，分析信贷领域的风险特征及形成原因，关注国家宏观调控政策的落实，相继揭示了信贷业务基础管理、关联企业识别和风险控制等重点领域和环节的风险隐患。

为促进中间业务的健康发展，先后组织开展了部分中间业务、边贸结算业务审计项目，关注商业汇票承兑、保函、信托理财、汇款、现钞结算等中间业务的发展现状和潜在风险，揭示业务风险和业务流程控制缺陷。

为促进完善客户服务平台和保护信息安全，开展了基层网点转型、电子银行业务审计调查项目以及IT基础设施整合、分行特色业务平台、CLPM及A+P系统、ERPF数据系统等专项审计项目，还针对ATM管理、网上银行、手机银行等方面开展了自选审计项目。审计查找了管理体制、系统架构、应用控制和一般控制等方面存在的缺陷和风险隐患。

为适应国际经济金融形势的变化，加大了对海外机构审计的力度和深度。在国际金融危机爆发后，审计部适时调整审计方案，加强了对海外机构的审计监督，积极反映海外资产风险变化。与此同时，以成立香港审计分部为契机，积极探索适合香港地区实际情况的审计方法，有效实施审计项目，为总行及时了解在港机构风险变化，加强对在港机构的日常监督提供了有力支持。

为提高审计的时效性，充分利用非现场审计手段优势，开展了个人贷款业务、负债业务、财务管理监测等审计监测类项目，将非现场监测和现场检查紧密结合，揭示了一系列控制缺陷和违规事项，发现了涉嫌盗取、挪用资金的案件线索，反映了新增“假个贷”、对公贷款计息参数管控不严导致少计利息收入等突出问题。

为提高审计的全面性，继续组织一级分行内部控制审计评价、任期经济责任审计等项目，进一步优化内部控制审计评价和任期审计流程，充分利用日常审计成果和专业化优势，加大对一级分行和基层网点重大内部控制疑点问题的查证力度，深入揭示内部控制薄弱环节和主要缺陷，加强对分支机构负责人的激励约束。同时，根据董事会审计委员会委托，审计部牵头组织建设银行2008年度内部控制自我评估工作。按照外部监管要求以及我行业务最新变化，编制完成了《2008年内部控制自我评估实施方案》。

为提高审计的灵活性，各级审计机构按照风险导向原则，结合驻地分行实际情况，针对买单制执行情况、柜面业务授权控制、个人贷款贷后管理、自助设备及渠道管理、现金备付管理、不相容岗位等环节，针对保证类贷款、房地产开发贷款、对公新产品新业务、公积金委托贷款、个人住房及商用房贷款、基金代销、个人实物黄金买卖、信用卡等业务领域，开展了大量自选审计项目。

二、提升价值，充分发挥审计建设职能

围绕提高核心竞争力，优化业务流程，加大管理咨询审计力度。组织开展了针对主要产品价格管理、营业网点经营管理、电子银行业务、广州地区竞争力等方面的审计调查项目，将审计视角从关注操作层面转向关注管理层面，分析评价了相关管理机制的合理性、有效性和遵循性，提出了具有针对性和建设性的审计建议，推动了相关部门和机构对市场的研究、对管理的改进。

注重审计发现问题的原因分析，查找改善经营管理的途径和方法。在审计项目实施过程中，注重从微观入手，从宏观着眼，通过多种审计手段和工具，掌握被审计对象的真实信息，综合分析相关行业风险、产品风险、客户风险、区域风险，以及对风险和收益的可能影响，提出相关审计建议，促进内控机制的建立健全，优化业务流程。

在揭示风险隐患的基础上，促进被审计对象有效利用审计成果，化解信贷风险和资产风险，增加业务收入。在有关审计项目中发现，损失类贷款客户在我行其他分支机构尚有存款，提示有关分行及时采取措施，保全资产；在财务管理监测审计中，发现由于对公贷款利率及系统计息参数管控不严等原因，存在公司类贷款利息少计收或未及时扣收的现象，督促有关分行及时整改，追回少计收的贷款利息。

针对审计发现的问题和提出的建议。审计部门采取审计报告、专题报告、要情、简报、风险提示等形式，及时向总行领导报告，积极与有关部门和分支机构交流、通报，引起了总行和分行领导的高度重视，通过批示、召开专题会议等方式，支持和肯定审计工作，研究审计发现的情况，部署和督促相关整改工作。有关审计发现得到相关部门和分行的积极响应，法律合规部门与业务部门密切配合，认真组织开展了大量的专项清理

和系统性整改工作，从而发挥了审计提示和预警作用，进一步提升了审计价值，审计成效得到了充分体现。

三、夯实基础，加强审计专业化、科学化、规范化建设

加强对机构和人员的管理。根据人员现状和控制比例、管理要求等，认真开展审计机构职务聘任资格审核，科学合理地编制审计系统2008年至2010年专业技术岗位职务聘任规划，积极推动人员优化工作，努力拓展优秀审计人员职务晋升渠道；进一步明确日常审计工作责任，制定实施审计工作人员履职尽责指引，促进各级审计工作人员更好地履行职责；进一步严明财务程序，适时监控费用支出，加强监督指导，提高对财务资源的有效利用。

以专业化建设为手段，提高审计队伍专业能力。2008年，39个审计机构交叉组成了17个方向的专业审计机构群，形成了对各专业领域的全面覆盖。加大培训力度，拓宽培训渠道，进一步完善人才培养机制。一年来，全行审计系统以提高审计人员履岗能力为目标，积极拓宽培训渠道，创新培训模式，强调培训质量，圆满地完成了各项培训工作任务。审计系统全年共举办448期短期业务培训，参训人员14 787人次；举办全审计系统视频培训6期，参训人员约13 000人次；举办各类审前培训684期，参训人员10 495人次；参加总行其他部门及驻地分行的外部培训及讲座586期，参训人员4 494人次；为培养审计系统高端人才，对50名CISA（国际注册信息系统审计师）参考者和100名CIA（国际注册内部审计师）参考者进行专门培训；海外跟岗顶岗培训5人次。审计系统人均参训达到14.7次。审计部还通过研发远程培训软件、鼓励参加外部职业资格考试、利用网络、视频手段丰富学习培训资料信息等方式，进一步拓宽审计人员学习培训渠道。

完善非现场审计监测体系，基本建起了覆盖信贷业务、负债业务、财务管理的非现场审计监测模型体系。通过模型数据分析，及时发现业务经营管理中的异常交易与风险隐患，为现场查证提供定位准确的审计线索，扩大了审计覆盖面，提高了时效，节约了成本，保证了质量。依托非现场审计系统，非现场审计监测从无到有，已经紧密嵌入审计业务流程之中。

优化了审计管理信息系统，新增了内部控制测试模块，优化了审计工作管理、审计项目管理、项目测试步骤、统计分析报表等功能，并按照内部审计专业化方向重新梳理编写AMIS问题词条体系，增强了系统的适应性和运行效率，有效提高审计项目实施效率和审计工作管理水平。

研究与普及审计抽样技术。制定实施了内部审计抽样指引，配套研制了基于Excel的抽样应用工具，针对各类抽样方法，设计了样本量计算、总体推断等简易程序，增强了各类抽样方法的可操作性和实用性，对抽样技术的运用进行推广普及。

着手对《中国建设银行内部审计章程》开展修订，以便更好地反映审计的宗旨、地位、职责、权限和工作流程的变化，体现监管机构和国际内部审计行业标准的新要求。为保证审计项目人员独立客观地履行审计职责，制定实施了审计人员回避规定，细化了工作程序，增强了审计回避的可操作性。为进一步规范审计工作流程，开展了内部控制审计评价体系和任期审计办法的修订工作。

四、积极配合，保障审计署对我行审计顺利进行

在审计署对总行及6个一级分行的年度审计过程中，审计部认真落实总行领导和审计组的要求，为保障审计工作的顺利进行、促进沟通交流、争取正确理解有关审计事项，在组织、协调、联络、解释、保障等方面做了很多基础性工作，并根据审计署要求，配合相关部门开展了审计署电子数据存储平台的建设。

审计部

执笔：陆　君　任　鹏　王婷婷　林　胜

审稿：金磐石　赵观甫　冯道海　杨　军　万盛举

产品与质量管理

2008年，产品与质量管理部围绕全行战略转型目标，着力推动以客户为中心、以数据和事实为依据的经营管理实践，依据部门职能职责，在各部门和各分行的协同配合下开展了一系列工作，为构建专业化、精细化的分类分层经营提供了支持。

一、推进全行产品创新和产品管理

一是推广产品创新流程。组织推动产品创新流程在总行公司部、个人部、投行部和深圳、厦门分行的试点，支持“间接银团贷款”、“一卡两户”、“大丰收”、“建行财富—双周盈”、“聚财1号”五个产品创新项目实施。其中，“大丰收”产品在市场变动的背景下，销售业绩达到44亿元，既检验了新产品创新流程，又使我行在多部门协同重大复杂产品创新方面进行了有益探索，积累了经验；厦门分行“聚财1号”发行54期，吸收存款已超过25亿元。同时，在总行信用卡中心和广东分行成功实施了产品创新流程的移植应用。制定下发了《中国建设银行产品创新流程管理规程》和《产品创新标准流程操作程序》及《产品创新快速流程操作程序》，完成了推广计划的制订和部署，为产品创新流程体系在全行的推广应用奠定了基础。

二是研究部署2009年产品创新计划的编制。按照《中国建设银行业务发展规划》关于加强产品创新、产品管理的要求，分析判断2009年银行业的发展趋势、业务走向和面临的国际国内经济金融形势，印发《关于编制2009年产品创新计划的通知》，明确了编制原则和策略，制定了重大产品创新判定原则，进一步厘清了产品创新计划管理流程与职责分工，组织38个一级分行和13个总行业务部门实施计划编制工作。截至2008年底，共收到分行报送的“建议总行牵头的产品创新需求”211项、“分行自主开发产品创新项目”160项，从而为2009年全行产品创新计划的汇总、统筹和最终审定打下坚实的工作基础。

三是筹建产品创新实验室。启动产品创新实验室的建设和“产品创新实验室战略协助项目”，制定了《建设银行产品创意与原型实验室建设方案》，提出了产品创新工作方法及流程建设、物理环境建设和运行机制建设的内容，组建了“产品创新实验室战略协助项目”项目组，完成了“产品创新实验室战略协助项目”的预定义工作。

四是开展产品创新机制与运行管理专题调研。开展“完善产品研发与创新机制”专题调研，分析了我行的产品创新形势，明确了全行产品创新机制的总体目标和基本思路，提出了建立产品管理创新责任及其授权体系框架和加强产品研发与创新机制建设的措施建议。同时，根据银监会的监管要求和行领导关于产品创新和管理应坚持“客户切实需要，风险充分揭示和有效防范、风险敞口得到覆盖、风险高度分散以及严格授权和经常性检查评估”的指示，组织开展了对38个一级分行产品运行管理情况的调研。通过调研摸清了底数，促进了全行产品管理工作，为进一步推进产品综合管理打下了基础。

五是启动产品后评估研究、产品标准体系建设，产品创意综合管理系统建设，产品数据基础分析等各项工作。

二、建立健全客户需求驱动机制

一是持续推进客户之声系统（VOCS）项目。完成VOCS项目Ⅰ代，创建了覆盖38个分行所在市场区域、9种产品和5个渠道等维度的全行个人及对公银行业务客户满意度“晴雨表”及其实施流程体系。深入分析影响客户满意度及其变化的驱动因素；持续实施VOCS项目Ⅱ代，逐步完善全行客户满意度“晴雨表”建设，对客户满意度进行持续监测，与同业竞争者进行客户满意度横向比较，对我行各年度客户满意度进行纵向比较，为我行产品/服务流程的改进和创新提供了市场驱动依据，为全行 KPI 考核和提高客户服务水平提供了客观有效的数据支持。同时，启动 VOCS 项目Ⅲ代建设计划。

二是创新开展专项客户之声工作。组织制定了《中国建设银行产品专项客户之声工作操作规程》，分别针对特定客户群体、特定产品、特定渠道，实施了全行个人中高端客户、个人房贷产品、现金管理及支付结算产品、"大丰收"理财产品创新、营业网点渠道、电子银行渠道的客户专项客户之声调查项目以及"个人银行客户服务新型平台"专题调研，分析寻找客户需求与我行满足需求的响应能力之间的差距，驱动促进我行客户服务能力和产品创新能力的提升。

三是深入持续推进"客户接待日"工作。按照《中国建设银行"客户接待日"办法》，推动全行实施"客户接待日"的工作，初步建立了"客户接待日"收集问题的分类、处理、反馈机制。2008 年，全行共接待各类客户 27 000 余位（包括个人客户 22 600 位，对公客户 4 500 位），收集客户提出各类服务问题、产品问题、改进建议等 15 000 多个，已有 13 000 多个得到妥善处理解决，全行"客户接待日"工作成效较为显著，发挥了及时了解客户关切点、提升客户满意度和忠诚度的作用，为我行塑造了良好的金融服务企业形象。

四是规范开展服务质量监督管理。制定下发了《中国建设银行营业网点服务质量调查管理办法》，组织实施了 2 次全行性的营业网点服务质量调查，覆盖 38 个一级分行及千余个网点，客观验证了网点服务质量管理所取得的成绩，揭示了网点服务质量管理中存在的问题，提出了有针对性的改进措施，并通过整改行动促进了全行营业网点服务质量的提高。组织实施了奥运金融服务质量调查，覆盖 25 个城市，1 332 个营业网点，促进了相关分行的奥运金融服务质量的提高。同时，研究制定了《对公业务客户经理服务质量规范》，明确了评价标准。

五是持续推进全行内部流程用户之声工作。明确"专门、专注、专业"的工作要求，推动实施开展了 14 个专项内部流程用户之声项目，组织实施了内部流程用户之声电子系统在 5 个分行上线运行，并将其应用范围扩大到 18 个分行。部署了 11 个以"产品运行管理"为专题的内部流程用户之声项目实施，进一步发挥其分析问题，寻找根源，实施改进，促进流程能力提升和业务管理加强的作用。

三、推动全行流程优化和标准化建设

一是以全行战略发展纲要和业务发展规划为指引，系统策划以流程管理服务于战略目标实现的行动路径，制定下发了"关于进一步推进落实《中国建设银行流程管理规划》的实施意见"。从健全客户需求驱动机制、加强流程优化项目管理、推进流程标准化和模块有机链接、提高流程再造和流程管理的支持保障力度等方面对全行进一步抓好流程管理工作进行了部署。采取现场调研促进、片区培训辅导、实际参加项目研究、电话会议沟通指导等方式，推进总行和分行流程管理工作实施。

二是围绕客户服务、产品创新、风险管理和营运管理四个方面，组织推动总行和各分行完成了 362 个流程优化项目。其中，侧重提高服务效率、改进服务能力的 92 项，侧重基础管理及风险控制的 90 项，侧重提高运营支持效率的 166 项，侧重产品和服务创新的 14 项。在推进过程中，坚持抓好重点，点面结合推进实施；坚持培训先行，提升技术能力；坚持综合支持，解决实际问题；坚持项目阶段评审，抓好项目质量；坚持不断改进，实施规范化运行。全行流程优化工作的实施，有效地促进了客户需求响应能力和客户服务水平的提升，促进了产品创新和服务创新能力、风险管理能力、运营集约化能力的提高。

三是组织推进流程标准化建设。按照"流程优化—成果推广—标准化—持续监测评估"的工作实施路径，推进《业务流程操作手册》8 个子项目在 11 个分行和机构的试运行和现场审核，"按流程操作，用数据证明"的理念正在深入员工的日常工作行为，有效增强了业务流程能力，提升了业务流程运行的规范水平，为建立业务流程运行、管理、监控和改进的长效机制积累了经验、打下了基础。研究制定了《中国建设银行业务流程评估规程》和《业务流程评估操作程序》，为健全流程管理机制，持续衡量业务流程能力，提供业务流程优化和创新解决方案，建立了制度、方法和工具基础。

四是开展"商业银行流程管理"课题研究。向中国投资学会申报了"商业银行流程管理"和"商业银行流程用户之声"课题科研成果，获得中国投资学会2007—2008年度科研课题三等奖。

四、培育精细化管理的执行力基础

为提高全行流程优化和流程管理能力，组织推动全行分别针对管理人员、技术骨干、项目组成员、一般员工实施了流程管理分片区、客户之声与服务质量管理、业务流程优化及标准化建设、新产品创新流程体系、流程优化技术工具、六西格玛绿带等多层次和多形式培训。全年总分行共完成培训239期，培训17 626人次；其中，总行完成培训29期，培训1 108人次，分行完成培训210期，培训16 518人次。组织开展流程管理技术骨干培养和能力资质认证工作，全行六西格玛绿带资质人数达到88人，目前正在进行绿带资质认证的技术骨干56人。组织开发了《流程管理基础培训教材》和《流程管理倡导者远程课件》，推广应用MinitabR15等先进流程管理和统计分析工具，为提升全行精细化管理水平，增强流程执行能力提供了有力支撑。

执笔：何 静

审稿：魏春旗

法律合规管理

2008年度，全行法律合规部门紧密围绕“法律合规工作创造价值、保障发展”理念，注重法律合规风险防范和化解，着力提升服务质量与效率，在保障全行依法合规经营管理、促进业务健康可持续发展等方面，起到了积极作用。

一、全面深入参与全行产品创新及各项业务活动

2008年，全行特别是总行和深圳、广东、上海、福建、厦门、湖南等分行法律合规部门，根据我行发展战略及转型要求，适应业务健康快速发展需要，不断增强参与产品创新研发、重大项目谈判、重要客户营销工作力度，成为建设银行价值创造的重要建设力量。总行法律合规部参与了“大丰收”、“利得盈”、“供应链融资”等60余项公司、个人类业务和产品创新，扫清了产品创新过程中的法律障碍，保障了新产品章程及合同条款在依法合规的前提下，最大限度地维护我行及客户双方的权益。参与了向中石油发行乾图信托理财产品项目、美国银行中小企业战略合作创新项目等50多个重大项目，提示项目开展过程中可能出现的关键风险点，确保各项工作处理符合法律法规和监管机构要求，促进业务拓展。

二、加强法律合规风险管理，把好法律合规风险防范关口

2008年，全行法律合规部门牢固把握法律合规风险事先防范这一工作重心，不断提高规章制度草案及非标准法律性文件的审查质量，共审查14万余份法律性文件，涉及金额73 857亿元，总行本部共审查法律性文件1 200多件次，规章制度草案200余件，满足了日益增长的法律服务需求。

不断加强法律合规风险提示与建议工作力度，提示内容不仅包括对公、对私主要业务，还涉及劳动人事、行政综合管理等领域。积极参加商用物业抵押贷款证券化团队、电子银行安全团队等业务团队工作，参加信贷业务手册修订、全行产品创新评奖专家评审等全行重要事项处理以及理财产品审批会、财审委专题会议等行内各类会议，促进依法决策。

三、推进全行合同文本体系建设与规章制度管理，提高法人授权工作精细化水平

推进全行合同文本框架体系建设。2008年度，完成了应收账款质押、委托贷款、外汇资金借款、票据业务、保理业务及采购类等60余种合同文本的起草修订，完成了合同文本使用手册5

册120余万字的编写。在授信合同中增加节能减排有关条款，启动了对新版对公合同文本的英文翻译制作工作等。新版合同文本反映了法律法规变化、监管要求以及国际惯例的最新发展，在质量及操作便利度方面均处于业内领先水平。

进一步健全规章制度管理体系。完成了《中国建设银行工作人员违规失职行为处理办法》（以下简称《办法》）的修改整合，组织将《办法》印制成手册以方便员工学习并积极开展有关培训及宣传。印发了《2008年规章制订计划》，增进了规章制定工作的科学性、严肃性。起草、修订了《合规风险事项报告制度》、《关联交易管理实施办法》、《反洗钱可疑交易监测系统应急处理预案》等法律合规工作制度，促进了规范化管理。

根据不断变化的市场形势和国家政策导向，配合各业务部门及时调整相应业务的授权权限，涉及信贷、财务、个人金融、国际、投资银行、信用卡等多个业务类别。

四、切实化解法律纠纷，保障经营管理成果

在同行业中首先建立完善了股份制商业银行法律纠纷管理体制，即以法律纠纷管理和处理为核心，以行内行外律师专业化服务为主要内容，裁判与和解手段并重的工作体制。2008年，全行法律合规部门共办结民事案件18 648件，胜诉18 375件，办结案件金额为191亿元，胜诉金额为188亿元，胜诉率为98.54%，胜诉率比上一年度增长约1个百分点，通过法律手段执行回收金额61亿元，直接减少赔偿责任10.92亿元，两项合计71.88亿元。所有重大、敏感的法律纠纷都得到了妥善及时的处理，避免、降低了案件损失对全行经营效益所产生的不利影响，维护了上市公司良好社会形象。雷曼公司破产案以及被媒体广为炒作的“基金维权第一案”、重庆行的“反垄断第一案”、广西行的“王海索要发票案”等所有重大、敏感法律纠纷都得到了及时妥善的处理。高度重视全球金融危机形势下相关案件的处理与应对，全力配合相关管理部门采取各种措施防范化解重大信贷风险事件，参与了因金融危机引发的苏州、宁波、青岛、绍兴等地贸易融资及其他类风险债权的处置。协助保全部门通过诉讼、仲裁等工作回收及处置不良资产，成效明显。

五、不断深化知识产权保护与管理，进一步发挥鼓励创新、保护创新成果的作用

2008年，我行知识产权拥有量稳步攀升，核心商标获得世界知识产权组织国际局以及韩国、日本、澳大利亚等国授权，一举取得6项发明专利，继续保持了知识产权工作在金融同业中的领先地位。截至年底，全行拥有商标400件（其中注册商标87件，申请进程中商标313件；全部商标中含海外注册53件）、专利105件（其中授权专利9件，申请进程中专利96件），计算机软件著作权登记并获得证书46件，分别比2007年底新增35件、46件、38件。

六、认真组织落实监管要求，加强合规风险管理，树立我行依法合规经营良好形象

深入开展牵头整改工作，较好地完成了银监会2007年现场检查发现问题以及2008年内部审计发现问题的牵头整改工作，整改完成率分别为97.5%和93.7%，全行整改工作管理效率和效果不断提升，得到了银监会、董事会审计委员会的充分肯定。为提高整改工作的真实性和有效性，加大检查抽查力度，对部分分行整改情况实施了现场核查。进一步加强与银监会、内外部审计部门沟通与合作，与总行审计部协商后统一了内部审计发现问题整改状态分类标准和整改完成率计算口径。

进一步加强和规范关联方和关联交易管理，增强关联方信息识别与收集能力。启动关联交易规章体系的全面修改，下发了《关联方识别指引》及关联方参考名单，指导全行更好地识别并收集关联方信息。推进关联交易的重点化、差别化管理，组织全行反复识别、完善关联方名单，第一次将6种监管规则下的关联方全部纳入管理和监控，新发现关联方3 584个。采取各种措施保证关联交易管理和信息披露遵守各项监管规定，按时完成关联交易的对外报告和信息披露。

进一步贯彻落实反洗钱法及相关监管要求，加强对大额和可疑交易行为的监控，较好地履行了商业银行反洗钱义务。认真组织落实客户身份识别制度等监管规定，完成系统优化改造，成功按照新监管规定标准报送反洗钱数据，数据报送质量和效率不断提高，得到监管部门的肯定。加强对分行反洗钱工作的管理与指导，监管处罚金

额进一步降低。顺利完成恐怖融资监控、非现场监管、账户协查等工作，“8·12案件”协查工作受到人民银行反洗钱局的来函表扬。

七、深入开展法制宣传教育，提高工作信息化水平，推动全行法规合规工作科学发展

贯彻五五普法规划，推进普法依法治理，积极开展法制宣传。总行派员为业务部门讲授有关法律课程30余次，通过建设银行报、部门网页等开展法制宣传教育，进一步提升全员法律观念和法律素质。山东、江苏、新疆等各一级分行积极开展送法下基层、送法到前台等活动，湖南行开展的“零违规、零差错、从我做起”主题活动，广西行开展了“依法合规、防范风险”专题教育培训工程，营造了较好的依法合规氛围。在中宣部、司法部、全国普法办开展的全国五五普法中期先进评选表彰活动中，福建分行获先进单位称号，四位同志获先进个人称号。加强条线检查、管理与指导，总行组织召开了法律合规工作视频会议、开展了2008年合规工作检查、举办了4次全行性系统培训、2次专题研讨会。

积极参与国家立法建设，对《证券投资基金法》、《保险法》等法律法规草案、修正案进行认真研究，提出修改意见和建议。

积极运用信息技术提高法律合规工作质量与效率，开展了法律工作管理信息系统、关联交易申报和信息披露系统、反洗钱系统优化，启动了整改信息系统、格式合同应用管理信息系统建设。

执笔：邱纪成　宁　欣

审稿：程美芬

安　全　保　卫

一、深入开展创建“平安建行”活动

2008年，全行创建“平安建行”活动继续扎实深入开展。截至年底，全行所辖38个分行和哈尔滨、常州培训中心全部制订了创建“平安建行”活动实施方案并组织实施，有4 804个分支机构被评定为“平安建行”工作先进单位、“平安分、支行”和“平安网点”。全行有9 863个基层机构通过安全评估，其中评定为优秀的3 927个，占39.82 %，评为合格的5 928个，占60.1%。据了解，建设银行是全国大型国有商业银行中首家已经在全系统开展平安建设的单位。

二、确保奥运会期间全行安全稳定

4月25日，总行下发了《关于下发〈奥运会期间建设银行安全稳定工作方案〉的通知》，就做好奥运会期间建设银行安全稳定工作的目标、主要内容、实现奥运期间安全稳定采取的主要措施等提出了具体要求。总行在5月12日至6月15日，组成了11个安全检查组，分别对北京、天津、上海、青岛、辽宁、大连、河北、湖南、江西、贵州、内蒙古和广东、深圳、福建、厦门等分行部分机构的安全保卫和维护稳定工作进行了抽查。此次安全检查共抽查了60个分支行的80个营业网点、22座金库、20栋高层办公楼和11个计算机房以及运钞车、武装押运、武器装备、安全防护设施的管理和保卫人员岗位操作情况。共发现各类问题66起，总行对检查发现的问题通报全行并责成有关分支行整改。与此同时，根据《中国银监会办公厅进一步加强枪支管理工作的通知》要求，在全行开展了守护押运枪支安全管理专项检查，确保了各级行的枪支安全。各行对检查出来的安全隐患和问题，及时采取措施解决，确保奥运期间不留隐患。2008年奥运期间安全保卫工作圆满完成。

三、严密防范外部侵害案件

2008年，认真贯彻落实《中国建设银行案件防控及整改方案》，积极协助公安机关做好重大刑事案件的查处，努力防范办公区域、营业网点、

金库、电子银行和自助设备等重要部位的外部侵害案件发生。全行发生外部侵害案件情势大幅趋缓。

2008 年，全行发生外部侵害案件 1 件，较上年减少 1 件；涉案金额为 44.18 万元，较上年减少 216.92 万元，下降 83%；风险金额为零万元，较上年减少 234.6 万元。全行共成功遏制外部犯罪侵害案件 55 件，涉及金额为 8 063.8 万元。其中堵截百万元以上案件 14 件，涉及金额为 7 690 万元。

四、加强应急管理，妥善处理突发事件

一是认真开展应急演练，确保金融服务体系稳定、安全运营。

为提高各级行领导和员工突发事件应急处置能力，总行下发了《关于认真做好应急疏散演练工作的通知》，要求各级机构加强对员工的安全教育，组织员工开展突发事件演练，各级机构在奥运会开幕前必须开展一次疏散演练。各行（除西藏区分行外）结合实际开展了反恐防爆炸、消防疏散、防抢劫、防群体性事件等项目的演练。各营业网点也重点开展了以防抢、防盗、防爆炸、防诈骗为主题的预案演练，切实提高了一线柜员处置突发事件的能力。总行于 7 月 2 日 14 时，在信达大厦成功地组织了一次消防疏散演练。参与人数达千余人。

二是及时部署紧急状态下的安全保卫工作。2008 年，根据《中国建设银行自然灾害应急处置预案》，部署了年初做好抗冰雪灾害工作，“5 · 12”汶川地震发生后，总行及时下发了《关于加强地震灾区安全稳定工作的紧急通知》，部署做好抗震救灾紧急状态下的安全保卫工作要求。通过各级行的有效应对，发生自然灾害的地区行没有发生重大安全责任事故，将自然灾害对我行的影响降至了最低。

三是积极预防并妥善处置群体性事件和安全事故。2008 年，全行严格按照《中国建设银行预防和处置群体性事件暂行办法》的要求，密切加强与公安机关沟通和联系，加强群体性事件骨干分子的监测，及时妥善地处置辖属机构的群体性事件。全行群体性事件数量和参与人数呈现逐年下降趋势。

五、提高安防技术含量，积极推进远程监控联网建设

2008 年初总行下发了《中国建设银行监控报警联网建设工作指导意见》，积极推进远程监控联网报警建设工作。

截至 2008 年底，已有山西省分行、山东省分行、厦门市分行 3 个一级分行全部完成远程监控联网建设。河北省分行、黑龙江省分行、上海市分行、苏州市分行、浙江省分行、福建省分行、江西省分行、湖北省分行、贵州省分行、云南省分行、甘肃省分行 11 个一级分行完成远程监控联网建设部分项目或工程。北京市分行、辽宁省分行、江苏省分行、宁波市分行、安徽省分行、河南省分行、广东省分行、新疆维吾尔自治区分行的 89 个二级分行部分完成远程监控联网建设。天津市分行、内蒙古自治区分行、大连市分行、三峡分行、湖南省分行、深圳市分行、广西壮族自治区分行、重庆市分行、四川省分行、陕西省分行、青海省分行 11 个一级分行已制订远程监控联网方案并已通过项目论证。

已经开展远程监控报警联网建设的分支行，实行远程监控联网报警以后，加强了对营业场所、金库、自助设备等要害部位的安全管理和内部控制，发现和抓获了部分犯罪嫌疑人，保护了建设银行财产和客户安全，为防范案件，及时处理各类突发事件提供了保障。远程监控联网报警系统在防范外部侵害事件处置过程中已经发挥了重要作用。

六、加强内部治安管理，维护全行稳定

2008 年，总行坚持根据不同时段的工作任务及时部署全行的安全保卫工作。先后起草下发了《关于做好岁末年初安全保卫和案件查防工作的通知》、《关于做好“两会”期间安全保卫及维护稳定工作的通知》、《奥运期间建设银行安全稳定工作方案》，组织安排了全行“奥运期间安全大检查工作”，下发了“中国建设银行奥运期间安全大检查情况通报”，下发了《关于加强地震灾区安全稳定工作的紧急通知》；转发了公安部、银监会《关于进一步加强银行安全保卫工作的通知》，转发了《银监会、公安部关于进一步做好银行业金融机构军用枪置换防暴枪工作的通知》。要求各级行切实做好办公区域、营业场所、金库、计算机房等要害部位的安全保卫工作，有效地加强了重大节日、敏感期和重大政治活动期间全行的安全管理，维护和保障了全行内部工作稳定和业务经营秩序。

七、继续完善规章制度，做好基础工作

2008年总行制定下发了《中国建设银行运钞车押运安全操作规程》和《中国建设银行金库守护安全操作规程》。至此，全行安全保卫规章制度体系已经基本建立。

会同有关部门共同组织对13座金库进行安全检查验收，另外审核了23座金库的设计方案。

根据2008年培训教育计划安排，在常州培训中心，举办了全行安全保卫部门负责人培训班，讲授了远程监控联网建设要领、远程监控系统运行及管理、银行安全检查工作要点及方法、电子银行安全及案件防范、安全保卫工作管理信息系统、银行自助设备安全管理及案件防范等课程。通过专业技能培训，加强了业务工作指导。

八、抓好信息沟通，主动协调工作关系

一是建立信息报送渠道，完善了安全保卫统计报表，使报表能够较全面地反映建设银行治安保卫、安全生产和突发事件的基础情况。申请立项的“安全保卫管理信息系统”项目已获有关部门批准，2009年可以完成开发。二是抓好信息的沟通和交流。2008年共编发《安全保卫动态》76期，全年摘编整理稿件在部门网页上发表快讯、经验性材料、安保知识等方面稿件266篇，“平安建行”专题信息45条。通过信息交流，及时传导中央和总行的方针政策、各地的经验和安全保卫的新情况，指导全行的安全保卫工作。三是加强与银监会、人民银行、公安、国家安全、安全生产监督管理等国家机关和总行有关部门的协调，争取相关部门对我行安全保卫工作的指导。

执笔：宋秀清

审稿：任亚民

党建工作与队伍建设

人力资源管理工作

2008 年是国内外经济金融形势复杂多变、面临严峻挑战的一年。我行人力资源管理工作以深入学习实践科学发展观为指导，坚持以人为本，以全行发展战略为导向，继续调整人力资源结构，大力选拔、培养核心人才，强化薪酬激励约束，促进规范用工，提高全员素质，为全行改革发展和战略转型提供了强有力的人力资源支持与保障。

一、大力开展深入学习实践科学发展观活动，认真做好党建工作

一是贯彻落实党的十七大和全国组织工作会议精神。在全行范围内组织学习有关文件，开展学习党的十七大精神知识竞赛活动，促进广大党员切实把握党的十七大报告的精神实质和思想内涵，统一全员思想。

二是组织开展深入学习实践科学发展观活动。上半年总行本部及三家试点分行严密部署、顺利开展了深入学习实践科学发展观试点活动，10 月全行系统全面铺开。指导各级党组织召开了专题民主生活会。在全行组织系统开展“讲党性、重品行、作表率”活动。通过学习培训、分析检查、整改提高、测评总结，集中解决突出问题，增强组织部门贯彻落实科学发展观的自觉性，促进组工干部在思想观念、素质能力、工作作风和工作方式上有了新转变、新进步、新提高。

三是表彰先进基层党组织、优秀共产党员和优秀党务工作者。对在全行改革发展和抗震救灾中涌现出来的先进基层党组织、优秀共产党员和优秀党务工作者进行了推荐评选与表彰，号召全行各级党组织和广大共产党员、党务工作者更好地发挥党组织战斗堡垒作用和共产党员先锋模范作用。

四是全力支持抗震救灾。动员组织全行广大基层党组织和共产党员全力支援抗震救灾工作，全行系统 123 065 名党员共交纳抗震救灾“特殊党费”47 570 178. 7 元，其中交纳 1 000 元以上的有 20 446 名，占全体党员的 16. 6%。

二、加强各级领导班子和干部队伍建设

一是按照总行党委统一部署，根据各一级分行、培训中心、总行部门领导班子建设需要和班子缺职情况，对 35 个一级分行、1 个培训中心的领导班子进行了调整补充，包括 9 个审计机构的总审计师和 8 个一级分行的风险总监；职务任免 159 人，任职 102 人，免职 57 人，任职中提拔任职 74 人，平级交流任职 24 人，涉及“一把手”调整的有 8 个一级分行；完成 23 名总行部门级领导人员推荐考察、职务聘任和交流任职的相关事宜。通过调整补充，加大了年轻干部的培养选拔力度，充实了一级分行领导力量，领导班子结构、功能得到进一步优化，领导人员队伍建设得到进一步加强。

二是认真落实中央对深入整治用人上不正之风工作部署，深入开展对全行干部选拔任用工作

的民主评议和监督检查工作，提高干部选拔任用工作的科学化、制度化、规范化水平，确保选人用人质量。印发了《中国建设银行关于深入整治用人上不正之风进一步提高选人用人公信度的意见》，开展干部选拔任用工作监督检查，组织民主评议、群众满意度测评、自查、重点抽查等。

三是审核分行上报后备人才材料。按照规定的比例数量、推荐集中度、性别、年龄等标准进行了严格审核，40 个单位共上报后备领导人员 309 名，平均年龄 43 岁。其中，女干部 51 人，占比为 16.5%；45 岁以下 224 人，占比为 72.5%；大学本科全日制及以上学历的 205 人，占比为 66.3%。

四是组织实施了 2007 年度一级分行和培训中心领导班子和领导人员的年度考核工作。修订了 2008 年度考核实施方案，对考核指标体系、集体述职方式、评分结构、考核评分范围与权重等进行了调整，以完善考核评价机制。

三、推进专业技术人员队伍建设

一是印发了《关于进一步推进专业技术岗位职务管理工作的意见》，在对全行专业技术岗位职务聘任管理情况进行书面调研、对总行主要业务部门进行专题调研的基础上，提出了进一步推进专业技术岗位职务管理工作的指导思想和措施。

二是组织各分行编制专业技术岗位职务聘任三年规划。根据各分行规划，2010 年专业技术岗位职务人员队伍将达到 10 万人，其中四级以上较高级别专业技术岗位职务人员约 7 000 人。

三是规范专业技术资格管理，组织全行高级专业技术资格评审。经总行高评委会评审，2008 年全行共有 499 名同志取得高级专业技术资格。按照相关程序，推荐选拔享受政府特殊津贴人员 3 名报送人事部。

四、完善人员总量管理，促进和谐劳动关系

一是积极探索人员总量管理新思路、新方法，着力提高人力资源配置的效率与水平，点面结合地开展优化人员总量管理的研究。在面上，以建立人员总量动态调控机制、引导分行和业务条线自觉控制人员总量为重点，开展了人员总量模型的研究。筛选出影响人力投入总量与效率的关键性指标，形成人员总量配置模型，将人员总量变化与业务发展变化结合起来。在点上，重点建立与业务部门的合作伙伴关系，密切人员变动与业务变化之间的关联度，增强人员配置的前瞻性和针对性，与个人部合作完成了《中国建设银行贵宾理财中心建设与发展规划》，并形成了理财中心人员总量配备模型，首次对机构的功能定位、业务发展、流程设计与岗位设置、人员配备等进行了整体构思、同步考虑，对开展人力资源配置和规划进行了有益的探索。

二是稳步推进《劳动合同法》的贯彻实施，规范劳动合同管理，维护员工合法权益，构建和谐劳动关系。做好《劳动合同法》的宣传培训工作，使全行上下全面、准确地了解《劳动合同法》的相关内容，统一思想认识；指导各级分行依法与员工订立书面劳动合同，实现劳动合同签订全覆盖；健全内部规章制度，规范劳动合同管理。进一步规范劳务派遣制用工的管理；对各级机构贯彻落实《劳动合同法》情况进行监督检查，确保员工合法权益落到实处。目前，《劳动合同法》贯彻落实工作积极稳健，全行用工情况也发生了明显变化。今年以来员工信访中涉及劳动关系方面的来访明显减少。

五、完善薪酬分配制度，强化激励与约束

一是完善人力费用预算管理，优化资源配置。积极与外部监管部门沟通，在国家加强收入分配宏观调控的外部形势下，积极争取有利于全行发展的工效挂钩政策和工资总额指标；会同财会部完善分行员工费用总量分配管理办法，改进薪点工资总量的核定方法和调整程序，推行岗位工资总量预算以促进全行岗位体系建设。进一步细化完善 38 个总审计室、19 个总行直属中心和总行机关各部门的预算管理制度。配合新劳动合同法实施，规范劳务费用预算编制。对艰苦地区和困难分行人力费用进行平衡调剂，在强调效率和贡献度的同时增强工资保障功能。积极消化历史遗留问题，预提内退人员福利负债 90 亿元，妥善做好信息披露和内部管理工作，确保内外部反应平稳。

二是构建分类分层、统筹联动的各类群员工再分配制度。完善分行级领导年薪分配方案，配套跟进分行年薪制人员工资由总行集中发放后的福利与税务管理；将员工工资结构由基本工资和绩效工资两项调整为薪点工资、岗位工资、绩效工资三项，逐步体现员工岗位差异；根据社会平

均工资变化适时调整员工薪点值，进一步落实“两个不低于”政策，增强基层员工的工资保障；推进落实买单制等计件工资制度，促进全行战略业务发展；约束管理行本部工资增长，促进机关向基层分流；配合新劳动法实施，做好短期工、劳务工与中长期员工的薪酬政策对接工作。合理调整离退休人员统筹外养老金标准和内退人员费用标准。

三是夯实管理基础，提高服务质量。开展全行企业年金专户、基本养老保险基金专户全面检查，委托审计部对企业年金管理进行专项审计。按照财政部要求，对员工持股计划建立和实施情况进行清理。整合、规范总行本部员工福利安排，完善员工补充医疗保障体系。试行部门绩效考核。编制员工薪酬手册，向员工完整反馈薪酬信息，增强薪酬政策的透明度。

六、大规模开展培训工作

一是认真贯彻落实中央对培训工作的部署与要求，及时下发了《关于在全行实施新一轮大规模员工教育培训的意见》，并配合我行开展学习实践科学发展观活动，开办了 5 期针对一级分行行级管理人员的科学发展观培训班，进一步提高其领导和推动科学发展的能力。

二是着力增强对全行培训工作的管理和指导，确保全年计划的落实与完成。全行培训呈现出规模庞大、渠道丰富、模式多样、受益面广和针对性强的良好局面，培训规模显著增长，培训覆盖面和受益面进一步提高。2008 年总行共举办各类培训班 431 期，培训 24 281 人次，培训工作量达 164 317 人天，投入培训费用约 7 400 万元。与 2007 年相比，培训期数增加 42%，受训人次数增加 70% 以上。

三是创新培训工作思路和方法，确保培训对业务发展和人才队伍建设直接有效地发挥作用。在清华大学举办银企高级研修班，将一级分行分管公司业务的行级管理人员和我行重要客户代表集中在一起培训，加深与客户关系，在客户中产生良好反响。大规模组织实施二级分行行级管理人员专题研究班，重点解决当前我行公司和零售业务发展的难点问题和热点问题，直接有效地促进了这两个条线的业务发展和转型。大力开展风险计量分析师（CQF）、国际注册内部审计师（CIA）、金融理财师（AFP 和 CFP）等国内外权威资格认证的培训，培养了一大批我行急需的专业骨干。

四是充分发挥境外培训资源优势，确保境外培训工作全面有序地开展。充分发挥境外战略投资者、海外分行和代表处、境外合作高校和香港培训中心等境外资源优势，大力开拓境外培训渠道，采取学习研修、跟岗培训、实地参观考察、经验分享等培训形式，加大对核心人才和优秀一线员工的境外培训力度。2008 年尽管受到诸多不利因素影响，但经过努力，境外培训计划顺利进行，共举办各类境外培训 78 期，培训 3 190 人次，其中，针对一线业务骨干举办了 43 期境外培训班，培训 1 895 人。

五是优化培训资源配置，确保提高培训覆盖面。积极倡导培训资源配置理念，培训资源配置向优先发展的业务倾斜、向战略重点倾斜、向一线员工倾斜。组织了更大规模的岗位培训考试，共开考 13 个岗位、23 个科目，涉及 10 个相关业务条线和部门，全行参加考试人数达 7 万多人。加大培训教材开发力度，协助相关部门完成《个人理财师》、《机构业务》、《电子银行业务》、《国际业务》、《信用卡业务》、《审计业务》等培训教材。加大一线员工赴境外培训力度，积极筹备、探索试行远程培训，集中力量加快远程培训学习系统建设。

七、加强条线人力资源管理

一是深化审计条线人力资源管理。优化审计条线机构设置，组建香港审计分部。推进审计条线岗位管理改革，确定各审计机构的岗位设置方案。通过人员调动、换岗锻炼、公开竞聘、互派骨干等方式，逐步建立科学合理的岗位流动机制，促进审计条线和驻地分行人员交流良性循环。全年累计交流到审计机构 117 人，调回到驻地分行 131 人。完善以定量考核、项目考核为主的关键业绩指标体系，实现了机构绩效、团队绩效、项目绩效和个人绩效的有机结合。

二是规范风险条线人力资源管理。配合相关部门制定下发了《贷款审批人管理办法》，明确贷款审批人岗位职责、职务聘任、绩效考核等制度安排。规范风险条线人员任职资格审查工作，明确资格条件、审查内容和上报流程等，全年共审核风险部门负责人、风险主管、风险经理 200 多人次。配合相关部门制定了《一级分行所在城市行风险条线集中管理指导意见》。该意见按照差别化原则，确定了大集中、总分部以及派驻人员三种风险管理模式。

三是全面提升信用卡中心人力资源管理。配合信用卡中心组织架构调整和运行中心建设，梳理团队职能，理顺管理关系，完善苏州、天津、兰州运行中心内部组织架构和职能。组织开展高级经理级人员选拔聘任工作，进一步充实中层管理人员力量。建立后备人才队伍，启动培养计划，稳步推进信用卡中心专业技术岗位职务聘任工作，拓宽员工晋升渠道。加大经办岗位职务聘任考核力度，探索建立适合信用卡业务经营管理特点的经办岗位职务管理机制。根据业务发展要求和人员状况，做好应届大学毕业生和信用卡营销、客服、催收等紧缺岗位劳务人员的招聘工作，初步建立全行信用卡发卡直销人员队伍。进一步优化薪酬、培训资源配置，有效提高员工满意度。根据总行党委要求，成立信用卡中心党委，建立健全党的组织机构和工作机构。成立了中心工会和团委，党工团合力作用得到较好发挥，为业务发展提供了有力的保障。

四是积极推进电子银行条线人力资源管理。积极参与配合总行业务支持中心建设规划工作，研究电子银行条线各中心合理布局；通过应届毕业生招聘、社会招聘、系统内招聘等多种方式，为电子银行各中心充实业务骨干、坐席员等，有力地支持了电子银行业务的快速发展。

五是探索信息技术条线人力资源管理改革。参与组建香港 IT 支持中心、设立个贷系统支持中心。通过多种渠道补充信息技术各中心人员，保障技术开发力量。推进信息技术专业技术岗位职务管理，拓宽员工晋升渠道。启动信息技术条线人力资源改革项目，旨在建立适合信息技术条线情况和特点的岗位体系、职务体系、绩效体系和薪酬体系。实施了员工帮助计划，帮助员工缓解工作压力，体现人文关怀。实施了新入职员工导师制，帮助新行员尽快熟悉行内规章制度、工作流程。

八、提升人力资源管理信息化建设

优化人力资源管理系统运行，在人力资源管理系统中增加了年薪制人员统一发薪流程，增设了员工个人所得税申报模块，对弹性福利功能进行了优化，督促各级分支行加强系统监控和管理，提高了信息质量。完成了全行统一招聘平台系统上线，实现了各分行招聘工作一体化、全流程处理。

执笔：张　洋

审稿：刘　英

反腐倡廉与纪检监察

一、积极促进领导人员廉洁合规从业

全行认真学习贯彻中央对党政领导干部和国有企业领导人员廉洁自律提出的各项要求。总行党委下发了《关于严格执行廉洁自律六项要求的补充通知》、《中国建设银行总行管理的领导人员任前廉政谈话实施意见》。在学习实践科学发展观活动中，总行党委针对全行各级领导人员在廉洁自律和作风建设方面存在的问题，提出了“进一步加强教育引导”和“对商业贿赂、利益输送、亲友回避等问题”等整改措施；各级领导人员认真分析查找自身与科学发展观及各项廉洁从业要求不适应、不符合的问题，并切实加以整改。

总行进一步加强了巡视工作，将原来挂靠纪委的巡视办明确为常设机构，与纪检监察部合署办公，并加强了巡视力量；对安徽、江西、贵州、云南、西藏、青海、苏州、宁波 8 个分行开展了巡视工作，针对巡视发现的问题提出整改意见，促进了被巡视分行领导班子建设和管理水平的提高。

通过严格执行“三重一大”（重大事项决策、重要干部任免、重要项目安排及大额度资金使

用）集体决策、廉政谈话、重大事项报告等制度，实施任期和离任责任审计、行务公开等监督措施，在促进领导人员廉洁从业方面取得了良好效果。据统计，全行各级机构开展廉政谈话15 777人次，述职述廉14 972人次，执行领导人员个人重大事项报告8 792人次；清理个人经商办企业304人次，任期和离任责任审计1 641人，有939人主动上交未能拒收的现金、有价证券和支付凭证384.02万元，全行共减少出国（境）学习考察31批次。

二、大力推进案件查防工作

全行继续深入推进《案件防控及整改方案》（以下简称《方案》），定期进行跟踪督办，组织开展专项效能监察活动，及时召开全行案件防控工作视频会议、各级机构案件防控工作联席会议，《方案》提出的绝大部分措施得到了较好落实。总行制定下发《案件管理办法》，实现了对案件从发现到结案、整改的全流程管理。总行和一级分行加大了案件直接查办力度，及时派出工作组指导和参与办案。对于新发案件，案发机构和上级业务主管部门坚持“一案一整改”和“双线整改”的原则，深入查找案件中存在的问题并逐一落实整改；对于上年案件风险比较突出的分支机构，总行和一级分行实行了重点联系行制度，予以重点指导和监督。建立“案件防控工作动态”等专门性的工作信息互动平台，加强案件信息交流和工作指导；建立案件防控专项课题调研制度，并形成了有一定价值的研究成果。总行研究制定了《员工行为排查办法》，开发试运行了员工行为排查系统，各分行结合自身情况认真开展了多轮次的排查活动，发现并消除了不少案件隐患。总行和被审计的六个分行纪检监察部门积极配合国家审计署审计检查，对审计发现的案件线索和违规问题认真组织核实；各级行对内部审计检查、稽核和业务监测系统发现的违规问题和案件风险也及时组织了核查处理。

全行共立案查处各类案件10件，比上年减少8件，下降44.4%；涉案金额1 669万元，比上年减少了330万元，下降16.5%；风险金额为670万元，比上年减少了845万元，下降55.8%；百万元以上案件数量与上年持平。

三、全面强化对违规失职行为的问责

总行修订了《违规失职行为处理办法》、《轻微违规行为积分管理办法》，完善了违规失职行为处理操作规程和党纪处分操作规程，进一步健全了违规失职惩戒规范体系和审理工作机制。总行进一步上收责任追究的审理权限，规定所有案件以及涉及金额亿元以上、性质严重违规问题的处理均需报总行核准；坚持按照经办、管理、领导三个层面，对每一起案件和违规问题进行全面问责。

深入开展授信业务责任认定工作。全行完成责任认定17 770笔，涉及贷款金额197.79亿元，涉及当事人员13 992人，经责任认定应承担主观责任人员为3 901人。全行通过开展责任认定工作，从实施责任认定项目中回收贷款本息64.39亿元，对于增强合法守规的信贷经营意识、提升信贷经营管理水平发挥了积极作用。全行共处理违规失职人员5 787人，其中一级分行负责人14人，二级分行负责人473人，县级支行负责人799人，基层网点负责人579人，其他人员3 922人。积分管理工作推进力度进一步加大，全行共对57 408名违规员工进行了积分，较上年增加7 957人，积分人次79 885人次，较上年增加866人次，积分管理工作的成效进一步显现。

四、认真处理群众信访举报的问题

全行进一步强化信访举报工作的基础管理，加强信访举报信息汇集分析工作，进一步促进了各行解决信访问题能力的提高。总行制定下发了《信访举报督办工作办法》，加大对信访举报的督办工作力度。各分行也积极开展信访举报的核查和处理，认真查处群众反映突出的问题，及时化解不稳定因素，促进了全行的和谐。

全行纪检监察系统共受理信访举报1 004件，同比下降40%，其中总行纪检监察部受理信访举报406件，与上年基本持平。全行继续加大了信访核查处理力度，对上级机关批查、总行领导批示的信访件，总行尽可能组织核查；对部分署名真实、线索清楚、内容具体、反映问题突出的信访举报，由分行组织核查并上报总行。对于查实的问题，按照有关规定进行了严肃处理。全行通过信访核查，对60人进行了党政纪处理，对249人进行了提醒谈话或诫勉谈话，对140人进行了经济处罚。

五、深入推进惩防体系建设和源头治本工作

中央颁布了《建立健全惩治和预防腐败体系2008—2012年工作规划》后，总行及时下发了《中国建设银行建立健全惩治和预防腐败体系2008—2012年工作实施意见》，各级行认真组织学习宣传和贯彻落实，教育、制度、监督、改革、案件查防、纠风等方面的工作呈现整体推进的态势。

全行围绕2007年郭树清董事长提出的“十项治本措施”，相继出台了一些重大改革举措，启动了一批系统工程，内部管理的体制机制得到进一步完善，各项“治本措施”预防腐败和防范风险的效应取得了阶段性成效。在全行深入学习实践科学发展观活动中，总行党委通过深入学习和调研，提出了加快渠道建设和网点转型、推进专业化经营和机构扁平化改革、强化产品创新基础和流程标准化建设、改进风险管理政策和工具等整改措施，并在全行深入开展整改，从源头上有效地促进了反腐倡廉的基础建设。

全行以学习宣传《员工职业操守》为重点，深入开展各类反腐倡廉教育活动，共举办各类报告974场，受教育人数达29.98万人次；全行进一步加强反腐倡廉制度建设，共制定、修订相关规章制度和规范性文件527件；各级纪检监察部门与风险、审计等相关部门积极配合，对信贷审批、人事任免、财务支出、集中采购等关键业务领域和环节实施重点监督，共开展各类专项或综合检查200余次，立项并实施了145个效能监察项目，各级纪检监察部门参加集中采购监督22 432项，涉及金额177亿元，对推进规范、优质采购起到了重要作用。

六、努力提高纪检监察队伍素质

全行纪检监察组织建设得到了一定加强，人员队伍在总量上保持了相对稳定，整体素质有了一定程度的提高。截至2008年底，全行共设有363个纪检监察部门，共配备专职纪检监察人员2 473人，兼职1 676人。总行将授信业务责任认定职能划归纪检监察部门，进一步拓宽纪检监察的监督领域。加大纪检监察干部的选拔配备力度，总行党委选配并异地交流了13位一级分行纪委书记，一级分行纪委书记绝大多数已配备到位；各分行也加大了纪检监察部干部的选拔配备力度，一批德才兼备、年富力强的干部被选拔到纪检监察领导岗位上来。进一步加大纪检监察工作人员的培训力度，总行先后举办了纪委书记研讨会、纪检监察部负责人和业务骨干培训班、纪检监察特派员培训班，依托中央纪委3个培训中心，对二级分行纪委书记开展轮训，共培训6批135人次；各分行也加大了培训力度，共举办不同形式的培训31期，参训人员到达2 983人次。全行纪检监察管理系统正式上线运行，促进了纪检监察工作手段和方式的改进，全行纪检监察工作信息化水平进一步提高。

执笔：赵向永

审稿：刘文锦

公共关系与企业文化建设

一、认真组织学习实践科学发展观活动试点工作，进一步确立科学发展理念

从4月初开始到8月上旬，认真组织深入学习实践科学发展观的各项试点活动。通过组织学习中央和总行党委的各项部署与要求，制订学习计划、开展专题学习教育、组织专题调研、查找部门存在的突出问题、落实整改措施等方法和步骤，较好地总结了我行股改上市以来践行科学发展观、推进全行公共关系与企业文化建设工作的成绩和经验，查找并积极解决影响制约工作的突出问题，确立了符合实际的科学发展理念，为推进公共关系与企业文化建设工作，更好地服务和支持全行的改革与发展奠定了良好基础。活动期间，组织集中收看总行统一安排的6次视频学习讲座；组织部门集中学习活动12次；重点围绕“建行企业文化建设现状、问题及改进措施的分析”等6个调研课题开展专题调研；查找部门存在的突出问题24项，有10个整改项目在试点期间取得阶段性成果；建立和完善了相关制度规定，为推进工作落实提供了制度保障。部门《坚持“两不误，两促进”配合抗震救灾，着力做好新闻宣传工作》等做法，在总行试点办公室《工作简报》上得到了介绍和推广。

二、深入开展建行价值理念学习与实践活动，全面推进企业文化建设

一是继续开展学习实践建行价值理念及规范操守活动。重点组织了学习培训、文化故事征集、《员工手册》网上答题、“我的建行，我的生活”征文等活动，增强各级人员的认知认同。全行各分支机构举办各类学习培训班5 255期，参加培训人员32.25万人次，26.9万员工参与《员工手册》网上问答活动，参与率达83.79 %，共征集60多个文化故事，收到征文作品4 075篇。

二是继续推进“以客户为中心”的服务文化建设。重点是提炼服务文化“标杆”项目、开展服务质量“对照、查找、整改”活动、推进优质服务和长效机制建设等工作，及时总结推广天津市分行深化长效机制建设、上海市分行强化柜面服务管理、湖南省分行全面开展创建“南大服务型网点”活动、辽宁省分行开展服务流程标杆管理和客户满意度调查等方面的经验做法。

三是大力推进企业文化建设示范点工作。通过召开研讨会、完善管理办法、总结推广经验等方法，总结提炼了厦门市分行、山西阳泉分行、北京东四支行等10个示范点单位在服务文化管理长效机制、以山西红梅理财中心服务模式和阳泉分行文化管理模式为主要内容的标杆管理、四级党员责任区管理模式等方面的典型经验和做法，通过《建设银行报》等进行宣传，以发挥其示范带头作用。

三、紧紧围绕发展战略，积极应对突发事件，不断提高新闻宣传的价值创造力

一是围绕全行战略和业务发展积极开展新闻宣传工作。重点是做好“两会”、年报及中期业绩发布、科学发展观试点、服务奥运会等宣传报道工作。邀请国内外90多家媒体赴深圳、香港等地参加我行年报及中期业绩发布会，协调《人民日报》等媒体在重要位置宣传我行科学发展观试点工作报道，组织奥运宣传营销工作，组织媒体专题采访浙江中小企业服务创新情况。全年共协调安排总行领导重大采访活动86次，总行部门负责人接受采访141次；组织协调安排业绩新闻发布会、签约仪式、营销活动及总行领导和高管层公关等重大活动262次，邀请媒体在京内外参加活动80多批次；全行共在国内外媒体刊播各种宣传稿件22 923篇（次），在中央级主流媒体刊发稿件17 856篇（次）。

二是做好重大、突发事件的深度宣传。针对南方冰雪灾害和“5·12”汶川特大地震，快速

反应，主动策划，仅总行就先后对外发布40多篇重点稿件，组织主流媒体采访我行领导和有关部门负责人12次；在内外网站设立抗震救灾专题网页，首次就同一主题加强内外部同步宣传并随时更新，及时全面地报道了我行心系灾区、全行动员、捐款献血、服务创新、全力抗灾情况。据统计，抗灾期间共刊播3 700多篇，发稿量居同业前列。

三是加强社会舆情引导。重点在社会关注、媒体炒作的热点、敏感问题上，加强宣传策划，组织专题报道，形成良好的宣传效应。制订针对国有银行“贱卖论”的宣传方案，组织刊发正面报道稿件42篇，总计约15万字，有近500家平面和网络媒体也给予刊载。

四是加强舆情监测。通过编辑《媒体监测快报》、《舆情分析参考》等刊物，实现了每日信息监测不间断、重要舆情有分析、负面新闻有预警。全年共汇编《媒体监测快报》258期，建立并完善网络评论员队伍，开展对网上舆情监测和舆情引导。

五是协调参与国内外各项公关活动。协助参加全行性有关奖项参评50次，获得包括“最佳中资银行”、“公司管制卓越奖”等在内的有关奖项120个；协助有关业务部门参加奖项评选20个，协调总行领导和有关业务部门参加有关颁奖活动15次，组织协调起草各种参评材料60份，共计12万字。

四、大力推进品牌建设，积极支持业务发展和战略转型

一是加强视觉形象建设。持续推进网点视觉形象改造，进一步规范了网点视觉形象；推出电子银行服务区、私人银行、个人客户体验区形象标准以及与服务奥运相配套的服务标识；基本完成了全行网点员工统一换装和胸徽佩戴工作。全年改造或新建营业网点3 276个，财富管理中心40家，私人银行3家，电子银行服务区18个，初步形成了整体和谐、互为补充的多层次、多渠道视觉形象体系。

二是广泛开展广告营销。先后推出了建设银行行财富、私人银行、手机银行等20款富有新意的产品广告，广告创意、设计水平有了进一步提高；制作了4个电子银行业务等视频宣传片；针对抗震救灾、抗击冰雪等重大事件，及时调整广告发布主题和内容；组织召开奥运营销专题会议，对营业网点视觉形象专门提出要求，增设奥运服务标识和相关助残设施，调整广告内容；支持和参与相关部门营销活动，牵头组织2008年中国国际金融服务展。据不完全统计，全行广告投入约4.5亿元。

三是加强基础管理。修订完善《品牌管理暂行办法》、《品牌管理指导意见》，进一步理清品牌管理工作思路；建立并完善广告营销联系人例会等制度，规范广告运行；全面梳理并制定了广告合作媒体及广告代理公司新的遴选标准，建立了公用媒体库；加强采购前期管理，完成了首都机场新航站楼广告位等一系列采购任务。

五、积极投身抗震救灾工作，自觉承担全面的企业公民责任

一是全力支持抢险救灾工作。“5·12”汶川大地震发生后，总行党委立即作出部署，启动应急预案，动员全行投身抗震救灾之中，并发动全行员工捐款捐物，全行迅速在受灾地区设立帐篷银行、板房银行等临时营业点并恢复营业；很短时间内开辟了各种金融服务“绿色通道”，共发放抗震救灾贷款125亿元；本着特事特办的原则，出台了“免收抗震救灾汇款结算手续费”等一系列措施，为受灾地区客户提供系列金融服务；抗震救灾期间，全行共计捐款1.79亿元，其中：全行30万员工以个人捐款、特殊党费、特殊团费的形式捐款达1.36亿元，以单位形式捐款4 000万元。向抗震救灾解放军和武警部队捐款300万元，并实施“中国建设银行抗震救灾英雄特别慰问计划”。另外，年初南方冰雪灾害发生后，全行共向受灾严重的10个省份捐款1 200万元。

二是认真实施各项公益及商业赞助项目。2008年，继续落实“中国贫困英模母亲建设银行资助计划”。全行有37家一级分行参加了英模母亲项目，共实施资助了1 787名英模母亲。继续扎实推进“建设未来——贫困高中生成长计划”助学项目，全行有30个一级分行参加了成长计划项目的实施，共资助了546个学校，13 325名贫困高中生。其中，有102名优秀高中生获得成长计划的“成长先锋”奖，有2 353名受资助的高中生考上大学。据统计，今年我行共开展7个长期公益项目和2个商业赞助项目，全年项目投入总额约为2.04亿元人民币。

三是编制和发布了我行2007年度社会责任报告。报告重点从支持环境保护、促进民生改善、

优化产品服务、关注员工成长、推动诚信社会建设、投身公益事业六个方面详细阐述了我行履行社会责任的业绩，与2006年相比，增加了更多的数据和案例，在内容的广度和深度上都有了长足进步。报告首次披露了我行的发展战略目标；首次引入了利益相关者的参与内容；首次聘请了独立第三方机构对报告进行鉴证，并公开披露了鉴证内容；首次披露了我行反腐倡廉的举措；首次向公众展示了我行志愿者的风采。

六、持续做好新形势下党团建设工作，为推进全行改革与发展提供精神动力和思想保障

一是认真做好党委中心组学习的协调和服务工作。2008年，总行党委中心组将学习实践科学发展观作为首要任务，以专题研讨、辅导讲座（视频）、培训班、党委（扩大）会等形式开展了27次学习活动，其中举办高层次专题讲座和研讨8次，组织科学发展观高级培训班4期。学习内容主要包括科学发展观、中央精神与政策要求、经济金融形势与国际局势，以及经济社会科学发展等。同时，重视建立健全学习制度，加强对各级党委中心组学习的督促指导和规范管理，制定了《中国建设银行学习实践科学发展观中长期规划》；转发中央《关于进一步加强和改进党委（党组）中心组学习的意见》，对贯彻落实中央精神提出具体要求；印发《中心组学习参考资料》12期；发送《学习活页文选》36期。

二是开展员工思想教育工作。组织召开基层员工思想政治工作座谈会，开展员工情绪管理及压力管理；组织2008年全国金融系统思想政治工作"双先"、建设社会主义新农村"双先"评选推荐工作，以及思想政治工作和企业文化建设优秀论文、优秀创新成果的征集、评审、推荐工作。我行共有14个单位、20名个人荣获全国金融系统2007年度思想政治工作先进单位、先进个人和建设社会主义新农村先进集体、先进工作者称号。

三是大力开展文明创建活动。组织召开文明创建工作研讨会；修订下发《关于评选表彰中国建设银行文明单位管理办法》，进一步规范了总行级文明单位的评选表彰工作；组织总行级文明单位推荐申报工作，根据自愿申报、逐级推荐、提前公示、择优评选等程序和要求，评选并表彰北京东四支行等127个单位为第二届总行级文明单位；组织全国级文明单位推荐申报工作，经总行党委审定，推荐了上海宝钢宝山支行等10个单位报送中央文明办，并鼓励部分分行通过当地政府进行申报。经过系统和当地政府申报推荐、中央文明委审定，上海宝钢宝山支行等7个单位获"全国文明单位"称号，北京西四支行等9个单位获"全国精神文明建设工作先进单位"称号。

四是深入推进共青团和青年工作。重点开展了"实践科学发展观，建功成才在建行"青年论坛、交纳特殊团费和青年志愿者活动、"微笑奥运，善建和谐——建行青年喜迎奥运助建家园"活动、"我与建行共成长"活动以及十杰评选表彰等活动，涌现出一大批青年先进集体和个人。浙江省分行公司业务部、网络银行业务部总经理王叶毅等10人被评为我行第七届十大杰出青年；山西临汾分行副行长、红梅理财中心主任王红梅入选"中国十大杰出青年"30强；山东济南历下支行何晓、重庆市分行团委书记王栎分别荣获团中央授予的第十二届"中国青年五四奖章"、"全国优秀团干部"称号；四川绵竹支行汉旺分理处等4个集体和四川德阳什邡支行吕春等3名个人荣获金融系统抗震救灾先进青年集体和个人；北京丰台支行营业部廉弈聪等50名个人荣获"中国建设银行金融青年服务标兵"，其中，北京丰台支行营业部廉弈聪还荣获中央金融团工委授予的2008年度"全国金融青年服务标兵"荣誉称号，天津和平支行新文化分理处蔡庆等5名同志荣获中央金融团工委授予的2008年度"全国金融青年服务明星"荣誉称号；北京宣武支行金融街储蓄所等72家单位被新命名为总行级青年文明号；北京密云支行南大街储蓄所黄海丽等157名青年员工被评选为总行级青年岗位能手；北京东四支行营业部等45个青年集体被团中央新命名为2007年度全国青年文明号。

执笔：陈　曦

审稿：胡昌苗

统稿：安瑛晖

机关党委工作

一、把学习和运用马克思主义中国化最新成果作为思想理论建设的首要任务，扎实推进理论武装工作，加强理想信念

深入开展十七届三中全会精神的学习贯彻。十七届三中全会闭幕后，机关党委及时下发学习通知，对学习贯彻作出具体安排，提出明确要求，指导各基层党组织迅速进行传达贯彻，迅速掀起新的学习热潮。

加强党员理想信念教育和思想道德建设。广泛开展了国情教育、形势政策教育、爱国主义教育、社会主义荣辱观教育，积极推进社会主义核心价值体系建设，引导广大党员干部讲党性、重品行、作表率，进一步增强了对党的领导、社会主义制度、改革开放事业、全面建设小康社会的信心。

积极推进理论武装工作。进一步完善理论武装工作格局，加强对支部理论学习中心组的建设，加强机关党委网络的建设，提升载体的传递、引导和带动功能，充分地调动了广大党员学习理论的积极性、主动性，推进了理论武装工作的深入发展。

二、基层基础工作不断巩固，基层党组织和党员队伍建设跃上新台阶

大力加强基层党组织建设。一年来，共完成了3个党支部（总支）的新建、12个党支部（总支）的换届改选和缺额补选工作，及时健全了基层党组织，充实了支部班子，为充分发挥党建为业务工作提供支撑和保障作用夯实了组织基础。

切实做好党员教育管理工作。严格执行发展党员工作程序，入党积极分子的培养教育，党员发展各个环节工作进一步规范。全年举办发展对象培训班1期，培训发展对象66名，接收了50名中共预备党员，审议批准了46名预备党员转正。

以民主生活会为抓手，不断加强支部班子思想政治建设。机关党委专门下发了《总行本部关于召开2008年度党员领导干部民主生活会及征求对总行党委意见和建议的通知》，对民主生活会作出安排、提出要求。在党支部召开民主生活会期间，派联络员到支部参加会议，对支部进行面对面的指导。通过召开民主生活会，支部班子思想政治建设和解决实际问题的能力进一步增强。

认真做好统一战线工作。组织民主党派人士到天津滨海新区进行了参观考察。通过实地参观考察，不仅加深了对改革开放30周年伟大成果的了解，增进了相互的交流与了解，而且对民主党派人士更好地学习贯彻党的十七大精神，为建设银行改革和发展献计献策，起到了积极作用。

严格程序，做好“两优一先”评选表彰工作。组织开展了“两优一先”推荐表彰活动。机关党委对10个先进基层党组织、64名优秀共产党员和32名优秀党务工作者予以了通报表彰，进一步调动了各基层党支部和广大党员的积极性、主动性和创造性。同时推荐出受总行党委表彰的优秀共产党员2名、党务工作者1名和基层党组织1个。

三、认真学习贯彻《建立健全惩治和预防腐败体系2008—2012年工作规划》，总行本部反腐倡廉建设更加深入

总行机关党委认真贯彻落实胡锦涛总书记关于倡导“八个方面”良好风气的重要讲话，把新形势下党员作风建设放在更加突出的位置。以理想信念教育和权力观教育为重点，组织广大党员深入学习中国共产党第十七届中央纪律检查委员会第二次全体会议精神、胡锦涛总书记在第十七届中央纪委二次全会上的重要讲话精神和贺国强同志的工作报告，学习国务院廉政工作会议精神

和2008年建设银行纪检监察工作会议精神；把反腐倡廉教育同社会公德教育、职业道德教育、家庭美德教育和个人品德教育结合起来，通过观看警示教育专题片、开展座谈讨论、党员领导干部上廉政党课等形式，引导广大党员自觉遵守党的政治纪律、组织纪律，讲党性、重品行、作表率；认真贯彻落实《建立健全惩治和预防腐败体系2008—2012年工作规划》（以下简称《工作规划》），及时研究制定总行本部的实施办法，组织开展学习贯彻《工作规划》活动。机关党委为基层党组织和党员提供了《工作规划》的学习资料和辅导材料，为支部下发了刘金宝案件警示教育光盘。同时，为推动学习活动的深入开展，组织广大党员参加了《工作规划》答题活动。通过答题活动，广大党员学习了解了《工作规划》的主要内容，深刻领会和把握了《工作规划》的精神实质，进一步坚定了反腐倡廉的信心。

四、积极应对冰雪、地震灾害和金融危机，认真做好各项工作

组织开展向灾区人民献爱心活动。南方冰雪灾害和汶川地震灾害发生后，机关党委充分发挥党组织的政治优势，迅速反应，于第一时间启动了“心系灾区、重建家园”抗震救灾爱心大行动。从总行领导到普通员工，从新入行员工到离退休老同志，从在京员工到在国外、京外工作的同志纷纷伸出援助之手，慷慨解囊，把饱含关爱之情的一笔笔善款捐向灾区，充分体现了总行本部广大员工扶贫济困、团结友爱，一方有难、八方支援的传统美德。据不完全统计，今年，总行员工共向灾区捐款307万余元，棉衣棉被3 360余件。

组织广大党员、团员以“特殊党费”、“特殊团费”的形式献出了特别爱心。机关党委及时转发了《关于做好部分党员交纳“特殊党费”用于支援抗震救灾工作的通知》，要求各党支部（总支）及时传达文件精神，尊重和鼓励党员通过交纳大额党费的形式捐款，表达支援灾区的心愿，支援抗震救灾工作。总行各级领导带头，机关54个党支部2 543名党员交纳了3 268 641.31元特殊党费，人均交纳1 285元，其中交纳1 000元以上的党员1 566名，占党员总人数的62%，交纳最多的为5万元。

积极开展形势任务教育。及时转发总行党委《关于认真学习贯彻胡锦涛同志在抗震救灾先进基层党组织和优秀共产党员代表座谈会上重要讲话精神的通知》的通知，组织广大党员群众认真学习在抗震救灾斗争中涌现出来的英雄模范人物的先进思想和模范事迹，引导党员自觉地用抗震救灾英模事迹的活教材激励自己，以实际行动大力弘扬抗震救灾伟大精神；面对国际金融危机的严重冲击，组织广大党员学习贯彻中央进一步扩大内需、促进经济增长的政策措施，扎实做好本职工作，在有效化解金融危机带来的不利影响、保持业务平稳较快发展的过程中发挥了重要作用。

五、以赴江苏、浙江进行主题考察活动为重点，组织开展了纪念建党87周年和改革开放30周年活动

把开展纪念活动作为加强机关党建工作的重要举措。按照中央国家机关工委《关于组织开展“纪念改革开放三十周年”主题党日活动的通知》要求，机关党委及时下发通知，对总行本部开展纪念活动进行了部署，明确了指导思想，提出了具体要求，并向各基层党支部返还2008年度部分党费，作为主题党日活动专项经费。

组织开展学习教育活动。组织广大党员认真学习胡锦涛总书记在纪念党的十一届三中全会召开30周年大会上的重要讲话精神，引导广大党员进一步增强走中国特色社会主义道路的自觉性和坚定性；认真组织学习贯彻中央经济工作会议精神，引导广大党员把科学发展观的要求贯彻到保持业务平稳较快发展的各项工作中；认真组织学习一系列反映改革开放30周年国民经济、民主政治、社会主义新农村建设等多方面取得辉煌成就的文献资料，组织党员参观《复兴之路》大型展览，组织妇女员工参观航天城等各种学习教育活动，使广大党员干部回顾改革开放伟大历程，充分了解和认识改革开放在实现中华民族伟大复兴中发挥的巨大作用，进一步增强了推进改革开放的坚定性和自觉性。

组织开展赴江苏、浙江学习考察活动。作为纪念活动的一项重要内容，今年10月，机关党委组织带领总行本部优秀党团员及员工分赴浙江和江苏进行了实地学习考察。考察期间，大家通过参观不同的城市，走访著名的企业，亲身感受当地经济、政治、文化、社会和生态文明建设发展的巨大成就，广大党员从不同的侧面，切身感受

改革开放30年来我国政治、经济、文化和社会建设等方面取得的巨大成就，普遍接受了一次爱党、爱国主义教育，进一步鼓舞了士气，坚定了对马克思主义的信仰、对共产主义的信念、对走建设中国特色社会主义道路和贯彻落实科学发展观的信心。

六、以迎接奥运、宣传奥运、服务奥运为重点，组织开展了群众性精神文明创建活动

大力宣传奥林匹克精神，广泛开展系列创建活动。动员广大员工积极参与到迎接奥运、宣传奥运、参与奥运、服务奥运的热潮中，组织广大员工参加"迎奥运、讲礼仪、作表率"奥运知识竞赛活动；组织网球协会参加了金融工会举办的全国金融系统网球赛，并获得了青年组男女单打第一名、中年组混双第一名和男子双打第二名的好成绩；组织乒乓球协会参加了中央国家机关第五届"公仆杯"乒乓球联赛，荣获了三项冠军和一项亚军；组队参加了人民银行、工商银行、农业银行、中国银行、建设银行五行青年羽毛球赛和金融街社区羽毛球赛；组织桥牌协会、围棋协会举办了系列棋牌活动；组织举办了"妇女节，展风采"总行本部舞蹈大赛，总行32个部门500余人参与比赛；邀请佳能公司举办了两期摄影器材及人像摄影讲座；组织摄影爱好者参加了金融工委组织的摄影观摩和金融街老照片征集及摄影活动。通过组织开展一系列健康向上的文化体育活动，进一步活跃了机关文化生活，增进了员工身心健康、释放了压力、增进了友谊，增强了集体凝聚力，对总行本部各项工作的落实，效率的提高，起到了积极的推动作用。

牢固树立服务意识和服务理念，努力为广大员工办实事，办好事。机关党委在抓好党建工作的同时，充分发挥机关工会等群众组织的职能作用，积极从关心和维护员工的切身利益出发，努力为员工办实事，办好事。每逢元旦、春节等重大节日期间，都为党支部发放节日活动经费，为员工购买电影票，组织各种联谊联欢活动；积极慰问老党员和生活困难党员，看望生病住院以及生活困难的职工；为总行机关全体员工集体办理交通意外伤害保险，并为广大员工办理了公园年票；为4名患病员工发放了9万元的医疗互助基金救助款；八一建军节向总行202名复转军人发出了慰问信，赠送了礼物；组织举办了建国五十九周年迎国庆合唱比赛；中秋佳节，为家在外地的单身员工发放了节日礼物卡，使员工进一步感受了建设银行大家庭的温暖与和谐。

以企业公民责任为己任，无私奉献，回报社会。组织到河北张家口，北京门头沟、平谷、昌平等贫困山区小学开展捐资助学活动。2008年4月，联合金融街十余家单位，赴北京门头沟区龙门小学，组织举办了"迎奥运，手拉手，献爱心"捐资助学活动。本部1 700余名员工为龙门小学捐赠文具2 100件、书籍960本、衣物880件。此外，还分别组织赴河北省张家口市宣平堡乡，北京平谷区镇罗营乡、西凡各庄乡和昌平区等四所偏远山区学校开展了捐赠电脑活动。这些爱心活动均受到了当地政府和广大师生的热烈欢迎和高度赞扬，树立了良好的社会形象。

七、围绕服务全行中心工作，积极开展适合青年的活动，广大青年员工的价值理念进一步提升

深入开展科学发展观学习实践活动。带领广大团干部和团员青年深刻领会科学发展观的科学内涵、精神实质和根本要求，提高运用科学发展观指导实践、推动工作的能力。通过组织开展"实践科学发展观，建功成才在建行"征文活动，促进青年员工把本职工作与学习实践活动紧密结合起来，取得了较好的实效。

组织动员青年员工积极投身抗震救灾活动。机关团委积极响应上级号召，动员和发动广大青年员工迅速行动起来，积极开展捐款捐物、交纳特殊团费等活动。总行机关2 451名团员青年交纳特殊团费19万余元。积极响应团中央号召，选派财务会计部郑宝才同志赴陕西省扶风县挂职锻炼，帮助灾区基层团组织开展灾后重建工作。号召青年员工为陕西省扶风县的小学生进行爱心捐献。总行24个部门的300多名员工捐献了2 400多本图书，在当地产生强烈反响。

围绕业务中心工作，引导和组织青年员工为我行业务发展作贡献。与总行信用卡中心组织开展了"刷出精彩生活，圆梦一汽大众"龙卡信用卡汽车分期团购活动，与信用卡中心合作组织开展了"迎双节"行内员工信用卡团购活动，与北京分行信用卡中心组织开展了总行员工信用卡分期购买汽车优惠活动，吸引了大量员工参与了活动。通过这些活动的开展，不仅方便了行内员工，

同时也推动了业务发展。此外，还积极适应现代股份制商业银行对员工素质的要求，通过举办金融英语培训班、英语竞赛和外部英语培训等多种形式，帮助广大青年员工提高了英语水平。

大力宣传表彰先进典型，努力营造学先进、赶先进的良好氛围。五四青年节期间组织召开了“五四”表彰大会，对总行本部青年岗位能手、优秀共青团员、优秀共青团干部和五四共青团组织进行了隆重表彰。积极组织推荐和参加第七届“建设银行十大杰出青年”评选投票活动。95533客户服务成都中心荣获2007年度全国“青年文明号”荣誉称号，总行信息技术管理部团总支荣获总行级五四红旗团委（团支部）称号，1名同志当选“建设银行十大杰出青年”，7名同志荣获总行级荣誉称号。

积极开展“迎奥运”系列活动。组织青年员工参加了奥运火炬传递活动，共同感受了奥运的激情与荣耀；组织参加了奥运会中国体育代表团报告会，学习了运动健儿真挚的爱国热情和良好的体育道德风尚；为引导青年员工提高业务素质和文化修养，多次组织青年员工参加团工委、金融团工委、青联举办的青年金融知识系列讲座；为增强青年员工热心公益事业的热情，组织开展了“迎奥运，创绿色家园”植树活动，组织参加了金融街团工委举办的“迎奥运，城乡手拉手，共建新农村”植树活动，组织赴延庆县八里庄村对低保户进行了慰问；为增进青年员工对我国环境保护工作的了解，组织参加了“关注环境保护·共建生态文明”活动。

紧紧围绕广大青年员工多层次需求开展活动。为倡导青年养成健康的生活方式，组织开办了快乐瑜伽健身课，360多名员工参加了锻炼；进一步深化和丰富“易购”品牌服务，先后组织阳光保险轻松快捷的一站式车险服务，联合北京达世行公司为总行所有员工提供车辆入冬前免费检测和车辆展示服务；为满足广大青年员工扩大交流的需要，组织举办了新春联谊会，邀请教育部等十个国家部委的130余名青年员工参加了活动；组织参加了第三届中农工建人银行间羽毛球比赛、央务鹊桥足球比赛；为增强青年员工的集体荣誉感，提高团组织的凝聚力，组织开展了激光模拟战争对抗赛；积极做好团的组织建设，对总行本部团组织和团员情况进行了摸底，及时更新了总行本部团员和团干部的信息数据，及时做好基层团组织的改选、补选工作。

执笔：毛静波

审稿：夏德华

离退休人员管理工作

一、总行党委认真听取老同志意见，努力实践科学发展观

2008年建设银行离退休工作按照落实科学发展观，构建和谐社会的总体要求，紧紧围绕建设银行改革和发展大局服务，坚持维护稳定，努力构建和谐内部环境，切实加强离退休人员党支部建设，认真落实老干部的政治生活待遇，为保增长、保稳定作出了贡献。

总行机关是学习实践科学发展观活动试点单位。在学习实践科学发展观活动中，总行党委委员、副行长辛树森代表党委专门召开老干部座谈会，听取意见。总行以征求意见函的形式，在各分行普遍征求了老干部的意见。老同志们对总行党委的工作给予了充分的肯定和高度的评价，并对建设银行的改革发展中存在的问题提出了中肯的意见和建议。11月中旬，总行本部举办了支部委员和党小组长专题学习班，总结交流党建经验，进一步巩固学习活动成果。

二、抓学习，保持思想常新，坚定理想信念

9月举办了为期十天的第十八期总行机关老干部读书班，进行专题学习实践科学发展观活动，并请专家学者作金融形势和宏观经济形

势报告，使老同志们及时了解了党的中心任务和政策思想，了解了宏观经济和建设银行改革发展情况，把思想统一到中央精神上来。读书班期间，受总行党委委托，党委委员、副行长朱小黄同志到总行本部离退休干部读书班看望老同志并向老同志通报情况。

三、献爱心，老干部继续为社会作贡献

2008 年初南方“雪灾”和“5·12”四川汶川地震后，老同志们表现出了强烈的爱国热情，通过各种渠道纷纷向灾区捐款，其中全行系统老同志仅向四川地震灾区捐款和交纳特殊党费就达 660 余万元。

四、总行作表率，以实际行动关心照顾老干部

2008 年 1 月 23 日上午 9 时，在喜庆热烈的气氛中，“中国建设银行总行本部离退休老干部迎新春团拜会”在全国政协礼堂举行。董事长郭树清，总行领导赵林、罗哲夫、辛树森、陈佐夫、范一飞，总行老领导周道炯、周汉荣、苏文川、赵玉琢、耿耕山、石春贵和总行各部门总经理、总行离退休干部 150 多人参加了团拜会。

团拜会由党委委员、副行长、纪委书记辛树森主持，党委书记、董事长郭树清致辞。

总行领导和与会老同志一起观看了精彩的文艺演出。

2008 年 12 月 24 日，在建银大厦，召开老同志迎新年座谈会，会议由党委委员、副行长、纪委书记辛树森同志主持，首席财务官庞秀生同志向老同志通报了 2008 年建设银行改革、发展和经营情况。

春节前总行专门发出通知，要求各级组织慰问老党员和困难党员活动。总行党委和领导对老干部工作的重视和对离退休人员的关心，在全行上下产生了积极的影响和带动作用，许多老同志打电话或写信感谢总行党委和领导的关心。

五、深入调研，积极探索离退休干部统筹外补贴正常增长机制

在学习实践科学发展观活动中总行先后组织两个调研组，进行专题调研，在广泛征求意见的基础上，对全行老干部工作进行认真深入地检查分析，提交了检查分析报告，有针对性地研究提出了以科学发展观统领落实离退休工作的措施。2 月与人力资源管理部联合组成调研组，到河北省分行进行工作调研。调研中听取了河北省分行的工作汇报，走访了政府劳动部门；察看了离退休人员养老金发放资料和报表；对比当地金融同业和机关事业单位标准，测算了河北省分行离退休人员待遇落差情况。调研工作结束后，向行领导递交了调研报告。报告提出了三条建议。

1. 核增离退休人员统筹外费用，逐步解决离退休人员待遇低的问题。

2. 建立正常的统筹外养老金调整机制。

3. 规范资金来源，为保障离退休人员待遇提供制度支持。

总行领导高度重视，积极组织有关部门研究离退休干部统筹外补贴正常增长机制，总行高管层、总行党委几次开会研究。

六、组织离退休人员开展科学文明的文体和健身活动

2008 年我们组织举办了建设银行第三届“和谐杯”离退休（内退）人员乒乓球比赛。比赛以“安全、健康、和谐、快乐”为比赛宗旨，本届比赛预赛设立了五个预赛区，从 4 月初到 5 月中旬，分别在重庆、苏州、湖北、宁波和江西五个预赛区进行，参加预赛的单位达 40 家，参赛人员达 280 人。7 月在大连举办了决赛。

各分行根据老干部的特点，以老干部活动室为主阵地，以老干部各个活动组织活动为基础，以大型集中活动为重点，因地制宜地组织了各种文体娱乐活动，使老干部的精神文化生活更加丰富多彩。总行机关多次组织老干部门球队参加人民银行、北京市和西城区老干部部门组织的比赛，参加总行舞蹈、歌唱、乒乓球比赛并取得较好成绩。各分行普遍组织离退休干部开展一系列文体健身和娱乐活动。通过这些活动，丰富了老同志们的离退休生活，娱乐了身心，提升了老干部的生活质量。

离退休人员管理部
2009 年 12 月 4 日

党校 （高级研修院） 培训工作

一、2008 年培训工作概况

2008 年，党校（高级研修院）通过立足现有基础，改善办学条件，培训及保障能力比过去增长了近一倍，第四季度同时举办党校干部进修班和科学发展观高级培训班两个培训班，这是党校成立十年来的首次。2008 年，共举办各类培训班 11 期，其中 5 期科学发展观培训班、1 期干部进修班（党校班）、3 期专题研究班、2 期高端研讨班；并指导哈尔滨、常州两个分校各举办 2 期干部人员进修班，总计培训 32 827 人，成为近年来办班期数较多、效果较好的一年。

二、2008 年培训工作亮点——成功举办学习实践科学发展观高级培训班

2008 年 10 月 27 日至 12 月 17 日，总行在党校举办了 5 期"中国建设银行学习实践科学发展观高级培训班"。来自各一级分行行级管理人员、审计业务条线负责人等共计 197 人先后参加了培训；总行党校第 18 期领导人员进修班的 30 名学员参加了第一期培训班的全部培训，以及后几期培训班的部分培训。

培训班采取了领导报告、专家讲座、经验分享、课堂互动、小组讨论、大组交流等方式，进行了较为深入的研究和交流，在以下几个方面取得了进展。

（一）培训班授课人员层次高、课程内容丰富，学员们拓展了思维视野

培训内容围绕学习实践科学发展观展开，5 期培训班共有 9 名行领导和 18 名行外专家学者授课及进行经验分享，其中每期班均邀请总行领导作专题报告；5 期培训班先后邀请到发展改革委、中央党校、国务院发展研究中心、银监会、人民银行、军科院、社科院、国防大学、清华大学经管学院、国务院研究室、外交部等中央、国家部委和大学的专家教授作专题讲座；邀请试点分行就学习实践科学发展观进行经验介绍；总行领导与学员座谈研讨。学员们普遍认为培训班主题明确，内容丰富，形式新颖，组织周密，讲座层次高，学习研讨氛围好，达到了预期目的。

一是党委重视，领导带头。培训班期间，总行先后有 9 名领导到场，并亲自作了专题报告。党委书记、董事长郭树清参加了第一期培训班开班式，并作了题为《转变思维方式、工作方式和业务增长方式，自觉学习贯彻和落实科学发展观》的专题报告；党委副书记、行长张建国，党委副书记、监事长谢渡扬，党委委员、副行长罗哲夫、辛树森、陈佐夫、范一飞、朱小黄，以及首席财务官庞秀生等分别参加了培训班，并作了专题报告。

二是培训内容具有现实性、针对性、前沿性。5 期培训班共邀请到 18 位专家学者作了 29 次讲座，先后就全球金融动荡与中国经济前景、当前宏观经济形势与政策取向、我国产业增长新格局与宏观经济态势、系统科学与科学发展观、新形势下的货币政策思考、当前房地产金融热点问题、信息社会的商业规则、农村改革、积极财政政策下的银行发展、改革开放 30 年我国面临的国际背景、世界战略形势与中国国家安全、交流学等专题进行了讲授，并与学员们就当前关注的热点问题展开了互动。学员们广泛评价，本次培训是参加培训以来信息量最大、结合实际最密切、对工作启发最多的一次培训，并对专家学者的讲座给予了高度评价。

（二）提高了理论素养

学员普遍感到专题培训给大家创造了良好的

学习环境，增强了理论修养，大家坚定了做好各项工作的信心和勇气，也为确保全行深入开展学习实践科学发展观活动奠定了基础。

（三）促进了工作交流

培训给学员提供了一个相互交流学习的机会，大家能够主动切磋，取长补短，积极交流，共同促进，加深了了解，增进了友谊，形成了团结活泼、互帮互学的浓厚学习气氛。

执笔：严　莹

审稿：王博之

工会工作

一、加强职工教育，不断推进“创建学习型组织，争做知识型员工”活动开展

总行工会和各级行工会积极组织引导全行广大职工深入开展学习实践科学发展观活动，通过各种形式进行宣讲，有针对性地开展解放思想讨论，强化科学发展理念，理清科学发展思路，引导员工把思想和行动统一到中央作出的决策部署上来，营造了一种关爱、和谐、稳定的经营环境。

各级行工会深入开展了多种形式的“创争”活动。一是利用内部网站开通在线学习，利用电子幕墙、橱窗、宣传栏等多种有效形式，针对职工群众关心的热点问题广泛深入地进行宣传；二是鼓励员工积极参加各类社会继续教育活动，对参加社会继续教育的员工给予时间上适当的安排，并在此基础上组织员工走出去参加各类业务培训；三是通过组织开展读书学习会和学习沙龙活动，写出了一批具有一定深度的读书心得，陆续在工会网站上进行了登载。截至目前，有35家一级分支机构成立了“创争”领导小组，制订了适合本单位实际的“创争”活动实施方案。

二、以客户为中心，组织开展劳动竞赛和文体活动

一是积极开展形式多样的劳动竞赛活动。各级行工会根据不同时期的工作重点，发挥自身优势，开展了提合理化建议等献计献策、技术创新、业务技能大练兵大比武活动，年初旺季开门红活动和金点子竞赛、电子银行产品、“百名客户经理”竞赛活动等，进一步激发了职工学业务、学技术、创佳绩的热情，促进了全行业务健康发展。

二是着力培养典型，大力表彰先进，弘扬劳模精神。2家单位和1名个人被全国总工会授予全国五一劳动奖状和全国五一劳动奖章荣誉称号，4家单位被全国总工会授予“全国抗震救灾、重建家园工人先锋号”荣誉称号；8家单位和39名个人被中国金融工会授予全国金融五一劳动奖状、全国金融五一劳动奖章荣誉称号，2家单位和1名个人被中国金融工会授予全国金融系统职工职业道德“三十佳”荣誉称号。

三是积极开展丰富多彩的文体活动，推动企业文化建设。各级行工会为纪念改革开放30周年举办了一系列员工喜闻乐见、丰富多彩的群众性文体活动，会同业务主营部门，有计划、有组织地开展了一系列卓有成效的业务营销文体联谊活动，最大限度地满足职工不同层次的精神文化需求。

三、坚持完善职代会制度，深化民主管理

召开了中国建设银行第二届职工代表大会第一次会议。会议传达了中国工会十五大会议精神，总结了过去三年职代会建设和工会工作情况，研究部署了今后一个时期全行职代会建设和工会工作的任务。二届一次职代会共征集职工代表提案155件，在相关部门的配合下，提案的回复率达

到了97.35%。

22家一级分支机构按时召开职工代表大会并进行了换届选举工作，对新当选的职工代表就职工代表大会的程序、职责、权利和义务等内容进行了培训。

四、维护职工合法权益，构建和谐劳动关系

总行工会和各级行工会以《劳动合同法》和《劳动合同法实施条例》的颁布为契机，认真履行代表和维护职工合法权益的神圣职责，加大维权力度，提高维权水平。各级行工会贯彻落实《劳动合同法》、《劳动争议调解仲裁法》和《妇女权益保障法》，进一步健全了各级劳动争议调解组织。充分发挥劳动争议调解委员会的作用，积极参与了劳动关系应急管理体系的建设，协助党组织妥善处理了多起群体上访性事件，引导上访人员以理性合理的方式表达利益诉求。有的分行工会积极参与了内退员工的劳动争议调解工作，通过与内退员工代表广泛的座谈交流，到生活困难职工家庭走访和人文关怀，对上访内退员工进行耐心说服和思想疏导，较好地缓解了内退员工的思想情绪，为构建和谐建设银行作出了积极的贡献；有的分行工会从关心员工基本需求，关爱员工身心健康出发，针对一线员工反映劳动时间过长、员工休假、员工工作环境等问题向同级党委和相关部门反映并督促解决。

五、大力开展帮扶救助，为改革发展创造和谐环境

根据总行党委要求，总行工会根据《关于进一步加强特困员工帮扶工作的意见》，要求全行各级工会建立和完善困难职工档案，并加强管理。目前各级行工会按照总行的要求，已经全部建立了三级困难职工档案。通过此次调查工作，掌握了全行现有困难职工、特困职工和特困劳模的基本情况，为全行的困难职工救助工作进行统筹考虑、全面计划、合理实施、有效开展打下了基础。

总行工会实施了两次职工互助基金救助工作，并对救助的困难员工进行了更加细致的项目调查，在有关家庭收入和医疗保险等方面进行了内容增补，使被救助人员的条件更加充分。今年总行完成了两次救助，救助金额216万元，救助员工21人，其中在职员工12人、退休和内退员工3人、员工家属6人。2008年全行各级工会慰问困难职工资金达1 400多万元，共慰问救助困难职工近2.5万多人。从互助基金和工会经费中分别下拨了89万元和130万元救助款，对在雪灾和地震中损失比较大的员工及时进行了救助。

六、加强工会自身建设，全面提高工会工作水平

一是健全了工会委员会的组织领导机构。召开了中国建设银行第一届工会委员会第二次全体会议，选举了常务副主席和副主席，增补了工会委员会常务委员会委员。同时从一级分行到二级分支行工会组织建设正在走向完善。截至目前，全行有32家一级分支机构按照联合代表制组建了工会委员会、经费审查委员会和女工委员会，配备了专职的工会主席（主任）12名，兼职工会主席16名。

二是加大对工会干部队伍的培训力度，全面提升工会干部队伍的能力素质。各级行工会采用专题讲座、互动教学、座谈讨论等教学方式，通过培训使受训干部在掌握工会工作必备专业知识的基础上，逐步提升全行工会干部的履岗能力和开拓创新能力，为我行培养了一支具有较高业务素质的工会干部队伍。

三是积极开展创建“职工之家”活动。总行工会命名表彰了70家基层工会委员会为中国建设银行“模范职工之家”和“模范职工小家”荣誉称号。我行13家基层工会委员会被全国总工会、中国金融工会授予“模范职工之家”和“模范职工小家”荣誉称号。各级行工会在所辖系统内开展了评选“先进职工之家”活动，并开展了严格的检查验收工作。

四是加强女工工作的领导，大力开展创建“女职工文明示范岗”、争做“巾帼建功标兵”活动。命名表彰了39个集体为总行级“女职工文明示范岗”，授予39名女员工为总行级“巾帼建功标兵”。各级行积极开展女工活动，把贯彻实施《妇女权益保障法》落到实处，定期组织女员工体检，对单亲特困女员工给予一定补助，体现了组织的关怀和温暖。

五是加强财务检查监督，规范了工会财务管

理。按照相关规定要求，总行工会联合审计部和财务会计部组成检查组对工会财务管理工作进行了检查，对存在的问题制定了整改措施。各级行工会也对工会财务管理工作进行了抽查和检查，通过检查，对工会财务管理工作进行了规范，保证了工会经费的正确合理使用。

系统工会

CHINA 中国建设银行年鉴 2009
CONSTRUCTION BANK ALMANAC

第四部分　境内分行改革与发展

北京市分行

北京市分行行长王军

一、业务发展概况

截至2008年末，实现拨备前利润93.81亿元，账面利润62.07亿元；经济增加值32.96亿元；经济资本回报率达26.42%。

经营规模不断扩大。本外币全口径存款余额为6 090.14亿元，新增617.10亿元。其中，一般性存款余额为5 124.71亿元，新增339.93亿元；同业存款为965.44亿元，新增277.18亿元。一般性存款中，企业存款余额为3 444.08亿元；储蓄存款余额为1 680.63亿元，新增383亿元，计划完成率417.42%。本外币各项贷款余额为2 405.71亿元，保持系统第二，新增239.42亿元。其中，本外币公司类贷款2 014.61亿元，新增296亿元；个人类贷款391.10亿元，下降57亿元。

资产质量持续改善。按照五级分类口径，不良贷款余额80.49亿元，减少8.51亿元，低于总行控制计划1.83亿元，不良率为3.35%，下降0.76%；逾期和非应计不良贷款余额71亿元，下降15.26亿元，不良率为2.94%，下降1.03%。

【公司及机构业务】为25家集团客户新建和优化资金结算网络，新增资金归集突破120亿元，资金网络交易量位居系统第一；营销12家大型集团客户基本结算账户；赢得空军装备部核心账户和国防重点工程项目，荣获总行级“八一工程”先进集体称号；再次中标市级财政授权支付和市财政局非税收入代理项目；重点推进银团贷款，在基础设施等领域，组建内外部银团贷款14项，投放资金90亿元；中标首钢京唐钢铁、地铁六号线等大型项目，继续保持基础设施贷款市场份额第一的位置；加快中小企业专业化经营步伐，进一步扩大产品知名度和影响力。公司及机构业务条线实现的经济增加值占全行经济增加值的77%。

【个人金融业务】在夯实个人存款的同时，以理财、基金、黄金等投资理财产品为龙头，依靠政策激励、网点转型、渠道改造和队伍建设，大力发展中间业务。销售“1+4”个人金融产品1 280亿元，比上年同期增长1.08倍，增量跃居系统第一。其中，理财产品销售继续保持首位，黄金销售额比去年同期增长了4倍。成立财富管理与私人银行部，同时成立建设银行首家私人银行——北京私人银行。建立完整的由网点、个人理财中心、财富管理中心、私人银行构成的个人客户分层次、差别化服务体系。高端客户总量达4 187名，较年初增加1 925名，增长85%，金融资产增长100.56亿元。借助奥运契机，网点转型效果明显，347个网点配备了个人业务顾问，客户等候时间由转型前的18分钟降至8分钟，客户疑难投诉显著下降，网点销售能力、服务能力、客户满意度均明显提高，在总行组织的神秘人检查中，分行得分位列系统第一。

2008年12月4日，中国建设银行董事长郭树清到北京市石景山支行调研，深入了解北京市分行学习实践科学发展观活动的情况。

2008年9月16日，中国建设银行行长张建国出席北京市分行的“铁路龙卡”签约暨揭卡仪式。

2008年11月16日，北京市分行副行长龚毅参加北京中小企业信用再担保有限责任公司成立大会暨开业典礼，北京市分行是首批与该公司合作的6家银行之一。龚毅代表分行与其签订“合作协议”。

【房地产业务】根据国家相继出台的各项新政，及时对住房金融与个人信贷业务政策进行梳理、规范与完善，进一步完善制度、规范操作、加强前端风险控制。跟踪市场变化，探索住房金融服务新领域，依托房改金融优势，通过加强与政府主管部门的合作，支持优质保障性住房项目、经济适用房项目建设和销售，为中低收入群体推出金融服务措施；积极开展各种营销活动，相继组织了“乐得家”楼盘评选及“携手建设银行，购房优惠独享”等活动；积极拓展合作新领域，在北京地区率先推出签约和非签约楼盘个人住房组合贷款业务。为7 580户中低收入家庭发放保障性住房个人商业性住房贷款和公积金个人住房贷款21亿元；委托性住房金融业务继续保持市场传统优势地位，委托性住房存款余额为236.68亿元，较上年末增加64.01亿元；公积金个人住房贷款全年累计发放58.35亿元，余额为172.07亿元；委托性住房存款余额与公积金个人住房贷款余额双双占据北京市场第一的位置。

【中间业务】中间业务净收入21.27亿元，同比增长4.52亿元，增长额、增长率、市场占比增幅均居四大行之首。国际结算量突破300亿美元大关，圆满完成总行下达的国际结算量和收入“双超”计划。投资银行业务全年实现中间业务收入4.84亿元，同比增幅达240%；发行短期融资券、中期票据393.05亿元，实现中间业务收入1.2亿元，排名系统第一；“乾图”、“利得盈”、“龙信”三款理财产品累计创收1.3亿元。

【国际业务】制定了“抢市场、占资源、快速反应、快速增收”的发展策略，深度挖掘结售汇等传统业务的贡献潜力，加强产品组合营销和新产品推广强度，以北京地区500强企业为目标，开展“携手百强，融通国际外汇业务营销活动”，客户队伍建设取得新的突破。截至2008年末，外汇全口径存款余额为24.99亿美元，较上年新增6.32亿美元；外汇贷款余额为25.04亿美元，较上年新增7.41亿美元；全年累计国际结算量为301.79亿美元，同比增幅为71.38%；累计完成外汇资金业务量为288.17亿美元，同比增幅为81.14%；外汇中间业务收入达3.70亿元，同比增幅为76.46%；全年实现账面利润为2 077.20万美元。

【资产质量与风险控制】继续完善风险垂直管理体制，统一全行风险条线考核方式。信贷资产结构得到持续优化，全年退出公司类贷款49.08亿元，AA级以上客户贷款占比比年初提高7.57%。提足拨备，拨备覆盖率达118%，为有效抵御不确定风险奠定了基础。贷后管理力度进一步加强，累计跟踪管理客户580户，余额809亿元，占对公信贷余额的40%。继续加大对不良贷款的集中经营力度，全年处置不良资产28.77亿元。其中现金回收21.41亿元。超额完成证券化资产服务商清收任务，回收额和回收率居系统前列。

【其他业务】推出铁路龙卡、航天龙卡及各类名校卡产品。截至2008年末，银行卡发卡总量达1 210万张，居北京地区第二位。其中，贷记卡累计发卡132万张，发卡总量居北京地区第三位，较上年增长25%，借记卡累计发卡1 072万张。银行卡实现消费交易额95亿元，同比增长78%，居北京地区第二位。累计发展特约商户18 112家，商户数量居北京地区第四位。MIS（管理信息系统）直联商户36家，同业排名第一。POS机收单交易额居同业第二位。贷记卡不良贷款1 553万元，不良率为1.19%，较上年末减少0.25%。

创新电子银行金融产品，扩大电子银行业务规模，进一步提升服务水平。推出网上银行全国批量代发和网上银行现金管理顾问等新业务。通过与公司业务条线、个人业务条线和重点网上支付商户联合开展营销活动，拉动业务迅速增长。截至2008年末，电子银行客户数累计达438万户，电子银行交易量8 290万笔，交易额79 204亿元。电子银行与柜面交易量之比达87.39%。电子银行业务收入5 195万元，同比增长137%。其中，个人客户数435万户，交易量7 605万笔，交易额620.39亿元，业务收入1 490万元；单位客户数2.86万户，交易量685万笔，交易额78 583.87亿元，业务收入3 705万元。

二、重点工作

【圆满完成奥运会、残奥会金融服务工作】开展“微笑奥运，善建和谐”主题服务活动，实现网点外汇业务的全覆盖。设备平均开机率达97%以上，运行率达99%以上。支付环境建设覆盖率达90%以上，成为北京唯一一家奥运支付环境建设全部达标的银行。梳理并解决70多个一线业务问题，全面优化双语服务、机具配置和业务流程等基础性工作。由于奥运服务成绩突出，分行多次受到郭树清董事长的表扬和总行的表彰。在首都金融行业组织的各种服务竞赛活动中，有47个单位和135名个人获得奥运专项表彰。

【积极配合国家审计署开展全面审计工作】成立配合审计工作领导小组，周密部署，全力以赴做好配合国家审计署的各项工作。再次全面梳理近年来内审发现的问题，同时认真落实总行“边接受审计、边落实整改”的要求，使有些问题在审计过程中得到了及时整改，为审计组全面客观评价我行经营管理水平起到了积极的作用。

【开展深入学习实践科学发展观活动】分学习调研、分析检查、整改落实三个阶段展开。通过集中学习研讨、深入调查研究、广泛征求意见、召开专题民主生活会，党委对影响分行发展的现实问题进行剖析，最终形成分析检查报告，并针对存在的问题，制订切实可行的整改方案。

三、主要工作举措

【启动战略规划管理，全面推进各项改革】成立战略规划委员会，通过战略立项全面推进各项改革工作。全年共立项20个，其中8项进入实施阶段。启动管理型支行内设机构“3+2”改革，撤并内设机构97个，撤并幅度达44.7%。精减中后台人员270人，幅度达24.2%，各支行中后台人员占比降低3.2%。

【强化各项基础管理，精细程度不断提高】财务管理得到强化，加大各类支出和投入向营销、科技开发和网点建设等方面的倾斜力度。信贷审批水平进一步提升，实现审批人集中管理，实行“无纸化”审批。会计基础管理得到加强，制定《柜面业务禁止性规定》，覆盖所有会计操作的关键环节和风险点。集中采购、IT和后勤集中管理成效显著，管理成本进一步降低。个人征信系统和统计管理信息系统二期正式上线，数据处理自动化、集约化程度大幅提高。认真开展行为排查，员工廉洁从业、依法合规意识进一步增强。落实反洗钱、关联交易、责任认定工作，内控管理水平进一步提升。组织“平安建行”、“百日安全迎奥运”等活动，突出重要时期、要害部位安全监管，全年没有发生重大案件和责任事故。

【凝聚全行员工力量，“首都行”意识得到强化】坚持“以人为本”，全面推进企业文化建设，建行文化理念教育更加深入，“首都行”意识得到加强。举办领导干部读书班，坚持开展读书活动，党委中心组学习得到强化。引入九宫图测评体系，建立全方位、多维度的干部测评机制。在实现分行本部前台、中台、后台人员绩效分配差别化的基础上，进一步完善员工绩效考核体系，支行业绩与员工收入的关联度进一步提升。深化用工制度改革，制订优秀业务岗位派遣制员工转制方案。积极开展培训活动，员工素质得到明显提高。坚持并完善职代会制度，开展“加快发展”大讨论活动，举办青年员工辩论大赛，在奥运期间还组织青年志愿者深入网点开展英语服务，党工团的作用得到有效发挥。为国家抗震救灾工作提供及时准确的金融结算服务，组织捐款1 551万元，占总行系统个人捐款总额的1/10，受到全国总工会、团中央和北京市政府的表彰。

执笔：王　晶

审稿：秦仁文

天津市分行

天津市分行行长高德高

一、业务发展概述

【负债业务】全口径存款余额达到1 243.12亿元，较上年新增59.92亿元，彻底扭转了长期以来资金不能自求平衡的局面，全口径存款和一般性存款新增额跃居地区四行首位。全年对公结算账户新增5 658户，其中基本结算账户新增1 544户，四行占比较上年有所提高。全年新增富裕客户20 541户，个人客户结构得到进一步优化，个人存款新增和余额分别突破100亿元和400亿元大关。

【资产业务保持良好发展势头】各项贷款余额达到934.57亿元，较上年新增134.36亿元，在地区四行排位升至第二，其中公司类非贴现贷款余额达到882.29亿元，跃居四行首位。

【战略性业务继续保持快速发展】通过进一步加强管理，强化和完善激励考核政策，促进中间业务继续保持快速发展的势头。全年累计实现中间业务收入71 473万元，同比增长达73.26%，四行占比达到24.80%，排名跃升至第二位。审价咨询业务连续第二年实现收入翻番，全年共实现中间业务收入3 538万元，跃居同业第一位。个贷业务在市场环境十分不利的情况下，全年仍实现新增贷款2.56亿元，余额达到91.5亿元，四行排位跃升至第二位。公积金贷款业务的优势地位也得到进一步巩固和提高。在国际业务中，积极克服经济环境的不利影响，呈现良好的发展势头，贸易融资增速、国际结算同比增幅和即期结售汇同比增幅等主要指标的排位大幅跃升，进入系统内前五名。在信用卡业务上，全年发卡量净新增超过14万户，实现中间业务收入突破2 000万元大关，账户活动率、消费交易额均较上年有大幅提高。电子银行业务渠道替代作用更加明显，企业网银客户实现大幅度增长，电子银行与柜面交易之比达到46%，在系统内名列前茅。

【资产质量】不良贷款额和不良贷款率分别为19.48亿元和2.08%，其中不良贷款率更是历史性地降至系统内平均水平之下。

【经营效益】全年实现拨备前考核利润28.3亿元，同比增幅达到35.8%。实现经济增加值10.09亿元，同比增幅达到60.7%。平均资产回报率、经济资本回报率分别比2007年提高0.37个和0.50个百分点，成本收入比较上年同期降低1.68个百分点。非利息收入占主营业务收入的比例达到18.42%，较上年同期提高6.57个百分点，盈利结构进一步改善。伴随各项业务快速发展，员工工资、福利待遇继续得到稳步提升，包括住房、医疗保障在内的覆盖全面、保障度高的员工福利分配体系初步建立。

二、主要工作举措

【多管齐下，夯实客户基础】一是开展了对

2008年7月1日，天津市分行行长高德高在建设银行信贷支持建设的天津港东疆保税港区、临港工业区进行调研。

公账户营销活动，动员全行员工共同努力，用三年时间彻底改变我行客户基础薄弱、账户数量少的局面，实现客户资源的扩大与账户数量、结算收入的迅速提高。二是通过代发工资、信用卡、电子银行、个贷等各类金融产品的综合营销，挖掘存量客户潜力，进一步拓展增量客户。其中，重点强化核心客户综合化服务与有效账户精细化管理，结合重大项目，跟踪其产业链，积极营销其上下游企业，不断扩大客户群体。三是继续巩固和拓展军队武警、“211”高校、“三甲”医院等政府事业法人客户，突出分行层面对市级政府机构、财政、税务、事业单位、社会团体等客户的牵头营销，推动各支行在区域内对政府、财税客户的攻关，找准切入点，收到以点带面的效果。

2008年12月1日，天津市分行与天津市滨海新区管委会和滨海新区建投集团、泰达控股集团等大企业集团签署了合作协议，未来三年将向滨海新区重大产业项目、基础设施项目提供金融创新产品和1 800亿元金融支持。

【主动出击，抢抓竞争先机】按照总行要求，严格分季、按月控制信贷投放规模和进度，深入进行信贷结构调整，积极做好优质项目储备，完成一大批重点客户、重点项目授信工作。在党中央、国务院出台促进经济增长的决策部署后，分行迅速响应总行号召，在第一时间主动与政府部门联系项目对接，提高审批工作效率，迅速实现信贷有效投放。与滨海新区六家重点客户签署银企合作协议，在当地率先树起了支持经济发展的亮丽形象，赢得了新一轮市场竞争的先机。加强对落户滨海新区的国内外重要客户、项目的营销工作，同时密切关注，积极跟进股权投资基金、产业基金、场外交易市场（OTC）、碳排放权交易所、贵金属交易所等方面的发展动态，寻找切入点，抢占市场先机。高度关注并加强与天津市扩大内需和加大投资相关的教育、卫生、科技、文化、社会保障等民生领域以及环保、水利等机构客户的合作关系。加强与各级政府层面的合作，针对天津市城市管理权限下放的契机，及时掌握政策信息和项目信息，提高内外部协同工作效率，确保在新兴市场的金融竞争中取得先发优势。

【适应新形势要求，不断加大创新力度】借助国家给予滨海新区在金融改革和创新方面先行先试的政策优势，分行进一步强化产品创新激励考核政策，积极推动营销模式创新，在产品和服务创新方面取得了一系列新的成果。首笔信贷资产转让业务成功获得总行批准，实现保理业务零的突破，开办首笔融资租赁业务，做成天津同业首笔保险资金独立监督业务和保险直投资产托管业务，完成系统内第一单顶端个人客户定制化本币理财产品发行工作。积极做好总行推广的“龙信”、“百易安”等新产品应用工作，获得总行第一批票据理财业务授权经营机会，累计发行26期共22.4亿元票据理财产品。积极运用短期融资券、企业债券等新型融资工具，为企业提供金融服务方案，共为10家优秀企业发行56.4亿元理财产品，在中期票据主承销方面也取得突破性进展。进一步加大了对滨海新区新兴市场的政策研究和关注力度，成功获得中新生态城项目主办行资格，与天津股权交易所的合作取得实质性进展，为今后抢占新兴市场业务先机积累了宝贵经验。

【加强基础管理，保证业务平稳运行】积极配合内外部审计和检查工作，提高依法合规经营水平。强化以操作风险为主的全面风险管理，推行操作风险与内部控制自评估，对业务产品和流程关键风险点的管控情况进行分析评估，查找缺陷，制定优化措施并持续改进。高度重视、大力加强服务质量建设，开展“迎奥运优质服务年”活动。加强全行服务制度化、标准化建设，进一步提高我行一线网点的服务质量，有效降低客户投诉量。同时，深入推进“六西格玛”质量效率管理工作，运用先进的技术手段加强和提高基础管理工作水平。

执笔：王兴捷

审稿：文远华

河北省分行

河北省分行行长杨毓

一、业务发展概况

【经营效益】全年实现账面利润35.25亿元，比上年增加3.12亿元，系统排名第九，当地同业排名第一，实现经济增加值18.65亿元，经济资本回报率为30.74%。

【中间业务收入】全年实现中间业务净收入17.1亿元，比上年增长15.6%，系统排名第八，当地同业排名第一。中间业务在主营业务收入中的占比为20.1%，高于系统平均水平4.3个百分点。其中，对公中间业务收入7.79亿元，增幅为142%，个人中间业务收入8.85亿元，增幅为26%。

【负债业务】一般性存款余额为2 765.21亿元，比年初增加475.46亿元，新增同业排名第三、系统排名第六。其中，对公存款余额1 075.34亿元，比年初增加112.69亿元，新增同业排名第三，系统排名第十五；储蓄存款余额为1 571.55亿元，比年初增加362.77亿元，新增同业排名第三，系统排名第五；同业存款余额为118.32亿元，比年初增加22.27亿元，当地同业排名第三，系统排名第七。

【资产业务】各项贷款余额为1 308.51亿元，比年初增加219.29亿元，新增同业排名第二，系统排名第七。其中，非贴现公司类贷款余额为979.38亿元，比年初增加168.16亿元，新增同业排名第一，系统排名第五；贴现贷款余额为123.41亿元，比年初增加13.98亿元，新增同业中排名第一，系统排名第十九；个人类贷款余额205.72亿元，突破200亿元大关，比年初增加37.15亿元，新增系统排名第十。

【资产质量】2008年末五级分类不良贷款余额为32.31亿元，比年初减少9.76亿元；五级分类口径不良贷款率为2.47%，比年初下降1.38个百分点。实现不良资产处置174 567万元，完成总行计划的136%。

二、主要工作举措

【落实科学发展】一是按照科学发展观的要求，结合河北实际，将中央、总行有关政策精神转化为可操作的具体措施，在推进对公业务转型、深化零售网点转型、完善考核激励机制等方面，研究制定了一系列针对性强、可操作的政策措施，有力地推动了各项业务全面协调可持续发展。二是从2008年4月中下旬开始，按照中央和总行党委的要求，在省分行本部组织开展深入学习实践科学发展观试点活动，初步解决了大批员工最关心、最直接、最现实的问题，较好地实现了活动开展与业务发展的“两不误、两促进”，班子的凝聚力和战斗力不断增强。三是加大人才培养和选拔力度，选派16名优秀业务骨干赴上海市分行进行跟岗培训，提高员工实际工作能力，为业务发展储备了丰富的人力资源。四是积极开展对困难职工的帮扶工作，认真落实离退休人员的“两个待遇”政策，营造和谐的氛围。五是继续大力倡导“三个服务”经营理念，引导各岗位员工牢固树立“内部客户”意识，牢记“下一流程就是客户”，员工满意度和客户满意度大幅提高。六是积极开展抗震救灾工作，在所有网点开辟抗震救灾“绿色通道”，全力支持抗震救灾物资生产和施工企业，组织开展向灾区献爱心活动和对参加抗震救灾部队官兵的慰问，全年累计捐款427万元。

【稳健拓展业务】一是高度重视抢抓优质客户的工作，组织开展“抓基本账户百日营销”活动，全年新增对公基本结算账户 9 092 户。发挥财富中心、理财中心的优势，加强县域机构工作力度，全年新增个人金融资产 300 万元以上的高端客户 1 495 户。二是持续做好对公优质客户和项目的营销储备，通过转贴现和发行乾图理财“票据盈”等方式大幅压缩流动性票据贴现余额，增加优质非贴现贷款投放，全年累计投放人民币对公非贴现贷款 492 亿元。三是组织开展“抓源头、抢楼盘、推产品、促发展，个贷余额超二百亿元”专项营销活动，个人贷款余额提前两个月完成既定目标。四是积极抢抓储蓄存款，努力拓展代发工资客户群体，开展资产组合营销，个人存款新增 362.77 亿元。平均对公存款付息率为 1.74%，实现外汇企业存款时点余额为 17 063 万美元，比年初增长 6 073 万美元。五是将市场占比继续保持第一作为 2008 年中间业务发展的目标，在资源配置、等级行评定和 KPI 指标（关键业绩指标）考核等方面都突出对中间业务发展的激励力度，年末中间业务收入继续保持同业第一，占比 30.8%。全年实现投资银行业务牵头收入 3.75 亿元，比 2007 年增加 2.62 亿元，增幅为 233.73%。

【调整信贷结构，强化风险管理】一是加快推进信贷结构调整，组织制定《河北省分行信贷结构调整实施方案》，积极退出“双高、产能过剩、产能潜在过剩”行业和不符合国家环保政策的企业，全年共退出总行计划名单客户贷款为 23.17 亿元，完成总行计划的 102.12%。二是积极实施绿色信贷计划，关注重点地区和重点项目的升级改造，确保新增信贷资源投向国家重点扶持行业。三是稳步推进中小企业业务发展，通过建立中小企业优质项目名单客户，打造中小企业专业化作业团队，全面推行“信贷工厂”流程，自行研发小企业客户筛选准入工具，搭建了专业化、标准化的小企业经营平台，年末非贴现小企业贷款余额比年初新增 16.2 亿元。四是适时调整业务发展策略，根据经济形势和国家宏观政策变化，积极抢抓机遇，加大营销力度。坚持“有所为、有所不为”的原则，积极投向抗周期性强及国家促进投资、扩大内需政策的受益行业，积极开拓事业法人信贷业务，年末优质贷款项目储备金额 1 249 亿元。五是全面加强信贷风险防控，对 2008 年“双十大”贷款客户提前研究落实风险控制措施，继续完善重点客户和重点项目风险“会诊”制度，努力实现由把握客户个体风险向把握行业整体风险的转变。加快贷后管理工具和技术的开发和应用，建立机制，强化执行，解决了“会管”和“管好”的问题。六是加强不良资产清收处置，深入推进信贷资产十二级风险分类工具的推广应用，发挥专业化优势，加大不良资产清收处置力度，不良贷款额和不良率继续“双降”。

【持续深化改革创新】一是深入推进零售网点的转型，加大对网点转型资源投入力度，安排近亿元资本性支出费用对 98 个营业网点的装修改造项目进行提前部署，将部分县支行网点的装修改造纳入转型网点范围，试点启动网点Ⅱ代转型项目，有效地促进了网点服务资源的整合和销售服务能力的提高。全年完成了 208 个网点的装修改造，转型网点累计达到 614 家，累计实现柜面代理保险收入 2.19 亿元，居系统第二，当地同业排名第一；实现代理基金业务收入 2.18 亿元，居系统第三，当地同业排名第一；销售实物黄金 1 395公斤，系统排名第三。二是稳步推进对公业务转型，完善优化实施方案，对转型过程中遇到的问题及时进行研究分析，积极探索对公上移后考核机制的调整完善，推动了对公业务转型工作的顺利开展。三是着力推进县域支行科学发展，筛选部分经济强县支行进行试点，初步确定的 25 个强县支行在经营效益、业务规模、发展速度、目标客户和重点产品等方面取得了显著突破。四

2008 年 12 月 31 日，中国建设银行与河北钢铁集团战略合作协议签字仪式在石家庄举行。河北省代省长胡春华、副省长孙瑞彬、河北钢铁集团董事长王义芳、中国建设银行行长张建国出席签约仪式。

是强化河北省分行本部的“转化器”作用，在全辖营造鼓励自主创新、推动科学发展的良好氛围，经过积极营销，成为河北省财政厅公务卡首批试点行，成功发行“龙信——融资通”系列理财产品，并成为系统内首家完成资金兑付的分行，成功办理全国建设银行系统内首笔异地标准仓单质押贷款，银关通网上支付税费业务也实现了零的突破。加大贸易融资产品以及外汇资金产品研发推广力度，成功推出“证融通”、“证票通”、“汇融通”等资金组合创新产品以及“随心结”、组合型远期结汇等系列产品，有效地降低了客户融资成本。

2008年10月9日，中国建设银行副行长罗哲夫视察石家庄西大街支行营业网点，并慰问一线员工。

【不断夯实安全运营基础】一是强化全面风险管理。组织开展“控制风险、防范案件、整治违规”活动和案件风险隐患清查工作，加强依法合规经营理念教育，加大对违规失职和屡查屡犯问题的整治力度，进一步强化规章制度和案件风险防控措施的执行力，构筑了远离违规、防范案件的牢固防线。二是切实防范操作风险。加强操作风险管理人员队伍建设，全面落实风险分析例会制和定期汇报制，建立零售网点柜面业务操作风险评价系统，落实操作风险管理责任制，有效地完善了操作风险管理的长效机制。开展对金库及尾箱、印章、票据、重要单证、长期不动户等关键部位的专项检查，对通过各种途径发现的违规问题逐个复查，有效地防止了同质同类问题的反复发生。三是强化会计基础管理。积极推进非现场检查工作，建立问题库，进一步完善会计检查督导机制，实行会计操作风险等级管理，建立风险评价和防范长效机制，并结合自身实际，制定《对公业务转型后柜面业务流程优化的指导意见》，在提高网点销售能力的同时减少了风险隐患。四是加强营运风险管理。建立营运风险分析例会制度、定期风险分析报告机制、业务风险提示制度等系列风险防控机制，进一步夯实了基础管理。开展丢失会计凭证专项治理和降低稽核差错率活动，员工的风险防范意识和合规操作意识显著增强，柜面交易质量大幅度提高，稽核差错率在系统内排名第二。五是做好安全稳定工作。积极开展创建“平安建行”活动，深入落实安全稳定工作责任制，全面做好奥运期间安全稳定工作，组织开展信息科技奥运风险自查和全面整改活动，强化客户投诉管理，健全完善预防和处置群体性事件联席会议制度和不稳定因素排查化解工作机制。加强办公楼、枪支安全、金库守护和现金押运等关键部位和环节的管理，切实防范各类案件和事故的发生。通过各部门和各级机构的共同努力，分行全年未发生案件和重大违规经营事件，为业务发展提供了坚强的保障。

执笔：赵亚旗
审稿：王　斌

山西省分行

山西省分行行长马卓

一、主要业务发展概况

【经营效益】实现经济增加值5.2亿元，完成全年计划的117%；实现考核利润14.9亿元，比上年增加0.4亿元，完成全年计划的108%，成为2007年股改上市以来效益最好的一年。

【存款】全口径存款余额为1 422.4亿元，较年初新增330亿元，比上年多增208亿元。其中，一般性存款新增315.8亿元，完成全年计划的201%，相当于2006年、2007年两年的总和。

一般性存款余额四行占比20.31%，比上年提升0.44个百分点；新增四行占比21.35%，比上年提升3.73个百分点，均居第三位。其中，个人存款新增200亿元，对公存款新增115.7亿元，同业存款新增14.3亿元，分别完成总行下达全年计划的281.8%、133.8%和438%。

【贷款】各项贷款新增67.9亿元，较年初新增32.5亿元，居四行第二位，完成总行下达全年计划的172%。在宏观政策不断变化的影响下，2008年仍然成为山西省分行历史上增长较快的一年。

【中间业务】中间业务收入为5.76亿元，比上年增加5 488万元，市场占比25.8%，比上年提高0.98个百分点，继续保持同业第二的位次。按剔除基金因素来比较，中间业务在主营收入中的占比为11.65%，比上年提高了4.65个百分点。其中，承诺业务、代理基金业务、财务顾问业务、收单业务、人民币业务、银行卡业务、保函业务等13项重点产品收入占全部中间业务收入的79%，成为中间业务收入的主要来源。

【资产质量】不良贷款额和比率实现“双降”。不良贷款额为22.95亿元，较年初下降3.86亿元，比总行任务多完成2.51亿元；不良贷款率下降1.16个百分点，首次向下突破4%，达到3.7%，成为历史最低点。

2008年2月21日，在山西省太原市参加中国建设银行纪检监察工作会议的董事长郭树清，视察太原地区营业网点，慰问一线员工。

【资产业务】冷静分析内外部形势，准确把握当前宏观政策变化，树立理性营销、科学营销观念，大力开拓目标市场，全力实现营销战略目标。一是高层营销。组建任务型攻关团队，由分行领导带队展开对口厅局的营销活动，有力地提高了市场营销工作层次，在市场竞争中取得有利位置。二是重点倾斜。根据山西省的情况，抓住重点客户，拓展优质客户，有效地提升了资产业务规模。重点支持了铁路、电力和煤炭等重点行业客户，新增投放69亿元，占新增投放额的93.4%。为铁路行业客户投放达53.2亿元，占新增对公非贴现贷款额的72%。太中银铁路项目贷款余额达到39.9亿元，成为山西省分行最大的对公贷款客户。全行十大客户贷款新增43.7亿元，占比达

30%，比年初提高了4.7个百分点。三是主动适应政策变化。充分发挥贴现业务“调节器”和“蓄水池”的作用，开展金融同业合作，举办融资租赁产品推介会，加大新产品拓展力度，多方面满足客户资金需求。2008年累计办理贴现额为101亿元，实现贴现收益率6.73%，系统内排名第五位。同时，继续保持了资产规模的快速增长。全年累计投放246亿元，累计回收172亿元，公司客户非贴现贷款余额达到548亿元，较年初增长65.8亿元，四行占比35%，居第二位，基本实现了进一步将资产规模做大的奋斗目标。

【负债业务】针对余额不大，尤其是同业市场份额不高的局面，山西省分行把挖掘潜力、发挥主观能动性作为工作重点，明确了“超前态度、超常发展”的负债业务战略。一是坚定信心。2008年上半年，同业工商银行、农业银行负债业务增长迅猛，在已经处于劣势的情况下，山西省分行咬定市场份额不放松，最大限度地缩小与同业的差距，从10月末各项存款位居第四位到12月底赶超至第三位，并且超越第四位的中国银行26亿元。二是措施得力。在营销方式上，创新产品，扩大新业务推介；在资源配置上，强化激励考核，突出重点行、重点时段专项奖励；在服务手段上，加大中高端客户发展力度，丰富和延伸差别化服务。三是效果明显。2008年初，全行企业存款下滑明显，从最低谷的第一季度减少了30亿元到4月开始扭转劣势，到12月底比年初新增116亿元，四行新增占比21%，位居第二。个人存款余额在系统中的排名上升到第十四位，同业占比上升到第三位，并超出中国银行65亿元之多；发展速度在系统内排名第二位。

【战略性业务】在投行业务中，发行“利得盈”信托理财产品18笔，金额41.84亿元，实现收益970万元。信用卡累计发卡量达到17.22万张，新增发卡量76 747张，同比增长20%，同业排名均居第二位。电子银行业务新增客户41万户，为上年同期的1.9倍，同业排名第二位。代理保险业务摆脱了多年四行排名最后的局面，上升至第三位，其中代理财险业务收入463万元，列同业第一位。累计办理贸易融资业务287笔，金额55亿元人民币；累计完成国际结算量15.42亿美元，主要外汇业务指标创历史最好水平。新增个人住房贷款2.82亿元，完成总行计划的113%。个人住房贷款余额、新增四行占比均居第一位。委托性存款余额占比69%，新增占比86%，均居同业第一位。公积金个人贷款余额同业占比41%，居同业第一位，新增同业占比32%，居同业第二位。

2008年4月11日，山西省分行与太原理工大学举行全面合作协议签约仪式。

【资产质量与风险控制】针对资产质量差的情况，山西省分行果断制定出台《信贷资产质量控制考核办法》、《风险主管信贷管理关键指标考核办法》，以及太原地区资产保全业务集中经营等相关政策，通过行政问责和经济处罚，严肃不良贷款责任认定制度，解决控制不力、压缩不力等问题；确定重点攻坚项目，分门别类细化攻坚措施，综合运用催收、诉讼、重组、委外等手段，还原东大假个贷、回收处置神头二电厂等一批大客户在内的不良贷款；联动协作，多管齐下，营销、审批、监控、保全各个业务关口，认真贯彻执行总分行党委和监管部门的要求，准确领会国家宏观调控和产业政策，有效控制不良贷款上升趋势。2008年共处置各类不良资产15.7亿元，现金回收6.8亿元，超值现金回收2.3亿元，不良资产处置创历史最好水平。

二、主要工作举措

【加强理论学习，转变经营观念】开展“大讨论”活动和深入学习实践科学发展观活动。活动从正视问题、发现问题、梳理问题到解决问题，紧密结合实际，注意学习和总结新的经验，并逐步上升为理论思考。活动使全行上下对面临的经营形势有了一个清醒的认识和判断，树立起坚定的发展信心，工作作风、服务意识、竞争意识、责任意识得到进一步增强。推动全行牢固树立“以客户为中心、以市场为导向”的经营理念，坚持“实事求是、规范经营”的指导思想，走“低风险、快增长、高效益”的发展之路。结合区域经济和同业状况，强化核心经营理念和企业文化内涵，制订三年业务发展规划，研究提出“三年再造一个山西分行”的奋斗目标，为全面提升主要业务指标的系统内位次、拼抢同业市场份额确立了标杆、指明了方向。

【强化基础管理，提高风险防范能力】紧紧围绕“规范经营、健康发展”，“迎奥运、保安全”，全面加强基础管理，保障经营发展成果。开展形式多样、内容深刻的警示教育活动，深入开展法律宣讲活动，创建“平安建行”活动，强化规范意识、安全意识、风险意识和法律意识；从案件多发领域入手，从违规高发部位抓起，坚持岗位分离、岗位轮换和岗位交流制度，加大风险点监控，防患于未然；针对案件防控，实行案件防控“三挂钩”制度，进一步健全操作风险问责制度；认真落实审计问题整改，在各个条线上加大基础管理整顿、检查力度，为经营发展查漏补缺。着眼于全局维护稳定，努力做好矛盾排查化解，加强信访管理。认真制定安防预案，全力做好系统安全维护，保证奥运期间安全无事故。全年没有发生案件，成功地遏制住了案件频发势头，基础管理能力进一步增强。

【以客户为中心，提高服务水平】在外部服务方面，将流程优化和标准化建设作为增强市场核心竞争力的关键举措，以网点转型为契机，加强培训，细化考核，提升全行网点服务水平。据北京西点方略公司测评，山西省分行客户满意度在当地四行中居于领先地位。总行也将山西省分行确定为内部流程用户之声试点行。在内部服务方面，不断强化“上级为下级服务、中后台为前台服务、全行为客户服务”的理念，行领导带头深入基层开展调查研究，切实帮助基层解决实际问题，把为下级服务落到实处。促进柜台、客户经理、网上银行三种服务渠道有机结合，形成对客户服务的多样化渠道，提高客户的满意度。

【建设和谐氛围，着力提升整体战斗力】注重工作氛围的建设，从改进工作作风入手，主要解决机关服务基层、上级服务下级的问题，通过督查督办狠抓工作落实，加强会议管理、规范会议程序等，提高办公、办文、办会的质量。加强部门之间、业务之间联动和融合，建立快速处理运转机制，着力解决基层行实际困难，及时满足客户需求。加大培训力度，创新培训方式，通过开展在先进单位——红梅理财中心跟岗学习等活动，充分发挥示范作用，交流推广先进经验。弘扬正气、表彰先进，通过开展对“十佳”优秀青年、优秀员工、先进党组织和优秀党员等评比表彰以及举办青年论坛等活动，在全行形成比学赶超的良好风尚和积极向上的氛围。突出以人为本，对外努力履行社会职责，献爱心、助学子，为地震灾区捐款116万元，捐交特殊党团费244万元，开展资助贫困英模母亲和“成长计划”、“放飞希望，播种爱心”等捐助活动，提高建设银行社会形象；对内积极开展帮扶救助活动，积极为困难职工解决工作和生活中的困难，合力营造出一个和谐、稳定的发展环境。

执笔：赵建伟

审稿：解陆一

内蒙古自治区分行

内蒙古自治区分行行长黄先俊

2008年，内蒙古自治区分行深入学习实践科学发展观，全面贯彻落实总行发展战略，以分行党委提出的“五个满意”为工作目标，抢抓机遇，深化改革，强化内控管理，各项业务快速发展，经营和管理业绩显著提升。

一、主要业务发展概况

【负债业务】全口径存款余额达到899.62亿元，比年初新增239.14亿元，增长36.21%，完成总行全年计划的239.18%。在全国38个一级分行中，全口径存款余额排名第25位，比上年提高3个位次；全口径存款新增排名第14位，比上年提高18个位次。在区内四大商业银行中，全口径存款占比为23.97%，较年初提高了2个百分点，新增占比32.02%，排名第一位。

【资产业务】各项贷款余额达到763.26元，比年初新增141.76亿元，增长22.81%，完成总行全年计划的179.82%。在全国38个一级分行中，各项贷款余额排名第19位，与上年持平；增长率排名第7位，比上年提高15个位次。在区内四大商业银行中，各项贷款余额占比31.86%，新增占比59.51%，均为同业第一。

【中间业务】全年实现中间业务毛收入5.55亿元，同比增加2.8亿元，完成总行计划的105%。中间业务毛收入在全国建设银行系统内排名由2007年末的33位前移至第26位，提升了7个位次，毛收入增速排第2位，其中手续费收入增速在全行系统内排第一位。按总行口径，区内四大商业银行占比为32.9%，由去年的第三位跃居第一位，市场份额比上年末提高近13个百分点。中间业务收入对经营收入的贡献度大幅提升，中间业务收入占主营业务收入比重达到13.23%，同比提高5.62个百分点。

【战略性业务】战略性业务得到快速发展，个人住房贷款新增14.50亿元，完成总行计划的116.47%；国际结算量新增8.98亿美元，完成总行计划的196.81%；贷记卡客户净增9.58万户，完成总行计划的119.72%；贷记卡消费交易额16.46亿元，完成总行计划的198.32%；电子银行业务收入1 072万元，完成总行计划的225.64%；网银活动客户新增12.13万户，完成总行计划的186.66%；AUM300万元（含）以上的个人高端客户的金融资产新增19.69亿元，完成总行计划的433.04%。

【资产质量】本外币五级分类不良资产率为1.82%，比年初下降0.49个百分点；五级分类不良贷款率为1.11%，比年初下降0.11个百分点，比总行控制计划低0.1个百分点，在全国38个一级分行中排名第四，在区内四大商业银行中排名第一。

2008年6月21日，内蒙古、宁夏、青海三省区分行授信工作联席会议在阿拉善经济开发区庆华工业园召开。

【经营效益】全年实现拨备前利润24.04亿元，同比增加3.19亿元，增长率为15.31%，完成总行全年计划的110.39%。拨备前利润在全国38个一级分行中排名第19位，在区内四大商业银行中排名第一位。实现账面利润17.77亿元，完成总行计划的92.97%。全口径存款付息率1.72%，比总行计划低0.11个百分点。各项贷款收益率7.7%，比总行计划高0.01个百分点，在系统内和同业中的位次均处于前列。

二、主要工作举措

【严格执行国家宏观调控政策和总行的决策部署】2008年上半年，按照“双防”政策的要求，分行严格控制贷款新增投放总量，新增贷款控制在总行的计划之内。在控制总量的同时，积极支持电力、煤炭、化工、铁路运输等自治区支柱产业和重点行业。适应“一保一控”的宏观调控政策，在信贷方面严格执行“保控压退”的政策，加强调整结构，积极实施“绿色”信贷，加大对小企业的支持力度。在“扩内需、保增长”的宏观政策出台以后，分行认真贯彻落实党中央、国务院关于宏观调控的新决策和新部署，认真贯彻落实总行秋季工作会议精神，明确提出“抓住机遇，积极审慎，有保有压，结构调整”的十六字要求，增加贷款投放，保证重点客户、重点项目的信贷需求。

2008年5月9日，中国建设银行副行长朱小黄在内蒙古自治区分行营业部调研。

【合理把握信贷投向，信贷结构调整成效显著】一是公司类贷款的行业集中度有所下降。2008年新增贷款主要投向电力发电业、煤炭开采和洗选业、食品制造业、黑色金属冶炼及压延加工业、铁路运输业等行业，占公司类贷款新增的83.72%。存量贷款中电力发电业、道路运输业、煤炭开采和洗选业、黑色金属冶炼及压延加工业、

2008年11月6日，内蒙古自治区分行副行长高升亮率领个人金融部、电子银行部、信用卡中心、住房金融与个人信贷部等部门工作人员到兴安分行调研。

铁路运输业前五大行业的贷款集中度为68.01%，较年初下降0.35个百分点。二是个人类贷款发展迅速。2008年末个人类贷款新增额占比11.54%，余额占比6.98%，较年初提高1.04个百分点。三是高风险贷款退出和压缩成效明显。全年退出和压缩贷款客户22户，实际压缩和退出贷款8.87亿元，计划完成率为162.16%。对不符合国家政策和分行风险偏好的退出类行业，实现了贷款余额、不良贷款余额和不良贷款率 的“三降”。四是公司类优质客户贷款比例明显提升，个人类高端客户大幅增加。2008年末公司类AA级及以上客户贷款余额为482.59亿元，比年初增加129.39亿元，占比为67.97%，比年初提高7.55个百分点。个人金融资产300万元以上的高端客户数达到818人，较年初新增487人，增速达146.39%；个人大众富裕客户数量达到5.02万人，较年初新增2.27万人，增速为82.5%。

【强化内控管理，风险和案件防控能力大幅提升】一是信用风险管控能力得到增强。全面组织实施信贷政策重检，主动调整信贷客户结构。强化行业分析研究，提高对发展趋势的预见性。全面实施信贷资产十二级分类工作。进一步优化和完善平行作业机制和流程，有效地支持了前台业务营销及市场客户需要，强化了过程的风险控制。二是实行限时审批承诺制度，信贷审批质量与效率明显提高。三是操作风险管理基础得以增强。加强对前台操作风险的管控和分支机构的风险排查，加大关键风险点的监督检查力度，有效地控制了操作风险损失事件和案件的发生。深入推动业务持续性管理，提高了应对各类突发性事

冰雪救援　心手相连

2008年1月中旬至2月中旬，贵州省遭遇百年未遇的特大冰雪灾害，行长张建国专程到贵州省分行指导“抗雪凝、保营运”工作。图为2月21日张建国行长深入受灾最为严重的黔南州分行贵定县支行指导救灾工作，并慰问基层员工。

2008年2月3日，安徽省分行向安徽省政府捐赠100万元，用于该省抗击雪灾。

2008年2月，湖北省分行向湖北省灾区捐款150万元。

2008年2月4日，总行针对云南省部分地区遭受严重雪灾情况，委托云南省分行向受灾地区捐款100万元。

2008年2月5日，北京市分行向北京市红十字会捐款65.16万元，表达全体员工对遭受雪灾地区人民的一片关爱之情。

2008年1月中旬至2月中旬，我国南方遭遇百年未遇的特大冰雪灾害，但是贵州省分行全行员工在缺水断电的恶劣环境下仍然坚守岗位，为广大人民群众提供金融服务。图为黔东南州分行洗马河分理处员工在应急灯微弱的灯光下办理业务。虽然室外寒风凛冽，但是微弱的灯光却温暖着客户的心，拉近了银行与客户彼此间的距离。

2008年2月，我国南方遭受五十年一遇的特大冰雪灾害，湖南省分行领导及全体员工迅速行动起来，组织开展了"抗冰救灾 心手相连"募捐活动，为遭受冰雪灾害的困难群众募集棉被、棉衣、棉裤等御寒衣服和现金，为受灾群众奉献一份爱心。

2008年2月，我国南方遭受五十年一遇的特大冰雪灾害，建设银行湖南省分省行领导及全体员工迅速行动起来，为受灾群众奉献一份爱心。图为冒大雪装运募捐物资。

2008年2月，我国南方遭受五十年一遇的特大冰雪灾害，建设银行湖南省分行领导及全体员工迅速行动起来，为受灾群众奉献一份爱心。图为建设银行员工日夜加班清理募捐物资。

2008年2月，我国南方遭受五十年一遇的特大冰雪灾害，建设银行湖南省分行领导及全体员工迅速行动起来，为受灾群众奉献一份爱心。图为两车载满湖南省分行员工的捐赠物资冒雪驶向灾区。

抗震救灾　众志成城

2008年5月13日，甘肃省陇南分行员工在防震棚连接网络，坚持为客户提供金融服务。

2008年5月13日约10时（即“5·12”地震的次日），四川省江油市财政局向建设银行四川省江油市支行紧急求援，需提取现金120万元用于抗震救灾。江油市支行领导立即指挥取现工作，通知相关员工赶到金库，员工冒着余震，手拎电筒，脚踏遍地脱落砖块、破碎玻璃从金库取出现金。并由行领导、财会部、金库管理员等，将120万元现金送到江油市财政局办公室。图为支行员工与财政局人员正在清点交接现金。

2008年5月14日，行长张建国慰问地震后的都江堰支行员工。

2008年5月16日，重庆市分行向第三军医大学和西南医院赴震区救灾人员捐赠生活用品。

2008年5月16日，福建省分行陈轼行长出席在福建省红十字会举行的赈灾捐款交接仪式。

2008年5月16日，建设银行四川省分行为工棚对公网点开业提供信息技术支持。

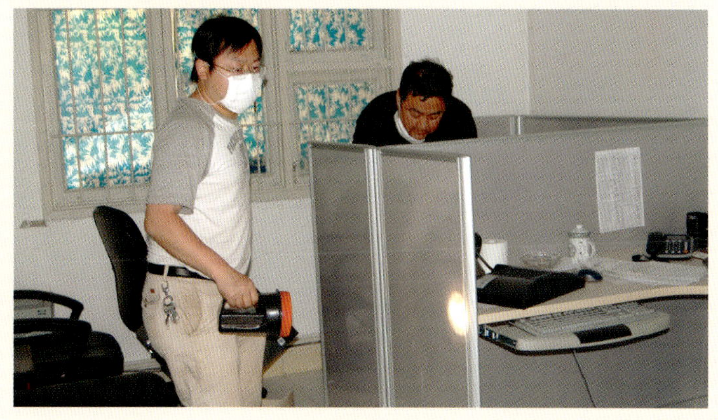

2008年5月17日，四川省分行员工在冒险抢运信贷档案资料。

2008年5月18日，“5·12”四川汶川地震发生后，北京市分行组织青年志愿者服务队到中国红十字会总会协助收取赈灾款项并提供其他服务。

2008年5月18日，北京市分行参与中央电视台“5·12”赈灾活动——“爱的奉献大型募捐活动的现场金融服务，共募集现金1 931万元、支票710万元、POS机刷卡1 028万元。

2008年5月20日，河北省分行本部组织开展为四川地震灾区捐款献爱心活动。

2008年5月20日，重庆市分行全体员工向地震灾区人民捐款93.73万元，全行1 468名共产党员另外交纳“特殊党费”43.54万元。

2008年5月20日，全国人大副委员长、全国妇联主席彭佩云同志亲临中国红十字基金会赈灾捐款现场，慰问北京东四支行一线员工。

2008年5月20日下午，建设银行党校常州分校举行“心系灾区，血脉相连”特殊党日活动。

2008年5月21日，青海省分行举行救灾“特殊党费”交纳仪式。

2008年5月21日，董事长郭树清在抗震棚中慰问员工。

2008年5月22日，深圳市分行心系灾区，举行特殊党费交纳仪式。

2008年5月22日，四川省分行员工在抗震棚中的生活情景。

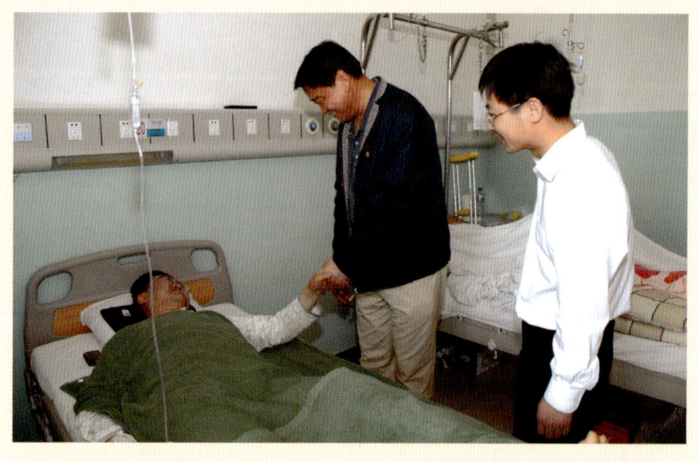

2008年5月23日，行长张建国在兰州陆军总院看望地震中受伤员工。

2008年5月25日，监事长谢渡扬慰问建设银行重点客户——东气的职工。

2008年5月25日，“5·12”地震后，甘肃省陇南分行在防震棚中为客户办理业务。

2008年5月27日，北京市分行开展“同舟共济、赈灾捐款”活动，累计捐赠赈灾款15 510 977.83元。5月27日，分行将部分员工捐款200万元送交中国红十字基金会。

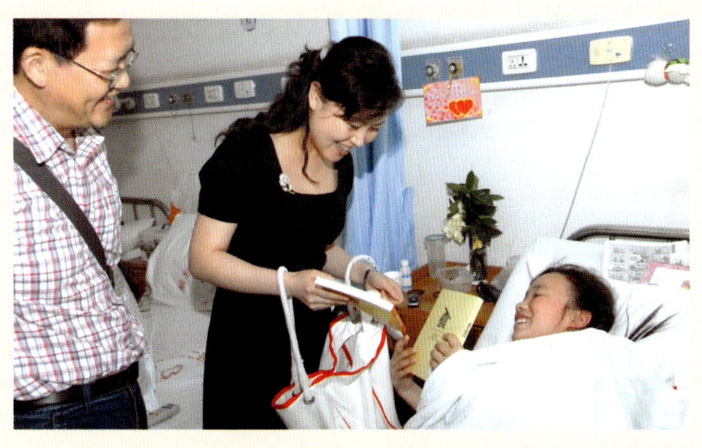

2008年5月30日，地震后，重庆市分行组建志愿者队伍前往医院慰问灾区儿童。

2008年6月18日，朱小黄副行长一行受建设银行党委委托，赶赴甘南藏族自治州，看望慰问甘南分行受灾员工，指导灾后重建工作，并向州政府捐赠赈灾款100万元。

2008年6月18日上午，云南省分行潘念宁行长和董晓威纪委书记一行前往昆明医学院第二附属医院慰问赴四川抗震救灾的医疗队员。

2008年6月24日，甘肃省分行行长康义慰问地震中罹难的建设银行员工家属。

2008年6月24日，云南省分行行长潘念宁一行前往四川安县、北川抗震救灾一线慰问云南省某集团军驻川抗震救灾部队官兵。

2008年7月31日，重庆市分行前往“5·12”地震中心的映秀镇，慰问了参加抗震救灾的驻渝某部红军师官兵。

携手奥运　展示建行

2008年2月20日，北京市分行召开“迎奥运、说英语、促服务”青年文明号奥运行动计划启动会，参与奥运英语培训计划的营业网点大堂经理、柜员70余人参加。

2008年5月24日，北京市分行举办迎奥运银企联谊足球友谊赛。图为北京市分行球队队员和领导合影。

2008年5月至8月，总行团委组织开展“中国建设银行万人签名迎奥运”活动。图为5月30日在安徽黄山市的启动仪。

2008年6月11日，云南省迪庆分行全体员工身着鲜艳的民族服装，手持国旗和奥运会旗参加欢迎圣火仪式。

2008年6月17日，传递希望，祝福祖国——建设银行万人签名迎奥运活动在新疆举行。

2008年6月26日上午，山西省分行举行2008北京奥运火炬手欢迎仪式暨万人签名迎奥运活动。

2008年7月7日，江西省分行第二届职工运动会开幕。

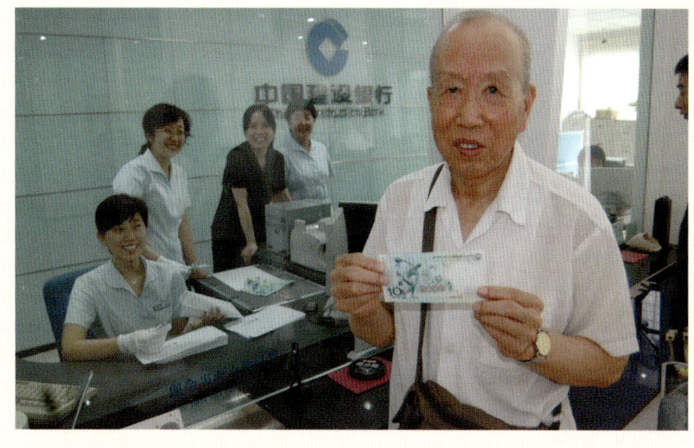

2008年7月9日，北京安华支行销售奥运纪念币，81岁老人如愿以偿购得奥运纪念币。

2008年7月12日，上海市分行网点员工做好迎奥运金融服务。

2008年7月23日，山东省分行举行奥运火炬交接仪式暨万人签名迎奥运活动。

2008年8月7日，重庆市分行与重庆时报联手推出《北京奥运完全手册》，受到了广大客户读者的关注和好评。

2008年8月8日，北京开发区支行员工参与奥运火炬在开发区内的传递活动。

2008年奥运会期间，北京东四支行员工以优异的服务获得外宾认可。

2008年9月20日下午，广东省分行“迎国庆奥运精神伴我行”万名员工登山（健身）活动日——广州地区员工登山活动在广州白云山举行。

2008年奥运会期间，北京市分行组织百名奥运英语青年志愿者开展“服务奥运 服务一线”活动，在奥运会和残奥会期间深入一线，协助网点做好金融服务工作。

2008年1月11日，北京市分行举办以金融论坛、时尚晚宴、名品展示和幸运抽奖为主线的“引领时尚、问鼎财富”——2008年客户新春答谢活动。

2008年11月19日，北京市分行举办“解放思想 共谋发展”青年员工辩论大赛。图为总决赛会场。

2008年10月28日，天津市分行滨海新区财富管理中心正式开业。

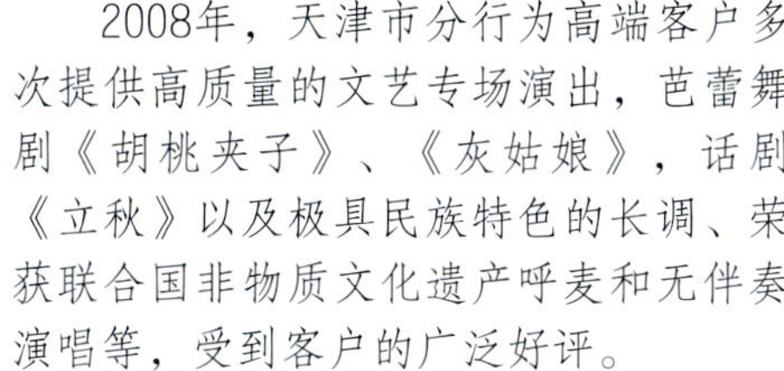

2008年，天津市分行为高端客户多次提供高质量的文艺专场演出，芭蕾舞剧《胡桃夹子》、《灰姑娘》，话剧《立秋》以及极具民族特色的长调、荣获联合国非物质文化遗产呼麦和无伴奏演唱等，受到客户的广泛好评。

2008年9月9日，河北省分行在省政府举办的银企项目对接洽谈会上积极开展客户营销工作。

2008年10月21日，河北省分行“养颐乐”系列企业年金产品推介会在石家庄河北会堂隆重召开。

2008年1月11日，山西省分行“建设未来——中国建设银行资助贫困高中生成长计划”捐资助学仪式在太原五中举行。

2008年1月25日，党的十七大代表、山西临汾分行副行长王红梅与省市分行相关领导慰问贫困英模母亲。

2008年4月24日，山西省分行组织员工开展金融下乡服务基层活动。

2008年1月30日，辽宁省分行与沈阳市房产局合作开展的全国首家个人按揭网上抵押登记项目正式开通。

2008年3月8日上午，辽宁省分行在沈阳开展“庆三八迎奥运徒步健身行”活动，省行本部及沈阳城区各支行500余名女职工参加，从东陵公园出发集体步行7.2公里到达沈阳世博园。

2008年4月17日，大连市分行在大连博览中心召开大连庄河电厂利得盈信托类理财产品销售动员会。

2008年9月26日下午，大连市分行和大连天途有线电视公司合作发行的“天途有线数字龙卡”首发仪式在富丽华大酒店隆重举行。

2008年6月12日，黑龙江省分行行长薛峰深入双鸭山建龙钢铁公司调研。

2008年8月26日，黑龙江省分行供应链融资产品推介会在大庆召开。

2008年12月13日，上海市分行举办龙卡汽车卡贵宾自驾游活动。

2008年5月8日，中国建设银行学习实践科学发展观专题调研座谈会在南京举行。

2008年2月23日下午，苏州市分行“小龙人”贵宾子女俱乐部正式宣告成立。该俱乐部的会员全部由4岁到12岁的小朋友组成，是由苏州市分行发起组织。图为小朋友上台互动。

2008年11月21日，中国建设银行钻石·白金信用卡高尔夫联谊赛苏州站开赛。图为合影全景。

2008年4月2日，浙江省分行金融创新大会在杭州召开。

2008年12月11日，杭州市政银企融资工作对接会议在杭州举行。

2008年9月4日下午，宁波市分行"蓝色论坛"在东港喜来登酒店正式拉开帷幕。

2008年12月9日，宁波市分行行长刘丽华出席2009年元旦春节宁波市总工会、宁波市分行向全市困难职工家庭送温暖活动启动仪式。

2008年4月29日，安徽省分行员工在合肥市举办的资本对接会上作营销宣传。

2008年6月17日，安徽省分行举办员工乒乓球赛。

2008年“三八”妇女节，福建省分行为女性高端客户举办“时尚女人，健康有约”沙龙活动。

2008年5月14日，福建省分行举行“中国贫困英模母亲建设银行资助计划”发放仪式。

2008年9月12日，客户在厦门市分行体验中心电子银行区。

2008年3月15日，江西省分行举办“3·15”大型咨询服务活动，并启动“金融服务社区行青年自行车活动营”活动。

2008年7月1日，江西省分行召开“我入党的那一天”迎“七一”主题纪念大会。

2008年2月29日，山东省分行举行“庆‘三八’ 迎奥运”跳绳比赛。

2008年5月16日，山东省分行举行零售网点转型情景演练竞赛。

2008年7月4日，为迎接奥帆赛，青岛市分行“清苔突击队”冒雨来到第三海水浴场清理浒苔，全行近百余名党员、团员度过了一个特殊的“党团员奉献日”。

2009年10月12日，青岛市分行成功举办企业年金计划推介会。此次推介会是青岛市分行首次组织的企业年金大型推介活动，推介会吸引了近70家企业的100多位企业领导前来参加。

2008年4月9日，河南省分行举行第四次“客户接待日”活动，河南省分行行长许会斌主持参加了客户接待工作。

2008年7月30日上午，河南省分行在索菲特国际酒店隆重举行“VISA奥运白金信用卡”产品推介会。

2008年8月29日晚，河南省分行在培训中心隆重举办了“言善信，行善规”合规文化建设员工演讲比赛。全行各部门和网点负责人、一线员工等共4 880余人同时观看了比赛。

2008年1月10日，湖北省分行与中国烟草总公司湖北省公司签订银企合作协议。

2008年9月25日上午，湖北省分行与武汉市工商业联合会战略合作协议签约仪式暨银企座谈会在建设银行大厦5楼多功能厅举行。

2008年3月8日，三峡分行举行女职工表彰大会暨女子健美操比赛。

2008年10月16日，三峡分行参加宜昌市2008年秋季房交会。

2008年4月23日，湖南省分行女工座谈会在张家界市召开。

2008年6月21日，湖南省分行首届电子银行业务技术比武大赛在株洲市举行。

2008年10月30日，长沙湘江支行员工在2008长沙秋季房交会上营销个人住房贷款相关产品。

2008年8月10日，广东省分行主办庆“八一”军地书画名家联展·雅集，20多位来自国内军、地的著名书画家带来了各自的作品，饶有兴致地参加了这次活动。

2008年8月15日，深圳市分行员工在梅州市大埔开展助学活动。

2008年11月8日，深圳市分行举办职工趣味运动会。

2008年春节期间，广西壮族自治区分行举办“建行之声”新春交响音乐会答谢建设银行客户。

2008年“八一”建军节期间，广西壮族自治区分行进行拥军慰问活动。

2008年4月29日，海南省分行举办“迎五一促发展”电子银行业务竞赛。

2008年7月24日，四川省分行向武警部队赠送慰问品。

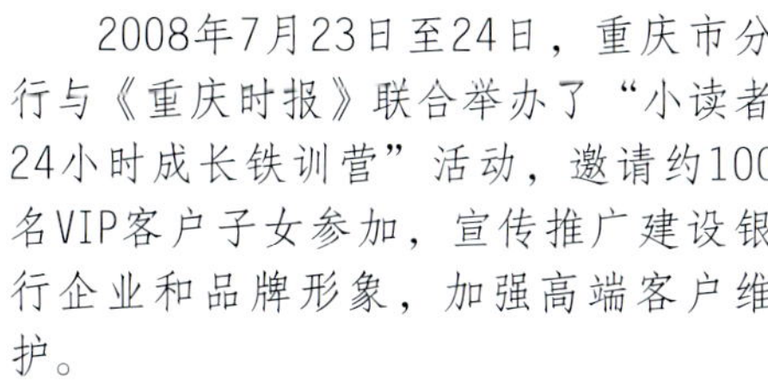
2008年7月23日至24日，重庆市分行与《重庆时报》联合举办了“小读者24小时成长铁训营”活动，邀请约100名VIP客户子女参加，宣传推广建设银行企业和品牌形象，加强高端客户维护。

2008年12月2日下午，重庆市分行在重庆精典书店为百名VIP客户举办了一场子女教育专题讲座，与台湾资深教育家共同探讨子女教育的话题，提升建设银行的品牌形象。

2008年7月27日，贵州省分行与部队官兵举行"迎奥运·庆八一"建行·军队武警篮球友谊赛，牢牢巩固了军队武警存款余额当地同业排名第一的优势。

2008年贵州省分行个金业务实现快速发展，全年共实现个人客户募集资金总量125.32亿元，借记卡发卡56万张。图为贵阳城东支行举办高端客户中秋答谢会。

2008年3月27日，云南省分行在云南大学举行建设银行"e路通"杯全国大学生网络商务创新应用大赛宣讲活动。

2008年4月26日，云南省分行举行“激情2008——省分行本部职工庆‘五一’、迎奥运”水上趣味运动会。

2008年12月13日，云南省分行计划财务部和北京路支行支部党员、入党积极分子、团支部书记等前往盘龙区松华乡迥流分校开展“与山区孩子再牵手”活动。

2008年元月，西藏自治区分行在拉萨举办新春团拜会，答谢建设银行客户。

2008年，拉萨“3·14”事件后，西藏自治区分行慰问值勤武警官兵。

2008年5月21日，地震后的陕西省宝鸡分行坚持营业。

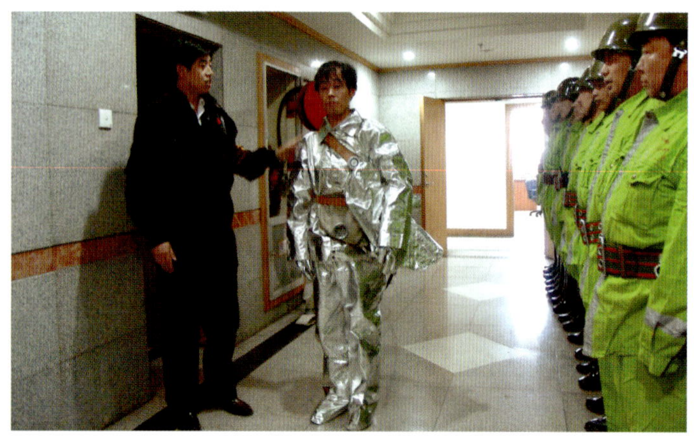

2008年6月27日，青海省分行组织消防安全应急疏散演练。

2008年8月，青海省分行组织员工开展拓展训练。

2008年12月29日，青海省宋秀岩省长到营业网点慰问一线员工。

2008年1月31日，宁夏回族自治区分行春节团拜会上职工进行文艺演出。

2008年8月31日，宁夏回族自治区分行马慧同志摘取中央电视台《状元360》节目走进宁夏“金融行业状元”桂冠，周磊、李媛、杨倩、陈建萍名列第一、第二、第三名。

2008年1月25日，新疆维吾尔自治区分行开展龙卡贺岁尊贵体验专场营销活动。

2008年8月12日，中国建设银行2008年对公重要客户理财产品推介会在乌鲁木齐召开。

哈尔滨培训中心坚持以业务为导向，不断加大培训项目和培训课程开发力度，2008年共开发新培训项目8项，培训课程68门，促进了培训质量的持续提高。

哈尔滨培训中心坚持业务培训和拓展训练相结合，努力提高学员综合素质。

2008年5月16日，总行信用卡中心风险管理团队来常州培训中心参加拓展训练。

2008年7月5日，经总行党校的积极组织和常州分校学员的精心准备，在常州分校开展了以“感动·思考·沟通”为主题的案例教学活动，第十七期党校班学员与2006年建设银行年度人物面对面互动交流。

件或灾难性事件的能力。在全区范围内开展“加强操作风险管理，提高内部控制水平”活动和操作风险管理等级行评价，提高操作风险管理的整体水平。四是按照总行《案件防控及整改方案》的要求强化了整改工作。截至2008年末，总行《案件防控及整改方案》提出的九大类108项工作措施中，分行已完成了103项，完成率为95%。五是加强了案件防控管理。全面推进案件风险防范综合治理和齐抓共管的查防体制建设，严格落实案件防范责任制，加大对员工不良行为、操作风险、廉洁从业的排查力度，深入开展“平安建行”的创建活动，强化整改效能监察，加强对违规失职行为的惩戒和违规积分的管理，杜绝了各类案件和事故的发生。2008年实现了“零案件”的目标。

【以客户为中心，促进服务水平的提高】结合学习实践科学发展观活动的开展，分行从金融服务行业的特点出发，加快渠道建设速度，拓宽渠道服务功能，积极推进网点转型，建立和坚持“行长客户接待日”制度，切实解决制约客户服务水平提高的“瓶颈”问题，大幅度提升了客户服务水平和客户满意度。在总行2008年11月21日至12月1日的营业网点服务质量的“神秘人”检查中，分行得分94.4分（招商银行88分，工商银行52.8分），较上半年总行服务质量“神秘人”检查得分73.7分提高了20.7分，系统排名由上半年的第35名跃升至第10名，成为系统排名服务质量提升幅度最大的分行。

【以人为本，营造和谐稳定的环境】正确处理稳定、改革和发展的关系，把构建和谐、维护稳定作为一项重要工作来抓紧抓好。工作中始终坚持“以人为本”的理念，人性化地开展工作，妥善处理内外部影响和谐稳定的突出问题，大力营造良好的发展环境。千方百计地做好“协解”和“内退”人员的稳定工作，实行“一把手”负责制，层层落实责任，上下联动，共同化解矛盾和纠纷。以德治行，积极关注在岗员工的思想状况，了解他们的合理诉求，维护他们的正当权益，解决他们的热点问题和难点问题。良好的文化与和谐的氛围凝聚了人心，激发了员工的工作积极性，为业务发展提供了源源不断的动力。

执笔：张剑飞　唐仲尧　巴　根　王志华　曾德鸿

审稿：肖　青

辽宁省分行

辽宁省分行行长李英俊

一、业务发展概况

2008年，辽宁省分行实现了考核利润23.58亿元，同比增加3.09亿元，计划完成率为113%；创造经济增加值10.77亿元，同比增加3.86亿元，计划完成率为138%；人均工资增长8 400元，增幅为14.3%。年末不良贷款为26.94亿元，比上年下降2.66亿元；不良贷款率为3.02%，比上年下降0.79个百分点。在总行等级行评定中首次进入B档。

【资产业务】年末各项贷款余额为892.53亿元，比上年新增115.76亿元，新增额创历史最高纪录。公司类贷款新增87.04亿元；个人类贷款新增28.71亿元，其中个人住房贷款新增30.26亿元，其余额和新增额居同业第一位。

【负债业务】全口径存款时点余额为1 956.91亿元，比上年新增301.1亿元，市场占比超过工商银行实现同业第一。其中，对公存款新增131.7亿元，个人存款新增197.84亿元，同业存款下降28.44亿元。

【中间业务】中间业务净收入8.47亿元，市场占比保持第一。借记卡累计发卡量、新增发卡量均居同业第一位。

【风险内控】全年完成各类不良资产处置18.1亿元。

二、主要工作举措

【理清经营思路，促进科学发展】深入开展学习实践科学发展观活动，通过认真查找影响和制约分行发展的突出问题，发现分行近年来各项业务虽然都有所进步，但经营管理运作模式还是比较粗放、陈旧，价值创造能力未得到明显提升，内控评价的考核排名逐年下降。要扭转落后局面，必须进一步解放思想、转变观念，坚持做到又好又快，"好"字优先，注重发展速度，更注重发展质量，不片面追求短期利益。在活动中，分行制定了针对性的整改措施658条，已完成整改505条，并研究部署了持续改进工作。

2008年7月4日，中国建设银行董事长郭树清、副行长罗哲夫出席鞍山钢铁集团公司与中国建设银行在北京举行的战略合作协议签字仪式。

2008年7月18日，中国建设银行副行长陈佐夫在沈阳华晨宝马公司调研。

2008年9月10日，辽宁省分行与本溪钢铁（集团）有限责任公司在辽宁友谊宾馆举行战略合作协议签约仪式，辽宁省分行为本钢集团公司提供意向性授信额度130亿元。

【跟进形势变化，调整业务结构】2008年国际国内经济金融形势复杂多变，分行及时调整经营策略。大力吸收存款，注重优化存款结构。加大公司类存款营销力度，把争取更多的基本结算户作为巩固和增加公司类存款的主要手段。抓住投资者资金从资本市场回流的有利时机，从源头上抓好存款业务。在国家推出扩大投资、拉动内需政策以后，分行积极抢占优质贷款份额，做好项目储备，实现了100亿元的信贷投放目标。与鞍钢集团、本钢集团等优质大客户签订战略合作协议，进一步密切了银企合作关系。将信贷资源配置与相关中间业务收入挂钩，为客户提供一揽子解决方案。根据客户信用等级设定贷款利率的上浮标准，引入综合贡献度指标，实行分级分段定价，提高贷款的议价能力。完善"买单制"，对重点产品在资源配置和考核上加以倾斜，适时进行价格调整。

【稳步推进改革，理顺管理机制】在沈阳地区对个人业务条线进行改革试点，将网点个人业务指标考核权、绩效费用分配权上收到辽宁省分行，加大统一管理力度。进一步完善考核激励约束机制，按照网点岗位分工和岗位贡献度，建立岗位和业绩相结合的绩效分配方式，适当拉大收入分配差距。针对辽宁省分行本部业务发展的需要，优化人力资源配置，实施有针对性的"三定"工作，建立精简高效的组织机构。

【提高资产质量，控制信贷风险】牢固树立"质量就是效益、质量就是生命线"的理念。认真执行国家宏观经济政策和总分行信贷政策制度，推进行业风险限额管理，严守行业风险底线。发挥项目评估中心和客户评价中心的专业化优势，提高平行作业的工作效率。充分利用授信业务风险监测系统，持续监控对公正常类和关注类贷款，加强逾期及非应计贷款的监测。密切关注市场形势变化，审慎进行信贷资产分类。

【加强内部管理，确保合规经营】建立案件防控捆绑机制，形成上下齐抓共管的案件防控体系。加强对重点区域、重点时段、重点岗位、重点部位的安全防范工作，对办公楼、营业场所等进行全面安全检查，针对发现的问题开展集中整治。加大安全管理规章制度执行情况的督察力度，充分发挥稽核系统和柜面业务实时监测系统的作用，及时消除安全隐患和违章操作现象，跟踪督促整改。开展以“学规章、重查访、强双基、保平安、促发展”为主题的实践活动，增强员工合规意识。对违规行为严格责任追究，对49名违规违纪的分行机关人员进行了处理。加强与地方政府、客户和媒体的沟通，制定危机事件应急预案，及时妥善处理突发事件。

【坚持以人为本，建设企业文化】一是认真贯彻民主集中制。落实领导班子重点联系行制度，通过深入基层调研、召开各层面座谈会等形式，广泛征求、主动听取群众的意见和建议。二是抓好党风廉政建设工作。规范领导人员从业行为，严格遵守廉洁自律的各项要求。完善干部评价考核机制，促进各级领导人员增强危机意识和责任意识，不断提高履职能力。三是加强职工民主管理。完善职代会制度，分行召开了第一届职工代表大会第三次会议，认真研究落实职工提案。四是牢固树立“机关为基层、二线为一线、全行为客户”的服务理念。以创建企业文化建设示范点为切入点，深入开展客户满意度测评工作，认真整顿机关工作作风。

执笔：关连山

审稿：陈　利

大连市分行

大连市分行行长杨文升

一、业务发展概况

2008年，大连市分行主营业务收入23.17亿元，较上年增长8.65%；实现拨备前利润13.93亿元，较上年增长5.98%；实现经济增加值3.65亿元，较上年增长167.3%；经济资本回报率为21.29%；年末不良贷款余额为21.1亿元，较年初增加5.5亿元，不良率4.73%，较年初增长0.41个百分点。

【资产负债】年末全口径存款余额745.44亿元，当地四大行中排名第二；存款较年初增长128.8亿元，增长20.89%。全口径存款日均余额为652.91亿元，新增125.19亿元，增长23.72%，其中对公存款日均余额增速在系统内的城市分行中排名第一位。企业存款年末余额为398亿元，新增81.69亿元，余额及新增额居当地四行第一位。个人存款余额突破300亿元大关，达到325.35亿元，新增75.74亿元，创历史最好水平，增速居当地四行第一位。各项贷款余额为446.44亿元，较年初增长68.17亿元，增长18.02%，贷款余额继续保持当地同业首位，新增额和增速居四行第一位。贷款增速在系统内同等级城市分行中排名第一位，其中对公贷款增长19.92%。

【中间业务】全年实现中间业务收入4.18亿元，四行占比为28.40%，较上年提升1.5个百分点，中间业务收入总量、占比及增速继续保持同业第二位。对公条线实现中间业务收入2.69亿元，比上年增加1.11亿元，创历史最好水平。其中，对公外汇中间业务收入1.2亿元，同比增长

75.63%；机构与投资银行业务实现中间业务收入7 849万元，同比增长279%；审价咨询收入2 101万元，同比增长82.70%。网点平均理财产品销售在系统内排名第四位。

【战略业务】个人业务筹集资金总量为152亿元，其中净筹集资金总量达到119亿元，四行占比分别为29.18%和27.73%，排名第二位。个人住房贷款余额和新增额分别为88亿元和9.6亿元，均列四行首位，其中新增额四行占比达52%。公积金存贷款余额及市场占比在系统内同等级城市行中继续保持第一，在当地同业中的占比分别为87.8%和73%。

完成国际结算量80.2亿美元，同比增长51.47%。其中，贸易项下国际结算量四行占比为22.81%，增速继续保持四行第一位；表外贸易融资余额为3.92亿美元，市场占比由年初的55.5%提高到83.4%，跃居当地同业首位及系统内第二位。

龙卡发卡量237万张，2008年新增43.9万张，发卡总量和新增量继续保持同业第一位。信用卡累计净发卡22.4万张，2008年净新增62 959张，信用卡POS机累计交易金额居同业第一位。

个人、企业电子银行客户分别新增41万户和2 994户，其中个人电子银行客户新增数首次超过工商银行。电子渠道与柜面交易量之比为68.37%，比上年同期提高23.81个百分点。自助设备总量在四行中的排名由末位跃居第二位，自助设备与柜面交易量之比为75%。

【风险内控】存量"双大"的关注类贷款比年初下降8亿元。实现不良贷款户退出28户，信贷退出计划完成率为143%。全年处置不良贷款4.28亿元，其中，现金回收1.96亿元，核销1.26亿元。

二、主要工作措施

【有效满足企业客户的融资需求】2008年前三个季度，针对信贷规模紧张的情况，分行加大了产品的创新力度。对关联度较大的对公业务品种进行归类，建立产品线，组建专家团队。积极发展理财顾问等新兴业务，拓展机构投资银行业务。为国电电力大连庄河电厂发行8亿元"利得盈"理财产品，拓宽了企业融资渠道，降低了企业融资成本。以万达商业地产私募项目为背景，发行分行首款基于IPO的股权投资类人民币理财产品，在国内银行业属于首创。同时，把握地区产业结构调整和重新布局的发展机遇，重点支持基础设施融资、公共事业项目及配套产业、大型搬迁改造企业项目及新兴工业园区建设。在国家"保增长、扩内需"相关政策出台以后，进一步加大市场拓展力度，成功与大连市财政局达成在地铁、机场、海底隧道、饮水工程、土地储备等方面的合作意向，为分行做好项目储备工作打下了坚实基础。

【大力推动个人金融业务的发展】进一步提高客户服务的标准化程度，推出签约放款、贷款预审批、二手房绿色放款通道等便民措施，巩固个人资产业务的市场优势。以理财产品、保险代理、黄金销售和银行卡等业务为重点，持续开展专项营销活动，借助优势媒体加大宣传力度，提高客户对建设银行产品品牌的认知度和认同感。加大网点建设投入，当年用于网点购置及装修改造的资本性支出1.75亿元，用于网点形象建设方面的支出420万元，购置网点10个，装修改造网点25个，用于自助设备购置及布放的支出1 600万元。推进网点转型，提前半年完成全部115个网点的转型工作。完善个人业务激励约束机制，调整产品买单价格，调动一线销售人员的积极性，个人账户金、实物金交易量等业务指标在系统内同等级城市行中排名第一。

【着力加强直客式营销】先后组建了智汇交易室、贸易融资团队、国外保函团队、国际融资团队、外管政策团队等，通过实施优势产品营销、优化资源配置等策略，为经营单位提供直客式营销支持保障。积极抓住市场商机，及时创新和推广账务通、证票通、融货通等外汇业务新产品，提高了外汇业务收益率。组建信用卡直销团队，

2008年8月21日，中国建设银行董事长郭树清考察大连市商品交易所。

创新推出天途有线数字龙卡、大商龙卡和天兴罗斯福龙卡等极具地方特色的联名信用卡，同时迅速推进公务卡、名校卡、大学生卡、姚明卡和钻石白金卡等标准产品的营销工作。

2008年8月20日，中国建设银行行长张建国视察大连市分行营业部。

【夯实营运管理基础】有序推进后台集中项目，完成了转岗/转授权等重要业务系统的上线推广工作。现金调运实施精细化管理，人民币备付率为0.44%，比上年同期下降52.66%，低于总行控制指标20个百分点。实行结算收入标杆管理，制定对公结算新产品激励政策。拓展同业数据获取渠道，加强数据整合。进一步提高系统监控能力，全年实现安全运营。

【风险管理改革取得实效】初步实现风险条线人员的集中管理，组建了平行作业行业团队、信贷审批团队和其他专业管理团队，完善了相关业务流程。加强授信业务风险监测，持续跟踪分析宏观经济敏感性行业，强化风险源头控制，推进信贷结构调整。对公客户信用评级工作进一步加强，对公客户信用评级覆盖率高于系统内平均水平11个百分点。认真执行关键风险点检查制度，加强监控检查，进一步推进操作风险管理。

【及时调整不良资产处置工作重心】2008年初以“双大”客户为重点，细化清收处置方案，通过依法拍卖、资产重组等手段加快处置不良资产。2008年下半年则根据外部经营环境的变化，及时调整处置工作思路，以化解危机、快速处置为出发点，重点以收取实物资产、呆账核销等手段消化不良贷款，清理了一批抵债资产和历史遗留问题。

【开展“合规管理年”活动】将合规管理纳入各单位领导班子KPI考核及等级行考评，加强合规建设的监督评价力度。活动中收集员工提出的流程优化意见30余条，收集客户提出的流程优化意见11条；共梳理流程370个，梳理规章制度文件707份；出具检查报告11份，检查并整改问题143个。

【持续推进企业文化建设】深入开展学习实践科学发展观活动，并取得了阶段性成果。严格执行“客户接待日”制度，创建客户表扬、投诉服务管理等机制，强化服务积分管理。加强员工队伍建设，进一步拓宽员工队伍晋升通道。通过公开竞聘，21名员工走上部门和支行负责人岗位，10名员工走上四级以上专业技术系列工作岗位。结合内训、外派等多种形式，努力提升员工履岗能力、专业技能和综合素质。积极履行社会责任，在抗震救灾献爱心活动中，员工向灾区捐款150余万元，在当地金融机构中捐款最多，分行被辽宁省民政厅授予“抗震救灾捐赠突出贡献单位”。

执笔：刘宏成

审稿：张喜军

吉林省分行

吉林省分行行长王毅

一、业务发展概况

2008年，吉林省分行实现考核利润12.15亿元，完成计划的136%；实现经济增加值6.67亿元，完成计划的240%；利润水平保持省内四大行首位，在系统内等级行考核中排名第25位，较上年提升2位。年末不良资产总额8.46亿元，比年初下降0.32亿元；不良资产率0.99%，比年初下降0.15个百分点。不良贷款余额7.3亿元，比年初下降0.34亿元；不良贷款率1.45%，比年初下降0.47个百分点，资产质量处于当地四大行中的最优水平。

【资产负债】2008年末全口径存款余额为832.83亿元，新增82.94亿元，增幅为1.06%。其中，个人存款余额为493.84亿元，新增90.05亿元，增幅为22.3%；企业存款余额为304.2亿元，新增17.55亿元，增幅为6.12%。各项贷款余额为501.66亿元，新增104.43亿元，增幅为26.29%，人民币各项贷款新增占比在当地四大行中排名第一位。对公贷款余额为414.4亿元，新增74.3亿元，增幅为21.85%。大力开展票据买入返售业务，全年办理57.4亿元；累计办理贴现业务308亿元，同比增加188.72亿元，增幅为158%，在系统内排名第三位；实现贴现利息收入3.67亿元，同比增收2.01亿元，增幅为121%，创历史新高。个人类贷款余额为87.26亿元，新增30.13亿元，增幅为52.74%，余额、新增额和新增占比均居四行第一位；个人类贷款在各项贷款余额中占比17.4%，比年初上升5.58个百分点。委托性存款、公积金存款、公积金贷款的余额占比均居省内同业首位。

客户结构不断改善。A级（含）以上公司类客户贷款余额为365.4亿元，新增71.83亿元，占全部公司类贷款的91.76%。累计发展AUM 20万元以上的VIP客户64 562人，较年初增加21 289人，其中AUM 300万元以上的钻石级客户711人，较年初增加313人。

【中间业务】全年实现中间业务净收入4.7亿元，同比下降1 583万元，省内同业排名第二位。实现财务顾问、造价咨询等中间业务收入8 650万元，增幅为298%。证券保证金第三方存管业务保持快速增长，实现存管收入772.8万元，同比增长229%，新增个人签约客户43 020户，机构客户28户，计划完成率分别为286%和560%。办理保理业务8.59亿元，在系统内排名第10位。代理社保业务51亿元，同比增加12亿元。

【战略业务】个人金融资产较年初增加209亿元。借记卡累计发卡445万张，新增86.4万张，增幅为24.1%；实现消费交易额53.8亿元，同比增长42.6%。

实现国际结算量40.49亿美元，创历史新高，同比增长47.02%；贸易项下国际结算量的四行占比为24.65%，超过系统内平均水平6个百分点。完成结售汇业务量34.94亿美元，同比增长33.36%；完成代客衍生产品业务量8.24亿美元，同比增长19.42%；对公外汇买卖12.13亿美元，系统内排名第三位。实现外汇中间业务收入11 469万元，首次突破亿元大关，同比增长114.21%。

信用卡业务各项核心指标创历史最好水平。龙卡信用卡发卡27.45万张，净新增10.6万张；卡均消费5 087元，比上年提高54.8%；账户活动率52.24%，提高7个百分点。客户25.03万户，新增10.98万户；消费额13.9亿元，同比多增8.4亿元；自有商户2 024户，新增1 609户，完成全年计划的 321.8%；信用卡实现业务收入2 324万元，同比增长 165%。

电子银行客户 125 万户，新增 46 万户，增幅为37%；网银活跃客户新增 14.7 万户；电子银行交易额为5 167亿元，电子银行与柜面交易量之比为 27.82%，同比提高 1.57 个百分点。电子银行实现中间业务收入 565 万元。优化、新增特色平台短信金融服务批量签约、公积金龙卡短信等功能，开通网上银行收银台代收费等业务，开发一汽大众公司企业网上银行个性化功能。

【风险内控】退出客户贷款 39 292 万元，信贷退出计划完成率为 107.39%。全年处置各类不良资产 30 674 万元，计划完成率为 167%。其中，现金回收 18 487 万元，计划完成率为 231%，超值现金回收 4 898 万元，计划完成率为 255%。成功防范抢劫案件 2 起，识别堵截伪造承兑汇票、伪造存单存折诈骗案件 4 起，避免经济损失 657 万元，收缴假币 135 万元。已连续 4 年无内部员工涉案案件发生。

二、主要工作举措

【加强战略规划和资源配置，进一步深化业务转型】落实科学发展的要求，围绕业务转型，制定 2008—2010 年三年业务发展规划。调整财务资源配置政策，进一步完善绩效评价体系，突出对存款业务、中间业务、结算账户营销、票据贴现等重点业务的资源投入和拓展激励。优化资本性支出结构，加大向中心城市行、网点装修改造、自助设备和生产性基础设施的倾斜力度。持续深化信贷结构调整，近 80% 的对公新发放贷款投向电力、交通、煤炭、汽车等基础设施类行业、能源资源类行业和地方支柱性行业。积极推进对公网点柜面转型试点，深入推进集中配送体系建设，实现长春城区全部网点和部分外县网点重要单证的集中配送以及二级分行所在城市离行式自助设备的后台集中维护管理。

【加大账户营销和重点产品营销，大力拓展新兴业务】重点推进对公结算账户营销，加大营销激励。全年新增账户 6 597 个，其中，基本账户 3 059 个，一般账户 1 690 个，专用账户 1 123 个，临时账户 725 个。企业年金营销 2 户，新增社保账户 7 家，军警客户的市场占比达 30.24%。成功营销 6 亿元人民币外资银行人民币拆借业务、8 700 万元人民币“证票通”业务、3 600 万美元中小股份制银行信用证加具保兑业务和 3.4 亿美元本外币债务风险业务等外汇业务新产品。成功组建 7 笔银团贷款，办理融资租赁业务 4 亿元，组织发行理财产品“利得盈”22.5 亿元、“票据盈”2.59 亿元。加强金融合作平台建设，与吉林银行签署全面合作协议，加强与大连进出口银行、吉林省信托投资公司等金融同业的业务合作。扩大与一汽财务公司的合作领域，成功办理 10 亿元资产受让业务。

【强化个人业务营销管理，积极推进渠道建设】积极开展形式多样的营销活动，加大个人存款、投资理财产品等个人金融资产的整体营销力度。全面开办个人助业贷款，推出“长春住房公积金龙卡”，发卡 18 万张。完善个贷中心建设，实现个贷业务电子化审批。稳步推进网点转型，完成网点招标并开工建设项目 76 个，新上线自助设备 146 台，完成一代网点转型 261 个，首个二代转型试点网点顺利通过总行验收。强化营业网点服务管理考核，服务质量明显提高，在总行 2008 年组织的两次“神秘人”检查评比中，基本评价得分分别居系统内第四位和第一位。

【提升风险管理能力，认真做好案件防控工作】推进风险条线集中管理，加大对基层机构关键风险点的监控检查力度。完善个贷业务经营主责任人制度，推进全标准化催收工作，并在系统内首次开展县级行个贷业务平行作业。强化保全业务集中经营，加大吉林省分行对重大、疑难不良项目的直接经营力度。充分发挥不良项目运营小组作用，细化保全业务条线的激励政策，推进重大不良项目的处置进程。积极与审计、监管部门沟通协调，对发现的问题认真落实整改。持续优化业务操作流程，增强岗位间的有效制衡。加强案件的事前、事中主动防控，加大对员工行为和业务风险点的排查力度。认真落实业务检查责任制及员工违规积分管理，构建严密的违纪、违规、失职行为查处体系。深入开展“平安建行”创建活动，制定完善主要生产系统业务应急预案。加强营业网点技防、消防设施改造和更新，“安全合格证”和“消防合格证”办证率分别达到 100% 和 99%。

【深化人力资源管理，全面提升员工素质】优化调整本部内设机构，推进长春城区支行法律人员的集中。完成吉林省分行本部部门负责人、二级分行及直管支行领导班子和领导人员任期考核调整聘任工作，领导人员队伍年龄结构和知识结构进一步优化。认真做好员工职业生涯规划，制定专业技术岗位发展三年规划并部署实施。与符合条件的858名业务岗位短期劳动合同员工签订了中长期劳动合同，并纳入员工内部等级体系管理。开展应届毕业生招录工作，改善员工队伍结构，缓解一线人员的工作压力。加大培训力度，提高培训覆盖面，全年共组织各类培训班477期，15 733人次参加了培训。

执笔：刘　刚

审稿：程超英

黑龙江省分行

黑龙江省分行行长薛峰

一、业务发展概况

2008年，黑龙江省分行实现拨备前利润17.26亿元、税前利润14.84亿元、税后净利润11.21亿元，同比分别增加0.81亿元、0.2亿元和1.48亿元，计划完成率分别为102.88%、102.31%和102.2%；实现经济增加值6.61亿元，同比增加1.11亿元，计划完成率为105.13%。不良贷款余额为23.14亿元，比年初下降5.77亿元；不良贷款率为4.71%，比年初下降1.86个百分点。

【资产负债】2008年末全口径存款余额为1 393.76亿元，新增180.5亿元，计划完成率为250.44%。一般性存款时点余额和新增额在当地五大银行（工、农、中、建、交通）中的市场占比同比分别提高0.46个和5.14个百分点，其中企业存款新增额的市场占比为30.34%，跃居同业第一位。个人存款同比多增127亿元。各项贷款余额491.12亿元，新增51亿元，计划完成率为111.31%，其中对公贷款余额新增45.8亿元，“速贷通”和“成长之路”贷款余额新增2.57亿元。住房资金存款、房改金融业务收入和自营性个人住房贷款业务继续保持同业领先地位。

全年新营销各类对公基本结算账户4 788户，哈尔滨海关、佳木斯电机股份有限公司等省内主要客户和各地区核心骨干客户、重要军警客户以及省内首家外资商业银行——韩国国民银行哈尔滨分行的基本结算账户均落户分行。新营销基本结算账户存款时点余额占全部企业存款新增额的33.81%，向新营销基本结算账户客户发放贷款22.31亿元，同时带来相关财务顾问、审价咨询、结算等中间业务收入近3 900万元。个人中高端客户数及其可支配金融资产同比分别增长41%和70%，其中AUM 300万元以上的高端客户数及其可支配金融资产同比分别增长101%和126%。借记卡总量跃居四行第一位。代发工资客户覆盖率由7.83%提高到9.47%。A级（含）以上客户、对公固定资产贷款余额占比分别提升0.78个和4.4个百分点。

【中间业务】全年实现中间业务毛收入6.99亿元，在四行中的占比为32.5%，同比提高1.61个百分点，排名第一。中间业务净收入6.83亿

2008年1月8日，中国建设银行监事长谢渡扬在黑龙江省分行营业部调研。

元，计划完成率为 90.64%，在主营业务收入中的占比为 18.35%。非基金中间业务收入 5.78 亿元，同比增长 94.33%，在全部中间业务收入中的占比较上年提升 43.2 个百分点。中间业务收入排名第一的区域和二级分行由 4 个增加到 7 个。

【战略业务】国际业务结算量为 38.18 亿美元，在四行中的占比为 22.35%，提升 6.12 个百分点，收入增长 32.82%，对俄边贸结算量在四行中的占比跃居第一位。

信用卡规模突破 40 万张，活动账户率大幅度提升，消费交易额在系统内的排名提升 9 位，收单商户总量进一步扩大。

销售人民币特色个人理财产品 91 亿元，是 2007 年的 10.77 倍。基金、保险、国债销售量均居同业第一位。代理保险业务实现收入 9 411 万元，系统内排名提升 6 个位次，在四行中的占比跃居首位。审价咨询业务实现收入 5 864 万元，创历史最好水平。

电子银行业务收入翻番增长，网银活动客户新增 16.84 万户。

【风险内控】累计退出贷款 12.77 亿元，计划完成率为 113.67%，退出类行业贷款余额占比实现不同程度的下降。全年累计处置不良贷款 8.2 亿元，实现不良资产超值现金回收 6 790 万元。

二、主要工作举措

【推进体制机制改革】完成了哈尔滨城区机构扁平化管理改革。根据业务发展和管理的需要，进一步整合省分行本部内设部门，调整和设置了 4 个直属单位。进一步提升资源配置的有效性和财务管理水平。优化资源配置以及 KPI 和等级行

2008 年 6 月 3 日，黑龙江省分行副行长于长利会见来访的韩国国民银行总行及哈尔滨分行筹备组代表一行。

考核体系，初步建立了重点明确、导向清晰、激励有效、约束有力的业绩评价体系，财务费用首次实现年度均衡列支。

【加快对公业务转型】加强项目储备，储备了哈尔滨地铁一号线等优质贷款 400 多亿元。为重点客户发行“利得盈”理财产品 28 亿元，供应链融资产品营销取得突破性进展。增强贷款定价和议价能力，全年各月份新发生的人民币公司类贷款加权平均利率、平均上浮比例均高于系统内平均水平，并位居前列。小企业贷款平均利率 9.77%，高出分行对公贷款平均利率 2.93 个百分点。对公业务条线实现中间业务收入 2.01 亿元，其中投资银行业务实现收入 5 361 万元，贡献度提升 5.2 个百分点。证券公司存款、“鑫存管”客户数和签约数保持同业领先优势。“八一”工程存款市场占比增长 2.39 个百分点。成功中标省电力公司企业年金业务，代发社保养老保险金收费实现零的突破。成功争办代理全省解欠工资业务，创造净利润 2 805 万元。

【加强服务渠道建设】组织实施零售网点综合管理，初步建立起相对完整的零售业务条线管理体系。年内有 195 家网点完成转型，完成率达到 80%，网点转型二代试点工作正式启动。新购置网点 21 个，65 个规划网点建设项目完成竣工 50 个，安装运行 ATM 等自助设备 901 台。哈尔滨出入境服务中心正式投入使用，财富管理中心的客户服务能力明显提升。完成了 40 个特色业务系统的开发和上线工作，营运管理能力明显增强。

【大力化解贷款风险】突出抓好“假个贷”治理工作，开展“卸包袱、提质量，彻底清除假个贷”攻坚战，1.09 亿元“假个贷”实现彻底清零。同时，完善审批制度、优化审批流程，从源头上提高新增贷款质量。强化贷后管理，加强贷款监测和预警，使存量贷款风险得到控制。稳步推进省分行直营客户授信业务的平行作业，并将十大不良资产客户纳入平行作业范围。继续实施“双十大”客户行级领导督导制度，组成专门项目团队，全力推进重点不良贷款的清收和风险化解，累计处置对公不良贷款 6.15 亿元。

【建立案件防控长效机制】做好总行案件重点联系行工作，切实执行季度分析例会制度。组建信贷巡检和柜面业务替岗检查队伍，充实纪检监察特派员队伍，形成了四个条线、五支队伍联动配合的案件防控体系。“合规文化建设年”活

动取得实效，建立了反洗钱责任承担和追究机制，强化了关联交易管理。审计检查中发现的问题的整改工作成效明显，整改完成率和真实率均实现年初确定的目标。全年累计认定责任 111 人，追究责任 96 人。违规人员明显减少，发现问题数量大幅下降。近 13 年来首次实现年度零案件。扎实推进信访和维稳工作，信访举报件和信访批次分别下降 33% 和 60%，重大活动期间没有发生大规模进京上访事件。

【加强党建和企业文化建设】一是深入开展学习实践科学发展观活动，按时完成学习动员和分析检查两个阶段工作，整改落实工作全面展开，获得总行巡视组的好评。二是加强领导班子和员工队伍建设。全年提拔、交流领导干部 90 余人，并对高级专业技术岗位人员实行目标管理。进一步加大员工培训力度，举办各类培训班 459 期，培训量超过 4 万人次，并建立了员工学历学位教育激励机制。三是推进“以客户为中心”的服务文化建设。持续开展劳动竞赛和岗位大练兵活动，认真执行“客户接待日”制度。在第 24 届大学生冬季运动会期间开展了全方位的企业形象宣传，并冠名承办了“哈夏”音乐会全部六场闭幕式演出。四是加强员工民主管理，召开了一届三次职代会。五是积极开展送温暖活动。走访慰问特困员工、特困劳模和离退休老干部 688 人次，发放慰问款物折合人民币 82.1 万元。干部员工累计为四川地震灾区捐款 170 多万元，向龙广爱心基金捐款 80.4 万元。

执笔：王玉明

审稿：杨玉江　谷源明

上海市分行

上海市分行行长赵欢

一、业务发展概况

2008 年，上海市分行实现拨备前利润 106.27 亿元；实现考核利润 97.45 亿元，比上年增长 17.15%；实现经济增加值 52.56 亿元，比上年增长 15.06%。平均资产回报率 1.4%，比上年提高 0.14 个百分点；成本收入比为 23.63%，比上年减少 0.18 个百分点；人均利润实现超百万的目标。

【公司业务】本外币企业存款新增 252.76 亿元，公司类本外币贷款余额新增 156.76 亿元，其中小企业贷款新增 53.29 亿元。军队武警存款市场份额提高 11.61 个百分点。在学校、医院等事业法人领域取得突破，与上海地区多家知名医院建立合作关系，提供信贷支持、基建账户及其他金融服务。保险公司客户不断拓展，在资金结算、“融保通”业务等方面取得新成果。与证券、期货等非银行金融机构的合作进一步深化，通过发

2008 年 6 月 3 日，黑龙江省分行副行长于长利会见来访的韩国国民银行总行及哈尔滨分行筹备组代表一行。

展“银期转账”等业务产品巩固了市场领先地位，汽车金融公司、金融租赁公司、财务公司等客户稳步增长。

【个人金融业务】个人存款新增411.49亿元，个人类贷款余额新增27.35亿元，创历史最好水平。中高端个人客户为24.17万户，比上年增长63.1%。财富管理与私人银行客户新增2 652户，日均AUM达到209亿元。新开业个人理财中心22家，新增运行ATM100台，新增运行CDS 218台，新增自助银行31家。实施了销售型自助银行试点，设立了当地首家汽车ATM银亭。销售个人理财产品266亿元，代理首发基金销售27.96亿元。

【房地产业务】住房资金存款新增72.59亿元，市场份额为79%。其中，商品房维修资金业委会存款新增23.86亿元，业委会开户新增643户。个人住房贷款发放113.21亿元，新增17.34亿元，新增额同业排名第一。

【中间业务】中间业务收入32.67亿元，增长53.03%，占主营业务收入的比重为20.24%，比上年提高了5.32个百分点。中间业务净收入31.59亿元，同比增长51.87%。对公条线中间业务收入同比增长129.57%，零售条线中间业务收入增速超过系统内的平均水平。其中，投资银行业务创造收入4.07亿元，比上年增长317.11%；银行卡业务收入突破5亿元，在个人类中间业务收入中的占比超过50%；代理保险业务收入21 737万元；代客衍生产品业务收入1 398万元。

【国际业务】外汇业务实现“双超”。完成国际结算540.58亿美元，比上年增长42.37%；国际结算收入14 368.39万元，其中即期结售汇业务量2 018 008万美元，增长1.98%，实现结售汇收入22 691.08万元。

【其他业务】信用卡客户新增41.55万户，账户活动率53.96%。信用卡累计消费额184亿元，增速达45.03%。积极推进公务卡业务，成为上海地区公务卡试点行之一。重点发展商户分期业务，全年发展特约商2 094家，新增分期商户356家。

电子银行客户规模和业务快速扩大。网上银行的活动客户新增47.68万户，比上年增长202%。电子银行与柜面交易量之比达82.14%，比上年提高39个百分点。

【风险内控】实现不良贷款“双降”，压缩和退出贷款32.45亿元，完成不良贷款处置14.79亿元。

二、主要工作举措

【加快体制机制改革】在深入学习实践科学发展观活动中，坚持边学边查边改，着力研究解决影响和制约分行发展的突出问题。大力推进内部体制机制改革，进一步提高市场竞争力。一是实施对公大客户经营模式改革，将专业支行对公经营职能上收到分行，在分行成立了五个大客户部。二是成立客户体验中心和个人银行业务问题解决中心。三是推进专业化经营机构建设，企业年金中心、托管业务分中心、个贷中心、小企业经营中心相继成立。四是继续推进风险条线集中改革，成立大客户作业管理中心，实施大客户部信贷审批集中，并对各支行专职贷款审批人进行集中管理，加大个人贷款集中审批力度。五是实施不良个贷集中催收处置试点和委外催收试点，推进资产保全业务单元制改革。

【狠抓市场营销服务】一是建立专业化产品营销团队，集中力量推进对公中间业务发展。组建了国内保理、银团贷款、人民币结算、贷款承诺、企业年金等产品营销团队，密切分支行联动，加大对基层经营单位的支持力度。二是迅速、准确地把握客户需求，提高营销的针对性和有效性。根据机构业务营销中反馈的客户需求，结合市场变化，加大龙信产品、CTS、百易安、金融同业资产业务等的营销力度，有效提升市场份额。三是着力推进产品创新。先后推出“月月打”开放式新股产品和准REITs产品。四是把握市场先机开拓国际业务。对180家国际结算重点客户进行分层营销，开展E－TRADE产品专题营销活动，客户开通累计数、网上开证数系统内排名第一位。

2008年5月7日，中国建设银行副行长陈佐夫出席上海市分行客户接待日活动。

加强与海外分行合作，成功办理东方航空公司和上海航空公司的飞机融资业务，在同业中率先获得澳新银行国内黄金清算服务业务。五是提升客户经理素质，初步建立了客户经理积分管理体系，加大对个人业务客户经理的培训力度，全年培训1 800人次。

【积极开展精细化管理】通过完善激励机制、加强制度化建设等方式，有效提高精细化管理水平。一是建立矩阵式责任关系，增加条线管理在市场营销组织、市场目标实现、系统性风险控制等方面的职责权重。二是优化经营业绩评价考核体系，强化对重点业务和战略性业务的激励，把市场份额纳入KPI考核和资源配置指标体系中。三是加强对行务和业务运行等规章制度的系统梳理，进一步规范和细化内部管理。

【全面加强风险管理】一是建立重大信贷风险事项管理和处置制度，加大信用风险监控力度，开展信贷风险远程监控，全面推广实施平行作业，对重点行业、重点客户进行风险排查。二是注重提高项目质量，在开展新一轮投资项目营销时，做到选好选准项目。三是加强操作风险管理，建立持续改进机制，全面推进业务持续性管理。开展了会计营运大检查，加强了反洗钱工作。完善审计发现问题的落实整改机制，整改完成率达95%以上。四是提高信息技术支持能力，实现生产系统正常运行，圆满完成奥运金融服务保障工作。

【持续推进队伍建设】组织“员工接待日”活动，听取员工对分行改革发展、员工职业生涯发展等方面的意见和建议，并及时给予回复、解决。加快青年后备人才的培养和使用，制定了《关于加快分行青年人才培养的指导意见》、《核心人才队伍2008—2010建设规划》等文件，为优秀人才脱颖而出创造条件。开展“关怀一线员工活动”，开通“心得乐”心理援助热线，举办了职工体育运动会和一系列文化活动。

【切实履行社会责任】积极支持抗震救灾企业，投放贷款5.28亿元。员工抗震救灾爱心捐款242万元，分行系统交纳特殊党费158万元、交纳特殊团费22万元。职工互助基金向地震灾区分行受灾职工捐款180万元。

执笔：郑智巍

审稿：林顺辉

江苏省分行

江苏省分行行长张援朝

一、业务发展概况

2008年，江苏省分行实现拨备前利润84亿元，同比增加13.58亿元；考核利润78亿元，增长22.53%，系统内排名第三位。全口径存款余额3 730亿元，新增775亿元。其中，一般性存款余额3 618亿元，在当地四大国有商业银行中的占比为24.37%，比上年提升0.51个百分点，新增765.66亿元，同比实现翻番，新增额居当地同业首位。各项贷款余额为2 353.37亿元，新增307.61亿元，同比多增19.71亿元，系统内排名第三位。贷款的不良额和不良率实现“双降”，不良资产率和不良贷款率分别为1.21%和1.45%，比上年末分别下降0.44个和0.42个百分点。

【公司业务】全年企业存款新增363.57亿元，年末余额的市场份额为26.12%，比上年提高1.13个百分点。公司类贷款新增225.3亿元，同比多增46.52亿元。基本建设贷款新增141.16亿元，占非贴现贷款新增的 81.9%。小企业贷款余额为 208.79 亿元，新增 54.59 亿元，增幅为 35.4%，高于各项贷款平均增幅 20 个百分点。

客户结构进一步优化，非贴现 A 级及以上客户的贷款余额占比持续增加。信贷替代产品和银团贷款业务得到大力发展，有效地满足了重点客户的需求。全年累计帮助企业直接融资突破 200 亿元。牵头或参与银团项目 34 个，参贷金额 61.72 亿元，在系统内首次开展了对邮政储蓄银行的更新型间接银团业务。

【个人金融业务】2008 年末个人存款余额 1 777.35亿元，新增 402.09 亿元，系统内排名第三，在省内同业中排名第二，增长 29.24%，市场份额连续四年保持提升。个人贷款取得较快增长。个人贷款余额为 512.9 亿元，市场占比达到 34%，在各项贷款中的占比为 21.8%，比年初提高了 0.8 个百分点，新增 82.3 亿元，新增额位居同业第一。个人住房贷款余额为 436.5 亿元，新增 70.2 亿元，均位居同业第一。个人消费贷款余额 76.4 亿元，新增 12.1 亿元，同比多增 5.7 亿元。新增额位居同业第一。个人贷款不良率为 0.48%，当年新发放的个贷未产生不良贷款。

个人高端客户业务增长较快。AUM 300 万元以上的高端客户 2 847 个，新增 1 191 个，增速为 71.92%。高端客户金融资产新增 65.24 亿元，增速为 118.86%。

个人金融产品销售呈现出新的亮点。实现基金业务手续费收入 2.1 亿元，同业排名第一；个人黄金业务交易量为 18.91 吨，交易金额 33.27 亿元，系统内排名第三；销售本外币理财产品 86 亿元，实现个人理财业务收入 6 059 万元。

网点建设步伐加快。完成 752 家网点的转型，同时启动了网点转型二代项目推广工作。开展网点型支行升格工作，网点建设投入 3.46 亿元，新增自助设备 742 台，总量系统内排名第二。自助设备分流能力由上年的 34% 提高至 61%。

【中间业务】全年实现中间业务毛收入 31.26 亿元，四行占比为 30.12%，同业排名第一。对公和个人条线分别实现中间业务收入 22.11 亿元和 9.09 亿元，其中对公条线中间业务收入是上年的 2.9 倍。中间业务产品的市场竞争力进一步提升，同业排名第一的产品达到 8 个，其中：银保业务持续保持同业第一，实现收入 1.71 亿元，四行占比为 35%；造价咨询业务实现收入 2.17 亿元，是系统内唯一收入超过 2 亿元的分行。企业年金托管资产余额为 14.8 亿元，系统内排名第一。

【国际业务】完成国际结算量 312.99 亿美元，四行占比为 18.58%，较年初上升了 3.57 个百分点，首次实现同业排名第二，同比增长 111.09 亿美元，增长 55.02%。外汇账户营销取得明显成效，全年新增资本项目外汇账户 597 户，经常项目结算账户 1 410 户。推出了组合型远期结汇、付汇宝等远期外汇资金交易产品以及海外代付系列产品，共办理远期结售汇业务 28.25 亿美元，海外代付 11.5 亿美元，增加外汇定期存款 6.05 亿美元、外汇中间业务收入 7 986 万元。船舶保函业务保持系统内第一。全年为 73 条出口船舶办理了保函业务，合同金额为 24.1 亿美元。累计为 205 条船舶提供了出口金融业务，合同金额为 64.1 亿美元，其中 26 条船舶已交付。

【其他业务】信用卡业务发展快速。累计发行信用卡 144.4 万张，保持省内同业第一。新增发卡 44.9 万张，系统内排名第二，同业排名第一。汽车卡新增 11.21 万张，系统内排名第一。信用卡账户活动率为 49.7%，比上年增长 5.6 个百分点。龙卡信用卡累计消费额为 125.4 亿元，同比增长 104%，同业排名第一，卡均消费 8 684 元，同比增长 40.7%。

电子银行业务实现直接收入 5 565.5 万元，是上年的 5.3 倍。客户 426.5 万户，新增 170.79 万户。电子银行交易额 2.26 万亿元，比上年增长 13.77%。电子银行与柜面交易量之比为 33.41%。95533 客服中心人工受理电话 170.51 万通，平均接通率 92.83%。

【风险内控】十大关注和十大不良客户贷款分别比年初减少 14.85 亿元和 1.8 亿元。全年处置各类不良资产 22.82 亿元，回收现金本息合计 14.9 亿元，实现超值现金回收 2.5 亿元。信贷结构调整进一步深化，共压缩退出贷款 66.11 亿元，调控类行业贷款余额下降 6.74 个百分点，非调控类行业贷款新增 291.41 亿元。

二、主要工作举措

【适时调整经营策略，突出工作重点】切实增强政策敏感性和工作主动性，顺应市场形势，重点抓营销、抓结构调整、抓风险防范等工作。2008 年前 10 个月，严格执行总行信贷政策要求，坚持有保有压、有进有退。从 11 月开始，抢抓新的发展机遇，加大信贷投放力度，第四季度当季共新增各项贷款83亿元，较上年同期多增74亿元。主动对接国家和省内重大项目，对京沪高铁、南京地铁、苏中机场、泰州大桥等一批基础设施建设进行重点营销，共衔接重点项目236个。开展了“高端客户推荐”、“八一工程”等系列营销活动，全年新开基本户超过1万户。在系统内率先开发了适应军队资金管理需求的资金结算网络，打破了部队资金汇划渠道被他行独家垄断的局面，军队武警账户达288户，存款余额为24亿元。

【实施专业化经营，推动强县支行发展】首批选择了46个机构开展对公信贷业务整合工作，大力推进小企业、票据、造价咨询、年金等业务向专业化方向发展，加强财富中心、个贷中心、项目评估中心、放款中心建设。完成镇江小企业经营中心模式的试点工作，大幅度提高小企业贷款效率，受到客户欢迎，并得到人民银行、总行和地方政府的肯定。针对省内县域经济发达、金融资源丰富的状况，实施强县支行发展策略。选择存款30亿元以上的18个支行作为强县支行，制定专门的发展目标和考核办法，加强具体指导和政策支持。

【改进管理方法，开展流程优化】建立业务诊断书制度，通过数据分析和经营评价，肯定成绩，查找不足，明确争先进位要求。坚持存款新增和市场份额双提高，开展“三户一网”等专项营销活动，夯实客户基础，完善考核激励办法，大力推动中间业务发展。实施16个流程优化项目，完成全辖854家机构“转岗转授权”项目推广，共减少1 447名授权柜员和426名现金管理人员，进一步提升了服务工作效率。

【加强风险防范，坚持合规经营】建立分层次的贷后管理体系，重点加强对大额集团客户、小企业客户、房地产业务、国际业务、信托理财产品的风险防范。制定房地产信贷业务指导意见，落实个人客户贷款风险预警措施。明确小企业客户选择标准，建立风险预警信号指标库。加强贸易融资业务、海外代付业务和外汇资金业务风险管理，初步建立信托产品的风险防控体系。大力推进强基工程，进一步加强对基层机构及机构负责人的管理，针对高风险产品和关键岗位做好风险防范。开展“防诈骗、防挪用、防大额差错”专项活动，实施大额资金风险防控方案，开展票据业务、贷款承诺、财务顾问、柜员及ATM尾箱等专项检查，坚决遏制案件的发生。

执笔：肖志平

审稿：邵　斌

苏州市分行

苏州市分行行长夏平

一、业务发展概况

2008年，苏州市分行主营业务收入45.95亿元，增长21.91%；实现拨备前利润30.58亿元，增长21.06%；不良贷款余额16.56亿元。

【资产负债】2008年末本外币一般性存款余额为1 112.18亿元，比年初新增74.91亿元；各项贷款余额908.38亿元，比年初新增99.13亿元，在当地四行中的余额占比比年初提高1.01个百分点，新增占比36.77%，排名第一。个人住房贷款余额为243.48亿元，比年初新增31.99亿元，新增占比43.12%，在当地四行中排名第一。公积金贷款余额占比38.21%，新增占比32.07%，在当地四行中均保持第一。

【中间业务】实现中间业务收入9.31亿元，

系统内排名第14位，比上年上升9位，同比增长93.8%，完成总行下达年度任务的131.13%，在当地四行中排名第一，在四行中的占比为24.99%，比上年提高4.65个百分点，系统内排名第四。中间业务收入结构进一步改善，其中：新兴产品收入高速增长，同比增速为199.90%，各项明细产品收入同比增速均实现翻番，收入占比比上年提高4.49个百分点；市场敏感产品收入保持较高增速，收入总量为2.82亿元，在各大类产品中排名第一，收入占比达到30.26%；传统优势产品收入保持平稳增长，同比增速为40.53%；传统弱势产品收入取得突破，同比增速为77.88%。

【战略业务】外汇一般性存款余额为10.17亿美元，余额占比为20.93%。国际结算量为342.4亿美元，实现结算量超过工商银行、结算收入超过农业银行的“双超”目标。

信用卡累计发卡37.7万张，年内净增13.6万张，累计消费交易额为27.99亿元，发卡总量、新发卡数和消费额继续保持四行中的第一位。

电子银行迅速发展。电子银行客户162.34万户，交易量1 965.82万笔，与柜面交易量之比达到48.43%，比上年提高15.24%，电子银行中间业务收入同比增长超过700%。

全年造价咨询业务实现收入4 853.97万元，完成计划的182.27%。

【风险内控】计提信贷和非信贷减值损失10.42亿元，比上年多计提7.66亿元，不良贷款拨备覆盖率超过130%。全年贷款退出计划总量完成率为110.97%。退出行业年末贷款余额6.82亿元，比年初减少10.04亿元。在列入年度退出客户名单的132个客户中，已对其中130个实施了贷款退出。处置各类不良资产45 350万元，完成计划的134%。组织申报核销呆账贷款25户，金额4 734万元。实际批复入账23户，金额4 727万元。

二、主要工作举措

【践行科学发展理念】将开展学习实践科学发展观活动与经营管理工作紧密结合。对82个课题开展了专题调研，并形成40多篇调研报告。查找出分行存在的突出问题419个，其中属于影响面较大的问题221个，经梳理归并为119个，其中，已整改19个，正在整改46个，持续整改54个。

【推进经营管理改革】分步实施支行对公、个人业务经营的同步集中，城区网点集中经营改革试点初见成效，分行个金部直接经营的55家城区网点效益指标全面提升。稳步推进以不良资产项目处置小组为载体的业务单元制改革，对千万元以上的不良贷款项目实行集中管理。在60个前后台分离及后台集中事项中，实现全部集中51个，实现部分集中7个，有效地释放了网点销售潜能，提高了后台集中处理效率。配合业务单元制和集中经营改革的推广实施，深化人力资源体制改革，实行人员集中调配。个人业务条线实现所有产品的现买单制，考核激励到销售前端，员工收入与月销售业绩挂钩，明晰定价、计件到人、按月直发，有效提高了员工的积极性。

【大力提升营销能力】全面开展各种营销活动。对公条线组织了以“客户大拜访、政府大拜访、银企大对接”为主题的营销活动。“八一工程”取得重大突破，年末军队武警存款余额达4 156.7万元，增幅为234%，市场份额从3.67%上升至14.25%，稳定保持在四行中第二的位置。

2008年6月23日，中国建设银行监事长谢渡扬在苏州市分行网点视察。

2008年12月16日，建设银行在苏州新城花园酒店隆重举办“中国建设银行支持苏州市重大项目签约仪式”建设银行与苏州市6家中小企业签订了总额达210亿元的银企战略合作协议。

个金条线重点开展了“了解你的客户”与“优友同行”两大主题活动，以关系稳固的签约客户为目标群体，约请其推荐亲友成为钻石客户，促进了高端客户及个人金融资产的提升。大力加强营销渠道的建设。投入建设资金 7 424 万元，完成网点改造 41 个。2008 年末共有 ATM668 台、CDS 及 CDM 机 265 台。充分运用“银信通”短信、95533 电话、网银邮件、建设银行网站等新渠道，结合市场热点和业务重点，进一步开展主题营销活动和推广电子渠道的应用。

【提高客户服务质量】着力打造“苏州最佳服务银行”品牌，对内倡导“我服务、我快乐”的服务文化，对外实行“五项承诺”、“十项服务规范”。开展“满意营业厅”评选活动，举办“践行科学发展观、重能强技促服务”柜面业务技能竞赛。2008 年下半年营业网点服务质量“神秘人”调查得分为 93.5 分，在系统内排名第 14 位。苏州市银行业行风评议小组的调查结果显示，分行的客户服务水平居当地五大行首位。盛泽支行营业部被评为“中国银行业文明规范服务示范单位”，张家港保税区支行等 11 家网点被评为苏州市文明服务示范单位。

【加大产品创新力度】产品创新为全年创造中间业务收入约 8 000 万元。个人业务条线先后推出稳盈系列产品、“建行财富——周周盈”两大类产品，共募集资金 14.74 亿元。推出“星期四账户”、“票据盈”等新业务，创新“证付盈”、“汇付盈 2 号”等外汇产品，其中，稳盈股权质押类信托产品为系统内首创。试行个人住房贷款直贷式服务，首创“定期供”、“定额供”和“叠加供”等特色服务。在当地首次举办了 IPO、PE、VC 等投资银行业务推介会，开辟了与进出口银行、邮政储蓄银行的合作路径，企业年金业务实现零的突破。

【内控管理继续强化】深入开展风险排查，针对“房地产、纺织、电子等重点行业”客户、“两头在外”客户、“关注 2 级、3 级”和“存在违约事项”等风险活跃客户、“授信业务余额亿元以上”客户，重点实施了经营财务风险排查。开展风险管理等级评价，组织信贷业务大检查，按月通报对关键风险点的监控检查情况和存在的问题。对业务操作流程进行了系统梳理，共识别出关键风险点 19 个，针对控制过程存在的不足提出优化建议 10 条。建立了分行统一的营业录像强制定期抽查制度，加强远程监控。强化案件防控，全面开展合规建设。制定《连带责任问责办法》，实行经办和相邻岗位连带责任问责，延伸问责半径，奖励有功人员。实现“零案件、零重大违规”的年度目标，为 10 年来取得该成果的第二个年份。

【持续加强队伍建设】完善领导工作联系点制度，完善支行领导班子考核办法，做到薪酬兑现与班子业绩紧密挂钩。全年对 4 个支行、3 个分行部门的领导班子进行了充实和调整。加强员工队伍建设。加大人才储备，积极推进专业技术岗位职务聘任工作。新聘任 476 名专业技术岗位人员，46 名专业技术人员和 10 名经办岗位人员通过公开竞聘被聘任。实行员工调配公开竞聘，组织公开竞聘 3 次，48 人次参加。强化员工培训，分行本部共组织各类培训 115 期，其中计划内项目 82 期，受训人员达 7 830 人次。择优录用博士研究生 1 人、硕士研究生 24 人、本科生 43 人。

【营造良好企业文化】继续开展员工行为规范教育活动，营造奋发向上的浓厚氛围。干将支行客户经理顾智勇同志被授予“全国五一劳动奖章”，张家港支行、新区支行荣获全国精神文明建设工作先进单位，昆山支行、新区支行被评为第二届总行级文明单位，昆山支行还被授予总行级企业文化建设示范点。积极履行社会责任，开展抗震救灾献爱心、喜迎奥运树文明活动。汶川大地震后，分行在两天内就募集捐款 532 317 元。

执笔：林　红

审稿：王健春

浙江省分行

浙江省分行行长余静波

一、业务发展概况

2008年，浙江省分行实现拨备前利润110.9亿元，系统内排名第一；实现经济增加值50亿元，系统内排名第二；贷款收益率、存贷款利差分别为7.65%、5.63%，在当地四大行中排名第二；不良贷款余额为35.30亿元，不良贷款率1.19%，比年初下降0.08个百分点，资产质量在当地四大行中最优。

【资产负债】年末全口径存款余额为3 619.1亿元，其中一般性存款余额为3 452.6亿元，新增638.7亿元，在四行中占比26.2%，居第二位。贷款余额为2 977.7亿元，新增377.9亿元，余额和新增额在系统内保持第一。其中，个人住房贷款余额629.4亿元，在同业和系统内均居第一位。中间业务净收入37亿元，在同业和系统内均居首位，在四行中的占比达29.3%，比上年提高7.2个百分点。全年国际结算量281亿美元，外汇中间业务收入7.1亿元，跃居系统第一。存款、贷款、中间业务在主营业务收入中的比重分别为27%、52%、21%，其中存款和中间业务较年初分别提高了2个和9个百分点。

【结构调整】继续保持信贷“三三制”的格局，大客户、中小企业、个人业务的贷款余额的比例为37.4∶31.8∶30.8。客户结构进一步改善，优质企业客户的数量、日均存款和贷款贡献的占比分别达到13%、65.8%和84%，与2007年相比，分别提高1.7个、1.5个和4.6个百分点。AUM 20万元以上、AUM 300万元以上的中高端客户数量分别新增5.8万户和2 057户，在系统内排名分别为第二位、第三位。

【风险内控】实现信贷退出44.05亿元，计划完成率为120%。十大不良客户、十大关注客户、十大重点监控机构贷款余额分别比年初减少1.61亿元、3.35亿元和3.74亿元。全年累计处置不良贷款14.13亿元，证券化资产现金回收4.88亿元，处置现金回收率高达68%，超过系统平均水平49个百分点。成功堵截案件170余起，避免经济损失4 000多万元。

二、主要工作举措

【积极应对市场变化，不断增强工作的主动性】认真贯彻总行的经营战略和政策意图，妥善处理好“保”与“压”、“控”与“储”的关系。深入开展“拼抢市场、科学发展”主题营销活动，积极发挥在基础设施领域的传统优势，稳步推进与浙江省重点项目的融资对接工作。在优化信贷结构的同时，储备了一批好企业、好项目，

2008年11月21日，中国建设银行行长张建国在浙江省分行调研。

为可持续发展打下了坚实的基础。构建了差别化的营销服务体系，强化消费信贷创新，提升客户的满意度和忠诚度。

2008 年 5 月 9 日，中国建设银行副行长陈佐夫在浙江省分行调研。

【推进“双创发展工程”，经营转型取得实效】以创新、创业为做大做强竞争实力的驱动力，有效挖掘经营转型发展潜力。一是不断完善体制机制，稳步推进内部改革。除杭州、温州和金华外，其他二级分行的城区业务经营管理体制改革基本完成，在提升经营层次、提高业务集中经营和中后台集中管理效率等方面取得明显成效。二是充分利用丰富的小企业客户资源，开展专业专注的金融服务。与省政府签订第三次中小企业合作协议，与省内 10 个市政府签订金融合作协议。余杭支行和 9 个二级分行的小企业经营中心成功引入“信贷工厂”模式。网络银行贷款余额为 10.7 亿元，有力地扶持了电子商务中小企业的发展。发行支付宝龙卡 140.8 万张，累计交易金额 11.5 亿元。三是加大投入，进一步巩固和深化网点转型成果。全年用于网点建设的资本性支出 3.5 亿元，同比增长 60%。9 家财富管理中心开业运营，新增离行式自助银行 34 个、离行式 ATM66 台，自助网点与有人网点数量的比重由 2007 年的 27% 提高到 47%。网均基金、保险销售居当地四行第一位，网点和辅助营销系统发卡量居系统内第一位。四是稳步实施前后台分离和后台业务集中，中后台支撑能力显著提高。重点推进票据交换、集中对账、集中配送等工作，压缩了 10 座金库，进一步提高了基层的生产力。五是实施全面成本管理，资金运营更加精细化。全年实际备付率为 0.63%，比上年下降 0.38 个百分点，增加资金使用效益 1 200 万元。六是积极探索新的业务模式，开拓发展空间。与邮政储蓄银行和省联社开展全面合作，拓宽了同业合作范围。努力探索大型银行服务农村的新模式，顺利地完成了苍南建信村镇银行的筹建申报等相关工作。

【推进“平安建设工程”，提高风险管理能力】防范和化解重点风险事项，建立“三个十大”风险处理机制。加强贷后管理，组成任务型团队，走访对公客户 8 550 户，涉及贷款 1 852 亿元，覆盖面 100%，并完成了 5 748 户对公信贷业务的抵押物的风险排查工作。平行作业范围从大中型客户逐步向小企业和个人客户延伸，从贷前、贷中向贷后延伸。进一步健全操作风险管理体系，实施关键风险点检查监控，开展操作风险自评估，加强监控人员队伍建设。梳理内部管理流程，信贷审批、印章、财务预算、资金运营、信访、反洗钱、数据信息等工作得到了进一步规范和优化。全力做好内外部检查配合和整改工作，完成了浙江省银监局的 6 个检查项目和 13 个内部审计项目。上线营运作业与管理系统、批量代收付业务子系统等，集中稽核工作进一步完善，有效地降低了运营风险。投入 6 400 多万元专项资金，加强安防设施建设。远程数字集中监控已覆盖 9 个二级分行的城区，60% 以上的网点、自助设备实现联网监控。全年无重大违规违纪事件和重大安全生产事故发生。

【深化“素质提升工程”，加强人力资源开发】加强各级领导班子建设，对部分二级分行、杭州辖区支行的负责人及时进行了调整和充实。完善二级分支行领导人员年薪制管理办法，对部分强县支行主要负责人实现职务等级浮动管理。加强后备干部队伍建设，建立了省分行本部部门副职级、二级分行、杭州各支行副行级领导人员后备人才库，入库人员达 133 名。以产品经理为重点，加强专业技术人员建设，进一步充实业务核心人才队伍。建立了覆盖各层级、15 个专业方向、108 个重点产品的产品经理队伍，聘任产品经理 181 个。加强对核心人才的激励约束，确保薪酬水平具有竞争力。加大培训投入，培训费用支出 3 218 万元，较上年增长 23%，7 万余人次参加了培训，重点培训对象的覆盖面达到 100%。加强对理财师和柜员服务营销能力的培养，各类金融理财师达 872 人。

【深入践行科学发展观，进一步提升企业文化】坚持业务发展和学习实践科学发展观活动“两手抓，两不误，两促进”，取得了阶段性的成果。认真落实职代会制度，顺利召开一届三次和二届一次职代会。加强企业文化建设，工会、青年、妇女工作与业务发展的紧密度进一步提高。大力营造团结和谐的工作氛围，发放员工大病医疗救助金51万元。关心离退休、离岗退养人员的生活，开展“送温暖”活动，对105人发放困难补助42万元。切实履行社会责任，加强服务地方经济发展的宣传，塑造良好的企业形象。组织开展为汶川地震灾区捐款、资助贫困高中生和英模母亲等公益活动，其中为地震灾区捐款776.6万元。在网点设立募捐箱，募集社会捐款近40万元。被省政府授予2008年度浙江省银行业金融机构特别贡献奖和浙江省银行业支持经济发展一等奖，被省红十字会授予浙江省银行系统唯一的“抗震救灾特别奉献奖”。

执笔：张　悦

审稿：苏　克

宁波市分行

宁波市分行行长刘丽华

一、业务发展概况

2008年，宁波市分行全年综合经营计划执行情况总体良好，实现拨备前利润22.6亿元，完成年度计划的109%；税前利润17.4亿元，完成年度计划的101%，不良贷款余额为5.4亿元，不良贷款率为0.8%，继续保持系统领先地位；不良资产处置成效显著，完成计划的157%。

【负债业务】全口径存款年末余额为713亿元，比年初新增133亿元，完成年度计划的191%，新增市场占比为33%，同业排名居于首位。其中，企业存款余额为412亿元，新增67亿元，储蓄存款余额为267亿元，新增60亿元，同业存款余额为34亿元，新增6亿元。

【资产业务】各项贷款年末余额为673亿元，比年初新增91.2亿元，其中公司贷款余额为507亿元，新增69亿元。个人住房贷款业务实现逆势增长，余额首超百亿元，个人住房贷款余额、新增额占比均位居市场第一。

【中间业务】全年实现中间业务收入6.65亿元，比年初新增3.2亿元。中间业务收入同比增速达93%，跃居系统第3位，前移了32个位次；同比增额排名系统第11位，前移19个位次。中间业务收入占主营业务收入比重达18.9%，同比提高6.92个百分点。国际结算量首超百亿美元，外汇中间业务收入首超亿元；工程造价咨询业务收入完成率跃居系统第二位；投资银行业务实现收入超亿元，四行排名第一；信用卡发卡迈上20万张的新台阶。

2008年10月23日，第三届宁波金融展隆重开幕。建设银行宁波市分行荣获2008年金融品牌榜“2008年市民最满意银行”、“2008年最具竞争力银行”两项大奖。

二、主要工作举措

【深入开展学习实践科学发展观活动】围绕科学发展观的学习与实践，全年共组织了12次中心组学习，并在全行动员，组织专门工作班子，制订实施方案，开设学习实践科学发展观活动网页并加强宣传。分行与清华大学联合举办了三期“蓝色论坛”系列讲座，邀请省政府专家作辅导报告，进一步提升了全行的形势把握能力和经营管理水平；梳理出5个制约分行科学发展的“瓶颈”课题，由行领导带队深入基层开展调查研究；及时召开分支行领导班子民主生活会，认真查找分行领导班子和个人在贯彻落实科学发展观方面存在的突出问题，深入剖析原因，提出针对性的整改措施；自觉履行社会责任，积极组织员工向冰雪受灾地区和四川地震灾区捐款，总额达90多万元，其中“特殊党费”54.3万元；累计向结对帮扶的宁海贫困村提供资助30多万元。文明创建成果不断巩固扩大，连续多年保持“省级文明单位”和“省级文明行业”称号，分行营业部被评为全国级文明示范窗口。

【加大营销活动推进力度】全分行连续组织开展以“抢市场、争份额、比贡献”为主题的“百日业务竞赛”、“金秋业务竞赛”和“旺季营销”三大活动，形成全行加快发展的强大推动力，带动主要业务大幅度增长。实践“存款立行”原则，突出资源配置导向，加大市场营销力度，全力以赴抓好负债业务增长。结合宁波区域经济特色，尽管经营环境变化使小企业业务面临新的经营风险，分行仍把小企业业务作为战略性业务来推进，在有效控制风险的前提下，优先选择专业化程度高、创新能力强、资产负债率低、有较强发展后劲的成长型企业，重点发展供应链融资和动产质押贷款业务等创新产品，努力解决在担保等方面存在的“瓶颈”问题，促进小企业贷款的发展。2008年小企业贷款同比增长35%，高于其他贷款增长速度，被宁波市银监局评为宁波市小企业贷款工作先进集体。与此同时，加大对重大项目和民生工程的支持。在中央出台4万亿元拉动内需的政策后，分行迅速反应，将抓重点项目营销作为重中之重的工作，尤其是在宁波市政府出台三年投入800亿元拉动3 000亿元社会投资的十二条政策后，立即着手与政府部门进行对接，分别与宁波市政府、鄞州区政府、江北区政府、慈溪市政府、余姚市政府、奉化市政府、宁海县政府、象山县政府签订了银政合作协议。同时，根据总行的政策导向，适当简化优质项目审批材料与受理程序，建立贷款审批快速通道，提高信贷审批效率，切实加快重点项目贷款投放。截至2008年末，已储备项目124个，贷款总需求273亿元，其中已审批项目37个，批复贷款总额88.5亿元，已实现投放36.2亿元。

2008年12月19日，中国建设银行与宁波市人民政府在南苑饭店隆重举行银政合作协议签约仪式。

2008年12月31日下午，宁波市市长毛光烈来到建设银行宁波市分行，看望慰问了分行本部参加年终决算的员工。

【加快“抓户工程”建设，扩大基础客户群体】开展对公账户营销竞赛，加强对基本结算账户和“百强企业”的拓展。强化外汇业务客户营销，加强分支行联动和信贷资源倾斜配置。强化个人客户营销，通过公私联动和团队营销，充分利用理财师团队的专业资源，组织开展“建行客户理财日”活动，持续提高高端客户的满意度和忠诚度。

【加快“改革创新工程”建设，塑造新的增长点】加快城区扁平化管理改革，对3个单点型支行进行整合，24 个网点提升管理层级，实施由支行管理改为分行城区网点直管模式。加强专业化经营模式创新，在推进小企业经营中心、个贷中心及理财中心建设的基础上，设立分行年金中心，升格机构业务部，重构造价咨询业务经营管理体系。组建多个专业营销与直销团队，启动 4 个对公网点的转型试点工作。加强产品创新机制建设，成立分行产品创新委员会，出台产品创新管理办法，重点推广“银关通”、“出口一证通”等新产品和新服务，着力突破企业年金等业务，在宁波市率先推出龙卡市民卡，有效地扩大了我行的市场影响力。加强考核激励方式创新，加大市场位次系数调整力度，将资源重点向战略性业务倾斜，有效地推动了重点业务的赶超。

【加快“人才培育工程”建设，增强人力资源保障】在全行开展领导岗位和高级专业技术岗位后备队伍推荐，对有关领导人员进行岗位轮换，举行支行行级领导人员公开竞聘。开展全辖专业技术岗位职务评聘，形成制度化、规范化的人才晋升机制。开展全行性大规模培训。举办二期特许财富管理师培训，63 名员工参加并获得 CWM 证书，54 位员工获得 AFP 证书，2 位员工获得 CFP 资格，使全行具有理财师资格的员工达到 170 人，实现了每个网点至少配备一名理财经理的目标。同时加强对客户经理进行国际业务、贷后管理等综合培训。

【加强“服务质量工程”建设，打造“客户首选银行”】启动为期三年的“服务质量年”活动，2008 年是“服务质量建设年”，重点是“转变作风、提升素质、改进服务”，包括学习动员、查摆问题、整改提高、总结评估四个阶段的活动。采取对照同业先进找差距、对照客户期望找欠缺、对比职责任务找不足等方法，深入查找问题，并提出合理化建议 247 条；对基层反映的报表清理等 10 个突出问题进行逐一梳理；组织“百名员工下大堂”体验活动等。优化客户和支行的问题解决机制，实施主办部门主办人员负责制和支行客户首问负责制。完善对公大客户直销团队，加快财富管理中心等专业机构建设。优化结算、信贷业务及产品创新流程，开展业务流程优化及标准化建设培训。2008 年，分行在总行转型网点柜面服务质量检查中跃居第三名，在“2008 宁波金融品牌榜”评选中，荣获“市民最满意银行”、“最具竞争力银行”两项大奖。

【启动“平安建行工程”，确保安全稳健运行】积极实施信贷结构调整，严格执行国家产业政策和总行信贷调整政策，通过对信贷政策底线、行业限额管理及信贷结构调整等工具的运用，实施有保有压的信贷结构调整，及时退出“双高、产能过剩”行业，全年退出公司类贷款近 10 亿元，截至 2008 年末，全行 A 级以上对公非贴现贷款余额占比达到 90% 以上，同比提升 4.4 个百分点。建立风险事项日报制度，实行信贷经营和风险管理“双线报告”；夯实风险管理基础，全面增强抗风险能力；设立分行集中的评估评价中心，持续加大监测预警和贷后管理力度。成立行业性风险应对领导小组，加强区域产业与风险研究；做好审批指引工作，统一全行风险偏好。落实总分行《案件防控及整改方案》，抓好 400 多个审计发现问题的整改，对违规行为积分达 900 多分。制订实施操作风险管理工作方案，开展操作风险与内控自评工作，建立健全内控管理机制，制定实施《案件防控与合规风险管理考核办法》。恢复会计基础工作等级化管理，建立网点违规处理情况督办制度，加强基层网点内控等级管理，形成内控管理的长效机制。加强保卫重要部位检查，深入推进守押社会化工作。精心安排和周密落实奥运服务与安全运营保障工作，组织 50 余次业务和技术应急演练，确保了 100 余套网络和系统安全稳定运行，“IT”奥运专项保障工作在宁波市银监局考评中荣获第一。

执笔：吴志刚　张美丹

审稿：任国正

安徽省分行

安徽省分行行长白国祥

一、业务发展概况

2008 年，实现账面利润 18.6 亿元，同比增加 2 亿元，增幅为 12.0%，高于 38 个一级分行平均 7.6 个百分点。考核利润为 21.2 亿元，同比增加 3.4 亿元，增幅为 19.1%，完成总行全年计划的 111%。经济增加值为 10.2 亿元，同比增加 3.1 亿元，增幅为 43.7%，完成总行全年计划的 115.7%。五级分类不良贷款余额为 9.9 亿元，比年初减少 0.5 亿元；不良率为 1.35%，比年初下降 0.38 个百分点。在贷款质量稳步提高的同时，客户信用等级也呈现积极变化，年末 AA 级以上客户贷款占比 66.3%，比年初提高 7.4 个百分点。

【负债业务】本外币一般性存款年末余额为 1 323.9亿元，比年初增加 247.7 亿元，同比多增加 122.9 亿元，新增占比 27.48%，位列同业第二。其中，企业存款新增占比为 34.42%，储蓄存款新增占比为 23.61%，分别位列同业第一。其中，网均新增个人存款 3 327 万元，居四行首位，个人结算账户新增近 100 万户，AUM 300 万元以上客户新增 267 户，公司结算量 5 000 万元以上和机构类基本结算户新增 200 多户。对公类存款增幅高于全行平均 7.2 个百分点，新增占比为 34.42%，位列同业第一，对公类贷款增幅高于全行平均 4.1 个百分点。

【资产业务】各项贷款年末时点余额为 735.6 亿元，比年初增加 134.4 亿元，位列系统内第 14 位，同比多增加 55.6 亿元。新增首次突破百亿元，新增占比为 30.45%，位列同业第二。贷款增幅为 22.4%，位列系统内第 8 位。创新推出“接力贷”新产品，大力推广“房易安”产品，提高产品的综合贡献度。截至 2007 年末，全行自营性个人贷款余额突破 200 亿元，贷款新增 42.88 亿元，位居系统第 8 位，创造历史最好水平。

【中间业务】始终把中间业务作为工作的重中之重，积极推行中间业务的标杆管理，多策并举，在全行积极营造中间业务“争先进位”的浓郁氛围。实现中间业务毛收入 7.1 亿元，净收入 6.94 亿元，同比增加 2.23 亿元，增幅为 47.35%。市场占比 24.08%，比年初提高 1.8 个百分点。中间业务净收入在系统内列第 17 位，同比提高 5 位，增幅为 47.5%，高于全行平均 12.25 个百分点。

【其他业务】大力开展电子银行营销活动，客户发展势头迅猛。当年新增约 20 万户，完成总行计划的 173%，系统内排名第 19 位。为马鞍山钢铁股份有限公司等 9 家优质客户发行 13 期“利得盈”产品，累计直接融资 46.7 亿元，比 2007 年增加 33%，实现收入比 2007 年增加近 1 倍。自主研发了“周周盈”理财产品系统，推动了创新

2008 年 5 月 28 日，安徽省分行作为合肥“城市一卡通”项目唯一合作银行，为该项目提供了全方位的金融服务，图为一卡通签约仪式。

业务的发展。加快福费廷转卖、远期信用证即期偿付、人民币债务风险管理等新产品的推广步伐，全年完成国际结算量 39.2 亿美元，比上年增加 14.3 亿元，增幅为 57.43%，增速继续保持四行第一。信用卡累计发卡 24 万多张，客户数达 22 万多户，净新增客户 9.2 万户，实现信用卡消费交易额 17 亿多元，新增特约商户 2 272 户。

二、主要工作举措

【加快改革，注入新活力】完善经营机制，积极推进管理扁平化、经营专业化改革。强化安徽省分行直接经营能力，突出安徽省分行本部对合肥城区行的支持保障能力，该地区离行式自助设备集中维护覆盖率达 100%，全行现金集中整点覆盖率达 100%。上移大中型客户经营重心，将全省城区大中型公司类信贷业务经营重心全部上移至二级分支行公司业务部。在对公业务条线，推行“一部两团队三中心”制，在二级分支行公司业务部门内设公司业务和机构业务两个团队，设立小企业、国际业务、工程造价三个中心，提高专业服务能力。在零售业务条线，在各二级分支行以个贷中心为支撑，依托全行网点及其他渠道进行辐射联动营销，大力推进信用卡中心和理财中心、个人财富管理中心建设，不断提高零售业务专业化经营能力。在原十强县支行的基础上，扩大到十五强县支行，实施差别管理，在信贷审批授权、计划资源配置和人员配备等方面予以放权扶持，重点发展小企业经营和零售业务，提高县支行的价值贡献。

【加快渠道建设，做好网点转型】全力推进网点转型，2008 年共安排网点装修项目 222 个，超额完成总行及省分行下达的全年计划。已安装投入运行的 ATM、CDM 达到 716 台，同比增加 210 台，自助设备实现手续费收入 2 384 万元，同比增长 79%。转型网点数量达到 313 个，占全部网点的 76%，排队与满意度监测系统上线网点约 300 个，上线率位居系统第四，客户平均等候时间比转型前降低了 6.5 分钟。统筹发展，大力促进中心城市行和强县支行发展。在力争全面发展的同时，结合区域及业务特点，差别管理，突出中心城市行和十五强县支行发展的龙头作用。

【加强管理，资产质量持续改善】深化风险体制改革，提高风险管理工作的精细化、灵敏性、前瞻性水平。截至 2008 年末，全行不良贷款率为 1.35%，较年初下降 0.38 个百分点。2008 年纯新发放贷款的不良率为 0.08%，一直保持较好水平，控制在总行的计划以内。全面率先实施限时审批承诺，运用“六西格玛”工具、使用专用审批视频系统、建立 VIP 快速通道等方法，全面提升审批质量和效率。全年共审批公司类信贷业务 1 301亿元，同比增加 334 亿元。

【加强合规文化建设，提高基础管理水平】注重从政策引导、防范机制、制度创新、手段创新等源头治理上采取措施，法律工作提前介入，增强主动服务金融创新，保障新业务、新产品的合法合规意识。构建了案件防控长效机制，加强了对“权、钱、人”的监督，对 16 个不良资产处置项目和 238 个网点装修进行了监督，全年未发生案件和重大责任事故以及典型商业贿赂案件。受理信访件 57 件，办结率 100%，实现了全年未发生非正常进京上访事件。抓好审计整改工作。2008 年，在总行审计部对全国 16 家一级分行 2008 年以来整改机制建立及运行情况的审计评价中，安徽省分行同类问题系统内复发比率最低。

2008 年 8 月 15 日，安徽省分行与徽商银行签署全面合作协议。

2008 年 9 月 9 日，安徽省分行与合肥市中小企业对接会签约仪式在合肥市举行。

2008 年 10 月 10 日，安徽省分行与安徽省广播电影电视局签订战略合作协议。

【坚持以人为本，营造和谐的企业文化】加强党建工作，组织了二级分支行党委书记和省分行本部部门总经理、纪委书记、副处级行领导以及党委职能部门负责人和重点城区支行与十强县支行行长等 380 多人参加了四期十七大精神学习班。与广东省分行、浙江省分行团委联合开展粤浙皖三地“学中间业务，展青春风采，创业绩新高”青年员工中间业务学习交流活动。健全干部选拔管理机制，全年共调整和提拔二级分行和省分行部门主要负责人 22 人次。在全省范围内启动了四级以上专业技术岗位公开竞聘工作，不断健全领导干部职务任期、回避、交流和监督制度，加强干部使用的民主性。继续推进“以客户为中心”的服务文化建设。2008 年我行有 6 家机构获得安徽省第八届文明单位。深入开展服务满意度测评，机关工作作风有所改观。

【学习实践科学发展观活动，着力解决影响发展的体制机制问题】通过发动思想、学习讨论、举办专题讲座、基层调研的方式，在广泛征求员工和客户意见的基础上，召开民主生活会和专题扩大会，分析解决影响发展的体制机制等方面的问题。提升以客户为中心的服务意识和能力，强化网点转型效果，提高“客户接待日”频度，狠抓效能建设，推行服务双向测评，优化流程。客户服务满意度大幅提升。完善运行体制机制，研究确定了 8 个调研专题，分别由领导班子成员牵头研究，并将成果应用到实践中去，不断优化运行的体制机制。解决许多员工关心的现实问题。认真听取基层员工的意见建议，采取优化业务流程、短期员工转聘等一系列措施，42 名原短期合同员工进入内部等级十二职等，307 名劳务派遣制人员转聘为短期合同制员工，中长期员工提高了薪点工资标准，5 000 多人次获得了各类培训机会，改善了员工的工作、生活、学习和成长环境。

执笔：凌　林
审稿：田苗根

福建省分行

福建省分行行长陈轼

一、业务发展概况

2008 年，福建省分行全口径存款年末余额为 1 750. 1亿元。一般性存款余额为 1 657. 7 亿元，当年新增223. 5 亿元。各项贷款余额为 1 282. 4 亿元，当年新增 129. 8 亿元；年末不良贷款余额为 15. 25 亿元，比年初减少 1. 29 亿元；不良贷款率为 1. 19%，比年初下降 0. 25 个百分点。全年实现账面利润 35. 9 亿元，同比增加 4. 1 亿元；实现考核利润 41. 3 亿元，实现经济增加值 21. 5 亿元，分别较上年增长 24% 和 50%；经济资本回报率为 34. 35%，总资产净回报率为 1. 89%，成本收入比为 38. 9%，均优于总行下达的计划。各项存款总额、各项贷款总额和中间业务收入继续保持当地同业首位。

【负债业务】以单位基本结算户为重点，加大对公司客户、政府机构、事业法人、军队武警等优质客户的维护和拓展力度。截至2008年底，全分行各项企业存款余额为645.6亿元，居当地同业首位，当年新增49.5亿元。开展“月月增客户，携手上台阶”开户竞赛活动，当年新增年结算量5 000万元以上的公司基本结算户195户；积极争办国库集中支付业务，当年新增各级财政国库集中支付零余额账户609户；军警客户当地市场占比达到25.5%，比上年提高9个百分点；委托性住房存款（含维修基金）余额为220.1亿元，稳居当地同业首位。全分行储蓄存款余额为1 012.1亿元，当年新增174亿元，成为当地同业唯一一家余额超千亿元的银行。全分行共发展个人高端客户15万户，当年新增4.4万户；当年销售个人类“利得盈”理财产品67.8亿元；个人黄金交易23.6亿元，黄金业务收入跃居当地同业首位。

【资产业务】截至2008年底，全分行公司及机构类贷款余额为846.2亿元，当年新增86.2亿元。其中，信用等级在A级及以上的对公客户非贴现贷款当年新增82.6亿元，占同期公司客户非贴现贷款新增额的112.9%；石化、公路等优势行业当年新增贷款26.1亿元；小企业贷款当年新增23.3亿元；累计办理贴现业务41.8亿元。对厦漳大桥、湄洲湾电厂二期工程等34个大中型建设项目意向承诺贷款560.5亿元。全分行个人贷款余额为436.2亿元，当年新增43.6亿元，均居当地同业首位。其中，自营性个人住房贷款余额为360.6亿元，当年新增32.4亿元；消费类贷款余额为75.63亿元，当年新增11.2亿元。委托性个人住房贷款余额为105.8亿元，居当地同业首位，当年新增10.9亿元。全年共处置各类不良资产9.6亿元，实现不良资产处置贡献度5.1亿元，现金回收不良贷款5.2亿元。近三年纯新发放贷款加权不良率为0.102%，均控制在总行下达的计划之内。

【中间业务】2008年全分行实现中间业务收入13.6亿元，同比增长33.2%，中间业务收入保持当地同业首位；中间业务收入占主营业务收入的比重为17.9%，较上年提高1.95个百分点。其中，全年实现财务顾问业务收入9 330.7万元，比上年增长116.3%；实现工程造价咨询业务收入4 298万元，较上年翻了两番；代销基金118.8亿元，实现基金销售收入10 474万元，均居当地同业首位；代理保险业务量16.2亿元，其中代销寿险15.5亿元，是上年的2.58倍，销售额和代理收入居当地同业首位；创新推出组合贷型“龙信—融资通”信托理财产品，发行金额为2.6亿元。

【国际业务】将境外汇入资本金作为重要突破口，积极争取新到资客户和新签约、新提款外债项目资金，外汇对公存款当年新增5 241万美元。敏锐地捕捉到人民币单边升值的市场机会，率先营销自主创新的“滚雪球”、“三货币”等远期结售汇产品，受到市场的青睐。全年远期结售汇实现业务收入1.4亿元，同比增长14倍。大力推广海外代付、假远期信用证即期偿付、票据保付、证票通等贸易融资替代产品，全年海外代付业务量同比增长5倍。全年累计完成国际结算量137.4亿美元，累计办理结售汇147.7亿美元，历史上首次双双突破百亿美元大关。

【其他业务】截至2008年底，电子银行客户数527万户，当年累计交易额2.3万亿元，居当地同业首位，电子银行交易量与柜面交易量之比为70.8%。进一步丰富龙卡信用卡增值服务，有效扩大品牌知名度，截至2008年底，信用卡累计发卡98万张，当年新增33万张，信用卡消费交易额达147亿元，均居当地同业首位，信用卡账户活动率达到60.4%。各级财政公务卡业务成功启动，全年发行公务卡10 298张。围绕资本市场特点及投融资热点，积极推进投资银行业务发展，全年设计并发行7期“利得盈”信托理财产品，累计募集资金32.7亿元，为优质大中型客户办理代理结构性理财产品累计金额为30.5亿元。

2008年3月21日，福建省分行与中国电信股份有限公司福建分公司隆重举行“电话支付”项目签约仪式。

2008 年 4 月 18 日，福建省分行与南平市人民政府在武夷山市举行“名城卡——武夷山龙卡”首发仪式。

2008 年 11 月 21 日，建设银行支持建设的中核集团福建福清核电一期工程开工仪式。

二、主要工作举措

【调整经营策略，加大营销力度】以“更好更快发展”的要求统领工作，确立了不满足于“最大”而要立足于“最强”的新战略目标，更加突出科学发展的内在要求。始终强调审时度势、应势而变，注重适时调整经营策略，加大市场营销力度，根据市场竞争态势，适时开展了以“拼市场，争份额”为主题的稳存增存百日竞赛活动、以“找差距，比服务，抓整改”为主题的优质文明服务专项活动，均取得了立竿见影的效果，促进了各项存款的稳存增存和客户服务水平的稳步提升。积极推进网点转型，努力拓宽基础个人客户群体。截至 2008 年底，累计发行龙卡借记卡 1 378.5 万张，居当地同业首位；当年新增自助设备 601 台，新建自助银行 100 家，自助设备与柜面交易量之比达 167.8%；有 390 个零售网点实现了转型，占全部零售网点的 92%；点均存款 2.4 亿元，保持当地同业首位。

【加大金融创新，提升服务水平】坚持以客户为中心，先后推出了“滚雪球”、“供应链融资”、“利得盈”、“票据盈”、“龙信通”、“转账宝”等一批颇具优势的新产品，备受市场和客户青睐。其中，销售“滚雪球”远期结售汇产品，当年即实现收入 1.4 亿元，促进分行远期结售汇业务量和收入一举跃居系统首位。“转账宝”实现了为中小型商户提供替代 POS 机的解决方案，其财务 POS 机功能成为全国建设银行获得的首批国家专利之一。在服务方面，持续完善“二线为一线、机关为基层、全行为客户”的大服务体系，大力推进服务长效机制建设。对公业务领域，工程造价咨询、小企业、企业年金以及投资银行业务均实现了专业化集中经营，“专业专注”服务水平得到较大提升。对私业务领域，在大力推进网点转型、实行“朝九晚五”工作制、创新网点经营服务模式的基础上，立足于渠道建设、流程优化、服务监督、售后管理等环节，系统地改进服务质量，有效地改善了客户满意度，产品销售能力得到持续提升。

【加强基础管理，严格规范经营行为】完善基础管理体系，健全依法合规经营的运作机制，有效防范和化解各类风险，经营管理水平和风险防范能力不断提高。稳步推进风险管理体制改革，全面推广平行作业，前移风险管理关口，实施差别化风险监管，不良贷款逐年“双降”。坚持价值最大化目标，不断完善以经济增加值为核心的考核指标体系，优化财务资源配置，投入产出效率不断提高。完善案件防控长效机制，加强对关键业务环节、重点基层机构网点的监控和综合防治，扎扎实实抓好检查发现问题的整改。重视加强合规文化建设，加大关键岗位人员交流力度，开展员工禁止性行为排查，力求从源头上消除容易诱发案件的不稳定因素。逐级落实党风廉政建设责任和考核，加强反腐倡廉环境建设，惩治和预防腐败体系得到持续完善。2008 年，开展了为期半年的“讲合规、查隐患、堵漏洞，创建平安建行”专项活动及“回头看”活动，突出部门抓系统、部门对系统负责，有效查找关键风险点，并切实落实整改，有力地保障了各项业务的健康发展。

【以人为本，营造良好企业文化氛围】实施基层机构负责人职务高配，加大专业技术岗位职务人员的聘任力度，继续选派福建省分行机关青年员工到基层挂职锻炼。注重以战略业务和新兴业务为重点，拓宽培训渠道，通过务实有效的教育培训推动人力资本升值。十分注重企业文化建设，重视用企业文化来规范员工行为、振奋员工精神、激发员工士气、开启员工智慧、调动员工干劲。强化协调联动，通过深入开展转变机关作风专项活动，全辖纵向条线、横向部门以及前中后台间的联动机制得到进一步完善，队伍的执行力得到强化，团结拼搏、积极向上的企业文化氛围进一步形成。注重精神文明建设工作，2008 年全分行有 1 个机构保持全国级“文明单位”称号，1 个机构荣获全国级“精神文明建设工作先进单位”称号，37 个机构保持省级“文明单位”称号，8 个机构被评为全国级“青年文明号”。热心社会公益事业，荣膺福建省首届“十大红十字爱心公益企业”称号，成为省内唯一获此殊荣的金融企业。

执笔：郭　镔

审稿：刘　峰　黄庆扬

厦门市分行

厦门市分行行长陈万铭

一、业务发展概况

2008 年，厦门市分行实现拨备前税前利润 17.3 亿元，比上年增加 3.1 亿元，增幅为 22%。主营业务收入 27.5 亿元，增幅为 20%，其中实现中间业务收入 5.6 亿元，同比增速为 32%，中间业务收入占比 19.6%，较上年提升 1.6 个百分点，市场份额位居当地同业第一。全口径存款余额达 685 亿元，其中一般性存款余额达 631 亿元。储蓄存款余额为 299 亿元，余额、新增双双位居同业首位，企业存款余额为 332 亿元，率先在同业中突破 300 亿元。2008 年，厦门市分行获得全国总工会授予的“全国五一劳动奖状”以及厦门市首届“双十佳”行业服务品牌等荣誉称号，企业的社会形象得到进一步提升。

【负债业务】全口径存款余额为 685 亿元，新增 57 亿元；日均余额为 614 亿元，新增 129 亿元，日均比时点余额多增 1 倍，进一步夯实了存款基础。一般性存款余额为 631 亿元，四行占比为 39%，位居厦门市同业第一。一般性存款日均新增四行占比达 35.8%，位居厦门市同业第一。储蓄存款保持强劲增长，储蓄存款余额和新增四行占比分别达到 42% 和 35%，继续保持当地同业双第一。

【资产业务】2008 年授信余额率先同业突破 600 亿元，达到 602 亿元。各类贷款余额为 498 亿元，新增 36 亿元，增幅为 7.8%，保持了稳健增长。

【中间业务】2008 年厦门市分行全年累计实现中间业务收入 5.38 亿元（含贷款承诺费），较上年增长 1.07 亿元，增幅为 24.83%；四行占比达 39.8%，比第二名高 17.8 个百分点，市场份额位居厦门市同业第一和系统内第二；在全行盈利构成中，中间业务收入占比为 19.6%，较上年提升 1.6 个百分点。外汇资金交易抓住市场机遇，收入增长迅猛，成为当年中间业务收入的一大亮点，银行卡、结算、担保、咨询、代理等中间业务均衡发展，收入结构进一步优化。

二、经营管理主要举措

【“聚财一号”成为理财突出亮点】为了更好地满足客户需求，厦门市分行率先成立了公私两条线联动的分行理财产品研发中心，并根据资本市场变化，适时推出了“聚财一号”人民币理财产品，成为2008年厦门银行理财市场的新亮点。“聚财一号”理财产品是厦门市分行继IPO理财产品之后，又一只由分行独立研发、总行批准在全国建设银行系统首家推出的人民币综合型稳健理财产品。该产品具有收益稳定、操作灵活、公私兼顾等特点，在不断完善产品结构和产品链上起到了重要作用，得到了市场和客户的广泛认同。2008年，该产品共计发行54期，累计销售金额达40.85亿元（其中个人31.9亿元，对公8.95亿元）。产品自推出后经过不断的优化创新，已涵盖了7天、15天、1个月为开放周期的周期型产品及1个月到6个月等不同期限的固定期限产品，期限结构灵活，能够满足各类投资者的不同需求。产品全年共为客户创造账面利润2 087.5万元。荣获第二届厦门晚报投资理财博览会“年度厦门市最佳稳健理财产品”。

【战略性业务发展势头强劲】战略性业务保持强劲发展势头，个人贷款余额和投放额均居厦门同业第一位。外汇中间业务收入首次超过中国银行位居厦门同业之首。网上银行客户数突破45万户，当年新增9万户，电子渠道分流传统业务成效显著。累计发行借记卡300万张、信用卡20万张。AUM 300万元以上的个人高端客户新增619人。工程咨询业务量超过150亿元，继续保持厦门市场份额第一的位置。针对银行国际业务面临的新情况，加强调研、主动作为，采取有力措施，实现外汇中间业务收入1.86亿元，同比新增70%，首次位居厦门同业之首；国际结算量首次突破100亿美元；远期结售汇签约额继续位居厦门同业第一。通过密切关注客户需求，认真分析研究市场，加强了外汇衍生产品的设计和营销。推出美元远期滚动结汇方案，帮助客户锁定汇率，成功办理建设银行系统内及当地同业首笔“本外币联动理财”产品及厦门分行首笔掉期理财业务。利用人民币掉期市场与利率市场差价，推出本外币联动理财产品，已与路达、厦顺铝箔等客户签约，吸收行外资金3亿元人民币，丰富了建行理财产品。全年远期结售汇签约额46.08亿美元、掉期签约额41.14亿美元，在帮助相关企业实现外汇资金避险增值的同时，带动外汇中间业务收入的大幅度增加。大力拓展电子银行渠道，实现传统业务有效分流。截至2008年末，全行电子银行客户当年新增48.05万户，其中网上银行客户数突破45万户，当年新增超过9万户；2008年电子银行累计交易额达6 699亿元，交易笔数为2 912万笔，同比分别增长 -2.47%和15.18%。95533客户服务中心全年人工接听率达到95%以上。全年自助设备总量达702台，其中附行ATM 103台、离行ATM 272台，全年新增ATM 75台，新增存取款一体机40台，新增自助终端35台，建设完成24小时自助银行6家，改造13个网点的自助服务区。非柜面交易量与柜面交易量之比达486%，非柜面渠道业务分流率位居系统内第一和厦门同业第一。

【信贷结构进一步优化，基础管理有效加强】针对厦门市分行基础设施项目及机构客户贷款占比过低、工贸企业贷款占比稍高、房地产开发贷款占比过高、结构不够合理的状况，分行积极拓展优质客户，认真落实总行信贷退出政策，深化主动揭示和化解风险机制的推进。优质基础设施及机构客户贷款占比从年初的15.24%上升到25.28%，提高了10.04个百分点；工贸企业贷款占比从年初的24.35%下降到20.82%，下降了3.53个百分点；房地产开发贷款占比从年初的26.51%下降到22.22%，下降了4.29个百分点；个人贷款则保持31.69%的占比。会计营运工作再上新台阶，全年会计核算差错率仅为万分之0.0927，比上年下降55%。全年现金备付率为0.43%，同比下降0.09个百分点。实现了隔日错账调整后台集中处理等49项后台集中工作，有效地提高了柜面业务办理效率。优化信贷流程，对公授信业务的会议审批全流程时限平均为6.06个工作日，比上年减少1.63个工作日。建立“新规章与新产品风险专家审议机制”、“贷款项目封闭管理问责制”。成立了房地产客户和出口企业风

2008年4月28日，厦门市分行与厦门市集美区政府签订财务顾问协议。

险应对小组，一户一策、主动调整。完成不良贷款处置2.11亿元，不良资产处置计划完成率系统内排名第一。完成奥运期间各项业务保障工作，实现科技系统全年安全运营，全年中心系统故障率控制在0.09%以内。持续开展对重点网点、人员、物品的检查以及员工行为的排查，实现无经济案件，无刑事、治安案件，无重大安全生产责任事故，无重大违规经营，无重大外部监管处罚，无群体性事件，创建了“平安建行”。

【与厦门市建设与管理局独家签订“社会保障性住房按揭贷款合作协议”】经过积极与政府部门沟通，厦门市分行完成了与厦门市建设与管理局关于社会保障性住房按揭贷款合作协议的签订工作，取得社会保障性住房按揭贷款的独家承办权，开辟了个人住房贷款业务的新阵地。截至2008年12月31日，已受理贷款734笔，金额达1.09亿元。同时，根据房地产市场情况的变化，对经济适用房、落实华侨政策安置房、房改房等个人政策性房产贷款业务进行相应规范。厦门市分行二手房贷款中心投入试运营，人员、设备到位，开始专业化、集约化经营。

【适应市场需求，推进零售网点逐步转型】在上年首批零售网点转型试点的基础上，2008年全辖网点转型工作全面推开，并通过了总行验收。通过转型，有效地提升了柜面的营销能力。对柜面人员的职责定位进行调整，赋予其交易和营销咨询两大职责，重点提高了网点人员的临柜销售能力，实现柜台延伸，将柜面人员名称由“柜员”改为“结算经理”。推动人员意识转变、技能提升，柜面人员尽快掌握产品知识，主动营销结算产品，网点负责人、大堂经理、理财经理服务前移。通过转型，努力实现“大堂制胜”，强化网点对客户的全员、全方位、全过程营销。2008年，厦门市分行个人客户在全市同业中率先突破300万元，在某种程度上可看成客户对建设银行厦门市分行不断提升服务质量的认可。

【努力打造“客户满意工程”，树立服务品牌】结合深入学习实践科学发展观活动，厦门市分行在全辖开展“解放思想，再次创业”大讨论活动，共提出340条改进业务、服务、流程的意见和建议，分类跟踪、整改和落实。根据需要，成立了厦门银行业首家客户体验中心、客户响应中心，客户之声项目组采集和落实客户需求，客户满意度等相关指标得到了明显的提高。通过不断努力，客户满意度稳步提升，品牌影响力进一步提升，全行受到客户表扬的人次比上年增长64%；网点柜面业务客户平均等候时间为8.1分钟，比上年缩短了6.4分钟；95533客户服务中心人工接听率达到95%以上；全年实现“零”有效投诉。在委托外部专业机构组织的客户满意度调查中，厦门市分行的个人客户满意度在当地各家银行中排名第一；对公客户满意度在当地各家银行中排名第二；在总行营业网点服务质量2008年下半年的调查中，厦门市分行位列系统内第三位。厦门市分行获得了全国“五一劳动奖状”以及厦门市首届“双十佳”行业服务品牌等荣誉称号。

执笔：梁小强

审稿：生柳荣

江西省分行

江西省分行行长段超良

一、业务发展概况

2008年，江西省分行实现拨备前考核税前利润18.36亿元，同比增加0.98亿元，增幅为5.64%；实现经济增加值7.13亿元，完成总行调整后计划的101.28%；存贷款利差率为5.28%，同比提高0.42个百分点；成本收入比为37.37%。不良贷款余额19.33亿元，比年初减少2.41亿元；不良贷款率为3.3%，比年初下降0.82个百分点，实现不良贷款“双降”。

【负债业务】以产品为抓手，以账户营销为突破口，狠抓负债业务，截至12月底，全口径存款余额为966.39亿元，比年初新增135.76亿元，新增创历史新高，增幅达16.34%，完成总行计划的134.42%。其中，企业存款余额为466.22亿元，四行占比28.64%，排名第二，新增44.41亿元；个人存款创历史新高，个人存款余额为447.60亿元，新增92.82亿元，完成总行计划的290.05%，增幅达26.16%，四行排名第一。住房资金存款四行占比74.27%。其中，住房公积金存款四行占比65.46%，比年初提高2.68个百分点；住房公积金贷款四行占比44.91%；成功与10家房管部门签订了住房维修基金托管协议，累计达到20家。

【资产业务】各项贷款年末余额为585.87亿元，四行排名第二，比年初新增57.89亿元（不含一期证券化贷款本金下账处置的5.05亿元），增幅为10.96%，完成总行计划的126.14%。对公人民币贷款年末余额为428.19亿元，比年初新增34.39亿元，增幅为8.73%。其中，贴现余额为52.50亿元，比年初新增11.46亿元，完成总行新增计划327.43%。加大了对总行、省分行级重点客户和信用等级在AA级（含）以上客户的投放，A级（含）以上客户的公司类非贴现贷款余额为325.77亿元，占比86.13%，较年初提高3.72个百分点，AA级（含）以上信贷余额占比为68.39%，比年初提高11.26个百分点，贷款结构优化明显。成功营销了杭—南—长铁路、赛维LDK等一批优质信贷项目，储备项目金额达到214亿元。个人住房贷款全年新增19.89亿元，新增四行占比31.44%，排名第一。发放经济适用房贷款5.27亿元，五行（含交通银行）占比83.5%，排名第一，其中5个设区市为我行独家承办。

【中间业务】全年实现中间业务毛收入6.21亿元，实现中间业务净收入6.06亿元，增幅为19.07%；中间业务净收入占主营业务净收入的比重达17.68%，较上年提高1.32个百分点；中间业务收入的市场占比为26.24%，市场排名第二，同比增长18.65%。中间业务净收入在全国建设银行系统排名第22位，中间业务收入占主营业务

2008年11月，中国建设银行行长张建国在江西省分行调研期间视察南昌洪都支行财富理财中心。

2008年12月8日，江西省分行与南昌市人民政府在南昌市举行战略合作框架协议签字仪式。

净收入的比重排名第17位，高于全国建设银行平均水平1.84个百分点。公司业务条线实现中间业务收入22 623万元，较上年同比增长10 852万元，增长幅度为92.20%，完成总行计划的118.72%。大力促进贴现业务的发展，推进专业化经营力度，增设票据分中心及贴现经营机构，使贴现经营机构增至20个，2008年全行票据直贴加权平均利率为5.4451%，比上年提高了48个基点，成功开办了全国建设银行系统内首笔“自由贴”业务。

【资产质量】全行累计处置各类不良资产11.60亿元（不含证券化项目下账处置5.05亿元），全国建设银行系统排名第六；处置不良贷款11.27亿元（不含证券化项目下账处置5.05亿元），全国建设银行系统排名第五；现金回收不良资产6.34亿元，其中现金回收不良贷款6.03亿元，实现超值现金回收1.06亿元。以上指标均超额完成总行计划。证券化受托资产现金回收1.29亿元。

【其他业务】年金业务总量跃居同业第一，成功营销了南昌铁路局的10万户、15亿元存量年金的账管和托管业务，账管、托管业务新增签约量在全国建设银行系统内均排名首位。以产品创新和综合营销为主线，加快投资银行业务的持续发展。实现投资银行业务收入1.02亿元，同比增长44.56%。先后推出了“乾图理财（IPO）”、“利得盈（IPO）”等7项创新产品，其中隔日兑付保本浮动收益型人民币债券7天连环滚动理财产品为全国建设银行首创，全年共实现新型投资银行业务收入2 000万元。银行卡业务增长迅速，贷记卡业务的消费额、贷款余额、中间业务收入及总收益同比均实现翻番。其中，贷记卡净增发卡7.15万张，增长71%，累计发卡17.6万张；消费额10.43亿元，同比增长103%。借记卡累计发卡570万张，新增发卡105万张，完成总行计划的109%；消费额58亿元，完成总行下达计划的103%。银行卡业务实现收入1.17亿元。电子银行各项业务指标全部完成总行计划，排名均位居全国建设银行系统前19名内。其中，电子银行中间业务收入2 871.57万元，全国排名第15位，四行排名第2位；企业网银客户新增全国排名第6位；电子银行与柜面交易量之比为34%，同比提高2.89个百分点。

【国际业务】继续实施“抓两头”的区域发展战略和“抓大不放小”的客户发展战略，加大产品创新和推广力度，国际结算、国际保理、国外保函、外资银行业务等均取得了新突破。全年累计完成国际结算业务量46.81亿美元，排名中部六省分行第一，同比增长19.50亿美元，同比增幅达71.38%，增幅在系统内排名第6。结算量在四行占比为30.17%，较年初增长6.36%；获得国际保理通信系统使用权，国际保理业务累计转让金额85万美元，保理手续费收入3.5万元，均在系统内排名第11位；全年累计办理境外保函35笔，累计发生额39 128万美元，实现国外保函收入722万元，均在系统内排名第11位；成功取得了香港大新银行南昌分行的业务主办行资格。

二、主要工作举措

【精心组织实施，各项改革深入推进】稳妥有序地推进南昌城区行风险条线管理模式改革，成立了南昌信贷审批中心，在三个城区行设立了风险管理分部，把平行作业机制融入信贷流程当中，提高了信贷审批工作效率。积极深化营运管理体制改革，结合网点转型要求，大力推进前台业务分离、后台业务集中工作，提高了后台业务处理效率。纵深推进县支行转型发展，强化以经济增加值为核心的激励约束机制，加大对县支行资源配置及政策的支持力度。积极推进资产保全业务单元制改革，在省分行资产保全部内设立了资产保全中心，采取“事权集中、账务划转、档案原件移交”的经营模式，行使直接经营不良资产职能。有序实施了省分行本部人力资源改革，组织了省分行本部工作人员“双向选择、公开选调、员工下基层锻炼”等人力资源管理改革，优化了人力资源配置。

【强化绩效考核，经营效益稳步增长】完善了激励约束机制，在KPI指标与等级行考核评定办法当中突出价值创造能力，适时调整考核政策，促进了各项业务的快速发展。加大了资源配置的导向作用，费用分配强化目标和资源的匹配关系，强化成本控制，加大集中采购力度。加强资金管理，提高资金营运效益。在保证支付的前提下，压缩无效资金占用，备付率连续两年保持全国第一。

【优化业务流程，服务效率有效提升】人力资源配置充分向一线倾斜，招聘的大学本科生和派遣员工全部充实到县支行和前台一线，提升了一线服务能力。实施后台业务集中，全面推进全省集中配送体系建设，稳步实施后台业务集中工作，提升了前台市场和客户响应的速度。提高专业化经营程度。在各二级分行成立了个贷中心、部分分支机构成立了国际业务部、小企业经营中心、票据分中心和审批分中心，实施了不良资产经营集中，完善了财富中心和个人理财中心布局。

【狠抓基础建设，内控水平稳步提高】深入开展"平安建行"创建活动，全年共对73个县级支行和241个网点进行了考评，已有20个县级支行和53个营业网点通过了考核验收。夯实了内控管理机制，建立和完善关键风险点监控检查机制，实施重要岗位和人员的动态管理，实行交流、轮岗及强制性休假制度，全行会计人员岗位轮换比率达到100%，强化各类管理系统的监控职能，有效地提高了风险防范能力。加大案件防控力度，制定下发了《案件易发部位和环节重点监控指引》和《关键风险点控制操作指引》，其中《案件易发部位和环节重点监控指引》受到总行的肯定，并在《案件防控动态》中引用下发全国建设银行。积极推进积分管理工作，提高员工规范操作意识。加大违规违纪行为与案件的查处力度，全行实现了无案件无事故运行。制定下发内外部审计和监管检查发现问题整改工作实施细则，加强整改工作指导，有效地提高了全行综合整改率，2008年问题整改率达到了95.26%。严格落实责任，抓好全行重点部位和各类生产系统的安全管理，有效地防范了案件和安全生产事故的发生，确保了全行和系统的安全稳定运行。

执笔：陶有珠　肖剑锋　单克强　丁　璐

审稿：易建荣

山东省分行

山东省分行行长彭洪明

一、业务发展概况

2008年，山东省分行全口径存款年末余额为2 770亿元，比年初新增403亿元，完成总行计划的204.9%，增幅为17%，其中，一般性存款余额为2 679亿元，比年初新增441亿元。各项贷款年末余额为1 842亿元，比年初新增254亿元，增幅为16%。五级分类不良贷款余额为32.48亿元，比年初下降12.98亿元，不良贷款率为1.76%，比年初下降1.1个百分点。实现中间业务收入18.4亿元，完成总行计划的102%，增幅为36.9%。实现拨备前税前利润61.8亿元，完成总行计划的109.8%，增幅为18.4%。实现经济增加值24亿元，完成总行计划的123.1%，增幅为27.1%。

【负债业务】对公存款年末余额为1 382亿元，比年初新增166亿元；个人存款年末余额为1 296亿元，比年初新增276亿元。个人客户数量达到1 411万户，比年初新增105万户，其中AUM 20万元（含）以上的客户新增5万户，总量达到15万户，AUM 300万元（含）以上的客户新增708

户，总量达到 1 475 户。

【资产业务】对公贷款余额为 1 457 亿元，比年初新增 209 亿元。其中，中长期贷款余额 850 亿元，比年初新增 182 亿元，余额占比达到 58.34%；短期贷款余额为 417 亿元，比年初减少 39 亿元。固定资产贷款余额为 483 亿元，余额占比增加 4.5 个百分点；流动资金贷款 619 亿元，余额占比减少 4.4 个百分点。贴现业务余额和新增均在同业中居首位。表外业务快速发展，银行承兑汇票余额 158 亿元，比年初新增 53 亿元，增幅为 50.1%；保函余额 149 亿元，比年初新增 78 亿元，增幅为 110%；信用证余额 48 亿元，比年初新增 12 亿元，增幅为 33%。优质客户数量增加，结算量在 5 000 万元以上的基本结算户新增 312 户。对公业务实现贷款利息收入 99 亿元，同比增加 25 亿元，占利息收入总量的 79%。个人贷款余额 385 亿元，比年初新增 45 亿元，其中，个人住房贷款新增在同业中居首位。

【中间业务】对公业务实现中间业务收入 12 亿元，同比增加 6 亿元，占中间业务收入总量的 66%。个人业务实现中间业务收入 6.47 亿元，收入超过 2 000 万元的产品数量达到 8 个，其中借记卡、代理基金、代理寿险、个人结算、信用卡的收入超过了 5 000 万元。销售保险 27 亿元，增幅达 169%，增幅居同业首位；销售理财产品 132 亿元，同比多增 108 亿元，销售量居同业首位；销售基金 99 亿元，四行占比保持在 30% 以上；全行个人理财师数量为 3 257 名。住房资金归集余额突破 300 亿元，公积金存款、贷款新增分别为 33 亿元、28 亿元，继续保持同业首位。新建理财中心 12 家，装修网点 233 个，新建自助银行 202 家；新增存取款自助设备 419 台，总量达到 1 549 台，自助设备与网点之比为 2∶1；自助交易量 1.2 亿笔，实现中间业务收入 4 359 万元，居同业首位。完成 387 个网点转型，转型网点总量达到 632 个，占网点总量的 81%。

【战略业务】高度重视中间业务发展，实施标杆管理，完善激励考核，中间业务收入增速达 36.85%，较系统内平均水平高 2.52 个百分点。积极开展银行卡营销，个人客户配卡率达到 90%；借记卡新增发卡 329 万张，实现消费交易额 179 亿元；信用卡客户新增 31 万户，实现消费交易额 94 亿元，累计发卡量、消费交易额均居同业首位，账户活动率为 51%；新增特约商户 2 220 家、特惠商户 755 家，安装 POS 机 4 100 台。加快发展电子银行业务，网银活跃客户新增 53 万户，其中个人网银 40 万户、手机银行 8 万户、企业网银 3 853 户；个人短信客户新增 46 万户；实现电子银行交易额 1.28 万亿元，同比增长 40%；实现电子银行交易量 8 020 万笔，同比增长 18%，电子银行与柜面交易量之比为 41%。对小企业业务实行专业化、流程化、标准化运作，成立了 7 家小企业金融服务中心，小企业信贷客户比年初增加 316 户，贷款新增 23.68 亿元，完成总行计划的 197%。

【国际业务】实现国际结算量 202 亿美元，同比增加 56 亿美元，增幅为 38%，完成总行计划的 128%；实现外汇中间业务收入 4.32 亿元，同比增加 1.67 亿元，增幅为 63%，完成总行计划的 142%；完成结售汇业务量 96 亿美元，同比增加 27 亿美元，增幅为 39%，完成总行计划的 114%；完成外汇衍生产品交易量 25.6 亿美元，同比增加 11.8 亿美元，增幅为 86%，完成总行计划的 199%。

2008 年 5 月 17 日，山东省分行看望慰问济南军区九零医院抗震救灾医疗队家属。

2008 年 12 月 17 日，山东省分行与济南市人民政府战略合作协议签字仪式在山东大厦隆重举行。

2008 年 12 月 26 日，山东省分行与山东省教育厅战略合作协议签字暨教育龙卡揭卡仪式在济南市南郊宾馆隆重举行。

【资产质量】不良贷款额、不良贷款率继续保持“双降”。实施资产证券化，批量处置不良贷款 14.56 亿元。推行不良资产集中经营，实现不良贷款处置额 12.4 亿元，完成总行计划的 124%；不良资产超值现金回收额 2.8 亿元，完成总行计划的 200%。拨备覆盖率 155%，较年初提高 45 个百分点。

二、主要工作举措

【准确把握形势，明确发展方向】加强理念引导，引导全行树立正确的发展观，不看指标盯市场、不比扩张比后劲、不谋小利重长远，努力实现质量、效益、速度、后劲的有机统一，推动又好又快科学发展。加强分析研究，在年初工作会议上，针对金融危机提出“五个不确定性”，要求全行认清经营形势，提高认知把握能力。从第三季度开始，积极贯彻中央“保增长、扩内需、调结构”的战略决策，变危机为机遇，变压力为动力。在山东省政府确定的 240 个重点项目中，对接确定意向性贷款支持的项目有 81 个，意向性贷款总额 1 001 亿元，并与五个地市人民政府和多家重点客户签署战略合作协议，为长远发展奠定坚实基础。加强战略规划，研究制定三年发展规划，确定“主营业务市场份额全面提高，在环渤海地区系统内作用明显增强，全国系统内综合实力位居前六”的战略愿景，以及“把零售业务培育成竞争基础，把公司业务发展成效益源泉，把战略性业务打造成发展后劲”的业务发展战略，“以济南地区为龙头，中心城市行为骨干，全面做大做强”的区域发展战略，“抓大重小，做大做强优质客户群体”的客户战略。

【强化市场营销，提高发展效率】优化对公业务运作方式，稳步推进省分行与二级分行对大中型客户的双层营销，积极推动环渤海区域联动，加大对基础产业、城市基础设施、支柱行业等市场的拓展力度。研究确定对公业务发展三年总体规划以及十大重点行业信贷规划，努力增强业务发展与国家宏观调控政策、山东区域经济的契合度。完善客户综合贡献度管理，设计综合效益核准模型，规模资源向综合收益高的区域和客户倾斜，提高信贷资源使用效率，新发放贷款加权利率为 7.38%，新发放贷款中利率上浮贷款占比为 54.98%。加快发展个人业务，针对目标客户群体的不同需求，有针对性地开展持续营销活动，加大优质个人客户拓展力度。加快财富中心、理财中心、个贷中心、自助渠道和电子银行建设，构建多层次、多功能的客户服务体系。加快产品和服务创新，在同业中率先探索为企业集团提供财务顾问服务、为物流企业提供融资链服务。积极推广信贷替代产品，利用供应链融资、保函、信用证、保理、利得盈、“乾图理财”一对一信托理财、龙信理财等产品，满足客户资金需求达 526.8 亿元。

【加快结构调整，提高发展质量】优化业务结构，坚持对公业务与零售业务并重、传统业务与新兴业务并重，转变经营模式，增强发展后劲。优化信贷结构，固定资产贷款、贴现、个人住房贷款新增占全部贷款新增的 85%；坚持信贷退出与产品置换、贷款增量相结合，合理掌握退出节奏和力度，全年退出贷款 50.3 亿元，完成总行计划的 108%。优化客户结构，AUM 300 万元（含）以上的个人高端客户金融资产新增 25.6 亿元，完成总行计划的 312%；新开对公结算账户 7.2 万户，AA 级（含）以上客户新增 107 户；在对公贷款中（不包括贴现的），AA 级（含）以上客户余额占比较年初提高 1.1 个百分点。优化区域结构，深化济南地区经营管理体制改革，着力转换经营模式、变革管理架构、完善配套机制，构建“大前台、大经营、大集中”的发展模式。加快中心城市行发展，充分发挥其他二级分行的潜能，推动强县支行发展，扶持特色品牌网点，全面做大做强。优化收入结构，非利息收入占主营业务收入的 18.1%，同比提高 2 个百分点，其中中间业务收入占比 17.3%，同比提高 2.1 个百分点，较系统内平均水平高 1.65 个百分点。

【加强内控管理，夯实发展基础】加强全面风险管理，密切关注外部形势变化对资产质量的影响，重点监控“双十大”客户、资产质量和信贷结构调整重点联系行，强化信贷风险预警和处置。健全操作风险管理机制，强化基层机构关键风险点监控。加强合规管理，推进合规文化建设，开展“学规范、明操守、重合规”主题教育活动，提高全员合规意识。建立合规风险识别、评估和监测报告机制，发挥合规风险管理的预警作用。加强案件防范，推进平安建设银行建设，加快守押社会化进程，健全群体性事件预防与处置机制，及时化解各类不稳定因素。推进案件防控及整改攻坚战，建立系统整改和持续整改机制。完善行为排查机制，推行案件防范群防办法，落实案防责任制，构建案件防范长效机制。

【坚持以人为本，凝聚发展合力】加强各级领导班子建设，着力增强领导、分析、经营、服务、管控、基础管理、创新、主动作为等“八个方面”的能力，提升履职水平。加强党的建设，组织广大党员认真学习实践科学发展观，充分发挥各级党组织的战斗堡垒作用和党员的先锋模范作用。加强企业文化建设，关心关爱员工，努力为员工减压减负。积极履行社会责任，发动员工支持汶川抗震救灾。

执笔：刘太丽

审稿：窦永密

青岛市分行

青岛市分行行长刘铁彦

一、业务发展概况

2008 年，青岛市分行全年实现税前利润 10.00 亿元，增长 4.08 亿元，增速为 68.92%；实现经济增加值 4.48 亿元，完成总行计划的 76.39%；实现中间业务净收入 4.57 亿元，增长 1.03 亿元，增速为 29.10%；经济资本回报率达到 26.11%，同比提高 4.49 个百分点；各项业务均保持较好的发展态势。

【资产业务】各项贷款年末余额为 418.23 亿元，比年初新增 27.56 亿元，增速为 7.05%。其中，对公类贷款余额为 289.90 亿元，增长 22.30 亿元，增速为 8.34%；个人贷款余额为 128.32 亿元，增长 5.26 亿元，增速为 4.27%。贷款余额、新增额、增速四行均排名第二，其中个人住房贷款年末余额 110.68 亿元，增长 5.91 亿元，个人消费贷款余额 17.53 亿元，下降 0.60 亿元。个人住房贷款余额、市场占比均居四行首位。

【负债业务】本外币全口径存款年末余额为 535.77 亿元，比年初新增 103.54 亿元，增速为 23.95%，全口径存款新增首次突破百亿元大关。其中对公存款余额为 243.82 亿元，增长 25.95 亿元，增速为 11.91%。对公存款余额、新增额和增速四行均排名第二。储蓄存款余额为 235.07 亿元，增长 50.05 亿元，增速为 27.05%；同业存款余额为 56.88 亿元，增长 27.54 亿元，增速为 93.87%。储蓄存款余额、新增额四行排名第四，增速四行排名第一。住房资金存款余额 45.83 亿元，增长 0.84 亿元，住房资金存款余额及住房公积金存款、贷款余额和市场占比均居四行首位。

【中间业务】实现中间业务净收入 4.57 亿元，增长 1.03 亿元，增速为 29.10%，完成计划的 96.93%，中间业务收入位居四行第二。

【国际业务】实现国际结算业务量 64.4 亿美元，增长 19.5 亿美元，增速为 43.43%，完成计划的108.97%；实现外汇中间业务收入1.37亿元，增长0.65亿元，增速为90.28%，完成计划的119.07%。国际结算业务量、外汇中间业务收入均创历史最好水平。

【资产质量】不良贷款余额18.34亿元，比年初增长2.43亿元，不良贷款率为4.39%，比年初提高0.32个百分点。不良资产处置贡献度4.08亿元，完成全年计划的137.28%。累计处置各类不良资产7.73亿元，累计实现现金回收3.75亿元，实现超值现金回收0.82亿元。

【电子银行业务】全年新增企业网上银行高级客户742户，完成计划的215%；新增全口径网上银行活跃客户7.83万户，完成计划的128.38%。实现电子银行业务收入448万元，直接业务收入同比增幅达到300%，创收能力进一步增强。

二、主要工作措施

【多措并举，大力营销信贷产品】在进一步密切与海尔集团、青啤集团、中石化青岛"大炼油"项目等重点客户合作关系的同时，发挥总分行联动营销优势，成功营销了天津航道局、北海重工、武船重工、青岛城建集团等优质客户；以实施"八一工程"为切入点，大力拓展军队类机构客户；抓住国家扩大内需的机遇，快速跟进，组建任务型团队迅速开展营销。在青岛市政府组织的银企项目推介对接会上，与青岛市城建集团等12家企业签订授信协议书，协议授信金额81.5亿元，为青岛国信发展集团等3家企业出具贷款意向书，意向贷款金额9亿元。大力推进专业化建设，成立分行企业年金中心和小企业中心，专业化经营能力得到有效提高；成立分行国际业务营销团队，组织开展"青岛市进出口百强企业营销活动"，细分客户，分层营销，着力扩大存量重点客户的市场份额。

【以服务为突破口，个人业务发展迅猛】制定《青岛分行奥运金融服务方案》，实行延时服务，配备英语服务志愿者，扩大个人结售汇经办网点范围，加强自助设备的监控和维护，自助设备开机率始终保持高水平。组织以"增存款、增份额"为主题的"双增"竞赛，参加总行组织的"心系客户、真情回报"营销活动，荣获"增存优胜奖"。积极实施个人条线体制改革，于年初对城区34个个人业务网点实行分行直管，有效地提升了分行政策的传导效率，更好地激发一线网点的战斗力。充分发挥财富管理中心的旗舰作用，为高端客户组织35场、1 700余人次的投资讲座和客户联谊活动，定制并销售个性化理财产品和财富系列产品1.5亿元。截至2008年末，分行AUM20万元以上的客户新增1.08万户。

【发挥传统优势，大力发展房地产信贷业务】围绕安居、自住、保障三大主题，重点做好中小户型及保障性住房的信贷服务，优化完善个贷中心流程，个人住房贷款申请评分卡系统顺利上线，工作效率有效提高。先后组织开展"让房贷减负，为幸福增值"、"巩固优势业务，打造特色产品"和"强化服务，提升质量"系列营销活动，并推出"存贷通"等新产品。做好小额支付系统归集住房公积金业务的全辖推广工作，在青岛市同业中首家发行住房公积金龙卡，进一步巩固和扩大了市场份额。

【推进战略转型，促进中间业务发展】从计划安排、财务资源配置、考核政策等多个方面予以政策支持，加大直接激励力度。大力发展供应链融资产品保理业务，经办机构由2007年的3家增加到12家，荣获2008年度总行保理业务"先进集体奖"，大力发展保险代理业务。网点代理保险活动率达100%，为系统内唯一。2008年末，中间业务净收入在主营业务收入中的占比由2007年的17.1%提高到19.4%，四行占比为27.1%，同比提高4个百分点，实现了"同业增速第一、总量排名第二"的年度发展目标。

【加快龙卡产品和发卡模式创新，信用卡业务快速发展】先后发行"公积金龙卡"和"希望龙卡"、"VISA奥运白金信用卡"、"利群龙卡"等特色产品；组织开展了"利群龙卡，越刷越快

2008年9月17日，青岛市分行举行了隆重的个人贷款中心迁址剪彩仪式。

乐”、“喜迎牛年—全家欢宴年夜饭”等一系列促销活动和“2008，我期贷”分期付款专项活动，带动信用卡消费额、活动率的快速提高；新发展特约商户418家，签约分期付款商户45家，实现商户收单额115亿元，居青岛市15家银联入网行首位。龙卡信用卡累计发卡25.5万张，实现消费交易额20亿元。产品影响力显著提高，其中龙卡汽车卡荣获“青岛2008年市民最喜欢的银行卡”称号。

青岛市分行为深入贯彻落实党中央、国务院关于保持经济平稳较快发展、控制物价过快上涨、抑制通货膨胀的统一部署，帮助小企业缓解资金压力，渡过难关。2008年9月12日，青岛市分行参与了市政府举办的“金融服务小企业发展”授信仪式。

【适应市场需求，大力开展金融产品创新】适应资本市场变化，推出“新股月月打”理财产品、“票据盈”理财产品和“周周盈”个人理财产品。以服务奥帆赛为契机，推出外币旅行支票业务，设立外币代兑点。在国际业务上，加强产品创新组合，为青岛益佳海业集团办理一笔1.3亿美元的备用信用证业务，创单笔贸易项下国际结算量历史最高。大力拓展造价咨询业务，推出了整合概算审核、投资控制、项目评估和房地产评估等多项业务的高端造价咨询服务类产品“建设资金监管业务”。

【加强内部管理和企业文化建设】深入组织开展学习实践科学发展观活动。通过自学、座谈、专家授课等多种形式，在分行大力倡导“五个提倡、五个克服”的工作作风，加强各级领导班子建设和党风廉政建设，始终保持“务实、高效、廉洁”。坚持“以人为本”，制订专业技术岗位职务聘任三年规划，组织实施了直管机构内设部室管理岗位序列、专业技术岗位序列和经办岗位序列的聘任工作，拓宽了员工的发展空间，不断加大员工培训力度和密度。

【实施品牌战略】95533客户服务中心荣获全国级“青年文明号”，海尔路支行、贵州路支行荣获“中国银行业文明规范服务示范单位”光荣称号，丁亚男荣获全国“五一劳动奖章”光荣称号。大力推进“人文奥运”创建活动，努力提升服务水平，涌现出一批总行级“迎奥运文明示范窗口”和“迎奥运服务明星”。

【认真履行社会责任，积极支持社会公益事业】汶川大地震发生后，积极发扬“一方有难、八方支援”的精神，纷纷为灾区捐款，共两次向灾区捐款捐物126.02万元，其中模范职工之家捐款捐物7.4万元。特殊党费60.11万元，特殊团费2.94万元。同时，选派造价工程专家，冒着余震的危险奔赴四川陈家坝地区工地现场进行援建板房的对口支援工作。另外，还落实了26名青岛地区“中国贫困英模母亲建设银行资助计划”资助对象的资助金。

执笔：谭庆勋

审稿：柴　翔

河南省分行

河南省分行行长许会斌

一、业务发展概况

2008年，河南省分行全行实现账面利润31.85亿元，同比增加3.93亿元，居同业首位；实现经济增加值17.9亿元，同比增加4.6亿元；实现考核利润33.6亿元，比上年增加3.6亿元。

【负债业务】一般性存款年末余额为1 802.85亿元，当年新增302.5亿元。其中，个人存款突破千亿大关，余额达到1 117.4亿元，新增232.8亿元，同比多增175.6亿元；企业存款余额为685.5亿元，新增69.5亿元。

【资产业务】各项贷款年末余额为959.16亿元，新增128.35亿元。其中，公司类贷款（不包括贴现的）余额新增72.4亿元，个人类贷款余额新增40.1亿元，同业排名第一位。

【中间业务】全年实现中间业务净收入12.63亿元，同业排名第一位。剔除基金因素，中间业务收入增幅达90%，收入超千万元的产品达19个。

【战略性业务】信用卡当年净新增27.6万张，比上年多增7.9万张，实现收入4 300万元，是上年同期的2.8倍，当年新增客户量、账户活动率均居同业第一位，系统内上升了4个位次；电子银行实现收入6 309万元，同业排名第一位，系统内排名第五位；手机银行活跃客户、网银个人活跃客户新增均居同业第一位，系统内分别居于第三位和第四位；实现国际结算量46.8亿美元，结售汇量31.4亿美元，同业排名均居第二位，增幅均居同业第一位。

【资产质量】不良贷款率为1.6%，比年初下降0.99个百分点，在当地四大国有商业银行中最低；不良贷款额15.3亿元，比年初降低6.2亿元，完成总行计划的108%。

2008年6月18日上午，建设银行“中国贫困英模母亲”资助计划河南省启动仪式在紫荆山宾馆举行。图为仪式举行之前李克常务副省长在河南省分行许会斌行长的陪同下亲切看望贫困英模母亲。

二、主要工作举措

【推进经营转型和结构调整】启动完成了具备条件的16家分行事业部改革工作；完成了413个网点的转型工作；完成了65个营业网点的装修改造；确定新建郑州、平顶山等9家财富中心，目前开业数量达8家，另有3家正在抓紧实施；建成个人理财中心（室）120个、个贷中心33个、贵宾现金室220个；新增ATM180台，自助银行180家，多媒体自助终端100台，ATM、自助银行总量均居同业第一位；小企业专业化经营机构、对公商务中心、企业年金中心已经或正在筹建中。大力推进对公业务转型。实现对公中间业务收入4.5亿元，增幅为146%，企业年金托管账户新增和托管金额、银团贷款、保理、乾图理财、票据盈等均进入系统前五名，对公中间业务收入全行中间业务收入中的占比由上年的13%提高到34%，提高了21个百分点。全行共办理“速贷通”、“成长之路”业务共计147户，是上年办理户数的3倍，累计投放金额8.73亿元，是上年投放金额的3倍多。加快推进区域转型。中心城市行实现经济增加值12.1亿元，占全行的比重达63.5%，同比上升7.9个百分点；深入推进县支行网点分类管理，县域市场一般性存款增速比全省平均水平高近2个百分点，中间业务收入全行占比为24.5%，同比上升1.5个百分点。大力推进信贷结构调整。严格落实总行要求，强化信贷结构调整的硬性约束，全年累计退出总行下发的退出名单客户贷款21.8亿元，超额完成了总行退出计划，压缩省分行退出计划名单客户贷款21.9亿元，退出客户142户。

【加强营销服务】强力推进“双高”客户营销。推行“双高”客户“名单制”、“认养制”、“联动制”和“一户一策制”管理，确定了173个目标客户，逐户组建任务型团队实施专项营销。全行“双高”客户新开立对公结算账户101个，签订全面合作协议38户，实现中间业务收入1.03亿元。广泛开展银企、银政签约活动。与河南投资集团、大唐河南分公司等省内58家知名大集团客户签订了全面合作协议，组织全省18家地市分行与当地政府签约，签约金额为77.69亿元，实际投放70亿元。积极开展奥运营销，新增开办个人结售汇业务网点14个，外币兑换点1个，在所有旅游景区的网点选配了英语柜员，树立了我行良好的社会形象。深入推进精细化服务。积极推动差别化服务，提出“五专”贵宾服务体系，完善了新郑机场贵宾服务专用设施，独家与郑州火车站联合推出车站贵宾服务；落实“客户接待日”制度，全行共开展客户接待活动240余次，收集客户意见和建议1 000多条，及时进行了反馈；在2008年总行组织的营业网点服务质量调查中，我行排名第三位；在省政府组织的政风行风评议中，我行位居金融行业首位。

【建设合规文化】加强合规文化长效机制建设。制定了《合规文化建设三年规划》，在全行倡导“立言立行，善作善成”的合规精神，提出了“言善信，行善规”的目标；召开动员大会，举办合规文化演讲比赛，全行共5 000多人观看了比赛，开展了网上合规警言评选活动，征集了警言近900条，深入基层举办近20场合规文化和风险管理知识讲座。有力推进从严治行，坚持从严治行通报制度，召开了5次从严治行万人电视电话会；进一步加大问责力度，制定了《细化案件责任追究的十条规定》，全年共处理违规违纪责任人486人；继续落实违规整改重点联系行和巡视行制度，对4个二级分行进行了重点整治，对两个二级分行进行了巡视；组织开展了柜面业务“六个严禁”、合规大检查等风险检查活动，加强了检查的整改落实力度。加强对系统性风险的防控，召开全行风险管理工作会议，研究提出了应对系统性风险的总体思路和具体措施；全面推进信贷资产十二级风险分类，对占全行98%的正常关注类贷款实施精细化和差别化管理；提高审批质量和效率，实施信贷审批公示制度和限时审批承诺制度，个贷业务6月起全面实行电子审批；充分运用KPI考核、专项风险保证金等机制，增强各行实施信贷结构调整的积极性和主动性。

【狠抓队伍建设】扎实推进学习实践科学发展观活动，要求党员领导干部参与活动要坚持“五个带头”，做到“三个一”；结合我行实际确定调研课题240多个；发放调查问卷1万多份，同类意见合并后征求到意见107条，较圆满地完成了五个阶段、十六个关键环节的任务目标，取得了明显成效。全行开展了为期8个月的“评党性、评组织纪律性、评廉洁和服务性”的民主评议党员“三评”活动，全行有452个基层党支部，9 122名党员参与，针对制约发展、群众反映强烈的问题制定了整改措施98条。强化对领导干部管理，制订了行领导工作规则，规范了班子成员工作程序；完成了对22个二级分行共计167人和24个本部部门共计99人的制度化考核；轮岗交流各

2008年10月14日上午，河南省分行与郑州宇通集团有限公司全面业务合作协议签订仪式在郑州举行。

级机构负责人338人。加强专业技术和核心人才队伍建设，制定出台了《2008—2010年专业技术岗位职务建设规划（试行）》和《2008—2010年核心人才队伍建设发展规划（试行）》及相关管理办法，为我行的可持续发展提供了人才保障。加大员工队伍建设，建立了分层施教的培训模式，全行共举办各类培训班596期，培训30 910人次；优化岗位配置，完成了省分行本部“三定”工作。

【落实大事实事】抢抓国家“扩内需、保增长”重大政策机遇，全力推进重大项目营销，先后与郑州、三门峡、南阳、焦作、安阳、新乡、洛阳等地政府签订了战略合作协议，涉及项目305个。狠抓历史遗留问题的解决，对以前年度发生的存单纠纷、对外担保纠纷、已剥离贷款反诉等历史遗留问题，多次专题研究处置措施，努力协调有关部门以及有关地方政府，使风险得到了及时控制。抓好“十件大事实事”的落实，对专业化经营体系建设、零售网点转型、新产品研发和推广、县支行的功能定位和发展、“客户接待日”制度、业务核心人才队伍、全行系统“三定”、员工弹性福利制度、员工补充医疗保险、民主评议党员等10项事关全行改革发展和员工切身利益的大事，突出重点狠抓落实，目前均已完成了预期目标。

【履行社会责任】年初向省内部分雪灾严重地区捐款80万元。5月12日汶川大地震后，全行员工个人自愿向地震灾区捐款和交纳特殊党费790多万元，在金融系统名列前茅。推进资助贫困高中生计划和资助英模母亲计划，共资助了450名贫困高中生和111名贫困英模母亲。这些举措充分展现了大型银行的精神风范，推动了我行社会形象的全面提升。

执笔：孙俊岭

审稿：黄兴宏

湖北省分行

湖北省分行行长王江

一、主要业务发展

2008年，建设银行湖北省分行现有营业网点570个，在岗从业人员12 654人。资产总额本外币2 002.71亿元。本外币全口径存款余额1 942.06亿元，当年新增289.32亿元。各项贷款余额956.48亿元，当年新增133.17亿元。全年实现中间业务收入11.68亿元，当年新增2.67亿元。全年实现账面利润26.46亿元，实现考核利润29.05亿元。

【公司业务】2008年末，全分行对公存款余额805亿元，比年初新增84亿元，对公存款余额稳居全省同业第一，新增排名第三。对公贷款余额759.21亿元，新增112.91亿元。其中，非贴现贷款余额689.06亿元，较年初新增92.3亿元；贴现余额53.17亿元，比年初新增26.68亿元。对公贷款结构逐步优化。截至2008年末，全年实施信贷退出金额13.44亿元，完成总行计划110%；全行AA级以上客户贷款余额431.96亿元，比年初增加54.46亿元，增幅为14.43%；新增贷款主要集中在交通、电力、汽车、钢铁、城建等行业，共计新增贷款72亿元，占全行公司类非贴现贷款新增的80%。

【个银业务】2008年，个人存款首次突破千亿元大关，全分行个人本外币存款余额达到1 082.39亿元，比年初新增219.53亿元，创历年最好水平。建设银行系统内比较，余额排名第11

位，新增额排名第 10 位。当地四行市场份额比较，余额占比 27.02%，比年初增加 0.19%。个人贷款余额 197.26 亿元，当年新增 20.26 亿元。其中个人住房贷款余额 166.4 亿元，新增 14.4 亿元，占个贷全部新增的 71.08%。

【中间业务】全年实现中间业务收入 11.68 亿元，在总收入中占比达 18.27%，较上年提高 1.61 个百分点；市场份额达 33.63%，较上年提高 1.61 个百分点，居同业首位。销售信托类理财产品 56 亿元，承销短期融资券 40 亿元，居系统内第 3 位。完成国际结算量 40.7 亿美元，同比增长 50%，国际结算收入同比增幅达 273%。实现造价咨询业务收入 8 939 万元，同比增长 4.2 倍，系统内排名第 5 位，同比上升 8 位。信用卡客户净增 23.3 万户，消费交易额 42 亿元，同比翻了一番，完成计划的 130%；借记卡客户数量新增首次突破 200 万张大关，达到 204 万张，系统排名第 8 位。电子银行活跃客户新增 28.9 万户，实现电子银行业务收入 4 422 万元，同比增长 5.4 倍。

【资产质量】不良贷款余额 17.51 亿元，比年初减少 5 400 万元，不良率为 1.83%，比年初下降 0.36 个百分点，均控制在总行计划以内。全行累计处置各类不良资产 9.46 亿元，回收现金 5.22 亿元，实现超值现金回收 2.59 亿元，不良资产处置贡献度 5.85 亿元。

【经营效益】实现账面利润 26.46 亿元，同比增盈 3.66 亿元，系统内排名第 13 位，当地同业排名首位。实现考核利润 29.05 亿元，同比增盈 4.93 亿元，完成总行计划的 107%。实现经济增加值 13.47 亿元，同比增加 4.34 亿元。全年主要经营绩效指标总体较好，总资产净回报率、经济资本回报率、资产收益率、成本收入比、费用利润率等指标同比均有不同程度的提高或改善。

二、主要工作措施

【深化改革促发展】深化风险条线体制改革，设立了武昌、汉口、汉阳三个风险管理分部，初步建立起相对集中的城区风险管理模式。全面开展了十二级风险分类工作，分类覆盖率达到 100%。加大专业化经营力度，小企业经营中心、个贷中心、理财中心的建设加快；改革造价咨询中心经营管理体制，提高专业专注服务水平。推进资产保全业务单元制改革，建立资产保全直接经营团队，对武汉城区所有对公不良贷款进行集中处置。加强中后台管理集中，全年共完成总行 60 项后台业务集中事项的 53 项，后台支撑保障作用进一步加强。荣获 2008 年度湖北省银联跨行交易业务处理一等奖。连续三年在全省银行系统中夺得该奖项，也是四大国有商业银行中唯一获此殊荣的单位。稳步推进金库集中管理，成立了武汉金库中心，对前台网点尤其是转型网点提供了有效的配送、整点等服务支持。在年初雪灾期间，金库作业和守押人员，克服了天寒冰冻、交通阻塞等困难，及时将现金单证及尾箱送达网点，保证了网点的正常开门营业。

【推进信贷结构调整】坚决贯彻执行国家宏观调控政策和总行政策导向，认真把握信贷投放节奏。建立了退出激励机制，根据退出计划的执行情况采取提高经济资本回报率的激励措施，加大高风险客户退出力度，全年实施信贷退出金额 13.44 亿元，完成总行计划 110%；抢抓机遇大力营销重点基础设施建设项目和优质大客户，当年投放贷款中 A 级以上客户的投放额占比达 92.2%。明确营销重点，做好总、分行级重点客户的甄选、认定工作。全年累计申报总行级重点客户 23 家。截至 2008 年底，有 116 家客户被认定为总行级重点客户，比 2007 年增加 46 家。抓好项目储备库建设，为培育优质信贷市场奠定基础。通过加强与省、市政府的联系与沟通，抢先掌握省、市重点规划项目、固定资产投资项目、国债技改项目等情况，分层次建立信贷项目储备库，为信贷营销打下基础。截至 2008 年底，公司项目（客户）储备总量 1 570.42 亿元，其中固定资产贷款 1 236.41 亿元，流动资金贷款 334.01 亿元。牵头组织线上项目及跨区域集团客户的整体

2008 年 1 月 7 日，湖北省分行与中国电信湖北公司签订战略合作框架协议。

授信和一般授信工作。组织完成限上项目审批申报35户次，其中通过审批武汉王家墩中央商务区建设投资股份有限公司、武汉钢铁（集团）公司等一般额度授信17户，授信总金额805亿元。牵头组织完成了东风汽车公司、武汉钢铁（集团）公司、华新水泥、长航集团、高科集团和洋丰股份等8户跨区域集团客户整体授信工作，金额736.6亿元。另外，配合兄弟行完成了中国葛洲坝集团、中船重工、中国铝业公司、中航一集团、山东鲁花集团等20多个集团客户的集团授信工作。为东风汽车集团、大别山发电公司等项目出具贷款意向书和贷款意向承诺书19份，累计金额318.16亿元。

【加快网点转型】全年共完成355家网点转型，分行569家标准网点转型工作全部完成，启动了零售网点转型二代（VIP）项目。不断提升优质服务水平，开展以“促转型、比服务、创佳绩”为主题的优质服务年活动，严格落实客户接待日制度，加强网点弹性排班管理，推行网点服务质量“神秘人”检查制度。在总行组织的营业网点服务质量调查中，湖北分行列入第一类“继续保持类”。创新推动实施网点标杆管理项目。通过历时4个月的对行内试点网点、管辖行和对标行的数据采集，明确了网点改进中高端客户服务和中间业务产品销售的措施。通过实施标杆管理，较好地解决了网均业务发展水平不高、部分短板业务发展速度不快、网点可持续发展动力不足等问题，把网点转型工作推向深入。制定武汉城区营业网点总体规划。划分武汉城区经济功能区域，全面开展经济区域的人口、经济状况、本行营业机构和竞争对手营业机构分布等信息调查，通过全面科学的数据分析，制定了武汉城区网点整体规划，为全行网点调整提供了科学依据。

2008年11月17日，中国建设银行副行长陈佐夫视察湖北省分行个贷中心。

【大力推进业务创新】新产品推广运用取得重大突破。成功中标成为华中电网公司企业年金账户管理人，管理账户2 000余户，实现年金业务的重大突破，预计每年可以获取账户管理费收入20余万元；银团贷款业务取得新的进展，取得国电长源荆州电厂银团贷款20.5亿元，获得中间业务收入300万元；保理业务取得新突破，全年实现保理业务收入102万元，比上年增长570%。全年共销售基金、保险、利得盈、建行财富、黄金等理财产品329亿元，比上年增长55亿元。

【积极开展业务创新，电子银行业务应用和重点客户服务范围不断拓展】一是创新业务品种。实现了电子银行各渠道代收武汉市自来水水费，代收湖北省体育彩票销售资金；为湖北省移动公司开发上线了资金管控系统，实现了中国国际期货、美尔雅期货公司的银期转账；完成了电子渠道一体化签约系统，实现客户签约信息共享，方便客户办理网银、手机银行、电话银行等电子银行签约；通过个人网银优化，变更了电子证书下载方式，增强了USBKEY、动态口令卡等安全手段；在企业网银上实现了全国建设银行转账的实时到账和7×24小时的全天候服务。二是创新服务方式。在省内率先推出了网点客户服务直通电话，客户无须拨号，摘机即可接通95533客户服务中心，享受客户服务中心为客户提供的自助和人工服务。目前已完成在营业部的试点工作，即将在全行推广。三是创新业务管理。完成了网银终端集中监控系统的研发和上线，在全国建设银行中首家实现了网银终端的集中监控管理，并在多家分行得到应用和推广。

【强化风险防控】制定了应对金融危机的12项措施，组织实施了全行信贷大检查，对受宏观经济影响较大的行业进行了专项调查，开展了对教育、钢铁、汽车和交通行业的压力测试工作，强化大额客户风险监控。深入开展“平安年”创建活动，开展了“查违规、堵漏洞、防案件”大检查和“回头看”活动，建立了奥运服务与安全运营应急管理保障体系，实现了全年无重大安全责任事故。

【加强企业文化建设】在员工中推行“六必贺三必访一补助”制度，开展“爱心一日捐”活动，关心老同志和困难员工生活，营造和谐、进取的氛围，全行有8名先进个人、13个先进集体被市州以上人民政府和省级以上工会授予荣誉称号。积极履行企业公民责任，累计为年初雪灾和“5·12”汶川大地震捐款443万元，开展了“资助贫困高中生”、“英模母亲”和“爱心六送”等活动，企业形象得到有效提升。

执笔：胡和清
审稿：石章振

三峡分行

三峡分行行长林帆

一、业务发展概况

【财务效益】实现拨备前利润55 961万元，较上年增加15 261万元；实现经济增加值16 895万元，较上年增加7 370万元；经济资本回报率为20.67%；成本收入比（国际准则口径）为40.03%。

【资产业务】各项贷款余额为183.83亿元，比年初增加25.16亿元，增幅为15.9%；贷款总量及新增在区域四行占比分别为44%和66%，稳居首位。

【负债业务】一般性存款余额为196亿元，比年初增加为37.2亿元，增幅23.43%，其中储蓄存款在区域内率先突破百亿元，余额达106.25亿元。一般性存款总量与新增、企业存款总量与新增、储蓄存款总量与新增等六项指标均位居同业第一位。

【中间业务】实现中间业务净收入13 839万元（含贷款承诺费935万元），比上年增长4 024万元，增幅为41%；中间业务收入总量四行占比为41%，继续保持区域同业第一。

【资产质量】累计处置不良资产6 022万元，现金回收1 457万元。年末不良资产余额16 781万元，较年初减少1 568万元，不良资产率为0.53%；不良贷款余额12 195万元，不良贷款率为0.66%，控制在总行计划以内。

【战略性业务】国际结算量突破5亿美元大关，达到50 582万美元，比上年增加了15 972万美元，增幅46%，国际结算量、结售汇量和贸易项下国际结算量首次实现了同业“三项第一”。企业年金业务突破第一单，成功地营销了宜昌市电影发行公司的企业年金业务。代理社保业务新增市场份额、CTS签约客户新增占比和证券保证金存款余额均居同业首位，共开立财政授权支付“零余额”账户325户。电子银行客户达44万户，新增4万户，电子银行交易额1 547亿元，电子银行交易量与柜面交易量之比为20.79%。实现电子银行中间业务收入431万元，是上年收入的16倍。银行卡发卡规模、交易额规模、商户规模、收单业务规模市场份额均居第一位。住房金融与个人信贷业务稳步增长。全行个人贷款余额30.05亿元，较年初增加2.72亿元。委托性存款、公积金存款、贷款余额等各项指标占比均居区域内同业首位。

【县区支行发展状况】针对近年来县域经济快速发展的新情况，分行及时采取措施，加大对县区支行的支持力度，促进了县区支行各项业务的快速发展。截至2008年末，县区支行贷款余额57.03亿元，占四大商业银行县区贷款总量的61.9%；一般性存款余额75.09亿元，当年新增19.54亿元，同业占比分别为31%和36%，市场份额稳居同业首位。县区支行贷款总量占分行的31%，新增占分行的81%，一般性存款总量占分行的39%，新增占比53%，中间业务净收入占全行的30%，净利润占全分行的54%，县区支行已经成为全行业务发展的重要增长极。

二、主要工作举措

【着力业务转型，强化市场营销，各项业务实现新突破】

第一，核心客户营销服务继续深入。一是立足核心资源，进一步强化水电业务特色，将服务三峡始终作为立行之本。二是积极推动高层营销，总行董事长郭树清亲临三峡总公司进行高层营销，并签订了《金沙江溪洛渡向家坝水电站融资框架协议》。三峡业务品牌效应得到了进一步的发挥。三是调整营销策略，确保三峡总公司资产业务份额。在三峡总公司调整结构，降低负债比率的情况下，紧跟三峡总公司对外拓展的步伐，加大对于三峡总公司异地项目资产业务的营销，成功获得了江苏响水风电项目3.95亿元的贷款份额。四是敏锐把握市场先机，抓住了长江电力创新投资公司设立、长江电力持有建设银行股票分红、国网贴现电费归集等重大机遇，累计归集资金69亿元，实现了三峡总公司负债业务的稳定增长。五是积极探索产品创新，成功为长江电力发行短期融资券35亿元，为三峡财务公司办理买断型信贷资产转让业务7亿元，营销“乾图理财—票据盈”等理财产品3.25亿元。

第二，公司业务效益贡献增强。通过深入开展新增对公结算账户活动，加强信贷客户货款归行管理，加大财政资金和行业性资金归集，对公存款迅速增长。通过严格价格管理，在放款环节设置刚性约束条件，贷款收益率大幅提升，2008年全年发放的非贴现贷款加权平均利率为7.77%，贷款利率执行水平在系统内位居前列；贴现业务平均价格为5.76%，在全国系统内名列第7位。

第三，个人业务竞争基础夯实。一是优化网点布局，渠道建设日益完善。加大网点购置和装修改造力度。购置网点5家，整体装修网点17家，网点自有率由年初的40%提升至49%。加快自助设备布放和网点服务设施配置力度，全年布放自助设备46台，完成了53家网点视频播放系统配置、26家网点电子门楣的安装。二是实施网点转型，全面完成网点一代转型工作。客户平均等候时间由转型前的13分钟降低到转型后的4.1分钟，网点日平均销售量上升74%。三是推动柜面业务分流，缓解柜面业务压力。网点柜台交易笔数占比由年初56.3%下降到年末38.41%，自助设备交易笔数占比由年初31.14%上升到年末40.08%。

第四，中间业务支柱性作用初显。一是进一步加大中间业务考核权重，全面落实了中间业务产品销售“买单制”。二是深入开展了中间业务标杆竞赛活动，形成了全行重视和发展中间业务的良好氛围。三是加大产品创新力度，首次开办了人民币信托理财、人民币债务管理等产品，自行研发并推出了“票据盈”理财产品以及投资银行和金融衍生类创新产品，实现中间业务收入1 461万元，占全行中间业务收入总量的10.33%，逐渐成为全行中间业务收入的重要来源。四是加强各类收费和价格管理，广泛开辟中间业务增收渠道，中间业务创收产品由去年的445个增加到481个。

【加快体制机制创新，经营管理模式迈出新步伐】在经营管理体制上，按照“两个下沉、一个上移”的思路，进一步调整和优化业务管理模

2008年7月22日，中国建设银行董事长郭树清在三峡水利枢纽工程考察。

2008年9月28日，三峡分行参加宜昌市反假币宣传活动。

式。组建了葛洲坝集团客户部，尝试核心客户的信贷集中经营，积极探索对公网点转型和城区行对公信贷集中经营模式。设立了小企业经营中心，探索了“信贷工厂”运营模式，半年时间发放“速贷通”贷款 3 130 万元。更加注重公私整体联动、本外币联动、分支行联动和专业团队营销，对重点客户的综合服务机制初步建立。持续推进风险管理体制改革，在风险管理部门设立项目评估中心，按条线分别派驻风险主管，组建六个专业化的风险管理团队，选配充实了人员，分行风险条线组织架构趋于集中化。

在激励机制上，实行“两保一买单”的考核办法，加大业务增长额和市场占比的考核权重，完善了等级行激励管理制度和 KPI 指标考核体系，建立健全了内部利益平衡机制。根据学习实践科学发展观活动中基层员工反映的突出问题，及时研究并着手完善绩效考核分配机制，充分保障和发挥各个层面和各个岗位员工营销服务的积极性和主动性。

【强化风险管理和依法合规经营，基础管理工作呈现新气象】一是严格实行全面风险管理，扎实推进信贷资产风险十二级分类工作，强化保全业务集中经营，广泛开展对基层机构关键风险点的监控检查。二是认真做好各关键时期和奥运期间的安全技术保障工作，扎实开展“平安建行”创建活动，确保了全行营运安全。三是不断强化案件防控和纪检监察工作，加强合规督察和内外部审计监管检查发现问题的整改。共督促落实各类整改项目 16 个，有效整改各类问题 1 389 个，其中内外部监管部门审计问题 634 个，综合整改完成率达 99%，分行组织的业务类检查 759 个，综合整改完成率达 98%，分行连续 3 年没有发生案件。四是开展了《合规手册》、职业操守及“两个办法”的学习宣传年活动，全行合规守法意识进一步得到了提高。

【优化人力资源配置，抓好员工队伍建设】加强干部队伍建设，2008 年调整交流分行本部及支行负责人 57 人次，完成了委派会计主管的交流聘任工作，调整内设机构设置，积极推行支行内设部门负责人竞聘制度。高度重视人力资源在业务发展中的核心作用，加强员工培训，全行共组织培训班 55 期，参训人员 2 525 人次，提高了员工队伍的整体素质。

【营造务实和谐氛围，精神文明建设取得新成效】大力开展机关作风建设，启动了机关服务基层考核评价工作，建立了分行部门对口联系基层机构制度，大力开展调研活动，切实帮助和指导基层解决实际问题。分行班子成员带头深入基层，倾听员工心声，使一些关系基层工作、关系职工切身利益的实际问题得到了较好的解决。充分发挥工会、职工互助基金等的作用，开展困难职工帮扶活动。在突如其来的汶川大地震中，分行职工捐款 420 231 元，党员交纳特殊党费共计 325 443 元，团员交纳特殊团费合计 11 170 元。2008 年分行被宜昌市委、市政府授予全市文明行业创建十大贡献奖。分行连续三年荣获湖北省金融系统“良好银行”称号企业，企业形象得到了社会各界的普遍认可。

执笔：朱　俊

审稿：林　帆

湖南省分行

湖南省分行行长龚蜀雄

一、业务概况

2008年，湖南省分行坚持“以人为本，以德治行，构建和谐团队”的办行思路，着力推进经营理念和发展方式的“七个转变”，紧紧抓住中间业务、电子银行业务和资产质量三条主线，加快战略转型步伐，提升风险控制和内部管理水平，各项业务实现跨越式增长，创历史最好水平，继续保持和巩固了在当地同业中的领先地位。

【主要业务指标完成情况】2008年末，各项贷款余额为1 241.79亿元，比年初新增198.91亿元。全口径存款余额为2 153.17亿元，比年初新增366.66亿元。不良贷款余额为29.3亿元，比年初下降1.29亿元；不良贷款率为2.36%，比年初下降0.57个百分点。中间业务收入突破14亿元大关，比上年增加5.21亿元。实现账面利润32.3亿元，较上年增加1.2亿元。实现拨备前利润46.5亿元，较上年增加7.2亿元。

【公司业务】企业存款稳步增长，存款余额为955.3亿元，比年初新增157.89亿元，企业存款余额四大银行占比为40.3%，新增额超过当地其他三大银行的总和。公司贷款为1 018.46亿元，比年初新增171.07亿元。贷款余额四大银行占比38.52%，比上年提高4.76个百分点；新增占比38.22%，余额和新增额均位居当地同业第一位。

【个人金融业务】个人存款余额为1 113.59亿元，比年初新增216.59亿元，人均新增居全国建设银行首位，余额突破千亿元大关，进一步拉开了和当地其他银行的差距，继续领先当地同业。个人贷款223.33亿元，比年初新增27.84亿元。全面实现所有标准化网点转型工作，转型网点数量474个，占全行网点总数的96%。

【机构业务】机构客户类一般性存款余额为414.18亿元，比年初新增106.55亿元。其中，社保存款达81亿元，新增21.3亿元，完成总行新增计划的426%；军警存款达到11.47亿元，新增3.39亿元，当地市场份额达61%。社保账户新增263户，完成总行计划的258%。代理保险收入总量、同比增长、增速均居当地四大银行第一位。公务卡发卡18.5万张，居全国建设银行前列。

【房地产业务】房地产公司类贷款余额为140.54亿元，比年初增加15.36亿元。委托性住房资金存款余额为66.56亿元，比年初新增16.21亿元。个人住房贷款新增28.4亿元。公积金委托贷款余额为69.58亿元，比年初新增13.71亿元。公积金存款、贷款新增与余额市场占比当地同业排名继续保持第一。

【中间业务】全年实现中间业务收入14.02亿元，比上年增加5.21亿元，增长59.14%。发行投资银行理财产品29.08亿元，实现3 700万元投资银行业务收入。实现造价咨询类业务收入

2008年12月12日，湖南省分行与湖南省浙江商会在长沙市举行“银企合作，共同应对国际金融危机影响座谈会”。

8 827.17万元，实现票据贴现利息收入1.45亿元。

【国际业务】国际业务跃上新台阶。国际结算量达到33.79亿美元，较上年增长11.33亿美元，同比增长50.46%；贸易项下国际结算量26.95亿美元，增幅居同业第一位；完成外汇中间业务收入5 798万美元，其中国际结算收入3 268万美元。

【资产质量与风险控制】不良贷款额和不良贷款率实现“双降”，并且“双降”幅度连续三年高于全国平均水平。全行网点平均差错率从年初的万分之一点二二降至年末的万分之零点二三，柜面核算质量排名全国第四位。“平安建行”创建活动扎实推进，全行未发生重大安全责任事故。

【其他业务】电子银行业务、信用卡业务超常规发展。个人网上银行客户新增142万户，排名全国建设银行系统第一，企业网上银行客户新增3.11万户，排名全国建设银行系统第二，手机银行客户新增13.3万户，电子银行交易额达到15 161亿元，实现电子银行业务收入4 601万元，五项指标均排名当地同业第一。年内信用卡净新增发卡32万张，累计发卡量达64万张，新增发卡量、累计发卡量、消费交易额、贷款余额在当地同业中排名第一。

二、主要工作举措

【积极支持地方经济】一是在国家实行适度从紧的货币政策、信贷规模相对紧张的情况下，加快到期贷款回收，调整信贷结构，千方百计调度规模，增加投放，满足了优质客户的有效信贷需求。二是在国家实行积极的财政政策和适度宽松的货币政策后，迅速抓住机遇，加大对优质客户的贷款投入，年底两个月新增贷款101.62亿元。三是加强与中投证券、建银亚洲、邮储银行的合作，创新产品，满足客户的资金需求。发行“利得盈”产品，为湖南省高速、涟钢集团等募集资金19.7亿元；成功营销五凌电力、省电力公司、省高速公路共计25.2亿元的间接型银团贷款；成功开办内保外贷业务，为三一集团、中联重科在海外募集资金2.1亿美元。四是加强与当地政府、企业的联系与合作，12月29日，中国建设银行与湖南省43家重点企业举行了银企战略合作协议签约仪式，为湖南省43家重点客户提供总额2 807亿元人民币的综合授信，支持湖南省交通、能源、城市基础设施、工业、农业、文化教育和服务业等行业的发展，其中由省分行签约的重点客户30家，授信总额867亿元。

【准确定位战略性业务】一是进一步明确了中间业务的战略地位，将中间业务作为“饭钵子”工程重点发展，理顺了中间业务综合管理机制，提高了中间业务指标在KPI考核中的权重，加大财务资源倾斜力度，积极落实“买单制”，使得中间业务得到快速发展。二是积极贯彻落实总行关于电子银行业务“二次创业，超常规发展”的战略部署，将电子银行业务作为“枪杆子”业务大力推进，加快“跑马圈地”速度，强化考核激励，多方联动、多管齐下，创新业务培训方式，提高员工营销技能。三是依托信用卡产品创新，以新客户、高盈利性产品为营销重点，快速拓展优质客户群体，充分发挥条线联动、网点直销等多渠道营销优势，坚持质量、效益和规模并重，实现了信用卡业务又好又快发展。四是将2008年确定为“机构业务年”，并结合总行“社保业务年”活动，着力提升客户、产品和收入市场占比，着力加强转型和创新，取得了较好的成绩，机构客户存款占全行对公存款的比重由年初的38.52%提高到43.36%。

2008年12月29日，中国建设银行与湖南省重点客户银企战略合作协议签约仪式在长沙市举行。

【严格控制不良贷款】一是资产质量考核更加严格。通过采取逾期贷款积分考核、资产质量差别化考核、风险经理积分管理、公司贷款过程管理问责等办法和措施，完善了信贷资产质量考核机制。二是贷款过程管理更加主动。建立了公司贷款内控管理定期通报制度、例会制度、联系行制度以及跟踪检查制度，对公司贷款尤其是逾期非应计贷款、关注类贷款进行实时监控，主动防范和化解风险。三是授信审批机制更加完善。

加强授信的集约化管理，建立和完善信贷审批信息沟通机制，严肃审批工作纪律。四是信贷结构更加优化。全年共退出低端客户贷款23.16亿元，年末AA级客户贷款占公司类客户非贴现贷款余额的79.8%，比年初上升了12.36个百分点。五是不良贷款回收成效显著。全年累计清收处置不良资产18.69亿元，完成省行年度计划的146%、总行年度计划的206%。

【大力提升内控能力】一是会计营运质量进一步提高，重点开展了“零违规，防差错，从我做起”活动，不断强化教育培训、强化规章制度执行、强化业务操作监控、强化检查发现问题的整改。二是案件防控工作进一步深化，加强了违规行为处理，开展全员集中排查、信贷领域专项排查等，共发现问题70个，消除了案件隐患。三是审计整改进一步加强，配合审计部门共完成审计项目126个，个数整改率达99.999%，比上年提高5.63个百分点，金额整改率达到99.996%，比上年提高5.71个百分点。四是财务管理进一步完善，健全了财务管理制度，优化了相关流程，有效地规避了财务风险，加强和改善集中采购工作。五是支持保障功能进一步增强，办公流程进一步优化，行务运行更加顺畅，信息调研工作为经营决策提供了很好的参考。

【深入推进队伍建设】一是加强干部队伍管理，坚持德才兼备、群众公认、实绩突出的原则，加强了对干部工作实绩的考核，并将年度考核结果与薪酬分配、职务聘任挂钩，激发和调动干部的工作积极性和创造性，进一步完善了干部交流培养机制，增强了干部队伍的活力。二是推进员工队伍建设，拓宽了员工职务晋升通道，增加了专业技术职数，强化了员工培训，举办各类培训班1 028期，招聘了113名大学毕业生，其中博士生5名，硕士生52名，充实了员工队伍。三是完善了职代会制度，充分发挥员工当家做主的权利。四是创造和谐氛围，积极开展节日慰问和困难救助，对困难职工、离退休人员在生活上给予关爱和关心。五是丰富员工业余生活，充分发挥工、青、妇等群众组织的作用，开展了各类文娱、体育比赛活动。

【积极履行社会责任】一是在年初抗冰救灾战斗中，紧急启动信贷“绿色通道”，主动降息10%，第一笔10亿元救灾贷款2天到账，支持交通、电力等受灾严重企业恢复生产，同时在全省金融系统中率先捐款200万元。二是在“5·12”汶川特大地震发生后，全行员工自发向灾区捐款190万元，主动交纳特殊党费126.5万元，并踊跃参加义务献血。三是积极参与湖南省扶贫工作，先后开展了“中国贫困英模母亲资助计划”、“资助贫困高中生成长计划”等公益活动。四是为贯彻党的十七届三中全会重要战略部署，提升“三农”金融服务水平，中国建设银行控股设立的第一家村镇银行——桃江建信村镇银行股份有限公司在益阳市桃江县顺利开业。五是在纪念改革开放三十周年、存款突破2 000亿元之际，举办“同舟三十年、共庆两千亿”答谢客户演出活动，邀请全国著名歌唱家李谷一等，在全省13个地市进行了14场次巡回演出，社会反响热烈。

执笔：刘光辉　何扬禄

审稿：魏振华

广东省分行

广东省分行行长曾俭华

一、业务发展概况

2008年是广东省分行实施五年发展规划的开局之年，全分行认真贯彻落实科学发展观，坚持“又好又快、好中求快、能快则快”的发展思路，全面实现了“十百千万”经营（十项业务指标在建设银行系统或广东省同业中排名第一；公司贷款和个人贷款新增额均超过百亿元；全口径存款和一般性存款新增额均超过千亿元；AUM 300万元以上个人客户和年结算量5 000万元以上对公基本结算户均超过了万户）、“安全年”和资产质量三大目标。一般性存款、企业存款、各项贷款、公司类贷款、个人类贷款等业务新增额在广东省四大商业银行中排名均居第一位。

【存款业务】全口径存款余额为6 127亿元，一般性存款余额为5 748亿元，全口径存款和一般性存款分别新增1 190亿元、1 213亿元，是建设银行系统唯一一个双新增超1 000亿元的一级分行，新增额在广东四大银行中占比达35.39%，余额占比较上年提高1.88个百分点。

【贷款业务】各项贷款余额为2 223亿元，比年初新增317亿元，新增市场占比第一，接近2006年、2007年两年新增额的总和。其中：公司类贷款新增额是前3年的总和，达到256亿元；个人类贷款比年初新增60亿元，新增份额在广东省四大银行市场占比中达34.12%。

【经营效益】全年实现拨备前考核利润89.7亿元，同比增加9.07亿元，增幅为11.25%；完成经济增加值（省分行口径）42.94亿元，同比增加14.69亿元，增幅为52%。实现净利息收入121.76亿元，同比增加16.95亿元，增幅为16.17%；净资产收益率1.15%，同比提高0.06个百分点；经济资本回报率38.8%，同比提高9.82个百分点。

【资产质量与风险控制】运用各种手段处置不良贷款37.15亿元，截至2008年末，不良贷款余额为58.77亿元，比年初下降17.48亿元；不良贷款率为2.64%，比年初下降1.36个百分点。

【公司业务】企业存款余额2 683亿元，比年初新增531亿元，超额完成500亿元的新增计划；连续两年在广东省金融同业新增市场占比中名列第一位，2008年占比高达54.59%。全年公司类贷款余额1 660亿元，比年初新增256亿元，是2005—2007年3年新增额的总和。

【个人金融业务】个人存款余额3 092亿元，是全国建设银行系统中首个突破3 000亿元的分行，比年初新增690亿元（人行口径），如果加上大丰收等部分理财产品，则比年初新增703亿元。个人类贷款余额563亿元，比年初新增60亿元，占广东省四行市场份额的34.12%，近8年来首次

2008年12月17日，中国建设银行董事长郭树清一行在广东省分行进行科学发展观专题调研时视察营业网点。

2008 年 6 月 23 日下午，广东省分行与广东联合电子收费股份有限公司举行国内首张具有路桥交费功能的信用卡——粤通卡·龙卡正式面世首发仪式。

2008 年 12 月 12 日上午，广东省分行在广州白云宾馆国际会议厅与广东省国资委举行了隆重的战略合作协议签约仪式。

在全省同业中排名第一位。

【房地产业务】个人住房贷款余额 505 亿元，新增 43 亿元，广东同业排名第一；公积金贷款新增 35.75 亿元，建设银行系统和广东同业均排名第一；十二级分类不良贷款额为 5.92 亿元，不良率为 1.05%，分别比年初下降 1 511 万元和 0.16 个百分点；委托性住房存款新增 66.79 亿元，完成计划的 309.19%，广东同业排名第一；房改中间业务收入 1.52 亿元，建设银行系统内和广东同业均排名第一；住房物业维修基金新签约单位 566 户，完成计划为的 314%。

【中间业务】全年实现中间业务净收入 35.2 亿元（总行考核口径），同比增加 5.59 亿元，增幅为 18.88%。

【重要客户发展取得突破】AUM 300 万元以上的客户达 10 096 人，突破 1 万人，比年初增加 4 886人，增速达 94%；年结算量 5 000 万元以上的对公基本结算户 10 812 户，超过 1 万户。

【国际业务】国际结算 488 亿美元，同比增长 47%，首次超越农业银行，四大行排名第三，市场份额增幅四大行排名第一；外汇中间业务收入系统内居第二位。

【其他业务】信用卡发卡总量突破 200 万张，成为全行系统首个信用卡发卡超过 200 万张的分行；信用卡发卡余额、消费交易额、贷款余额在广东四行市场份额中均超过 35%，居首位。

高级版企业网上银行客户新增 10 325 户，高级版个人网上银行（含手机银行）客户新增 127.7 万户，均列系统内第一；电子银行业务收入、高级版个人网上银行客户新增、手机银行（含短信通）客户新增、企业网上银行客户新增迅速赶超工商银行，列四行之首，分别是广东工商银行的 1.04 倍、1.69 倍、3.03 倍和 1.15 倍。

二、主要工作举措

2008 年，广东省分行成绩的取得，主要是坚持了“四个狠抓”和“四个强化”，不断提高了“四力”。

【狠抓服务，强化营销，不断提升市场占有力】牢固树立“以客户为中心”的服务理念，从组织制度建设、指标设计、考核评比、流程优化、队伍建设、渠道建设等方面入手，全面推进服务管理工作。

强化服务检查和评价机制，成立网点服务巡查队，定期通报各分（支）行服务质量；推广使用客户智能分类及服务评价系统；委托专业调查公司开展客户满意度和秘密访客调查。创建网点服务质量评价指标体系，实现服务量化考核。加快推进以降低等候时间、提升网点销售能力、加强 VIP 客户关系管理为主要目标的零售网点转型，已有 1 032 个网点完成一代转型，15 个理财中心完成二代转型。加快业务流程优化改造，筹建客户体验中心，开展了一系列客户体验活动。广东省分行撰写的《电子银行一体化签约流程客户体验报告书》和《个人银行业务同业服务效率客户体验报告书》，得到了郭树清董事长的充分肯定。

积极推进高层营销、专业营销和差别化营销。加强营销的统一组织和策划，开展了丰富多彩的营销活动。签订了一系列战略合作协议，与广东省政府所属重点企业等签署了授信总额为 3 798 亿元的协议，广东省委书记汪洋、省长黄华华、建设银行董事长郭树清出席了签约仪式；与广东省国资委签署了授信总额为1 200亿元的协议；成功中标100亿元的中期票据业务。大力加强与境外分行的联动与合作，累计使用境外资金合计约15亿美元。

举行了与省交通集团、机场集团等8家企业签订战略合作协议的仪式，扩大了市场影响。加强粤深港联动营销，建立与香港机构、深圳市分行联动机制，组建团队，加强业务合作与联动营销。大张旗鼓地开展“双争双增”活动，对公账户比年初新增11 208户，其中基本结算户比年初新增4 591户。大力推进社保营销战役和“八一”工程，开拓新的营销市场。大力推进“四个走进”和“六个驱动”营销，拓展个人中高端客户。

加快投资银行业务发展，单设了投资银行部，着重通过产品创新和营销推广，推动投资银行业务发展。全年相继完成了“新股宝”、“新股宝二期”、“票据盈”、“周周利”、“票据鑫”、“融信通”、“融信通结构性融资”、“利得盈—票据盈”和“财务通”等新产品的开发。

【狠抓风险，强化内控，不断提升基础管理的自治力】狠抓信用风险管理，重点严把“四关”。一是风险监控关。及时做好风险预警，结合政策面深入基层现场调研，开展多个行业及敏感客户的分析及风险排查；充分运用计算机系统开展实时监测，建立对异常贷款的快速调查和处理机制。二是贷后管理关。尝试多种措施不断强化贷后管理，夯实信贷基础管理，如通过制定《公司类授信业务贷后管理督导与关键风险点核查方案》，完善贷后平行作业机制；结合工作实际重新制定《广东省分行重大风险报告制度》，进一步明确各二级分（支）行上报重大信贷风险事项的范围、方式与时间要求。三是贷款审批关。准确认定客户性质和行业归属，细化审定标准，提高信用评级的科学性和严谨性。统一受理审查要求，把握制度遵循性底线，坚持独立审批。四是贷款决策关。加大信贷结构性调整力度，降低系统性风险。

狠抓操作风险管理。一是推动落实操作风险与内部控制自我评估。建立对操作风险具有高度敏感性的关键风险指标体系。做好操作风险损失数据统计、分析和上报工作。二是落实应急管理工作。制定下发《广东省分行主要生产系统应急处置工作规程》，落实部门职责，细化应急处置要求。三是组织开展案件防控“百日大清查”专项活动。突出重点检查，及时排查内部潜在的各类案件风险隐患。检查、自查共发现问题1 180个，已完全整改1 148个，整改率达97.3%。全年基本实现“六无两强化”的“安全年”目标，保持了“零”案件的良好态势。

【狠抓改革，强化创新，不断提升推进发展的原动力】经过历时近一年的反复讨论修改，制定下发了《广东省分行2008—2012年发展规划》，提出了全面启动“551工程”和全面实现“五个翻一番”的发展战略目标，以及相应的发展策略、发展重点和发展措施。

大胆改革精简机构。通过改革，广州地区支行减少了部门数量，统一设立综合管理、财务会计、公司客户和个人客户4个部门，支行本部人员减少374人，减少比例为24%；二级分行本部在部门减少的同时，本部人员减少1 025人，减少比例为20.4%。省分行本部机构进行了调整，共选派342名业务骨干充实到一线。通过改革，二级分行客户经理数量增长75%，为业务发展提供了有效的人力资源支持和保障。

完善创新管理体制、创新激励机制和创新流程。全年累计收集处理创意1 865个，完成创新项目225个，比上年增加163个，其中产品创新137个，管理、服务、流程创新88个。创新产品累计吸收存款193亿元，增加优质贷款7.61亿元，腾出贷款规模108亿元，国际结算量17.77亿美元，实现中间业务收入3.47亿元。新产品对中间业务收入贡献度近10%，对存款新增贡献度达21.98%，对贷款贡献度达41.58%；并荣获了建行总行产品创新“特别奖”、广东省金融创新奖三等奖。

【狠抓班子，强化培训，不断提升队伍的战斗力】加强领导班子建设。一是积极探索公评公推公选方式选拔干部，提拔了35名助理、22名专业技术四级，调整交流125名助理级以上人员。二是完善了二级分（支）行领导班子和省分行本部部门KPI考核办法以及领导干部经营管理问责办法。三是对212名支行级以上领导人员开展了廉洁合规从业专题教育，并对41名在信访或党风廉政建设专项考核中群众反映问题比较突出的科级以上管理人员分别进行了思想教育。四是分行领导干部带头转变作风，下基层调研和指导工作，一年来省分行领导下基层总计达220多人次。

开展全员培训，大幅提高培训的集约度和培训质量。全年各级机构共举办培训项目1 155期次，培训了61 860多人次。制定了《在岗员工学历提升激励实施方案》、《在岗员工职称考试激励实施方案》，建立了学历提升与职称考试激励机制。加强员工岗位交流，适应员工职业生涯发展需要。

加强企业文化建设，营造良好的企业文化氛围。制定大堂经理、柜员等五个一线岗位的《员工行为规范》；组织省分行2007年度人物到各二级分支行巡回座谈；实施2008年省分行主题评先表彰活动，营造全分行比学赶帮超的氛围，推动并涌现出了一大批先进集体和先进个人，提升了队伍的凝聚力和战斗力。

执笔：何五星　石满林

审稿：李锦海

深圳市分行

深圳市分行行长田惠宇

一、业务发展概况

2008年，深圳市分行面对复杂多变的外部形势，落实科学发展观，全面推进战略转型，各项业务快速发展。

【经营效益】全年实现拨备前考核利润65.92亿元，比2007年增长27%，居深圳同业第一位；实现经济增加值30.89亿元，比2007年增长10.39亿元；人均利润163万元，居深圳同业和全国建设银行系统第一位；成本收入比26.91%，比2007年下降0.52个百分点。

【资产业务】各项贷款余额1 447亿元，比年初增加233亿元。其中个人贷款480.18亿元，比年初新增47.69亿元。余额、新增额均居全市同业第一位。对公贷款余额967亿元，比年初新增185.5亿元，居深圳同业第一位。A级以上客户非贴现贷款余额占比从87%提高到93%。不良贷款率1.9%，比年初下降0.18个百分点，其中个人贷款不良率0.58%，在当地四大行中保持最优。

【负债业务】全口径日均存款2 911亿元，比2007年增加130亿元。其中，一般性日均存款1 756亿元，比2007年增加35.8亿元；个人储蓄日均存款527亿元，比2007年增加38.4亿元。全年销售理财产品499亿元，比2007年增加241亿元。人民币对公结算户新增11 517户，国际结算户新增1 509户，住房公积金客户新增137户，均居当地四大行首位。

【中间业务】中间业务收入20.55亿元，比2007年增长10.19亿元，稳居深圳同业第一位，当地四大行占比为32.87%，比2007年上升8.42个百分点。中间业务收入占营业收入比重为21.42%，比2007年上升2.5%。黄金租赁、代理资金清算、托管业务、境内保函、投资理财五项业务收入列全国建设银行系统第一位。银团贷款、个人电子银行业务收入列全国建设银行系统第二位。托管业务实现收入1.45亿元，比2007年增长404%；资金交易业务实现收入9 269万元，比2007年增长306%；审价咨询业务实现收入8 001万元，比2007年增长200%。

【国际业务】国际业务实现了历史性突破。全年国际结算量达480亿美元，比2007年增长93.97%，全国建设银行系统中排名由第四位上升到第三位。当地四大行占比由16.46%上升到23.78%，一举超越了农业银行、工商银行，位居同业第二位；新增市场占比45.16%，排名第一。国际结售汇159.93亿美元，比2007年增长39.32%。国际业务实现中间业务收入3.39亿元，比2007年增长78%。

二、主要工作措施

【推进专业化经营】2008年，分行探索推动专业化经营的组织和机制创新，加快战略转型。成立集团客户部，重组机构业务部，把67家集团客户和136家机构客户上收到分行集中经营，同时将网点的公司业务经营重心上移到管辖支行，大部分二级支行定位为零售网点，初步形成了纵向上条线管理，横向上分层经营的专业化营销服务架构。截至年末，分行集中经营的客户实现中间业务收入4.7亿元，是2007年的5.9倍；同时财务资源投入仅为2007年的三分之一。

【引导企业多渠道融资】分行在继续做好传统业务的同时，通过创新，拓宽筹融资渠道，服务深圳经济稳定发展，积极推进信托借款保函、信贷资产转让、银团贷款、集合信托计划、利得盈、票据盈、黄金租借、短期融资券代理、信托受益凭证等贷款替代转型业务，积极引导企业多渠道融资。全年共办理贷款替代业务437亿元，其中承销短期融资券130亿元，占深圳同业市场份额的75%。分行作为牵头行共营销各类银团贷款194亿元，并与大新银行合作办理分行首笔联合贷款6 900万元，有效缓解了因银行信贷规模局限带来的困难局面，进一步满足了优质客户的资金需求。

【丰富“盈”系列理财产品】分行在2007年推出期限一年和7天的“利得盈”和“周周盈”理财产品的基础上，2008年又相继推出14天、30天、180天的“双周盈、月月盈、票据盈和宝盈”理财产品，投资周期为1天的“天天盈”也在年末开发完成。“盈”系列开放式、循环自助理财产品，深受公司和个人客户欢迎，截至年末，该系列产品客户理财资金规模达130亿元，实现中间业务收入5 012万元。同时，分行根据市场需求在建设银行系统内率先推出期限为1年至6年的非上市公司股权投资“乾元系列”理财产品，基本形成了能够覆盖不同风险偏好和不同时间周期的理财产品线。全年实现理财中间业务收入0.76亿元，比2007年增长940%。

【拓展新型财务顾问业务】在国内率先推出“中小企业pre－ipo财务顾问”业务，为拟上市

2008年1月31日，深圳市分行与深圳航空公司签署服务协议。

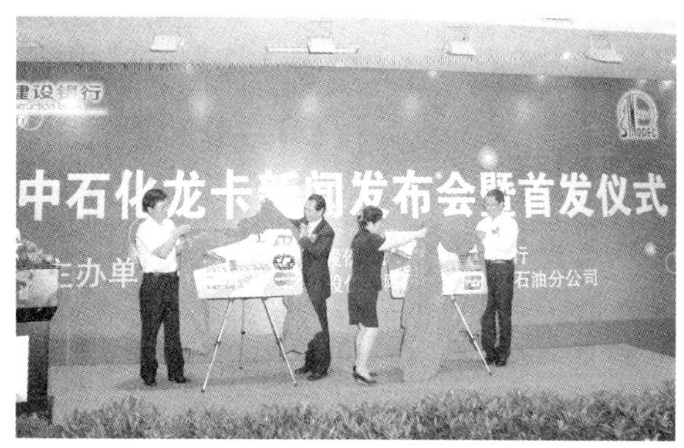

2008年6月11日，深圳市分行推出了一张以加油优惠为特色服务主题的联名信用卡——深圳中石化龙卡。

中小企业提供重组改制、引入投资者、引荐中介机构等财务顾问服务。该产品将财务顾问服务的对价设计为银行获得指定投资者的权利。收益的实现是在企业良性发展并拟上市时，通过行使指定投资者的权利，由投资者向银行支付财务顾问服务费用。如企业在约定的期间内不合适启动上市进程，银行则放弃指定行权权利，前期提供的财务顾问服务就作为信贷业务的延伸及对中小企业的无偿扶持与回馈。截至年末，已与深圳市一体医疗有限公司等43家企业签订财务顾问协议，潜在收益十分可观，同时也满足了中小企业需要正规上市顾问的需求。全年各类财务顾问业务共实现收入4 159万元，比2007年增长165.9%。

【建立小企业营销平台】深圳市小企业有20多万家，质量参差不齐甚至相差悬殊，全面撒网或大海捞针都不是小企业营销的最佳方式。分行通过细分市场和客户，把某一类型企业的盈利模式、风险特征研究透彻，有针对性地设计差异化的流程和产品，建立系列小企业营销平台，指导客户经理目录式营销，形成了小企业平台式发展，

专业化经营的新模式。先后成功建立了民营企业互保金贷款、联贷联保、黄金租借、保理等多个差别化的小企业业务发展平台，其中民营企业互保金贷款获深圳市金融创新一等奖。全年分行新增小企业客户423户，累计发放贷款42.5亿元。分行还编制了小企业《差异化贷后管理模板》，包括10组23项，设计差异化的贷后管理操作手册，小企业风险识别管理水平有了明显提高，年末小企业贷款不良率控制在3%以下。

2008年7月30日，中国建设银行行长张建国在深圳市分行互保金贷款签约仪式上讲话。

【提升客户服务质量】成立渠道管理部，统一渠道和服务管理，推动大渠道和大服务体系的建设，规范了各渠道客户端服务标准，把服务纳入网点KPI考核，引导员工从侧重销售转向客户维护、咨询和售后服务。成立财富管理与私人银行部，加强对高端客户的服务维护与营销，提升高端客户服务品质。积极探索人工网点新的经营模式，推进独立理财中心和销售型自助银行建设，提升专业化服务水平。以95533为突破口，完善客户服务需求—响应机制，加快反应速度，95533平均接通率稳居全国建设银行系统前三名。整合渠道资源，促进电子渠道业务快速发展，加快柜面业务分流，自助银行账务性交易替代率指标为365%，居全国建设银行系统第一。分行营业部和黄贝岭支行入选“2008年度中国文明规范服务示范单位”。分行服务客户尤其是服务重点客户的能力持续增强，客户满意度不断提高。

执笔：单清勇

审稿：戴惠明

广西壮族自治区分行

广西壮族自治区分行行长袁明

一、业务发展概况

【经营效益】2008年，实现考核利润19亿元，比上年增加2.3亿元，增长14%；实现经济增加值9.5亿元，比上年增加2.9亿元，增长43.9%；实现主营业务净收入38亿元，比上年增加4.8亿元，增长14.5%。

【负债业务】全口径存款余额突破1 000亿元大关，达1 034.4亿元；比年初新增141亿元，增速为15.8%。其中，储蓄存款余额494.4亿元，比年初新增89亿元，增速为22%；对公存款余额539.9亿元，比年初新增52亿元，增速为10.7%。

【资产业务】各项贷款余额641.5亿元，比年初新增95亿元，增速为17.4%。其中，公司类贷款余额461.1亿元，比年初新增66.7亿元，增速为16.9%；个人类贷款余额180.4亿元，比年初新增28.3亿元，增速为18.6%；实现贷款利息收入42.9亿元，比上年增加9.4亿元，增幅为28.1%。

【中间业务】中间业务收入4.9亿元，同比增长10.9%，完成总行计划的81.6%。贷记卡客户净增66 648户，完成总行KPI指标的111.1%；

贷记卡消费交易额10.6亿元，完成总行KPI指标的192.2%。电子银行业务收入2 165万元，完成总行KPI指标的111%；网银活动客户新增119 100户，完成总行KPI指标的126.7%。

【国际业务】单位外汇存款余额为6 188万美元，比年初新增1 341万美元，增长27.7%，余额在当地同业排名第二；完成国际结算量305 027万美元，历史性突破30亿美元大关，同比增长23.26%；办理结售汇业务186 839万美元，同比增长18.98%。

【资产质量和风险控制】不良贷款余额7.4亿元，比年初减少4.15亿元；不良贷款率为1.15%，比年初下降0.96个百分点，资产质量在全国建设银行系统排名第五位；全年共处置压缩各类不良资产7.17亿元，实现不良资产本息现金回收7.34亿元，超值现金回收1.34亿元。

二、主要工作举措

【扎实推进战略和经营转型，可持续发展的长效机制初步建立】一是制订广西壮族自治区分行2008—2010年三年发展规划，明确广西壮族自治区分行未来的发展方向。二是通过推动战略转型和经营转型，努力改变收入过分依赖批发业务、利息收入和传统产品的现状，把新兴业务、成长性业务与传统业务、优势业务结合起来，有效解决盈利模式脆弱、发展后劲不足、竞争能力不强的问题。三是进一步完善激励约束机制，推动资源配置向直接创造价值的主体倾斜，加强对业务发展的支持和保障。四是积极开展质量效率管理创新，对内实施流程优化与再造，提高经营管理效率；对外多渠道听取客户之声，不断改进和提升服务质量。五是进一步加快推进网点转型。目前，除暂时歇业或纯对公网点外，广西分行所辖网点已全部实现转型。

【适时调整营销策略，促进业务持速发展】一是坚持“存款立行”，着力解决业务规模小、发展速度慢的主要矛盾，确保负债业务发展的延续性。二是根据宏观调控形势的变化，及时调整信贷经营思路，有序推进信贷业务发展。研究制定年度信贷政策，统一全行的风险偏好，明确信贷准入、退出标准，提高信贷政策的科学性、指导性和前瞻性；上半年狠抓业务转型和结构调整，优化信贷资源配置；年末抓住政策调整的机遇，迅速转变观念，将拓展市场、营销优质项目和客户作为经营工作的重中之重，调动一切积极因素，全力抓好信贷业务拓展；贷款投放继续向重点地区、重点行业、重点产品和重点客户倾斜，充分满足优质客户的有效需求；全力支持抗冻救灾和灾后重建工作。三是加强客户细分，深入挖掘客户需求，将中间业务与资产、负债业务进行有效契合，形成产品间的组合营销，实现由单一产品向组合产品营销的转变；加大创新产品的研发和营销力度，积极开拓中间业务发展和盈利的新模式；加强银行卡、财务顾问、保险代理、证券客户第三方独立存管等厚利性产品，委托贷款、造价咨询、担保类等传统中间业务产品以及重点集团客户各类代理业务的营销，进一步扩大了代理业务的业务量和市场份额，有效地增加了手续费收入。

【紧抓北部湾经济区建设的大好机遇，北部湾经济区营销拓展占得先机】一是全面加强对北部湾区域重点客户、重大项目的营销拓展，成功拓展了广西钢铁集团、广西交通投资集团、广西铁路投资集团、防城港核电有限公司等一批北部湾经济区重点目标客户的基本结算户，为下一阶段开展多领域、深层次的合作奠定了坚实的基础。二是根据业务发展需要，积极推进地处北部湾区域的钦州支行、防城港支行升格为分行，为更好地服务北部湾经济区搭建了更高层次的平台。三是在人力、财务、信贷等资源配置上进一步向北部湾区域行部倾斜，推动重点区域优先发展。四是加强北部湾区域行部间的联动，强化合作意识，发挥整体优势，提升区域综合金融服务水平，实现共同发展。

2008年5月28日，广西壮族自治区分行与南宁市财政局成功举办南宁市公务卡首发仪式。

【积极探索组织架构新模式，经营管理效率进一步提高】一是顺利完成了南宁的转型调整，初步构建了“经营专业化、服务差别化、机构扁平化、管理规范化”的新型组织构架和运作机制，并建立了科学、有效、富有竞争力的激励约束体系，进一步完善了各项经营管理机制。二是积极推进百色分行、平果铝分行营业网点、内设机构和人力资源的优化整合，探索建立了组织架构和资源配置新模式，提高了内部管理的效率，为改革的全面铺开积累了经验。三是着眼部分二级机构直管后业务发展的需要，对部分县支行的管辖关系和考核模式进行了调整，理顺了管理层级，并在全区范围内公开选拔了五名县支行行长，有效地推动了县支行业务的持续健康发展。四是推进区分行本级部门的职能整合，为推动相关业务的发展和强化基础管理提供了组织保障。五是进一步加强财务资源的精细化运作，突出对业务发展的支持和保障。加大对生产资源的资本性投入，完善和改进集中采购，努力实现内控与效率的平衡；进一步提升财务管控力，加强资金价格管理，提高资金精细化运作的水平；加强财务制度建设，规范各项财务支出，继续实施“阳光透明财务管理”，财务规范性有了较大幅度的提高，全年无重大财务违规事项发生。

【强化基础管理，风险防控基石进一步夯实】一是加强信贷基础管理。进一步完善信贷管理手册，规范信贷操作标准，加强信贷基础标准化管理；推进信贷后督人员队伍建设，实现风险管理关口的前移；进一步明确信贷资金管理的尽职要求，解决信贷资金监督管理薄弱，“重贷轻管、重放轻收”的问题，防止信贷资金被挤占、挪用，增强信贷资金的流动性，从根本上提高信贷资产的风险控制能力。二是加大案件风险防控力度。一方面强化对领导人员的管理和约束，研究制定《中国建设银行广西壮族自治区分行领导人员案件问责办法》，进一步促进各级领导人员提高责任意识，防范案件风险；另一方面创新科技防范手段，成功地研发了“前台案件风险防范系统”，提高了前台案件风险防范的科技含量，实现了前台案件风险管理模式的重大创新。三是进一步完善前台操作风险管理体系。一方面加强制度建设，研究制定了《广西壮族自治区分行前台操作风险事项报告制度》等规章制度，为加强前台操作风险管理提供了制度保障；另一方面积极开展营业网点标准化配置的课题研究，通过对营业网点进行岗位职责梳理和业务操作流程优化，明晰了营业网点基本岗位职责及人员配置，并在此基础上搭建起营业网点操作风险防控体系，为下一步实现营业网点的标准化管理以及有效的风险防控打下了良好的基础。四是深入开展创建“平安建行”活动。全行有116个分支机构，164个营业网点被授予“平安建行”称号，占机构、网点总数的86.2%。

【加强党的建设、员工队伍和企业文化建设，全行凝聚力和向心力进一步增强】一是组织开展了深入学习实践科学发展观活动。在活动中坚持求真务实，注重突出实践特色，达到了预期目的。二是加强各级领导班子的思想教育、反腐倡廉教育和遵法守规教育，严格要求各级领导干部做作风建设的表率和廉洁从业的楷模，领导人员廉洁从业的意识不断增强。三是进一步完善分配机制和用工管理，完成了年度新行员的招聘工作，并在分配上重点向前台和业务发展一线倾斜；推进实施员工成长计划，探索建立了员工职业生涯管理的新机制。四是进一步完善培训管理体制，使培训工作走向制度化、规范化、体系化。五是紧急行动，积极开展了抗击雨雪冰冻灾害和抗震救灾活动，共向社会开展捐赠赞助等公益性活动50项，累计捐助物资247万元，有力地提升了社会知名度，树立了良好的企业形象。六是以“职工之家”为阵地，以提高职工身体素质、活跃职工文化生活为出发点，与推进企业文化建设、促进市场营销工作有机结合，继续广泛开展丰富多彩、有声有色的职工文体活动，有效地增强了员工队伍的活力和凝聚力。

执笔：梁　艺

审稿：农卫东

海南省分行

海南省分行行长梁福成

2008 年，省分行紧紧围绕“改革、发展、管理、服务”的主旋律，转变经营思想，强化市场营销，推进业务转型，优化资源配置，严格风险控制，提升服务水平，取得了较好的成效。

一、业务发展概况

【负债业务】2008 年末，全口径存款余额为 358.63 亿元，比年初新增 29.51 亿元，增长 8.97%，完成总行计划 90.12%。一般性存款余额 353.54 亿元，比年初新增 36.11 亿元，增长 11.38%，完成总行计划 134.15%。其中，企业存款余额 225.74 亿元，比年初新增 11.59 亿元，完成总行计划 52.9%；个人存款余额 127.8 亿元，比年初新增 24.51 亿元，完成总行计划 490.24%。

【资产业务】各类贷款余额 153.46 亿元，比年初新增 38.17 亿元，完成总行计划 178.96%。其中，公司类贷款余额 115.43 亿元，比年初增加 34.21 亿元；个人类贷款余额 38.02 亿元，比年初增加 3.96 亿元。

【经营效益】按综合经营计划口径统计，实现税前利润 33 043 万元、净利润 24 573 万元，分别完成总行计划 92.24% 和 92.18%；实现经济增加值 12 254 万元，完成总行计划 77.73%；实现贷款利息收入 87 974 万元，完成总行经营计划 103.4%。

【中间业务】全年实现中间业务收入 10 889 万元，完成总行计划 86.37%。

【资产质量】按五级分类口径，本外币不良贷款余额 4.75 亿元，比年初上升 1.15 亿元。不良贷款率 3.11%，比年初下降 0.02 个百分点。

【国际业务】办理国际结算量 7.08 亿美元，办理结售汇 6.2 亿美元。实现国际结算业务收入 336.51 万元，同比增幅 78.2%，完成总行计划的 139%。

二、主要工作举措

【加大市场营销力度，促进各项业务持续发展】一是创新吸存手段。制定提升个人存款市场占比激励办法、存款营销指导意见；成立水电气、石油天然气化工、交通基础设施、房地产、旅游等八个行业存款营销团队，开展联动营销；发挥财富管理中心功能，利用 OCRM 系统平台，细分市场客户资源，强化关系维护和跟进营销，有效扩大个人中高端客户群体。截至年末，全行个人中高端客户达 17 166 户，比年初新增 6 377 户，完成总行计划的 273.72%。二是把握贷款投放节奏，强化贷款规模管理，不断扩大优质客户市场份额。制定小企业业务经营指导意见，大力推广“速贷通”、“成长之路”等产品，全年共发放小企业贷款 5 100 万元。抓住省住房公积金管理中心业务归集改革有利时机开展营销，获得全省住

2008 年 4 月 26 日，中国建设银行行长张建国来海南省分行调研，图为张行长察看抵债资产。

房公积金业务承办权。到12月末，委托性住房存款余额为21.68亿元，比年初新增3.63亿元，完成总行计划的194.5%。三是大力发展机构业务。深入推进“八一工程”，文昌卫星发射基地前期基础建设资金专用账户和前期项目承包商账户成功落户分行；继续维护和巩固财政客户，全年共有47家中央级基层预算单位在分行开户，代理额度3.7亿元，当地市场占比65%；积极营销三方存管业务，当年新增签约客户10 464户，完成总行计划的214.82%。四是稳步发展国际业务。加强与相关政府部门的沟通和合作，及时掌握外商投资动态，积极抢占外汇业务市场份额。成功营销海航股份1 000万美元海外融资保函业务、中海油1 639万美元履约保函业务。五是加快发展银行卡和电子银行业务。开展“建行好礼相送，从此欢乐与共”、“百年奥运，白金珍藏”、“短信通签约有礼”等营销活动。全年新增贷记卡16 878张，比上年同期增长49.47%。实现贷记卡卡均消费额17 198元，贷记卡账户活动率为63.38%，两项指标在建设银行系统均排名第一。电子银行客户数达21万户，比上年同期增长31.21%。实现电子银行交易额553.46亿元，比上年同期增长41.35%。六是稳步发展理财与投资银行业务。发行销售“利得盈”产品195期，募集资金17.5亿元，完成总行计划205.88%。销售“汇得盈”产品11期，募集资金460.7万美元。代销基金100只，销售金额2.94亿元。稳健营销投资银行业务，为华能财务办理12.8亿元资产转让业务，实现利息收入2 432万元、中间业务收入1 115.5万元。

【解决风险管理薄弱环节，大力提高风险管理水平】加大海南省分行直接经营和联合经营不良资产力度，明确经营责任，增强不良贷款专业化、集约化经营力度。制定十大不良客户保全预案，灵活运用重组、催收或和解等手段进行处置。不良贷款处置额19 475.29万元，现金回收“十大不良”客户贷款11 425万元，完成总行计划的198.63%。认真推进信贷资产风险十二级分类，提高资产质量真实性。加强操作风险管理，针对11月7日分行因停电造成主机8小时停机事件，开展重要基础设施、信息系统等应急演练，并对变配电系统、发电机组和中心机房进行实战测试，严防此类操作风险事件再次发生。

【加强渠道建设，加快产品应用创新步伐】稳步推进网点转型工作，51个转型网点顺利通过总行验收。加快网点建设步伐，在海口、三亚等城市的重点区域新设营业网点6个。深入推进电子渠道建设，新设ATM83台、POS机1 147台。成功完成SFB特色系统、员工绩效考核系统、个贷集中项目系统、统计管理信息系统、分析型客户关系管理系统等总行项目的上线工作。根据业务发展需要，自行开发贷记卡批量代收付项目、财政公务卡系统、营销分析支持系统、备付金管理项目、电子对账管理系统、即开型银联网系统等，为业务发展提供强有力的科技支撑。加强中心机房配电系统及系统网络的改造，从基础设施管理、系统运行和维护、网络管理和应急预案四个方面强化应急保障措施，保障信息系统平稳运行。

【全面加强基础建设，全方位提高管理水平】实施限时审批承诺，对优质客户开辟审批“绿色通道”，切实提高优质客户服务效率。做好贷款项目回访工作，提高信贷审批效率和质量。加强集中采购管理，组织实施集中采购项目105个，节约资金420万元，节约率6.4%。稳步推进会计和营运管理体制改革，优化改造柜面业务操作流程。加大柜面业务检查力度，组织专项检查14次。设立省分行金库管理中心，规范金库、现金和ATM的集中管理。规范法律合规管理。加大风险案件应诉工作力度，全年共直接挽回经济损失1 847万元。积极推进反洗钱工作，全年上报人民币大额可疑交易报告71 874份，涉及金额1 498亿元。加大纪检监察工作力度，完善员工行为排查手段，建立领导干部与员工之间的排查帮扶制度，开展效能监察，加强警示教育，进一步防范案件风险。规范公文管理，在总行开展的公文质

2008年12月18日，中国建设银行董事格里高利·L. 科尔、王淑敏、彼得·列文视察三亚分行营业部。

量与效率测评活动中，分行在建设银行系统中名列第一。深入开展“平安建行”创建活动，加强安全防范知识培训和“四防”预案演练，加强防护设施建设，全行营业网点电视监控安装率、与当地公安机关“110”报警系统联网率、自助银行电视监控安装率、附行式ATM监控设备安装率均达到100%。成功堵截诈骗案件7起，协助公安机关抓获3名破坏或利用ATM实施诈骗的不法分子。

【加强党的建设和企业文化建设】坚持党委中心组学习制度，组织开展“四好”班子创建活动和党建“创先争优”活动考核评比活动。认真开展学习实践科学发展观活动，组织开展学习实践科学发展观报告会、“学习实践科学发展观在岗位”主题演讲比赛、“我为发展进一言”献计献策活动和“千人问卷”调查、专题调研等活动。加强企业文化建设，开展企业文化建设“示范点”创建工作。加强员工队伍建设，强化人力资源管理，树立正确的用人导向。积极开展送温暖活动，共给273名困难职工发放困难补助款33.19万元、爱心基金补助3.5万元。组织开展为四川地震灾区捐款81余万元，增强员工的责任感和凝聚力。积极采取措施，主动帮助特困协解人员解决实际困难，全力做好上访人员政策解释和思想疏导工作，维护和谐稳定良好局面。

执笔：王文生　王晓胄

审稿：赵永林

四川省分行

四川省分行行长曾益

一、业务发展概况与重点工作

2008年是极不平凡的一年。四川分行在“5·12”汶川特大地震灾害面前，干部员工经受住了考验，坚持一手抓抗震救灾，一手抓生产经营，强化市场份额意识和精耕细作意识，努力夯实客户基础、管理基础、队伍基础，夺取了抗震救灾和业务发展的“双胜利”。全年实现拨备前利润50.89亿元，增速为20.63%，税前利润44.04亿元，增速为16.09%，实现经济增加值23.33亿元，增速为52.16%。全口径存款余额突破3 000亿元大关，达3 098亿元，一般性存款余额2 946亿元，居同业第二位，新增666亿元，创历史新高，居同业第一位，系统内第三位。各项贷款余额1 363亿元，新增168亿元。实现中间业务收入14.06亿元，四行占比为30.55%，居同业第一位。五级分类口径不良贷款余额为70.62亿元，不良率为5.18%，剔除地震因素，不良贷款余额为22.87亿元，不良率为1.67%，分别较年初减少5.32亿元和0.68个百分点。

【公司业务】企业存款余额达1 535亿元，新增348亿元，余额占比居省内同业首位；公司类贷款余额跃上千亿元台阶，达1 087亿元，新增160亿元，创历史最高水平；A级以上客户贷款余额占比达96.37%，较年初上升2.15个百分点，信贷结构进一步优化。

【个人金融业务】储蓄存款余额1 411亿元，新增319亿元；个人住房贷款累计投放56.1亿元，较年初新增11.4亿元，住房金融存款余额为166.3亿元，较年初新增38.5亿元，个人住房贷款、住房金融存款、公积金个人住房委托贷款余额继续保持四行首位；信用卡新增19.92万张，累计发卡量居全省同业第二位。

【中间业务】中间业务净收入14.06亿元，市场占比30.55%，居当地同业首位，在主营业务收入中的占比达16.17%，较年初提高1.26个百分点。其中，对公条线中间业务净收入6.23亿元，增速为150%；个人条线中间业务净收入7.83亿元。

【国际业务】全口径外汇日均存款3.6亿美元，较上年增长7 000万美元，年末余额3.2亿美元，当年新增1 368万美元，余额四行占比为21%；外汇贷款余额为3.98亿美元，四行占比为23%，较年初提高2个百分点；完成国际结算量51.63亿美元，同比增长59.14%，四行占比为24.54%；实现外汇中间业务收入1.64亿元，同比增长136.5%；实现外汇业务利润19 061万元，同比增长102%。

【取得抗震救灾重大胜利】面对突如其来的"5·12"汶川特大地震灾害，全分行员工上下一心，沉着应对，最大限度地减少了人员伤亡和财产损失，在最短时间内恢复了正常营业。整个过程中，突出生命为先，以抢险救人，保证员工生命安全为第一要务；突出安民为本，第一时间搭建起临时救助安置点，妥善安顿受灾员工及家属；突出民生为重，灵活运用板房银行、合署办公、原址重建等多种方式迅速恢复营业，推出无介质救急取款等九大应急金融服务措施，建立救灾资金拨付、现金支取24小时应急保障机制，开通信贷审批"绿色通道"，切实履行了社会职责。全力支持抗震救灾及灾后重建。全面强化危机公关，建设银行品牌关注度、美誉度得以提升。

二、主要工作举措

【稳步推进资产业务】在"5·12"汶川特大地震灾害和国际金融海啸的双重考验下，分行及时转变工作思路，适时调整经营策略，进一步巩固了市场份额。抓住基础设施建设和产业结构调整的契机，通过名单制管理、客户项目准入等信贷资源配置手段，推进结构调整，电力、交通等重点支持行业贷款新增占比47.2%，AA级以上客户贷款新增占比117.36%，同比提高34.45个百分点，压缩退出类客户贷款11.59亿元，完成计划的137.5%。全力支持抗震救灾及灾后重建，累计发放救灾及灾后重建贷款123亿元。着力加大优质客户和项目营销力度，总行与东方电气等六大客户签订了合作协议，总额达651亿元。围绕大企业上下游产业链、区域板块特色及优势行业开展中小企业系统性营销，与成都市政府达成了中小企业融资合作框架协议，小企业贷款较年初增长8.01亿元，增幅为47.12%，有贷款余额的客户数较年初增长98户。加强利率执行情况监测分析，提高价格谈判能力，对公非贴现贷款利率从年初低于系统内平均水平9个基点上升到高于其7个基点。

2008年5月14日，四川省分行为绵竹支行送去第一批救灾物资。

2008年5月17日，四川省广元分行员工专款献爱心。

2008年5月20日，四川省南充分行离退休人员结队自发到当地红十字会向地震灾区捐款。

2008 年 5 月 30 日，四川省分行机关党委、团委到鹏城学校慰问寄读的灾区儿童。

2008 年 5 月，四川省分行在汽车上设立的临时抗震指挥部。

2008 年“5·12”地震后，四川省德阳分行的抗震救灾指挥部。

【加强负债业务发展】坚持存款立行，加强主动负债管理，狠抓行业性、系统性的资金账户，实施企业存款大额变动每日监控，积极争取抗震救灾专项资金，大力拓展机构存款、同业存款和外商投资企业存款。对公存款新增居同业第二位、系统内第三位。强化公私联动，推出了公积金龙卡、华西健康龙卡等特色联名卡，积极开展批量代工、旺季营销等活动，个人存款新增居同业第二位、系统内第七位。高度重视市州行负债业务的拓展，加大资源配置和激励力度，绵阳、自贡、泸州、内江、遂宁、攀枝花等分行一般性存款新增占比居当地首位，全辖 19 家分行存款市场份额均较上年有所提升。

【巩固中间业务同业领先地位】完善管理模式与考核机制，推进产品创新与渠道整合，加强团队建设与嵌入式营销，促进了中间业务再上台阶。成功承办了省内首笔企业年金受托业务，率先推出了应收账款型理财产品，理财销售收入同比增长 2.5 倍。系统推进结算账户营销，单位人民币结算收入跃居同业第三位。创新推出了远期结汇组合交易，实现了人民币利率掉期等衍生业务收入同业和系统内的“双第一”，试行了经常项下重点客户国际结算业务招投标制度，实现外币结算收入同比增长 120%，其中贸易项下占比 59.29%，同比提高 5.5 个百分点。加强营业网点、客户经理、电子银行三大渠道建设，持续提升销售和服务能力，代销基金 199.49 亿元，四行占比为 51.30%，短信银行客户新增突破 100 万户，网上银行活动客户数完成总行计划的 171%，电子银行收入是上年的 4.14 倍。适应市场形势变化，及时调整重点产品销售策略，代销保险 48.4 亿元，较上年增长 185%，首次提升至同业第二位。

【持续提升风险管理能力】建立风险管理任务型团队，加强政策解读和前瞻性分析，提升了风险识别与预判能力。加强平行作业，密切关注“两高一剩”、房地产、进出口等行业变化，召开钢铁、多晶硅、电解铝、政府性投资公司等多个行业的专题会议，统一风险偏好，明确经营思路。强化新兴业务风险防范，加强押品动态管理，逐户开展受灾贷款评估调查并落实风险管控措施。积极应用风险管理工具，推广信贷资产十二级风险分类，强化经济资本计量分析和监测，探索压力测试，预判系统性风险。制定了贷后跟踪管理操作细则，定期召开风险分析例会，初步实现了风险管理和业务经营部门的协作监控。前移保全介入时机，扩大集中经营范围，综合运用减免表外欠息等多种手段，加大对兴力达等客户大额不良贷款的处置力度，不良资产超值现金回收 3.35 亿元，完成总行计划的 213.54%；成功处置攀钢等债转股资产 15.44 亿元，处置率达 84.33%，有效地实现了价值创造。加强对贸易融资、人民币债务利率掉期（QUANTO）等产品的风险控制，及时对 8 笔共计 36.8 亿元代客衍生产品交易进行平盘。

【完善经营管理机制，提升整体竞争力】制定业务规划，提升了业务统筹能力和整体竞争力。全面优化县支行管理模式，强化市州分行对县支行的业务指导与管理，增强了区域综合竞争能力和风险控制能力。市州分行存贷款增幅分别较上年提高 34 个和 12 个百分点，在全分行新增中的占比分别提高 33 个和 16 个百分点，16 家市州分行拨备前账面利润较上年有所增长。提升重点客户经营层次，加强整体推进和跨部门联动，与华西医院、电子科大等重点客户的合作取得了实质性进展。优化信贷审批流程，推行了限时审批，分行本级授信审批平均时间由 10.31 个工作日缩减到 6.48 个工作日，缩短了 37%。持续深化零售网点转型，全省网点转型覆盖面达 70%，客户平均等候时间比转型前减少 38.97%。强化激励约束，引入“分组考核”办法，加强对系统内占比、市场份额等指标的评价。深化后台集中改革，积极服务前台，后台集中替代率达 33%。上线了代发业务集中处理系统，推广了报表自动生成系统，分支行报表工作时间减少 69%，切实减轻了前台负担。

【加强内控管理】深刻吸取案件教训，开展了个金、会计营运、合规等条线的全覆盖式风险排查，对发现的二十大类、115 项问题，举一反三，全面落实整改。提高 ERPF 系统的运行效率与财务信息质量，加强稽核信息运用。深化操作风险与内控自评估，合规经营意识有所提高。配合国家审计署顺利完成了审计检查，扎实推进内外部审计检查发现问题的整改工作。推进业务持续性管理，制定了 37 个主要生产系统的应急预案并加强应急演练。推行“正负”双向激励，处理处分违规违纪人员 137 人次，表彰奖励了 49 名堵截、检举和抵制违规违纪行为的有功人员。

【扎实推进党的建设和企业文化建设】开展深入学习实践科学发展观活动，突出实践特色，查找了影响和制约科学发展的主要问题，明确了整改思路。着力转变领导干部作风，调整优化了部分行领导班子，强化带队伍和做市场的能力。提高培训质量和效率，积极探索培训创新，努力打造覆盖管理、技术和经办岗位人员的多层次培训管理体系。加大对困难职工的帮扶力度，积极参与社会公益事业，大力弘扬团结、友爱、和谐的企业精神。加强企业文化“示范点”建设，全辖文明单位建成率达 100%，文明行业建成率达 55%。

执笔：谭永相

审稿：黄　平　陈焕昕

统稿：蒋远平

重庆市分行

重庆市分行行长黄叔平

一、业务发展概况

2008 年，重庆市分行全口径存款首次突破千亿元大关，连续第二年获得重庆市政府颁发的“金融贡献一等奖”。

【负债业务】全口径存款余额为 1 106.75 亿元，新增 228.55 亿元，其中一般性存款余额为 1 058.02亿元，新增 221.29 亿元。储蓄存款余额为 481.54 亿元，新增 85.85 亿元；企业存款余额为 576.48 亿元，新增 135.44 亿元；同业存款余额为 48.73 亿元，新增 7.26 亿元。

【资产业务】各项贷款余额为 821.05 亿元，新增 169.12 亿元。其中，个人类贷款新增 52.63 亿元，公司类贷款新增 116.49 亿元。累计办理贴现 323 亿元。

【经营效益】实现税前利润 23.23 亿元，经济增加值 11.50 亿元，分别同比增加 4.79 亿元、2.91 亿元。经济资本回报率 30.22%，资产收益率 1.72%，成本收入比为 28.09%，存贷利差 5.39%。

【中间业务】实现中间业务收入 6.46 亿元，占主营业务收入 15.41%，同比提高 2.2 个百分点。在当地工商银行、农业银行、中国银行、建设银行四行的中间业务收入排名中首次跃升至第一位；中间业务毛收入四行占比为 32.9%，同比上升 2.08 个百分点，超过工商银行 3.15 个百分点；同比增速 41%，高于四行平均增速 8 个百分点。信用卡客户净增 9.31 万户，消费交易额 16.66 亿元；ATM 总量 687 台，网银活动客户新增 18 万户，实现电子银行交易额 3 819 亿元；小企业贷款客户新增 346 户，贷款新增 12.63 亿元。

【国际业务】外汇企业存款余额 1.59 亿美元，新增 0.31 亿美元，保持同业第一；外汇贷款余额 1.04 亿美元；全年国际结算量 30.54 亿美元；结汇售汇 23.41 亿美元，同比增长 76%；办理福费廷转卖 0.29 亿美元，是上年同期的 5 倍多。作为重庆市联合产权交易所唯一客户外汇交易资金存管银行，营销外商直接投资 6.62 亿美元，占全市外商直接投资总量的 34%。

【资产质量】处置不良贷款 4.86 亿元，不良资产超值现金回收 0.8 亿元。年末不良资产额 10.25 亿元，不良资产率为 0.91%，较年初分别下降 0.04 亿元、0.24 个百分点。其中，不良贷款余额 9.16 亿元，不良贷款率为 1.12%，较年初分别下降 0.10 亿元、0.3 个百分点。当年计提贷款损失准备 5.88 亿元，拨备覆盖率达到 212%。

二、主要工作举措

【坚持发展第一要务，资产负债业务实现跨

2008 年 9 月 17 日，重庆市分行与重庆市经委举办了“携手共助小企业成长”——小企业贷款签约仪式暨建设银行小企业服务推介会，与 40 家小型企业签订了银企合作协议，提供 3.5 亿元的信贷支持。重庆市委常委、常务副市长黄奇帆出席了签约仪式。

越式增长】

负债业务方面，坚持将负债业务作为工作的重中之重，对公和对私负债业务均创造了历史最好水平。一是公司业务通过开展“公司客户回头看”等活动，加强点对点指导帮扶和精细化管理，挖掘存量客户和信贷客户潜力，积极拓展新的增长点，实现企业存款余额576.48亿元，新增135.44亿元，增长31%，余额和新增均居同业第一位。二是机构业务开展存款攻坚战，实施“一区一策”财政和社保业务攻坚、“八一工程”重点客户营销、事业法人客户账户营销等业务竞赛活动，机构客户存款新增76.22亿元，位居同业第一。三是同业存款以价格和服务为手段，全面推进与保险、证券、邮政储蓄的合作，加强对CTS证券客户的维护和挖掘，同业存款余额48.73亿元，新增7.26亿元，余额居同业第一。四是对私负债抓住资本市场调整时机，大力开展旺季营销，通过“客户介绍客户”、定期举行沙龙活动等营销方式，实现个人筹资总额199亿元，保持同业第一，同比多增71.68亿元，储蓄存款新增85.85亿元，同比多增71.76亿元，网均新增居同业第一。

资产业务方面，准确把握国家宏观政策和总行要求，前10个月信贷资源主要保证优质项目和重点客户的需求，11月之后紧跟形势变化，及时转变思路，果断加快信贷投放，全力拼抢优质项目和客户。一是对公贷款与政府部门、重点大型企业和优质中小企业签订战略合作协议，努力拓展市场；建立贷款审批“绿色通道”，提高项目评估和审批效率，快速响应和满足客户融资需求；充分发挥票据贴现“蓄水池”作用。全年对公贷款累计投放超过280亿元，余额突破600亿元，新增116.5亿元，均创历史新高。二是个人贷款发挥公积金和直客式贷款优势，全力巩固一手房市场地位，加大力度提升二手房贷款业务竞争力，保持了个贷业务在同业的绝对领先地位。个人贷款余额220.88亿元，新增52.63亿元，均居同业第一位，新增额是当地工商银行、农业银行、中国银行三家银行新增的总和。其中，二手房贷款新增22.59亿元，在同业和全国建设银行系统内均居首位。三是继续优化贷款结构，A级以上对公客户贷款余额占比96.03%，同比提高1.5个百分点；投放于总分行级重点客户贷款166.2亿元，占全部新投放贷款的62.69%；从50个退出类客户退出贷款8.55亿元。

2008年12月5日，在重庆市国有企业与金融机构战略研讨会暨签约仪式上，建设银行重庆市分行与重庆城投公司等14家企业分别签订了战略合作协议，共涉及金额621亿元。

2008年12月9日，建设银行与重庆城投、高发司、渝利铁路等10家大型企业集团公司签订战略合作协议，签约金额达940亿元，重点支持包括基础设施、铁路、高速公路等在内的项目建设。

【加大业务转型力度，中间业务收入跃居同业首位】坚持将中间业务作为发展的重心，通过加大费用配置力度、鼓励产品创新、加强部门联动等方式深入推进业务转型，全年中间业务收入跃居重庆同业首位。一是对公条线深入挖掘传统产品潜力，努力拓展新兴业务，加大产品创新力度，实现中间业务收入3.40亿元，同比增长120%。其中，造价咨询、财务顾问、代理财险等传统产品实现收入2亿元，银团贷款、建行财富、龙信理财等8项新产品销售实现零的突破，收入1.4亿元。二是对私条线大力开展精准营销和特色产品营销，提高一线的营销服务能力，实现中间业务收入3.06亿元。其中，销售理财产品54.44亿元，销售实物黄金472公斤；代理寿险收入0.62亿元，理财产品销售收入0.21亿元，分别完成计划的2.5倍和4.9倍。在全国建设银行系统和重庆市场率先推出了“福星贷宝”及“安贷宝”个贷保险理财产品。三是其他战略性业务较快发展，信用卡业务发挥业务联动优势，大力营销重点产品，信用卡客户净增 9.31 万户，消费交易额 16.66 亿元；电子银行业务从团队建设、客户交易习惯培养、加强培训指导等方面入手，实现个人网银活跃客户新增 15.39 万户，企业网银活跃客户新增 1 588 户；国际业务通过建立任务型团队，积极拓展客户群体，累计实现国际结算 30.54 亿美元，实现外汇中间业务收入 1.05 亿元；积极拓展票源，累计办理贴现 323 亿元，同比增速 142%，贴现利息净收入同比增长 213%；小企业信贷业务覆盖到全部 33 个分支行，新增贷款客户 346 户，贷款新增 12.63 亿元，不良贷款余额保持为零；AUM300 万元以上高端客户新增 402 户，增速 116%，AUM20 万～300 万元的客户新增 1.98 万户。

【深入推进各项改革】一是推进业务营运体系改革。组建小企业中心和年金中心，单列机构业务部，成立贸易融资、资金交易等国际业务团队，在 13 个分支行建立个贷经营中心，逐步建立起专业化经营平台，推行“一个团队、五项专人”改革，制定了对公信贷经营职能整合和网点转型方案。二是加强联动机制建设。分行部门间整体联动和分支机构上下联动能力继续增强，新增代发工资 682 户中与重庆市分行有信贷关系的对公代发工资客户达 304 户，占比为 46.5%，同比提高 8.8 个百分点；住房开发贷款与个人住房贷款联动比例同比由 1∶1.12 上升到 1∶1.51；开通企业网银高级版的贷款客户 393 户，占贷款客户数 58.4%，同比提高 31 个百分点。三是完善激励约束机制。改进资源配置方式，实行条线 KPI 为主的考核方式，加大条线在资源配置和考核中的主导作用，配置到分支行的费用中绩效费用占比为 57%，业务条线分配的激励费用占比为 70.8%，同时对业务创新的激励力度有所加大。四是加快网点转型和渠道建设。完成普通网点装修改造 79 个，建设贵宾理财中心 11 个，新增自助设备 220 台，自助设备总量保持同业首位，以网点、理财中心和财富中心为架构的客户分层服务渠道建设取得新的进展。

【强化基础管理和风险控制】一是加强基础管理和内控水平。规范柜员岗位权限、制衡和轮岗交流，加强会计检查和集中督导、集中稽核、集中对账等工作，稽核差错率降至万分之 1.31，稽核差错整改率达到 99.06%，监管检查和审计发现问题整改率分别为 100% 和 96.74%，上报反洗钱可疑交易 39 万笔。二是保障营运安全稳定。以贯彻落实《案件防控及整改方案》为重点，开展回顾重检、员工行为和案件“双排查”以及合规教育活动等工作，突出各生产系统日常运行维护，重点防控案件事故发生。三是持续提升资产质量。强化资产质量计划和考核的刚性约束，加强风险监测、分析和预警，把好贷款全流程管理风险关口，资产质量持续提升，不良资产率为 0.93%，比年初下降 0.22 个百分点，不良资产处置额达到 6.08 亿元，实现现金回收额 4.02 亿元。

【深入学习实践科学发展观，加强班子队伍建设】一是用科学发展观切实指导实际工作。市分行围绕制约全行科学发展的主要问题，重点选取了对公业务、对私业务、风险管理、内控管理、激励约束机制 5 个方面 11 项具体内容开展调查研究，并进行了相应的整改，使学习实践活动取得实效。二是加强班子和队伍建设。调整充实直管领导人员 75 人，稳步推进专业技术和经办岗位职务聘任工作，完成 54 个项目共 6 200 余人次参加的培训，员工素质得到提高，结构继续改善。

执笔：沈　凌

审稿：宁新民

贵州省分行

贵州省分行行长吴民豪

一、主要业务概况

年末本外币全口径存款余额为791.35亿元，比年初新增160.89亿元，增幅为25.52%，余额居四行第二，成功实现市场排名升位。其中，对公存款余额为478.46亿元，比年初新增93.16亿元，增幅为24.19%，余额及新增四行排名第二；个人存款余额为312.89亿元，比年初新增67.72亿元，增幅为27.62%，新增四行排名第二。全行各项贷款余额为518.71亿元，比年初新增70.88亿元，增幅为15.83%，新增四行排名第二。其中，公司类贷款余额为435.06亿元，比年初新增70.74亿元，创历史新高，增幅为19.42%；个人类贷款余额为83.66亿元，其中纯个人住房贷款较年初新增4.72亿元。

不良贷款余额12.71亿元，比年初（审计后）下降0.12亿元；不良贷款率为2.45%，比年初（审计后）下降0.42个百分点。

实现税前利润12.58亿元，增幅为15.41%，经营效益创历史新高。

【公司业务】2008年，省分行加大信贷结构调整和信贷资源配置力度，稳步推进信贷退出计划。在行业结构调整上，全行电力、交通、制造和煤炭四个行业的贷款余额合计达341.28亿元，占全行对公贷款余额的78.45%，较年初提高0.06个百分点，四个行业新增额77.21亿元，占全部对公贷款新增额的108%；在客户结构调整上，AA级及以上高信用等级公司类客户贷款（不含贴现）余额占84.6%，较年初上升15.36个百分点。累计纯新发放贷款中AA级及以上客户纯新发放贷款112.06亿元，占纯新发放总额的90.02%；在产品结构调整上，固定资产贷款余额占全部对公类贷款余额的62.43%，较年初提高1.14个百分点；新增额占全年新增总额67.74%。全行已退出调控行业贷款9.81亿元，其中退出非不良贷款5.7亿元，完成总行对公信贷退出计划的121.81%；在信贷投放区域调整上，贵阳地区中心城市行对公类贷款余额占全行对公类贷款（含贴现）余额的69.92%，占比较年初提高2.25个百分点，新增额占全行新增额的80.49%。

2008年，贵州省分行加大对公客户营销力度，积极抢抓账户开立，在集团客户、政府机构、军队武警等客户的营销上取得较大突破。特别是紧紧抓住财政体制改革的契机，全年新增财政账户319户，预算单位零余额账户250户，机构客户存款较年初新增60亿元，四行排名第一，市场份额近50%；签订公务卡服务协议155户，发卡4 411张，同业排名第一；“八一工程”实现新突破，军队武警存款余额同业占比63%，较年初提高19个百分点。

公司业务新产品、新业务营销取得突破，对

2008年3月25日，中国建设银行监事长谢渡扬在贵州省分行调研。

公业务转型步伐逐步加快。银团贷款实现零的突破，全年共发行22亿元信托受益凭证和1亿元乾图理财产品。

【个人金融业务】在资金募集方面，贵州省分行通过组织实施以吸收市场增量资金为重点的“享您所想福满筐，财富增长携建行”等专项营销活动，全年共实现个人客户募集资金总量125.32亿元，增幅为43.27%，其中销售理财产品68.02亿元，借记卡发卡56万张，增幅为40%。在个人客户结构调整方面，通过开展以提升服务质量为重点的“客户至上，真情建行”及高端客户回访、财富巡讲等营销活动，充分发挥以财富中心、理财中心为核心的分级营销服务体系的作用，高端、富裕客户持续快速增长，AUM300万元以上顶端客户新增260人，新增金融资产超过11.44亿元，增长率系统内分别排名第七位和第十三位，客户结构进一步优化。同时，贵州省分行个人业务事业部制改革试点取得较好成效。

【中间业务】2008年度实现中间业务净收入4.08亿元，同比增幅为27.5%；中间业务净收入占主营业务收入14.42%，较年初提高1.27个百分点，其中交易资金托管业务、银团贷款、代理寿险业务、代理资金结算业务增速迅猛。

【国际业务】截至2008年末，贵州省分行国际业务实现了“国际结算量超农行，国际结算收入超工行”的“双超”目标，多项指标增幅在系统内名列前茅，国际结算量增幅和增量、对公外汇存款余额、外汇中间业务收入等九项指标均排名同业首位，实现了历史性突破。

【资产质量与风险控制】2008年大幅度提高了减值拨备覆盖水平，有效地增强了信贷资产的风险抵御能力。一是不良资产处置以“处置效率与处置效益并重”为指导思想，全面实施“以二十大不良贷款项目的处置工作为重点，以五大重点行为处置重心”的“双重”战略，实施“不良资产”名单制管理，组建不良资产专业处置团队。全年实现累计处置不良资产6.37亿元，处置抵债资产6 000万元，实现抵债资产现金回收7 000万元，实现不良资产超值现金回收8 126万元。二是加强贷后管理。确定重点监控客户、重点关注类客户、大额不良贷款客户以及大额个人类贷款客户名单，进行持续监控，定期对即将到期信贷业务的违约风险进行排查整理，建立动态观察客户名单。同时，积极开展房屋和土地使用权抵押贷款风险状况排查，有效地提升了房屋和土地使用权抵押贷款的风险缓释效果。

【住房金融业务】进一步扩大市场份额，公积金归集、住房资金存款、公积金个人住房贷款等业务市场占比继续保持第一，全省住房资金归集余额新增17.73亿元，公积金个人住房贷款余额新增11.73亿元。同时，加强产品创新，推出公积金“置合贷”，扩宽“双周供”的客户适用范围和地域，将“双周供”、“叠加供”、“加速供”等新还款方式在八个二级分行推广。

【信用卡业务】强化后台运营作业和风险管理对业务前台的支撑力度，全面完成各项业务指标并创历史新高，计划完成率在系统中的排位大幅提升。2008年底，新增客户数增幅、发卡增幅、预审批成功率、账户活动率排名分别居全国建设银行系统内第二位、第七位、第四位和第七位。

【电子银行业务】电子银行客户当年新增70.74万户，总量突破125万户，实现交易额突破2 000亿元，手机银行、短信银行两个产品当年客户新增及客户累计规模均为同业第一位。

【企业年金业务】成立企业年金中心，推进企业年金管理的标准化和规范化。通过积极推广企业年金“2+1+n”模式，成功营销贵航集团、中铝贵州等一批优质年金客户。全年共与11家大中型企业签署了年金管理合同，实际管理年金受托资产3.08亿元，计划完成率为236.7%，受托资产规模位居当地同业首位；托管资金管理规模1.49亿元，计划完成率为155.5%；管理企业年金个人账户16 709个，计划完成率为111.4%，

2008年8月27日，中国建设银行副行长罗哲夫出席贵州省分行与贵州金元集团企业年金基金管理合同签约仪式。

上述指标在系统内均名列前茅。

二、主要工作措施

【及时调整经营策略，迅速抢占发展先机】2008年前10个月，贵州省分行明确了“早投放，早收益”的工作思路，加大力度支持基础设施行业和具有资源优势优质企业，特别是抓住凝冻灾后重建契机，为电力、交通、电信、煤电等客户迅速发放30亿元灾后重建贷款，深化银企合作关系。从11月开始，贵州省分行迅速贯彻总行秋季工作会议精神，结合实际提出了“拼抢优质客户，拼抢优质项目；强化内控管理，强化基础建设”的经营管理思路，建立了客户及项目营销工作快速反应机制，加大对铁路、公路等大型基础设施项目和电力、煤炭等行业重点项目的营销，同时牢牢抓住贵阳市加快建设生态经济城市的契机，与贵阳市政府签订全面合作框架协议，在新一轮的发展中赢得先机。

【“减加”并用，深入推进机构改革工作】首先，减少城区综合型支行数量和经办对公结算机构，开始整合城区行对公业务。在营业机构调整方面，全年撤并网点10个，提高了集约化经营管理水平，减少了对公业务办理机构，进一步推进网点布局优化。其次，实施全行网点整体升格工作，增强市场竞争能力。

【加快推进营运体制改革，提高前台营销服务能力】省分行在进一步推进以减少前台现金整点、自助设备维护等工作量为主要内容的集中配送体系建设的同时，加快推进结算账户集中管理和债券业务集中核算，会计营运体制改革成效进一步显现。2008年底，贵阳市及二级分行所在城市网点已全部实现现金和重要单证的集中配送及自助设备的集中维护；贵阳市及七个二级分行所在城市的全部营业机构实现了现金集中整点清分；贵阳市各行的代发工资业务也实现了后台集中处理。

【加快网点转型步伐，网点转型工作重心转向固化转型效果和创新转型模式】一方面通过实行分柜销售，引导转型工作向纵深推进，真正实现“合适的柜员、用合适的方式、销售合适的产品给合适的客户”。另一方面通过多项措施，提升服务质量：一是坚决贯彻总行“让客户满意，先要让员工满意”的要求，从学习培训、职业发展、薪酬分配等方面调动员工积极性，提高员工满意度；二是强化员工服务观念和意识，加快网点建设，提升网点的整体形象和服务水平；三是自行组织“神秘人”检查，建立内部优质服务考核评价体系；四是积极开展以提升服务质量为重点的“走进客户，用心服务”等营销活动；五是进一步推进销售型网点的转型探索。在2008年总行“神秘人”检查考核中，取得较好的成绩，上半年贵州省分行排名系统第七，下半年排名第一。2008年底，客户平均等候时间从582.96秒下降到419秒，提高了客户满意度和网点整体服务效能，产品销售能力和管理水平大为提高，销售型网点转型模式在系统内推广。

2008年12月17日，中国建设银行副行长陈佐夫出席贵阳市人民政府与中国建设银行银政合作签约仪式。

【建立“两个加强、两个联系”工作制度】贵州省分行党委建立了以“加强党的基层组织建设、加强员工思想政治工作；领导联系员工、党员联系群众”为指导思想的基层调研工作制度和省分行领导联系分（支）行制度。2008年，分行领导分别带队深入全省八个二级分行和十一个直属支行开展以“鏖战酷暑送清凉，安全营运迎奥运”为主题的调研活动，及时帮助基层行和员工解决实际困难。

执笔：罗小英　杨军华

审稿：蒋晓树

云南省分行

云南省分行行长潘念宁

一、业务发展概况

2008年末云南省分行一般性存款余额1 275.67亿元，新增196.06亿元，增幅为18.16%。各项贷款余额851.91亿元，新增131.27亿元，增幅为18.22%。完成中间业务收入6.15亿元。实现账面利润19.64亿元。

【对公业务】对公存款余额739.73亿元，新增91.49亿元，增幅为14.11%，居同业首位；对公贷款余额663.92亿元，新增113.85亿元。实现对公非贴现贷款利息收入43.58亿元，比上年增加10.15亿元，增幅为30.36%。

【个人金融业务】储蓄存款余额535.91亿元，新增105.42亿元，增幅为24.49%，创历史最好水平。个人VIP客户累计7.42万户，新增2.79万户，增幅为60.26%。VIP客户日均AUM总值285亿元，新增126.34亿元，增幅为79.63%。

【房地产业务】个人贷款余额187.92亿元，新增17.21亿元，均排名同业第一。其中，个人住房贷款余额158.48亿元，新增19.68亿元，同业占比分别为34.42%和47.06%。住房资金归集余额162.11亿元，新增31.16亿元，同业排名第一。

【中间业务】全年实现中间业务收入6.15亿元（剔除代理基金因素后），同比增速为59.16%，同业排第二位。其中，银行卡类收入1.39亿元，同比新增32.66%；咨询类收入0.99亿元，同比新增96.86%。

【国际业务】外汇存款新增1 539.45万美元，增速排四行第一。完成国际结算量18.61亿美元，较上年新增4.63亿美元。

【资产质量和风险控制】累计处置不良资产9.75亿元。五级分类不良贷款余额17.48亿元，比年初减少1.77亿元；不良率为2.05%，比年初下降0.62个百分点。

【其他业务】全年实现投资银行业务收入7 286.55万元，较上年翻了2.16倍；事业法人贷款新增12.5亿元，系统排名第三位；“社保营销年”成效显著，新增存款31亿元，占对公存款新增的34%；代理各级财政国库集中支付业务量141.5亿元，增幅为89%。全年净增发卡7.16万张，累计发卡21.5万张，实现消费交易额16.4亿元。电子银行新增客户数10.07万户，实现收入2 201万元。

二、主要工作举措

【顺应市场变化，转变经营策略，对公业务快速发展】一是狠抓企业存款营销。适时修改年初考核办法，增加存款市场占比、时点环比等指标，增强企业存款与KPI和绩效工资费用的关联度。打破会计年度常规，实施环比考核、差别挂

2008年6月18日，云南省分行与中国邮政储蓄银行云南省分行举行全面合作协议签字仪式。

价等新思路，先后成功营销交通、教育、道路改扩建以及新型农村合作医疗、省财政和中央扩大内需补贴专用账户等。全年对公存款新增四行占比40.54%，余额占比30.29%，均排名同业首位。二是强化信贷资产管理。年初坚持早安排、早投放、早收益，采用“高定价”策略，优化信贷资源配置，合理实施“有保有压”。年中抓住机遇，配合国家宏观政策调整启动4万亿元投资“保增长”的要求，及时梳理重点客户名单，从源头抢抓云南省具体投资计划信息和政府项目营销，公路、铁路、机场、电网等行业取得重大突破。对公非贴贷款收益率7.44%，比上年提高1.05个百分点。三是不断优化信贷结构。新增贷款向AA级（含）以上客户、中长期贷款以及重点优质行业倾斜。其中，电力、公路、公共设施管理、有（黑）色、房地产、化工等前六大贷款行业贷款余额增加73.11亿元；机场、航空、旅游等其他优势行业取得突破性进展。强化问责，主动实施信贷结构调整，全年共退出贷款12.75亿元，完成总行计划109.91%。四是加快发展对公中间业务。提出分阶段分产品发展对公中间业务策略：第一阶段依托贷款业务，第二阶段依靠理财产品，第三阶段做实中间产品带动中间业务发展。同时提出集中精力、优先抓好主动完成类产品要求，推动对公中间业务快速发展。截至年末，实现对公中间业务收入18 765.93万元，较上年增加7 884.25万元，增长72.45%。五是国际业务取得突破性进展。在境内资金紧张的形势下，成功办理海外代付业务境外融资近10亿元人民币，收入393.63万元。加强联动营销、直接营销，成功拓展昆明中铁大型养路机械、高深集团等云南省进出口业务量排名前60位的优质客户。开办边贸结算账户头寸购汇美元业务，完成与越南农业银行五个边贸协议。六是小企业业务迈上新台阶。围绕烟草、钢铁、有色、化工和大型基建项目等优势产业链中小企业目标客户开展积极联动营销，成功拓展新天制胶、天新包装等50余家优质小企业客户，“速贷通”和“成长之路”增幅为126%。

【抓转型，促服务，个人金融业务亮点纷呈】一是抓住市场机遇，积极创新服务营销模式。全面推进联动营销、交叉营销和产品组合营销，从源头抓资金，实现个人存款、基金和理财产品的协调发展。基金销售在资本市场大幅下挫的情况下继续领跑同业，全年销售基金63.24亿元。二是开展信用卡营销攻坚战。围绕“奥运、购物、旅游、餐饮”等主题开展一系列营销活动，新增客户数、账户活动率大幅度提升。信用卡当年净增客户6.5万户。账户活动率57.39%，系统排名第五位。三是加快零售网点转型。提前完成全行302个零售网点的一代转型，并正式启动网点转型二代（VIP）项目，促进VIP客户服务从产品驱动模式向客户需求驱动模式转变。配合网点转型要求，积极开展渠道建设。组织实施网点装修项目97个，建设离行式自助银行7个。四是推进个贷业务快速发展。推进个贷中心“分散经营、集中管理”新模式的建设工作，在昆明地区成立12个个贷分中心，加强对业务的促进和对风险的控制作用。在总行“让房贷减负，为幸福增值”的营销活动考核中，省分行房地产金融业务资产质量管理获得一等奖。

2008年11月6日，云南省分行首家个人出入境金融服务中心成立。

【以传统业务为依托，加强战略性业务营销，加大创新和拓展力度】一是投资银行业务发展迅速。先后为华能澜沧江公司办理系统内首笔售后回租融资租赁业务，为省公路开发投资有限责任公司办理首笔直接融资租赁业务，为云南磷化集团办理首单企业年金账户管理业务。发行15亿元“利得盈”信托理财产品，组织银团贷款25亿元，保理业务30亿元。开发推出“建行财富—新股申购”、“乾图理财—票据盈”等新产品。二是机构类新兴业务成绩突出。完成代理保险业务14.67亿元，实现代理保险手续费收入5 154万元，连续12个月排名同业之首。CTS业务保持快速增长，当年客户新增4.29万户，排同业第一位。银期业务实现双赢，与云晨、国资、乾坤和首创期货经纪公司签订业务合作协议，首创、万达、乾坤期货经纪公司基本账户落户建设银行。成功代理发行“龙信”系列产品9期资金信托计划，募集资金3.83亿元。三是信用卡、电子银行产品创新实现双突破。开发推广公积金龙卡和铁路龙卡，搭建起单位、银行、个人客户三者合一的服务平台，成为交叉营销和联动发展的重要途径。率先在国内推出新型电子商务交易平台——“宝易互通”，为今后抢占电子商务市场份额，扩大服务范围赢得先机。

【强化风险控制力度，筑牢合规经营防线】一是深入推进对公信贷业务平行作业。将全行大中型固定资产贷款项目交由评估评价中心集中负责。全年共完成客户信用评级1 027户；评级覆盖率99.71%，比上年提升1.28%。二是夯实风险基础管理。连续三年纯新发放贷款不良率分别为0.32%、0.11%和0，分别低于总行下达计划0.58个、0.29个和0.15个百分点。三是推进信贷审批“标准化、专业化、透明化、程序化”建设。运用“六西格玛”方法对审批流程进行梳理分析，承诺实施限时审批。推行个贷业务审批电子化；规范昆明地区小企业信贷业务审批流程。制定铅锌、烟草制品等七个行业审批指引，统一全行信贷风险偏好。四是强化资产保全工作。加大不良资产处置力度，深化对云南巨和房地产公司等一批重点项目的集约化处置。进一步明确资产保全集中经营范围、集中经营模式、限期处置要求，并设立对私不良资产处置中心，强化资产保全条线专业化经营和处置能力。

【加大改革推进力度，管理体制进一步优化】一是持续推进会计和营运管理体制改革。先后完成凭证式国债集中处理、系统内往来资金统一清算、银行卡差错交易统一调整，损益类账务、应收应付款项账务、贷款核销等业务的集中核算，昆明地区个贷集中放款、对公账户开户后台集中处理等工作。二是逐步上移经营管理重心。省分行集团客户部组织经营的集团客户存款当年新增23.07亿元，占全行对公存款新增25.21%；贷款新增74.51亿元，占全行对公贷款新增65.44%。组织营销一批重、大、新项目，与昆武高速、保腾高速达成20亿元的合作意向；向大丽高速、龙瑞高速等出具41亿元意向性贷款承诺书；获得蒙自至河口铁路项目承贷行资格；营销取得中缅油气管道项目人民币结算账户（离岸账户）合作银行资格。成立昆明地区小企业中心，启动小企业“信贷工厂”运作模式，成为全省首家开展这方面创新的商业银行。三是逐步配套激励机制。对造价咨询中心的考核尝试按照公司化运作的思路进行调整完善。同时制定财富管理中心、投资银行部考核办法，促进全行专业化服务和经营工作。四是完善薪酬分配机制办法。积极推行岗位工资制，利用“配对比较”的岗位分析和评价方法，建立体现岗位差异的薪酬体系。推出员工弹性福利计划和商业补充医疗保险计划，增强员工队伍凝聚力。

【切实履行社会责任】在新一轮“兴边富民工程”实施中，在做好昭通市盐津县普洱镇扶贫工作的基础上，又增加德宏州潞西市的公益性帮扶工作。兴建云南省第一所“建行希望小学”——宁洱县民安村建行希望小学。

执笔：杨　荇　杨之霞

审稿：何　跃

西藏自治区分行

西藏自治区分行行长颜克忠

一、业务发展概况

2008年，分行面对复杂多变的经营环境，克服拉萨“3·14”事件的不利影响，抢抓市场机遇、优化结构调整、深化各项改革、强化内控管理，业务平稳较快发展，经营效益显著提高。

【负债业务】年末一般性存款（含本外币）余额221.78亿元，比年初新增48.69亿元。其中，对公存款余额178.04亿元，比年初增加38.28亿元；个人存款余额43.74亿元，比年初新增10.41亿元，新增总额和增长速度在金融同业中排名第一。一般性存款在当地四大行的市场占比为30.3 %，比年初上升0.23个百分点。其中，个人存款市场占比26.78%，比年初上升2.99个百分点；对公存款市场占比31.31%，比年初下降0.78个百分点。

【资产业务】年末各项贷款余额86.39亿元，比年初新增9.79亿元，新增总额在金融同业中排名第一。其中，对公类贷款比年初新增7.67亿元，个人类贷款比年初新增2.12亿元。各类贷款余额在农业银行因股改剥离不良贷款30亿元的情况下，在当地四大行的市场占比40.93%，比年初上升5.46个百分点，排名第一。

【中间业务】实现中间业务毛收入2 628.42万元，增幅为17.74%，完成年初总行计划90.38%；实现净收入2 486.15万元，增幅为21.19%，完成总行调整后计划100.33%，在当地四大行的市场占比25.34%，比年初上升2.95个百分点。

【资产质量】五级分类全行不良贷款余额为3.1亿元，比年初增加0.26亿元；不良贷款率为3.59%，比年初下降0.11个百分点，不良额和不良率分别比总行控制计划低0.1亿元和0.08个百分点。不良资产处置额1.15亿元，其中核销不良贷款1 719万元；不良资产现金回收额4 554万元，超值现金回收额963万元，超额完成总行计划。

【经营效益】全行实现税前利润24 472万元，同比增加9 583万元；实现拨备前利润31 080万元，同比增加7 324万元，人均利润35.08万元。实现主营业务收入6.14亿元，贷款利息实收率98.23%。

【战略业务】外汇存款557万美元，折合人民币3 816万元，结算业务量2 658万美元，完成总行计划的347%；电子银行个人客户新增21 729户，对公客户新增941户，电子银行产品种类、业务功能在金融同业中排名第一；贷记卡新发放2 053张，交易额6 292万元，完成总行计划的157%；个人VIP客户增长迅速，全行VIP客户5 574户，比年初增加2 755户，增长98%。

二、主要工作举措

【联动营销，对公业务稳健发展】一是整体营销发力。针对大项目、大企业，由分行领导担任“首席客户经理”，成立八一、能源、矿业、交通、社保等六个任务型营销团队，建立由分行领导、经营部门总经理、支行负责人组成的“三位一体”营销体系，用心、用情、用智营销，全力向主要政府部门和重点企业公关，通过高层会晤，充分发挥人脉资源优势和团队整体合力，不断拓展与客户合作的深度和广度，推动了对公业务和对公存款发展。二是加大投放力度。坚持早投放、早见效的原则，根据年底项目储备情况，年初早谋划，加强与相关部门沟通，主动汇报，争取支持，落实责任，把握好全年信贷投放节奏，抓好有效信贷投放。三是优化信贷结构。自觉服务国家宏观调控政策，严格执行总行关于推进信贷结构调整的要求，转变观念，创新思路，以变应变，顺势而为。积极营销华能集团、青藏铁路公司、果多电站、那曲物流中心等重大客户和项目，促进了资产、负债业务的发展和信贷结构的调整。

【加快转型，个人金融业务大发展】一是提升网点销售能力。以网点转型为契机，加强联动营销。同时增加营业网点硬件配置，使网点销售能力显著增强，客户满意度明显提升。二是做实“经营客户”工作。以服务吸引客户，以真诚留住客户，以细节感动客户，培育优质忠诚客户群，提升客户价值贡献度。制订一系列切实可行的业务营销方案，通过广播、报纸、海报和悬挂横幅等方式广泛宣传。加强与合作单位的协调、沟通，积极拓展合作领域，重点与房地产开发商、合作建房单位联系，加强对存量客户的分析和对潜在客户的挖掘，为我行个人贷款增长提供了更多的优质客户和房源。三是瞄准中高端客户和潜在优质客户。通过适时发送短信、电话推介、大堂经理现场营销、客户经理上门营销等方式，挖掘客户潜力，提升营销的效率和效果。

【完善考核，提升价值创造能力】一是按照“分类定位，突出价值，兼顾效率，战略导向”的原则，修订绩效考核办法，针对不同层次制定不同的“经营绩效”考评指标，引导人才向业务密集和科技含量高的部位集中，使全行业务持续健康发展；二是对公司、个人、保全等业务条线分别考核，重点考核战略性业务增长和传统业务的增量绩效；三是加大集中采购力度，节约费用开支。按照“稳步推进、节约支出”的原则，拓宽集中采购覆盖面，据统计，全年共对160个项目实施集中采购，节约费用支出543万元。

【强化管理，风险内控明显增强】一是强化信用风险监控，进一步加强信贷资产十二级分类工作和授信业务监测，及时揭示风险和经营管理的薄弱点；个贷清收系统成功上线，不良贷款经营向分行集中，单元制改革有了新突破。二是全行借助风险系统分析计量工具、数据模型，加大对重点行业、区域、客户和信贷品种进行跟踪监控和系统性风险的研究，为指导全行信贷结构调整和系统性风险防范发挥了积极作用。三是提高操作风险防范能力。制定了《操作风险管理实施细则》，做到组织、人员、工作到位，初步搭建起我行操作风险管理体系的“三道防线”。开展会计与营运安全大检查，操作风险监控检查由关键风险点监控检查为主转变到对全面操作风险的监控检查。四是充实风险管理人员。在配备风险主管和兼职风险经理的基础上，2008年在各条线主管部门又聘任了13名兼职风险经理，全行风险管理条线从业人员达到61名，为全面风险管理打下了良好基础。

【积极应对，提升处置能力和奥运服务水平】拉萨“3·14”事件发生时，分行立即召开紧急会议，启动应急预案，成立应急领导小组和护行队，分行领导靠前指挥，组织员工将资金、账簿、重要空白凭证安全撤离，确保全行无人员伤亡和无重大财产损失。事件平息后分行率先在金融同业中为以纯专卖店发放专项贷款100万元使其恢复生产经营，受到自治区党委政府的肯定和广大客户的好评，继而向受损商户共发放专项贴息贷款160笔，累计金额5 441万元，以实际行动维护稳定、促进发展。

2008年12月，西藏自治区分行与中国人寿保险公司西藏分公司签订合作协议。

确保奥运期间安全营运和做好奥运金融服务工作是全行的重要工作。全行按照监管部门和总行奥运服务与安全运营保障各项工作的部署和要求，完善各项应急方案，按计划组织开展了应急演练，全面检验了各级机构和人员的整体应急水平，进一步增强了应对突发事件的能力。奥运期间，全行做到了服务良好、保障有力、运营安全。

【教育培训，队伍建设新成效】按照总行党委的统一部署，深刻剖析全行在科学发展中的实际问题，制订切实可行的整改方案，精心组织干部员工对检查分析报告和整改方案满意度测评，虚心听取各方面的意见，扎实抓好整改落实工作。

举办警示教育活动，组织全行广大党员和领导人员集中观看警示教育片《诱惑的黑洞》等，通过观看原中国银行副董事长、中银香港总裁刘金宝从一个功臣到罪犯腐化堕落的轨迹和一系列触目惊心犯罪事实的剖析，引起大家深刻的反思，纷纷表示要把“认认真真学习、老老实实做人、干干净净做事”作为座右铭。

广泛开展员工行为规范、职业操守教育和业务培训。认真开展建设银行战略愿景、核心价值观及风险合规理念的学习活动，全行共有560余人参加总行举行的《员工手册》考试，95分以上员工占16.44%，有效地提高了员工职业素养。全行参加总行和银行业协会组织的境内外业务培训394人次，分行各项业务培训1 393人次，员工整体业务素质有了一定的提高，保证了业务系统成功上线和新业务顺利开展。

【承担责任，为建设和谐社会作出新贡献】全年组织开展了创建“全国文明卫生”城市活动、“优质服务无缺陷，客户满意零投诉”、“我为提高服务水平献计策”活动、“迎奥运文明规范服务系列活动”，健全服务制度，优化服务流程，强化服务监督，服务质量和客户满意度有了明显提升。拉萨冲吉路支行被评为全国级青年文明号，拉萨冲吉路支行、城西支行和昌都分行被授予2008年度“中国银行业文明规范服务示范单位”荣誉称号。精神文明建设硕果累累，有力地推动了各项业务发展。

关心弱势群体，积极承担社会责任。“中国贫困英模母亲”资助计划正式启动，分行已资助了西藏17位贫困英模母亲。全行员工为四川汶川地震灾区捐款23万元，为西藏当雄地震灾区捐款63 375元。全行为抗震救灾交纳特殊党费、特殊团费70余万元。全行在当地金融同业中第一个开通汇收赈灾款“绿色通道”，免收手续费111.8万元。开展了以“扶贫济困解难事、温暖和谐进万家”为主题的送温暖活动，慰问困难职工41人。一方有难、八方支援，充分展现了建行人的爱心和善举，全行在社会上的影响力和美誉度大幅提升。

执笔：周荣富

审稿：韩文贞

陕西省分行

陕西省分行行长崔滨洲

一、业务发展概况

2008年实现考核利润25.89亿元，同比增加9.25亿元；账面利润在当地工农中建四行中占比30.61%，同比提高3.07个百分点；实现经济增加值13.81亿元，较上年增加7.6亿元，增幅122.38%，计划完成率为157.4%；不良贷款率降至1.8%，较上年下降1.42个百分点；经济资本回报率36.72%，高出总行计划9.3个百分点；拨备覆盖率150.98%，较上年上升了37.31个百分点。KPI考评全国建设银行系统排第二名，等级行考评综合排名第15位，较上年提升了5个位次。在陕西省和西安市政府对当地22家金融机构综合考评中，分别被评为“优秀金融单位”和“支持地方经济发展最佳银行”。

【资产业务】资产业务跃上新台阶，结构进一步优化。各类贷款余额突破700亿元关口，达到707亿元，四行占比提高4.65个百分点，系统排名前移一位；年新增145亿元，是上年的2.33

倍，系统排名由第24位跃至第12位。公司类新增贷款主要投向交通、电力、军工、煤炭等优势行业，累计回收退出类贷款10.4亿元；A级以上客户贷款占到新增投放量的98%。个人类贷款累计投放47亿元，新增29亿元，计划完成率达到103%。个人住房贷款新增占个人类贷款新增的95%以上，系统新增排名由第17位上升到第13位，新增额和余额稳居同业第一位，传统优势得到进一步发挥。

【负债业务】负债业务亮点突出，实现了超常规增长。各项存款余额1 674亿元，同业位次由第三位上升到第二位，全国建设银行系统排名由第16位上升至第15位；各项存款新增497亿元，是上年新增的3.87倍，计划完成率达448%；年新增额以37.68%的市场占比居四大行第一位，系统排名第七位，创出历史最好水平。西安地区各项存款新增市场占比高出第二位的工商银行5.4个百分点，领先优势进一步扩大。有2个地市行一般性存款实现了余额位次前移，7个实现了新增位次前移，2家行做到了同业新增第一。

【中间业务】中间业务收入稳步增长，与当地第一位的工商银行差距缩小。全年共实现中间业务净收入6.85亿元，完成计划的100.2%。毛收入与当地第一位的工商银行差距仅有1 900万元，四行占比30.43%，与上年相比，与第一位工商银行的差距缩小了1.06个百分点。西安地区中间业务实现了同业第一位。

【其他业务】重点和战略性业务的市场竞争力和系统考核位次有了提升。委托性住房存款新增11.55亿元，公积金个人住房贷款新增7.7亿元，均排名同业第一；全年贷记卡累计发卡19.92万张，四大行排第一；代理保险业务继续保持同业第一；AUM300万以上的顶端客户新增567人，达到1 139人，全国建设银行系统内排名由上年的第21位上升到第17位，人均金融资产额系统排名第一；外汇存、贷款增幅系统内排名分别为第五位、第六位，较上年各上升6位和18位，国际业务结算量、结算收入同比分别增长41.20%、165.13%，与同业第一的差距进一步缩小。

二、主要工作措施

【实施动态考核激励机制】

坚持把经营目标确定的基点放在市场上，调整优化考核激励体系，建立了以系统贡献和同业占比等相对竞争指标为衡量标准的考核体系。变静态计划为动态考核，在二级分支行深入开展核心业务劳动竞赛、对手赛活动以及领导人员任期考核制度，鼓励争先创优，持续竞争。充分挖掘基层网点的经营潜力，将全省网点分为三个竞赛区，按销售量排名，实施“标杆管理”管理，全力营造“比学赶超”的良好氛围。坚持费用配置向前台一线和业务条线倾斜，全面推行“买单制”，加大直接激励力度，减少中间环节。坚持业绩考核的用人原则，拓宽员工职务晋升通道，允许一线网点业绩突出的负责人上挂一档技术职务。对获得省行优秀员工称号且符合总行有关规定条件的，允许劳务工转为短期合同工、短期合同工转为长期合同工。

【统筹兼顾，适时调整经营策略】2008年，宏观经济形势变化很快，年初还是“两防”，年中变成了“一保一控”；进入第四季度，由于美国次贷危机和金融风暴对我国实体经济的冲击，中央出台了4万亿元经济刺激计划，实施积极的财政政策和适度宽松的货币政策。面对复杂的外部环境，陕西省分行始终坚持“发展是第一要务”的治行策略，把握形势，统筹兼顾，在具体经营策略上也作出了相应调整。

一是将负债和中间业务的竞争力提升摆在突出位置。年初，陕西省分行将不受或少受宏观政策影响的基础性业务摆在突出位置，资源摆布、费用配置和业务考核重点突出了负债和中间业务竞争力的提升，集中力量抓存款、争份额。全年各项存款新增497亿元，是上年新增的3.87倍，四大行占比37.68%，位居第一，实现了负债业

2008年5月21日，陕西省分行领导在地震后的宝鸡分行调查受灾情况。

务的超常规发展。

二是资产业务坚持“有保有压”，加快结构调整。面对上半年“两防”的紧缩政策和贷款规模受到严格控制的形势，加强信息沟通，及时掌握政府经济工作思路，资金需求按轻重缓急和重要程度进行分类排队，额度控制分管行长一支笔，通过银团贷款、加快存量贷款周转和推广融资替代性产品等多种形式，缓解规模压力。累计设计发行“利得盈”、“乾图理财”、“票据理财”等理财产品42.75亿元，释放了近30亿元的信贷存量规模，努力确保了分行在重点区域、行业与客户的优势地位和信贷供求的基本平衡。

三是紧跟政策变化，加大贷款投放力度。进入10月以后，中央宏观调控政策发生了重大转变，陕西省分行根据总行统一部署，及时调整信贷政策，推行了“下级行一次申报、上级行一次审批”等措施，加大信贷投放。从10月23日作出决策安排到年底的两个多月时间里，新增贷款投放57.69亿元，占到了全年新增贷款的39.72%，有效地服务了地方经济“保增长”的需要。

【加快网点改造与转型步伐】紧紧把握总行在网点建设加大投入的政策契机，研究区域布局，支持重点地区、资源富集地区改变硬件设施相对落后的状况，对距离相近的低产网点合并整合，腾出机构编制迁址、新建。加快县域网点的综合柜员制推广，实行对公对私综合经营，提高网点资源利用效率。中心城市行重点推进大门面和多功能的精品网点的建设，实现高低柜、简单复杂业务相分离。提升客户的差异化服务水平，成立了面向顶级高端客户的财富中心。全年陕西分行累计投入2亿多元用于改善硬件服务设施。共购置21个网点，网点自有率较年初提高4.92个百分点；装修改造114个网点，设立自助银行8个，安装离行式自助设备41台。完成了162个网点的转型工作，累计已转型网点达到291个，占全部网点的79%；64个网点升格为支行，网点型支行总量达到217个，占比58.65%。

【强化内部控制和风险管理】强化层级责任，建立起了从行长到柜员的风险防控体系，层层签订“保包责任书”，规范明晰了各层级的操作风险和案件防控责任。充实了基层行的专、兼职督导岗，开展了网点内部控制评价试点。成立西安经营管理部，对西安城区中后台事务的集中管理；全面推行了信贷方案集体会诊制，有效地防范了信贷风险的产生。整改工作力度进一步加大，内部审计项目整改率96.56%，外部审计检查项目整改率100%。强化了对前台的风险监控，柜面差错率控制在万分之0.4以下，重大差错占比由年初的27%下降到15.75%，位居全国建设银行系统前列。

【积极开展抗震救灾，履行社会责任】“5·12”汶川大地震后，陕西省分行在做好生产自救的同时，先后向灾区捐款和交纳特殊党费共计376万元，并紧急安排12.25亿元贷款用于支持宝成铁路抢险、灾区受损道路整修、救灾帐篷生产和保障电力、煤炭的生产供应；向安康地区投入扶贫资金78.7万元，建设一所希望小学，并捐赠40万元用于受损校舍的加固维修工作，有力地支持了灾区重建。与此同时，陕西省分行针对小企业融资难的问题，按照“信贷工厂”和“流程银行”的管理要求，完成组建了小企业经营中心，当年投放贷款1.4亿元，积极探索业务转型和新业务增长点，展现了国有大型商业银行良好的企业社会责任。陕西省省委、省政府明确提出把支持建设银行小企业专门经营机构列入2009年全省支持地方经济建设的主要措施之一，在社会各界引起了很大反响。

执笔：侯　鉴

审稿：何宇欣　薛峰光

甘肃省分行

甘肃省分行行长康义

一、业务发展概况

2008年，实现考核利润11.77亿元，完成总行下达年度计划的135.19%；实现经济增加值5.21亿元，完成总行下达年度计划的183.56%，创历史最好水平。存贷利差4.95%，同比增长0.36个百分点；贷款收益率7%，同比增长0.8个百分点；经济资本回报率26.82%，完成总行下达年度计划的119.52%。

【公司业务】截至2008年末，公司客户贷款余额346.5亿元，比年初新增69.8亿元，占全行对公贷款新增额的116.10%；公司客户存款余额为224.03亿元，比年初增长65.23亿元，增幅达41.08%，完成全年公司存款新增计划的354.51%，占全行对公存款新增额的52.10%；全行票据贴现余额比年初新增6.02亿元，累计贴现票据比上年同期少贴现17.87亿元；公司业务中间业务收入创历史最好水平，完成全年净收入计划的129.91%。

【个人金融业务】截至2008年末，个人本外币存款余额达到383.08亿元，较年初增加85.30亿元，创历年最好水平。网均余额1.50亿元，较上年同期增加0.32亿元；网均新增0.33亿元，较上年同期增加0.31亿元；个人中间业务收入较上年同期减少1.76亿元，所均收入82.33万元。其中，销售寿险8.4亿元，各类理财产品52.42亿元，个人黄金业务累计综合交易额为21亿元，借记卡本年累计新增发卡89.76万张，消费交易额累计达到39.79亿元，基金销售41.15亿元。全行信用卡累计发卡11.26万张，持卡客户达到10.34万户，其中本年净增发卡4.62万张，净增客户4.18万户，增幅达30%。实现信用卡消费交易额6.73亿元，同比增长179.25%。新增商户1 637家，完成全年商户拓展任务的163.70%。信用卡活动账户56 069户，本年新增30 634户；账户活动率达到54.19%，较年初提高15.8个百分点，比全国建设银行平均水平高2.8个百分点，排名第12位，较年初提高23个位次。

【房地产业务】对公房地产贷款余额为7.61亿元，较年初下降1.05亿元，全年新投放贷款3.19亿元，不良贷款率为18.35%，较年初下降5.81%。全行个人贷款余额为27.08亿元，较年初新增4.8亿元；个人贷款不良额0.99亿元（含个人买方信贷），较年初下降0.33万元；不良贷款率为3.64%，较年初下降2.28个百分点；房改金融业务存款余额82.98亿元，较年初新增13.08亿元；公积金贷款余额19.71亿元，比年初新增5.67亿元；住房维修基金签约客户新增35户，发放住房公积金联名卡12 713张。我行住房资金归集余额和当年新增在全省金融同业中排名第一。

【中间业务】中间业务因受经济环境的影响，整体收入有所下降。2008年，实现中间业务净收入3.56亿元，完成总行年度计划的95.6%，同比下降20.53%；人均实现中间业务4.82万元；收入总量和市场占比均为甘肃银行同业第二位。

【国际业务】外汇存款余额2 600.47万美元，较年初新增379.82万美元，完成计划的182.61%，四行占比居第二位。全行外汇贷款余额3 353.11万美元，比年初下降15 864万美元，同比降幅为82.5%。国际结算业务取得新突破。国际结算业务量同比增长3.13%，国际结算收入同比增幅为125.95%。累计完成国际结算量13.56亿美元，比上年同期增长4 112万美元，同比增长3.13%；国际结算量四行占比为19.99%。经营效益进一步提高，外汇中间业务收入实现翻番，比上年同期增长1 150万元人民币，同比增长70.21%，完成全年综合经营计划的123.16%。

【资产质量与风险控制】不良贷款余额为9.99亿元，比年初下降7.87亿元，完成总行下达年度计划的171.14%；不良贷款率2.5%，比年初下降2.84个百分点，完成总行下达年度计划的162.68%。全年处置各类不良资产12.34亿元，剔除未纳入年初计划的"建元2008－1重整资产证券化"项目2.5亿元，累计处置各类不良资产9.82亿元，完成总行下达年度计划的112%。不良贷款处置比例达60%，分别较2006年、2007年高31个百分点和16个百分点，创历史最高水平。

【其他业务】资产保全系统累计处置各类不良资产12.34亿元，完成总行计划的112%。不良资产现金收回3.43亿元，完成总行计划的114%。公司类不良贷款户数由年初的326户减少为206户，户数退出率达到36.81％，退出列入信贷结构行业调整计划的共计120户，合6.47亿元，完成结构调整行业退出计划的120%。2008年末，全行共受理审批审定公司类、个人类和信用评级等各类信贷业务10 312笔，是甘肃省分行历史上审批最多的一年。对公客户整体评级覆盖率达到100%。

二、主要工作举措

【夯实客户基础，推进战略转型，全力以赴加快业务发展】抓客户管理，夯实发展基础。一是加强对存量客户的分层分类管理。二是对重点客户逐户、逐项业务制定量化的发展目标和个性化的营销方案。三是筛选新的优质目标客户并进行大力拓展。四是深化市场调查和研究工作，全面掌握目标客户群的市场分布状况，据此确定重点营销的目标清单，落实分户营销责任。

抓营销机制的改革和建设。一是加快对公经营职能的整合工作，上移对公业务经营重心，增强二级分行本部和省分行的直接经营功能，设立兰州小企业经营中心，实现兰州地区小企业信贷业务的集中经营。二是增强营销的组织化程度，切实加强内部信息交流和沟通，建立联动营销的机制，整合营销资源，集中营销力量，形成营销合力。三是实施综合营销，改变过去向客户营销单一产品的倾向，在充分挖掘分析客户需求的基础上，为客户提供一揽子解决方案。

抓结构调整和战略转型。一是坚持业务发展与结构调整并重，推动对公资产业务的高质量发展。加强区域调查研究，在计划安排、资源配置、考核激励等方面实行分类管理，实施差别化的指导与服务。二是立足于甘肃经济发展的实际，坚持支持"两基一柱"行业，积极介入当地优势产业。三是加大个人贷款营销力度，提升个贷业务市场竞争力。以个人中高端客户为重点，以房产抵押为主要担保方式，加强贷款用途管理，稳妥开展个人消费贷款业务。四是加大个人中高端客户的营销力度，以增加新的优良结算户为营销重点，努力增加结算性资金沉淀，优化存款结构。五是积极应对市场变化，推进中间业务加速发展。六是加快发展银行卡、电子银行、国际业务、投资银行等转型业务，大力发展企业债、信托理财、租赁等业务。

2008年5月23日，中国建设银行行长张建国在甘肃省分行皋兰路支行了解受灾情况。

2008年6月25日，中国建设银行副行长罗哲夫在北京钓鱼台出席读者出版集团有限公司与中国建设银行战略合作协议签约暨"读者龙卡"发行仪式。

【大力压缩不良贷款，进一步提升风险管理水平】一是继续实施推进省分行领导“包行挂项”制度，明确攻坚的重点行、重点客户和重点项目，综合运用重组、法律诉讼、呆账核销、资产证券化等多种手段，加强不良资产的现金回收。二是严格执行信贷审批标准，严把准入尺度，从审批的源头上控制住对不符合国家产业政策、投资过热行业的贷款投放。三是切实加强贷后管理，坚持按月监测通报和信贷风险监管重点联系行等制度，加大现场监管和非现场监管力度，深入排查存量贷款中蕴藏的风险，采取有效措施，避免其转化为现实风险。四是加强信贷经营环节的风险管理，坚决控制新增贷款出现不良。

【加强风险内控，实施精细化管理，为加快发展打实基础】一是在全行开展“合规年”活动，真正落实员工合规自查报告制度。二是持续抓好内外部审计、检查发现问题的整改工作，从制度和落实上查找原因，推动内控机制的完善和内控措施的落实。三是加强对重点部位、重点环节、重点岗位、重点时段的监测和防范，加强对规章制度执行情况的监督检查。四是启动重塑会计基础管理系统工程，从管理人员配备、严格从业人员上岗资格、制度执行、业务检查、整改反馈报告及会计人员素质的提升等方面系统地加强会计基础工作。五是进一步强化财务规范管理意识，严格杜绝核算不规范、授权执行不严格、财务管理混乱等现象。

【加大改革创新力度，为加快发展增添动力】完善人力资源管理机制。一是贯彻精减中后台保障部门人员、向营销和客户服务岗位转移的人力资源配置政策，充实业务经营一线的力量。二是通过用人制度改革，突破传统人事管理制度对经营管理的束缚，解决职务能上能下、人员能进能出问题。三是引导员工正确对待职业生涯发展目标，鼓励员工走专业化的道路，培养适应业务发展要求的各类人才。四是实施网点负责人内部职能改革，充分激励一线网点人员干事创业的积极性。

深化制度改革，加快流程再造。一是梳理各项运行机制、工作流程和管理办法，加强中后台建设，再造业务流程，推行后台业务流水作业机制，切实发挥营运条线大后台的支持保障作用。二是完善资源配置和分配机制，体现战略导向。坚持和优化以业务发展为核心的营销资源配置机制，努力提高财务资源的利用效率和投入产出水平。三是坚持和完善“买单制”分配模式，提高机制的科学性和有效性，充分发挥分配机制对全员的激励约束作用。

深化服务和产品创新，提高服务质量和效率。一是制定标准化的服务流程来面对普通大众客户，依靠人性化的服务，提高客户的友好程度。二是对现有的产品进行摸底，进一步加强对目标客户的市场需求分析，加快产品创新，完善产品功能。三是加强渠道建设，进一步加强网点调整优化力度，建设精品网点，加快零售网点转型，加大自助设备投放力度，强化电子银行业务的推广和营销，进一步提高服务质量和效率。

发挥科技服务的支撑保障作用。一是深化对重要系统网络运行环境、资源、数据等方面的研究，进一步完善应急措施和环境，切实做好信息系统运行保障工作。二是重点加强对网点运行和维护的保障能力，提高服务响应效率。三是做好本地特色业务的创新支持，为新业务拓展提供技术保障，要配合全行经营管理机制的深化改革，积极开发支持管理工作的软件和系统，以提高全行的整体服务和管理效率。四是加强全行信息技术队伍建设。

执笔：买　曦　王　岩

审稿：艾尔肯·艾则孜

青海省分行

青海省分行行长郭继庄

一、业务指标完成情况

实现税前利润5.13亿元，经济增加值2.14亿元，经济资本回报率为24.4%，成本收入比为46.54%，控制在总行计划之内。

实现中间业务净收入1.25亿元，完成总行计划的101.7%，为历史最好水平，居同业首位。

本外币一般性存款余额为366.96亿元，比年初新增63.62亿元，完成全年计划的332.78%，余额、新增额四行占比分别为36.21%和31.93%。其中，对公存款较年初新增29.18亿元，余额、新增额四行占比分别为39.57%和31.58%；个人存款较年初新增34.44亿元，余额、新增额四行占比分别为31.92%和33.04%，一般性存款、对公存款、个人存款的余额和新增额均居当地四行占比第一位，新增额及增速创历史新高。

各项贷款余额为193.19亿元，较年初增加44.84亿元，完成总行计划的151.77%，余额、新增额四行占比分别为37.49%和38.33%，均居当地第一位。其中，非贴现公司类贷款新增40.53亿元，完成总行计划的144.04%；个人类贷款新增1.54亿元，完成总行计划的109.84%。不良贷款余额2.54亿元，比年初下降2 998.63万元；不良贷款率为1.32%，比年初下降0.6个百分点。

二、业务发展概况

【公司业务快速拓展】紧紧把握中央扩大内需、促进经济增长、支持藏区发展等宏观政策调整机遇，及时跟进省政府各项政策措施，举全行之力，拼营销、抓项目、争投放、抢份额，重点加大对符合国家产业政策的水电、盐化工、能源、有色及城市基础设施等行业的投放力度，全年累计投放贷款226亿元，较上年多投放68亿元，其中纯新发放64.62亿元，同比增加30.33亿元；贷款主要投向盐湖钾肥、黄河公司、水电四局、桥铝股份、亚洲硅业等优质客户，A级（含）以上对公客户贷款余额占比达91%，比年初提高6个百分点。充分利用货币政策趋紧、信贷资源紧缺时段的有利时机，着力增强议价能力，新发放特大型、大型企业执行基准及上浮利率的占66.7%，对公存贷利差较上年提高2.61个百分点。加强战略合作，与开发银行、邮政储蓄银行等金融同业，西宁经济技术开发区、柴达木循环经济试验区等政府平台，黄河公司、西宁特钢、稀贵金属等重点企业建立战略合作关系，签约金额达573亿元，进一步增强了可持续发展能力。

2008年8月25日，青海省分行与西宁特钢稀贵金属公司签订战略合作协议及联合贷款协议仪式。

2008年12月10日，青海省分行与开发银行签订全面合作协议。

【机构业务亮点纷呈】成功营销西宁市武警支队、边防总队，新增军队武警客户17户，存款新增20.08亿元，“八一工程”取得有效进展；赢得海西州、共和、平安等财政国库集中支付业务代理银行资格，新增中央及地方预算单位零余额账户48个，实现代理财政业务量57亿元，市场份额达50%以上；与46家地方财政预算单位签订了公务卡服务合作协议，累计发行公务卡1 970张，市场占比达到40%；代理保险、鑫存管、百易安及财务顾问等业务迅速发展，财务顾问业务收入达到1 006万元，市场份额均居同业首位；资产业务取得新进展，向省内高校和“三甲医院”发放贷款1.67亿元；企业年金托管业务突破坚冰，取得西部矿业集团公司和水利水电集团公司企业年金的托管资格。

【个金业务增势喜人】抓住资本市场资金回流的有利时机，加大吸存力度和产品营销，个人存款发展增速创历史之最。大力营销理财产品，实现黄金交易额5.31亿元，销售“利得盈”15.88亿元，分别完成全年计划的884.4%和635.2%。在同业中率先发行“电力龙卡”和“公积金龙卡”，积极推进“铁路龙卡”，成功开办税务、保险POS机代收业务，银行卡发卡量和消费交易额快速增长，商户收单市场份额大幅提升，账户活动率居系统内第六位。大力拓展政府部门领导及大型国企高管人员、民营企业家等高端客户，个人金融资产300万元以上顶端客户新增81户，高端客户月日均金融资产较年初增加3.36亿元。强化电子银行市场推广力度，加快渠道迁移，新增企业网银代发工资106户、网上商户2户，客户数、交易额、中间业务收入均大幅增长，超额完成全年计划。

【房金业务持续领先】积极应对房地产政策调控和楼市变化，深入开展营销活动，营销按揭贷款合作楼盘项目65个，自营性个人住房贷款新增1.56亿元，余额和新增额均居当地同业第一位。成功营销西宁市房产局住房保修基金业务，委托性住房存款新增4.2亿元，公积金贷款新增1.83亿元，余额和新增额继续保持省内四行第一。积极创新产品，成功推出了代发工资账户个人小额质押贷款，业务种类进一步丰富。

【中间业务跃居同业之首】进一步完善考核办法及激励政策，扩大计件工资激励范围，适当提高了市场竞争激烈、营销难度大的产品计件工资挂钩比例，充分调动了全行上下的营销积极性，中间业务在外部市场困难的情况下逆势而上，快速发展，收入跃居同业首位，对公、个人条线分别实现中间业务净收入5 465万元和4 761.71万元，代理类、银行卡类、咨询类、结算类、担保类、房改金融产品类收入超过1 000万元，充分发挥了主力军作用。托管类、咨询类、电子银行类、委托类、房改金融类、担保类、黄金类增速超过100%，成为中间业务新的增长点。

【国际业务稳步发展】积极开展本外币一体化联动营销，为桥头铝电公司发放外汇信托收据贷款4 499万美元，自营性外汇贷款业务实现“零”突破。代理进口信用证、出口托收业务、外汇信托收据贷款等业务均取得有效进展，外汇贷款余额居当地四行首位。成功营销真兴—爱依斯电力有限公司1.84亿港元项目资金及西部铅业有限公司1 500万美元结算业务，全年实现国际结算量34 487万元、结售汇量22 539万美元，国际结算业务量和结算收入超额完成总行“双超”计划。

三、主要工作举措

【突出价值管理，经营效益持续向好】不断健全和完善财务管理机制与绩效考核分配体系，充分发挥资源配置对业务发展的支持作用，财务资源重点向渠道建设、业务转型及重点业务、重点产品、重点客户和重点区域倾斜，保证了公司、机构等传统优势业务的持续推进和中间业务、电子银行等战略业务的快速发展。积极推进全面成本管理，规范费用开支，加大对战略性非人力费用、业务管理费等的管理力度，成本控制能力进一步增强。深入推行全额资金计价，强化资金收益的分析和监测，实现内部资金转移净收入3.65亿元，较上年多增6 522万元。进一步规范采购流程，完善集中采购专家库，完成集中采购135项（次），节约财务资源580余万元。全行经营利润首次迈上5亿元的新台阶，四行占比达62.35%。

【完善服务功能，客户服务能力显著提升】以服务奥运会为契机，进一步完善服务功能，优化劳动组合，强化运营保障，组织开展了“迎奥运”业务促销宣传活动、奥运服务年文明规范服务系列活动，顺利完成了奥运期间各项工作任务。积极推进网点转型，圆满完成当年59家网点转型工作。狠抓转型网点效果固化工作，网点日均产品销售量、服务质量、客户满意度等主要指标均有不同程度的提高。优化网点布局，完善网点功能，加大理财中心、自助银行、自助设备等渠道建设力度，新建理财中心19个、自助银行14家，增加各类自助设备76台，业务分流能力日益增强，网点单产较年初增长3 344万元。大力实施“大厅制胜”营销服务策略，在加强大堂经理队伍建设的同时，组织“神秘人”暗查和95533跟踪监督，并积极开展“客户接待日”和“一日大堂经理”活动，有效地促进了网点服务质量的进一步提升。

【强化风险监测，资产质量稳步提高】继续深化风险管理体制改革，积极实施西宁城区行风险集中管理，全面推进信贷资产风险十二级分类工作，强化操作风险监控检查，风险监测和预警能力有效增强，在2008年度一级分行风险管理评价中综合得分为88.42分，评价等级为A级，系统内排名第三位。大力调整信贷结构，累计收回计划退出客户贷款1.7亿元。稳步推进资产保全业务单元制改革，加大不良资产集中经营力度，成功收回数码网络不良贷款本息6 579万元，全年共处置、盘活各类不良资产16 497万元，实现不良贷款现金回收20 170万元，分别完成总行计划的120%和557%，不良资产专业化、集中化处置的体制优势逐渐显现。积极推进集团客户授信限额审定及个人住房贷款评分卡应用工作，实行授信业务限时审批，审批质量和效率不断提高。不断创新个贷催收手段，积极开展信函催收和委外催收试点，收到良好效果。

【夯实管理基础，综合支持保障能力不断增强】以风险防范和案件防控为重点，以问题整改、责任追究、内控评价为手段，从基础建设、合规经营、违章操作入手，在全辖深入开展了“讲合规、严管理、防风险、促发展”基础管理年活动，基础管理水平得到有力提升。建立案件防控和整改工作责任制和领导责任制，加大整改和问责力度，共对53名责任人员进行了责任追究，发现问题综合整改率达94%。稳步推进前后台分离和后台业务集中，加快配送体系建设，加强IT工作规范管理，系统质量和后台支持能力明显提高。加强会计营运管理，对账单回收率平均达到95%以上，稽核差错率同比大幅下降。加大技防投入力度，完善防火、防盗、防抢各项措施和应急预案，加强自助设备安全巡查，成功堵截诈骗（盗取）案件18起，全年未发生安全责任事故和群体性上访事件。全力抓好“3·14”、奥运会、残奥会、大柴旦地震等关键时段的维稳、运营保障、媒体应对等工作，实现了安全稳定的目标。积极组织合规文化与法制宣传教育活动，深入开展“平安建行”创建活动，17个辖属行被当地政府评为“平安单位”。

【加强领导班子和队伍建设，努力提升企业形象】深入开展学习实践科学发展观活动，在全辖广泛开展了117项调研课题，向社会各界征求意见3 032份，并就新产品推广应用、客户服务专题组织了两场解放思想大讨论，圆满完成了学习调研、分析检查两个阶段的任务要求。加强领导班子和员工队伍建设，加大干部交流力度，组织实施优秀年轻员工挂职锻炼工作，干部素质进

2008年1月18日，青海省分行与青海省财政厅举行公务用卡首发仪式。

一步增强。同时，加强员工培训，加大优秀人才引进力度，人力资源结构不断优化。大力推进精神文明建设，省分行被评为“2008 年度经济运行先进单位”、“2008 年青海企业 50 强”、“青海省 2008 年度上缴税收先进企业”，并荣获“抗震救灾特别支持奖”，辖属 9 个行（部）被中国银行业协会授予“文明服务示范单位”及总行级文明单位荣誉称号。

执笔：徐俐霞

审稿：郭继庄

宁夏回族自治区分行

宁夏回族自治区分行行长李秀昆

一、业务发展概况

2008 年，实现账面利润 6.4 亿元，居当地四家国有商业银行首位，完成总行计划的 114.57%；实现经济增加值 3.3 亿元，完成总行计划的 119.13%，比上年增长了 120%；经济资本回报率为 26.69 %，完成总行计划的 107.02%；成本收入比控制在 40.09%。

【资产业务】各项贷款余额为 245.83 亿元，较年初新增 48.2 亿元，增幅为 24.39%，贷款余额和新增额双双居当地同业首位。其中，公司贷款余额为 223.96 亿元，比年初新增 44.22 亿元；个人贷款余额为 21.87 亿元，新增 3.99 亿元。

【负债业务】全口径存款余额在区内同业首家突破 300 亿元大关，达 332.67 亿元，比年初新增 96.92 亿元，增幅达 41.11%，完成总行计划的 169%。一般性存款新增 68.14 亿元，占当地四家国有商业银行新增额的 46%。其中，储蓄存款余额 128.8 亿元，较年初新增 32.85 亿元，增速居全国建设银行第三位。企业存款余额为 170.67 亿元，新增 35.29 亿元，分别完成总行计划的 328.5% 和 174.96%。同业存款余额为 33.18 亿元，比年初新增 28.78 亿元，增幅达 654.09%，完成总行调整计划的 105.6%。

【中间业务】实现中间业务净收入 19 719 万元，跃居当地同业首位，比上年增加 8 491 万元，增速达 74.29%，居全国建设银行第七位，完成总行计划的 139.09%。中间业务收入占比达到 14.54%，比上年提高了 4.31 个百分点。

【国际业务】完成国际结算量 4 亿美元，比上年同期增加 1.2 亿美元，增幅为 42.86%，完成总行计划的 112.52%，在当地同业中居第二位，较上年提升一个位次。

【其他业务】贷记卡发卡量新增 27 503 张，完成总行计划的 119.58%；消费交易达 4.9 亿元，增长 2.57 倍，完成总行计划的 243.03%，账户活动率达到 55.5%，位居全国建设银行第九位；信用卡业务收入 754 万元，同比增长 2.18 倍；收单商户新增 859 户，完成总行计划的 171.8%，实现商户交易 10 亿元，比上年增加 4 亿元，增幅为 67%；电子银行活跃客户实现交易 787 亿元，增幅达 44.4%，实现收入 165 万元，完成总行计划的 126%。

【资产质量】全行不良贷款额为 33 889 万元，不良贷款率为 1.38%，分别比上年下降 13 739 万元和 1.03 个百分点，严格控制在总行计划之内。

二、主要工作措施

【以推进事业部制为重点，进一步完善经营机制】在分行两大事业部改革取得阶段性成果的基础上，于 5 月初启动了八个直管行事业部改革。在不改变直管行基本运行模式的前提下，对直管行事业部实行矩阵式经营管理。直管行事业部是相对独立的责任利润中心和责任成本中心，分别承担所在直管行个人类和公司机构类业务产品与服务的直接经营管理。各直管行以事业部改革为契机，重组内设部门，整合优化流程，促进前中后台分离，提升了专业专注的经营水平。

加快前后台分离，有效推进网点转型。全年共完成总行60项后台集中业务中的57项，完成率为95%，位居系统前列。完善配送体系建设，配送范围由过去现金单证集中配送和尾箱集中保管扩大到黄金的集中调拨、现金清分整点、离行式自助设备加钞等。配送频率增加了一倍，并为网点提供全年365天的提缴款服务。后台业务集中程度的不断提高，有效地减轻了网点压力，为网点转型创造了条件。截至年末，全行按期完成了今年39个网点的转型任务，并顺利通过了总行网点转型验收小组的验收，为下一步的工作打下了坚实基础。

【建立长效机制，力促存款跨越式发展】一是以存款竞赛活动为引领，加大了市场拓展力度。先后组织开展了“龙卡升级新体验”、“建行与您共赢2008”、“金秋银冬，喜迎丰收”等一系列主题营销活动，有力地促进了存款业务的持续发展。二是明确发展目标，加强考核激励。加大存款各项指标在KPI中的权重，对存款实行滚动考核，从而避免了人为因素使存款大起大落。三是抓住源头，重点突破。利用DCC系统和OCRM系统的客户信息资源，实行个人存量客户“认领制”、细分公司客户和集约化、团队化的专业营销策略，先后营销邮政储蓄银行等一批10亿元以上大客户。四是组织开展“真情为客户，回报在建行”优质服务活动，重点解决了一些影响服务效率的突出问题，使全行服务质量保持在一个较高水平。

【抢抓机遇，信贷业务强势投放】分行抓住宁东重化工基地和太中银铁路建设的契机，加大对电力、煤化工、能源及基础设施建设等优势行业的信贷力度。重点支持了太中银铁路公司、神华宁煤集团、宁夏天净风力发电有限公司等数十项国家和自治区重点项目和企业；积极选择支持了宁夏广播电视总台、北方民族大学、宁夏医学院附属医院、宁夏大学等一批重点机构客户；以“速贷通”和“成长之路”为拳头产品，推广仓单、保单、票据、经营权等质押，加大了对建材市场、工业园区、科技园等经济区域的拓展力度；支持了宁夏起重机有限公司、宁夏嘉洋新型建材有限公司等一批优质中小企业客户；不断创新个人贷款营销模式，实现了以个贷中心营销为主向营业网点营销为主的转变，全年累计投放个人贷款11.5亿元，有力地促进了个人消费市场的繁荣。

2008年9月9日，中国建设银行监事长谢渡扬一行在宁夏回族自治区分行视察调研。

2008年8月3日，在宁夏人民大会堂，宁夏回族自治区分行荣获“宁夏改革开放30年行业功勋奖”，李秀昆行长荣获“行业特别贡献人物”。

2008年9月8日，宁夏回族自治区分行与宁夏富宁集团签署合作协议。

积极推进信贷结构调整，制定了信贷结构调整指导意见，下达了“两高一剩”等总行限制性行业和客户信贷退出计划，新增贷款中，有90%以上投向AA级客户。信贷结构的优化有力促进了收入的增长，全行贷款利息收入达到17.62亿元，比上年增长了32.7%。

【产品创新引领，战略性业务全面突破】制定了中间业务同业争第一的目标。实行中间业务单独计划和考核激励，将110多种产品纳入买单范围，从机制上保证了中间业务的跨越式发展。一是做强基础产品，加大了银行卡、结算业务、造价咨询等传统业务的发展。2008年审价咨询业务在条线化改革的基础上，实现收入601万元，比上年增长33%；借记卡发卡当年新增25万张，实现收入近千万元，比上年增长了51%。二是积极拓展代理业务，先后与太平洋保险公司、中国人寿保险公司合作，使“银保通”业务覆盖了全区所有保险公司，全年手续费收入达500万元。三是加快产品创新步伐，开通个人实物黄金买卖业务和海关电子口岸“银关通”业务；营销了宁夏银行的年金托管与账管业务；投资银行业务取得突破，办理了第一笔1 000万元“一对一”信托理财业务；为神华宁煤集团和哈纳斯天然气公司发行“利得盈”信托理财产品二期共7亿元，有效地解决了客户的融资需求；不断拓展国际业务领域，确定重点营销目标，成功营销宁夏商业外贸公司、昊凯生物公司、宁夏中美合资永威炭业等一批新客户，完善客户沟通机制，及时掌握企业生产经营情况和外汇产品需求，适时推出了转贷款、贸易融资、信托收据贷款、速贷通、出口托收贷款、出口商业发票融资等业务品种，使单一的结算产品逐步向以贸易融资产品为主导、多元化的产品组合转变，促使宁夏神华煤业集团有限责任公司8 500万美元转贷款项目和宁夏财政厅中德防护林转贷款项目相继落户建设银行。

【重点突破，不良贷款控制取得实效】一方面实行上下联动，团队化作业。推行重点不良贷款大户行领导挂钩帮扶制，加大了对十大不良和关注类贷款的盘活处置力度。现金收回宁夏电投钢铁有限公司和吴忠市土地收购储备中心不良贷款5 440万元。凡重大关注类贷款项目由客户经理和风险经理落实贷后管理，落实风险监控职责，做到严防死守，从源头上避免了不良贷款“前清后冒”的现象。另一方面通过在KPI和风险管理评价体系中增设退出率指标，提高KPI和等级行评定中控制不良指标的考核权重，并将控制不良的结果与行（部）领导班子年薪挂钩，对全行所有不良贷款和潜在风险较大的贷款逐户落实清收处置责任人，加大督促力度，累计回收处置各类不良资产34 598万元，完成总行计划245%，实现了不良贷款的额、率“双降”。

【强化基础管理，实现安全运营】认真落实案件防控及整改方案的各项措施，严格执行岗位交流制度，通过岗位竞聘使网点负责人的交流面达80%以上；加强员工动态管理，全年两次开展了员工行为排查，及时消除了不稳定因素；积极推行一级分行集中对账工作，全行账户和重点账户对账率分别达到91.20%和98.89%，从根本上解决了长期以来对账率低的问题；加大监督检查力度，组织开展了会计营运、信贷风险、合规综合等专项检查，对检查及内外部审计中发现的问题及时督促整改，并加大了责任追究力度，全年共对87个机构、1 951人次进行违规积分，有效地防范了操作风险的发生；全力做好奥运及自治区五十大庆期间的安全服务工作。截至年末，全行连续52个月没有发生案件和重大责任事故，为各项业务跨越式发展提供了重要保证。

【坚持以人为本，构建和谐建行】在全行开展深入学习实践科学发展观活动，结合实际制订出活动实施方案。通过开展学习调研、分析检查两个阶段的活动，全行对客户服务、基础管理、结构调整、工作作风等八个方面的突出问题做了重点解决，取得了初步成效。

加强领导班子和员工队伍建设。圆满完成全行基层机构负责人公开竞聘工作。对全区60个网点的领导班子和42名原正职人员进行了调整，调整率分别为75%和52.5%，进一步优化了网点负责人队伍的知识和年龄结构。加强对各级领导人员的教育和引导，认真落实领导人员谈话制度，加强员工队伍培训，全年共完成培训项目96期，培训5 508人次。加强民主管理，选举产生了分行系统新一届职工代表125名。积极开展送温暖活动，各级工会建立了困难员工档案，全年共慰问救济困难员工191名，发慰问金27.2万元。2008年分行被中华全国总工会授予“全国五一劳动奖状”，获得“宁夏改革开放30年行业功勋奖”，李秀昆行长被评为“宁夏改革开放30年行业功勋人物”。

宁夏回族自治区分行

新疆维吾尔自治区分行

新疆维吾尔自治区分行行长张涛

一、主要业绩

2008年，新疆维吾尔自治区分行全年实现税前利润11.3亿元，完成总行计划的98.67%；实现账面利润9.57亿元，占当地五家主要商业银行利润总额的24.87%，排名第二位；实现经济增加值5.07亿元，同比增加1.71亿元，增幅为50.89%，完成总行计划的100.16%。

全口径存款余额827.55亿元，当年新增58.3亿元。其中，一般性存款余额达到800.55亿元，新增83.51亿元，完成总行计划133.24%，余额、新增占比同业排名第二。各项贷款余额达387.11亿元，当年新增34.4亿元，增长9.75%，创近三年最高水平；公司、个人贷款日均新增均超额完成总行计划，分别达到134%和138%，余额、新增占比双双稳居同业首位。

不良贷款额13.11亿元，比年初减少2.22亿元，完成总行计划的117.73%；不良贷款率3.39%，比年初下降0.96个百分点，连续四年实现"双降"，低于同业平均水平0.81个百分点，继续保持领先优势；当年新发放贷款的不良率为0.14%，严格控制在总行核定范围内。全年不良资产处置成效显著。共处置各类不良资产8.46亿元，完成总行计划的165.27%；不良资产超值现金回收1.1亿元，完成总行计划的124.87%。其中，现金回收2.39亿元，核销5.82亿元。

【公司业务】结构调整逐步深化，经营结构继续向好。全行A级（含）以上客户非贴贷款占比94.23%，比年初提高2.77个百分点；对公信贷退出客户110个，退出金额9.48亿元，完成总行计划的114.73%。中长期贷款余额占比60.43%，较年初提高3.45个百分点，固定资产贷款余额占比31.94%，较年初提高2.81个百分点。信贷资源主要配置于重点行业，十大重点行业余额占全部贷款余额72.40%。投资银行业务取得重大突破。成功办理2.3亿元"乾图理财"业务，实现收入56.8万元，成功发行7.8亿元"利得盈"信托理财产品，实现收入475.29万元，实现IPO财务顾问收入60万元。

【个人金融业务】业务转型深入推进，可持续发展能力增强。个人存款新增创历史最好水平。全行个人存款余额352.76亿元，新增68.54亿元，完成总行计划的147.77%，创历史最高水平。高端客户发展较快，贡献明显。AUM300万元（含）以上个人高端客户的金融资产新增9.09亿元，完成总行计划的684.86%，KPI考核得分全国建设银行排名第一。只占客户总数1.38%的高端富裕客户的个人存款已占到全行存款的37.87%。个人类贷款余额约占全行贷款总额的14.12%，较年初提高0.7个百分点。2008年，新疆维吾尔自治区分行荣获全国建设银行个人信贷

2008年8月20日，新疆维吾尔自治区分行与中国电信新疆公司举行全面战略合作签字仪式。

“同业位次提升奖”和“资产质量进步奖”。双币种信用卡发卡量 14.69 万张，年新增 4.73 万张，客户净增 4.52 万户，同业排名第一，荣获全国建设银行信用卡业务“营销推进奖”；信用卡购物消费额 6.98 亿元，同比增长 1.2 倍，完成总行计划的 139.69%。个人黄金销售实现 5.66 亿元，完成总行计划的 786.04%；代理保险收入 5 626 万元，完成总行 KPI 任务的 2.17 倍。

【国际业务】国际业务实现跨越式发展。国际结算量 54.8 亿美元，同比增长 176.2%，增长率全国建设银行排名第二；实现外汇中间业务收入 1.38 亿元，同业排名第一；外汇业务增长 KPI 得分全国建设银行排名第一，较上年提高两个位次。

【中间业务】中间业务实现创新发展。全年实现中间业务净收入 5.59 亿元人民币，在当地同业中排名第一。第三方存管业务客户数量、代理保险业务收入、百易安业务收入新增同业排名均为第一。军警特种存款同业占比为 20.79%，较上年提高 7.03 个百分点，是“八一工程”开展以来增幅最大的一年。电子银行业务快速发展，全年实现电子银行业务收入 2 554 万元，完成总行计划的 110.18%；网银活跃客户新增 21.5 万户，完成总行计划的 221.65%。

二、主要工作举措

【突出特色，大力发展资产负债业务】在资产业务方面，一是在稳固传统大客户的同时，紧紧把握国家宏观经济政策导向，积极制订行业调整退出计划，将有限的信贷资源优先配置于优质重点客户，严格调控信贷投放。二是通过公私联动营销，积极争抢优质楼盘项目，把兵团小额农户贷款作为增长重点，积极营销，并结合兵团农户生产经营特点，创新打井灌溉贷款和拾花周转贷款新品种。三是积极应对金融危机，从源头信息抓起，加大对外营销力度，抢占优质项目储备。同时，以充足的项目储备为基础，合理把握投放节奏，积极发展优质中小企业贷款。

在负债业务方面，一是大力倡导经营客户的理念，稳固和扩大客户群体。一方面，抓住建设银行与兵团签订战略合作协议的契机，加强对重点优质客户的高层营销；另一方面，从客户源头抓起，积极跟踪新入疆的企业集团动向。同时，强化个人客户差别化营销服务，对个人大众客户，以龙卡系列产品和代发工资为依托，持续扩大客户覆盖面，对高端客户则以提高客户见面率为突破口，努力抢占高端客户市场。二是调整经营思路，举全行之力，积极开展结算账户营销活动，狠抓了中心城市和重点行业、客户的账户营销力度。三是加强离行式自助银行和自助设备的布局，新建离行式自助银行 9 个。四是加强中间业务产品创新和服务创新。实现了国内保理业务零的突破，成功为农八师、新赛股份等优质客户设计研制了“乾图理财”、“利得盈”、“票据盈”等新业务。推出了“建行财富”开放式新股申购人民币信托理财、“七天连环滚动人民币理财”等新产品。企业年金业务也有新的突破，成功中标成为乌鲁木齐铁路局企业年金业务账户管理人和托管人。外汇业务新产品的应用面不断拓宽，开办了出口信保项下贷款、海外融资保、出口商业发票融资等新产品。五是不断完善网点电子化服务功能。运用自主研发的 EBMS 企业资金托管平台系统，先后为西部钻探、特变电工、新疆石油管理局等搭建内部资金管理平台，提高了优质客户对我行服务的依赖度。

2008 年 10 月 13 日，新疆维吾尔自治区分行经建设银行总行授权与中石油集团西部钻探公司签订资金结算网络协议。

【优化流程，加快战略业务转型步伐】一是积极探索业务外包的用工方式，将信用卡、营运管理业务中部分操作性强的岗位外包，实现了人员身份转换，释放了人力资源调整空间。二是积极探索实施专业化经营的道路，成立了分行直管、独立经营的造价咨询中心。三是完成城市行风险集中管理改革，创新项目评估工作方式，提升平行作业质量。四是积极探索业务单元制改革，在推进实施资产保全业务单元制改革的同时，还在中心城市组建了票据中心、保函中心、小企业中心、个贷中心、特约商户服务等专业化团队。五是实施前后台分离，优化业务流程，加速实施零售网点转型。新疆维吾尔自治区分行已有166个网点实现了转型，占网点总数的89%。六是继续稳步推进会计营运集中改革，不断完善前台规范操作流程。率先在全国建设银行推出了柜面监测系统前移，不仅实现了网点转型与提升柜面营销服务的同步，而且增强了服务软实力建设，提高了客户的满意度和忠诚度。

【从严治行，提高风险内控管理能力】一是加大了贷后管理和风险监控预警工作力度。对全行各项业务、特别是信贷业务涉及的行业、产品、客户等风险状况进行了全面摸底排查。二是以风险控制平台体系为基础，强化了对风险合规的全流程管理。三是不断提升精细化管理水平。建立了会计检查追踪机制，完善了基层机构委派会计主管制度。对会计主管和管库人员实施了跨行交流和轮岗，有效地促进了全行会计出纳工作水平的共同提升。四是运用教育、督促、奖惩并重等多种手段，推进整改方案落实，提升风险合规和案件防控工作水平。持续深入开展了违规行为专项治理和“双排查”活动，进一步夯实了风险合规及案件防控工作的基础。五是继续深入开展“平安建行”创建活动和扎实有效地做好奥运保障及服务工作，确保了“全年不发生大案要案、把一般性案件降到最低限度”的工作目标的实现。

【多策并举，加大不良资产处置力度】一是通过实施资产保全业务单元制改革，强化和完善不良资产盘活和处置的激励约束机制。二是制定《建行新疆维吾尔自治区分行清收盘活处置不良资产奖励办法》和清收奖励标准，加大对不良资产处置的政策倾斜力度。三是强化基础管理和规范经营，对重点项目、重要谈判、收贷收息等工作事宜采取双人运行机制。四是采取上下整体联动、横向协调配合的方式，加快“假个贷”清收处置进程。五是通过加强和完善抵债资产收取、保管、处置环节的管理和运用等多种手段，进一步加大了非信贷类不良资产的处置力度。

【深化改革，不断完善激励约束机制】一是完善薪酬分配体系和员工梯次评价体系，把薪酬分配与业务发展重点和员工贡献有机结合起来，把员工梯次考核评价结果作为员工岗位调整、职务晋升、绩效分配和年度考核的重要依据，以便有效激发员工爱岗敬业和奉献自我的精神。二是改进综合绩效考核办法，加强推进战略转型和业务发展的激励导向作用，将绩效按照岗位工资、绩效和战略工资、统筹管理基金三部分内容进行考核，对中间业务、电子银行、资产质量等战略业务继续实行专项考核。三是尝试建立和丰富业绩评价机制。考核规则由过去单纯追求任务目标的完成向着比规模、比同期、比系统、比市场、比目标等多种形式的转变，较好地发挥了经营管理综合评价和考核作用。

执笔：孔建新

审稿：张　涛

哈尔滨培训中心

哈尔滨培训中心主任吕春光

2008 年，哈尔滨培训中心的培训工作实现了历史性的突破，全年累计办班 282 个，培训学员 20 571 人次，完成培训工作量 16.5 万人天，较 2007 年增长了 36%。培训项目研发和培训课程建设取得了丰硕的成果，全年共开发了 8 个培训项目和 68 门培训课程，使培训项目和培训课程发展到 29 个和 174 门。培训教学质量得到了较大幅度的提高，全年培训项目满意度和学员评估均超过 90 分。培训接待规模得到了较大幅度增长，通过改造与完善培训设施设备，日接待培训能力达到 750 人规模。党建和企业文化建设取得了突出的成绩，树立了“以学员为中心”的培训理念，培训中心的精神面貌焕然一新，对建设银行员工培训工作的支持度和贡献度日益显现。

【着力转变员工思想观念，促进培训规模持续扩大】根据建设银行战略转型和业务发展对培训工作提出的新要求，积极引导员工转变观念。一是提出培训中心的发展定位要与建设银行国际大银行的地位相适应、相匹配，建成先进的培训基地，在全行培训工作中发挥示范作用。二是提出加强品牌建设，在努力培育品牌培训项目和课程的同时，积极创建培训管理和服务品牌。三是提出继续落实“以学员为中心”的培训理念和“精细化管理、高品质服务”的管理服务理念，要求切实增强培训项目和课程的针对性和实效性，努力提升培训管理和服务水平，不断提高培训质量。员工观念的转变、理念的确立奠定了培训规模持续扩大的思想基础。

2008 年培训工作量的超额完成，得力于采取的以下措施。一是力争年初工作“开门红”。及早与总行办班部门和分行联系，变往年淡季为忙季，实现了第一季度开门红，承办了 27 个培训班，完成培训工作量 1.94 万人天。二是抓培训项目的落实率。努力克服奥运会期间总行培训计划落实较少的困难，积极主动，加强联系，争取到总行计划外培训班 19 期，全年实际完成的总行培训班达到了原计划的 92%。三是抓分行培训市场的开拓。早在上年年底就主动与分行沟通联系，推介培训项目，全年为 33 个一级分行承办了各类培训班。四是抓分行非现场培训。针对有的分行员工无法离岗培训的实际，深入各分行开展培训。2008 年共为分行承办培训班 164 个，占总量的 58.2%，培训工作量占总量的 47.4%，在确保完成总行培训任务的同时，有效地发挥出了面向分行、服务基层的作用。

【强化培训项目和课程开发，推进培训师队伍建设，不断提高培训质量】开发高质量的培训项目和课程是确保扩大培训规模、提高培训质量

哈尔滨培训中心以二级分行行级管理人员培训工作为重点，不断改进和完善项目内容和形式，以专题研究式培训为主要形式的二级分行行级管理人员零售业务专题研究班收到了良好成效。

的关键，全年共开发了8个培训项目和68门培训课程，具体开展了以下工作。一是根据全行业务的发展变化，在充实、丰富、更新原有培训项目的同时，采取自主开发、牵头开发或参与开发的形式，积极开发培训项目与课程。如个人理财从业人员培训、投资银行业务、中小企业经营模式、项目评估等项目，由于适应业务发展的需要，受到培训学员的好评。二是选派培训师参加香港培训中心、总行各业务条线及社会上的各类培训，组织培训师到总行和黑龙江省分行实习基地以及相关分行进行业务调研和实习，提高了培训师的业务素质和培训技能。三是创新培训形式，如在二级分行管理人员专题研究班等培训项目中，采用以解决实际问题为主的研究式培训，受到学员欢迎。同时，在多个培训项目上采用案例教学的形式，增强了培训效果。四是远程培训工作实现了新的突破，面向两个分行全时同步直播了14个专题培训的内容，并有效组织开展了远程点播培训，制作了320个多媒体课件。五是优化培训管理工作流程，强化细节管理，实现了培训项目管理的流程化和标准化，改善了培训管理服务工作。改进并完善了培训项目评估机制，促进培训教学质量的提高。

【坚持强化管理，夯实工作基础，进一步提高工作效率】一是完善部门工作考核与绩效分配办法。取消了对各部门在绩效考核方面前中后台的分类，实行任务指标管理。对涉及培训教学、培训管理和后勤保障工作的6个部门实行定量考核，对其余5个综合职能部门以定性考核为主、定量考核为辅，并将年度考核结果与绩效工资分配挂钩，调动了部门与员工的积极性。二是修订完善各项制度和流程，依靠制度“管人、管事、管物”，提高了工作效率和科学管理的水平。三是加强成本核算，建立对培训管理、电子设备、后勤保障项目归口费用管理机制。同时，强化集中采购工作，加大了经费预算的管控范围和力度，进一步增收节支，把有限的财力用于提高核心竞争力和改善培训环境上。四是加强督办落实、实施违规积分管理，对公文流转效率、办公环境规范、安全保卫、劳动纪律、用水用电进行定期检查和通报，促进经营管理水平的提高。五是加强安全管理工作，实现了食品卫生、车辆运输、水电管理及安全保卫全年无事故，为学员和员工创造了良好的学习工作环境。

【推进服务品牌建设，提升服务保障水平】在总结前几年服务文化建设经验的基础上，2008年重点抓好服务品牌建设工作。一是以总务部为试点，加大对服务人员的培训力度，提高服务技能，增强员工主动服务和规范服务的意识。通过加强督导检查，努力将公寓、餐厅、运输和运动场馆的服务提升到三星级宾馆水平，提高了学员培训的舒适度。二是抓好试点的推广工作，通过以点带面的形式，要求中层管理人员首先作表率，促使了员工养成良好的行为习惯，促进了综合职能部门转变作风，做好对培训教学、培训管理部门的服务工作，促进了学员管理和服务部门积极采取措施，大力推进规范化、标准化和精细化服务，落实“精细化管理、高品质服务”的管理服务理念，实现服务创造生产力的目的。三是努力做好网络服务、电子图书期刊等培训服务工作，形成快速反应、改进及时的服务机制，提高服务保障水平。

为改善培训服务环境，对1号和2号学员公寓的74个房间进行了装修改造，更新了学员公寓的所有电脑，开通了学员公寓的数字电视，粉饰了园区建筑的外墙，重铺了园区主路，亮化了园区的灯饰，为扩大培训规模提供了有力的保障，也使培训中心的整体面貌焕然一新。

【切实抓好党建和反腐倡廉工作，营造和谐向上氛围】在加强党建和反腐倡廉方面，主要抓了以下工作。一是领导加强班子建设，以创建“四好”领导班子为目标，坚持民主集中制，充分发挥集体的智慧和力量，坚持党委集体决策，增强了班子的凝聚力和战斗力。二是认真落实党风廉政建设责任制，加大监督力度，完善各项制度，把反腐倡廉建设的各项措施有效贯穿于各项工作之中。三是以学习党的十七大精神和科学发展观理论为重点，通过组织专题学习、座谈研讨、开展知识答题等形式，加强员工政治理论学习。四是要求党委成员和中层干部切实转变工作作风、改进工作方法，深入基层、深入一线、深入现场，发现问题，及时整改。五是注重发挥思想政治工作的优势，认真听取群众的意见和建议，正确对待来信来访，不掩饰、不回避问题，耐心细致地做好政策宣讲和化解矛盾工作。积极采取措施做好对老干部的政策宣传工作，在政治上关怀、生活上关心离退休员工和内退员工，切实解决他们的实际困难。六是组织成立了6个文体俱乐部，开展形式多样的业余活动，释放员工的工作压力，营造和谐向上的氛围。七是培训中心领导积极带头，组织全体员工、部分离退休员工、部分劳务用工和党校春季主体班全体学员（100 名）为汶川地震灾区捐款 151 207 元，体现了培训中心员工高度的政治责任感和对灾区人民的深情厚意。

执笔：贺　林

审稿：张学智

常州培训中心

常州培训中心主任江炳钰

一、培训工作概况

2008 年常州培训中心各项培训业务在保持规模持续增长的前提下，实现了全面的质量提升。全年完成现场、远程培训共计 176 803 人天，为全行提供各类考试考务工作 91 166 人次，另外为分行组织人才素质测评 1 699 人次。

【现场培训】2008 年全年共完成现场培训项目 202 期，131 783 人天，比 2007 年增长 4. 9%，比计划数 12 万人天超额 9. 8%，此外还上门为分行提供培训 22 545 人天。在培训任务繁重的情况下，中心加强沟通、充分利用现有设施和条件科学合理地安排培训，各项培训资源基本上全年处于饱和状态，在有效培训期内日均在校学员为 450 余人，床位利用率达到 92. 27%；餐位利用率达到 118%；全年共接送学员 4 500 次，行程 56 万公里，日均出车 16 次，行程 2 000 公里/日；进一步提高了培训效率。

【项目开发】积极跟进行内业务发展，全年自主和协作开发了多个培训项目，包括：组成跨部门的项目组参与总行个金部的零售网点 5 岗位培训教材编写和试题库建设，顺利完成了新疆、厦门、贵州、山东四个试点分行的培训工作；根据总行网点转型工作的要求和分行准确的培训需求，高效完成了“个人业务顾问培训项目”全部开发工作；与总行信用卡中心和江苏分行信用卡部共同开发信用卡直销团队培训项目，梳理开发出针对直销人员及其管理人员的系列课程；完成对公审批人培训项目新课程的开发和设计工作，通过总行专家组评审验收并投入培训；在 2007 年参与完成了总行人力资源部和房金部教材开发工作的基础上，将项目进行内化提高并投入培训，获得好评；还完成了投资银行业务与产品培训、总行理财师资格认证教材编写等新项目的开发；配合总行公司部进行了“公司条线岗位考试培训教材”开发前期准备和调研工作，项目于 2009 年全面展开。此外继续推进与分行的合作，在与安徽滁州分行合作的基础上，启动了与安徽芜湖分行的全面合作项目，为分行提供业务发展与管理的培训和咨询项目。

【远程培训】2008 年，中心大力推广远程培训，扩大培训覆盖面，为全行提供远程培训总人数为 42 812 人，较 2007 年增长 139%（2007 年为 17 878 人）；培训总时间为 112 373 小时（按照每人日平均培训 5 小时计算，完成培训量为 22 475 人天），较 2007 年增长 281%（2007 年为 29 462 小时）；覆盖 35 家分行。一是以客户体验为导向，针对不同的培训项目的内容和特点，开发了三个更为直接实用的远程培训平台，既简洁高效、直接实用、界面友好，同时，这些远程培训平台又能够支持不同的课程形式、综合交互，增强了培训过程的互动性，对扩大远程培训规模和覆盖面起到了较强的助推作用。二是强化远程培训课件的研发，抓住重点课件，丰富和完善其内容。完成 DCCTS2.0（对公常用业务）、商务礼仪培训系统、客户经理远程培训系统、个人理财远程培训系统、流程管理倡导者远程培训项目、CCBS 系统运行维护及技术支持远程培训项目、网上银行技术支持与应用远程培训项目、员工信息安全远程培训项目、零售网点五岗位远程培训项目等 9 个自主或定制项目的开发，以及信用卡直销、个人住房抵押贷款评分卡、信贷资产风险十二级等 22 个总行短班项目转化设计工作。

【考试与测评工作】考试工作方面围绕“安全保密、科学命题”的指导思想，高效、优质地为全行客户提供各类考试服务。2008 年组织岗位考试 77 016 人次，为分行组织各类考试 14 150 人次，另外受总行、分行委托，累计命题组卷共计 191 套、答辩 304 题。素质测评工作方面继续加大拓展力度，一方面细化人才测评的流程建设，制定了结构化面谈实施手册及相应的评分标准，提高测评质量与效率；另一方面继续完善现有的人才测评系统，加强做好人才素质测评素材库的建设工作，完成测评系统二期开发工作。全年开展素质测评 1 669 人次，完成南昌铁路支行核心员工职业生涯管理体系建设；为广西等分行组织新入行大学生招聘素质测评；为四川、内蒙古等分行组织核心人才测评。

二、主要工作措施

【注重创新完善流程，加快提升培训质量】一是紧扣上市后建设银行业务的变化，围绕培训项目需求，提高了培训项目研发的针对性、实用性，在自主开发的同时，加大了与总行部门联合开发培训项目的力度，积极与分行合作，并将培训与咨询相结合，为分行提供管理与业务咨询。对远程培训加强了系统开发和项目开发，以客户需求为导向，继续深化远程培训课件的研发，抓住重点课件，丰富和完善其内容。

二是大胆地在培训方式、手段和方法上进行探索、创新、实践和总结。特别是在二级分行行长专题研究班等项目的实施过程中，进一步完善了项目开发实施策划流程，重点探索使用了专题研究、行动学习法、经验交流沙龙、大组交流平台、成果展示会、实地考察等新型培训方式和方法，取得了很好的培训效果。有效提高培训学员的参与程度，营造氛围鼓励学员进行经验分享，取得了学员的高度认可，研究成果得到了总行领导的充分肯定，总行公司部还将研究成果整理成有参考价值的专题研究报告印发全行。

三是加强培训实施质量管理，通过培训评估系统提供的相关数据，及时反馈和提醒培训师调整相关课程的内容和形式，注重实施前策划、实施中组织、实施后评价等环节的监督和管理，在实施过程中不断完善和细化流程，有效地保障了培训质量。2008 年学员对中心教师授课课程的平均教学满意度达到了 97.02%，比 2007 年提高了 1.74 个百分点。

【进一步健全用人机制，努力提高员工队伍素质】一是建立有利于优秀人才脱颖而出的选人用人机制，下发了《中国建设银行常州培训中心专业技术岗位职务管理暂行办法》，进一步拓宽了优秀员工的发展空间和晋升通道，完善专业技术人才管理机制。积极倡导以人为本，有效调动了员工的积极性，激发了员工的创造性，把员工的追求与企业价值最大化地有机结合。二是积极引导员工学习新知识、接受新理念。除了组织员工参加各类培训，还充分利用总行部门的培训项目研发机会，让员工在参加研发的同时学习和掌握新业务；利用各分行提供的便利，选派员工赴分行实习和交流。通过多种形式全方位提升员工的业务能力和综合素质，为提升中心培训质量奠定坚实的基础。

【深化服务文化理念，提高执行力，管理力求精细化】一是不断深化“以客户为中心”的理念，提升学员满意度。牢固树立培训就是服务的理念，并贯穿到 2008 年中心培训工作的方方面面，通过热情、专业的服务，营造良好的培训环

2008 年 8 月 5 日至 15 日，总行在常州培训中心举办第五期二级分行行级管理人员公司业务专题研究班。

境。一方面采取有效举措为学员创造优美舒适的学习、生活环境，加强“培训经理制”制度的建设，举办后勤技能服务大赛、服务人员专业培训，增强一线员工服务意识，加强餐饮、客房、工程系统的软件建设；另一方面在注重细节管理的同时更加强调民主管理，多次组织学员座谈会，高度重视学员的意见和建议，倾听学员呼声，解决实际问题，真正体现出中心规范化、专业化、个性化的服务特点。2008年，学员对中心培训质量的满意度又有所提高，培训教学满意度为97.02%，培训管理满意度为99.54%，住宿服务满意度为97.32%，餐饮服务满意度为97.64%，接送站服务满意度为98.08%。

二是完善管理体制，提高培训效率。在完善和健全财务核算与分析、集中采购、集中仓储、客房管理、餐饮服务、工程管理、车辆管理等培训服务保障系统的基础上，还成立了培训服务和保障运行工作委员会、培训项目研发和运行工作委员会，为部门交流建立了更为宽广的信息交流平台，提高了部门协作度。充分发挥管理系统的作用促进工作发展，保障培训实施和产品研发，有效提高培训效率，进一步提升培训实施保障能力和项目运行操作能力。

执笔：杨雅君

审稿：龚保洁

CHINA 中国建设银行年鉴 2009
CONSTRUCTION BANK ALMANAC

第五部分　综合统计

中国建设银行股份有限公司合并资产负债表

（单位：人民币百万元）

	附注	2008年12月31日	
		2008年	2007年
资产			
现金及存放中央银行款项	18	**1 247 450**	843 724
存放同业款项	19	**33 096**	24 108
贵金属		**5 160**	1 013
拆出资金	20	**16 836**	64 690
交易性金融资产	21	**50 309**	29 819
衍生金融资产	22	**21 299**	14 632
买入返售金融资产	23	**208 548**	137 245
应收利息	24	**38 317**	33 900
客户贷款和垫款	25	**3 683 575**	3 183 229
可供出售金融资产	26	**550 836**	429 620
持有至到期投资	27	**1 041 783**	1 191 035
应收款项债券投资	28	**551 818**	551 336
对联营和合营企业的投资	30	**1 728**	1 099
固定资产	31	**63 957**	58 287
长期租赁预付款	32	**17 295**	17 650
无形资产	33	**1 253**	1 134
商誉	34	**1 527**	1 624
递延所得税资产	35	**7 855**	35
其他资产	36	**12 808**	13 997
资产合计		**7 555 452**	6 598 177
负债：			
向中央银行借款		**6**	6
同业及其他金融机构存放款项	39	**447 464**	516 563
拆入资金	40	**43 108**	30 924
交易性金融负债	41	**3 975**	10 809
衍生金融负债	22	**18 565**	7 952
卖出回购金融资产	42	**864**	109 541
客户存款	43	**6 375 915**	5 329 507
应付职工薪酬	44	**25 153**	22 747
应交税费	45	**35 538**	33 514
应付利息	46	**59 695**	38 902
预计负债	47	**1 806**	1 656
已发行债务证券	48	**53 810**	49 212
递延所得税负债	35	**5**	77
其他负债	49	**21 986**	23 792
负债合计		**7 087 800**	6 175 896
股东权益：			
股本	50	**233 689**	233 689
资本公积	51	**90 241**	90 241
投资重估储备	52	**11 156**	16 408
盈余公积	53	**26 922**	17 845
一般风险准备	54	**46 628**	31 548
未分配利润	55	**59 593**	32 164
外币报表折算差额		**(2 263)**	(918)
归属于本行股东权益合计		**465 966**	420 977
少数股东权益		**1 596**	1 304
股东权益合计		**467 562**	422 281
负债和股东权益总计		**7 555 452**	6 598 177

董事会于2009年3月27日核准并许可发出。

中国建设银行股份有限公司资产负债表

（单位：人民币百万元）

	附注	2008年12月31日	
		2008年	2007年
资产			
现金及存放中央银行款项	18	**1 247 053**	843 456
存放同业款项	19	**28 425**	23 807
贵金属		**5 160**	1 013
拆出资金	20	**28 426**	75 931
交易性金融资产	21	**44 491**	23 528
衍生金融资产	22	**20 335**	14 296
买入返售金融资产	23	**208 548**	137 245
应收利息	24	**38 297**	33 903
客户贷款和垫款	25	**3 639 940**	3 152 116
可供出售金融资产	26	**551 156**	428 232
持有至到期投资	27	**1 041 783**	1 190 425
应收款项债券投资	28	**551 818**	551 336
对子公司的投资	29	**4 670**	4 006
固定资产	31	**63 723**	58 094
长期租赁预付款	32	**17 229**	17 578
无形资产	33	**1 233**	1 129
递延所得税资产	35	**8 059**	33
其他资产	36	**26 222**	25 711
资产总计		**7 526 568**	6 581 839
负债			
向中央银行借款		**6**	6
同业及其他金融机构存放款项	39	**448 461**	521 317
拆入资金	40	**53 191**	46 265
交易性金融负债	41	**3 975**	10 809
衍生金融负债	22	**18 103**	7 609
卖出回购金融资产	42	**864**	109 541
客户存款	43	**6 342 985**	5 298 436
应付职工薪酬	44	**24 807**	22 507
应交税费	45	**35 310**	33 357
应付利息	46	**59 652**	38 870
预计负债	47	**1 806**	1 656
已发行债务证券	48	**52 531**	48 275
递延所得税负债	35	—	602
其他负债	49	**21 321**	23 072
负债合计		**7 063 012**	6 162 322
股东权益			
股本	50	**233 689**	233 689
资本公积	51	**90 241**	90 241
投资重估储备	52	**11 138**	16 388
盈余公积	53	**26 922**	17 845
一般风险准备	54	**46 200**	31 200
未分配利润	55	**55 867**	30 190
外币报表折算差额		**(501)**	(36)
股东权益合计		**463 556**	419 517
负债和股东权益总计		**7 526 568**	6 581 839

注：董事会于2009年3月27日核准并许可发出。

中国建设银行股份有限公司合并利润表

（单位：人民币百万元）

	附注	2008年12月31日	
		2008年	2007年
利息收入		**356 500**	284 823
利息支出		**(131 580)**	(92 048)
利息净收入	6	**224 920**	192 775
手续费及佣金收入		**40 056**	32 731
手续费及佣金支出		**(1 610)**	(1 418)
手续费及佣金净收入	7	**38 446**	31 313
交易净收益	8	**3 213**	1 197
股利收入	9	**150**	343
投资性证券净（损失）/收益	10	**(2 252)**	1 298
其他经营净收益/（损失）	11	**5 270**	(6 209)
经营收入		**269 747**	220 717
经营费用	12	**(99 193)**	(92 327)
资产减值损失		**170 554**	128 390
—客户贷款和垫款		**(36 246)**	(20 106)
—其他		**(14 583)**	(7 489)
资产减值损失	13	**(50 829)**	(27 595)
对联营和合营企业的投资收益		**16**	21
税前利润		**119 741**	100 816
所得税费用	16	**(27 099)**	(31 674)
净利润		**92 642**	69 142
归属于：			
本行股东的净利润		**92 599**	69 053
少数股东损益		**43**	**89**
净利润		**92 642**	69 142
应付本行股东现金股利			
当年已宣派中期现金股利	55（1）	**25 823**	15 054
当年已宣派特别现金股利	55（1）	—	16 339
于资产负债表日后建议分派的末期现金股利	55（1）	**19 560**	15 190
		45 383	46 583
基本及稀释每股收益（人民币元）	17	**0.40**	0.30

中国建设银行股份有限公司合并现金流量表

（单位：人民币百万元）

	附注	2008年12月31日	
		2008年	2007年
经营活动			
税前利润		**119 741**	100 816
调整项目			
—股利收入	9	**(150)**	(343)
—交易性及衍生金融工具重估收益		**(1 977)**	(659)
—出售投资性证券的净损失/（收益）		**2 252**	(1 298)
—出售固定资产和其他长期资产的净收益		**(99)**	(174)
—折现回拨		**(1 564)**	(1 939)
—对联营和合营企业的投资收益		**(16)**	(21)
—未实现汇兑损失		**10 454**	8 309
—折旧及摊销	12	**9 351**	7 847
—资产减值损失	13	**50 829**	27 595
—已发行债券利息支出		**2 030**	1 942
		190 851	142 075
经营资产及负债的变动			
存放中央银行及同业款项净增加额		**(198 447)**	(331 585)
拆出资金净减少/（增加）额		**7 770**	(1 469)
客户贷款和垫款净增加		**(551 987)**	(418 314)
其他经营资产增加额		**(160 973)**	(135 953)
向中央银行借款净减少额		**—**	(15)
拆入资金净增加		**15 084**	7 213
客户存款和同业及其他金融机构存放款项净增加额		**989 418**	938 477
已发行存款证净增加额		**2 435**	2 913
支付所得税		**(32 187)**	(24 219)
其他经营负债（减少）/增加		**(81 318)**	115 191
经营活动产生的现金流量净额		**180 646**	294 314
投资活动			
收回投资收到的现金		**968 424**	857 744
取得投资收益收到的现金		**150**	343
少数股东对子公司增资收到的现金	58（2）	**236**	1 120
出售子公司股权收到的现金	58（3）	**38**	—
出售固定资产和其他长期资产所收款项		**655**	588
投资支付的现金		**(912 363)**	(1 128 576)
对联营和合营企业增资所支付的现金	58（2）	**(682)**	(1 001)
购入固定资产和其他长期资产所支付款项		**(17 699)**	(12 925)
投资活动产生/（所用）的现金流量净额		**38 759**	(282 707)
筹资活动			
发行债券所得款项		**2 852**	—
发行股份所得款项		**—**	57 119
分配股利支付的现金		**(40 960)**	(52 064)
偿付已发行债券利息支付的现金		**(2 005)**	(1 915)
筹资活动（所用）/产生的现金流量净额		**(40 113)**	3 140
汇率变动对所持现金及现金等价物的影响		**(3 989)**	(1 728)
现金及现金等价物增加净额		**175 303**	13 019
于1月1日的现金及现金等价物	58（1）	**180 508**	167 489
于12月31日的现金及现金等价物	58（1）	**355 811**	180 508
经营活动产生的现金流量包括			
收取利息		**283 299**	270 276
支付利息，不包括已发行债券利息支出		**(108 771)**	(85 525)

中国建设银行存、贷款主要指标统计表（人民币）

2008 年 12 月 （单位：亿元）

项　　目	本期余额	比年初新增		新增比 2007 年同期（±）
		2008 年	2007 年	
全口径存款	**65 588.73**	**9 330.69**	**9 282.84**	**47.85**
一、一般性存款	61 337.33	10 192.74	6 142.66	4 050.08
1. 对公存款	32 228.37	3 944.77	4 857.69	-912.92
活期存款	21 715.97	1 255.30	3 335.77	-2 080.47
定期存款	10 512.40	2 689.47	1 521.92	1 167.55
2. 个人存款	29 108.96	6 247.97	1 284.97	4 963.00
活期存款	11 169.38	1 393.48	1 589.87	-196.39
定期存款	17 939.58	4 854.49	-304.90	5 159.39
二、同业存款	4 251.40	-862.05	3 140.18	-4 002.23
各项贷款	**35 830.46**	**5 085.35**	**3 496.55**	**1 588.80**
一、对公贷款	27 623.85	4 104.88	2 109.34	1 995.54
其中：贴现贷款	1 645.54	602.11	-558.55	1 160.66
二、个人类贷款	8 206.61	980.47	1 387.21	-406.74
其中：个人住房贷款	6 870.09	756.59	1 277.50	-520.91

注：1. 个人类贷款包括个人住房贷款、个人消费类贷款和信用卡透支；
2. 个人住房贷款中包括个人商业用房贷款。

中国建设银行存、贷款主要指标统计表（外币）

2008 年 12 月 （单位：亿美元）

项　　目	本期余额	比年初新增		新增比 2007 年同期（±）
		2008 年	2007 年	
全口径存款	**160.32**	**21.92**	**-44.90**	**66.82**
一、一般性存款	132.17	3.30	-34.20	37.50
1. 对公存款	95.84	6.35	-12.86	19.21
活期存款	57.74	-6.96	13.19	-20.15
定期存款	38.10	13.31	-26.05	39.36
2. 个人存款	36.33	-3.05	-21.34	18.29
活期存款	12.32	-2.72	-14.73	12.01
定期存款	24.01	-0.33	-6.61	6.28
二、同业存款	28.15	18.62	-10.70	29.32
各项贷款	**130.57**	**-4.19**	**32.91**	**-37.10**
一、短期贷款	19.10	-14.42	10.34	-24.76
二、中长期贷款	68.31	5.92	11.82	-5.90
三、进出口贸易融资	20.66	3.46	10.76	-7.30
四、境外筹资转贷款	20.16	-1.11	0.38	-1.49
五、各项垫款	2.34	1.96	-0.39	2.35

注：本表“一般性存款”含金融控股公司存款。

中国建设银行个人贷款主要指标统计表（本外币）

2008 年 12 月　　（单位：亿元）

项　　目	本期余额	比年初新增		新增比 2007 年同期（±）
		2008 年	2007 年	
个人贷款合计	**8 212.23**	**974.61**	**1 387.26**	**-412.65**
1. 个人消费贷款	729.30	80.24	-49.99	130.23
2. 个人助学贷款	11.49	-2.69	-0.45	-2.24
3. 个人住房贷款	6 253.52	721.17	1 198.09	-476.92
4. 个人商业用房贷款	617.41	35.20	78.96	-43.76
5. 个人买方信贷	3.37	-4.89	-0.63	-4.26
6. 个人质押贷款	20.34	3.67	-10.49	14.16
7. 个人其他贷款	0.33	-0.14	-0.18	0.04
8. 下岗失业人员小额担保贷款	0.08	-0.11	-0.10	-0.01
9. 个人助业贷款	347.35	15.04	118.21	-103.17
10. 个人信用卡透支	229.04	127.12	53.84	73.28

中国建设银行各分行存款主要指标统计表（本外币）

2008 年 12 月　　（单位：亿元）

地区	各项存款		其中：对公存款		其中：储蓄存款	
	本期余额	比年初新增	本期余额	比年初新增	本期余额	比年初新增
全国总计	**62 239.08**	**10 153.22**	**32 882.24**	**3 945.03**	**29 356.84**	**6 208.19**
总行本级	548.36	-352.44	413.77	-270.18	134.59	-82.26
长三角	13 157.33	2 270.69	7 567.20	996.35	5 590.14	1 274.34
上海	4 295.18	664.25	2 651.40	252.76	1 643.78	411.49
江苏	3 617.92	765.66	1 840.58	363.57	1 777.35	402.09
浙江	3 452.59	638.73	1 981.80	308.42	1 470.79	330.32
宁波	679.46	127.60	412.49	67.46	266.97	60.14
苏州	1 112.18	74.45	680.94	4.14	431.25	70.30
珠三角	9 728.73	1 547.02	4 715.39	535.64	5 013.34	1 011.37
广东	5 774.93	1 212.69	2 682.61	531.43	3 092.32	681.27
深圳	1 665.02	48.91	1 055.04	-59.44	609.98	108.35
福建	1 657.74	223.50	645.63	49.46	1 012.10	174.04
厦门	631.04	61.91	332.10	14.19	298.94	47.72
环渤海	12 128.97	1 695.67	6 923.93	519.04	5 205.04	1 176.63
北京	5 243.94	441.04	3 563.32	58.27	1 680.62	382.78
山东	2 678.56	440.96	1 382.38	165.47	1 296.18	275.49
天津	1 080.68	262.21	659.07	156.67	421.61	105.54
河北	2 646.89	475.46	1 075.34	112.69	1 571.55	362.77
青岛	478.90	76.00	243.83	25.95	235.07	50.05
中部	10 928.90	1 891.37	5 007.92	655.35	5 920.98	1 236.01

续表

地区	各项存款		其中：对公存款		其中：储蓄存款	
	本期余额	比年初新增	本期余额	比年初新增	本期余额	比年初新增
山西	1 375.19	315.83	625.83	115.74	749.36	200.10
广西	1 007.27	137.04	512.83	48.01	494.44	89.03
湖北	1 887.48	303.54	805.09	84.01	1 082.39	219.53
河南	1 802.85	302.27	685.45	69.52	1 117.40	232.75
湖南	2 068.89	374.48	955.30	157.89	1 113.59	216.59
江西	913.82	137.23	466.22	44.41	447.60	92.82
海南	353.54	36.11	225.74	11.59	127.80	24.51
安徽	1 323.86	247.66	641.70	110.72	682.16	136.94
三峡	196.01	37.21	89.75	13.46	106.25	23.75
西部	10 967.33	2 299.35	6 077.66	1 209.11	4 889.67	1 090.24
四川	2 946.19	666.28	1 534.84	347.57	1 411.35	318.71
重庆	1 058.02	221.29	576.48	135.44	481.54	85.85
贵州	777.90	158.32	464.70	91.02	313.20	67.29
云南	1 275.67	196.72	739.73	91.35	535.94	105.37
西藏	221.78	48.69	178.04	38.28	43.74	10.41
内蒙古	858.76	222.16	452.80	112.75	405.96	109.42
陕西	1 486.43	360.11	795.32	188.05	691.10	172.06
甘肃	875.58	210.51	492.51	125.21	383.08	85.30
青海	366.96	63.62	224.78	29.18	142.18	34.44
宁夏	299.49	68.14	170.67	35.29	128.82	32.85
新疆	800.55	83.51	447.79	14.97	352.76	68.54
东北	4 779.46	801.56	2 176.39	299.71	2 603.07	501.85
辽宁	1 901.25	329.54	854.88	131.70	1 046.37	197.84
吉林	798.04	107.60	304.20	17.55	493.84	90.05
黑龙江	1 356.83	209.65	619.32	68.77	737.51	140.88
大连	723.35	154.77	398.00	81.69	325.35	73.08

中国建设银行各分行贷款主要指标统计表（本外币）

2008 年 12 月　　（单位：亿元）

地区	各项贷款		其中：对公贷款		其中：个人贷款	
	本期余额	比年初新增	本期余额	比年初新增	本期余额	比年初新增
全国总计	**36 721.26**	**4 991.87**	**28 507.74**	**4 015.97**	**8 213.52**	**975.90**
总行本级	390.27	94.30	161.04	-34.44	229.23	128.74
长三角	9 223.68	1 059.99	6 873.89	801.12	2 349.78	258.87
上海	2 310.75	184.12	1 823.05	156.76	487.70	27.35
江苏	2 353.37	307.61	1 840.47	225.30	512.90	82.30
浙江	2 977.70	377.93	2 059.36	285.80	918.33	92.13
宁波	673.47	91.21	510.89	63.13	162.58	28.07
苏州	908.38	99.13	640.11	70.12	268.27	29.01

续表

地区	各项贷款		其中：对公贷款		其中：个人贷款	
	本期余额	比年初新增	本期余额	比年初新增	本期余额	比年初新增
珠三角	5 451.40	715.88	3 814.14	562.87	1 637.26	153.01
广东	2 223.02	316.62	1 660.13	256.14	562.89	60.48
深圳	1 447.47	233.19	967.29	185.52	480.18	47.67
福建	1 282.44	129.82	846.22	86.23	436.22	43.59
厦门	498.46	36.25	340.50	34.98	157.96	1.27
环渤海	6 909.08	875.04	5 706.63	841.89	1 202.45	33.16
北京	2 405.71	239.42	2 014.24	296.15	391.47	-56.73
山东	1 842.06	254.41	1 457.21	209.34	384.85	45.07
天津	934.57	134.36	842.48	131.95	92.09	2.41
河北	1 308.51	219.29	1 102.79	182.14	205.72	37.15
青岛	418.23	27.56	289.90	22.30	128.32	5.26
中部	6 076.79	878.56	4 841.08	693.46	1 235.71	185.09
山西	619.91	67.92	585.80	67.99	34.11	-0.07
广西	641.46	95.01	461.07	66.74	180.39	28.27
湖北	956.48	133.17	759.21	112.91	197.26	20.26
河南	959.16	128.35	782.03	90.29	177.13	38.06
湖南	1 241.79	198.91	1 018.46	171.07	223.33	27.84
江西	585.87	57.89	430.26	36.27	155.61	21.63
海南	152.72	37.72	115.43	34.21	37.28	3.51
安徽	735.57	134.42	535.03	91.54	200.54	42.88
三峡	183.83	25.16	153.78	22.45	30.06	2.72
西部	6 338.29	1 028.76	5 262.35	885.19	1 075.94	143.57
四川	1 363.41	168.42	1 086.81	159.75	276.60	8.68
重庆	821.05	169.12	600.17	116.49	220.88	52.63
贵州	518.71	70.80	435.06	70.74	83.66	0.06
云南	851.85	131.07	663.90	113.86	187.95	17.21
西藏	86.39	9.80	71.68	7.67	14.72	2.12
内蒙古	763.26	141.76	709.95	125.41	53.31	16.36
陕西	707.39	145.23	582.46	116.36	124.93	28.87
甘肃	400.09	65.14	373.01	60.34	27.08	4.79
青海	193.19	44.84	182.95	43.29	10.24	1.54
宁夏	245.83	48.20	223.96	44.22	21.87	3.99
新疆	387.11	34.40	332.41	27.06	54.69	7.33
东北	2 331.75	339.34	1 848.60	265.88	483.14	73.46
辽宁	892.53	115.75	682.10	87.04	210.44	28.71
吉林	501.66	104.43	414.40	74.31	87.26	30.13
黑龙江	491.12	51.00	398.71	45.83	92.41	5.17
大连	446.44	68.17	353.40	58.71	93.03	9.46

注：个人贷款中含单位信用卡透支。

中国建设银行各分行国际结算业务量情况统计表

2008 年 12 月

地区	进口业务		出口业务		边贸业务		收入
	笔数（笔）	金额（万美元）	笔数（笔）	金额（万美元）	笔数（笔）	金额（万美元）	（人民币万元）
全国总计	**611 395**	**19 698 129**	**1 858 476**	**24 392 520**	**37 840**	**716 059**	**195 124**
总行本级	708	940 096	3 970	942 314	0	0	1 124
长三角	291 384	6 469 049	833 711	9 505 828	0	0	69 427
上海	121 682	2 673 311	205 722	2 732 518	0	0	14 398
江苏	41 058	1 055 398	108 679	2 074 484	0	0	12 896
浙江	35 171	729 331	379 551	2 148 569	0	0	27 780
宁波	9 886	569 517	65 646	567 715	0	0	7 242
苏州	83 587	1 441 492	74 113	1 982 541	0	0	7 111
珠三角	133 032	5 041 941	611 033	7 030 158	0	0	42 826
广东	58 864	1 935 731	209 011	2 945 216	0	0	18 636
深圳	41 413	2 360 838	119 301	2 446 310	0	0	13 339
福建	10 689	447 526	186 749	926 748	0	0	5 073
厦门	22 066	297 847	95 972	711 884	0	0	5 779
环渤海	103 781	4 387 880	223 539	3 230 996	0	0	45 459
北京	48 017	2 136 385	55 755	871 549	0	0	11 011
山东	22 835	842 623	97 262	1 178 445	0	0	17 399
天津	14 178	668 188	10 769	314 501	0	0	2 421
河北	7 155	415 324	32 052	547 537	0	0	9 088
青岛	11 596	325 360	27 701	318 964	0	0	5 540
中部	28 389	1 067 387	81 848	1 508 150	10 838	78 585	14 567
山西	1 153	79 583	2 647	74 598	0	0	1 616
广西	2 064	86 749	7 531	139 693	10 838	78 585	1 912
湖北	4 549	176 023	9 481	231 880	0	0	2 074
河南	6 366	158 791	25 784	308 738	0	0	2 171
湖南	6 025	142 742	11 082	195 150	0	0	3 268
江西	2 848	191 520	9 963	276 602	0	0	1 513
海南	1 752	34 163	2 360	36 650	0	0	337
安徽	2 832	184 298	10 396	207 775	0	0	1 400
三峡	800	13 518	2 604	37 064	0	0	277
西部	28 656	873 741	43 605	1 150 525	15 052	388 780	14 186
四川	12 264	236 145	11 700	280 163	0	0	3 430
重庆	5 015	156 078	5 847	149 290	0	0	801
贵州	749	38 044	1 715	59 429	0	0	1 121
云南	1 458	50 331	4 462	118 029	3 418	17 996	1 062
西藏	0	0	57	1 701	0	0	0
内蒙古	2 110	101 721	2 392	156 431	1 974	15 886	2 710
陕西	3 415	93 633	6 746	179 703	0	0	1 816
甘肃	594	90 574	959	44 995	0	0	1 064
青海	305	21 006	298	13 481	0	0	215
宁夏	151	6 747	2 222	33 469	0	0	187
新疆	2 595	79 463	7 207	113 833	9 660	354 898	1 779
东北	25 445	918 035	60 770	1 024 549	11 950	248 694	7 535
辽宁	9 088	223 521	20 856	355 406	2 396	24 800	2 136
吉林	4 364	305 955	11 291	98 639	66	337	1 238
黑龙江	2 460	88 420	6 612	68 872	9 488	223 557	1 614
大连	9 533	300 139	22 011	501 632	0	0	2 547

中国建设银行各分行中间业务收入情况统计表（本外币、境内）

2008 年 12 月

行别	中间业务毛收入（万元）	其中：手续费及佣金毛收入（万元）	手续费及佣金支出（万元）	中间业务净收入（万元）	其中：手续费及佣金净收入（万元）	同比增速（毛收入）（%）
全国总计	**4 306 601. 27**	**3 943 500. 88**	**153 153. 74**	**4 153 447. 52**	**3 790 347. 13**	**34. 49**
总行本级	173 999. 11	261 929. 46	19 257. 71	154 741. 41	242 671. 75	27. 54
长三角	1 173 924. 57	1 002 027. 79	26 203. 77	1 147 720. 80	975 824. 02	81. 69
上海	326 679. 86	272 381. 27	9 641. 94	317 037. 92	262 739. 33	53. 03
江苏	314 545. 66	262 102. 99	4 881. 50	309 664. 16	257 221. 49	80. 70
浙江	372 884. 05	331 486. 30	7 191. 66	365 692. 39	324 294. 64	111. 79
宁波	66 685. 50	57 782. 27	1 538. 38	65 147. 12	56 243. 89	93. 63
苏州	93 129. 50	78 274. 96	2 950. 29	90 179. 21	75 324. 67	93. 82
珠三角	769 539. 24	659 916. 88	34 488. 03	735 051. 22	625 428. 85	36. 74
广东	369 851. 27	333 197. 67	17 131. 55	352 719. 73	316 066. 12	18. 87
深圳	205 503. 60	176 226. 61	10 864. 06	194 639. 54	165 362. 55	98. 75
福建	140 369. 58	110 037. 88	4 452. 11	135 917. 47	105 585. 76	33. 51
厦门	53 814. 78	40 454. 72	2 040. 30	51 774. 48	38 414. 41	24. 85
环渤海	714 931. 61	637 452. 57	31 114. 31	683 817. 30	606 338. 26	31. 11
北京	233 126. 84	198 234. 75	19 525. 85	213 600. 99	178 708. 90	31. 70
山东	189 192. 88	175 256. 58	5 395. 30	183 797. 58	169 861. 28	36. 21
天津	71 473. 03	59 596. 42	1 722. 70	69 750. 33	57 873. 72	73. 26
河北	173 919. 03	161 785. 18	3 292. 21	170 626. 82	158 492. 97	14. 66
青岛	47 219. 83	42 579. 65	1 178. 25	46 041. 58	41 401. 40	29. 52
中部	654 582. 97	612 914. 30	20 136. 60	634 446. 37	592 777. 71	18. 82
山西	57 601. 61	51 339. 01	1 230. 16	56 371. 45	50 108. 85	10. 53
广西	51 250. 61	47 573. 87	1 750. 73	49 499. 88	45 823. 14	12. 22
湖北	116 814. 19	110 438. 84	3 764. 86	113 049. 33	106 673. 98	29. 63
河南	129 893. 66	124 457. 96	2 511. 92	127 381. 74	121 946. 04	-14. 38
湖南	140 206. 31	136 743. 14	6 943. 24	133 263. 07	129 799. 90	59. 12
江西	62 075. 05	58 207. 44	1 476. 64	60 598. 42	56 730. 80	18. 65
海南	11 620. 21	11 251. 38	610. 33	11 009. 87	10 641. 04	-4. 19
安徽	70 978. 09	59 792. 38	1 557. 34	69 420. 74	58 235. 04	46. 73
三峡	14 143. 24	13 110. 28	291. 38	13 851. 86	12 818. 90	36. 38
西部	569 078. 68	532 537. 75	15 088. 50	553 990. 18	517 449. 25	12. 58
四川	143 682. 42	134 644. 22	3 109. 94	140 572. 48	131 534. 28	23. 60
重庆	66 756. 67	57 910. 87	2 187. 92	64 568. 75	55 722. 95	41. 29
贵州	41 854. 58	40 267. 71	991. 89	40 862. 69	39 275. 82	25. 53
云南	61 545. 81	57 016. 20	2 604. 49	58 941. 32	54 411. 71	-16. 75
西藏	2 628. 42	2 584. 06	139. 90	2 488. 53	2 444. 17	17. 74
内蒙古	55 450. 61	53 586. 14	834. 33	54 616. 27	52 751. 81	103. 40
陕西	70 418. 88	66 119. 82	1 920. 62	68 498. 25	64 199. 20	-2. 48
甘肃	36 515. 79	34 612. 81	1 237. 51	35 278. 28	33 375. 30	-20. 05
青海	12 894. 72	12 604. 69	484. 50	12 410. 21	12 120. 18	-2. 85
宁夏	20 251. 16	19 189. 46	385. 33	19 865. 84	18 804. 14	74. 29
新疆	57 079. 61	54 001. 75	1 192. 06	55 887. 55	52 809. 69	-8. 62
东北	250 545. 09	236 722. 12	6 864. 83	243 680. 25	229 857. 29	-1. 81
辽宁	87 933. 54	82 730. 78	2 786. 06	85 147. 49	79 944. 73	-3. 08
吉林	47 796. 37	46 219. 31	755. 60	47 040. 78	45 463. 72	-3. 69
黑龙江	69 933. 31	68 698. 87	1 499. 31	68 434. 00	67 199. 56	-5. 74
大连	44 881. 86	39 073. 16	1 823. 87	43 057. 99	37 249. 29	10. 52

中国建设银行各分行借记卡主要指标统计表（本外币）

2008 年 12 月

地区	发卡总量（万张）	存款余额		交易总额		特约商户（家）	购物消费额（万元）
		余额（万元）	卡均（元）	余额（万元）	卡均（元）		
总计	**27 138**	**81 960 070. 01**	**3 020. 08**	**1 001 741 319. 33**	**36 912. 341**	**139 476**	**44 610 485. 99**
长三角	4 838	14 639 319. 07	3 025. 63	211 797 249. 26	43 773. 96	31 234	9 455 225. 85
上海	977	4 862 953. 02	4 977. 37	44 459 618. 39	45 505. 72	12 773	2 849 105. 93
江苏	1 397	2 878 698. 35	2 061. 10	37 900 498. 84	27 136. 07	7 946	1 852 587. 61
浙江	1 619	4 937 177. 06	3 048. 91	99 486 762. 41	61 437. 20	8 319	3 798 323. 49
宁波	277	662 108. 78	2 386. 15	11 888 226. 37	42 843. 48	1 171	387 347. 91
苏州	568	1 298 381. 86	2 286. 17	18 062 143. 25	31 803. 47	1 025	567 860. 91
珠三角	4 975	17 460 246. 34	3 509. 60	205 572 926. 96	41 321. 25	29 446	7 550 646. 34
广东	2 563	7 899 589. 39	3 082. 50	54 928 320. 68	21 433. 62	21 967	3 638 711. 61
深圳	714	2 852 538. 91	3 996. 92	28 942 214. 74	40 553. 23	1 200	1 085 779. 51
福建	1 379	4 918 041. 21	3 567. 57	92 874 671. 47	67 371. 66	6 279	2 184 118. 04
厦门	320	1 790 076. 83	5 593. 13	28 827 720. 07	90 072. 78	0	642 037. 18
环渤海	4 356	11 505 147	2 641. 41	137 447 631	31 555. 97	25 567	7 703 367
北京	1 072	4 402 605. 93	4 107. 79	41 407 157. 82	38 634. 38	11 273	2 606 948. 23
山东	1 244	2 255 914. 77	1 814. 08	29 475 758. 95	23 702. 74	6 276	1 836 472. 02
天津	516	685 295. 47	1 329. 33	9 476 324. 65	18 382. 06	0	616 391. 11
河北	1 303	3 801 351. 60	2 918. 25	52 927 884. 31	40 632. 09	6 685	2 375 464. 04
青岛	222	359 979. 38	1 619. 96	4 160 505. 22	18 722. 87	1 333	268 091. 53
中部	6 206	15 712 705	2 531. 79	196 639 382	31 684. 54	19 392	9 560 584
山西	422	1 378 171. 87	3 264. 24	14 070 926. 85	33 327. 36	826	579 013. 64
广西	575	1 347 282. 77	2 342. 39	18 151 835. 76	31 558. 77	1 833	644 458. 55
湖北	994	3 063 828. 18	3 082. 00	33 174 996. 64	33 371. 79	1 837	1 778 712. 20
河南	1 480	3 809 205. 88	2 574. 64	52 091 423. 17	35 208. 52	2 487	2 717 458. 91
湖南	1 417	3 259 581. 12	2 299. 63	43 803 094. 80	30 903. 04	2 531	2 148 781. 54
江西	570	1 155 669. 21	2 026. 12	14 506 801. 96	25 433. 36	2 876	581 122. 89
海南	83	328 917. 14	3 965. 87	3 709 527. 53	44 727. 05	1 379	270 619. 11
安徽	532	1 074 183. 60	2 017. 35	13 466 210. 86	25 289. 93	3 926	657 628. 14
三峡	132	295 864. 82	2 242. 47	3 664 564. 42	27 775. 13	1 697	182 789. 09
西部	4 659	16 938 187	3 635. 37	173 729 724	37 286. 89	26 491	7 165 232
四川	1 333	6 229 627. 14	4 673. 48	54 446 531. 12	40 845. 92	5 261	2 420 741. 58
重庆	573	1 797 812. 54	3 137. 90	21 117 399. 15	36 858. 31	0	776 038. 46
贵州	330	1 068 626. 90	3 235. 18	10 477 524. 62	31 719. 87	1 608	358 344. 92
云南	516	1 865 158. 59	3 616. 39	20 931 477. 40	40 584. 42	4 288	990 636. 49
西藏	30	166 198. 76	5 494. 79	1 487 996. 51	49 195. 50	386	28 698. 29
内蒙古	333	1 072 717. 10	3 224. 35	15 962 536. 76	47 979. 78	1 960	473 230. 41
陕西	536	1 903 935. 86	3 549. 72	18 167 649. 46	33 871. 96	3 096	1 145 818. 66
甘肃	316	1 040 092. 12	3 287. 82	9 890 675. 10	31 265. 23	3 640	389 876. 49
青海	71	330 200. 32	4 676. 42	3 367 606. 54	47 693. 26	416	105 157. 35
宁夏	101	309 332. 95	3 061. 72	3 464 021. 17	34 286. 24	1 672	98 344. 89
新疆	520	1 154 485. 15	2 220. 14	14 416 305. 85	27 723. 40	4 164	378 344. 01
东北	2 104	5 704 465	2 711. 44	76 554 406	36 387. 74	7 346	3 175 431
辽宁	919	2 625 394. 34	2 858. 05	34 503 013. 47	37 560. 53	2 437	1 360 464. 07
吉林	445	1 115 617. 72	2 507. 18	17 329 374. 38	38 945. 14	2 024	537 776. 88
黑龙江	525	1 182 408. 85	2 252. 03	16 383 513. 78	31 204. 25	2 693	846 530. 95
大连	215	781 044. 52	3 628. 64	8 338 504. 86	38 739. 74	192	430 659. 35

中国建设银行各分行双币种信用卡主要指标统计表（本外币）

2008 年 12 月

地区	客户数		消费交易额		账户活动率		贷款余额		贷款不良率	业务收入（万元）
	本年净增（户）	计划完成率（%）	本年新增（万元）	计划完成率（%）	账户活动率（%）	计划完成率（%）	本期余额（万元）	计划完成率（%）	迟缴 60 天以上（%）	
全国总计	**6 376 463**	**106.27**	**15 791 050**	**131.59**	**51.40**	**109.35**	**2 292 355**	**119.70**	**1.64**	**233 308**
长三角	1 518 556	109.25	4 907 845	122.60	52.32	111.32	696 653	109.28	1.63	72 781
上海	388 369	104.96	1 842 145	102.34	53.96	114.80	236 539	87.36	1.16	24 389
江苏	510 997	116.14	1 254 253	136.33	49.71	105.77	168 957	120.62	1.87	16 424
浙江	396 166	101.58	1 333 118	144.90	53.99	114.87	217 976	134.89	1.55	22 317
宁波	83 033	103.79	198 384	141.70	55.35	117.76	34 204	139.79	2.10	3 714
苏州	139 991	127.26	279 946	125.54	48.49	103.16	38 977	96.07	3.35	5 936
珠三角	1 356 478	118.99	4 235 320	129.72	52.01	110.66	633 968	120.51	1.59	63 395
广东	702 465	137.74	1 580 052	118.80	50.97	108.46	210 076	113.88	1.91	25 173
深圳	259 289	103.72	948 248	105.36	46.21	98.33	185 381	109.37	2.23	20 820
福建	332 246	110.75	1 472 407	175.29	60.35	128.40	203 920	147.18	0.78	14 076
厦门	62 478	78.10	234 613	120.31	56.61	120.45	34 590	103.17	0.95	3 325
环渤海	1 106 854	97.95	2 745 842	132.65	49.58	105.50	375 256	122.14	1.48	34 100
北京	379 508	97.31	948 955	103.15	46.84	99.66	130 639	95.06	1.19	13 973
山东	312 924	111.76	939 854	184.29	50.51	107.47	131 617	165.37	1.63	9 553
天津	140 031	77.80	249 854	118.98	45.09	95.94	32 850	110.59	1.89	3 588
河北	203 297	101.65	402 583	149.10	58.40	124.26	51 371	146.29	1.21	4 181
青岛	71 094	88.87	204 595	127.87	48.89	104.02	28 780	113.29	2.13	2 804
中部	1 229 316	126.08	1 941 081	161.09	50.98	108.46	299 841	153.21	1.87	24 163
山西	79 109	121.71	80 502	131.97	43.19	91.89	10 155	135.94	2.06	1 068
广西	66 648	111.08	105 695	192.17	58.70	124.90	19 549	154.29	1.87	1 695
湖北	232 985	101.30	421 107	130.78	49.28	104.85	57 441	114.03	1.60	5 030
河南	264 948	115.19	456 250	182.50	52.79	112.33	63 160	148.57	1.68	4 111
湖南	386 614	175.73	471 962	224.74	50.14	106.69	98 061	245.16	2.13	7 397
江西	69 826	116.38	104 283	133.70	49.34	104.98	12 878	130.65	3.24	1 289
海南	15 311	102.07	66 287	120.52	63.38	134.86	7 410	129.87	1.34	888
安徽	91 999	115.00	170 122	141.77	53.79	114.45	22 551	120.72	1.58	2 070
三峡	21 876	145.84	64 873	120.13	50.93	108.37	8 637	102.36	1.20	614
西部	700 414	108.59	1 332 987	130.94	51.86	110.35	195 381	110.52	1.58	21 580
四川	185 455	103.03	439 802	107.27	49.54	105.41	58 794	84.66	1.59	6 439
重庆	92 717	103.02	166 627	119.02	47.86	101.83	26 360	102.56	1.90	3 733
贵州	45 655	114.14	59 754	132.79	56.72	120.67	10 380	107.65	1.34	1 315
云南	71 814	119.69	163 966	117.12	57.39	122.10	21 781	103.02	1.11	2 562
西藏	4 204	210.20	6 292	157.31	54.29	115.52	1 161	146.28	1.64	117
内蒙古	95 802	119.75	164 605	198.32	51.47	109.50	31 378	196.54	1.13	2 544
陕西	78 037	111.48	125 108	166.81	53.05	112.88	16 826	140.44	1.86	1 747
甘肃	44 270	110.68	67 288	186.91	54.19	115.30	9 731	153.05	2.46	912
青海	13 353	133.53	21 094	140.63	57.08	121.45	2 354	107.64	0.62	276
宁夏	23 872	103.79	48 605	243.02	55.50	118.09	8 183	185.89	2.99	822
新疆	45 235	90.47	69 844	139.69	51.95	110.52	8 431	92.02	1.12	1 114
东北	464 845	113.38	627 974	143.05	50.92	108.33	91 256	126.95	2.16	9 921
辽宁	115 723	115.72	158 621	112.50	49.59	105.51	22 221	113.82	2.28	2 299
吉林	110 048	122.28	139 068	167.55	51.18	108.89	20 658	143.39	1.72	2 343
黑龙江	176 157	125.83	172 345	229.79	53.74	114.35	26 455	192.02	2.55	2 717
大连	62 917	78.65	157 940	112.81	47.08	100.18	21 922	90.68	1.99	2 562

注：1. 本年将“发卡量”指标改为“客户数”指标统计，本年净增客户数包含重点产品卡量。

2. 业务收入包括双币种信用卡透支利息收入和中间业务收入。

3. 总计业务收入中包括直接体现在总行的双币种信用卡业务收入。

4. 分行业务收入中包括体现在分行的消费回佣收入。

中国建设银行各分行准贷记卡主要指标统计表（本外币）

2008 年 12 月

地区	发卡总量（张）	消费额（万元）	存款余额（万元）	透支余额（万元）	贷款不良率 迟缴 60 天以上（%）
总计	**1 432 414**	**1 162 111**	**1 203 158**	**10 830**	**57.60**
长三角	956 255	668 881	693 468	2 538	23.82
上海	145 242	195 066	226 517	1 402	22.08
江苏	657 786	328 607	305 157	334	27.35
浙江	95 857	103 376	113 257	649	25.31
宁波	13 263	17 469	16 586	80	30.36
苏州	44 107	24 363	31 951	72	20.38
珠三角	112 272	155 751	162 061	3 115	48.97
广东	97 368	142 525	141 697	2 858	48.62
深圳	1 197	2 025	1 702	183	64.50
福建	3 388	1 635	2 756	59	27.22
厦门	10 319	9 566	15 907	15	14.06
环渤海	149 884	124 363	122 417	1 742	85.16
北京	31 548	97 703	73 978	159	33.77
山东	106 102	8 899	19 933	414	70.45
天津	2 974	3 410	4 041	5	31.25
河北	8 289	13 527	22 955	42	37.41
青岛	971	825	1 509	1 122	99.92
中部	83 676	118 934	71 554	2 545	87.57
山西	4 089	91 501	8 451	1 649	99.24
广西	13 247	5 943	11 321	301	63.52
湖北	11 538	9 405	29 265	247	50.22
河南	2 608	1 651	3 492	238	93.47
湖南	2 868	2 180	7 430	27	77.17
江西	22 159	2 120	5 049	24	53.74
海南	21 945	3 466	1 905	4	0.46
安徽	4 436	2 084	4 054	19	23.28
三峡	786	583	587	37	46.69
西部	71 201	54 258	84 553	300	34.86
四川	13 325	9 167	15 690	0	0.00
重庆	1 453	1 352	3 685	96	33.65
贵州	332	45	247	0	92.86
云南	9 118	17 208	10 227	10	27.44
西藏	335	171	1 814	1	85.83
内蒙古	32 436	17 976	31 599	143	24.65
陕西	3 352	625	4 008	1	100.00
甘肃	4 120	1 291	4 254	27	80.05
青海	3 091	3 876	5 099	8	51.45
宁夏	987	643	2 921	8	68.02
新疆	2 652	1 904	5 009	6	24.92
东北	59 126	39 923	69 106	589	49.41
辽宁	1 755	1 405	3 711	177	93.01
吉林	42 372	22 376	34 838	316	27.64
黑龙江	12 439	13 773	26 089	93	41.71
大连	2 560	2 370	4 468	4	19.84

注：本表中“贷款不良率迟缴 60 天以上”指标根据贷款十二级分类要求设置。

各分行电子银行业务主要指标表（本外币）

2008 年 12 月

地区	客户数		交易额		交易量		人工服务量	
	期末数（万户）	比年初（万户）	期末数（亿元）	比上季（亿元）	期末数（亿元）	比上季（亿元）	期末数（万笔）	比上季（万笔）
总计	**11 181.83**	**4 112.08**	**1 103 766.90**	**87 062.17**	**247 403.37**	**70 893.19**	**6 905.98**	**2 184.39**
总行本级	0.01	0.00	18 336.86	1 061.04	3 970.30	56.96	0.00	0.00
总行短信平台	2 130.33	794.43	0.00	0.00	26 032.16	7 734.19	0.00	0.00
长三角	1 629.61	586.81	276 622.67	22 781.57	44 016.39	13 375.92	1 188.25	340.56
上海	414.03	163.23	216 253.62	12 877.57	12 592.83	3 808.07	454.65	128.36
江苏	419.48	153.76	22 565.53	2 737.41	7 629.71	2 250.43	248.31	67.02
浙江	544.30	176.61	26 786.10	5 237.35	17 560.59	5 504.34	246.92	74.94
宁波	94.80	31.39	3 863.47	928.42	2 380.65	702.38	72.49	22.47
苏州	156.99	61.82	7 153.94	1 000.83	3 852.60	1 110.69	165.88	47.77
珠三角	1 864.53	569.92	583 708.08	15 288.80	55 659.77	17 016.30	1 672.85	530.28
广东	999.58	265.34	32 420.45	5 019.80	24 759.99	7 456.11	1 003.98	315.57
深圳	250.90	101.18	521 844.03	7 216.03	8 317.64	2 252.55	283.72	94.62
福建	482.75	161.99	22 685.94	2 206.39	17 072.08	5 611.14	276.58	92.38
厦门	131.29	41.42	6 757.66	846.59	5 510.06	1 696.50	108.57	27.71
环渤海	1 482.75	589.36	109 651.82	21 763.22	24 776.29	6 590.40	1 177.22	397.55
北京	399.15	150.53	79 644.61	14 942.87	8 335.83	2 197.67	451.87	156.34
山东	488.72	172.25	12 825.68	3 063.78	9 074.05	2 430.63	249.11	84.45
天津	89.41	18.34	6 643.72	1 346.28	1 500.78	433.15	143.94	47.62
河北	438.10	217.82	7 668.10	1 899.45	4 708.91	1 194.33	300.64	100.37
青岛	67.38	30.42	2 869.71	510.84	1 156.73	334.63	31.66	8.77
中部	1 867.72	744.31	54 123.72	11 551.66	47 140.34	13 030.24	968.28	308.68
山西	123.80	54.08	3 802.66	960.86	2 387.96	514.96	102.20	39.69
广西	110.99	18.54	4 323.48	1 125.78	5 042.98	1 368.05	110.34	30.96
湖北	220.34	46.36	6 659.13	1 823.02	7 078.74	1 912.63	159.27	48.03
河南	520.15	246.08	11 650.97	2 564.69	10 397.59	2 940.18	195.56	53.88
湖南	515.14	264.65	15 161.28	2 609.53	11 122.41	3 072.63	168.60	62.82
江西	185.42	64.79	6 482.53	1 186.77	5 822.53	1 679.40	90.51	29.32
海南	19.94	3.74	562.03	121.10	458.88	129.61	23.20	7.17
安徽	130.26	41.03	3 876.22	877.77	3 483.70	1 058.89	104.86	32.39
三峡	41.67	5.04	1 605.43	282.13	1 345.56	353.90	13.75	4.43
西部	1 567.40	596.76	42 008.99	9 708.56	32 139.44	9 060.61	1 295.96	410.41
四川	434.73	182.39	13 978.71	2 890.98	9 388.59	3 036.96	415.70	127.05
重庆	221.86	70.82	3 961.70	727.85	4 573.83	1 158.89	178.32	51.87
贵州	127.49	65.45	2 100.62	552.76	3 136.98	633.31	73.29	22.80
云南	107.43	26.15	3 803.08	884.86	2 830.03	705.56	76.47	24.94
西藏	3.20	1.57	119.83	25.94	86.64	28.56	6.31	2.23
内蒙古	52.98	24.43	4 923.98	1 355.16	1 326.88	408.81	71.95	28.07
陕西	251.31	106.35	6 319.35	1 764.04	4 093.73	1 016.53	220.44	71.10
甘肃	111.28	47.34	743.14	207.94	1 791.07	605.87	86.23	27.82
青海	21.88	4.77	1 225.43	304.55	504.21	114.66	18.97	6.87
宁夏	28.53	14.63	789.26	220.42	252.49	86.56	20.23	7.63
新疆	206.71	52.87	4 043.90	774.06	4 154.99	1 264.90	128.06	40.03
东北	639.48	230.48	19 314.76	4 907.33	13 668.68	4 028.58	603.42	196.92
辽宁	276.16	104.52	7 398.47	1 950.26	5 759.73	1 712.58	280.44	93.26
吉林	125.45	46.80	5 166.93	1 024.34	2 306.87	733.82	124.93	40.54
黑龙江	141.15	41.58	4 463.83	1 423.82	2 734.52	782.84	116.49	37.64
大连	96.72	37.58	2 285.53	508.90	2 867.55	799.34	81.55	25.48

注：电子银行交易额含个人网上银行、企业网上银行、call center、重要客户服务系统、手机银行、分行企业银行。

中国建设银行100个中心城市行各项存款综合排名表（本外币）

2008年12月　　　　（单位：亿元）

名次	地区	各项存款		其中：对公存款		其中：储蓄存款	
		本期余额	比年初新增	本期余额	比年初新增	本期余额	比年初新增
1	北京	5 243.94	441.04	3 563.32	58.27	1 680.62	382.78
2	上海	4 295.18	664.25	2 651.40	252.76	1 643.78	411.49
3	广州	2 255.83	513.22	1 169.18	277.91	1 086.64	235.31
4	成都	1 736.95	314.20	1 006.58	144.15	730.37	170.05
5	深圳	1 665.02	48.91	1 055.04	-59.44	609.98	108.35
6	苏州	1 112.18	74.45	680.94	4.14	431.25	70.30
7	天津	1 080.68	262.21	659.07	156.67	421.61	105.54
8	重庆	1 058.02	221.29	576.48	135.44	481.54	85.85
9	杭州	1 040.46	191.24	675.58	103.86	364.88	87.38
10	武汉	909.47	125.13	415.93	22.98	493.54	102.15
11	沈阳	903.89	173.97	482.97	96.01	420.92	77.95
12	西安	868.17	224.18	471.56	121.81	396.61	102.38
13	南京	829.98	177.87	510.85	104.21	319.13	73.66
14	长沙	803.99	143.97	493.74	77.67	310.24	66.30
15	大连	723.35	154.77	398.00	81.69	325.35	73.08
16	宁波	679.46	127.60	412.49	67.46	266.97	60.14
17	济南	657.13	103.74	394.89	47.80	262.24	55.93
18	厦门	631.04	61.91	332.10	14.19	298.94	47.72
19	石家庄	629.61	101.98	356.09	40.77	273.52	61.21
20	福州	614.15	73.10	247.95	15.25	366.20	57.84
21	昆明	612.54	106.46	351.75	56.36	260.80	50.10
22	无锡	603.73	137.90	295.14	63.86	308.59	74.03
23	温州	577.54	91.89	261.23	37.07	316.32	54.82
24	哈尔滨	577.53	101.45	314.86	51.46	262.67	49.99
25	东莞	566.69	63.38	197.04	1.35	369.65	62.03
26	佛山	552.76	156.42	247.04	69.19	305.72	87.23
27	郑州	525.00	82.03	240.38	23.98	284.62	58.05
28	常州	502.67	114.87	228.41	50.52	274.25	64.36
29	唐山	499.43	104.83	199.53	29.76	299.90	75.07
30	青岛	478.90	76.00	243.83	25.95	235.07	50.05
31	泉州	467.21	68.11	153.86	10.28	313.35	57.83
32	南宁	430.85	40.52	255.03	11.23	175.82	29.29
33	南通	420.14	77.82	168.64	23.85	251.49	53.97
34	兰州	418.09	75.30	251.38	39.95	166.71	35.35
35	乌鲁木齐	411.19	41.79	225.26	5.65	185.93	36.15
36	太原	406.35	100.39	200.49	45.36	205.87	55.03
37	长春	391.62	49.23	153.23	1.01	238.39	48.21
38	贵阳	387.95	78.54	252.13	48.10	135.82	30.44
39	南昌	384.49	58.11	224.05	23.59	160.44	34.52
40	绍兴	364.62	69.26	232.21	41.99	132.41	27.27
41	金华	361.42	77.71	181.42	30.22	180.00	47.50
42	中山	321.40	67.78	157.19	29.89	164.21	37.89
43	嘉兴	315.72	53.95	171.81	22.45	143.91	31.50
44	惠州	305.60	55.36	152.80	23.71	152.79	31.65
45	西宁	280.02	44.15	171.91	17.37	108.11	26.78
46	合肥	276.36	40.59	144.26	11.59	132.10	29.00
47	邯郸	271.04	44.80	90.46	3.22	180.58	41.58
48	台州	257.02	47.60	141.50	22.61	115.52	24.98

名次	地区	各项存款		其中：对公存款		其中：储蓄存款	
		本期余额	比年初新增	本期余额	比年初新增	本期余额	比年初新增
49	江门	253.49	46.03	99.99	17.01	153.50	29.01
50	珠海	248.54	45.82	123.59	15.43	124.95	30.39
51	扬州	243.28	48.31	117.14	22.36	126.14	25.95
52	大庆	236.15	10.69	107.26	-5.27	128.89	15.96
53	泰州	235.24	39.69	113.25	13.37	121.98	26.32
54	烟台	230.77	28.43	126.25	8.71	104.52	19.72
55	海口	222.01	12.66	138.46	-2.31	83.55	14.97
56	淄博	218.08	44.85	103.09	18.67	114.99	26.18
57	洛阳	215.93	37.61	79.03	5.69	136.90	31.92
58	呼和浩特	211.53	28.53	117.48	7.63	94.05	20.90
59	济宁	211.14	42.05	106.64	16.09	104.50	25.96
60	潍坊	210.36	39.97	91.54	16.27	118.82	23.71
61	汕头	209.79	41.59	74.81	7.58	134.98	34.01
62	徐州	207.36	41.25	98.76	19.71	108.59	21.54
63	襄樊	202.55	35.73	74.49	10.45	128.06	25.28
64	鞍山	202.13	12.30	64.39	-16.73	137.74	29.04
65	三峡	196.01	37.21	89.75	13.46	106.25	23.75
66	银川	190.62	39.67	112.06	20.18	78.56	19.50
67	镇江	190.58	44.70	92.81	18.51	97.77	26.19
68	湛江	178.24	43.31	90.82	25.69	87.42	17.62
69	东营	171.05	31.37	84.51	14.88	86.55	16.49
70	拉萨	168.48	33.30	136.15	26.02	32.33	7.28
71	包头	166.18	49.95	80.86	26.49	85.31	23.46
72	廊坊	166.04	21.56	58.73	-4.44	107.31	26.00
73	邢台	161.93	32.67	54.94	10.25	106.99	22.42
74	舟山	158.43	37.15	109.75	24.36	48.69	12.79
75	郴州	157.57	31.31	59.35	12.85	98.23	18.47
76	盐城	153.56	30.27	80.22	14.49	73.34	15.78
77	衡阳	153.43	32.02	58.29	10.20	95.14	21.82
78	晋城	144.36	31.66	81.27	17.03	63.09	14.63
79	湖州	144.15	29.34	76.60	12.65	67.55	16.69
80	鄂尔多斯	143.68	54.07	87.78	34.69	55.90	19.38
81	秦皇岛	140.10	26.76	62.33	10.13	77.78	16.63
82	株洲	139.08	20.72	49.28	5.12	89.80	15.61
83	柳州	133.52	7.84	60.28	-0.98	73.24	8.82
84	漳州	130.92	7.48	49.24	-6.75	81.68	14.24
85	丽水	130.67	25.67	67.12	6.52	63.54	19.15
86	莆田	117.99	17.63	32.48	2.96	85.51	14.67
87	临沂	117.54	16.87	55.86	1.92	61.68	14.95
88	平顶山	110.82	23.64	46.47	8.43	64.34	15.21
89	马鞍山	107.68	24.49	48.41	13.86	59.27	10.63
90	南阳	106.49	19.18	43.23	5.79	63.26	13.39
91	威海	104.89	3.75	53.38	-5.46	51.52	9.21
92	衢州	102.51	14.92	64.59	6.68	37.93	8.24
93	三明	91.45	13.73	44.96	5.59	46.49	8.14
94	淮南	90.41	15.44	33.83	4.74	56.58	10.69
95	常德	87.76	15.11	27.23	1.99	60.53	13.12
96	芜湖	87.43	21.02	44.19	11.78	43.24	9.24
97	黄石	79.13	12.47	34.79	4.87	44.34	7.60
98	龙岩	73.94	18.69	38.17	10.62	35.76	8.07
99	宁德	70.64	11.32	37.45	6.03	33.19	5.30
100	铜陵	46.47	7.81	21.04	1.54	25.42	6.27

中国建设银行100个中心城市行各项贷款综合排名表（本外币）

2008年12月　　（单位：亿元）

名次	地区	各项贷款		其中：对公贷款		其中：个人贷款	
		本期余额	比年初新增	本期余额	比年初新增	本期余额	比年初新增
1	北京	2 405.71	239.42	2 014.24	296.15	391.47	-56.73
2	上海	2 310.75	184.12	1 823.05	156.76	487.70	27.35
3	深圳	1 447.47	233.19	967.29	185.52	480.18	47.67
4	成都	1 107.11	139.58	883.75	137.96	223.36	1.62
5	杭州	953.23	119.86	685.27	94.06	267.96	25.80
6	广州	942.20	124.58	755.11	114.35	187.09	10.22
7	天津	934.57	134.36	842.48	131.95	92.09	2.41
8	苏州	908.38	99.13	640.11	70.12	268.27	29.01
9	重庆	821.05	169.12	600.17	116.49	220.88	52.63
10	宁波	673.47	91.21	510.89	63.13	162.58	28.07
11	长沙	614.19	73.74	516.50	66.40	97.69	7.34
12	武汉	585.57	55.65	446.67	51.78	138.90	3.86
13	南京	568.35	38.67	474.42	32.96	93.93	5.72
14	厦门	498.46	36.25	340.50	34.98	157.96	1.27
15	西安	498.07	124.48	403.58	102.73	94.48	21.75
16	昆明	466.70	79.15	355.76	75.70	110.94	3.45
17	沈阳	464.29	21.49	310.09	2.59	154.20	18.90
18	大连	446.44	68.17	353.40	58.71	93.03	9.46
19	福州	445.67	43.72	264.34	34.83	181.33	8.90
20	温州	443.53	58.91	262.70	36.30	180.83	22.60
21	青岛	418.23	27.56	289.90	22.30	128.32	5.26
22	无锡	402.74	63.39	329.77	51.67	72.97	11.72
23	济南	392.97	56.85	343.00	52.98	49.97	3.87
24	贵阳	343.59	60.47	304.20	56.94	39.38	3.54
25	南宁	340.62	25.71	240.35	12.22	100.27	13.49
26	郑州	332.04	78.90	244.28	65.30	87.77	13.60
27	常州	331.84	42.06	255.24	38.14	76.60	3.93
28	泉州	330.44	34.96	258.30	28.53	72.15	6.43
29	金华	320.61	25.04	209.00	9.36	111.61	15.68
30	长春	313.32	70.13	263.46	52.03	49.86	18.10
31	唐山	305.52	63.81	281.53	62.01	23.99	1.80
32	哈尔滨	300.05	18.17	244.38	15.18	55.66	2.98
33	嘉兴	281.88	41.65	210.99	34.09	70.89	7.56
34	绍兴	280.42	30.96	207.41	26.73	73.01	4.23
35	南昌	279.52	20.97	203.31	16.68	76.21	4.29
36	南通	266.89	36.90	207.01	25.19	59.88	11.71
37	合肥	265.77	61.66	169.36	40.40	96.42	21.26
38	石家庄	250.53	30.27	210.33	25.16	40.20	5.11
39	太原	247.62	41.40	232.98	41.26	14.64	0.14
40	佛山	245.53	41.54	194.82	33.87	50.71	7.67
41	台州	222.53	30.06	160.51	28.06	62.02	2.00
42	兰州	215.60	36.40	202.72	34.16	12.88	2.23
43	乌鲁木齐	214.89	8.74	184.54	6.88	30.35	1.86
44	东莞	189.75	11.72	118.45	9.41	71.30	2.31
45	三峡	183.83	25.16	153.78	22.45	30.06	2.72
46	鄂尔多斯	175.98	37.50	158.37	31.15	17.61	6.35
47	呼和浩特	172.62	15.70	157.81	11.00	14.80	4.70
48	惠州	169.31	32.12	123.80	25.32	45.52	6.80

名次	地区	各项贷款		其中：对公贷款		其中：个人贷款	
		本期余额	比年初新增	本期余额	比年初新增	本期余额	比年初新增
49	西宁	160.99	32.91	151.22	31.31	9.78	1.59
50	邯郸	153.84	20.72	142.11	19.59	11.73	1.13
51	镇江	150.64	25.40	120.48	22.14	30.17	3.26
52	淄博	150.54	27.16	112.71	23.20	37.83	3.96
53	潍坊	145.17	28.52	104.60	16.59	40.57	11.93
54	银川	143.88	36.96	134.19	35.89	9.70	1.07
55	烟台	143.38	7.41	112.92	5.64	30.46	1.77
56	泰州	140.04	17.14	107.08	9.62	32.97	7.52
57	湖州	137.66	17.53	91.09	9.68	46.57	7.84
58	舟山	136.31	35.92	107.66	32.84	28.66	3.07
59	扬州	130.60	17.32	96.68	10.01	33.92	7.31
60	中山	120.26	20.43	64.50	10.26	55.76	10.16
61	临沂	118.98	14.26	90.76	12.37	28.22	1.89
62	济宁	114.46	18.92	82.37	18.05	32.08	0.87
63	丽水	111.74	9.32	58.01	7.47	53.73	1.85
64	廊坊	107.06	33.50	63.03	19.02	44.03	14.48
65	漳州	105.94	4.30	67.30	0.06	38.64	4.24
66	威海	105.72	6.99	48.22	-1.18	57.51	8.17
67	东营	103.36	19.14	92.38	18.29	10.98	0.85
68	盐城	102.51	19.04	79.71	12.07	22.79	6.97
69	海口	101.64	19.42	72.96	17.31	28.67	2.11
70	宁德	97.13	12.09	58.83	6.76	38.31	5.33
71	徐州	94.28	14.96	68.26	7.88	26.02	7.08
72	洛阳	93.11	13.58	69.49	8.04	23.63	5.54
73	包头	92.62	29.13	84.74	26.73	7.88	2.39
74	三明	91.49	10.13	65.85	6.31	25.63	3.82
75	秦皇岛	91.26	6.85	73.50	5.33	17.76	1.52
76	衢州	89.39	8.30	66.72	5.79	22.67	2.51
77	江门	84.31	7.75	56.93	5.03	27.37	2.71
78	珠海	83.44	10.14	35.77	6.41	47.67	3.72
79	柳州	82.64	16.22	57.10	13.77	25.55	2.46
80	邢台	75.59	11.68	66.41	9.23	9.17	2.45
81	襄樊	74.53	16.52	51.89	11.39	22.64	5.12
82	平顶山	73.00	4.51	68.95	3.58	4.05	0.93
83	莆田	71.55	10.32	45.37	4.97	26.18	5.35
84	株洲	68.19	5.84	38.27	3.75	29.91	2.09
85	拉萨	65.96	8.15	57.77	6.90	8.20	1.25
86	汕头	65.40	10.16	55.20	8.16	10.20	2.00
87	湛江	64.93	6.69	58.55	5.33	6.39	1.36
88	鞍山	62.50	16.31	55.97	15.92	6.53	0.39
89	淮南	59.41	-1.38	56.44	-2.37	2.97	0.98
90	龙岩	58.20	7.02	33.43	3.24	24.77	3.78
91	南阳	55.37	12.63	49.37	10.03	6.00	2.60
92	衡阳	55.13	9.37	45.65	7.08	9.48	2.29
93	芜湖	54.34	3.86	39.91	2.63	14.43	1.23
94	马鞍山	53.35	0.86	45.97	-0.13	7.38	0.99
95	晋城	52.31	1.66	51.04	1.27	1.27	0.39
96	郴州	45.56	9.25	34.95	7.78	10.60	1.47
97	铜陵	44.40	6.25	40.18	5.97	4.22	0.28
98	常德	42.98	6.23	33.51	3.11	9.47	3.12
99	黄石	35.10	5.45	27.56	2.76	7.54	2.68
100	大庆	24.71	8.71	23.28	8.48	1.43	0.24

中国建设银行各项存款市场占比表（本外币、分地区）

2008 年 12 月

地区	一般性存款				其中：对公存款				其中：个人存款			
	余额（亿元）	占比（%）	比年初（亿元）	占比（%）	余额（亿元）	占比（%）	比年初（亿元）	占比（%）	余额（亿元）	占比（%）	比年初（亿元）	占比（%）
全国总计	**62 215.62**	**25.35**	**10 138.59**	**26.45**	**32 872.37**	**28.18**	**3 862.05**	**29.92**	**29 343.25**	**22.78**	**6 276.54**	**24.68**
总行本级	524.95	13.03	-376.67	-377.59	390.35	12.61	-294.42	-160.46	134.59	14.43	-82.26	-97.96
长三角	13 157.32	24.64	2 273.24	25.82	7 571.79	27.40	971.81	31.18	5 585.53	21.68	1 301.41	22.88
上海	4 295.39	25.82	665.23	27.86	2 654.74	29.73	230.75	34.22	1 640.66	21.29	434.48	25.36
江苏	3 617.96	24.37	766.28	26.48	1 841.36	26.12	361.69	32.05	1 776.60	22.79	404.59	22.92
浙江	3 452.33	24.59	639.21	26.22	1 981.84	27.44	308.43	32.28	1 470.49	21.56	330.77	22.32
宁波	679.46	24.93	127.61	31.67	412.49	27.80	67.19	47.30	266.96	21.51	60.41	23.16
苏州	1 112.18	21.59	74.91	11.00	681.36	23.14	3.75	1.74	430.82	19.52	71.16	15.30
珠三角	9 728.73	26.03	1 548.71	29.98	4 718.01	29.54	522.25	38.22	5 010.72	23.41	1 026.47	27.02
广东	5 774.93	24.22	1 214.04	35.39	2 683.96	28.99	523.93	54.59	3 090.97	21.19	690.12	27.93
深圳	1 665.02	25.25	48.92	6.79	1 055.39	27.73	-63.44	-40.43	609.63	21.86	112.35	19.93
福建	1 657.74	31.12	223.84	26.78	646.55	32.26	48.86	23.25	1 011.19	30.44	174.98	27.97
厦门	631.04	39.28	61.91	34.66	332.11	36.80	12.90	32.53	298.93	42.45	49.02	35.28
环渤海	12 128.80	23.31	1 696.31	22.53	6 926.81	25.04	506.51	21.90	5 202.00	21.34	1 189.83	22.81
北京	5 244.12	22.41	441.19	16.40	3 565.49	23.40	51.01	5.36	1 678.63	20.57	390.19	22.45
山东	2 678.17	24.10	441.19	22.54	1 382.64	26.11	162.84	20.98	1 295.54	22.26	278.36	23.56
天津	1 080.70	22.11	262.17	47.34	659.37	27.45	155.73	796.57	421.33	16.94	106.45	19.92
河北	2 646.89	25.39	475.72	24.02	1 075.37	28.46	111.17	24.57	1 571.52	23.65	364.55	23.86
青岛	478.92	21.64	76.04	21.87	243.94	25.75	25.76	22.93	234.98	18.56	50.28	21.36
中部	10 929.07	26.06	1 894.37	26.13	5 009.03	29.21	653.84	26.03	5 920.03	23.88	1 240.50	26.17
山西	1 375.20	20.21	315.96	21.41	625.84	21.21	115.90	21.00	749.36	19.44	200.05	21.66
广西	1 007.23	24.11	137.19	22.78	512.85	27.81	48.13	19.76	494.38	21.19	89.06	24.83
湖北	1 887.48	29.93	304.01	26.47	805.12	32.21	83.92	21.21	1 082.35	28.43	220.08	29.22
河南	1 802.90	25.08	302.59	27.18	685.88	27.70	67.92	25.71	1 117.02	23.71	234.67	27.63
湖南	2 068.90	34.22	375.17	38.40	955.58	40.30	157.79	51.55	1 113.32	30.29	217.37	32.40
江西	913.93	23.82	137.47	20.98	466.38	28.64	44.00	17.78	447.55	20.27	93.48	22.92
海南	353.57	22.50	36.22	13.44	225.83	27.04	11.28	8.02	127.74	17.35	24.94	19.35
安徽	1 323.86	24.24	248.56	27.48	641.80	27.77	111.44	34.42	682.06	21.65	137.11	23.61
三峡	196.00	36.40	37.20	35.56	89.75	39.12	13.46	35.12	106.25	34.39	23.74	35.81
西部	10 967.30	27.63	2 300.78	31.34	6 079.28	31.58	1 207.58	36.78	4 888.03	23.90	1 093.21	26.93
四川	2 946.16	28.88	666.55	29.16	1 535.67	33.62	346.09	31.80	1 410.49	25.04	320.47	26.76
重庆	1 058.01	28.36	221.81	31.19	576.72	33.50	135.75	36.76	481.29	23.96	86.05	25.17
贵州	777.93	29.08	158.47	35.35	465.01	32.24	90.73	40.96	312.93	25.39	67.75	29.87
云南	1 275.61	27.16	196.94	31.51	739.70	30.21	91.39	41.30	535.91	23.84	105.55	26.15
西藏	221.82	30.31	48.73	31.17	178.09	31.32	38.28	28.78	43.73	26.79	10.45	44.81
内蒙古	858.74	23.51	222.16	30.91	452.81	27.73	112.79	34.84	405.93	20.10	109.37	27.68
陕西	1 486.47	25.89	360.19	32.12	795.56	29.32	187.83	39.38	690.91	22.82	172.35	26.74
甘肃	875.59	30.03	210.53	39.48	492.50	35.26	125.15	54.28	383.08	25.22	85.37	28.20
青海	366.91	36.21	63.67	31.93	224.73	39.57	29.22	30.70	142.19	31.92	34.47	33.06
宁夏	299.44	36.20	68.17	42.76	170.62	42.74	35.31	61.26	128.82	30.10	32.86	32.28
新疆	800.62	22.79	83.56	21.79	447.87	25.04	15.04	22.72	352.75	20.45	68.52	21.60
东北	4 779.45	28.14	801.85	33.84	2 177.10	36.82	294.48	58.51	2 602.35	23.51	507.38	27.18
辽宁	1 901.27	31.30	329.79	45.55	854.89	43.70	130.05	298.62	1 046.38	25.42	199.74	29.35
吉林	798.00	24.35	107.58	23.94	304.34	28.43	16.82	16.95	493.66	22.38	90.77	25.93
黑龙江	1 356.83	26.23	209.72	28.78	619.65	34.00	68.59	33.53	737.18	22.00	141.13	26.92
大连	723.35	29.42	154.76	33.09	398.22	37.46	79.02	50.68	325.13	23.30	75.74	24.30

注：本表数据来源于人民银行信贷收支月报，与建设银行口径差异为不含“邮政储蓄银行存款”。

中国建设银行各项贷款市场占比表（本外币、分地区）

2008 年 12 月

地区	各项贷款				其中：对公贷款				其中：个人贷款			
	余额（亿元）	占比（%）	比年初（亿元）	占比（%）	余额（亿元）	占比（%）	比年初（亿元）	占比（%）	余额（亿元）	占比（%）	比年初（亿元）	占比（%）
全国总计	**36 722.84**	**26.62**	**4 993.38**	**29.79**	**28 512.93**	**25.84**	**4 017.83**	**27.66**	**8 209.91**	**29.66**	**975.55**	**43.65**
总行本级	390.80	9.82	94.97	137.50	164.26	4.67	-33.22	17.79	226.54	48.50	128.19	49.60
长三角	9 223.87	25.05	1 060.20	28.05	6 874.93	24.26	801.12	26.03	2 348.94	27.69	259.08	36.89
上海	2 310.97	25.27	184.33	40.22	1 824.12	24.95	156.77	34.93	486.85	26.57	27.56	291.64
江苏	2 353.36	25.00	307.66	24.08	1 840.45	24.35	234.35	22.41	512.91	27.65	73.31	31.61
浙江	2 977.69	25.59	377.88	26.35	2 059.35	24.52	285.75	25.82	918.34	28.36	92.13	28.17
宁波	673.47	24.84	91.20	26.69	510.89	23.24	63.13	24.01	162.58	31.69	28.07	35.63
苏州	908.38	23.21	99.13	36.94	640.12	22.32	61.12	28.65	268.26	25.67	38.01	69.11
珠三角	5 451.39	25.14	715.88	28.98	3 814.14	23.92	562.86	27.67	1 637.25	28.53	153.02	35.10
广东	2 223.02	19.84	316.62	26.19	1 630.63	19.37	263.27	25.00	592.39	21.27	53.35	34.22
深圳	1 447.47	29.21	233.19	41.79	996.80	28.58	178.39	41.38	450.67	30.71	54.80	43.15
福建	1 282.44	31.62	129.82	23.37	846.21	28.59	86.22	20.70	436.23	39.77	43.60	31.33
厦门	498.46	33.98	36.25	24.58	340.50	31.57	34.98	26.18	157.96	40.67	1.27	9.18
环渤海	6 909.80	27.81	875.52	28.93	5 707.35	27.78	842.36	29.88	1 202.45	27.98	33.16	16.01
北京	2 406.03	33.34	239.71	31.84	2 014.55	33.83	296.44	35.22	391.48	31.03	-56.73	-63.95
山东	1 842.45	23.25	254.67	21.92	1 457.60	22.37	209.09	21.62	384.85	27.34	45.58	23.39
天津	934.57	27.58	134.30	36.32	842.49	28.32	131.89	34.41	92.08	22.26	2.41	17.89
河北	1 308.51	27.63	219.26	35.64	1 102.79	28.42	182.12	34.78	205.72	24.04	37.14	40.55
青岛	418.24	26.47	27.58	21.71	289.92	23.76	22.82	21.89	128.32	35.69	4.76	20.87
中部	6 076.79	28.65	878.56	31.27	4 841.12	27.88	693.48	28.94	1 235.67	32.14	185.08	44.75
山西	619.92	25.64	67.91	38.95	585.81	25.54	67.99	33.87	34.11	27.63	-0.08	-0.30
广西	641.44	23.34	95.05	27.38	461.06	22.82	66.79	25.82	180.38	24.78	28.26	31.91
湖北	956.48	31.89	133.17	28.47	759.17	31.15	113.20	27.49	197.31	35.09	19.97	35.72
河南	959.18	26.90	128.38	28.59	782.05	25.34	90.32	20.94	177.13	36.96	38.06	213.94
湖南	1 241.82	38.52	198.94	38.16	1 018.49	38.33	171.09	38.75	223.33	39.39	27.85	34.91
江西	585.87	26.86	57.87	20.24	430.27	26.05	36.24	16.45	155.60	29.37	21.63	32.92
海南	152.71	26.55	37.72	32.47	115.43	24.34	34.21	30.10	37.28	36.98	3.51	139.84
安徽	735.53	23.91	134.35	30.38	535.00	22.54	91.47	28.92	200.53	28.57	42.88	34.04
三峡	183.84	43.30	25.17	419.50	153.84	41.38	22.17	1 007.73	30.00	56.82	3.00	78.95
西部	6 338.41	29.20	1 028.79	29.67	5 262.49	29.09	885.22	27.40	1 075.92	29.73	143.57	60.64
四川	1 363.40	26.16	168.45	18.01	1 086.79	25.86	159.75	18.45	276.61	27.45	8.70	12.49
重庆	821.03	30.63	169.07	29.15	600.15	28.95	116.45	24.40	220.88	36.39	52.62	51.25
贵州	518.78	26.05	70.87	26.04	435.12	25.35	70.81	27.52	83.66	30.37	0.06	0.40
云南	851.85	26.73	131.05	30.08	663.91	25.47	113.85	27.94	187.94	32.41	17.20	61.23
西藏	86.40	40.93	9.79	38.51	71.69	54.08	7.67	72.22	14.71	18.73	2.12	14.32
内蒙古	763.31	31.86	141.78	39.65	710.00	32.96	125.43	39.34	53.31	22.02	16.35	42.25
陕西	707.39	29.93	145.21	38.57	582.45	29.67	116.33	32.23	124.94	31.21	28.88	185.48
甘肃	400.11	32.31	65.16	41.43	373.03	33.09	60.37	33.44	27.08	24.36	4.79	20.63
青海	193.19	37.48	44.84	38.32	182.95	37.34	43.30	33.35	10.24	40.17	1.54	12.01
宁夏	245.82	36.25	48.16	34.58	223.95	36.99	44.17	31.60	21.87	30.07	3.99	738.89
新疆	387.13	31.32	34.41	47.92	332.45	32.69	27.09	32.71	54.68	24.95	7.32	66.49
东北	2 331.78	30.29	339.46	29.89	1 848.64	28.59	266.01	23.03	483.14	39.21	73.45	382.35
辽宁	892.54	30.11	115.75	19.56	682.10	26.93	87.03	14.06	210.44	48.71	28.72	105.43
吉林	501.69	31.21	104.50	43.33	414.43	30.90	74.39	35.08	87.26	32.74	30.11	103.44
黑龙江	491.11	29.60	51.04	27.83	398.70	27.94	45.87	20.54	92.41	39.77	5.17	12.95
大连	446.44	30.43	68.17	57.17	353.41	30.32	58.72	58.48	93.03	30.87	9.45	50.19

注：本表数据来源于人民银行信贷收支月报。

第六部分　专题与调查研究

一、调研报告

建设银行香港地区业务发展考察报告

专职董事　王永刚　王　勇　刘向辉　张向东
独立董事　谢孝衍　黄启民
董办人员　赵雁冰　林　琳　汪晓蔷

根据董事会安排，2008年9月23日至25日，我们六位董事及董办人员对香港地区业务发展情况进行了初次考察，其间与建银亚洲、香港分行、建银国际三家在港主要机构的管理层进行了座谈交流，对建行亚洲收购前后的经营状况进行了系统分析。现将考察情况报告如下。

一、香港地区业务概况

（一）业务整合情况

目前我行已经基本完成了香港地区三大业务板块的组织架构搭建工作，并进行了相关的新老机构注销和注册、资产负债转移、员工划转和分配、计算机业务系统转换等一系列工作，初步形成了批发银行业务、零售银行业务、投资银行业务三大功能板块，具备了提供全面金融服务的运营组合架构。

（二）经营发展情况

1. 香港分行情况。2007年实现净利润3.36亿港元、成本收入比为29%、ROA为0.50%、不良率为0.31%。2008年6月末，总资产为1 066.65亿港元，负债为1 064.95亿港元，股东权益为2.81亿港元，实现净利润3亿港元；贷款余额达741.37亿港元，较2006年、2007年分别增长了140%和24%；存款余额达415.93亿港元，较2006年、2007年分别增长了121%和6%。

2. 建银亚洲情况。收购前后均对大股东依赖性很强，2006年受美国银行转移业务等主客观因素影响，业务大幅度萎缩，现金流入不充分，经营表现欠佳；2007年在总行转拆和整合业务的大力促进下，业务大幅度增长，但净利润为6.04亿港元、成本收入比为49.84%、ROA为1.2%、ROE为7.25%、不良率为0.15%，经营成效纵横比较均差强人意，现金流入不充分，预计的协同效应尚未显现。2008年6月末，在港设有22家分行（接收美银亚洲13家、香港分行转移来4家、新设5家）及2家财富管理中心，总资产为876.77亿港元，负债为788.52亿港元，股东权益为88.25亿港元，实现净利润2.21亿港元，贷款余额达388.83亿港元，较2006年和2007年分别增长了47.12%和15.14%；存款余额达365.76亿港元，较2006年和2007年分别增长了39.96%和6.08%。

3. 建银国际情况。2007年实现净利润6.4亿港元、成本收入比为29.05%、ROA为17.5%、ROE为35.72%。2008年6月末，总资产为78亿港元，较2007年增长了17.46%；负债为41.43亿港元，较2007年增长了23.81%；股东权益为36.57亿港元；上半年实现净利润3.43亿港元，比2007年同期增长280%。

二、存在的主要问题

（一）建行香港整体较同业有一定差距

从下表中主要数据看，建行香港整体与当地其他较大商业银行相比，规模和效能都存在较大差距。

表1　2008年6月建行香港与香港其他商业银行对比　单位：亿港元

银行名称	总资产	净资产	杠杆率	贷款总额	存款总额	贷存比（%）	半年利润	网点数量（家）	点均贷款	点均存款
汇丰	41 250	2 393	17.24	7 414	16 777	44.19	183.78	107	69.29	156.80
中银	11 272	975	11.56	4 756	8 191	58.06	71.81	289	16.46	28.34
恒生	7 479	556	13.45	3 382	5 351	63.20	90.64	82	41.24	65.26
渣打	4 841	321	15.08	1 999	3 632	55.06	41.03	57	35.08	63.72
东亚	3 967	341	11.63	2 454	3 002	81.74	9.30	91	26.97	32.99
工银	2 029	154	13.18	1 130	1 358	83.25	9.16	42	26.91	32.32
建行	2 021	128	15.79	1 130	782	144.58	8.64	22	51.37	35.53

（二）三家机构之间的协调机制尚不健全

香港分行、建银亚洲与建银国际之间尝试了初步的业务联动，如分行介绍自身客户给建银国际，共同为客户提供搭桥融资、财务顾问、推荐上市等服务；建银亚洲与建银国际共同作为主承销商为总行在香港发行人民币债券等。但是由于现存的香港地区业务协调委员会只是每季度进行高层之间的会晤，对日常业务协调的及时性和力度不够，没有形成一套三家机构之间的高效协调机制，信息沟通与业务协作尚不充分，各自为战的现象依然较为明显，甚至出现了批发机构与零售机构之间某些业务竞争的现象，严重影响了整体协同效益的发挥，有悖我行香港地区业务整合和海外发展战略的初衷。

（三）两家机构的批发业务界限有待进一步明晰

建银亚洲和香港分行在香港市场上同为全业务牌照金融机构，由于在业务整合之初未对其开展批发业务的边界清晰界定，建银亚洲在承继了原建新银行的中小企业贷款业务且得到了总行资金支持的条件下，开始涉猎较大规模的批发银行业务，与香港分行在同一业务领域竞争，甚至有时对同一客户“打价格战”，不仅导致我行总体利润下降，也损害了我行的市场形象。突出表现在以下方面。

1. 两家对中资批发业务竞争态势明显。由于缺少有效的沟通协调机制以及各自业务发展和利润目标的驱动，因而产生了两家机构对中国移动、中国电信等多家大客户争相登门拜访、争夺业务机会等重复营销现象，对十多家客户存在着交叉贷款，不仅浪费了人力与财力，还不利于统一的贷后管理。

2. 两家同一性竞争易发生潜在的风险。由于两家机构的内部审批程序和风险管理体制存在一定差别，对客户的筛选标准也不尽一致，因而对批发类贷款风险的判断和定价也会出现差异。比如对同一客户，建银亚洲可能在对方出具安慰函的情况下就认为风险可以接受，但分行方面的要求可能会更加严格。这些操作上的差异不仅引起客户对建行贷款程序上的疑惑，更容易出现潜在风险，不利于控制贷款质量。

3. 两家同类人才需求导致人力成本上升。两家机构为了进一步拓展对同一市场的业务优势，纷纷寻求同类人才，导致专业人员的工资水平水涨船高，人力成本上升，无形中加大了费用支出，削弱了我行的盈利能力。

三、工作建议

为促使香港地区业务又好又快地发展，实现该区域重点战略目标，带动全行海外业务发展，我们认为有必要重新审视业务整合效果，研究新形势和新问题，考虑进一步改进组织架构、明确划分职责、加强网点布局建设和人力资源配置，保证在港机构最大限度地发挥协同效应。

（一）改进组织架构，批零银行业务实行统一管理

我行要提高香港地区批零业务的营运力和竞争力，组织架构必须朝精简、务实、高效方向改进。建议尽快将香港分行和建银亚洲的两套管理组织合二为一，由一个高级管理层全面领导在港批零银行业务，同时保持建银亚洲形式上的存在，

并根据经营管理需要，重新梳理和设置职能部门，内部明确划分批发业务分工界限，以此保障该地区批零业务的有效统一管理。

（二）加快香港地区网点布局建设，尽快形成规模效益

目前我行在港网点数量明显偏少，尚未形成理想的规模效益，更不足以支撑香港地区发展战略的实施。要想实现该地区业务快速发展，提高资金自给能力、同业竞争力和资本回报水平，必须突破网点规模的"瓶颈"制约。建议2009年上半年，对网点建设提出详细的目标规划和明确的实施要求。

（三）加强人力资源配置，保障长期发展需要

鉴于在港机构普遍反映人力资源紧缺的情况，建议总行结合该地区发展规划和实际需要，分析研究人力资源配置需求，多途径开发人力资源，有计划、有步骤地满足业务发展需要。其中包括应从大陆各分行分期分批地选派中级管理人员和相关操作层面人员，以降低人力资源成本、改善各级人力资源结构、培养员工队伍。

（四）持续对建银亚洲定期评估，为海外并购提供借鉴

2006 年 12 月 29 日，建设银行以 97.10 亿港元收购了原美银亚洲并整合为建银亚洲。我们此次对其并购及整合后的经营状况进行了调查分析，并形成了《建银亚洲并购与整合效果评估参考》（见附件），建议提交董事会及相关委员会会议作专题审议参考。同时建议，明年四五月待建银亚洲年报披露后，董事会战略发展委员会将再一次对 2008 年的经营情况进行跟踪评估，连续比较分析各项业务指标和盈利数据，观察其融合性、成长性和市场竞争力，为今后海外并购提供借鉴。

附件：建银亚洲并购与整合效果评估参考

根据建行亚洲提供的 2006 重述年报和 2007 年报，及其在部分董事赴港考察座谈前后给予的数据补充和说明，对建银亚洲收购前后的经营状况分析如下。

第一部分　美银亚洲 2006 年度经营状况

一、概述

1. 由于美国银行在 2006 年 1—9 月全部结清关联美银亚洲的资产负债业务，以及美银亚洲对非关联同业及存贷客户的资产负债业务下滑且抵消了个别低增长，致使当年总资产减少了 2.5 成、总负债比减少了 3.1 成。

2. 虽然 2006 年同业往来业务大幅度下降和存贷业务轻度下滑，但由于净息差较上年增多 15 个基点，覆盖了规模下降影响因素，利息净收入增加了 2.6 成，维持了 14.71% 的税后净利润增长和 8.69% 的股东权益增长。

3. 继 2005 年现金流萎缩后，2006 年经营活动现金净流出 17.76 亿港元，并且抵消了投融资活动现金净流入，致使本年末现金结余较上年末结余减少 1.39 亿港元，亦即当年经营成果流入的现金全部被业务萎缩抵净。当年结余现金流量 85.03 亿港元和账面净资产 80.24 亿港元基本接近。

4.《亚洲周刊》2006 年度上榜的 18 家香港地区银行评比情况显示，美银亚洲总资产及增长率分别排名第 15 位、第 18 位，净利息收入及增长率分别排第 13 位、第 6 位，净利润及增长率分别排第 13 位、第 10 位，股东权益及增长率分别排第 12 位、第 10 位，ROA 高于平均水平 37 个基点、排第 4 位，ROE 低于平均水平 1 198 个基点、排第 17 位。

结论：美银亚洲对大股东美国银行依存度较高，2006 年度受美国银行转移业务和其主观因素影响，业务大幅度萎缩，现金流入不充分，经营表现欠佳。

二、截至 2006 年末资产负债及权益情况

1. 总资产 368.95 亿港元，较上年减少 121.78 亿港元，下降 24.82%。其中，存放同业占比 15.68%，较上年减少 94.64 港元，下降 62.06%；客户贷款占比 71.64%，较上年减少 22.90 亿港元，下降 7.97%。总资产中，生息资产和非生息资产平均余额分别占 94.34%、5.95%。

2005 年末，美银亚洲向美国银行拆放 59.83 亿港元、贷款 29 亿港元，共涉及关联资产业务 88.83 亿港元；2006 年 1—7 月，美国银行陆续还清这两部分款项（其中，一笔 29.1 亿港元提前 948 天清偿，另一笔 1.01 亿港元提前 418 天清偿），占当年存放同业和客户贷款减少总额的 75.57%。

2. 总负债 288.71 亿港元，较上年减少

128.20亿港元，下降30.75%。其中，同业存放占比0.55%，较上年减少105.70亿港元，下降98.52%；客户存款及存款证占比93.96%，较上年减少32.11亿港元，下降10.58%。总负债中，计息负债和非计息负债平均余额分别占93.54%、6.46%。

2005年末，美银亚洲吸收美国银行存放97亿港元、存款22亿港元、存款证4亿港元，共涉及关联负债业务123.30亿港元；2006年1—9月，美国银行陆续取回这三部分款项，占当年同业存放和客户存款减少总额的89.25%。

3. 股东权益80.24亿港元，较上年增加6.42亿港元，增长8.70%。其中，股本增加0.1亿港元，增长3.38%；储备增加6.32亿港元，增长8.92%。储备增加额中，公允价值变动增加0.01亿港元，以股份为基础的付款增加0.07亿港元（费用列转入），奖励成功计划储备增加0.08亿港元（美国银行拨入），净利润增加6.16亿港元。

三、2006年度财务收支及盈亏情况

1. 经营收入12.87亿港元，较上年增加1.89亿港元，增长17.21%。其中，净利息收入占比77.39%，较上年增加2.06亿港元，增长26.11%；非利息收入占比22.61%，较上年减少0.18亿港元，下降5.83%。生息资产平均收益率5.85%；计息负债平均成本率4.18%；净利差1.67%，较上年增加15个基点。净利息收入增加额中，利率上升因素影响占134.99%，规模下降因素影响占-34.99%。

2. 经营费用5.55亿港元，较上年增加0.91亿港元，增长19.61%，高于利润增速。其中，人力费用占比58.38%，较上年增加0.46亿港元，增长16.85%；非人力费用占比41.62%，较上年增加0.4亿港元，增长20.94%。提取准备金0.19亿港元，较上年增加0.11亿港元，增长137.5%。

3. 税前利润7.34亿港元，较上年增加0.92亿港元，增长14.33%；税后净利润6.16亿港元，较上年增加0.79亿港元，增长14.71%。

四、2006年度综合现金流量情况

1. 2006年度现金净流出1.39亿港元，较上年净流入减少9.35亿港元，下降117.46%。其中，经营活动现金净流出17.76亿港元，较上年净流入减少25.72亿港元，负增长323.24%；投资活动现金净流入16.27亿港元，较上年净流出增加16.41亿港元，增长126.23倍；融资活动现金净流入0.10亿港元，较上年净流入减少0.03亿港元，下降23.08%。2006年末现金结余继2005年末下降13.20%后进一步下降1.61%。

2. 2006年经营活动现金净流出主要影响因素有两个：一是美国银行清偿债务与清收债权造成美银亚洲现金净流出34亿港元；二是美银亚洲除美国银行关联业务变动外，对其他客户的负债业务现金净流入65亿港元、资产业务现金净流出55亿元、经营利润现金净流入7亿元，合计现金净流入17亿港元。两项相抵净流出17亿多港元。

第二部分 建银亚洲2007年度经营状况

一、概述

1. 2007年度，建银亚洲得到总行167亿港元转拆资金支持，接受业务整合转移资产35.30亿港元、转移负债55.15亿港元，受这些利好因素影响，再加上一定的工作努力，总资产增长73.4%，总负债增长91.75%。

2. 虽然同业和存贷业务较上年有大幅度增长，但是由于净利差萎缩了43个基点，净利息收入下降了15.66%，并且抵消了非利息收入48.45%的增量，以致经营收入较上年下降1.24%。在此基础上，大幅度回拨准备金，消化了业务整合开支、账面税前利润与上年基本保持相当（仅下降1.23%）。

3. 继2006年现金流萎缩后，2007年经营活动现金净流出25.45亿港元，并抵消了投融资活动现金净流入，致使本年末现金结余较上年末结余减少25.44亿港元，亦即当年经营成果流入的现金全部被业务扩张抵净。当年结余现金流量59.59亿港元，较账面净资产86.17亿港元相差26.58亿港元。2005年、2006年、2007年末现金结余连续三年呈下降趋势，分别较上年递减13.20%、1.61%、29.92%。

4. 《亚洲周刊》2007年度上榜的17家香港地区银行评比情况显示，建银亚洲总资产及增长率分别排名第14位（较上年前移1位）、第1位（前移17位），净利息收入及增长率分别排第15位（后移2位）、第16位（后移10位），净利润

额及增长率分别排第 13 位（无变动）、第 12 位（后移 2 位），股东权益及增长率分别排第 13 位（后移 1 位）、第 14 位（后移 4 位），ROA 低于平均水平 54 个基点、排第 11 位（后移 7 位），ROE 低于平均水平 1 401 个基点、排第 15 位（前移 2 位）。

结论：建银亚洲对总行依赖性很强，2007 年度在总行转拆和业务整入的大力促使下，业务大幅度增长，但效益方面纵横比较均差强人意，现金流入不充分，预计的协同效应尚未显现。

二、截至 2007 年末资产负债及权益情况

1. 总资产 639.76 亿港元，较上年增加 270.81 亿港元，增长 73.0%。其中，存放同业占比 36.72%，较上年增加 177.10 亿港元，增长 306.30%；客户贷款占比 53.19%，较上年增加 75.98 亿港元，增长 28.75%。总资产中，生息资产和非生息资产平均余额分别占 92.93%、6.81%。

2. 总负债 553.59 亿港元，较上年增加 264.88 亿港元，增长 91.75%。其中，同业存放占比 32.2%，较上年增加 176.66 亿港元，增长 110.41 倍；客户存款及存款证占比65.9%，较上年增加 93.53 亿港元，增长 34.48%。总负债中，计息负债和非计息负债平均余额分别占 92.28%、7.72%。

3. 股东权益 86.17 亿港元，较上年增加 5.93 亿港元，增长 7.39%，全部为储备增加。其中，公允价值变动减少 0.02 亿港元，奖励成功计划储备减少 0.08 亿港元（发放奖金支出），净利润增加 6.04 亿港元。

三、2007 年度财务收支及盈亏情况

1. 经营收入 12.71 亿港元，较上年减少 0.16 亿港元，下降 1.24%。其中，净利息收入占比 66.09%，较上年减少 1.56 亿港元，下降 15.66%；非利息收入占比 33.91%，较上年增加 1.41 亿港元，增长 48.62%。生息资产平均收益率为 5.1%；计息负债平均成本率为 3.86%；净利差 1.24%，较上年减少个 43 个基点。在净利息收入增加额中，利率下降因素影响占 201.94%，规模增长因素影响占 101.94%。

2. 经营费用 6.33 亿港元，较上年增加 0.78 亿港元，增长 14.05%。其中，人力费用占比 52.61%，较上年增加 0.09 亿港元（不含股东权益 0.08 亿港元奖励支出），增长 2.78%；非人力费用占比 47.39%，较上年增加 0.69 亿港元，增长 29.87%。回拨准备金 0.66 亿港元，较上年提取减少 0.85 亿港元，下降 56.29%。

3. 税前利润 7.25 亿港元，较上年减少 0.09 亿港元，下降 1.23%；回拨准备金相应增加税前利润部分占 9.1%；税后净利润为 6.04 亿港元，较上年减少 0.12 亿港元，下降 1.95%。

四、2007 年度综合现金流量情况

1. 2007 年度现金净流出 25.45 亿港元，较上年现金净流出增加 24.06 亿港元，负增长 17.31 倍。其中，经营活动现金净流出 33.02 亿港元，较上年净流出增加 15.26 亿港元，负增长 85.92%；投资活动现金净流入 7.57 亿港元，较上年净流入减少 8.7 亿港元，下降 53.47%；融资活动现金净流入为 0，较上年净流入减少 0.1 亿港元，下降 100%。

2. 2007 年现金净流出增大主要影响因素有两个：一是经营活动中资产业务增加大于负债业务增加。资产经营方面，存放同业、客户贷款、金融工具等业务的增加致使现金流出较上年增加了 279.66 亿港元，流出量增长了 8.62 倍；负债经营方面，同业存放、客户存款及存款证等业务的增加致使现金流入较上年增加 265 亿港元，流入量增长了 4.69 倍。二是投资活动中购入业务大量增加，当年购回大于购入的现金净流入低于上年水平。

对我行市场风险管理现状的分析与建议

张向东 董事 李晓玲 董事 杨爱民 董事
张进国 刘方根 杨 军 李洪斌 梁 伟 成海波

根据郭董事长指示和董事会工作安排，张向东、李晓玲董事带领董办、风险部和资债部组成的市场风险管理专题调研小组，进行了为期5个月的调研，分别在总行和部分分行召开专题座谈会，邀请信息技术部IT专家、国内市场风险管理专家进行专题研讨，并赴香港外资银行进行市场风险管理考察。通过调研，更加明确了进一步加强市场风险管理的重要性和紧迫性，针对我行市场风险管理存在的问题，提出了加强市场风险管理的若干建议。

一、加强我行市场风险管理的紧迫性

（一）加强市场风险管理，应对百年一遇的国内外金融市场大变局

国际金融市场变化。自2007年美国次贷危机爆发以来，全球金融市场剧烈震荡。美国先后有雷曼兄弟公司、华盛顿互惠银行等老牌金融机构破产，贝尔斯登、美林公司被收购，“两房”被政府接管。其中，雷曼兄弟公司破产，使全球许多金融机构遭受重大损失；欧洲的英国HBOS银行濒临倒闭；亚洲的香港东亚银行一度遭到挤兑。全球股市、机构债券、公司债券市场经历了大幅度调整，全球性资本市场波动风险加大。全球资本市场的大变局，迫切需要我行加强市场风险管理，规避经营风险。

国内金融市场变化。中国人民银行将在“十一五”期间，按照“先市场化产品再存贷款产品，先短期后长期”的原则，稳步推进利率市场化改革。随着利率市场化的推进，我行面临的利率风险将逐渐加大。汇改的进一步深化，将加大汇率的弹性。由于全球经济增长放缓导致外需疲软，国内出口情况不断恶化，企业盈利增速也持续放缓，GDP增速将下降，未来国内资本市场的不确定性增大。因此，加强市场风险管理十分必要。

（二）提升管理能力，化解不容忽视的市场风险压力

2008年9月底，我行利息净收入占比高达84.26%（并表口径），一年以内利率敏感性重定价负缺口为2 488亿元人民币。假设存放中央银行款项利率不变，收益曲线平行上移或下移200个基点，一年内，我行净利息收益会减少或增加554亿元，预计为净利息收益的24.7%（截至2008年9月底净利息收入1 681.7亿元）。

汇率风险。截至9月底，我行外汇净敞口为16.42亿美元（折合111.96亿元人民币），假设一年内人民币升/贬值10%，将造成汇兑损/益11亿元人民币，预计为净利息收益的0.66%。

债券投资风险。2008年9月底，我行73 236.31亿元资产中，债券总计为21 535.13亿元，占全行总资产的29.4%。其中，外币债券投资账面价值为194.8亿美元，包括“两房”相关债券15.12亿美元（折合人民币103.12亿元），美国次级按揭贷款支持债券2.44亿美元（折合人民币16.61亿元），美国雷曼兄弟控股公司相关债券1.91亿美元（折合人民币13.01亿元）。相对国内其他银行，我行持有次贷相关债券、雷曼公司债券规模不小，由市场风险引发的信用风险需要密切关注。

代客资金交易和理财业务风险。在部分代客理财业务中，由于市场剧烈波动，部分客户出现交割困难，客户违约风险增大，我行已经发生被动垫款情况；部分理财产品出现零收益或负收益，对我行声誉产生了一定影响；由于市场价格波动，部分衍生产品交易业务的重估市值出现了一定的损失，一些交易对手向我行提出了交纳抵押品的要求。

（三）加强市场风险管理，满足市场风险监管要求

国内外监管当局对市场风险的监管日趋重视。1996年巴塞尔银行监管委员会推出了《资本协议关于市场风险的补充规定》，要求银行业为市场风险计提资本。2004年，《巴塞尔新资本协议》正式发布，在第一支柱中，再一次明确了市场风险监管资本的计量要求，并提出了市场风险管理和计量的8项定性标准和11项定量标准。近期，巴塞尔银行监管委员会根据形势的发展，出台了《交易账户违约风险新增资本计提指引（征求意见稿）》，专门针对资金交易业务中的信用风险，提出了监管资本计提等要求；并对流动性风险给予关注，发布了《流动性风险管理条例（草稿）》，对流动性管理提出了更高要求。

中国银监会近年来加强了对市场风险资本管理的力度，出台了《市场风险监管指引》，对市场风险的管理提出了初步要求。目前，中国银监会正在制定《市场风险内部模型法监管指引》、《银行账户利率风险监管指引》、《资产证券化指引》等，对市场风险以及证券化的监管资本计量和管理提出治理结构、管理政策、参数设置、补充计量方法等一系列详细的定性和定量要求。另外，关于股票、股指期货、融资融券等一系列法规政策也将会陆续出台。可以预见，我国市场风险监管资本的管理力度和精细化程度将大大加强。

二、我行市场风险管理存在的问题

近年来，在总行党委、董事会、监事会、高管层的高度重视下，我行市场风险管理工作取得了积极进展。市场风险管理体制不断理顺，政策制度建设迈出了实质步伐。整合了管理资源，制定了市场风险偏好，建立并完善了交易性市场风险限额管理体系，确立了市场风险承担边界，强化了市场风险的事前控制措施，初步形成了一套较为全面的市场风险管理指标体系；市场风险管理工具和计量方法稳步推进，制定了利率风险、汇率风险和市场风险资本计量方法，在全行范围内推行了内部资金全额计价管理，通过转移价格有效引导前台的经营行为，实施主动资产负债管理，提高净利息收益率。市场风险报告线路进一步明晰。在做好日常监控报告和定期现场检查的基础上，进一步强化了对重大风险事件的报告和应急管理。市场风险专题分析研究也做了卓有成效的探索，取得了一些进展。市场风险管理专业化、精细化、科学化正在不断加强。

通过对近期国际资本市场大幅度波动的持续跟踪观察，结合在本次调研中了解的情况，我行市场风险管理还存在一些不容忽视的问题。

（一）关于管理制度建设问题

现行市场风险管理政策虽已明确了市场风险管理流程和程序，但相关的制度、规则等还需要进一步细化完善。一是市场风险计量规则、管理办法、风险限额管理体系、金融工具估值模式需要进一步完善；二是需要尽快建立市场风险压力测试方案、市场风险返回检验方案；三是市场风险监管资本计量规则、交易账户和银行账户划分办法、对主要经济体基本面及债券发行体分析等需要尽快完善；四是风险管理流程、风险计量结果的实际运用尚待加强。

（二）关于管理流程和授权问题

一是总分行不同层级的市场风险管理职责和管理流程不够明确，分支行市场风险管理的职责需要加强；二是资金交易业务的交易对手信用风险管理、额度管控还有待加强；三是部分分行拥有人民币产品定价权后，视规模为先，定价时往往盲从客户要求，或简单跟随别的机构报价，缺乏长久经营和综合算账意识；四是信贷业务流程中缺少风险定价的审批环节；五是应进一步完善重大市场风险事件应急机制和流程。

（三）关于管理系统建设问题

一是市场风险管理缺乏一个完整的管理系统。总行资金业务相关的风险管理系统有四个，分别为Bloomberg公司的POMS系统、Reuters公司的Kondor+系统、RiskMetrics公司的Risk Manager系统、总行资债部使用的ALM系统外购的KRM软件包，多个系统给数据连接、集成和风险管理计量带来了一定的困难。二是管理系统的开发缺少后续支持。三是前后台系统联动不够。由于KRM系统使用的市场风险系统数据来源于八个核心业务系统，如果核心系统升级优化，市场风险系统也将配套改造，但目前这种配套改造流程尚未建立，影响了市场风险系统数据的更新和准确性。

（四）关于内部数据库建设问题

一是数据信息不完全，缺乏一个满足管理要求的数据范围、时效和存储时间的数据库；二是数据时效性不高。进入系统的数据时效性为T+2到T+4不等，有时甚至大于T+10；三是数据仓库运行不稳定，数据丢失、重复、延迟的现象时有发生；四是数据质量不高，前端数据输入（包括内部账和手工补录数据）以及信息系统间传输发生错误，核心系统无法满足业务需求，造成系统中信息不全、总账和明细账不平。

（五）关于风险计量问题

一是目前我行只能借助于外购的 Risk Manager 计算 VaR，在模型、参数、数据、使用方面受到了一定的限制；二是市场风险资本计量还未达到《巴塞尔新资本协议》内部模型法的涵盖范围；三是市场风险计量模型验证和事后检验没有形成制度化，缺乏对模型风险的控制；四是没有形成制度化的压力测试；五是利率重定价缺口、净利息收益敏感度和风险价值等计量结果，除了应用于风险价值限额设定、报告和对外披露外，还没有更多应用于日常风险管理的各个环节；六是市场风险计量方法仍停留在静态计量上，静态计量结果运用到管理中有一定限制，市场风险计量结果运用受到一定限制。

（六）关于人才队伍建设问题

当前，外部金融市场瞬息万变，新产品、新业务层出不穷，产品交易结构日益复杂。相应地，金融市场业务必然是知识、技能和信息密集型的业务，技术含量高，需要高素质的人力资源投入。做好市场风险管理工作，相关人员既需要熟悉前台的市场和产品，又需要熟悉风险管理的政策、计量和 IT 等。若不了解市场、发行体和交易对手，则开展投资业务只能盲目跟进，风险管理工作也难以深入，这方面我行已有一些深刻教训。目前，我行市场风险管理人员面临如下问题：一是人员总量不足，尤其是市场分析、风险计量、IT 人员；二是业务经验不足；三是培训工作有待加强，包括总行管理人员培训和总行对分行市场风险管理人员的业务指导和培训。

三、加强我行市场风险管理的建议

结合我行实际情况，借鉴国际银行的市场风险管理经验，针对我行市场风险管理中存在的问题，提出以下几点建议供参考。

（一）关于管理政策制度建设

一是利率风险方面，整合银行账户利率风险政策和制度、建立银行账户利率风险的限额体系、完善利率风险计量规则；二是汇率风险方面，出台汇率风险管理办法以及汇率风险限额体系；三是资金交易业务方面，尽快完善市场风险监管资本计量规则、市场风险压力测试方案、市场风险返回检验方案、交易账户和银行账户划分办法、市值重估管理办法、风险值计量规则等。

（二）关于管理流程和授权

一是利率风险方面，优化账户划分流程，实现银行账户与交易账户的清晰划分；建立银行账户利率风险限额管理流程，明确限额管理的授权、职责分工、预警方案、超限额的处理和审批；推行事业部制，细化责任中心成本利润核算与考核，提高部门、分行对外定价的利率风险意识，正确选择目标客户，合理定价，实现收益与风险的平衡。

二是汇率风险方面，实现汇率风险的全面管理，包括表内、表外和海外分行的头寸；对外汇风险进行风险价值计量；通过设定限额对汇率风险进行及时、有效的管理和监控，并适时作出对冲以降低外汇风险可能带来的损失；完善外汇风险报告和评估机制。

三是资金业务风险方面，重新梳理整合估值和投资四分类账户规模制定流程，建立估值和交易相分离的估值模式，完善市值重估计量方法和重要风险值计量规则，尽快将信用风险管理的整个流程覆盖到金融市场业务。引入内部评级模式，加强投资和交易产品结构的分析和审查，优化投资及交易的事前、事中及事后的分析和管理。

四是进一步明确总分行市场风险管理的职责，特别是在代客金融衍生品方面的管理职责。

（三）关于管理系统建设

一是建立完整的市场风险管理系统。在统一的系统中，实现市场风险 VaR 值计量、压力测试等功能。

二是建立市场风险管理系统滚动开发机制，理顺系统滚动开发程序。

三是建立系统间开发联动沟通机制和问题解决触发机制，前台系统开发要及时和后台应用系统沟通，评估对后台应用系统的影响，及时确定后台系统跟随改进方案。

四是在各市场风险管理部门派驻信息技术团队，牵头管理系统运行和维护，以便解决技术人员流动问题，使使用系统的业务人员将更大精力投入到市场风险管理中。

（四）关于内部数据库建设

一是推动市场风险数据集市建设。建议近期研究建立 Kondor + 系统、POMS 系统与 RM 系统的数据接口，实现交易数据的自动转换。在我行交易数据集市的基础上，进一步细化集市数据需求，继续推动全行的市场风险数据集市建设，确保集市数据能够满足全行专业化市场风险管理的要求。

二是加强数据管控，提高数据完整性、准确性和时效性。加强数据管控在人员配置、流程建立和技术控制的建设。尽快在每个分行中设立数据质量管理岗，配置数据质量管理人员，明确横向和纵向的数据管控流程，在核心系统信息录入界面中运用技术手段控制数据输入质量。

三是保持系统维护人员相对稳定，建立系统检查和维护流程，并明确其职责，促使维护人员主动发现和解决问题。

（五）关于市场风险信息系统和模型建设

一是加快市场风险内部模型法进程；二是研究动态计量模型，建立业务条线风险和收益考核机制，使计量结果符合实际，并对业务条线经营形成指导和制约；三是推动海外分行开展风险计量工作，促进海外分行加强对自身市场风险的监测和控制；四是通过与美国银行的合作以及与咨询公司的合作，逐步加强风险计量和限额体系在日常风险管理中的作用。

（六）关于人才队伍建设

一是尽快补充市场风险管理人员，包括政策、市场分析、风险计量、IT 等专才，促进市场风险管理快速运转，满足专业化管理市场风险的需要。

二是借鉴国际银行的先进做法，针对不同风险种类或大类风险产品分别设置专业的风险经理，由专门市场风险管理人员进行持续风险监控和提示。

三是加大培训力度，实行前后台人员轮岗、国内外专业培训、跟岗培训等。

（七）建立市场风险管理的长效机制

建议董事会、监事会和高管层通过定期会议、定期听取和查阅报告、定期分析研究市场风险状况，对市场风险管理给予持续性的关注。同时，建立畅通的信息传递渠道，使董事会、监事会和高管层及时、全面地掌握整体市场风险状况和重大风险事项。建立和完善重大市场风险事件快速应急机制，及时、有效地处理市场风险管理中的突发事件。

经济危机形势下美国市场观察和思考

——赴美国考察报告

董事　王永刚　王淑敏　王　勇　董办人员　卢　刚　高　云

2008 年 11 月 3 日至 12 日，王永刚、王淑敏、王勇三位董事，以及董事会办公室的卢刚、高云一行，赴美国与中国驻旧金山总领事馆，华美、国泰两家华资背景银行，美国银行新收购的美国国家金融服务公司，摩根士丹利和瑞士信贷两家投资银行进行了交流。本次考察，正值美国总统大选揭晓和全球经济危机深化之际，到危机的发源地感受市场变化，有不少收获和体会。

一、对当前美国经济金融形势的基本判断

（一）本次经济危机可能是自 20 世纪 80 年代以来最严重的一次，但不会造成自 20 世纪 30 年代大萧条的情况

当前美国经济已处于比较严重的衰退之中。根据美国商务部的数据，第三季度美国失业率达到 6.5%，GDP 下降 0.3%，这是继 2007 年第四季度以来又一个季度出现负增长。多数机构预测，美国经济 2005 年第四季度和明年第一季度仍将继续下滑，2009 年全年将出现负增长。与 20 世纪 90 年代初和 2001 年的两次衰退相比，本次衰退持续时间更长。根据美国国家经济研究局（NBER）的有关资料，前两次危机历时均为 8 个月，虽有月度 GDP 负增长情形，但未出现年度 GDP 负增长的情况。本次从 2007 年 12 月陷入衰退，历时已达一年，且明年 GDP 将为负增长。

危机源于房地产价格泡沫破灭，刺破了虚拟经济泡沫，令高杠杆率金融机构破产倒闭。目前，危机已进入第二阶段，即通过多种渠道由金融领

域向实体经济蔓延：一是受银行信贷紧缩的影响，企业和个人的投资需求显著下降。2008 年第三季度私人国内投资总额减少 1.9%，建筑业、设备制造业等受到严重打击，硅谷 IT 软件和设备供应商的销售出现大幅下降。二是受财富缩水、失业率上升、工资增速下降的影响，居民消费动力明显不足。2008 年第三季度居民消费支出减少 3.1%，零售、旅游、汽车、传媒等行业受到重大影响，通用、福特、克莱斯勒三大汽车公司已面临破产风险。三是国内需求的下降使美国进口增长乏力，使港口、海运等相关行业受到较大影响。美国经济可能面临第二轮考验。

尽管形势严峻，但各界普遍认为，这次危机不会造成 20 世纪 30 年代经济大萧条的情况，因为，与 30 年代当时美国政府对危机束手无策的情况相比，这次美国政府迅速采取了一系列应对危机的措施，并且已收到了一定的成效。

（二）大规模救市计划使系统性风险基本得到避免，美国经济有望在明年下半年复苏

美国政府划拨的 7 000 亿美元救市资金，最初计划主要用于购买金融机构的不良贷款，但在实际运作中，首批资金的绝大部分转为收购银行和保险公司的股权（占财政部目前可以支配的 3 500亿美元中的 2 900 亿美元），剩余 600 亿美元则拟向包括教育、住房等非银行的消费金融领域倾斜。

相对于收购不良资产，直接注资是更有效的救助方案。一是收购不良资产需要单独考虑每项资产的质量、杠杆比率，很难定价；股权则是对被收购方的一个综合定价，且有可供参考的市价，定价相对容易，时效性和可操作性更强。二是由于财务杠杆的作用，1 美元的注资可能盘活几美元的资产，效果更好。三是注资实际上是把企业信用转化为国家信用，对市场信心的支撑更强。

财政部的资本收购计划，以及 FDIC 的短期流动性担保计划、美联储的商业票据融资额度，使金融系统的流动性问题得到缓解，民众的信心在一定程度上得到了恢复。各界普遍认为，金融体系最艰难的时期已经过去，系统性风险已基本得到避免。目前，多数机构预测，美国经济可能在明年下半年复苏。例如，瑞士信贷预测，美国 GDP 在 2008 年第四季度和 2009 年第一季度都会出现负增长，分别为 -2.0% 和 -1.5%，2009 年第二季度开始回升，但全年的增长仍为 -0.3%。

（三）危机将使美国金融业的格局发生重大变化

一是虚拟经济脱离实体经济过度发展的趋势将得到扭转。过去几年，美国虚拟经济泡沫化现象越来越严重。根据美国货币控制司的数据，截至 2007 年底，美国商业银行持有的衍生产品名义金额高达 165.5 万亿美元，远远超过美国当年的 GDP13.8 万亿美元。这些衍生产品中的相当一部分并没有给实体经济创造真正的价值。经过危机的阵痛后，虚拟经济将会逐步回归到以实体经济为基础，并为实体经济服务的基本功能中来。

二是商业银行在金融行业中比重将会逐步提高。危机使金融机构过度依赖杠杆和自营交易的旧有经营模式受到普遍质疑，存款、贷款等传统商业银行业务重获重视。随着美林等一批投资银行被商业银行收购，高盛、摩根、美国运通、Protective Life 等各类金融企业纷纷转型银行控股公司，以及传统的投资银行去杠杆化后阵线逐步收缩，商业银行在金融系统中再度占据主导地位。

三是银行业的整合和集中将进一步加速。过去几年，美国银行业已有了较大的集中和整合，本次金融危机加速了这一趋势。据统计，1995 年按市值排名前 20 家银行目前只剩下 9 家，被收购的 11 家银行中有 9 家并入了当前最大的 3 家银行——摩根大通、美国银行、富国银行。这三家银行依靠审慎经营和抓住机遇实施并购，成为本轮银行业整合的赢家。预计未来银行并购更多是资本实力雄厚的大银行对小银行的收购，大银行之间合并的可能性相对较小。

四是金融系统和产品的监管将进一步加强。本次危机暴露出美国金融体系监管中存在的以下突出问题：一是金融监管体系过于松散，金融监管职能分散，造成对商业银行的多头监管与对对冲基金的监管真空并存；二是对金融机构和金融产品监督过于宽松，造成金融衍生产品泛滥，金融机构杠杆率过高；三是对评级机构等中介机构缺乏必要的监督，评级结果无法反映资产的真实风险和价值。预计本次危机后，美国金融业将面临更严格的监管，信息也将更加透明。

二、美国亚裔银行的整体情况及市场机会

（一）美国亚裔银行的基本情况

截至 2008 年 6 月 30 日，全美共有 51 家亚裔银行，大多位于西海岸。其中最大三家是联合、

华美、国泰，资产规模分别为128亿美元、117亿美元和108亿美元，其余规模比较小。亚裔银行业务多以房地产贷款为基础，现已日益转向复杂产品，如为零售客户提供投资、证券经纪和信托产品，为对公客户提供贸易融资、电汇等业务。

（二）华美、国泰银行两家华资银行的基本情况和特点

1. 华美银行

华美银行总部设于洛杉矶，现有73家分行，其中在南北加州设有70家分行，休斯顿和得克萨斯州各有1家，香港1家，北京和上海设有代表处。员工总人数为1 435人。华美银行主要提供各项商业融资、商业房地产贷款、建筑贷款、贸易融资及个人银行服务。截至2008年9月底，华美银行总资产为117.22亿美元，总负债为104.57亿美元，市值为8.8亿美元。

在经营策略上，华美银行注重企业形象塑造和企业文化建设，拥有一个专业化的团队，并确立了以“金融、文化、体育、社区”为主题的企业文化。华美银行同时注重通过并购实现外延式增长，自1999年以来，并购资产在1亿美元以上的银行达8次。

财务方面，1997—2007年，华美银行每股收益从0.23美元增长到2.60美元，复利增长达到27%。2007年，华美银行ROA为1.45%，ROE为14.9%，净利差为3.9%。但受2007年8月收购的沙漠社区银行贷款坏账较多拖累，今年第三季度华美银行亏损3 529.50万美元，摊薄每股亏损0.56美元。

2. 国泰银行

国泰银行成立于1961年，总部设在洛杉矶，是南加州地区第一家华商开办的银行，其创立宗旨是为洛杉矶地区日渐成长的华裔及亚裔社区提供金融服务。在美国本土39个城市拥有50家分行（其中加州有31家），在中国香港、上海设有办事处，中国台湾设有子公司，员工总人数为1 156人。

国泰银行的主要业务领域包括个人银行、商业银行、小企业银行和理财服务，重点是为个人客户和地区中小企业提供商业银行服务。截至2008年9月30日，国泰银行总资产为111亿美元，总市值为9.6亿美元。

国泰银行经营稳健，尽管公司在第三季度注销了2 030万美元房利美、房地美优先证券的税后费用，提拨1 580万美元贷款损失准备，第三季度盈利仍达到690万美元，摊薄每股收益0.14美元，平均资产回报率为0.25%，平均股东权益回报率为2.71%，是加州4家华裔上市银行（联合、华美、宝富、国泰）中唯一保持盈利的银行。

（三）总体评价和判断

由于美国中小型商业银行在金融衍生产品上投资较小，因而在本次危机中所受损失也较少，华美银行、国泰银行都不存在破产风险。比较而言，华美银行注重激进扩张和企业形象的宣传，积极利用深入了解东西方文化的背景，将发展战略定位为连接东西方金融活动的桥梁，在大中华地区和太平洋沿岸地区积极扩展业务。国泰银行在宣传上较为低调，但经营则更加稳健，在华人社区具有良好的客户基础。国泰银行的股权至今仍有50%掌握在员工手中。

据瑞士信贷介绍，只要价格合适，华美银行和国泰银行都有意愿随时出售部分股权，但因为目前经营情况良好，要价可能会较高。预测华美银行、国泰银行可能5年内被一些大型的亚洲银行并购。另外加州地区还有一些台湾背景的银行以及更小型的华人银行，但都没有并购价值。

三、美国银行对美国国家金融服务公司整合情况

本次金融危机也为银行间的兼并收购提供了大量机会，美国银行收购美国国家金融服务公司（以下简称Countrywide）就是其中一例，目前项目正处于整合执行阶段。我们与美国银行合并过渡团队管理层进行了深入交流，获得了不少第一手信息。

（一）收购的战略考虑

Countrywide曾是全美最大的抵押贷款机构和服务公司，2007年美国财富500强排名第91位。公司总部位于洛杉矶的卡拉巴萨斯，在美国49个州设有1 000多个分支机构和办事处。随着次贷风暴加剧，公司的商业活动受到重创，一度面临破产危险。2008年1月11日，美国银行宣布将以约值40亿美元的股票收购Countrywide，并于2008年7月1日获得政府批准。

此次收购，使美国银行的信用卡小额信用贷款基金销售等消费金融产品与Countrywide以消费者为主的按揭贷款及保险业务形成互补，巩固了美国银行作为全美领先消费者业务银行的地位。

收购前美国银行的住房抵押贷款发放业务在全美排名第五位，贷后管理排名第六位，收购后迅速跃居为全美最大的住房抵押贷款发放和贷后管理机构。此外，美国银行希望利用 Countrywide 遍布全国的营运机构、先进的按揭贷款产品、技术系统和销售平台加强自身住房抵押贷款的能力。

（二）美国银行整合的组织和流程

为保证上述目标的实现，美国银行组建了专门的合并过渡团队，团队为分七个板块：财务、人力资源、政府沟通、企业风险、操作稳定性、评估、项目办公室。团队负责人芭芭拉女士兼任合并后 Countrywide 的 CEO，直接向美国银行董事长刘易斯汇报，各板块的负责人也均由相当层级的管理人员担任。各板块人员从各业务条线抽调，同时向团队负责人和所属业务条线汇报。根据整合阶段的不同，人员从 200～1 000 人不等。

在整合方法上，美国银行采用一套标准化的流程和工具开展工作。项目分为组织宣布（2008 年 1 月 11 日至 2008 年 2 月 10 日）、评估（2008 年 2 月 11 日至 6 月 30 日）、执行（2008 年 7 月 1 日至 2010 年第二季度）和收尾（至 2010 年末）四个阶段分步进行，预计需要 36 个月完成。每个阶段都按六西格马流程方法作细致具体的安排。例如，执行阶段分为测量、分析、改进和控制四个步骤。该阶段有三个重要时点：法律第一天、客户第一天、系统第一天，每个时点又有具体工作流程。在法律第一天，即 2008 年 7 月 1 日，Countrywide 在法律上成为美国银行的一部分；在客户第一天，双方客户正式合并，品牌和企业标识也在这一天统一，目前合并过渡团队正在为客户第一天积极准备；在系统第一天，相关系统转换为同一目标流程。

（三）整合思路和方法

美国银行整合 Countrywide 的总体思路是，以客户、员工、股东和流程为中心，并注意处理好这几方面的关系；强调速度很关键，超速则有害。具体整合思路和方法如下。

1. 机构整合。Countrywide 不再作为子公司保留，成为美国银行的一个部门，撤并双方重叠设置的业务部门，如 Countrywide 的后台资金交易部门被撤销，美国银行原有房贷部门与 Countrywide 对口部门合二为一，按业务线条组成一个新的团队，统一领导，考核也按条线进行。

2. 人员整合。按照惯例，最高管理层和部门一级管理人员两家机构各占 50%，但关键支持部门（人力、财务、风险等）一般由美国银行指派。中下层的级别较多地保留 Countrywide 原业务团队人员，具体任用权交由业务条线领导逐层决定。所有定岗定编、管理人员的人选和员工辞退等重要工作在 7 月 1 日前宣布完成，前后历时 4 个多月。合并后的 Countrywide 有 65 000 人，其中原 Countrywide 有 42 000 人，美国银行 23 000 人。美国银行计划两年内裁员 7 500 人。

3. 企业文化整合。美国银行很关注对被收购公司的文化评估，并尽量将美国银行的文化移植到被收购方，但每次并购都会有对方的文化优点吸收进来。相关工作十分细致，如先后收集了 Countrywide 的人力资源流程以及有关企业文化和价值观的文献资料，包括成文和不成文的；对员工进行摸底，举行焦点小组座谈会，通过数据分析两个企业文化和价值观的相似点和不同点，提出整合的实施计划。我们考察当天，正逢召开整合首脑层会议，大家相互了解企业间文化差异，研究实施办法，并将其带到新的公司。

4. 产品和 IT 系统整合。原则上，谁的产品和系统好就选用谁的。本次整合后，双方产品将各保留一半，系统则以美国银行的系统为主。在以往的并购中，也出现过以被收购方为主的情况，例如，美国银行收购信用卡公司 MBNA 后，MBNA 的产品保留了 100%，系统则各保留一半。

四、美国政府对外资银行投资的监管政策

随着危机的深化，美国政府对外资银行投资的监管政策进行了适当调整，但总体而言力度不大。预计投资并购美国的银行，将有不少困难需要克服。

（一）相关法律规定

1. 监管主体

外资银行在美国投资一般受到三个方面监管：美联储对母国监管水平、外资银行资本状况和管理水平的审查，美国联邦贸易委员会对反垄断的审查，以及美国外国投资委员会（CFIUS，其成员来自美国财政部、司法部、国防部、国土安全部及商务部等 12 个美国联邦机构）对国家安全的审查。

理论上，上述三方面的报批可以同时进行，但由于美联储的监管最为重要，美联储审批通过也有助于其他两家机构的审批，因此一般需要先

与美联储沟通。此外，FDIC、证监会、交易所也会进行相应的审查，但不会对投资产生决定性影响。

2. 综合并表标准审查（CSS 标准审查）

对于获得控制权的投资，一般需要进行 CSS 标准审查，即母国金融监管当局是否在并表基础对银行进行全面监管。这主要是看外资银行母国的监管水平是否符合美联储的要求。美联储会要求外资银行提供大量关于母国监管的信息，美联储工作人员甚至可能造访母国的一些监管机构。如果某国第一次有银行在美国进行以控制权为目标的投资，审核过程将会特别烦琐和漫长，经常长达一年。一旦美联储对该国一家银行进行过审核，其他银行投资并购就不需再进行 CSS 标准的判定。

3. 外资银行资本状况和管理水平审查

主要看外资银行是否“资本状况良好”以及“管理完善”。所谓“资本状况良好”，是指外资银行应满足《巴塞尔资本协议》对资本充足率的要求，或由美联储确定其资本符合适用于美国银行的资本要求。所谓“管理完善”，是指至少外国银行的美国分支机构、代理机构和商业贷款公司的综合评级结果应符合美联储要求。

4. 持股比例规定

根据美国《银行控股公司法》规定，拥有或者控制一家银行的 25% 或以上投票权即被视为对该银行拥有控制权；投票权低于 5% 被视为没有控制权；投票权介于 5% 至 25%，则要分析治理结构、关联交易等确定是否构成实际的控制权。

某项投资如被认为拥有控制权，将受到美联储等监管机构的严格检查，除前面提到的要对 CSS 标准进行深入审查外，对银行财务能力、管理能力、公司治理等的要求也更高，此外还可能涉及国家安全方面的检查。

（二）实际操作情况

当前，美国政府救市需要大量资金，总体来说对外国资本持欢迎态度。过去长达一年的 CSS 标准审查，在最近的几个案例中，缩短到几周就可以完成。

但政府对外资银行的投资监管仍然严格，尤其是对旨在获得控制权的投资。监管环节并没有因为金融危机而减少，有些方面甚至有所增加。例如，国家安全的审查一般认为只涉及港口、电信等基础设施领域，但最近的三菱收购摩根也进行了国家安全申报。

此外，虽然没有明文规定对某些国家或所有权性质的银行采取更严格的标准，但在实际案例中这种情况经常发生。例如，在对投资方母国监管水平的 CCS 审查时，一般认为欧洲、中国香港、新加坡、中国台湾的银行监管水平较高，其投资比较容易获得批准；日本则被认为监管水平不高，因而近 20 年来，美联储没有批准任何一家日本银行对美国的投资，直到最近三菱收购摩根才解冻。由于美国人的意识形态观念仍然较强，预计对我国金融机构的投资审查会采取相对严格的标准。

五、有关启示和建议

（一）充分吸取经济危机的教训，避免危机再度发生

本次危机既有制度和监管原因，也有金融机构过分贪婪、缺乏自律的原因。探究危机产生的原因，作为商业银行可以得到以下启示：一是吸收存款、发放贷款是商业银行业务的基础和核心，在大力发展中间业务、投资银行业务、理财业务等的同时，不能忽略主业的巩固和发展；二是借钱给有还贷能力的人是发放贷款的基本原则，应严格遵守有关信贷调查、审批、发放、回收流程和标准，切断危机的源头；三是创新应建立在对相关产品充分研究和了解的基础上（第三方产品尤其如此），不能为创新而创新；四是应积极研究采用合理的会计政策，避免会计制度对危机的推波助澜；五是完善和加强对资本充足率的计量和管理，逐步将表外资产纳入表内管理，以体现银行真实的杠杆比率。

（二）加强对宏观经济金融形势的研究，抓住机遇开展在美业务

美国银行业竞争格局的变化，以及金融危机中出现的大量成功和失败案例表明，把握正确时机实施并购是金融企业做强做大的必要手段，有时也要敢于冒一定的风险。根据比较乐观的估计，明年下半年美国经济有望复苏，考虑到资本市场可能会先于经济见底，从现在起到明年上半年，可能是收购美国资产一个较好的时间窗口。建议积极关注以下市场机会：一是与我国文化差异小的商业银行股权。华美银行、国泰银行市场定位符合我行海外战略，文化背景与我行相近，值得重点关注；同时，根据未来发展需要，也不应错过参股大中型主流银行的机会。二是有待出售的业务板块，如GE资本的信用卡业务。业务板块的业务结构、法律关系相对简单，有利于后期的整合和管理，不失为好的并购机会。三是有待出售的投资资产，如债券资产，如果价格合适、风险可控，也可考虑。

（三）实施合理的投资策略和步骤

当前，美国对我们的投资仍采取比较严格的控制，这要求我们加强对监管政策的研究，制定合理的投资策略。建议采取如下措施：一是低调地进行，避免引起监管机构和媒体的过多关注。二是先拿到分行牌照再进行并购。由于外资银行在美国申请设立分行，因而需要符合美联储关于外资银行在母国处于综合的并表监管之下（CSS条款）的审查，以及外资银行的财务资源和管理水平的审查，当然，对投资事项的相关审查会更深入，先拿到分行牌照有利于加速美联储审批的进程。三是持股比例可以采取先少量买入、后逐步增持的方式。可以分三步进行：第一步可以先收购目标方的5%～10%，作为试探性买入，以深入了解目标方的经营管理情况；第二步增加到24.9%，成为第一大股东；在条件成熟的情况下，增持到25%以上，成为控股股东。四是采取灵活的收购方式。除股权收购外，根据项目的不同特点，还可以考虑资产收购、业务收购、期权等多种方式。

（四）充分重视并购后的整合

并购后的整合比并购本身更重要，美国银行为此不惜花费巨大的人力、物力，值得我们借鉴和思考。从以往我行收购的实例来看，重并购、轻整合，重组织机构、产品、系统等的硬件整合，轻人力资源、业务流程、企业文化等的软件整合的现象在一定程度上存在着。未来，随着并购越来越成为业务扩展的一个重要手段，建设银行至少需要在以下几个方面做好准备：一是把整合作为并购的一部分，在并购过程中统筹考虑；二是组建一支专业化的整合队伍，包括业务、风险、财务、人力、科技、企业文化等的专业人员，采取任务型团队工作模式，在有整合任务时集中办公，同时向整合团队负责人和业务条线汇报，整合任务完成回到各自岗位；三是建立一套系统的并购整合方法、流程和机制，以文本形式固定下来，以便整合经验在不同项目间的复制；四是加强与先进银行的交流与沟通，建议将并购整合作为今后美国银行战略协助项目的重点之一。

上海、宁波、浙江分行调研报告

董事　刘向辉　王淑敏

董办人员　刘　健　朱　辉

2008年12月9日

2008年11月24日至28日，刘向辉董事、王淑敏董事及董事会办公室有关人员赴上海、宁波和浙江分行调研，通过与各分行负责人和中层干部座谈讨论，深入了解分行今年以来贯彻总行发展战略、业务经营和风险管理情况以及存在的突出矛盾和问题，听取了分行在业务发展和管理改革等方面的意见和建议，并实地考察了部分机构网点。现将有关情况报告如下。

一、分行贯彻总行发展战略和业务经营情况

今年以来，上海、浙江和宁波分行认真贯彻总行发展战略，以科学发展观为指导，积极应对内外部环境变化，深入推进战略转型和业务结构调整，市场竞争力和风险管理水平进一步提升。

业务发展态势良好。截至2008年10月底，上海市分行各项贷款新增在四大银行中占比40.5%，居四大银行首位；中间业务收入同比增长60.8%，在四大银行中占比29.3%，较年初提高4.95个百分点，跃居四大银行第二位；不良贷款率为1.11%，实现不良率和不良额“双降”。浙江省分行保持信贷“三三制”格局，大客户、中小企业和个人贷款余额占比约为37:31:32，业

务结构进一步改善；大力支持优质小企业客户，小企业贷款增幅为23.6%，新增额占全行1/10强；中间业务收入同比增长127%，在四大银行中占比27.8%，较年初提高5.65个百分点；不良率和不良额实现“双降”。宁波市分行前三个季度全口径存款、一般性存款和企业存款新增均居市场首位；个人贷款余额和新增额保持市场第一；中间业务收入同比实现翻番增长，超越工商银行跃居同业第二。

经营效益稳步增长。截至2008年10月底，上海市分行实现考核利润82.34亿元，同比增长20.7%，完成计划的89.3%；经济增加值为43.95亿元，同比增长17.9%，完成计划的90.9%；平均资产回报率为1.4%，同比提高0.17个百分点；成本—收入比为21.5%，同比下降0.47个百分点；人均创利85.7万元。宁波市分行前三个季度实现税前利润16.41亿元，完成计划的94%；经济增加值为8.49亿元，完成计划的106%；成本—收入比为31.17%，同比下降2.34个百分点；存贷利差为5.41%，同比提高0.58个百分点。浙江省分行前三个季度实现考核利润77.6亿元，经济增加值为41亿元，居系统第二位，存贷利差为5.63%，居四大银行首位。

信贷结构调整成效明显。调研中了解到，各分行均能够严格执行总行信贷退出政策，结合自身区域、行业、客户等实际状况，确定退出名单，优化调整客户、行业和收益结构。截至2008年10月底，三家分行均已完成或超额完成总行退出计划。上海市分行将信贷资源优先安排于优质行业和客户，精心安排退出方案，已完成年度退出计划的110%；宁波市分行前10个月退出贷款6.78亿元，涉及公司客户86家（其中贷款全额退出48家），退出计划执行率达136%，新增贷款主要投向基础设施、小企业和自住性个人住房等特色优势领域；浙江省分行主动调整，及早退出飞跃集团、南望集团和华联三鑫等问题企业，风险敞口和实际损失在当地同业中最低，最大限度地保护了信贷资金安全。

二、分行发展过程中面临的突出矛盾和问题

调研中我们也关注到，在国际经济金融危机和国内经济下行因素的影响下，分行在发展过程中也面临一些突出的矛盾和问题，主要体现在三个方面的压力。

一是不良资产反弹的压力。2008年下半年以来，长三角地区部分低成本、低附加值的纯出口型和劳动密集型企业经营出现困难，分行面临着不良资产反弹、有效信贷需求放缓的严峻考验。2008年前三个季度，整个浙江地区GDP增幅为10.6%，同比回落4.1个百分点，浙江出口总额增幅同比回落4.9个百分点，规模以上工业出口交货值同比回落8.7个百分点。浙江企业景气指数逐季下降，第三季度已跌至124.3，为2000年以来最低。当地华联三鑫、江龙控股集团、五环氨纶等六家大型企业相继出现破产倒闭或高管逃逸，涉及金融机构贷款104.4亿元（其中浙江省分行3.14亿元）。宁波市分行也相继发生几起企业倒闭、高管逃逸等重大信贷风险事件，新增不良贷款主要集中在进出口相关行业。截至2008年10月底，该分行不良贷款余额为3.8亿元，比年初增加1.83亿元，不良贷款率为0.59%，比年初上升0.25个百分点，预计年末不良率将升至0.86%。

二是中间业务面临同业竞争和增长乏力的压力。近年来，分行转变经营理念，大力拓展中间业务，取得了显著成绩。但应看到，我行中间业务与同业相比还缺乏竞争力，传统的结算业务、国际业务、银行卡业务这几年虽然缩短了与同业的距离，位次也在上升，但与当地排名第一的银行差距仍然很大，不同程度地存在“城不如工（行）、县不如农（行）、贸不如中（行）”的状况。在中间业务收入构成中，部分收入实质上是由贷款利息收入转化而来，过于依赖信贷业务。随着银行议价能力减弱和银监会监管政策的调整，将对这部分收入产生不利影响。分行普遍反映我行中间业务缺乏鲜明特色和较强竞争力的“拳头”产品，研发和创新跟不上，理财产品品种少、数量不足，有时甚至出现“断档”现象，难以满足客户的需求。

三是2009年利润增长的压力。受宏观经济下行和中央银行持续降息的影响，2009年我行存贷款利差将进一步收窄。尽管2009年贷款总量将有所增长，但随着银行议价能力的减弱以及各家商业银行对贷款项目的争夺和价格竞争，实际贷款收益将大打折扣，加之2009年中间业务收入增长趋缓、减值准备计提可能有所增加，均对分行2009年的利润增长带来较大压力。上海市、宁波

市分行在中央银行第四次降息之前预测2009年利润仍将保有一定的增长，增幅为3%～5%；浙江省分行综合四次降息的影响预测2009年利润为负增长。

此外，分行2009年负债业务也存在一定压力。当前，总行提出存款立行的要求，近年来三家分行的负债业务发展很快，但由于均是贷差行，在全额计价的内部资金管理模式下，资金成本仍比较高，直接影响了效益指标的完成。因此，拓展稳定、低成本的存款来源，确保2009年在四大银行中存款新增占比不下降，任务相当艰巨。

三、意见和建议

（一）坚决贯彻国家宏观调控政策，支持中央和地方政府投资项目建设，同时绝不放松风险管理

近一时期，国家出台了一系列扩大内需、促进增长的宏观经济举措，各地政府都积极行动起来，多次召集金融机构研究信贷支持方案，加快推进项目建设，总体情况是好的，但其中也有一些过去明确否决的项目又重新上马，一旦形成盲目投资和重复建设，银行将不可避免地形成新的不良资产。我们认为，作为大型国有控股商业银行，要坚决贯彻国家的宏观调控政策和产业政策，大力支持国家经济社会发展，但同时要保持清醒头脑，既不惜贷，也不乱贷，继续紧抓风险管理不放松，审慎地选择行业与客户，严格把握准入门槛和审批标准，严格审查分析客户的实际还款能力、资金实力与贷款用途，加强贷中和贷后管理，防止新的不良贷款产生。

（二）在政策制定上充分考虑区域差异，实施差别化管理

分行在调研中反映，由于各个分行面临的市场环境、客户基础、金融需求存在较大差异，全行统一的政策标准可能与各地区实际情况有所偏差。上海市分行建议总行建立差别化、精细化的行业预警政策，对部分区域经济发展良好的优质客户，如受限制行业中的龙头企业，适当增加投放量，简化核准手续。宁波市分行建议总行在差别化区域授信政策上给予有力支持，在表外业务信用风险政策底线核准方面，根据该市外贸企业资产负债比例普遍较高的特点，对资产负债率超总行80%或85%规定的客户，建议总行根据具体情况进行例外核准，允许占该行绝大多数的AA级客户贸易融资信用担保。浙江省分行建议考虑浙江区域特点，在个人消费贷款业务发展中实行差别化政策，如个人助业贷款能参照公司小企业类贷款进行行业管理，贷款担保方式能更加灵活，个人消费额度贷款能适当提高抵押率、扩大抵押物范围，对中高端客户抵押率允许提高至70%，增加写字楼作为抵押物准入范围。

（三）加强理财产品的研发和创新，并制定统一的产品营销策略，规避可能的销售风险

面对激烈的市场竞争，要在市场上占得先机，就必须加强创新。建议总行进一步明确公司理财产品开发的主管部门，明确市场责任，加大理财产品开发和创新方面的投入，设计出贴近市场、贴近客户、多层次，多样化的理财产品。建议针对不同类型的客户需求开发专属产品，在产品的收益、结构方面与同业相抗衡，同时，在产品的质押、提前赎回等附属功能方面能更灵活，增强产品的流动性，提高市场竞争力。

针对近期与澳大利亚元挂钩理财产品出现的问题，建议总行在市场判断和理财产品营销上加强对分行的具体指导和风险控制，制定统一的产品营销策略和宣传口径，向客户充分揭示产品风险。

（四）进一步完善薪酬分配制度

产品买单制。分行反映自买单制实施以来，在完善薪酬分配制度、调动一线员工的积极性、提高买单产品的销售能力和促进中间业务发展方面起到了一定积极作用，但也逐步暴露出一些新的矛盾，需要改进和完善。如由于买单制产品在条线之间分布不均衡、各基层单位资源禀赋存在差异而导致内部分配不平衡、EVA总量绩效分配和买单制关系的处理、以产品为导向的买单制与以客户为导向的理念存在冲突等。

“奖金池”以丰补歉。分行反映，2009年由于利润增长趋缓，分行费用将面临紧缩，建议总行从分行的“奖金池”中拿出部分费用，以丰补歉。上述情况建议总行有关部门研究。

（五）进一步加强培训工作

近年来，我行培训工作力度较大、成效明显，但分行同志反映针对性较强的专业培训和个性化培训略显不足，如财务经理、小企业客户经理专项培训等。上海市分行建议总行参照国外大银行普遍采用的“Training and Development”，即“培训与发展”的组织管理模式，多增加一些更具专

业性和针对性的培训项目。

此外，调研中我们感到，面对2009年严峻的经营形势和利润增长压力，各分行同志“过紧日子”的思想准备普遍不足。建议总行在安排2009年经营和利润计划时，进一步强调增收节支，在努力增加经营收入的同时，切实压缩各方面的费用开支，争取实现利润的适当增长。

美国银行的内部审计及其借鉴

总行审计部　冯道海　杨　军　陆　君　沈　毅　徐　菲等

一、美国银行内部审计主要做法

（一）内部审计定位

美国银行的内部审计工作由集团审计部承担，其愿景是“为美国银行实现集团战略作出切实的贡献”。在主愿景的框架下明确了三项具体任务：

第一，确保关键流程的完整性，维护客户、员工和股东的利益。

第二，以一流水准执行内部审计工作。

第三，扮演可信赖、知识渊博的业务领导者角色。

（二）风险管理与内部控制的主要架构

1. 三道防线各司其责

美国银行风险管理与内部控制划分为三道防线：第一道防线为业务条线，第二道防线为风险管理部门、合规部门和信息安全部门等，第三道防线为内部审计部门和信贷检查部门。三道防线均以强调风险与收益的平衡为最终目标。第一道、第二道防线侧重于内部控制措施遵循性的检查，合规性的问题大都能够在此得到有效控制；第三道防线则是更多地从宏观上关注流程的健全性、有效性和适当性，旨在解决各业务环节及各项流程有没有控制、如何控制和控制的成本效益问题。

2. 集团审计部与信贷检查部的关系

信贷审查部主要通过定期对银行内部信用风险水平和风险管理流程进行客观的审查，并向董事会和执行管理层报告对信用质量和信用风险变化趋势的独立评估结果。集团审计部则会适当、定期地测试信贷检查部门履职尽责情况，审计其是否有效地执行了信贷检查的既定流程，以及信贷检查的独立性。

3. 组织架构层次分明

美国银行集团审计部共400多人，按不同专业下设七个审计团队，分布在三个城市，负责相应业务条线的审计或审计内部支持，并以一个整体向审计委员会报告。集团设总审计师，由审计委员会任免，并向审计委员会报告工作；集团审计部有单独的财务预算，以保证审计工作的经费来源；集团审计部的员工绩效遵循美国银行的绩效标准，没有属地化概念。

（三）基于风险导向的内部审计流程

美国银行内部审计是风险导向型审计的典型代表，风险评估贯穿于整个审计过程。具体可分为两个阶段：（1）在制订年度计划时，首先对业务单元进行风险评分，根据风险评分结果确立重点关注的业务单元。（2）再对拟审计业务单元的内部流程进行风险评估，划分不同的风险级别；对低风险的流程不再关注，对需要测试的流程环节拟订详细的工作计划，作为确定可审计实体①、审计频率、审计覆盖范围的决策依据，以及测试关键业务流程、关键控制点审计策略的依据。

1. 审计计划阶段

审计计划分为年度审计计划和时间点审计计划。前者的任务是对集团控制环境的有效性进行独立评估，确定审计覆盖的范围。后者的任务是确定具体审计要针对的风险和控制措施。特别指出的是，业务流程图由审计人员和业务部门共同绘制，以便直接找出流程中的缺陷和关键控制点。

① Audit Entity，类似建设银行内部审计的业务单元，但较业务单元细化，目前大约有500多个。

2. 审计审核阶段

审核阶段主要通过失败模式及效果分析（FMEA）风险评估工具，就业务流程潜在的失败①、潜在失败后果的严重程度、潜在的失败原因、潜在失败的发生概率、发现问题的容易程度等指标，自动生成风险优先数。根据风险优先数，确定是否需要测试具体的流程。审计方案的编写必须根据 FMEA 的结果，确定与流程风险大小相适应的测试步骤，根据可接受审计风险采取统计抽样方法确定抽样样本，并且在工作文件中列明样本大小的选择依据和选择过程，确保选取的交易数据足以评估流程的有效性。

3. 审计测试阶段

在审计测试阶段，审计人员需记录测试的设计方案和目标、测试样本、已进行的测试及其结果或结论。对于异常事件，需在记录基本信息（描述、根源原因和影响）的同时确定异常事件是否构成重大（实质性）风险。对定为审计问题的异常事件应按严重程度高低进行分级并及时通报，以确保高级管理层了解重大问题，推动问题的解决。

4. 审计报告阶段

集团审计部在项目结束后会专门邀请审计对象及其主管领导参加沟通会议，通过演示的方式详细介绍重要的审计发现（主要是流程中的缺陷），并描述有风险的原因，提出解决方案的建议。审计报告多为表格式，由固定模板生成。报告结论分为合格、需要改进、不合格三种，且只报告较严重的制度缺陷或控制弱点及其影响，并提出明确的意见。此外，还评价第二道防线的有效性。审计报告一般在现场审计工作结束后 2 周至 4 周内提交。如果审计结论为不合格，则必须提交集团总审计师审查后发出。

5. 解决问题阶段

美国银行鼓励第一道防线和第二道防线，积极开展自我审查②，并将自我发现和审计发现的问题按严重程度归类，集中在问题追踪中央数据库（CIT）登记控制薄弱点的具体风险和影响③。同时，欢迎各业务条线进入 CIT 自行查询相应的业务单元问题，制订整改方案。

集团审计部是问题信息采集、监督和报告过程的责任人，并明确专门联系人与业务条线共同制订行动计划，随时在系统中追踪和监督所有审计问题，直至问题关闭。如果被审计部门没有在整改期限内作出反馈，集团审计部将会上调问题的严重程度并上报高级管理层。问题的解决必须经集团审计部核实，未得其最终确认不能结案。

（四）审计工具

集团审计部使用流程图和因果关系矩阵（C&E）来确定审计工作范围，使用失效模式及效果分析（FMEA）进行业务单元内部风险评估，使用六西格马基于事实管理工具（MBF）报告质量保证结果，使用自动测试作业中心（ATOC）实现手工测试的自动化。

1. 流程图

集团审计部每次在制订审计计划（时间点审计计划）阶段，均由审计人员深入业务部门现场与业务人员共同绘制、确认审计对象的业务流程图。流程图不但全面反映了审计对象运行过程的全貌，而且标注了流程的关键环节和控制点，是审计人员评估控制设计的充足性和有效性的基本出发点和必备工具。绘制流程图主要步骤为：将流程分解为可根据职责规定进行测量的活动；确定控制点；绘制流程图，目前采用 Microsoft、Visio 软件绘制。

2. 因果关系矩阵

集团审计部在时间点审计计划中使用流程图和因果关系矩阵确定审计工作范围。一般是审计经理和主管审计师指派负责具体审计活动的审计师来绘制流程图、编制因果关系矩阵。通过因果关系矩阵，将流程与风险类别或客户特点建立关联，确定优先级，促进对具体业务流程的进一步分析，其最终结果用于帮助审计团队确定被审计实体。

3. 失效模式与后果分析（FMEA）

FMEA（Potential Failure Mode and Effect Criticality Analysis）是一种风险评估工具，这个工具与流程图之间建立关联，对每个业务流程使用标

① Potential Failure，可大致理解为可能存在的问题。

② 第一道防线和第二道防线自我发现的问题占审计问题的 40%；所有的问题按照严重度高低分为三个等级，较严重的只占问题比例的 1%。

③ 第一道防线和第二道防线需将发现的问题输入数据库，但必须经审计部批准。

准栏目因素分析和量化评分方法记录其中潜在的控制失效后果（包括失效影响、失效可能性和失效发现容易度）、潜在的失效原因和当前控制措施的有效程度，综合以上因素最终得出该流程的控制失效严重程度评分值，生成风险优先数。根据风险优先数，确定具体测试范围，确保对高风险领域进行充分审计，并且确认测试控制措施是否有效发挥作用、潜在失败模式是否发生等。

4. 基于事实的管理（MBF）

MBF（Management By Fact）是一种以数据和事实为依据的进行问题管理的六西格马工具，主要用于弥补现状和目标之间的差距，使项目人员能够看清所处的位置和要达到的目标，明确从现状到目标的路线和必须解决的问题。集团审计部每月都使用MBF工具报告质量保证结果，协助选出回报最大的领域作为重点，进行持续的审计改进。同时，还通过每月使用MBF，对审计工作进行抽样审核，追踪和报告审计质量的趋势、瑕疵、对策和具体结果，对质量工作作全面的评估，确定改进措施和行动计划。

5. 自动测试作业中心（ATOC）

ATOC（Automated Testing Operations Center）植入业务系统操作的各个环节中，针对关键业务流程的主要控制措施实施总体和持续性的实时测试与数据收集。在审计周期的不同步骤中，集团审计部根据风险分析确定ATOC的监测对象与关键控制措施，协助审计师解决问题。

ATOC目前约有500个自动测试工具在使用，监测出问题的准确性非常高，无须进行现场核实就可以直接与管理层进行沟通。实时获取的信息为内部审计部门随时掌握流程关键环节的第一手资料、及时而准确地制订风险控制和审计计划、节约审计资源以及收集保留审计证据等提供了十分有利的条件。

（五）审计质量保证体系

集团审计部内设独立的质量保证团队，由其组织审计部专家或其他人员进行有针对性的审查。

为确保审计工作质量，集团审计部对审计工作进行了三类审核把关：一是高级审计经理在审计各阶段进行的工作文件审核，即审核阶段对风险评估验收、方案及抽样方法验收、测试阶段对测试的验收、报告阶段对报告的验收和最终结果的验收。二是主任审计师在每个审计阶段结束时对审计工作进行“验收”审核和总结。三是审计完成后，由独立质量保证团队用抽样方法抽取审计项目，对执行的流程、审计抽样、审计目标实现程度等指标打分，进行有针对性的质量保证（QA）审核。

（六）人员管理

1. 人员培养。集团审计部的岗位分为七级①，每一层级均有明确的选拔标准和技能要求，员工可以对照找准自己的最佳位置。在培养员工的过程中，对其行为提出了明确具体的要求，有利于员工确定发展目标。其行为要求体现在以下几个方面：扮演业务领导人的角色，推动变革；建立信任和合作；面对逆境时保持乐观；注重解决问题；关注持续改进。

集团审计部把审计人员的配备作为充分发挥审计职能的必要条件。集团审计部具有硕士学位或更高学历人员占33.8%，40.6%的审计师拥有一项或多项审计资质、资格认证。部内只有30%至40%的人员将内部审计作为自己的终身职业，其余均为业务部门的交流人员。这些人员大多是业务部门的骨干和培养对象，工作一至两年后还要回到业务部门。吸引并留住世界一流的员工队伍，在集团审计部内外培植风险控制文化和环境是集团审计部以一流水准执行内部审计工作，实现愿景及任务的根本。

2. 绩效管理。

（1）建立科学的绩效管理流程，激励员工主动工作，努力取得良好业绩。美国银行每年制订年度绩效计划，每个季度进行考核，跟踪员工实现具体业绩目标和能力培养的进展。绩效考核定义了员工业绩计划中的关键成功因素、主要业绩指标和领导能力素质。集团审计部中的业务执行与开发团队负责每季度向审计管理人员报告每个员工的关键业绩指标完成情况，这些数据会纳入季度绩效考核的范围。

（2）运用员工评分卡作为员工绩效考核的重要手段。评分卡按照职级不同分别设置员工流失率（针对主任审计师）、质量保证、审计执行（主任审计师和高级审计经理）、生产率（直接下属）、平均绩效考核分数（高级审计顾问、审计顾问和审计助理）五个考核指标。每次审计任务

① 七个职级为：总审计师、高级主任审计师、主任审计师、高级审计经理、主管审计师、审计顾问和审计师。

结束后，会对每个相关员工的绩效进行考核，然后与该员工讨论考核结果，并出具考核情况报告。考核过程中的一个重点是员工的技能是否得到提高，是否适合所从事的岗位，是否需要进行岗位调整，以帮助员工找到最佳岗位。

二、美国银行内部审计的实践特点

第一，在审计重点方面，关注的不是个别的操作性、合规性问题，而是流程缺陷。通过完善流程，从根源上解决问题、降低风险。对各营业网点的监控主要通过对业务条线风险经理的工作检查和非现场监控来实现，从而节省了大量审计资源。美国银行营业网点超过 6 000 个，管理资产 1.5 万亿美元，集团审计部仅有 400 人，远低于我行现有的 2 400 人①。

第二，在审计项目的风险覆盖方面，每四年覆盖一遍所有网点和业务（网点的覆盖通过现场审计与非现场审计相结合来实现）。目前，约有 500 个监测模型自动运行，在超过一定阈值后自动提示风险，现场审计人员根据定期收到的电邮提示进行人工检查。

第三，在审计项目质量控制方面，每一项目均设立了五个阶段性验收环节，以确保质量。同时，独立的质量保证团队对项目进行事后的抽查评分，并以此作为项目团队绩效评分的重要依据之一。集团审计部每季度进行绩效评估，评估体系简洁、客观，与审计部的目标高度契合，对未能达到标准的人员，制订 90 天的行动计划，逾期仍不能达标的审计人员将退出。

第四，在审计结果报告方面，汇报的是真正的隐患，而不是细枝末节，并注重与业务条线的沟通。审计报告形式多样，除项目审计报告外，还包括专门的“新业务审计报告”、“问题整改情况报告”、“业务部门概况”。其中“业务部门概况”报告每月一次，分析某大类业务面临的关键风险，对管理层采取或应采取的行动作出坦率的评估，基本相当于我行现在的内控评估，但定性多于定量。

第五，在解决问题方面，建立问题库并进行问题分级。各业务条线管理人员均可查询并提交自查出的问题，审计部门负责所有问题的跟踪与解决，以体现审计的作用，对未能落实的问题则向上一级报告。

三、改善我行内部审计工作的若干建议

（一）准确扮演目标角色

将审计重心从“查错防弊”转移到“查找流程缺陷并完善流程”。目前，以查错防弊为重点的内部审计既不能直接协助企业提高经济效益，增强竞争能力，又容易导致内部审计部门被细枝末节左右，忽略主要风险，导致审计发挥的作用有限。审计领域应向经营管理的深层延伸，围绕着经营管理目标，对经营管理过程面临的各种矛盾、问题和威胁进行综合分析诊断；对经营风险进行识别、衡量、分析和评价，积极主动地研究应对策略，提供解决方案。内部审计部门应分析问题产生的根本原因，从流程上、制度上解决问题，实现标本兼治。

（二）强化风险导向审计

以审计工作的需要出发建立“风险评估模型”体系，为制订审计计划和选择审计项目提供科学依据。以经营风险为对象建立风险模型，为在具体审计项目中确定风险因素、评估固有风险和控制风险因素、确定审计事项、选择审计样本提供工具和方法。建立审计风险的识别、估测、评价和控制的体系，为降低审计风险、避免审计失败提供支持。在坚持风险导向的前提下，把审计内容从揭示问题逐步向关注问题的原因，帮助审计对象向改善业务流程、提高风险防范能力方面转变。

（三）试行参与性审计

在制度及机制上鼓励各业务部门自我发现问题，提高业务部门识别、评估和降低风险的能力。在审计项目设计上与业务条线合作制订行动计划，对业务条线施加影响。在审计问题解决上与业务部门共同分析错误和问题的实际及潜在影响，一起探讨改进的可行性和应采取的措施，并参与相关问题的改进及控制阶段验收，推动、协助经营管理人员加强内部控制、改善经营管理。

（四）引入流程图技术

目前，审计人员以编制审计测试表的方式确定流程的关键控制环节和控制点，且与业务部门交流有限，对业务流程的分析不够清晰和严密。有必要引入流程图的工作方法，与业务部门有关

① 事实上，我行审计部的工作任务在美国银行由三个部门（团队）实施：集团审计部、信贷检查部和网点稽核团队。若将美国银行这三个部门（团队）的人数加总，也有 2 000 余人。

人员一起对业务流程进行梳理，绘制业务流程图，标注关键风险点，作为制订审计计划的依据。使审计人员更深入地了解业务流程和产品，更好地把握审计的重点，进一步提高工作的有效性。

（五）展示简洁明晰的审计结果

各类审计报告应倡导简洁、重点突出。汇报的应是真正的隐患，而不是细枝末节的问题。同时，适当允许发布一些“合格”结论的审计报告，以改变“审计报告一定要有问题”、“害怕审计”的误解，也便于业务条线集中精力解决最严重的问题，同时也有利于建立审计人员客观、专业的良好形象。

（六）扩展AMIS功能，实现问题①动态管理

目前AMIS能够对审计发现的问题进行集中管理，但由于AMIS无法与业务部门共享，因而审计部门不能及时掌握问题的整改进度。可以考虑拓展AMIS的功能，逐步建立一个三道防线共享的问题中央数据库，以促进业务部门对相关问题的自我评估和持续改进。同时，可按问题的严重程度分级管理，全过程跟踪问题的整改情况，提升审计工作的效率与效果。

如何更好地发挥监事会的监督制衡作用

监事会办公室

建设银行监事会自成立以来，始终以维护股东和银行利益为己任，依据法律、法规和银行章程的规定，认真履行职责，积极主动地开展工作，不断丰富、完善监督方式方法，着力提高监督工作的敏锐性、前瞻性和有效性，在公司治理中较好地发挥了监督制衡作用，为促进银行规范经营、健康发展作出了努力。

一、监事会的监督特点与优势

作为公司治理结构中专门履行监督职责的常设机构，监事会监督具有其他监督主体不可替代的特点和优势，主要体现在以下几个方面。

第一，监督职责相对独立。监事会直接向股东大会负责和报告，监事会成员分别由股东大会和公司职工代表大会选举产生，薪酬分配方案由股东大会审议决定。这样的制度安排，能够较好地保障监事会相对独立地履行自身的监督职责。

第二，监督具有连续性。监事会依法列席董事会、高级管理层的相关会议，并通过日常的监督与检查，较好地保证对银行重大决策事项、董事会及高级管理层运作、银行风险管理与内部控制等情况的关注与监督，确保了内部监督工作的持续性。

第三，监督方式灵活多样。既可通过列席会议直接进行监督，又可采取调阅经营信息资料、现场检查、专题调研、听取汇报、座谈访谈、监督测评等方式掌握情况和监督，针对监督检查发现的重要问题，还可采取提示函、建议函等方式进行提示、建议。多种监督方式的并用，促进了监督作用的发挥。

第四，监督时效性较强。通过采取多种方式方法持续性地开展监督与检查，并就监督检查发现的问题和重要事项及时进行监督提示和建议，有利于在银行内部形成监督制衡机制和在任职人员中形成压力机制，有助于银行依法合规经营和促进任职人员勤勉尽职。

二、监事会的工作实践与特色

近几年来，建设银行监事会在监督工作中积极加以探索、实践，主要做了以下几个方面的工作。

（一）建立健全监督工作规章制度

几年来，在《公司法》和银行章程的基础

① 美国银行所指的“问题”是“如果不采取恰当的风险降低措施，可能导致不利情况”的异常事件；建设银行内部审计定义的“问题”按美国银行的标准，更多的是“差错”和“异常”。

上，建设银行监事会先后制定并完善了《监事会议事规则》、《监事会专门委员会工作细则》、《监事会对董事会、高级管理层及其成员的监督办法》和《监事业绩考核暂行办法》等一系列制度规定，明确了监督的重点和方式方法，规范了监督的工作流程。在开展监督工作的同时，监事会还逐步规范了与监督工作有关的各项基础性工作，包括信息资料的获取、监督信息的分析整理、日常监督情况的记录、尽职监督基础性材料的建立等。这些逐步建立健全的制度办法，成为实际监督工作的重要依据和指南，为促进监事会依法行使监督职责和提升监督运作效率打下了坚实基础。

（二）有重点地开展监督检查工作

几年来，建设银行监事会根据银行章程的规定，围绕履职尽职监督、财务监督和内部控制监督三个方面，重点地组织开展监督检查工作。履职尽职监督方面，始终以勤勉尽责、依法合规作为监督重点。财务监督方面，密切关注信贷资产风险分类、减值准备、会计政策、预算调整、经济资本预算等有可能影响财务报告真实性、准确性、完整性的重大事项，并加大对银行定期报告编制合规性的监督力度。内部控制监督方面，持续关注全行内部控制和风险管理中的一些重要事项，有重点地检查调研，先后组织了涉及信贷投放、教育行业、信息技术、信用卡等多个专题调研与检查。另外，按照境内监管机构的要求，近期还加强了对信息披露工作的监督。

（三）不断创新和完善监督的方式方法

经过几年的实践和探索，监事会开展监督工作的方式方法不断完善，多种方式方法的综合运用，取得了良好的效果。

1. 列席会议。监事会成员通过列席股东大会、董事会、高级管理层等会议，对银行重大事项的决策程序、议事内容的依法合规性，以及董事、高级管理人员参与决策的行为进行现场监督。

2. 调研与检查。紧密结合银行经营管理情况，每年有计划、有重点地组织开展一些专题调研与检查，以促进更加深入、全面地了解银行经营管理的实际情况，提高监督工作的敏锐性、前瞻性和有效性。

3. 建立尽职监督档案。为确保监督的客观性和持续性，建立了董事和高级管理人员的个人尽职监督档案，将其履行职责义务的表现整理记录入档。个人尽职监督档案的建立，为监事会独立、客观地进行监督评价提供了依据。

4. 建立履职报告制度。为做好对董事会、高级管理层及其成员的评价工作，监事会要求董事会及其专门委员会、高级管理层、董事、高级管理人员个人提交年度工作履职情况报告说明，并对报告的内容提出了规范性要求。

5. 工作访谈与座谈。分别对董事、高级管理人员、总行部门负责人、一级分行负责人，以及外部审计师等进行工作访谈或座谈，广泛听取不同层面对董事会、高级管理层及其成员履职尽职情况、全行经营管理情况、定期报告编制和审计情况等方面的意见和建议。

6. 实施履职尽职测评。年度终了，监事会组织一定范围内人员对董事会及其专门委员会、高级管理层和董事、高级管理人员个人的履职尽职情况进行测评，为监事会评价董事会、高级管理层及其成员的履职尽职情况提供更多依据。

7. 适时进行提示和建议。监事会在列席会议、工作沟通和调研检查的过程中，会及时对发现的问题或不规范事项提出意见、建议，对一些涉及全局性、趋势性的重要事项，以书面形式向董事会、高级管理层发出提示函或建议函。

8. 出具年度监督意见。在日常监督和年度监督工作的基础上，提出对董事会及其专门委员会、高级管理层，以及董事、高级管理人员个人履职情况的年度监督意见，主要情况以年度工作报告形式向股东大会报告，详细监督情况以适当方式向董事会、高级管理层进行通报，个人监督意见则向董事、高级管理人员本人进行反馈。

（四）建立并完善监事会监督工作的支持保障机构

为充分发挥监事会的监督作用，提高监督的专业水平，监事会下设两个委员会，监事根据自身的专业特长分别在各自的委员会担任委员。委员会工作各有侧重，按照监事会的工作计划，开展对专门领域的监督与指导，加强对外工作沟通。委员会的设立使监事会监督职责更加具体、清晰，建言献策的渠道更为顺畅，有力地支持了监事会职能的发挥。监事会还下设了办事机构——监事会办公室，负责监事会及其专门委员会的日常工作。

三、监事会实践中存在的问题与不足

（一）监督制度性基础仍相对薄弱

《公司法》虽然明确了监事会在公司治理架

构中的法律地位与基本职责，但也仅仅是原则性的规定。同时，国内外监管机构所制定的关于公司治理的制度规定，涉及监事会运作的内容相对较少，大多数公司治理方面的规定与指引均主要是规范董事会运作。因此，监事会监督工作在制度层面上仍显不足，实际工作中遇到的一些问题缺乏具体的制度予以规范和指导。

（二）监督的方式方法需要继续探索完善

在履职尽职监督方面，监事会如何采取更为科学有效的监督方法，对董事会、高级管理层及其成员进行监督，尤其对执行董事、高级管理人员执行职务行为实施有效监督，如何使年度监督意见做到更加客观、全面，还需要进一步探索与研究。

在财务与内部控制监督方面，在监督力量有限的情况下，如何找准切入点，摸索一套有效的常规的监督方式，做到对银行重大财务事项和内部控制状况的及时了解、把握和监督，如何及时发现决策和经营中的苗头性、倾向性问题，提高监督的敏锐性，及时提示董事会和高级管理层加强内部控制和风险管理，防范可能发生的重大风险事件，仍需要进一步加强。

（三）自身职责任务与监督力量尚不太匹配

监事会既要监督公司的财务活动、风险内控和经营决策，又要监督董事、高级管理人员的履职尽职情况，责任重大。近年来，监管机构对银行公司治理的监督检查力度不断加强，对监事会和监事的职责不断提出新的和更为具体的要求。如在信息披露方面，要求监事会和监事承担更多的责任。与这些监督任务和要求相比，监事会的自身力量、能力、工作手段等还有所欠缺。

一是监事人数总量不多，而且按照有关规定，监事会成员中必须配备一定比例的外部监事与职工代表监事，作为兼职，他们均不可能投入更多的精力在日常的监督检查工作中。

二是借助外部力量协助监事会履行监督职责的做法尚未制度化、常态化。对于借助专业机构协助监事会工作，《公司法》、监管部门的相关规定及银行章程等均作出了相应规定，但在实施监督工作中如何借助专业机构、如何使用检查结果等方面还存在一些具体的问题和困难。

三是为监事会提供工作支持的力量不足。目前监事会办公室的人员配备较少、工作头绪较多，办公服务工作占去了相当大的精力，在进一步提高监督工作专业化水平方面有时显得力不从心，与监督工作要求相比，与银行业务呈现的综合化、专业化、复杂化特点相比，还存在不相适应之处。

（四）内部工作机制需要进一步改进完善

目前，监事会由股东代表监事、职工代表监事和外部监事构成，如何根据各类监事不同的特点和专长，结合所在专门委员会的监督职责与任务，更好地发挥各自的作用，还需要进一步探索。监事会下设的两个专门委员会职能作用发挥还不够充分，程序性事项较多，工作潜力有待进一步挖掘。内部相关监督信息的沟通交流还不够及时、规范，有些工作的研究讨论不够深入。另外，监事会相关监督意见的起草研究应得到全体监事更多、更充分的参与，目前受到信息掌握和监督介入程度等限制，这些方面的作用发挥还有待进一步加强。

（五）与其他监督主体之间的一些职责边界有待清晰

我国《公司法》和银行章程规定，监事会对高级管理人员履职尽职情况进行监督，同时，银行章程及有关监管指引也明确规定了董事会考核评价高级管理人员的履职情况，两者在实施监督中如何有所侧重、协调配合，在制度层面和操作层面都尚待明确和细化。此外，在监督财务报告编制及财务信息披露等方面，有关监管部门不断提出强化董事会审计委员会和独立董事的监督作用，但监事会与董事会审计委员的职责也没有明显界限，在实际运作中有可能存在一些监督重复或者监督责任不清等问题。

四、以科学发展观为指导，进一步发挥监督制衡作用

（一）进一步提高对内部监督工作重要性的认识

科学发展观要求在科学决策的基础上，努力实现全面协调可持续发展。要保证建设银行形成科学发展的管理体制和运行机制，就要在业务快速发展的同时坚持科学管理、科学决策。良好的公司治理结构是科学决策、科学发展的重要体制保证，只有建立运作规范、协调配合、相互制衡的公司治理架构，才能确保建设银行实现又好又快发展，为股东创造最大价值。监事会作为构建健康有效的公司治理架构的一项重要制度安排，是公司法人治理结构的一个重要组成部分。作为

独立于决策、执行层面的监督机构，监事会通过日常监督和年度监督工作，对董事会、高级管理层及其成员的履职尽职、银行财务活动、风险内控和经营决策等进行适时监督，在推动公司治理各方认真履行职责、依法合规运作、提高经营绩效，在提升可持续发展能力等方面都可以发挥出积极的作用。

（二）进一步处理好监督与发展的关系

监事会与董事会、高管层的职责任务不同，但工作目标一致，最终目的是通过监督检查，促进银行治理机制的不断完善，从而保证银行科学发展，最终保证股东及其他利益相关者的利益最大化。要有效发挥监事会在公司治理结构中的监督制衡作用，就要处理好监督和发展的关系。作为公司治理结构中专司监督职能的机构，监事会与董事会、高级管理层及其成员是监督与被监督的关系，必须保持相对独立，秉持公正、客观的原则。

但从另一个角度看，无论是监督者还是被监督者，在保障和促进建设银行更好地发展、实现股东利益最大化这个总的目标上又是一致、统一的，从这个意义上讲，监督和发展是相互促进的关系。因此，在战略发展、经营指导思想等关系全行的重大问题上，监事会与董事会、管理层应当保持共识，共同推动全行在科学发展观的指导下又好又快发展。从具体工作来说，要在深化和落实监督制衡作用方面下工夫，按照保障全行科学发展的高度，积极推动银行建立完善的决策机制，加快经营机制转变，强化内部控制和风险防范。同时，注意处理好与股东大会、董事会、高管层的关系，在监督工作中努力做到既坚持原则、认真监督、负责任地发表意见，又要在公司重大事项处理上做好配合与支持。

（三）修订和完善监督工作相关制度

按照《公司法》的要求，从银行实际出发，认真梳理银行章程、监事会议事规则及其他相关制度办法，适时提出修订和完善的建议。例如，加强与董事会沟通，共同研究探索明确监事会与董事会及其审计委员会等监督主体的职责边界，并在公司治理文件中作出相应的规定。银行章程等公司治理文件关于监事会履行离任审计职责的规定比较笼统，不够明确具体，可操作性不强，应抓紧进行研究与完善。在探索建立对监事会监督意见、建议，包括年度监督意见的跟踪与落实机制，进一步提高监督效能。

此外，对于监管部门在国有银行股份制改革之前制订的有关公司治理的指引，其中与监督工作相关的部分内容已与国有银行股份制改革的实践不匹配，应该积极建议有关部门适时进行修订与完善。

（四）不断丰富和拓展监督的方法和手段

在履职尽职监督方面，特别是对高级管理人员履职情况进行监督方面，应进一步探索更加有效的监督途径和方法。如适当扩展列席管理层会议的类别和频率，加强履职尽职委员会与管理部门、业务条线的沟通等。在财务与内部控制监督方面，要尝试对信息收集和分析工作作出规范性安排，及时准确地把握需要重点关注的方面和事项，同时，探索将监事会自身力量监督和加大利用中介机构及内部审计力量协助开展工作结合起来。在此基础上有针对性地深入开展调研和检查，及时做好监督提示和建议，促进监督制衡作用的进一步发挥。

（五）改进和完善内部工作机制

根据各类监事的不同特点和专长，探索进一步发挥监事会下设的履职尽职监督委员会和财务与内部控制监督委员会的职能作用，建立健全委员会与银行相关部门的工作交流机制，健全完善监事会内部监督信息的沟通与交流机制，以保障监事及时了解掌握监督的情况、进展，加大对相关监督工作参与研究、讨论的力度。

监事会办公室要进一步规范相关工作流程，做好对监事的服务支持和沟通协调，为监事履行监督职责提供更多便利。研究完善向外部监事提供其履行职责所需信息资料的相关制度，就信息提供内容、范围、方式、途径、保密要求等作出更进一步的规范。

（六）着力提高监督能力与水平

根据监事会履行监督职责的实际需要，进一步加强监督力量的配备。专职监事专门从事监督工作，在确保监事会有效运作、确保监督质量与水平方面发挥着重要作用，应适当增加专职监事的比例。同时，适当加强监事会支持机构的力量，使其人员数量、素质适应辅助监督的需要。适应不断发展变化的经营形势、环境和监管要求，有针对性地组织好培训，创造更多机会让相关人员参与学习、更新知识。通过学习培训，促进监督工作人员监督能力和工作水平进一步提升。

理财产品业务调研报告

监事会调研组

2008 年 5 月，监事会调研组对我行理财产品业务进行了调研。其间，分别与投资银行部、个人金融部、金融市场部、高端客户部、机构业务部 5 个部门进行了访谈，对上海、江苏、浙江 3 家分行进行了现场调研。现将主要情况报告如下。

一、我行理财产品业务的现状

（一）理财产品基本情况

今年以来，理财产品发行规模快速增长。1—4 月，我行共发行“利得盈”、“乾图理财”、“龙信通”等各类理财产品 441 期，发行金额达 3 606亿元，是 2007 年全年发行额的 2.6 倍。其中，基于信贷资产的理财产品发行 222 期，发行金额为 543 亿元，占比为 15%；基于资本市场的理财产品发行 42 期，发行金额为 1 953 亿元，占比为 54%。

表 1　　2008 年 1—4 月新发行理财产品汇总情况表　　单位：亿元人民币

品牌投资基础		利得盈	乾图理财	建行财富	龙信通	汇得盈	新股随心打	债券类对公理财产品	本外币结合产品	合计
信贷类		395.3	89.6		57.8					542.7
资本市场类	打新股	162.1	41.5	1 341.8	2.7		348.9			1 897
	其他	8.8	6	38.5	1				1.5	55.8
债券类		283.2						701.4		984.6
票据类			80.1							80.1
结构性						45.5				45.5
合计		849.4	217.2	1 380.3	61.5	45.5	348.9	701.4	1.5	3 606

注：资本市场类打新股产品统计口径：“新股随心打”期数每打一只新股算一期，发行金额按照每只扣划金额累计计算；“新股月月打”期数一个分行算一期，发行金额统计中厦门分行按照月均余额计算，其他分行按照每月余额累计计算。

1—4 月，我行自营发行的理财产品已实现销售收入、业绩报酬收入、服务商管理费收入等共计 2.56 亿元，实现担保费收入 1.08 亿元。理财产品的发行不仅为我行带来了可观的中间业务收入，而且有效满足了客户的资金和投资需求，进一步稳定了优质客户群体。

（二）现有品牌与产品系列情况

我行先后推出了利得盈、汇得盈、建行财富、乾图理财、龙信通等理财产品品牌，每个品牌又拥有丰富的产品系列，涵盖了多种类型的产品。

产品的基础资产范围逐步扩大，涵盖了信贷资产、股票、基金、债券、票据等，产品期限从 7 天到几年不等，并形成周期化、系列化发行趋势，满足了对公类、对私类不同层次的客户需求。

（三）理财产品业务管理

目前，我行理财产品业务管理体制实行总行统一规划、统一开发及审批。理财产品的规划和审批由投资与理财业务委员会负责，产品设计主要由投资银行部和金融市场部负责，产品销售主要由个人金融部、高端客户部、机构业务部、公司业务部等部门负责。产品设计和销售部门几乎参与了整个业务流程的前台、中台、后台工作，诸如产品设计、参数维护、数据统计、营销、到期兑付、风险管理等。

理财产品业务风险管理逐步加强。创新理财产品的推出必须经过投资与理财业务委员会审批，委员会下设创新产品评审小组，从法律、风险等角度进行把关。各部门通过多种手段，分别从理财产品研发、销售管理、信息披露、资金兑付、投诉应对等多个环节进行风险控制，风险管理水平总体上能够满足和适应现阶段理财产品业务的开展。

理财产品业务规章制度体系逐步建立。各部门针对各类产品和各个环节分别出台了多项规章制度，从操作规程、风险管理、会计核算等方面对理财产品业务进行了规范，为业务发展打下了制度基础。

二、我行理财产品业务需关注的几个问题

（一）理财产品设计中的风险管理

我行理财产品由多个部门分别设计，不同部门在理财产品的设计开发、风险控制、基础管理等方面遵循各自不同的操作流程，对风险的把握尺度也不尽相同，同质化产品在不同部门设计时未能做到以规范化的方式评估产品风险。从调研情况看，在理财产品设计过程中，风险管理人员介入深度不够，缺乏相对独立、专业化的风险管理支持团队，风险研究分析力度较弱。

1. 资本市场和结构性理财产品的风险控制

今年以来，银行理财产品零收益、负收益现象受到客户和监管层的广泛关注。我行已到期的理财产品收益率虽总体状况较好，但部分未到期理财产品收益情况可能与预期收益率相差较大。根据金融市场部对尚未到期的挂钩境外股票、指数、基金等投资工具的结构性产品收益预测，部分产品出现零收益的可能性较大，这主要是因境内外资本市场大幅下跌所致。但从银行自身管理的角度看，由于专业化人才储备不足等原因，我行在理财产品设计过程中，对资本市场风险系统性分析不足，对于交易对手推荐的产品结构的分析判断能力有待提高。

2. 信托贷款类理财产品的风险控制

截至4月30日，在我行发行的信托贷款类理财产品中，尚有319期、835亿元未到期，其中，由我行出具保本保函的产品为269期、729亿元，占比87%，另有部分产品由我行出具了贷款承诺。就信用风险而言，出具保函的信托贷款类理财产品与贷款并无本质区别。从已发行产品看，我行对该类产品的风险控制侧重于审核企业的信用评级及保函是否纳入对客户的授信额度，对募集资金的用途及资金投向等方面的管理还需要加强。

理财产品到期后贷款规模衔接的问题需引起关注。信托理财产品的特征和期限的刚性，决定了信托贷款不能展期，如果融资方信托贷款期限与项目开发或经营期限不匹配，容易发生产品到期企业无法兑付的流动性风险。个别信托贷款中融资企业自身还款能力不足，产品还款来源依赖于我行信贷资金进入或产品滚动发行。当遇到信贷规模紧张或监管政策发生变化的情况，如果我行保本的或出具贷款承诺的产品到期日比较集中，可能发生企业不能兑付同时我行贷款规模不足的风险。据不完全统计，我行在2009年4月当月到期的信托贷款金额达到近184亿元。对于房地产类的信托贷款，政策上不允许发放流动资金贷款承接。

（二）理财产品销售中的风险管理

从调研情况看，我行对理财产品风险揭示问题高度重视，销售中能够执行监管部门关于风险提示和客户风险评估的规定，但仍有以下现象值得关注。

1. 对理财产品的风险提示不充分

一是有些热销的理财产品，如信托贷款类理财产品，在开始销售后很短时间内就销售完毕，客户经理没有充分的时间进行风险提示。二是在考核压力下，存在个别客户经理为了完成任务而揭示风险程度不足的现象。三是理财产品的设计日趋复杂，产品设计要素和特征都不一样，客户经理获取的信息主要是产品说明书和宣传材料，个别客户经理未能深入理解和认识到产品的风险特征，影响了对客户的风险提示。

2. 产品销售档期安排缺乏稳定性

销售部门虽制定了本业务条线理财产品销售的档期安排，但受多种因素的影响，理财产品发行的档期往往会进行变更，甚至发行前一天紧急变更。总分行销售部门和客户经理虽然可以预知每月理财产品发售的大致计划时间，但有时难以完全根据客户资金档期开展高质量的预销售工作。

（三）理财产品的基础管理

1. 产品管理人职责的履行有待加强

我行对产品后续管理职责的履行情况总体较好，但尚未形成比较完整、规范的产品售后风险跟踪和监测、定期评估和报告等配套机制。

（1）信托贷款的贷后管理。目前，我行还没有制定出信托贷款类理财产品后续管理的规章办法，个别产品募集后，对资金用途的监控不到位。审计发现，我行对信托贷款仅从保证业务角度进

行管理，未按照开发贷款实施资金封闭管理、按销售比例还款等措施，管理力度不能满足我行对开发企业政策和产品特性的要求，我行可能由于管控不到位而承担较大的信用风险。

（2）资本市场类理财产品的后续管理。受资本市场环境等影响，近期部分理财产品净值下降，引起了一些客户投诉。

2. 信息披露工作需进一步改进

目前信息披露管理尚不统一，有的产品信息由设计部门披露，有的则由销售部门披露。今年前四个月发行的441期理财产品涉及了“利得盈”、“建行财富”、“乾图理财”等各类品牌，但在我行网站信息披露中未能根据产品进行合理分类，不同产品信息混在一起，或者同类产品在不同的目录下，客户查询信息麻烦甚至有时找不到产品信息。信息披露的充分性有待提高，如部分信托贷款类理财产品未及时披露项目运行的有关情况。

3. 信息统计亟待规范

我行对理财产品的统计指标体系、信息来源及报送机制、频率等尚没有统一规定，难以全面、准确、及时地掌握全行理财产品业务数据，信息统计工作相对滞后。

投资银行部按季对我行发行的理财产品数据进行手工统计，而信息统计更侧重于为评估部门业绩提供支持，对风险管理和管理决策方面的支持不足。一是数据中未统计我行在年报中明确披露的“龙信通”系列理财产品，不够全面；二是仅统计理财产品的新发行量，对存量数据，如信托贷款类理财产品的余额、承担的风险敞口等缺乏统计和分析；三是对于“月月打”、“新股随心打”和“七天滚动债券”等滚动发行产品，按照累计数统计发行金额，缺少平均数；四是统计口径不统一，如开放式新股申购产品，有的以月均余额计算发行量，有的以每次扣划金额累计计算发行量。

4. 信托机构准入管理有待加强

在理财产品业务中，我行与信托机构合作较多，目前尚未到期的信托贷款类理财产品中，有319期、851亿元的产品是与信托公司合作的，共涉及27家信托公司。我行对合作的信托公司尚未制定统一的准入政策，未进行统一管理，不同部门采用不同的管理模式，各自指定信托公司。

（四）理财产品业务管理流程

1. 产品设计分散在不同部门

产品的设计与开发主要由投资银行部和金融市场部负责，同时机构业务部、个人金融部等销售部门也自主设计和开发了部分产品。

一是同类产品或性质相近产品存在部门交叉设计现象。二是理财产品设计职责放在多个部门，不利于跨部门的综合性创新理财产品的开发，如有效连接货币市场、资本市场的综合性理财产品的开发等。三是理财产品的基础建设不能实现资源共享。

2. 产品设计和销售部门之间的协调和信息沟通机制有待完善

产品设计和销售部门之间的联动协作不够充分，尚未建立起有效的客户需求采集、筛选、传递体制，产品设计链条还不够完善，产品研发与市场及客户需求的契合程度有待改进。

一是理财产品尚不能满足不同层次的客户需求。设计部门主要是根据自身的判断去推测客户需求，客户的需求信息不能有效传递并成为产品研发的主要依据，产品与客户的需求无法充分匹配，因此，尽管形成了门类齐全、结构丰富的产品线，但理财产品不能得到持续、稳定地供应，销售中有时出现可销售产品档期脱节的现象，特别是一些高端客户的个性化需求得不到满足，造成客户尤其是高端客户的资金闲置，不利于客户维护。

二是对市场反应不够灵敏，部分产品未能抓住有利时机发行。

3. 后台对于理财产品销售及维护的支持力度有待加强

前台和中台承担了大量的后台工作，投资银行部、金融市场部、个人金融部、高端客户部等都不同程度地参与到产品运行、参数维护、信息披露、资金兑付、收入分配等工作中，工作负荷大，容易出现操作风险。

（五）理财产品的品牌建设

全行对理财产品品牌建设缺乏统一规划，管理中还存在一些不足。一是品牌含义与产品不符，如“建行财富”品牌主要是针对个人高端客户，但部分分行面向大众客户发行的“新股月月打”产品也被列入“建行财富”品牌之下进行管理。二是品牌与产品名称混淆，同质产品被冠以不同的品牌，如目前我行有4个部门都设计了打新股产品，涉及“利得盈”、“财富”、“龙信”等品牌，还包括“新股随心打”。三是性质相同的产品在不同分行名称各异，如“新股月月打”产品在不同分行被纳入了不同的品牌，名称也不一致，在浙江省分行叫做“主打新”，属财富系列；在江苏省分行叫“月月打”，属利得盈系列；在厦门市分行被列入金融市场部所属产品进行管理等。

三、建议

（一）进一步加强对理财产品业务的统筹规划

理财产品业务作为各家银行竞争的重点领域和我行的战略性发展业务，需要在整体规划的基础上进一步明确发展的目标，在总量、结构等方面科学处理好理财产品业务与其他业务之间的协同关系，合理把握产品、客户和合作机构的关系，在总行的战略实施中作出相应的制度性安排。

加强理财产品业务计划的前瞻性，准确把握市场变化和客户的需求，及时了解监管政策的变化，适时调整业务的阶段性计划，以保持理财产品业务的健康和可持续发展。

（二）加强理财产品业务的风险管理

一是深入研究各类理财产品风险的特征，加强产品设计时的风险控制。在产品设计上要加强对基础资产市场如资本市场风险的研究与判断，充分考虑客户资金的安全，有效控制产品风险；对于外购和合作的代理类产品，重视与合作伙伴合作过程中的风险控制，做好对代理产品的风险评估和分析。二是提高对理财产品的风险识别能力，准确把握和有效控制产品风险点，规范对产品运行情况、风险状况的跟踪监测和预警体系，对于我行承担的风险总量，如尚未到期的信托贷款类理财产品的风险敞口等进行实时准确计量。三是建立健全理财产品业务的风险报告体系，进一步理顺目前的风险报告机制，明晰风险管理人员的职责，明确风险报告的路径，建立防范和化解风险事项的应急机制。

近期，建议重视结构性产品到期收益较低的风险，以及信托贷款类理财产品到期后贷款规模衔接等问题，制订合理的风险处置预案。建议按照银监会要求，进一步加强产品销售及管理中操作风险的管理，妥善处理好客户的投诉事件，防范可能产生的信誉风险。

（三）改进理财产品业务的基础管理

为适应理财产品业务的高速发展，建议在梳理各部门现有职责和政策制度基础上，进一步理顺各个部门和岗位在业务流程中的职责，制定统一的理财产品管理制度体系。加强信息统计工作，健全统计指标体系，逐步建立起基础数据库，实时准确地掌握包括信托贷款类理财产品余额、承担的风险敞口在内的理财产品业务详细状况，探索更为合理的会计核算体系，优化现有的业务系统。规范披露的格式、渠道、内容等，适当增加对产品运作过程中相关信息的披露。

（四）加强理财产品的品牌和研发管理

一方面加强品牌统一管理的力度，规范、整合现有品牌，提出理财产品品牌的统一规划、建设和维护方案；另一方面要加大特色品牌宣传力度，提升市场形象。

加强产品研发与创新的管理。根据各类理财产品的特点，建立不同的研发模式，对于成熟定制化产品，可适当授权分行自行开发设计，以提高研发效率；对于设计较为复杂的创新产品，可根据不同的产品系列组建专业化团队研发。完善产品研发过程中的信息传导机制，建立有效的横向、纵向沟通渠道，充分发挥前台部门和分行的积极性，及时获取市场和客户的需求信息，提高市场响应能力，提高产品与市场需求契合程度。加强理财人员的专业化建设，重视发挥风险分析人员和后台技术支持人员在产品研发中的作用，进一步提高理财产品设计的质量。

调研组组长　宁黎明

调研组成员　曹建勇　邓智琦　邵　勋　谢　达

江　源　陈亚楠　郝　薇

武汉城市圈“两型社会”建设与金融改革创新研究

湖北省分行课题组

一、武汉城市圈发展与“两型社会“建设概述

（一）武汉城市圈简介

武汉城市圈是以武汉为中心，由武汉及周边若干城市组成的一个经济联合体，主要指武汉以及在其100公里半径内的黄石、鄂州、孝感、黄冈、咸宁、仙桃、潜江、天门8个城市构成的城市圈。2007年经国务院批准，武汉城市圈成为全国资源节约型和环境友好型社会（以下简称“两型社会”）建设综合配套改革试验区。武汉城市圈“两型社会”综合配套改革试验区的设立，是中央实施中部崛起战略的具体部署，对于湖北省经济社会又好又快发展必将产生深远的影响。

（二）武汉城市圈“两型社会”建设的条件与意义

1. 武汉城市圈“两型社会”建设的经济基础条件。从湖北省区域经济来看，2008年武汉城市圈地区生产总值达6 972.11亿元，占湖北省地区生产总值的61.53%。武汉城市圈无论是经济规模还是经济发展质量，在湖北省社会经济发展中都占有举足轻重的地位。

2. 武汉城市圈“两型社会”建设的区位条件。从全国地域范围看，武汉城市圈地处中国东西、南北两大发展轴线上，位于长江经济带以及京广铁路、京珠高速组成的十字形发展轴线的交会处，是实现生产要素西进、北上、南下和东出的枢纽，是继长三角、珠三角之后又一举足轻重的经济发展区域。

3. 武汉城市圈“两型社会”建设的主要机遇。一是中国工业化、城市化发展的良好机遇，二是国际、国内产业梯度转移的良好机遇，三是“中部崛起”的政策机遇。

4. 武汉城市圈“两型社会”建设的必要性。湖北省是经济大省、能源小省，“缺煤、少油、乏气”是全省能源的基本现状，能源的供需矛盾日益突出，能源生产和消费面临严峻挑战。严重的能源供求矛盾决定了武汉城市圈的崛起应当积极探索一条新型的工业化和城市化的发展道路。

5. 武汉城市圈“两型社会”建设对中部崛起的重要意义。武汉城市圈建设的主要目的不仅仅是通过开展内部产业协作促进各城市的经济增长，而且还要在开展内部产业协作的同时，通过基础设施、市场体系和投资环境的一体化建设，形成和提升城市圈整体对圈外经济资源的聚散力和转换力，进而推动圈内各城市与圈外地区的经济交流与合作，对实现中部地区崛起的重大战略部署具有十分重要的意义。

二、制约武汉城市圈“两型社会”建设的金融关键因素分析

金融在支持“两型社会”的建设中起到了一个有效的杠杆作用。但是，武汉城市圈资本市场还存在诸多问题，这些金融关键因素在一定程度上制约了武汉城市圈“两型社会”进一步的快速发展。

（一）金融整体实力

1. 金融业整体发展规模有限。当前，武汉市金融改革创新的总体规模水平相对较低，金融对武汉市及其城市圈经济发展的总体支持力度及创新程度与经济发达城市相比还有一定的差距，金融贡献度和金融相关率也相对较弱，金融业总体发展水平仍然有限。

2. 金融总部效应难显。武汉城市圈（包括武汉）全国性金融机构总部很少，目前仅建设银行、招商银行和交通银行在武汉建立了客户服务中心，在外资金融机构中，仅汇丰银行、兴业银行和东亚银行在武汉设立了分行，这种状况与金

融总部要求不相符。总部效应不显，不利于城市圈金融、经济的快速发展。

3. 外源融资力弱。从武汉城市圈情况看，外源融资情况不佳。一是引进外资规模偏小。2008年末，武汉城市圈实际利用外资33.57亿美元，其中武汉市直接利用外资25.3亿美元，与沿海相比差距很大。二是对异地信贷资金吸纳能力偏弱。2007年末，异地金融机构对城市圈龙头城市武汉的贷款余额仅为111.15亿元，全年累计对武汉市发放贷款135.95亿元，两项指标数据均远远低于武汉市金融机构对异地贷款金额，呈现信贷资金净流出局面。

（二）金融风险管理水平

金融风险管理水平直接关系到金融支持“两型社会”建设的可持续能力。目前，武汉城市圈所在区域金融资产的质量和效益总体情况不尽理想，主要表现在以下几方面。

1. 金融资产质量不高。截至2008年底，根据中国社会科学院金融研究所对全国31个省、自治区、直辖市金融资产质量的评价，湖北地区仅排名26位，比同为“两型社会”试点所在地的湖南排名低1位，金融资产质量偏低。

2. 中部地区金融资产质量存在系统性风险。虽然中部地区经济发展程度高于西部地区，但经济发展的波动性却是影响地区金融风险的重要成因。由于中部地区近几年来经济增长率均有跳跃性提高且波动较大的特点，导致该区域经济增长的单位波动率高于其他区域，并影响了金融资产的质量。

3. 金融业效益有待改善。截至2007年底，全省银行机构实现账面盈利128.59亿元（存贷款余额排第11位），与其他省份相比并不靠前，自身积累能力较弱，自我发展后劲不足。从整体上看，湖北金融业的效益有待进一步改善和提高。

（三）金融结构不够合理

1. 金融产业结构相对单一。截至2007年底，武汉城市圈银行类金融机构的资产总额在金融机构资产总额中的占比很高，其中，国有商业银行占主要金融机构资产的比重很高，而证券、保险、信托、租赁、财务公司等非银行金融机构所占比重明显偏低，这表明武汉城市圈的金融产业结构相对单一。

2. 地方金融机构实力不强。从银行体系内部组织结构看，目前武汉城市圈中国有商业银行存款总量和贷款总量分别为5 802亿元和3 225亿元，占了存贷款市场的大部分江山。地方法人金融机构虽然在近几年有所发展，但资产质量总体较差，服务功能不强，管理较为薄弱，对中小企业和农村金融服务没有形成特色和优势。

3. 货币性金融资产比重相对较高。截至2008年底，在武汉城市圈金融资产总量中，货币性金融资产占比要明显高于有价证券（股票和证券）和保险资产的占比。目前，武汉城市圈金融资产结构的主要问题仍是货币性金融资产比重过高，这不利于提升金融竞争力和防范金融风险。

4. 融资结构失衡。

（1）直接融资和间接融资的结构失衡。当前，武汉城市圈间接融资仍占绝对比重。2008年，企业直接融资规模只占企业融资总额的10.62%，间接融资比例在89.38%以上。在间接融资中，又以国有商业银行融资为主。城市圈的直接融资和间接融资表现出明显的结构失衡。

（2）直接融资中股票融资和债券融资结构失衡。到2007年底，在武汉城市圈直接融资中，股票融资为112亿元，债券融资为169亿元，与发达国家的融资情况相反。另外，在债券市场上，债券种类主要是国债和政策性金融债，政府行为对债券融资结构影响明显。

5. 贷款结构不合理。2008年，在武汉城市圈5 000万元以上贷款大客户中，矿产采选业、造纸、钢铁、电力、化工等“两高一资”行业的贷款占比明显高于其他行业。这与“两型社会”的建设要求产生矛盾，信贷结构调整面临巨大压力。

（四）金融管理体制有待优化

1. 统一协调机制尚待完善。目前武汉城市圈各管理部门分属不同系统，目前尚未建立统一协调机构，也没有针对城市圈金融战略部署、分工合作出台具体意见和措施，金融协作缺乏明确指导和一致行动。

2. 金融机构间合作不够。除银行卡服务外，银行间其他业务合作不多，不同银行对不同城市间的相互代理业务尚未涉足，国外较成熟的合作方式（如银团贷款）在城市圈内的推行难度也较大。

3. 金融同质化严重。由于缺乏产品创新，当前城市圈内各家银行市场定位基本相同，主要是大型优质企业和基础设施业务，服务内容、品种、水平也没有明显区别，从而导致各家金融机构在客户争夺中竞相压低利率，甚至相互贬损、冲突。

4. 政策环境亟待优化。虽然武汉城市圈在促进金融改革创新方面也出台了不少优惠政策，但依然存在政策系统性不强、层次不高、配套性不足、力度不大等问题。同时，金融监管政策对金融改革创新管制较多，一项金融改革创新往往需要多个监管部门审批，影响了金融改革创新的成本和时效。

三、美国金融支持"两型社会"建设的分析与启示

（一）美国金融支持资源节约型、环境友好型社会建设的分析

1. 扶持中小企业，带动高新技术产业和服务业的发展。美国非常重视中小企业发展。美国政府设立了小企业管理局（SBA），授权其向中小企业提供贷款，对中小企业的经营管理进行指导，并为中小企业获得政府的订货合同提供帮助。

2. 通过风险投资推动科技进步，推动资源节约和环境保护。风险投资作为高科技产业发展过程中投融资系统中的关键环节，对高科技产业发展的作用如同杠杆的支点。从美国风险投资的产业结构看，主要集中在知识技术密集程度高的高科技产业，这有效地推动了资源的节约利用和环境的有效保护。

3. 支持循环经济，有效控制资源和能源的使用。金融业主要是通过创新金融产品或提供优惠贷款来支持循环经济发展。在美国，开发循环经济资产证券化产品是进行项目融资的有效途径。循环经济项目资产证券化以后，能够得到充分的流动性，克服循环经济项目投资的"套牢"效应，并把投资风险分散化。

4. 广泛推行赤道原则，承担社会环保责任。赤道原则是金融业支持环境保护、履行社会环保责任的一个明显例子。这个原则帮助促进了金融领域和银行业注重环境和社会管理实践的发展，提高了整个银行业的环保业绩的溢出效应，也使其他业务领域受益。

（二）美国金融支持资源节约型、环境友好型社会建设的启示

1. 通过金融改革创新来支持高科技等行业的发展。金融支持资源节约型、环境友好型社会主要是通过支持高科技产业——低能耗、低污染或无污染产业的发展来实现。金融业应该拓宽渠道，在融资方式上进行创新，更好地服务于高科技企业。

2. 提高金融机构社会责任意识，构建"两型社会"金融规范。赤道原则已成为金融界公认的可持续性项目融资的"黄金标准"，改变了全球大型项目融资的面貌。通过遵守赤道原则的要求，金融机构可以最大化地承担其社会责任，在环保方面作出其应有的贡献。这对于武汉城市圈建设"两型社会"也是至关重要的。

3. 发展多层次的资本市场，促进节能环保产业的发展。发展多层次的资本市场，提高直接融资比重，促进节能环保产业的快速发展。鼓励并支持节能环保方面的企业进行股份制改造和上市发行股票融资，充分利用资本市场直接融资平台，促进节能环保产业的发展。

四、加快金融改革创新推进武汉城市圈"两型社会"建设的对策

（一）实施武汉城市圈金融体系"立体创新战略"，促进"两型社会"建设

1. "政府主导"阶段。在这个阶段中，政府模块是主导力量，主要由政府领导层和政府职能部门发挥作用，创新的主要要素是金融体制机制、金融生态环境和金融市场模块。这一阶段的主要目标是统一区域金融市场、实现区域金融一体化、规范市场主体行为、扫除金融改革创新支持"两型社会"建设的制度性和体制性障碍以及解决市场分割等问题对金融改革创新的限制，创造良好的金融生态环境。

2. "政策与市场双驱动"阶段。在这个阶段，金融市场要素模块和金融机构要素模块发挥着重要的作用。这一阶段的主要目标是完善市场机制、培育市场主体、加快经济增长方式转型，逐步建立和加强金融改革创新支持"两型社会"建设的各种作用机制。

3. "市场主导"阶段。企业、个人模块为主导力量，这个阶段主要是市场参与者发挥主要作用，通过市场需求引导金融工具、金融文化模块的创新。这一阶段的战略目标是将武汉城市圈打造成为全国中部地区的金融中心，为本区域的经济增长方式转变进而对"两型社会"建设提供最有效的金融支持。

（二）培育金融市场、提高金融效率，推动"两型社会"建设

1. 培育多层次的金融市场体系

（1）明确各类金融机构的市场角色和职能。为解决城市圈内金融机构城市分工不明、职能定

位不准、同质化严重的问题，按照武汉城市圈市场分工的原则，不同城市经济发展各有特色，城市圈金融机构应根据自身金融机构层次和城市自身经济发展特征选定支持方向，进行功能定位，在贷款服务内容、品种、水平和客户评价标准上为圈域企业提供差别化服务，避免无序竞争。

（2）进一步巩固和发展已有的各类金融市场。构建多层次的金融市场体系，有利于解决两型社会建设中金融结构不平衡的问题，提高直接融资比例，防止金融风险过度集中于银行体系。倡导以融资市场化和信用证券化为主体取向的金融改革，发展票据和股票市场，扩大企业融资渠道。

（3）积极建立和发展各类新兴类型的金融市场。第一，加快发展产权交易市场。第二，积极发展产业基金市场，形成基金配置的区域性市场。第三，大力发展创业（风险）投资市场，为圈内高新技术企业和创新型企业搭建创新创业投资平台。第四，促进期货市场稳步发展。

2. 利用市场化运作和政策引导手段培育金融需求主体

（1）与增长方式转型相关的项目和主体。武汉城市圈的各级政府可以考虑出台刺激消费的金融政策和创新手段，包括尝试以消费券方式偿付企业债券或市政债券利息、信贷资金投向有实力的消费品生产企业、大力发展个人消费信贷、解决耐用消费品消费问题、促进城市圈内中产阶层的发育，通过信用方式的变革和信用习惯的培养，培育新型消费群体等。

（2）与促进民生发展相关的项目和主体。社会建设与人民幸福息息相关，经济发展需着力保障和改善民生。要本着“基础性、公益性和前瞻性”的原则，对城市圈的基础设施、高新技术产业、节能环保产业以及其他政策性建设项目进行支持。城市圈金融机构的资金服务应该有效地与这类政府融资平台对接，大力推进圈内民生发展。

（3）与环境保护相关的项目或主体。通过政策引导可以实现金融机构将资金重点向再生型经济、循环经济、节能减排项目转移，甚至金融机构主动实施绿色信贷，在信贷领域和信贷活动中确立环境准入门槛，加大对再生型经济、循环经济、环境保护和节能减排技术改造项目的信贷支持力度，优先为符合条件的项目提供融资服务。

（4）支持“两型社会”大型试验项目的金融需求主体。武汉城市圈改革试验区最为不同的是在试验区建设的大型项目，这些落户在城市圈中的大型环保产业项目是引导城市圈“两型社会”发展的重点，也给城市圈的金融改革创新带来了有利契机。给予试验项目资金支持或提供其他金融服务，可以使金融机构兼获经济效益和社会效益。

（5）协助产业结构调整和产业聚集的金融需求主体。金融机构突出圈域金融资金支持重点，可以促进产业结构调整和培育产业集群。金融体系的作用不仅是金融资源引入的过程，还是引导发展区域优势产业或主导产业的过程。

3. 大力开展技术手段和产品创新等多层面的金融改革创新

（1）金融技术手段创新推进“两型社会”建设。可以考虑将环境风险组合到金融风险里面，充分利用金融风险管理理念、技术和手段，借助市场机制、政府管制以及社会监督（新闻媒体、非政府组织）等多种力量，变事后处罚为事前预防，从而有效地解决“市场失灵”，同时规避“政府失灵”，更好地推进“两型社会”的建设。

（2）金融产品创新推进“两型社会”建设。一是推出“绿色保险”产品。这类产品的主要功能是保险公司对投保企业所发生的污染突发事故受害者进行赔偿。二是发行“绿色证券”产品。有关部门可以考虑鼓励企业发行“绿色企业债券”或“绿色金融债券”，对于节能减排企业、环保项目和生态工程，高科技产业在发行债券方面提供“绿色通道”，简化审批手续，缩短审批时间。三是发行“绿色基金”（“生态基金”）产品。狭义的“绿色基金”、生态基金、可持续基金指的是由基金管理公司管理的专门投资于能够促进环境保护、生态建设和可持续发展的共同基金。四是进行巨灾风险证券化试验。巨灾风险证券化有利于将巨灾保险风险向资本市场转移，以达到分散风险的目的。2008 年发生的冰雪灾害、“5·12”地震灾害等更加凸显了在中国进行巨灾风险证券化试验的紧迫性。五是试验“绿色金融衍生产品”。早日进行有关天气衍生品和排放减少信用等金融衍生品的试验。

（三）进行金融体制机制创新，服务“两型社会”建设

1. 金融体制机制的创新重点。应完善金融统一协调机制，设立长效协调机构。在现行金融管理领导小组的基础上，设立促进区域金融中心发展的工作办公室，高效发挥在城市间金融统一协调，发挥金融资源自由、快速流动及合理、高效配置等方面的作用。

2. 创建健康有序的金融环境。政府应在金融生态环境模块建设中起主导作用，特别是在加强金融生态规划、构建部门联动机制方面要强化组织领导；在健全法治体系、优化信用环境方面要强化政府导向，构建金融生态维护机制，发挥信用约束作用。

3. 金融制度创新推进“两型社会”建设。环境污染问题之所以防治乏力，归根到底是由于民间企业或政府部门缺乏必要的正面激励和足够的惩戒压力。如果通过建立一套衡量各个金融机构的社会责任评价体系，将其对“两型社会”建设的金融支持力度作为其中一个重要的衡量指标，该评价体系将引导金融机构主动加大对“两型社会”建设的金融支持力度。金融机构一旦介入其中，就有可能形成较强的、行之有效的激励机制和惩罚机制。

课题组组长　王　江

课题组副组长　石章振

课题组成员　周辉东　金　鹏　金　怡　石祖保　胡　轶　郭　颂　胡和清　熊　威　倪海青　廖家波　李　成　汪　超　万　蓉　王宏梅

二、工作研究

进一步深化建设银行信贷结构调整

朱小黄

2007 年，中央银行 10 次上调了存款准备金率、6 次加息，发出了明确从紧的货币政策和进一步强化宏观调控的信号。2008 年，国民经济的不确定性进一步增强，银行经营环境面临更大挑战，直接考验着商业银行的经营管理能力和生存发展能力。在这一关键历史时期，建设银行能否认清形势、提高认识、抓住机遇，通过有效的信贷结构调整，在支持和促进国民经济战略调整的同时，不断提高自身发展质量和经营效益，已经成为迫切需要研究和解决的问题。

一、做好信贷结构调整工作的必要性

（一）调整信贷结构是建设银行顺应经济发展规律的选择

实施宏观调控的直接原因是我国经济固定资产投资增长过快、货币信贷投放偏多、国际收支顺差较大，特别是去年以来物价总水平持续上升。不解决好这些问题，我们就不能保持长期快速健康的增长。从深层次来看，经济发展总是一个从不成熟走向成熟的过程，不同阶段经济发展的主题不同，产品升级、产品淘汰、消费更新、结构调整都是经济生活中的自然规律，是经济运行的不同表现形式。银行、金融的运行实际上是经济运行的一个缩影，或者是另外一个侧面的反映。可以看做是一个硬币的两面，一面是金融，另一面就是经济生活的其他方面，实际上表现的是同一个事物及其客观运行规律。

当代经济的最大特点是经济全球化，在经济全球化浪潮的作用下，传统的以一个国家、一个地区为市场背景的国民经济结构正在发生剧烈的变革。对于中国经济而言，经济结构调整面临着几项大的突出矛盾：一是基础设施建设仍显滞后，难以满足社会经济快速发展的需要；二是高科技、新技术产品不多，产品缺乏市场竞争力；三是国内消费需求比重偏低，经济增长主要靠投资和出口拉动；四是劳动力价格、资源价格“双低”，可持续发展能力不强。这种以牺牲环境和巨大能耗为代价、经济附加值不高，而付出的未来代价却很高的经济发展模式，尽管赢得了国际竞争力，但不可能支持经济的可持续发展，而且已经带来了很多深层次的社会问题，如民生问题、污染问题、社会稳定问题等等，虽然都是局部性问题，但是带来的影响将是全局性的。中国经济要保持可持续发展、消化上述矛盾，结构调整乃是必然选择和必经之路。

经济是金融的基础，金融服务于经济。金融作为国民经济的核心，在宏观调控和结构调整方面必须有所作为，这既是建设银行自身发展的需要，更是对社会和国家经济承担的责任。能不能主动适应经济变迁，是决定银行能否生存发展的根本性问题。

（二）调整信贷结构是建设银行转变发展方式的选择

目前，建设银行已经走过了粗放经营的阶段，经营组合能力和风险控制能力得到加强。从2000年建立贷款审批人制度开始，逐步形成了包括识别风险的标准与方法、工具，处理风险的渠道与方法、计量模型与工具及其相应的文化观念等，基本构建了全面风险管理的框架。上市以来，建设银行经营更为理性，业务决策更加适合世界经济和中国经济的发展趋势。全行近几年在信贷结构调整上下了很大工夫，取得了很好的效果，客户、产品、收入都有了很大变化。2007年，A级及以上客户贷款余额占比达90.41%，重点区域的贷款余额占比达60%；公司、个人和资金银行业务的利润贡献度分别达到55.9%、24.1%、20.0%，综合盈利能力保持国内领先。

但是，我们依旧面临着不少深层次的问题和矛盾：一是信贷投放的行业结构不合理。制造业贷款居高不下，2007年底占全部公司类非贴现贷款的25.27%，不良率为4.12%。二是贷款投向分散。按照国标分类有395个行业类，2007年末我行有贷款余额的有372个，有限的资源和精力被撒了“胡椒面”，没有形成自身的特色和竞争优势。三是信贷结构调整不够坚决。对于一些从战略上需要退出的行业和客户，由于局部利益、眼前利益，没有及时退出。四是在当前各项经营指标和市场竞争的压力下，腾不出时间来对信贷存量作更深入、更理性、更符合市场规律的调整，相对于国家的经济运行规律、经济环境的变化而言，信贷结构调整的过程和经济结构的演化不尽一致。

这些深层风险的存在，客观上需要我们痛下决心，进行自觉主动的信贷结构调整。信贷结构调整是解决深层次风险管理问题的一个重要的途径和渠道，需要从现在开始以“壮士断腕”的决心，不惜牺牲一部分效益、利润，对信贷存量进行“清盘式”的梳理，并对各种信贷业务存量作彻底的结构调整，以消化解决存在已久的深层次矛盾。

近几年，建设银行在战略上推进业务转型，立足于转变发展方式，改变收入结构，并相应改变业务结构，突出发展中间业务和小企业信贷业务。在原有的业务结构基础上固化的资源配置方式要作出调整，以信贷收入为主的局面所导致的信贷业务决定资源配置的局面也需要进行调整，从这个意义上讲，对现有信贷结构进行大幅度调整既是优化资源配置的需要，也是转变业务发展方式原动力的重要措施。

（三）信贷结构调整是建设银行强化风险管理、防范周期性风险的选择

风险管理的核心价值之一就是防范周期性风险。经济周期是国民经济中所呈现的一起一落、扩张与收缩不断交替的波浪式运动过程，如今主要是指经济增长率（GDP）上升与下降的变化过程。经济周期的直接原因主要是总需求和总供给的不平衡，但实际上是各种社会经济矛盾的汇总。到目前为止，我国经济已经连续20多年高速增长，其间也经历了4次周期性波动（计划经济时期也有5次周期性波动）。高速增长带来的繁荣，容易使人们忘却经济衰退周期不期而至的风险，并导致经营上规模扩张的冲动，从而埋下潜在的危险因素。我们曾做过国民经济增速变化对我行资产质量的压力测试，证明国民经济波动1个百分点，其对建设银行资产质量的影响就达0.38个百分点。因此，正确应对经济周期的波动、增强银行的抗周期能力、确保银行安全是风险管理的重要价值目标。

应对经济周期，要求银行善于抓住周期增长所带来的机遇，运用科学的观察方法和工具，探索经济结构演变的趋势和方向，并在此基础上提前进行信贷结构调整。当断不断，反受其乱，今天我们不能下定决心，明天就会后悔莫及；未雨绸缪，先人一筹，应事先布局好结构调整这盘棋，这才是风险管理的至高境界。

二、现阶段建设银行信贷结构调整面临重大的历史机遇

（一）外部环境相对有利

1. 有利的经济环境。国际上，虽然次贷危机增大了世界经济发展前景的不确定性，但支撑世界经济增长的因素依然存在，平稳较快发展仍是世界经济的基本特征。2008年，世界经济增长率为4.8%左右，国际金融市场和商品市场基本稳定。外部经济环境对我国来说是机遇大于挑战，世界经济稳中趋降一方面使我国经济增速减慢，另一方面有助于降低我国经济由偏快转为过热的风险，促进我国经济结构更好调整。

我国经济近年来一直保持了较高的发展速度，

有一个好的改善民生的经济环境。以企业产权制度和内部结构为主要内容的改革将逐步深化，优胜劣汰的市场经济规律在调控经济发展中的特殊作用越来越突出。经济结构调整步伐加快、产业升级周期缩短、企业竞争明显加剧，这些市场经济的动态特征使得银行业选择和发展的空间进一步扩大。全社会贯彻落实科学发展观，势必对金融业的结构调整起到推动作用，可谓是机会难得。

2. 有利的政策环境。首先，在当前国家宏观调控的大背景下，从紧的货币政策使各家银行均深切地感到了结构调整的压力，贷款资源的不足迫使银行把“好钢用在刀刃上”，把有限的资源投向最有效益的行业、客户和产品上。从这个意义上说，当前宏观调控为银行信贷结构调整提供了有利的政策环境。

其次，国家在实施从紧的货币政策的同时继续实施稳健的财政政策，从紧的货币政策和稳健的财政政策的搭配使用，既能较好地防止经济增长由偏快演化为过热，避免全面通货膨胀的发生，同时也有助于防止经济增长走向衰退，为银行的发展创造了良好的宏观政策环境。

最后，近年来股票市场和债券市场发展迅速，直接融资市场不断发展壮大，越来越多的企业可以通过股市和债市融资，企业对银行间接融资的依赖程度有所下降，从而在客观上“允许”银行腾出时间对自身的信贷结构进行调整。

（二）内部条件日趋成熟

1. 经营理念日趋成熟。股改之后的建设银行，逐步树立了追求风险与效益相平衡、利润最大化与市值长期稳定相统一等现代商业银行的经营理念。股东对于建设银行的要求正在从传统的考核规模指标向综合性指标考核转化，向效益质量方面转化，驱动建设银行围绕这个目标进行信贷结构调整。

2. 自身实力持续增强。上市之后的建设银行，治理结构日臻完善、决策流程日益合理、业务流程不断优化、风险管理能力逐渐提高、保值增值能力前所未有。在这种情况下，拿出一定的精力、资源，放弃旧的市场，下决心进入新市场，可谓是恰逢其时。

3. 结构调整初见成效。几年前建设银行就开始推进业务转型，增加中间收入水平，在信贷结构调整上采取了一系列措施。如大中型客户授信审批五项基本原则、坚持信贷环保合规，在基础设施建设、小企业信贷、按揭贷款、信托产品、中间业务、租赁业务等方面打开了市场，取得了积极的成效。这些前期工作也为我们进一步深化信贷结构、实现发展方式的转变奠定了坚实基础。

综上所述，建设银行正面临着一个重大的历史机遇，我们应当抓住当前这一有利时机，积极主动地推进信贷结构调整。

三、现阶段建设银行信贷结构调整的指导思想与总体原则

（一）指导思想

科学合理地深化信贷结构调整，就是要自觉贯彻落实宏观调控政策，运用科学的观察工具和方法，研究探索经济结构演化的趋势和方向，通过制定“有保有压、区别对待、结构优化、突出重点”的信贷政策，引导分行严控信贷投放总量，把握贷款进度和节奏，合理安排信贷资源的布局，积极引导金融资源促进经济结构调整和区域协调发展。

具体来说，建设银行信贷结构调整的指导思想可以概括为：在整个业务结构中逐步降低信贷资产的比重，进一步提高中间业务的比重；在信贷业务中逐步降低公司信贷的比重，进一步提高个人业务的比重；在公司业务中逐步降低大型客户的贷款比重，进一步提高小企业的贷款比重；在贷款结构中逐步降低制造业贷款比重，进一步提高服务业贷款的比重。

（二）总体原则

1. 对于国家政策和监管要求明确限制或退出的行业、项目进行严格管控。特别是那些已经被监管部门“点名”的行业或客户，环保或能耗不符合标准的项目，涉及风险投资性质的高科技项目等，不得以任何理由予以准入。对于电石、焦炭、铁合金等产能过剩行业要大力压缩退出；对于小煤矿、小焦炭、小钢铁、小火电、小化工、小烟花爆竹等，不得发放贷款，存量贷款也要抓紧清理回收工作。

2. 对于不良率较高、信贷风险较高的子行业果断实施整体退出。对不良贷款率高于10%的子行业，收益已经很难覆盖风险，原则上实施全行业退出政策；对于不良率在5%～10%的子行业，要一一甄别，进行风险收益测算，大比例、有选择地退出。

3. 对于预期亏损的行业、不擅长的领域主动

实施压缩退出。有些行业发展前景不看好，甚至很有可能出现全行业亏损，对于其中利润率偏低的客户和制造业中从事低附加值产品制造的客户，要抓紧压缩退出。同时，有些技术尚未完全成熟的领域，建设银行并不擅长，在行业分析、风险管控等方面缺乏必要的人才和技术储备，那么这方面业务可以少做或者不做。

4. 进一步加大对基础设施等建设银行优势领域的投放力度。结构调整腾出的规模，要尽可能用到建设银行的优势领域，如公路、铁路等基础设施项目，以及能源、通信、金融机构、环保等擅长领域。

（三）调整策略

信贷结构调整不是简单的消极退缩，更不是全面撤退，而是根据经济结构的变动趋势，主动进行的进退权衡与取舍。

1. 根据不同区域特点实施差别化结构调整措施。对某些区域优势明显的行业，经总行核准可以不受行业退出政策的限制。另外，在一些区域某些行业风险非常高，即便在全行范围没有纳入退出行业，在这些区域也要严格限制信贷准入。

2. 鼓励通过创新大力发展小企业信贷业务。随着直接融资市场的快速发展和不断壮大，越来越多的大型优质客户会通过股市和债市融资，加之对大型优质客户银行缺乏贷款定价的话语权，因此，从发展的眼光看，中小企业业务将是银行未来发展的战略重点。今后应积极鼓励发展小企业信贷业务，对这块业务要进行单独的统计和管理，不受行业结构调整政策的限制。

3. 对于退出行业中确需维持或介入的重要客户，逐步上收总行或一级分行直接经营。我们常说“好行业中有差企业，差行业里有好客户”，因此，需要退出的行业也不是“一刀切”都不做了，对于其中的重要客户，如AAA级客户、总行级重点客户，确实具有营销价值的还是可以继续做，但应根据经营管理体制的配套改革推进情况，逐步上收到总行和一级分行直接经营。

4. 在强化管理的基础上进一步加快个人业务的发展。虽然当前公司业务仍然是我行的支柱业务，仍然是经营利润的主要来源，可以说是“不发展公司业务，现在就没有饭吃”，但从国际银行业的一般发展趋势上看，个人业务对银行发展的重要性越来越明显，“不发展个人业务，将来就没有饭吃”。因此，今后个人业务是我行另一个战略发展重点，应在规范的前提下又好又快发展。

5. 积极主动地大胆创新产品和业务，以贷款带动整个中间业务的快速发展。目前，应根据我行的发展战略重点，在了解客户、把握市场的基础上，增强对风险的识别、控制和化解能力。鼓励发展贷款替代产品或者创新产品，如大力发展不需要银行担保的企业债、IPO、信托理财、租赁等业务，通过“向客户发放贷款—叙做中间业务—将贷款出售—再发展新的贷款客户”的方式，以贷款业务促进整个中间业务的快速发展。

四、综合运用多种工具做好结构调整工作

一是运用好风险限额管理。今年风险管理部门基于风险调整后收益最大化的要求，对限额管理体系做了优化，并由原来的20多个行业大类细化到50多个行业小类，涵盖了全行80%以上的贷款。把这些行业风险限额管好，贷款总的结构就比较放心了。

二是运用好信贷授权。授权体系要适应结构调整以及公司业务经营中心上移的政策导向。今年在授权方面要作出研究调整，除了小企业和个人贷款、低信用风险业务外，大中型客户授信审批权原则上都要上收到总行和一级分行。

三是运用好总量控制。贷款总量今年是按季监控。在信贷规模有限的情况下，各分行要把资源用在“刀刃”上。

四是运用好贷款审批。一方面，在贷款审批环节要把好关；另一方面，在信贷结构调整方面要提前引导，在基础设施等我行重点发展的行业方面做好审批指引。

五是运用好名单制管理。名单制管理去年执行效果很好，今年应进一步强化，从行业、区域、客户等多个维度来细化管理。公司业务部门应担负起结构调整“第一道防线”的责任，对客户和项目名单作出细化，加强管理。

六是运用好风险监测系统。去年授信业务风险监测系统（CRMS）已上线运行，可以做到对全行信贷业务的实时监测。结构调整中应用好这个工具，可以及时发现问题，及时采取针对性措施。

七是运用好定价机制。对于需要退出的行业，可提高贷款利率水平，包括内部资金价格，通过利率市场化手段来促进信贷结构调整。

八是运用好回收再贷资源。今年公司类贷款回收再贷规模大致有10 000多亿元（不包括票据贴现），其中流动资金贷款回收再贷规模约7 000多亿元。各分行应用好这部分资源，可以从流动资金贷款回收再贷规模中拿出20%～30%投向票据以及贸易融资、保理等风险较低的业务。这部分规模由一级分行使用，总行在关键时期可以进行必要的调度。

九是运用好考核机制。通过考核杠杆，在利益机制导向上对结构调整进行引导。目前在KPI中已经增加了结构调整的两个指标，对于EVA、经济资本考核等方面机制也要作相应的优化，在考核指标中充分体现结构调整的要求。各分行在对所辖分支机构进行考核时，不能让那些在结构调整中作出贡献的分支机构吃亏；总行对于结构调整力度大的分行，在考核上也应相应有所鼓励。

五、做好信贷结构调整的几个相关问题

一是进一步解放思想，统一认识。做好信贷结构调整工作的关键是解放思想，只有思想上的大解放，才能在客户退出上迈出实质性步伐。结构调整是一次银行经营思想的解放运动，即从传统的规模经营模式向效益模式转变，这就要打破过去传统的经营方式，在与客户关系的处理上，从传统的伴随一个企业的兴衰史调整到选择合理的时机，激流勇退。要分析企业的未来、市场的未来，通过预警分析，确定调整退出方案，实现主动的结构调整。有些不熟悉的行业不进，有些企业现在虽然很好，但未来不确定性很大，也要退出。把对当前短期利益、实际利益的追求放到长期的、可持续发展的大的利益下来作判断，这才是对股东的真正负责任。分支机构应传导好总行的风险偏好和信贷政策，处理好短期利益和长期利益、局部利益和整体利益的关系。

二是加强宏观经济政策和行业研究。加强宏观经济金融走势的研究，把握规律，是做好信贷结构调整的重点。目前，应当建立多部门协作的研究团队等形式。由于在不同的时期，优势产业、优势行业和优质企业处于一个不断发展变化的动态调整过程，因此，我们在信贷结构调整的过程中，需要对我行业务涉及的主要行业认真做好信贷投向政策研究，从未来发展趋势、行业的成熟度和成长性等方面进行分析，既要看到当前的优势企业和产业所具有的即期效益，又要善于发现潜在的优势产业和优质企业所积蓄的后发优势。只有这样，才能建立起科学的客户梯次结构，使客户处于不断的新陈代谢之中，从而保证信贷结构得以持续优化。

三是从“势”上做好结构调整的布局。“庸者谋子，智者谋势。”对个别具体的风险进行控制是一般层面的风险管理，而对结构调整的风险控制才是更高层面的风险管理。因为对管理风险而言，事后化解不如事中控制，事中控制不如事先预防。从某种意义上讲，只有具有合理业务结构和信贷结构的银行，才能在经济衰退周期来临的时候抵御系统性的风险。

四是避免在退出时采取过激措施。结构调整要根据不同客户的具体情况，实事求是、合理稳妥地作出安排。要避免采取简单粗暴、“一刀切”的方式，甚至造成与客户关系紧张或发生冲突。

五是不能有“等、靠、要”思想。结构调整不能等、不能观望，越早行动越主动。同时，不能被动地向上级行要规模、要政策。除了前面谈到的要用好回收再贷资源外，还要善于运用新的产品和工具，如信托类理财产品等贷款替代性创新产品。

六、信贷结构调整应正确处理好几个关系

一是处理好追求盈利与贯彻宏观调控的关系。建设银行作为一家公众上市公司，股东回报最大化是公司的经营宗旨。与此同时，建设银行作为国家控股的大型银行，也担负着应尽的社会责任。一方面，作为市场经济中的商业机构，我们必须“在商言商”，努力追求股东回报最大化；另一方面，作为对国民经济有重大影响的大型国有控股银行，我们又必须“在商明政”，自觉贯彻宏观调控政策。所以，应控制好贷款投放的规模，掌控好信贷投放的节奏，自觉处理好追求利润最大化与贯彻宏观调控要求的关系。

二是处理好“有所为”与“有所不为”的关系。结构调整的哲学基础就是“有所为，有所不为”。有所为者，要勇敢有力去为，有所不为者，也需要勇气、决策能力，更为大气、更为长远的判断力去不为。对于优良产业、行业和客户要毫不犹豫地积极拓展、主动争取；对于夕阳产业、行业和客户，即使目前经营形势还不错，也要果断退出；对于高耗能、高污染的“双高”行业和项目，以及技术落后的“六小”客户和项目，即

便现在盈利状况很好，但也应坚决退出。

三是处理好当前利益与长远利益的关系。严控信贷投放规模，控制GDP的增长速度，防止经济从偏快演化为过热，从近期看，这些宏观调控措施可能会对银行的资产质量和盈利产生一定的负面影响，但从长期看，在国民经济还未发展成全面经济过热时，通过宏观调控来主动调整结构降低经济波动幅度，保证宏观经济长期稳定发展，可避免因剧烈调整而导致大量的银行贷款成为坏账，对商业银行经营的促进作用将是明显的。

四是处理好退出与地方政府和客户的关系。信贷结构调整特别是信贷退出，必然会影响银行与地方政府和客户的关系。因为“雪中送炭”总是比“釜底抽薪”要受人欢迎。对这个问题我们应从长远、宏观上来看，银行服务除了日常的流程服务外，其实还包含着更深含义的社会责任。银行有责任促进国民经济向好的方向发展，为企业经营创造良好的环境。实施结构调整实际上是维护了良好的规范经营企业的公平和利益。在当前间接融资仍是主流的情况下，银行的选择势必影响到部分企业的生存和发展，若不能理性处理与地方政府的关系，则既不符合地方政府的利益，也不符合银行自身利益。因此，我们应当携手地方政府一起与客户创造新的经济文明，维护好经济金融环境，与整个经济共同进步，同时实现自身的保值增值。从长期来看，这才是为客户服好务的根本保障。

五是处理好退出进度和资产质量控制的关系。按照相关文件的要求进行测算，结构调整影响着1 500亿元左右的贷款，其中有很大一块已经是不良资产了，这1 500亿元左右的贷款如果分两年退出来，一年也就退七八百亿元左右，而我们现在公司业务部门营销的以及审批的可签约贷款大概有5 000亿元左右，实际投放的贷款限制在3 500亿元以内，替代性的市场资源绰绰有余，结构调整在操作上应该没有问题，只要遵循通过营销好的客户来替代退出的客户，就不会给资产质量控制带来太大压力。

我们是如何“按银行的办法办银行”的

朱小黄

从“按财政的办法办银行”，到“按银行的办法办银行”，建设银行在30年间实现了优雅的“转身”和成功的跨越。迄今，建设银行已成为拥有7万亿元资产、3.5万亿元贷款、5.5万亿元存款、近30万员工、13 000多个分支机构、年利润总额超过1 500亿元的国有控股大型商业银行，按市值排名已跻身于国际大银行前列，其发展潜力和发展前景被普遍看好。

抚今追昔，建设银行能够取得这样的光辉业绩，既离不开30年来国家经济建设带来的历史机遇，也离不开改革开放初期中央高层领导关于建设银行“按银行的办法办银行”的英明决策，更离不开全体建行人坚韧不拔的努力。为了实现从财政部的内设机构向国家专业银行，进而向国有商业银行，国有控股大型银行的转变，建行人进行了积极探索和不懈努力，通过调整职能定位、拓宽服务领域、丰富金融产品、改革管理体制、强化风险管理等一系列重要举措，成功实践了“按银行的办法办银行”的深刻内涵。今天，我们回顾那段历史，不仅仅在于纪念那些付出艰辛努力和洒下汗水的日子，更重要的是为迎接日后前进路上新的更大的挑战带来深刻的启迪。

一、顺应国家经济发展大势，积极调整职能定位

正如建设银行是新中国建立之初经济大发展的产物一样，建设银行的命运也始终与我国社会主义建设的浪潮紧密相连。党的十一届三中全会以来，我国确立了以经济建设为中心、实行改革开放的基本方针。建设银行根据我国财政、金融、

投资体制改革出现的新变化、新格局、新要求，不断调整职能定位，从学习“按银行的办法办银行”开始，一方面积极改革和强化财政职能；另一方面不断拓展和完善银行职能，使自己从专司基本建设投资拨款的行政机构，逐步转变为以从事中长期信贷为主的国家专业银行，进而迈向提供全方位金融服务的商业银行。

（一）以“拨改贷”为标志，尝试用银行的办法管理国家基本建设投资，不断提升投资的质量与效益

十一届三中全会以前，我国实行高度集中的计划经济体制和统收统支的财政体制，大规模的经济建设所需资金由国家财政无偿供应。这种体制虽然有利于集中资金保证国家重点建设，有利于新中国工业体系和国民经济体系的快速建立，但这种体制由于缺乏权、责、利相统一的约束机制，易于助长部门、地方、企业争投资、争项目的风气，导致投资规模失控、经济结构失调、资金使用浪费、效益低下等弊端。这一问题累积到20世纪70年代末已相当严重，基本建设投资规模超过了当时国家的财政承受能力，国民经济重大比例关系出现了严重失调，国家被迫采取“调整、改革、整顿、提高”的方针。在这种情况下，中央一方面要求建设银行“守计划、把口子”，管好基本建设支出预算和财务，做好财政监督；另一方面则要求建设银行努力学会“按银行的办法办银行”，吸收固定资产再生产领域中的闲散资金，承担起发放基本建设投资贷款的任务，加强资金调度，提高资金使用效益。

建设银行自成立之日起，就一直把为基本建设领域的重大工程项目提供服务作为自己的工作重心和基本落脚点，并以高度的责任感、严谨的工作态度和娴熟的工作技能，创造了基本建设拨款“四按”原则等管理方式，为国家节约了大量建设资金，出色地履行了基本建设领域财政监督的职能。“拨改贷”则是再度“临危受命”，为此，建设银行发扬勇于探索的精神，大胆突破基本建设投资传统模式，积极开展“拨改贷”试点，对实行独立核算、有还款能力的企业的基本建设投资改为贷款，将其项目建设及投产后状况同建设单位的经济责任、经济利益联系起来，同时注重利用信贷杠杆，缓解基本建设资金不足的困难。事实证明，这种带有银行特色的管理方式有助于增进企业有偿使用资金的意识，有助于调动各地区、各部门、各建设单位的积极性，有助于改善基本建设“战线长、资金散、管理乱”的状况，有助于提升建设项目的质量和效益。因此，这种贷款方式一经试点便一发而不可收，至1985年，国家预算内基本建设投资全部由财政拨款改由建设银行贷款，成功地实现了国家基本建设投资领域财政职能向银行职能的“转身”。

（二）以开办居民储蓄为契机，大力发展存款业务，为银行资产业务的开展奠定根基

存款是银行开展业务的根基“按银行的方式办银行”必须解决充裕的资金来源问题。但传统体制下建设银行的存款主要来自于基建单位的存款，这种单一的存款来源难以保证开展正常银行业务的需要。为满足改革开放以来日益增长的资金需求，同时为银行业务的开展奠定基础，建设银行自20世纪80年代中期开始努力拓展企业存款的其他领域，先后开办了企业和单位的定期存款、单位大面额可转让定期存单，并充分利用80年代兴起的信托业务大力吸收信托存款。1986年是建设银行存款发展史上不得不提及的年份。这一年，部分分行试办了居民储蓄业务，从此拉开了建设银行大办储蓄业务的序幕。其后几年储蓄业务迅猛发展，并在分离政策性业务之后把存款提到了前所未有的战略高度，“存款立行”的口号也应运而生。存款的急剧增加迅速壮大了建设银行的资金实力，不仅奠定了银行业务兴办的基础，而且有力地支持了国家经济建设。

二、奋力拓宽服务领域，不断丰富银行产品，促进银行功能的日趋完善

建设银行成立之初就被定位为“为国家把好基本建设投资各个环节的口子”，这样的使命注定了建设银行在之后长达20多年里固守在较为单一、固定的服务领域，离真正的银行业务差之千里。因此，为“转身”为真正的银行，建设银行在服务领域的拓宽和产品的丰富上下足了工夫。

（一）努力拓宽服务领域，不断壮大客户群体

伴随着经济高速增长对银行服务日益高涨的要求，建设银行在努力做好基本建设领域重大工程项目和“建”字头企业服务的基础上，开始把触角延伸到工商领域甚至私人领域。早在20世纪80年代初，建设银行就配合国家城市住房制度改革的需要，不失时机地试办了商品房贷款。80年代中期，工商企业流动资金贷款和经济特区外汇

业务的开办，更是拉开了为客户提供全方位金融服务的序幕，使建设银行在服务领域、服务对象、服务功能上得到了极大提升。这无疑是一个大的跨越，为日后“双大战略”的实施、“客户中心”理念的形成奠定了基础。

（二）银行产品日渐丰富

为实现“拨改贷”后运用信贷资金为国民经济发展提供更多支持，建设银行自1979年开始尝试利用企业闲置存款发放小额基本建设贷款，尔后利用自筹资金发放了各类技术改造贷款，并审时度势地推出了特种贷款、科技开发贷款、扶贫贷款等产品，加之1987年推出的工商企业流动资金贷款，使建设银行在80年代中期即完成了银行基础产品的“三级跳”，为日后金融产品的不断丰富打下了坚实基础。

（三）银行功能日趋完善

1985年，建设银行开办现金业务，这是一个标志性事件，它不仅有效地解决了客户支取现金的便利性问题，而且成为建设银行健全银行功能的重要举措。随着该项业务的开办，建设银行的居民储蓄、房改金融、外汇和信用卡等一系列银行业务也得到了全面开展。

三、积极推进管理体制改革，推动由财政特色的体制内涵向银行特色体制内涵的转变

（一）积极推进资产负债比例管理，努力建立符合银行要求的经营管理体制

推行资产负债比例管理是迈向现代商业银行管理制度的关键一步。相比过去的信贷规模控制，资产负债比例管理的核心价值在于在控制总量的前提下安排好结构，在强化管理的基础上提高效益，逐步形成“自主经营、自负盈亏、自我约束、自担风险”的内部管理机制。这一制度从1991年开始试点，1994年在全行正式推开。自此，现代商业银行的“三性”原则、资产质量、风险控制、资本约束等理念全面走入了建设银行的经营管理，对强化全行信贷资金的统一、科学、规范管理，防范和控制信贷风险起到了积极作用。

（二）着力推进财务体制改革，努力建立激励约束机制

要办成真正的银行，没有成本效益的概念和约束机制是不行的，这就意味着必须打破长期以来“拨款银行”体制下不计成本、不讲效益的旧观念和习惯行为，学习用成本效益的观念和机制来管理银行。因此，建设银行自1984年获批实行“成本管理、核算盈亏、利润留成”的企业化管理财务体制，开始了由事业型向企业经营型的转变之旅。其后几年，建设银行进一步改革财务核算体制，实行经营承包责任制试点，在很大程度上调动了各级行，尤其是基层行的积极性，也为日后通过财务管理职能实现资源配置，建立以经济资本和经济增加值为核心的激励约束机制奠定了基础。

（三）推进组织机构改革，努力营造符合银行特质的组织体系

同其他国有商业银行相比，建设银行组织机构变革的难度和复杂程度要大得多。这是因为，建设银行成立之初就是政府色彩最浓的财政部门职能的延伸，其后的二十几年间还曾几度被合并为内设部门，因此机构的分设或裁并都有着不同于其他银行的自身特点。好在建行人比较清醒地认识到了这一点，自1986年领取企业法人营业执照和经营金融业务许可证起，建设银行就开始了铺设机构网点、扩充人员的大规模行动，至20世纪90年代中期达到了“峰值”。这一时期，建设银行的机构网点达2万个之巨，人员逾40万之多。这为全行的资产负债业务发展和利润创造提供有力支撑的同时，也带来了分支机构重叠、管理层次多、运行效率低和人员数量增长过快的问题，尤其“三级管理，一级经营”的机构体制，严重阻碍了基层行经营活力和运行效率的发挥。因此，90年代后期就开始了大规模“减持”基层机构网点和人员的“瘦身”行动，2000年以来又进行了压缩机构层级尤其是城市行的“扁平化”改革。这一切都是根据现代商业银行竞争力要求而开展的“自我革命”，这一“痛苦而惨烈”的进程有效地支撑了建设银行现代银行制度的建立和经营效率的提升。

四、风险管理从无到有，现代银行的管理模式逐步确立

谈“按银行的办法办银行”不能不谈风险管理，这是一个绕不开而必须正视的问题。建设银行在这方面也经历了一个从无到有、从被动到自觉、从分散到系统、从低级阶段到较高阶段的过程。

1978年以前，建设银行承担着基本建设投资拨款管理任务，投资项目风险由国家财政兜底，建设银行只需管好分内的“一亩三分地”即可，员工“旱涝保收”，根本谈不上什么风险意识和管

理。踏上“银行之旅”以后，由于经营范围的扩大和业务品种的日益复杂，而管理的力度没能跟上，加之一些分支机构盲目追求市场份额、冒进发展业务带来了许多问题，不良贷款开始累积，这种状况在20世纪80年代末90年代初已变得较为严重。建设银行认识到了问题的严重性，下定决心加以治理。从此“贷款风险”这个词进入了建行人的视野，并开始在重要的会议和文件中加以强调。从1990年提出控制贷款增长速度、调整贷款结构，到其后连续三年提出加大力度压缩逾期贷款、完善信贷机制、加强贷款风险管理，再到1997年正式印发《加强不良贷款管理、化解贷款风险的实施意见》，无不说明建设银行开始重视风险管理，并通过夯实基础管理来控制不良贷款。尽管这一阶段建设银行的风险管理只是局限在贷款风险层面，而且管理的方式相对被动，但比先前已有了重大进步。

2000年以后，随着信贷体制改革的强化、审贷分离和信贷业务的经营操作与风险监控的分离，风险管理开始在信贷链条中发挥其重要的监督和管理作用。2006年的风险管理体制改革则使风险管理的独立性进一步增强，专业化和精细化程度也日益深化。今天，风险文化已深入人心，对风险的管理已不仅仅是信用风险，而是包括市场风险、操作风险等在内的全面风险管理。管理的方式也从过去的被动管理逐步转向主动管理，更多地运用信贷政策、风险限额、行业底线等来引导、规范分支机构的经营行为。管理的手段也由定性转为定性和定量相结合，并大量运用风险计量模型和数据分析作为信贷决策的支撑。这些都有效地支持了各分支机构及前台业务部门从关注贷前风险转为关注全流程风险；从过去不习惯算风险账，转而追求风险平衡收益，利用风险调整后收益（RORAC）、风险偏好来进行业务取舍和选择；从过去贸然进入不熟悉、不了解的领域，转为充分了解风险、审慎进入的态度；从对风险懵懂无知，到将风险控制转化为自觉行为。这既说明了风险管理能力和水平的不断提升，也代表了一家银行的成长和逐渐成熟。

实施新资本协议是银行风险管理脱胎换骨的一次革命

朱小黄

20世纪90年代三次大的金融危机（亚洲金融危机、墨西哥金融危机、欧洲货币危机）刺激了各国政府和金融机构不断寻求合理、高效的风险管理方法，以完善和巩固本国的金融体系。在这种背景下，巴塞尔银行监管委员会经过六年的反复论证，四次征求意见，五轮定量测试之后，于2004年提出了新的资本协议。新资本协议以进一步加强国际银行系统的安全和稳定为基本目标，以三大支柱为框架，总结吸收了国际活跃银行的领先实践，重新定义了银行业监管方法和标准，并为银行提高风险计量手段提供了新的动力。

一、实施新资本协议将给银行带来根本性的变化

新资本协议推出后，全球银行业积极响应，中国香港于2007年1月1日开始实施新资本协议，欧洲、美国、澳大利亚和新加坡于2008年1月1日开始正式实施新资本协议。我国于2007年初发布《中国银行业实施新资本协议的指导意见》，明确了国内银行业实施新资本协议的基本方向和时间表。

从各国的实践来看，实施新资本协议从形式上讲是一种合规要求，但其实质是风险管理思想的重大变革，这种重大变革必将带来银行整个风险管理体系脱胎换骨的革命。新资本协议的重大变革突出体现为：

第一，新资本协议反映了风险管理思想的重大变革。新资本协议由过去的一个支柱转变为以三大支柱来保证银行风险管理的有效实施，这就实现了从过去单纯依靠资本抵御风险转变为以风

险管理体系抵御风险。实施新资本协议，不再仅仅强调资本的计量和资本抵御的作用，同时还强调完善风险管理体制和制度，强调内部管理和外部监督的结合，这就为商业银行提高风险管理水平提供了全新的理念和蓝本。

第二，新资本协议是一个全面风险管理的框架。新资本协议要求管理的风险不仅包括了原有的信用风险、市场风险，还对操作风险、银行账户利率风险和流动性风险的资本计量和风险管理提出了要求，这非常符合银行风险管理的实际，为银行风险管理提供了全面的视野。

第三，新资本协议标志着风险管理水平的新飞跃。新资本协议提供了多种资本充足率的计算方法，尤其是以内部评级法为代表的信用风险监管资本的计量技术，集中反映了定量计量信用风险的理论发展，这些进步使商业银行对信用风险的管理第一次真正从感性认知转变为理性管理、从定性分析转变为定量计量、从被动应对转变为主动管理、从交易管理转变为组合管理，是银行风险管理历史上具有里程碑意义的飞跃。

第四，新资本协议确立了银行风险管理的新坐标。新资本协议允许银行根据自身风险管理水平来选择不同的监管资本计算方法。由于更高级的方法在治理结构、政策流程、数据基础、计量技术等方面有更高的标准与要求，因此银行选择的方法就反映了银行全面风险管理的能力。

从实践来看，通过实施新资本协议，商业银行可以获得多方面的益处。

从战略角度看，实施新资本协议有助于提高银行的风险管理水平。使得银行能够围绕战略、风险偏好平衡风险和收益，尤其是风险计量技术的提高实现了对风险偏好的定量表达，为风险偏好的制定提供了依据。

从声誉角度看，实施新资本协议有助于提高银行声誉。达到新资本协议的要求很高、难度很大，是否到达新资本协议高级计量法的要求已经成为判断银行管理水平高低的标尺之一，实施新资本协议正在成为领先银行的标志，实施新资本协议的银行被看做是好银行，这将为银行带来巨大的声誉。

从经营角度看，实施新资本协议带来的风险计量技术的提升，将使银行能够通过促进产品创新、改进流程、优化客户选择、精细化产品定价、推进风险调整绩效评价等方式实现风险与回报的最优化，形成银行的核心竞争力。

从强化基础管理的角度看，实施新资本协议将激励银行提升基础管理水平。交易系统、管理系统和数据库的安全性、稳定性和一致性，成为银行成功实施新资本协议的基本条件，是银行风险管理和资本管理体系高效运行的基础。这些都要求银行从风险管理框架、组织、业务流程、数据管理、信息系统等诸多方面系统实施。

总之，实施新资本协议是对风险管理体制的再造，是要建立一个将银行管理架构、战略、偏好、流程、文化和工具融为一体的全面风险管理体系，以打造银行的核心竞争力。因此，尽管新资本协议不是强制性法律，真正的约束力局限于十国集团，但是其影响力非常广泛，包括中国在内的很多国家都明确宣布采纳新资本协议作为本国的监管规范，先进的银行都采取积极措施，力争早日实施新资本协议，这已经成为当今国际银行业风险管理发展的大趋势。

二、实施新资本协议必须从基础工作做起

新资本协议代表了国际活跃银行风险管理水平和未来银行监管要求，是我们全面改进风险管理和推动业务创新的标准。近年来，建设银行一直跟踪探索新资本协议的应用，尤其是在银监会发布《中国银行业实施新资本协议的指导意见》之后，建设银行抓住这一契机，采取有力措施，全面加快了实施新资本协议的各项工作。

一是加强新资本协议实施的组织领导。建设银行董事会和高管层对全面实施新资本协议工作非常重视，多次就新资本协议的实施问题进行批示，并提出明确的工作要求。2006 年 7 月，建设银行成立了新资本协议和内部评级法推进领导小组，对建设银行实施新资本协议过程中的重大问题及时进行研究决策。

二是制定实施新资本协议总体规划。从国际银行的实践来看，制定一个切实可行的规划是实施新资本协议的关键步骤。因此，我行聘请国际知名咨询公司，于 2007 年 3 月启动了实施新资本协议的总体规划项目。规划项目分公司信用风险、零售信用风险、市场风险、操作风险、信息与技术、第二支柱与第三支柱六大部分，明确了主要差距，基于建设银行的发展战略，提出了详细的实施路线图。2007 年 12 月 20 日，建设银行第二届董事会第六次会议审议通过了《中国建设银行

实施新资本协议总体规划》，2008 年 1 月，建设银行正式将总体规划上报银监会备案。

三是优化公司类借款人违约概率模型。借款人违约概率是信用风险计量内部评级法的一项重要内容，近年来，我行持续改进公司类借款人违约概率模型。1999 年开发建立了一般公司类借款人信用等级的打分卡模型，2003 年开发建立了一般公司类借款人信用等级的统计计量模型，并开发了信用风险评级预警系统。根据新资本协议的要求，2006 年将评级预警系统优化升级为内部评级系统。2007 年，启动了一般公司类借款人违约概率模型的优化升级工作，初步计划针对一般公司、房地产公司、事业单位、专业贷款、银行、非银行金融机构、小企业等开发违约概率模型或评分卡。

四是推进零售业务内部评级法。零售业务是建设银行的战略发展重点。根据国际银行的先进实践，评分卡在零售业务领域实现了以定量分析为主的科学化、自动化和标准化的管理，使银行能够更加快捷、准确地评估客户的信用风险，并基于客户的违约概率进行业务决策。从 2006 年开始，我行与美国银行合作，选定信用卡、住房按揭贷款两大主要业务作为评分卡模型的突破口。2008 年 1 月，评分卡项目通过竣工验收，将于 2008 年在全行范围投入运行；同时，零售敞口 PD/LGD/EAD 等计量系统也已经启动，预计在 2008 年将有初步成果。

五是完善抵质押品管理。新资本协议将抵质押品作为信用风险缓释的重要方式之一，而抵质押贷款在建设银行的信贷余额中也占有绝对比例，抵质押品管理是我行信用风险管理的一项重要内容。我行针对现有数据库中押品信息滞后的现状，结合新资本协议的要求，初步提出了抵质押品准入、分类、评估方法和频度、持续监测等方面的规则，启动了押品管理咨询项目，项目在 2007 年完成了招标和业务需求，预计 2008 年完成系统开发和配套制度建设。

六是启动组合管理项目。根据新资本协议第二支柱的要求，银行应建立内部资本充足率评估程序（ICAAP）、经济资本管理程序，实施压力测试，评估与其风险轮廓相适应的总体资本水平，并制定保持资本水平的战略。2007 年，我行启动了资产组合项目的研究与开发工作，项目通过对 LGD 和 EAD 的估算等，将实现全行风险计量与管理系统的有效整合，建立信贷资产组合风险管理体系，提出组合风险管理策略，对全行的信用风险组合进行监测、分析和报告，为产品定价、准备金计提、经济资本管理、绩效考核和资本充足率测算等提供支持，为内部评级法的高级法奠定基础。

七是启动风险模型试验室项目。随着计量模型在风险管理中的大量运用，新资本协议对模型风险给予了特别的关注和要求。建设银行于 2007 年启动了模型试验室项目，通过模型试验室，统一管理模型开发数据，及时验证模型效力，动态优化模型设计。目前，项目已经完成了初步的现状与差距分析，统计软件和计算机硬件设备的采购进展顺利，正在着手制定业务需求书、接口规划等工作。

三、实践应用是新资本协议成功实施的标志

近年来，我行努力坚持在实践中学习、在实践中发展的基本思路，及时释放实施新资本协议的项目成果，支持和促进各级机构的经营管理活动。应用的主要方面有：

明确风险偏好。基于逐步完备的风险计量系统，建设银行明确了自身的风险偏好，并通过完备的政策与业务流程，将统一的风险偏好传导于全行各级机构的经营与管理行为。

优化信贷政策。根据风险评级结果，建设银行建立了公路、教育、纺织等行业的信贷政策底线和营销指引，明确提出了我行相关行业客户发生授信业务关系时所应遵循的标准，从违约概率、信用等级、资本金要求等几个方面规定了信贷业务应满足的条件，信贷政策与审批标准更加具体、明晰。

优化经济资本计量。2007 年，建设银行基于内部评级系统的计量结果，优化了经济资本计量办法，以资产波动法代替了系数法，提高了经济资本计量的科学性。

建立风险限额。2007 年，我行运用风险计量模型，按照风险偏好和经营战略，合理设定风险限额，探索建立了贷款风险限额管理体系，在全行系统推行行业风险限额管理，促进结构调整。

支持贷款定价。根据定价政策指引，基于风险计量模型所输出的违约概率、违约损失率、经济资本占用等关键风险指标，确定了贷款利率底线和贷款浮动区间的核心变量，总行价格管理部

门及时更新相关参数。各级机构主动根据客户等级进行贷款定价，努力实现风险与收益的平衡。

细化资产分类。我行基于内部评级系统，设计了信贷资产的十二级分类体系。该分类体系于2007年通过试点，于2008年1月正式开展信贷资产十二级分类工作，提高了资产分类的精细化程度。

新资本协议的组织实施和相关成果在以上领域的初步应用，提升了我行的核心竞争力，取得了初步成效：

——基础管理水平得到加强。在内部评级体系的建设过程中，我行针对发现的问题，结合与美国银行开展的六西格马流程优化项目，加强和促进信贷管理的基础工作，信贷管理信息系统（CMIS）和对公信贷流程系统（CLPM）数据质量明显上升。

——信贷流程进一步规范。2006年内部评级系统改进后，实现了客户信息与对公信贷业务流程系统的共享，能够实时感应客户的变化，评级、贷后监控和预警实现了流程的有机统一。通过信息的互联和流程的自动化，严格了工作标准，规范了工作流程，有效减少了客户管理中标准不统一、流程不规范、操作不合规等现象。

——客户结构优化。2007年，全行通过优化客户结构，降低了经济资本占用。截至2007年末，剔除银票贴现和转贴现，全行A级及以上客户占比超过90%。

——风险缓释能力提升。2007年，全行贷款抵质押率持续上升，违约损失率稳步下降，风险缓释能力不断增强。2007年平均LGD比2006年下降了3%。

——行业贷款集中度下降。通过实施行业限额管理，我行贷款集中度有了明显下降，从而有效地控制了贷款组合的集中度风险。我行贷款集中度指数①从2006年底的0.0524降低为2007年底的0.0519。

——贷款组合平均风险稳步下降。全行加权平均违约率稳步下降，2007年12月末我行加权平均违约率为2.60%，较2007年6月末的3.01%下降了0.41个百分点。

——客户满意度提升。信用卡行为评分模型应用后，对持卡人调整额度的响应时间，从过去的两天左右缩短为3~5分钟，并且绝大多数客户的申请可由前台接线员直接给出答复，提高了建行龙卡的客户满意度。

四、合理的策略是新资本协议成功实施的关键

建设银行从业务发展的战略重点出发，结合目前的管理基础以及与新资本协议的主要差距，确定了实施新资本协议要达到的总体目标：建立以三大支柱为核心的新资本协议实施体系，内部治理结构、政策体系、数据管理体系和各类风险的管理体系比较健全，能对银行业务所面临的风险进行及时识别、准确计量和有效的组合管理，并对业务发展提供支持。资本管理体系能够实现银行资本的高效配置，经济资本、监管资本与账面资本的联动机制能够保证银行资本处于适当水平并符合监管机构的要求，能够在银行层面、部门层面、产品层面、组合层面进行风险调整的绩效评价。建立完善的信息披露机制和信息系统，实现资本充足率端到端的自动计量。风险管理和资本管理力争达到国际同业先进水平。

为了实现这一目标，建设银行将按照“区分三大阶段，突出四个重点，夯实五项基础”的实施策略稳步展开。

区分三大阶段是指建设银行实施新资本协议三个工作阶段：第一阶段是从2008年到2010年底，这个阶段的目标是在2010年底成为国内第一批实施新资本协议的银行；风险识别、计量和监控能力大幅提升，风险报告流程更加通畅；风险管理体系涵盖信用风险、市场风险、操作风险、银行账户利率风险和流动性风险等建设银行所面临的主要风险敞口。第二阶段是从2011年至2013年底，这个阶段的目标是信用风险、市场风险和操作风险达到高级计量法；有效计量银行账户利率风险，提高流动性风险管理水平；具有风险计量技术的自主研发能力；力争达到国际先进银行的风险管理水平；具备跨经济周期持续稳健经营的能力。第三阶段是2013年之后，这个阶段的目标是持续改进风险管理技术，优化资产组合管理技术，风险管理水平尽快达到国际

① HHI又称为赫芬达尔—赫希曼指标，是反映组合集中度的综合指标，在数值上等于所有行业组合份额的平方和。HHI介于0和1之间，数值越小，贷款组合的集中度越小。

一流。

突出四大重点是指在信用风险领域，以完善二维评级体系为重点，即逐步完善主权、公司、银行、股权等风险暴露的计量模型，逐步完善零售风险暴露的申请评分卡、行为评分卡，提高采用内部评级法的覆盖面，提高内部评级法的覆盖面；在市场风险领域，以建立内部模型体系为重点，完善返回测试、压力测试，提升不同金融产品的交易技术；在操作风险领域，以优化业务流程、提高系统稳定性为重点，推进自我评估，完善关键风险指标体系与损失数据库；在内部管理方面，以优化内部资产评估程序为重点，建立账面资本、监管资本、经济资本三者之间的联动机制，完善经济资本管理。

夯实五项基础包括以下内容：

一是夯实政策基础，为新资本协议的实施提供良好的智力架构平台，确保银行的风险管理要求，能够以全面、明确的规则传达到各级机构。

二是夯实数据基础，加强数据管控，以提高风险管理信息的及时性与准确性，确保达到新资本协议对于数据的要求。

三是夯实计量模型基础，以科学、稳定的计量技术优化风险管理的精确性，有效控制模型风险，提高现代计量技术对业务的支持力度。

四是夯实信息系统基础，建立专业化的信用风险、市场风险、操作风险数据集市，完善交易流程系统，开发风险应用系统，形成架构合理、便捷高效、功能集成度高的信息系统，以确保风险管理流程的稳定与效率。

五是夯实人力资源基础，培养高素质的人才队伍，以确保稳步推进各项工作，全面掌握并充分应用现代风险管理技术。

风险管理水平越高，意味着识别和抓住机会的能力越强，越能增加盈利并更具市场竞争力。建设银行将以实施新资本协议为契机，实现风险管理的全面变革，优化风险治理结构、完善风险管理机制、提升风险管理技术，强化风险管理基础，全面达到实施新资本协议的先进水平，将风险管理培育成建设银行的核心竞争能力。

论商业银行的风险偏好

总行风险管理部　黄志凌

一、银行的科学发展离不开风险偏好的引导

风险偏好通俗地讲就是银行对“愿意承担多大的风险敞口”、“希望选择什么样的风险作为经营对象”、“所期望承担风险种类与分布是什么样的”等银行业务发展和风险管理的基本问题作出回答。从这个角度看，它是银行风险管理战略的核心和关键。

（一）从公司治理机制来看，风险偏好是传达股东意志的重要载体

股东是银行的所有者，也是银行风险的最终承担者。管理层受托开展业务经营和风险管理，对经营业绩负责，需要在风险选择、风险决策和风险安排中获得股东授权，体现股东的意志。

为了确保银行的日常风险经营活动能够充分反映股东的风险承担能力和盈利要求，股东（由董事会代表）必须将自己的“偏好”清晰地传达给管理层。股东的风险偏好将成为管理层制定业务发展战略的起点、开展经营活动和风险管理的依据，也将作为股东考核评价管理层业绩的重要标尺。因此，风险偏好是银行经营活动和风险管理的出发点。

近年来，随着国有商业银行股份制改革的深入推进，公司治理机制不断完善，为统一风险偏好的建立提供了前提和基础。但是，受制于国有商业银行传统的层级管理架构（实际上是内部多层级的委托—代理关系），银行的风险偏好还没有真正成为全行上下统一的风险偏好，这在很大程度上制约了其管理效能的发挥。一些分支机构俨然是一个自成一体的小银行，由于缺乏统一的

风险偏好，在这些分支机构追求“局部最优”的同时，往往制约了“全局最优”目标的实现，实际上也侵蚀了银行利益和股东的利益。

（二）从发展战略来看，选择和确定风险偏好是银行最重要的战略管理行为

在不同的发展战略下，相应地有不同的风险偏好；同时，不同的风险偏好也影响着银行业务发展战略实现路径的选择。有的银行已经保有较高的市场份额和盈利水平，希望通过稳健经营来巩固市场地位，体现在战略上就是力求以承受较小的风险来获得稳定的收益，并通过对风险的有效管控来赢得良好的市场声誉和较高的外部评级。有的银行希望通过积极进取来快速提升自己的市场份额和盈利水平，体现在战略上就是愿意承受较高风险来拓展市场，获取更多的收益。从这个意义上看，风险偏好本身体现了银行的战略选择、价值导向和业务取舍，没有科学的风险偏好也就谈不上科学的发展战略。

在这一轮由美国次贷危机引发的全球金融危机中，受到波及的银行有很多，包括一些国际知名银行。虽然人们从这次教训中总结出了很多银行内部经营管理中的原因以及诸多的外部诱因，但是归根结底恐怕还是风险偏好出了问题。由于风险偏好过于激进，原先那些避之唯恐不及的 FICO 分①低于 620 分的次级贷款、Alt－A 贷款②等，后来都成为了银行和贷款机构竞相追逐的对象，这种风险偏好的选择超出了银行自身的风险承担水平，超出了金融机构的风险管理能力，也超出了监管机构的监督能力，最终导致这场金融危机的爆发及蔓延。

（三）从银行经营管理来看，风险偏好是业务发展和风险管理活动的共同指针

过去由于对风险的认识有限，人们往往把业务发展和风险管理活动简单视为相互制衡乃至对立的关系。有的由于盲目发展而导致风险失控；有的则是片面强调风险管理，处处谨小慎微，影响了正常业务拓展。现代银行经营理论认为，银行是经营风险的企业，要通过主动地管理风险、科学地安排风险来实现风险调整后的收益最大化。要主动管理风险，处理好业务发展和风险控制之间的关系，核心的问题是确立科学、明晰的风险偏好。银行风险偏好将风险与收益有机统一在一起，成为联结前中后台的纽带和相互沟通的共同语言，是业务经营和风险管控活动的共同指针。以信贷业务为例，银行的风险偏好既体现在营销指引中，指导业务部门选择目标市场和客户，同时也体现在风险管控指引中，指导风险管理和审批部门的决策判断。可以说，要建立业务发展和风险管理的良性互动与和谐运行机制，统一的风险偏好是前提和基础。

二、风险偏好的选择有其客观的规定性

在理论研究中，人们对风险偏好有不同的理解。在银行实务中，风险偏好通常被定义为银行为实现持续盈利，在自身风险承受能力范围内愿意接受的风险水平。从表面上看，偏好属于主观意识范畴，但风险偏好作为现代商业银行经营管理的核心工具，并不完全体现某一个人甚至某一个利益集团的主观意志，尤其是风险总量的确定、目标风险的选择和风险轮廓的规划等重要内容受到多方面客观因素的制约，有其内在的客观规定性和科学规律。

（一）银行风险承担总量的确定

银行风险偏好的选择，首先涉及风险承担总量的确定。由于银行具有强烈的外部性特点，因而风险总量的确定受到诸多客观因素的制约。

1. 经济资本总量。银行是经营风险的，在经营风险的过程中，必然会发生各种预期损失和非预期损失。一般说来，银行是以收益覆盖预期损失，以经济资本抵御非预期损失。由于非预期损失是银行面临的真正风险，因而银行拥有的经济资本规模越大，它能够承受的风险总量也就越大。在确定经济资本总量的过程中，首先必须考虑实收资本总量，一般情况下，经济资本总量要小于实收资本总量；其次是要确定置信水平③，这是银行风险偏好一个很重要的量化指标。此外，客

---

① FICO（Fair Isaac Corporation）分数是指美国个人征信机构根据个人信用数据得出的个人信用评分，评分范围介于 300～850 分之间，作为衡量个人信用风险和发放个人贷款的重要依据。

② Alt－A 贷款通常是指发放给信用评分在 620～660 分的消费者，或者虽然信用评分高于 660 分但不愿意或不能提供收入证明的消费者。

③ 置信水平（Confident Level）是计量经济资本的重要参数，例如银行确定经济资本计量所需的置信水平为 99% 则表明在未来一年内银行破产的概率小于 1%。换言之，正如修建水坝一样，银行希望能够抵御百年一遇的破产风险。

户的违约概率、违约损失率、资产的集中度、相关性、期限等也都从不同侧面决定着对银行经济资本总量的要求。

2. 股东期望。股东的期望包括收益和风险两个方面。股东对收益的期望通常表现为资本回报要求，也体现为市盈率等指标；对风险的期望通常表现为资本充足要求，也体现为股票β值等指标①。从一般意义上来分析，股东当然希望以最低的风险承担带来最高的收益。但实际上收益提高必然意味着要承担更多的风险，而降低风险就意味着降低预期收入水平。换句话说，股东的期望直接影响着银行的风险偏好，但股东的期望并不是无约束的，需要在风险和收益之间作出权衡。

3. 监管当局要求。出于维护整个银行体系稳健性的考虑，监管当局通常对银行承担风险的总量乃至业务发展规模作出一些限制。监管当局的约束直接影响着银行风险偏好的确定。例如，8%的资本充足率就是监管当局对银行风险总量的容忍度限制，贷款集中度等则是对风险结构的限制，等等。监管当局的要求是银行确定风险偏好时应遵循的刚性底线。

4. 银行自身管理水平。如果说巴塞尔新资本协议可以看做银行业的行业标准的话，那么银行的风险偏好则是因银行而异，在业界没有统一的版本，原因在于一家银行的风险偏好是与它自身的管理水平密切相关的。银行的经营管理优势、资源配置、人员结构等决定了风险偏好的选择。例如，一个前景十分好的行业或客户可能由于银行并不具备相应的管理能力而有可能给银行带来损失，同样一些银行可以承担和经营的风险并不能表明是所有银行都可以承受的，盲目的跟从恰恰就是错误的开始。所以，风险偏好没有优劣之分，银行需要做的就是了解自己，清楚自身的定位，找到最适合、最能符合银行科学发展要求的风险偏好。

（二）银行经营风险的选择

银行是经营风险的，但并不是所有的风险都适合一家银行来经营。银行必然要结合自身实际有选择地来经营风险，这就是银行风险偏好中的目标风险选择。在选择过程中，银行需要考虑以下几方面。

1. 具有较大的市场容量和发展潜力。如果某种风险的市场容量既小又缺乏潜力，即便具体业务本身收益率可能很高，因为市场容量有限，综合考虑后成本和收益可能也是不相称的，因此不适合作为大型银行的风险经营对象。

2. 应是银行擅长管理和承担的风险。具体来说，就是银行在这类目标风险的经营管理领域需要具备比较优势。通常可以从以下几个方面来考察：

一是专家资源。现代银行经营管理的精细化、专业化程度越来越高，不同的风险由于其特性差异，需要不同的风险管理技能以及相应的专业化队伍。专家资源既是银行最宝贵、最稀缺的资源，也是银行选择风险时要考虑的重要条件之一。从国际经验看，不同的银行在不同风险经营中通常各有所长，没有一家银行能够在所有领域都占据绝对优势，因此在选择风险承担时在很大程度上要看银行是不是已经拥有了相关领域的专家队伍，或者是否有可能在短时间内培养起相应的专家队伍。

二是技术储备。不同种类风险需要不同的管理技术。例如，商业银行要着力拓展国际金融市场业务，首先需要储备必要的市场风险识别、计量和管控技术以及配套的 IT 系统等；即便是外购的技术或模型，也需要结合自身情况进行全面的压力测试、返回检验以及有效的模型验证以及配套的数据库建设等。又如，商业银行要把零售业务作为自身的战略性业务，首先需要积极研发零售风险管理技术（如零售信贷评分卡），依托先进的风险管理技术和业务流程，实行批量化、专业化的管理，依赖传统的高成本、低效率的人工作业模式显然难以适应现代银行零售信贷业务的发展需要。

三是制度准备。银行开展任何一项业务，必须做到制度先行。制度实际上体现了银行对风险承担和管理的一揽子安排。有没有做好政策制度准备，实际上反映了银行是不是找到了目标风险经营的控制点、是不是建立起了有效的管控流程。换句话说，它反映了银行对目标风险是不是做到了“心中有数”。

四是组织架构。组织架构直接影响银行资源配置能力和市场响应能力。针对不同风险的特征，需要建立适合的组织架构以实现资源的合理配置。

① β值反映了股价与市场总体价格波动之间的关联度，β值越高说明股东愿意承担的风险越大。

例如，如果银行将业务定位于大公司等批发业务，通常选择集中型组织架构，相应经营重心需要上移；如果定位于个人客户等零售业务，那么营销层面则需要相对分散的组织架构，相应经营重心需要下沉。因此，银行有必要根据所选择的风险特征，建设与之配套的合理组织架构。

（三）银行现有风险轮廓的分析

风险轮廓是用量化手段描述银行风险种类构成和分布特点，它将银行的整体风险特征“浓缩”成简要的数据，便于银行管理者和员工认知和使用。准确分析和描述银行现有的风险轮廓是银行确定风险偏好的一个重要环节，即进行“自下而上”的分析。银行现有的风险轮廓是以往经营管理活动的反映，从定性角度看，它取决于银行的资产负债结构、业务结构、产品结构和客户结构，与银行的经营组织模式有着密切的关系，是银行业务发展战略执行情况的集中体现。对现有风险轮廓的描述可以帮助银行管理者和员工掌握银行风险形态构成和风险分布等关键特征。例如，信用风险敞口、市场风险敞口和操作风险敞口的比例，信用风险内部零售敞口和对公敞口的比例，市场风险内部本外币敞口的比例，操作风险内部不同产品线的比例，信用风险、市场风险、操作风险在不同层级经营单位的分布特征等。从科学管理的角度看，准确描述风险轮廓有赖于银行的风险计量能力。只有以量化技术和工具来描述风险轮廓，才能实现精细化的管理，才能将风险偏好转变化为资源配置、限额体系、业务指标和考核标准，进而引导银行日常的业务经营和风险管理活动。

（四）银行目标风险轮廓的规划

银行目标风险轮廓描述了银行期望的风险总量、形态构成和分布特征，它反映了银行未来业务发展的战略走向，是未来经营管理活动要形成的目标结果和反映。首先，应根据股东要求、市场形势和自身实力规划总量指标。比方说，银行最主要的是要抵御非预期损失、防止资不抵债，因此，经济资本总量是风险偏好中很重要的总量指标，它回答了银行愿意承担多大程度的风险这一问题。其次，根据市场潜力、比较优势和战略判断，将各总量指标分解到各区域单元、产品单元，形成组合层面的政策、标准和限额体系。比如经济资本总量根据不同风险的比例进行分配，确定各主要风险和资产组合的经济资本配置，形成了若干个组合层面的风险轮廓。最后是各单元根据指标分解情况，针对特定市场，设定准入门槛、制定营销策略、风险管控措施和各种操作规程。现有风险轮廓与目标风险轮廓之间的差距就是银行制定战略的着力点，也明确了战略的实现途径。

三、建立以风险偏好为核心的风险管理体系

（一）构建全方位、多层次、统一协调的风险偏好体系

1. 风险偏好的全面性。一是银行应对其面临的各类风险，包括信用风险、市场风险、操作风险、流动性风险、声誉风险以及集中度风险等确定管理目标，设置风险偏好。二是银行应对其资产和负债在不同阶段下的风险设置偏好，如在客户准入阶段，要明确客户准入标准；在贷款发放阶段，需要明确风险缓释后的净敞口情况等。三是风险偏好设置不仅要关注当前风险和损失，还要关注未来可能的压力状态下的风险和损失。

2. 风险偏好的多层次性。传统的风险管理主要从单笔业务、单项资产角度明确管理要求，实施具体的管理活动。现代风险管理更加关注资产组合层面以及资产负债表层面的风险管理。同样地，在风险偏好的设定上，需要从单笔业务、资产组合和资产负债表三个层面明确银行的风险管理战略。从单笔层面看，主要包括客户和市场细分、产品交易结构等；从组合层面看，主要包括国别、行业、区域、风险驱动因子的风险配置和分散化管理要求等；从资产负债表层面看，则主要关注银行账户利率风险和流动性风险问题。分析近期金融风暴中出现问题的银行，都具有两个特征：一是高杠杆状态运行，对其资产负债表层面的风险管理关注不够；二是资产集中度高，在次贷及相关产品过度投资，组合层面的风险偏好不够谨慎。

3. 风险偏好的统一性。近年来，国内商业银行特别是大型商业银行纷纷施行了业务转型战略，经营领域的广泛性、业务产品的多样性、风险驱动因素的复杂性日益增加。在风险偏好的设定上，应透过业务流程和产品差异，全面评估和把握银行的实质风险承担状况，并以此为基础，建立对各类业务、各风险类别相互可比的风险偏好体系，避免短板效应。例如，目前国内银行在公司业务方面的准入和审批标准较严，而零售业务则相对宽松，一些小企业客户可通过申请零售业务而避过公司业务审查流程。

4. 风险偏好的协调性。随着客户需求的多元化和产品创新的发展，银行业务复杂度日益提高，单笔业务、单项资产可能同时包括多类风险，此时风险管理的有效性不在于某类风险管理的有效性，而是所有类别风险都得到了有效管理。在法兴事件中，法兴银行设定了股指期货净敞口头寸要求，未设定总敞口限制，同时设置了一系列的系统控制手段来防范操作风险，当这些控制都一一被破解时，市场风险管理随之失效。法兴银行事件充分说明了对各类风险进行整合化管理的重要意义。目前，让国内众多银行损失较大的代客衍生产品交易，银行承担的是由市场风险引发的客户信用风险，管理好这类业务就要求银行在信用风险和市场风险管理方面做好协调。

（二）构建灵敏高效的风险偏好传导机制

风险管理活动是一项围绕风险偏好展开的自上而下，又自下而上的动态管理过程。银行的风险偏好需要通过政策制度、授权管理、授信审批、限额管理、经济资本、绩效考核等手段，自上而下地分解并及时有效地传导成为对各部门、业务单元和业务人员的具体目标，细化到每一个过程中。同时，对各微观层面交易涉及的风险、收益等情况通过监测、检查、报告、评价、考核等制度对各层次决策的目标及实现情况进行对比，并进行反馈纠正和持续改进，自下而上地传导并汇总形成银行总体风险信息，为银行风险偏好管理服务。

1. 重建风险政策制度体系。风险偏好的一个重要传导途径，就是通过政策制度的制定把战略层面的风险偏好转化为执行层面可操作的政策、指引、标准和底线。在银行内部管理中，风险偏好是银行资本管理、资源配置、绩效考核、风险管理、市场营销及信贷审批等工作的指引。风险管理政策是对风险偏好的进一步解读、阐释，是银行在承担该类风险时所应遵循的政策导向，是业务经营活动的行动指引，真正体现出战略意图和风险偏好；在市场营销和审批过程中，准入退出标准、信贷政策和审批标准也需要以风险偏好为依据来制定，以保证在风险偏好的框架下开展各项经营管理活动。因此，银行需要以风险偏好为指引，在银行经营的各业务领域，在总量、组合和交易层面，建立包括政策、制度和操作规程在内的矩阵式政策制度体系，清晰地表达政策导向和要求，对具体决策和行动形成明确统一的约束，确保风险偏好从上至下在银行的各条线、各层级得到正确的体现和顺畅的传导。

2. 提升风险管理工具开发应用能力。风险管理工具是传导风险偏好的重要手段。其中经济资本这一管理工具在风险偏好的传导过程中占据核心地位。从定义上看，经济资本是银行业务发展中实际承担风险水平的真实反映，体现了银行平衡风险和收益的管理内涵。经济资本总量和在不同风险之间的配置恰恰描述了银行的目标风险轮廓，是风险偏好的核心内容；从计量和考核上看，银行通过经济资本的计量可以计算出总量、组合乃至客户单笔交易层面实际承担的风险水平，并可以在资源配置、业务经营决策、产品定价、风险管理、绩效考核等领域运用。经济资本既可以用于战略决策层面，也可以作为信贷政策调整的依据，还可以辅助具体业务的取舍和进退，它的易于分解和能够平衡风险与收益的特性使其成为表述和传导风险偏好的核心工具。在此基础上，银行可以建立包括风险限额、授权、信用评级、监控预警等风险管理工具，实现业务发展和资源的合理配置，实现风险承担和收益回报的有效平衡。随着风险计量能力的提高和风险管理工具建设的加强，银行风险偏好的传导将更加科学，执行情况的监督考核也将更加客观。

3. 加强内控管理。内部控制是确保风险偏好传导过程准确有效的重要保障。一是按照“三道防线”要求加强内部组织结构的控制。按照业务流程、内控制度的要求，建立决策层、管理层、经营层、监督层、保障层的组织结构。强化稽核部门在内控体系中的特殊地位和作用，促进内部稽核从合规性稽核向风险性稽核转变，从单一的事后稽核向事前、事中、事后全过程稽核转变。二是建立以风险评估和控制为核心的风险管理系统，加强信贷风险预警、企业经营风险预警，并及时向经营部门反馈。三是强化会计系统控制，运用科技手段强化会计监督，进一步完善会计管理体制，对基层网点会计主管实行委派制和定期岗位轮换制，建立柜员、综合员、会计主管三线监控体系。

（三）重视以风险偏好管理为核心的基础设施建设

全面风险管理基础设施建设包括组织架构、职责安排、数据系统建设、人员建设和文化建设，这些既是传导风险偏好的根基，更是银行在未来激烈竞争中保持核心竞争力、实现科学发展的最终决定因素。

建设银行区域信贷资源配置问题研究

总行研究部　郭世坤　刘　旌

本报告以信贷资源配置中的区域结构为视角，以区域贷款均值①、利息净收入②、手续费及佣金净收入、营业利润等指标为分析工具，以2004—2007年的数据变动为研究样本，力图从中发现建设银行区域信贷资源配置的特点。

效益最大化是区域信贷资源配置最主要的评价标准。目前，信贷资源仍是银行获利的最重要资源，信贷投放则是效益链的源头，其收益与派生收益对银行效益具有较大程度的影响。因此，评价区域贷款的资源配置效率，可以通过一系列投入—产出指标、边际增长情况及综合评分等方法，发现不同区域信贷资源配置效率的差异。

本报告的分析建立在如下前提之上：(1) 建设银行各个区域的贷款质量水平基本接近或保持一致，其贷款收息水平具有可比性；(2) 银行客户的经营状况在样本年度之间变化不大，其贷款收益水平具有可比性；(3) 建设银行各个区域的盈利模式基本相同，其投入—产出水平具有可比性；(4) 建设银行各个区域样本年度贷款按时间进度均衡投放，其贷款均值（年初贷款与年末贷款的平均数）具有可比性。实际上，以上情况在不同区域之间是有差异的，为使分析没有太多因素干扰，本报告只作以上假定。

影响区域信贷运营效率的具体因素很多，如区域信贷运营效率与当地经济发展速度、同业竞争程度、信贷结构、银行内部管理水平、总行政策制定等，都有密切关系，而本报告仅对建设银行各个区域信贷资源配置的优劣程度作出评估，而不涉及导致相应信贷运营效率的具体原因。

一、区域信贷资源运营效率的比率分析

（一）贷款直接收入水平的区域比较

建设银行年报中的“外部净利息收入”可以作为能反映贷款直接收入的指标，以该指标与年度贷款均值的比率代表“贷款直接收入水平”。从建设银行各区域年度外部净利息收入与年度贷款均值的比率看，2004—2007年，东部、中部、西部及东北部贷款直接收入水平均有提高。但在2004—2007年的4个年度中，中部均居各区域首位，其次是东部、西部，二者几无差距，最后是东北部。从中部与东部的对比中可以看出，中部贷款直接收入水平领先幅度呈逐年扩大趋势，2004—2007年分别为0.27个、0.41个、0.62个、0.66个百分点，4年年均领先东部0.51个百分点。而中部与最低的东北部相比，4年年均领先1.32个百分点（见图1）。三大经济带比较，2004—2007年长三角贷款直接收入水平一直领先于其他两大经济带，年均大约领先0.9个百分点，环渤海则一直列末位，但在2007年时与第二位珠三角的差距已大大缩小，差距已经接近0.1个百分点（见图2）。

（二）贷款间接收入水平的区域比较

贷款作为银行重要的资源投入，除了能够为银行带来利息这样的直接收入外，还会带来间接收入，如部分中间业务收入。贷款的间接收入既无单独的统计，也无法进行计算，但却都反映在手续费与佣金收入中，因此，可以由手续费与佣金收入这一指标近似代替。虽然相当部分的手续费与佣金收入可能与贷款投入完全不相关，而不

① 区域贷款均值是某一年度日均贷款余额，由于计算量较大，本报告为计算方便，假定均衡投放，每年为贷款余额年初数加上年末数再除以2。

② 本报告所指利息净收入，特指外部利息净收入，不包括内部利息净收入。

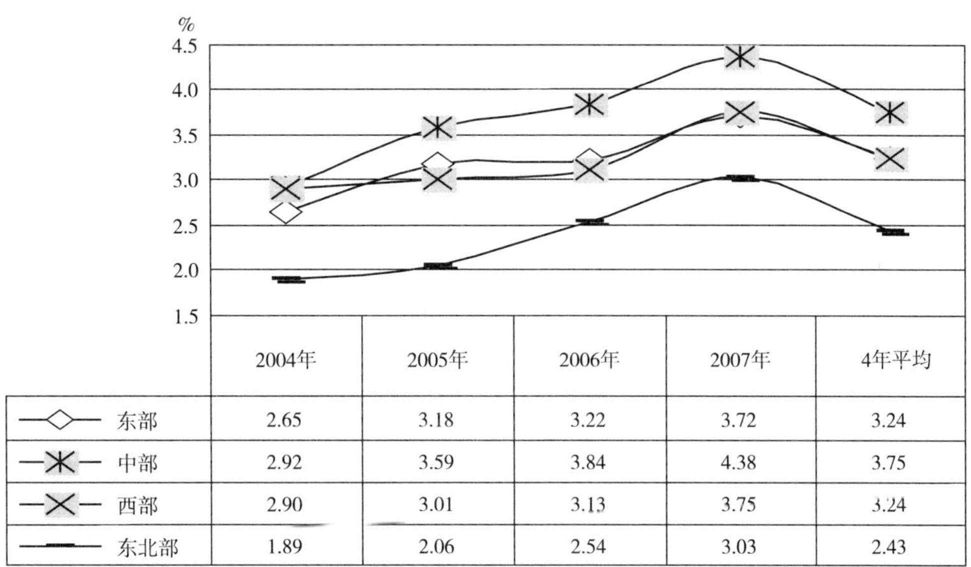

	2004年	2005年	2006年	2007年	4年平均
东部	2.65	3.18	3.22	3.72	3.24
中部	2.92	3.59	3.84	4.38	3.75
西部	2.90	3.01	3.13	3.75	3.24
东北部	1.89	2.06	2.54	3.03	2.43

资料来源：中国建设银行年报，管理信息平台。

图 1　建设银行区域贷款直接收入水平变化情况（2004—2007 年）

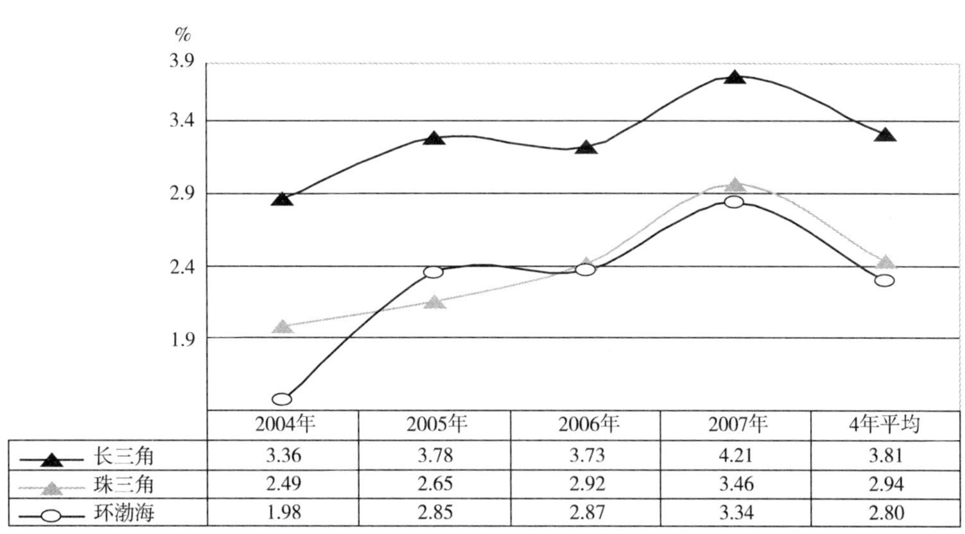

	2004年	2005年	2006年	2007年	4年平均
长三角	3.36	3.78	3.73	4.21	3.81
珠三角	2.49	2.65	2.92	3.46	2.94
环渤海	1.98	2.85	2.87	3.34	2.80

资料来源：中国建设银行年报，管理信息平台。

图 2　建设银行三大经济带贷款直接收入水平变化情况（2004—2007 年）

同地区由于情况和环境的不同，完全不相关的因素差异可能很大，但比较手续费与佣金收入与贷款均值的比率还是可以大概说明贷款的间接收入水平。

从图 3 看，2004—2007 年贷款间接收入水平东北部和中部提升幅度明显，东部和西部虽有提升，但幅度小于前两者，到 2007 年，前两个地区比后两个地区高出大约 0.4 个百分点。从 2004—2007 年 4 年年均水平看，中部和东北部居前列，中部仍为最高，比东北部高 0.02 个百分点，比东部和西部分别高 0.16 个和 0.24 个百分点。

从图 4 看，2004—2007 年，贷款间接收入水平珠三角一直领先，并且提升水平也更快一些，2007 年，比居第二、第三位的环渤海、长三角分别高 0.21 个、0.41 个百分点。环渤海 2004—2006 年升幅与长三角在同一水平，但 2007 年升幅突然超出长三角 0.2 个百分点。从 2004—2007 年 4 年年均水平看，也是珠三角明显高于环渤海和长三角，分别高 0.21 个、0.27 个百分点。

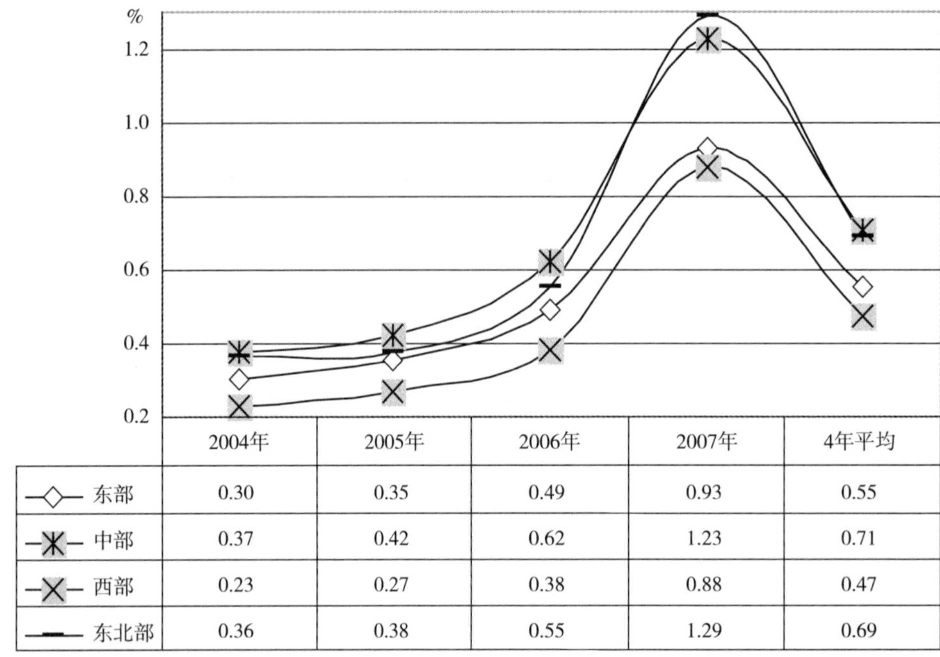

	2004年	2005年	2006年	2007年	4年平均
东部	0.30	0.35	0.49	0.93	0.55
中部	0.37	0.42	0.62	1.23	0.71
西部	0.23	0.27	0.38	0.88	0.47
东北部	0.36	0.38	0.55	1.29	0.69

资料来源：中国建设银行年报，管理信息平台。

图3　建设银行区域贷款间接收入水平变化情况（2004—2007年）

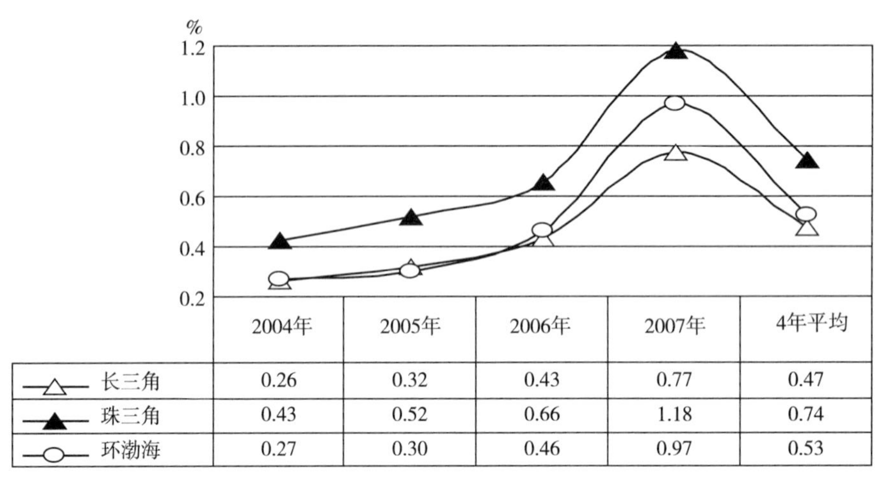

	2004年	2005年	2006年	2007年	4年平均
长三角	0.26	0.32	0.43	0.77	0.47
珠三角	0.43	0.52	0.66	1.18	0.74
环渤海	0.27	0.30	0.46	0.97	0.53

资料来源：中国建设银行年报，管理信息平台。

图4　建设银行三大经济带贷款间接收入水平变化情况（2004—2007年）

（三）贷款营业利润水平的区域比较

营业利润是银行在不考虑拨备等情况的经营成果及获利能力的综合反映，本报告把贷款看做投入，把营业利润看做产出，将营业利润与贷款均值进行比较，可以反映在考虑了运营成本情况下的贷款投入—产出水平。当然，部分运营成本与贷款活动也可能完全不相关，但并不影响我们作总体上的分析。

从图5看，2004—2007年建设银行区域贷款营业利润4年年均水平东部居首位，中部紧随其后，东部领先中部0.22个百分点，西部和东北部与东部和中部差距比较明显，相差在0.5个百分点以上，西部又略高于东北部0.3个百分点。但是从发展趋势看，2007年与2004年相比，中部从第二位跃居首位，东部从首位退居第二位。中部从原来落后东部0.94个百分点，到2007年转变为领先0.36个百分点。西部稳步上升，从2004年的末位升至2007年的第三位，东北部先是有所下降，后又急速上升，但2007年时仍居末位。

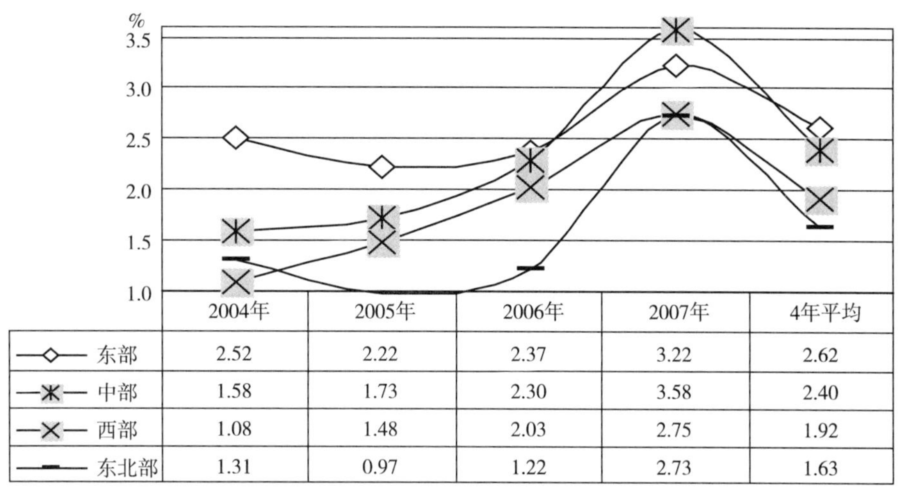

	2004年	2005年	2006年	2007年	4年平均
东部	2.52	2.22	2.37	3.22	2.62
中部	1.58	1.73	2.30	3.58	2.40
西部	1.08	1.48	2.03	2.75	1.92
东北部	1.31	0.97	1.22	2.73	1.63

资料来源：中国建设银行年报，管理信息平台。

图5　建设银行区域贷款营业利润水平变化情况（2004—2007年）

从图6看，2004—2007年贷款营业利润4年平均水平长三角领先于珠三角0.39个百分点，珠三角又领先于环渤海0.29个百分点。2004—2007年贷款营业利润水平长三角略有波动，前3年一直居领先水平，2007年时被珠三角略微超出，珠三角和环渤海波动幅度大于长三角，珠三角从一度落后于环渤海变得大大领先于环渤海，2007年领先于环渤海0.48个百分点，并进一步领先于长三角0.03个百分点。

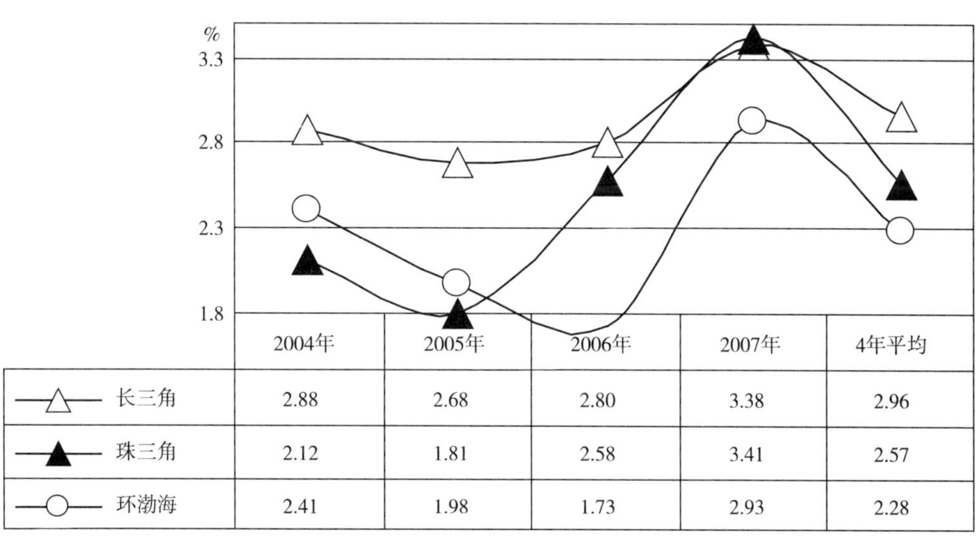

	2004年	2005年	2006年	2007年	4年平均
长三角	2.88	2.68	2.80	3.38	2.96
珠三角	2.12	1.81	2.58	3.41	2.57
环渤海	2.41	1.98	1.73	2.93	2.28

资料来源：中国建设银行年报，管理信息平台。

图6　建设银行三大经济带贷款营业利润水平变化情况（2004—2007年）

二、区域信贷资源运营效率的边际分析

（一）贷款直接收入水平的边际分析

这里我们再以贷款外部净利息收入的年增量与贷款均值的年增量的比率来反映贷款边际直接收入水平，该指标反映了各地区、经济带贷款直接收入水平的发展态势及其年度波动情况。图7显示了各区域、各经济带2004—2007年边际贷款直接收入。

从年度数据看，各区域、经济带年度之间贷款边际直接收入水平波动幅度比较大，2007年与2005年相比，东部、中部不升反降，西部、东北部有所上升，但中部地区2007年仍居于首位，第二位是西部，落后前者0.54个百分点，第三位是东部，落后首位中部1.35个百分点，东北部处于末位，落后首位中部1.88个百分点。从2004—2007年年均的情况看，中部地区仍居于首位，高

出居第二位的东部1.60个百分点，比居第三、第四位的东北部和西部分别高1.72个、2.08个百分点。三大经济带2007年与2005年相比，长三角和珠三角基本持平，环渤海大幅下降。但从2004—2007年一个较长的时期看，经济带由高到低排序为环渤海、长三角、珠三角，环渤海领先长三角、珠三角近2个百分点。

（二）贷款间接收入水平的边际分析

我们以手续费与佣金收入的年增量与贷款均值的年增量的比率反映贷款边际间接收入水平。图8是2005—2007年及2004—2007年累计贷款边际间接收入情况。

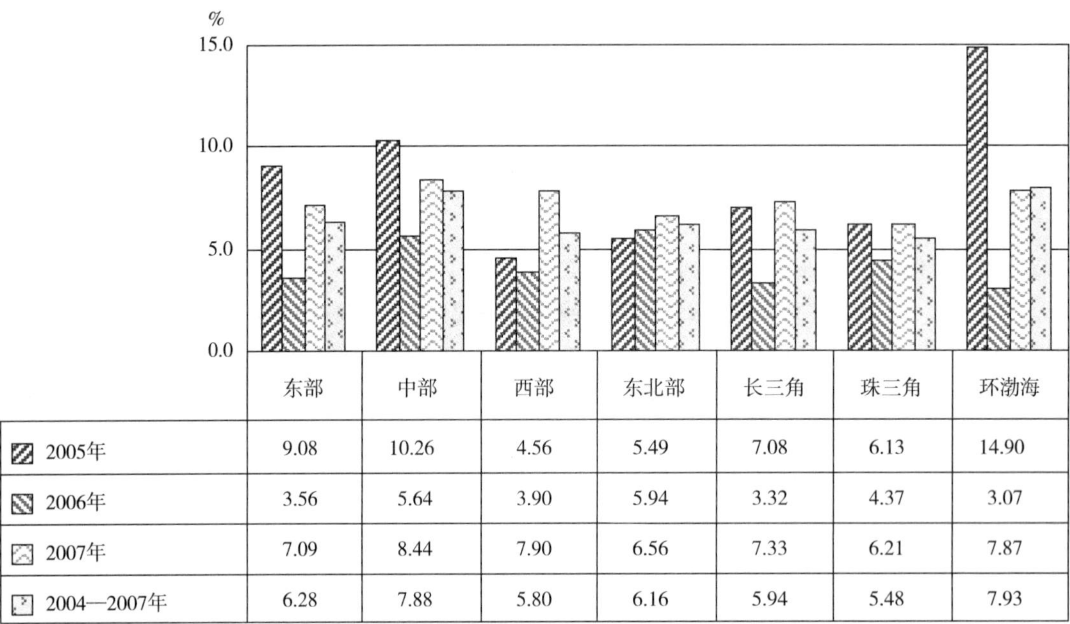

	东部	中部	西部	东北部	长三角	珠三角	环渤海
2005年	9.08	10.26	4.56	5.49	7.08	6.13	14.90
2006年	3.56	5.64	3.90	5.94	3.32	4.37	3.07
2007年	7.09	8.44	7.90	6.56	7.33	6.21	7.87
2004—2007年	6.28	7.88	5.80	6.16	5.94	5.48	7.93

资料来源：中国建设银行年报，管理信息平台。

图7　建设银行各区域及经济带边际贷款直接收入比较（2004—2007年）

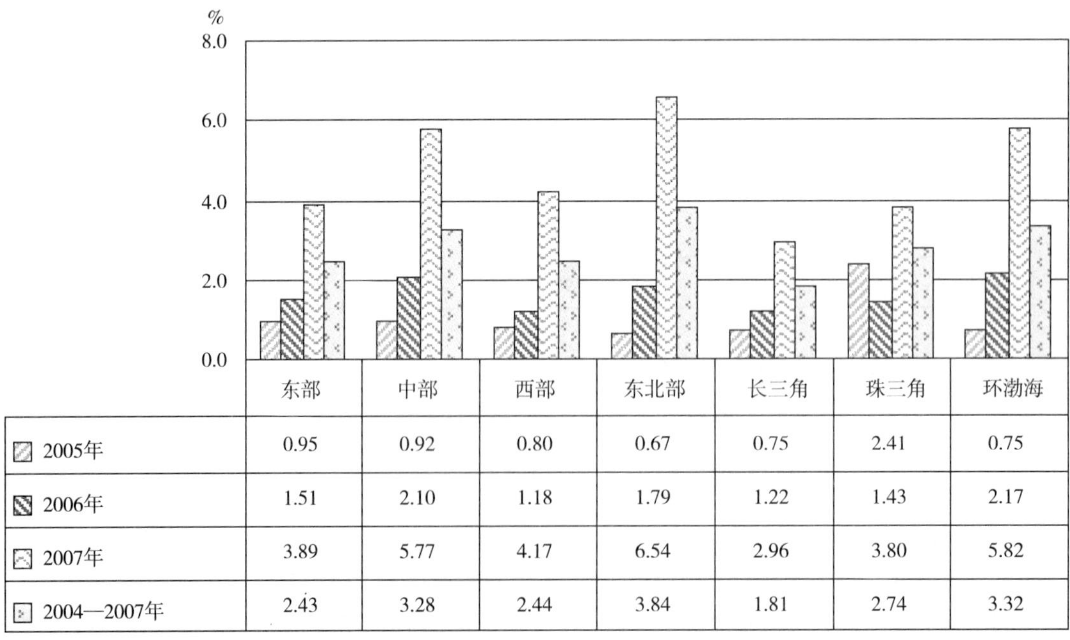

	东部	中部	西部	东北部	长三角	珠三角	环渤海
2005年	0.95	0.92	0.80	0.67	0.75	2.41	0.75
2006年	1.51	2.10	1.18	1.79	1.22	1.43	2.17
2007年	3.89	5.77	4.17	6.54	2.96	3.80	5.82
2004—2007年	2.43	3.28	2.44	3.84	1.81	2.74	3.32

资料来源：中国建设银行年报，管理信息平台。

图8　建设银行各区域及经济带边际贷款间接收入比较（2004—2007年）

从年度数据看，2005—2007 年东部、中部、西部及东北部贷款边际间接收入均逐年上升，而且每年的提升幅度都相当大。2007 年，贷款边际间接收入水平东北部居首位，比居第二位的中部高 0.87 个百分点，比居第三、第四位的西部、东部分别高 2.37 个、2.65 个百分点。从 2004—2007 年一个较长时期看，东北部仍为最高，但领先于东部、中部、西部的幅度大为缩小，比居第二、第三、第四位的中部、西部和东部分别高 0.56 个、1.40 个和 1.41 个百分点。2005—2007 年，三大经济带中环渤海和长三角逐年提高，但珠三角则是先抑后扬。2007 年，环渤海居首位，比居第二、第三位的珠三角、环渤海分别高 2.02 个、2.86 个百分点。从 2004—2007 年一个较长时期看，从高到低也是环渤海、珠三角、长三角，环渤海比珠三角和长三角分别高 0.58 个、1.51 个百分点。

（三）贷款营业利润水平的边际分析

我们以营业利润的年增量与贷款均值的年增量的比率反映贷款边际营业利润水平。图 9 是 2005—2007 年及 2004—2007 年累计各区域、经济带边际贷款营业利润情况。

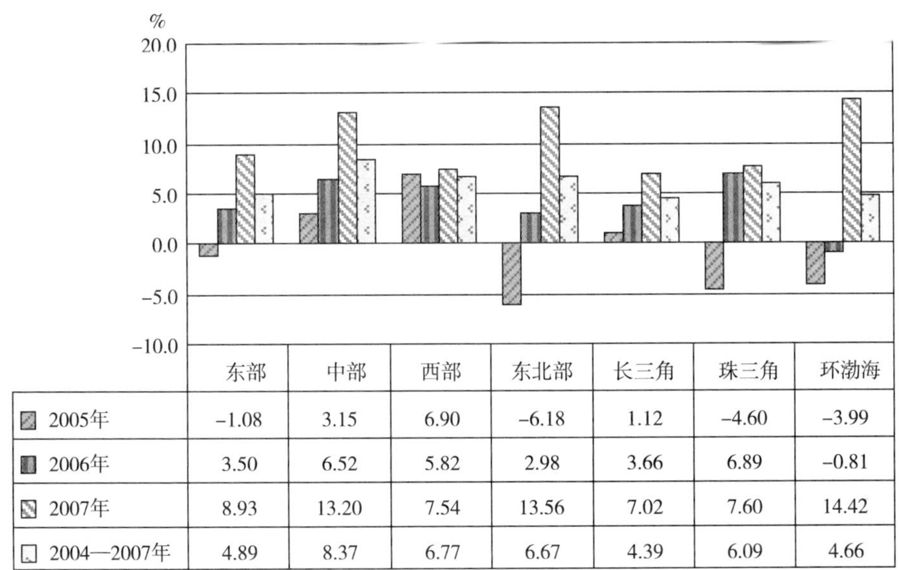

	东部	中部	西部	东北部	长三角	珠三角	环渤海
2005年	-1.08	3.15	6.90	-6.18	1.12	-4.60	-3.99
2006年	3.50	6.52	5.82	2.98	3.66	6.89	-0.81
2007年	8.93	13.20	7.54	13.56	7.02	7.60	14.42
2004—2007年	4.89	8.37	6.77	6.67	4.39	6.09	4.66

资料来源：中国建设银行年报，管理信息平台。

图 9 建设银行各区域及经济带边际贷款营业利润比较（2004—2007 年）

从年度数据看，2005—2007 年，东部、中部及东北部贷款边际营业利润基本上每年上一个新台阶，东部和东北部 2005 年营业利润比上年减少，因此贷款边际营业利润为负值，西部贷款边际利润在三年中上下波动，变化不大。从 2007 年当年数看，东北部和中部较高，在 13% 以上，东部和西部较低，在 8% 左右的水平。从 2004—2007 年一个较长时期看，中部最高，比居第二、第三位的西部、东北部分别高 1.60 个、1.70 个百分点，比居末位的东部高 3.48 个百分点。三大经济带 2005—2007 年均逐年提高，长三角 2005—2007 年均为正数，珠三角在 2005 年、环渤海在 2005 年、2006 年两年因营业利润减少，致使贷款边际营业利润为负值。2007 年当年，环渤海居首位，比居第二、第三位的珠三角、长三角分别高 6.82 个、7.40 个百分点。但从 2004—2007 年一个较长时期看，从高到低排序为珠三角、环渤海、长三角，珠三角比居第二、第三位的环渤海、长三角分别高 1.53 个、1.70 个百分点。

三、区域信贷资源配置效率的综合评价

这部分我们采用“评分表法”，首先对区域信贷运营效率进行分析，在此基础上，结合 2004—2007 年区域信贷资源配置状况，对区域信贷资源配置效率作出评价。

第一，将各区域及东部三大经济带按 2004—2007 年贷款直接收入水平、贷款间接收入水平、贷款营业利润水平，以及 2005—2007 年边际贷款直接收入、边际贷款间接收入、边际贷款营业利润等指标排序，排序结果见表 1。

表1　区域信贷运营效率排名

评价标准		按区域划分				按经济带划分		
		东部	中部	西部	东北部	长三角	珠三角	环渤海
比率评价	直接收入水平	2	1	2	4	1	2	3
	间接收入水平	3	1	4	2	3	1	2
	营业利润水平	1	2	3	4	1	2	3
边际评价	边际直接收入	2	1	4	3	2	3	1
	边际间接收入	4	2	3	1	3	2	1
	边际营业利润	4	1	2	3	3	1	2

注：如指标数据相同，名次相同，取消后一名。

第二，对各区域及东部三大经济带信贷运营效率进行评分，评分标准为：（1）在贷款直接收入水平、贷款间接收入水平、贷款边际直接收入水平、贷款边际间接收入水平四个项目下，区域排序第一、第二、第三、第四名分别得4、3、2、1分，经济带排序第一、第二、第三名分别得3、2、1分；（2）贷款营业利润水平和贷款边际营业利润两个项目，因其具有综合性指标的意义，故给予较大一些的权重，区域排序第一、第二、第三、第四名分别得8、6、4、2分，经济带排序第一、第二、第三名分别得6、4、2分。依上述方法计算各区域及各经济带得分情况如表2所示。

表2　区域信贷运营效率综合评价

评价标准		按区域划分				按经济带划分		
		东部	中部	西部	东北部	长三角	珠三角	环渤海
比率评价	直接收入水平	3	4	3	1	3	2	1
	间接收入水平	2	4	1	3	1	3	2
	营业利润水平	8	6	4	2	6	4	2
比率评价加总		13	14	8	6	10	9	5
边际评价	边际直接收入	3	4	1	2	2	1	3
	边际间接收入	1	3	2	4	1	2	3
	边际营业利润	2	8	6	4	2	6	4
边际评价加总		6	15	9	10	5	9	10

第三，根据区域综合得分评价各区域的信贷运营效率。如果说比率评价反映了区域信贷运营效率的现状，则边际评价预示着区域贷款运行效率的趋势。

从比率评价看，四大区域中的中部和东部领先于西部和东北部，且领先优势明显，在中部和东部比较中，中部又略微胜出，在西部和东北部比较中，西部略微领先于东北部；三大经济带中，长三角和珠三角大幅度领先于环渤海，长三角与珠三角相比，长三角略微胜出。

从边际评价看，四大区域中，中部居首位，且领先优势明显，东北部和西部居中游水平，且东北部又略微领先于西部，东部处于末游水平。三大经济带中，环渤海和珠三角大幅度领先长三角，且环渤海略微好于珠三角。

区域信贷资源配置效率评价，需要同时将区域信贷运营效率和区域信贷资源配置状况进行对比。区域信贷资源配置状况可以通过多种形式反映，如采用区域增量贷款面积图示法等，本报告用区域贷款均值增速法反映。区域贷款均值增速法有年度法和跨年度法：比较年度区域信贷资源配置状况时用“贷款均值年度增速”指标，即每年的贷款均值相比于上年的增长情况（年度法）；比较2004—2007年区域信贷资源配置状况时用“贷款均值年均增速”指标（跨年度法）。

计算结果表明，2004—2007年建设银行信贷资源配置区域年均增速由高到低分别为东部（12.40%）、中部（12.30%）、西部（12.27%）和东北部（10.84%），经济带年均增速由高到低分别为长三角（14.26%）、珠三角（13.99%）

和环渤海（9.07%）。

把2004—2007年区域信贷运营效率的比率评价结果与同期区域信贷资源配置状况放在一起对比，得到图10、图11。

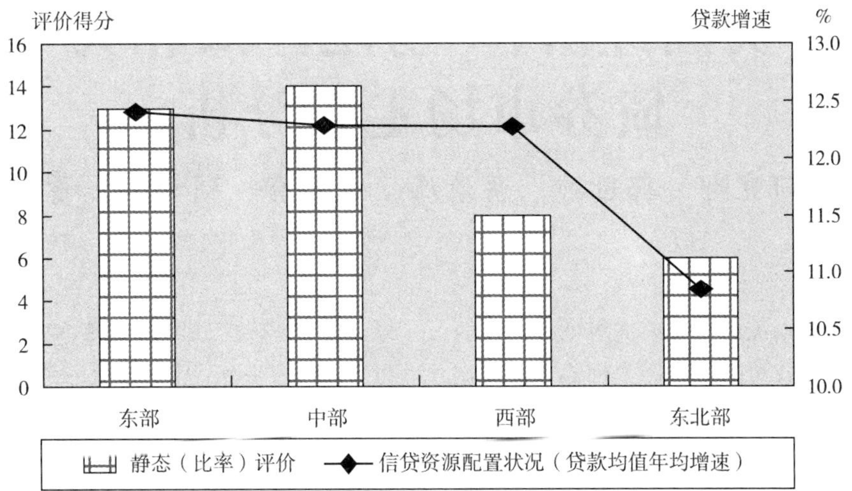

图10　2004—2007年建设银行区域信贷资源配置效率评价图

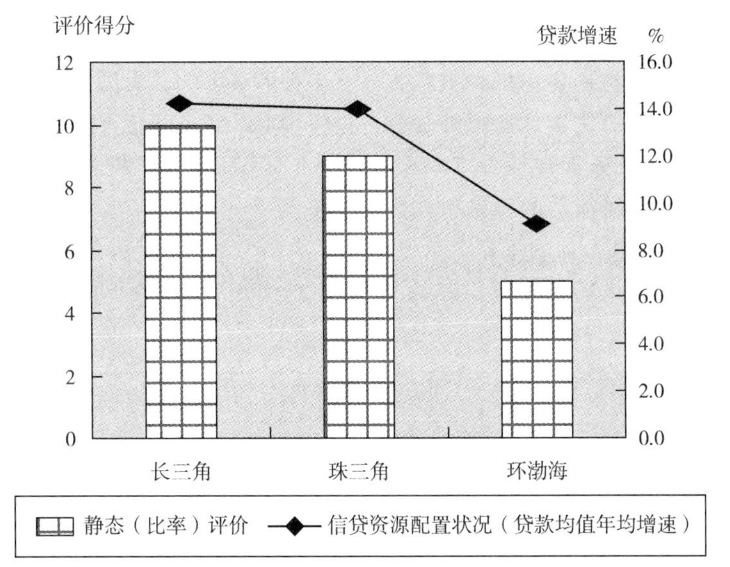

图11　2004—2007年建设银行三大经济带信贷资源配置效率评价图

对比比率分析与信贷资源配置状况，可以反映出区域信贷资源配置的优劣状况。在信贷运营效率的地区比较中，中部和东部较好，西部和东北部较差，与前两者有一定差距；在信贷资源的地区配置上，东部、中部、西部处于同一水平，东北部略低于上述三个地区。在信贷运营效率的经济带比较中，长三角和珠三角基本在同一水平，且都比环渤海要高出许多；在信贷资源的经济带配置上，也是长三角和珠三角在同一水平，且都比环渤海要高出近4个百分点，信贷运营效率和信贷资源配置二者具有一致性。

对比边际分析与信贷资源配置状况，可以在判断区域发展态势基础上，对今后信贷结构调整提出指导意见。在信贷运营效率地区比较中，中部大幅度领先其他三个地区，东北部略高于西部，西部略高于东部；在信贷资源的地区配置上，东部、中部、西部基本在同一水平，均高于东北部。在信贷运营效率的经济带比较中，珠三角和环渤海更有活力，长三角相对落后；在信贷资源的经济带配置上，长三角和珠三角配置的信贷资源远比环渤海多。

本报告只是运用一些分析方法，在对数据进行处理的基础上进行对比性的分析，试图揭示或形成建设银行信贷资源区域配置及其效率的状况、趋势和值得关注的问题，而对其背景及其形成的原因，本报告都没有涉及，需要另作研究与探讨。

美国经济、房地产及相关债券市场走势分析

总行研究部　郭世坤　蒋清海　贾铁真　刘都生　董积生

2007 年 3 月，以美国第二大次级抵押贷款公司——新世纪金融公司濒临破产为标志，美国次级住房抵押贷款（以下简称次贷）危机开始爆发。2007 年 7 月后，美国住房抵押贷款投资公司和贝尔斯登、法国巴黎银行等金融机构相继申请破产保护或宣布出现财务困难，发达国家金融市场出现剧烈动荡，英国 Northern Rock 银行遭遇挤兑风潮，次贷危机进一步恶化。次贷风险大规模暴露以来，不仅使美国金融机构住房抵押贷款损失大幅度增加，也使许多持有美国住房抵押贷款支持债券（MBS）和相关债务抵押债券（CDO，以下将这两类债券统称为次级债）的金融机构出现较大亏损。基于美国经济在全球的重要影响力，正确判断美国经济、房地产市场相关债券市场走势，对于准确把握国际金融市场变化趋势、制定相应经营策略有着十分重要的意义。

一、美国经济增长速度将放缓，但陷入停滞衰退的可能性不大

2007 年 3 月，美国次级抵押贷款产生危机。受次级抵押贷款危机爆发、房地产市场走疲、原油等国际大宗商品价格高位波动、失业率攀升等多种因素影响，美国经济呈现下行趋势。美联储将 2008 年美国经济增长速度由原来预测的 2.5% ~2.75% 下调至 1.8% ~2.5%，2009 年调整至 2.3% ~2.7%，2010 年调整至 2.5% ~2.6%。国际货币基金组织将 2008 年美国经济增长速度预测调减至 1.9%。

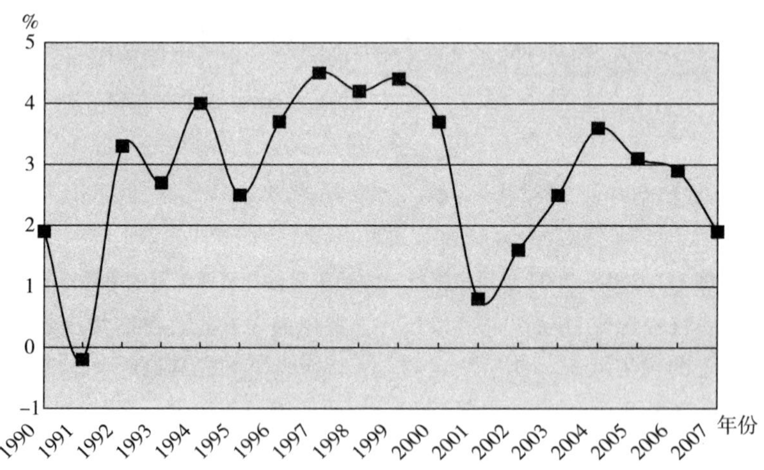

资料来源：http：//www. bea. gov。

图 1　美国 GDP 增长率

房地产市场萎缩阻滞美国经济上行。房地产在美国经济中占有重要地位，不仅是因为房地产占美国 GDP 的比重在 10% 以上，更是由于美国居民消费增长的 70% 以上要依靠房地产增值所形成的财富效应来带动，而消费对美国 GDP 增长贡献了 2/3 以上份额。次级抵押贷款危机的爆发不仅使美国房屋销售量大幅减少，也使得美国房屋销售价格不断下滑，居民房屋资产出现缩水，使美国房地产市场呈委靡之态，从而不仅会阻滞美国房地产投资的增长，而且将打击美国居民的消费信心和预期，使美国经济难以乐观前行。

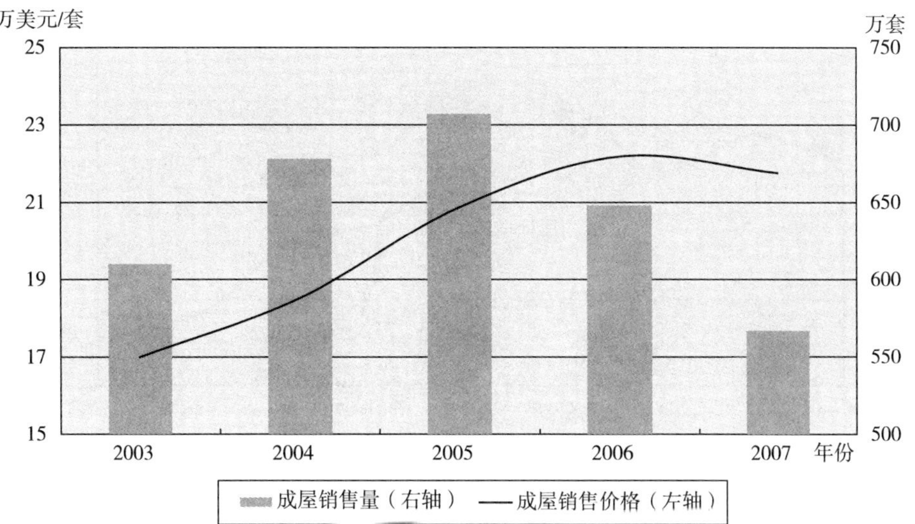

资料来源：NAR。

图 2　美国房屋销售状况

融资环境紧缩加强、金融市场震荡加剧削弱美国经济增长。受次贷危机不确定发展态势影响，作为信贷资金主要提供者的美国商业银行和其他金融机构都采取了避险措施，而且力度不断加大，美国融资环境出现紧缩，这无疑影响到美国消费信贷和企业正常融资的需求。同时，受次贷危机等因素影响，美国金融市场尤其是股票市场震荡加剧、风险放大，使美国民众消费信心大打折扣。

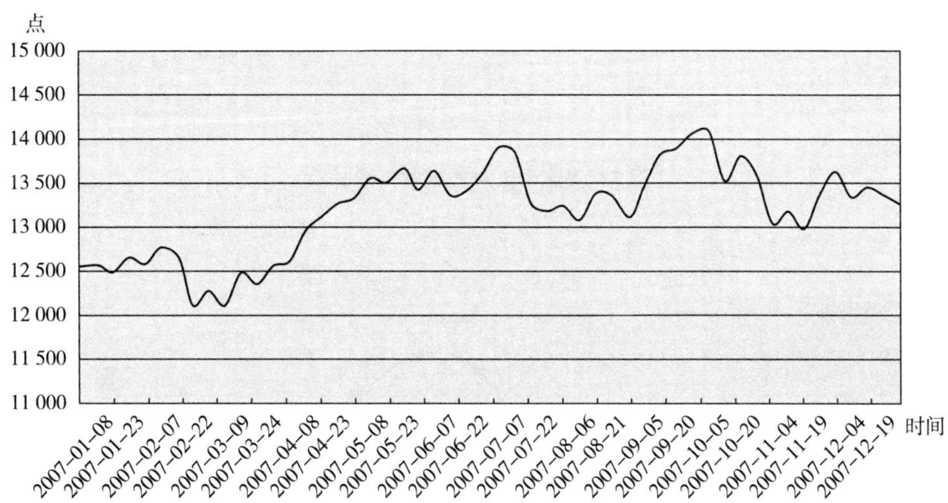

资料来源：雅虎财经。

图 3　道琼斯工业指数

实际收入增长下降减低美国经济增长。2007年以来，美国实际收入增长率除少数月份呈正数增长外，大多数月份美国实际收入增长均为负数，美国个人可支配收入能力削弱，消费能力受到抑制。而受次贷危机等因素的影响，美国居民房地产、股票等资产财富会进一步缩水，兼之通货膨胀率的抬头，美国实际收入增长率会进一步下滑，居民消费也会受到进一步的影响。由于消费在美国经济增长中的重要拉动作用，实际收入增长减缓、个人可支配收入能力削弱，自然也影响到美国经济增长。

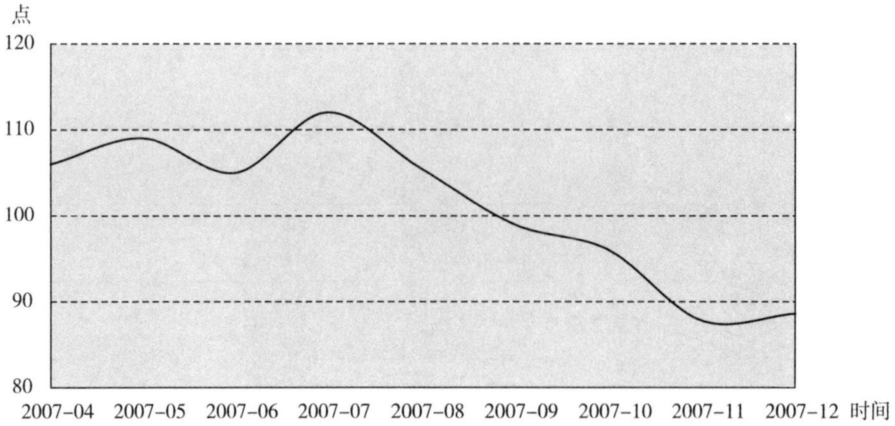

资料来源：conference board。

图 4　美国消费者信心指数变化趋势

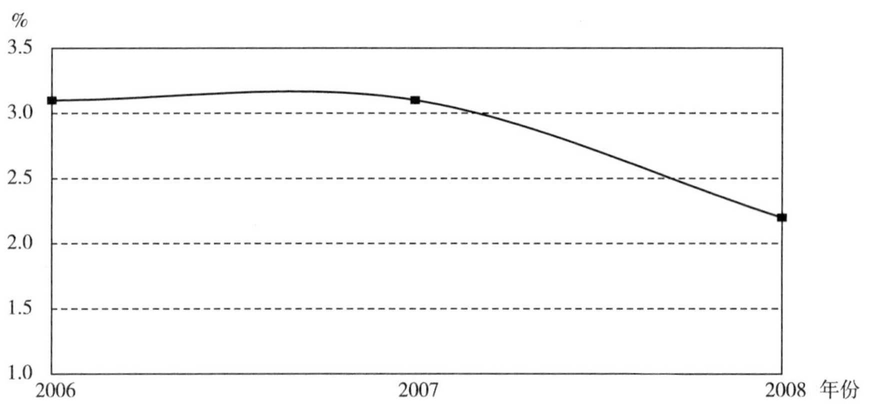

资料来源：美国劳工部。

图 5　美国个人可支配收入增长率

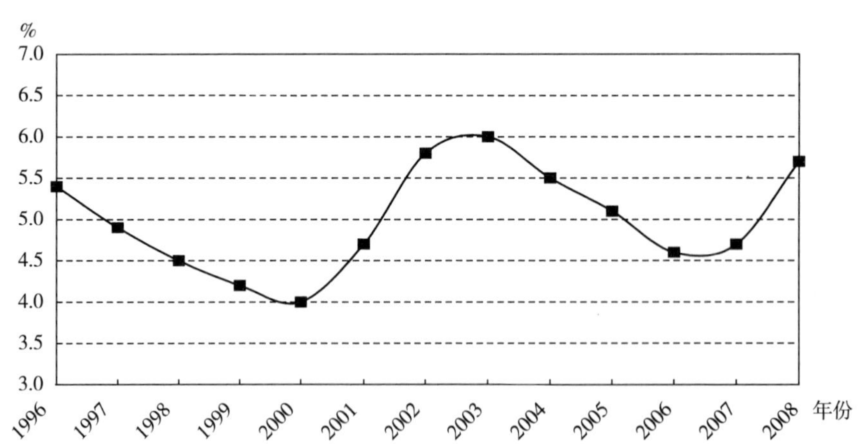

资料来源：IMF。

图 6　美国失业率状况

原油等国际大宗商品价格高位波动也不利于美国经济增长。作为全球最大的能源消耗国，原油等国际大宗商品价格的高位运行也会影响到美国经济走向。受多重因素影响，近期来原油、粮食等国际大宗商品价格上涨迅猛，而且上涨势头依然强劲，这不仅增加了企业的生产成本和居民的消费成本，而且加大了美国通货膨胀的压力，对美国经济增长构成较大阻力。

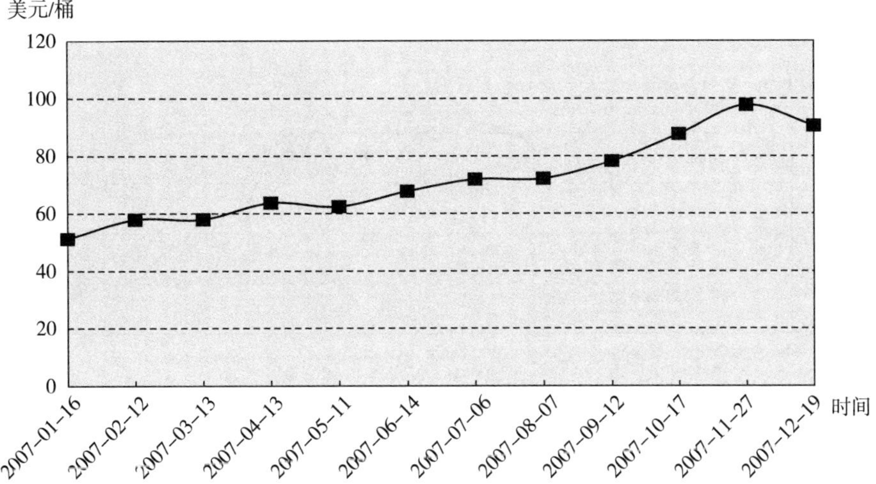

资料来源：纽约商品交易所。

图 7　NYMEX 原油期货价格

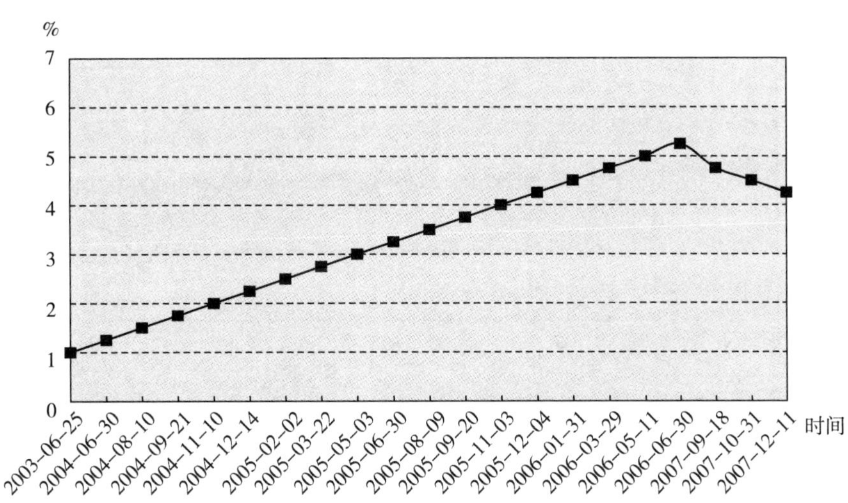

资料来源：FDI。

图 8　美联储联邦基准利率调整

美国经济增长虽放缓，但停滞衰退的可能性较小。为克服次贷危机造成的影响，抑制美国经济下滑，尽管面临通货膨胀率抬升的风险，美国在向市场注入数千亿美元流动性，并于 2007 年 9 月至 12 月 3 个月里 3 次下调联邦基准利率后，美国仍会继续向市场注入流动性，并继续下调联邦基准利率。为改善美国经济增长的对外贸易环境，美国也将会延续 2007 年美元贬值的态势，任美元继续贬值。事实上，由于 2007 年美元快速贬值，美国出口快速增长，对外贸易逆差减少，2007 年前三个季度美国对外贸易逆差较上年同期下降 5.8%，而上年同期则增长 11.7%。加之发展中国家在全球 GDP 中的份额已经超过美国，发展中国家经济增长依然强劲，也有利于美国出口的增长。

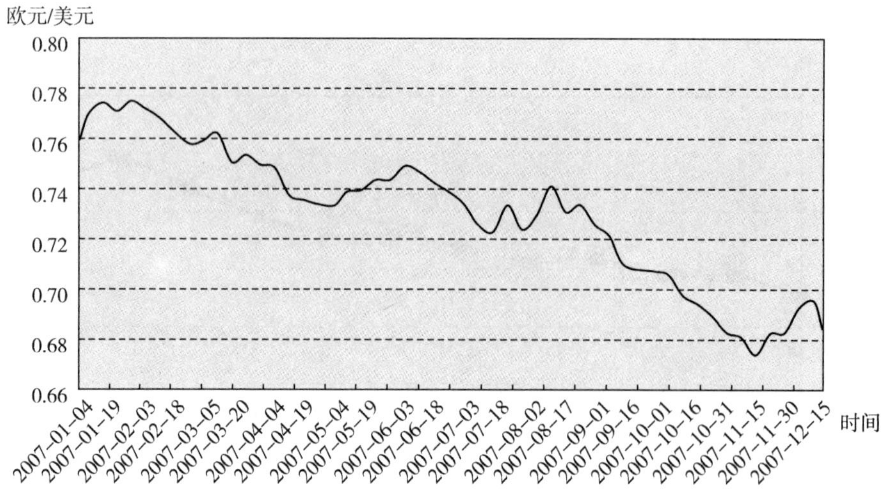

欧元/美元
0.80
0.78
0.76
0.74
0.72
0.70
0.68
0.66
2007-01-04
2007-01-19
2007-02-03
2007-02-18
2007-03-05
2007-03-20
2007-04-04
2007-04-19
2007-05-04
2007-05-19
2007-06-03
2007-06-18
2007-07-03
2007-07-18
2007-08-02
2007-08-17
2007-09-01
2007-09-16
2007-10-01
2007-10-16
2007-10-31
2007-11-15
2007-11-30
2007-12-15
时间

资料来源：美国商务部。

图 9　美元对欧元汇率走势（直接标价法）

日元/美元
130
125
120
115
110
105
2007-04-16
2007-05-01
2007-05-16
2007-05-31
2007-06-15
2007-06-30
2007-07-15
2007-07-30
2007-08-14
2007-08-29
2007-09-13
2007-09-28
2007-10-13
2007-10-28
2007-11-12
2007-11-27
2007-12-12
2007-12-27
时间

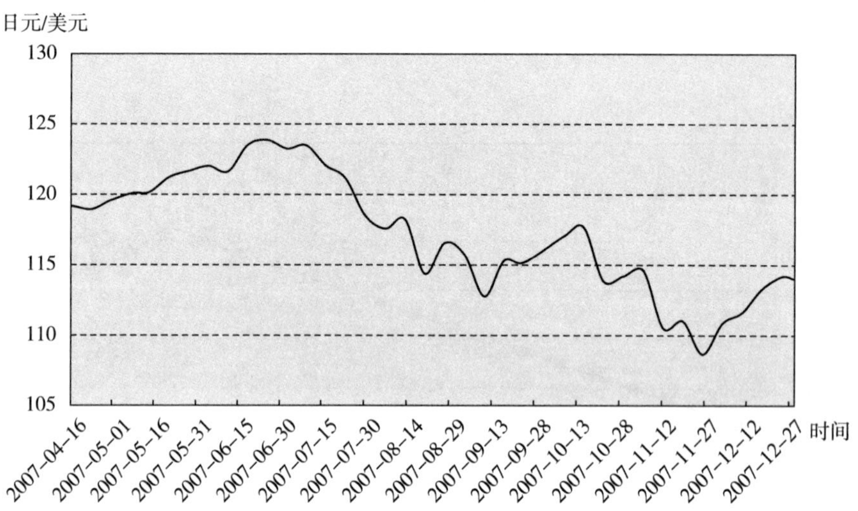

资料来源：美国商务部。

图 10　美元对日元汇率走势（直接标价法）

因此，综合考虑多方面因素，今后两三年美国经济增长速度会继续走缓，但陷入停滞衰退的可能性不大。如果美国通货膨胀压力加大，联邦基准利率停止下调或转而上调，则不排除美国经济停滞衰退的可能性。从美国经济增长的周期来看，2008—2009 年美国经济增长很有可能陷入此轮经济周期的谷底，2009—2010 年美国经济有望重上攀升轨道。

二、美国房地产市场处于衰退初期，短期内难以复苏

2001 年以来，在美联储逐步降低基准利率的宽松货币政策作用下①，在房地产信贷机构不断放宽住房贷款条件的情况下，美国房地产市场飞速发展，2005 年成屋销售量和销售价格分别突破 700 万套和 20 万美元/套，均创有史以来最高纪录。

① 2003 年美国联邦基准利率最低时仅为 1%。

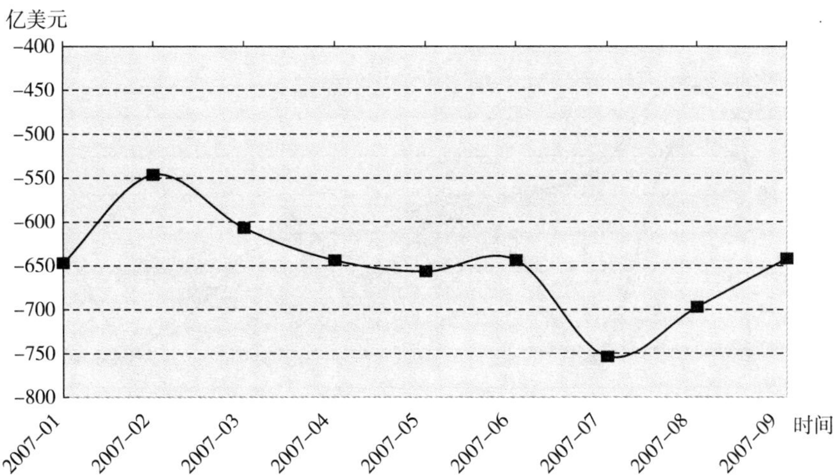

资料来源：美国商务部。

图 11　2007 年各月美国对外贸易净出口额

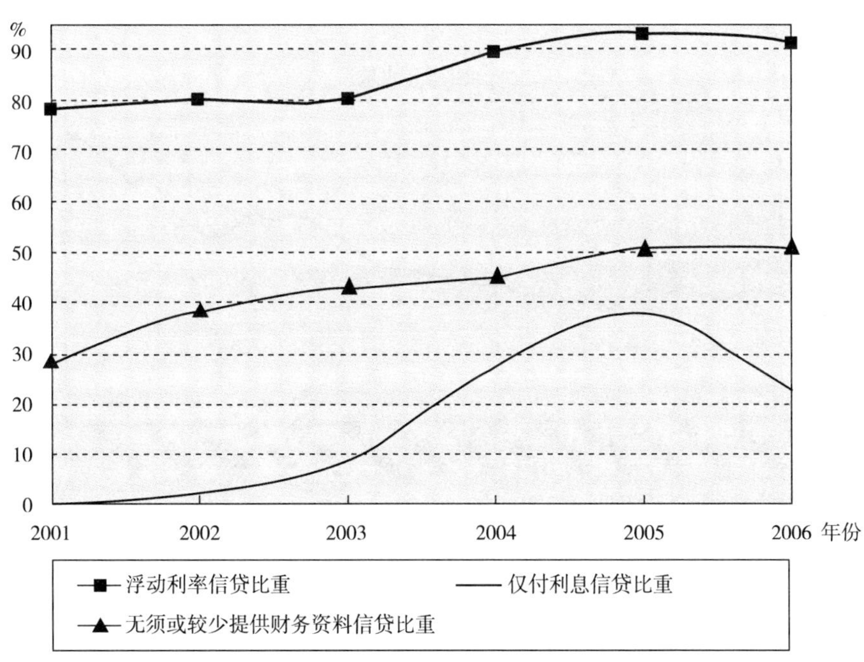

资料来源：Freddie Mac。

图 12　美国房地产信贷机构放宽住房贷款条件情况

然而，在房地产市场空前繁荣的背后，美国房地产信贷风险和价格泡沫却在不断积聚和增加。2004 年后，受美联储连续 17 次快速上调基准利率因素影响，房地产购买者借贷成本大幅度增加，贷款违约率快速上升，市场需求明显萎缩。2006 年下半年以来，房屋销售量持续递减，库存量大幅攀升。2007 年 10 月，美国房屋可供销售期达到 10.8 个月，较 2005 年初增加了 8 个月，处于历史高位。

在 2006 年后美国房屋销售量递减、库存量增加的同时，销售价格在持续了一段上冲惯性后也明显回落。美国标准普尔公司发布的 Case - Shiller 房屋价格指数（以下简称标普指数）显示，自 2006 年第三季度以来，全美房屋价格持续下降，2007 年第三季度同比下跌 4.5%，特别是 2007 年第三季度环比跌幅达 1.7%，创该指数设立 21 年以来最大单季跌幅。这些数据表明，2006 年美国房地产市场发展出现了下降转折，且短期内难以出现复苏局面。

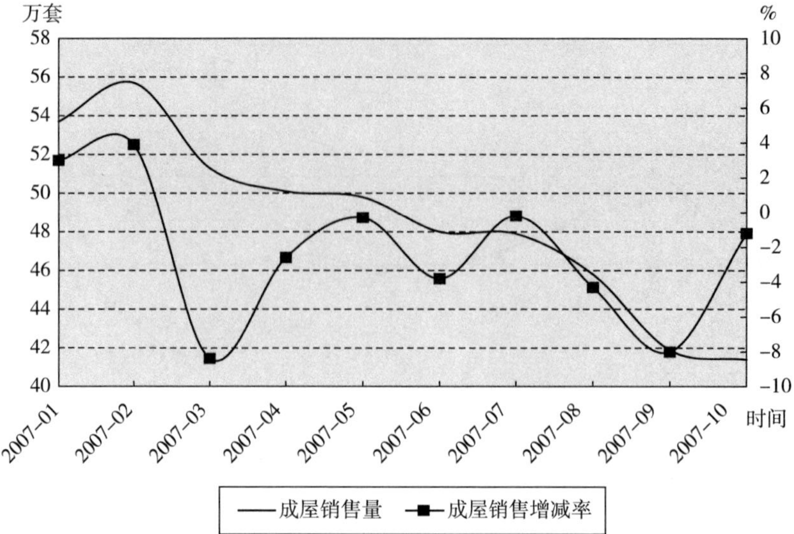

资料来源：NAR。

图 13　2007 年各月美国成屋销售状况

资料来源：NAR。

图 14　美国房屋可供销售量变化趋势

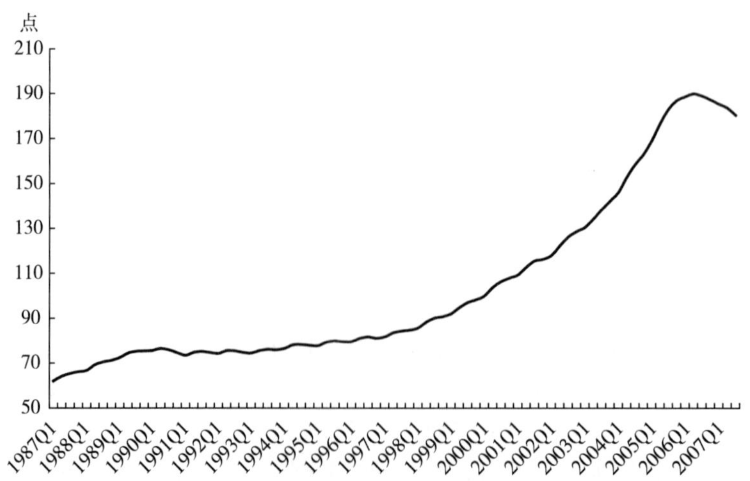

资料来源：S&P。

图 15　美国标普指数变化趋势

第一，近年来美国房地产价格快速上涨所积聚的泡沫较大，累积的可供出售房屋较多，需要一定时期释放和消化，才能恢复正常水平。近年来，美国房屋价格上涨幅度很大，以标普指数为例，2006年指数最高时达到189.93，比2000年初上涨近90%，使得房价/租金比例比近20年历史平均水平高出30%，这是美国近30年房地产历史上前所未有的。然而，截至2007年第三季度末，标普指数却仅比最高点下降近5%，与房地产市场历史上几次衰退相比，目前房地产价格仍存在一定的下跌空间。由于美国房地产市场销量快速萎缩，尽管新房开工量大幅度下降，但待售房屋数量仍达近20年历史平均水平1倍左右。在市场供给大于需求、市场购房意愿下降的情况下，美国房地产价格将继续保持下跌态势。

第二，美国通货膨胀压力加大，经济增长速度趋缓，都不利于房地产市场尽快回暖。为应对次贷危机，防止美国经济衰退，9月以来，美联储3次下调基准利率，将利率由5.25%调减至4.25%。联邦基准利率下调，无疑有助于减轻浮动利率借贷者利息支付压力，有助于刺激房地产市场需求的增加。但是，由于近期国际石油价格屡创新高，粮食价格持续上涨，使得美国通货膨胀压力不断加大，11月CPI和PPI同比涨幅分别达4.3%和7.2%，使得美联储在恢复经济和抑制通货膨胀方面出现两难选择，削减了利率大幅度下行空间。尽管美国目前失业率保持在较低水平，但随着美国经济增速减缓，失业率趋升已不可避免，实际上2007年美国居民实际收入增长已出现减缓趋势。

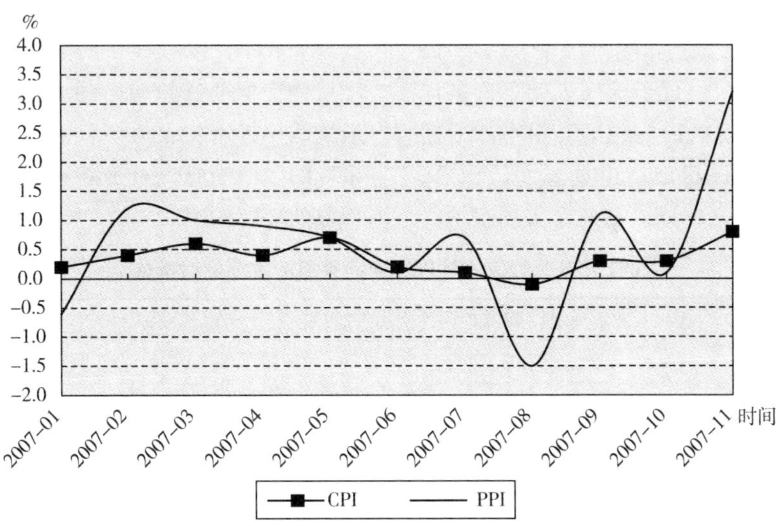

资料来源：美国劳工部。

图16 2007年美国CPI及PPI月环比价格水平

10月，美国证券交易委员会对17家大型发卡机构调查显示，美国消费者拖欠信用卡还款30天以上的金额高达173亿美元，同比增加26%；与此同时，信用卡坏账率上升18%，包括汇丰在内一些大的发卡机构，被拖欠还款达90天以上金额同比增幅更是高达50%。美国居民家庭财务状况恶化，不仅会增加金融机构不良房地产贷款额，使得金融机构减少住房贷款发放量，同时也会抑制居民改善住房条件要求，影响房地产市场需求的增加。

第三，次贷危机使得房地产信贷市场信用状况恶化，市场资金供应明显减少。次贷危机爆发以来，美国金融机构不良住房贷款率和次级债损失均大幅增加，金融机构对于拆入资金机构和申请住房贷款客户的信用状况缺乏足够信任，因此放贷资金来源和新发放住房贷款额均大幅度减少，房地产市场需求受到很大抑制。10月，美国最大的抵押贷款机构——全国金融公司抵押贷款融资总额同比下降48%，其中次级抵押贷款融资降幅接近99%。10月，美联储调查显示，过去3个月有50%的金融机构表示收缩了房地产信贷，有34.6%的金融机构表示商业贷款需求正在减弱。

第四，悲观的市场预期影响着房地产价格走势。11月，美联储前主席格林斯潘称，摆脱美国高达20万~30万个多余库存房屋单位，很可能是化解次贷危机、拯救金融体系的关键所在。但美国若要减慢新建房屋，加快房屋销售，还需要很长时间。12月，美国联邦国民抵押贷款协会首席执行官Daniel Mudd预计，目前美国房地产市场的混乱局面至少会持续到2009年底，房屋所有者、建筑商和投资者还将经历两年的困难时期。权威信用评级机构惠誉公司报告称，美国目前的房地产市场衰退局面很可能在2008年持续下去，如果美国各大金融机构进一步严格放贷标准或者住房抵押贷款利率继续上升，那么明年房地产市场形势将进一步恶化，则房市下跌局面将持续到2009年。美国市长会议（U. S. Conference of Mayors）调查报告也显示，预计2008年美国房价平均跌幅将达到7%，而房价涨幅较高州的房价会下跌更多。

近期，美国政府出台了向贷款购房居民提供为期5年的抵押利率冻结计划，减轻了浮动贷款利息购房者的利息负担；美联储也规定禁止对未按期还款的购房者采取处罚或其他措施，使得大量欠款者房屋免遭法院拍卖。这些措施可避免已售房屋再拍卖而导致房地产市场供应量大幅增加，有助于缓解市场价格因供过于求而大幅下降的压力。但从总体上看，这些措施还不能根本改变房地产市场颓势，从美国房地产市场发展历史看，衰退期通常需要3～5年时间。据此，美国房地产价格从2006年下跌开始算起，需要持续到2010年才能止跌回升，走出衰退阴影。

三、次级债价格还将进一步下跌，2009—2010年或将回升

次贷危机给全球金融市场造成巨大损失。在美国次贷危机发生前，美国各投资银行由于受到发行次级债高收入的诱惑，完全忽视了这种金融衍生产品本身固有的高风险特性，不断扩大有关金融产品发行和自营业务，当次贷危机爆发时，美国次级债市场规模已经从2001年末的41 255亿美元扩大到近7万亿美元。

为防止次贷危机导致本国经济衰退和引发金融市场剧烈动荡，发达国家中央银行纷纷采取措施，向金融系统注入资金以增强市场流动性，避免金融机构出现支付危机。美国政府更是连续多次下调利率，以减轻住房贷款者负担，并表示要维持住房抵押贷款初始利率5年不变，以帮助次级贷购房者避免丧失产权的命运。发达国家政府采取的各项措施，对于减轻次贷危机损失起到了积极的缓解作用。

表1　2007年8月以来发达国家政府采取的主要应对措施

日期	措施
2007年8月11日	世界各地中央银行48小时内注资超3 262亿美元
	美联储一天三次向银行注资380亿美元
2007年8月14日	美国、欧洲和日本中央银行再度注入超过720亿美元
	亚太中央银行再向银行系统注资，各经济体或推迟加息
2007年8月17日	美联储降低窗口贴现利率50个基点至5.75%
2007年8月20日	日本中央银行再向银行系统注资1万亿日元
	欧洲中央银行拟加大救市力度
2007年8月21日	日本中央银行再向银行系统注资8 000亿日元
	澳联储向金融系统注入35.7亿澳大利亚元
2007年8月22日	美联储再向金融系统注资37.5亿美元
	欧洲中央银行追加400亿欧元再融资操作
2007年8月23日	英中央银行向商业银行贷出3.14亿英镑
	美联储再向金融系统注资70亿美元
2007年8月28日	美联储再向金融系统注资95亿美元
2007年8月29日	美联储再向金融系统注资52.5亿美元
2007年8月30日	美联储再向金融系统注资100亿美元
2007年8月31日	伯南克表示美联储将努力避免危机损害经济发展
	布什承诺将采取一揽子计划挽救危机
2007年9月18日	美联储将联邦基金利率下调50个基点至4.75%
2007年11月1日	美联储再度降息0.25个百分点

续表

2007年12月6日	英国中央银行宣布降息25个基点
	布什宣布次级房贷解困计划
2007年12月12日	美联储第三次宣布降息25个基点，将联邦基金利率下调至4.25%
2007年12月12日	美联储、欧洲中央银行、英国、加拿大和瑞士中央银行宣布将联手向短期拆借市场注资，以缓解全球性信贷紧缩问题。美联储在2007年内将再向市场提供400亿美元资金。2008年还将分两次向市场注资，目前具体金额还未确定

资料来源：金融界网站。

尽管各国政府采取了许多应对措施，但次贷危机爆发后，全球持有大量次级债的金融机构无不深陷困境，蒙受重大损失。美联储主席伯南克7月初步估算，与次级贷有关的损失金额为1 000亿美元，但随着次贷危机扩大，其在11月又将损失金额增加到1 500亿美元。经合组织（OECD）11月表示，美国需要重估的次贷资产亏损将有大约1 250亿美元，如果包括所谓的“Alt－A”抵押资产市场，次贷资产累计亏损将达到2 000亿—3 000亿美元，预计损失高峰将在2008年3月出现。高盛公司研究团队11月发布的研究报告则更大胆预测，次贷危机将会给全球金融市场造成最高达2万亿美元的损失，其中4 000亿美元损失直接来自住房贷款。

次级债的纷纷减持造成价格暴跌，市场流动性基本消失和价格发现功能几近丧失。次贷危机爆发后，各金融机构为减少损失，纷纷减持次级债。美联储数据表明，自2007年初以来，美国各银行已经减持了超过110亿美元的次级债，但这与近7万亿美元的次级债市场规模相比，数量还是很少的。2007年6月末，中国银行共持有MBS 89.65亿美元，CDO 6.82亿美元，2007年9月末，其持有的MBS减少为74.51亿美元，CDO减少为4.96亿美元，2007年第三季度，中国银行次级债持有量合计减少了17亿美元。

当大量的次级债抛向市场时，造成该市场证券价格暴跌，投资者由于对次贷危机的恐惧纷纷拒绝接盘，致使市场的流动性基本消失。根据英国MARKIT公司对房屋抵押债券市场价格的统计，截至2007年10月底，美国2006年底之前所发行的次级债AAA级、AA级和A级债券，2007年以来跌幅分别达到29.95%、60.67%和72.39%，足见持有这类债券的投资者损失之大。实际上，目前次级债市场价格数据已经不能真实地反映市场的成交情况，这主要是由于该债券二级市场交投十分清淡，几乎没有成交，因此市场的价格发现功能几乎丧失，英国MARKIT公司编制的图表（见图17）反映了有关债券价格波动的趋势。在次级债持有者普遍看淡后市的情况下，11月，美国次级债市场再次出现大幅暴跌，与此前低信用级别的MBS主导的下挫不同，本次暴跌却是始自AAA级等高信用级债券，且本轮跌幅也远远超过了上次（8月7日）次级债危机大规模爆发时的水平。

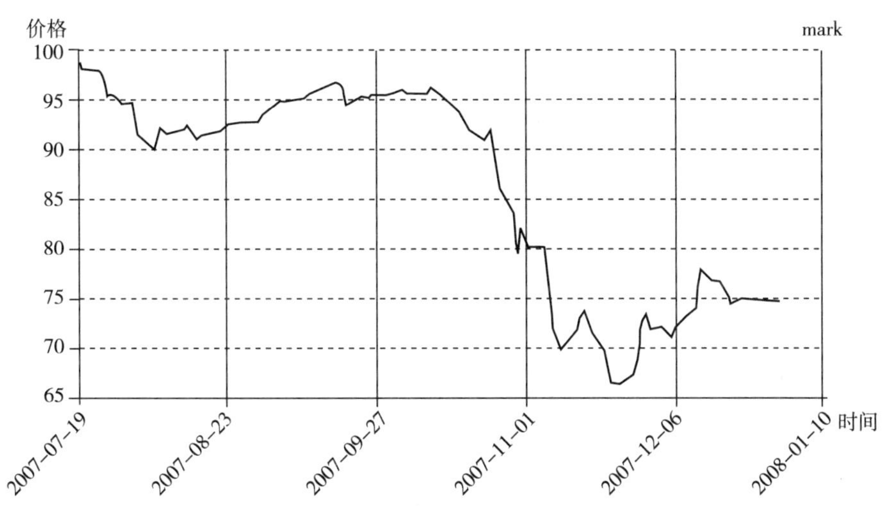

资料来源：MARKIT。

图17　AAA级次级债市场价格变化情况

寻求资本注资和计提减值准备是受危机影响的金融机构采取的主要对策。由于有关债券市场交投清淡，少有接盘者，因此，持有次级债的机构投资者，包括商业银行、投资银行、养老基金和对冲基金等都难以大量抛出次级债，以满意的价格减少损失。美国三大评级机构在次贷危机爆发以来，也纷纷重新大幅下调各种次贷证券的评级，例如，标准普尔将25%的自2005年以来的评级进行了下调，这也使得投资者对此类证券避而远之，市场信心逐渐蚕食。为此，各金融机构目前主要是采取预估损失金额，计提减值准备，以便在亏损实际发生时进行弥补。到11月，全球银行业已计提了超过450亿美元的资产减值准备。

此外，美国各金融机构为了应付次级债危机所造成的资本金下降的局面，也纷纷变卖股份和业务向外部投资者寻求注资。美国花旗集团、美林和摩根士丹利目前都已经接受包括中国在内的主权财富基金的数十亿美元注资，希望通过这些注资提高市场的信心。

表2　　部分银行的资产减值准备计提情况

金融机构名称	第三财季减值准备（亿美元）	第四财季减值准备（亿美元）
美国花旗银行	65	80～110
美国银行	10	30+
美林证券	79	100
JP摩根大通银行	21	预计将多于第三财季
摩根士丹利	9.4	94
瑞士银行	36	100
汇丰银行①	34（拨备）	10+
贝尔斯登	8.5	19

资料来源：美国《华尔街日报》和彭博资讯。

次级债仍将进一步下跌，止跌回升尚待时日。在美国次级债市场缺乏接盘，特别是在2008年美国经济增长放缓、消费者信心下滑和房地产市场进一步萎缩、抵押贷款违约率大幅度上升的情况下，次级债价格还会进一步下跌，但总体来看，次级债经过短期大幅度下跌，市场风险已得到较大释放，进一步下跌幅度不会太大。并且伴随着2009年下半年或2010年美国经济及房地产市场的逐步复苏和投资者信心以及市场定价机制的逐渐恢复，市场交易量会缓慢回升，次级债价格也将会逐渐回升。

印度金融市场及发展机会值得关注

总行研究部　郭世坤　刘　旌

近年来，印度经济快速增长，被公认为继中国之后另一个成功范例。高盛公司预测，印度2020年将成为世界第二大经济体，2050年将成为全球第一大经济体。印度经济的飞速发展已引起全球银行业的关注，并在纷纷抢占这个潜力巨大的市场。

① 汇丰银行已经宣布关闭其在美国的房屋抵押贷款证券教育部门，这一决定反映了汇丰银行对房屋抵押贷款证券市场的悲观看法，同时也意味着汇丰将为其次级债资产要做更多的巨额拨备。

一、印度市场潜力巨大

（一）印度经济开始起飞

从 1947 年独立到 1991 年，印度经济增长缓慢，年均增速为 4% 左右。1991 年，印度开始经济改革，此后经济发展呈现出平稳增长趋势，以 2003 年为转折点，印度经济开始起飞。2005 年、2006 年、2007 年 GDP 增速分别为 8.4%、9.2% 和 8.5%，这表明印度已经跻身世界上经济增长最快的国家之列，海外媒体纷纷评价，又一个经济强国正在亚洲崛起。随着国内经济环境的改善，印度经济增长的速度还会更快。

（二）经济改革促成独特发展模式

印度经济近年来的飞跃式发展，主要得益于经济改革。印度政府于 1991 年 7 月开始推行全面经济改革，放松对工业、外贸和金融部门的管制，1999 年开始施行第二阶段经济改革并不断深化，逐步废止管理价格机制，修改《工业纠纷法》，这些改革有效催生了经济活力，大力推动了经济发展。

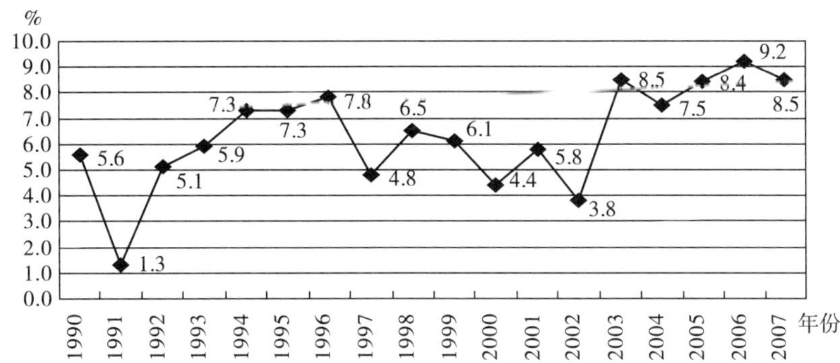

资料来源：Ministry of Statistics and Programme Implementation，Investment Information and Credit Rating Agency of India Limited。

图 1 印度 GDP 增长率（1990—2007 年①）

与中国相比，印度经济发展有着明显的特点。印度经济重消费超过投资，消费支出（包括私人消费和政府消费）占 GDP 的比重达到 78%；重服务业超过制造业，服务部门贡献了 GDP 的 60%；重高新技术产业超过劳动密集技术含量低的工业，IT 业、制药业、生物产业、纳米技术产业、农业服务业等成为新的经济增长点。同时，印度经济还呈现出重内需而非出口的特点，这种模式使其经济发展受全球经济不景气的冲击较小，具有强劲内力，有望获得较长周期的平稳增长。

（三）经济发展前景被各方强烈看好

经济学家普遍认为：20 世纪 70 年代，日本经济腾飞，速度之快为世纪之最；20 世纪 80 年代是新加坡和中国香港等“亚洲四小龙”领先的时代；20 世纪 90 年代以来中国经济飞速发展；未来 20 年将是印度增长的黄金时期。根据印度政府 2002 年公布的《印度：2020 年的前景展望报告书》，印度经济增长的远景目标是，2002—2020 年以 8.5% ~ 9% 的平均增长率增长，人均收入提高 3 倍。

二、印度金融市场正由限制走向开放

印度在改革开放以前及初期，其中央银行——印度储备银行（Reserve Bank of India）长期以来实行相当严格的监管政策。例如，各家银行 50% 的存款须购买政府债券，由政府指定发放到特定行业或领域；印度银行的准备金率长期以来在 15% 左右；银行所能支配的只剩 35% 左右的信贷资金，其中的 40% 还必须按要求发放给“优先部门”（Priority Sector Lending Requirement），且必须按优惠利率（7% 左右）发放。为保护本国金融业，一直以来，印度在外资银行市场准入方面规定了较多的条件和限制，这些限制主要包括：

对外资银行开设分支机构的限制。根据印度中央银行规定，外资银行可以分行、全资子银行、代表处和合资银行的形式进入印度银行市场，但外资银行在印度扩大营业网受到极其严格的限制，外资银行为尽快争取客户而收购本地银行、扩大

① 印度 GDP 数据报告期为每年 4 月 1 日到次年 3 月 31 日，因此，图中某年对应的 GDP 增速数据实际上显示该年 4 月至次年 3 月的经济运行情况。2007 年数据为印度储备银行 2007 年末预测数。

网络也被禁止。

对外资持股本国银行的限制。印度中央银行规定，海外投资者和相关方面在印度国有银行（Nationalized Banks）的持股量不得超过10%，在印度私人部门银行（PSBs）的持股量2002年以前不得超过20%，2005年以前不得超过49%。

对外资银行设立“投票权限制”。2005年以前，不管外资银行在当地银行所持股权多少，它在当地银行的投票权都被限制在10%以内，这被称为“投票权限制”（Foreign Voting Rights Limit）。

近年来，随着印度实施改革的深入，外资银行进入印度的门槛有降低的趋势，诸多限制正在逐步放开，2005年2月，印度中央银行宣布，海外投资者最多可以拥有印度私人部门银行74%的股份。2005年5月，印度内阁决定取消私营银行中外国投资者仅有10%投票权的限制。

印度政府已经意识到，印度经济快速崛起的关键因素是坚定地推行改革开放，放松政府管制，推出各项新政策，以引进大量外国直接投资，创造有利于经济增长的新环境。因此，印度政府正在加快印度银行业的改革进程，逐步清除障碍，允许更多外资银行进入其迅速发展的零售银行业。印度中央银行希望在2009年以前限制外商进入银行零售业，旨在给行动缓慢的国有银行更多时间改善资产负债结构、提高业务水平，2009年以后作更大的开放。

表1　　印度放宽外资银行准入限制的时间表

改革项目	2005年3月以前	2005—2009年	2009年以后
外资银行在印度设立分支机构	仅允许拥有分支机构（Branches）	可以有分支机构（Branches）或全资附属机构（Subsidiaries）	完全国民待遇，包括IPO，但印度本土居民必须持有实收资本的26%以上
外资银行对私人银行直接投资总量的限制	49%以下	如RBI认定该银行陷入困境，可≤74%	74%以下
外资银行投票权限制	10%以下	拟逐步使投票权与所有权一致	
每年新增外资银行数	12家以下	经RBI允许，可超过12家	

资料来源：Federal Reserve Bank of San Francisco。

根据加入世界贸易组织的承诺①，外资银行将在印度获得更广泛的准入空间。除了放开私营银行，印度政府还积极促成27家国有银行的重组，以应对即将到来的外资银行的竞争。表1是印度放宽外资银行准入限制的时间表。

三、金融体系稳定，运营状况良好

印度拥有新兴市场国家中首屈一指的银行体系，其银行资产回报率在亚洲国家（地区）中仅次于中国香港。印度银行业虽直到1993年才向私人资本开放，但其商业银行盈利能力与世界上大多数一流银行相比毫不逊色。由于历史、文化、经济发展等方面的原因，印度银行业的运行体制独具特色，与其他国家大不相同。

印度银行业的总资产从1947年独立时的115.1亿卢比增加到2005年的234 818.6亿卢比（约合5 359.9亿美元②），58年间年均增速达到14%，经济改革后的1991—2005年年均增速为15.7%。2006—2007财年目录内商业银行（SCBs）资产同比增速达29.32%。

① 印度1995年加入世界贸易组织时银行业的开放承诺：1. 外国银行只能通过子行或分行的形式经营业务；2. 印度按现行的法律发给外国银行许可证；3. 许可证实行配额制，每年限发12张（含外资银行增设分行的情形）；4. 允许外国银行在其分支机构或经许可的其他地点安装自动取款机；5. 经许可在印度开业的外国银行机构向其他金融机构的投资不得超过其自有资本的10%或被投资金融机构资本金的30%，以二者孰低为准；6. 总量控制：当外资银行在印度的表内外总资产达印度银行体系表内外总资产的15%时，印度有权停发准入许可证；7. 外国银行在印度从事业务时应遵守非歧视要求；8. 在国民待遇方面，印度开列了两个例外：一是要求外国银行建立名为“当地咨询局”的组织，其主席和成员只能由定居印度的印度国民担任；二是政府部门的剩余资金只能存入指定的印度银行。

② 按当时汇率折算，下同。2005年3月末，1美元兑换43.81卢比。

表 2 印度目录内商业银行（SCBs）净利润及增速 （单位：千万卢比，%）

财年	公共部门银行		外资银行		其他 SCBs		所有 SCBs	
	净利润	增速	净利润	增速	净利润	增速	净利润	增速
2000—2001	4 315	—	945	—	1 143	—	6 403	—
2001—2002	8 305	92.5	1 492	57.9	1 779	55.6	11 576	80.8
2002—2003	12 295	48.0	1 824	22.3	2 956	66.2	17 075	47.5
2003—2004	16 546	34.6	2 244	23.0	3 481	17.8	22 271	30.4
2004—2005	15 442	-6.7	1 982	-11.7	3 534	1.5	20 958	-5.9
2005—2006	16 538	7.1	3 071	54.9	4 979	40.9	24 588	17.3
2006—2007	20 152	21.9	4 583	49.2	6 471	30.0	31 206	26.9

注：公共部门银行含 IDBILtd。

资料来源：Reserve Bank of India。

印度银行业运营形势良好，还体现在平均资本充足率从 1997 年 3 月的 10.4% 上升到 2006 年 3 月的 12.8%；目录内商业银行（SCBs）营业支出在总资产中的占比从 1992 年的 2.1% 降至 2005 年的 1.8%；SCBs 中介成本（Intermediation Costs）从 1995 年的 2.9% 下降到 2006 年的 2.1%。最近 5 年，印度银行业零售部门的房地产贷款年均增速为 50%，远超过全部银行业务 18% 的年均增速。另外，耐用消费品信贷年均增速为 16%，信用卡年均增速 45%，汽车贷款年均增速 26%，两轮车贷款年均增速 31%，其他个人类贷款年均增速 38%。

印度国家银行集团（SBI Group）是印度本土最大的商业银行，资产规模达 1 870 亿美元，在印度本土拥有 9 500 家网点和 1 亿客户，按资产排名，ICICI 银行、HDFC 银行和 Axis 银行分别列第 2 位、第 3 位、第 4 位。

截至 2007 年 6 月，印度共有 29 家外资银行，这些银行在印度有 273 家分支机构和 871 个非现场 ATMs，在全部商业银行存、贷款市场的份额分别为 6.1% 和 6.8%，表外业务和外汇交易的市场份额分别高达 72.7% 和 52.0%。

外资银行资产利润率与不良资产率的变化趋势也较其他银行更好一些（见表 3）。

表 3 印度目录内商业银行（SCBs）资产利润率（POA）及不良资产率（NPA）

财年	公共部门银行		外资银行		其他 SCBs		所有 SCBs	
	POA	NPA（%）	POA	NPA（%）	POA	NPA（%）	POA	NPA（%）
2000—2001	0.4	—	0.9	—	0.7	—	0.7	—
2001—2002	0.7	11.1	1.3	5.5	0.7	9.7	0.8	10.4
2002—2003	1.0	9.4	1.6	5.4	0.9	9.2	1.0	9.1
2003—2004	1.1	7.8	1.7	4.8	0.7	5.8	1.1	7.2
2004—2005	0.9	5.4	1.3	3.0	0.8	3.9	0.9	4.9
2005—2006	0.9	3.9	1.5	2.1	0.8	2.6	0.9	3.5
2006—2007	0.8	2.8	1.6	1.9	0.9	2.4	0.9	2.7

注：公共部门银行含 IDBILtd。

资料来源：Reserve Bank of India。

外资金融机构纷纷加大对印度市场的投入力度。在印度的汇丰银行 2006—2007 财年利润比上财年增加 85%。2007 年，该行提升了其新兴市场服务（SME Business）能力，并针对印度富裕人群开发了“汇丰至尊理财”（HSBC Premier Service）业务，后一业务拥有 50 000 客户，所管理的资产达 30 亿美元。

德意志银行 2007 年 12 月向印度注资 215.5 亿卢比（约合 5.47 亿美元），其中 147 亿卢比用于增加其在印度分支机构的资本金，68.5 亿卢比用于新成立的非银行金融公司，这样，该行在印度已累计注入资本570亿卢比（约合14.48亿美元）。

四、印度银行业发展的机遇和挑战

目前，印度是全球高净资产人士（HNWIs①）数量增长最快的国家之一，HNWIs人数2007年已超过10万人②，比2005年增长了19.3%。印度是世界上工资增长最快的地区之一，近年工资年均增速为13.9%。印度银行财富管理服务渗透率③目前仅为10%，而欧洲银行业该指标一般为60%~90%，业务拓展空间较大。在孟买证券交易所上市的公司超过6 000家，仅次于纽约证券交易所，印度股市从2003年的3 000点上涨到目前的20 000点，已成为全球投资热点之一。全球投资者2007年在印度股市共买进187亿美元股票和债券，几乎是2005年94.6亿美元记录的两倍。④ 印度是目前全球最大的黄金消费国，年消费黄金1 000吨，占全球黄金总消费量的28.5%。印度海外侨民的回流外汇收入增长很快，构成其资本流入的一个主要来源。印度在全世界有2 200万侨民，其中大部分集中在富有的海湾地区国家。1990年，印侨汇回国的外汇占GDP的比重为0.87%，到2005年，这一比例已提高到3.3%。印度对外贸易增长迅速，2005—2006年外贸进出口总额为1 030.44亿美元，同比增速为20.95%⑤。

展望未来，印度银行业至少有三个明显的发展趋势：一是银行并购行为会越来越多，2006年3月，在印度218家SCBs中，资产排名前25位的银行拥有85%的资产，今后大的、质量好的银行会不断收购小的、质量差的银行。二是新的业务领域被不断开辟出来，经济发展迅速的乡村地区将成为银行业务扩大的增长点。三是随着经济的快速增长，银行利润也将快速增长。

一方面，印度本土民营经济力量强大、资本市场发达、金融体系健全、社会信用体系相对完善、法律体制相对成熟、国际化人力资源丰富；另一方面，印度中央政府调控经济能力相对较弱、基础设施落后、投资环境较差、收入分配两极分化，因而也存在不容忽视的挑战。

一是受全球经济影响程度逐渐加深。印度贸易与GDP的比率，1989—1990年为16.8%，2004—2005年为41.6%，贸易与GDP的比率不断提高，印度经济受世界经济周期波动和全球金融市场突发事件的冲击会越来越大。

二是卢比升值打击了印度纺织业。2007年，卢比对美元升值11%，使印度纺织业和服装业的部分企业陷入困境，这两个行业是印度经济的核心，有8 800万名雇员，卢比升值使印度服装价格提高，美国和欧洲的零售商转向巴基斯坦、孟加拉国和斯里兰卡等货币比较便宜的国家订购服装。过去半年，这两个行业已有50万人失去了饭碗。

三是劳动力市场流动性较差。印度1947年《劳资争议法》使雇主很难解雇或削减工人数量，劳动力市场上形成“铁饭碗”文化，雇主倾向于在选择雇员时更加谨慎，对劳动力市场造成了损害。

四是基础设施仍是进一步发展的瓶颈。印度目前总电力装机容量尚不到中国的1/3，每年的电力缺口高达8.9%，在农村还有70%的地区用不上电。印度公路、铁路里程与中国接近，但公路、铁路运量分别仅为中国的17%和21%。2004年印度工商业联合会向外国投资者进行的问卷调查显示，只有电信领域的基础设施被认为达到“平均水平”或“良好”，除此之外的其他领域都未能达到及格线。

五是银行综合竞争力排名靠后。《21世纪经济报道》2007年12月公布的亚洲商业银行综合竞争力排名显示，在竞争力排名的前15位中，有3家中国香港银行，3家中国内地银行，2家泰国银行，2家韩国银行，2家日本银行，印度、新加坡、马来西亚的银行各1家。列入排名表的125家银行中，印度HDFC银行、印度国家银行、印度工业信贷投资银行、印度银行（Indian Bank）、印度海外银行、卡纳拉银行、旁遮普国家银行、印度企业联合银行、东方商业银行、AXIS银行、

① HNWIs，指净资产至少为100万美元的人士，不包括其主要居所和消费。

② 2007年中国大陆、台湾和香港的HNWIs人数约为50万人。

③ Penetration level of wealth management services，即银行服务涉及资产占被服务对象总资产的比率。

④ http://www.1ci.net.cn/taiwan/200712，1252419.htm.

⑤ http://www.commerce.gov.in/india_trade.htm.

印度联合银行、印度中央银行（Indian Central Bank）、合众银行等分别列第 14、第 25、第 28、第 48、第 50、第 54、第 55、第 75、第 76、第 84、第 87、第 109、第 112 位，排名比较靠后。

六是中小银行处境艰难。许多印度中小银行一直靠向某一特定地区或行业的客户提供服务生存，但这正逐渐成为历史。在该国全部经济逐步纳入一个统一的市场体系的过程中，大银行在信用评估、风险管理、经济数据集中分析等方面，相对于中小银行拥有较大的成本优势，中小银行面临的困难将越来越多。

七是法制环境仍不及欧美国家。虽然印度受英国影响很深，相对于其他发展中国家有较为完善的法律体系，但印度政府和法律体制内部的腐败现象仍很普遍，其司法效率不及完全市场化国家，在印度的投资者较难得到有力的保护，非国有企业发展受到限制，相当多的企业决策须获政府许可。印度经济快速发展在一定程度上是由于印度的中小型企业主已经找到了在体制外融资和解决法律争议的方法。

五、关注并把握印度市场发展机会的建议

中印关系已进入快车道，中印贸易近年来增长迅速，2007 年双边贸易额为 386 亿美元，是 1995 年的 33 倍，同比增长 56%。中国是印度第一大贸易伙伴，印度是中国第十大贸易伙伴。印度是中国在南亚地区最大的贸易伙伴，对印度而言，中国是其第一大进口国和第三大出口国。

中国对印度主要出口机电产品、化工产品、纺织品、塑料及橡胶、陶瓷及玻璃制品等。中国自印度主要进口铁矿砂、铬矿石、宝石及贵金属、植物油、纺织品等。中印已开设西藏普兰—北方邦贡吉和西藏久巴—喜马偕尔邦南加两对边贸点，以及西藏仁青岗—锡金邦昌古边贸市场。印度是中国最重要的海外工程承包市场之一。截至 2006 年底，中国对印度投资（非金融类）1 700 万美元。印度在华投资 256 个项目，合同额达 5.48 亿美元，实际投资 1.72 亿美元。伴随着中印贸易的发展进程，对我国银行的金融服务需求也在不断增加。我国银行业需要更加关注和把握在印度的发展机会。

（一）尽快就进入印度市场开展可行性研究

可尽快在印度设立代表处或联络处，收集经济金融信息，密切关注印度对外资银行的准入限制、放宽准入的时间安排、印度经济发展对金融服务的特定需求、当地对开展金融业务方面特别规定的变化。

（二）在外资银行进入印度准入门槛仍较高的情况下，可考虑以成立非银行金融公司（NBFCs）的方式进入印度市场

由于印度放开对外资金融机构严格限制还有一个渐进的过程，因而不少外资金融机构以收购当地非银行金融机构这一曲线策略来实现在印度市场的扩张。尽管有消息称印度政府正在考虑修改外国直接投资条款，限制外资金融机构对该国非银行金融机构的收购活动，但目前成立或并购非银行金融机构仍不失为进入印度市场的可取途径。

（三）将表外业务、外汇交易业务、个人银行业务作为未来在印度分支机构发展的重点

外资银行在印度全部商业银行存、贷款市场的份额不到 7%，但表外业务市场份额超过 70%，外汇交易市场份额超过 52%，这表明，拓展表外业务和外汇交易业务已成为外资银行在印度成功拓展市场的一个重要特点。银行经济快速发展已经并将继续促进其高净值资产人士（HNWIs）数量的快速增长，这一领域的金融服务孕育了巨大的商业机会。

（四）考虑将银行后台与技术相关工作迁移到印度的可行性

2004 年，美国最大的 100 家银行、证券公司、保险公司和共同基金的高层管理人员在接受一项调查时，将印度列为整体而言最适宜开展海外业务处理的国家。德勤咨询金融服务部门董事 Christopher Gentle 的研究报告预计，到 2008 年末，环球 100 大金融机构将把约 100 万个职位的后台与技术相关工作迁移到印度，约占全球金融业职位总数的 15%。

（五）积极选调熟悉印度当地经济、金融环境的专门人才，为进入印度市场做准备

市场的竞争取决于人才的竞争，而人才正来自于市场的锻炼，我们应改进过去“培养人才”的传统观念，树立“人才市场”的理念，从市场中直接选拔已经成熟的人才。

关于财务报告趋同问题的研究

总行财务会计部

2007 年，建设银行顺利实施了新《企业会计准则》，并披露了国内财务报告，实现了新旧准则的平稳过渡。但是，国际、国内财务报告的具体列报格式尚存在一定差异。为减少国际、国内财务报告的差异，顺利实现两套财务报告的趋同，总行财务会计部进行了相关研究，并对财务报告披露方式作了改进，使得改进后的两套财务报告中近 95% 的篇幅实现了一致。

一、背景

目前，建设银行按照监管规定分别编制国内和国际两套财务报告，并通过了外部审计师审计。从已披露的情况来看，由于编报格式［国内财务报告是按照《企业会计准则——应用指南》（以下简称准则应用指南）规定的格式编报，国际财务报告是按照香港地区的习惯做法编报］及监管规定不同，因而两套财务报告的具体披露格式仍存在较大差异，但总资产、总负债、净资产和净利润不存在差异。

2007 年底，中国会计准则委员会与香港会计师公会、中国审计准则委员会与香港会计师公会分别发表了《关于内地企业会计准则与香港财务报告准则等效的联合声明》和《关于内地审计准则与香港审计准则等效的联合声明》，明确了除极少数差异外，两套会计准则和审计准则实现等效，为财务报告趋同工作奠定了基础。同时，财政部下一步将与香港监管机构协商取消 A + H 股公司两套审计的问题（即分别经中国和香港审计师审计）。一旦取消两套审计，A + H 公司将只需披露一套财务报表。

综上所述，协调两套财务报告的差异，既是对新准则实施情况的总结，也是尽可能实现两套财务报告趋同，以减少财务报告编制成本、提高财务报告披露质量和信息透明度。

二、改进方法和结果

第一，财务报告趋同工作按照合规、一致和透明的原则进行，即在符合会计准则和监管规定的前提下，尽可能减少两套财务报告之间的差异，并借鉴国内和香港同业的做法，丰富披露内容、完善披露格式。

第二，在财务报告趋同过程中，遵循对等披露的原则，按照披露内容从多不从少、报告要求从严不从宽的总体要求，确定两套财务报告的披露内容。

第三，根据与财政部沟通的结果，在趋同过程中，尽量以国内财务报告为基础，并考虑香港及国际上一般的阅读习惯，以协调两套财务报告的差异。按此原则，逐个分析和比对主表、附注、会计政策及有关文字描述，尽量实现一致。

第四，按照上述方法，改进后的两套财务报告，实现了资产负债表、权益变动表及相关附注的一致，除了排列顺序、会计政策和表达习惯差异外，两套财务报告中近 95% 的篇幅实现了一致，存在差异的部分约为 5% 。

第五，由于目前仍需要编制两套财务报告，因此，在趋同过程中，本着积极稳妥的原则，对于部分暂时难以协调或没有必要保持完全一致的披露项目，仍保留一定的差异。具体包括：

一是按照惯例，国际财务报告中没有增加本行口径的利润表和现金流量表（与 2007 年披露格式相同）。同时，利润表中的部分项目和现金流量表的编制方法存在差异。由于国内、国际利润表的分类差异较大，国际银行都按间接法编制现金流量表，因此，为保证平稳过渡，暂时保留了以上差异。

二是列报顺序差异。即国际财务报告利润表在前、资产负债表在后；而国内财务报告顺序相反。该差异的存在，仅影响报表及相应会计政策和附注的排列顺序，并不影响到披露内容。

三是个别会计政策和少量的表达习惯差异。如非金融资产减值回拨、资产组和现金产出单元等。

四是少量附注差异。即未按对等原则在两套财务报告中披露的附注，包括：（1）仅在国内财务报告中披露的内容。①非经常性损益表；②持股比率在5%以上的股东的信息。此两项披露为证监会的要求。（2）仅在国际财务报告中披露的内容。①房屋及建筑物按租赁剩余年限分析；②董事及监事酬金；③最高薪酬人士；④董事、监事及高级职员贷款；⑤高级管理人员的酬金；⑥可供分配股东的利润；⑦本行股东应占利润；⑧与其他国有实体的关联交易。以上披露内容，第一项为香港金管局的要求，第二项、第三项、第五项、第六项为香港上市规则的要求，第四项、第七项为香港公司条例的要求，第八项为国际准则的要求。以上少量附注的差异，仅构成两套财务报告披露范围的差异，并不构成实质性的差异。保留上述差异的主要原因是考虑部分信息较为敏感以及报告使用者的阅读理解问题。

上述差异中，第二项至第四项属于形式上的差异，并不影响两套财务报告趋同，第一项属于实质性差异，但涉及两套财务报告的内容较少。

三、有关分析

第一，两套财务报告大部分内容实现一致，有助于减少编报成本，提高审议效率和报表质量，但根据目前的监管规定，在形式上仍需要编制和披露两套财务报告。

第二，在趋同过程中，有两个路径选择：一是以中国财务报告为基础修改国际财务报告，即目前建设银行的做法。该做法对国际财务报告修改较多，在市场上尚无先例，对于香港投资者来说，可能存在阅读习惯及能否接受的问题。二是以国际财务报告为基础修改中国财务报告。中国银行在2007年年报中采用了此方法。该做法对国内财务报告修改较多，从与财政部的沟通情况来看，财政部认为国内财务报告格式应遵循准则应用指南的规定。

第三，趋同的重点是解决两套财务报告一致性的问题，但是，在目前准则和监管存在差异的情况下，需要在多大程度上收窄两套财务报告的差异，尤其是相关附注是否需要考虑不同的监管要求进行对等披露，实际上是利弊权衡的结果。

四、具体改进内容

（一）主表数量

目前2007年年报披露口径，国际财务报告中未披露本行口径的利润表和现金流量表，国内财务报告披露合并和本行口径的8张报表，维持目前的差异。

（二）资产负债表

国内财务报告以准则应用指南中的资产负债表格式作为基础，并作以下调整，以协调与国际财务报告的差异。修改后，两套报告披露项目和格式保持一致。

1. 将“长期股权投资”分拆为“对子公司的投资”和“对联营和合营企业的投资”，以满足国际准则对以权益法核算的股权投资单独列示和香港公司条例对子公司投资的单独列示的要求。中国银行2007年度的国内财务报告采用了该披露方式。

2. 将无形资产中的土地使用权单独列示。土地使用权在原国内财务报告中并入“无形资产”披露，在国际财务报告中作为长期租赁预付款并入“其他资产”披露。为协调差异，参考恒生银行的做法，将土地使用权单独列示，以协调两套准则差异。

3. 取消原国际财务报告中的“应收子公司款项”和“应付子公司款项”项目，并增加附注披露内容，汇总反映具体款项性质（如存放、拆放等）。

4. 将资本公积中的“投资重估储备”单独列示，以便于国际财务报告使用者的理解。

（三）利润表

两套财务报告中的利润表差异较大，主要体现在以下几个方面。

1. 准则应用指南明确了国内财务报告的利润表项目，其中，对于投资获得的收益反映在“投资收益”中，其公允价值变动反映在“公允价值变动收益”中。国际准则没有明确的利润表格式，但习惯上一般将投资收益以净额分别按照不同性质区分为“交易净收益”、“投资性证券净收益”和“股利收入”等进行列示。

2. 准则应用指南规定了利润表项目中包括营业外收入和营业外支出。国际准则没有明确营业外收入、营业外支出的概念，并禁止列示非经常性的损益项目。香港和国际同业的财务报告一般也不单独披露营业外收入、营业外支出。

3. 根据准则应用指南的利润表格式，对联营和合营企业的投资收益包含在营业利润内，而香港上市的国际银行（汇丰、恒生、渣打等）均将其归于营业利润外，国内同业（中国银行、工商银行等）在编制国际财务报告时，也采用同样做法。

鉴于以上的差异目前难以协调，本着积极稳妥的原则，两套财务报告中的利润表及对应附注仍保留各自原有的披露格式。

（四）现金流量表

中国准则要求以直接法编制集团和本行口径的现金流量表，间接法作为补充资料披露。准则应用指南规定了现金流量表披露格式。国际准则鼓励采用直接法（国际同业一般以间接法编制），仅披露集团口径，没有披露格式的规定。

毕马威认为，国际银行都采用间接法编制，如果建设银行的国际财务报告采用直接法，可能会引起不必要的解释。因此，国际财务报告中的现金流量表仍按间接法编制，但两套财务报告中相同的披露内容保持一致。

（五）权益变动表

两套准则对权益变动表的编制要求相同。因此，应根据准则应用指南对权益变动表的编制格式要求，修改国际财务报告权益变动表，以协调两套报告的披露差异。

（六）会计政策描述

对两套财务报告中的会计政策描述进一步进行修改，修改后，除合规声明、排列顺序、个别文字表述（如现金产出单元和资产组）以及会计政策差异外，其他保持一致。

（七）报表附注

1. 存放同业、拆放同业及买入返售金融资产。在国内财务报告中，增加原在国际财务报告中披露的“按法律形式分析”和“按剩余期限分析”的附注。在国际财务报告中，由于上述三项内容在资产负债表中已改为单独列示，因此将原并入“应收银行及非银行金融机构”的对应披露内容进行拆分。修改后，两套财务报告保持一致。

2. 客户贷款和垫款。在国内财务报告中增加原在国际财务报告披露的部分附注，如行业和地区分析中有抵押的贷款、占10%以上的行业和地区的相关分析、按借款人的法律形式分析等。修改后，两套财务报告保持一致。

3. 固定资产。经营租入固定资产改良支出在中国准则下明确作为“长期待摊费用”核算，国际准则没有明确该项目的分类。为协调差异，将原在国际财务报告固定资产中披露的“经营租入固定资产改良支出”重新分类为“其他资产”。

4. 土地使用权。对应资产负债表项目的修改，将国内财务报告中土地使用权单独作为一项附注进行披露，国际财务报告与国内财务报告一致，但名称为长期租赁预付款。

5. 无形资产。国内财务报告将土地使用权分离，国际财务报告同国内财务报告。

6. 同业存放款项、拆入资金和卖出回购金融资产。国内财务报告增加“按法律形式分析”，以满足国际准则的要求。在国际财务报告中，由于上述三项内容在资产负债表上已改为单独列示，因此将原并入“应付银行及非银行金融机构”的对应披露内容进行拆分。修改后，两套财务报告保持一致。

7. 客户存款。国内财务报告按原国际财务报告披露口径进行修改，并增加准则应用指南的特殊披露要求（如披露保证金存款等）。修改后，两套财务报告保持一致。

8. 资本公积。对国内财务报告资本公积项下的可供出售金融资产公允价值变动储备（即投资重估储备）单独列示，并相应反映其变动情况，以协调与国际财务报告的披露差异。修改后，两套财务报告保持一致。

9. 利润表附注。除利息净收入、手续费及佣金净收入、资产减值损失及所得税费用外，其他利润表附注保持原披露内容不变。

关于商业银行发展小企业金融业务的思考

河南省分行 许会斌

加强和改进小企业金融服务工作，既是国家宏观调控政策的要求，也是商业银行拓宽业务领域、开辟新的增长点的新契机，需要银行业界的深入思考和研究。

一、发展小企业金融业务现实意义重大

（一）中小企业市场潜力巨大，是商业银行实现可持续发展的重要保障。

中小企业在国民经济中具有十分重要的战略地位，经济增长贡献度最大，是解决就业、维护社会稳定最重要的群体。有关资料显示，在中国约有99%的企业是中小企业，中小企业对于GDP的贡献超过60%，对于税收的贡献达到50%，而对于就业的贡献更是超过了80%。中小企业也是最具发展潜力的高成长性企业。据统计，"十五"期间，我国GDP年均增长9.5%，而中小企业年均增长达到了28%。创新环节中有65%的专利、80%的产品开发来自中小企业。

重要的经济地位、突出的社会贡献、丰富的客户资源、强劲的金融需求，使得中小企业成为一个极具增长潜力的业务领域，对于商业银行增强业务发展后劲，培育新的盈利增长点，实现健康、可持续发展至关重要。

（二）大力支持中小企业发展，是国家宏观调控政策的基本导向

近年来，特别是金融危机爆发以来，作为"扩内需、保增长、调结构、促发展"的一项重要内容，国务院、人民银行和银监会陆续出台了"国十条"、"金九条"、"人十条"等一系列政策，要求金融机构进一步加大对中小企业的融资支持力度。河南省委、省政府也多次召开会议专门就破解中小企业融资难问题进行专题研究和部署。河南银监局更是专门召开全省视频会议，提出了进一步加强小企业金融服务工作的指导意见，要求省内商业银行，特别是大型商业银行成立专门机构，支持、服务中小企业发展，并要求小企业贷款增幅不低于全部贷款增幅。因此，大力发展小企业金融业务是积极响应国家政策号召、履行社会责任、满足监管要求的重要举措。

（三）大力发展小企业金融业务，是化解银行集中度风险的重要途径

受传统经营思路影响，商业银行贷款集中于大项目、大客户，以某商业银行省分行2008年底数据为例，贷款余额1亿元以上的大客户占全部对公贷款客户的比重不足1/4，但贷款余额占比却高达85%，带来了贷款集中度过高风险。此外，随着利率市场化改革和资本市场的发展，加之金融同业围绕大客户的竞争日趋白热化，大客户对银行融资的依赖性降低，银行议价能力普遍降低，维系大客户的成本上升，银行盈利空间逐步缩小。因此，发展中小企业金融业务是商业银行适应金融市场形势变化、寻求自身发展的内在需求，对于提升商业银行业务发展的稳定性、有效化解集中度风险、增强业务发展后劲意义重大。

（四）大力发展小企业金融业务，是适应市场发展的必然选择

近年来，各家银行特别是大型商业银行纷纷布局小企业金融业务的发展，采取各种措施引导分支机构加大对小企业的支持力度。截至目前，在河南省内同业中，四大银行都已成立或正在组建一级部建制的小企业金融服务部门，围绕小企业金融服务领域的竞争已经展开，预计在未来2~3年内，小企业金融市场的业务竞争将日趋激烈。有关数据显示，截至2008年底，河南省小企业贷款余额已达648亿元，当年增加114亿元，增速高于同期贷款增速4.69个百分点。可以说，培育同业竞争优势，抢占未来业务发展的制高点，是各家商业银行面临的一项迫切命题。

二、发展小企业业务必须实现经营模式的专业专注

一是构建专营的组织机构。商业银行要建立专门的小企业金融业务经营管理组织体系，加快构建总行、省分行、二级分行、县级支行（县支行、城区综合性网点支行）基本组织架构，确立总行、一级分行统一归口管理、二级分行直接经营、县级支行发散营销的经营管理格局，并形成相对独立的业务考核单元，实现小企业金融业务专业化运作。同时，条件成熟的话，可以借鉴国际先进银行小企业业务经营管理经验，推行“信贷工厂”经营模式。所谓“信贷工厂”，概括地讲，就是指客户营销和信贷管理相分离，中后台业务专业化集中处理、标准化统一操作的业务运作模式。

二是拓展专注的业务领域。小企业金融服务机构要专注于小企业客户的金融服务工作，重视市场研究与市场细分工作，组织开展目标客户筛选工作，对目标客户实行动态、名单制管理。

三是打造专业的服务团队。对小企业经营人员要高质量、足额配置，做到人员与业务量匹配、人员与机构同步到位，确保小企业经营机构正常运作。要确保小企业人员素质，按照“先认证、后上岗”的原则，小企业专职人员在取得相应资格认证考试后，方可持证上岗。同时做好业务培训工作，丰富培训形式，加强培训达标考核工作，注重提升培训的实际效果，加快打造一支理念新、作风实、技能硬、业务熟的专业化精英团队。

四是建立专门的定价机制。贯彻收益覆盖风险的定价原则，对小企业业务要综合考虑客户信用等级、产品组合情况、业务增长潜力、业务需求特点等因素，实行“一户一策，区别对待”的差别化定价策略，积极通过提高业务承办量、增加业务品种和服务项目等措施，实现小企业服务水平和综合回报水平双提升。

五是推广专属的金融产品。品牌的作用至关重要，因此商业银行要在塑造品牌的方面下真工夫，力推主打品牌，同时大力营销推介动产和不动产抵质押融资、供应链融资、联贷联保贷款等小企业系列金融产品，努力为客户提供多元化、一揽子的金融产品解决方案。针对小企业客户金融需求“短、频、少、急”和缺少合格押品的特点，以产品组合、功能优化和产品改良为重点，做好小企业金融产品创新工作。

三、发展小企业业务必须做到“好”字优先，“好”中求快

当前中小企业金融业务面临着难得的发展机遇。围绕国家“扩内需、保增长、调结构、促发展”的政策要求，人民银行、财政部等部门在税收减免、财政补贴、贷款核销等方面为促进中小企业发展实施了一系列优惠政策；银监会围绕“六项机制”（单独的利率风险定价机制、核算机制、高效的贷款审批机制、激励约束机制、专业化的人员培训机制、违约信息通报机制）建设，在中小企业业绩考核、不良贷款处置、客户经理尽职免责、事业部制建设等方面对商业银行提出了明确要求。笔者认为，商业银行既要牢牢抓住难得的政策机遇，又要从可持续发展的战略高度统筹谋划、科学组织，确保小企业金融业务健康、快速发展。为此，要重点坚持“五个并重”：

一是坚持规模与效益并重。在小企业业务发展的起步阶段，实现适度的规模量是必要的，但前提必须是“有效益、控风险”，只有在此基础上实现规模量的适度增长，才能保证小企业业务的健康、可持续发展。

二是坚持质量与效率并重。笔者认为，要引入六西格马的管理方法，强化质量效率控制，加快构建标准化运作的业务流程，将客户营销和信贷业务操作相分离，实行前台分散营销、中后台业务集中处理，采用分岗、分段标准化、流水线的信贷作业流程，充分体现分岗协作、分岗制衡、限时服务、标准作业、专业专注的核心设计理念，将小企业金融业务做精、做细、做快、做实。

三是坚持零售与批发并重。企业经营活动有三个主要链条，即产品链、资金链和客户链，因此小企业业务只要紧扣这几个链条，就是抓住了问题的关键，可以积极尝试建立“1＋N”批量营销体系。“1＋N”营销模式的选择，可以是一个核心企业加上N个上下游供销企业，可以是一个担保公司加上N个融资企业，也可以是一个信用保险企业加上N个投保企业。在有效控制风险的前提下，做大小企业批发业务。同时，小企业业

务必须形成有效的联动营销机制，共享客户资源，实施交叉营销，形成对公及对私一体化营销、服务的经营模式和机制。

四是坚持防范与管理并重。通过客户筛选工具、行业筛选标准，以及严格的客户准入管理，科学筛选客户和准确识别风险，可以从源头上有效防范小企业的经营风险。通过加强与担保公司、保险公司、核心大客户的业务合作，可以合理转移、转嫁风险。通过加快推广小企业风险预警工具，做好小企业客户动态监测和早期预警工作，及早采取应对措施，能够有效化解风险隐患；通过加强押品管理、严格按标准、按程序选择押品、落实押品价值定期重估制度，能够有效缓释和抵补风险。

五是坚持应用与创新并重。扎实做好小企业评级系统、客户筛选工具、风险定价工具、资产组合管理工具、早期预警工具、客户贡献度测算工具和客户营销管理工具等应用，使小企业金融业务健康发展。同时，结合工作实际，重点围绕服务效率、风险控制等关键环节，及时提出新工具研发的有效需求，通过新工具的不断创新、推广和应用，降低运营成本，提升服务水平。

四、发展小企业业务重在坚持五个落实

一是要落实组织领导。对小企业业务，商业银行要站在战略高度去认识和思考，各级管理者，特别是“一把手”必须要有大局意识和长远谋划，通过加强组织领导、组建专业经营体系、配备专业人员、明确专业分工、细化工作进度等措施，确保小企业金融服务工作的有序推进。

二是要落实考评考核。对小企业业务，笔者认为有必要单独实施考核，结合实际研究建立明确的业绩考核体系，既要考核业务量指标，也要考核资产质量和收益指标，考核内容应重点包括小企业客户新增、贷款新增、资产质量、综合贡献度和产品覆盖率量等主要指标，以准确衡量业绩贡献，提升小企业金融业务绩效水平，促进小企业业务健康快速发展。

三是要落实倾斜政策。小企业业务既是商业银行需要重点拓展的业务，也处于刚刚起步阶段，必要的、适度的倾斜政策非常重要。因此，商业银行要结合具体情况研究小企业费用资源配置方案，适当提高费用配置标准，加大激励力度，对小企业业务实施政策倾斜。

四是要落实配套制度。小企业金融业务体系构建是一项复杂的系统工程。商业银行要在构建专业化经营体系的同时，进一步做好账务核算、激励考核、信贷审批、风险管理、信息系统支持等相关配套制度的建立健全工作，努力为小企业金融业务健康、快速发展提供制度保证。

五是要落实风险问责。小企业业务不但要“求发展”，更要“控风险”，按照“尽职免责、失职问责、违规严惩”的原则，建立适合小企业经营管理特点的问责机制，规范操作行为，确保风险可控。

广东省分行竞争力比较分析研究报告

广东省分行　曾俭华

一、竞争力比较

主要是盈利能力、抵御风险能力、流动能力、资源配置与营运能力以及创新能力五种能力的比较。

（一）四大商业银行竞争的基本格局

从存款、贷款、中间业务收入市场份额来看，截至2008年第三季度末（下同），广东省四大行全口径存款为23 771亿元，当年新增2 415亿元。广东省分行余额占比排名第三，新增占比排名第一。工商银行余额占比排名第一，新增占比排名

第二。农业银行余额占比排名第二，新增占比排名第三；中国银行余额、新增排名均第四。四大行各项贷款余额为 11 424 亿元，新增 780 亿元。广东省分行余额排名第四，新增排名第三。工商银行余额、新增均排第一；农业银行余额、新增均排第二；中国银行余额排第三，新增排第一。中间业务收入广东省分行排第三，工商银行排第二；农业银行排第四；中国银行排第一。

近年来，广东省分行市场占比逐年提高，除各项贷款外，一般性存款、中间业务收入近三年每年均提高 1 个百分点，与同业的差距逐步缩小。2008 年上半年，广东省分行个人存款人均新增、点均新增、增长速度均居当地四大行首位，点均新增是农业银行的 1.62 倍、工商银行的 1.27 倍，人均新增较工商银行多了近 10%，增长速度较第二名的农业银行高出近 5 个百分点。

比较显示：广东四大银行的竞争是相当激烈的，既不存在“一家独大”的现象，也不存在某一家商业银行所有的业务都“独占鳌头”。广东省分行在原来市场规模相对靠后的情况下，近年来有了迅速增长的业绩，竞争力明显提高。

（二）盈利能力比较

近年来，广东省分行盈利能力稳步提升。2005—2007 年，广东省分行拨备前利润分别为 48.39 亿元、45.33 亿元、80.63 亿元。但与同业相比、与系统内兄弟行相比，仍存在一定差距。2008 年 9 月末，广东省分行人均拨备前利润为 25.85 万元，在四大银行中排名第四，比工商银行、中国银行、农业银行分别少了 19.71 万元、19.61 万元、1.97 万元；资产效率为 1.31%，比全国平均水平 1.38% 低 0.07 个百分点。

广东省分行盈利能力在系统总量排名靠前，但在当地四大银行中略显偏弱。影响盈利能力的主要因素有：（1）存贷比结构失衡、收益水平偏低；（2）中间业务发展不理想；（3）广州地区业务发展存在差距；（4）对公、对私市场营销存在差距。

广东省分行盈利结构比较单一，贷款规模较小成为影响盈利的主要原因。广州地区作为中心城市行，在广东省分行盈利盘子中占有重要位置，但其发展存在差距，影响了整体的盈利能力。中间业务收入是商业银行争夺盈利的重要板块，广东省分行在中间业务收入有了长足发展，但仍然有较大差距。此外，广东省分行员工队伍比较庞大，由于总体盈利能力偏弱，员工效率低的矛盾同时凸显。但同过去比、同系统比，仍然表现出较好的增长态势。

（三）抵御风险能力比较

近年来，广东省分行资产质量不断提高，抵御风险能力显著增强。广东省分行不良贷款额由 2005 年末的 101.63 亿元下降到 2007 年末的 76.26 亿元，不良贷款率由 6.57% 下降至 4%。2008 年 9 月末，省分行的不良贷款率已降至 2.43%，接近全国建设银行 2.15% 的平均水平。截至 2008 年 9 月末，广东省分行不良率在当地四大银行中排名第二，比排名第一的中国银行高 0.26 个百分点，低于排名第三的工商银行 0.79 个百分点。资产质量在当地四大行中位于中偏上水平。与上市的工商银行、中国银行比较，广东省分行的不良贷款率仍有下降的空间。

随着广东省分行资产质量的持续向好，抵御风险能力在逐步增强，为提高盈利能力作出了积极的贡献，为实现科学发展奠定了良好的基础，为提高竞争力提供了有力保证。同时，由于建设银行股改上市的时间不长，内控管理机制的完善有一个过程，也由于金融危机和市场的变化，政策风险、系统性风险、潜在风险、操作风险等方面的问题也应引起高度重视，需要进一步加强风险内控的工作，提高抵御风险的能力。

（四）流动能力比较

由于贷款投放相对不足，大量的存款资金以较低的内部资金价格上存总行。至 2008 年 9 月末，存贷比已低至 38.6%。存款结构定期化趋势明显，2008 年新增定期存款为 743 亿元，占新增存款的 97.38%。第三季度末定期存款占存款比重达 49.6%，同比提高 6.5 个百分点。固定资产贷款余额为 711 亿元，占全部对公非贴现贷款的 48.55%，流动资金贷款为 428 亿元，占对公非贴现贷款的 29.22%。可见，广东省分行资产流动性较强，但还需更好地平衡流动性与盈利性，改善资产的配置，在降低付息成本的同时，提高资产的盈利性。

一方面，广东省分行经营中资产负债质量较好，呈现良好的流动性，表现为广东省分行稳健经营的流动性；另一方面，在总行的制度性安排下，与存款比较而言，广东省分行贷款规模明显偏低，从而拥有更好的流动性，表现为非自主性的流动性。二者结合使得广东省分行资产流动性优于同业，甚至在系统内也是较好的。但过大的流动性对广东省分行的盈利能力形成不利影响。在新的市场环境下，在扩大内需、宽松的货币政策的环境下，广东省分行客观上将迎来一个信贷扩张的新机遇，可以对流动性进行有效的调节。

（五）资源配置与营运能力比较

2008 年 11 月末，省分行员工总数为 26 397 人，在四大行中排名第三；农业银行员工总数为 30 705 人，排名第一；工商银行员工总数为 29 591人，排名第二；中国银行员工总数为 20 353 人，排名第四。广东省分行有营业网点 1 067 个，在当地四大银行中占比 20.57%，排名第三；其中广州地区 249 个，在当地四大银行中占比 21.60%，排名第三。

无论是从全省比较，还是从中心城市行、非中心城市行比较，在当地四大银行人数与机构占比方面，广东省分行人数占比均高于机构占比；在人数与主要业务指标占比方面，广东省分行存款指标占比基本上与人数占比匹配，贷款指标和中间业务指标明显偏低，直接影响到广东省分行的效益和竞争力，其中广州地区体现得尤为突出。

比较显示：广东省分行人力资源配备相对充裕；网点、自助设备、电子渠道等资源的配置与利用均较为合理有效，资源配置的有效性在经营中发挥了积极的作用，在客户营销、客户维护方面都体现了较强的竞争力。但营运效率和经营绩效发展不平衡，有的业务在同业和系统中的排名仍然靠后。在人力资源配置、网点转型、客户经理队伍建设和业务流程等方面仍然存在需要改进的地方，有的需要总行进行统一安排与改进，有的需要广东省分行在发现问题后及时协调、改进，以确保营运效率的提高和营运安全。

（六）创新能力比较

广东省分行在逐步地建立健全创新机制，通过协调运作，具有较强的创新能力，在诸多方面都走在系统和当地金融同业的前列。形成了具有竞争力的产品与金融品牌。广东省分行在经济、金融运行中的作用和影响力不断提高，同业甚至把广东省分行当做竞争的对手。由于广东省处于金融资源丰富、金融竞争特别激烈的环境，因而广东省分行创新的质量和效益与同业和系统内先进行比较，仍有较大的提升空间。产品创新特别是中间业务产品创新仍需要进一步加强。需要建立和完善创新的长效机制。要以产品创新作为重点，从系统工程的多维角度出发，加大组织创新、机制创新、流程创新、服务创新、管理创新的力度，形成立体的、组合的创新效应。

（七）小结

在与同业、系统内兄弟行的横向比较以及与自身的纵向比较中，广东省分行都体现了较强的竞争力。新增占比的发展速度比较快，营运的安全性和优质服务等方面有较好的表现，整体竞争力呈上升的态势，各项业务实现了有质量的增长，为又好又快发展奠定了良好基础。但也存在一些瓶颈需要破解，主要是员工效率、点均、人均指标比较靠后；流动性过剩，存贷比比例偏低；中间业务发展较为缓慢；区域发展不够平衡，加快广州地区、珠三角地区的发展成为当务之急。此外，健康的企业文化、员工的满意度、认同度与竞争力的强弱密切相关，作为“软实力”在竞争力中发挥着不可或缺的作用，需要引起足够的重视。

二、提高竞争力的对策建议

（一）认真落实科学发展观，在整体上打造和提升综合竞争力

要进一步完善全面贯彻落实科学发展观的长效机制，推动广东省分行始终沿着科学发展的轨道前进。必须树立市场意识和客户意识，健全科学的市场营销和客户服务的机制；必须转变传统的业务发展方式，加快推进战略转型；必须对传统管理办法进行系统性创新，做到寓内控于业务发展之中；必须充分调动全行员工的积极性和创造性。加强班子建设和队伍建设，领导干部要带头不断加强和改进理论学习、带头深入开展调查研究、带头加强宏观形势分析及其对策研究、带头学习吸取国内外同业的经验和教训、带头加强领导力和执行力的培养和提升，努力实现广东省分行的发展规划，实现又好又快发展。

（二）适应市场环境的变化，在促进经济的发展中提高市场竞争力

当前，为应对世界金融海啸的负面影响，国家正在实行积极的财政政策和适度宽松的货币政策，进一步加大了金融对经济发展的支持力度。作为一个上市的商业银行，我们应当积极地肩负起自己应当承担的社会责任，积极增加信贷投放。对用于扩大内需的项目、对中小企业的信贷需求，应当积极地给予支持和扶持，这也是商业银行在金融危机中的"商机"。我们要审时度势，充分利用转危为"机"的机会，在信贷营销、信贷服务、信贷规模、信贷管理上实现大的发展。要借此商机认真解决好区域发展不平衡的问题，迅速提升广州地区、珠三角地区一些分行的竞争力，要把市场份额突上来，实现有质量的增长。要使发展速度、发展业绩与总行同步，与广东省分行同步，甚至要超过平均发展速度，充分发挥中心城市行"领头羊"的作用。

（三）转换机制破解"瓶颈"，在解决"短板"中提高创新竞争力

要进一步完善创新管理体制。建立健全跨委员会、跨条线创新联动机制，创新授权和风险管理机制、创新产品综合营销机制、创新激励机制。进一步完善创新流程与方法，保障创新工作的流畅与高效。进一步拓宽客户需求收集渠道，建立直接从客户收集产品创意渠道，重点加强对珠三角等地区客户需求及同业最新创新动态的收集与研究，同时，加强与先进兄弟行、著名院校、科研机构在创新工作上的协作。要正确处理创新不足与创新过度的矛盾，应对跨市场金融风险引起足够的重视。对理财产品要举一反三，防止出现因创新过度而出现产品系列、产品条线的风险。当前，务必更讲求稳健经营，讲求创新的有效性。

（四）贯彻落实总行发展战略，在重点区域中提高核心竞争力

按照总行战略发展纲要精神，重视打造和体现广州地区、珠三角分行及其他中心城市行的竞争力。这些地区的竞争力水平是衡量全分行竞争力水平的重要标志。从某种意义上说，广东省分行的竞争力不足也是体现在这些地区的不足。因此，要加大广州地区发展的力度、加大珠三角地区发展的力度、加大中心城市行发展的力度，使这些地区的竞争力有明显的提高。广州地区要成为全分行业务发展的"火车头"、价值创造的主力区、改革创新的先行地，成为全分行实现"五个一工程"和"五个翻一番"战略目标的"主引擎"，中心城市行排名重新回到前三名。

（五）以人为本，在加强员工队伍建设中提高第一资本竞争力

员工是银行的第一资本。提高银行效率是提升银行利润率和市场份额的根本动因，而这种动因来自第一资本。因此，我们坚持从"以人为本"的理念出发，着力加强员工队伍的建设，调动员工的积极性，积极培育与现代商业银行要求相适应的具有建设银行特色的企业文化。提高战略规划的执行力、员工队伍的凝聚力、社会形象的传播力。深入推进人本管理文化建设，贯彻"注重综合素质，突出业绩实效"的人才理念；牢固树立"以市场为导向，以客户为中心"的经营理念和"客户至上，注重细节"的服务理念；贯彻"了解客户，了解市场，全员参与，抓住关键"的风险理念；为各类员工提供前景广阔的职业生涯发展机会。要大力提高广东省分行的"软实力"，优化员工队伍的有机构成，使人与资源配置达到最佳结合。

城镇化进程中商业银行网点布局研究

浙江省分行　余静波

一、城镇化发展的现状与意义

由于各地经济基础与发展程度存在差异，因而我国不同地区城镇化发展水平各不相同。从2005年城镇化率①来看，东北地区最高，西部地区最低（见表1），城镇化随着经济发展水平的提高而迅速发展，全国城镇化的平均水平已于2007

① 城镇化率以城镇人口占全部人口的比例计算。

年上升为44.94%①。

表1　全国各地区城镇化水平

地区	城镇化率（%）
东北地区	55.15
东部地区	52.84
中部地区	36.54
西部地区	34.56
全国平均	42.99

对于浙江省而言，2007年，全省城镇化率为57.20%，高于全国平均水平。城镇化在浙江省的发展中具有重要意义，主要体现在以下两个方面：

一方面，增强大城市中心地位的显著性。大城市（市区和近郊区非农业人口大于50万人）作为工业、商业和服务业的主要聚集地，人口容纳能力极强，是经济最发达、最具实力、结构最先进和合理的地区。截至2007年末，浙江省人口100万以上的大城市共13座，吸纳人口1 959.31万人，占全省总人口的42.05%②。以地级城市为例，2007年浙江省地级以上城市实现地区生产总值8 788.14亿元，占全省国内生产总值的47%。并且，大城市不仅自身有较好的发展，其辐射带动作用也在日益增强，最为明显的就是以大城市为中心的城镇密集区（也称做"城镇群"）的形成和发展，也衍生出"（大）都市带"、"大都市圈"、"都市连绵区"、"都市密集区"。从浙江省所在的华东区块上看，已形成了以上海为中心、南京和杭州为次中心的长江三角洲城镇密集区。可见，浙江省的大城市仍然是浙江省经济的重中之重。

另一方面，促进浙江省小城镇的迅猛发展。在块状经济与专业化市场发展的推动下，浙江省的许多小城镇经济发达，其发达程度甚至超过许多中部或西部的大中城市，且呈现出自身的特点。一是块状模式经济突出。区域块状经济是浙江省经济的一大特色和优势。其中，相当一部分是当地产业和专业性商品市场互为依托、联动发展的一镇一品、一县一业的"区域块状经济"；有的是在特定条件下（如有利的区位、特殊的人缘关系、传统的能工巧匠）从家庭到工业、合伙企业或乡村集体企业起步，形成了具有比较优势的小企业集群和专业化产业区。二是专业市场化推动城镇化发展。浙江省发达的专业市场共同构成区域市场体系，即区域交易市场共同体，并且这些专业市场迅速地带动了浙江省的城镇化，具体表现为以市场化带动工业化和民营企业的繁荣。又因自然地貌的多样性和人口的大分散、小集中分布，更进一步促进了小城镇的发展，强县（市）和强镇在空间结构上的个体明显性进一步增强。伴随强县扩权在时间、范围、性质与内容上进一步深化，以及强县（市）和强镇经济的持续发展，以中小城市为节点的网络状城市发展格局发展特征不断强化。

二、城镇化进程对商业银行形成的新挑战

（一）城镇化进程中对金融资源配置的自发性倾斜

根据中国银监会统计，截至2007年末，全国县及县以下农村地区银行业金融机构营业网点共计111 302个，占全国银行业金融机构网点总数的57%；县及县以下农村地区的各项存款余额为8.5万亿元，占全国银行业金融机构各项存款余额的26%；县及县以下农村地区的贷款余额为4.8万亿元，占全国银行业金融机构各项贷款余额的21%；县及县以下农村地区的各类农户贷款余额1万亿元，有8 700多万户农民获得贷款支持③。但是，从结构看，城乡金融在表面上存在较大"失衡"：一是人均资源占比失调，县及县以下农村地区人均金融网点的资源占有率较低；二是地区资源配比失衡，金融服务资源难以延伸到乡镇一级的农村地区；三是市场运行环境存在差异，乡镇的金融市场未形成有效竞争。城乡金融资源配比上的不平衡是任何市场经济国家或新兴市场都客观存在的，也是中国经济城镇化和城乡一体化进程中的必要金融推动力。这种失衡本身就体现为一种预调性的金融资源配置，金融网点和金融资源向小城镇集中本身体现了农村经济改革与发展的方向。在传统农业区向小城镇过渡并最终完成城乡一体化的过程中，原有农村金融机构按照商业化和市场化原则演变为城镇金融是

① 资料来源：《中国统计年鉴》2006年、2008年。

② 资料来源：《浙江统计年鉴（2008）》。

③ 资料来源：中国农村新金融网，http://www.ncxjr.com。

其发展的必然要求。

（二）城镇化进程中的金融服务需求结构演变

城镇化的实质就是面向农村的城镇化，但由于对农村金融发展的关注主要仍集中于信贷资金投入总量的增长上，因此，尽管政府与学者在农村金融层面上的思考都提到了包括农村信贷、农业保险等广义农村金融服务，而在事实上往往会倾向于用农村金融机构数量和涉农贷款总量作为衡量农村金融发达程度的标志。就此，有必要从金融需求结构的动态演变中设计面向城镇化的农村金融体制。一方面，就金融客户而言，城镇化的发展使得农村居民对金融服务的多样性要求增加，也对商业银行在农村地区的服务产品、质量与效率提出了更高要求。另一方面，商业银行的发展是与经济的发展相互促进的，商业银行在谋求自身发展的同时，也要推动经济的和谐与健康发展，即要承担相应的社会责任。因此，面对各地区经济发展不平衡的现实，积极配合当地政府、支持贫困地区、拉动发展中地区、促进农村产业结构的调整和地方特色优势的发挥成为商业银行发展中的重要任务。这就要求商业银行根据不同地区的发展水平与金融需求，提供差异化、特色化的金融服务，以促进城镇化过程中各地区经济的全面、协调发展。

三、某国有商业银行浙江省分行网点布局存在的问题

（一）网点布局的科学性不足

目前，尚没有一个专门的、准确的、及时的信息渠道负责提供银行网点新址外部环境的参考数据，所以也就很难科学地采取定性和定量分析相结合的方法对银行网点是否需要调整作出决断。对政府部门制定的城市规划和地区设施状况、经济发展状况、区域企事业单位分布、同业营业网点状况、当地人口总数、流动人口情况虽然有一定的了解，但信息不全。因此，在作定性分析时缺少必要的数字依据，定性、定量分析不充分，必然造成网点区位决策的简单化。同时，一个网点的调整往往涉及多个部门，从财务部门、人力资源管理部门、网点的装修管辖部门、机构的审批部门一直到负责具体事务的支行，这些部门负责网点调整工作的人员大部分都是兼职，既没有城市规划的理论基础，也没有从实践中统一出一个行之有效的准则来指导实践，因而具体的实践活动只能是各行其是，或者干脆轻率行事。加上有时候上级审批部门对下级具体区域的地价、房租没有实际的了解，导致有些网点购买或租赁的性价比均偏低。这种对银行整体布局和网点调整诸多环节缺乏研究和统筹的结果，势必影响银行网点的布局质量。

（二）网点按行政区设立迹象明显

银行分支机构的设置应该根据企业生成的一般原理，即以降低市场交易成本和企业营运成本为原则有效地设置分支机构，然而，由于受计划经济体制的影响，国有银行即使经历了多次的扁平化改革，但仅有少数一级分行所在地区能实行二级管理，其他大部分地区仍然按照总行——一级分行—二级分行—支行—分理处—储蓄所五级管理结构来设置网点，在综合型支行以上的每个层级中还有部、处、科等，呈现出典型的金字塔式组织架构。这种不顾业务规模和地方经济状况，按照区域和行政级别来设置分支机构的方式存在很大的弊端。一方面，多层次的管理结构管理链条长、管理成本高，总行、一级分行和二级分行都以管理职能为主，只有支行、分理处和储蓄所才真正面向市场，“三级管理，一级经营”的体制加大了管理成本：另一方面，信息沟通不畅，总行的策略要经过四次信息再传递才到达执行机构，信息衰减严重；而各营业网点的市场反馈在向上传递时也要经过多层批复，导致整体的市场反应能力偏低。

（三）网点过度集聚，部分县域网点量多产低

20世纪80年代初期，该银行网点数量迅速扩张，当时是基于大力吸收存款而不计成本粗放经营的结果。由于计划经济体制下银行粗放经营模式和高利率以及投资渠道的狭窄，规模大小不一的网点都产生了一定的存款余额。基于当时的环境条件，建设一个网点就意味着增加完成储蓄存款任务的可能性，网点的主要功能就是吸收储蓄存款。于是存款的竞争就演变成了增设网点的竞争，网点数量迅速增多，网点密度迅速增大，甚至在很多地方出现了网点靠网点的现象。以杭州城区为例，在武林门附近，有该银行分布的四五家机构，最近的机构间相距不足300米。这些机构占据了最繁华的地段，其建立和维持运营成本都相当高，而其产生的效益却未必能与其高成

本相匹配。

从县域网点的分布来看，该银行基本在所有的行政县都设立了综合型支行，而且支行下设网点型支行、分理处与储蓄所，由此形成了一个综合性、覆盖面广的网点布局。但是，部分县域网点数量过多，超过了当地市场的正常需求，如由此导致网点单产水平低下、经营绩效不高、不符合市场化经济的成本与效益原则。可见，网点过度集聚、部分地区量多产低已成为该银行经营管理中应积极关注的问题。在市场化经济运行环境下，银行在注重总量增长的同时，更要注重经营运行的效率与效益，市场化竞争使得银行网点总量与效益的平衡问题更为显著。

（四）网点建立相对滞后于城市拓展

在地理位置、营业面积、投入人力、开办业务种类、收入水平以及储蓄心理等因素共同影响存款增长的诸多因素中，地理位置是影响这些网点存款增长的第一因素。由于经济和城市建设的发展变化，尤其是一些中小城市政府搬迁、经济开发区开辟，造成经济中心迁移，使得原先的经济繁荣地区渐渐变成了客流稀少的老城区，客源减少，原来的高产网点变成了“低产网点”，甚至“减产网点”。这些问题的存在，造成该银行整体吸储能力不高、内耗现象严重、管理成本较大，严重制约了银行的快速发展。银行网点的扩张主要集中在20世纪80年代末和90年代初，网点设置主要是根据当时的经济环境和城区规划来布局的。随着浙江各城市的不断发展，有的经济繁华区已变成萧条的老城区，很多城市中心的大批居民已迁入了外围的新兴社区。但由于种种原因，该银行的机构网点设置却没有及时根据城市的布局变化作相应的调整，导致部分新经济增长区在前期建设时没有投入网点，而后期繁华时又找不到商铺开设网点；或者有一些网点刚建立不久，却发现该地区的重要客源搬迁（往往是大企业或大居民区），其可持续发展性骤降。

四、城镇化进程中银行网点布局的建议

（一）突出重点，围绕经济中心和大城市发展

网点的建设要结合地区经济发展水平与城镇化进程，有重点地拓展与维护。环杭州湾地区是浙江省经济发展和城市化水平最高的地区，而城镇及开发区密集分布于沪杭—萧甬铁路、沪杭甬高速公路沿线区域。该区域聚集了环杭州湾地区80%以上的城市和10家国家级开发区，以及全省近半省级开发区，经济总量占全省的65%，是全省推进经济转型升级的主战场。作为全省经济的重点，政府投入了巨大的财力、物力，也同时吸引了大量的外部资金和民间资本的涌入。由此可见，此地区就有良好的经济环境和较为明朗的发展前景，潜在市场广阔，以此区域作为网点布局的重点是必然的。目前，该银行在该区域内共有358家机构，其2007年网点单产为5.01亿元，远高于全省平均值，这也表明了该地区经济环境较好、投资回报率高，是进行网点投资建设与发展的良好选择。我们要依托于经济中心和大城市的发展优势，抓住发展契机，构建以发达地区为重点的网点体系。

（二）实施“非均衡”性的网点发展策略

基于经济发展不均衡的现实，在机构网点的布局上也应当体现出“非均衡”性的发展策略。银行应配合政府部门的经济产业政策，积极促进发达地区网点建设，同时也要为较落后地区提供差别化、特色化的金融服务。

要进一步完善强县区域政策。作为我国县域经济最为发达的省份，自20世纪90年代以来，浙江省先后三次推行强县扩权，各强县的良好经济效应也是显而易见。在国家统计局公布的全国百强县排行榜上，浙江上榜强县（含宁波）不断增加，到2007年已增加至30个，位居省市区之首。为了跟进省政府的强县扩权政策，该银行在近年也出台了一系列针对强县区域发展的政策，划分了浙江省县域经济较为发达、金融资源较为丰富的20个县支行作为重点支行予以关注，并对重点支行在业务管理、财务管理、人力资源管理和渠道管理等方面有所倾斜。

要因地制宜地实施特色化发展策略。对发达地区而言，银行业务发展水平高、经营效益好，对此，可建立较高级别的机构，缩短省分行对其的管理半径，也可以对应相应的地区政府级别，应对较一般县域复杂的事物。对于较为落后地区，也要积极配合国家与地方政府发展规划，有针对性地建设经营网点，积极提供特色化的金融服务，为当地农村经济的发展以及推动城镇化进程提供金融支持，有效地发挥银行在经济建设中的积极作用。针对落后地区建设网点，开展优质服务，其在关注社会、促进地区协调发展的同时，也会

得到政府与公众的认可，提升银行形象，将为未来的开拓发展带来客户资源。

（三）创建村镇银行

对于更多的经济发展水平适中、金融环境一般的县域，除了布局基本的网点之外，需要进一步建立一个与之相适应的县域金融体系。对于四大国有商业银行，除农业银行外，其基本的网点布局均集中于城市。在目前农村由城市信用合作社独领风骚的情况下，国有商业银行强硬进驻网点是不明智的。并且我国的农村情况较为复杂，以较落后的生产方式生存的农民一般素质也较低，对于很多金融业务的认知度和接受度都相当低。而农村发展需要的小额贷款利润不高，风险却较大，如果没有熟悉农村业务的人员，则贷款项目很难开展。因此，建立一个县域金融体系是需要的，这个体系可以由不同质类、不同层次、多样化金融机构组成，如政策性金融、合作性金融和商业性金融。其中，商业性金融的发展应是个关键问题，理想而完善的县域商业金融组织体系应该由国有商业银行、地方商业银行、社区融资机构以及民间金融组织共同组合而成。从当前实际情况来看，由各类资本共同组建的村镇银行应当成为有益的补充，也是大型国有银行服务农村金融的一个有益探索，需要抓紧创造条件放开发展，发挥其定位上的优势，有效地遏制长期困扰县域经济发展的农村资金外流问题，建设和完善县域金融体系。

对我国银行消费信贷的探讨

江西省分行　段超良

一、消费信贷还存在诸多制约因素

（一）个人信用体系建设滞后

银行办理消费贷款业务应当掌握借款人信用状况，要求建立相配套的有效的个人征信体系，而国内个人征信体系处于缺位状态，缺乏独立、公正、权威的资信评级中介机构。该机构应由银监会进行业务指导，能够调阅各商业银行的计算机网络资料，出具的资信评级结论在各商业银行通用，并及时调整更新个人资信等级。

（二）消费信贷市场环境较差

首先是我国政府在消费贷款方面的保证、保障制度尚没有真正建立起来，不能从根本上解决银行风险转移问题。其次是银行自身存在竞争不规范的状况。当前商业银行个人消费信贷仍处于探索阶段，配套制度及技术保障需进一步完善和强化，银行自律能力较为薄弱，容易形成消费信贷市场的无序竞争。最后是缺乏灵活的资金融通渠道。住房、汽车等消费贷款一般期限较长、金额较大、客户分散，而银行的负债期限相对较短，造成资产负债结构的不匹配，应积极拓展消费贷款新的融资渠道。

（三）消费信贷风险积累较快

国内银行消费贷款集中度很高，业务结构以个人住房抵押贷款为主，对抵押资产价格上升形成泡沫的风险不可忽视。其一，经济周期影响的风险。一旦宏观经济发生大的波动，或者住房价格波动、居民实际收入下降和抵押资产贬值，就会因借款人还款困难而出现大量违约，导致消费贷款难以收回的风险。其二，还款资金来源的风险。居民未来预期收入及支出的稳定与否是消费信贷能否按时履约的主要风险，近几年来城镇居民在住房、医疗、教育的预期支出明显增加。其三，借款人欺诈风险。借款人故意违约风险不可忽视，借款人没有还款能力而套取银行消费贷款，或者具有还款能力而恶意拖欠银行的消费贷款，甚至部分借款人伪造虚假资料，例如，房地产开发商通过假收入证明和假身份证明，骗取银行信贷资金，形成了非常可观规模的假按揭贷款。

（四）银行风险管理能力有待增强

对消费贷款还缺乏风险量化管理手段，不具备有效技术工具和量化管理的支撑，缺少对个人住房贷款利率敏感分析，难以提高风险计量、判别和控制的能力。我国住房抵押贷款证券化程度极低，其不良信用贷款的风险完全聚集在银行体系内，一旦风险出现，银行体系将是最大的受害者。与公司业务相比，消费贷款数额小、笔数多、客户分散，由于缺乏社会信用和征信体系，难以借助第三方中介机构的力量，创建批量处理和管理的能力，因而银行在办理消费贷款时不得不较多地考虑贷款的安全性，设置了严格的贷款条件和审核程序，操作流程的烦琐也制约了消费信贷业务的发展。

二、银行扩大消费信贷的对策

（一）政府引导扩大消费信贷

1. 大力扶持消费信贷的发展。积极推进鼓励消费信贷的政策，制定优惠政策，促进、扶持消费信贷的发展，政府可以采取对借款人实行减免所得税等优惠措施减轻借款人的负担，鼓励消费贷款；深化金融体制改革，加快利率市场化，鼓励金融业对消费信贷业务、产品进行创新。从消费信贷经营者角度来说，对有利可图的消费信贷品种才有主动大力拓展的积极性；对于社会效果好而经济效益较差的消费信贷品种，需要政府出台扶助政策。例如，对个人助学贷款、个人创业类贷款以及保障性住房按揭贷款，就要求建立相应的机制进行贴息或提供担保。因此，政府要通过财政支持、税收优惠或动员社会力量建立基金等措施，推动金融机构拓展惠及社会的消费信贷品种。积极培育多类型、多层次的消费信贷机构。

2. 完善政策性住房金融。一是政府要建立住房贷款专项补贴基金。可以通过征收专项税负等渠道筹资，专用于对公积金会员住房贷款利息的补贴，优先资助符合享受保障性住房条件的家庭，并委托住房公积金会员承办银行按照商业房贷程序办理，由政府财政或专业机构提供贷款担保。二是明确住房公积金中心的管理职能和承办银行的金融职能。住房公积金中心负责对公积金的归集管理和资金运用审核，承办银行负责对公积金账户设计、计息和结算，公积金中心与承办银行是相互制约而不是委托的关系。三是明确公积金存款的个人强制储蓄属性。住房公积金存款进入个人银行专用账户，利率要适当高于同档次商业存款利率，并对公积金存款利率设置最低保障线。

3. 加快个人信用体系建设。首先，加快个人信用立法。要解决消费信贷发展中出现的个人信用、公平授信、失信惩戒等问题。政府在消费信贷方面制定专门的保护消费者、销货商和金融机构三方权益的法律法规，使个人信用真正有法可依、有章可循。其次，加快全国个人征信体系建设。我国的征信体系应该遵循“先建立、后完善”的原则，积极扶持个人资信调查征信机构，尽快将这项信用约束引入全社会的经济、金融生活当中。再次，加强合作中介机构的管理。鼓励发展消费信贷咨询机构、个人资产评估机构、消费信用担保机构，在防范风险、规范操作的前提下，适当扩大合作机构范围，促进中介服务发展。

（二）大力拓展重点消费信贷产品

1. 构建消费信贷业务创新机制。鼓励金融业加快消费信贷新产品开发、针对特定客户提供特色服务等方面进行创新，积极推出消费贷款新品种满足客户需求。首先要加强业务创新中的风险防范。我国银行资产业务创新，每一次都留下了很大的风险隐患和损失。比如汽车贷款平均违约率高达30%，大量车贷难以追回，虽然贷款人拖欠或不还款的原因很多，但从已发生的案例看，群发性、区域性和故意拖欠、蓄意诈骗者占多数，许多金融机构从2004年起相继收缩甚至停办了汽车贷款业务。因此，商业银行在消费信贷业务创新中要加强风险控制，防止重复假按揭和汽车贷款风险的类似问题。其次要加快推出消费贷款新产品。积极开办固定利率贷款、直客式个人贷款和存贷通等业务，简化消费信贷业务操作流程，加强消费信贷流程化管理，简化审批手续。

2. 适时推进住房抵押贷款新品种。首先是消费贷款利率多样化。浮动利率对银行来说可以规避利率风险，但对消费者来说高于固定利率风险。随着消费者利率风险意识的增强，消费者并不满足于个人住房贷款采用单一浮动利率制，特别是对于收入预期稳定的部分消费者，非常欢迎固定利率个人住房贷款。银行应当积极推广固定利率与可变利率按揭贷款，给消费者选择贷款利率品种的机会，以满足消费者对贷款品种多样化的需求。其次是稳健推进个人转按揭业务。目前，个人住房消费在居民消费中占比重最大，家庭购买住房耗用了大部分的积蓄，将影响家庭消费能力。据统计，2006年底全国个人住房的抵押率不足2%，房价上涨还难以推动消费增长。西方等发达的住房金融市场，可以很方便地将住房增值部分转化为居民的流动资产。国内银行要推广个人住房抵押循环贷款，通过对住房抵押设置最高贷款额，使老百姓手中的房产“动起来”，激发有房人的二次消费潜力。再次是积极探索个人倒按揭。目前中国60岁以上的老年人口是1.62亿人，据预计到2050年，我国老年人口将达到4.2亿人，占总人口的将近25%，而北京、上海等一些大城市这一比例将更高。随着“以房养老”政策的出台，银行推进对房屋养老的倒按揭，具有很好的市场潜力。

3. 积极稳健地发展信用卡贷款业务。要加快信用卡产品的创新，在提高风险控制能力的基础上，不断推出大众欢迎的信用卡品种和服务。一是扩大信用卡的信用额度。针对中高端消费群体，适当扩大透支额度，对信用卡主流客户，要给予利率优惠，延长透支期限，促进消费者养成使用信用卡消费支付的习惯。二是减轻消费者利息负担。可以对信用卡设置有效的抵押担保，给予相应额度的循环授信，并对授信额度内的信用卡透支给予取现手续费和透支利率的优惠。三是培养信用卡新的客户群体。要抓住年轻一代尝试新事物的时尚，创新受年轻一代欢迎的信用卡产品，从年轻白领和大学生开始激活国内居民信用卡消费意识，具有很大的市场潜力。

4. 加快汽车贷款业务体制创新。汽车与住房比较，具有可自由移动、使用寿命短、价值变化大等不确定性的特点。汽车贷款专业性较强，较住房贷款单纯以抵押为本复杂得多，还涉及销售、保险、售后服务等较多环节。汽车贷款经营机构要生存与发展，要求完善汽车信贷市场体系相配套措施，健全汽车贷款有关法律法规和风险控制机制，积极鼓励做大汽车贷款规模。鉴于我国汽车贷款市场环境还不成熟，目前国内银行机构开展汽车贷款业务，应当通过组建股份制汽车金融公司，与国内汽车集团、保险公司、流通企业以及外资进行合作，构建适合我国市场环境的、合理和有效率的经营主体。近年来招商银行和宝马汽车公司合作，深圳发展银行和沃尔沃（中国）投资有限公司的合作就是很好的例子。拓展汽车金融业务要发挥银行、保险、企业三方综合资源优势，根据市场和客户需求大力开展产品创新，不断推出受广大消费者欢迎的汽车贷款业务。

5. 消费信贷业务要与个人银行业务联动。一是银行要运用个人银行业务资源，确定其消费信贷业务的目标市场。建议将代发工资、代客理财、持卡人中即期或预期收入已达到中等以上水平的客户定位为首选目标。二是根据已有的资源优势和对市场的预测，设计出具有竞争力的产品。在选定目标市场后，认真策划并采取合适的市场营销策略，加大宣传力度，推动消费信贷品牌建设，创出国内银行自己的知名品牌。三是从个人银行业务入手，收集整理个人客户的信用资料。在国内信用体制还不是很健全的情况下，可以考虑从各种银行卡和银行账户，特别是信用卡业务入手，来跟踪消费者取款或消费记录，以电子化生成日常交易的各类数据信息增补客户资料作为客户信息资源，逐步建立起客户资料数据库。再结合客户开户时录入的基本资料，建立全面反映客户信用情况以及客户还款能力的数据库。

（三）完善银行消费信贷风险内部控制体系

1. 完善消费信贷风险管理体制。一是建立符合消费信贷特点的风险防范和预警机制。在业务流程上，应建立明确的岗位责任制度，实行关键岗位人员的分离、监督和制约机制，从制度上建立风险防范的第一道关口。二是优化消费贷款过程管理。严格贷前调查和审查，认真审查借款人资料的真实性，对有不良信用记录的借款人提高门槛甚至拒绝受理，坚持面签、面谈制度，实行风险防范关口前移。对于消费贷款笔数多、客户分散、管理半径大的问题，应通过不断完善个人信贷业务电子化管理操作系统，加强对贷款动态信息和借款人的跟踪管理，积极建立并推广标准化催收管理体系。三是大型银行要积极应对《巴塞尔新资本协议》，尽快达到实施内部评级法的要求。我国个人征信体系的建立才刚刚起步，在相当长的时期内难以满足银行进行个人信用评价工作的要求。银行应当尽快建立内部评级体系来加强风险管理，建立以评分卡模型为驱动的零售敞口内部评级体系。

2. 加强个人住房贷款的风险防范。我国当前房价快速上涨，已经有了明显的泡沫迹象，而国内银行对房地产业介入比较深，房地产行业近60%的资金直接或间接来自银行，而且银行个人住房贷款占消费贷款的比重超过70%，国内银行对于防范消费信贷的风险，应围绕个人住房贷款风险防范来进行。一是重点防范住房价值下降的风险。注意房价波动、销售价格不实、估价过高、价值下降等风险。特别是近年来国内房价经过爆炒上升很大，如果房价出现较大幅度的回落，银行将承受巨大的风险损失，应当有充分的准备。二是防止开发商恶意套资的风险。防止开发商可能因为工程建设资金的短缺而恶意套取银行资金，近年来国内大量的“假个贷”就属于开发商恶意套资。三是加强对项目风险的管理。如注意项目选择风险和对项目进行封闭管理。

3. 优化客户结构，降低消费信贷风险。从区域策略看，由于我国经济发展不平衡，因而区域间的经济结构、金融资源、消费水平差异很大。消费信贷应该采取区域差别化经营策略，在经济较发达的沿海地区和大城市要大力发展，经济相对发达的省会城市和中等城市积极发展，经济不发达的中小城镇应谨慎发展。从客户策略看，由于消费信贷的发展主要受制于家庭收入水平和个人信用意识，要优选消费信贷营销对象，重点开发风险低、潜力大的客户群体。

4. 加快推进资产证券化，分散消费信贷风险。当消费贷款出现不良时，化解途径主要是现金回收，不像公司贷款，有借新还旧、重组、置换等多种资产保全手段，收取抵押资产和核销呆账也有更多的障碍。住房按揭贷款一般期限较长，造成银行短资长贷，加大了流动性风险。美国等西方国家推行按揭贷款证券化，赋予其转让、流通职能，从而达到分散消费信贷风险、缩短放款机构持有时间的目的。由于美国普遍采用资产证券化等分散信用风险的工具，因而把次债危机的风险转嫁到全球而不是独自承担。我国也应以此为鉴，加快银行消费信贷的资产证券化试点和推广进程，拓宽消费贷款的风险化解途径。

浅析向西开放战略下新疆特色产业发展的金融支持[①]

新疆维吾尔自治区分行　张　涛

党的十七大报告指出：中国对外开放要扩大开放领域，优化开放结构，提高开放质量，完善内外联动、互利共赢、安全高效的开放型经济体系，形成经济全球化条件下参与国际经济合作和竞争的新优势。这不仅表明中国对外开放已经迎来“向西时代”，而且充分揭示了未来中国对外开放将是海陆并进、东西互动的新型开放战略。国务院《关于进一步促进新疆社会经济发展的若干意见》（国发〔2007〕32 号）也深刻阐述了加快新疆发展的必要性和紧迫性，从全局和战略的高度，明确提出了加快新疆经济社会发展的总体要求、指导原则、基本思路、战略目标和战略重点，提出了加快新疆发展的重点任务、建设布局、重大项目和政策措施。同时，也为金融机构的发展带来了巨大商机。为此，建设银行新疆维吾尔自治区分行在支持新疆特色经济发展方面主要采取了以下措施。

一、在资源配置方面，对新疆特色经济给予政策倾斜

近年来，新疆维吾尔自治区分行紧紧把握西部大开发战略实施的机遇期，按照自治区实施资源优势转化战略和推进新型工业化建设的部署，不断加大信贷支持和金融服务力度。一方面，抓住西部大开发机遇，重点关注新疆作为国家能源战略接替区和西部能源大通道，积极支持新疆优势产业和特色经济发展，重点支持能源、交通、通信等基础设施建设项目，并积极拓展资源精细开发与加工、机电设备制造、石化、旅游等区域支柱产业优质客户群体。另一方面，对国家加大西部地区风险投资政策进行技术操作层面的研究和论证，在此基础上，加大资源勘探开发的信贷支持力度；对具备资源环境

① 本文 2008 年收录于《新疆对外开放战略与金融支持》（中国金融出版社出版）一书，同时也是 2008 年 8 月 28 日由金融时报社与人民银行乌鲁木齐分行联合主办的“新疆对外开放战略与金融支持”论坛交流文章，有删减。

承载能力的地方，实施了重点支持开发；在环境脆弱的地区，采取了限制和禁止信贷投放政策；对资源储量虽然很大，但开发成本很高的项目，采取了严禁投放贷款政策。目前，建设银行已连续三年保持了信贷余额和当年新增贷款额第一的势头，其中投向重点行业和特色产业的信贷资金已超过贷款总量的60%。尤其是农业类贷款占到建设银行的2/3以上。

（一）充分发挥服务基本建设的传统优势和综合服务优势，认真做好重点产业建设项目和资源优势转化项目的金融服务工作

新疆维吾尔自治区分行长期以来服务于基本建设领域，在落实国务院加强薄弱环节基础能力建设战略中，将进一步提高服务能力，采取有力措施，做好基础设施建设的金融服务工作。保持对口衔接，主动加强与自治区政府综合经济部门以及建设银行总行相关部门的联系，积极支持符合新疆加快基础设施建设要求的项目和资源优势转化项目。目前，新疆维吾尔自治区分行为自治区道路运输建设、管道运输、民航、铁路、电信、电源和电网建设、水利等基础设施以及农业等基础产业投放信贷资金余额超过120多亿元，向新疆金风科技提供了46亿元的额度授信服务，全力支持新疆特变电工、八一钢铁、新疆中基实业等企业“走出去”，有力地促进了新疆向西开放的基础环境的改善。

（二）积极支持农业产业化和特色农副产品出口加工基地建设

新疆维吾尔自治区分行把新疆特色农业与林果业作为信贷业务经营的重要依托对象和新的增长点，继续加强对农业的金融服务，支持农业产业结构的调整。配合自治区做大、做强、做精林果业的发展思路，加大对资源加工型企业的信贷支持，带动产业化经营，实现新疆特色资源的产业链的延伸。目前，新疆维吾尔自治区分行重点支持的特色产业中的外向型企业有中粮新疆屯河股份有限公司、新疆中基实业股份有限公司等企业。我们在风险可控的前提下，为上述加工型外贸企业开展了本外币整体化额度授信，并为企业提供了本外币结算业务以及进口信用证开证、海外代付等贸易融资业务。

（三）加强创新，加快发展中小企业业务，为外向型中小企业客户提供更多的金融服务

根据自治区用高新技术改造提升纺织、食品、机电、建材、冶金产业，积极发展先进装备制造、生物制药、可再生能源、新材料和电子信息等高新技术产业的发展要求，新疆维吾尔自治区分行紧密结合新疆大量企业属于中小企业的现实状况，立足机制、产品创新，着力发展中小企业业务。一是完善经营管理机制，针对中小企业的特点制定单独的调查、评价、审批和贷后管理程序和要求。按照中小企业经营周期或交易过程，简化操作流程，逐步完善中小企业服务体系。二是推行专业化经营模式，在全自治区有关经济区域建立小企业经营中心，扩大信贷转授权权限，负责对区域内中小企业业务实行集中经营管理。三是提高贷款评审效率。对于符合自治区产业政策、产品有市场的中小企业、进一步提高办事效率，及时满足企业流动资金需要。

（四）积极为新疆外向型企业提供多品种的金融服务

为顺应国家向西开放的战略，近几年建设银行先后与中亚五国的金融机构开展了金融合作，建立了代理美元账户关系，较好地支持了我国跨国公司和进出口贸易企业在中亚的发展。同时，加大了对外贸易性企业的业务发展支持力度和广度，从客户规模、经营特点、进出口产品、区域等多角度，结合新疆地区实际和客户的经营特点，为客户提供了多品种、多形式的外汇金融服务。一是为流通型外贸企业提供贸易融资服务，为客户提供出口退税账户质押贷款、信用证结算、出口议付、福费廷、海外代付、证票通等业务。二是为新疆优势机电设备制造业海外并购提供保函形式下的产品支持。三是为支持西部地区中小企业向西开放和走向中亚乃至欧洲，建设银行积极为西部地区中小进出口贸易企业和特色产品加工业，尤其是重要口岸所在地的进出口企业提供流动资金贷款。四是为外向型企业提供资金产品方面的支持，如为进出口企业提供规避外汇汇率风险服务，以提高客户的资金效益，促进企业健康发展。同时，为部分重点产业的大客户提供组合产品服务，开展了远期结售汇、外汇买卖、货币互换以及货币掉期和全额人民币质押贷款等业务。五是积极为客户提供外汇结构型产品服务，如为特变电工、金风科技和新疆兵团农垦进出口公司、中粮屯河、新疆中基实业股份有限公司、新疆众和电子铝箔提供本外币一体化化服务。六是为外向型企业提供组合式金融产品服务。建设银行新疆维吾尔自治区分行先后为多家公司提供了本外币贷款、贸易融资业务服务，为企业办理了多笔开证、保证交单、审单、寄单、结汇以及保证、透支、出口退税权利质押、承兑汇票、旅购业务等业务。在实际业务办理过程中，根据同业竞争和客户的具体要求，给予适度优惠。同时，为该客户提供相应的债务管理，规避了相关汇率风险。据统计，我行先后为上述企业累计发放本外币贷款近 15 亿元，仅贸易融资服务一项就接近 10 亿元。

二、加快科技开发、推广与创新，不断提高为石油企业提供金融服务的水平

随着国家石油储备战略和资源转换战略的进一步实施，中石油在疆企业进入了一个新的发展阶段，作为长期与中石油合作的良好伙伴，在总行的指导、支持下，新疆维吾尔自治区分行已积极介入了中国石油西部管道有限公司原油 2 000 万吨/年和成品油管道 1 000 万吨/年项目、中石油独山子100 万吨乙烯和1 000 万吨炼油项目、国家原油储备库、中哈石油天然气管道、西气东输二线等一批国家重点建设项目，取得了一些阶段性进展。在金融服务支持方面，新疆维吾尔自治区分行为中国石油在疆企业提供了信贷、资金结算网络和重点建设项目服务。

第一，公司类业务方面，加大信贷投放力度。新疆维吾尔自治区分行为中石油在疆及其关联企业发放贷款余额 15 亿元，在各家商业银行排名第一。

第二，为企业提供项目融资服务方案方面。在国家外管政策允许的前提下，考虑到中哈原油管道一期项目融资情况与经验，在该项目二期融资中，新疆维吾尔自治区分行着重从成本优势、融资结构及时效性等方面入手，为中哈原油管道二期项目提供了金融服务建议书。在融资建议书中，新疆维吾尔自治区分行提出了多种融资方案供中哈石油管道公司参考和选择。同时，为客户提供了配套信贷支持及控制项目财务成本方案，如为中哈石油管道公司提供出口买方信贷和海外代付等业务，向客户提供法人账户透支和国际结算系统以及利率、汇率风险管理支持。

第三，为中国石油西部钻探公司提供一揽子金融服务。中国石油西部钻探公司作为新疆油气钻探行业的主要骨干力量，新疆维吾尔自治区分行始终高度关注中石油西部钻探业务的改制与整合，多方收集重组信息，主动了解钻探业务，为该公司提供金融服务提前做好准备。新疆维吾尔自治区分行专门成立了服务小组，在了解公司基本情况的基础上，根据中石油财务集中管理模式与金融需求之间的关系，在建设银行金融服务产品中精心组合并结合以往运作的经验选择了 82 种产品，涉及网络结算、信贷支持、资金管理以及个人理财等多方面金融服务内容，拟订了《企业资金结算管理服务方案》、《企业金融融资服务方案》、《个人金融服务方案》，最大限度地满足了项目建设的金融需求。

三、积极请求总行加大各类资源配置和政策倾斜，更好地服务于新疆经济社会发展

国务院 32 号文件中针对新疆发展面临的困难和问题，提出“大力实施稳疆兴疆、富民固边”的战略目标，国家将进一步通过加大财政转移支付，加强基础设施建设和保护生态环境，改善民生和提高公共服务水平，加快发展新疆经济，尽快缩小新疆与其他地区间经济发展水平的差距，新疆经济建设处于难得的战略机遇期。对此，新疆维吾尔自治区分行积极向总行申请，加大对新疆维吾尔自治区分行的费用资源、业务资源和人力资源等的配置力度，提高新疆维吾尔自治区分行的基础运行水平，以便更好地支持地方经济建设。在目前国家实施宏观调控的情况下，新疆维吾尔自治区分行将积极向总行汇报近年来尤其是实施西部大开发战略以来，新疆经济社会发展取得的巨大成就，向总行汇报国务院 32 号文件精神，以及由此给新疆带来的重大发展机遇和美好前景，争取总行给新疆维吾尔自治区分行配置更多的信贷资源，扩大对新疆的信贷授信权限，为新疆经济发展提供高效、快捷、特色的金融服务。

四、对向西开放战略下促进新疆特色产业发展的相关政策建议

第一，在产业政策方面，一是争取国家在节能减排、高耗能等政策措施上，给予新疆差别化的政策或标准；二是针对新疆农业产业化龙头企业目前的数量过少、享受优惠政策的面过窄问题，建议自治区调整有关标准，扩大符合自治区要求的新疆区域内农业产业化龙头企业数量。

第二，针对目前国字号企业和内地大型企业

集团不断入驻新疆，从事资源优势产业的开发，但受总部经济管理模式影响，在疆金融机构一般只能为其提供结算、资金网络平台搭建等服务，而配套融资主要由集团所在地银行提供，不利于新疆金融机构的发展问题，需要自治区在引进相关大型企业集团时能予以协调，建议其在疆设立具有独立法人资格的子公司，而非分公司，项目配套资金也考虑由新疆各家银行提供，避免产品市场和利润两头在外。当前，新疆企业确实存在"难贷款"的问题，这些企业在内地银行申请贷款，总部统一运作资金，效益在内地总部体现，对于新疆各家银行营销优良贷款、提高盈利能力和改善不良率指标等都有直接的影响。

第三，针对目前自治区担保单位众多，多数注册资金较少，担保能力有限的问题建议自治区能够整合相关资源，做大做强一批资金实力雄厚的担保公司。

第四，加大执法力度，完善企业征信体系和信息渠道建设，为新疆向西开放提供良好的信用环境。一是对于逃废债务的企业严惩不贷，打造诚实守信的金融生态环境，否则将影响自治区构建中亚金融中心的战略；二是建议自治区外经贸主管部门，以及人民银行、外汇管理局、海关、税务机关等政府职能部门加快信息渠道建设；三是建议自治区协调人民银行等相关部门与周边国家就本币清算达成相关协议，并尽快展开试点，为边贸业务进一步发展打下基础。

第五，建议自治区政府能与各家国有商业银行总行加大沟通力度，为在疆各家银行分支机构贯彻落实国务院32号文件精神营造良好氛围。

如何进一步提高建设银行审计工作水平

总行审计部　金磐石　赵观甫　冯道海　杨　军　万盛举

——内部审计工作现状

近几年来，建设银行按照现代商业银行公司治理结构要求，建立起总行垂直管理的内部审计体制，努力加强审计队伍、审计规范和审计技术三项建设，致力于建立健全、科学、规范、有效的内部审计体系，为全行健康持续发展提供坚强保障。

一、以改革谋发展，构建科学内部审计体制

2005年以来，在董事会、监事会以及高级管理层的全力支持和领导下，原有内部审计体制得到进一步改造，形成了总行垂直管理的现代商业银行内部审计体制，大大增强了内部审计的独立性、权威性和有效性。

（一）构建新型的内部审计组织架构

董事会下设审计委员会，监督、考核和评价内部审计部门的工作，审核内部审计计划和报告。董事会任命首席审计官，负责全行审计工作；在首席审计官的直接领导下，审计部具体负责审计工作的管理。全行系统内，按各一级分行驻地下设天津、沈阳、上海、南京、成都、武汉、西安、广州、香港9个审计分部和30个总审计室，作为总行派出机构，负责具体审计工作的执行。

（二）建立全新的内部审计报告路线

首席审计官、审计部向董事会及其审计委员会报告工作，向总行行长、监事会汇报工作，按季度向董事会审计委员会和监事会财务与内部控制监督委员会报告审计发现，及时报送审计项目报告。各审计分部和总审计室通过审计部向首席审计官报告工作，其形成的审计报告及各类信息不再经驻地行审批，而是直接上报总行。

（三）不断完善内部审计管理机制

审计机构负责人由总行提名和任免，审计人员的薪酬、财务预算、业绩考核、职务聘任、晋升等全部由总行统一管理，实现了内部审计人、财、物、事与驻地行分离，保持了审计机构的独立性。同时，各级审计部门对审计人员结构进行了调整，有针对性地引入了审计机构短缺的专业人才，为提高工作效率和合理调度审计资源提供

了有力保证，有利于更好地履行审计职能。

二、以人为本，不断加强审计队伍建设

（一）以专业化建设为核心，提高审计人员胜任能力

2007年以来，总行先后下发了《审计队伍专业化建设指导意见》、《推进审计机构专长化与人员专家化建设的实施方案》、《建立内部审计专业化常态运行机制的若干工作要点》，明确了各审计机构的专业发展方向和专业审计人才库人员名单，对专业化建设进行了总体指导和具体部署，明确了审计队伍专业化建设的目标、实施要求和具体做法等。同时，为适应审计专业化建设的要求，逐步改变传统的层级管理模式，建立专业化管理和区域管理相结合，以专业化管理为主、区域管理为辅的矩阵式管理模式，根据专业分工加强专业团队建设。目前全行审计系统专业化建设已经进入快速、有序的发展轨道。

（二）搭建职业发展平台，促进审计人员职业进步

我行的人力资源部管理体制，为内部审计人员提供了管理岗位和审计专业技术岗位两类职业发展通道。审计人员通过个人的不懈努力，既可以从管理岗位晋升，也可以从专业技术岗位上发展，从而使不同类型和特点的审计人员都享有同样广阔的职业发展空间。

另一个促进审计人员职业进步的重要途径是审计培训。总行制定了《2006—2010年审计人员职业培训规划》，明确了未来五年审计培训工作的总体目标和主要任务，组织编写了《审计岗位培训教材》，建立包括短期培训、月度培训、网络培训、座谈研讨等多元化的审计培训模式。据统计，总行及各审计分部、总审计室2007年共举办了264期短期业务培训、4期视频培训和505期审前培训，审计系统人均参训14.7次，比上年增长24.6%。

在日常工作中，审计系统非常注意营造积极向上的学习氛围，鼓励员工学习各类新业务、新产品、新系统，参加各类职业教育培训和资格考试。截至2007年，建设银行内部审计队伍中取得CPA、CIA等执业资格的审计人员从2000年的10.3%上升到16.2%，中高级职称人数也由75%上升到82%。具有本科及以上学历人员占比81%，比2000年提高了30个百分点。

三、加强制度建设，建立科学的内部审计规范体系

（一）审计基础规范

审计基础规范即内部审计章程，它规范了建设银行审计体制、审计宗旨、审计主体、审计客体、审计职责、审计权限和审计纪律等内容。内部审计章程在内部审计规范中具有基础和统御地位，是建设银行开展审计工作的根本依据，可以称为建设银行内部审计工作的“宪法”。目前，结合建设银行股改及审计体制改革后新形势和新要求，正在对2001版《建设银行内部审计章程》开展修订工作。

（二）审计业务规范

审计业务规范包括一般准则、业务准则和实务指南。它建立了内部审计的业务和技术标准，是内部审计规范的主要组成部分。在审计业务规范中居于核心地位的审计准则，为建设银行制订审计项目方案、编制审计工作底稿、审计取证、审计报告、审计追踪、审计考评等各个环节制定了规范性操作标准。作为必要的配套工作，编写了《内部审计实务操作手册》，对应地介绍了其业务处理、会计核算，提供了相应的审计方法，分门别类地为审计人员提供各项审计业务专业化和模块化的操作指引，为审计部门新员工和非熟练员工的专业发展提供了系统的训练平台。

（三）审计事务规范

审计事务规范包括审计机构管理、审计机构和审计人员考核、日常事务和信息沟通等规章制度。它是内部审计规范的必要补充。

在总行各类规章制度的基础上，各审计分部和总审计室也制定了一系列内部审计管理规范和实施细则。内部审计规范体系已经全面覆盖了审计管理过程和各项事务，并得到不断建设和完善，进一步促进了审计工作水平的提升，为营造优秀的审计职业文化奠定了基础。

四、突破技术瓶颈，开发关键审计技术

近年来，审计系统把新的审计方法与信息技术结合起来，自行开发了基于计算机网络技术和数据库技术的非现场审计系统（OAS）和审计管理信息系统（AMIS），极大地提高了计算机辅助审计水平，提升了审计效率和效果。

非现场审计系统使用具有世界先进水平的

SAS数据库系统开发，可以连续调集、全面深入分析被审计对象的业务数据，及时发现存在的问题、疑点和异常，为现场审计提供翔实的线索。目前，审计系统已在审前准备、审计过程中广泛应用该系统，并已深刻地影响了建设银行的审计项目组织实施方式，由传统的现场审计为主转变为非现场审计与现场审计有机结合的新型审计模式。中国人民银行专家组评审组授予该系统2004年度“银行科技发展一等奖”。在此基础上，审计系统还陆续开发了信贷业务、负债业务和财务管理审计模型。同时，在系统中增加模型批量运行功能，增设了模型运行结果库模块，强化非现场审计系统对疑点的管理功能。

审计信息管理系统建立了一整套规范化的审计业务信息组织结构体系，对审计业务操作流程和日常审计管理过程中生成的各类审计业务信息进行统一采集、整合、存储和发布，提供了现场审计项目实施、审计追踪、审计成果加工利用、审计信息多维度查询等强大而专业的智能化功能。目前，在该系统应用架构下，进一步开发出支持审计知识库管理等新应用功能，优化项目管理、项目实施、成本管理、报表统计分析功能，提高了系统运行效率，充分发挥了信息资源集中优势，提高了审计项目实施效率和审计工作管理水平。

——审计工作面临的困难和问题及改进措施

一、审计工作面临的困难和问题

（一）对审计工作的认识需要进一步提高

一些机构和部门缺乏对内部审计工作全面的认识，主要表现在：一是个别机构对审计工作还不够重视，理解、支持、配合不够到位，甚至有抵触情绪。二是对审计工作的特点认识不足，特别是对审计工作是“抽样审计”而不是“全部审计”，是“合理保证”而不是“绝对保证”的概念存在认识偏差，给审计工作带来了巨大压力。三是对全行“三道防线”之间的职责划分认识不够准确，尽管审计部门属于第三道“防线”，但在实际工作中却承担了大量合规性检查工作，存在第一道、第二道“防线”对审计工作依赖性和期望值过高的倾向。

（二）审计需求和审计资源合理匹配的问题需要进一步解决

审计人员普遍反映工作量过大，很多审计人员特别是一些业务骨干，经常连续数月在外审计，非常辛苦，而且必要的学习培训，甚至休假时间都难以保证。造成这种状况的主要原因有以下几个方面：

一是经济责任审计项目占用了大量审计资源。据统计，2007年，审计系统全年共开展审计项目2 300多项次，其中经济责任审计项目占比65%。后者占用了过多的审计资源，而且监督效果有限，同时往往时间要求很紧，许多工作难以深入。

二是大量合规性问题的前查后犯、此查彼犯、屡禁不改等，使审计人员不得不花费很多的精力去发现不同机构同样性质的问题，甚至是同一机构同样性质的问题，难以调度充分的审计资源用于对机构的覆盖、对业务（特别是新业务）的覆盖及对新问题的发现。

三是对一些机构和业务，特别是专业性比较强的机构和业务，第一道、第二道“防线”监控力度明显偏弱，造成审计部门承担了过重的检查任务和工作压力。

四是外部监管要求不断提高，内部提请或要求开展的审计项目也越来越多，审计部门在安排审计项目和审计内容时，有时具有较大的被动性。如银监会针对很多单项业务或单项管理工作，会就审计频率、内容提出具体要求。我行各层级也会在审计计划安排前或安排后对审计部门提出审计需求，审计部门自主安排审计项目的余地越来越小。追加的审计项目使审计部门在审计资源安排上出现了一些困难。

（三）各方面的交流沟通工作仍需加强

一是各层级审计机构均存在与业务部门交流沟通机制不完善的问题。一方面，表现为业务信息不能全面及时地到达中后台部门，审计部门能够获取的业务部门信息不够全面和及时；另一方面，审计部门往往不能全面、及时地了解和掌握各类新产品、新业务、新系统，缺少提前介入、实地学习和培训的机会。

二是后台监督管理资源相对分散，存在信息残缺、分割的现象。目前，我行负责监督管理的部门和条线比较多，但彼此间信息沟通和共享不足。不同监督管理部门和条线在制订自身年度监管工作计划或处理工作信息时，很难兼顾其他部门的相关情况，资源未能充分利用和共享，影响了工作效率和质量，也容易给被监督机构造成负担。

三是一些审计人员的沟通意识和沟通技巧需要进一步提高。在审计工作中，对一些审计发现或审计建议，审计人员和业务人员无法达成一致意见，甚至出现了较大矛盾。除了审计对象“自我保护”的因素外，也与一些审计人员的沟通意识和沟通技巧有关，这也同时会使审计人员失去发现更多问题线索的机会。

（四）审计队伍建设面临困难

一是审计系统与分行人员交流难度大。由于审计岗位出差多、工作强度大，但晋升空间有限，薪酬方面缺乏足够的吸引力，加上审计系统与分行在人员交流需求上不对等、两方面都面临优秀人才短缺等现实因素，人员交流成为审计机构面临的难题。特别是为业务的健康发展，需要一支人员精良、业务过硬的审计队伍的理念，在一些机构没有得到积极的响应。在人员交流上，一些分行存在“你是你，我是我”的想法，阻碍了审计队伍结构为适应发展需要而必需的动态调整。

二是优秀审计人员晋升渠道有限。审计体制改革后，优秀人才的晋升和输出需求日益迫切，但是，由于改革中直接划转的部分不适合审计工作的人员难以调整、后备队伍建设不到位等原因，优秀审计人员内部晋升空间有限，影响了核心骨干的稳定。

三是激励与约束机制发挥作用有限。自2005年以来，审计系统逐步完善了岗位序列管理，建立了审计机构工作考评体系，初步形成了基于审计实践的激励与约束机制。但是，作为总行垂直管理、相对独立的业务条线，审计机构绩效奖励工资来源于其薪酬总量，为保证大部分审计机构与驻地分行薪酬水平大体一致，审计系统内部绩效奖励力度不得不压缩。

（五）整改工作在机制和效果上存在不足

一是“举一反三”机制不完善。虽然目前总行指定了专门部门负责整改工作的组织安排和督办，但大部分的内外部审计、检查发现问题的整改工作基本上都由被检查机构本身完成并负责。一些分行将整改工作的目标仅设定在对原机构、原问题的整改上，使整改工作局部化、表面化，达不到在全辖范围举一反三的警示和整改效果，造成前查后犯、此查彼犯现象较为严重。

二是针对审计发现的整改力度需要加强。个别分支机构和部门对审计发现的问题，包括重大问题重视不够，整改不及时，缺少力度，甚至流于形式。

三是一些具体问题的整改效果不理想。整改措施重消除表象和事后弥补，轻根源治理和事前防范，忽视业务流程的改进与优化。如针对贷款“三查”制度不落实的问题，往往简单采取补充所缺资料、压缩问题贷款余额或处理责任人的整改措施，而未查找发生问题的管理及流程方面的原因，未采取防止问题发生的有效措施。

（六）审计系统内部需要进一步提高管理水平和业务水平

一是专业化建设工作需要全面推进，审计人员深入钻研专业的意识和积极性需要进一步增强，专业研究能力有待整合和全面提升，专业化建设与审计工作的结合应当更加紧密，熟悉新业务的审计人员少，专家型审计人才数量有限。

二是在非现场审计系统等先进技术方法的运用上，各审计机构和不同人员之间仍存在不平衡现象，需要进一步提高整体应用水平。同时，还要不断完善系统，给现场审计提供有力的支持，实现非现场审计与现场审计的有效结合。

三是受多种因素的影响，个别人员工作中存有后顾之忧，仍存在一些原则性不强、敏感性不够的现象，需要通过优化环境、建立制度、加强教育促进所有审计人员进一步强化责任意识，始终坚持独立、客观、公正的工作态度。审计部门正在草拟的有关审计人员履职尽责方面的相关制度应当尽快出台。

四是个别审计机构和人员在工作流程的执行上规范性不足。

五是审计职能发挥上需要进一步加强创新意识、创新工作方式，在继续做好合规性审计的同时，加大管理审计力度，发挥建设性职能，进一步提高内部审计工作层次和审计价值。

二、改进措施和建议

（一）提高全行对审计工作的科学认识

形成各部门、各分支机构与内部审计有效协同配合的机制，加强“三道防线”在风险内控上的分工协作和制衡监督，确保各司其职、各尽其责。

（二）建立后台监督部门信息交流和共享机制

可以通过简报、内部信息传递、设立沟通联系人、定期座谈会、共享信息系统资源等形式，加强各类信息、技术等在部门间的沟通和运用。

完善后台监督部门与各业务管理部门的日常联系制度，保证业务经营管理信息能够及时全面地达到中后台部门，以参与研究、跟岗学习或培训等方式，使后台部门能提前介入、提前学习和掌握新制度、新系统、新业务、新产品。

（三）继续完善全行整改工作机制

特别是在全系统举一反三进行整改的机制，努力减少前查后犯、此查彼犯现象的发生，统一整改标准，不仅将对原问题的整改情况纳入总行日常考核和评价范围，同时将有关问题是否发生屡查屡犯现象也纳入考核内容，对于问题屡查屡犯的机构，加大惩处力度。

（四）完善培养机制，疏通优秀人才输送渠道

将审计系统后备队伍建设纳入全行整体规划，选拔审计机构优秀人才进入总行核心人才库，按照干部管理权限进行培养，统一调配使用，增强人才培养的连续性。分行选派后备人才到审计部门锻炼，进一步培养风险意识和综合管理能力。制订审计机构的人才培养计划，打通各层级人才输送渠道，积极输送核心人才。

（五）打造高素质的内部审计团队

加强审计机构的专业化建设，突出各审计机构的专业优势。完善全行的审计业务培训机制，建立审计人员的职业发展平台。设计审计培训项目、充实培训内容、创新培训形式、拓宽培训渠道。倡导审计人员走专业化的道路，拓宽审计人员学习领域，建立一支复合型人才队伍。

六、实行更加科学、规范和有效的审计管理

审计理念上，强化创新意识，加大管理审计力度，研究开展增值型审计，提高审计工作层次；技术手段上，进一步推广计算机辅助审计技术，加大审计技术的科技含量，保持非现场审计系统的领先地位和优势；工作流程上，以内部审计章程和准则为基础，推进和完善审计标准化作业流程。

关注宏观调控下五大行业的系统性风险

总行研究部　周小知

当前，经济形势越来越复杂。国际上，美国次贷危机余音未尽，越南、阿根廷金融危机又风生水起，主要国家经济增长放缓，国际油价、股价、房价大起大落，通货膨胀已成为世界各国共同面临的“天敌”。国内，自然灾害频繁发生，经济增长高位回落，宏观调控由“两防”变为“一防一保”。年初经济增长偏快，货币政策从紧，转眼间各项主要经济指标全线下滑，股市、房市“跌跌不休”，煤、电、油、运普遍紧张，工业增长速度大幅度回落，出口增长速度大幅度下降，企业利润增长速度大幅度下滑，通货膨胀居高不下，人民币持续升值，企业生产经营面临困难明显增大。为此，社会各界对减税救市、增加融资、提高退税、扩大内需等又呼声四起。

2008 年上半年，我国 14 家上市银行业绩超预期增长，共实现税后利润逾 2 300 亿元，同比增长超过 60%。在整体经济不景气的情况下仿佛是“风景这边独好”。但我们也应清醒地看到，“一枝独放不是春”，经济是金融之源，经济是枝，金融是叶，经济下滑、企业不景气对金融业隐藏着较大的系统性风险，尤其是以下受经济不景气影响较大的行业（把基本特征一致的群体归为一个行业）应引起特别关注。

一、外贸出口行业

近年来，由于世界经济繁荣、国外需求增加，我国劳动力成本低，土地和税收又非常优惠，出口总规模呈现爆发性增长。2002—2007 年平均出口增长 28.8%，是我国对外贸易历史上增长最快的 6 年。2007 年我国出口总值突破 1 万亿美元，达 12 180 亿美元，与世界出口第一的德国和第二的美国相差无几。但从 2007 年下半年以来，在多种因素压力下，出口企业面临前所未有的困难。

一是市场需求减少，货物订单下降。订单需

求是出口企业的生命线，在世界进口市场上，美国、欧盟和日本等发达国家占50%左右，它们也是我国前三大贸易伙伴。2007年美国进口只增长2.9%，只相当于2006年的一半，而2008年第一季度负增长2.6%。欧盟、日本的进口也在大幅度下降。主要国家进口放缓，世界需求普遍减弱，导致我国出口企业订单明显减少，出口增长大幅度回落。今年上半年我国出口增长21.9%，远低于过去6年的平均水平。广东是我国外贸大省，占全国进出口总额30%左右，但今年上半年进出口增长13.3%，同比增速回落10个百分点左右。制造业采购经理指数（PMI）已跌入50以内，表明经济已趋向衰退。

二是政策优惠减少，经营压力增大。自2005年起，我国相继对出口退税、加工贸易、出口暂定关税和配额管理等多项政策进行了调整，在2006年和2007年两年时间里，相关政策频繁出台，出口退税率调整达到6次之多，下调或取消出口退税的产品累计超过3 000种；加工贸易政策调整5次，增补加工贸易禁止和限制类目录共计3 300多个（十位税号）商品。其中，2007年7月23日公布的《加工贸易限制类商品目录》，除了新增商品类别涉及塑料原料及制品、纺织纱线、布匹、家具、金属粗加工产品等多个行业外，还规定对列入限制类的商品实行银行保证金台账实转管理。2008年版的《加工贸易禁止类商品目录》再增加1 816种商品；对钢材、焦炭等“两高一资”产品实行出口许可证管理和出口暂定税率，对特别重要的资源如焦炭、粮食等实施配额管理等。这些政策的出台对出口企业造成了较大的冲击，增加了出口企业的经营压力。

三是经营效益下降，支出增加。2008年以来，人民币对美元升值速度明显加快，前7个月升了7%，平均每个月升1%，使出口企业价格优势丧失。出口换汇成本明显提高。据商务部调查，2007年累计平均换汇成本是7.36元/美元，低于2007年人民币兑美元的年平均汇率7.604元/美元，说明企业出口总体上还是盈利的。2008年开局形势发生了变化，第一季度出口企业换汇成本7.17元/美元，接近同期人民币平均汇率7.1626，表明企业已处于出口盈亏临界点边缘。同时，用工成本增加（深圳、东莞、中山2008年第一季度平均用工成本上升8%～10%）、原材料价格上涨等，提升了综合成本，挤压了企业盈利空间。据商务部调查，出口企业今年前5个月利润率平均仅为1.1%。纺织业有2/3的公司处于亏损或接近亏损境地。

四是出口信用管理薄弱，坏账陡增。我国企业向来信用管理意识淡薄，许多企业不但认为银行信用证不存在风险、大客户不存在风险，甚至把“老客户”和“发达国家”也当做“保险条件”纳入企业出口安全边界之内。事实证明，这些不过只是主观的想当然，在2004年的赔款中，发达国家发生的赔款比例高达67%。有统计表明，我国从事出口的企业只有不到11%建立了信用监管体系，而这11%当中，又有93%是外资企业，国内企业只有不到1%建立了信用监管体系。2008年以来，随着世界经济增长放缓，国际拖欠明显增加，出口坏账陡然上升已成为我国出口企业的“噩梦”。今年上半年，中国出口信用保险公司在全国范围内共接到出口信用险索赔案件936宗，金额达2.34亿美元，同比增长108%；其中美国报损案件202宗，同比增长31.2%。因为拖欠我国出口企业货款或因破产丧失偿付能力的海外买家就有5 000多户被登记在案。中国企业的出口坏账率是发达国家的10倍，有的企业坏账率甚至高达30%，远远高于西方企业平均0.25%～0.5%的水平。出口坏账的上升使外贸出口企业更是雪上加霜。

二、高能耗高污染行业

纵观我国产业发展历史，高能耗高污染实际上是与产业发展相伴而生的。新中国成立后，我国用土法上马，在全民炼钢铁中建立了比较完备的工业体系。改革开放以来，经济快速增长，但粗放落后的生产方式仍没有根本改变，经济的发展是以浪费资源和损坏环境为代价的。从生产单位GDP需消耗的能源看，中国比美国高出4.1倍，比英国高出6.2倍，比日本高出13.3倍，比澳大利亚高出4.7倍。即使与一些发展中国家相比，中国的单位产出能耗也较高。例如，中国比巴西高4.7倍，比印度高1.5倍。我国经济总量占世界比重6%左右，而能源消耗量约占世界比重的15%。近两年的G8峰会上都在在讨论气候、环境和能源问题，中国面临越来越大的国际压力。

从国内看，高能耗、高污染行业主要是一些基础性原材料行业，在经济增长和投资需求的推动下，这些行业产品需求旺盛，价格大幅度上涨，利润增速明显高于其他行业，尽管国家采取了多种调控措施，但增长仍较快。2007 年 1—11 月，钢铁、化工、建材、石油加工、电力、有色金属六大高耗能行业增加值增长了 19%，增速比规模以上工业高 0.5 个百分点；利润增长 64.1%，比规模以上工业高 27.4 个百分点。六大高耗能行业利润占规模以上工业利润总额的 30%，利润增量则占 43.8%。但我们也要看到，这六大行业能耗占工业能耗的 70%，社会总能耗的 50%。这些行业不仅是经济发展的基础，也是节能减排的关键。

为完成"十一五"规划纲要提出的单位 GDP 能耗降低下降和主要污染物排放总量减少目标，实现国民经济又好又快发展，国家采取了一系列强硬措施限止高能耗、高污染企业的发展。一是严格控制对高能耗、高污染行业提供土地和信贷。二是对高能耗、高污染行业严格执行新建项目节能评估审查、环境影响评价制度和项目核准程序，建立相应的项目审批问责制。三是运用调整出口退税、加征出口关税、削减出口配额、将部分产品列入加工贸易禁止类目录等措施，控制高耗能、高污染产品出口。四是加大差别电价政策实施力度。全面落实差别电价政策，提高高耗能产品差别电价标准。鼓励地方在国家政策的基础上进一步提高差别电价标准，扩大实施范围。五是清理和纠正各地在电价、地价、税费等方面对高耗能、高污染行业的优惠政策，严肃查处违反国家规定和政策的行为。六是淘汰落后产能。2007 年，国家关停小火电机组 1 438 万千瓦，"十一五"时期要求淘汰落后炼钢产能 5 500 万吨、落后炼铁产能 1 亿吨、落后水泥产能 2.5 亿吨、落后炼焦产能8 000万吨，关停小火电机组 5 000 万千瓦。对没有完成淘汰落后产能任务的地区，严格控制国家安排投资的项目，实行项目"区域限批"。对不符合排放标准的企业应依法令其立即停产。对到期未淘汰落后产能的企业，工商部门要坚决吊销其营业执照，质检部门要吊销其生产许可证，尤其是供电、供水部门要采取断电和停水等措施，迫使其退出市场。七是控制上市融资，国家环境保护部已明确火电、钢铁、水泥、电解铝、煤炭、冶金、建材、采矿、化工、石化、制药、轻工、纺织和制革 14 个行业不能通过环保核查的企业将不得申请再融资，也不得申请上市。

总的来看，尽管高能耗、高污染行业目前有一定的市场，有些企业效益也不错，但国家调控政策力度之大、措施之多前所未有。不仅有经济手段，也有行政手段，表明了政府不达到目标绝不罢休的决心。

三、制造业

30 年前，中国制造业借助低成本优势实现跨跃式发展，"中国制造"风靡全球。当前，制造业增加值占中国工业生产总值的 78%，从业人员占 82%，每年贡献四成国内生产总值和五成财政收入，外贸出口的 80% 来源于制造业。在区域结构上，"中国制造"形成了环渤海湾、长江三角洲、珠江三角洲三大世界级制造中心，三大区域以不到全国 35% 的人口和 10% 的国土面积创造了全国 66% 的工业产值。

但是，从 2007 年以来，由于国内国际多种原因，我国制造业发展面临严峻挑战。

一是市场需求增长减缓。国际上，随着次贷危机和世界性通货膨胀的爆发，世界经济出现了明显的放缓趋势，根据国际货币基金组织的预测，2008 年世界经济增长速度比上年至少减缓 1 个百分点。今年上半年美国和欧盟的制造业都是负增长，消费也明显减少。世界经济不景气对中国出口形成了明显的压力，出口减缓、产能过剩的矛盾就显现出来了，很多企业的设备利用率在下降。调查显示，44.4% 的外贸企业存在不同程度的出口转内销的情况，有的企业完全取消了出口，平均转移到内销的比重为 16.8%。从内需看，尽管上半年消费增长较快，如果扣除价格因素，消费增长并不快。在从紧的货币政策下，股市、房市都在下跌，居民消费价格和原材料价格又在大幅度上涨，在社会保障还不完善的情况下，医疗、养老、住房、子女上学等压力仍很大，国内需求仍难以启动。在出口转内销、外需挤压内需的情况下，制造业的产销率可能会受到冲击。上半年我国工业企业利润增长幅度同比下降 20% 左右，亏损企业亏损年增长 123%。

二是经营成本明显增加。中国制造业是以低成本起家的，近年来，随着各种成本的增加，中国制造业迈入了高成本时代。具体来说，其一是汇改以来人民币升值近 20%，由于我国产品大多是低端产品，价格谈判能力不强，升值成本主要是由制造厂商承担。其二是近年来能源和原材料价格大幅度上涨。2005 年以来，国际原油、铜、铁矿石等价格翻了几番，上半年进口价格指数上涨高达20%，国内燃料、黑色金属等能源和原材料价格上涨也超过24%。其三是土地和房地产价格在过去两三年也是暴涨，很多城市地价和房价几近翻番，租金价格水涨船高，企业相关成本大幅度增加。其四是出口退税持续下调，环保成本不断提高。其五是新《劳动合同法》实施，劳动力成本大幅度提高。其六是运输费用不断上涨。普华永道一项研究表明：由于物流费用高昂，一些欧洲企业从中国进口的成本实际比欧洲采购成本要高。其七是资金成本普遍提高。近年来，信贷规模控制和多次升息，企业融资成本大幅度提高，有的地方民间融资利率高达20%以上，2008年上半年，我国工业企业财务成本上升30%。

三是创新能力有限，竞争力不强。中国制造业呈现多散乱差的局面，竞争力不强。其一是规模小。美国《财富》评出的2007年世界500强企业中，我国制造业只有3家，而且都排在300名以后。其二是品牌差。世界8.5万个知名品牌，90%都在发达国家，我国一直以贴牌、加工贸易为主，几乎没有自己的品牌。其三是附加值低。据调查，广东生产一个箱包只赚一毛钱加工费。其四是劳动生产率低。中国制造业的劳动生产率仅为美国的4.38%、日本的4%、德国的5%。其五是核心技术缺乏，创新能力不强。我国制造业对外技术依赖度达50%，设备投资60%靠进口，由于不掌握核心技术，每台国产手机售价的20%、数控机床的20%～40%被用来向国外企业支付专利费。我国规模以上工业企业开展自主创新活动的只占6.1%，盈利企业开展自主创新活动的也不到7%，反映出大量企业仅满足于维持现状。其六是能源消耗量大，环境污染严重。

四、房地产业

自1998年我国住房制度改革以来，我国房地产业经历了10年的快速发展。总的来看，前5年发展平稳，后5年发展迅猛。1998—2002年，房地产开发投资年均增长21.5%，商品房销售面积1997年不到1万亿平方米，2002年达到了2.2万亿平方米。2007年，房地产开发投资增长超过30%，达2.5万亿元，房屋销售面积达7.6亿平方米，销售金额近3万亿元。近年来，我国房地产快速增长、价格急剧上升、投机盛行，房地产市场产生了一定泡沫。为保持房地产市场的平衡发展，政府在土地供应、上市融资、住房结构、首付款、第二套住房、清理“假按揭”等方面采取了一系列措施，为房地产降温。今年以来，房地产市场呈现的主要特点是：

一是房地产投资仍在高位运行，但银行贷款快速下降。2008年上半年房地产开发投资增长了33.5%，从资金来源看，国内贷款占比由年初的37%下降到17.5%，下降了近20个百分点。企业自有资金占比达40%，上升了10个百分点，从国家统计局对全国7 000家房地产开发企业的调查情况看，只有28%的企业认为资金紧张，表明企业自有资金比较充裕。银行贷款的减少既有政策要求，也有银行自主退出，以规避风险。但贷款的持续减少，不少银行只收不贷，中小房地产企业资金压力较为明显。

二是房地产结构有所改善，经济适用房等保障性住房增加。近年以来，中小面积住房和保障性住房投资较快增长。2008年上半年，90平方米以下住房投资2 509亿元，比上年同期增长85%，规模相当于140平方米以上住宅投资的1.5倍。经济适应房投资382亿元，增长31%。

三是房屋销售价格指数仍在高位运行，但增幅逐步回落。当前，我国住宅价格增长虽继续高位运行，但增速有所回落，特别是近期部分城市房价打折之风盛行，表明房地产价格下行风险较大。

表1 部分城市新建商品住宅价格增长情况

单位：%

时间	北京	上海	广州	深圳
2007	17.5	9.3	6.1	14.3
2008－01	17.2	10.1	3.8	12.9
2008－02	16.5	10	2.8	11.7
2008－03	16.9	9.9	2.5	5.7
2008－04	16.1	9.8	1.7	2.6
2008－05	15.7	9.6	1.3	1.3

资料来源：国家统计局：《统计数据》。

四是房地产交易下降和居民持币观望现象浓重。由于政策控制、媒体宣传和价格上涨减缓、居民持币观望现象较浓。2008年上半年，商品房销售面积2.6亿平方米，同比下降7.2个百分点，销售金额为10 325亿元，同比下降3%。北京市上半年住宅销售30 352套，比上年同期下降46%（见图1）。

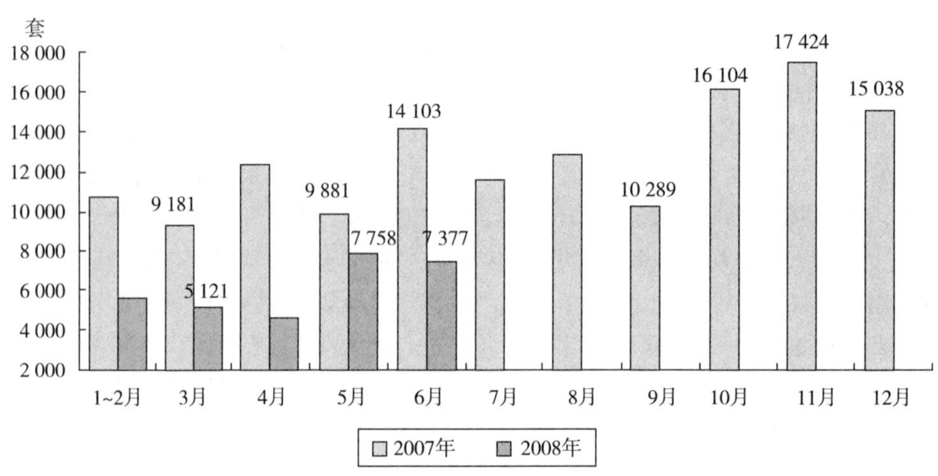

图1　北京2007年和2008年各月住宅销售套数

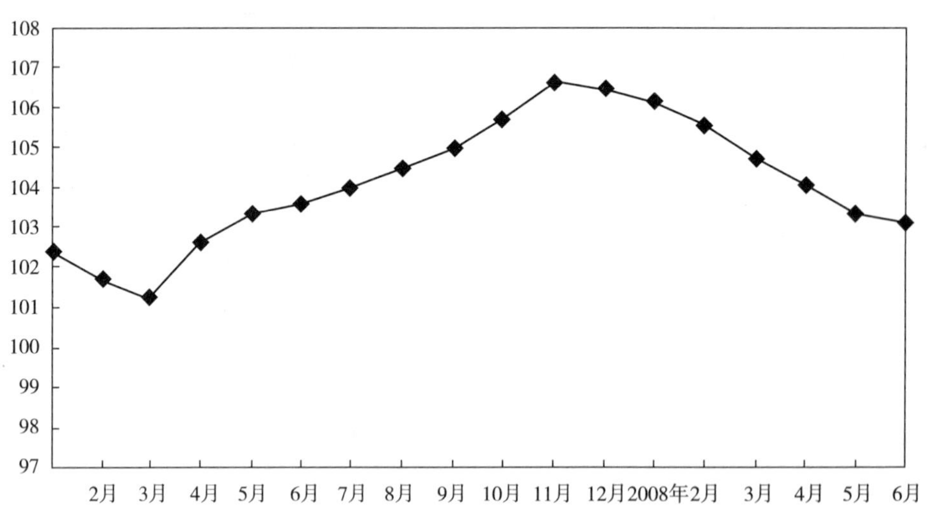

图2　2007年和2008年全国房地产开发景气指数趋势

五是房地产开发景气指数持续下降。房地产开发景气指数是综合反映房地产行业的投资、开发、销售、价格等市场行情的指数，可反映房地产行业总的景气状态。房地产开发景气指数自2007年11月以来持续逐月下降，表明房地产行业的生产交易活动处于减弱的状态（见图2）。

五、中小企业

中小企业是受经济周期影响较明显的群体。通常来说，在经济繁荣周期，需求增长较快、市场行情好，“开一家企业就赚钱”，中小企业遍地开花，发展很快；但当经济处于收缩时期，中小企业的劣势和缺点暴露无遗，遇到的困难也是首当其冲。今年以来，中小企业困难非常突出，产值明显回落，效益大幅下降；出口形势严峻，增速跌入低谷；资金普遍短缺，经营难以为继；生存面临危机，关停并转增多等，引起社会各界的高度关注。最近，浙江省提出“改善全省87万工业中小企业艰难的生存状态成为头等大事”，广东省也提出“逾7万家加工贸易中小企业中，有4.3万家出现前所未有的困难”。中小企业已成为经营最困难、风险最大的一个群体。中小企业面临的困难，既有外部环境原因，也有企业内部问题。

从外部环境看，一是整个宏观经济处于下行通道，市场需求减少，中小企业产品销售困难。二是国家经济处于经济转型阶段，转变经济增长方式，走新型工业化道路，建立资源节约和环境友好型社会，中小企业这种生产粗放，以消耗资源和损失环境为代价的低成本扩张模式遇到了挑战。三是世界经济增长放缓，出口增长速度下降，外需挤压内需，使本来产品供过于求的国内市场竞争更加激烈，中小企业处于明显劣势。四是宏观调控政策的核心是从紧的货币政策，从紧的货币政策的核心是控制信贷闸门、紧缩信贷规模。由于中小企业信誉、实力不及大企业，管理水平低、风险较大，因而其融资较为困难。五是资金链绷紧，趋于断裂。由于中小企业大多实行互相担保和民间借贷等融资形式，形成的债务链错综复杂，而且民间融资成本很高，因而在整个行业收益率下降的情况下，中小企业就会面临较大的财务压力。六是综合成本上升，消化能力有限。2007 年以来，各种原材料、燃料和动力购进价格都在大幅度上涨，人民币持续升值，劳动力成本和环保成本明显增加，但企业创新能力弱，仅仅依靠低价劳动力赚取微薄利润，无法消化或转移成本，导致企业效益明显下降。

从内部原因看，一是劳动者素质低，60% 以上的职工只有高中以下水平，许多是农民工，知识和技术不足，难以创新产品，企业发展主要是依靠产量的增长，竞争能力有限。二是生产效率低，从国务院第一次经济普查数据看，小企业每年人均生产工业产值仅为 15.35 万元，而大企业则高达 50.41 万元，差距很大。三是资信低，中小企业规模小、实力弱，没有拳头产品、没有品牌，也没有多少可抵押的资产，财务管理基础比较薄弱，透明度较差，有的企业还有两本账。四是管理水平不高。在许多中小企业中，还没有建立现代企业管理制度，有相当一部分仍然实行家族式管理，在管理上存在诸多的随意性。五是职工收入相对较低，国务院第一次经济普查数据表明，2004 年中小工业企业平均工资为 846 元，仅为大型企业的 42%。劳动力成本提高后，企业就承受不了。

总的来看，在国家宏观调控政策下，随着经济逐步降温、需求萎缩、成本上升、政策调整等一系列不利的因素影响，上述行业或企业群体系统性风险明显增强。风险因素不一样，制造业和中小企业主要受市场风险影响大，高耗能、高污染行业和房地产行业受政策风险影响大，外贸出口既有政策风险又有市场风险。当然，系统性风险是一个系统或行业的整体风险，并不意味着行业中的每个企业的个体风险，有些企业在优胜劣汰的竞争中反而更好更快地发展。

节能减排应成为商业银行的信贷文化

总行研究部　周小知

能源和环境既是人类社会赖以生存和发展的基础，也是世界各国经济社会发展中面临的共同问题。20 世纪，占世界人口 15% 的发达国家相继完成了工业化，但其能源和矿产资源消费量占同期全球的 60% 和 50%。21 世纪，占世界人口 85% 的发展中国家将加快推进工业化和现代化进程。在这个阶段，如何解决日益严峻的人口、资源、环境与工业化加快、经济快速增长的矛盾，是需要人们认真思考、共同回答的问题。

一、节能减排是我国的基本国策，绝非权宜之计

2005 年 3 月，胡锦涛总书记首次提出建立“资源节约型、环境友好型社会”。同年 10 月通过的“十一五”规划，把单位 GDP 能耗下降 20%、主要污染物排放总量降低 10% 列为“十一五”期间的约束性指标。温家宝总理指出，实现这两个指标是党和政府对全国人民的庄严承诺，必须采取强有力的措施，坚定不移地实现。2007 年 6 月，国务院要求各地区、各部门真正把思想和行动统一到中央关于节能减排决策和部署上来。要把节能减排任务完成情况作为检验科学发展观是否落实的重要标准，作为检验经济发展是否好的重要标准。节能减排的提出虽然时间不长，但中央采取的措施很强硬，决心和信心很大。节能减排绝非一阵运动、一个号召，绝非权宜之计，而是需要长期坚持的基本国策，这是由我国经济社会发展的基本特点决定的。

我国是世界上最大的发展中国家，也是经济发展最快的大国。能源和环境对我国经济社会发展的影响非常大。综合起来看，一是我国能源消费总量大，仅次于美国，位列世界第二。二是我国经济增长对能源依赖性较强，我国经济增长由工业主导，而工业的能源消耗占能源消费总量的70%。三是能源利用效率低。从生产单位GDP消耗的能源看，中国比美国高出4.1倍，比英国高出6.2倍，比日本高出13.3倍，比澳大利亚高出4.7倍。即使与一些发展中国家相比，我国的单位产出能耗也较高。例如，中国比巴西高出4.7倍，比印度高出1.5倍。四是能源安全问题突出。2007年我国原油消费量是3.4亿吨，生产量是1.87亿吨，也就是说，我国45%的原油依赖进口。石油安全问题不是说我国没有钱进口石油，也不是说我国买不到石油，关键是我国进口石油绝大部分要通过马六甲海峡，而此处海盗横行，难以控制。五是粗放的经济增长模式不可持续。1981—2000年，我国能源消费总量翻了一番，GDP翻了两番。“十五”期间，GDP平均增长9.6%，能源消费平均增长10%，而2003—2004年，我国GDP增长1%，能源消费大约要增加1.5%。我国节能规划提出到2020年能源消耗总量为30亿吨标准煤，预计2010年就会达到这一目标。据2005年国土资源部的调查数据，我国石油的剩余可采储量为24.9亿吨，按年采2亿吨计算，10年就采光了。2008年我国进口原油1.7亿吨，花费1 293亿美元，而2002年我国进口原油仅为6 941万吨，花费127亿美元。2008年进口原油的花费是2002年的10倍，而进口原油数量仅为2.6倍。经济增长以过度消耗能源为代价的模式是难以持续的。六是国外舆论压力较大。近年来，国外有人散布“中国能源威胁论”，指责中国是国际能源的“掠食者”。2005年6月，中国海洋石油有限公司宣布以要约价185亿美元收购美国优尼科石油公司，在美国国会和政府的干预下无功而返。能源问题不仅是经济问题，也是政治问题。

二、我国节能减排成效较大，但仍未达预期目标

近年来，为实现节能减排目标，中央政府采取了史无前例的强有力措施，全面地、大规模地推动全民节能活动。通过政策引导和行政考核，强力推动节能减排工作。

第一，从政策上引导和鼓励节能活动，控制能源消耗。近年来，国家出台了大量政策措施，鼓励节能减排，控制能源消耗增长。如对高能耗项目或企业限制提供贷款和土地供应，对高耗能、高污染产品大幅度降低出口退税或加征出口关税、削减出口配额，大幅度提高高耗能企业用电价格，全面清理和取消各地在电价、地价、税费等方面对高耗能高污染行业的优惠政策，对节能技术的研发、引进、创新给予一定财政补贴，提高高油耗排量汽车消费税税率等。通过提高能源消费成本来减少能源需求。

第二，以行政考核强化地方和企业的节能责任。国务院与各省、市、自治区和1 000家重点企业签订了节能目标责任书，明确规定，把节能目标责任评价考核结果作为对省级人民政府领导班子和领导干部综合考核评价的重要依据，实行问责制和“一票否决”制。对考核等级为未完成的省级人民政府，领导干部不得参加年度评奖、授予荣誉称号等，国家暂停对该地区新建高耗能项目的核准和审批。重点企业考核比照执行。通过行政考核引导领导行为，有力地推动了节能减排工作。

第三，从近两年统计数据看，单位GDP能耗有所下降，但未达标。要实现“十一五”期间单位GDP能耗要达到降低20%的目标，则平均每年要下降4.4%。从国家公布的数据来看，2005年我国万元GDP能耗不降反升，2006年下降了1.79%，2007年下降了3.66%，下降幅度不大，都没有达到4.4%的平均值。

三、对我国单位GDP能耗下降的初步分析

单位GDP能耗是一个相对指标，是一个效率指标，反映了经济增长的质量和效益。从理论上说，我国在各行各业开展的节能活动，并不一定能降低单位GDP能耗，因为当人们节约能源的同时，GDP也可能在减少。能源是经济活动的“血液”，能耗与GDP增长是密切相关的，国外有专家过去用能耗情况来评估我国GDP数据的真实性。能源消耗与GDP的同升同降不会对单位GDP能耗产生影响。当前我国单位GDP能耗下降可以从以下几个方面得到验证。

高能耗行业增长放缓。在我国能源消费结构中，工业占比高达71%，这是与其他发达国家显

著不同的特点。据测算，钢铁、有色、化工、电力、石油加工及炼焦、建材六个高耗能行业的增加值占规模以上工业的33%左右，用电量占工业用电量的64%左右，能耗占全国工业能耗的70%左右。在宏观调控下，工业特别是高能耗工业增长速度有所回落，带动了能源消耗增长的放缓。

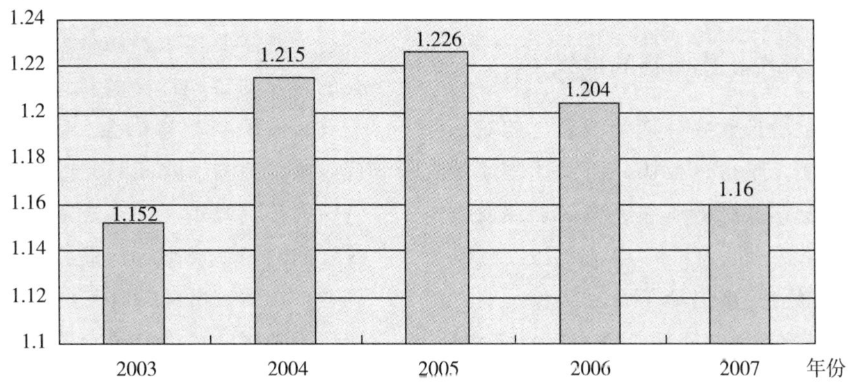

资料来源：根据统计局、发展改革委和能源局公布的数据计算。

图1　单位国内生产总值能耗情况（按2005年可比价）

能源消费效率有所提高。一方面，中央采取强制措施淘汰低落后产能，2007年国家关停小火电机组1 438万千瓦，远远超过原定1 000万千瓦的计划。关停的小火电机组平均单机容量2.6万千瓦，平均服役27年，平均供电煤耗438克，比全国电力机组的平均煤耗高25%。另一方面，鼓励采用节能技术，强化节能管理，高耗能行业单位工业增加值能耗在降低。另外，在能源转换中，由于低端、低效机组关闭，转换效率有所提高。

重点地区单位GDP能耗有较大下降。广东、江苏、上海、浙江、北京五省市GDP总量占全国总量的35.5%，而其能源消耗只占全国的23%。河北、山西、内蒙古、辽宁、贵州五省GDP总量占全国总量的14.26%，而其能源消耗达到全国的24%。从2007年的情况看，这些重点地区单位GDP能耗出现明显下降，带动了全国能耗水平的下降。

能源价格的大幅度上涨也迫使企业节约能源。近年来，由于经济的快速增长和消费水平的提高，能源需求增长较快，推动了能源价格的大幅度上涨。煤炭、石油价格的持续上涨以及对部分企业实行差别化电价也促使企业和居民节约能源、提高消费效率。

四、仅考核单位GDP能耗难以达到节能减排的目标要求

我国是世界第二大能源生产国和消费国，但人均拥有量很少，能源利用效率低。我国GDP大约占世界总量5.5%，消耗的能源占世界总量的15%，消耗的钢材占世界的30%，消耗的水泥占世界的54%。长期以来，我国只关注经济增长速度，不关心增长所付出的能源消耗代价。在2003—2007年这轮经济高增长中，煤、电、油等主要能源都出现过不同程度的短缺，“煤荒”、“电荒”、“油荒”已成为部分地区影响经济发展和居民生活的重要因素。节约能源已成为我们面临的刻不容缓的任务。经济增长要消耗能源，社会财富的增长、人们生活水平的提高又离不开经济增长，如何处理好能源消耗与经济增长的关系是我们面临的重大问题。中央提出用单位GDP能耗降低作为考核指标，是恰到好处地处理了这一问题。其含义是经济增长要考虑能源消耗，其导向是要以较少的能源消耗产生更多的社会财富，其目的是贯彻科学发展观、促进经济又好又快发展。

然而，我们也应看到，单位GDP能耗也有局限性。单位GDP能耗下降可以促进节能减排，但节能减排是不可能仅用单位GDP能耗一个指标完成的。由于单位GDP能耗下降主要是一个技术创新的过程，而且与国际比较，即使下降20%，也仍是一个较高的水平。当前，与世界先进水平相比，我国水泥行业综合能耗高出1/5，钢铁行业大中型企业吨钢可比能耗高出1/6，电力行业火电供电煤耗高出1/5，汽车燃油经济性水平比欧洲平均水平低15%～20%。事实上，有些指标越考核、越重视、越与领导绩效挂钩，数据准确性就越差，玩数字游戏是没有意义的。美国的环保

运动从19世纪就开始了，而且是全民参与，并出台了《清洁空气法》和《清洁水法》，以约束企业和公民的行为。因此，节能减排工作要从体制、机制、价格、文化习惯和政策法规等方面全面推进。

五、我国节能减排工作面临的挑战

我国的经济增长犹如一部结构老化的农用汽车，油门踩到底，跑得也很快，而发达国家的经济增长犹如一部崭新的奔驰车，稍一加油就奔跑起来了。近年来，我国单位GDP能耗虽在逐渐下降，但是在艰难地、被迫地下行。从长远看，完成“十一五”单位GDP能耗下降目标任务艰巨、挑战严峻。一是前两年下降幅度不大，为后三年完成任务增加了困难。2006—2007年共下降了5.45%，2008—2010年还要下降14.55%，差不多每年下降5%，困难较大。二是管理节能空间已有限，技术节能难度较大。在能耗上该压的已经压下去了，如淘汰落后产能、减少浪费、倡导节约，加强管理等，剩下的是“难啃的骨头”，即通过技术节能。技术创新有一个过程，不可能一蹴而就。三是经济结构变化缓慢，高耗能行业占比太高。近年来三次产业占GDP比重的变化很小，我国工业增加值占GDP的43%，却消耗了70%的能源。如果工业占比下不去，三产占比上不来，则结构调整缓慢，能耗下降也缓慢。四是工业部门能耗下降，其他部门能耗又在上升。随着居民生活水平的提高，生活能源消费会逐步增加。总的来看，对一个经济结构落后、拥有13亿人口的国家，能源的供需矛盾会日益突出，节能减排工作任重道远。

六、节能减排应成为商业银行的信贷文化

商业银行是金融服务业，本身能源消耗不多，中央也没有对其进行强硬的考核。事实上，商业银行的信贷文化对推动节能减排工作至关重要。商业银行通过调整信贷行为，发挥金融资源配置功能，对推动节能减排工作具有重大意义。同时，节能减排引起不同产业的变化也会对商业银行业务发展产生较大影响。商业银行应将节能减排嵌入信贷文化之中，把节能减排当成自觉的行动，实现经济效益和社会效益双赢。

节能减排是商业银行的社会责任。节能减排是一项重大的系统工程，需要全社会、多方面的广泛动员、积极参与和大力支持。作为社会经济活动的重要参与者、联结国民经济各方面的纽带、金融资源配置的中枢，商业银行应该在节能减排中发挥更加重要和突出的作用。商业银行是同时具有经济性和社会性双重性质的社会组织，其经济行为既需要追求经济效益，又必须同时考虑社会的整体利益和社会的长远发展，自觉承担社会责任，实现企业与社会和谐发展。20世纪90年代以来，美国、欧洲的一些银行开始考虑银行经营中的环境政策、关注环境发展问题、接受可持续发展的国际规则等。根据国际金融公司（IFC）调查，在新兴市场，71%的银行采取措施识别社会环境领域的风险和机会，57%的银行在项目审查和客户评价程序中增加了社会和环境因素，形成了明确的环境风险管理目标。早在1979年10月，邓小平同志就指出“银行要成为发展经济、革新技术的杠杆”，革新技术是节能减排的关键，是商业银行的社会责任。

节能减排为商业银行提供了新的发展机遇。我国科学发展、清洁发展的理念已深入人心。可以预见，节能减排措施会越来越硬，要求会越来越高，调控政策会越来越多。商业银行应审时度势、顺势而为，在节能减排中寻找机会。比如说，汽车对石油消耗和环境污染已成为现代社会的共同问题，1995年，清华大学研制了第一台轻型电动车，既节省能源，又没有污染。在短短10年的时间里，我国轻型电动车产销量已占到全球的90%以上。另外，新能源、新材料行业、环保设备制造业、风力发电设备、太阳能电池设备、节能建材、节能器具、脱硫除尘设备、污水处理等相关产品的发展潜力也是较大的。事实上，国际银行业对节能环保的认识也从单纯的管理环境和社会风险变为从节能环保中寻找机会。如提供环境项目贷款、建立环境保护基金、发展环境融资租赁业务、提供环境产业创业资本、小额融资等。国际金融公司采取损失分担、技术支持和金融创新等手段为商业银行开展节能环保贷款提供了新途径。2006年5月，兴业银行和IFC签署了能效贷款合作协议，成为与IFC一起开展中国能效贷款的首家境内商业银行。2008年6月，作为中国海峡项目成果交易会的“节能减排政银企合作洽谈会”引起了广泛关注，7家银行在现场与15家企业签订了节能减排融资意向协议，意向金额达到75.68亿元。

节能减排要求商业银行加强环境风险识别、

控制和防范。在利润最大化的追求下，环境风险往往被忽视了。在我国主要金融机构的中长期贷款中，电力、钢铁、有色、建材、石油加工、化工六大高耗能行业人民币贷款占整个工业贷款的81%。事实上，在节能减排政策调控下，高能耗、高污染行业面临的压力越来越大，很多落后产能都面临淘汰，对商业银行的信贷风险不可小视。商业银行的环境风险还体现在承担社会责任的信誉风险上，国外大多数银行把与环境、社会等可持续发展有关的问题带来的声誉损失风险看做是比信用风险更重要的风险。

节能减排要求商业银行在推进可持续发展中发挥更重要的作用。可持续发展是科学发展观的基本要求，经济社会的发展不能超越资源和环境的承载能力。银行业在可持续发展中的责任和作用日益受到国际社会的重视。联合国环境规划署（UNMP）提出的《金融机构关于环境和可持续发展的声明》、国际金融公司的环境和绩效标准、赤道原则等，从环境和社会责任的角度，建立了金融机构新的行业基准，要求金融机构对于项目融资中的环境和社会问题尽到审慎性审核调查义务。世界自然基金会的一份课题研究报告中指出，60%的国际银行正在积极承担一些与可持续发展有关的社会责任。汇丰银行、荷兰银行分别获得了2006年、2007年由英国《金融时报》颁发的“可持续发展银行奖”。事实上，可持续发展是一个和谐发展、效益递进的演变过程，第一阶段是银行放弃高能耗、高污染、高盈利“三高”项目信贷机会，此项收益可能减少。第二阶段是在政策法规约束下，“三高”项目环境补偿成本增加，高盈利消失了，银行可规避高能耗、高污染项目的风险。第三阶段是银行按照可持续发展要求，寻找到节约能源、保护环境而市场潜力巨大的产品或市场机会。第四阶段是银行在节能减排中贡献突出，获得市场和社会的广泛认可，从而获得更多的业务和利润。商业银行要真正把节能减排嵌入信贷流程和信贷文化之中，在保持经济可持续发展的同时也保持自身的可持续发展。

企业发展历史证明，企业的短期增长可以以利润取胜，而企业长期的稳定发展则要靠社会的认知和认可。

我国银行业专家队伍的形成与激励

——兼论风险管理核心人才的成长及培育

总行风险管理部　刘桂峰

金融作为现代经济的核心，其对经济增长的推动作用无疑是通过“金融人”——包括银行管理者、专家群体等——实现的，其中专家群体的作用不可小觑。因此，重视专家队伍的培育，形成有利于专家脱颖而出并充分发挥作用的机制，对我国商业银行在激烈竞争中立于不败之地，并逐步成长为国际一流银行有着至关重要的作用。

一、何为“银行专家”

银行专家是指在银行价值创造链条中某一领域或某一关键节点有才识、有见识、有判断能力，能够对银行的价值创造起重大影响力和强力推动作用的专业人士。银行专家既包括宏观政策层面的能够对银行所处的纷繁复杂的内外部环境进行深入分析并作出判断，为政策的制定提供决策支持的专家，也包括制度层面的熟谙银行价值创造流程并适应市场的变化进行体制创新的专家，还包括产品创新方面的有着敏锐的市场感觉和丰厚的知识、经验和能量储备，能够根据客户和市场的需要不断推出金融新品的专家。这里还需要特别提出风险专家，即通过对各类风险因子的深入分析和精确计量，为客户营销、产品定价、资产管理乃至政策制定提供决策支持的专业群体，是银行价值创造和健康持续发展的深层源泉所在。当然，银行专家还包括市场营销、资金交易、财务分析等方面的人才。总之，它应该是一个群体，也可以称之为一个体系，是支撑银行盈利能力不断提升和稳定持续发展的中坚力量。

银行专家体系应有如下特点：首先，呈宝塔状。专家应分为等级，处在不同层面的专家在专业素质、知识厚度、判断能力等方面的要求是不一样的。处在顶端的为数不多，但应该是一流的。我国国有控股大型银行已融入国际资本市场，其资本、利润等排名也已跻身于国际大银行前列，因此应该拥有国际一流的专家。其次，每个个体只是某一领域或某一方面的专家，而不是无所不知、无所不晓的全能型人才。因为每个人的精力是有限的，面面俱到必然是全而不专，不符合专家的要义，当然，极个别的天才除外。这与复合型人才的概念又不一样，后者是指在从事某一领域的专业研究时，必须具备与之专业领域相关的知识与能力。如风险计量专家既要有雄厚的数理统计或数学分析的背景，又要对银行的核心业务比较熟知。最后，专家没有管理责任，他只专注于所从事的领域，心无旁骛地做好自己的专业，将成为这个领域的顶尖专家作为自己的职业目标。因此，专家不应该承担行政管理方面的责任，其上司也不应该拿与专业无关的事务性工作烦扰他，相反要为其创造良好的工作环境。

二、专家队伍已成为现代银行价值创造的源泉和根基

第一，银行资本密集、知识密集、技术密集的特点，要求其必须拥有一批头脑敏锐、才学丰厚、辨识力强的专家型人才作为强有力的支撑。

第二，银行经营货币的特性，要求其必须拥有丰厚的专家资源为其资本资源的合理配置和价值创造能力的不断提升提供强有力支撑。作为经营一般等价物的特殊企业，银行的经营行为往往不仅表现为一种微观行为，而且在很大程度上表现为一种宏观行为——资源的整体配置。配置的质量和效率直接影响银行的盈利能力和增长的可持续性，进而影响一国经济增长潜力和持续增长能力。这种配置的背后是要经过大量的分析、计量和论证的，也就是说需要一大批有宏观思维、有战略眼光、有市场敏锐、有计量分析能力的专家型人才，来为决策者提供强有力支持，否则，银行的可持续性乃至社会经济增长的可持续性就无从谈起。

第三，银行经营活动的高风险性，要求其必须有一批成熟而有胆识的风险专家为其提供精确的计量和缜密的分析。任何经营活动都会有风险。银行经营活动的风险不仅来自于外部或自身，更来自于经营对象——货币的本身，来自于这种一般等价物经营过程中因客户违约，或利率、汇率政策变化及股票、大宗商品价格波动，或控制活动出现重大缺陷而带来的风险。这些被《巴塞尔新资本协议》纳入资本计量的三大风险（信用风险、市场风险和操作风险），在现代经济条件下往往容易交织在一起，对银行体系造成重大冲击，有时甚至是毁灭性打击，如历史上曾经出现过的巴林银行破产事件，以及今年发生的法国兴业银行重大欺诈损失事件均是这种典型的事件。如果银行对这种风险没有足够的认识，或者没有一批在信用风险、市场风险、操作风险领域掌握对各类风险因素进行精确计量和深入分析的专家，或者这种计量分析的结果没有被正确地加以运用，都有可能导致重大损失。这种损失影响的不仅仅是一家银行，还会影响到一国经济的健康持续运行，进而波及千家万户。

第四，银行在一国经济可持续发展中所承担的责任，也要求其必须拥有一批环境社会科学方面的专家。银行在社会经济的稳定持续发展中承担着更为深重的责任，这也是由银行自身的特性决定的。在当今全球经济的发展已严重危及自然生态系统、危及大气环境、危及不可再生资源的枯竭，进而危及人类的生存和经济增长的可持续性时，各类生产者，包括为这些生产者的生产活动提供各类支持的服务者，尤其是银行，应该义无反顾地承担起这份既是社会责任，同时也是自身信贷安全的任务。这就需要银行有熟知国际国内环保法律、政策、绩效标准的专家，以承担起这份重责。

三、我国银行业专家队伍的建设与一流银行的目标存在较大差距

我国的商业银行，尤其是国有控股的大型银行经过十几年的改革和体制上的痛苦蜕变之后，盈利能力和管理风险的能力逐步增强，也初步拥有了一支包括各种门类的专家队伍，尤其是随着近些年风险管理的不断推进，一批风险管理的专家逐步成长起来。但不容置疑的一个事实是，我国商业银行在专家的数量、质量、重视程度及激励约束等方面还存在诸多问题，与国际一流银行以及我们朝着一流银行挺进的目标相比均有很大差距。

第一，专业序列初具雏形，但缺乏精细化和标

准化管理。据了解，国内不少商业银行均建立了自己的专业技术序列，把专业人才分为风险经理、客户经理、理财师、会计师等不同类别，有的多达十几种，并在类别内分设不同等级。这种分类比传统的技术职称的分类有了很大改进，从专业门类和内部等级均做了进一步细化。但等级划分的标准还不太明确具体，等级晋升的渠道和通道不太透明，不利于专业人员主动地遵循和把握。

第二，缺少国际一流的顶尖专家。常常能见到一些国际知名的银行，如摩根、汇丰的经济学家在一些论坛或场合发表对经济局势或货币政策的看法或观点，感觉他们不仅仅是在分析市场行情、引领舆论，更是在彰显一家银行的实力。也常常能感觉到一些银行在金融创新方面很厉害，跟进市场和客户需求的能力很强，在某一领域的市场占有率很高。还常常感觉到一些银行的行业分析能力特别强，能够准确地把握一些行业的发展节奏及趋势，因而能在这些行业把业务做到最强。更常有失落感或愤懑情绪，觉得国际通行的金融规则和标准均由西方主流银行制定，根本不考虑我们的国情和现状。我国商业银行近些年虽加强了研究能力，但有见地、有引领能力的观点还不多；虽注重了产品创新，但贴近客户和跟进市场的能力还不强，产品的雷同性和竞争的同质性使其很难彰显自身的特色；虽在市场拓展方面加大了力度，但行业分析投入不够，缺乏对某些行业的长远规划和深度挖掘。究其原因，除了体制、机制方面的因素外，缺乏顶尖的专家队伍是主要原因之一。这也可能是近年来我国国有控股大型银行虽然主要财务指标已接近甚至超过一些国际一流银行，但仍让人感觉底气不足、形似而神异的主要原因所在。

分析这一现象背后的深层原因，不难发现个中缘由：

一是认识层面的“官本位”意识。尽管国有控股大型银行的商业化改革自20世纪90年代就已启动，尽管经过股份制改革后已成为境内外上市的公众公司，但中国几千年遗留下来的“官本位”意识还在影响着市场经济氛围浓烈的企业界，尤其是其中的大型国有企业，国有控股大型银行也不例外。这些银行过去曾经是国家专业银行，因此“官本位”的影响更为深远。其员工观念在改革进程中虽有很大改观，但仍有一定“残余”。在不少员工心目中，当企业的管理人员，尤其是高级管理人员是其第一目标，实在努力不上了，退而求其次才转向专业序列。这种意识本身就禁锢了相当一批人，使最优秀的一批人在相当长的一段时间内为当一个什么“长”而不懈竞争，并从思想上导出专家序列的人才永远是“二流”人才的概念，这恐怕也是国内商业银行尤其是国有控股大型银行难出一流专家的思想根源之所在。

二是体制层面的激励约束缺位。主要表现在如下几个方面。

其一，缺乏员工职业生涯设计的有效辅导。国际一流银行的员工都会得到其职业生涯规划方面的辅导，使其能够根据自身的能力和特点选择自己的职业方向，成为某一领域或某一方面的专家自然就成了许多有志青年或有识之士的首选。笔者记得10年前在花旗银行培训时得知的一个“爬格子”的故事。一个刚入行在营业部工作的基层员工，可以清楚地知道在未来几年间会得到多少次培训，会参加多少次、哪些类别的考试，如果工作努力、业务出色会在哪个阶段晋升到哪种专业层次，他们通过这种“格子”的不断攀升来实现自己的职业梦想。但我国的商业银行还做不到这一点。新员工入行后得靠自己的摸索或“悟性”来选择，其中不乏在“管理职位”的“独木桥”上“挤”了很久而绝望地下来转向专业技术岗位的。从个人而言是耽误了时间，从组织而言则是浪费了资源。

其二，缺乏人才脱颖而出的激励机制。专家是需要去发现进而通过培养不断提升其层次的，因而必须设计并建立促进人才脱颖而出的机制。其实，专家不仅需要知识的厚度，更需要磨砺和经验的积累，因此，应有多种渠道发现和“挖掘”，其中通过考试选拔也不失为一种选择。但目前国内银行业的专业考试多为岗位入门考试，晋级考试的通道尚未开启，这就不足以从中识别和发现人才，也不足以激励员工不断学习以向更高的等级攀升。

其三，缺乏育人和用人的有机结合。这一问题已是老生常谈了，但并没解决好。通过选拔被聘为不同等级的专业人才，往往没有清晰明确的岗位职责与之对应，因而对其业绩也很难有效考核。有的参加了一些社会性的考试，考取了具有一定资格认证机构的资格证书，如风险领域的“金融风险管理师”、“数量金融工程师”等，但如何同所从事的工作有机结合，并同内部的专家序列及等级晋升有机结合，尚需进一步探索与完善。

其四，缺乏留人的激励措施。撇开薪酬激励这一敏感因素不谈，国内银行业感情留人和事业留人提得较多，但通过培训使其能力和素质不断提升以适应更高层次的专业职位以至于向顶尖方向迈进则提得很少，后者才真正体现了事业留人的真谛。常常会听说某某人被哪家银行“挖”走了，或自己“跳槽”走了，有时不免会扼腕叹息一声，其实更该做的是反思一下我们能够激励员工尤其是专家型人才的措施到位了没有。

四、建立我国银行业一流专家队伍的思路及对策

（一）更新观念，重视专家的价值并着力营造其发挥作用的条件和环境

银行作为企业，管理者的主导作用不言而喻。银行战略的制定、业务计划的实施、利润目标的完成、内控体系的建立等都需要管理层组织并强力推动。管理者还可通过管理体制的不断创新给组织体系注入活力，使其焕发出更强的生命力，在更高的层面上同经营对手展开竞争。从这个意义上说，管理者的素质和能力决定着银行的竞争力和持续发展的能力。管理者在决策和推进战略实施的进程中，还要善于运用专家的智慧，发挥他们在各自领域的专业特质，以对银行的重大决策形成强有力的支撑，使各项政策及措施都有基于足量的事实、数据计量分析的支撑。因此，管理者要真正转变观念，重视专家潜能的挖掘，重视专家作用的发挥，重视为专家创造更适宜的环境和氛围，使他们的专业能力更有效地服务于银行。管理者还可通过管理体制的创新，为专家的脱颖而出，为培养和留住一流、顶尖的专家不断创造条件。

（二）建立起一套有利于专家型人才脱颖而出的激励约束机制

首先，要加强职业生涯规划的辅导。不仅要帮助新员工，更要帮助那些已在职场上“拼杀”过一段时间，有沧桑感或失落感的员工，帮他们认清自己的特点和长处，使自己朝着更利于优势和强项的方向发展。其次，要建立起透明、公开的人才选拔机制。专家序列要更突出专业、专注的特点，每一类别下的等级一定要合理，标准一定要清晰具体，尤其是专业素质的要求，一定要紧扣该专业的特点，进行必要的细化和量化。选拔的机制要公开透明，适合专家型人才的特点。例如晋级考试，要设计能够体现该专业序列的专业等级的专业知识、专业经验、专业能力的考题和试卷，采取能够测试上述能力的考试方式，并能够标准化和制度化。一旦考试通过，则等级的晋升一定要兑现。同时，培训和考试也可考虑借鉴社会力量，选择有较好资质、较好口碑、较强师资力量的专业培训机构合作，对经培训并考试通过者予以认可，建立与内部等级对应的制度安排，并安排合适的岗位加以运用。最后，建立起用人和留人的机制。专家是宝贵的资源，一旦纳入序列加以聘用就要恰当使用，绝不可“闲置”或用不到地方。同时，要在使用中不断地培训、提升专家的层次，使其不断适应更高、更重要的新职位，以不断增进其成就感和归属感。

（三）要打通成为一流和顶尖专家的通道

国际一流银行培养一流专家的经验告诉我们，一流专家的培养是要花费成本的，包括时间和资金投入。如要培养信贷领域的专家，是要在前台和中台不断轮岗的。他既需要有市场的感觉，又需要有分析判断的能力。当他在风险管理部门从事分析计量时间到达一定程度时，需要交流到市场营销部门体验市场的脉搏，当积累了一定的经验后又可回到风险部门从事行业的分析研究或贷款的审核审批。但每一次的交流都应该体现为螺旋式上升，而不是简单的“轮回”。尤其是行业专家的培育，更要求其潜下心来，长期专注于一个或与之关联度大的相关行业的研究，并历经前台、中台、后台的反复体验，以增进其经验、感受及分析判断能力。这些做法应以制度化的形式固定下来。同时，要允许在他成长的过程中“犯错误”、“交学费”，这可以视为培育专家所必须付出的成本。而且，在需要进一步提升其知识厚度时要舍得花“大价钱”送其到国际一流的大学去学习，以不断拓宽其视野及知识的容量。这里还需要重点指出的是，专家晋升的通道一定要打通，薪酬待遇一定要跟上，尤其技术含量高、替代成本高、对支持银行的价值创造具有举足轻重作用的专家，如上面谈到的行业专家、风险计量分析专家，可打破常规为其设置专门职位，并配以相应的薪酬激励。

（四）要敢于打破常态，打破按层级设置不同级别专家的现状，着力推动专家群体的不断壮大

中国如此之大、人才如此之多，有时是超出

我们想象的，不一定总行才有最好的专家，有时分支机构也是“藏龙卧虎”之地。只要标准统一，选拔的方式公开透明，高等级的专家也可设在分支机构，尤其业务量大、业务品种复杂的分支机构，更需要有足够判断力和影响能力的高等级专家。同时，还可探索按区域设立高等级专家的方式，使专家的配置与区域的发展、区域的战略有机结合起来，有效地发挥专家的价值和对银行价值创造的推动作用。

城市基础设施建设行业发展情况与我行信贷政策取向研究报告

总行授信管理部　李敏新　袁　平　崔青云

一、城市基础设施行业发展情况及风险分析

（一）近年来我国城市基础设施投资增速较快，未来受到城市化进程加快等因素的影响，可望继续保持高速增长

1. 我国城市基础设施投资增速整体较快，增速变化与财政政策的“松紧”密切相关，且早于经济增速变化。1998—2007 年，我国累计完成城市基础设施投资 38 979 亿元，平均年增幅为 20.7%。由于城市基础设施由政府主导投资建设，因而我国城市基础设施投资增速变化与财政政策的“松紧”密切相关，且早于经济增速变化：经济增速下滑→政府实施积极财政政策→城市基础设施投资增速大幅上升→宏观经济政策逐步显现→经济增速恢复上升→经济过热→政府实施偏紧的财政政策→城市基础设施投资增速下滑→宏观经济政策显现→经济增速下降（见图 1）。

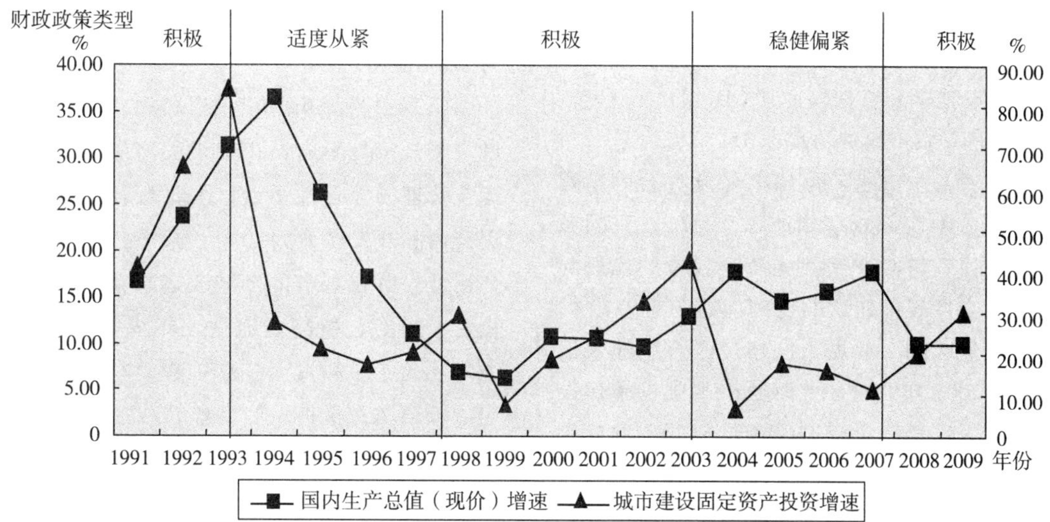

资料来源：1991—2007 年数据来自中经网统计数据库及中华人民共和国住房和城乡建设部城市建设统计公报，其中国内生产总值增速未剔除通货膨胀因素；2008 年及 2009 年为预测数据。

图 1　我国城市基础设施投资增速与 GDP 增速变化

2. 城镇化进程的加快对城市基础设施的需求进一步加大，据测算，2008—2025 年城市基础设施的年投资规模约为 9 250 亿元。根据 2008 年 3 月麦肯锡公司发布的《迎接中国十亿城市大军》报告，中国的城市人口将于 2025 年达到 9.26 亿人，按照该预测结果，2008—2025 年我国年平均增长城市人口约 1 850 万人。与此同时，随着经济发展水平不断提高，年度城市新增人口人均城

市基础设施建设的投资额度也在逐年上升，我国"九五"期间为人均0.75万元，"十五"期间为人均2万元，2006—2007年为人均4.34万元。根据城市化率与城市基础设施建设人均投资额的相关性分析（见图2），按照人均5万元的保守估计，2008—2025年我国城市基础设施投资的年投资规模约为9 250亿元（1 850万人×5万元）。

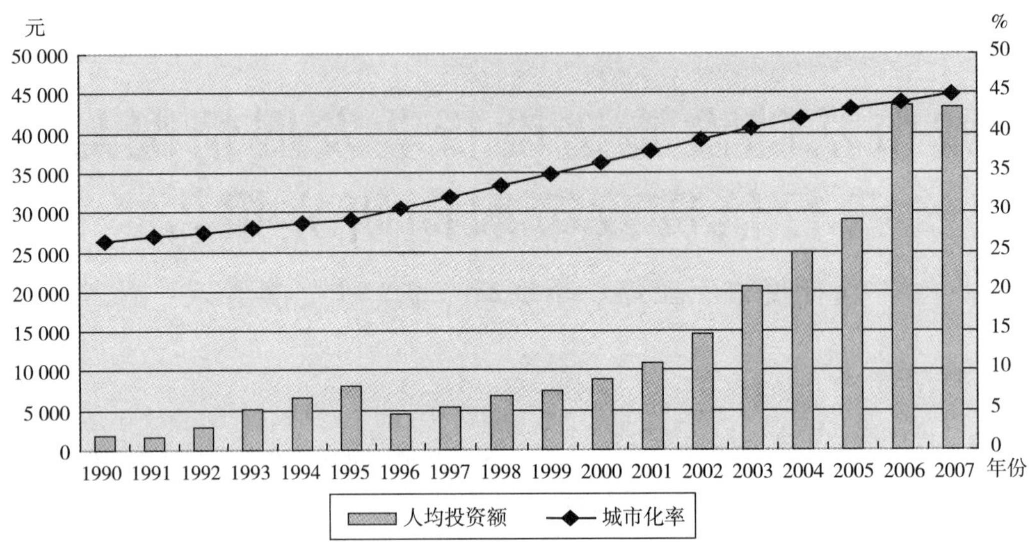

资料来源：中经网统计数据库。

图2　城市化率与城市建设人均投资额的相关性

（二）我国城市基础设施建设区域性差异明显，东部地区城市基础设施建设水平及投资规模高于中西部及东北地区

城市基础设施投资与城市所处的经济区域发展状况密切相关，联合国社会发展部曾建议发展中国家城市基础设施建设投资应占其GDP的3%～5%、占其全社会固定资产投资的9%～15%①。

分区域看，东部地区的GDP及全社会固定资产投资均高于中西部及东北地区；另外，我国城市基础设施投资与GDP和固定资产投资的比例与联合国的社会发展部建议的比例尚有一定差距②，但东部发达地区的一些城市已超过联合国建议比例。例如，2007年北京、上海城市基础设施建设投资占当地全社会固定资产投资总额的比重分别为29.6%、32.9%，而中西部及东北地区则明显低于建议比例。因此，东部地区城市基础设施投资规模明显高于中西部及东北地区。

（三）城市基础设施投资建设公司及其融资特点

在《预算法》不允许地方政府出现预算赤字，也不允许发行地方政府债券的情况下，地方政府的主要做法就是成立城市建设投资公司，以此作为融资平台，负责筹集城建资金并进行投资建设。根据城市建设投资公司项目运作特点，分为以下几类。

1. 综合性城市建设投资公司。综合性城市建设投资公司是政府城市建设的融资、开发和资产运营管理的综合性平台，主要有各地城市建设投资公司和开发区开发公司。其中，城市建设投资公司负责所在城市的旧城改造及新区建设，主要投资于道路、桥隧、地铁、环境整治、供排水、燃气及动迁房和重大配套工程，对其贷款主要采用"项目资产抵押＋收费经营权质押＋政府还款承诺"的方式，还款资金来源主要是政府财政支出；开发区开发公司主要负责特定的经济园区建设，如新城区、开发区、大学城、商贸城、中央商务区等，具有很强的垄断性和区域性，对其贷款主要采用"土地抵押＋政府担保"的方式，还款资金来源主要是向企业转让土地收益或地租收

① 资料来源：世界银行：《世界发展报告（1994）》。

② 我国城市基础设施投资占GDP的比重2002年以后保持在3%左右，最高年份为3.29%，略高于联合国推荐的下限指标值；1998—2007年，我国城市建设固定资产投资占同期全社会固定资产投资的比重年均为5.9%，最高年份也仅为8.03%，尚未达到联合国推荐的下限指标值。

入和政府财政支出。

2. 单一项目投资公司。单一项目投资公司负责某一特定项目的资金筹措、施工及管理，如自来水公司、燃气公司、地铁建设公司等，对其贷款主要采用“收费经营权质押＋政府性公司担保＋政府还款承诺”的方式，还款资金来源主要是公司经营收入。

3. 土地储备中心。土地储备中心统一负责当地土地的收购、开发及出让，对其贷款主要采用“土地抵押＋政府还款承诺”的方式，还款资金来源主要是土地出让收入。

（四）城市基础设施建设投资公司风险分析

由于城市建设投资公司只是政府借款的载体，政府是银行贷款的最终还款人，因此，城市建设投资公司贷款风险主要是政府信用风险及其派生的法律风险、流动性风险、政策风险及项目风险。

1. 信用风险。大多数城建项目的经营收入只能是保本微利或无经营收益，因此，还款只能依靠地方财政的统筹安排，存在一定的风险隐患：一是部分地区财政结余较少，政府过度负债造成财政负担过重；二是由于政府领导班子轮换，“新官不理旧账”，新一轮“政绩工程”、投资冲动需要更大规模的财政开支等现实问题的存在，既定的还贷计划往往难以得到落实；三是城市建设投资公司法人治理结构存在先天性缺陷，公司产权及项目收入支配权不明晰，受到地方政府过多的干预，容易造成还款资金被挪用；四是受原有行政思想影响，公司财务管理不规范、经营责任不清，只重视用款，不重视归还贷款。

此外，银行对政府财力及政府背景公司负债能力的评估体系尚不完善，难以准确评估其风险。

2. 法律风险。一方面，政府还款承诺不具备法律效力。根据《中华人民共和国担保法》、《最高人民法院关于适用〈中华人民共和国担保法〉若干问题的解释》，国家机关除了经过国务院批准为使用外国政府或者国际经济组织贷款进行转贷外，不能作为保证人，各地政府或财政机关出具的还款承诺不具备担保作用；另一方面，项目特许经营收入权属于行政事业性收费权，收费资金属于财政资金，纳入政府预算，实行收支两条线管理，以这些收费权作为质押缺乏明确的法律依据。

3. 流动性风险。我国财政收支实行收支两条线，城市基础设施项目收入上缴当地财政，再由当地财政统一安排支出，资金流转时间过长容易造成贷款本息不能及时偿还。例如，土地储备中心的土地出让所得收入必须直接上缴财政专户，经土地储备管理委员会或土地管理部门批准后，财政部门根据所审核的土地储备机构的项目成本报表，核拨相关成本费用给土地储备机构。受上述行政程序时间影响，有可能出现贷款本金或利息临时性逾期。

4. 政策风险。在宏观经济下行阶段，政府为刺激经济，往往增大城市基础设施投资，银行贷款同时也有较大幅度增加；在宏观经济过热阶段，政府为抑制经济过热，通过土地政策、固定资产投资政策、公用事业收费政策等的变动与调整，部分工程可能面临下马、停工，给银行贷款带来较大风险。

5. 项目风险。由于城市基础设施建设项目由政府规划设计，且投资规模大、建设周期长、无直接经营收益或低收益性，因而对其贷款存在项目风险，主要包括合规风险、资本金不足的风险、建设超前风险、采购风险和建设风险。

二、我行城市基础设施行业贷款情况

截至2008年10月底，全行除西藏分行外37家分行均有城市基础设施建设贷款，客户为2 118个，贷款余额为3 090亿元，占全部公司类贷款的11.42%，比年初增加634亿元，贷款增速达25.81%，高于公司类贷款平均增速15.33个百分点；不良贷款余额为41.69亿元，比年初增加4.01亿元，不良率为1.35%，比年初下降0.19个百分点，不良率低于公司贷款不良率0.85个百分点。

（一）城市基础设施行业贷款增长较快，在全部公司类贷款中占比逐年上升

2005年以来，我行城市基础设施行业贷款快速增长，年增速均高于同期全部公司类贷款平均增速，在公司类贷款中占比从2004年的8.31%提高到2008年10月的11.42%，提高了3.11个百分点（见表1）。

表 1　　2004—2008 年城市基础设施行业贷款情况　　单位：亿元，%

时间	贷款余额	占公司类贷款比例	贷款增加额	贷款增速	全部公司类贷款增速
2004 年末	1 481.92	8.31	—	—	—
2005 年末	1 703.55	8.64	221.63	14.96	10.57
2006 年末	2 023.94	9.12	320.38	18.81	12.52
2007 年末	2 456.22	10.03	432.29	21.36	10.35
2008 年 10 月末	3 090.39	11.42	634.17	25.82	10.49

（二）城市基础设施建设行业贷款的 92.67% 集中在中心城市行，68.94% 集中在长三角、珠三角、环渤海等重点地区，重点地区贷款质量较好且基本稳定

1. 92.67% 的贷款集中在中心城市行。截至 2008 年 10 月底，中心城市行城市基础设施建设行业贷款余额为 2 864 亿元，占比 92.67%，比中心城市行全部公司类贷款的平均占比（81.34%）高 11.33 个百分点，分别比 2007 年底、2006 年底提高 9.01 个、27.99 个百分点。不良额为 20.55 亿元，不良率为 0.72%，比全部城市基础设施贷款不良率低 0.63 个百分点（见表 2）。

2. 68.94% 的城市基础设施建设行业贷款集中在长三角、珠三角、环渤海等重点地区。截至 2008 年 10 月底，长三角、珠三角、环渤海等重点区域城市基础设施建设行业客户贷款余额为 2 130.61亿元，占全行城市基础设施建设行业贷款余额的 68.94%，比重点区域全部公司类贷款的平均占比（57.82%）高 11.11 个百分点，其中长三角地区贷款余额为 1 175.53 亿元，占比达 38.04%，比该地区全部公司类贷款的平均占比（24.79%）高 13.25 个百分点。

3. 长三角、西部及环渤海地区的一级分行，其城市基础设施行业贷款占公司类贷款的比例高于全行平均水平。截至 2008 年 10 月底，长三角、西部及环渤海地区城市基础设施行业贷款占公司类贷款的比例高于全行平均水平（11.42%），其中长三角区域最高，为 17.52%，比全行平均水平高 6.1 个百分点；东北地区比例最低，为 4.53%，比全行平均水平低 6.89 个百分点。

4. 环渤海、长三角地区分行贷款增速较高，珠三角地区增速最低。2008 年前 10 个月，环渤海、长三角地区分行的城市基础设施建设行业贷款增速分别为 39.49%、33.31%，分别比全行城市基础设施建设行业贷款平均增速（25.82%）高 13.67 个和 7.49 个百分点；东北地区增速最低，仅为 5.86%。

5. 除西部及东北地区外，其他四类区域不良额、不良率比年初均实现了双降。截至 2008 年 10 月底，六类区域城市基础设施建设行业贷款不良率均低于辖内公司类贷款不良率，其中，长三角地区不良率最低（0.52%），东北地区不良率最高（5.74%）；除西部及东北地区不良额、不良率双升外，其他四类区域不良额、不良率比年初均实现双降。

表 2　　城市基础设施建设行业贷款区域情况　　单位：亿元，%

区域	贷款余额				不良余额		不良率	
	10 月底	占比	比年初	增速	10 月底	比年初	10 月底	比年初
合计	3 090.39	100.00	634.17	25.82	41.69	4.01	1.35	−0.19
中心城市行合计	2 130.61	68.94	506.80	31.21	14.66	−7.78	0.69	−0.69
重点区域合计	2 863.99	92.67	809.11	39.37	20.55	−4.31	0.72	−0.49
长三角	1 175.53	38.04	293.73	33.31	6.13	−3.83	0.52	−0.61
珠三角	326.95	10.58	35.24	12.08	2.70	−3.70	0.82	−1.37
环渤海	628.14	20.33	177.83	39.49	5.83	−0.25	0.93	−0.42
中部地区	292.75	9.47	46.39	18.83	6.24	−1.36	2.13	−0.95
西部地区	589.79	19.08	76.70	14.95	16.35	10.45	2.77	1.62
东北地区	77.24	2.50	4.27	5.86	4.44	2.70	5.74	3.36

（三）综合性城市建设投资公司贷款占比较大、增速较快、资产质量较好，单一项目投资公司贷款不良率最高，部分行业不良贷款较为集中，土地储备贷款余额比年初减少、资产质量向好

根据我国城市建设投资公司分类，结合我行客户行业归属的实际情况，将我行城市基础设施建设行业客户分为综合性城市建设投资公司、单一项目投资公司、土地储备中心三类。

1. 综合性城市建设投资公司贷款占比最高（59.15%），增速最高，资产质量最好。截至2008年10月底，综合性城市建设投资公司贷款余额为1 827.84亿元，占全部城市基础设施建设行业贷款的59.15%；增速较快，达45.14%，比全部城市基础设施行业贷款平均增速高19.32个百分点；不良率为0.51%，比全部城市基础设施行业贷款平均不良率低0.84个百分点，不良额、不良率分别比年初减少4.4亿元、下降0.58个百分点（见表3）。

2. 单一项目投资公司贷款增速较低，不良率最高，部分行业不良贷款集中在少数客户。截至2008年10月底，单一项目投资公司贷款余额为797.63亿元，占比25.81%，增速达16.13%，比全部城市基础设施行业贷款平均增速低9.69个百分点。单一项目投资公司不良率为三类客户中最高，达3.62%，不良额、不良率分别比年初增加9.5亿元、上升0.8个百分点，不良额增加主要是个别分行受地震灾害影响，6个风景名胜区管理业客户风险分类下调为不良类，涉及贷款余额9.8亿元，以及个别分行2个热力生产和供应业客户受煤价上涨、供热费收取不到位等因素影响风险分类下调为不良类，涉及贷款余额2.36亿元。

3. 土地储备贷款余额比年初减少，不良额、不良率双降。截至2008年10月底，土地储备贷款余额为464.92亿元，占比15.04%，比年初减少45.1亿元。在32家有土地储备贷款的分行中，22家分行贷款余额比年初减少，9家分行贷款余额比年初增加。

土地储备贷款不良额为3.44亿元，不良率为0.74%，低于全部城市基础设施行业平均不良率0.61个百分点，不良额、不良率分别比年初减少、下降了1.09亿元、0.15个百分点。

表3　城市基础设施建设行业贷款客户情况　　单位：亿元，%

行业分类	贷款余额				不良余额		不良率	
	10月底	占比	比年初	增速	10月底	比年初	10月底	比年初
合计	3 090.39	100.00	634.17	25.82	41.69	4.01	1.35	-0.19
一、综合性城市建设投资公司	1 827.84	59.15	568.48	45.14	9.37	-4.40	0.51	-0.58
1. 市政公共设施管理	1 038.34	33.60	152.12	17.17	6.52	-1.63	0.63	-0.29
2. 投资与资产管理	789.49	25.55	416.36	111.59	2.85	-2.77	0.36	-1.14
二、单一项目投资公司	797.63	25.81	110.78	16.13	28.88	9.50	3.62	0.80
1. 城市公共交通业	373.48	12.09	47.28	14.49	1.23	-0.26	0.33	-0.13
2. 水的生产和供应业	219.39	7.10	26.93	13.99	6.12	-2.15	2.79	-1.51
3. 热力的生产和供应业	74.77	2.42	1.00	1.36	5.12	2.47	6.85	3.25
4. 公共设施管理业	61.65	1.99	27.52	80.62	10.43	9.98	16.91	15.62
5. 燃气生产和供应业	59.48	1.92	2.46	4.32	5.76	-0.52	9.69	-1.33
6. 环境管理业	8.85	0.29	5.59	171.67	0.22	-0.02	2.53	-4.90
三、土地储备中心	464.92	15.04	-45.10	-8.84	3.44	-1.09	0.74	-0.15

（四）基本建设贷款增速高于流动资金贷款增速，部分流动资金贷款有短贷长用的嫌疑

城市基础设施建设行业的特点决定了其融资目的多为项目贷款，金额大、周期长，在我行城市基础设施建设行业贷款中，基本建设贷款余额占比为44.42%。此外，城市基础设施建设行业融资模式以政府为主导，但财政资金拨付与项目资金需求在时间上往往难以完全匹配，因而城市基础设施行业贷款中搭桥贷款性质的流动资金贷款也占了相当大的比重，我行城市基础设施建设行业流动资金贷款占比为53.24%，剔除其中的土地储备贷款后，流动资金贷款占比为38.2%。

在流动资金贷款中，2008年纯新发放贷款余额为660.07亿元，占比为55.91%；回收再贷及借新还旧性质的贷款余额520.49亿元，占比为44.09%，其中的321笔、127.99亿元贷款转贷2次以上，该部分贷款形成了事实上的长期占用，存在“短贷长用”的嫌疑（见表4）。

表4　城市基础设施建设行业贷款产品情况　单位：亿元，%

产品	贷款余额				不良余额		不良率	
	10月底	占比	比年初	增速	10月底	比年初	10月底	比年初
合计	3 090.39	100.00	634.17	25.82	41.69	4.01	1.35	-0.19
基本建设贷款	1 372.77	44.42	426.07	45.01	10.70	2.25	0.78	-0.11
流动资金贷款	1 180.55	38.20	253.10	27.29	26.36	3.42	2.23	-0.24
土地储备贷款	464.92	15.04	-45.10	-8.84	3.44	-1.09	0.74	-0.15
境外筹资转贷款	25.24	0.82	-5.70	-18.41	0.79	-0.39	3.14	-0.68
技术改造贷款	24.85	0.80	-0.45	-1.79	0.37	-0.19	1.51	-0.70
银票贴现	11.74	0.38	5.68	93.69	0.00	0.00	0.00	0.00

注：流动资金贷款不含土地储备贷款。

（五）我行城市基础设施建设行业客户财务状况

从行业财务指标平均水平看，2005年以来，城市基础设施建设行业客户整体资金实力增强，盈利水平呈上升趋势，但2008年上半年受国内外宏观经济形势影响，增长势头有所放缓，且整体负债水平呈上升态势，有息负债虽有所下降但仍位于较高水平（见表5）。

1. 资金实力增强。2005年以来，城市基础设施建设企业资金实力不断增强，平均货币资金由2005年底的0.83亿元，上升至2008年6月底的1.63亿元；平均资产及所有者权益分别由2005年底的13.63亿元、6.32亿元，上升至2007年底的22.35亿元、10.03亿元，虽然2008年6月底分别回落至21.47亿元、9.51亿元，但仍处于较高水平。

2. 盈利水平呈上升趋势，2008年上半年有所下滑。城市基础设施企业平均总资产报酬率2005年、2006年、2007年分别为2.26%、2.82%、3%，上升趋势较为明显，但2008年上半年下滑至2.03%。

3. 负债压力较大。城市基础设施建设企业平均资产负债率呈上升趋势，2008年6月底为55.24%，比2005年底、2006年底、2007年底分别上升了1.73个、1.26个、1.59个百分点。由于其他负债（主要是其他应付款）占比上升，因而银行借款与净资产的比例呈下降趋势，2006年底、2007年底、2008年6月分别为204.87%、160.50%、152.71%，有息负债压力有所缓解，但仍然处于较高的水平。

表5　城市基础设施建设企业财务指标变化情况　单位：亿元，%

财务指标	2008年6月	2007年	2006年	2005年
资产负债率	55.24	53.65	53.98	53.51
银行借款/净资产	152.71	160.50	204.87	171.62
总资产报酬率	2.03	3.00	2.82	2.26
货币资金	1.63	1.43	1.01	0.83
资产	21.47	22.35	16.90	13.63
长短期借款及应付票据	8.90	9.42	7.19	5.79
其他负债	2.96	2.57	1.93	1.51
所有者权益	9.51	10.03	7.60	6.32

三、对我行城市基础设施建设行业信贷政策取向的建议

（一）积极支持城市基础设施行业信贷投放，“十一五”期间我行贷款每年新增规模至少可保持1 000亿元

整体看，在国家积极财政政策拉动下，城市基础设施建设投资将成为未来几年拉动经济的增长点，城建领域的信贷投放将成为近几年内潜力巨大的市场，建议我行切实加大对城市基础设施建设行业的信贷支持力度。

初步估算，如按每年全国新增优质城建贷款项目需求3 330亿元（9 250亿元投资×60%融资需求×60%优质比例）、我行占据30%左右的份额保守预测，我行城市基础设施建设贷款年新增规模至少可保持1 000亿元。

（二）区域选择上，优先投放于财政实力强、城市化水平较高，且城市基础设施投融资运作较为规范、成熟的大中城市

为保障我行信贷资金安全，建议优先选择GDP、财政收入、财政收支结余在债务偿还期内能够持续、稳定增长，且城市基础设施投融资运作较为规范、成熟的大中城市作为支持重点。具体看：建议优先投放于直辖市、省会城市，长三角、珠三角及环渤海地区的中心城市，国家级高新技术开发区、经济技术开发区；对于经济欠发达地区的县及县级市应加快退出。

（三）客户选择方面，建议重点支持拥有雄厚的财政实力支持的综合性城市建设投资公司和土地储备中心

建议优先支持拥有雄厚的财政实力支持的综合性城市建设投资公司和土地储备中心，审慎进入财政实力一般或财政支持力度不够的综合性城市建设投资公司，审慎进入单一项目投资公司，坚决退出没有独立法人资格的指挥部等临时性政府下设机构，或项目资本金不到位、还款计划未列入当地政府财政预算等客户的存量贷款。

（四）项目选择方面，建议优先支持列入当地“十一五”发展规划的城市基础设施建设项目

建议优先选择与政府城市规划相一致、已通过国家有权部门批准的城市基础设施建设项目给予信贷支持，优先支持列入当地“十一五”发展规划的城市基础设施建设项目，限制进入供热体制改革尚未到位城市的集中供热工程建设项目，对城市功能改善没有明显效果的宽马路、大广场等形象工程、政绩工程，存量贷款应加快退出。

（五）科学评估当地政府的偿债能力

建议重点考察以下两个因素：一是债务的承受能力，重点分析该地区的经济发展速度及政府财政收入水平，其中财政收入应包括税收、各种规费收入及土地出让收入；二是债务的偿还能力，主要取决于财政收入中能拿出多少来偿债，预估财政收入剔除行政事业性经费支出、社会保障等刚性支出后的结余部分。

（六）合理确定贷款担保方式，确保贷款第二还款来源合法、有效

建议积极引导政府设立专门的偿债基金，确保贷款按时回收。同时，建议在现行的法律、政策框架下，增加合法、有效的抵质押物，增强第二还款来源对贷款偿还的保障：对于采用土地或其他资产抵押方式的，要认真调查评估抵押物的足值性、可变现性及所有权归属，避免出现违规和无效抵押；对于采用特许经营权及收费权质押方式的，必须事先征得政府或有关行业主管部门书面同意，并办妥质押手续，确保第二还款来源的合法、有效。

（七）合理确定贷款期限，按计划落实分期还款

城市基础设施项目投资金额大、建设周期长，建议根据项目收益现金流以及财政拨付还款资金的时间、金额，合理确定贷款期限及还款计划，应以中长期固定资产贷款为主，贷款发放后要按计划落实分期还款。对于财政资金拨付与项目资金需求存在时间差的项目，可考虑适当投放搭桥性质的流动资金贷款，在财政资金到位后应及时归还我行贷款，严禁发放流动资金贷款用于固定资产项目建设，存在类似情况的存量贷款应尽快退出。

（八）加强贷后管理，确保城市建设资金专款专用

在条件允许的情况下，建议比照土地储备贷款管理方式，城市建设资金（含贷款）可实行“封闭管理、优先还贷”的操作原则：一是城市建设投资公司在我行设置专户（实行收支两条线，原则上也应在我行设置专户），与城市建设项目有关的资金收支均须通过专户管理，确保专款专用；二是城市基础设施建设取得收益后，包括收储地块（或抵押物）出让、招商引资到位，收入（包括土地出让收入及物业出租收入）必须优先用于归还我行贷款；三是督促财政资本金及还款资金的到位及补充，及时归还我行贷款。

关于企业重组中债权人利益保护机制的思考

总行资产保全部 谭兴民 贾 纯

广义的企业重组适用于各种类型的企业，指企业以资本保值增值为目标，运用资产重组、负债重组和产权重组等方式，优化企业资产结构、负债结构和产权结构，以充分利用现有资源，实现资源优化配置。狭义的企业重组仅适用于陷入财务困境的企业，是在企业无力偿债但有复苏希望的情况下，依照规定的程序，保护企业继续营业，实现债务调整和企业整理，使之摆脱困境、走向复兴的再建型企业拯救制度。本文研究的狭义企业重组既是拯救财务困境企业的有效制度安排，又是债权人实现债权回收价值最大化的有效途径。

从我国以往的实践来看，企业重组主要采用政府主导的方式，重在解决企业债务，而忽视了对其他参与各方特别是债权人利益的有效保护，使企业重组的效果大打折扣，受到广泛质疑。随着我国市场经济体制的逐步完善，市场化重组将成为我国今后企业重组的主要方式。因此，加强对企业重组制度及债权人利益保护机制的研究，完善我国的企业重组制度及债权人利益保护机制，具有重要的理论价值和实践意义。

一、企业重组是拯救财务困境企业、实现多方利益共赢的有效制度安排

（一）企业重组的制度价值

对陷入财务困境的企业处理，一般有两种途径可以选择：一种是破产清算，另一种是企业重组。而企业重组在解决财务困境企业方面是较优的制度安排，其制度价值体现在以下两个方面：一方面，企业重组建立在企业营运价值理论基础之上，在一般情况下，企业的营运价值高于它的清算价值，即高于它的净资产通过清算变价所能获得的价值回收，使与企业相关的利益主体的利益得到有效的保护，符合利益最大化的社会经济目标；另一方面，企业重组把社会利益及其效果置于重要地位，通过企业重组实现社会公平的目标。因此，企业重组被广泛地运用于对财务困境企业的拯救，并被实践证明是拯救财务困境企业更为有效的制度安排。

（二）加强债权人利益保护是企业重组成功的基础

重组制度多元化的价值目标使债权人利益保护处于基础性的地位；同时，只有充分保护债权人的利益，才能确保企业重组的成功及重组目的的实现。

利益相关者理论（Stakeholder Theory）认为，企业作为一种契约性组织，是由各个利益相关者所构成的契约联结体。企业契约中的要素所有者包括股东、企业经理人员、企业员工、债权人、消费者和供应商等所有的利益相关者。公司治理的目标是相关利益者利益最大化。当一个企业不能清偿到期债务或资不抵债时，应当有一种控制权自动转换的机制，即控制权的转移，是由股东转移给债权人，债权人有权接管企业的控制。同时，企业重组制度将债务清理与企业拯救紧密地结合在一起，它把债权人权利的实现建立在企业复兴的基础上，使企业的营运价值得以保留，在保持公司继续营业的前提下，使债权人得到比在破产清算分配的情况下更为有利的清偿结果。因此，限制债权人权利的行使必须建立在尊重和保护债权人利益的基础之上，才能赢得债权人的协助和配合，重组的最终目的才能实现。

二、国外关于企业重组中债权人利益保护的实践及启示

（一）国外关于企业重组中债权人利益保护的实践

关于企业重组的做法虽然在不同的国家和地

区存在着一定的差异，但总体上都采用法院内重组（企业重整）及法院外重组两种类型构建企业重组制度，并建立相应的债权人利益保护机制。

1. 主要国家法院内重组（企业重整）制度及债权人利益保护机制

伴随着立法思想从单纯的个人本位向社会本位的转变，为克服大量企业破产带来的消极思想，本着预防破产、保存企业的价值追求，自20世纪70年代以来，出现了一场世界范围内的破产法改革运动。这场改革的主题之一，就是企业拯救。美、英、法、德等许多发达国家以及一些发展中国家纷纷颁布了新破产法，或对原有的法律制度进行大刀阔斧式的革新，将重整制度置于显著地位。

“重整”一词在各国法律中的称谓不同。无论各国法律中关于重整的称谓如何及采取了何种立法体例，均无一例外地重视和加强对债权人利益的保护，主要表现在以下方面：

（1）在重组程序启动机制方面，一方面赋予债权人以重整申请权，使债权人在债务人不能清偿债务的初期及时启动重整程序，避免债权利益继续恶化；另一方面加强对重整原因的审查，避免重整程序被滥用而造成债权人利益的更大损害。

（2）在重整程序监督机制方面，除法院对公司重整程序的严格监督和控制外，通过设立重整期间的营业机构、监督机构及债权人自治机构，实现监督机构和债权人对公司继续营业的监督，确保债权人利益的有效保护。

（3）在重组计划制订和执行阶段，通过赋予债权人对重组计划制订的表决权及执行的监督权，债权人的利益在重组计划中得到充分体现。

2. 主要国家法院外重组制度及债权人利益保护机制

除法院内的重组外，许多国家和地区开始在法院之外创设作为破产清算程序的替代性方式——债务化解方式的企业重组制度，在英美国家，这种制度被称为“workout”或者“out - of - court workout”，在日本被称为“私的整理”。1997—1998年，当亚洲金融危机和全球金融动荡时，为挽救陷入财务困境的企业，东亚国家及部分东欧国家借鉴西方国家的经验，逐步形成在政府的协调下，由企业各债权方之间达成企业重组协议的法院外重组机制，并通过法律规定对债权人的地位予以明确，在拯救财务困境企业方面发挥了重要的作用。例如，韩国颁布了公司重组促进法，规定不参与重组的机构必须以市场价格将其债权出售给其他债权银行。波兰政府依据1993年的《企业银行重组法》，赋予了银行很大的权力，包括有权调整债务期限、降低利率、不计复利、减免债务、债权转股权、提供新贷款、公开在二级市场上销售其债权等，同时规定银行只要取得债务总额的50%债权人的同意，就有权代表债权人与债务人谈判，对重组实施监督。由于具有程序灵活、耗时较短和避免过多信息披露等方面的优点，法院外企业重组越来越受到人们的重视。但由于法院外的重组缺乏司法权的介入及法院强制力的支持，有时法院外的重组难以取得预想的效果。

（二）借鉴和启示

从国外关于企业重组的制度规定及对债权人利益保护的实践来看，有以下几点值得借鉴。

1. 坚持市场化企业重组，政府一般情况下不直接参与具体重组事务。国际上，特别是美国等发达国家企业重组，主要是依据相关法律规定、行业约定及债权人与债务人之间的约定，在法律框架下依靠中介机构协调和具体操作，政府一般情况下不直接参与具体重组事务，其主要职责是监督参与主体的行为是否规范，起到协调和提供立法保证的作用，充分发挥市场机制在企业重组中的基础作用。

2. 完善的法律是确保企业重组顺利实施及债权人利益保护的制度基础。各国在开展企业重组过程中一般是立法先行，如美国《1978年破产法典》、韩国《公司重组促进法》、法国《困境企业司法重整及清算法》、波兰《企业与银行债务重组法》等。通过制定全面和完备的法律制度，明确参与企业重组的各方的权利和义务，确保企业重组制度的规范运作和合规运行，企业重组制度真正发挥其作用。

3. 法院外重组与法院内重组相互补充，为企业拯救及债权人利益保护提供多种实现途径。从国外企业重组的实践来看，在构建以企业重整制度为核心的法院内重组机制的同时，法院外重组机制因其具有程序灵活、耗时较短和避免过多信息披露等方面的有限，在20世纪90年代后期受到各国的重视，在拯救困境企业方面取得了明显的成效。总体来看，两种制度在企业拯救方面各有其制度价值和存在的合理性，两者各有利弊并相互补充，为企业重组中债权人利益保护提供了多样化的实现途径。

4. 健全的中介机构体系是确保企业重组顺利实施及债权人利益保护的重要保证。从国外企业重组的实践来看，利用社会中介机构实施重组是国际通行的做法。这些中介机构包括会计师事务所、律师事务所、评估机构、拍卖机构、咨询机构等诸多机构，正是中介机构的广泛参与及专业化分工，有效地克服了企业重组中各利益主体之间的信息不对称，提高了企业重组的效率及实施效果。

5. 企业重组是一个包含多种要素整合的综合性制度安排，而非单纯的债权债务关系调整。从国外的企业重组实践看，企业重组是一个包括业务结构、财务结构、治理结构、组织结构及利益结构各方面进行综合调整的制度安排。因为企业重组以拯救陷入困境的企业，实现企业复兴为目的，而企业陷入困境的成因是多方面的，如果仅仅对债权债务关系进行调整往往难以达到使企业最终复兴的目的，而需要从多方面进行综合治理才能达此效果。

三、我国企业重组中债权人利益保护现状评析及改善建议

（一）我国企业重组制度演进及债权人利益保护现状评析

回顾改革开发以来我国企业重组历程，与我国国有企业改制脱困的政策演变紧密相关，主要采用了政府主导、政策推动的企业重组模式。根据国有企业的经营状况，我国政府比较系统和大规模地对国有企业的过度负债采取治理措施是从20世纪90年代中期开始的，采取了包括政策性兼并、政策性破产和债转股等一系列企业重组及债务治理的举措。从这些措施的实施效果看，为国有企业的改革脱困发挥了一定的积极作用，但实践中也暴露出一些问题，主要表现在以下几方面。

1. 主要依靠政府主导、政策推动，缺乏市场运作。在我国，大多数是政府作为企业重组的主要发起人、推动者和操作者，重组程序比较封闭，缺乏其他市场主体参与及竞争，债权人处于被动地位，缺乏参与企业重组的积极性，并承担了主要的重组成本。

2. 重在解决企业债务，忽视企业重整和复兴。我国的企业重组政策措施多是服从于国有企业改制脱困的目的，无论是政策性兼并、破产还是债转股，其政策的出发点重在解决国有企业日益沉重的债务负担及职工安置，以债权人（主要是银行）放弃部分或全部债权为代价。虽然通过债务的重组使得重组企业暂时脱困，但因企业重组中未真正触及企业陷入困境的深层次问题，如治理结构、组织结构、激励约束机制等，使得很多企业在后续经营中再次陷入困境，并没有真正实现企业拯救和复兴的目的。

3. 缺乏对债权人合法权益的保障。在政府主导的企业重组中，债权人处于被动地位，债权人难以主动参与到企业重组改制的过程中并对重组过程进行监控，重组制度的设计着重于企业债务的解决和职工的合理安置，债权人（尤其是银行）的合法权益受到忽视，往往以牺牲债权人利益的方式达到企业脱困的目的。如在政策性兼并过程中，要求债权银行对被兼并企业的银行利息予以豁免，本金展期偿还；在政策性破产中，为了安置职工的需要，剥夺了法律规定的债权人对抵押物资产的优先受偿权；在政策性债转股中，债权人转股后无法以股东的身份行使对企业重大经营管理的决策权等。

4. 企业重组改制缺乏相应的法律制度保障。我国采取的企业重组制度多是由国务院文件或部门规章所规范，不仅效力级别低，而且因为政策制定过程中缺乏相关利益主体的广泛参与，其公允性和独立性难以保证。虽然政策性破产适用了1986年《破产法》及相关的司法程序，但因为1986年《破产法》本身就具有较强的行政主导色彩，加之政策性破产特殊的制度设计（企业申请破产前需要列入政策性破产计划并经主管部门批准），其本质上还是属于行政性关闭。

2006年8月27日，《中华人民共和国企业破产法》（以下简称新《破产法》）在十届全国人大常委会第二十三次会议上审议通过，新《破产法》填补了市场经济规则体系中关于退出法与再生法的一大缺口，特别是借鉴国外先进经验，将重整制度引入破产程序中，促成了破产法律价值观的历史性变化，使之在不损害债权人利益的前提下，朝着挽救债务人和维护社会经济秩序的方向转化。由于重整制度具有对象的特定化、原因的宽松化、程序启动的多元化、重整措施的多样化、重整程序的优先化、担保物权的非优先化和

参与主体的广泛化等特点，这就给了债务人企业一个自我拯救、重新开始的机会，平衡了债权人与债务人之间的利益关系，也为债权人实现回收最大化提供了新的途径。由于新《破产法》2007年6月1日刚施行，重整制度的效果还需要实践来检验。

（二）完善我国企业重组中债权人利益保护机制的几点建议

借鉴国外企业重组的先进经验，对完善我国企业重组制度及债权人利益保护机制提出以下建议。

1. 建立法院内重组与法院外重组并存的企业重组法律制度，为债权人利益保护提供多种途径。为充分保护债权人的利益，我国应建立法院内重组与法院外重组并存的企业重组法律制度。法院内重组制度在我国2007年6月1日刚施行的新《破产法》中已进行了规定，而法院外重组的法律制度在我国目前还是空白。鉴于法院外重组具有程序灵活、耗时较短和避免过多信息披露等方面的优点，充分体现了当事人意思自治，我国法律中应规定法院外重组制度，具体可在《公司法》中专章予以明确，由当事人在合意的基础上启动该程序。同时，为了保证法院内重组与法院外重组的顺利衔接，可建立法院外重组向法院内重组自动转换的机制，以提高重组效率、节约交易成本。

2. 赋予债权银行不良资产处置的自主权，提高企业重组的效率和效果。作为企业主要债权人的银行在不良贷款处置中还存在很多政策限制，使债权银行在企业重组中难以自主决策，影响了企业重组的效率和效果。为此，应赋予债权银行不良资产处置的自主权，主要包括赋予商业银行折价处置不良资产的权利，赋予商业银行市场化转让不良资产的权利，赋予商业银行在处置不良资产处置中的投资权利。

3. 规范和提高债权人在重组企业中的法律地位，提高债权人对重组企业的监督和控制能力。明确债权人参与公司治理的法律地位，赋予债权人参与公司治理的权利和债权人接管重组企业的权利。建议我国法律中引入“利益相关者理论”，赋予占企业债权一定比例的债权人获取公司控制权，如派出特别管理人接管管理层，决定企业的重组和清盘方案，有权检查债务人的账目，在重组期内企业的董事会一切权利由特殊管理人代理行使，有权处置企业资产审查企业账务等。

4. 完善企业重组中债权人利益保护的配套机制。首先，我国需要借鉴国外的先进经验，努力培育和规范发展社会中介机构，为企业重组的开展及债权人利益保护提供专业技术支持。其次，我国应建立不同层次、不同区域的不良资产交易市场，允许更多的投资主体进入市场，提高市场交易的透明度和竞争程度，使不良资产潜在价值得到充分挖掘、资产的价格能够体现资产价值，确保企业重组的效率与效益。

充分发挥资产保全工作在信贷结构调整中的作用

——建设银行退出类行业不良贷款处置研究

总行资产保全部调研组

不良贷款率高于10%的行业是我行确定的退出类行业。截至2007年12月末①，全行有贷款余额的829个行业②小类中，退出类行业158个，涉及不良贷款客户1 500多户，不良贷款余额近220亿元，分别约占同期全部公司类不良贷款户数和金额的24%和29%。其中不良贷款率超过50%的行业41个，不良贷款余额为15.84亿元；不良率达100%的行业21个，不良贷款余额为5.1亿元。

---

① 本文中数据如没有特别说明，均为2007年12月31日数据。

② 本文中行业如无特别说明，均指国际行业标准，为CMIS系统中的国际行业标准数据。

退出类行业不良贷款严重侵蚀了我行的经营效益。这些贷款绝大部分为非应计贷款，属非生息的无效资产，按现行利率计算，每年损失利息收入近16亿元，且占用经济资本近17亿元（按8%计算）。这些贷款也在很大程度上制约了信贷资源的优化配置，其中借款主体不合格、核算不规范的违规贷款，还会给我行带来声誉风险。

加大对退出类行业不良客户的处置力度，是资产保全条线的工作重点。本报告结合对部分分行的调研成果，在对退出类行业不良贷款总体情况及处置难点进行分析的基础上，提出了加快清收处置需重点做好的工作，并对需要作进一步研究的问题提出了相关建议。

一、退出类行业不良贷款的成因和主要特点

上述退出类贷款大部分是2000年以前发放的，形成不良并存续至今主要有以下原因：一是对客户所处行业发展判断不准，贷款投放后受行业自身影响形成不良，如61户广电行业的不良贷款为18.16亿元。二是对部分行业的经济周期变动缺乏有效把握，错失退出时机，风险累积最终形成不良，如对餐饮业、百货零售业、食品制造业、饮料制造业等竞争性行业发放的部分贷款。三是在计划经济时期或计划经济向市场经济转轨时期，向不符合借款主体资格的客户发放贷款，借款人基本上是经济欠发达地区各县和地级市的政府机构。四是在信托机构撤并和内部机构、网点整合过程中，因各种原因形成以行内下属分支行或机构为借款主体的不良贷款。五是部分基层行管理水平低、风险意识淡薄而形成不良，如本应压缩退出但通过借新还旧掩盖客户风险，最终形成不良。六是未能利用政策性剥离、消化历史包袱及可疑类贷款出售等批量处置政策而形成不良。如部分贷款因存在违规因素，分行担心历史问题暴露而未及时进行处置。全行退出类行业不良贷款的主要特点有以下几方面。

（一）贷款质量低于全行平均水平，单户平均金额高

在退出类行业不良贷款中，次级、可疑、损失类贷款占比分别为19.7%、64.81%、15.49%，其中可疑、损失类贷款占比分别高于全行平均水平7.69个和1.59个百分点。从贷款预期损失比率看，退出类不良贷款预期损失比率高出全行不良贷款平均水平6.66个百分点。从单户平均金额看，退出类不良贷款单户平均金额为952.31万元，与全部公司类不良贷款单户平均余额842.23万元相比，高出13.07%。其中，金额最大的不良客户贷款余额为4.99亿元，金额最小的不良客户贷款余额仅为794.68元。

（二）过半不良贷款集中在六大行业

退出类不良贷款覆盖行业大类62个，行业中类129个，行业小类158个，在公司类贷款中所占比例分别为66.67%、34.68%、19.06%。按照行业中类统计，主要集中在医药制造业，批发业，零售业，广播、电视、电影和音像业，塑料制品业和住宿业六个行业，不良贷款余额为111.17亿元，占比为51.84%。

（三）分布地区相对集中

按金额统计，退出类不良贷款主要集中在北京、河北、广东、上海、山东和江苏六家分行及总行本级，不良贷款余额为103.35亿元，占比为48.19%。按户数统计，不良贷款客户主要集中在广东、湖北、江苏三家分行，户数均在100户以上。

（四）股份制企业不良贷款较多

按单位经济类型划分，退出类不良贷款前四位的分别是股份制、国有、私营和外资企业，不良贷款余额为188.03亿元，占退出类不良贷款余额的87.68%。其中，股份制企业不良贷款余额占比最高，占比为38.17%。

（五）对国家机构和行内机构的不良贷款占一定比例

在退出类不良客户中，204户借款主体为国家机构或行内分支机构，占比为13%；不良贷款金额为5.2亿元，占比为2.43%。其中政府机构类179户，行内机构类25户。在政府机构类不良贷款中，土地房产部门不良贷款余额占比最高，为20.25%；公检法部门不良贷款余额占比次之，为17.51%，工商税务和财政部门不良贷款余额占比分别排在第三位、第四位，占比分别为11.8%和7.8%。

二、退出类行业不良贷款处置工作难点

截至2008年6月末，全行共处置退出类行业不良贷款66.29亿元，处置比率为31%，其中证券化处置35.6亿元。今年上半年，已处置退出类不良客户333户，其中证券化退出124户。尽管取得了较好的处置效果，但这类不良贷款的处置工作仍存在较多难点。

（一）大部分不良贷款客户规模较小，所属行业整体效益较差，企业基本无融资能力，处置难以取得实质效果

医药制造等六大退出类行业不良贷款客户绝大部分资产负债率高，企业经营多年亏损，且职工人数较多，历史包袱沉重，而且大都被各金融机构纳入退出名单，无法通过其他途径融资偿还银行贷款。同时，这些不良客户大部分规模较小，中型及以下规模的有149户，占47.59%，在行业内部加速结构调整的过程中，由于资金实力差、抗风险能力弱、不具备被其他企业重组的资源，因此，银行贷款风险也难以借助企业重组而得到有效化解。

（二）不同年度发放的退出类贷款分别具有户数多、处置周期长或难以提前催收的特点

一是1999年以前发放形成的不良贷款。这类贷款有543户，占比35%，不良金额为8.47亿元，占比为4%。虽然金额不大，但户数较多，是经过多年处置后遗留的“硬骨头”，处置难度大，主要靠核销手段处置，但很多贷款不符合核销条件。二是5 000万元以上的退出类不良贷款。这类贷款有98户，占比为6%，不良金额为128.67亿元，占比为60%。绝大部分属于关联企业担保贷款，涉及多家关联企业及多家金融机构，若采用现有处置手段，则不仅周期较长，而且难以取得明显效果。如采用债委会方式整体处置的部分集团客户贷款，债委会牵头重组已经超过2年，至今没有明显效果。三是2009年以后才到期的退出类不良贷款。这类贷款有59户，占比为4%，不良金额为15.6亿元，占比为7%。这些未到期贷款中，有部分贷款受法律法规和合同约定的限制，银行难以要求债务人提前偿还，直接影响了压缩退出的效果。

（三）政府机构类不良贷款采用现有的保全手段难以奏效

政府机构类客户承诺的还款资金多为财政资金的结余部分或预算外资金。随着财政体制改革的推进及财政资金监管力度的加强，借款人原来承诺的还款资金已无法落实。分行虽经多方努力，使其中个别客户从每年预算中安排出一些资金逐步偿还，但难以满足银行退出的时间要求。另外，政府机构类客户存在新官不理旧账的情况。这类不良贷款大部分是在1991年至1995年间发放的，至今客户主要负责人已经多次变更，在催收时经常会遇到现任领导以贷款发放是前任领导的行为为由而拒绝还款的情况。特别是公检法、财政、工商税务等部门，抓住银行不敢轻易得罪这些部门的心理，往往拒不履行合同。目前可采取的催收、重组等保全手段对这类客户均无明显效果，而且经办行出于多方面的考虑，一般也不愿意采取法律诉讼措施，即使采取了法律措施，受多方干预也难以取得明显的回收效果。不少客户提出了对贷款本金打折处置的要求，但受政策限制，我行无法满足。

（四）以行内分支机构作为借款人的贷款暂时无法处置

以行内分支机构作为借款人的贷款大多是在机构撤并、账务并账过程中形成的，有的借款主体属于虚拟主体，有的是原借款人和贷款人因机构整合而成为同一主体。按照《合同法》“债权债务同归于一人时合同权利义务终止”的规定，借款合同已经终止，现行的保全手段已不能再继续追索，也不符合呆账核销的有关规定，需要采用内部账务处理或财务消化的处置方式，但目前缺乏具体操作的相应规定，以致这些不良贷款长期挂账。

（五）部分分行对退出类行业不良贷款处置工作的重要性认识不足

一些分行认为退出类行业不良处置工作难度大、处置周期长、部分项目金额小、处置贡献小，因此积极性不高。有的分行不良贷款反弹压力大、处置任务重，主要的精力放在如何实现不良贷款尽快处置上，对退出类行业不良处置工作关注不够。另外，由于部分退出类行业形成时间较长、成因复杂、人员变动较大，如要处置，必然会涉及对历史贷款的清理，经办行怕牵扯的问题多而存在畏难心理。

三、加快退出类行业不良贷款处置的重点工作

全行已确定2008年处置退出类行业不良贷款不低于年初基数的50%、行业不良率高于50%的不良贷款力争全部退出的工作目标。通过对当前不良率较高、余额占比大的行业和项目进行专家诊断，发现尽管存在一定困难，但清收处置还是大有可为的，需要重点做好以下几方面的工作。

（一）加强对分行的引导和督导

对2008年5月下发的《关于做好退出类行业

不良贷款处置工作的通知》执行情况进行督导，引导分行充分认识退出类行业不良处置工作对推进信贷结构调整的重要作用，针对不同项目的情况和特点，找准处置切入点，分门别类，有效运用各种政策手段，合理安排退出处置工作，完成全年工作目标。

（二）充分利用资产保全手段和工具

一是继续强化重大项目的直接经营和处置力度。要求分行进一步加大直接经营力度，组建专业化的处置团队，综合运用减免息、以物抵债、变更借款人等重组手段，不遗余力地压缩不良贷款。二是继续加快核销工作。按照监管部门“用好制度、应核尽核”的要求，抓住新契机，逐户清理，集中时间、集中精力，依法合规加快核销。对一些长期挂账、无法处置和小额的损失类贷款，认真对照新核销办法增加的“强制执行、小额追索、案件损失和协议和解”四项核销条件，尽快处置符合条件的不良贷款。三是充分利用资产证券化批量处置手段。对已列入第二单重整资产证券化项目基础资产池的退出类不良贷款，要配合做好构建基础资产池、尽职调查、资产评估等各环节工作。四是继续发挥专家诊断机制作用，充分运用SARM系统的监测与督办功能。

（三）积极研究处置政府机构和行内机构类不良贷款

一是建立重点行监管直通车。对退出类行业不良贷款集中的一级分行，以及政府机构类不良贷款、行内机构类不良贷款、小额不良贷款集中的二级分行，在强化一级分行管理的同时，建立总行监管直通车，重点监控二级分支机构退出处置工作。对工作推进不力、不重视的机构，要加强督办。二是加强指导。对于问题集中、处置压力大的一级分行，派业务专家深入现场听取情况、分析问题，进行针对性的指导或培训。三是提升不良贷款经营层级。对一些在二级分支行以下经营管理的、受当地政府干预严重的政府机构类不良贷款，由一级分行保全部门集中经营。四是实施“名单制”管理，建立行内机构类不良贷款退出客户名单，逐户清理，研究制订针对性的“一户一策”处置方案。

（四）加强行业分析研究，实行差别化管理

一是加强对宏观经济形势和行业发展变化的研究分析，及时关注对企业的影响。重点关注受行业风险影响较大的客户，尤其是过度依赖银行资金维持发展的客户。二是进一步研究细化行业管理措施。有重点地选择部分行业，对处置过程中遇到的问题和解决措施进行专题研究，适时出台行业指导意见。

（五）加强部门联动，提前介入退出类行业新增不良项目

对部分行业实行全行业退出的信贷政策，会导致部分客户的贷款由正常转为不良。为此，资产保全部门要加强与客户经营部门及风险管理部门的沟通，加大对退出类行业新增不良贷款的监测力度。对于出现重大风险事项的项目，资产保全部门要提前介入，会同经营部门抓住项目尚未继续恶化的时机，运用保全措施最大限度地保全资产。对于符合不良贷款内部移交条件的项目，资产保全部门要及时接收，落实经营责任人，发挥专业化经营优势进行盘活处置。

四、需要进一步研究解决的问题和相关建议

（一）研究以行内分支机构作为借款主体的不良贷款内部消化手段

对以行内分支机构作为借款主体的不良贷款，要尽快明确进行内部消化的操作办法。建议行内相关部门共同研究，抓紧制定适用此类贷款的内部消化审批标准、操作流程及账务处理原则。

（二）积极争取对政府机构类不良贷款的本金打折处置及财政支持政策

针对政府机构类不良贷款的特殊情况，建议积极向银监会、财政部反映，争取赋予商业银行对此类贷款采用本金打折方式进行处置的政策，并给予相应的财政支持政策。

（三）建立资产保全部门提前介入退出类行业客户的机制

对符合全行业退出信贷政策的客户，无论贷款目前是正常还是不良，均要逐步压缩退出，采取有别于正常信贷管理的专门管理措施。资产保全条线积累了处置问题客户的专业化经验，有能力承担退出类行业客户的经营管理工作。因此，建议研究建立资产保全部门对退出类客户的提前介入机制，除现有不良贷款经营职能外，将资产保全职能前移至对退出类行业的部分关注类客户进行经营处置。

（四）提高对公客户行业分类信息质量

目前对信贷客户行业归属信息的录入缺乏

认定、审核、调整的动态管理机制，仅由客户经理根据企业情况判断后录入，准确性不高，行业错分现象在各分行均不同程度地存在，导致行业管理信息失真，直接影响到退出类不良贷款的处置工作。因此，建议行内相关部门尽快研究制定保障和提高信贷客户行业归属信息质量的具体办法，并对存量客户行业归属信息进行重新核实。

调研组成员 高扬 谭兴民 许建忠 曹桂英 贾纯 侯雪莲 李宏伟 吕春亮 常玉玲 杨华 刘丽萍

我国中小企业信用担保机构存在的问题及对策研究

厦门市分行 生柳荣 陈安华

中小企业信用担保机构对缓解中小企业融资难、促进中小企业发展具有较好的社会效益和经济效益。经过14年的探索、实践，我国中小企业信用担保机构数量急剧增多，但由于对中小企业信用担保机构市场定位不明、缺乏监管、立法滞后，中小企业信用担保机构经营混乱、风险控制制度薄弱，蕴涵较大的行业风险。必须尽快明确中小企业信用担保机构市场定位，进而强化监管，完善相关法律法规，加快全国信用再担保体系建设，才能促进我国中小企业信用担保行业健康发展。

一、我国中小企业信用担保机构发展中存在的问题

（一）市场定位不明

1999年以前，我国的有关行政法规、规章将信用担保公司认定为非银行金融机构，信用担保公司的融资担保活动也被规定为金融活动。人民银行对信用担保机构和融资担保活动实行监督管理。1998年，我国开始政府机构改革，信用担保机构的定位开始发生变化，有关政策文件明确将信用担保机构规定为非金融机构。从担保公司的经营性质看，其无疑属于金融机构，人民银行的认定科学合理，而国务院和发展改革委的文件对担保公司的规定值得商榷，它不仅模糊了担保公司的市场定位，而且存在很大的监管风险。

（二）法律体系不健全

我国缺乏一部专门针对担保行业的法律法规，担保行业发展主要以《公司法》、《担保法》、《中小企业促进法》的有关条文作为法律依据。但1995年颁布的《担保法》是规范担保行为而不是规范担保机构的，如《合同法》、《公司法》等，对信用担保机构尚有规定不明确甚至不适用的地方。《中小企业促进法》是国家保护、扶持和引导中小企业发展的法律，具有明显的政策倾向性。关于信用担保机构的市场准入、监督管理、风险处置、市场退出等方面的法律规范几乎是空白。

（三）缺乏监管，经营管理混乱

1999年以前，对担保机构的监管统一由中国人民银行负责。1999年以后，分别由财政部金融司、建设部以及原国家经贸委（现商务部）按照各自的行政职能监管职责范围内担保机构行为，比如财政部负责对担保行业的风险控制、财务制度和损失补偿的管理，建设部负责管理住房置业担保，农业部负责管理农业信用担保，劳动部负责管理小额信贷信用担保，国家发展改革委负责管理中小企业信用担保。全行业的监管归属问题至今尚未明确，导致整个信用担保机构处于名义上管理部门很多，但实际上又无人管理的状态。

由于缺乏监管，我国的信用担保机构经营处于混乱无序状态。部分担保机构资金实力差、经营困难、担保能力严重不足，有的在注册后抽逃、挪用资本金进行违规经营，存在违反财政部《中小企业融资担保机构风险管理暂行办法》（财金〔2001〕77号）关于担保资金运用、担保放大倍数及单户担保限额管理规定的行为，甚至部分信

用担保机构涉嫌通过关联交易骗取银行贷款。

（四）信用担保机构良莠不齐，自身信用不足问题突出

由于我国目前缺乏有关专业信用担保机构的市场准入与退出，从业人员任职资格等相关法律法规，加上地方政府出于放大地方信用、推动地方经济发展的目的，对信用担保机构积极推动，我国信用担保机构近几年在高速发展的同时泥沙俱下、鱼龙混杂。以浙江省为例，截至2003年底，担保公司的资本金总额为24.77亿元，平均每家约1 000万元，县、乡镇级担保机构的资本更少。2001年底，杭州31家担保机构注册资本共1.91亿元，平均每家616万元。由于规模小，2001年通过担保机构担保贷款只有5亿元，仅占同期金融机构工业短期贷款总额的0.96%；萧山区11个乡镇担保机构的注册资本为1 309.08万元，最高的208万元，最低的60万元，平均每家119万元，有的担保公司注册资本仅几十万元，风险承受能力很弱。担保公司资本实力不够、自身信用不足的问题严重地影响了行业的质量，并制约了行业的发展。

（五）缺乏风险分散机制，行业性风险高

我国信用担保业处于发展初期，信用担保公司一般规模小、风险识别能力和风险控制手段薄弱，加上行业缺乏监管，经营混乱，银行对信用担保机构缺乏足够信任。信用担保机构在与银行合作中较为弱势，地位不平等，商业银行一般要信用担保机构承担全额担保，甚至在承担全额担保责任外，还要按照每笔业务的担保金额缴交一定比例的保证金。以厦门市为例，目前在22家信用担保机构中，只有承担部分政策职能的厦门市担保投资公司与银行的担保代偿比例为4:1，其他21家信用担保机构均为全额担保，而且每担保一笔银行授信业务，还要向银行缴交10%～20%不等的保证金。此外，我国信用担保机构的联合担保也只在一些较大项目上担保公司尝试运作，再担保体系尚未覆盖商业信用担保机构尤其是民营商业信用担保机构。

信用担保业的服务对象是中小企业，我国和国际的经验也表明，每一次经济衰退，受到冲击最大的企业都是中小企业。由于我国目前尚未建立起信用担保机构的风险分散机制，在国家进行宏观经济调控和金融紧缩时期，容易导致我国担保业面临十分严峻的行业风险。

（六）风险收益不对称，缺乏担保资金补偿机制

由于中小企业经营风险高、违约概率大，我国商业银行对中小企业的贷款定价也区别于一般的大型企业，一般比大型企业贷款利率高出40%。在对中小企业提供担保时，银行往往要求信用担保机构提供全额担保，信用担保机构承担中小企业贷款全部风险的同时，收费却远远低于银行贷款利率。按照有关政策文件规定，信用担保机构的收费标准应控制在同期银行贷款利率的50%以内。据统计，我国信用担保机构的担保收费从1%～4%不等，部分政策担保收费更低甚至不收费。由于业务风险高、担保收费低，信用担保机构依靠自身经营收益难以形成担保资金补偿、积累机制。信用担保机构在主营业务亏损情况下，不得不将担保资金投入债券、信托市场，甚至变相发放贷款以获取相对较高的收益维持生计。这种以寻求高收益为目的投资行为加大了信用担保机构的经营风险，也使得信用担保机构在与银行的合作中难以取得银行的信任，不利于信用担保机构的健康发展。

（七）风险控制制度和手段不完善

我国信用担保机构普遍存在风险控制制度不健全、风险控制手段薄弱的问题。很多信用担保机构没有一套科学完整的企业风险甄别与分析评估系统，对企业风险的评价主要凭借业务员的主观判断，缺乏规范的担保保证金制度、集体审核制度、风险内控制度、运行监测制度、代偿制度和债务追偿制度等，信用风险、市场风险、操作风险风险识别和控制制度非常薄弱。

（八）专业人才匮乏

银行接受信用担保机构为中小企业提供担保是基于其良好的风险判断、风险控制、风险承担和化解风险的能力，而这些能力需要依靠专业技术人员和专家的技能和经验来实现。我国目前尚没有建立担保从业资格准入、退出和失信惩戒制度，近年来信用担保机构快速扩张，造成了现有从业人员能力和素质偏低，缺乏必要的担保专业知识和信贷管理知识。不少地方政府出资的担保机构由政府官员担任，不熟悉担保业务，运作不规范。一些信用担保机构管理人员因为风险意识淡薄，缺乏识别、控制风险的能力和有效手段，已出现因代偿过多，无法履行保证责任，进入清算破产程序等严重后果。

二、完善我国中小企业信用担保机构建设的对策思路

（一）明晰中小企业信用担保机构的市场定位

根据国家有关文件规定，信用担保机构的性质是非金融机构。由于市场定位不清，缺乏一个行业统一的归口管理部门，信用担保业的发展缺乏一个完善的法律、政策环境。因此，尽快将信用担保机构的市场定位明确定位为非银行金融机构，进而加强监管、完善立法，是促进信用担保行业健康发展的当务之急。

（二）完善中小企业信用担保机构的法律、法规和监管体系建设

1. 完善关于信用担保机构管理的立法。应尽快出台“信用担保法”，搭建起中小企业信用担保体系的基本框架，明确信用担保行为的基本规则，对专业担保机构的市场准入与退出、业务种类、人员从业资格、财务及内控制度、行业自律和政府监管等问题进行明确规定，以加强行业管理，规范担保机构运作。

2. 加快信用担保监管体系建设。尽快明确中小企业信用担保机构行业统一的监管部门，根据信用担保机构的市场定位及经营特点，将其纳入非银行金融机构的监管体系，以人民银行为统一业务监管机构，负责行业准入、高级经营管理人员资格认定，监督、检查信用担保机构的风险制度建设、担保资金使用状况。

（三）完善社会化风险分散机制，加快全国信用再担保体系建设

1. 积极提倡联合担保。由于信用担保行业的高风险特点，我国有关部门对担保机构的担保资金放大倍数和单户担保限额都作出了限制性的规定，根据国家发展改革委中小企业司的调查，目前国内信用担保机构注册资本金在1亿元以下的占担保机构总量的95%，平均注册资本为3 003万元。按照对担保资金放大倍数和单户担保限额有关规定，我国95%的信用担保机构的平均户担保限额仅为300万元，担保业务的开展受到了很大局限。建议积极促进信用担保机构的联合担保，通过信用担保机构开展按份联合担保，一方面增强合作银行信心，另一方面分散单个担保项目风险，对于扩大担保业务市场空间，促进信用担保业稳定、健康发展具有积极意义。

2. 通过与协作银行确定适当的担保比例，在担保机构和协作银行之间建立风险分担机制。从世界各国信用担保机构实践看，很少出现信用担保机构为中小企业提供全额担保：美国中小企业署提供担保的比例大约为协作银行授信金额的80%，日本中小企业信用保证协会与协作银行的担保比例为70%，英国信用担保机构根据被担保企业的成立时间确定担保比例，新设立企业的担保比例为70%，超过两年的企业的担保比例为80%。我国大部分担保机构与银行合作时承担了100%的担保比例，信用担保机构与银行合作中地位不对等，建议通过制定法律法规来规范我国信用担保机构与协作银行的担保比例，通过规章、制度明确中小企业信用担保机构要与协作银行的担保范围、责任分担比例、资信评估、违约责任、代偿条件等内容，信用担保机构原则上应避免全额担保。

3. 建立、完善再担保体系。

信用担保行业发达的国家和地区都建立了体系完善的再担保（保险）体系，由政府和政府出资的再担保机构为信用担保机构提供再担保服务，以提高担保机构信用、扩大担保总量、降低担保机构的经营风险。按照我国《中小企业促进法》、《关于建立中小企业信用的担保体系试点指导意见》以及有关政策法律规定，目前我国信用担保体系包括四级，即指全国、省（市、区）、地市、县（市）四级担保机构，其中省级及以上担保机构主要负责提供再担保。但实际上有部分省份尚未成立省级再担保机构，一些省份虽然成立了省级担保机构，却直接经营担保业务，既不符合设立省级担保机构的宗旨，也加大了省级担保机构的风险。目前再担保行为仍属自愿行为。为此，一是应尽快成立省级再担保机构，并明确省级以上担保机构再担保功能定位，不能直接从事信用担保业务，可对基层担保机构进行信用评级，并根据评级情况确定再担保收费费率；二是强制县、市级信用担保机构参加再担保，以提高担保机构信用和抗风险能力；三是抓紧组建全国性再担保机构。

（四）加大对信用担保行业的扶持力度，建立多元化担保资金补偿机制

1. 扩大对中小企业信用担保机构税费减免幅度。减免税是国家扶持担保业的一项重要优惠政策措施，自2001年以来，国家已分四批公布了

675 家中小企业担保机构实行免征营业税政策，但目前仅是对新成立的担保机构的政策。建议对担保机构的担保业务收入，扣除经常性费用开支后的部分，全额转入再担保资金或充实风险准备金的，统一实行免缴营业税或所得税政策，从而把对担保机构的试点免征税收政策转入正常的对高风险行业的税收政策照顾和扶持。

2. 对企业投资中小企业信用担保机构的利润免缴所得税。考虑到信用担保机构在解决就业、扩大内需、推动技术创新方面具有的公共产品属性，在目前政府出资难以满足社会需要的情况下，应积极鼓励社会资金投资中小企业信用担保行业，满足社会需求，为中小企业融资创造一个相对宽松的环境。建议对各类企业投资中小企业信用担保机构的利润部分免缴所得税。

3. 对符合政策导向的中小企业提供担保给予特别财政补贴。对中小企业信用担保机构提供一定财政补贴和风险补偿是国际通行的做法，《中小企业促进法》生效后，我国各地政府也基本建立了向中小企业信用担保给予财政补贴的制度。在给予财政补贴时，应放弃那种不考虑信用担保机构性质、担保品行业投向，财政补偿搞平均分配的“大锅饭”思想。财政补贴要体现政府的产业政策引导和调控的倾向性，只对信用担保机构符合国家产业政策的有产品、有市场、有发展前景的，有利于扩大城乡就业的劳动密集型和有利于技术进步与创新的技术密集型中小企业提供担保才给予补贴。同时，应界定政策性担保和商业性担保行为，根据收费标准的不同对政策性担保业务给予较高的补贴。

搭建有效平台　发展私人银行业务

山西省分行　解陆一

一、深挖人力资源潜力

拥有一流的专业人才是私人银行业务成功的关键。私人银行人才关注的重点是专业理财师。

（一）加强人才培训

中资银行的人才培训至少应包括以下几方面措施：一是加大 AFP 和 CEP 培训力度，培养通过国际认证的金融理财师，建立高素质的客户经理队伍；二是对行外引进的专业研究人员及操作人员的专业培训，建立投资专家队伍；三是创造机会送客户经理出国培训，尽量安排到先进私人银行实地学习，如招商银行先后送出数百名客户经理赴新加坡进行专业培训；四是加强与高等院校、律师协会、注册会计师协会的合作，如瑞士许多银行开办了银行学校，聘请外国金融专业教授执教，大力发展职业教育和在岗培训，此举对中资银行具有很强的借鉴意义。

（二）全面提高客户经理素质

首先，客户经理要有良好的“人脉”关系，能够善于发现客户需求并组织协调行内资源为其服务。其次，客户经理必须详细了解客户的有关情况，包括家庭情况、健康状况、投资计划、财务状况、税收情况以及个人爱好兴趣；必须用心倾听客户的需求，设身处地为客户考虑，站在客户的角度分析问题，提供最专业、最优化的建议。再次，客户经理需要具备为客户提供全面金融服务的能力，应当熟悉经济学、金融市场、投资工具、投资组合分析，需要了解、掌握从基本的股票和债券到复杂的金融衍生品，从财富管理到企业综合授信、投资银行等诸多领域的知识。由于客户经理身后有一个可以依赖的专业团队，所以不必要求其成为“多面手”、“万事通”，但至少在某个或多个领域有一个较深层次的了解，有自己的强项。最后，客户经理要有过硬的“软素质”，具备良好的职业道德，同时还必须诚信、勤勉。

（三）形成强有力的营销团队

由于私人银行业务涉及法律、税务等众多领域，而客户经理无法具体掌握每一个领域、每一个产品，所以银行对客户的服务始终由一个团队来支撑和开展。团队模式的建立，不仅能够更加有效地调动其机构其他部分的资源，也有助于使客户关系制度化，减少客户对单个客户经理的依赖，同时也使银行避免因客户经理跳槽而导致客户流失。另外，团队模式还可以使相关专家专注于富裕投资者日益渴望获得的特殊投资产品，如对冲基金、大宗商品及私人股本等，更好地服务于客户。

（四）构建矩阵式的营销团队组织体系

中资私人银行应当构建矩阵式的营销组织团队体系，纵线以客户经理为主，横线以专家、顾问为主。第一，支行是整个银行的业务前台，主要向客户提供营销和服务。可按照私人银行客户群设置业务部门，加强客户经理队伍建设，并由支行客户经理和分行、总行的产品经理组成矩阵式营销团队。支行团队一方面专注丁为客户办理具体业务，另一方面及时反馈需求以获得相应支持。第二，分行在各业务条线下设置由专职产品经理组成的服务团队，支持各支行营销工作，负责按客户需求开发新产品，或对现有产品进行改进和组合；负责推广总行统一开发的产品；肩负一定的营销职能，负责与支行客户经理团队共同营销或直接营销目标客户。这一层面主要起到上下沟通协调反馈的作用，并对本层级范围内的客户市场和服务情况进行研究，研发具有本地特色的产品和服务。第三，总行按业务条线设置产品经理，负责全行的产品研发，支持分行产品经理开展客户服务工作；成立产品委员会，协调、指导各部门在产品研发推广方面的工作，主要作用在于把握宏观定位，进行业务战略指导。

二、构建科技信息平台

私人银行的技术系统应包括以下基本功能：一是客户信息系统。加强以客户经理为中心的个人客户信息的收集、处理和查询系统的建设，发展高效的客户关系管理技术，不仅要集中掌握和统一处理客户在自身金融机构的所有信息，还要获得客户在其他机构开立账户和金融交易的记录，以全面了解客户的财务需求和风险偏好，提高营销效率。二是管理信息系统。高效的管理信息系统可以模拟测算投资方案收益情况和风险情况，记录各项经济指标、市场指数、投资工具价格的变化，有助于建立金融产品信息反馈和客户信息资源的开发应用体系，分析产品和客户对银行的贡献度，提高服务效率，为相关决策提供科学依据。三是网络解决方案。互联网已经成为银行保持与私人客户关系及提供新服务模式的重要组成部分。许多私人银行客户主要利用互联网获得全面账户信息，进行方便快捷的交易。要大力发展网上银行系统，提供详细、安全的网上解决方案，来满足客户私密性需求，方便客户经理跨区域开展业务，提高私人银行业务竞争力。

中资银行应根据需求，尽快建立金融产品的信息反馈体系和客户信息资源的开发运用体系。通过对客户信息的综合分析，配合针对性的客户调查，对私人银行业务的潜在客户进行摸底，进一步了解和满足客户需求。对于未来的信息系统，中资银行需要关注以下三个重点：支持新型客户关系管理，提供更加有效的客户数据管理和销售活动管理功能；提供高效的咨询工具，帮助私人银行顾问定制高质量的咨询建议；支持开放式产品架构的业务管控能力，主要是整合相关外部系统的信息，灵活地进行绩效评估，并为客户提供定制化的报告。

三、有效防范风险

私人银行业务是一项新兴金融业务，在国内没有现成经验可循，但市场和客户要求却在不断创新和突破，为此，加强风险管理更有非同寻常的意义。

第一，从制度建设入手，建立健全业务操作规程和管理制度，包括客户身份及其财富来源的识别制度、客户权益保护制度、内部监控制度、稽核制度以及风险评估等。第二，在声誉风险防范方面，要建立完整的员工激励约束体系，加强授权管理，在最大限度地信任员工的同时，预防员工的道德风险；规范员工操作行为，减少投诉案件的发生。在客户端，除在开户时充分了解客户外，还要对客户账户进行经常性监控，如风险预期超出银行可控范围，则对客户进行退出处理；对于退出客户，要坚决避免对其作出超出自身服务能力的承诺事项。第三，在操作风险防范方面，对于操作中的违规风险，按照事先建立的业务流程和授权事项进行操作，同时建立先进的信息系统，对每笔交易进行备份记录、定期进行检查，并提高对高风险账户的检查频率；对于金融工具使用中存在的操作风险，由于其复杂程度高、潜在风险大，应当科学、审慎地使用。第四，在反洗钱风险防范方面，在业务操作中，对客户及受益人的了解，是银行反洗钱最基本的原则。必须坚持KYC原则，充分了解客户及受益人、关注非经常账户交易、监控高风险账户交易、及时向监管机构报告；如果客户不能或者拒绝提供相应信息，则应拒绝为其开户。在日常交易控制中，如发现非经常类的账户交易，必须引起重视，并通过相应措施，及早发现风险并按程序上报处理。当利益和洗钱风险共同存在时，应当放弃利益优先，以防范风险为第一要素。第五，在市场风险防范方面，要在科学分析客户投资状况、风险承受能力、尽责提示风险的基础上，为客户进行建议和开展业务操作，尽可能规避市场风险。第六，实行风险限额管理。已推行经济资本管理的商业银行，可以按照自身的经济资本配置政策，为私人银行业务配置一定的经济资本，借以控制其总体风险水平和业务规模。同时，还可以按照风险管理权限，制定不同部门和人员的风险限额。任何突破限额的交易必须经有权审批人审批。

四、调整政策制度

一是适时废除分业经营，积极推进混业经营，以完善金融市场基础。实行金融混业经营，不仅是中资银行发展私人银行业务的制度前提，也是我国金融服务个性化、人性化这一价值趋向的大势所趋。当前，银行、证券、保险之间的交叉渗透不断出现，相关部门应适应当前形势，根据金融的发展及时制定相关制度，逐步放松分业经营限制，给予银行一定的产品创新、产品定价方面的自主权。同时，建立健全信贷、证券、基金、信托、外汇市场等在内的、种类齐全的金融市场体系，促进不同类型金融市场的联动和合作，为私人银行产品创新提供广阔的空间和平台。二是进一步放松外汇管制、规范境外投资。在条件成熟、国内外环境稳定的情况下，实现人民币的完全自由兑换。加大打击资本外逃力度并加快相关立法，尽快制定实施《资本外逃处罚条例》和《资本外逃处罚实施细则》等法规，逐步减少规避管制的资本外逃，有效防止利用经常性项目和资本性项目等多种渠道进行资金外逃。与此同时，严厉打击洗钱犯罪和地下经济，加大对洗钱犯罪的惩处力度，吸引和引导参与非正规金融的个人财富转入合法渠道，从而为私人银行的发展提供相当的财富供给。三是积极梳理法律规范，减少法律内部冲突。应当积极适应金融发展的需要，加快行政法规的立法进程，及时甚至超前立法，尽早弥补有关法律空白。包括出台《私人银行实施管理办法》、《商业银行私人银行业务风险管理办法》等，使私人银行从起步起就能够健康、规范地发展。

压力测试技术以及在银行业风险管理中的实践

总行风险管理部　梁世栋　朱良平

今年初，中国银监会下发了《商业银行压力测试指引》，对商业银行如何开展压力测试制定了指导性意见。从国内压力测试开展情况来看，除少数几家大型商业银行较早在该领域开展研究以外，其他银行在这方面的积累相对较少。在此背景下，本文以国际上压力测试的普适方法论为起点，针对国内银行在开展压力测试过程的若干问题进行了讨论，并提出了适合国情的一些处理办法。

一、压力测试定义

按照国际货币基金组织对压力测试的定义，压力测试是指评估金融体系承受“罕见但是仍然可能”的宏观经济或金融市场波动冲击能力的一系列方法与过程。一个完整的压力测试体系/流程包括以下的几个方面：

（1）定义要进行分析的机构和资产组合。

（2）识别风险因子。

（3）设计压力测试情景。

（4）通过敏感性分析、情景分析，建立压力测试模型，计算压力情景下的承压要素的定量化结果。

（5）以上述模型的定量结果和定性分析为基

础，判定承压体系中的弱点环节，并有针对性地制定相应政策响应和反馈。通过正式报告路线上报给金融机构的高层呈阅后，最终成为在整个金融机构或在部分分支机构执行的应对政策。

二、压力测试基本过程

（一）确定压力测试目标和驱动因子

从压力测试模型构建过程进行划分，压力测试可以分为驱动因子压力测试和资产组合压力测试。所谓驱动因子压力测试，是指事前确定需要分析的风险驱动因子，以此来分析其极端变化对于银行所有或者某类资产组合的影响，例如，分析利率波动、汇率波动或者商品市场（如石油价格）波动对银行信贷资产质量和业务发展的影响的压力测试研究。所谓资产组合压力测试，是指先确定了银行的目标资产组合，然后分析可能的风险驱动因子的变化对其产生影响的压力测试研究。当然，实际业务中区分不是绝对的，也有很多专项测试，例如，研究房价对于不良率的压力测试，驱动因子和资产组合目标都是确定的。

（二）压力测试模型建设

压力测试模型建设就是寻找驱动因子和测试目标之间的风险传导机制，是压力测试的核心内容。

压力测试模型以统计回归模型为主，对于特殊的产品，如金融衍生产品，需要利用金融工程模型。统计模型建设一般分为收集数据、样本选择、变量构造、变量选择、模型构造、返回检验等步骤。

即使是对于确定驱动因子的压力测试，也需要变量构造的步骤，因为测试目标与驱动因子不一定是直接的线性关系，而可能是倒数、二次函数、增长率、波动率等关系，甚至是间接的传导关系。例如，房价与按揭不良的传导关系，具有未偿贷款与房屋价值比率（CLTV）以及客户收入偿债比率（CDSR）两个传导路径。

对于只确定了测试目标的压力测试，风险因子的分析和选择（变量选择）是压力测试的重要环节，建模选择的风险因子和因变量之间应当有明确的逻辑关系。例如，研究宏观经济压力情景下的贷款资产质量，必须通过变量选择步骤选择合理的宏观经济驱动因子组合来构建模型。

在历史数据缺乏的情况下，也可以通过结合专家经验和数据的基本统计分析获得风险传导机制。

（三）情景设计

压力情景设计可以分为历史情景和假设情景（专家情景）。

历史情景法将历史上曾经发生过的重大压力事件明确定义下来，再将该期间各种风险因子的波动情景代入压力测试模型，得出该事件之下所产生的承压项目计算结果。该方法的优点是比较客观，利用历史事件及其实际风险因子波动情形，在建立结构化的风险值计算上较有说服力，且风险因子之间的相关变化情形也可以把历史数据作为依据，使模型假设性的情形降低许多。当然，历史情景在使用上有些先天的缺陷，一是需要进行压力测试的极端事件很有可能是历史上尚未出现过的，二是因为社会经济变迁历史情景已经不适用于当今的经济环境。

假设情景（专家情景）是基于专家的经验和判断，对驱动因子的压力情景进行设定。该方法的优点是结合了当前的社会和经济环境，压力情景具有前瞻性，而且也相对容易构造。缺点也比较明显：一是在结构化的多因子情景设计方面缺乏说服力；二是主观性较强，缺乏一个可以比较的基准，造成在各银行机构间的压力测试结果难以进行统一比较。

历史情景法和专家情景法的结合，即在参考历史数据基础上，结合专家经验和判断，对风险因素和其中的相关性进行设定，通过专家意见对压力测试系统的脆弱点进行判断，是对压力测试的完整情景设计的重要补充。

从国内实际情况来看，近十年来，国内宏观经济一直呈现出快速发展态势，缺少经济大幅下滑的极端情景数据，对采用历史数据进行情景设计带来了一定困难，应重点突出专家情景法，并在一定程度上结合历史情景法。例如，可以参考香港或者其他地区的案例数据，然后着重让业务专家参加压力情景设计。

（四）结果分析

压力测试的基本结果就是情景分析，即基于压力测试模型，计算压力情景下的资产组合的表现，反映压力情景下风险驱动因子与分析目标之间的关系。除了情景分析外，一般压力测试还会进行敏感性分析，即针对特定风险因子（单因素）的小幅变动分析可能造成的损失，其目的在于了解风险因子在变动中对承压项目的总体影响效果及边际效果。

压力测试过程不仅仅是模型建设，还应形成对建模结果的完整的分析报告。该报告应该至少包含以下内容：压力情景的详细设定过程以及假设前提，压力测试的资料来源、模型假设以及承压项目在压力情景下可能导致的定量结果，并对该结果所揭示的金融机构脆弱环节进行研究分析，得出具有可操作性的政策建议或者压力测试反馈。

压力测试形成的政策建议应当是具体的、可执行的，否则压力测试工作就失去了其意义。以宏观压力测试为例，可以形成高层面的政策建议，如战略发展导向、行业结构调整等建议，但需最终落实到可执行的部门和分支机构层面的政策，或是形成可供高层领导参考的风险提示。对特定产品或事项展开的压力测试，可以形成微观层面的政策。如行业限额、产品内部结构调整、加强风险缓释措施、最可能引发风险的脆弱环节认定等。

三、压力测试风险分类

从风险类别进行划分，压力测试可以分为信用风险、市场风险和流动性风险等。风险类别不同，压力测试具体计量技术差别比较大。目前业界有关操作风险的压力测试实践主要集中在对银行系统和IT等的意外事件测试方面，并不涉及压力情景对财务状况、风险抵补能力和资本金的影响，因此不作为本文的研究重点。

（一）市场风险压力测试

市场风险压力测试指的是度量极端市场条件下（金融市场发生大幅波动）资产组合可能潜在损失的定量化方法。目前，许多金融机构和监管机构都将VaR方法和市场风险压力测试同时作为衡量公司风险暴露的重要方法。VaR方法度量的是正常情况下的风险状况，而市场风险压力测试度量的是极端情况下的风险状况，因而市场风险压力测试往往成为VaR方法的重要补充。

相对于信用风险压力测试而言，市场风险压力测试技术较为成熟，市场上也有众多的成熟软件（如Risk Manager）可供选择进行压力测试计算，因而大部分市场风险压力测试过程较为简化，金融产品一般都有定价公式，通过代入公式中变动的风险因子，就可得出单个产品乃至整个投资组合的损益。目前，国内的商业银行也早已利用这些软件开始压力测试工作。

（二）信用风险压力测试

自20世纪90年代以来，信用风险压力测试在世界知名金融机构中的应用越来越普遍，不仅各大国际组织如世界银行、国际货币基金组织和国际清算银行（BIS）内部对信用风险压力测试做过较多的研究，而且其中的宏观压力测试（Macro Stress Testing）更是国际货币基金组织和世界银行20世纪90年代末的金融部门评估计划（Financial Sector Assessment Programs，FSAPs）的重要组成部分，并成为它们评估金融机构和金融体系稳定性的重要工具。由于国内银行的主要资产组合仍然是信贷资产，因而信用风险压力测试对于中国的银行业尤为重要。

信用风险压力测试一般需要在常态的风险计量模型的基础上，建立专门的风险传导模型。

（三）流动性风险压力测试

流动性风险是银行业与生俱来的风险，这是由商业银行“短存长贷”的传统业务性质决定的。近年来，随着国际上银行与资本市场关系的日益密切，银行的融资越来越多地借助于资本市场，因而资本市场上的“流动性枯竭”也可能造成流动性风险。2007年英国北岩银行（Northern Rock）事件就是典型的后一类流动性危机。

根据流动性风险来源的不同，流动性风险可以分为资产流动性风险（Asset Liquidity Risk）和融资流动性风险（Funding Liquidity Risk）。金融机构或者银行在实施流动性压力测试时，必须对两类风险通盘考虑。其方法是将所有可能的资金流出项和资金流入项列出，计算压力情景下的净资金流。流动性压力测试的情景设置包含了上述所有单项的情景估计，这也是该类压力测试的难点所在。这是因为出现流动性危机除了银行自身的流动性安排不完善以外，信用、市场、操作等风险领域同样会导致银行流动性不足，因此银行在设置压力情景时，必须合理评估上述多种风险，全面考虑可能造成流动性风险的多种原因。

（四）风险传染（Risk Contagion）压力测试

近年来，风险传染成为当前风险管理领域的一个热点课题。这不仅是由于风险传染需要综合考虑信用风险、市场风险和流动性风险等多种风险的交叉影响，而且是一种典型的低发生率、高后果严重性的风险类型，一旦风险传染发生，后果往往较为严重。从十年前的长期资本管理公司的垮台到最近国际上发生的次级债危机中英国北岩银行国有化事件，无一不说明了风险传染压力测试在当前风险管理领域中的重要性。

风险传染压力测试可以分为单机构内各风险的传染以及金融机构之间的风险传染。一般监管机构更多地关注金融机构之间的风险传染，而对商业银行来说，单个机构内的各类风险之间的传染则是更为重要的考虑因素。从目前国际上先进银行压力测试实践看，较多的机构采用了矩阵法来对金融机构间违约风险传染进行压力测试，而单机构内各风险的传染压力测试则缺少很好的计量方法，主要采用专家判断和分析的方法。

四、信用风险压力测试建模

基于内部评级体系的信用风险压力测试的基本框架见图 1。图 1 左侧是正常情况下的内部评级计量体系，由各资产的 PD、LGD、EAD 和资产之间相关性计算出损失分布和经济资本，图 1 右侧利用压力测试模型的传导机制，计算压力情景下的各资产的 PD、LGD、EAD 和资产之间的相关性，从而得到压力情景下损失分布和资本要求。可以看到，在压力情景下，损失分布明显右移和“厚尾”。

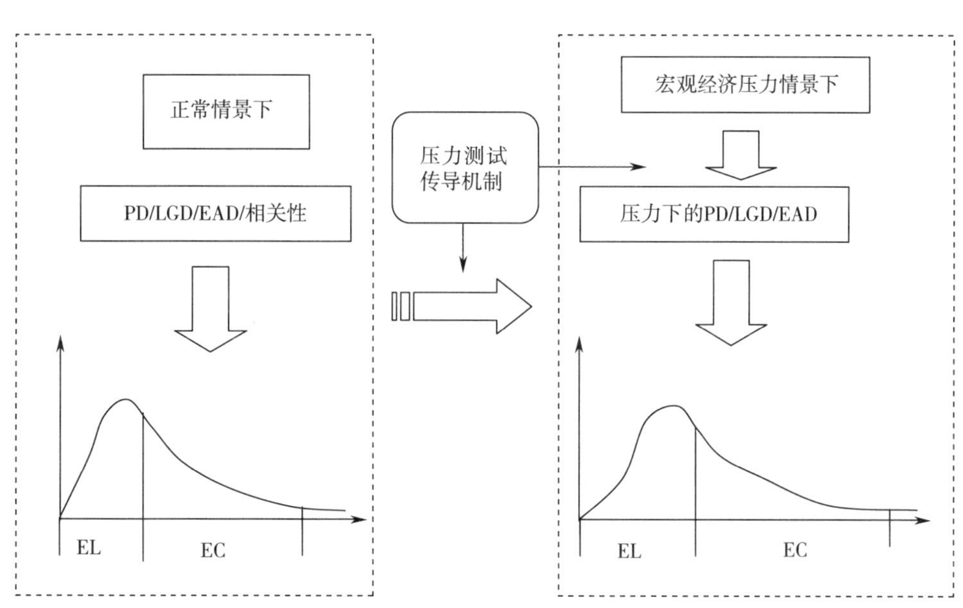

图 1 信用风险压力测试基本框架

压力测试模型的传导机制可以分为自上而下方法（Top - Down）和自下而上方法（Bottom - up）。自上而下方法通过将宏观经济变量和银行资产组合（或子资产组合）的信用风险参数直接建立模型关系，分析极端情景对信用风险可能造成的影响。自下而上方法则是建立宏观经济变量与单客户信用等级（对于零售信贷业务，可以是基本资产池单元）之间的传导机制（如在 GDP 增长率的变化对于公司财务表现建立传导机制），然后自下而上逐笔汇总计算总体损失分布。

从理论上讲，自下而上方法经济学含义更为清晰，但是在国际上的实际操作中，自上而下方法却更为流行。主要原因在于自下而上方法对于客户明细数据的历史长度要求较高，实际建模难度比较大，操作性不强，而自上而下方法往往只要求整个金融机构宏观层面的历史数据。在中国银行业的历史数据长度较短的环境下，更应该选择自上而下方法。

目前，国际上最常用的压力测试模型框架源于 1997 年著名风险管理专家 Wilson Thomas C. 发表在《风险》（*Risk*）杂志上的论文，该论文阐述的模型框架也是麦肯锡公司（McKinsey & Co.）信用风险模型 CreditPortfolioView 的基础，同时，包括香港金融管理局①、芬兰银行（Bank of Finland）、英格兰银行（Bank of England）等机构在内，多数信用风险压力测试模型均采用此框架。

① 香港金融管理局经济研究部在 2006 年 12 月的《金融管理局季报》中对香港零售银行业务承受宏观经济冲击的研究，也是采用了这一框架。

五、商业银行开展压力测试的建议

与国外同业相比，国内银行业的压力测试工作才刚刚起步，和国外的差距较大。从时间上看，除市场风险压力测试工作开展略早以外，近几年少数几家大型商业银行才逐步按照国际通行做法开展信用风险和流动性风险压力测试工作。从内容和制度上看，国外银行对压力测试已经有了较为成熟的规范和制度，压力测试的内容也十分丰富。它们既有针对金融机构整体的宏观压力测试，对各类单个产品的压力测试更是金融机构例常性的工作内容之一。在银监会下发《商业银行压力测试指引》以后，国内银行业各项压力测试工作将会逐步走上正常有序的轨道。尽快减少与国外同业的差距，应当着重从以下几个方面着手。

第一，由于缺少经济大幅下滑的历史情景数据，国内银行开展压力测试时，情景设计以专家情景法为主，主观性较强，缺乏一个可以比较的基准，造成在各银行机构间的压力测试结果难以进行统一比较。建议监管当局在《商业银行压力测试指引》的基础上，根据当前的压力测试需要，制定假设情景的设置规范或指导原则，规定基本的压力测试情景，以利于在机构间比较。该压力测试情景指引可以随着环境的变化而不断更新。

第二，银行应当制定一整套的压力测试报告机制，以发挥压力测试在银行高层决策中的作用。压力测试报告机制要明确规定信用风险、市场风险和流动性风险等压力测试的目标、程序、方法、频度、主管部门、报告线路以及相关应急处理措施。以报告线路设置为例，按照每类压力测试结果的严重程度，可以将其分为几档。每次压力测试结果出来后，相关主管部门按照规定的判断程序将其划分入其中某档，并决定应当将其报送给某层级负责人。如按测试结果的严重程度分为三档，在最严重的情况下，须将测试结果上报给董事会，其他各档测试结果分别上报给相应层级管理层。压力测试报告根据银行内部设定的报告程序与路线报告给相关层级领导批示，最终成为银行执行的政策。

第三，加强数据积累，改善数据质量。“巧妇难为无米之炊”，没有数据积累，压力测试模型建立和情景设计都无从谈起。应按照银监会《指引》的要求，参照国内外压力测试通行做法规范数据格式，提高数据质量，定义应收集的数据字段，尽早开始数据的积累，以应对例常性与突发性的压力测试。

第四，把压力测试重点放在风险传导机制和情景设计中。在国内银行现有的数据情况下，要开发非常精确的压力测试模型比较困难，但是这并不能否定开展压力测试工作的紧迫性和重要性，压力测试的关键在于提示银行面临的重大风险和应该预采取的措施和方案。即使是在历史数据缺乏的情况下，也应该利用专家分析，加强压力测试背后风险传导机制的分析过程，重点需要考虑风险因素的准确性和完整性，以及风险因素在压力情景下的相关性，也即风险因素传导至承压变量的逻辑是否正确、考虑因素是否全面、是否考虑到了压力在各种风险之间的传导。从目前已经发生的诸多风险事件看，绝大多数都不是由于单一风险因素造成的。以当前国外愈演愈烈的次贷危机为例，信用风险传导至市场风险、市场风险传导至流动性风险的例子屡见不鲜，因此，我们在设计压力情景时，应当将有限的资源放在可能对银行造成极大伤害的风险情景中，同时在设计情景时，还需要对风险因素设置足够大且又合理的情景，并将压力持续的时间也考虑在内。

第五，开展内部评级系统等相关计量系统的研究开发工作。要达到国外银行压力测试的精细化程度，需要诸多计量系统的协助。以对商业银行零售信用风险压力测试为例，就需要银行对零售资产池进行划分，并根据不同资产池的PD/LGD/EAD，分别计量压力情景下对PD/LGD/EAD的影响。在此基础上，还应开发经济资本计量系统，根据压力情景下不同资产池的PD/LGD/EAD，评估对经济资本的影响，最终才能对银行资本是否能够承受这次冲击作出正确的评估。

第六，加快压力测试人才的培养。商业银行需要重点培养以下几方面的人才：熟悉数学建模和风险计量的人员、对各类产品的风险传导机制有深刻理解的业务专家、能进行合理情景设计的专家。随着各大商业银行在国内外的上市，投资者和监管机构对商业银行经营业绩的稳定性提出了越来越高的要求，商业银行在压力测试领域经验的积累和人才的培养，将更有助于提高金融机构应对极端风险的能力。

构建事业类客户信用风险评级体系 全面提升我行信用风险管理能力

总行风险管理部 喻永新 戴 强

近年来，我行大力推进事业类客户营销，业务发展迅猛，在同业中业绩骄人。随着市场竞争的日益激烈以及外部市场不确定性因素的增加，如何科学地识别事业类客户信用风险，在此基础上进一步提升客户选择、差别化服务和风险定价能力，是亟须研究解决的问题，也是保障和促进业务高质量快速发展的关键。

一、事业类客户的信用风险评级仍是一个新的课题

近年来，随着事业单位改革的不断深化，其公益性职能和经营性职能逐渐明晰，不少事业单位已经成为市场中举足轻重的法人实体。目前，事业类客户作为我行客户的重要组成部分，既是我行营销的重点，也是同业竞争的热点。如何更好地满足这类客户丰富多样的金融服务特别是授信需求，培育新的利润增长点，在科学平衡风险与收益的基础上将业务做大做强，是当前需要研究的重要课题，而其中一项关键性工作就是客户风险评级，这也是识别风险、细分客户、科学决策、合理定价、精细管理的前提和基础。

但是，事业类客户的信用风险评级与一般公司类客户无论在方法论还是技术上都大相径庭。简单地沿用或参照一般公司类客户的评级体系，无法做到准确地识别和评估风险，甚至容易误导经营管理决策，因此，需要借助风险管理的科学方法论以及现代风险计量技术，研究设计符合事业类客户风险特征、契合经营管理需要的风险评级体系，真正做到“量体裁衣”。

应该说，作为我国特有的事业类客户，我们无法像一般公司类客户评级那样可以从国外银行获得直接的、可资借鉴的经验。对照国外法人客户的界定和分类，我国的事业类客户难以对应国外法人客户中的任何一种；国外 PSE 等非营利性组织在职能上与我国的事业类客户有类似之处，但是在运行模式等方面差异很大。因此，事业类客户风险评级仍是一个新的课题，在很大程度上属于一项立足于我国实际的探索和创新，需要现代风险计量技术、管理方法、国外经验与我国国情、管理经验（特别是专家经验）的有机结合。

二、构建事业类客户信用风险评级体系的总体思路

（一）统计定量分析和专家定性判断相结合

从举办目的、举办主体、活动范围等方面看，我国事业类法人与国外的公益团体法人有些相似之处，而这类法人客户在国际银行业中被认为属于低违约资产组合，是信用风险评级难度较大的一类客户。由于此类客户违约案例较少，难以达到用统计方法建立风险评级模型的理想标准，因此通常采用统计与经验结合的评分卡模型替代统计模型，综合客户的财务表现、业务管理等信息，结合专家的经验判断和分析来评价客户的信用风险。从我行的事业类客户信贷业务特点看，也具备一定的低违约组合特质（如教育、卫生、国家机构等事业类客户的违约率比公司类和房地产类客户要明显偏低），如果剔除历史存量违约因素，每年新发生的违约样本更为有限。而统计模型要求具备充足、高质量的违约数据才能从中提炼出带有共性、对信用风险具备较好预测能力的定量风险因子，这对构建事业客户风险评级模型带来了一定的技术困难。

经过近年来不断加强数据基础建设，目前我行的数据质量有了明显改善，积累了一定规模的事业客户数据，在数据质量和时间积累长度上初步具备了建立风险评级统计模型的条件。统计模型以数据为基础，立足于数据说话，在判断风险的标准和尺度上可以避免人为主观的偏差。但是在实践中，对于事业客户这类低违约组合运用定

量统计模型需要更为谨慎，特别是要关注模型表现的稳定性（稳定性不强是低违约组合模型最容易出现的缺点），不能完全依赖定量模型的计量结果。另外，由于事业类客户的很多风险特点实际上无法以量化的指标体现，因而为了全面地分析和把握客户风险，需要对事业类客户的业务风险、外部环境风险、政策风险等非定量因素进行综合考量，利用业务专家（包括业务人员、风险管理人员和审批人员等）积累的丰富经验完成定量模型无法实现的风险分析。可以说，事业类客户信用风险评级体系是统计定量测量与专家定性分析的结合，只有有机融合计量技术与专家经验，才能做到全面、准确地分析事业类客户信用风险。

（二）必须突出事业类客户的风险特征

事业类客户在我国社会和经济运行中扮演着较为特殊的角色，无论事业单位、国家机关或社团组织，其功能及提供的服务往往涉及社会基础管理或公共职能，如公共设施建设、行政管理、教育医疗、社会福利等。这种特殊的功能定位和管理体制安排使得事业类客户不同于一般企业，具有一定的“不可替代性”，特别是在宏观经济环境发生波动时，事业类客户具备更强的生存能力和稳定性。因此，事业类客户的风险，不像一般企业法人客户那样敏感，换而言之，在风险评级体系中影响权重应适当削减。

当然，事业类客户抵抗系统性风险能力相对较强，并不意味着所有事业类客户都是好客户。在我行，事业类客户也曾出现过一些违约案例。如何通过评级体系科学有效地区分“好客户”与“坏客户”，关键在于抓住事业客户的核心风险特征。

1. 政府背景是影响事业类客户信用风险的重要因素。事业类客户往往具有特定的政府背景。除了国家机关外，很多事业法人、社团法人等是由政府或其他组织举办的，或者挂靠于政府或主管部门名下实现社会服务和管理功能。这些客户在财务上实行预算管理，国家或地方财政资金往往是其重要的经费来源；其活动不以盈利为目的，但政策法规对其影响很大。在某种程度上不少事业类客户的信用水平甚至可以认为是政府信用的一种体现。近年来，一些事业类客户进行了体制改革，分离出公益性职能和经营性职能，但是与政府之间依然存在千丝万缕的联系。基于这些特点，我们在对事业类客户评级时，不仅要看客户本身的营运情况，同时也必须考虑到相关政府背景的影响。对于与政府职能关联密切的事业类客户，甚至需要在评级体系中单独设置对政府的评价指标，分析政府的财政实力、政府信用、政策影响等。

2. 在特定领域中的地位是区分事业类客户资信高低的重要标准。考察事业类客户风险水平的另一个重要因素，就是客户在社会管理、社会服务或其功能实现领域中所处的地位。研究分析事业类客户可以发现，资信良好的优质客户往往具有如下特点：一是在其社会职能领域中居于区域主导乃至垄断地位的客户，如省级交通厅等；二是具有广泛知名度和良好声誉的客户，如知名大学、医院等行业或区域中的标杆客户；三是服务区域辐射面广，在当地具有不可替代的地位的客户，如一些省级示范重点中学、新闻传媒等。在特定领域处于强势地位的事业类客户，往往拥有稳定和良好的资源，能获得财政和政策的支持，其资信水平也较高。例如，在评级时可直接采用国家公开公布的资质等级标准作为对学校和医院等事业类客户实力地位的衡量指标，对其他没有国家统一资质标准的，则可从规模、服务水平、服务覆盖面、是否具有区域垄断性等方面进行判断。

3. 需要结合事业类客户的特点谨慎分析财务状况。事业类客户自身的经营和财务状况也是影响其信用风险的关键因素，但是由于事业类客户的社会功能定位，其活动通常不以盈利为主要目的，在资金用途、营运模式、风险偏好上都有别于企业类客户。从长期来看，事业类客户的财务表现一般比较稳定，短期内则可能受到政策环境的影响发生波动。在分析这类客户的偿债能力时，需要结合客户的特点重点分析其收入情况。由于事业类客户的部分收入属于专用款项，无法用于信贷偿还，因此在分析其收入总量的基础上还要注重对其收入结构的分析，通常多元化的收入方式能提高其在财政拨付不足时抵御风险的能力。此外，债务负担是否过重、是否与收入能力相匹配、债务结构是否合理、还款资金是否被纳入财政预算等因素也是要重点考虑的因素。由于事业类客户的财务报表在财务科目、会计原则上都与一般公司类客户截然不同，而且无须经过外部审计（甚至很多事业类客户无法提供完整的财务报表），因此通过分析财务比率来判断客户的信用风险存在一定的难度和局限。在评级实践中，往往需要对财务定量的分析评价采用更加谨慎、保守的态度，如适当减少权重，并通过加强业务风险等定性分析来弥补财务分析的不足。

考虑到事业类客户的特殊性，风险评级的过程和关注点需要有别于一般企业，必须从评级逻辑和模型构建方法上寻找一条更加契合业务经验、为评级使用人员所接受的设计路线，开发有针对性的风险评级体系。具体而言，既要从事业类客户特有的风险特征出发，发现和筛选最敏感的核心风险因子，根据历史数据信息和业务经验，运用统计和管理科学的方法，把这些风险因子以合适的方式组合在一起，形成严密、有机的评级体系，同时又要考虑到实际应用中与业务流程的结合，发挥最大的效能，产生积极的推动作用。

三、以科学的信用风险评级体系支持和促进业务高质量快速发展

（一）科学的信用风险评级不仅能提高客户风险识别能力，而且能使业务流程更加顺畅、高效

构建的事业类客户风险评级体系充分反映了事业类客户风险特征，能够更加准确、全面地判断和识别事业类客户信用风险，不仅为客户选择、贷款定价、信贷审批等信贷经营管理提供科学的决策支持，而且通过提高评级模型的表现，有效地降低人工调整和推翻的比例，减少审批流程上的反复，加速信贷审批和决策，达到节约人力成本、提高流程效率的效果。

（二）科学的信用风险评级为客户细分和业务调整提供了重要依据和参考

依托风险评级体系可以实现对各种类型的事业类客户的风险细分，通过违约概率量化信用风险，用风险等级标示各类风险程度的边界。评级体系吸收了事业类客户的共同风险特质，通过透明化、可跟踪的评级流程，信贷业务人员和审批人员能够追踪到客户风险形成和变化的原因，并以简单、明确的等级符号和具体的指标揭示过去“说不清大小、讲不明原因”的事业类客户信用风险。同时，通过建立一整套事业类客户信用风险评价体系和标准，可以为业务经营和风险政策的制定提供科学依据，并为重检和评估相关政策制度的科学性提供了一套相对客观的标尺。

（三）信用风险评级过程中产生和积累的数据和信息为业务发展规划、管理和分析提供了宝贵素材

风险评价体系的价值不仅仅限于最终的风险等级和违约概率，还体现于评级过程中积累的大量富有价值的信息。评级系统不仅具有采集数据信息的功能，还能够对信息进行再加工，并得到综合性结论。相关管理人员无须再用过去的手工方式获得和处理信息，可以充分利用半自动化的系统得到所有评级过程中的各类数据，如客户的相关明细信息，评级系统对各个指标、风险模块的分析结论等。这些数据信息为事业类客户的业务分析、政策制定、发展规划等提供了丰富的素材。不同的使用者可以从不同的角度采集和运用这些数据信息，例如可以从行业、区域、规模、行政级别等维度了解客户群结构，从各种财务比率了解整体行业的变化，从资质等级分布和客户数量确定未来业务目标客户群体，等等。同时，违约概率的变化、风险等级的迁徙等衍生信息又为压力测试、组合分析等高级管理工具的引入奠定了基础。可以说，评级体系为业务经营、管理和决策提供了一个非常丰富的信息平台。

抵押物被其他债权人先行查封对抵押权人实现抵押权的影响及对策建议

总行资产保全部　贾　纯

在商业银行不良资产处置工作中，经常会遇到已为本行债权设定抵押的财产（以下简称抵押物）被其他债权人申请法院先行查封、扣押的情况，特别是在抵押人对外负债较多的情况下，抵押物被其他债权人申请法院多轮查封的情况也较常见。实践表明，虽然抵押物被先行查封对抵押权人的优先受偿权不会造成实质不利影响，但会使抵押权人丧失对抵押物的优先处置权，增加抵押物的处置时间及成本，最终影响到抵押权的顺利实现。

一、抵押物被其他债权人先行查封对抵押权人实现抵押权的影响

（一）抵押物被先行查封不影响抵押权人的优先受偿权

关于抵押物能否被其他债权人申请采取查封、扣押措施，以及查封、扣押对抵押权效力的影响问题，最高人民法院《关于适用〈中华人民共和国民事诉讼法〉若干问题的意见》（以下简称《民诉法意见》）、《关于人民法院执行工作若干问题的规定》（以下简称《执行规定》）和《关于适用〈中华人民共和国担保法〉若干问题的解释》（以下简称《担保法司法解释》）中作了明确规定。《民诉法意见》第一百零二条规定：人民法院对抵押物、留置物可以采取财产保全措施，但抵押权人、留置权人有优先受偿权。《执行规定》第四十条规定：人民法院对被执行人所有的其他人享有抵押权、质押权或留置权的财产，可以采取查封、扣押措施。财产拍卖、变卖后所得价款，应当在抵押权人、质押权人或留置权人优先受偿后，其余额部分用于清偿申请执行人的债权。《担保法司法解释》第五十五条规定：已经设定抵押的财产被采取查封、扣押等财产保全或者执行措施的，不影响抵押权的效力。

从上述司法解释的规定中可以看出：第一，人民法院对抵押权人享有抵押权的资产，可以基于其他民事诉讼和执行的需要采取查封、扣押等保全措施。同时，依据《最高人民法院关于人民法院民事执行中查封、扣押、冻结财产的规定》第二十八条的规定，对已被人民法院查封、扣押、冻结的财产，其他人民法院可以进行轮候查封、扣押、冻结。因此，抵押权人不能以资产已被设定抵押为由来对抗人民法院的对抵押物的查封、扣押行为。第二，抵押权人对抵押物的优先受偿权不因查封而受影响，在抵押物被法院拍卖和变卖后，应当在抵押权人优先受偿后，其余额部分才可用于清偿申请执行人的普通债权。当然，抵押权不因查封而受影响需要满足两个条件。其一，抵押权的设定是在财产被采取查封、扣押等强制措施之前。财产被查封、扣押后，按照法律规定不能再设定抵押权，自然无优先受偿的可能性；其二，申请执行人所享有的债权不属于法律规定的优先于抵押权受偿的债权。如属于上述债权人申请查封的（如特定情况下的税收债权、建设工程承包人的优先受偿权等），按照法律规定，上述债权要优先于抵押权受偿。

（二）抵押物被先行查封会使抵押权人丧失对抵押物的优先处置权，增加抵押物的处置时间及成本

虽然抵押物被先行查封不会对抵押权的效力造成不利影响，但从商业银行不良资产处置的实践看，先行查封会对抵押权人顺利实现抵押权带来不利影响，主要表现在以下几方面。

1. 抵押物被先行查封后，抵押权人与抵押人不能再通过协议方式处置抵押物。根据《物权法》第一百九十五条的规定，抵押权人实现抵押权的方式有两种，即与抵押人协议处置（折价或拍卖、变卖）或通过申请法院处置（拍卖或变

卖）。在抵押人配合的情况下，通过协议处置比通过法院处置的效率要高，而处置成本则相对较低。而抵押物被其他债权人申请法院查封后，依据查封的法律效力，抵押权人通过与抵押人协议处置抵押物的行为无效，只能通过法院处置途径才能实现抵押权。

2. 抵押物被先行查封后，法院在程序上取得了优先处理查封财产的权利，抵押权人通过法院处置途径实现抵押权时，只能通过首先采取查封等措施的法院进行，且受制于首先申请法院查封的债权人的处置进程及处置态度，从而使抵押权人丧失了对抵押物的优先处置权，使抵押权的实现过程充满了诸多的不确定性。从不良资产处置的实践看，这些不确定性主要体现在以下几方面。

（1）抵押权的实现受制于首先查封法院对债权人债权的诉讼、判决及执行进程。《执行规定》明确对人民法院查封、扣押或冻结的财产有优先权、担保物权的债权人，可以申请参与分配程序，主张优先受偿权。同时又规定，对参与被执行人财产的具体分配，应当由首先查封、扣押或冻结的法院主持进行。首先查封、扣押、冻结的法院所采取的执行措施如系执行财产保全裁定，具体分配应当在该院案件审理终结后执行。因此，在首先采取查封等措施的法院对相应的债权纠纷未经审理、判决并进入执行程序的，抵押权人的抵押权难以实现，而此进程抵押权人无法控制。

（2）因抵押权人主张抵押权需要向首先采取查封措施的法院申请，在首先查封的法院为异地法院的情况下，抵押权人与法院的协调成本会增加，尤其是在个别地方保护主义严重的地区，有时抵押权人的合法权益难以得到充分的保护。

（3）在抵押物的价值有限，特别是在抵押物的预计变现价值仅能满足或部分满足抵押权人的优先受偿权的情况下，由于首先申请法院采取查封措施的债权人预计变现后自己难以受偿，申请首封的债权人往往会向抵押权人提出给予其适当清偿份额作为处置抵押物的条件，否则就怠于处分，使得优先受偿权人的优先受偿权难以及时充分地实现。

（4）在不良贷款处置实践中，经常会碰到抵押人通过与其有关联的企业，以关联企业对其有债权纠纷为由，申请当地法院首先对企业的核心资产（包括抵押资产）进行查封，抵押人的关联企业申请对抵押人的资产查封后，或者怠于及时行使债权或人为将债权诉讼过程复杂化，或者通过关联企业与抵押人和解的方式达成还款期限很长（如5～10年）的还款协议，约定在还款协议未履行完毕前不解除对资产的查封，以此来对抗抵押权人行使抵押权，使抵押权人的优先受偿权无法有效实现。

二、对策及建议

针对抵押物先行查封对抵押权人实现抵押权的影响，从债权银行作为抵押权人的角度，对抵押权人应采取的对策及有关法律规定的完善提出以下建议。

（一）抵押权人对享有抵押权的资产要及时采取查封等保全措施，既要保证优先受偿权，也要保证优先处置权

先申请查封资产的债权人会取得处置资产的主导权。同时，按照2007年4月1日起施行的《诉讼费用交纳办法》的规定，申请保全措施的，根据实际保全的财产数额按照相应的比例交纳费用，但是，当事人申请保全措施交纳的费用最多不超过5 000元。新规定改变了过去严格按照保全财产金额收取费用的规定，大大降低了申请人申请保全的费用支出。因此，商业银行作为抵押权人时，在通过法律手段追偿时对债务人的资产（含抵押资产）应果断地抢先其他债权人进行财产查封，包括在诉前果断采取诉前保全措施，以确保以后执行工作的顺利进行和抵押权的顺利实现。

（二）抵押权人要加强对抵押物的监控，发现被其他债权人先行查封后要及时主张权利

商业银行要将抵押物的监控及定期检查作为贷后管理的重要环节切实抓好，及时发现抵押物存在的重大风险事项，当发现抵押物被其他债权人申请法院先行查封的，要及时主张抵押权。具体而言，可采取的主要措施有以下几种。

1. 核实其他债权人的申请查封行为是否符合法律的规定、程序是否合规，如果认为其他债权人的申请查封行为不符合有关规定的，要及时向查封的法院提出异议。

2. 及时向查封法院主张抵押权，并申请参加参与分配程序。《执行规定》第九十三条规定：对人民法院查封、扣押或冻结的财产有优先权、担保物权的债权人可以申请参加参与分配程序，主张优先受偿权。依据该条规定，法院对抵押物

采取保全措施符合法律规定，抵押权人虽然不能对此提出异议，但应向法院说明该抵押财产已为本行债权设定抵押的情况及相关证据，如抵押合同等，以便法院知悉查封财产已被抵押的事实，以确保该抵押物不为其他债权强制执行或处置抵押物的价款优先用于清偿担保债权，以保证抵押权的实现。

3. 加强与查封法院及申请查封的债权人的沟通和协调，及时掌握查封法院对上述债权纠纷的审理、判决和执行进程，督促法院尽快处置抵押物来优先偿还所担保的债权。对查封法院怠于处置抵押物或申请查封的债权人与抵押人恶意串通对抗抵押权人实现抵押权的，要依法向法院主张权利或提出异议，依法维护自身的合法权益。

（三）建议对有关法律或司法解释的规定予以完善，给抵押权人实现抵押权以充分的法律保障

1. 建议法律或司法解释明确规定，法院对被执行人的财产采取查封措施后，发现该财产设立抵押权时，应当及时通知抵押权人。关于抵押物被抵押权人之外的债权人申请法院查封后，是否通知抵押权人的问题，现行司法解释仅明确查封、扣押被执行人设定最高额抵押权的抵押物的，应当通知抵押权人（见《最高人民法院关于人民法院民事执行中查封、扣押、冻结财产的规定》第二十七条的规定），对一般抵押权是否需要通知抵押权人则未作明确规定。从保护抵押权人依法行使抵押权的角度出发，建议在法律或司法解释中明确涉及一般抵押权时也应当通知抵押权人，以便抵押权人及时向法院主张优先受偿权利，以保护抵押权人的合法权益。

2. 建议法律或司法解释中对涉及抵押物执行的参与分配规则进行调整。《执行规定》中确定了由首先查封、扣押或冻结的法院主持进行分配的规则，在所涉及的多个债权均为普通债权的情况下，上述分配规则是合理的，有利于保护首先采取查封等措施的债权人的权益。但如果所查封的资产已设定抵押权等担保物权的，因抵押权人对抵押物有优先受偿权，相比其他普通债权人而言，抵押物的处置与其利益关系最大，在此情况下如由首先查封、扣押或冻结的法院主持进行分配会导致利益关系的失衡，不利于保证抵押权的优先受偿权的实现。因此，建议在法律或司法解释中予以明确，在查封的资产属于已设立抵押权等担保物权的资产的，应由对抵押权人申请处置抵押物有管辖权的法院负责抵押物的处置及主持进行分配，以对抵押权人的优先受偿权予以合理保护，充分体现法律的公平原则。

深化前后台业务分离　持续完善营运体系

总行营运管理部

一、国内外商业银行交易业务处理模式的发展趋势

近三十年来，国际先进商业银行借助IT，致力于降低营运成本，开展了以后台业务集约化运行为核心的业务模式变革。其主要做法是：前台以接待客户、受理交易为主，强化网点的分销渠道作用；后台以交易处理为主，突出保障支持功能；打破地域局限，提供全球范围的后台服务；引入工厂化生产方式，实现银行业务标准化、规模化处理；建立行之有效的管理机制，应用独特的绩效管理、用人管理、成本管理等手段，激发后台活力；持续扩展服务功能，从最初的交易业务逐步向资料录入、信息维护领域延伸。

从简单物理集中到工厂化、流水线作业，国外商业银行经历了一个较长的发展历程，最终形成规模化、产业化运行模式，生产中心也从高成本地区迁移到低成本地区。

近几年，国内商业银行开始研究和尝试前后台业务分离和营运体系建设。多家股份制商业银行利用其规模小的优势，借助影像技术再造业务流程，重新划分前台、后台界面，建立全国性的业务处理

中心，不同程度地实现了对公柜面业务的后台集中处理。部分大型商业银行也有类似的安排。与国外商业银行相比，控制风险和提升效率往往是国内商业银行开展这项工作时考虑的首要因素。

国内外商业银行的实践表明，深化前台、后台业务分离，建立集约化营运体系是大势所趋。

二、深化前后台业务分离、完善营运体系的基本构想

（一）深化改革的原因及目标

我行自2006年起实施的会计和营运体制改革已收到了一定的成效，但仍有很大的提升空间。一是前台业务分离程度不高，大量的交易业务处理仍由网点完成，柜员的操作难度没有发生根本性变化。二是后台的工厂化程度低，规模化作业机制尚未建立，成本优势不明显。三是柜面业务的操作风险控制管理成本大、控制能力弱。为从根本上解决问题，必须重组柜面业务流程，深化营运体制改革。

改革的目标是：第一，提升效率。突出网点的销售功能，将交易业务的处理进一步向后台分离，全面提升柜面业务效率与服务能力。第二，降低成本。后台业务按照工厂化模式组织生产，实现资源利用最优，节约成本开支。第三，化解风险。通过流程、系统的调整，实现操作风险由被动管理向主动管理转变。

（二）改革涉及的业务范围

最大限度地分离前台业务是深化营运体制改革的核心问题。

从国外商业银行实践看，除现金业务外，对公交易性业务已基本从网点剥离；除支票、电子渠道等业务外，其余实时性的对私交易业务仍由网点处理。国内商业银行已经或准备实施的同类内容改革，均将对公业务的前台与后台分离作为改革的重点。

我行的抽样调查显示，在对公业务量中，占比为51%的定时业务（票据交换提入等）可将业务处理的主要（或全部）环节分离至后台；占比为36%的柜面交付式业务（现金、汇款等），可将部分业务处理环节分离至后台；占比为13%的实物票据交换提出业务，其主要业务环节目前暂不能分离，但票据交换正在向影像和电子信息交换模式转变，其比重在逐年降低。在对私柜面业务中，与对公柜面业务同性质的业务也可以分离至后台。

因此，贯彻落实我行前台差异化、流程简明化、营运集约化的业务战略，下一步改革的重点应是全面推动对公柜面业务和部分对私业务前台与后台分离。

（三）改革的主要内容

1. 重组对公柜面业务流程，调整前后台职责。对公柜面业务的重组，应优先强化电子渠道的分流能力，尽可能降低需要人工处理的业务量占比。

对需要人工处理的业务，除由专业化经营机构集中办理外，主要通过三个路径向后台集中：一是由前台受理并审核交易真伪无误后，实时扫描传送至后台；二是对于客户定时、定点提交的业务，可通过协议方式经邮政专递等渠道直接递交后台；三是对于银行间、自助渠道传入现返回前台的业务，由后台直接截留。

后台接收交易指令后，按设定的规则拆分操作动作，分别由不同岗位人员审核、录入系统，生成交易信息，核验无误后由核心业务系统及相关业务系统办结交易。

对于前台交付式业务，经试点后确定采用以下一种模式：其一，前台受理并扫描传输至后台，后台完成交易处理后实时反馈前台，前台与客户办讫交易；其二，前台受理并审核、录入基本要素后，先与客户办讫交易，后扫描传输至后台，由后台完成信息补录等后续处理。

流程改造重组后，前台主要负责经由柜面的业务受理、鉴伪、扫描、办讫（现金、回单等实物）、实物票据交换提出、少量信息录入等操作职能；后台负责审核、验印、录入、授权、交易发起（或核算）和反馈等作业与控制职能。对部分责任清晰、风险可控、操作简单的工作，可实行外包。

以汇款业务为例，业务处理模式调整后的流程如下图所示。

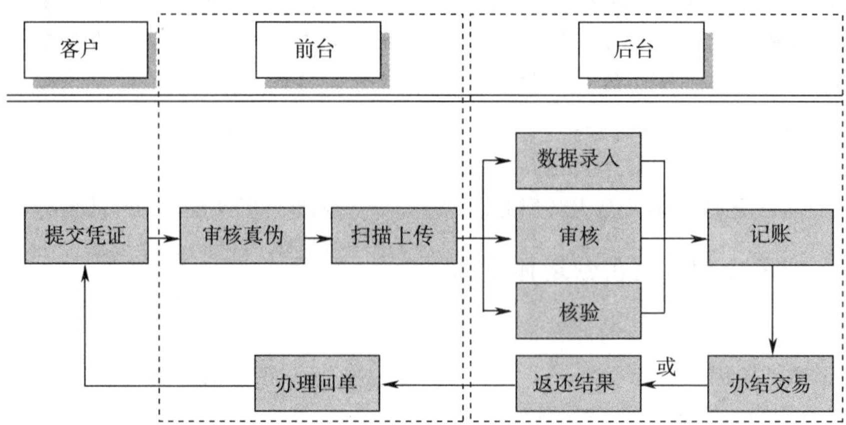

2. 开发建设支持新流程的作业系统。主要任务是开发建设支持新业务流程的作业平台，搭建后台流水化作业生产线，改造核心业务系统前端界面，开发新系统与核心业务系统及相关业务系统的交易接口。

3. 建立后台业务集约化运行支持体系。建立后台业务中心，支持集中处理。后台业务中心主要按城市中心和跨区域中心两类设置，依据各类业务的外部制约条件、数量规模、时效性及标准化程度不同，按业务品种划分业务范围，并随客观条件的变化稳步提升集约化程度。

三、改革已具备的条件及面临的风险

问卷调查显示：99% 的人支持这项改革，认为其有助于网点转型、降低成本、提高业务处理效率和风险控制能力；97% 的人认同以上技术思路，认为它能最大限度地分离前台与后台业务。建设中的票据提入和批量代收付集中作业系统，在票据影像化、动作分拆、任务调度、流程控制、系统联动、服务响应等方面已做了有益的探索，建立了基础架构。信息技术及支付结算体系的发展趋势（人民银行将陆续推出电子票据、支付系统一点接入、票据交换影像化）等外部条件的变化也支持这项改革。国内外同业的成功实践，为我们提供了有益的经验。

但此项改革毕竟是对柜面业务流程的重组，任务十分艰巨。由于我行的环境不同于国外商业银行，规模又不同于国内小型商业银行，因而在改革推进中面临的风险可能会更多，归纳起来主要有以下三个方面：

一是客户满意度风险。在新流程中客户提交的业务，需经前台与后台诸多环节、诸多岗位协同操作才能完成，对设计与生产管理的精度要求高，稍有不慎就会影响客户等候或资金到账时间。若后台标准化生产线的柔性不足、响应能力不强，同样无法满足客户灵活多样的服务需求。

二是业务实现及连续性风险。新流程几乎涵盖了所有的对公交易业务，流程设计与技术实现难度高。我行网点多、分布广，传输影像信息对网络等内外基础设施要求高，若设计和管理中发生疏忽或遇到特殊的外部事件，均有可能导致业务中断。

三是业务时效性风险。集中至后台的业务，在处理时效上有刚性约束，这些约束主要包括票据交换时点、银行外部系统关闭时点、汇款到账时间等。另外，在既有条件下的后台处理能力也有刚性约束，因为这些业务绝大部分需要人工审核、录入，而人工录入能力是有限的。若后台的生产组织管理适应不了业务量增长及峰谷差的要求，将会导致业务无法按时办结，引发重大事故或损失事件。

四、推进改革的对策措施

（一）加强领导，强化部门间的联动配合

此项改革涉及前台与后台、业务与技术、综合管理与支持保障等众多部门，需要相关部门的共同参与，建议成立跨部门领导小组和工作团队，统一组织项目的规划与实施。

（二）深入研究，做实决策实施前的准备工作

成立前期工作组，对改革思路和方案所涉及的相关问题做进一步的分析论证。成立跨部门的业务小组，研究确定前台与后台业务分离的原则、标准和内容。

（三）统筹规划，分项实施

统筹制订深化前台与后台业务分离、完善营运体制的改革方案与总体规划。在此基础上，遵循以客户为中心、先易后难、先（业务量）大后小、积极稳妥的原则，按业务种类分项实施，先试点后推广，最终形成一个完整的后台作业平台。

（四）调集专家，科学设计

此项改革难度大、复杂性高，项目成败的关键在于设计的科学性与缜密性，需抽调业务与技术方面的高级专家和大量熟悉柜面业务细节的一线工作人员共同参与。

（五）针对后台业务特点，建立完善配套机制

后台业务在不同层级的布局，应依据不同业务处理时效及峰谷差异进行组合，削峰填谷，节约人力资源耗费。同时，建立灵活的后台用工机制，以满足业务量增长及短期业务量突增情况下的用工要求。建立相应的服务响应、生产调度、质量管理、成本与风险控制等管理制度，以及以此为核心的激励约束机制，推行以计件、计时为主的薪酬分配制度，有效地激发后台活力。

进一步建立科学有效的图片知识产权侵权事件的预防和应对

总行法律合规部　曹屹立　刘加昶　冯　刚　吴缵琪　庄丽梅

近年来，我行处理了多起知识产权侵权事件，并初步建立了应对和预防知识产权侵权制度，各分行也结合本行的实际情况进行了有益的探索。2008 年 6 月 23 ~ 27 日，总行法律部组织调研组先后至广东省分行、湖北省分行就此课题进行调研，比较全面地了解了两分行在图片版权侵权方面的实际情况以及发生侵权的成因、经验教训等，收集了两分行在预防和应对知识产权侵权方面好的做法和经验，同时对下一步更好地防范知识产权侵权事件提出了改进的意见和建议。

一、广东省分行、湖北省分行被控图片版权侵权的总体情况

近几年，广东省分行、湖北省分行分别有两起被控图片版权侵权的案例，具体情况如下。

（一）广东省分行的两起纠纷及处理情况

1. 2006 年，广东省分行《理财》刊物在未经作者同意的情况下刊登了广东商学院某教授的一幅手绘漫画，后该教授找到广东省分行，要求赔礼道歉并赔偿 100 万元的损失。经广东省分行的努力，由《理财》刊物承办者（行外机构）赔偿该版权人数万元的损失，妥善解决了纠纷。

2. 2006 年，广东省分行的“乐当家理财卡产品广告宣传折页”中的国际象棋图片被某公司认为侵犯其版权，该公司要求广东省分行赔偿损失。经查，该图片系由承担设计工作的广告公司在某网站上未经版权人同意下载并使用。经过广东省分行的协调、处理，最终由广告公司向版权人支付少量赔偿金，解决了该纠纷。

（二）湖北省分行的两起纠纷及处理情况

1. 2005 年 4 月，深圳市超景图片有限公司（以下简称超景公司）向湖北省分行发来《版权质询函》，称湖北省分行宣传折页上使用了其享有专有使用权的图片作品，构成侵权，要求湖北省分行公开赔礼道歉并赔偿损失 8 万元。湖北省分行立即作了调查，核实的情况如下：湖北省分行确实在保管箱、E 路通、网上银行、速汇通、银证通等产品的宣传折页中使用了超景公司享有版权的图片作品 7 张。

为防止事态扩大，湖北省分行与超景公司多次协商谈判，争取与其和解，同时努力降低赔偿金额。经过不懈努力，最终双方达成和解，并以签订版权许可使用协议、支付图片使用费两万元的形式解决了纠纷。

2. 2006 年 2 月，武汉市美术工作者吴瑛发现其创作的 6 张“马年好运”卡通图中的 1 张被印

制在湖北省分行2002年年历卡（由南宁杰士高公司设计、制作）上。之后，经沟通、协商未果，2007年8月，吴瑛向武汉中院提起诉讼，诉讼请求包括：将侵权复制品全部收回；在全国性报刊公开道歉，并声明年历卡卡通图系原告创作；支付侵权损害赔偿金30万元。在沟通、诉讼期间，经吴瑛操作，《楚天都市报》、《现代少年报》等当地媒体分别登载了有关侵权消息，目的在于给湖北省分行施加压力。

2007年11月，武汉中院一审判决湖北省分行停止侵权行为，赔偿原告2万元，并在《中国知识产权报》刊登致歉声明。从处理结果来看，无论在赔偿金额还是在负面影响方面，经过湖北省分行的不懈努力，都被降到了最低。

二、发生知识产权侵权事件的成因分析

通过现场调研，结合此前在处理知识产权侵权事件过程中所了解的情况，我们发现发生版权侵权事件的成因主要有以下几方面。

（一）知识产权意识“外强内弱”

随着市场经济发展，人们的知识产权意识越来越强，甚至有些公司专以知识产权侵权纠纷获利。因此，一旦其知识产权被侵犯，尤其当侵权人是银行这样有实力的单位，权利人即要求高额赔偿和赔礼道歉，并以诉讼和媒体曝光相要挟。相对而言，我行知识产权意识有待增强，往往只是在合同中将侵犯知识产权的责任交给对方承担，而其他防范、控制知识产权侵权风险的工作则比较薄弱。

（二）侵权法律关系和合同法律关系中我行的不利因素

我行广告或宣传品所用图片如果侵犯了他人版权，我行与版权人是侵权法律关系，而我行与设计、印刷厂商（以下简称广告公司）是合同法律关系，二者是两个不同的法律关系。版权人要求我行承担侵权责任时，我行无法以广告合同的约定抗辩。因此，我行无法通过合同约定来排除自己的侵权责任，这样的法律规定是版权侵权事件中一个不利于我行的客观因素。

（三）广告公司规模较小，实力不足

湖北省分行两起版权侵权事件中承担设计印刷任务的广告公司均属经营规模较小、经济实力不足的公司，缺乏诚信意识和道德自律，因此，发生图片版权侵权纠纷后，广告公司要么是人去楼空、难寻踪迹，要么是推卸责任、活拖死赖，以致我行难以要求广告公司承担责任，其本应承担的侵权责任只得由我行承担。如果广告公司是知名企业或规模较大、实力较强的公司，我行可要求其直接承担责任。广告公司从维护其商誉以及保持与银行良好商业关系的角度出发，一般会积极与版权人联系，争取和解方式化解纠纷，从而避免对我行的负面影响和经济损失。

（四）对图片版权重视不够，把关不严

尽管我行对图片版权有所认识，也在广告合同中约定了由广告公司对侵权行为承担法律责任，但仍对版权问题重视不够、把关不严，突出表现在经办部门未要求广告公司对其提供的图片出示其享有版权的有关证明材料。如果对此问题能认真把关，就可能防止侵犯版权事件的发生。

（五）缺乏自我设计广告产品的能力

如果我行的广告产品多由我行自行设计，所用图片均由我行自行拍摄或者设计，就能有效防止侵权。

（六）图片等作品种类繁多，查询版权人难

在实施广告宣传过程中，由于图片等作品种类繁多，社会上没有可靠的查询机构和渠道，因而很容易在广告等产品宣传中错误运用他人的图片资料造成侵权。

三、处理知识产权侵权事件过程中的经验教训

（一）应积极提升知识产权保护意识

要在全行员工尤其是在办理广告宣传、资料印刷、软件开发的员工中树立知识产权意识，注意在集中采购、商务谈判中与设计、印刷、开发单位就知识产权归属、使用等问题与对方协商谈判，作出妥善安排。为增强员工的版权观念，湖北省分行于2006年8月以正式文件形式下发了关于版权保护的法律意见书，在版权知识宣传普及方面取得了良好效果。

（二）慎选广告公司

如果广告公司规模较大、管理较规范、实力较强、诚信度较高，则发生知识产权侵权纠纷的可能性就大大降低，而且即使产生纠纷，我行也可要求其承担责任。因此，在广告宣传、印刷等活动中应慎重选择广告公司。

（三）严格防范合同风险

合同是知识产权纠纷中我行维护权利、对外

追责的依据，因此，防范合同风险是预防和应对知识产权侵权中的基础环节。应重点审查合同中的版权条款，参照总行下发的示范条款，明确版权归属和侵权责任归属。

（四）严格审核版权证明文件

广告公司设计、制作广告及宣传品时，如果是其自身设计、拍摄的图片，应要求其提供一定的证明材料，并争取约定图片的版权归我行所有；如果是从第三人处获得的图片，应要求其提供获得第三人合法、有效的授权证明文件。

（五）注意做到和解与诉讼方式并用

版权侵权事件发生后，有和解和诉讼两种纷解决方式，两种方式各有利弊，应根据侵权事件具体情况权衡运用。在对方索赔金额可以接受的情况下，和解方式更为有利，解决问题更为彻底；但如果对方不切实际、漫天要价，我行也应利用诉讼方式维护权益，争取最有利的判决，并做好与媒体的沟通工作，防止负面影响扩大。

（六）建立侵权赔偿风险保障机制

实践中，我行没有在合同中预留部分保证金作为对方造成我行侵权时的赔偿保证，因此，如果合同另一方当事人即侵权的广告公司破产或逃匿，那么我行将失去最后转移侵权责任的机会，这样会产生一定的风险。

四、启发与建议

（一）要加强知识产权培训

加强对全行相关部门、相关岗位员工的知识产权培训，特别是防止侵犯他人知识产权方面的培训，提高员工的知识产权保护意识和业务知识。培训应结合实际工作，增强针对性、操作性。在日常工作中，可以采取定期通报相关案例、发布法律意见书的方式教育员工，提升员工的知识产权保护意识和水平。

（二）要在采购广告服务环节上注意相关问题

1. 在组织采购时将购买图片版权或使用许可费的支出作为必要成本单列。现状是，广告公司为了承揽我行的业务，会在采购中以牺牲报价为代价取得供应商资格，但其后果是，广告公司为了保持盈利，不得不剽窃他人图片作为自己设计的广告或宣传品的内容。如果在采购中将图片费用单列，其报价只作为评选时的参考指标，将在很大程度上杜绝广告公司剽窃第三人图片作品，从而规避侵权风险。

2. 在采购广告服务时，将我行有关图片版权的要求对广告公司予以明确（可以以承诺书的形式，或者在合同条款中明确）。

3. 将我行知识产权标准条款或者合同文本作为招标文件，投标者中标后需在此基础上谈合同。

4. 建立广告供应商准入标准。如规模较大、有承担侵权责任的能力；在以往业务中未发生版权侵权行为或非主观原因发生侵权行为但能立即妥善解决的；能接受并遵守我行的标准条款及其他保护版权的要求等。

（三）要注意图片审核中的技术性问题

1. 最高人民法院《关于审理著作权民事纠纷案件适用法律若干问题的解释》第七条确认了“著作权的底稿”、“原件”、“合法出版物”、“著作权登记证书”、“认证机构出具的证明”、“取得权利的合同”六类证明版权权利人的证据可供我行在审核图片版权时参考。对于广告公司提供的图片，无论其声称版权归属何人，都应要求其提供包括上述六类证据在内的合法有效的证明文件（一种或者一种以上），如广告公司不能提供，则原则上不能使用相关图片。

2. 由于图片版权审核存在一定的难度和风险隐患，因而在实际工作中应鼓励我行人员自行设计、自行拍摄图片，用于广告宣传材料中。

（四）要制作知识产权相关合同标准文本

1. 建议制作知识产权相关合同标准文本。在合同附件中以图片使用承诺函的形式，要求广告公司在为我行购买图片使用许可权时，将被许可人约定为“中国建设银行”而不是“中国建设银行某某分行”，以方便图片进入我行内部图片库供全行使用。

2. 合同中应约定广告公司承诺对于我行委托设计的广告中所使用的广告要素无任何权利瑕疵，未侵犯任何第三方知识产权。只要广告公司违反了该合同义务，无论是否造成我行的经济损失，均应支付违约金，该条款旨在对广告公司产生一定的威慑力。

3. 在签约之前或签约同时，要求广告公司缴纳一定比例的侵权赔偿备用金。一旦发生侵权，则使用该笔资金支付。如有不足，不足部分仍应由广告公司清偿；如有结余，则归还广告公司。备用金的标准可由使用图片数量、以往侵权赔偿数额等因素决定。

（五）建立宣传广告样本及图片库

1. 总行相关部门应尽可能多地统一设计并下发宣传广告样本，以减少各行因自行设计、制作宣传广告而产生的版权侵权风险。

2. 总行相关部门建立我行内部图片库，来源包括我行自有版权的图片及我行获得使用许可权的图片等，可以从根本上降低图片版权侵权的风险。

（六）应对图片侵权事件应采取的策略

一旦发生了版权侵权事件，我行应采取和解、诉讼等多种方式解决纠纷。和解方式是通过与版权人签订版权许可使用协议，支付使用费的途径合法取得版权的使用权，能在较短时间解决纠纷，避免负面影响，并不留隐患；诉讼方式是通过法院判决支付相对公平的赔偿金额，防止对方讹诈，并能以判决为依据要求广告公司承担责任。两种方式各有利弊，应根据侵权事件具体情况灵活运用。相对而言，在对方索赔金额可以接受的情况下，和解方式更为有利。但如果对方漫天要价，我行也应积极利用诉讼方式维护权益，争取最有利的判决，并做好与媒体的沟通工作，防止负面影响扩大。

我国商业银行发展投资银行业务的分析与建议

云南省分行课题组

一、我国商业银行开展投资银行业务现状

（一）法律环境

长期以来，我国金融体系实行分业经营、分业监管制度。其业务经营范围受《商业银行法》、《证券法》、《证券投资基金法》等法律法规严格限定。但随着国家金融市场的发展，各个市场之间趋向融合，金融产品结构日趋复杂，金融服务需求强烈且多样化。相应地，监管部门也逐渐出台相关的法规政策，有限度地放松了对商业银行开展投资银行业务的束缚。自1999年起，中国人民银行相继出台了《证券公司进入银行间同业市场管理规定》、《基金管理公司进入银行间同业市场管理规定》、《商业银行中间业务暂行规定》等制度，明确了商业银行可开办代理证券、衍生产品、基金托管、财务顾问等投资银行业务。2001年商业银行开始提供“银证通”业务后，基金托管、财务顾问、项目融资、个人理财等业务陆续开展。2004年，商业银行可直接投资设立基金管理公司和开展资产证券化业务。2005年，确定工商银行、建设银行和交通银行为首批直接投资设立基金管理公司的试点银行，使商业银行通过基金公司间接进入证券市场成为可能。2006年，9家商业银行获准从事短期融资券承销业务。2008年，银监会印发《银行与信托公司业务合作指引》，进一步规范了银信理财合作。

（二）经营模式

1. 准全能银行式的直接综合经营。商业银行在政策允许的范围内设置相关的职能部门，在中间业务的范畴内开展诸如财务顾问、委托理财、代理基金发售等投资银行业务。其中，工商银行总行于2002年5月设立了投资银行部，下设重组并购处、股本融资处、债务融资处、资产管理处、投资管理处等业务部门，负责相关的投资银行业务。

2. 银行控股式的间接经营模式。商业银行和非银行子公司之间有严格的法律界限，证券业务、保险业务或其他非银行金融业务是由商业银行的子公司进行的。与综合性银行相比，虽然这种模式的规模经济和范围经济效益受到了限制，但是这种模式仍然有助于实现风险分散化，并且通过业务的交叉销售获得较高的收入流，提高银行的品牌价值。1995年，建设银行和摩根士丹利等合资组建了中金公司。中国银行于1996年在境外设立中银国际，2002年，中银国际在国内注册设立中银国际证券有限公司，全面开展投资银行业务。

（三）发展现状

一是商业银行投资银行业务收入迅速增加。我国商业银行投资银行业务自开办以来飞速发展，收入迅猛增长。以四大商业银行为例，工商银行2007年投资银行业务收入为41.66亿元，2008年增至80.28亿元，增长了48.1%；农业银行2008年财务顾问和咨询费收入为15.73亿元，同比增长297.22%；中国银行通过中银国际经营投资银行业务，2008年中银国际的资产管理公司——中银保诚的业务管理总资产达433亿港元，继续保持在香港市场前列；建设银行2008年投资银行收入为66.1亿元，较2007年增长41.2亿元，增幅达165%。

二是品牌建设稳步推进。几年来，我国商业银行积极推进投资银行业务，推出了一批技术含量高、市场影响力大的重点产品，投资银行品牌建设初步见效。尤其是工商银行、建设银行和中国银行利用资金实力雄厚、网点多、资源丰富等优势，积极依托资产负债传统业务，不断开发新的产品和项目，其能力及品牌已经得到了国内外企业的认可。

三是业务结构不断优化。随着大型商业银行的投资银行产品创新步伐加快和品牌类业务市场竞争力的增强，投资银行业务结构取得了明显进步，以重组并购、结构化融资、银团贷款、资产转让、资产证券化、私募上市顾问等为代表的新兴业务收入不断增加，并逐渐在投资银行业务收入中占主导地位。

二、大型商业银行发展投资银行业务的竞争力分析

（一）优势

与国内券商和国外投资银行机构相比，大型商业银行在开展投资银行业务方面具有独特优势。一是资源优势。商业银行开展投资银行业务对内有资金优势，对外有客户优势，国内大的商业银行都拥有巨额的资本量，使商业银行从规模上可以同国外的投资银行相竞争，有能力开展大规模的承销、并购等投资银行业务；而大型商业银行经过长期经营，积累了大量的客户资源，有利于开展投资银行业务。二是规模优势。商业银行可以将某一客户关系管理的固定成本分摊到更广泛的产品上；利用自身的分支机构和已有的其他销售渠道以较低的边际成本销售附加产品；通过调整系统内部财务结构作出反应，以应对产品需求状况的变化；引用已经取得的信誉，产生信誉外溢效应，向客户推荐其他服务。三是品牌和网络优势。大型商业银行在多年的经营过程中已经形成了品牌和知名度，具有较为完善的产品结构，在清算、代理、现金管理等领域处于领先地位，易于提高客户对投资银行业务的认知度和认同感。拥有完备的海内外机构网络，在全国各地拥有数量庞大的分支机构，有助于投资银行业务产品的销售。同时，大型商业银行是银行间债券市场的最主要的参与者，为开展短期融资券、资产证券化以及将来的中长期企业债券业务创造了非常有利的条件。

而身为大型商业银行的建设银行，不仅在以上三方面的优势突出，而且拥有自身独特的竞争优势。建设银行始终走在探索投资银行业务的最前列，尤其是曾经在2005年通过相继控股重组中建投、中信建投等二十多家券商，在投资银行业务方面发展具有非常丰富的经验。同时，美国银行作为战略投资者投资入股建设银行，为建设银行带来了综合型商业银行发展投资银行业务的先进经验和管理方法。

（二）劣势

商业银行在发展投资银行业务方面也会受到一些负面因素的影响。一是业务牌照的局限。虽然国内金融监管部门对商业银行开展投资银行业务持审慎开放的态度，但仍受限于分业经营、分业监管的金融政策影响，目前国内商业银行只能开展部分投资银行业务。例如，商业银行还无法获得IPO经营牌照，这也堵住了商业银行进入为客户直接IPO的领域。二是专业人才的短缺。商业银行的人才结构还不能满足开展投资银行业务的需要，在人才素质上同专业的投资银行还有一定差距。尤其是在商业银行的各个基层行，具备投资银行业务知识的专业人才极其匮乏，制约了商业银行投资银行业务的发展。三是内部冲突。传统商业银行对待风险往往采取“规避”的态度，而投资银行却更加偏好风险，强调主动承担和控制风险，通过创新的金融工具来分散和控制风险以赚取超额收益。

建设银行作为国有大型商业银行，在发展投资银行业务方面与中小型商业银行相比，存在着市场反应速度慢、决策效率低、审批链条长等问题。中小型商业银行往往根据市场变化，迅速作

出决策，指导相应工作的开展。而建设银行即使在同一时间或者优于竞争对手发现市场机遇，但由于必须层层上报，由总行层面进行决策，在时间上存在一定滞后性。

（三）机会

一是政策的引导。随着利率市场化的演进，商业银行依赖传统利差收入的发展方式面临挑战。大力发展投资银行业务，不断提高盈利能力，是商业银行可持续发展的必然要求。二是客户需求和市场环境要求。一方面，我国融资客户的需求从传统信贷和结算向一揽子全面金融服务转变。企业特别是大型集团企业加大了对并购、投资、上市、理财等资本市场业务的需求；企业在大型化、集团化的过程中，要求提供财务管理、绩效考核、现金管理等常年财务顾问服务；企业在金融市场化、国际化的大背景中，从战略制定到业务操作都需要得到银行全面的金融产品和顾问服务。另一方面，投资客户的需求从单一的存款向境内外多种金融产品转变。居民财富大幅增加带来客户对投资理财和资产管理的需求；投资渠道拓宽、金融产品丰富，基金、信托、保险、黄金、期货等各种理财产品为企业融资和金融机构开展投资理财业务都提供了新的可能。而商业银行拥有客户资源、渠道资源、品牌资源等众多优势，拥有满足客户需求和服务客户的天然便利条件。

（四）风险

一是政策的变化。由于关于投资银行业务具体监管细则尚未出台，政策上存在较大弹性，可能原本之前“默许的”会成为今后“禁止的”。加之商业银行的大量投资银行业务要接受“一行三会”等机构的多边监管，监管部门之间协调不力、法规冲突等都使得政策存在较大变数。二是风险管理的难度。我国政府对商业银行的保护政策使其投资银行业务处于金融安全体系的保障范围之内，可能产生道德风险。而商业银行在直接参与投资银行的高收益的业务同时，也必然将投资银行业务面临的各种资本市场的高风险带入商业银行。同时，商业银行发展投资银行业务还面临着多方面的操作风险，包括失职违规、内部欺诈；内部流程不健全、流程执行失败、控制和报告不力、担保品管理不当、产品服务缺陷；IT 系统及一般配套设备不完善、数据缺失；外部欺诈、自然灾害、交通事故、外包商不履责等。此外，商业银行开办投资银行业务时间不长，管理层及业务人员缺乏相关经验，加之投资银行业务风险具有内生性、复杂性、隐蔽性、关联性的特点，无疑增加了风险管理的难度。三是券商的竞争。我国拥有大大小小上百家券商，作为专业型投资银行的代表，在开展各方面业务时具有政策优势、牌照优势以及人才优势等，成为商业银行发展投资银行业务的主要竞争对手。

（五）管理模式分析

作为主要竞争对手和大型商业银行开展投资银行业务的代表，工商银行与建设银行在投资银行管理模式上具有较大的可比性和分析的必要性。

1. 组织机构方面的对比分析。工商银行投资银行部共设 9 大处室：股本融资处负责与在港的工商东亚合作，主要处理海外上市业务；债务融资处的业务包括银团贷款等；重组并购处负责并购、资产重组及债务重组等业务；投资管理处负责工商银行自身资本的运作，包括上市融资、发行金融债等；资产管理处负责工商银行不良资产及资产证券化业务；研发处负责企业研究分析，对投资银行业务作支撑；中间业务处对全行中间业务进行牵头管理；市场资信处负责是对外进行资信评级，接受委托资信调查；综合处负责处理其他相关事务性工作。工商银行模式在当前监管许可条件下，充分利用公司业务传统优势，用足全系统资源，协调难度较小。但是客户分类、共享与部门协调工作并未完全制度化，对公前台部门还有公司金融部，显而易见整合程度并不高。在工商银行投资银行业务发展中银团贷款项目根据各部门维护的客户分别由不同部门牵头；租赁业务由专门的租赁公司开展；其他中介业务由总行牵头，各分行自行进行。这种业务分配方式有时会在工作中形成内部抢客户的局面。

而建设银行成立的投资银行部中下设各个业务团队，如债券融资团队、财务顾问团队、理财产品团队等，分别负责不同产品的开发和销售。在开展业务的过程中，与个人金融部、公司业务部、研发中心等部门合作进行产品研发，再由相应业务部门进行产品营销和销售。在整个过程中，各部门分享一定比例的销售收入，例如，开发一项理财产品，由个人金融部分享销售收入的 60%，公司业务部分享 30%，投资银行部分享 10%。在产品研发和销售过程中，各部门之间的利益分享尚没有很好的协调制度，易导致绩效考核过程的不公平。因此，与组织机构配套而行的激励考核制度也是建设银行当前要考虑的重中之重。

2. 产品创新方面的对比分析。在产品创新方面，工商银行投资银行部内设有产品创新处、研发处负责投资银行产品的统一研发，由各业务部门和各个省级分行协助营销和销售。各省分行进行的产品创新需要上报总行审批，手续复杂、时滞较长。在理财产品创新方面，工商银行的做法是由省分行协助总行建立全国统一的资金池，再分配到各省分行进行销售。这种做法的优势是产品设计时滞短，能够抓住市场时机，并可以适当减少省级分行投资银行部的工作量。

而建设银行在产品创新方面金融市场部和投资银行部各有分工、各有侧重、适当交叉。在研发方面，既有自己的研发的也有外包式的。建设银行还和美国银行一起设计了一套产品创新流程，提高了产品推出速度，同时也使得对产品风险收益的评估更趋准确。建设银行每设计一款产品都要先听渠道部门意见，设计出来后还要再次通过渠道部门听取客户意见。为进一步提高产品研发能力，在理财产品研发设计力量的整合、专业人员的培养、研究队伍的建设等方面加大了力度，成立了专门的交易产品研发团队，从业人员多数拥有较丰富的资金交易及相关从业经验。与工商银行不同的一点是，建设银行产品创新可由各省分行分别进行，各省分行自行研发并在省内销售。这种机制的优点在于能够适应不同地区的不同需求，但缺点在于整个研发过程时间较长，省分行投资银行团队的力量较薄弱，需要与个人金融部、公司业务部、运营管理部等部门配合，还需要向总行申报，有时产品研发出来后便会错过最好的销售时机。因此，在产品研发方面可以借鉴工商银行的做法进行适当改革。

三、大型商业银行发展投资银行业务的对策和建议

（一）优化业务流程，提高研发能力

加大投资银行业务新产品开发力度，为投资银行业务发展注入新的活力。投资银行业务创新是一项系统工程，需要总分行在战略决策、体制安排、管理模式、业务流程和产品组合等方面统筹安排、整体推进。为此，应建立总分行间、部门间新产品开发沟通机制，构建全行投资银行业务产品研发体系，设立产品创新团队。在国家政策和监管允许的范围内，建立投资银行业务审批办理的绿色通道，对高端新产品，尤其是能带来大额收入的投资银行业务实行特事特办、快速论证、科学决策、加快审批。建立高效的沟通、反馈、联系和决策机制。商业银行开发投资银行业务产品应坚持“以客户为中心”，针对不同客户的需求，开发多元化、个性化、系统化的投资银行业务产品，为客户设计全方位的金融服务方案。要发挥自身融资优势，打造财务顾问精品名牌。推行银团业务的专业化经营。探索企业上市和债券承销业务发展模式，在现行政策框架下积极介入资本市场。

（二）建立有竞争力的管理团队和人才队伍

引进相关业务领域的国际投资银行高端人才，形成优胜劣汰的人才竞争机制，塑造一个具有能力和合作精神的业务团队，为实现投资银行专业化和个性化服务提供保障。单就商业银行内部进行培养而言，可以参照以下方法进行：首先对业务领域和业务类型进行分工，将业务操作流程模块化、标准化以及充分的业务交流，使从业人员在具有较好的专业水准基础上也能体现良好的综合能力；其次可以实行高效率下的较大工作负荷，持续性的培训，严格的考评与维持一定水平的人员流动性的淘汰机制；最后要针对投资银行业务智力密集性的特点，参照市场标准和国际惯例，以经营业绩为主要依据，充分考虑专业人才的市场价值和不同项目的收益水平确定分配标准，使人力资源的成本与收益相对称，让有限资源向最能为商业银行创造投资银行收益的人才倾斜，最大限度地激发从业人员的积极性与创造性。

（三）建立与投资银行业务相匹配的激励机制

在尊重商业银行既有薪酬文化的基础上，借鉴国际投资银行的先进理念，形成一套缜密且有竞争力的薪酬体系，吸引和留住优秀的工作团队。国内商业银行经过多年的发展，其经营管理、盈利能力以及企业综合实力都跃上了新的台阶，尤其是三大国有银行上市后，管理体制更加成熟，其考核激励机制也日渐成熟。一般来说，对于传统银行业务，商业银行内部对于各经营单位都设定了相应的考核指标，存款和贷款类业务也都有具备相当吸引力的考核激励措施，经营单位发展这一类业务有天然的积极性。投资银行业

务则不同，一些银行除了对总行投资银行部进行考核外，并未针对投资银行业务向经营单位分配业务指标进行考核，也没有及时建立激励制度。作为一项创新业务，经营单位不愿花大力量去学习业务和营销客户，投资银行业务实际上是推而不动，直接导致投资银行业务营销力量薄弱，使商业银行失去了在投资银行业务方面的客户优势。

要做好这一点，必须在尊重商业银行既有薪酬文化的基础上，借鉴国际投资银行的先进理念，形成一套缜密且有竞争力的薪酬体系，吸引和留住优秀的工作团队。此外，还要拓宽晋升通道，避免商业银行只通过行政职务提升的弊病，让投资银行从业人员通过晋升得到组织的认同。

（四）构建与投资银行业务相适应的风险管理体系

传统的商业银行秉承“审慎经营”的原则，往往采取规避风险的态度。而投资银行比较偏好风险，强调主动承担和控制风险，通过创新的金融工具来分散和控制风险以赚取超额收益。在商业银行内部开展一项投资银行业务，由于风险观的差异会导致一些业务受限，无法做大做强。这种冲突外在表现为投资银行业务部门与其他部门如风险管理部门、授信审查部门的业务分歧和关系紧张。但从本质上讲，如果用商业银行的风险观去控制投资银行业务，会使得投资银行受到束缚，失去活力；而如果完全按照投资银行的风险观去发展，又会对商业银行的利益造成影响。由此，对于大型商业银行来说，应建立有别于传统信贷业务的投资银行业务配套贷款的风险容忍度，并以此为基础审查决策与投资银行业务相关的授信，运用科学、系统的方法对投资银行业务的风险进行识别、控制和管理。同理适用于以金融资产为标的产品承销发行业务。

（五）建立统一、集中的信息支持平台

一是着手整合更新或升级现有的数据仓库，实现在银行及其子公司整体范围内的数据大集中，并对各类信息进行统一管理和运作。二是建立多元化的业务、财务管理和风险控制系统，对银行及下属子公司的业务、财务和风险实现实时监控，推动集团在业务、财务和风险上的统一管理。三是整合和建立复合型产品创新和销售的信息技术平台，将银行及其他子公司的产品创新和销售服务渠道有机地整合到同一个平台上，确保客户能够通过多种渠道享受到其他金融业务的“一站式”服务。四是在总行层面尽快建立高层次的专家咨询服务平台，提供个性化创新型产品支持。

（六）加强与金融同业和中介机构的合作

目前我国商业银行混业经营还受到限制，商业银行还不能独立开展所有的投资银行业务和承担所有业务环节的工作，要充分利用社会中介机构的力量，互惠合作，取得共同发展。特别是在尚无证券承销牌照的情况下，应加强与券商的合作，由其负责承销，商业银行可承担评估、发行、定价、融资安排等多项工作，推动企业债券业务发展；应借助证券公司、会计师事务所、信托公司等中介机构的力量，推出综合财务顾问业务新品种，拓宽业务领域。

课题组组长　张勋蓉　李国新
课题组成员　杨　荇　张　麟　高晓培
贺　昕　林庆云　马　牧
孙　刚　于　洋　赵　恬

以人为本加强基层员工队伍建设

哈尔滨党校第十九期干部进修班第一支部课题组

基层员工是建设银行广大员工队伍的主体，他们处于各项改革和业务发展的最前沿，工作热情和工作技能等情况直接影响到基层行的生存与发展，更关系到银行核心竞争力的形成、巩固和提升。加强基层员工队伍建设，要坚持以人为本，努力改善员工工作和成长环境，妥善解决基层实际问题，扎实推进和谐企业的构建工作。

一、当前基层员工队伍中存在的主要问题

建设银行基层员工队伍的总体状况良好，工作积极性普遍较高。但是，随着市场经营环境日趋复杂和内部改革不断深入，基层员工管理工作面临着新的挑战，同时也出现了一些不适应新形势工作要求的情况，需要尽快改变。

（一）基层工作压力较大，管理部门的服务相对滞后

有些网点制定的任务指标不切实际，基层员工长期处于高强度的工作状态，形成了很大的心理压力。少数网点人员紧张，导致员工长时间顶岗，形成疲劳感，容易对工作感到厌倦。管理部门往往不能做到很好地为一线服务，办事效率不高，还存在相当程度的官僚主义、衙门作风。上级行对基层网点的资源配置倾斜政策不突出，导致机关员工不愿到网点工作，网点员工则普遍向往到机关工作。

（二）引导教育工作没有真正到位，员工价值观容易出现偏差

一些基层单位的思想政治教育没有做到与员工的工作实际紧密结合，也没有做到常态化。一些员工认为待在基层网点人微言轻，难有作为，还要承受业务指标的压力和柜面差错的风险，产生不健康的心态。少数员工整天委靡不振，对客户不热情，不愿与人沟通和交流，表现懒散、拖沓，得过且过。有的员工以习惯代替制度，以经验代替程序，减程序、逆程序操作，个别员工甚至出现违纪、违规的现象。

（三）员工技能培训相对不足，影响客户服务质量

针对员工岗位技能的培训力度不够，特别是新员工的培训时间较短，且培训内容不系统、培训质量不高。一些基层员工对业务一知半解，不熟悉岗位工作要求，业务办理时间较长，操作过程出错较多，客户意见较大。

（四）用人机制存在一定缺陷，激励约束不健全

岗位竞聘、岗位交流等用人机制尚不完善，网点之间、网点与机关之间的员工流动不顺畅。基层绩效考核往往重业务轻管理，对内部管理只配置很少的激励费用，而且激励费用分配也不够合理。买单制设计不科学，造成激励不当，不能保证员工正常的基本绩效，甚至出现了员工“带工资”上班的现象。

二、基层员工队伍建设应遵循的基本原则

针对当前基层实际，加强和改进员工队伍建设应遵循以下原则。

（一）坚持以人为本

这是员工队伍建设的出发点和落脚点。要最大限度地保护好、引导好和发挥好员工的积极性、主动性和创造性，充分体现尊重人、关心人、鼓舞人、帮助人、激励人的导向，努力为基层员工着想，尽最大可能帮助他们解决实际困难和问题。

（二）把构建和谐建行作为目标

和谐的工作环境能够提高员工的敬业精神，使员工和领导之间、员工和员工之间、员工和企业之间产生信任，进而形成强大合力。根据盖洛普公司的一项调查，敬业员工比较多的公司与竞争对手相比，可额外获得50%的客户忠诚度，增加38%的产出和27%的利润。基层员工队伍建设应以不断增强和谐奋进的企业氛围为目标。

（三）深入调查研究

“没有调查，就没有发言权。”要从基层员工的现状入手，进行全面详细的调查，认真分析影响员工工作情绪、工作能力的因素和程度，在此基础上制定行之有效的改进措施，并选择部分基层机构作为试点，跟踪落实改进措施的成效，及时完善推广。

（四）推进基层行人力资源改革

基层行要准确理解并执行上级行的相关政策，深化用人、用工、培训和薪酬等方面的改革，结合实际不断探索和完善灵活、高效的工作模式，用好、用足现有的人力资源。

三、加强基层员工队伍建设的对策

（一）以理念宣导为重点，加强企业文化建设

企业文化的精髓并不是富有特色的硬件设施、舒适的办公环境和漂亮的LOGO，而是集中体现在员工身上。企业经营理念一旦被员工所认同，就会形成统一的价值取向、统一的行为规范、统一的目标激励，企业就有凝聚力和战斗力，员工忠诚度也相应提高。要引导员工树立正确的世界观、人生观、价值观，通过理念故事化和故事理念化的办法，将好的经验、好的做法、好的想法、

好的思路通过有效途径及时传递到每个岗位，让全体员工真正参与进来、融入进来，使企业文化真正地落实到基层、落实到员工之中。

（二）推进薪酬体系改革，建立科学的考评机制

薪酬结构的设计不但要包括物质层面的报酬，而且要包括精神层面的激励。要将工资收入与员工的劳动成果、工作业绩挂钩，使技术、管理等创造价值的要素也全面参与分配，彻底打破平均主义。研究不同岗位工作的差异性，完成岗位规划和岗位分析等基础工作，为量化考核、动态评价打好基础。对各类员工采取差别化的重点激励，建立多层次的薪酬分配体系，做到短期激励与长期激励相结合。短期激励重在解决当前的问题，同时用长期激励增加员工的预期；重点产品与正常绩效相结合，尤其要处理好买单制激励不当的问题；定量考核与定性考评相结合，对机关人员的定性考评要有一定的比重；特殊岗位与一般岗位相结合，解决好专业技术等级人员的待遇偏低问题；物质激励与精神激励相结合，树立先进典型并大力进行宣传。还要制定具有一定超前性、使员工感觉有“奔头”的内部保障机制和福利体系，为员工解决后顾之忧。

（三）重视人才培养，做好员工职业生涯规划

帮助基层员工适应业务发展的要求，进行职业生涯规划。制订符合基层特点的员工在职培训计划，充分用好培训中心资源。把基层员工履岗能力培训纳入制度化、常态化管理，要求每个员工必须掌握一定等级的技能。同时，积极开展专业培训、管理能力培训和学历培训。通过专业培训，有针对性地选拔培养专业化人才；对表现优秀的业务骨干，注重培养提高其管理能力，为将来走上管理岗位创造条件；鼓励员工参加学历培训，并与其他培训工作结合起来，为员工提供更多继续深造的机会。

（四）加强一线干部选拔，完善用人制度

积极倡导从一线选拔干部和选拔干部到一线，坚持任人唯贤、德才兼备的原则，注重从基层发现人才，做好干部任用工作。在采取组织推荐方式时，要避免受到过多主观因素影响和出现产生安置性任用干部的现象。采用民主推荐方式选拔人才，要完善考查程序和方式，真正体现民主，全面了解物色人选的德、能、勤、绩、廉等情况，切实防止出现“带病”上岗。建立“能者上，平者让，庸者下”的机制，积极推进竞聘上岗，打破论资排辈，形成有利于优秀人才脱颖而出的局面。同时，要破除“官本位”，完善专业技术等级评定制度，拓宽员工成长的晋升通道。要进一步规范专业技术等级评定工作，建立专业技术职务与管理岗位的流动机制，使一些偏重技术的管理人员向技术职务过渡。加大员工在机关部门之间，部门内部、机关和基层之间，基层网点之间的交流力度，每年按照一定比例进行岗位交流，并尊重员工的自主选择权利，为员工提高才干提供更大的平台和更多的现实机会。

（五）加强员工队伍管理，切实做到真诚关爱员工

打造一支过硬的基层员工队伍，必须坚持严明的管理制度，不能以信任代替监督、以感情代替制度。要建立健全各项规章制度和操作流程，强化岗位制衡和过程控制。加强不相容岗位管理，对重要岗位、重点环节、重要时段、重点人员加强监督检查，认真执行岗位轮换和强制休假制度。经常开展警示教育，引导员工算好政治前途账、经济得失账、家庭幸福账、人身自由账，使员工不想、不愿、不敢、不能犯错误。通过职工代表大会等形式，增强员工的主人翁意识，研究落实员工提出的合理化建议，并视情况给予奖励。加快柜面操作系统的流程改造和优化升级，使系统更加友好、操作更加简便，将基层员工从机械重复的劳动中解放出来。树立“机关为基层服务、二线为一线服务、后台为前台服务”的理念，打造精简、高效的机关，努力为基层减压、减负。可以成立专门的网点服务团队，为一线提供专业化的业务指导、专门配送前台物品等。要关心基层员工身心健康，组织丰富多彩的业余活动，陶冶员工情操、缓释工作压力。要关心员工的生活情况，努力帮助他们排忧解难，使员工切实感受到建设银行大家庭的温暖。

课题组成员　江苏省南通分行副行长江山红　天津市分行会计部副总经理李爱军　江苏省分行南京大行宫支行副行长彭跃林

商业银行集团客户信贷风险控制研究

北京海淀支行 吴泼伟 张亚纲 王 纲 冯雪帆 舒 皓

集团客户相对于单个客户而言，在给银行带来较大经济利益的同时也蕴藏着巨大的风险。

一、集团客户信贷风险控制的主要原因

信贷风险是商业银行面临的主要风险。与单一客户的信贷风险相比，集团客户信贷风险更具不确定性、更长的潜伏期、较弱的可控性和更强的传染性。基于信息不对称理论来看，集团客户信贷风险的形成有这样几个原因：其一，集团客户由于自身的行为特点，表现出银行与企业的信息不对称；其二，银行间的同业竞争，加剧了银行间的信息不对称；其三，社会诚信体制的不健全导致了社会与银行间的信息不对称。

二、集团客户信贷风险实例

通过对我国某国有商业银行集团客户业务进行调研，我们获得了截至2005年12月31日的如下统计数据。

该行集团客户部所辖客户共计10 786户，其中，集团类客户为8 569户，占79.45%，共归属于2 609家集团，非集团类客户为2 217户；总、分行级重点客户共5 281户，占48.96%。贷款余额为9 499.57亿元，占公司类贷款的49.65%；存款余额为3 280.44亿元，占公司类一般性存款的27.52%。按照五级分类统计，不良贷款余额为147.09亿元，占全部公司类不良贷款的17.2%，不良率为1.55%，资产质量优良。

（一）集团客户基本情况

1. 重点客户的管理构成。该行集团客户部所辖总行级重点客户为2 652户（含下属成员单位），占24.59%；分行级重点客户为2 629户，占24.37%；其他非重点客户为5 505户（见图1）。

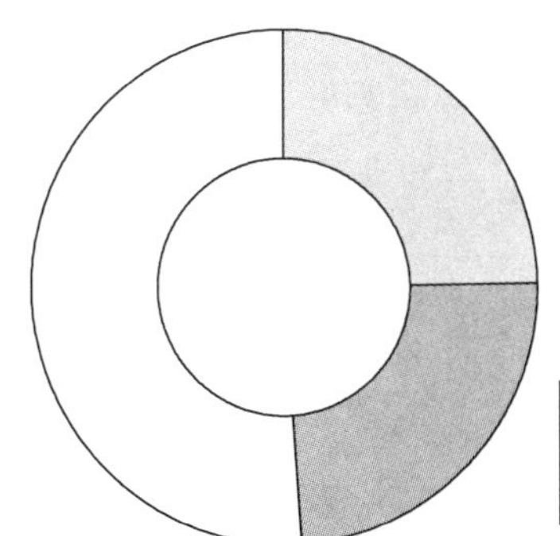

图1 重点客户构成情况

2. 贷款结构。

（1）贷款分布符合“二八”定律。在该行贷款超过1亿元的客户为1 972户，占全部贷款客户的24.45%，其贷款合计为8 260.21亿元，占全部贷款的86.95%，户均贷款达4.19亿元。

（2）贷款客户信用等级较高。在有贷款余额的5 601户中，AA级（含）以上客户为3 127户，占45.83%（见图2）。

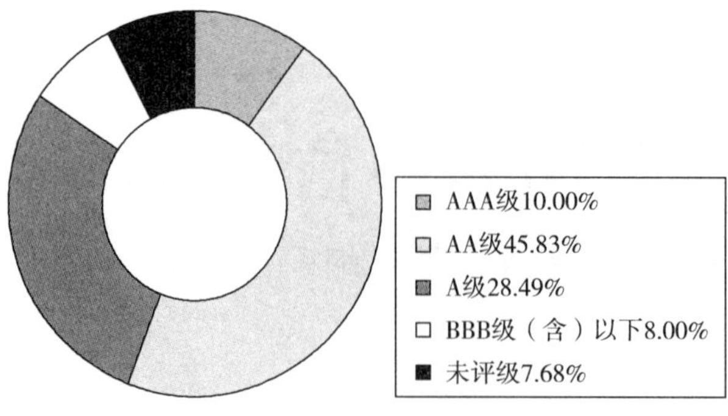

图2　客户构成情况

（二）集团客户贷款业务情况

1. 业务整体情况良好。该行集团客户部所辖客户贷款余额为9 499.57亿元，在全部公司类贷款19 133亿元中占49.65%。

2. 信用等级优良客户贡献突出，信用等级优良客户贷款余额占比大。在全部有贷款余额的客户中，信用等级为A级（含）以上客户贷款余额合计8 594.67亿元，占比高达90.48%。户均贷款余额与客户信用等级成正比。在全部有贷款余额的客户中，信用等级为A级（含）以上客户户均贷款余额最高，为1.82亿元；信用等级为BBB级（含）以下客户户均贷款余额仅为0.54亿元（见图3）。

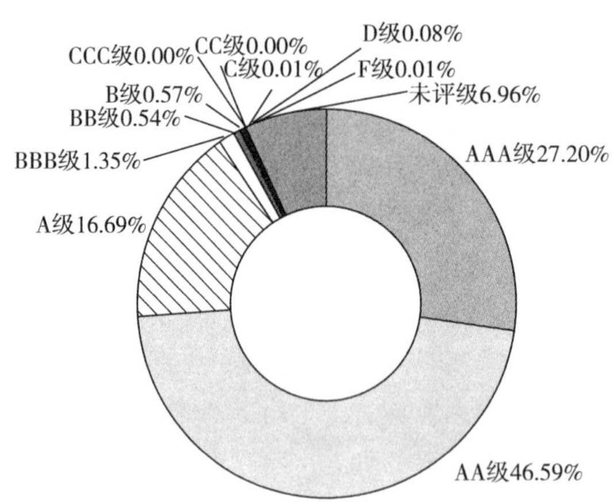

图3　贷款客户信用等级分布

3. 贷款种类期限结构较为合理。一是贷款种类分布合理，流动资金贷款余额为4 396.74亿元，占46.28%；固定资产贷款（含基本建设、技术改造及房地产开发贷款）余额为4 711.24亿元，占49.60%。二是贷款期限结构较为合理，期限为1年（含）以下的短期贷款余额为3 362.70亿元，占35.40%；期限为1年以上的中长期贷款为6 136.87亿元，占64.6%。

4. 重点行业占比突出。全部客户贷款共分布于280个行业（国标行业中类）。其中，贷款余额超过100亿元的行业有19个，电力、电信、石油石化、公路、铁路等战略重点行业均在其中；19个行业合计贷款余额为6 729.04亿元，占全部贷款余额的70.84%。

（三）集团客户信贷业务风险情况分析

1. 信贷资产整体质量优良。该行集团客户部所辖客户不良贷款为147.09亿元，在全部公司类不良贷款854.97亿元中占17.2%，不良率为1.55%，大大低于全行平均水平。

2. 集团性客户资产质量情况。集团性客户不良贷款余额为136.28亿元，不良贷款率为1.73%。在全部有贷款余额的1 787家集团中，有不良贷款的为119家。

3. 不良贷款行业分布。该行战略重点行业资产质量普遍优良。存在不良贷款的有85个行业，不良贷款率最高的前10个行业见图4。

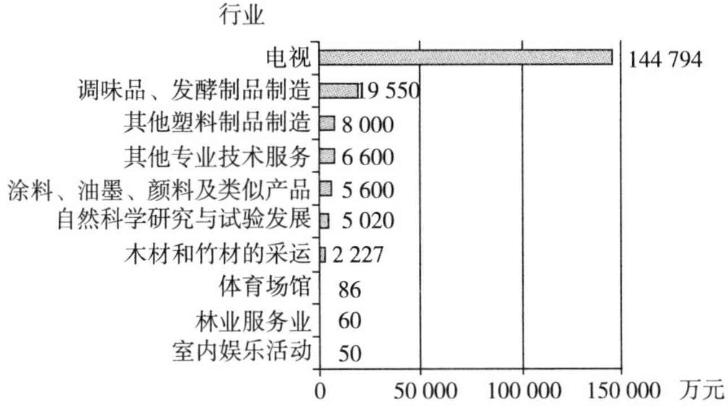

图4 前10个行业不良贷款分布

三、集团客户信贷风险的主要成因

在商业银行信贷活动中，银行和企业之间存在着典型的信息不对称。信息不对称的后果是直接导致了银行不良贷款的产生。信息不对称主要存在于以下几个环节：一是集团公司与银行间的信息不对称，二是地方政府部门、中介机构与银行间信息的不对称，三是跨区域、跨行业经营导致的银行间信息不对称。

四、集团客户信贷风险防范的对策

（一）《巴塞尔新资本协议》的应用

1. “标准法”的实例分析。《巴塞尔新资本协议》中规定，银行按照“标准法”计算信用风险的资本要求时，抵押交易风险缓释后的风险暴露数据按下式计算：

$$E^{*} = \max\{0, [E \times (1 + He) - C \times (1 - Hc - Hfx)]\}$$

其中：E^{*}为风险缓释后的风险暴露；E为风险暴露的当前价值；He为风险暴露的折扣系数；C为所接受抵押品的当前价值；Hc为抵押品的折扣系数；Hfx为处理抵押品和风险暴露币种错配的折扣系数。

下面举一个例子简单示意标准法的计算方法，忽略部分折扣系数。

（1）银行A向企业B发放了一笔贷款1 000万元，企业B以500万元的厂房作为抵押，厂房折扣系数为10%，则E = 1 000，C = 500，Hc = 10%，假设He = 0，Hfx = 0：

$E^{*} = \max\{0, [E \times (1 + He) - C \times (1 - Hc - Hfx)]\} = \max\{0, [1\,000 \times (1 + 0) - 500 \times (1 - 10\%)]\} = \max\{0, 550\} = 550$(万元)

如果企业B在信用评级中被评为“A +”级，则其风险权重为50%，对于银行A而言，这笔贷款的风险加权资产（RWA）= 风险缓释后的风险暴露（E^{*}）× 风险权重 = 550 × 50% = 225（万元），《巴塞尔新资本协议》确立的资本充足率系数是8%，则资本需求 = 风险加权资产 × 8% = 225 × 8% = 18（万元），也就是说，为防范给企业B这笔贷款的信用风险，银行A至少需要18万元的资本准备。

（2）如果企业C没有提供风险缓释工具（没有抵押厂房），其他条件与企业B相同，风险加权资产（RWA）= 风险缓释后的风险暴露（E^{*}）× 风险权重 = 1 000 × 50% = 500（万元），资本需求 = 风险加权资产 × 8% = 500 × 8% = 40（万元）。

（3）如果企业D同样没有提供风险缓释工具，但信用评级是B级，其他条件与企业B相同，风险加权资产（RWA）= 风险缓释后的风险暴露（E^{*}）× 风险权重 = 1 000 × 150% = 1 500（万元），资本需求 = 风险加权资产 × 8% = 1 500 × 8% = 120（万元）。

（4）如果企业E同样没有提供风险缓释工具，但信用评级是AA级，其他条件与企业B相同，风险加权资产（RWA）= 风险缓释后的风险暴露（E^{*}）× 风险权重 = 1 000 × 20% = 200（万元），资本需求 = 风险加权资产 × 8% = 200 × 8% = 16（万元）。

（5）银行A同时为上述B、C、D和E共四个企业提供贷款，按《巴塞尔新资本协议》标准法，总资本要求是各单项资本要求的加总，则18万元 + 40万元 + 120万元 + 16万元 = 194万元。按《巴塞尔新资本协议》计算方法：1 000万元 + 1 000万元 + 1 000万元 + 1 000万元 = 4 000万元，资本需求 =（1 000万元 + 1 000万元 +

1 000万元+1 000万元）×8% =4 000万元×8% =320万元。按《巴塞尔新资本协议》，资本需求下降了126万元，银行A的总体资本充足率只要达到5%就可以满足要求。由此可见，按《巴塞尔新资本协议》，同样是发放一笔1 000万元的贷款，所需的资本相差悬殊，差距可以达到几倍以至于几十倍，而这正是由信用项目的风险程度决定的。

在这个意义上，《巴塞尔新资本协议》中“资本需求的风险敏感性”大大提升。按照《巴塞尔新资本协议》的这一原则，拥有优质客户群体的银行可以更有效地扩张业务，而其他资产质量不良的银行则要被迫收缩业务。

2. “内部评级法”。内部评级法（IRB）在信用风险计量与资本配置等方面都更具优越性，但实施内部评级法需要满足的最低标准同时对商业银行的风险管理体系提出了更高的要求。

（二）贷前控制

1. 加强集团客户授信管理，防范信贷风险。集团客户授信是防范集团客户信用风险的重要手段，要重点关注以下几个方面的问题：（1）合理确定授信额度和担保方式。建议根据集团客户经营战略、目标负债结构、目标资本结构确定授信总体额度，防范过度授信。（2）提高信息收集、处理和加工能力，强化客户评价的真实性。（3）加强单独授信的风险管理。建议严格限制单独授信，尽可能获取更多的信息，提高不完全信息决策能力，有效地控制信用风险。（4）合理地确定授信范围和操作模式。建议根据集团业务板块、母公司的实际控制能力、关联交易的规模合理确定授信范围。（5）审慎对待集团客户母公司统借统还。该种操作模式存在较大的信贷风险，建议严格限制母公司统借统还。（6）认真分析集团客户重组改制相关风险。集团客户的重组改制比较频繁，方式多样，应该重点关注两个方面的风险：一是境外上市，二是资产重组。

2. 构建完整的信息系统，实现信贷风险管理的信息化。（1）建立和完善客户及项目基础数据库。在信息收集上，要从掌握单个贷款企业信息向掌握集团企业整体信息转变，建立集团企业信息资料库。（2）建立定期信息发布制度。主办行、协办行客户部门应定期收集、整理集团最新信息报管理行，管理行将有关信息汇总、分析后，形成动态简报向主办行和协办行公布。（3）建立跨行业、跨部门的全国性信用系统。要与管理部门通力协作，建立企业基本情况信息网，以便及时、准确地获取和掌握相关信息。（4）银行间建立一个针对集团客户的信息交流平台指在银行监管部门主导下，加强监管部门与商业银行之间，以及商业银行之间的沟通与交流。（5）开发新的风险管理软件，加强信息化管理，改进风险管理软件，加快建立信贷风险管理预警体系，提高信贷风险管理的技术含量。

3. 提高人员素质，改革人事制度，防范信贷风险。（1）更新观念，提高信贷人员对集团客户风险的认识。（2）提高员工的综合素质。（3）建立一套合理、有效的考核机制。

4. 优化外部环境，防范地方机构的虚假信息。一是建立健全面向社会公开的企业信用信息库和网络查询系统，对提供虚假审计报告和信用评级报告的公司、机构严加处理。二是及时掌握客户与各家银行信贷的往来情况，理顺与地方政府和银行的关系。

（三）贷后管理

针对集团客户组织结构复杂的特征，建立与信贷经营管理层次相匹配的贷后管理体系；对于跨地区、跨省的集团企业，建立以一级分行或总行为牵头行、基层行为经办行的分层次贷后管理体系，并明确各层次的贷后管理职责。

（四）风险补偿

1. 对银行信贷资产实行法律保护。银行在发放贷款的过程中要严格依法行事，对贷款过程中的每一个细节进行保护审查，确保所签合同、内部操作、抵质押手续等合法、合规。

2. 加大依法收贷力度。运用法律手段对还款意愿差、恶意逃废债和已造成不良贷款的客户，加大司法清收力度。

3. 实行贷款保险制度或建立风险共同基金以补偿风险损失。实行贷款保险，银行可以在信贷资产发生损失时，合理取得保险公司的一定赔偿。

4. 做好资产保全，避免债务悬空。

（五）流程改造

1. 兼顾风险控制与效率提升，继续完善集团授信管理。进一步明晰集团客户的含义和范畴，提高对关联企业和关联交易的识别和把握能力。细化集团客户统一授信工作，在加强和完善总行对集团客户统一授信管理的同时，授予一级分行一定的审批权限。

2. 前台、中台、后台统一思想，加大对重点集团客户的差别化服务力度。针对不同的集团客户，确定不同标准，深入研究对重点集团客户在审批授权、产品定价、服务方式、收费标准等方面实行区别对待，体现差别，在客户综合贡献度有保证的前提下，通过差别化服务，提高市场竞争能力。

3. 加强特色产品创新和推广，大力发展中间业务。根据客户的个性化需求，加强研发新的金融产品，以适应大型集团客户上下游企业的金融需求。通过大力发展现金管理、财务顾问等中间业务，寻找新的利润增长点。

4. 健全分行间利益补偿机制，调动和保护分行的积极性。加强对分行间利益补偿问题的研究，继续健全行际间利益补偿机制，包括进一步完善资金结算网络利益补偿机制，利用内部银团等产品，合理协调分行间利益，以充分调动各分行的积极性，同时在行内形成合力，更好地营销和服务集团客户。

5. 加快客户经理队伍建设，完善客户经理小组制度。通过系统内招聘或社会公开招聘等多种手段，尽快补充集团客户的客户经理。强化培训，建立一支适应现代商业银行经营需要的高素质客户经理队伍。探索以贡献度为核心的客户经理考核奖惩办法，完善激励约束机制。遴选部分优质大型集团客户，组建客户经理小组，以加强对集团客户的服务与管理。

6. 利用科技手段实现数据采集统计，提高精细化经营管理水平。充分发挥科技对银行业务的支撑作用，运用科技手段，建立以集团客户为基础的客户信息数据采集、统计与分析平台，规范集团客户信息收集、维护管理，实现信息共享，为提高集团客户经营管理水平提供有力的技术支持。

建设银行如何向“流程银行”转型

本文节选自《中国商业银行向“流程银行”转型初探》

天津市分行 朱 爽 李军旗 徐 亮

一、从发展战略上明确流程银行改革方向

在《中国建设银行业务发展战略纲要》中，总行管理层清楚地认识到我行在“软实力”建设（制度、机制建设）方面的差距，提出要“进一步改进公司治理，优化组织架构和业务流程，完善风险管理，提升企业文化”。提升“软实力”，具体包括四个方面内容：一是加快前台、中台与后台分离，中台与后台实现集中管理；二是继续压缩管理层级，强化业务条线管理，构建矩阵式组织架构；三是建立和完善专业化营销服务和产品开发管理队伍，提升专业化、差别化服务能力；四是全面开展客户之声工作，从客户的视角对主要业务流程进行全面的评估改造，简化内部操作，逐步建立统一的标准，对内加强控制力，对外提供规范、高效的服务。可见，提升我行“软实力”，就是要在制度、机制建设及组织架构、业务流程的改进方面，真正贯彻落实“以客户为中心”的经营理念，以市场为导向，大力提升我行服务客户和创造价值的能力。

打造流程银行是一项系统工程，它涉及全行经营和管理的方方面面，上至公司治理、风险管理、企业文化，下至每一笔业务的处理，都渗透在流程银行的理念当中，体现出比传统的部门银行管理模式更高效、更有效的优势。

二、在打造流程银行的工作中已经取得的成绩

虽然受到内外部经济和制度环境的约束，但我行并没有坐等环境改善再进行流程银行改革，而是采取积极的态度，将一些改革先推动起来，在同业中取得了先发优势，在打造流程银行的工作中已经取得了一些成绩。

公司治理方面，一是我行通过引进境外战略投资者和境内法人股股东，又通过在香港和内地成功上市，缓解了股权结构单一的问题，减弱了

所有者缺位的问题，股权多元化加强了多种股权之间的制衡，减少了关联交易和内部人交易的风险；二是完善了公司治理的基础性制度《公司章程》，规范了股东大会、董事会、监事会和高管层的议事规则和工作细则、对外信息披露机制、投资者关系等重要事项；三是引入了对立董事和外部监事，加强了外部监督，而风险和审计两大条线的垂直管理，加强了内部监督；四是建立健全了信息披露制度，逐步符合境内外资本市场的监管要求和《巴塞尔新资本协议》第三支柱的监管要求。

我行对于流程管理工作给予了足够重视，总行质量效率管理部从美国银行引入六西格马管理来进行流程改进，经过几年的理论准备和员工培训，已逐渐进入实施阶段。

2007 年，总行制定了流程管理规划和流程优化项目实施管理规程，并通过建总发〔2007〕259 号文件《关于印发〈中国建设银行流程管理规划〉的通知》和建总发〔2007〕238 号《中国建设银行流程优化项目实施管理规程》印发全行，成为未来一段时间内我行进行流程改造的纲领性文件。

总行已经按流程银行的架构，设置了批发银行总监、零售银行总监、首席财务官、首席风险官等副行级的领导职务，初步确定了流程银行各业务模块的牵头人，总行在风险条线和内部审计条线进行了单独建制和垂直管理。2006 年末，湖北省分行启动了武汉城区机构改革，实现了按总行原则上每 50 个网点可设一个综合型支行的要求。2007 年，天津市分行进行了试点基层营业机构的改革，这两项改革试点工作为机构的扁平化改革进行了探索和尝试，积累了经验；2008 年，总行通过建总计〔2008〕22 号文件向全行下发了《关于推进 2008 年全面成本管理实施的指导意见》，为我行实现由个别部门管理向全员管理、由狭义成本管理向广义成本管理、由事后被动管理向全过程主动管理的转变，实现全面成本管理打下了基础。2007 年，我行会计信息系统引进的 ERPF 系统正式上线投入使用，为我行按产品、按条线、按流程分解利润提供了可能。

三、我行下一步如何推进流程银行改革

综合以上分析，我行已经为流程再造做了许多的准备工作，如公司治理文件和信息披露制度的完善、大力宣传推广“以客户为中心”的经营理念、进行机构扁平化和事业部制的试点改革、引进六西格马理论为核心的流程持续改进方法和工具、推行网点转型（包含中后台集中管理、大堂制胜、差别化服务、神秘人制度）、推行全面成本管理等，这些都是打造流程银行的必修课，是非常值得肯定的进步。可见，我行的管理层已经充分认识到流程再造对于建设银行不仅是必要的，而且具有紧迫性，一些制度和措施要先于核心制度的改革而推出，先行先试。这种流程再造方式有些类似于渐进式，虽然收效缓慢，但也是最符合实际情况的合理做法，这是由国有商业银行公司治理和股权结构的特点决定的。

下一步，我行应继续大力推进流程银行建设，在以下方面加大投入和推进力度，力争在流程的持续改进方面超越国内同业，取得核心竞争力的领先优势。

第一，应加大全体员工的培训力度。目前，全行员工对流程银行的认知度还不高，很多人不知道流程银行是什么，对于流程再造的必要性也没有达成共识。虽然六西格马管理已经实施了一段时间，但大多数员工特别是一线员工对于六西格马的概念和原理仍然不清楚。任何管理措施的开展都要依靠员工的理念和认知达到一定水平，取得一定共识之后才能顺利进行。因此，加大全体员工的培训力度、统一思想、加强认识、提升理念，这是开展流程再造的首要条件。近期，总行已经分批对分行流程管理对口部门的员工进行了培训，但范围仍然比较小，应在全行范围进行大规模学习和讨论，而后才能顺利开展流程再造工作。

第二，应继续深化机构扁平化和事业部制改革。在更大范围内进行试点，取得经验后尽快在全行推广。机构扁平化和事业部制是流程银行组织管理结构的典型特征，只有采用机构扁平化才能减少层级，拉近决策层与一线的距离，才能缩短流程、提高效率；只有采用事业部制才能真正确立产品条线的利润中心地位，才能真正实现纵向与横向相结合的矩阵式管理。若机构扁平化和事业部制这两项特征不具备，则流程银行的改革难言成功。而这两项改革不是以核心制度的完善作为前提的，所以我行可以在公司治理完善之前进一步推进这两项改革措施。

第三，加大科技投入。加强 IT 项目的开发

和整合，利用科技水平的提升来实现对外部客户和内部流程的精细化管理。科技水平是制约流程银行流程能否顺畅运行的关键因素。如果科技水平达不到要求，再好的流程设计也不能发挥其应有的作用。科技水平的提升对于流程银行的重要作用体现在对外部客户和对内部管理两个方面。

在对外部客户方面，应建立全行范围内按权限共享的客户资料信息库，重视历史数据的积累，加强对客户的细分，实现对不同客户服务的规范化和差别化。在对一般客户服务上，应实现规范化，使所有网点对客户提供的服务质量大体一致，不宜反差太大；而对重要优质客户要给予贵宾待遇，进行个性化需求挖掘和差别化特别服务。实现上述规范化和差别化的前提就是能快速细分客户种类，客户资料库的建立是快速实现客户细分的前提。天津市分行开发的公积金龙卡借我行在公积金归集业务上的绝对优势，建立了所有在建设银行办理公积金缴存的个人客户的信息库。该客户信息库的建立，为我行在个人类贷款、贷记卡申请等业务中提供了较大的便利，今后在利用客户信息进行追踪服务和个性化需求挖掘方面有待进一步研究和推进。依托公积金归集优势建立客户资料信息库的做法在全行范围内有推广意义。

在对内部管理方面，应力争将全面成本管理和全面风险管理落到实处。一是全面成本管理需要对价值链进行分析，需要运用作业成本法计算和分解成本，复杂的成本计算客观上需要完善的数据库和先进的计算方法。二是在目前银行存贷款利差为收益主要来源的阶段，对信用风险的内部评级法仍然是银行全面风险管理的重点，内部评级法也需要收集和分析客户5年左右的历史数据，并不断进行动态更新。三是全面风险管理也依赖科技进步。在流程银行体系下，必然更加强调全面风险管理。全面风险管理涉及发展战略、企业文化、公司治理、组织架构、管理流程、信息系统、财务安排、金融工具使用等企业经营的方方面面，建立合理与完善的现代企业风险管理信息系统是企业提升预测、监测、预警机制量化风险管理能力的根本保证。科技进步带来了越来越多的金融工具，全面风险管理的内容大大增加，同时科技进步也为全面风险管理提供了新手段。虽然目前我们的科技水平还不能达到全方位使用计算机进行风险监控，但许多国外先进银行已经能够基本做到，我行应加快引进人才和设备的速度，力争在几年之内追赶上国外同业的水平。

第四，应继续运用六西格马的管理方法和工具，大力推进流程的持续改进，重视“客户之声”。六西格马是统计学中表示数据与平均值的标准偏差，六西格马的统计意义是每百万个样本中差错率为3.4%，即合格率为99.99966%，在银行等服务业中，这样的质量标准已经可以代表一种对卓越服务的极致追求。六西格马管理的路线图包括定义（Define）、测量（Measure）、分析（Analyze）、改进（Improve）、控制（Control）五个步骤，它们组成一个逻辑严密、连续的循环过程，通过不断循环流转实现流程的持续改进（见图1）。

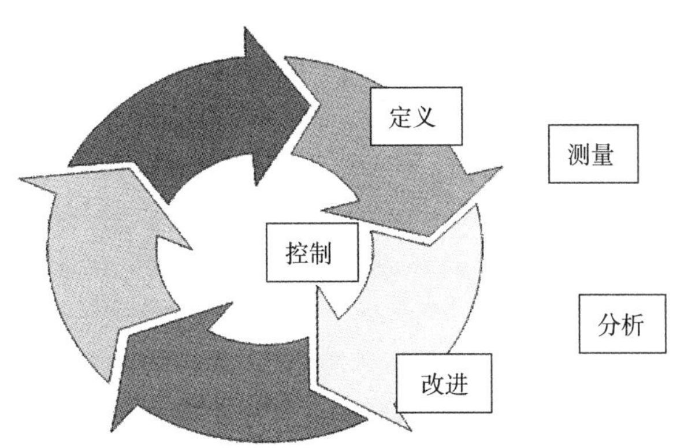

图1 六西格马管理的路线图

银行的各种资源完全围绕流程来展开，各个流程都贯彻“以客户为中心”的经营理念，完全围绕客户和市场需求来设计，客户满意是流程存在的目的。对于客户是否满意的衡量需要靠“客户之声”来反馈和分析，谁使用流程的输出成果，谁就是该流程的客户。根据流程在价值链中的地位，商业银行的业务流程可以分为直接创造价值的流程和为直接创造价值活动服务的支持流程，相应地，流程的客户可以分为市场客户和内部客户两类，“客户之声”（Voice of Customers，VOC）也分为“内部流程用户之声”和“外部客户之声”。流程的改进是一个持续不断的漫长过程，由于内外部环境在不断变化，所以不可能有一劳永逸的改进，因此要强调持续改进。各个部门的所有流程总是处在改进之中，区别只在于两次改进之间间隔多长时间。次数过于频繁则会影响使用、浪费成本；而次数过于稀疏则可能导致流程改进不及时，也会带来效率和质量的不良影响。通过“客户之声”，能客观地反映流程改进的紧迫程度，每个流程应根据“客户之声”的需求和各自不同情况适时进行改进，并将持续改进制度化并长期坚持下去。

浅析建立会计操作风险控制评价体系

河北省分行　孙福州　尹建中　李　静

会计操作风险是操作风险管理的重要内容，事关银行安全营运的全局，商业银行以往发生的重大事故或案件，大部分都与会计操作风险控制不力有很重要的关系。因此，提高会计操作风险防范水平，积极创新会计风险管理方法，探索建立会计操作风险控制评价体系，已显得尤为迫切。

一、基层机构会计管理实践存在的问题

近年来，建设银行通过上线各类业务、监测系统，加强现场与非现场检查力度、狠抓整改落实、规范柜员操作等措施，进一步提高了会计操作风险的控制能力。但是，会计操作风险在很大程度上还是采取“发现—整改—处罚”的常规管理模式，管理成本高，容易出现反复，对基层机构的会计操作风险缺乏有效的管理工具和手段。

（一）缺少可量化的综合评价指标，阻碍了差别化管理的实施

对基层机构区分不同的操作风险管理水平，实行差别化管理，不仅能够提高管理效率、合理分配管理精力和检查力量，还能敏锐捕捉风险点，对不同机构、不同环节实行针对性强的管理措施，更加有效地抑制风险隐患。但实现差别化管理，需要以科学的判断作为基础，精确定位管理重点，而在目前的会计操作风险管理中，管理者和检查人员主要还是凭借以往的经验和印象来确定管理、检查的重点机构和环节，缺乏可量化的评价指标，主观性较大，准确性和说服力不强，也不能及时反映机构管理水平和风险点的变化，这已成为制约差别化管理的重要瓶颈。

（二）缺少系统化的工具将“措施”转化为“机制”

会计操作风险在很大程度上还是依靠“措施”控制，即对通过检查或其他监测手段发现的典型性或普遍性问题，制定专项措施在一定时期内进行重点治理。这种“就问题论问题”的做法虽然能在某段时间内有效抑制某类风险性问题发生，但由于各项措施之间缺乏连续性和关联性，削弱了对重点机构、重点环节进行持续和全面管理的能力，无法有效将“措施”转化为防范风险的长效机制。

（三）缺少对会计操作风险控制水平进行日常考核的手段

缺少日常对会计操作风险控制进行激励考核的手段，是造成一些管理者“重发展、轻管理”思想的重要原因，在平时疏于管理，只有当案件发生时才意识到会计风险防范的重要性，严惩大批案件相关人员，疾风暴雨般地进行治理排查。但是依靠案件进行惩处的做法无法从根本上解决会计操作风险日常管理弱化的问题，应当将会计操作风险控制水平纳入日常考核中，扭转目前激励导向过于向业绩指标倾斜的问题，激发各级管理者和员工的会计风险防范动力，从而促进日常会计操作风险管理水平的提高。

2007 年《中国建设银行操作风险管理政策》

等操作风险管理文件的出台，为开展会计操作风险控制评价提供了制度依据。一些基层行在会计管理实践中实行的是会计机构风险等级管理，将各机构按照会计风险管理状况划分为不同等级，制定相应的管理措施，取得了很好的效果，为开展会计操作风险控制评价提供了实践基础。

二、建立会计操作风险控制评价体系的具体思路

（一）建立可量化的综合评价体系

选取能够反映会计操作风险控制状况的指标，将其纳入统一的会计操作风险控制评价体系，为每个指标设定科学的评价标准，依据指标重要程度和客观性设置合理的分值，根据综合得分对各机构的会计操作风险控制水平作出比较全面、客观的评价。根据评价结果，将机构按照会计操作风险大小分为不同等级。

（二）依据会计操作风险管理状况，对各级机构会计操作风险实行差别化管理

针对不同等级的机构制定相应的管理措施，在全面管理的基础上，将管理精力与检查力量适当向薄弱机构倾斜，通过专项整改、现场帮扶、加强培训、跟踪验收、诫勉谈话等一系列强化手段，促使薄弱机构改进会计管理机制，提高对会计工作的重视程度，全面提升会计风险防控水平。

（三）搭建会计操作风险管理与绩效考核之间的桥梁

通过建立会计操作风险控制评价体系，解决会计操作风险考核力度和手段不足的问题，改变主要依靠案件与绩效挂钩的处罚方式，强化日常考核，建立将会计操作风险与绩效考核、会计基础工作等级管理等相挂钩的机制，在管理者绩效考核、机构绩效考核、会计主管绩效考核中引入会计操作风险控制评价结果，逐步改变会计操作风险管理缺乏有效激励考核手段的现状，充分调动管理者和普通柜员风险防范的主动性、积极性，建立各级机构防范会计操作风险的自主运行机制。

三、会计操作风险控制评价的具体操作

（一）评价指标的设置

根据目前的检查手段，评价指标体系可主要包括以下几部分：一是会计内部控制措施执行情况。主要包括岗位设置的内部控制、柜台业务的内部控制、会计授权的内部控制、重要物品的内部控制、账务核对的内部控制、金库管理与现钞运送的内部控制、会计核算系统的内部控制等。二是各级机构执行《中国建设银行会计营运检查制度》情况。三是会计稽核结果，主要包括会计稽核一般差错率、重大差错率、预警信息回复及稽核差错整改的及时性等。四是上级行、内外部审计、外部监管部门发现问题的性质和笔数。五是问题整改机制和效果，指对各项检查发现会计部门问题的整改情况，主要包括整改的及时性和彻底性两方面。六是关键风险指标，根据会计操作阶段性风险特点确定的特定评价指标，如现金备付率、对账收回率等，可根据阶段性风险特点的变化进行调整补充。

（二）会计操作风险控制等级划分

依据评价指标体系，计算被评价机构综合得分，根据事先确定的分数段将被评价机构划分为不同等级，如从高到低划分为强健级、满意级、关注级，将关注级列为重点治理机构。由于网点在业务性质、规模等方面的差异比较大，如果不考虑机构性质而采用相同的考核指标体系划分风险控制等级，可能会影响评价结果的公平性和准确性。因此，可采取分类考核，如将机构按业务性质和规模分类，设置不同的指标体系，或者设置相同的指标体系，对各类机构根据不同的分数段评价其风险控制等级。

（三）实施方法

1. 评价频率。评价一般可按年度、半年度进行。具体可根据所辖营业机构数量、会计核算质量、检查督导人员配备等情况确定。但从实践看，按年度评价，周期可能过长，评价体系的激励和约束效应不能及时体现，而每半年进行一次评价就能有效地解决这一问题。特别是在评价开展初期，可适当提高评价频率，加大治理力度，以引起各机构的重视，创造实施风险控制评价的良好氛围，待各机构建立起风险防范的自主运行机制后，可再适当降低评价频率。

2. 资料来源。资料来源应易得、准确，尽量不增加单独考核的成本。可将风险控制评价与日常检查相结合，充分利用考核期内日常会计检查给果、内外部审计结果、各管理监测系统发布的数据等，在考虑可比性的情况下，不再单独开展风险控制评价的专项活动，以减少评价工作量，降低评价考核成本。

3. 相关部门职责分工。明确各部门具体职责，

积极做好组织协调、数据提供、核实确认、督导整改等相关工作，是确保评价及时性与准确性的关键。部门职责分工可采取由财会部门牵头组织，个人金融、营运等相关部门配合，提供涉及本部门的考核数据、负责本部门问题的整改落实等。部门间应加强协调配合，积极转变观念，摒弃“部门银行”的旧观念，理顺相关部门关系，防止将会计操作风险控制的各个环节、管理措施按部门进行人为分割，造成风险管理渠道不畅通，囿于本部门利益而对风险控制评价的开展心存疑虑。

为提高评价执行力度，可专门成立会计操作风险控制评价领导小组，成员由相关部门负责人组成，以促进部门间的协调配合，提高风险控制评价的权威性。

（四）会计操作风险控制评价结果的利用

将会计操作风险控制评价结果与绩效考核相挂钩，对扭转基层行“重业务发展，轻风险内控”的经营指导思想至关重要，能够激发各级管理者和普通柜员的风险防范积极性。因此，应积极探索将会计操作风险控制评价结果纳入绩效考核指标。与绩效挂钩模式可考虑以下几种：一是基层行会计操作风险控制评价结果与等级行评定相挂钩；二是将评价结果纳入 KPI 考核指标，风险控制评价结构占总体考核分值的一定比例；三是按评价结果，直接给予一定的奖惩，奖惩额按一定比例与机构负责人、会计主管（柜员主管）业绩考核相挂钩，会计操作风险控制评价情况在业绩考核中占有一定比例，由于绩效工资直接与业绩考核挂钩，因此，会计操作风险控制评价结果将对绩效工资收入产生影响。

在设定激励考核措施时，应注意两方面的问题：风险控制评价结果与绩效收入挂钩的力度要适当，若力度太小，会产生激励不足的问题，对管理者、柜员触动不深，无法充分调动风险防范的积极性。要充分利用会计操作风险控制评价手段，逐步改变会计操作风险管理缺乏有效激励考核手段的现状。激励措施覆盖的广度要宽，不能仅偏重于对管理者、会计主管（柜员主管）进行奖惩，对普通柜员也要体现激励与约束，以利于在全机构形成上下互动的风险防范氛围。

（五）会计操作风险控制评价的后续措施

评价不是目的，目的是要通过评价促进全行会计操作风险控制整体水平的提高，保障各级机构的安全运营。因此，只有制定完善的配套管理措施，采取多种手段加强对相对薄弱机构、环节的管理，帮助其提高会计管理水平和风险防范能力，才能有效发挥会计操作风险控制评价的作用。

1. 专项治理。风险控制薄弱机构要制订专门的整改计划或专项治理方案，成立整改实施小组。要确定整改期，对薄弱机构实行重点跟踪督导，必要时要驻点现场帮扶指导，整改期满后进行验收。需要注意的是，对于薄弱机构，应多采取帮扶式的方式，如边查边讲解、现场示范、制度培训等，告诉薄弱机构差在哪里，应该怎样改进，而不是简单地批评处罚，以帮助他们从根源上查找、解决问题。

2. 约见会谈或诫勉谈话。由主管行长对风险控制薄弱机构负责人进行约见会谈或诫勉谈话，以增强上下级的沟通，体现风险控制评价的权威性，引起管理者的危机感，切实提高薄弱机构的重视程度和治理力度。

3. 加强基础管理。机构的合规文化氛围与机构负责人对风险防范的重视程度有着重要的关系，因此，必须突出机构负责人在会计工作中的“一把手”作用，督促“一把手”亲自负责解决合规文化建设问题，统筹兼顾风险防控与业务发展，在全机构营造“严内控防风险”的风险文化氛围。注重提高委派人员的职业素养，增强委派人员对制度的领会能力、传导能力和执行能力。委派人员应充分利用现场检查、非现场检查、事后稽核等成果，建立问题柜员档案，每月确定专项问题进行检查及整改，并将检查整改结果向条线管理部门报告。提高柜员素质，督促主管行长或委派人员加强对柜员的培训与考核，帮助柜员认真剖析存在的问题，防止柜员因对制度理解不到位而出现的违规问题，培养柜员爱岗敬业的精神，防范道德风险。

4. 加大检查力度。将检查力量适度向薄弱机构倾斜，提高对薄弱机构的现场检查和非现场检查频率，扩大检查内容。在整改期内应定期依据机构上报的治理进度和整改内容进行现场指导。

商业银行组建城市联合集中配送体系探讨

重庆市分行 吴 陵 赖旭宏 王 莉

一、银行集中配送体系现状及分析

（一）目前各商业银行配送体系现状及改革方向

早期的商业银行配送体系一般都以分支行为单位，设立分金库，由各分支行分别完成现金、重空配送和尾箱寄库等工作，这种作业模式产生于手工记账凭证时代。

近年来，随着我国银行业的迅猛发展，业务量和交易量都比手工记账年代有了巨大的变化，进入了一个高度信息化、电子化的时代。自我国加入世界贸易组织以后，金融业逐步对外全面放开，竞争空前激烈，各家银行都存在进一步提升配送管理能力、降低运行成本、控制风险的强大内在动力，这也推动着各行在改革营运管理作业模式上积极探索。只有对市场反应更积极、更快捷、更准确，才有能力与管理先进、效率更高的外资银行一较高下。旧的营运管理作业模式已逐渐成为制约银行业高速发展的一个“软肋”。

目前，营运管理作业模式的调整包括前台与后台分离和配送体系建设等方面的内容，其中，配送体系建设是各家银行正在推进的重点，但由于没有过多的经验，大多还处于摸索阶段，改革进度也不统一。

各家商业银行配送体系改革方法不尽相同，但大的方向是一致的，就是进行区域集中，在业务量相对较大的一些中心城市设立中心金库，覆盖片区进行现金、重空、贵金属甚至自助设备加卸的集中配送（见图1、图2）。

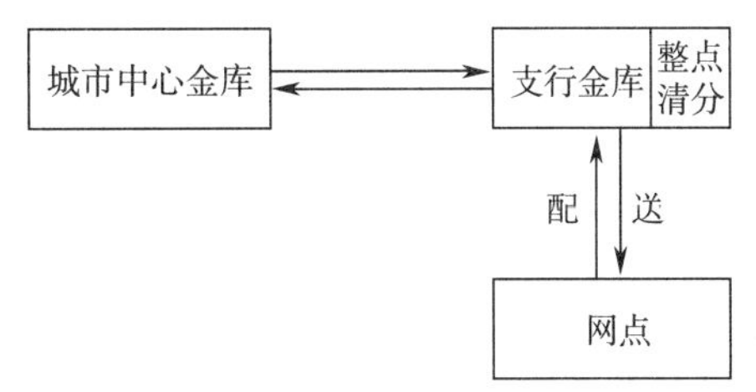

图1 原有配送模式

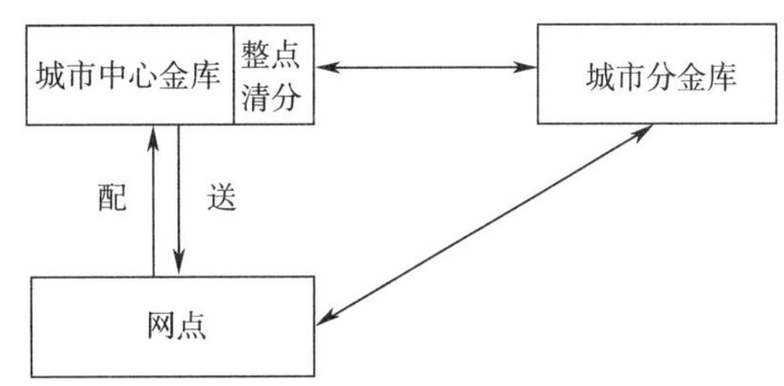

图2 现行配送模式

各商业银行经过上述改革后的配送体系，现金、重空等高度集中，配送路径缩短，配送速度加快，反应灵敏度提高。同时，由于现金、重空等的集中，清分整点工作的整体上收，使大部分风险由支行分金库上移至城市中心金库，因而对风险的管控能力显著增强。同时，金库管理得以加强，配送效率明显提高，成本费用大幅降低，前台人力资源被大量释放。总之，改革成效是积极、显著的。

（二）现有集中配送体系存在的问题

现有的集中配送体系虽较最初有了长足的进步，但仍然有很大的改进空间，如果将中心城市的所有银行作为一个整体来看，现行的配送体系依然存在着以下一些问题。

1. 重复建设问题突出。同样的城市金库，各家银行都要分别设置，都要配备同样的金库设施、清分和整点设备，造成场地建设方面的严重浪费。

2. 金库建设规格不高。目前，各家银行在推进配送改革中大多都利用原有场地进行改造，大都存在金库库房、清分场地偏小等原设计上的局限，不利于工厂化、流水化作业的开展。

3. 规模化程度不高。对金库管理和配送作业而言，集中化程度越高，越能形成规模效应，就越有利于作业单元按要素拆分，越有利于作业效率的提高。而受限于业务量，单一银行的配送作业很难达到较大的规模效益。

4. 运维成本较高。由于各行各自设计配送路线、配备车辆人员，造成配送路线重叠、车辆人员浪费，因而配送效率较低、运行维护成本较高。

二、建立城市联合集中配送体系的设想

商业银行要为社会提供更快速、便捷的服务，进一步改进现行的配送体系，提高配送效率、降低管理成本是非常必要的。笔者认为，如果能将中心城市中的银行业作为一个整体，联合组建城市集中配送体系，那么可以在很大程度上解决银行业当前面临的问题，大幅度降低成本以及管理的难度，有效提高配送及资金使用效率，同时释放更多的人力资源。

（一）城市联合集中配送体系建立的内在动力和可能性

在商业银行尝试的很多改革中，将非主营业务与核心业务分离是其重要的一项，同时，选择一些非主要业务寻找社会力量进行外包，走社会化、专业化、工厂化的道路。实践证明，这种探索是成功的，是一个能够控制风险、提高效率、降低成本的有效方法。

1. 内在需求及其动力。随着我国金融业逐渐对外开放，更多外资银行进入我国，国内银行面临着外资银行更为先进的管理模式和手段的巨大挑战。为此，我国银行业当务之急是加强内部管理、改革产品结构、优化资源配置、提高服务质量，对于一些非主营业务寻求社会力量支持，以提高核心竞争力。同时，各家银行为了进一步提高效率、降低整体作业成本，普遍存在继续整合资源、提高规模效益、深化改革的内在动力。

2. 前期改革奠定基础。各家银行先后开始的配送体系改革，将金库管理与现金重空、贵金属配送、自助设备现金加卸等业务逐步纳入了集中配送的范畴，为建立城市联合集中配送体系打下了良好的基础。

3. 外部条件的成熟。随着国内市场化程度的日益提高，一些有实力的押运公司、票据处理公司、清分整点公司等日渐成熟。它们有先进的管理理念、丰富的管理经验和专业的管理人才，能够独立承担起复杂的配送工作中的一个或多个环节的任务，使配送体系规模化、专业化成为可能。

（二）建立城市联合集中配送体系的优点

建立一个多家银行联合的集中配送体系是对现有集中配送体系的一次突破性的改革，由于其集约度高、配送规模大、权责明晰，因而能够有效地缓解现行集中配送体系重复建设、配送效率低、风险分散、成本较高等现实问题。具体体现在以下几个方面。

1. 有效防范风险。联合集中配送体系的建设能够最大限度地减少金库、分金库和尾箱库的数量，同时，由于集中管理，能减小风险的分散程度，提高风险的可控性；标准化作业模式、流程化程序设计可以规范工作人员行为，减少错误操作，降低操作风险以及随机风险，进而有效地减少主客观因素对配送质量稳定性的影响；非主营业务的外包和对外包业务进行商业保险，也可达到风险转移的目的。

2. 提高配送效率。场地、规模的扩大和工厂化、模块化、流程化的管理，能够有效地提升金库整点、清分、封包等作业效率；专业化的管理公司和押运公司极大地提高了对网点的配送能力、对业务的支撑作用，直线型的管理模式使对网点需求反应更快速，同业拆借也更加简便。

3. 节约成本。主要反映在四个方面：一是统一的金库建设减少了金库数量（中心金库的数量由多个减为一个）和设备设施，统一的配送路线减少了运钞车数量和行驶里程，统一的清分、整点、押运和加卸等工作减少了工作人员数量；二是减少了现金周转环节，进而降低了各行的现金备付率；三是流程化的设计提高了工作效率，从而带来管理成本的下降；四是业务外包，引入了竞争机制，降低了交易成本。

（三）组建城市联合集中配送体系亟待解决的问题

现行的配送体系说到底是各商业银行内部管理问题，只要符合人民银行的相关制度，各行可以根据各自的管理模式制定相应制度，甚至可根据改革推进情况和市场情况实时调整，制定符合现时情况的内部管理制度。而建立以中心城市或区域中心城市为中心的各家银行联合的配送体系则必须将各商业银行统一到同一个管理制度的范畴内，需要解决组织管理模式和制度上的诸多问题。

1. 管理模式设计。

（1）组织架构设想。组建城市联合集中配送

体系其核心在于成立一家专业的配送管理公司。因此，首先可通过银行同业协会发起由各家银行参与成立一家专业的配送管理公司。该公司负责日常的营运管理，包括流程设计、制度制定与执行、对外包单位的风险控制和运行质量控制，以各家银行服务为宗旨，不介入银行业务、不以盈利为目的，实行零利润管理。同时，该公司受到银行同业协会的监督、考核和审计，接受人民银行和银监局的监管。

配送管理公司应具备以下几方面的能力：一是组织建设城市中心金库的能力；二是管理金库，实现调度、配送作业的能力；三是管理押运、清分等外包公司的能力；四是制定相关规章制度和操作流程，具备风险管理的能力。

城市联合集中配送体系的组织架构如图3所示。

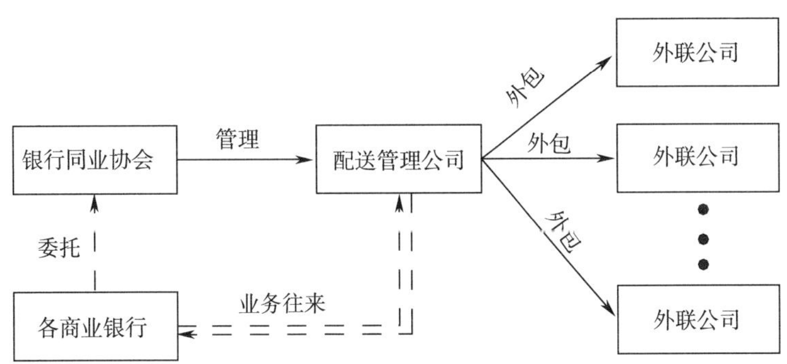

图3 城市联合集中配送体系组织架构

（2）配送管理公司的资金来源。配送管理公司的资金来源可有两种方式：一种是由各家银行根据业务量或交易量的占比来确定出资比例。另一种是寻找外部力量的投资（如一些实力强的独立财团或投资公司），给予适当的投资回报，在3～5年的回收期内，回收全部投资和收益的模式进行项目建设。

比较两种方式各有其优缺点，第一种方式各家银行初期的固定投资较大，权责难以界定，但成本相对较低；第二种方式由于引入的投资公司需要有一定的利润回报，成本将会高于第一种方式，但由于无须对各银行的利益进行界定，且可以按照市场规律来组织建设，因而更易于实际操作。笔者更倾向第二种方式。

（3）城市中心金库的建设。建造一个合适的城市中心金库是联合集中配送体系能否高效运转的基础。该金库既应满足所有银行的库容需求，又应在设计上符合流程化、工厂化的要求。如果该中心城市包含的网点过多、配送半径过大，一个中心金库无法有效地覆盖各银行的所有网点，则也可以考虑再设置几个分金库或几个尾箱库来保证所有网点的配送需求。由于分金库和尾箱库对库容要求相对较低，为节约成本，应尽可能通过对原有金库进行改造来加以利用。

2. 成本分摊。前文提到的第一种筹资方式的成本分摊算法相对简单，在此我们不做重点讨论，主要讨论第二种方式（即引入外部投资者）成本分摊的计算方法。城市中心金库的建设和运营可分为三个阶段：第一阶段是投资阶段，从项目筹备到金库建成；第二阶段是成本利润回收阶段，金库建成后一段时间的营运期，这个阶段投资公司将回收资金和约定的利润；第三阶段是收益分配阶段，金库和配送系统运营的收益主要用于支付配送管理公司的运营成本。

在第二阶段中，设共有 n 家银行共同组建城市集中配送体，则项目的收益如下：

$$M_1 = \sum_{i=1}^{n} Q_i p_q + \sum_{i=1}^{n} J_i p_j + \sum_{i=1}^{n} S_i p_s$$

其中：M_1 为项目收益，Q_i、p_q 分别为清分整点量和价格，J_i、p_j 分别为加卸量和价格，S_i、p_s 分别为送钞量和价格。

项目收益在扣除了管理公司的运营成本后，用于支付投资公司前期投资。

投资公司在回收完其投资和约定的利润后，形成固定资产，固定资产总量 M 在数量上等于项目收益扣除其中管理公司运营成本的部分。

各家参与的银行按照支付的成本确定其固定资产占比。如第 i 家银行的固定资产占比为

$$K_i = \frac{P_i}{M_1}$$

$$P_i = Q_i p_q + J_i p_j + S_i p_s$$

在第三阶段中，由于前期的投资已经收回，因而各项服务项目按照支付管理公司的营运成本后零利润的原则重新定价。

三、需要解决的问题及难点

（一）制度建设问题

现行的金库管理制度中找不到银行联合组建集中配送体系的制度依据，人民银行对于各行的金库管理和配送作业没有一个统一的标准和指导性文件，各家银行的规章制度也是千差万别，无法满足城市联合集中配送体系的制度要求。因此，需要建设一套新的制度体系，新体系主要涉及三方面：一是人民银行和银监局制定的统一的管理办法和指导意见；二是配送管理公司出台的配套内部管理制度和日常行为规范；三是为保证与配送管理公司制度的有效衔接，商业银行修订完成的相关制度。

（二）软硬件限制问题

各家银行的配送管理系统都是基于各自的软硬件环境设计的，大都通过接口与其核心系统相连。集中配送体系的变化意味着配送系统的变化，因此，开发新的配送系统软件是保证集中配送体系能否有效地运转的重要前提，也是大集中前必须解决的一个重要问题。

（三）资金使用与管理问题

组建城市联合集中配送体系的前提是设立一个所有银行共用的城市中心金库。由于跨行配送所涉及的账目核算、资金调缴、同业拆借等问题比单一银行的配送管理复杂得多，因而对资金的使用和管理提出了更高的要求。尤其是需要对备付金进行准确测算，以此确定各家商业银行在城市中心金库中的资金存放量，这涉及多方资金往来，即商业银行与人民银行之间资金清算、商业银行与中心金库之间资金清算、中心金库与人民银行之间资金清算、各家银行之间的资金拆借等难点问题。这些问题不管是对银行还是对监管部门都是一个全新的课题。

（四）风险控制问题

金库的集中和统一配送将使银行资金、重空的在库风险和在途风险更为集中，给涉及多家银行资金往来及更多的外联单位、外包单位带来了新的风险点。必须对这些新的风险点以及潜在风险点有更充分的防范措施，包括制度准备、风险转移和设立损失准备金等。

综上所述，在中心城市组建联合集中配送体系是一个全新的、极富挑战性的探索。本文仅抛出一种观点，并浅析其在筹建、运作、优势和难点等方面的一些思考。笔者认为，随着我国银行业改革的深入、与国际金融业的逐步接轨，以及市场机制的健全和市场化的推进，组建联合集中配送体系不失为一种新的、有意义的探索方向，而其中更深入、更细致的研究还有待于在实践中进一步充实和完善。

关于个人信托领域的研究报告

总行财富管理与私人银行部　个人信托研究课题组

一、开展个人信托业务的必要性

（一）我国富裕人士大幅增加，个人信托需求浮出水面

美林和凯捷顾问公司发布的2007年《亚太区财富报告》显示，截至2006年底，我国共有49.8万位富裕人士，较2005年增加了9.21%，在亚太区占19%。根据报告的定义，富裕人士是指拥有金融资产100万美元以上的个人（不包括其主要居所）。个人财富大量聚集，使得人们面临着如何防范风险，如何将奋斗一生的财富用来保证自己的晚年生活，保障家庭及子女将来的生活、教育和创业，并进而使所创基业持久传承等困扰，从而产生了通过个人信托制度安排进行财产保护和传承等方面的需求，而信托无疑是这方面的专家。

（二）发达国家个人信托蓬勃发展，信托前景广阔

信托制度起源于英国，发展于美国，而后传播到日本。截至目前，英国、美国和日本仍然是国际信托制度的三个典型代表，而个人信托业务又占据了主要位置。英国信托业以个人信托为主导，占其整个信托业的80%；美国个人信托拥有很大的市场，据美联储资料显示，个人信托几乎占到银行管理总资产的10%；而日本根据国情，大力发展范围广、种类多、方式灵活、经营活跃的个人信托业务，个人信托产品在整个信托业中所占比例呈逐年递增的趋势，与其他信托产品所占比例相对稳定甚至逐年下滑的趋势形成鲜明对比。

（三）个人信托将成为私人银行业务推进的利器

私人银行是为拥有大量资产的高资产净值人士提供专业、个性化的财富管理服务的机构，服务内容主要包括资产保护服务、投资增值服务、税收筹划服务、财产分配与传承服务等。信托在风险隔离、第三方管理、权益重构等方面的特有机制，使得其在财产保护、分割与传承以及税务筹划等方面具有灵活、私密的特征，且具有不可替代性，自然成为了私人银行进行私人资产管理的重要工具。因此，开展具有深远意义的私人银行服务，信托工具必不可少。

二、个人信托业务的概要

（一）信托业务内涵

个人信托是以个人为服务对象的信托类型，即委托人（指自然人）为财产规划的目的，将其财产权移转至受托人（一般为金融信托公司），使受托人依信托合同的约定为受益人的利益或特定目的，管理或处分信托财产的行为。其运作流程如图1所示。

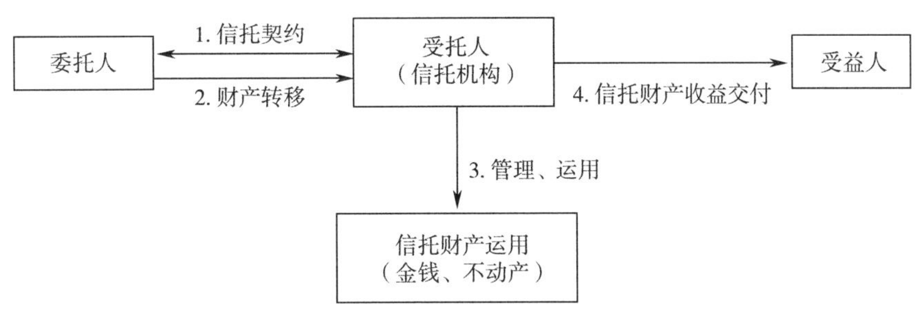

图1 个人信托业务流程

（二）个人信托作用机制

1. 风险隔离。信托合同成立后，信托财产将与委托人的其他财产分开，不再属于委托人所有，从而避免了债权人对信托财产的追索，并能够对抗第三方的诉讼，保护信托财产不受侵犯，实现风险隔离。

2. 第三方管理。受托人是独立而客观地存在的，可以严格地按照委托人的实际情况来帮其分析财务状况和需求，科学合理地为委托人制订切实可行的理财投资方案。

3. 权益重构。信托制度打破了传统的财产权模式，信托设立后，原先统一的财产所有权就分化为受托人财产所有权和受益人财产受益权。因此，受托人可以对财产进行集中管理，从而实现资源优化整合，受益人则可以获得有效的收益。

（三）个人信托的主要分类

正是由于信托在财产隔离及权益重构等方面的重要特点，使得信托涉及的领域相当广泛，同时，按照不同的划分标准，可以有不同的划分种类。

表 1　　个人信托的分类

分类		内涵
按照受益人及信托目的不同	婚姻家庭信托	婚姻关系的一方或双方作为委托人与受托人签订信托合同，委托人将一定财产委托于受托人，该财产独立于委托人的家庭财产，由受托人按照约定管理、处分信托财产，以保证家庭或一方在未来遭受风险时，家庭及个人生活能够得到正常存续
	子女监护信托	由委托人（父母、长辈）和受托人签订信托合同，委托人将财产转入受托人信托账户，由受托人依约管理运用。透过受托人专业管理及信托规划的功能，定期或不定期给付信托财产予受益人（子女），作为其养护、教育及创业之用，以确保其未来生活
	遗产管理信托	委托人预先以立遗嘱信托合同的方式，将财产的规划内容，包括交付信托后遗产的管理、分配、运用及给付等，以合同条款的方式确立下来，当遗嘱或合同生效时，再将信托财产委托给受托人，由受托人依据委托人意愿处分信托财产
	养老保障信托	由委托人和受托人签订信托合同，委托人将资金转入受托人的信托账户，由受托人依照约定的方式替客户管理运用，同时信托合同已明确约定信托资金拥有未来支付受益人（自己或配偶）的退休生活费用，只要是信托合同续存期间，受托人就会依照信托合同执行收益分配，让信托财产完全依照委托人的意愿妥善处理，以实现退休后仍维持原有生活品质的目标
根据信托所谋求私人或公共目的	私益信托	即为确定的或能够确定的私人的利益而创设的信托。委托人通常运用生前信托规定其自己为唯一受益人或在其生存期间为信托收益的受益人之一，从而在其生前享受信托收益
	公益信托	也称慈善信托，是为公益目的而设立的信托。通常表现为，委托人提供或捐赠一定财产作为信托财产交与受托人，由受托人按照规定和约定管理或使用，受托人按照规定将受益权运用于举办某种或某些公益事业
按照受托人管理方式不同	消极信托	消极信托是指受托人仅仅是信托财产的保管人，或者是名义上的持有人，适用于财产保护、财产转移等个人财产事务处理
	积极信托	积极信托相对消极信托而言，受托人发挥积极作用进行投资管理、财产累积分配等
按照委托人是否可以变更信托内容	可撤销信托	是指委托人可以按照合同约定随时更改信托条款
	不可撤销信托	是指信托一旦设立并有财产转入，委托人既不得撤销或更改信托条款，也不得将信托财产从信托中撤出
按照委托人是否可以参与信托运作	全权处理信托	是指信托一旦设立，受托人全权进行信托财产的管理和运作，委托人不得参与意见
	保留权利信托	是指按照信托合同的约定，委托人保留某方面的权利，比如更改信托受益人、投资方面决策权等，由于委托人对信托财产具有一定权利，很多学者认为此类信托已不属于信托范畴
按照委托人是否以自己为受益人	自益信托	是指委托人以自己为受益人而设立的信托
	他益信托	是指委托人为他人利益而设立的信托
按照受益人的受益方式不同	占有收益信托	占有收益信托是指受益人享受固定的信托收益
	自由裁量信托	自由裁量信托是指受托人拥有灵活的裁量权，如选择何人、在何时分配多少信托财产等
	累积与维持信托	累积和维持信托是指设立信托在一定年限前不支付任何信托收益，在达到信托契约规定的年限后，受托人才将信托财产支付

续表

分类		内涵
根据信托设立时间的不同	生前信托	个人在世时建立的信托计划，并且信托合同限于委托人在世时有效
	身后信托	身后信托是指根据个人遗嘱办理身后的有关信托事项

三、个人信托在私人银行业务中的运用

当前，我国信托行业以发售资金信托计划，或将信托计划与银行理财产品对接的形式为主。在这种形式中，通常委托人与受益人为同一个人，信托在第三方受托人的管理下，发挥了代委托人在“投资”方面的职能，而其特有的风险隔离、权益重构等方面的作用远还没有体现。因此，在很大程度上，现有资金信托计划与个人信托业务有很大区别，资金信托计划只是个人信托业务范畴的一小部分。个人信托在私人银行业务中的应用主要体现在以下几方面。

（一）财产转移与保护

顶端客户经过长期的资产积累后，财产保护需求日益增长。当大量财产高度集中时，财产将处于很高的经济、法律风险之中。出于风险规避的考虑，客户通过财产转移等方式对财产进行保护就成为一种必然需求。而信托则在这一服务中担任了重要角色，加之信托的风险隔离特性，使客户可以充分实现其财产转移与保护的需求。

（二）财产传承

财产跨代传承是每一个顶端客户都必须面对的问题，尤其对于拥有家族企业的人士来说，如何实现有效的家族股权转移和管理更是重中之重。家族股权管理信托可通过家族股权的集中或部分托管，一方面可实现股权结构的稳定或者排除不合格股东参与，另一方面可以通过信托受益权的分配实现继承人对家族企业的收益分享。

（三）税收筹划服务

财富数量巨大的高资产净值人士通常都是各国税务机关征管的重点，高资产净值人士不仅适用最高边际税率，而且往往面临多种高昂的税收。这决定了私人银行客户具有比普通人更为强烈的税收筹划需求。事实上，信托自诞生之日起就具备极强的避税特点，因而在税收筹划服务中，信托的角色更为重要。

（四）财产分割与保护

在顶端客户庞大复杂的家庭关系中，婚姻关系的重大变动会造成家庭资产的分割或损耗，从而对其个人财产状况产生重要影响。同时客户由于企业面临的经营风险也可能为家庭财产带来财务危机。因此，提供财产分割及家庭财务风险解决方案就成为私人银行的一项重要业务。

（五）继承人教育

教育合格的继承人是客户保持财富持续传承的重要条件，但财富本身却可能使继承人的教育变得复杂。信托在继承人教育中也拥有不可忽视的作用——子女保障信托。子女保障信托由父母或长辈为子女设立，将一部分财产交由受托人管理，分期定量地为子女支付生活、教育或创业费用。

四、国内个人信托发展情况

目前，我国的信托业务绝大部分以机构法人为主要服务对象，但我国具备了一定的开展个人信托服务的必要条件。

（一）个人信托市场的法律法规环境日渐完善

2001 年，我国颁布了《中华人民共和国信托法》，改变了我国信托业长期以来无章可循的状态，为信托公司开拓和经营信托业务提供了坚实的政策和法律基础，我国信托法律体系的框架基本形成。《信托法》是在《继承法》、《婚姻法》等有关法律上的补充，改善了现有的财产管理制度，并拓展了新的财产管理制度。

2007 年 3 月 1 日，中国银监会正式下发修订后的《信托公司管理办法》和《集合资金信托计划管理办法》，使得信托公司迎来了新的发展机遇，引导信托公司开展高端客户财富管理、投资银行业务和直接投资业务、特殊目的的信托等具有持续发展能力和核心竞争能力的高端业务，也使信托公司明确定位于专业的资产管理机构和金融理财机构。

（二）国内信托公司在个人信托方面的探索

我国在 20 世纪 70 年代末开始组建信托投资公司，但一直只注重信托的资金融通功能。自 2005 年商业银行人民币理财业务正式走上前台后，市场上大规模出现了商业银行与信托公司合作推出“银行—信托类”理财产品，即先由委托

人与商业银行签订人民币理财产品协议，然后再以商业银行为单一机构委托人与信托公司签订资金信托合同，信托计划将投资到集合理财计划、基金、投资银行、信贷资产等多个领域。有资料显示，截至2007年底，我国信托公司管理资产规模近万亿元，而银信合作产品的资产规模达4 000亿元，占据了信托总资产的近半壁江山。

可以看到，信托已将其“投资”功能发挥得淋漓尽致，然而，其所特有的风险隔离、权益重构机制决定了其不仅在投资领域，而且在财产分配与事务管理中居于重要地位，但信托的这种作用并未得到关注，仅有寥寥四五家公司早期提出了个人信托的概念。

2006年，中信信托推出了“银杖私人理财”服务，服务对象限定为信托资金规模在50万元以上的个人客户。其主要服务内容除了投资增值类服务外，还涉及其他特定目的信托服务，包括财产保管、房产租赁信托、各类个人信托（如生前信托、遗嘱信托）、公益信托、合理避税安排等；中国对外经济贸易信托投资公司“个人财产管理业务”，以灵活性和标准化两种风格的多种方式向中高端个人客户提供个人财产管理业务；广东粤财信托投资有限公司提供了多种具有特色的员工福利信托、员工持股信托以及遗嘱信托等；中原信托提出“凡是客户想到的需求信托都要供给”，并于2003年为河南宇通公司的部分重要个人股东开办了股权名义代持信托业务，主要为这些股东提供股权管理（监督、分红、收益、转让等服务）。

（三）国内商业银行在个人信托方面的探索

由于较早地开展了高端客户服务，并在私人银行方面的研究与尝试，商业银行发现了个人信托在财富管理方面的巨大潜力，反而取代信托公司成为个人信托业务的积极推动者。如中信银行充分发挥中信集团的资源优势，通过信托计划为客户提供财产传承等事务安排。

五、现阶段我国开展个人信托业务存在的问题

从总体来看，我国信托服务在私人资产管理领域的作用仍然十分小。这一现象的出现有着深刻的原因，具体有以下几方面。

（一）公众信托意愿不强，财富管理观念普及不够

当前我国绝大多数的财富拥有者为第一代富豪，对金融产品的需求主要停留在投资、融资等集合资金信托职能上，对于其在财产保护、转移、分配等方面的需求并不强烈，同时由于信托制度是舶来品，在国内历时尚短、推广不足，因而公众对信托理念的接受程度较低。

（二）信托税收制度的缺乏

信托税收制度的缺乏为信托的发展增加了不安定因素，对于存续期间较长的私人资产管理信托，无法确定设立成本。此外，信托财产在转移、管理及信托收益的支付等过程中，势必产生信托财产课税与否以及如何课税的问题。此外，我国税收政策不灵活、税种较少，也使得人们没有通过信托安排实现合理避税的空间。

（三）社会征信制度的缺乏

信托在设立过程中，信托财产所有权转移，受托人根据信托合同的规定履行信托义务。财产所有权的转移要建立在信任的基础上，否则一旦受托人违约，委托人和受益人的利益将难以得到保证。但我国目前社会的征信体制尚未建立，委托人很难判断受托人是否具有可信性。信托公司或银行均无法判断委托人财产的合法性。

（四）信托登记制度的缺乏

信托登记制度的缺乏主要从两方面制约着信托的发展。一方面，信托登记制度的缺乏，使受托人的信托信息披露缺乏公信力，委托人无法从受托人披露的信息中获得信托财产的真实使用信息，委托人的利益无法获得保证；另一方面，信托财产登记制度的缺乏，使受托人无从判断委托人信托财产的合法性。

（五）信托公司开展个人信托业务存在难度

个人信托业务由于客户需求复杂、个性化强，因而对信托公司管理能力，特别是专业技术能力的要求更高，现有信托公司普遍缺乏相关管理经验，现有组织架构、管理能力、专业水平等均无法适应个人信托业务的大规模开展。

六、我部对于开展个人信托业务的思考

大力发展私人银行业务是我行当前的重要工作之一，而个人信托在风险隔离、第三方管理、权益重构等方面的特有机制，使得其在财产保护、分割与传承以及税务筹划等方面具有灵活、私密的特征，且具有不可替代性，成为私人银行进行私人资产管理的重要工具。

（一）高度重视个人信托业务，与我行控股的信托公司共同开展有关研究工作

尽管个人信托在公众需求、配套政策、信托机构管理能力等方面存在问题，但现有市场和法律环境已具备开展个人信托业务的条件。因此，要充分认识个人信托对于私人银行业务发展的重要性，借助我行控股信托公司和相关部门的专业实力，开展个人信托领域的研究：从不同角度、采取多种方式综合判断其合理性、可行性。特别在法律问题上，由于个人信托主要处理复杂的民事问题，因而稍有不慎，将与其他法律规定冲突或者被对抗，将无法达成预定的信托目的。因此，在法律文件制定、信托方案设计等环节，需要专业的法律人员审核和参与。

（二）以资产管理业务为核心，探索个人信托业务中私人银行的角色及盈利模式

在个人信托服务中，私人银行将承担全方位资产管理的角色，以资深的金融行业背景、专业的资产管理能力、多元化的产品研发渠道等，为客户提供财产管理、家庭事务处理等典型的私人银行业务。私人银行可通过资产管理服务，按事先约定的方式和比例获取资产管理费用、投资顾问费用等，还可通过组合配置的投资理财产品、信托、保险及其他各类咨询服务，收取点差收入、咨询服务报酬等多种类、综合化收益。

（三）从简单、可操作的信托案例入手，逐步扩大信托服务范围

个人信托业务的开展是一个循序渐进的过程。银行要引导客户逐步理解和接受信托模式，为客户解决实际问题。在信托服务范围上，可率先推出以资金形式的财产作为信托财产，满足客户在财产转移与保护、财产传承、财产分隔与保护等方面的需求。在运作模式上，可采用现有客户与银行、银行与信托公司签订有关协议进行产品对接，或客户与信托公司直接签订信托协议两种模式，尝试为客户提供个人信托业务。

（四）提高私人银行队伍的整体素质，加强个人信托知识的培训

随着个人信托业务的进一步拓展，要尽早培养或引进个人信托领域专业人才，就个人信托与国内外法律制度的关系、各种复杂信托方案的设计、信托计划管理与监控，以及离岸信托、公益信托运作等方面进行学习，促进行内个人信托业务快速发展。此外，在各类客户经理培训中，加强个人信托业务的培训，提高私人银行队伍的整体素质。

（五）选择优秀的信托公司作为合作伙伴

受信托公司业务经验所限，国内信托公司，包括我行控股的信托公司，普遍不具备大规模开展个人信托的业务能力，从业人员在个人信托产品设计、账户管理、风险控制、市场营销、客户关系等环节缺乏经验。选择创新意识与管理能力强、信誉良好的信托公司作为合作伙伴，将有利于提高私人银行个人信托服务的质量和水平，加快业务发展速度。

与我省担保机构合作的问题研究

福建省分行　张　俊

一、与担保机构合作的必要性

（一）是解决小企业信贷业务发展中面临问题的有效途径

1. 分散银行信贷风险，增强银行贷款信心。担保机构在承诺担保时，必然要对担保对象的信用进行甄别筛选；在贷款发放后，会对企业经营状况进行监控；在企业不能如期偿还贷款时，要负责担保债务的清偿责任。这样就分散了银行风险，增强了银行的贷款信心。

2. 减少信息不对称，降低交易成本。担保机构一般比较熟悉所从事担保的行业，能够适时掌握市场动态，弥补银行贷后检查不到位和信息“时滞”的问题。在客户准入方面，由担保公司与银行双重筛选，更有利于将实力不足、经营存在问题的企业排除在授信客户之外。特别是互助性的担保机构，其股东往往也是当地从业者，贷款企业不仅面对银行的压力，而且面对团体和共同生活圈的压力，违约成本大大提高。由于担保机构与银行是利益共同体，因而银行能够利用担保机构提供的信息降低交易成本、减少信息盲点、提高风险识别和应对能力。

3. 扩大银行对小企业的信贷支持面。有了担保机构的连带责任保证，就为银行放宽小企业贷款准入提供了可能。许多专业担保机构因其管理能力和管理手段，可接受目前绝大多数银行尚不能接受的非城镇房地产抵押、动产质押、应收账款质押、股东连带保证等反担保措施，无形中扩大了银行对小企业的支持范围。

（二）有利于拓展个人类贷款业务、负债业务和中间业务

目前我行已在个人助业贷款、汽车消费贷款、个人住房贷款、个人消费贷款等领域与担保机构合作。同时，还可以拓展电子银行、代发工资、代扣代缴等中间业务，拓展基金买卖、国债买卖、外汇买卖、结售汇等投资交易业务，提高我行综合收益。

二、我行与担保机构合作的现状及存在问题

（一）我省担保机构现状和发展趋势

截至2007年底，全省在册担保机构（指经省经贸委审批注册的担保机构，下同）共有142家，注册资金为80.8亿元，在保责任总额为123亿元，实现利润7 614万元。担保机构的发展呈现如下特点：一是以民间投资为主体，投资结构多元化。二是担保机构发展快。我省第一家担保机构成立于1997年，自2004年以来每年平均增加27家。三是发展趋势规模化。许多担保机构通过增资扩股以扩大资本规模，新成立的担保机构注册资本往往能够达到1亿元或接近1亿元（注册资本1亿元及以上的担保机构需国家发展改革委审批，手续比较烦琐）。四是担保品种多样化。担保品种有信用担保、租赁担保、票据担保、汽车消费担保、房地产担保等。五是风险控制能力和协作银行的认可度逐步增强。全省担保机构累计代偿总额达1.25亿元，占总担保额的0.28%；代偿损失3 790万元，占担保总额的0.086%。担保机构代偿比率较低，银行认可度逐步增强。

（二）我行与担保机构的合作情况

我行与担保机构合作始于1999年与福安恒实担保公司的合作，合作领域集中在小企业贷款。随着周宁籍民营建材经销企业在上海从事钢材贸易的增多和业务的快速发展，2005年省分行核准宁德、南平分行分别与5家本地的异地担保机构合作，开办异地票据担保业务。为了拓展个人助业贷款以满足客户需求，2006年3月，我行针对电机电器配件企业主开展个人助业贷款业务，引入抵质押加担保公司担保的业务管理模式，并在福安支行试点。2006年6月，省分行制发了《公司类贷款担保公司业务合作管理暂行规定》，对担保机构的准入退出标准、保证金缴存和担保额度控制进行了明确。

截至2007年底，与我行有合作关系且有余额的担保机构共29家，总担保余额为29.15亿元。担保内容包括本地外地银行承兑汇票、速贷通、非速贷通流动资金贷款、固定资产贷款、个人助业贷款、汽车消费贷款、个人住房贷款、个人消费贷款。担保项下的不良贷款额为35.23万元，不良率为0.12%。

（三）我行与担保机构合作存在的问题

1. 与担保机构合作的品种结构不尽合理。一是个贷担保余额小。对公担保余额为22.87亿元，占78.46%；个贷担保余额为6.28亿元，仅占21.54%。二是票据业务多，异地票据量大。担保的票据业务余额为17.32亿元，占全部担保额的59.42%，占对公担保余额的75.73%；票据业务中异地承兑汇票占98.61%。三是速贷通担保余额小，仅300万元，占0.1%。

2. 各行发展不平衡。除宁德分行外，大部分行与担保机构合作的信贷余额很小，品种也比较单一；一些行未启动与担保机构的合作。

3. 市场占比偏低，对实力强的担保机构拓展力度不够。2007年底，全省（不含厦门）在册担保机构105家，担保的信贷余额为75.78亿元；其中，与我行合作的担保机构仅16家，担保的信贷余额为10.5亿元，市场占比仅13.85%。在与我行合作的担保机构中，注册资金亿元（含）以上的有7家，占比仅25%。

4. 管理不够规范。一是管理分散，管理标准不统一。目前我行由公司业务部负责对公信贷款担保业务，住房金融与个人信贷部负责个贷担保业务，造成政策和管理标准不统一，管理成本较

大，也给担保机构带来不便。二是存在盲目营销现象。三是没有建立主办行和协办行制度，不能有效地对与我行多家分支机构有合作关系的担保机构进行管理。四是关键风险点管理薄弱，当担保项下贷款出现不良时，没有严格要求担保机构先行代为偿还，没有建立有效的担保机构退出机制。

5. 部分业务门槛设置过高，不利于对担保机构和优质客户的拓展。担保机构往往将风险保证金要求转稼给贷款企业承担。比如一家小企业申办一年期1 000万元贷款，除被银行收取基准利率上浮30%的贷款利息外，一般还要向担保机构缴交3%左右的担保费率，按扣除风险保证金后的700万元可用资金计算，实际贷款资金成本达到16.87%。企业贷款资金成本过高，容易导致逆向选择，加大贷款风险。

三、积极稳妥地推进与我省担保机构合作的构想

（一）理性客户选择，坚守“两道”防线

1. 坚守贷款客户防线。针对担保机构担保客户往往是小企业的客观现实，在小企业客户的选择上，应重点支持A级（含）和aa级（含）以上的企业客户；信用等级较低的小企业客户，其信贷产品应限定在低风险或中低风险产品上。

2. 坚守担保机构防线。担保机构的选择应从资金实力、经营年限、担保业绩、管理水平和担保产品风险类别5个方面着手。对担保机构的选择还要结合担保项下信贷产品风险类别的不同而有所差别。

（二）规范合作关系，实施“三项”调整

1. 调整准入和退出规定。应统一担保机构归口管理部门，明确公司业务部负责担保机构的合作政策制定、准入核准和保后管理，提高对担保机构的集中和专业化管理水平。要建立担保机构的预警机制和退出机制，该退出的必须果断退出。

2. 调整风险保证金和担保放大倍数规定。建议以担保机构注册资本和实缴资本为基础确定担保额度放大倍数。对于注册资本和实缴资本超1亿元的担保机构，再根据经营年限、信用记录、担保业绩、担保信贷品种、区域金融环境、反担保情况、风险管控水平等因素，确定6～10的放大倍数；注册资本和实缴资本5 000万元至1亿元的担保机构，确定4～6的放大倍数。取消或放宽合作担保机构首期存入铺底保证金的门槛。风险保证金的设定，除收取具体产品规定的保证金比例外，还可根据担保机构情况和产品风险类别另按信贷余额收取0～10%的风险保证金；对于A级客户的表外业务风险保证金可放宽到20%。

3. 调整内部管理流程。一是统一担保机构归口管理部门，明确公司业务部门的工作职责；二是统一担保机构准入退出门槛，根据担保机构评价指标和担保产品风险度确定差别化方案；三是统一担保机构担保额度放大倍数的审定流程，明确由信贷审批部门审批确定；四是统一预警机制和贷后管理内容，明确客户经理的职责和工作内容。

（三）控制关键风险，突出“四点”防控

1. 资本金到位和运用审查。对担保机构的财务报表、资金来源和运用情况进行深入分析，防止因担保机构资本金不实、结构不合理或将资本金违规投入资本市场等对银行信贷资金造成的风险。

2. 风险管控水平审查。具体包括担保机构的公司治理结构、内控制度、风险分散机制、反担保措施、人员配备及员工素质、担保年限及担保业绩、发展速度、担保代偿率、担保损失率、对担保行业的熟悉程度、是否按规定提取未到期责任准备金和风险准备金等。

3. 担保集中度控制。明确担保机构对单个客户提供的担保不得超过其实收资本的10%，对于担保机构在我行的高风险产品担保放大倍数，应限定在我行为其核定实际担保放大倍数的一半。

4. 贷后风险管理。落实专人管理制度，按季收集报表，准确掌握合作担保机构的财务情况及变动状况；至少每半年对担保机构进行一次回访；建立“黑名单”制度，加强担保机构的退出管理；对于担保机构发生的影响其偿债能力的重大事项，应及时调整信贷政策，并于第一时间向上级行报告。

（四）积极协作发展，着力“五个”加强

1. 加强重点区域、重点客户、重点产品的营销。一是大力发展宁德、三明、福州、泉州这四个担保机构实力较强地区的担保业务。二是重点发展个人助业贷款、个人汽车贷款、个人住房贷款等个人类信贷担保业务；在把握风险的前提下积极发展票据业务和贸易融资业务；速贷通和其他流动资金担保业务必须谨慎发展。

2. 拓宽与担保机构的业务合作范围。一要拓宽客户群体，增强优质小企业客户的联系面，将实力壮大、信用等级提高的优质客户纳入我行直贷范围。二要借助担保机构信用提升和风险缓释功能，避免AA级医院、学校等优质客户流失。三要加强联动营销。

3. 加强内部协同。由于担保机构的担保业务范围较广，担保机构往往与多家银行、与一家银行的多家分支机构合作，因此，要建立主办行和协办行工作分工和协同机制，明确主办行、协办行的工作职责，对业务流程进行规范。

4. 加强多向沟通和配合。既要加强与担保机构的沟通配合，又要加强与经贸委、银监部门、担保机构同业协会的沟通配合，提出相关建议，推动担保机构监管制度和再担保制度的建立，为担保机构的发展创造良好的外部环境，也为我行担保业务的发展提供有效保障。

5. 加强工作研究和业务人员培训。一方面，加强对担保机构的研究，掌握担保机构担保业务的营销要点，推动与担保机构业务合作的有效开展；另一方面，加强培训，提高客户经理和风险经理对担保机构资本金管理、风险管理水平的审查能力，造就一支专业化的经营和管理队伍。

以风险管理创新推动银行零售战略转型

总行风险管理部　田国林

从20世纪80年代起，建设银行在国内率先参与房改金融并开办了个人住房贷款业务。随着业务领域不断拓展，形成了以个人住房贷款、信用卡业务为主导，各种消费信贷产品门类齐全的零售信贷业务体系。目前，建设银行个人住房贷款余额和信用卡发卡量均居同业前列，并保持了零售信贷业务每年20%左右的快速增长。与此同时，资产质量也一直保持良好水平，2007年底，个人贷款不良率为1%，其中，个人住房贷款不良率为0.8%。应该说，这一成绩的取得，一方面得益于良好的外部经济环境，另一方面也得益于建设银行不断提升的风险管控能力。

一、零售信贷业务自身特点，决定了其风险管控体系必须有别于传统模式

国内银行多数是从对公业务发展来的，在对公信贷业务风险管理领域积累了很多好的经验。建设银行长期以来在固定资产项目信贷领域有比较强的专业优势，但是在零售业务领域，基于对公业务和客户特点的管理方法并不适用，零售信贷业务的特点是客户覆盖面广、个体差异大，贷款金额小、笔数多，这就对风险管理提出了新的挑战，其中有两个需要解决的关键课题：

一是如何建立一套契合零售业务特点的制度和标准体系，以确保整个银行零售业务风险偏好的统一和政策取向的一致，确保客户体验的一致。面对大量、分散、差异化的零售客户，如果缺乏统一的风险管控制度和标准，那么在不同的区域、不同的渠道、不同的人员可能对风险作出截然不同的判断，乃至偏离银行既定的风险偏好和政策。另外，从客户服务的角度来看，由于风险标准不一致可能导致客户体验的不一致，这势必会制约市场拓展的广度和深度。

二是如何建立一套科学的技术工具和流程，以确保在实现对风险的科学识别和管控的同时大幅降低运营成本，提高流程效率和市场响应能力。在对公信贷领域，我们可以依托专家判断，采取“一户一策”的定制化服务和风险管理模式。但是，零售信贷业务由于金额小、笔数多，这个模式显然是不切实际的。一方面，我们难以在短期内配备和培养足够的专家队伍；另一方面，在人力成本上也难以承担。同时，在业务流程效率方面，人工操作也难以满足客户的要求。应该说，随着近年来零售业务的快速发展，这些矛盾已经逐渐显现出来。例如，由于人员不足，特别是风

险管理、信贷审批专家不足，导致贷款流程效率不高，甚至出现把关不严、管理粗放的现象。因此，这就要求我们必须尽快超越传统的风险管控模式，加紧引入并依靠先进的风险计量技术和业务流程，实行批量化、专业化的管理，改变目前零售信贷业务高成本、低效率的人工作业模式，唯此，才能从根本上解决制约零售业务快速发展的瓶颈。

二、针对零售业务的特点，在风险管理机制、制度、流程和技术等方面进行积极探索和创新，促进零售信贷业务又好又快发展

一是在机制方面，立足打造风险管理“三道防线”，强化对风险的全流程管理，构建垂直、专业化的风险管控体系。按照科学分工和有效制衡的原则，建设银行建立并强化了风险管控的“三道防线”，形成了全流程对风险齐抓共管的良好机制。具体来说，前台业务部门作为“第一道防线”，是风险的直接承担者和管理者；风险管理、审批等部门作为“第二道防线”，负责对风险的独立评估、决策、跟踪、监督；审计、合规等部门作为“第三道防线”，负责对业务经营和风险管理整个流程的再监督以及问责，等等。这套机制自建立以来，发挥了很好的效果，保障和促进了业务的健康发展。同时，在风险管理（包括信贷审批）和审计条线实行全行垂直管理，提高了独立性和专业性；风险条线向个人贷款审批中心派驻专职审批人团队，有效地提高了业务流程效率和风险管控效果。“三道防线”以及垂直、专业化的风险管控体系，有力地促进了全行风险偏好的统一、政策传导的顺畅有效。

二是在制度方面，建立健全了零售信贷风险管理的政策、制度和标准体系。根据零售发展战略和风险偏好，建设银行制定了符合自身特点和发展趋势的风险管理政策，具体包括客户政策、产品政策、区域政策、分销政策、风险管控政策、定价政策和流程再造政策等。同时，根据业务发展创新和风险管理的要求，定期重检、持续优化以《信贷业务手册》为核心的信贷管理制度体系，对各个产品、各业务流程的业务操作和风险管控作出明确规范，完善了信贷准入、审批等管理标准。

三是在流程方面，引入六西格马管理方法对流程进行优化再造，提高了客户服务能力和风险管控能力。在美国银行的帮助下，建设银行从2006年开始着手对个贷中心实施了流程再造，通过专业化的流程和岗位分工，提高了流程处理效率，强化了流程中关键风险点的管控。经过流程再造，在进一步强化风险管控和贷款审批质量的同时大幅度提高了效率，贷款流程完成时间缩短了64%，客户满意率提高了56个百分点。另外，住房金融与个人信贷部组织优化并推广新一代个人贷款系统（A+P系统），统一了个贷业务操作平台，资产保全部牵头开发“个人类贷款标准化催收作业流程体系”等，显著提高了零售贷款经营管理和风险控制流程的集约化、信息化和专业化水平。

四是在技术手段方面，以高起点定位，加快风险管理工具创新和应用，以此为依托实现对风险的集中化、标准化、自动化管控。与国际先进银行相比，国内银行在零售风险管理技术方面的差距相当大，可以说，这既是制约我们将来零售业务跨越式发展的瓶颈所在，也是影响上述风险管控机制、制度和流程作用有效发挥的重要因素。因此，近年来建设银行一直把零售信贷风险管理技术工具研发作为资源倾斜、优先发展的领域，充分借鉴国际先进银行的成熟经验，通过与战略投资者的合作等多种途径实现技术转移，加大自主创新力度，培养自己的专业技术团队。应该说，建设银行原先在风险管理技术方面十分薄弱，这是短处，但是从另一个角度来看，由于不存在“路径依赖”，因而可以充分发挥技术上的后发优势，一开始就定位在较高的起点上，选择最适合需要、最契合建设银行实际情况的技术工具和研发路径。

2007年，在美国银行的咨询协助下，建设银行主要依靠自身的技术力量，结合国内市场环境和自身历史数据积累，在国内同业中率先完成了个人住房贷款申请评分卡、信用卡申请评分卡、信用卡行为评分卡的研发和上线试运行，目前相关推广工作已在全国展开。评分卡基于统计学模型和数据挖掘技术，通过分析客户特征、预测客户信用行为，以信用评分区分客户层次，辅以恰当的政策、流程、制度，为信贷决策提供广泛支持。在已开发完成的评分卡中，个人住房贷款申请评分卡和信用卡申请评分卡主要用于客户申请的自动审批，信用卡行为评分卡用于信用卡额度调整管理。

评分卡的应用统一了全行的零售信贷风险管理标准。以往我们的零售信贷风险管理决策和审批往往容易受到个人能力、偏好、经验，乃至个人情绪等方面的影响，导致风险标准把握不一，甚至出现判断偏差或失误。借助评分卡的支持，可以显著提升决策的科学性。同时，评分卡的引入大大提高了风险管控和信贷审批的效率（平均代替50%左右的人工工作量），有效地降低了人力成本，提高了客户满意度。以信用卡行为评分卡为例，借助行为评分卡，客户申请信用卡额度调整所需的时间从原来的2~3个工作日缩短到几分钟。

目前，我们的房贷行为评分卡，消费贷款、汽车贷款的评分卡也正在加紧研发之中，预计年内完成建设的评分卡总量达到9张。下一步评分卡的运用，除了审批和授信额度调整等环节外，还将进一步延伸到客户细分、目标市场选择、差别化营销和定价等前台业务环节，以及预算、绩效评估、产品线拓展等中后台管理领域。

评分卡研发是建设银行零售风险管理技术工具体系建设的一个起点和基础。通过以评分卡为核心的风险管理技术工具的运用，我们将零售风险管理偏好、政策、制度、标准以及管理机制、流程有机地融合到一个平台上，促进了零售信贷风险管理的批量化、标准化、智能化。应该说，通过风险管理的探索和创新，我们已经找到了针对前述两个关键性课题的解决路径。

在前期取得进展的基础上，建设银行总行正在加紧推进零售资产分池、PD、LGD、EAD计量模型开发的相关工作，这些工作将针对单一客户、债项的风险计量模式扩展到资产组合计量层面。下一步将进一步完善内部评级体系，力争尽快推进单一独立的风险管理形式向组合风险管理模式过渡，建立以风险收益平衡为目标、统一偏好和集中管理为特征、定性与定量相结合为方式的全面零售信贷风险管理体系。

三、面对广阔的市场和激烈的竞争，风险管理的不断创新和进步将成为银行零售业务发展的永恒主题，也是促进零售业务跨越式发展的重要工作手段

当前，全面建设小康社会进程的加快，为银行零售业务的发展提供了广阔的市场空间和难得的历史机遇。与此同时，市场竞争也在日趋白热化。可以预见，零售信贷领域的竞争格局将很快从过去同质化、低层次的竞争，进入到分层次的综合实力竞争阶段。综合实力（核心竞争力）不仅仅取决于银行的资本实力，更取决于银行的客户服务能力和风险管控能力，这是银行真正的“软实力”。

而无论是客户服务还是风险管控能力的提升，都需要风险管理的不断创新来支撑和推动。例如，在客户服务中，目前的主要难点在于如何实现对客户群的有效细分，通过差别化服务和精细化管理以提升价值创造能力。过去，以经验判断为主的管理模式占主导地位，下一步需要依托创新的风险识别和计量技术工具（如评分卡），逐步实现对客户风险的科学区分，甄选银行的目标客户群，提高客户营销和服务的针对性和有效性。这是今后从根本上提升客户服务能力的必由之路。

因此，只有风险管理的不断创新和进步，才能真正实现零售信贷业务走向内涵式的科学发展道路。目前我们在零售风险管理方面已经搭建了一个良好的基础平台，在此基础上需要加快创新和发展步伐。我们坚信，集全行员工的智慧，一定能够取得更加丰硕的成果。

建设银行国际互联网网站的功能和作用

总行电子银行部　马春峰　艾　菊　边　鹏

1999年1月1日，我行建立了中国建设银行国际互联网网站。十年来，我行网站从无到有、从小到大，不断丰富版面内容、增加栏目信息、拓展服务功能、创新展现形式，网站的社会关注度越来越高，客户访问量显著提升。2008 年，我行互联网网站日均页面浏览量和单日最高页面浏览量均创下历史新高，日均页面浏览量达到 334 万次，比 2007 年增长了 50%，比 2006 年增长了 345%；单日最高页面浏览量达到 550 万次。建设银行网站已经发展成为我行面向社会、服务大众的网络窗口，在全行服务客户、发展业务、品牌宣传、改革创新、履行上市公司责任和义务、承担社会责任、树立现代化商业银行形象等方面发挥着越来越重要的不可替代的作用。

（一）及时发布权威信息，沟通投资者关系

自我行实行股份制改造、在海内外公开上市以来，总行董事会办公室将国际互联网网站作为对外信息披露的首选渠道和最权威的窗口，通过网站及时、有效地对外披露公开性信息，维护与广大投资者和客户的关系，提高社会各界对我行的认知度。

（二）关注社会热点，树立企业良好形象

利用互联网网站应对突发事件，可以及时体现我行应对突发事件的能力，凸显出我行高度的企业社会责任感，从而提升我行的企业形象。今年“5·12”汶川特大地震发生后，总行有关部门密切配合、迅速行动，在网站上推出了“中国建设银行与你携手同心，共渡难关，抗震救灾，重建家园”的专题页面，及时向社会各界传递我行特殊金融服务政策。奥运服务期间，总行网站推出了“2008 放飞梦想在建行”的奥运专题页面，以宣传我行奥运期间开展的各项优质金融服务等内容为主线，充分展现了我行员工良好的精神风貌和参与奥运的热情，受到了社会的广泛关注。

（三）展示产品服务信息，介绍金融知识

国际互联网网站作为我行向广大客户发布产品服务信息窗口，为展示各种产品服务信息提供了更为便捷的宣传平台，展示方式灵活多样，展示途径方便高效，能够保证我行产品信息发布的时效性、准确性。目前我行网站为对公、对私部门展示产品种类 23 个、数量上千个，不仅详细介绍产品的定义，而且图文并茂地展示产品服务操作流程。通过我行网站，客户可以查询到我行提供的各种金融产品和服务信息、全面的金融资讯信息（如汇率、金价、证券市场行情等）以及相关金融知识讲解等。

（四）跟踪市场变化，支持投资理财

近年来，国内投资市场变化巨大，客户对各种理财产品的投资需求也日趋高涨。为满足广大客户需求，我行网站开设了理财频道和基金频道，宣传我行人民币、外币理财产品和代销的三百余只基金产品，及时发布产品信息和净值信息。客户登录该频道后，不仅可以及时、充分地了解到我行发行的各种理财产品的相关信息，而且还可以获取理财知识、市场动态信息等内容，帮助客户进行投资决策。理财频道和基金频道的建设为相关产品的营销宣传搭建起了一个多样化的展示平台，并迅速成为大堂经理向客户推荐产品和提示投资风险的重要平台。两个频道推出以来，客户关注度始终位列我行互联网网站前两位。

（五）宣传理财师形象，展现服务明星风采

国际互联网网站具有形象、直观、信息全的特点，它可以宣传我行服务团队形象，展现优质服务明星风采。辽宁省分行在网站建立了“辽宁省分行理财团队——秀出真自我，亮出真本色”专栏，刊登了理财师的照片、简介、邮箱和联系电话等，既展示了建设银行理财师的风采，又方便了客户预约理财服务。

（六）开展营销活动，做好业务宣传

2008 年，总行各部门重视利用网站开展对外营销宣传。总行电子银行部为 19 个部门提供了信息维护支持 1 223 件，为 12 个部门投放广告宣传 1 494 个。信用卡中心凡是推出新的营销活动都将互联网网站作为首选的发布渠道，开设了产品介绍、特惠商户、积分计划等栏目，并根据社会热点和客户需求先后推出白金信用卡、分期付款等特色宣传，配合产品宣传主题，运用专题页面、FLASH 等多种营销宣传形式，丰富网站的表现形式，提高客户的访问兴趣，取得了明显的成效。

（七）查询企业账户信息，为对公客户提供便利服务

广东省分行利用网站为企业客户搭建快捷的查询服务通道，根据当地政府机关、公司机构等对公客户的需求，推出了对公客户网上理财平台，提供了 8 种不同的查询功能，包括“广州市罚款代收查询”、“政府采购加油卡查询”、“公积金银企通”、“物业维修基金查询”、“供应商信息库查询”、“地方财政公务卡查询”、“银企查询”、“人寿保险查询”。自 2007 年推出后，便得到了客户的认可，至今该分行网上理财平台平均每月的访问量都在 1 万人次左右。

（八）查询信用卡信息，方便客户理财

网站查询信用卡账户服务作为提升我行网站

实用功能的一大创新和“e路通查得快”的首期释放功能，已于2008年11月15日正式上线。客户无须办理注册或签约，直接登录我行网站即可查询个人信用卡账户的余额、账单明细、积分额等信息。该项服务为客户新建了查询快速通道，拓宽了客户账户查询服务渠道，服务流程更加简便、查询内容更加丰富，有利于分流现有渠道查询服务压力，改善我行的整体服务水平。

（九）查询电子银行交易积分，预约申领奖品

上海市分行在网站上建立了电子银行“e路通”积分服务平台，设置了“e路通”积分专区，包括积分活动宣传、“e路通”积分查询、积分礼品展示、积分礼品申领四个区域，实现了在互联网网站上宣传积分、展示礼品、查询积分、申领礼品的流程化模式和“一站式”服务。2008年5月和10月，该分行在网站上先后推出了“欢乐五月天，1分送好礼”和“e转就赚”积分奖励活动，鼓励客户签约网上银行或通过网上银行进行转账汇款，提高了手续费收入，同时有效地提高了电子银行客户的动户率。

（十）开通缴费服务，创新交易渠道

苏州市分行适应市场需求，以网上养路费代缴为突破口，率先建立了以我行网站为平台的缴费新方式。客户无须登录网银，直接进入网站的缴费页面，即可完成缴费，操作方便、使用简单。该功能拓宽了网站的服务应用，降低了客户使用门槛和使用难度，切实解决了苏州地区养路费缴费难的问题，抢占了市场先机。截至2008年10月10日，通过网站缴纳金额近300万元，体现了良好的推广效果。

（十一）网上网下互动结合，业务办理效率提高

发展在线业务、创新网站服务应用，不仅可以改善我行的服务水平，还可以有效地提高业务处理效率。总行网站于2008年3月正式对外推出了电子银行个人客户申请表在线填写、打印、下载服务。据统计，办理一笔电子银行渠道签约业务为此减少了5～6分钟柜面咨询及解答时间，提高了柜面业务的处理效率。截至2008年底，电子银行个人客户服务申请表在线浏览量已达到115.5万人次。同时，网站还为广大客户提供了各类信用卡的申请表和网银相关软件的下载服务，各类信用卡申请表下载量达到64.2万次，网银相关软件下载量达到4 212.9万次。

（十二）与客户互动交流，创新服务方式

我行国际互联网网站以“网站留言板”和“建行工作室”两种方式与客户建立起了有效的沟通和服务渠道。“网站留言板”是我行网站开展客户服务工作的主要形式之一，网站客服人员通过回复邮件或电话回呼的方式解决客户通过网站提出的咨询、投诉或建议等。“建行工作室”是我行在门户网站、重点商户、合作伙伴网站、合作互联网网站上以合作论坛形式设立的外延性服务窗口。2008年，网站客户留言数量达到74 068条，建设银行工作室发帖数量达到62 581条，24小时回复率连续7个月保持在100%。

（十三）构建网上商城，拓展网上商务领域

近年来，我行利用互联网网站这个虚拟平台，开展电子商务和网上支付服务，网站初步搭建起了网上商城的支付结算平台。该平台可以展示我行电子支付商户的有关商品、促销信息，客户可以在线购买到电子客票、服装服饰、鲜花礼品等种类繁多的商品，实现“一站式”购物，有效地促进了我行网上支付业务的发展。

总行和分行几年来不懈探索和努力的实践证明：网站能够创造价值，网站可以创造效益，我行发展互联网门户网站的前景广阔，大有可为。

信息资源管理对银行发展的战略价值

总行信息中心 刘静芳

一、信息资源管理的基本内涵

（一）信息的独特性

信息论的创始人申农说："信息是消除随机不确定性的东西。"信息不同于其他资源，其独特性表现在：第一，信息的价值具有相对性。信息的价值与获得的时间有直接关系，信息及时则价值高，反之则低甚至没有价值。第二，信息具有不可分性，只有作为一个体系化了的整体才有意义，不能被分割零售，只看报表中的一个栏目，获得的信息是不完整的。第三，信息的价值不体现在拥有上，而是体现在更恰当、更广泛的利用上；信息在不断传播过程中，可以连续产生价值。第四，信息可以复制，无成本或很少成本地增加其使用者。此外，信息还可以替代或转化成其他资源，特别是在虚拟经济中，比如电子货币，信息流可以替代现金流。

（二）信息资源管理的内涵

信息的特点决定了信息资源管理的专业性与特殊性。信息的生产者和使用者是人，要遵循信息资源价值与受众量、丰富性和及时性密切相关的内在规律，统筹协调机构、人员、流程和技术手段等在整体管理活动中应发挥的作用。信息资源管理的核心内容是在企业内部营造以用户为中心，人与信息之间和谐互动的良好环境，实现信息资源的科学配置，保证业务及管理人员在正确的时间、正确的环境以正确的方式得到正确的数据支持与信息服务，支持企业经营管理和发展目标的实现。

二、信息资源管理对银行经营活动的支持

银行作为现代经济的核心，作为为经济发展和居民生活提供所需各类金融服务的企业，须臾离不开信息资源的支持。

（一）信息资源管理支持银行的经营运作

为适应市场竞争，银行的经营管理者需要在最短时间内看到全行完整的运营情况，及时了解成本结构和风险分布；需要进行细致的成本—效益分析，要确切知道哪些产品、哪些客户给银行带来了收益；或者要制订具有针对性的产品和服务交叉销售、增值服务及客户挽留等营销策略；或者要按照不同机构、部门、业务的风险收益状况分配资本金，实施全面成本管理；等等。这些经营管理活动的共同要求，就是需要同时获得有关客户、产品、收入和成本、风险、市场、机构等方面的数据支持。单个系统只能提供部分数据，要获得全局性、跨系统的综合性管理信息，就需要在信息提供者与信息使用者之间增加一个信息加工处理与分发环节。这个环节的主要任务是从多个渠道、多个系统中抽取、整合原始数据，再加工、转化成所需要的管理信息并且及时地提供出去。这个环节的作用在于独立、客观、公正地管理跨部门的共享数据，对其进行质量管理和维护控制，把原始数据汇集、转化成为具有意义的报表、分析报告等可用信息，无偏颇地为各个层级的经营管理者提供信息服务，从而支持经营管理部门实现银行的经营目标。提高信息资源的可用性和共享程度是银行信息资源管理的重要任务。

（二）信息资源管理有助于降低整体运营成本

1. 有效的信息资源管理致力于从根本上、系统性地解决数据质量问题，通过制定、推广数据标准，实施数据管控，能够有效改善数据质量。建设银行在全行成功地推广了数据管控对公客户信息一代项目成果后，初步建立了数据管控机制，部分关键数据的质量要求融入日常业务流程。各一级分行对公客户信息的两个关键数据质量指标在改进的初始阶段有了大幅提升后，稳定在了较高水平，证明系统性改进数据质量的努力获得了持久性效果。

2. 有效的信息资源管理能够减少分散化的信

息获取、传递、加工、存储等的重复流程，降低全行的管理运行成本。

3. 加强信息资源管理能够促进信息资源价值的开发和利用，有助于把更多的详细数据转化成为可用信息，提高信息流程的效率、理顺信息渠道；可以把管理报表、复杂信息查询等功能从前台交易系统中迁移出来，促使管理信息系统和业务处理系统的功能分布更为合理；能够促进信息技术整体架构的优化，从而提高信息技术原有投入和新增投入的回报。

（三）有效的信息资源管理是银行流程再造的必要条件

1. 银行信息流程的优化支持业务流程的再造。银行为了适应快速变化的竞争环境，要把以银行或部门为中心的“部门银行”改造成以客户为中心、市场为导向、成本最小化为基本管理思想的“流程银行”。为此，需要把业务流程分层次细化到活动级加以优化，建立新的经营管理模式，重构效率更高的业务流程。由于金融产品是信息产品，银行办理业务和进行管理的过程实质上就是信息流动的过程。分析信息流有助于明确流程银行的岗位设置与职责要求，以精简、合理、可控制的信息资源流动过程作为切入点，分析银行经营管理的组织模式，引导和整合物流、资金流与工作流，可以帮助银行有效地实现流程优化的目标。

2. 有效的信息资源管理能够支持组织机构的动态调整。组织机构改革的难点之一，在于考核体系调整与重新建立后，难以保证绩效指标的可获得与可测量。绩效指标是发展战略和管理要求的量化表达，指标考核与监督要以管理信息的客观性、独立性和准确性为基础。有效的信息资源管理能够在稳定的、多维度、全方位、详细准确的经营管理数据基础上，方便地加工成不同的考核体系所需要的相关信息，并能持续地测算和监控各种衡量银行业绩的实现效率（时间）、效益（成本）和成果（质量）指标，从而有效地支持业务流程的优化和机构设置的变动。

（四）有效的信息资源管理是构成银行核心竞争力的关键要素

1. 以处理海量信息为基础的信息资源管理能力直接影响银行核心竞争力的形成，并成为风险管理、资产负债、财务绩效、客户关系管理等其他管理能力的基础和制约条件。大规模、高效率的信息资源管理包括有效地应用企业级数据仓库的能力，能够提供给银行各级经营管理者无歧义的经营管理状况全景视图和“唯一事实”，使得银行的决策者们能够基于此发现全局性问题和新的获利领域，准确预见未来发展趋势，提前考虑业务应该如何运作，提高管理的效率与决策的科学性，以顺应变化、赢得先机。

2. 信息资源管理支持银行提高商业智能。影响银行生存与发展能力提升的最大挑战已不再是技术，而是如何聪明地利用信息。“数据→信息→知识→商业智能”是企业提高精细化管理水平、获得竞争优势的能力发展路线。高智能的银行基于数据和事实分析外部形势与内部经营状况；借助于高效的机制来开发可信、无歧义的信息；通过提高信息的共享度与及时性来充分发掘和利用信息的价值，利用有效的管理机制打破信息壁垒，促进银行内部形成共同语言；善于把信息沉淀、转化成知识，建立知识库并开放给全行共享，激发产品创新的活力，同时利用这些知识向客户提供顾问咨询及其他增值服务等。银行的经营管理水平越高，对数据的要求就越高，其信息资源管理的能力也必定越高。

三、银行信息资源管理的主要任务

（一）银行信息资源管理面临的主要问题

1. 数据海量、信息不足。据商务智能领域权威人士估计，正常信息化水平的企业，有 90% 以上储存在计算机系统里的数据还都只是成本，没有转化成可以为企业带来收益的信息资源，只有不足 7% 的结构化数据在企业进行管理决策时被主动采用①。建设银行如果按 50 万汉字一册图书的规模来折算，仅主要生产系统每天新增的数据量就超过了 10 万册！但与此同时，市场营销部门、中后台管理部门却依然感觉到可用数据不足，经营管理决策在相当大的程度上还缺乏量化信息的支持，不得不凭经验、靠感觉。

2. 系统林立、数出多门，数据不一致。在几乎所有业务处理都已经实现电算化，数据中心同时运行着数百套软件系统，每年还在不停地有大量新系统上线时，多个口子出数、数据经常对不

① ［法］伯纳德·利奥托德、［美］马克·哈蒙德：《商务智能》，电子工业出版社，2005。

上的问题就凸显出来，数据不可信给经营管理造成越来越多的困扰。

3. “信息孤岛”大量存在，信息共享性差，价值未充分发挥。同时数据缺失与重复采集现象并存，数据质量偏低。

4. 信息流程不合理，信息提供不及时，信息应用环境不友好，信息资源未被有效利用。

（二）原因分析

建设银行在与美国银行合作进行的数据管控项目一代项目中，采用六西格马方法分析了对公客户信息10个关键指标的数据质量问题，在找出的40多条主要原因中，发现这些原因分布在数据流动的前台、中台、后台的各个环节中，涉及原始信息采集、人员、环境、业务处理过程、系统等各个方面，说明信息和数据的问题是跨部门、系统性、全局性的。银行的每个部门都是信息的生产者，同时又是使用者，解决数据质量问题、加强信息资源管理，只靠单个部门或者局部的改进无法从根本上解决问题。只有着眼于数据整个生命周期和信息流动的全过程，总体部署、统一协调，全行各部门、各层级协作配合，共同行动，才可能取得成功。

（三）加强信息资源管理的主要策略

1. 提高对信息资源的重视程度。倡导“信息创造价值”的理念，营造“基于数据和事实”、主动应用信息的工作氛围，培育全员关心数据质量的企业文化。

2. 在全行范围内建立信息资源的统一管理机制。制定信息资源统一管理的政策，建立信息资源管理的沟通机制与决策流程；明确各类信息的统一归口管理部门和职责、权限，把数据管控嵌入业务流程中，构建各层级和岗位的信息质量认责体系；建立相关的管理制度与工作规程；培养专业化的信息管理队伍等。

3. 实施能够为管理决策提供全方位、可信数据支持的数据整合工程。统 、规范信息单元（如统计指标）含义，制定统一的数据标准，并大力推进数据标准全行范围内的应用，避免数据歧义、信息混乱；利用合适的技术（如数据仓库技术）把分散的数据依据其内在逻辑关联整合成一个完整的数据源，为管理决策提供一致、多维度的可信信息；开发与配置能够便捷高效地获取、传递及应用信息的渠道与工作环境；采用信息安全保证机制和措施等。

腐败成因浅析

总行纪检监察部副总经理　林晓东

腐败，现代政治、经济和社会生活中的毒瘤，人们对它恨之入骨，但是它又无处不在。中国在保持三十年经济高速增长的同时，积累的腐败问题已引起了国内的普遍不满和国际上的广泛关注。腐败问题已经对党、国家和社会构成了严重的威胁。治理腐败，关系到党的生死存亡；不治理腐败，无异于饮鸩止渴、养痈成患。建设一个廉洁、高效的政府，是中国党、政府和人民在21世纪最伟大的任务之一，也是我们这个东方大国追求科学发展和民族复兴的必由之路。

银行作为社会经济生活的重要中枢和纽带，与腐败的运作息息相关。科学分析腐败形成和滋长的政治、经济和社会原因，对于银行履行反腐败的法律和社会责任，以及把银行自身建设成为公司治理健全、业务经营合规、员工廉洁守法、文化健康向上的企业公民，具有积极的意义。

腐败产生的一般原因。腐败是与生产力的一定发展阶段相联系的社会现象。原始社会生产力低下，社会产品没有剩余，没有产生腐败的物质基础；而部落民主制具有对抗首领的纠错能力。

从人类社会进入国家形态的前夜开始，由于产品剩余、剥削与压迫形成，腐败有了其物质、强权与制度的基础。而腐败这个东西只有在真正的国家形成、公共资源集中、公共权力难受约束甚至异化的时候，才空前地发展起来。

与奴隶制和封建制相比，世界上主要的和典

型的资本主义国家不仅在物质财富的生产上大大前进，而且在政治文明和社会文明的建设上也取得了革命性的进步。虽不能杜绝腐败，但进步是史无前例的。

而社会主义制度的诞生与成长，却有着完全不同的历史背景。与资本主义经历成熟的思想启蒙和充分的理论准备不同，社会主义的理论与现实之间存在巨大的落差。按照马克思、恩格斯的经典理论，社会主义是在发达的资本主义国家首先取得胜利的，它需要也有可能利用资本主义的丰富物质成果来建设自己的政权，因而从一开始社会主义就是一个物质基础发达的社会形态。但是，实际上，没有一个社会主义国家是在成熟的资本主义土壤上建立起来的。沙皇俄国顶多只是半个资本主义，1917 年革命发生时，它还没有完全废除农奴制。而中国的情况也并不比苏联好到哪里去，甚至更糟糕。中国的社会主义建立在半封建半殖民地的基础之上，政治、经济、文化落后。显然，让苏联和中国照搬马克思、恩格斯的经典理论，去实现它们的社会主义和共产主义之梦，是不可能成功的。特别需要指明的是，由于没有经过现代文明的思想启蒙，社会主义普遍缺乏现代民主意识和科学精神，在很长的时间里，社会基本上还处于蒙昧状态，更谈不上高尚的社会道德和人的全面发展。还有一点与资本主义根本不同，尽管恩格斯晚年认为，无产阶级政党可以通过资本主义的议会民主制度，实现执政和改造社会的理想，但他并不认为由无产阶级独立建设社会主义也可以借鉴资本主义的民主制。实际上，苏联共产党和中国共产党是通过暴力革命取得国家政权的。苏联共产党是一党革命，虽然中国共产党在革命的年代与其他政党有过短暂的政治联合，但这种联合并未达到可以分享政权的亲密程度。结果是，这两个社会主义大国，均历史地形成了一党执政的集权制，经济上长期实行高度集中的计划经济。

然而集权制或计划经济，并不会当然地导致腐败盛行。苏联在很长时间里没有遭遇腐败难题，而中国在毛泽东时代也享受着平均主义和贫穷主义相结合的低层次的政治清明，至今令许多人怀念不已。新加坡的人民行动党以压倒性多数长期执政，工人党和民主联盟势力非常小，实际上也是一党执政，但是，这个精英统治的国家是世界上最廉洁的国度。

迈过毛泽东时代，改革开放为中国带来了空前的经济繁荣，但是，吏治腐败和社会腐败也随之日益猖獗。时至今日，腐败问题已俨然成为困扰党和政府的重大政治难题，深受诟病，虽多方用力治理，但收效甚微。苏联在腐败的助力之下轰然瓦解，中国应当吸取教训，拨开经济繁荣的迷雾，揭开腐败的真相，深切治理，才能避免重蹈覆辙。解决腐败问题，考验着执政党的政治勇气和治国智慧。那么问题到底出在哪儿呢？以下试做浅析。

一、市场机制不够完善，竞争不够透明充分；政府与民争利，政府和企业内部缺乏民主、科学的决策机制和方法，公权干预经济活动的制度空间过大

凡吏治腐败的重大案件，均无一例外地出现在经济生活领域。腐败问题与经济活动本身的体制机制和方法问题纠结在一起。尤其是在经济和社会转型时期，计划体制并未完全退出历史舞台，市场体制尚未完全建立。在这个“中间过程”，掌握公共权力的人，凭借熟谙制度漏洞的不对称优势，利用计划体制和市场体制之间的缝隙，在国有企业改制、土地审批、工程建设、资源交易等涉及巨额资金的经济活动中大肆弄权、侵吞攫取，积累了令人不可思议的巨额财富，形成了“中间过程利益集团”。这些人既不喜欢纯粹的计划体制，因为没有“寻租”的空间；也不喜欢纯粹的市场体制，因为一切皆在阳光照耀之下，没有伸手的机会。回顾这些年发生的特大吏治腐败案件，绝大部分与这些人、这些事有关。

政企不分、政干企严重。政府依靠行政权力和数量庞大的国有企业与民争利，集权的特点在经济生活中随处可见。虽然市场经济体制已基本建立，但是计划经济的体制残留和文化残留在经济生活中还大量存在。政府保留了对大量经济事务的审批权和决策权，权力“寻租”空间巨大。而大量国有企业享有垄断的市场地位，仍然习惯于行政和计划的方法，不愿意参与市场的公开竞争。同时，在政府和国有企业内部，仍然没有建立有效制衡的治理结构和决策机制，有的沿用集权制的方法，搞“一言堂”；有的搞民主集中制，民主不足而集中有余；有的虽然引入了专家决策机制，但关键环节和重大问题仍取决于少数人的幕后推手。这不但扭曲了市场机制，还毒化了市

场空气和社会文化。

不仅在经济生活领域如此，在经济生活之外的其他领域亦然。法律对于公权的边界以及公权行使的程序没有严密的规定，导致公权的行使随意性过大，“寻租”空间广阔。涉及领导干部的案件多为大案、窝案，少则几人，多则几十人，甚至上百人，正是体制性腐败的见证。

二、惩治腐败的法律制度不健全；有法不依，违法不究，枉法裁判，渐成普遍现象

我国关于处罚公权腐败的制度，有效的应数《刑法》关于贪污贿赂犯罪的规定，以及关于破坏经济秩序罪、渎职罪的规定。应当说，从框架上看，现行《刑法》涵盖了贪腐犯罪的基本类型。但是，中国法制建设才刚刚开始，法律体系的构建仍然处于基础阶段。加上社会正处于转型时期，冗长的立法过程跟不上瞬息万变的社会现实，法律仍然是原则性的、抽象的，而不是具体描述式的。法律留下的漏洞，给执法者和司法者的自由裁量以极大的空间。立与不立、捕与不捕、诉与不诉、罚与不罚、罚轻罚重，法律上并不是总有确定的答案。当这样的法律遇上司法不独立的体制和司法腐败的空气的时候，其效力就可想而知了。

除了《刑法》之外，尚有各级党组织、政府和企业内部关于党员、公务员、国家工作人员违法、违纪、违规处分的各种规定。但是，就遏制腐败而言，效力低、手段软、效果差。

与惩戒制度的特点类同的还有许多关于官员管理、权力制约、罪错防范的行为规范。其内容大多如同政治口号与道德戒律，只是简单地规定了若干个不准。既没有提出判断行为正误的明确尺度，也没有为每一种不良行为规定对应的惩罚措施。这种语焉不详的制度，赋予了腐败者就其行为进行辩解的可能，它驱使熟悉制度的人规避制度，甚至反运用制度，较量的结果是腐败之风不断地在形式上智能化、隐蔽化，在法律的边缘和缝隙间游走自如。

与惩戒制度不健全相比，刑事司法的问题似乎更加明显。有些问题是制度瑕疵的逻辑结果，例如，由于法条对于罪状的描述过于抽象、刑罚幅度过宽，导致定罪量刑不统一，畸轻畸重现象非常严重，有损司法的公正性和打击效果；对于很多严重危害社会的实质犯罪行为，由于法律没有规定或者语焉不详，就只能“依法放纵”。

司法系统最严重的问题在于其自身也卷入腐败。一些司法官员有法不依、枉法裁判；有部分所谓律师大多也不过是居间撮合的职业掮客。某些时候，法庭审判不过是按照司法官员和律师早已设计好的结局所做的表演而已。权力和金钱强大到能够干预司法过程，司法系统在这个时候不仅不会起到对腐败正面抑制的作用，甚至干脆就臣服于权力和金钱，做了腐败的同谋，法律也就沦落为法庭上闲置的惊堂木或者是法院门口的石头狮子。

重大案件的泛政治化问题。近十年尤其是新的中央领导集体执政以来，对治理吏治腐败非常重视，顺应人心民情。但是，由于以下两个原因，这些反腐败行动并未收到预期的效果，民意的主流对政府的治吏行动也并未给予足够的正面评价：一是根据社会的经验，官员腐败是极其普遍的现象，但是受到追究的只是九牛之一毛，这说明，如果不是出于某种法律价值之外的需要，这些高级官员就不会进入司法的视野；二是中国法治文化尚未形成，民众尚未习惯于用法律的思维来评价政府的治吏行动。加上中国自古就有刑不上大夫的传统，我党执政后又有内部斗争的血的教训，当官员特别是高级官员受到法律追究之时，民众仍然习惯于从政治斗争的角度来理解政府的动作。社会对于政府反腐行动泛政治化的理解，致使政府的努力没有发挥应有的惩恶效应和与法律宣示作用。

三、社会监督渠道缺失

让公民监督政府及其官员的行为，对保证吏治廉洁具有特别重要的意义。但是这样的渠道在我们的社会中是缺失的，国家没有为公民监督政府和官员立法。政府如何处理公民举报的问题，如何保护举报人的合法权益，官员怠于追究被举报的违法者应当承担怎样的责任？在没有对这些问题作出制度安排以前，社会监督就不可能发挥实质作用。

但是，社会也看到，近些年来，公民的举报越来越受到纪检监察机关和司法机关的重视，大部分吏治腐败案件的线索来源于举报。尽管对举报的线索是否要展开调查不仅要根据线索的清晰程度，还要根据其他的不便言说的理由来作选择，但社会还是从中看到了希望，看到了党和政府决

心的一角。

媒体、理论界集体失语和误导，丧失社会良心。媒体和理论界部分丧失了揭露社会生活阴暗面的功能，不能使社会机体上的溃疡暴露在道德的阳光下。如果舆论被权力和金钱左右，它不仅不能起到道德同化的作用，相反有可能成为推动道德沦丧的工具，被用来欺骗法律和公众。这个时候舆论也开始腐败，广告式的新闻、牟利式的报道、“收人钱财，替人消灾”式的专家解读逐渐多起来。不管是出于什么样的原因，在腐败已经成为严重社会问题的今天，媒体和理论界放弃了自身的重要使命，对腐败形成气候是负有道德责任的。

四、社会信仰缺失，道德环境恶化，追求物质至上和享乐主义成为时尚，廉洁美德失宠

几千年的封建时代，很多文人志士曾经胸怀“修身、齐家、治国、平天下”的理想，但是，他们一旦投身到政治疆场，就在贪腐盛行的吏治浊流中脱胎换骨。历史和现实逻辑地、经验地说明，没有现代法治和民主，吏治腐败是必然的。人心是自私、逐利的，这就是现代法治和民主制度所依赖的最根本的人性哲学基础。任何指望依靠远大的政治理想来拯救现实人性的制度都是不切实际的。

文化信仰和政治观念本来就分属不同的概念体系。信仰是文化和道德的起点，而政治观念才是政治行为的起点。共产党人一开始就将共产主义政治观点提高到基本信仰的层次，在革命年代具有巨大的号召力。但是，当共产主义运动从革命阶段进入执政阶段以后，共产主义作为一种政治观念，应当及时从社会文化信仰的领地中脱身，让位于以追求社会和谐、民生幸福、长治久安为目标的社会信仰体系，而不是继续向社会灌输斗争与革命的理念，因为这种理念虽有助于推翻一种政权，但不利于现实社会的建设。现代西方资本主义运用经济支撑的话语霸权，在世界范围内逐步解构了处于实践困境的共产主义理念之后，西方式的自由、民主观念成了世界性的思想时尚。特别是苏东剧变，如十月革命，对信仰共产主义理想的中国人来说又一次送来了新的、巨大的冲击。苏东剧变加上对“文革”的反思，导致共产主义作为社会信仰开始动摇，社会逐渐步入信仰的真空地带。没有文化信仰的社会，人们只会顺从本能追求私欲，藐视制度和道德。而信仰和道德作为挡在制度前面的“防火墙”，对制度起着捍卫作用，突破了这道防线，制度和法律就面临着私欲魔鬼的直接冲击。

“五四运动”，尤其是我党“文革”前后二十几年的执政，摧毁了中国几千年的传统道德体系。改革开放后，“以经济建设为中心”替代了“以阶级斗争为纲”成为治国纲领，崇尚物质利益的观念在意识形态领域深深扎根。在全社会追求物质财富的同时，政府并未对社会精神生活进行必要的引导，致使拜金主义深入人心。人们一方面憎恨公权贪腐，另一方面追求贪腐的机会；憎恨之因不在于认为贪腐行为违法失德，而在于认为其于己不公。特别是那些在反文化传统的环境中成长起来的人，几乎彻底地摆脱了中国文化的历史传承。当他们掌握了社会的主要政治资源和经济资源，成为社会主流人群的时候，我们的社会就多了一些脱掉了理想和文化两件外衣的人。当没有道德约束，甚少文化追求的生活方式成为一种社会的常态甚至时尚时，社会行为失范成为必然。

我们不要害怕被人揭短。只有当腐败的伤口被暴露以后，它才有被治愈的可能。任何隐藏只会使创伤扩散，使细菌蔓延，最终只有截肢甚至死亡一途。当腐败随着经济增长而弥漫的时候，党、政府和社会治理腐败的决心也在逐步生长。我们已经看到，一个吏治清明的中国在人民的期待中已经露出地平线，东方大国的复兴梦想正在一步步变为灿烂的现实。

客户经理队伍建设存在的问题与建议

黑龙江省分行课题组

近年来，我行客户经理队伍建设取得了一定成绩，为促进业务发展作出了较大贡献。但是，队伍建设步伐距离战略愿景目标的要求还有较大差距，必须进一步加强客户经理队伍建设，提升市场竞争能力。

一、存在的主要问题

（一）总量不足，缺口较大

客户经理队伍规模严重不足，拥有客户经理数量与需要维护的目标客户数量不匹配，较大的客户经理需求量与队伍扩充速度难以匹配。

（二）结构不合理

从素质上看，学历平均水平不高，职称、职级比较低。从类别上看，基层行普遍缺少产品经理和风险经理。个别行产品经理为空白，其职责由营销客户经理履行，并无实际的风险经理和产品经理。从分布上看，大中城市客户经理集中，而市及以下单位相对缺乏。现有的客户经理队伍大都集中在市分行，远远满足不了各网点客户的需求。

（三）管理方式比较落后

没有遵循比较先进的“统一领导、分级管理、循序渐进、逐步实施”原则，推进客户经理队伍建设，以客户经理制为中心的服务体系以及相配套的人事激励约束机制、支持保障机制还需完善。

（四）运行模式不适应实际要求

客户经理按产品和部门分别设置，个人客户经理在个人金融部设立，公司客户经理在公司业务部设立。由于部门本身的各项工作，客户经理下网点和单位的时间不能有效保证，既使客户经理对客户的经营活动及各种信息不能及时掌握，也不能为客户适时提供有效的金融服务。而把各网点按数量或区域分配到各客户经理名下，客户经理队伍本身的人员数量有限，加之各客户经理都在二级分行部门设置，自身承担了部门的许多工作职责，从而在主观和客观上都造成了客户经理的职责不明晰。因此，对客户的细分和提供差别化服务并没有真正有效实施。

（五）后台支持前台的流程不完善

全行整体营销意识和联动机制还没有完全形成，一是客户维护工作没有形成全行各部门协同完成的局面；二是我行对客户的服务由多个部门分开经营，各自有业务范围和客户目标，潜在地形成了勤于本职、疏于沟通的情形，资源共享不够，导致信息流失沉淀、业务链断档；在激励机制上，对信息考核未能合理地体现价值化，削弱了信息资源共享主观积极因素，延误了攻关决策的良好时机，在全方位为客户服务上造成了环节和元素的缺失。

（六）缺乏系统性培训

由于接受的培训较少，因而造成客户经理经营手段的单一，经营方式多以销售型为主，与参与客户财富管理的要求相距较远，综合服务能力和经营素质欠缺。

（七）考核激励工作尚不到位

一是客户经理的收入与所从事的工作及贡献并不完全匹配，势必会影响客户经理对客户资源和客户需求市场进行调查、分析以及客户动态、动向信息的收集、反馈。二是由于各时期工作的侧重点不同，营销目标往往围绕不同时期的中心任务和重心工作，弱化了其他业务的协调统一，在某一时期计划任务和产品含金量的驱使下，常常把考核重点集中放在时点指标和重量级产品上，把注意力集中锁定在按不同业务量界定的“VIP”客户上，缺乏对全盘业务系统的、长效的、延续性的考核，客户经理充当的角色在很大程度上是产品推销员，而不是真正意义上的客户经理。

二、加强客户经理队伍建设的几点建议

第一，制订建设规划，健全客户经理信息库。

包括优化客户经理选拔机制、建立需求预测机制和健全客户经理信息库。

第二，改造管理模式，完善资源配置匹配机制。一是重新构建科学合理的运行机制；二是建立客户经理工作日志制度，加强客户经理日常客户维护和考核的效率；三是建立客户信息档案管理制度，包括客户的基本情况、客户业务分布情况、客户的业务量统计、客户的财务状况和客户价值计算；四是明确营销经理、风险经理、产品经理的分工；五是建立多层次的营销经营模式，增强对客户的高效服务能力。

第三，实行科学配置，优化客户经理队伍结构。一是建立客户经理与客户的配比关系，合理分配和使用客户资源；二是保持客户经理、产品经理和风险经理之间合适的比例；三是按不同地区和分支机构的数量配置客户经理；四是按不同经营管理职能的数量配置客户经理。

第四，完善考核体系，建立绩效挂钩分配机制。一是加强定性指标考核，保障客户战略实施。二是完善绩效考核与激励办法，加强定量指标考核的可操作性。三是实行动态考核机制，具体体现在三方面：其一，拉开工资收入档次的分配机制；其二，随绩效而变的等级升降机制；其三，吸收优秀人才的用人机制；其四，尽快研究开发适用的考核管理系统。

第五，构建培训的长效机制，提升客户经理综合能力。一是在培训理念上，要注重实用性为主，同时体现一定前瞻性。在培训资源上坚持“走出去”、“请进来”两条途径，充分利用好行内、行外两种资源。二是在培训方式上，既要举办各类培训班，也要坚持传统的“传帮带”，还要定期组织经验交流会，建立系统内客户经理队伍间的交流互访环境。三是在培训内容上，重点培训营销技巧、客户管理、财务分析、投资理财、商务礼仪、法律知识等方面的内容。四是在培训范围上，打破原有的专业界限，打通个贷和理财、机构和公司业务通道。五是在培训运作上，尽快形成业务主管部室提交需求、人力资源部具体牵头运作的培训新模式。

课题组组长　武连成

课题组成员　王玉明　李政峰　衡安忱

课题执笔人　王玉明

建设银行江苏省分行网点建设实施建议

江苏省分行　余莉莉

近年来，江苏省分行网点建设成效显著，但是在全新的业务领域和管理模式要求下，仍存在着不少差距：一是网点规划布局缺乏准确有效的调研分析；二是定位不明确，类型单一；三是产品服务功能滞后；四是考核激励机制不完善。针对这些问题，对今后网点建设提出以下建议。

一、加强市场调研分析

本活动包括收集金融产品的市场信息，分析银行的内部情况、客户需求动态，确定市场特征，估量市场潜力，分析市场占有率、长期的市场规划、短期的市场预测、外部环境，以及相关的各种要素的调研分析。由于影响网点设立的主要因素数据难以准确统计，市场信息不对称，因而很难用定量预测的方法对候选市场进行预测。可借鉴参考国外先进理论模型如关键因素法、商圈研究法和综合调研法等，结合客户意见调查法、专业人员判断法及专家意见调查法等方法进行综合分析，确定科学有效的调研分析数据，为规划、选址工作提供决策支持。

二、开展差异化的渠道建设

商业银行差异化的策略在网点建设管理方面的体现就是实施渠道功能的差异化，实现渠道成本价值最大化，以建立在运营和管理上的独特性和差异性，从而保持持久的竞争优势。商业银行网点业务功能重塑是对银行内部资源的一种重新优化。包括对网点、自助银行、网上银行、客户服务中心、理财队伍等在内的各种渠道进行全面规划，并且对各个渠道的功能进行差异化的定位。

三、科学、系统地进行网点运营规划

网点运营规划是指制定网点标准化运营制度，将目标客户、服务、产品、资产增长、员工、后勤需要以及网点物理空间之间的关系进一步形成标准化的营运管理制度，包括绩效考核、服务、销售行为及客户关系管理体系、培训、训练等。一个新的零售网点建立起来必须有一个完备、清晰的营运管理来支撑，当客户进入这个新型网点的时候，当客户需要跨区域金融服务的时候，网点中的引导区应识别这个有需求的客户，通过产品展示吸引客户进入销售区让理财经理做销售，使之成为本行的价值客户。

四、完善对网点建设成本管理配套措施

完善网点建设成本管理配套措施，实行严格的全过程的内控管理，建立重大财务投入事项责任人制度，建立项目实施共商机制。完善财务审核标准化建设，制定效益后续评价绩效评价办法，结合网点转型对全行网点建设投入财务审核标准进行完善与修订。在充分调研的基础上，对全行财富中心、个贷中心、公司业务转型的新组织形式建立绩效评价与资源配置指导意见。加强项目的后续评估考核，以投入—产出为衡量标准指引全行资源投入，体现主动安排与战略考虑，深化绩效评价模型，为财务资源投入决策提供有效支持。

浅析金融机构反洗钱工作的主要问题、难点及建议

云南省分行　杜素梅

20 世纪 80 年代以来，据有关组织粗略估计，全球每年洗钱的数额为 6 000 亿 ~ 15 000 亿美元，我国每年也有 2 000 亿元人民币左右。纵观我国反洗钱的历程，可以说经过三十余年的发展，我国已经基本建立起了反洗钱的体系，尤其是 2006 年 10 月《中华人民共和国反洗钱法》的出台，标志着我国反洗钱法律制度建设进入了一个历史性的发展阶段，但从整个社会的反洗钱现状来看，仍有许多亟待解决和完善的地方。

一、当前利用金融机构进行洗钱犯罪的趋势和主要形式

（一）利用现金进行洗钱

我国目前的信用环境和用卡环境虽较之从前已有很大改善，但仍然不尽如人意，尤其对于个人消费者而言，现金还是使用最多的方式。而我国现行的结算制度又仅仅主要是针对现金支取，现金的收存几乎不受限制，或者说是不受实质性的限制。更值得注意的是，当前我国银行业的竞争非常激烈，趋利性致使个别金融机构放松了现金管理，特别是在吸收存款时，调查资金来源的动力明显不足，既因为成本高收效低而不愿为之，又因为客户不配合而难以为之。

（二）利用支付结算体系进行洗钱

使用票据和转账结算是结算发展的趋势。大小额支付系统上线运行后，企业间除小额零星收支还采用现金结算外，其他基本都采用票据和转账的结算方式。而《公司法》修订后，注册各类企业及开立银行账户都较之从前更为容易，那些专门为转移资金而成立的公司或开立的账户屡见不鲜。加之近几年有关当局加大了大额现金的支取管理，因而通过基层金融机构的结算短期内转移巨额资金并使之形式上合法化，也就成了洗钱分子的另一主要方式。

（三）利用对公结算账户进行洗钱

此类方式很多，简要列举如下两种。

1. 设立空壳公司开立银行账户。有的是先捞钱后洗钱，即一些人员非法贪污受贿后，辞职下

海办公司，用新身份来解释其非法暴富；有的是边捞钱边洗钱，通过家属经商掩盖其黑钱来源；有的是连捞钱带洗钱，先创办私人企业，通过企业经济往来将黑钱转移到这些企业的账户上，并予以合法化。由于大量的现金存入银行容易引起怀疑，因此越来越多的洗钱者通过开办酒吧、宾馆、金银首饰店等现金收入较多的行业，再把通过勒索、赌博、走私等非法收入混入其营业收入，通过向税务部门申报纳税并经征税后，剩余的非法所得即变成了合法收入。

2. 非贸易结算和虚报贸易结算。利用境外公司签订假进口合同，以信用证支付将在境内犯罪所得赃款清洗到国外，或将国家和企业的资金洗成黑钱，从而中饱私囊。

（四）利用网上银行洗钱

网上银行既可以是传统银行的业务创新，也可以是在互联网上设立的虚拟金融机构，网上银行对客户及其交易的了解程度远不如传统银行，所以"了解你的客户"的原则较难得到有效落实，犯罪分子正是利用网上银行的这个弱点，大肆洗钱。特别是有些网上银行提供智能卡的现金"圈存"业务，更使洗钱分子得心应手。"圈存"业务的流程：客户先在网上银行开户，然后存入资金，同时可以申请智能卡，将客户在网上账户中的资金转入智能卡，然后客户就可以利用智能卡在网上交易支付，而不必再通过网上银行获得授权，这样银行就难以追踪客户资金使用情况，而犯罪分子能利用智能卡进行卡与卡、卡与户对转资金，进行拆零等洗钱交易。

洗钱分子还利用网上虚拟交易进行洗钱。先在网上开设一个网站提供网上购物服务，同时与银行签订协议，银行提供网上支付支持，同时第三方提供认证。然后通过在网站购物实现资金转移，实际上这个交易并没有发生，而只是实现了资金的转移。由于银行、网站和第三方并不一定在同一国家，因而信息交换不充分，同时洗钱分子对进行的交易进行刻意掩饰，所以利用网上虚拟交易进行洗钱通常较难发现，网上洗钱渐渐成为犯罪分子清洗不法收入的主要手段。

二、金融机构在反洗钱工作实践中存在的问题和难点

（一）客户身份识别和尽职调查的执行难度较大

众所周知，反洗钱工作的关键点在于"了解你的客户"，即对客户的经营状况、大额资金的来源及流向要有较为详细的了解。然而，就目前实际操作中的情况来看，难度较大，理由有两个：

一是现行的法律和规章制度中明显缺少金融机构客户身份识别的有力支撑。按照《反洗钱法》和《金融机构客户身份识别和客户身份资料及交易记录保存管理办法》的规定，金融机构应当对客户交易目的和交易性质的真实性进行识别，但却未赋予客户向金融机构如实告知交易背景的义务，甚至有的法律还明确规定客户在办理交易结算时不必向金融机构告知交易的真实背景。如《票据法》和《支付结算办法》的"无因性"原则即要求金融机构在一般情况下，只要客户出示的票据满足形式要件，就必须无条件付款，而不论票据交易的真实原因如何。若相关法律制度不作调整以改变金融机构和客户之间这种义务不对称的局面，一旦客户以法律作盾牌抵制金融机构的客户尽职调查，作为与客户处于平等法律地位的民事主体的金融机构显然缺乏要求客户提供相关资料的强制力，结果无疑会直接影响到金融机构反洗钱工作的深入有效开展。

二是同业间的不公平竞争可能致使严格遵照执行尽职调查的金融机构丢失优质客户和重要客户。由于当前业务经营竞争十分激烈，各家金融机构都在千方百计地争夺客户，因而个别基层金融机构为了不失去自己的客户，就可能在对客户进行身份识别、尽职调查时放松标准甚至不执行。时常会听到我行的临柜人员抱怨说，客户埋怨我们行的要求太过苛刻，人家某某行都没有这样要求，客户甚至动辄就以他行的做法为对比威胁着要转走账户、大额资金也不愿意再转入等。由于目前还缺乏切实可行的实时监督机制，各金融机构在执行法律制度的过程中又或多或少增加了自己的意愿，这样就极有可能挫伤那些真正严格执行反洗钱相关规定的机构的积极性。

（二）现行现金管理条例在实践操作中严重滞后

我国目前的现金管理法规依据主要是国务院1988年颁布的《现金暂行管理条例》及其实施细则，与实际操作中对现金管理的需求相比显然已经严重滞后。

一是部分规定已不符合实际情况，如关于现金管理的对象、现金基本账户、开户单位库存限额、现金结算起点等规定，对市场行为缺乏约束

力。目前企业超范围使用现金、隐瞒真实用途套取现金的行为较为普遍，这种现象势必导致临柜人员无法从用途上准确区分正常交易和可疑交易。虽然我行已经由总行开发了一套反洗钱可疑支付交易监测系统，也实行了总对总的及时报送，取得了一定的效果，但是一方面该系统仅主要针对可量化的可疑支付标准，另一方面其每天提取筛选出的可疑交易数量众多，导致临柜人员工作量激增，且面临着较为尴尬的两难局面：若是将筛出的所有交易都视做可疑交易上报，不但可能误报影响报告质量，还有防御性报告之嫌；但若仅将对客户日常的了解等主观判断作为依据就将筛出的可疑交易确认为非可疑，则又担心日后一旦判断失误出现洗钱问题而面临被倒查后担责的风险。

二是现行的法规对现金支取规定多，对现金缴存限制较少，虽然《人民币大额和可疑支付交易报告管理办法》对超过20万元的现金收付活动规定了金融机构必须向人民银行报告，但该办法并没有要求金融机构对客户缴存现金的来源进行严格审查，这将导致现金洗钱来源易被忽略。当然，如果只是一味要求金融机构去审查客户而又不赋予客户强制性的义务，则这种规定的可操作性势必会弱化。

三是对个人现金存取款没有明确的规定，《现金暂行管理条例》的管理对象是开户单位，不包括个人的现金管理，但是随着市场经济的发展、金融产品的不断创新，属于个人结算账户的产品从个人活期储蓄账户到各类借记卡、贷记卡、信用卡等多达几十种，目前已成为我国现金用量最大的一类金融产品。现行制度规定对单位账户提现审查较严，但对个人账户提现的限制较少，不利于监控个人账户可疑资金交易活动。

（三）反网络银行洗钱难

值得注意的是，由于网上银行具有开放性服务、资金转移高效便捷等特点，已日益成为反洗钱工作的难点。一是网络银行的环境不能有效地贯彻“了解你的客户”原则。当客户开设账户以后，按照网上银行的规则，客户只需通过互联网或者电话就能够方便地登录其账户，进行转账或其他交易活动。就算最初开立账户可以辨别客户的真实身份，但在以后的网络交易中，通过该账户进行交易的人可能不是最初开立账户的人。二是网络银行交易监测技术落后，缺乏完善的监控体系。网上银行因其无国界性，以电子方式进入银行账户可以跨越国界，资金流动无拘无束。而基层银行对网上交易缺乏资金交易监管的有效手段。跨区域、跨系统的资金交易难以得到有效的跟踪与监测。

（四）缺乏高素质的专业反洗钱人员，培训宣传力度还不够

当前洗钱活动的手段日趋复杂化、专业化和现代化，这就在客观上要求从事反洗钱工作的人员必须是具备涉及法律、结算、外汇、税务等相关知识的高素质的复合型人才，需要宽广的知识和丰富的经验才能对可疑支付交易数据进行精确分析、准确判断。或许省级及以上的机构还好，然而目前的基层金融机构由于人员紧张、任务繁重、业务压力大等现实因素，反洗钱工作在很大程度上多还只是停留在表面，深度和广度均有待进一步加强。尽管我行迄今为止已经制定了一系列反洗钱的相关规章制度，也开展了若干次涉及反洗钱多方面内容的培训，但我们的反洗钱工作人员尤其是柜面人员的反洗钱水平和能力还有待进一步提高，其综合素质距离相应要求还有很大差距。

三、进一步改进和完善金融机构反洗钱工作的建议

（一）进一步明确反洗钱参与各方的责、权、利

以法律等形式明确规定客户在办理大额交易等业务时应向金融机构履行如实告知的义务，否则将因不履行义务而承担相应的法律责任，以此来促使客户自觉接受、配合金融机构的客户尽职调查工作，从而解决金融机构和客户之间法律义务不对称的问题。

建议人民银行与公安部门进一步协调，改进目前运行的身份识别系统，改变系统与现实信息严重不一致的滞后现状，为金融机构身份识别提供必要的技术支持。最好能尽快停止易于伪造的第一代身份证的使用，为第二代身份证的识别配备相关仪器等，以解决柜面人员在识别客户有效身份证件时的诸多难题。当然，在赋予客户提供必要信息等强制义务的同时最好能引入利益机制，对反洗钱工作卓有成效的金融机构给予一定的经济补偿，以充分调动其积极性。

（二）尽快修订原《现金管理条例》或制定新的现金管理办法

修订后的《现金管理条例》或新出台的“现金管理办法”应将现金管理目标和反洗钱工作要求有机结合起来，其内容应涉及国有企业、集体企业、私营、外资等一切的经济单位和个人现金收支活动，重新规定现金的使用范围，调整现金结算起点，增加对个人、电子货币、金融工具创新方面的管理内容，尤其应增加要求客户在存入大额现金时提供大额现金的合法来源证明的内容，以便于金融机构在第一时间察觉洗钱端倪。同时，应注意采用现金存取并重的管理模式，改变我国目前现金管理片面强调现金支取而忽视现金缴存的做法，拓宽反洗钱监测渠道，逐步过渡到现金存取并重的管理模式。

（三）强化对网络银行的监控手段

一是完善与网络银行有关的法律和法规。为了使网络银行的发展有一个规范、明确的法律环境，立法机关要密切关注网络银行的最新发展和科技创新及其对金融业和反洗钱监管造成的影响。集中力量研究、制定与完善有关的法律法规，如电子加密法、电子证据法等。要明确定义电子交易各方消费者、商家、银行等的权利和义务，明确法律判决的依据，把采用安全措施和实施安全管理的原则规范化，并强制执行。当发现交易的网络用户身份不符时，应坚决禁止其交易发生。二是建立跨区域网上银行交易反洗钱业务监控系统和建立电子银行业务支付交易自动报告系统，使其能将所有符合“大额”、“可疑”标准的交易信息自动汇集到反洗钱监测分析中心，有效地遏制网络犯罪行为的发生。三是制定严格的网络交易和虚拟货币变动保存期限规定。可参照金融机构纸质交易记录保存管理办法，使网络产生的交易记录数据至少保存五年。四是注重专业技术人才的引进和培养，特别是要引进那些熟习网络交易管理和软件开发的技术人员，并紧跟网络业务日新月异的变化，及时培养专业人才，提高人民银行的反网络洗钱能力。

（四）大力开展反洗钱宣传教育和培训，提高反洗钱人员综合素质

建议由人民银行牵头进一步加大反洗钱在全社会范围内的宣传力度，营造良好的社会氛围，通过定期开展集中统一的宣传活动，并结合我市实际情况，经常性地开展形式多样的反洗钱宣传，以促进公众配合金融机构开展反洗钱工作。通过在全社会范围内加大反洗钱的宣传教育力度，使反洗钱活动深入人心，在得到所有企业和个人的普遍认同后进而使之成为人们自觉遵守的一项准则。

三、产品与服务品牌

基于B2B的"网络银行"新模式

——浙江省分行创新解决中小企业融资难的成功实践

浙江省分行　王叶毅

当前，我国的B2B市场处于高速增长时期，电子商务不断深入到社会经济的各个方面。电子商务企业的核心业务流程、财务管理、客户关系管理等逐渐延伸至网络，综合性B2B门户网站的垄断地位被打破，体现行业化与区域化特色的专业平台赢得了新的发展空间。电子商务平台正由单一的信息、交易中介向对产业链、供应链进行深度整合的方向加速发展，围绕物流、资金流、信息流提供全方位的服务。这种新的专业化分工为银行将传统金融服务延伸到网络经济领域提供了难得的机遇。

一、网络银行的概念

所谓网络银行，是指将物理银行与网络经济相结合的新型银行运营模式。它突破了网络银行仅作为特定服务渠道的局限，利用网络科技手段，创新银行产品和服务模式，拓展新兴金融市场和新的客户群体，实现渠道网络化、流程网络化、管理网络化和服务网络化，并为银行创造新的利润增长点。网络银行的目标客户包括从事电子商务的大型企业、中小企业和个人。

二、银行与电子商务平台合作拓展网络银行业务的模式

在电子商务运营过程中，对资金流各环节提供服务是银行的优势。不论从效率、风险控制还是监管来看，银企合作远比电子商务平台独自开办网络银行相关业务更为可行。

（一）基于B2B平台的批量运营模式

在这种模式下，银行和电子商务平台在客户资源、信息采集、风险控制等环节进行合作。银行从B2B平台批量获取客户资源，为平台提供个性化服务，并为平台上的客户提供自动化、批量化、集中化服务。B2B平台必须满足四个条件：客户资源充沛、监控能力强大、技术保障完备、合作意愿强烈。该模式是"长尾"理论在金融服务领域的应用，目标客户为"二八"中"八"的部分，客户数量庞大，单户需求较小，在物理银行模式下，经营这些客户或相关业务很难盈利，但网络银行通过规模化运作则可以获得可观收益。实力较强的综合型B2B平台和具有一定影响力的行业细分型电子商务平台可以成为银行的合作对象。

（二）基于物流、资金流、信息流集成平台的接入运营模式

在这种模式下，银行、B2B平台和物流企业共同构建集成平台，共同提供服务、共享全部客户、共同实现盈利。该模式要求B2B平台有很强的信息流、物流管理和监控能力，建立平台诚信机制和违约处罚机制。各种类型B2B在线交易平台可以成为银行的合作对象。与第一种模式相比，银行对电子商务平台客户的信

息流、资金流和物流的控制更为彻底，而且往往具有较强的违约事后控制能力，因此风险控制力更强，银行可以把复杂的信贷业务设计成简单的标准化产品。

（三）基于行业交融与合作的产业链模式

在这种模式下，电子商务平台以及其他参与方与银行合作，打造新型的网络银行产业链，实现互利共赢，但前提是凡涉及监管要求、须持照经营的业务必须由银行来完成。该模式具体包括两层内容：一是银行通过对客户、产品、渠道的整合，建立独立于物理银行外的网络银行；二是网络银行与电子商务平台等外部机构合作，共同打造网络银行产业链。

第一层次要求银行建立全新的网络银行架构，重点解决四个问题：一是根据电子商务客户的需求特点，重新对客户资源进行分类整合；二是整合传统金融产品，同时研发物理银行无法经营但可以满足网络银行客户的新型需求的产品和服务；三是大力发展计算机网络、3G终端、数字电视等新渠道，并使银行服务系统与其有效连通；四是建立科学、合理、便于操作的利益分配机制，消解因客户分流而使网络银行与物理银行之间出现的矛盾。

为满足第二层次的要求，银行必须适应网络银行高效、便捷和低成本的特点，进行业务流程再造。在网络银行产业链中，有很多管理和技术上的环节银行自身根本无法做到，或者虽然银行可以做到，但是其他企业或机构可以做得更好或者花费的成本更少。在这种情况下，银行应尝试将相关环节的工作外包给更为专业和擅长的企业和机构，以实现多方共赢。因此，在网络银行产业链中，除了银行和各类B2B平台外，还可以包括银行同业，担保、保险、投资银行、信托等金融同业，水、电、通信等基础设施部门，税务、海关等政府部门，各类征信机构、各类咨询机构等（见图1）。完整的产业链不仅可以降低银行的经营成本，提高银行的服务效率，并为电子商务平台或其他合作机构增加稳定的收入来源，而且客户也能因平台的总服务成本降低而以更低廉的价格享受到更为全面、优质的服务。

综合起来看，以上三种模式均要求银行加快内部变革和创新，关键是必须具备开放的制度体系、较强的科技开发能力、成熟的网络银行操作平台和适应电子商务经营要求的专业人才。

三、以网络银行创新解决中小企业融资难的成功实践

浙江省是我国中小企业最为活跃的地区，其中蕴藏着丰富的金融资源。长期以来，社会各界都把缓解中小企业融资难的问题寄希望于建立政府担保机构、信用机构，设立政策性中小企业银行等办法和措施，却忽略了技术变革的因素。建设银行浙江省分行则另辟蹊径，依靠银行模式创新发展中小企业业务，并于2007年2月首倡网络银行。

（一）网络银行的推出过程

浙江省分行首选与阿里巴巴公司合作，共同开拓网络银行业务。阿里巴巴平台注册用户达3 800万个，多数为中小企业，据调查，注册用户中90%有信贷需求，且有需求的用户70%没有得到满足，最主要的原因是无法提供担保抵押。如果这一问题得到解决，银行就可以拥有1 915万个潜在客户，如果每个客户贷款10万元，那么潜在贷款需求就达19 150亿元。即使只做10%的优质份额，除贷款业务量1 915亿元外，还能带动大量的其他产品和业务的发展。

为做好网络银行的起步工作，浙江省分行从2007年开始，先后往返北京、厦门、广州、上海100余次，与合作方谈判90余次，实地调研客户300余个，网上调研客户2 000余个，调研省内区域市场30余个，涉及市场商户10万余个。同时，举办客户经理培训30余次，参训客户经理达1 500余人次；举办大型客户推介会20余次，参加推介客户1 000余户。经过8个月的准备，经总行批复，浙江省分行于2007年10月开始试点推出网络银行业务。

（二）网络银行的主要创新点

由于无先例可循，在探索网络银行的实践中，分行对传统的制度、流程和信贷文化等进行了大胆的突破和创新，具体可以用“四个创新、八个突破”来概括。

四个创新：一是理论创新。浙江省分行一开始就非常重视理论对实践的指导作用，专门组织开展了网络银行创新理论研究，创造性地提出并系统论证了自动化批量、接入和融合三种网络银行发展模式，形成“创新发展网络银行业务的思考与实践”的研究成果，提交总行领导并在建设银行报发表。二是制度创新。浙江省分行建立了

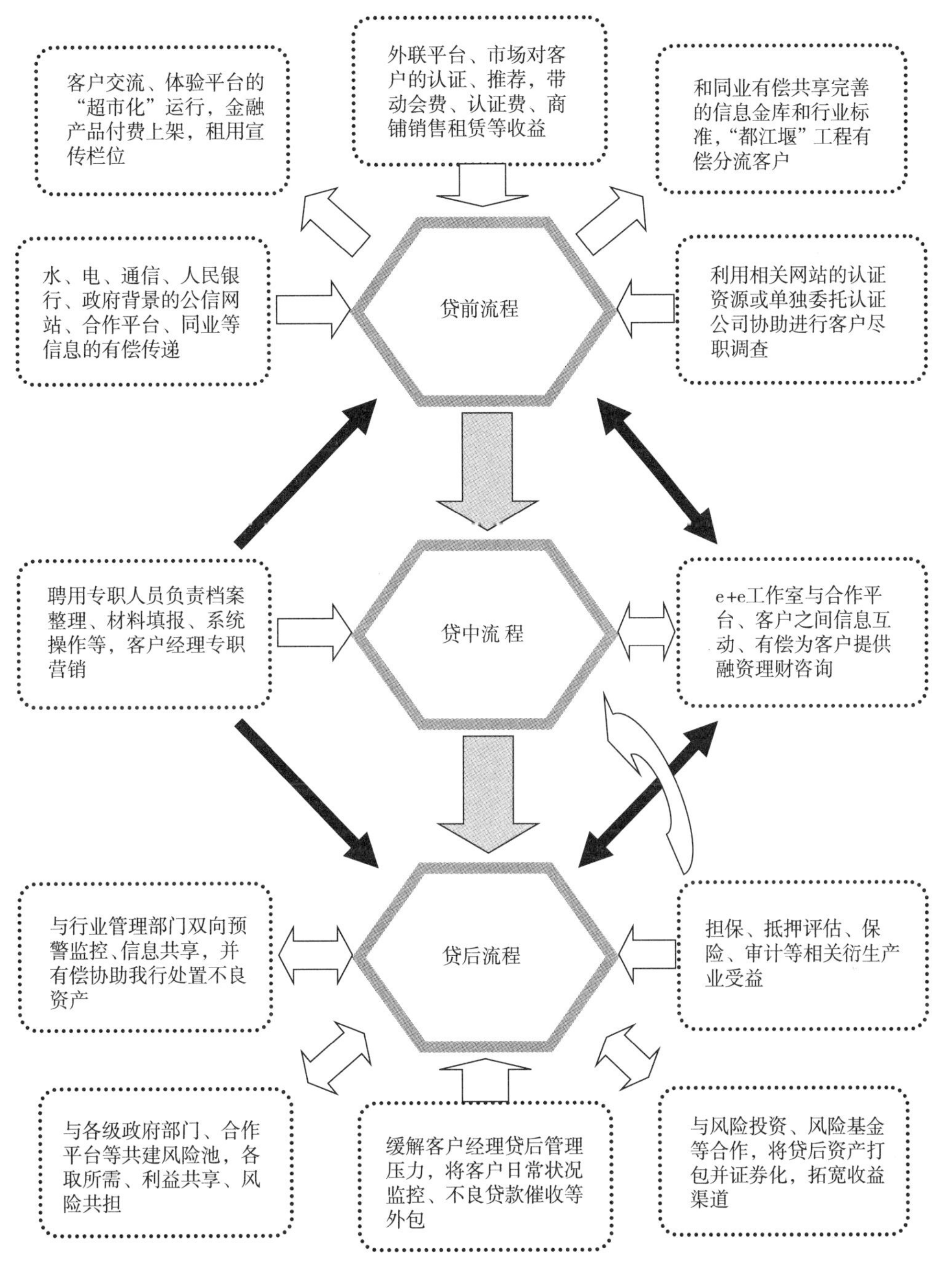

图 1 网络银行产业链构想

由 42 个文件组成的制度体系，使网络银行由设想阶段发展到规范化、制度化的实际操作阶段。三是产品创新。浙江省分行专门研发了三个网络银行产品——网络联贷联保业务、网络大买家供应商融资业务和网络速贷通业务。四是组织创新。浙江省分行专门组建了全国首个网络银行业务部，培养了一支既熟悉银行业务又熟悉网络经济的专业队伍。

八个突破：一是新的业务发展模式和经营模式。网络银行引入了网络平台分销、聚集、管理功能，并引入客户自我约束和相互约束功能，同一客户、同一业务信贷流程由不同机构合作完成。二是新的客户评价办法。浙江省分行将网络商务信用纳入客户评价指标体系，创建了“e”系列客户评级评价办法。三是新的审批流程。在对公信贷业务流程系统中开辟了专门审批通道。四是新的贷后管理模式。通过引入网络平台参与，以“网络公示”和“终止服务”手段提高违约成本；通过引入客户参与，以客户互控缓解银行与借款人的信息不对称问题。五是新的保全模式。浙江省分行与阿里巴巴公司共建“风险池”，专门用于弥补可能出现的信贷损失。六是新的会计科目。

经总行同意，专门增设了“e贷通”会计核算科目。七是新的客户识别标准。“网络商户”、“注册用户”、“网络信誉”等虚拟经济元素首次成为客户分类和准入标准。八是新的操作模式。开发完成了“网络银行系统”，使信贷业务实现全流程网络化、集中化操作。

（三）网络银行的特点

一是“能让客户做的事情尽量让客户做”。网络信贷流程中的客户报名、联保体组建、信息填报、合同申请、合同签订、贷款支用和归还申请等均为自助环节，这是国内首创。在联贷联保业务风险控制中，还引入了客户互控。

二是“能让系统做的事情尽量让系统做”。浙江省分行与总行厦门、上海开发中心和广州电子银行研发中心通力合作15个月，相继上线7个版本，开发完成了“网络银行系统”，并打通了与对公信贷流程系统、核心数据系统CCBS、建设银行网络银行、短信平台、优质客户系统、合作网站平台六大系统的链接，实现了网上申请贷款、网上签订合同、网上支用、网上还款、放款中心集中放款和还款、初步信息测伪六大创新功能，大大提高了银行的服务效率。网络银行业务从申请至放款，一般5天即可完成，而传统中小企业业务需要20天左右。

三是“能集中做的事情尽量集中做”。网络银行系统建立了集中化的信贷操作模式，客户申请、初选准入、业务核准、评级审批、放款还款全部集中，客户营销、贷后管理部分集中，各环节间实现全流程网络化衔接。

四是有效地控制信贷风险。网络银行组建的“风险池”运作良好，并已拓展到地方政府合作层面。目前，浙江省政府和各地市政府累计出资额已超过1亿元。网络银行还与外界征信平台合作，不仅与人民银行征信系统对接，还与浙江省区域信用平台“信用浙江”实现对接。

五是创造了较高的综合收益。网络信贷的执行利率比基准利率平均上浮20%，另外加收1%的中间业务收入。客户单户覆盖5类产品，其中100%安装了网络银行高级版，并衍生了大量的个人金融服务。

四、发展网络银行的积极成效

网络银行业务推出后，累计已有13 427个客户报名，累计完成5 046个客户信息交互。截至2008年底，已累计向533个中小企业发放了12.4亿元贷款，贷款余额达10.7亿元，市场占比超过90%，不良额、不良率均为零，创造了良好的经济效益和社会效益。

（一）走出了一条缓解中小企业融资难的新路子

借助网络商务平台，政府、银行、中小企业、征信部门等机构在一个有效模式下相互合作，使中小企业融资难问题得到了明显缓解。在获贷企业中，小型企业（年销售收入500万～3 000万元）占87%，其中多数无法达到传统银行信贷的最低准入标准。同时，获贷企业的行业分布与浙江中小企业行业分布契合度较高，纺织等前十大行业占比为61%，这些行业受金融危机冲击严重，网络银行有力地帮助它们渡过了难关。

（二）使大型银行摆脱人力束缚、建立发展中小企业业务的新模式

做好中小企业业务是银行调整业务结构、实现科学发展的内在要求。在传统银行模式下，一个客户经理最多服务20～30个信贷客户，当面对成千上万有需求的中小企业时，银行受人力成本约束，无法有效扩大服务范围。而一旦盲目投放，贷后管理往往难以跟上，资产质量会失去可靠保障。网络银行模式成功地解决了这些问题，为银行科学发展中小企业业务，妥善处理好信贷资产安全性、流动性、盈利性之间的关系，做到风险与收益平衡，提供了行之有效的现实途径。

（三）得到了各级政府和监管部门的充分肯定以及媒体的高度评价

2008年12月18日，温家宝总理对建设银行总行呈送的《大银行怎样服务小企业——建设银行努力创新小企业金融服务模式基本情况》（其中有一部分专门介绍网络银行创新）作出了加强宣传交流的重要批示。浙江省常务副省长陈敏尔对网络银行评价：“这是一件新事、大事、好事。”上海、苏州等地方政府均表示希望尽快在本地区开展网络银行业务。人民银行、银监会在专题调研后也给予了充分肯定，浙江银监局的评价是“推动网银业务革命性变革”。新华社、《人民日报》、中央电视台等60余家媒体进行了专门报道，并给予了高度评价。

北京市分行私人银行业务模式

北京市分行

2008 年 7 月 16 日，坐落于北京新保利大厦二层的建设银行北京市分行私人银行正式成立，成为建设银行首家挂牌开业的私人银行。

私人银行恪守“以心相交、成其久远”的品牌承诺，面向北京地区金融资产超过 1 000 万元的高净值客户，由高素质的私人银行顾问与专家团队设计个性化、综合化、“一揽子”的金融服务方案和金融产品组合，为客户财富的聚集、管理、保值、增值提供“量身定制”的现代私人银行金融服务。截至 2008 年底，私人银行的日均资产千万元以上的签约客户达 231 名，管理的客户金融资产达 49 亿元。

一、创建背景

随着我国经济的高速发展，国内居民的财产性收入迅速增长，高净值客户群体的规模日益壮大。目前，中国持有 100 万美元以上流动资金的个人已达 35 万人，预计到 2009 年中国大陆富裕阶层拥有的资产将达到 2.3 万亿元。从建设银行的数据看，也有力地印证了这一发展趋势，从 2007 年 4 月到 2008 年 4 月，建设银行金融资产达 300 万元以上的高端客户数量增长了 225%，其中金融资产达 1 000 万元以上的高净值客户数量也实现了翻番。

伴随个人财富的积累，高净值客户的金融需求不断升级。原来以个人支付结算、存贷款等为主要内容的传统银行业务，以简单个人金融产品销售为主要内容的个人理财业务，已经不能满足这部分客户的需求。高净值客户希望银行提供个性化、综合化、“一揽子”的金融解决方案，对他们的财富进行整体安排、统筹管理，实现财富的保值、增值。

高净值客户是建设银行最为宝贵的客户资源，总行领导始终高度关注针对高净值客户的业务发展。在全行财富管理业务取得一定经验、客户规模实现一定积累以及理财市场快速发展等外部环境逐渐成熟的情况下，总行决定在北京、上海、广东、深圳 4 个经济比较发达、客户资源比较集中的地区先行推出私人银行，为在建设银行金融资产超过 1 000 万元的客户提供以资产管理为核心，个性化、“量身定制”的私人银行金融服务。

二、部门概况

（一）发展过程

2005 年 6 月，北京市分行在个人金融部内成立了二级部——财富管理中心，专司北京市分行金融资产达到 300 万元以上高端客户的维护和拓展。经过两年多的发展，北辰财富管理中心、华贸财富管理中心和主语城财富管理中心于 2007 年 9 月至 12 月相继成立。在此基础上，2008 年 7 月 16 日，北京市分行财富管理与私人银行部正式成立，同时隶属于北京市分行财富管理与私人银行部的私人银行也正式挂牌。财富管理与私人银行部 2008 年累计销售理财产品超过 20 亿元，创造中间业务收入1 732万元。

（二）经营模式

作为北京市分行财富管理与私人银行部下属的两个并行经营机构，新成立的私人银行与财富管理中心分工合作、一体经营。在客户管理上，对原有客户资源进行了重新分层，私人银行负责维护资产量在1 000 万元以上的顶端客户，而 4 家财富管理中心负责维护资产量在 300 万 ~ 1 000 万元的高端客户。在技术支持上，组建了财富顾问团队（产品团队）和市场运营团队，对私人银行和财富中心的业务开展提供全方位的后台支持。在业务模式上，坚持私人银行、财富中心与所辖支行三级联动。三方分工明确、发挥各自优势、共同服务客户。

（三）精干的团队

按照美国银行高端客户关系管理项目的要求，

私人银行组建了由一名团队主管、一名财富顾问、三名客户经理和一名客户经理助理组成的精英团队。团队成员均通过分行系统公开竞聘选拔，平均年龄三十岁，不仅具备 AFP、CFP 等金融理财师资格，接受过专业的私人银行培训，而且都有多年的高端客户财富管理经验，屡获嘉奖。财富顾问王汝成是建设银行十大杰出青年之一、全国“五一”劳动奖章和全国金融“五一”劳动奖章获得者。客户经理王岩被评为北京市总行最佳理财服务明星。客户经理吴雪征被评为北京市分行十佳客户经理。在21世纪金融理财论坛暨第二届“金贝奖”2008年度金融理财评选中，建设银行北京市分行的私人银行团队荣获“2008年度优秀私人银行团队”大奖。

三、先进的管理

（一）高端客户关系管理项目

按照美国银行高端客户关系管理项目要求，将科学化、标准化的服务流程体系引入私人银行。项目应用标准化的工具和模板，建立起一套统一、规范的客户获取、销售、服务和管理流程，明确了岗位分工和人员职责，实现了日常工作的精细化管理。先进管理模式的引入，提高了私人银行客户管理工作的质量和效率，无论是新增签约客户数量，还是签约客户 AUM 余额都实现了翻倍增长，客户经理服务客户的时间占比也大幅提高，由31.43%提高至67.53%。

（二）100强客户监控

建立了100强客户监控制度。每月对高端客户资产量和 AUM 余额进行前100强排名，对客户资产和 AUM 值的变动原因进行分析归类，在第一时间掌握客户资产异动情况，及时制订处理方案，最大限度地保留和挖潜客户资源。

（三）风险管理

按照总、分行要求，针对业务特性，特别是客户信息保密、客户风险评估等方面的特殊要求，建章建制、规范管理。坚持对场所建设、交易操作、产品销售、客户服务等关键环节的风险隐患进行定期排查，提出相应的防控措施和改进要求，并多次联合主管部门开展自查，严控风险。

四、特色服务

（一）专属产品

2008年11月，私人银行自主设计推出了一款200万元高起点、向私人银行客户定向销售的准专户理财产品——建设银行“财富四号三期”，由建信基金管理公司作为投资顾问，向股票、债券等资本市场方向投资。该产品为高端客户专属设计，仓位配置灵活，追求绝对收益，采用超额业绩分享机制。产品的专属性还体现在产品投资期内，通过定期组织投资报告会，为客户提供与基金经理直接交流、沟通的机会，使客户及时了解运作情况及产品投资策略。这种通过搭建与第三方机构合作的开放式产品平台，根据市场环境适时推出私人银行专属产品的产品创新模式，不仅为北京市分行带来了4 300万元的产品销售业绩，也使客户在随后市场转暖的情况下获得了稳健、丰厚的投资回报，实现了客户利益与建设银行利益的双赢。

（二）私人银行客户俱乐部

在前期细致的需求调研以及和相关合作机构多次沟通的基础上，私人银行推出了特色服务——“私人银行客户俱乐部”。通过精选俱乐部活动主题，为客户搭建针对某个领域深度合作的互动交流平台，充分利用私人银行强大的资源互补优势。首期活动主题为“经济危机下的中小企业股权投融资策略”，受邀客户均为中小企业的所有者，涉及教育、能源、外贸等多个领域。“股权投融资”话题的探讨，很好地迎合了这部分客户希望借助私募股权方式为企业进行投融资的迫切需求，收到了良好的效果。

（三）专享活动

2008年推出“博学汇”私人银行会员专享活动，以收藏鉴赏、子女教育、移民留学、健康养生为主题，组织开展近20场主题沙龙活动，丰富了私人银行会员的专享服务。此外，还携手四家财富管理中心，举办“融财有道”、“中外名家”、“金融之旅”等数十场专家讲座和主题营销活动。

（四）增值服务

私人银行不仅致力于帮助客户实现财富的保值、增值，而且注重对高端客户的健康关爱和尊重礼遇，为高端客户提供机场贵宾、异地漫游、贵宾体检、国际紧急救援等个性化、高品质的非金融增值服务。2008年，私人银行共为客户提供了80人次的高端体检服务，20人次的首都机场贵宾服务。

（五）独立交易

按照总行要求，2008年8月22日，私人银行在总行系统首家正式启用独立营业机构号，设立DCC交易平台，实现了私人银行客户的专享交易服务。利用独立营业机构号，2008年私人银行进行了“财富四号三期”、“首都机场信托贷款”等多期财富系列产品的销售，累计销售74笔，销售总额达2.136亿元。

五、综合性金融平台

通过与行内其他部门和国内同业机构建立良好的合作互动关系，私人银行着力为客户搭建一个融合传统银行业务、投资银行、保险、金融法律、财税顾问等多个领域的综合性金融服务平台，以充实私人银行的核心服务内涵，提升对个人高端客户的综合服务能力。

银行业务方面，与分行信用卡中心配合，建立了私人银行客户信用卡专属推荐流程，在为私营企业主和公司高管类客户提供个人金融服务的同时，推荐我行的中小企业、投资银行等服务，拓展交叉营销和利润提升空间。

金融法律方面，与君合律师事务所签订了为期一年的合作协议，为私人银行客户提供法律顾问咨询服务。目前已有十几名客户使用了该项服务，并有客户表达了与该家律师事务所签订长期法律服务协议的意向。

投资银行方面，与建银国际等专业机构深入合作，由建银国际定期为客户提供融资项目产品包。不仅满足了高端客户的特定需求，得到了客户的高度认可，而且吸引了丰富的行外资源，带来了可观的中间业务收入，其中某位客户在建设银行的实际可控资产高达3亿元。

小额农户贷款业务

——赢得垦区农户信赖的金字品牌

黑龙江省分行

2008年下半年以来，建设银行黑龙江省分行结合地域特点，经过深入的市场调查，研发创新了小额农户贷款业务。该产品于2008年12月11日获总行业务主管部门批准试点，12月30日在黑龙江省农垦总局所属的东部四个分局同时启动试点工作，并于2009年1月16日实现首笔投放。由于该产品适应了备耕农时需要，抢抓了有利时机，因而受到农垦机构的积极支持和垦区农户的热烈欢迎，贷款投放比较迅速，试点成效开始显现。

一、小额农户贷款产品的诞生

黑龙江垦区是我国现代化农业的龙头，是国家批准的现代化农业试验区，拥有省内60%以上的优质耕地，具有巨大的土地资源和农业生产规模优势，被确定为国家商品粮生产基地。近年来，随着国家“三农”政策的深入实施，垦区农业经济发展不断向好，经济效益逐年提高。2007年实现年生产总值372亿元，增长13.2%，增速连续4年超过13%；人均生产总值22 945元，增长12.4%；粮食种植规模和产出连续4年创历史新高。垦区生产经营的迅速发展，伴随着巨大的资金运转量，对金融业务的需求也与日俱增，呼唤着更多、更好的金融服务。

黑龙江省农垦总局是省分行重点客户，黑龙江省分行与农垦总局及其相关企业在对公业务方面一直保持着良好的合作关系。农垦总局下设9个分局、115个农场，黑龙江省分行在其农业现代化程度较高的东部地区红兴隆、建三江、牡丹江、宝泉岭4个农垦分局设有4个农垦专业支行和20个分理处，但资产业务范围主要是传统对公业务，在支农个人信贷业务方面，黑龙江省分行尚未涉足。

2008年10月，黑龙江省分行住房金融与个人信贷部按照黑龙江省分行发展战略的要求，着手研究创新支农个人信贷产品课题，组织相关分行开展市场调研，基本判断为在农垦总局系统发展农户贷款的条件比较成熟，发展前景良好。以农垦建三江分局为例，农垦区域实行农场职工承包土地种植，以农场职工的家庭为基本核算单位，农场实行种植品种、育种、土壤检测、肥料配比、大型农机具管理、抗灾害管理等的高度集中管理，生产规模化、种田科学化、管理集约化程度高，抗灾能力强，农业生产连续6年大丰收。加之国家粮食保收购，农户收入稳定增长，生活有了很大改善，种粮积极性高涨。由于粮食生产季节性的特点，备耕时期需要集中投入，对农户贷款的需求旺盛，但截至调查之时，仅有农村信用社、哈尔滨银行两家金融机构在垦区广泛开展了农户贷款业务，且业务覆盖区域有限，贷款利率上浮普遍高达50%以上，服务效率不高；农业银行虽有成形产品，但受改制影响，在垦区的业务刚起步。据金融同业近3年农户贷款的统计数据显示，建三江等区域2007年投放量为7.42亿元，2008年投放量达到18.85亿元，不良率低、资产质量好，有旺盛的客户需求和良好的发展前景。

在充分调研论证的基础上，2008年12月初，黑龙江省分行研究制定了《黑龙江垦区小额农户贷款业务暂行办法》，提出在黑龙江农垦总局条件较好、分行网点较多的东部四局试点开办小额农户贷款业务的意见，正式向总行上报了《关于开办黑龙江垦区小额农户贷款业务的请示》（建黑报〔2008〕614号），并派出人员专题向总行业务主管部门汇报了情况，得到总行业务主管部门的认可。2008年12月11日，总行业务主管部门正式下达了同意分行试点开办小额农户贷款业务的批复，黑龙江省分行立即着手进行产品创新试点工作的启动策划和落实工作。

2008年12月27日，黑龙江省分行召开行长办公会议，审议并通过了《黑龙江垦区小额农户贷款业务实施方案》，确定在小额农户贷款产品起步阶段要大力扶持，并提出规范起步、快速拓展、跟踪完善、确保试点成功的要求。

二、小额农户贷款产品的特色

小额农户贷款是针对黑龙江省农垦系统设计的，为解决农户从事农业种植所需投入的生产流动资金贷款产品，贷款对象主要是承包土地、从事农业种植生产的农垦系统职工或农户。小额农户贷款业务主要是满足农户春季备耕所需资金，具有季节性强的特点，如果错过了备耕时节，即使是再好的金融产品，也很难取得有效的市场份额。为研发出适合垦区特点、具有市场竞争力的优势产品，黑龙江省分行坚持以市场为导向、以客户为中心，在反复调研的基础上，推出了具有以下特点的上市试点产品。

优选农户。确定借款农户的资质，必须是农垦系统的职工或持有在本地长期居住证明的农户，且必须持有农垦系统出具的有效土地承包证明文件，并限定承包土地的面积在百亩以上，具有两年及以上农业生产经验，在农场无拖欠挂账、无不良信用记录、无黄赌毒等不良行为。

多户联保。鉴于垦区农户居住的房产一般价值较低，仅采取抵押担保难以有效打开市场的实际情况，产品主要采用“多户联保”担保方式，由4~6户农户自愿组成符合联保条件的联保团体，互相承担连带责任保证，联保户借款可以为零，但必须符合借款人资质条件。同时还确定了财产抵押担保、担保公司第三方连带责任保证担保的条件，为农户提供了多种选择空间。并规定，借款人必须投保农业自然灾害保险。

额度限制。规定贷款额度不超过所承包土地种植成本的40%（相当于四层按揭），且单户贷款最高额为20万元，“四户联保”团体贷款总额不超过40万元，“五户或六户联保”团体贷款总额不超过50万元。

利率适中。鉴于农垦区域现有的农户贷款价格情况，并考虑到国家的惠农政策以及黑龙江省分行经办业务管理半径长、投放人力多等成本覆盖的经营需要，为保持适度的市场竞争力，黑龙江省分行确定贷款利率执行基准利率上浮10%~30%，由各试点二级分行视情况掌握。

期限灵活。鉴于农业生产的季节性特点以及农产品实现销售回款的时间差因素，确定借款期限最长为14个月，到期一次还本付息。借款期限与土地承包合同在同一个农业生产周期的，可不要求日期一致。对于因实现了农产品销售而提前还款的，不执行利率处罚。

手续简便。为适合垦区农户借款的需求特点，黑龙江省分行认真研究设计了简明规范的借款合同文本、借款人申报材料及办理手续，使之既符合信贷管理的基本要求，又适应垦区市场的实际情况。并在业务操作上，组建小型工作团队，在坚持与借款人面谈、面签的基础上，实行流水化作业，有效地提高了业务处理的速度，方便了农户办理。

三、新产品投放市场初步效果

分行小额农户贷款产品在当地金融同业中独树“服务优质、操作规范、价格合理、便利农户”的旗帜，引起了良好的社会反响，得以在新产品上市之初就迅速树立起分行支农产品的优质品牌，在若干金融同业已经营了数年的同类产品市场中，短时间内确立了竞争优势，初步收到了良好的效果，并显示出了更好的发展前景。

（一）农户响应热烈，市场需求旺盛

黑龙江省分行小额农户贷款产品一经投放市场，就得到了当地广大农户的热烈响应，农户对比金融同业的同类产品，普遍对黑龙江省分行的产品和服务表示认可，对黑龙江省分行作为国有大型银行的支农举措和良好的社会信誉表示赞许。在2009年2～4月的投放高峰期，经办网点客户盈门，咨询和递交申请的客户络绎不绝。为提高贷款审查质量和保证服务效率，黑龙江省分行的工作人员不得不连续加班到深夜。广大农户的认可，是对黑龙江省分行小额农户贷款试点项目优劣的最好鉴定。

（二）农垦系统支持，政府领导称赞

黑龙江省分行小额农户贷款业务的迅速推出，解决了垦区部分农户“贷款难”的问题，为农户春耕生产提供了资金支持，得到了省农垦总局及其所属农场的高度评价和积极支持，扭转了当地建设银行只办存款、不办农户贷款的“储蓄银行”形象。农垦北大荒网站以“准备春耕有点难，惠农政策送温暖”为题，对分行小额农户贷款产品进行了专题报道，树立起分行承担社会责任、支持“三农”发展的良好社会形象。小额农户贷款的投放也有力地支持了黑龙江省的“千亿斤粮食工程”，彰显了建设银行对国家重大发展建设项目的金融支柱作用，受到省政府有关领导同志的赞许和好评。

（三）引来同业效仿，显现引领效应

由于黑龙江省分行的小额农户贷款产品在设计上关注农户需求，顺应垦区特点，注重服务品质和抗风险能力，一经投放市场，便一石激起千重浪，市场表现出奇制胜。特别是黑龙江省分行产品在宣传声势、服务品质、流程操作、办理效率等方面，有着明显的比较优势，在价格方面也具有一定的优势和惠农形象，吸引了大批客户，引起垦区金融同业的高度关注。年后当地金融同业纷纷调整产品政策，加大营销宣传力度，效仿起黑龙江省分行的做法，同时也推出了一些新措施。但综观垦区小额农户贷款市场，黑龙江省分行的产品和服务起到了市场的主导作用，显现出建设银行金融服务的品牌效应。

（四）改善业务结构，激发创业激情

长期以来，由于发展政策的限制，分行设在垦区的各支行贷款业务逐年萎缩，存贷比例严重失调，经济效益日益下滑，既有的存款业务也逐步丧失竞争力，生存面临严峻挑战。试办小额农户贷款业务不足两个月，垦区各支行存贷比由3.65%迅速提升到13.69%，增加了近10个百分点，贷款余额提高了近4倍，存贷结构得到明显改善，对提高市场竞争力和增加经营效益作用十分明显。小额农户贷款产品的推开，同时带动了分行多项个人金融产品的联动营销，6个垦区支行个人存款大幅增长，借记卡发卡量激增。垦区各行借机积极选择和拓展大型种子、化肥、农药销售公司洽谈业务，发展信用卡商户，促进农户资金在分行内部形成资金流转，这也将对于促进垦区各行银行卡和收单业务的发展、拉动中间业务的增长起到积极的促进作用。通过小额农户贷款业务，还将为分行挖掘、拓展个人中高端客户提供备选客户资源，促进个人理财等金融产品的销售，推动个人金融业务的全面发展。更为可贵的是，垦区各支行的广大干部员工在创新产品、开拓市场的过程中看到了发展的希望，焕发出了旺盛的敬业激情，展现出了奋发进取的良好精神风貌。

着力创新　优化流程
促进小企业业务快速健康发展

——江苏省分行镇江小企业业务模式试点经验

江苏省分行

按照总行的战略部署，江苏省分行承担了建设银行小企业业务模式试点工作。在总行的直接领导和关心支持下，江苏省分行与专家团队通力合作，将国际先进理念、方法、工具与当地实际情况相结合，不断吸收与完善，已初步形成具有建设银行特色的镇江小企业业务模式，并取得了明显成效。截至2008年末，江苏省分行小企业贷款余额达208.79亿元，比年初新增54.59亿元，增幅达35%。其中，参与模式试点的镇江分行小企业贷款余额达到25.73亿元，比年初新增13.72亿元，增幅达114%。

一、试点工作取得的成效

2007年10月，江苏省分行在镇江正式启动小企业业务模式试点工作，历经项目构建、试点准备和落地试点三个阶段，于2008年6月1日开始试点运行。试点的镇江分行小企业业务在业务发展速度、营销服务能力、业务效率、风险控制能力、市场竞争力、客户满意度等方面取得了“六个提升”。

一是业务发展速度大提升。2008年末，镇江分行有信贷余额的小企业客户数为494户，比年初增加190户，增幅为62.5%；小企业非贴现贷款客户为368户，比年初新增123户，小企业客户占比达57.32%，比年初提高了9.47个百分点；小企业贷款（含贴现）余额达25.73亿元，比年初新增13.72亿元，相当于上年全年新增的2.34倍，其中非贴现贷款余额24.26亿元，比年初新增13.44亿元，贴现贷款余额1.47亿元，比年初新增0.28亿元；小企业贷款余额占比达21.36%，比年初提高了9.15个百分点，新增额在当地同业排名第一；小企业表外业务余额为6.97亿元，较年初新增5.11亿元，增幅达275%。

二是营销服务能力大提升。试点以来，镇江分行共营销非贴现小企业贷款客户165户，非贴现贷款客户净新增82户；销售团队人均新增客户3.9户，比试点前增加2.62户，人均服务客户17.52户，比试点前增加10.2户，服务能力提升了1.4倍。

三是业务效率大提升。试点以来，小企业贷款从受理到审批结束平均时间为5.7个工作日，比试点前缩短了5.2个工作日，办理效率提高了近1倍。

四是风险控制能力大提升。一是高信用等级优质客户占比达到了78.9%，比试点前提高6.4个百分点；二是存量客户结构得到优化，2008年共回收小企业非贴现贷款客户131户，非贴现贷款金额达3.53亿元，实现清户93户，金额为3.04亿元，部分回收38户，金额为0.49亿元，其中主动回收0.86亿元；三是实现不良“双降”，小企业不良贷款额为1 957万元，比年初下降952万元，不良率为0.76%，比年初下降1.66个百分点。

五是市场竞争力大提升。镇江分行小企业贷款余额占当地四大银行的比例为34.42%，比试点前提高了20.7个百分点，小企业贷款新增在四大银行中排名第一。

六是客户满意度大提升。根据小企业的抽样调查，试点后客户信贷满足度高达94.2%，比试点前提高了14个百分点；服务效率满意度为92.6%，比试点前提高了12.5 %；产品满意度为91.3%，比试点前提高了21.2%。

二、试点工作的主要做法

江苏省分行在镇江模式试点过程中引进了国际先进的小企业技术和管理工具，在组织架构、业务流程、对外宣传、客户营销、风险控制、资源配置六个方面进行了一系列有益的探索，并取得了积极的成效，实现了“六个进一步”。

（一）在组织架构上，实行准事业部制管理，进一步贴近市场和客户

江苏省分行在镇江成立的中小企业中心，下设市场客户部（22人）、信贷业务部（9人）、品质管理部（3人）三个部门。其中，市场客户部按区域设置6个钻石销售团队，负责专业营销；信贷管理部下设受理、评级、信贷审批、信贷执行、早期预警、委婉回收、信用恢复、硬回收等岗位，承担“信贷工厂”职责；品质管理部设立营销规划岗、产品设计岗和合规防骗岗/品质管理岗，负责市场分析、客户筛选和产品开发。

上述岗位及人员设置根据小企业业务流程进行定岗、定职，减少了内部管理层级，提高了对市场的反应能力，满足了客户对时效的要求，实现了从市场调研、客户名单收集、客户开发、受理审批、贷款发放、贷后管理、客户服务、产品支持等“一站式”服务。

（二）在业务流程上，采取标准化作业，进一步提高工作效率

江苏省分行在试点工作中，将小企业业务流程划分为“营销、销售、业务申报、审批、支用、客户维护、贷后管理”七道工序，强调专人专岗和业务流程端对端操作，对与客户接触的关键点和内部管理主要环节编制信贷业务标准作业手册和业务流程图，并设计了效率监控表，不断优化流程和提高工作效率。

（三）在对外宣传上，充分依托政府和媒体平台，进一步提升品牌知名度

江苏省分行以镇江模式试点为平台，通过开展宣传和营销活动，大大提高了建设银行在当地的知名度、影响力、竞争力。

1. 在已有“成长之路”、“速贷通”品牌优势的基础上，抓住政府、监管部门在当前形势下十分重视解决中小企业融资难问题的有利机会，做好镇江模式和品牌的宣传、推介工作。

2. 积极与当地经贸委、中小企业局等政府部门开展多种营销活动，借助中小企业主管部门及服务中心平台，加强与中小企业的直接对接，提高营销针对性和成功率。

（四）在客户营销上，采取多层次主动营销，进一步提高销售成功率

1. 树立主动营销的经营管理理念，高度重视营销规划和目标客户筛选工作。一是通过当地政府部门和行业协会等各种渠道了解小企业发展的状况，做好小企业市场细分工作；二是对多渠道收集的客户名单进行初步筛选，建立目标客户库；三是通过制定下发《小企业业务行业和客户筛选管理办法》，明确了目标行业、中性行业、禁入行业；四是通过从行业筛选确定目标市场，到客户筛选建立目标客户信息库，再到成功进行具体客户和产品销售，提高了工作效率和成功率。

2. 发挥客户经理团队的优势，进一步提高新客户拓展和存量客户交叉销售能力。各团队定期制订详细的销售计划，定期召开团队例会，分析并研究工作进展、存在的问题和下一步工作计划，确保目标任务能顺利实现。

3. 通过制定考核办法和明确业务营销重点，调动行部营销工作积极性，充分发挥团队和行部的联动营销机制作用。

4. 将试点分行各营业网点作为业务拓展的触角，提升行部、营业网点的业务推荐、支持保障作用。

（五）在风险控制上，实施动态、集中、专业化管理，进一步优化资产质量

镇江模式的贷后管理有四个特点：一是强调动态控制，小企业贷后管理的流程以早期预警为起点，动态监测客户经营变化，及时发现并了解客户风险变化；二是将小企业贷后管理纳入信贷业务部贷后管理小组，进行集中管理；三是强调专业分工，针对小企业的风险特征和行为模式专门设置了早期预警、软回收、信用恢复等岗位共同进行贷后管理工作；四是强调科学预警，及时合理地调整指标体系。

针对当前宏观经济状况，试点分行11月对87户销售、结算出现大幅下滑预警客户展开现场勘察，并对其中4户下调了风险分类等级；12月，试点分行对300多户小企业贷款客户开展了“回头看”工作和风险排查。

（六）在资源配置上，实行准条线化垂直考核，进一步调动全员积极性

通过制定专门的小企业考核办法，在财务资源上予以倾斜，充分调动各方面的工作积极性。一是对试点分行中小企业中心进行单独考核，中心负责考核各团队和人员；二是销售团队重点考核贷款新增额、新增客户数、中间业务收入三项指标，并将资产质量作为减项纳入考核，与销售团队和贷后管理团队相挂钩；三是充分发挥联动营销机制，团队完成的业务指标同时作为所在支行完成的指标，并由试点分行按销售团队绩效工资的30%对支行进行联动奖励。

三、试点工作的体会

（一）总行的正确决策与领导是试点成功的前提

郭树清董事长、张建国行长多次对江苏省分行镇江小企业业务模式试点作出重要指示，明确了江苏省分行的行动方向，坚定了做好试点工作的信心和决心。顾京圃总监，公司业务部、战略协助项目办公室领导多次莅临现场调研指导，帮助解决疑难问题，给予了关键性的政策支持。

（二）强化执行、立足创新是试点成功的动力

江苏省分行坚决贯彻总行指示要求，较强的执行力和创新意识促进了试点工作的顺利进行。在试点过程中，江苏省分行主要负责人多次现场办公，解决问题。江苏省分行还根据战略投资者提供的专门的小企业技术，结合当地实际情况，对其进行了优化改良，如调整完善风险预警指标、新设小企业客户关系管理系统、扩展客户收集渠道和客户开发模式、创新小企业中心与基层支行的双线绩效考核管理等，有效地提高了镇江模式的市场适应度和可操作性。

（三）顺势而为、加强宣传是试点成功的有效手段

近年来，中小企业的发展得到了政府有关部门以及社会各界的广泛关注。镇江模式作为小企业业务专业化经营的具体体现，能有效帮助小企业走出融资难困境，符合国家支持小企业发展的经济金融政策导向，符合监管部门关于建立小企业金融服务专营机构、大力推进小企业业务专业化运作的要求，符合当前市场经营发展的客观需要。江苏省分行在试点工作中十分注重借助当地政府、监管部门和新闻媒体的力量，加强品牌宣传，有力地提升了镇江模式的知名度和市场竞争力，受到中小企业客户的广泛欢迎。

互保金贷款助民营企业腾飞

深圳市分行　单清勇

中小企业融资难是国内普遍存在又亟待破解的难题。2006 年，深圳市分行借鉴孟加拉国乡村银行小额贷款经验，在国内率先推出“联贷联保”的贷款模式，已经成为目前中小企业贷款的主流模式之一。2008 年深圳市分行与深圳市政府合作，推出的互保金贷款业务是破解中小企业融资难的又一次重要创新。

一、产品创新的背景

深圳市有中小企业28 万多家，其中90%是民营企业。民营经济约占深圳市国民生产总值的30%，却产生了深圳市近60%的财政收入。如何更好地扶持民营经济，促进深圳市民营经济的发展，一直是政府和银行共同面临的主要课题。扶持民营经济，促进民营经济的发展，首先必须解决民营企业融资难问题。

如何把政府信用引入民营企业融资之中，创造新的中小企业贷款模式就成为政府和银行共同探索的任务。由此，一个由企业自助互保金加政府补偿金作为增信手段的民营领军企业互保金贷款创意应运而生，并由深圳市分行会同深圳市财政局和深圳市总商会共同承担了这一产品创新课题，研究深圳市重点民营企业贷款风险补偿创新模式产品实施方案。深圳市分行开发了新的授信产品互保金贷款，总商会设立互保金管理委员会牵头召集民营企业筹集企业互保金，政府配套等额的风险补偿金，作为民营企业向建设银行中长期融资的补偿和增信。这一新的授信品种，为政府补偿金和企业互保金量身定制授信方案。同时，明确了以入选深圳市重点民营企业池企业为授信对象，以企业缴纳互保金作为贷款的前提条件。2008 年 7 月 30 日，在中国建设银行行长张建国、副行长范一飞和深圳市领导的共同见证下，建设银行深圳市分行与市民营企业互保金管委会在深圳五洲宾馆举行了互保金贷款签约仪式。在签约仪式上共有 20 家重点民营企业与深圳市分行签署了 12.3 亿元的互保金贷款合作意向书。

二、产品主要特点

互保金贷款这一模式构建了重点民营企业中长期贷款信用平台与补偿机制，鼓励金融机构向重点民营企业提供大额中长期贷款，并为此成立“重点民营企业池”。

（一）期限相对较长

一是固定资产贷款，3 ~5 年期，包括基本建设贷款和技术改造贷款。二是提供中长期流动资金贷款，3 年期。企业在建设银行信用评级 AA 级（含）以上的，可以给予信用方式贷款，企业在建设银行信用评级 A 级（含）以上的，必须提供30%抵押或担保。

（二）企业互保增信

互保金类似于国外政府推行的“共同基金”(Mutual Found)，将若干个企业捆绑在一块，增加信用度，减少银行机构的贷款风险。经互保金管委会认定的重点民营企业，缴纳贷款金额的3%作为互保金进行互保，首期筹集企业互保金为10亿元。该产品引入了“增信”的概念，把不是担保、胜似担保的风险覆盖措施落到了实处。

（三）政府风险补偿

把政府对民营企业的扶持转为增信和风险补偿，首期拨付风险补偿金为10亿元。互保金贷款风险补偿实行“总额控制、政府审批、比例分担”的原则。当发生垫付而互保金已全部代偿但仍不足时，由政府风险补偿资金和银行按比例分摊。政府风险补偿的范围为互保金尚未代偿的逾期贷款本金及利息，政府和银行的分担比例各为50%。

三、社会和商业意义

民营企业互保金贷款是建设银行与政府合作破解中小企业融资难的重大金融创新，创造了社会、企业和银行“三赢”的局面，具有重要的社会和商业价值。

（一）社会意义

2008年以来，受全球金融危机的影响，我国对外贸易持续下滑，以外向型经济为主的沿海地区经济发展面临着前所未有的挑战，民营企业的经营更是雪上加霜。民营企业互保金贷款的推出，对缓解民营企业融资难、抗击全球金融危机、稳定社会经济发展和就业水平极具探索价值和现实意义。

民营企业互保金贷款的推出为破解中小企业融资难又找到了一条新的路径，并在增信和风险补偿上有重大创新，既是银证合作扶持民营企业的具体举措，也是银行与政府紧密配合，利用金融和财政等经济手段引导产业结构调整升级的重要方式，在国内具有重要的示范推广意义。互保金贷款一经推出即引起全国各地的强烈关注，《光明日报》、《金融时报》等国内40多家媒体先后进行了专题报道，该产品的创新理念和模式正逐步在杭州、厦门、长沙、无锡、成都、东莞、江门、西安、太原等国内十几个市得以推广借鉴。

（二）商业意义

截至2008年底，已经有66家重点民营企业通过互保金模式获得贷款41亿元的支持，对它们战胜金融危机的影响、抢抓机遇加快发展具有十分积极的商业意义。全国知名的黄金首饰加工企业——深圳市百泰珠宝公司，计划2008年底将零售专店扩展为200家，因上亿元的资金缺口计划面临搁浅。2008年7月30日，该公司通过深圳市分行的“互保金”贷款获得6 000万元的资金支持，很大程度上缓解了企业的资金困难。在深圳市政府互保金贷款座谈会上，与会的民营企业家纷纷表示，互保金贷款有效地降低了民营企业的融资门槛，减少了贷款抵押物，解决了民营企业中长期贷款问题，更成为企业间相互学习、相互帮助的平台，有利于企业突破发展瓶颈、提高综合实力。

作为互保金贷款的开发行、牵头行和首期合作行，深圳市分行将履行社会责任和追求商业利益有机地结合起来，积极协调整个互保金贷款规模，动员帮助后加入的合作银行开展业务，为深圳市企业获得更大的发展提供了强大的资金支持和良好的金融服务。2008年又有浦东发展银行等5家商业银行加入互保金贷款的行列，有244家企业加入重点民营企业池。

在积极履行社会责任的同时，深圳市分行也获得了显著的创新效益。一是企业互保金和风险补偿金全部存放深圳市分行。二是2008年共向38家民营企业发放贷款28.9亿元，占全部互保金贷款发放额的80%；实现利息收入1 734万元，带来中间业务收入867万元。三是借助在互保金平台上的优势，为营销优质民营企业、优化客户结构提供了一个很好的切入点。四是获得了政府、企业和社会的好评，取得了良好的品牌效应。

（三）发展展望

深圳市分行作为互保金贷款的牵头行，在承担继续完善贷款规程的同时，也将继续创新推出互保金黄金租借业务，以保持在互保金领域中的绝对优势地位，提升在民营企业中的品牌效应。

鉴于互保金贷款发展的巨大潜力，深圳市政府和总商会已初步形成共识，将逐步增加互保金和风险补偿金的规模，预计未来5年互保金贷款规模将达到1 000亿元。互保金是非常务实、极具实用价值的新产品，为民营企业开拓了发展空间，相信未来几年深圳民营经济一定会如鸟翔天、如鱼入渊。

星力龙卡，成功品牌的秘诀

贵州省分行星力龙卡创意营销团队

2007年8月，贵州省分行联合贵阳星力百货集团有限责任公司（以下简称星力集团）发行了省内第一张百货类双币种联名信用卡——星力龙卡。截至2008年12月31日，贵州省分行累计发行星力龙卡37 091张，占贵州省分行总客户数的36%；实现消费交易额18 876万元，账户活动率为51.24%；贷款余额为3 047.79万元，不良贷款率为0.72%；卡均消费额接近全行卡均消费额的4倍，活动卡卡均消费额接近全行活动卡卡均消费额的6倍，创造发卡收入160万元以上。

星力龙卡成为成功品牌的秘诀有以下几点。

一、设计思路贴近市场

2007年初，贵州省分行提出了清晰的“划分区域、精选客户、创新产品、拓展渠道”，“通过百货类联名卡锁定女性，通过汽车卡营销高消费男性，通过休闲旅游卡吸引时尚爱玩的年轻人，通过与省内最优企业的合作拉开同业距离，提升品牌影响力”的产品设计思路。选择省内最大的百货公司——星力集团合作发行“联名卡”。

二、营销程序有条不紊

第一，成立省分行直销团队，由单一的网点营销发展到上门、电话、驻点等多渠道营销，“多管齐下”；第二，创新管理制度，建立直销人员“早晚会”制度，完善激励约束机制；第三，创新审批流程，通过建立“核查数据库”保证办卡真实性，严控信用卡风险，切实提高发卡效率；第四，积极配合总行“预审批”系统上线，充分挖掘网点销售能力，将星力龙卡作为网点主推的产品之一。

三、营销注重细节创新

第一，在营销设计上侧重“促发”与“促刷”相结合。贵州省分行联合星力百货策划开展了“刷‘星’08之三八特别好礼、周周有礼、层层好礼、刷卡惊喜”和“POS机分期新体验”等一系列营销活动，仅星力龙卡这一产品，就实现了日均消费额从2月的36 580元上升到7月的62 894元，增长幅度达71.94%，最终使贵州省分行提前两个月完成了全年消费额KPI指标，账户活动率居全国第七位。第二，在业务创新上注重“效益”和“效率”相结合。贵州省分行成功地将星力百货各大卖场内建设银行商户收单系统（240台左右POS机设备）直接与星力百货MIS收银系统（即MIS－POS机系统）连接，不仅实现了星力龙卡的“二卡合一”，同时大大提高了刷卡交易速度，节省了刷卡设备和耗材。2007年6月该系统上线后，下半年商户交易额明显大幅提升，较上半年增幅为440%；收单收入较上半年增长40倍。2008年比2007年全年商户交易额增长162%，收单收入增长45.35%。

挖掘客户需求，以创新谋发展

——贵州省分行创新推出个人住房公积金“置合贷”

贵州省分行房金部 王 红

近年来，贵州省分行加快个人住房贷款产品创新步伐，创新推出的个人住房公积金“置合贷”特色产品不仅为客户节省了利息支出，还实现了房地产开发商销售资金的快速回款，满足了客户的个性化需求。由于“置合贷”与市场需求的契合度较高，因而一经推出便成为贵州省分行在市场竞争中出奇制胜的又一利器。

一、“置合贷”推出的背景

近年来，同业均把个人住房贷款作为战略性业务来发展。面对白热化的市场竞争，需要贵州省分行创新同业短时间内无法复制的特色产品去赢得客户、占领市场。凭借与公积金管理中心多年的良好合作关系，以及公积金个人住房贷款利率低，为客户首选的产品特征，贵州省分行确定把公积金个人住房贷款作为介入非项目贷款楼盘竞争的切入点。

但是，相对于自营性贷款来说，公积金个人住房贷款办理环节较多，时间要求相对较长，贷款到位时间常常超过购房合同上约定的付款时间，这样，意味着客户将面临承担违约金的风险。对于购房客户来说，面临两难的选择：要么为满足购房合同约定时间办理完贷款，则必须放弃申请公积金个人住房贷款而选择放款速度相对较快的自营性个人住房贷款，但必须多付利息；要么选择在办理自营性个人住房贷款后再通过担保公司承担阶段性担保置换成个人住房公积金贷款，这样不仅操作程序麻烦，而且需要承担担保费，两者都不是理想的选择。而对于资金紧张的房地产开发商来说，能否实现快速回款，已经成为按揭楼盘竞争取得胜利的焦点。

对于符合个人住房公积金贷款及商业性个人住房贷款条件的客户，贵州省分行已有一款成熟产品——“组合贷款”，这款产品可以同时对借款人发放公积金个人住房贷款和自营性个人住房贷款，但是，自营性个人住房贷款放款快的优势未得到充分体现，难以满足房地产开发商快速回款的要求。在作了大量市场调研以后，贵州省分行拟改变这种传统的操作方式，将其改变为先银行自营性贷款，后公积金贷款置换的组合贷款方式，以客户为中心推出适销对路的个贷创新产品。

二、“置合贷”研发过程

（一）产品研发论证

一个很偶然的机会，贵州省分行得知同业有一款叫公积金个人住房“搭桥贷”的产品信息，于是立即派人前往学习取经，虽然该产品并不能完全解决燃眉之急，但“搭桥贷”先银行商业贷款，后公积金贷款置换，两种贷款不同步发放的方式给了贵州省分行灵感。公积金个人住房“搭桥贷”是对满足公积金贷款条件的客户先发放自营性个人住房贷款，待1个月后，公积金管理中心审批完成，再用公积金个人住房贷款全额置换自营性个人住房贷款。该产品虽然满足了快速放款的需求，但仍有不少问题需要解决。

1. 抵押担保问题。由于公积金个人住房“搭桥贷”采用一般的抵押方式，因而对自营性个人住房贷款及公积金个人住房贷款需分别办理抵押担保，客户在1个月后将自营性个人住房贷款置换为公积金个人住房贷款时需担保公司提供阶段性担保，客户需负担担保费用。因此，必须在抵押担保上有所创新突破，在确保风险可控的前提下减少第三方担保所产生的担保费用。无数创新产品的成功案例告诉我们，只有让客户得到实惠的产品才有生命力，才能提高客户的满意度。

2. 置换的金额、时间问题。公积金个人住房“搭桥贷”是全额置换，且自营性个人住房贷款的发放时间只有1个月，由于发放时间太短，单从利息收入来看，就是“赔本赚吆喝”的买卖，因此，寻找到建设银行、公积金管理中心、购房客户、房地产开发商都能接受的结合点，实现多赢的目标，成为贵州省分行要解决的首要问题。

3. 适用客户范围。公积金个人住房“搭桥贷”只适用于满足公积金个人住房贷款的客户，能否将客户适用范围扩大、扩大的分寸如何把握，这些都决定着贵州省分行推出的特色产品受众面的广阔度，只有市场覆盖率、客户使用率高的产品才会具有规模效应。

4. 个贷系统操作流程。贵州省分行个贷系统所提供的强有力的科技支撑，是产品创新的保障，系统录入程序的流畅简洁、系统对担保物关联的处理等也是产品创新成败的关键，需要总行个贷系统项目组提供系统优化的支持。对自营性个人住房贷款与公积金个人住房贷款抵押率的确定也是困扰贵州省分行的问题之一。

（二）解决问题的办法和思路

面对这些问题、难点，贵州省分行多次召开专题会议对新产品推出的可行性、实施方案集思广益，由会计部、审批部、保全部、合规部等派出业务骨干成立产品研发团队，找寻解决问题的办法和思路。

1. 引入“最高额抵押”担保。根据《担保法》，对借款人以其所购住房设定“最高额抵押”的，对贷款有效期间内发生的全部债务担保。贵州省分行决定引入“最高额抵押”担保方式，以借款人所购房屋设定最高抵押额度，该额度是借款人所购房屋担保债权的最高额，对该额度项下的公积金个人住房贷款和商业性个人住房贷款同时提供担保，当借款人达到公积金个人住房贷款条件，发放公积金贷款置换自营性个人贷款时，不再需要引入担保公司进行阶段性担保。引入“最高额抵押”担保方式后，不但简化了操作程序，还为客户节省了一笔担保费用，而且系统对担保物的管理更加简便。

“最高额抵押”担保方式的引入，是“置合贷”产品创新的关键点和亮点。对于此抵押担保方式，由于贵州省产权部门尚未办理过，为消除政府管理部门的顾虑，贵州省分行认真研习相关法律法规，用通俗易懂的话语向相关政府管理部进行营销推介，经过不懈的努力，终于取得了相关部门的支持，同意设定“最高额”抵押担保方式，攻克了产品创新道路中的第一道难关，使接下来的工作少走弯路，打破了公积金置换贷款必须由担保公司担保的惯例。

2. 置换额度、置换时间的确定。公积金管理中心从自身利益出发要求全额、尽快置换。如何合理确定自营性个人住房贷款的比例及公积金贷款的发放时间，最大限度地提高贵州省分行贷款的收益率，在两者契合度的把握上，作了大量分析测试，鉴于住房公积金“置合贷”的操作手续较自营性个人住房贷款复杂，如公积金贷款全额较快冲还自营性贷款，将使贵州省分行贷款收益出现较大幅度下降，因此，贵州省分行在与当地公积金中心的协商中，争取最大限度地提高自营性贷款在置换贷款中的比例，尽量延长置换时间。在与公积金管理中心的谈判中，贵州省分行以自营性贷款发放后贷款余额每月都在变动，不好估算公积金贷款额度为由，要求双方制定一个置换比例。经过多次磋商，根据盈亏平衡测试情况，终于找到双方认可的契合点——公积金贷款置换自营性贷款的比例原则上不得超过总贷款的70%，自营性贷款部分不低于30%，在置换时间的把握上，明确一般在自营性贷款发放6个月后才能置换为个人住房公积金贷款。

3. 扩大客户范围，保留增值空间。为增加产品市场覆盖率和客户使用率，贵州省分行在与公积金管理中心沟通协商后，将客户适用范围扩大延伸，使其生命力更加强大。

第一，因刚参加工作，缴交住房公积金时间不足6个月暂时不能办理公积金个人住房贷款的客户；由于所在单位脱缴、欠缴住房公积金而暂时不能办理公积金个人住房的客户；单位尚未办理住房公积金开户工作而暂时不能办理公积金个人住房的客户；等等，通过申请“置合贷”使暂时没有公积金贷款资格的客户保留了申请公积金贷款的机会，不会因为申请了自营性个人住房贷款而失去享受公积金个人住房贷款优惠利率的权利。

第二，“置合贷”的快速放款优势，对于资金紧张的房地产开发商来说，能够实现售房款快速回笼的目标；对于购房者来说，不仅可以享受公积金贷款优惠利率，而且还有可能从房地产开发商那里得到一定的购房优惠。

第三，由于各地产权部门政策执行的差异性，有的公积金管理中心对期房不办理公积金贷款，客户可通过办理“置合贷”，保留享受公积金个人住房贷款优惠利率的权利。

4. 优化 A + P 系统。在创新产品的基本模式定下来后，贵州省分行将关注的重点转到 A + P 系统优化上，系统能否实现产品需求，在此问题上得到了总行房金部、A + P 系统项目组的大力支持，为新产品的顺利推出，对 A + P 系统进行了多次优化，使之能适应新产品的操作。

为使系统操作简洁、清晰、适应产品特征，贵州省分行主要对发放公积金冲还自营性贷款环节、置换后抵押物关联信息的变更等环节进行了优化。

在对抵押率的确定上，贵州省分行考虑依据组合商业性贷款的抵押担保率及组合公积金的贷款金额反算组合公积金贷款的抵押担保金额（组合公积金贷款担保金额 = 组合公积金贷款金额/组合商业性贷款担保率）。

例如，贷款担保物价值为 80 万元，申请“置合贷”金额为 50 万元，先期全额申请商业性贷款金额为 50 万元，担保率为 62.5%。公积金中心审批通过用于置换的公积金贷款金额为 20 万元。则组合公积金贷款担保金额 = 20/62.5% = 32（万元）。

5. 组合商业性贷款担保关联信息维护。

公积金贷款审批通过后，依据审批同意金额对已发放的组合商业性贷款的担保关联信息进行维护。

将组合商业性贷款担保关联信息中的“担保金额”进行修改（新“担保金额” = 原“担保金额”（即抵押物价值） - 组合公积金贷款担保金额）。

三、“置合贷”应用中的风险防范

“置合贷”的主要风险点在于发放公积金贷款冲还自营性贷款时的规范操作和最高额抵押登记的完成。在推广使用过程中，具体应严格把控如下风险点：

第一，最高额抵押登记确保落实有效。在办理最高额抵押登记时应积极协调当地房地产抵押登记部门，落实抵押登记，确保抵押的有效性。

第二，发放的公积金贷款必须用于归还自营性贷款。为确保发放的公积金贷款用于归还贵州省分行自营性贷款。在公积金贷款的贷款支付凭证收款人处应填写借款人姓名，收款人账号应填写借款人自营性贷款账号，开户银行应为自营性贷款发放行。

四、“置合贷”推出后的市场反响

贵州省分行个人住房公积金“置合贷”推出后，由于具有省时、省心、省钱等显著特点。一经推出就深受公积金管理中心、房地产开发商和客户的欢迎，使建设银行与公积金管理中心的合作内涵得到优化和延伸，不但促进了公积金业务的发展，同时为自营性贷款业务的发展拓宽了空间，增强了建设银行个贷产品的核心竞争力和客户满意度，实现了公积金管理中心、房地产开发商、借款客户、建设银行多赢的目标。目前，这款产品已成为贵州省分行拼抢市场的又一有力“武器”。该产品推出后，得到了总行的肯定，在总行下发的住房金融产品创新的相关文件中，将贵州省分行个人住房公积金“置合贷”作为创新产品，其创新思路、产品亮点、办理流程等在全国建设银行系统进行了推广。

贵州大学—建设银行资金管控平台

——银校合作的成果　科技创新的结晶

贵州省分行　罗捷品

近年来，贵州大学与贵州省分行在提升高校资金管理监控水平、完善银行服务功能等领域进行了有益的探索和尝试，银校合作取得了实质性的进展和可喜的成效。

银校资金交易管控平台将信息技术、网络资源与资金管理相融合，无缝对接财务软件，构建了高校网络资金集中管理模式，在资金结算和预算管理上实行资金集中调配、集中控制，实现资金优化效益、提升资金收益质量、盘活资金存量、节省财务费用、强化资金监管，为财务管理提供全方位、迅速、准确的资金信息流，最大限度地发挥财务经营活动的控制作用。

一、银校资金交易管控平台合作开发背景

近年来，高校由于管理不善造成的资产流失问题已经给高校资金管理带来隐患。最近几年教育部多次发出通知，对高校资金使用提出具体要求：高校资金使用必须经过科学论证，采取领导班子集体讨论决定原则，加强监管，确保资金安全。

贵州大学是贵州省唯一一所“211”全国重点综合性大学，是贵州省办学规模最大、师资力量最强的高校，为贵州省分行AAA级总行重点客户。2006年以来，贵州省分行实现了对该校所有教职员工的全面代发工资、津贴业务，同年底该校成为贵州省分行网上银行客户，上线当天交易金额就达到4 000万元。但是，按照教育部、审计监管的要求以及贵州大学的资金管理改革意愿，贵州大学与贵州省分行双方都意识到不能满足于网上银行提供的资金结算和管理服务，双方还有更深的资金管理控制需求与合作领域。2006年下半年，贵州大学与贵州省分行在将信息技术、网络资源与高校资金管理相融合，对高校资金实行集中管理控制、加强高校资金监管、提升高校资金使用效益方面的合作探索正式起步。

双方共同提出了银校资金交易管控平台的设计思想及原则：借鉴先进的计算机技术、网络技术，在充分满足资金交易安全、系统运行稳定的基础上，无缝对接高校财务软件；通过双方对高校财务管理模式的共同探索，实现高校资金实行集中管理控制、加强高校资金监管、提升高校资金使用效益的目标，达到优势互补、互惠互利、共同发展的效果，进一步扩大了银校合作领域，使银校资金交易管控平台成为高校综合性资金管理和控制平台。

银校资金交易管控平台在贵州大学与贵州省分行密切配合及共同努力下，经过需求提出、申请立项、技术开发、业务测试、系统试运行等几个阶段，实现了“对高校资金实行集中管理控制、加强高校资金监管、提升高校资金使用效益”的设计目标。

二、银校资金交易管控平台的积极意义和作用

（一）银校资金交易管控平台实现的积极意义

随着高校各类经济活动日益活跃，高校资金面临着来源多渠道、管理多层次、使用多方向等新情况。资金管理中存在资金信息失真、监控管理不力、资金使用分散、资金体外循环、资金使用效率低下等问题。这些问题长期存在的主要原因是缺乏有效的资金集中管理模式、技术手段和管理方式落后。银校资金交易管控平台针对当前高校资金管理普遍存在的问题，力图通过资金集中管理和控制等方式，集中管理高校资金，加强高校资金的集中统一管理、日常控制和监督，保证资金的有序流动，提高资金的使用效益，保障资金的安全完整。银校资金交易管控平台满足了新形势下强化高校资金集中管理功能，发挥资金集中管理形式在资金筹集、资金结算、资金监控、资金信息反馈等方面的职能作用。

（二）银校资金交易管控平台在资金管理方面的作用

1. 资金效益最大化。通过集中分散在各分校的资金，减少资金沉淀，加速资金周转，从整体上提高高校资金使用效益。

2. 内部付款在途时间最小化。利用先进技术，实现银校互联以及高校内部联网，直接进行网上业务结算，提高结算特别是远距离结算效率，减少在途资金。

3. 银校双方费用和交易费用最小化。通过整合高校资源，实现融资成本、贷款利息和结算手续费最小化。

4. 高校资金流动性管理最优化。通过集中掌握资金支付权，进行实时的资金监控，避免不合理的资金支出，实现高校资金流动的均衡和有效。

三、银校资金交易管控平台主要特点

该平台有以下主要特点：操作系统界面融合了合作双方的标志、色调等文化元素凸显银校合作，提升品牌形象；平台实现了全页面展示明细交易，满足了贵州大学海量查询等资金管理方面

要求；该平台用户界面友好、提示温馨、互动性强、操作流程清晰、问题提示明确、细节处理人性化；该平台构建了高校网络资金集中管理模式，为财务管理提供全方位、迅速、准确的资金信息流，最大限度地发挥了财务经营活动的控制作用；交易速度快，平均每笔交易耗时 0.15 秒，每秒钟可实现 7 笔交易，这个数据在国内银行系统客户端资金交易中处于领先地位；该平台结构设计及维护简单，便于优化，具备了软件的可配置和模块化，程序编写量小、效率高的特点。

四、贵州大学—建设银行银校资金交易管控平台运行效果

贵州大学—建设银行银校资金交易管控平台自 2007 年底运行以来，系统运行稳定，所有交易全部成功，相关功能满足开发需求，达到设计要求。该平台所体现的所有功能和特点基本能够满足教育部和审计监管的要求，以及高校资金管理改革意愿，实现了“对高校资金实行集中管理控制、加强高校资金监管、提升高校资金使用效益”的设计目标。

（一）提高了银行服务效率，控制了资金风险

柜台现金备付额的减少。根据初步统计，贵州大学在柜台的现金使用量从系统上线前的月均 865 万元，降低到系统上线后的月均 585 万元。网点现金备付量大幅降低，建设银行会计出纳柜现金备付限额从 220 万元降到 150 万元。在总业务量和交易额增加的情况下，柜面业务量及交易额下降。贵州大学在贵州省分行的交易额由 2007 年的月均 19 167 万元，大幅递增到 2008 年的月均 23 334 万元。在业务量及交易额大幅增加的同时，在建设银行柜面使用转账票据的频率反而从系统上线前的月均 221 笔大幅降到系统上线后的月均 45 笔，学校在贵州省分行使用电汇票据的频率也从系统上线前的月均 86 笔降到系统上线后的月均不到 10 笔；取而代之的是通过资金管控平台系统进行电子转账，月均达到 338 笔。另外，学校利用资金管控平台代发工资取代了柜台代发，系统月均代发 20 409 笔，代发金额达 1 870 万元，有效地降低了建设银行柜台工作量，提高了客户满意度。

（二）稳固主办行地位，创收效益明显

截至 2008 年底，贵州省分行对贵州大学给予一般额度授信 3.5 亿元，现贷款余额为 2.1 亿元，贷款同业占比 30%，现该校在贵州省分行结算量达 25 亿元，结算率近两年一直保持在 90% 以上，年代发各类工资、津贴、补助 2.16 亿元，对公日均存款 1.5 亿元，个人日均存款 2.4 万亿元。该校及教职工个人已办理并使用贵州省分行公司及个人业务产品共 20 余个，涵盖了贷款、小重客系统、理财产品、电子银行、国债、保险、银行卡等，每年为贵州省分行创造综合贡献度 1 000 多万元。

极具核心竞争力的网上支付平台

——宝易互通

云南省分行

“宝易互通”是建设银行云南省分行首创的教育考试专署支付平台，用户通过网络完成在线报名缴费。支持多家银行接入，从而帮助教育机构简化商务流程、提高工作效率、加速资金流的有效运转。

一、“宝易互通”创建背景

2007 年，建设银行云南省分行根据云南省考试中心提出的网上支付合作申请，独家承办并成功上线公务员网上报名缴费项目。当年实现网上报名 50 060 人，缴报名费 800 万元，创造中间业务收入 12 万元。项目的投入节省了大量人力、物

力，考试中心仅派出3名工作人员便完成了全省公务员的报名缴费工作。然而在整个报名过程中，大量考生反映网上银行选择支付方式过于单一，建议增加其他银行的网上支付形式完成报名缴费。

在筹备2008年全省公务员考试报名的过程中，考试中心决定继续采用网络报名方式，并要求在支付平台接入其他银行，以便为考生提供更为周到、便捷的服务。据此，支付宝等国内知名的第三方支付平台纷纷向考试中心发出了合作意向。这时，云南省分行马上意识到，一旦考试中心采用了支付宝，云南省分行必将面临客户流失、收入降低的现实。为了守住独家承办的优势地位，云南省分行基于对国内电子商务市场的良好预期，在认真研究第三方支付业务之后，决定建立一个拥有自主知识产权的第三方支付平台——“宝易互通”。

二、“宝易互通”的核心竞争力

（一）产品创新

在产品开发过程中，云南省分行首先面临的便是国家政策对银行直接从事第三方支付限制和广大中小企业客户急需电子商务“一站式”解决方案之间的矛盾，为此，通过与中投科技合作，顺利解决了制度上的障碍，迈出了产品创新的第一步。同时，“宝易互通”主要针对网上支付方式多样性的需求而设计，将类型各异的繁杂接口统一为一个简洁易用的支付接口，以“一点接入，多家支付”为创新突破口。

（二）特色和优势

1. 主导优势。“宝易互通”是云南省内首家独立第三方支付平台，在本地市场均无竞争对手。云南省分行作为“宝易互通”的合作方，具有一定的主导优势，在2008年的考试中心多家银行缴费交易中，云南省分行占比41%，在全省各类认识考试报名缴费领域取得了垄断性的竞争优势。

2. 安全性。“宝易互通”采用了国际上最先进的应用服务器和数据库系统，支付信息的传输采用了128位的SSL加密算法，美国GeoTrust数字安全公司每天为“宝易互通”提供全面的安全服务，确保了数以亿计交易资金往来的安全。目前，已实现通过验证图片等手段的双向安全验证机制，确保用户在任意场所登录“宝易互通”支付平台时的安全。此外，“宝易互通”自开办之日起，始终以信任为产品和服务的核心，针对企业用户，不仅在产品上确保了用户在线支付的安全，同时通过“宝易互通”支付平台让用户建立起相互的信任。

3. 以客户需求为中心。“宝易互通”解决了考试中心“一点接入，多家支付”的需求。类似考试中心这样的事业单位，基本都是采用财政专户的形式，如果在网上支付上同时开通多家银行渠道，就需要在相应银行都拥有自己的账户，这样便违背了财政专户的管理规定，而面对网上考试报名缴费考生的舆论压力，又不得不接入多家渠道支付。对此，“宝易互通”作为第三方支付平台恰好满足了客户的需求。同时，“宝易互通”实现了24小时无间歇实时跨地区支付，具备多级账户清分、联机对账、在线退款、货款到账实时通知等功能，并通过自身的不断完善满足客户个性化需求。

4. 技术支持。在同业中，“宝易互通”凭借自己的技术优势，真正实现了“一点接入，多家支付”的支付原理，而同业网银支付接口基本无法实现该项技术，只能收取一家银行费用。

三、经营成果与市场表现

2007年11月，“宝易互通”项目启动1期需求项目书定稿。2008年4月，“宝易互通”在云南正式上线。同年6月，“宝易互通”通过云南省公务员考试证明系统性能架构，当月缴费17万人次。10月，与中投科信签订“宝易互通”支付平台合作框架协议。12月，收取商户手续费用20.7万余元，同年红河州人才市场也接入“宝易互通”。2009年1月，“宝易互通”获得2008年云南省分行创新产品评比二等奖。3月，由湖南省分行营销湘潭大学，“宝易互通”开发并试运行湘潭大学网上缴费系统。4月，接入云南大学培训网上报名系统。5月，进入云南省交警大队网上交通罚没款系统支付合作名单，与绿大地积极参与其网上渠道建设B2B、B2C建设方案，与此同时，深圳市分行也通过营销将深圳人才市场接入“宝易互通”。

通过“宝易互通”支付平台的搭建，巩固了云南省分行与考试中心的关系，解决了困扰考试中心的多家银行支付问题，同时为云南省分行带来了稳定的中间业务收入。目前，“宝易互通”的服务已覆盖B2C、B2B、C2C电子商务领域，为各类企业提供安全、便捷、优质、可信赖的电子支付服务。

四、未来展望

（一）取得第三方支付的牌照

人民银行已经启动第三方支付结算等非银行类金融业务的登记备案，“宝易互通”的产品安全认证与登记备案已经完成，下一步将积极参与登记备案后续调研工作，为以牌照形式提高门槛的可能性提前做好准备。

（二）优化业务结构

以 C2C 业务为突破口，同步发展 B2B、B2C 业务，提供以网上平台为主、支持多家银行在线支付的整体解决方案及综合服务。同时强化契合用户需求的业务创新，专注细分市场，创新产品、创新模式、创新服务。

（三）优化产品结构

支付手段多元化正成为中国第三方支付企业的共识，“宝易互通”也将朝着网上支付为主、多元化支付方式并进的方向发展。当前，网上支付仍为我国电子银行最主要的支付方式，2007 年仅第三方网上支付交易额就达 976 亿元；电话支付中，信用卡离线电话支付以及智能电话刷卡支付将成为市场热点；手机支付方面，中国移动于年底重新启动 B2C 小额支付、诺基亚 NFC 在多个城市试点运营，包括移动现场支付、远程支付在内的手机支付正以其便捷特性受到日益关注。下一步，云南省分行将根据市场的需求，积极建设“宝易互通”的电话支付、手机支付等支付模式，争取在竞争中赢得先发优势。

CHINA 中国建设银行年鉴 2009
CONSTRUCTION BANK ALMANAC

第七部分 大事记

领导重要活动类

2 月 18 日至 21 日 行长张建国带着总行党委、董事会、监事会和高管层的委托和深情厚意，率有关部门负责人深入严重遭受冰雪灾害的湖南、贵州分行，考察了解受灾情况，亲切慰问一线员工，研究部署我行支持灾区灾后重建的措施。

2 月 20 日 董事长郭树清、副行长辛树森在山西太原迎泽宾馆会见山西省委书记张宝顺、山西省省长孟学农。

5 月 13 日 行长张建国带领抗震救灾工作组抵达四川灾区，指导当地分行开展抗震救灾工作，慰问受灾员工及家庭，配合当地政府提供及时高效的金融服务。张建国到达四川后，立即与四川省政府副省长黄小祥联系，转达董事长郭树清及全体建设银行员工对灾区人民的关切之情，并当面转交了建设银行向四川省灾区捐款 2 000 万元的支票。

5 月 19 日 中共建设银行党委转发中央组织部《关于各级组织部门迅速动员组织广大基层党组织和党员干部投入抗震救灾工作的通知》（建党函〔2008〕23 号），并向全行各级党组织提出了四点具体要求。

5 月 20 日 董事长郭树清与副行长陈佐夫，董事王勇、刘向辉，监事程美芬等飞抵成都，看望慰问受灾员工，检查指导分支机构抗震救灾工作。

5 月 20 日 行长张建国在北京与武警部队副司令员何映华会面，商谈业务合作事宜。

5 月 22 日 行长张建国一行受总行党委委托抵达兰州，看望慰问受灾员工，检查指导抗震救灾工作。张建国听取了省分行抗震救灾及前五个月的工作情况汇报，察看了部分分支机构震后办公楼、家属楼、营业场所、办公设备等受损情况。

5 月 23 日 董事长郭树清在人民大会堂出席了国家主席胡锦涛与俄罗斯新任总统德米特里·梅德韦杰夫率领的俄罗斯访华代表团之间的高层会晤，并与俄罗斯外贸银行董事长兼行长安德烈·科斯京签署全面合作谅解备忘录协议。

5 月 26 日至 27 日 监事长谢渡扬、副行长罗哲夫、工会常务副主席孙志新一行赴四川省分行看望慰问受灾员工，指导有关分支机构抗震救灾和灾后重建工作，与部分重要客户沟通灾后重建金融支持工作。

7 月 22 日 董事长郭树清、副行长罗哲夫等一行拜访三峡总公司，并与客户签署金沙江溪洛渡向家坝电站融资框架协议，承诺在 2008 年至 2018 年期间向两个项目意向提供 180 亿元贷款。

9 月 27 日 董事长郭树清出席在津召开的夏季达沃斯论坛开幕式，并于开幕式结束后与部分中外媒体记者座谈，回答了记者提出的问题。

11 月 17 日 董事长郭树清率建设银行领导班子一行拜访铁道部。铁道部党组书记、部长刘志军，副部长陆东福，原副部长、京沪高速铁路建设领导小组办公室副主任、京沪高速铁路股份有限公司董事长蔡庆华，总经济师余邦利；建设银行行长张建国，监事长谢渡扬，副行长罗哲夫、辛树森、朱小黄以及双方有关部门负责人出席会谈。随后，双方签署了战略合作协议，这是铁道部历史上与商业银行签署的第一份战略合作协议。

12 月 2 日 建设银行与解放军总医院在钓鱼台国宾馆举行了联谊活动。行长张建国、副行长罗哲夫、零售业务总监杜亚军及总行有关部门负责人和北京分行负责人，总后勤部副部长兼总医院院长秦银河少将、政委文德功少将及总医院相关部门负责人参加了联谊活动。

12 月 29 日 应中国核工业集团公司的邀请，董事长郭树清、非执行董事李晓玲、监事刘进，以及总行有关部门负责人和北京分行负责人等出席了“中国核工业集团公司与银行机构战略合作协议、集团化银行融资公约、银行融资合同”签约仪式。中国核工业集团公司副总经理孙又奇、邱建刚、杨长利等出席了签约仪式。

机构及人事类

3 月 14 日 银监会正式批复同意建设银行在伦敦设立子银行的请示（银监复〔2008〕97 号）。

4 月 1 日 建总发〔2008〕56 号《关于中国建设银行股份有限公司第二届董事会相关委员会组成人员调整的通知》：彼得·列文（Lord Peter Levene）担任中国建设银行董事会提名与薪酬委员会委员，不再担任中国建设银行股份有限公司董事会风险管理委员会委员；黄启民担任中国建设银行股份有限公司董事会风险管理委员会委员。

6 月 13 日 建总任〔2008〕90 号：罗哲夫不再兼任北京市分行行长职务。

6 月 13 日 建总发〔2008〕105 号：根据工作需要，总行设立法律合规部，不再保留法律事务部、合规部。

6 月 13 日 中国建设银行股份有限公司第二届董事会第十一次会议批准悉尼代表处升格为分行。

6 月 17 日 建总发〔2008〕111 号：朱小黄任中国建设银行股份有限公司副行长。

6 月 27 日 建总发〔2008〕120 号：总行设立财务会计部，不再保留计划财务部、会计部。建总发〔2008〕121 号：总行设立资金结算部。

7 月 7 日 建总发〔2008〕132 号：总行设立授信管理部，不再保留风险监控部、信贷审批部。

7 月 28 日 建设银行信用卡中心天津运行中心揭牌并正式投入运行。行长张建国和天津市委常委、副市长崔津渡共同为该中心揭牌，副行长陈佐夫出席揭牌仪式并致辞。

8 月 5 日 建总发〔2008〕146 号：辛树森担任中国建设银行股份有限公司执行董事。

8 月 6 日 建总发〔2008〕147 号：成立中国建设银行纽约分行筹备组，李伟任筹备组主要负责人，张广迎任筹备组负责人。

8 月 21 日 印发《总行业务支持中心设备、建设规划与管理方案》（建总发〔2008〕151 号），规划建设北京、武汉、成都、广州、合肥“五大基地”。

9 月 1 日 银监会正式批复，批准建设银行悉尼代表处升格为分行（银监复〔2008〕350 号）。

10 月 6 日 建总发〔2008〕191 号：总行设立财富管理与私人银行部，不再保留高端客户部。建总发〔2008〕192 号：总行设立产品与质量管理部，不再保留质量效率管理部。建总发〔2008〕195 号：总行设立个人存款与投资部，不再保留个人金融部。

10 月 6 日 建总发〔2008〕192 号：总行设立产品与质量管理部，撤销质量效率管理部。

10 月 22 日 建党函〔2008〕33 号转发中共中央组织部《郑之杰同志免职》（组任字〔2008〕159 号）：经研究，免去郑之杰同志的中国建设银行党委委员职务。

10 月 27 日 建总发〔2008〕201 号：总行设立企业年金中心，并明确其为总行直属机构，不再保留公司业务部企业年金基金账户管理中心。

12 月 8 日 美国联邦储备委员会正式批准中国建设银行设立纽约分行的申请。这是中国建设银行在美洲设立的第一家分行。

12 月 9 日 建设银行首家村镇银行——湖南桃江建信村镇银行股份有限公司正式开业。总行副行长朱小黄、湖南省人民政府副省长徐明华及益阳市委、市政府等有关领导，人民银行、省银监局有关领导等出席了开业典礼。

12 月 17 日 建党函〔2008〕38 号转发中共中央组织部《胡哲一同志任职》（组任字〔2008〕200 号）：经研究，胡哲一同志任中国建设银行党委委员。

12 月 30 日 建党函〔2008〕39 号转发中共中央组织部《罗哲夫同志免职》（组任字〔2008〕207 号）：经研究，免去罗哲夫同志的中国建设银行党委委员职务。

业 务 类

1 月 9 日 黄金期货品种上市仪式在上海期货交易所举行，黄金期货正式上市交易。上市仪式结束后，副行长赵林代表建设银行与上海期货交易所签订战略合作框架协议。

1 月 11 日 印发《中国建设银行 2008 年行业限额管理实施方案》（建总发〔2008〕6 号），该方案在总结 2007 年限额管理的经验基础上，对限额设定方法、管理方式等方面做了进一步改进，实现经济资本限额和贷款限额的双线控制。

1 月 23 日 建设银行与中国港中旅集团公司签署战略合作协议。

1 月 28 日 建设银行与海富通基金管理有限公司签订海富通基金管理有限公司企业年金基金受托管理合同。

1 月 30 日 以建设银行作为发起人的中国首单商业银行重整资产支持证券——“建元 2008－1 重整资产证券化”产品发行，开辟了商业银行批量化、市场化、标准化处置不良资产的新渠道。

1 月 应人力资源和社会保障部的要求，建设银行作为商业银行的唯一代表，参与了《养老保险个人账户基金管理机构资格认定办法》的编写工作。

1 月 建设银行与银河基金管理公司、国联安基金管理公司签订合作协议。

2 月 5 日 印发《关于做好 2008 年信贷结构调整工作的通知》（建总发〔2008〕27 号），指导全行加快推进信贷结构调整。

2 月 18 日 重新修订印发了《中国建设银行业务发展战略纲要》。新《战略纲要》深入分析了近几年建设银行内外部形势发展的新情况、新变化，充分吸收各方面的意见和建议，对 2005 年制定的发展战略纲要进行了全面修订。

2 月 19 日 印发《中国建设银行 2009 年经济资本计量方案》（建总发〔2008〕34 号），在小企业违约概率（PD）、部分产品风险暴露（EAD）、违约损失率（LGD）参数设置、资金业务等方面实现了进一步优化，并将海外分行经济资本管理纳入全行统一管理。

2 月 由建设银行作为副牵头行的首钢京唐钢铁项目银团贷款签字仪式在北京举行，在贷款总金额为 420 亿元的贷款银团中，建设银行最终获得 25% 的贷款份额，并取得了银团整体份额中 34% 的银团安排费和 48% 的贷款资金代理权。

3 月 4 日 建设银行与华泰人寿保险股份有限公司签订银保业务合作协议。

3 月 5 日 建设银行与生命人寿保险股份有限公司签订银保业务合作协议。

3 月 11 日 建设银行与贵州红林机械有限公司签订贵州红林机械有限公司企业年金基金受托管理管理合同。

3 月 17 日 建设银行与吉林森林工业股份有限公司签订吉林森林工业股份有限公司企业年金基金受托管理管理合同。

3月19日 中国建设银行与中国电力国际有限公司在钓鱼台国宾馆联合举行了电力项目融资合作协议签约仪式，标志着由建设银行总牵头的中电国际五个电力项目银团贷款的组建成功。中国建设银行行长张建国、副行长罗哲夫，中国电力国际有限公司总经理李小琳及银团贷款各参加行副行级领导出席了签约仪式。

3月27日 印发《关于明确表外业务信用风险政策底线的通知》（建总函〔2008〕239号），进一步规范承兑、担保、信用证及贷款承诺等表外业务，确定了准入底线。

3月29日 建设银行分析型客户关系管理系统（ACRM）成功上线并在全国推广。董事长郭树清对该系统生成的分析报告亲自批示："这种基于数据分析的客户管理具有历史性意义，它标志着我们进入了一个新的时期。"

3月5日至7月31日 国家审计署派出审计组，对建设银行总行及北京、天津、上海、广东、四川、深圳6家分行2007年度资产、负债、损益情况进行了审计。

4月2日 建设银行与中意人寿保险有限公司签订银保业务合作协议。

4月11日 《中国建设银行股份有限公司风险偏好陈述书》经中国建设银行股份有限公司第二届董事会第八次会议审定通过，这是建设银行历史上第一份风险偏好陈述书。

4月14日 建设银行与平安养老保险股份有限公司签订香港中旅（集团）有限责任公司企业年金基金账户管理合同。

4月28日 建设银行与阳光保险集团股份有限公司签订银保业务合作协议。

4月28日 建设银行与太平保险有限公司签订银保业务合作协议。

4月 建设银行成功主承销铁道部首期200亿元中期票据发行。

4月 建设银行在全国范围内推出"结算通"产品。

5月6日 建设银行与中国国电集团公司在总行信达大厦签署战略合作协议。建设银行行长张建国、副行长朱小黄，中国国电集团公司总经理朱永芃、总会计师张国厚出席签字仪式。

5月16日 下发《关于抗震救灾期间建立信贷审批绿色通道的通知》（建贷审〔2008〕5号）：要求对用于抗震救灾和灾后重建的授信业务建立信贷审批"绿色通道"，在依法合规的前提下，确保救灾资金及时到位。

5月20日 董事长郭树清率队来皖与合肥市政府签署关于合肥兴泰信托有限责任公司增资协议。

5月21日 下发《关于我行海外分行业务转型的指导意见》（建总发〔2008〕81号），根据全行海外业务发展战略纲要提出的战略目标和任务，结合总行最新战略纲要中提出的全行业务转型要求，从总行和分行两个层面对海外分行业务转型工作提出具体指导意见。

5月27日 印发《关于加强融资类担保业务风险管理的紧急通知》（建总函〔2008〕465号），进一步规范了全行相关业务操作流程，以确保相关业务健康持续发展。

6月4日 建设银行与中国人寿养老保险股份有限公司签订青海省水利水电（集团）有限责任公司企业年金基金账户管理合同。

6月30日 建设银行与英大泰和人寿保险股份有限公司签订银保业务合作协议。

6月 建设银行与中国贵州航空工业（集团）有限责任公司签订中国贵州航空工业（集团）有限责任公司企业年金基金受托、账户管理合同。

7月25日 建设银行与中国石油天然气集团公司签署200亿人民币额度授信协议，该协议专用于中石油集团及其下属企业办理境内外的人民币短期贷款、外币短期贷款和结算融资业务。

7月 作为与美国银行战略协作重要成果之一，建设银行个人住房贷款申请评分卡在全行实现推广上线，标志着建设银行在零售风险计量工具的研究和应用方面已处于国内领先地位。

8月7日 建设银行与永诚财产保险股份有限公司签订银保业务合作协议。

8月15日 印发《关于进一步加强代客衍生产品交易风险管理的通知》（建总发〔2008〕154号），从客户选择、交易担保比例、额度占用、交易估值、风险提示等方面对全行代客衍生产品交易风险进行了规范。

8月25日 印发《关于进一步加强贷后管理工作的指导意见》（建总发〔2008〕161号），在贷后管理职责、工作重点和流程、系统建设以及激励机制等方面提出了具体要求，推进全行建立贷后管理长效机制。

9月4日 建设银行为中国石油天然气集团公司发行60亿元一对一信托理财计划，该笔理财产品是建设银行迄今为止办理的单笔最大的理财产品计划。

9月9日 中国建设银行与阿尔斯通（中国）投资有限公司续签了银企合作协议，中国建设银行批发业务总监顾京圃先生会见了阿尔斯通控股有限公司首席财务官 Henri Poupart-Lafarge 先生一行，并出席了签字仪式。

9月11日 建设银行与新疆生产建设兵团战略合作协议暨兵团龙卡发行签约仪式在乌鲁木齐举行。建设银行行长张建国与新疆生产建设兵团司令员华士飞代表双方签署了战略合作协议。根据协议，建设银行将在未来3年向兵团现代农业建设、重大基础设施项目、重点企业及教育、医疗、优质中小企业拟提供200亿元人民币的支持额度。

9月16日 建设银行与铁道部在钓鱼台国宾馆隆重举行了“铁路龙卡”签约暨揭卡仪式。建设银行行长张建国、副行长陈佐夫，铁道部总经济师余邦利及双方有关部门负责人出席了仪式。

9月 建设银行取得华能集团在呼伦贝尔区域伊敏煤电公司等6个项目72亿元的贷款份额。

10月13日 中国外汇交易中心境内外汇结算银行竞标结果在北京公布，建设银行成功中标美元净额清算结算银行，美元净额占其他货币的比例为99%。

10月27日 建设银行向中国金币总公司租出黄金1 500千克，为建设银行系统单笔金额最大的黄金租借业务。

10月30日 建设银行与中国航天科工集团公司签署战略合作框架协议，董事长郭树清、行长张建国、副行长罗哲夫、北京市分行行长王军、中国航天科工集团公司总经理许达哲等出席签约仪式。

11月10日 建设银行收到中国乐凯胶片集团公司企业年金基金受托人中标通知。

11月21日 建设银行与浙江省政府进一步支持中小企业发展合作协议签约仪式在杭州举行，浙江省省委常委、常务副省长陈敏尔和建设银行行长张建国出席签约仪式并代表双方签署合作协议。根据协议，建设银行将在未来3年向浙江省中小企业提供600亿元信贷支持。

12月1日 建设银行与天津滨海新区管委会签署了合作协议，承诺未来3年将向滨海新区重大产业项目、基础设施项目提供金融创新产品和1 800亿元金融支持。

12月23日 建设银行收到开滦集团企业年金基金受托人中标通知。

12月26日 建设银行与信诚人寿保险有限公司签订银保业务合作协议。

12月26日 建设银行与安诚财产保险股份有限公司签订银保业务合作协议。

12月31日 建设银行与河北钢铁集团战略合作协议签字仪式在石家庄市河北会堂隆重举行。河北省代省长胡春华、副省长孙瑞彬、河北钢铁集团董事长王义芳、中国建设银行行长张建国出席签约仪式。

12月 建设银行个人住房贷款行为评分卡、个人消费贷款行为评分卡和个人汽车贷款行为评分卡成功实现全行上线。

会 议 类

1月21日至22日 全行2008年工作会议在北京建银大厦隆重召开。这次会议的主要任务是：学习贯彻党的十七大会议精神和中央经济工作会议精神，总结回顾去年全行经营情况，研究分析当前面临的形势，安排部署2008年工作任务。董事长郭树清出席会议并作讲话，行长张建国作工作报告，监事长谢渡扬主持会议并讲话。总行领导赵林、罗哲夫、辛树森、陈佐夫、范一飞、田国立和部分董事、监事、高管人员出席会议，中央和国家有关部委、金融监管部门的代表应邀出席会议。

1月23日 “中国建设银行总行本部离退休老干部迎新春团拜会”在全国政协礼堂举行。董事长郭树清，副行长赵林、罗哲夫、辛树森、陈佐夫、范一飞，总行老领导周道炯、周汉荣、苏文川、赵玉琢、耿耕山、石春贵和总行各部门总经理、总行离退休干部150多人参加了团拜会。

1月23日 建设银行2008年海外业务座谈会召开。行长张建国、副行长赵林、罗哲夫、范一飞、首席风险官朱小黄、首席审计官于永顺、投资理财总监毛裕民，总行主要部门负责人以及各海外机构负责人参加了会议。

2月21日至22日 全行纪检监察工作会议在山西省太原市召开，党委书记、董事长郭树清出席会议并作重要讲话；党委委员、副行长、纪委书记辛树森主持会议并作工作报告；董事王勇、张向东、李晓玲，首席审计官于永顺出席会议。各一级分行、培训中心纪委书记、纪检监察部总经理，总行纪委委员，总行有关部门负责人等参加了会议。

2月27日至28日 建设银行2008年计划财务工作会议在福州市召开。行长张建国、首席财务官庞秀生，董事王淑敏、刘向辉、李晓玲出席了会议。行长张建国发表重要讲话，要求进一步强化计财管理对全行各项工作的支持和服务作用，在全行战略转型和业务发展中发挥更大的作用。

3月24日至25日 建设银行审计工作会议在贵阳召开。会议贯彻落实2008年全行工作会议精神，总结2007年审计工作，全面部署2008年审计工作。监事长谢渡扬、首席审计官于永顺出席会议并作了讲话。董事王淑敏、李晓玲出席了会议。

3月27日至28日 建设银行高端客户业务座谈会在广东清远召开。副行长陈佐夫、零售业务总监杜亚军出席会议。北京、上海、广东、深圳等分行的分管行领导，各一级分行个人金融部负责人，部分财富中心负责人，总行高端客户部及总行相关部门人员参加了会议。

4月1日 建设银行党委召开中国建设银行开展深入学习实践科学发展观活动试点工作动员大会，党委书记、董事长郭树清就开展深入学习实践科学发展观活动进行了动员部署。党委副书记、行长张建国主持会议，党委副书记、监事长谢渡扬，党委委员、副行长赵林、辛树森、陈佐夫、范一飞，高管人员，部分董事、监事出席会议。

4月8日 建设银行在北京召开“2008年银行保险业务座谈会”，中国人寿、中国人保、平安保险、太平洋保险、新华人寿、泰康人寿等8家财险、寿险公司银保业务及产品部门负责人出席。

4月11日至12日 建设银行住房金融与个人信贷业务座谈会在广西南宁召开。副行长陈佐夫、零售业务总监杜亚军出席会议。北京、上海、广东、江苏等25家分行的分管行领导、一级分行住房金融与个人信贷部负责人，总行房金部及总行相关部门人员参加了会议。

5月15日 建设银行召开奥运安全运营保障工作视频动员会，行长张建国出席会议并作重要讲话；副行长罗哲夫作具体工作部署；首席风险官朱小黄主持会议。会议对奥运期间建设银行的运营安全保障目标提出了要求。

5月29日至30日 建设银行春季工作座谈会在北京召开。董事长郭树清发表讲话，行长张建国作今年前五个月经营情况报告，监事长谢渡扬就相关工作提出了要求。副行长罗哲夫、辛树森、范一飞、首席风险官朱小黄，首席审计官于永顺、董事会秘书陈彩虹、批发业务总监顾京圃、零售业务总监杜亚军出席会议，部分董事、监事和银监会有关同志应邀出席会议。各一级分行、总行各部门及相关部门主要负责人出席了会议。

6月12日 中国建设银行股份有限公司2007年度股东大会在北京召开。会议审议通过了2007年度董事会报告、2007年度监事会报告、2007年度财务决算、2008年度资本性支出预算、发行次级债券等议案。

6月30日 建设银行在北京召开全行先进基层党组织、优秀共产党员和优秀党务工作者表彰（视频）大会。党委书记、董事长郭树清出席会议并作重要讲话，党委副书记、行长张建国主持会议，党委副书记、监事长谢渡扬宣读了总行党委《关于表彰中国建设银行先进基层党组织和优秀共产党员、优秀党务工作者的决定》；党委成员、副行长辛树森、陈佐夫、范一飞、朱小黄，高管人员，总行各部门副总经理级以上领导人员，受总行表彰的先进基层党组织、优秀共产党员和优秀党务工作者代表，部分党员代表等在主会场参加会议。

7 月 8 日　建设银行召开奥运服务与安全运营启动（视频）大会。董事长郭树清出席会议并作重要讲话，行长张建国主持会议，副行长朱小黄作具体工作部署，副行长陈佐夫、范一飞，部分董事及高管人员，总行各部门主要负责人和部门代表在主会场参加会议。

7 月 14 日　建设银行总行举行十大杰出青年表彰大会暨“实践科学发展观，建功成才在建行”青年论坛。董事长郭树清、行长张建国、副行长罗哲夫、辛树森、陈佐夫、朱小黄等行领导出席。陈佐夫宣读了有关表彰决定，辛树森代表总行党委发表讲话。表彰仪式后，举行了“实践科学发展观，建功成才在建行”青年论坛。

7 月 16 日至 17 日　建设银行信访工作座谈会在北京召开。副行长、纪委书记辛树森出席会议并讲话。会议特邀公安部、国家信访局有关部门领导到会进行授课和介绍情况。

7 月 29 日至 30 日　建设银行深入学习实践科学发展观活动试点工作座谈会在北京召开。党委书记郭树清，党委副书记谢渡扬，党委委员罗哲夫、辛树森、陈佐夫、朱小黄出席座谈会。中央深入学习实践科学发展观活动试点工作领导小组办公室指导二组夏学平等同志到会指导。

7 月 31 日　建设银行国际业务工作座谈会在深圳召开。会议全面回顾了 20 年来我行国际业务的发展历程，总结了前一阶段全行国际业务发展情况，分析了当前形势，表彰了 2007 年度外汇业务评优活动先进集体和先进个人，对下一阶段工作进行了部署。行长张建国作重要讲话，副行长范一飞作工作报告。各一级分行分管行领导和国际业务部门负责人，部分海外机构负责人，总行相关部门负责人，以及外汇业务百强行和百佳个人代表参加了会议。

8 月 4 日　建设银行法律合规工作（视频）会议在北京召开。会议总结了 2007 年以来全行法律合规工作的开展情况，分析了当前法律合规工作形势，部署了近期重点任务。副行长罗哲夫出席会议并作重要讲话。总行法律合规部人员，相关部门负责人在主会场参加会议。

8 月 28 日至 29 日　2008 年中国建设银行风险管理工作会议在北京召开。会议回顾总结了全行风险管理工作总体状况，分析了当前风险管理面临的形势和问题，并就深入学习实践科学发展观、防范系统性风险、推进信贷结构调整、加强贷后管理等下一阶段风险管理重点工作进行了研究部署。行长张建国出席会议并作重要讲话，副行长朱小黄主持会议并讲话。

9 月 24 日　中国建设银行财产保险业务座谈会在重庆召开，中国人保、太平洋财险、平安财险、中华联合、阳光财险、渤海财险、民安财险及华安财险 8 家财险公司以及建设银行河北、黑龙江、江苏等 10 家分行代表参加了会议。

10 月 7 日　建设银行深入学习实践科学发展观活动动员暨试点工作总结大会（视频）在北京召开。党委书记、董事长郭树清作重要讲话，党委副书记、行长张建国主持会议，党委副书记、监事长谢渡扬传达了中央文件的主要精神，党委委员、纪委书记、副行长辛树森具体部署了全行深入学习实践科学发展观活动的具体安排。党委委员、副行长罗哲夫，陈佐夫，范一飞、朱小黄出席了会议。中央学习实践科学发展观活动领导小组办公室指导协调三组副组长刘素利等同志到会指导。

10 月 22 日　建设银行风险管理专题视频会在北京召开。行长张建国、副行长朱小黄、首席财务官庞秀生参加会议并作重要讲话。会议全面总结了前三个季度全行经营形势，深入分析了当前全球金融危机对我国银行业带来的深刻影响，重点提示了当前全行需要密切关注的行业、产品、区域、客户风险以及案件风险，并对下一步工作进行部署。

11 月 11 日　建设银行职工代表 400 多人参加了在河北香河召开的建设银行第二届职工代表大会第一次会议。党委书记、董事长郭树清代表总行党委祝辞；行长张建国作经营情况工作报告。副行长、工会主席辛树森传达中国工会十五大会议精神，并作了关于职工代表大会和工会工作情况的报告。监事长谢渡扬，副行长罗哲夫、陈佐夫、范一飞、朱小黄出席会议。各一级分行、海外分行、总行各部门、相关子公司、各审计分部等负责人参加了会议。

11月11日至12日 建设银行秋季工作座谈会在河北廊坊召开。这次会议的主要任务是：传达党中央、国务院关于扩大内需的最新决策和部署，贯彻党的十七届三中全会精神，深入学习实践科学发展观，分析当前经济金融和全行经营形势，部署近期重点工作任务。董事长郭树清、行长张建国、监事长谢渡扬，副行长罗哲夫、辛树森、陈佐夫、范一飞，信达资产管理公司总裁田国立，副行长兼首席风险官朱小黄，首席财务官庞秀生、首席审计官于永顺、董事会秘书陈彩虹、批发业务总监顾京圃、零售业务总监杜亚军、投资理财总监毛裕民出席会议。各一级分行、海外机构、培训中心、总行各部门、各审计分部、总行各直属机构主要负责人出席了会议。

11月12日 副行长范一飞主持召开秋季海外机构座谈会，重点研究未来建设银行海外业务经营发展问题。行长张建国、董事张向东、投资理财总监毛裕民，总行财务会计部、风险管理部、国际业务部、金融市场部及各海外机构的有关负责人员参加了会议。

11月19日 “中国建设银行寿险业务座谈会”在云南昆明召开，共有中国人寿、太平洋人寿、平安人寿、泰康人寿、新华人寿、太平人寿、华夏人寿、民生人寿及幸福人寿9家寿险公司，总行资债部、风险管理部、法律合规部以及北京、广东、上海、辽宁等16家分行的代表参加了此次会议。

12月4日至5日 建设银行公司业务座谈会在湖南长沙召开，副行长罗哲夫出席会议并作重要讲话，首席风险官特别助理韩安度在会上作对公预警客户跟踪管理培训。总经理靳彦民、副总经理袁桂军、刘守平、陈景功以及各一级分行公司业务主管行领导、总行有关部门人员参加。

12月18日至20日 2008年度“中国建设银行与国家开发银行业务合作交流研讨会”在云南景洪召开。

综合类

1月4日 在首届“金融营销十佳奖”颁奖典礼上，建设银行参选的“中国移动资金管理网络营销”等三项营销案例分获2007年度“中国金融营销十佳奖”及“中国金融营销十佳奖优秀奖”，并获得组委会特别颁发的“中国金融营销十佳奖公益营销奖”。

1月9日 在“2007中国网上银行年会”上，建设银行网上银行被授予“2007中国最佳网上银行”奖。

2月 建设银行理财卡获中国主流媒体理财总评榜“2007年度最具创新的银行借记卡”奖。

2月 建设银行荣获《欧洲货币》杂志“2008年度个人银行与财富管理调查系列评奖”的“最佳房地产投资奖”。

3月 建设银行荣获《环球金融》杂志“2008年度中国最佳银行与企业”系列评奖的“最佳抵押贷款银行”奖。

4月 建设银行理财产品“财富三号”一期股权投资类人民币信托理财产品在21世纪金融理财论坛上荣获“年度最佳人民币理财产品”和“年度最佳收益表现理财产品”奖。

4月 建设银行投资银行部牵头设计的“乾图理财”对公类理财产品在21世纪金融理财论坛上荣获“年度最佳公司理财产品”奖。

5月 建银国际（控股）有限公司荣获由《证券时报》颁发的“香港地区最佳中资投行”奖。

5月 世界知识产权组织国际局对中国建设银行的“行徽”、“中国建设银行”、“China Construction

Bank”、“龙卡”4件商标颁发注册证书。

5月 建设银行获得《资本》杂志2008年度“中国杰出零售银行奖”，是唯一获得此奖项的内地银行。

5月 “5·12”汶川特大地震后，全行30万员工心系灾区，以个人捐款、特殊党费、特殊团费的形式积极踊跃捐款达1.36亿元，以单位形式捐款4 000万元，并向抗震救灾解放军和武警部队捐款300万元。抗震救灾期间，全行共计捐款1.79亿元。

6月27日 四川省分行德阳绵竹支行汉旺分理处等4个集体，和四川省分行德阳什邡支行储蓄专柜员工吕春等3名个人，荣获中央金融团工委授予的“金融系统抗震救灾先进青年集体和个人”的表彰。

6月 在由证券时报社主办、全景网（www. p5w. net）和金融界（www. jrj. com）协办的全国“谁是伟大时代的领跑者——首届中国优秀期货公司评选活动”中，建设银行被评选为“期货业最佳结算银行”。

6月 建设银行应邀参加由中国证券网、上海证券报主办的“金理财”评选活动。参赛理财产品、理财中心及理财师分获“金理财·十佳银行理财产品”、“金理财·十佳银行理财中心”和“金理财·十大金牌理财师”荣誉称号。

6月 在英国《金融时报》评选的2008年度全球市值500强企业排名中，建设银行列第20位。

7月8日 建设银行发起的“建元2008-1”重整资产证券化产品获《财资》杂志2008年度金融衍生产品及结构性产品评奖“最佳结构性交易”优胜奖，为本年度金融衍生产品及结构性产品评选中获奖的唯一中资银行产品。

7月 建设银行针对参加抗震救灾的解放军和武警部队推出了“舍己为公尽职模范”、“抗震救灾空中勇士”、“抗震救灾突击先锋”三个资助和慰问计划。

7月 建设银行2007年年报获美国媒体专业联盟（LACP）年报评比银行类白金奖及“最佳致股东信函”金奖，在全球3 000多家参赛企业中，综合得分排名第18位，较2006年提升76个位次。

8月 建设银行2007年年报在美国纽约MerComm公司举办的ARC国际年报大赛中获得董事长（及行长）报告铜奖、内文编写铜奖以及年报摄影、印刷制作优秀奖。

9月 建银国际（控股）有限公司荣获由《经理人》杂志评选的“2008中国最具创新力公司”奖。

10月 建设银行投资银行业务荣获由《首席财务官》杂志社颁发的“最佳投行业务”奖。

10月 建设银行“基于网络的联机处理系统及方法”获得国家知识产权局颁发的发明专利证书，该专利是继“网上银行办理转账的方法及系统”专利之后，取得的第二个发明专利，其后2个月内又连续取得3件发明专利。截至2008年12月底，建设银行累计拥有商标400件、专利105件，计算机软件著作权登记并获得证书46件。

11月 建银国际（控股）有限公司行政总裁兼执行董事胡章宏荣获由权威财经类期刊*Capital*颁发的“资本界杰出领袖”奖。

12月18日 美国摩根大通银行为建设银行颁发奖牌。摩根大通银行是建设银行的美元账户行之一。根据年美元清算的总笔数和直通率（标准为90%），今年全亚洲37家银行获奖，建设银行直通率为97.25%，目前还没有银行达到98%。此次是建设银行连续第3年获奖。

12月29日 中国投资学会2007—2008年度科研成果终评会议于日前在北京召开。中国投资学会顾问、学术委员会副主任苏文川主持了本次会议。

12月 建设银行“95533”成都中心在“2008年度亚太最佳客户服务颁奖盛典”活动中荣获“亚太最佳客服中心”大奖，成为获得此奖项的唯一一家国内商业银行。

12月 荣获《亚洲银行家》杂志评选的2008“风险管理成就奖”和“零售风险管理卓越奖”，荣获《经济观察报》评选的2008“中国最佳风险管理银行奖”。

12月 建设银行8个信息科技项目（总行6个、分行2个）荣获人民银行颁发的2007年度银行科技发展奖。其中“证券资金银行存管系统”、“乐当家理财卡项目”、“个人住房抵押贷款证券化业务系统”和“数据标准化研究项目”荣获二等奖，“保险服务系统”、“数据中心流程管理平台项目”、“深圳市分行存贷通系统”和“上海市分行汇得盈个人外汇结构性存款理财产品系统”4个项目荣获三等奖。

12月　在中宣部、司法部、全国普法办开展的全国“五五”普法中期先进评选表彰活动中，建设银行福建分行获先进单位称号，山东分行尹承业、广西分行宾爱琪、江苏分行柳洪、西藏分行王旭四位同志获先进个人称号。

12月　在由《经济观察报》和香港管理专业协会共同举办的第六届“中国杰出营销奖”的角逐中，“高端客户资金管理经典模式——中国移动资金管理网络营销案例”，荣获“中国杰出营销奖”金融类最高奖项——“卓越奖”。

12月　建银国际（控股）有限公司荣获由国际权威期刊 *The Asset* 评选的2008年度3A国家奖“香港最佳本地投资银行”奖。

12月　建银国际（控股）有限公司荣获由《21世纪经济报道》颁发的“中国最佳品牌建设贡献”奖。

第八部分　附录

2008 年中国建设银行董事、监事及高级管理层成员名录

董事

郭树清　董事长、执行董事
张建国　副董事长、执行董事
赵　林　执行董事　（2008 年 5 月辞）
罗哲夫　执行董事　（2008 年 12 月辞）
辛树森　执行董事　（2008 年 7 月—　）
王永刚　非执行董事
王　勇　非执行董事
王淑敏　非执行董事
刘向辉　非执行董事
张向东　非执行董事
李晓玲　非执行董事
格里高利・L. 科尔　非执行董事
彼得・列文爵士　独立非执行董事
宋逢明　独立非执行董事
詹妮・希普利　独立非执行董事
伊琳・若诗　独立非执行董事
黄启民　独立非执行董事
谢孝衍　独立非执行董事

监事

谢渡扬　监事长
刘　进　监事
金磐石　监事
程美芬　职工代表监事
孙志新　职工代表监事
宁黎明　职工代表监事　（2008 年 1—9 月）
帅晋昆　职工代表监事　（2008 年 12 月—　）
郭　峰　外部监事
戴德明　外部监事

高级管理层

张建国　行长
赵　林　副行长　（2008 年 5 月辞）

罗哲夫　副行长　（2008 年 12 月辞）
辛树森　副行长
陈佐夫　副行长
范一飞　副行长
朱小黄　副行长　（2008 年 4 月—　）
　　　　首席风险官
胡哲一　副行长　（2008 年 12 月—　）
庞秀生　首席财务官
于永顺　首席审计官
陈彩虹　董事会秘书
顾京圃　批发业务总监
杜亚军　零售业务总监
毛裕民　投资理财总监

公司秘书

陈美嫦　公司秘书

2008 年中国建设银行各分行班子成员名录

北京市分行

行长：	罗哲夫（2008 年 6 月不再兼任）
行长、党委书记：	王军（2008 年 6 月任，4 月任主要负责人）
副行长、党委书记：	李卫平（2008 年 6 月免）
副行长、党委副书记：	章更生（兼）
副行长、党委副书记：	方秋月
副行长、党委委员：	秦仁文
副行长、党委委员：	梁军（2008 年 1 月免）
副行长、党委委员：	龚毅
纪委书记、党委委员：	董建恒
副行长、党委委员：	李凡（2008 年 12 月任）
风险总监：	邓艾兵
工会主任：	梁继生
行长助理：	郎理英（女）

天津市分行

行长、党委书记：	曾见泽（2008 年 5 月免）
行长、党委书记：	高德高（2008 年 5 月任，3 月任主要负责人）
副行长、党委委员：	邱书民
副行长、党委委员：	李云泽（2008 年 1 月免）
副行长、党委委员：	刘步其
副行长、党委委员：	王斌
副行长、党委委员：	文远华（2008 年 3 月任）
纪委书记、党委委员：	李军（女）
风险总监：	詹毅文

河北省分行

行长、党委书记：	杨　毓
副行长、党委副书记：	程双起（2008 年 4 月免）
副行长、党委委员：	王　斌
副行长、党委委员：	孙福州
副行长、党委委员：	姚仲友
纪委书记、党委委员：	傅永德
副行长、党委委员：	郭英辉（女）

风险总监：　　王东标
工会主任：　　杜彦芳（女）

山西省分行

行长、党委书记：　　高德高（2008 年 5 月免）
行长、党委书记：　　马　卓（2008 年 5 月任，3 月任主要负责人）
副行长、党委副书记：　　陈东平
副行长、纪委书记、党委委员：　　解陆一
副行长、党委委员：　　斛文锋
工会主任：　　孟荣华
风险总监：　　杨利亚
资深专员：　　张斌政

内蒙古自治区分行

行长、党委书记：　　李英俊（2008 年 6 月免）
行长、党委书记：　　黄先俊（2008 年 6 月任，4 月任主要负责人）
副行长、党委副书记：　　裴品才
副行长、党委委员：　　张　勤
副行长、党委委员：　　高升亮
副行长、纪委书记、党委委员：　　肖青（女）（2008 年 9 月任副行长）
风险总监：　　王志雄（2008 年 9 月免）
风险总监：　　崔殿满（2008 年 9 月任）

辽宁省分行

行长、党委书记：　　王军（2008 年 6 月免）
行长、党委书记：　　李英俊（2008 年 6 月任，4 月任主要负责人）
副行长、纪委书记、党委副书记：　　陈利（2008 年 6 月任党委副书记）
副行长、党委委员：　　马卓（2008 年 5 月免）
副行长、党委委员：　　张涛（女）（2008 年 6 月免）
副行长、党委委员：　　韩民（2008 年 6 月任）
副行长、党委委员：　　于宁哲（2008 年 6 月任）
风险总监：　　刘伟

大连市分行

行长、党委书记：　　杨文升
副行长、党委副书记：　　林忠治（2008 年 10 月任党委副书记）
副行长、党委委员：　　冯涛
副行长、党委委员：　　石新亭（2008 年 10 月任）
副行长、党委委员：　　张喜军（2008 年 10 月任）
纪委书记、党委委员：　　张继波（2008 年 10 月任）
调研员：　　谷大成
风险总监：　　李明凯

吉林省分行

行长、党委书记：　　王　毅

副行长、党委委员：孙平生
副行长、党委委员：杨铁军
副行长、党委委员：姚殿英
副行长、党委委员：程超英（女）
纪委书记、党委委员：具京子（女）（2008 年 12 月任）
工会主任：姚殿英（兼）
风险总监：尹　君
行长助理：孙建国（2008 年 12 月任）

黑龙江省分行

行长、党委书记：薛峰
副行长、党委委员：于长利
副行长、党委委员：耿庆军
副行长、党委委员：姜鸿飞
纪委书记、党委委员、工会主任：张慧敏（女）
副行长、党委委员：杨玉江（2008 年 12 月任）
风险总监：董发凯
行长助理：李松（2008 年 12 月任）
行长助理：邹洵游（2008 年 12 月任）

上海市分行

行长、党委书记：赵欢
副行长、党委副书记：忻明宝
副行长、党委委员：张益民
副行长、党委委员、纪委书记：沈芳珍（女）
副行长、党委委员：张忠德
副行长、党委委员：蒋志春（2008 年 1 月免）
副行长、党委委员：林顺辉（2008 年 4 月任）
工会主任：盛德龙（2008 年 12 月免，退休）
巡视员：张宝根（2008 年 12 月免，退休）
风险总监：徐众华

江苏省分行

行长、党委书记：张援朝
副行长、党委副书记：沈义明（2008 年 5 月任）
纪委书记、党委委员：王建国
副行长、党委委员：夏　平（2008 年 5 月免）
副行长、党委委员：樊庆刚
副行长、党委委员：金扬统
副行长、党委委员：邵　斌
工会主任：郏从安
风险总监：武　莉（女）

苏州市分行

行长、党委书记：林少斌（2008 年 6 月免）

行长、党委书记：夏平（2008年6月任，5月任主要负责人）
副行长、纪委书记、党委委员：吕伟民（2008年10月免副行长）
副行长、党委委员：沈业贵
副行长、党委委员：黄松鹤
副行长、党委委员：徐挺
调研员：蒋萱镛（2008年10月免，退休）
风险总监：陈慧芳（女）
资深专家：林少斌（2008年5月任）

浙江省分行

行长、党委书记：余静波
副行长、党委副书记：苏克
副行长、党委委员：侯建培
副行长兼纪委书记、党委委员：张民
副行长、党委委员：劳新江
工会主席：傅春兰（女）
风险总监：尚朝辉
行长助理：何向东（2008年12月任）
行长助理：王叶毅（2008年12月任）

宁波市分行

行长、党委书记：沈义明（2008年6月免）
行长、党委书记：刘丽华（女）（2008年6月任，5月任主要负责人）
副行长、党委副书记：葛王杰（2008年12月任副书记）
副行长、党委委员：任国正
纪委书记、党委委员：张依娜（女）
副行长、党委委员：陈恒星（2008年12月任）
风险总监：韩凤林（2008年12月免）
行长助理：卢　冲（2008年12月任）
资深专员：张鹏群
资深专员：郑顺年

安徽省分行

行长、党委书记：白国祥
副行长、党委副书记：李凤霞（女）（2008年8月免）
副行长、党委委员：范绍杰
副行长、党委委员：王晓昕（2008年1月免，调离）
纪委书记、党委委员：田苗根
副行长、党委委员：高　强（2008年8月任）
副行长、党委委员：刘兴华（2008年8月任）
工会主任：徐明堑
风险总监：潘　虹（2008年8月任）

江西省分行

行长、党委书记：段超良

副行长、党委委员：余惠芳（女）
纪委书记、党委委员：易建荣
副行长、党委委员：万国平
工会主任：丁嘉槐
风险总监：隋岩（女）（2008 年 10 月任）
行长助理：彭家彬
行长助理：张中科
资深专员：高根林
资深专员：张长生（2008 年 3 月免，退休）

福建省分行

行长、党委书记：陈　轼
副行长、党委副书记：林青山
副行长、党委委员：李文贤
副行长、党委委员：林和发
副行长、党委委员：刘　峰
纪委书记、党委委员：刘丽华（女）（2008 年 5 月免）
纪委书记、党委委员：胡敏华（2008 年 10 月任）
副行长、党委委员：丁保平（2008 年 10 月任）
风险总监：张　俊
资深专员：张维禹
资深专员：吴炳康

厦门市分行

行长、党委书记：陈万铭
副行长、党委委员：林顺辉（2008 年 4 月免）
副行长、党委副书记：生柳荣（2008 年 3 月任副书记）
副行长、党委委员：林华（女）（2008 年 3 月任）
副行长、党委委员：肖春辉（2008 年 3 月任）
纪委书记、党委委员：戴丽萍（女）（2008 年 3 月任）
风险总监：黄惠玲（女）

山东省分行

行长、党委书记：彭洪明
副行长、党委委员：李文达
副行长、纪委书记、党委委员：张维国
副行长、党委委员：刘振奇
副行长、党委委员：路　民
工会主任：魏兆新
风险总监：姚启凡
行长助理：李建平

青岛市分行

行长、党委书记：刘铁彦

副行长、党委委员： 王士清
副行长、党委委员： 郭中华（女）
副行长、党委委员： 刘从正（2008 年 9 月任）
纪委书记、党委委员： 张新华（2008 年 9 月任）
资深专员： 刘津南
风险总监： 隋 岩（女）（2008 年 10 月免）
风险总监： 陈庆辉（2008 年 10 月任）
行长助理： 柴 翔
行长助理： 孙仕荃（2008 年 10 月免）

河南省分行

行长、党委书记： 许会斌
副行长、党委委员： 张志军
副行长、党委委员： 石永拴
副行长、党委委员： 王保信（2008 年 9 月任）
副行长、党委委员： 黄兴宏（2008 年 9 月任）
纪委书记、党委委员： 路建华（2008 年 9 月免）
纪委书记、党委委员： 奚丽娟（女）（2008 年 12 月任）
风险总监： 周鑫泉（2008 年 10 月免）
风险总监： 许建东（2008 年 10 月任）

湖北省分行

行长、党委书记： 王 江
副行长、党委副书记： 陈汉华
副行长、党委委员： 刘力耕
副行长、党委委员： 张 进
纪委书记、党委委员： 王继光
工会主任： 卢久生
风险总监： 梁德顺
巡视员： 陶恒喜

三峡分行

行长、党委书记： 林 帆
副行长、党委委员： 罗泽民
纪委书记、党委委员： 佟晓林
副行长、党委委员： 张家材
风险总监： 汪兴全
工会主任： 宋文德

湖南省分行

行长、党委书记： 龚蜀雄
副行长、党委委员： 陈二尧
副行长、党委委员： 魏振华
纪委书记、党委委员： 廖金华

副行长、党委委员：　刘广良
风险总监：　李华峰

广东省分行

行长、党委书记：　曾俭华
副行长、党委副书记：　李锦海
副行长、党委委员：　沈奕明
副行长、纪委书记、党委委员：　王少先
副行长、党委委员：　陈翠芳（女）
行长助理：　刘军（2008 年 9 月免）
副行长、党委委员：　刘军（2008 年 9 月任）
副行长、党委委员：　岳鹰
风险总监：　陈建华
工会主任：　王志雄（2008 年 9 月任）

深圳市分行

行长、党委书记：　田惠宇（2008 年 4 月明确为总行部门总经理级）
副行长、党委副书记：　易景安
副行长、纪委书记、党委委员：　刘占义（2008 年 8 月免）
副行长、党委委员：　张学庆
副行长、党委委员：　祝九胜（2008 年 4 月任）
风险总监：　陈庆辉（2008 年 10 月免）
风险总监：　韩凤林（2008 年 12 月任）

广西壮族自治区分行

行长、党委书记：　袁　明
副行长、党委副书记：　廖　林（2008 年 12 月任副书记）
副行长、党委委员：　李思影（2008 年 12 月免纪委书记）
副行长、党委委员：　梁建林（2008 年 12 月任）
纪委书记、工会主任、党委委员：　杨静挺（2008 年 12 月任）
风险总监：　喻金龙
行长助理：　黄诚东
行长助理：　农卫东（2008 年 12 月任）

海南省分行

行长、党委书记：　梁福成
副行长、党委委员：　李泉
副行长、党委委员：　赵永林
副行长、纪委书记、党委委员：　路建华（2008 年 9 月任）
副行长、党委委员：　李明曦（2008 年 11 月任）
副行长、党委委员：　石滨（女）（2008 年 11 月任）
工会主任：　李冬生
风险总监：　李忠东

四川省分行

行长、党委书记：曾 益
副行长、党委委员：李 果
副行长、党委委员：杨丰来
副行长、党委委员：万 鸿
副行长、党委委员：王浩（2008年10月任）
纪委书记、党委委员：王雄（2008年10月任）
风险总监：邹大鹏（2008年10月免，任资深专员）
风险总监：汪海（2008年10月任）
行长助理：戴虎林（2008年9月任）

重庆市分行

行长、党委书记：黄叔平（女）
副行长、纪委书记、党委委员：宁新民
副行长、党委委员：郑保钢
副行长、党委委员：余 江
风险总监：高永强
行长助理：文姜元
行长助理：熊 刚

贵州省分行

行长、党委书记：吴民豪
纪委书记、党委委员：董秀玲（女）（2008年4月免，退休）
副行长、党委委员：张民权
副行长、党委委员、工会主任：蒋晓树
风险总监：王黎川
行长助理：杜 坚
行长助理：许修智

云南省分行

行长、党委书记：潘念宁（女）
副行长、党委副书记：麦仲山
副行长、党委委员：马亦凌（女）
副行长、党委委员：何 跃
纪委书记、党委委员：董晓威
风险总监：陈 义
行长助理：王晶武（2008年12月任）
资深专家：帅晋昆
资深专员：范京云

西藏自治区分行

行长、党委书记：颜克忠
副行长、党委委员：罗文章

副行长、党委委员：严仕成
纪委书记、党委委员：次仁顿珠
副行长、党委委员：韩文贞
工会主任：杨培源
风险总监：查克健
巡视员：罗布桑珠

陕西省分行

行　长、党委书记：崔滨洲
副行长、党委委员：高育昌
副行长、党委委员：魏承国
副行长、党委委员：孟鸿康
副行长、党委委员：刘红旗
纪委书记、党委委员：郭俊峰（2008 年 8 月免，退休）
纪委书记、党委委员：王德刚（2008 年 8 月任）
风险总监：曹建平

甘肃省分行

行长、党委书记：康　义
副行长、党委副书记：张宜临（2008 年 4 月免，调离）
副行长、党委副书记：艾尔肯·艾则孜（2008 年 9 月任副书记，12 月任副行长）
副行长、党委委员：李　凡（2008 年 12 月免）
副行长、党委委员：孙一顺
纪委书记、党委委员：李述成（2008 年 9 月任）
风险总监：杨仲元
行长助理：王文永（2008 年交流新疆行任职）
资深专员：徐香英（女）（2008 年 10 月免，退休）

青海省分行

行长、党委书记：郭继庄
副行长、党委委员：张　海
副行长、党委委员：王正录
纪委书记、党委委员：卜建平
副行长、党委委员：郑海峰
副行长、党委委员：杨险峰（2008 年 11 月任）
风险总监：金大钊
行长助理：梁世斌（2008 年 12 月任）

宁夏回族自治区分行

行长、党委书记：李秀昆
副行长、党委委员：刘海涛
副行长、党委委员：徐长宁
纪委书记、党委委员：袁　贵
风险总监：李　惠

新疆维吾尔自治区分行

行长、党委书记：　吴建中（2008年6月免）
行长、党委书记：　张 涛（女）（2008年6月任）
副行长、党委副书记：　戴跃明（2008年10月任副书记）
副行长、党委委员：　艾尔肯·艾则孜（2008年9月免）
副行长、党委委员：　李忠华
行长助理：　张春生（2008年10月免）
副行长、党委委员：　张春生（2008年10月任）
行长助理：　杨险峰（2008年11月免）
纪委书记、党委委员：　王文永（2008年10月任）
风险总监：　田志军（2008年6月免）
风险总监：　闫静波（2008年10月任）

哈尔滨培训中心

主任、建设银行党校哈尔滨分校校长、党委书记：
吕春光
副主任、党委委员：　孙耀河
纪委书记、建设银行党校哈尔滨分校副校长、党委委员：
李 文
资深专员：　刘铁男

常州培训中心

主任、建设银行党校常州分校校长、党委书记：
江炳钰
副主任、建设银行党校常州分校副校长、纪委书记、党委委员：
赵余分
副主任、党委委员：　屈建伟（2008年9月任）
资深专员：　周国栋（2008年10月免，退休）

年鉴正在成为展现中高级管理人员关注与思考主要发展问题的平台

（代后记）

除了继续高度重视决策层重要文献资料的收集外，对比首发的两本年鉴，2009年年鉴无论是稿件来源层次、稿件质量，还是对提交年鉴稿件的重视程度，都使年鉴编辑人员感到惊喜；尤其是透过七十多位总行副总经理及省分行副行长以上高级管理人员提交的六十多篇专题工作研究，我们有一个比较明显的感觉：建设银行年鉴正在逐步成为展现中高级管理人员关注和思考未来工作中一些重点、热点和难点问题的平台。

一、从总行职能部门提交的年度工作综述中显出很强的可读性

稿件的可读性充分体现在以下几个方面。

——以线条形式清晰地再现了建设银行年度所取得的主要成绩和所采取的主要工作举措。当然，尤其是对于几个主要业务部门来说，不论是年度所取得的成绩，还是所采取的工作举措，彼此之间不存在可比性。令人感兴趣的是，在2008年国际金融危机的巨大冲击下，实体经济的不同境遇和表现，肯定会程度不同地直接反映到全行不同业务条线的经营管理活动中来。那么，不同业务部门的不同成绩和工作举措又是如何反映出来的？通过年鉴平台去进行横向的年度工作综述比较，不仅能从中找到一些令人满意的答案，而且能达到相互启发的效果。

——年鉴可以记录历史痕迹，通常是以正面而充分的成绩来反映历史的真实。但是历史的发展过程从来都不是一帆风顺的，尤其是在国际金融市场狂涛激荡的2008年，其经营成绩的背后肯定隐含着非常丰富、值得认真总结的管理内涵。因此，从年鉴存留的历史成绩中发现问题并进行及时的修正，是争取新的、更大成绩的基础和前提。从这个意义上讲，我们不要过分关注年鉴年度工作综述中的成绩能否经受得起历史的检验，关键是我们应该善于从年鉴存留历史的成绩中去发现、分析和研究问题，以此不断在经营活动中充实和完善自己。

——丰富的经营管理内涵印证了一个历史的必然。包括建设银行在内的我国银行业能在全球金融危机的狂风巨浪中力挽狂澜，首先要归功于党中央和国务院英明而果断的决策，其次从职能部门年度工作综述中表现出来的丰富的经营管理内涵也从一个重要侧面印证了中国银行业在这场危机中良好表现的历史必然。有读者如果想知道建设银行应对国际金融危机和国内经济下行带来的不利影响，在面对信用风险、市场风险和操作风险等各种风险中采取了哪些及时补救措施，不妨翻读一下年鉴中收录的《全面风险管理》这篇文章；如果想了解建设银行有多少系统以及如何运行，想知道在这场危机中建设银行是怎样全面实现产品结构、区域结构、客户结构以及信贷结构的调整，想认识为了实现不良信贷资产的保全采取了哪些切实可行的措施，想知道建设银行国际业务以及海外机构不断发展壮大的基本情况，想了解建设银行的个人银行业务、电子银行业务、信用卡业务以及投资银行业务等在这次危机中的表现，年鉴中的相关篇章都一一作了比较详细和清晰的介绍。总之，从年鉴横向平面的比较中，我们能全视角地了解建设银行在2008年这个历史时段的经营管理状况；从纵向的历史线条中，我们又能清晰地看到建设银行不断发展壮大的历史轨迹。

二、从一级分行年度工作综述的比较中看出分行层面对经营管理发展方向的把握

年鉴编辑部对各一级分行年度工作综述提出了篇幅和体例规范方面的统一要求，但内容上的区别显而易见。

（一）主要业务指标内、外横向比较中的趣象

主要体现在三个方面：一是进行系统内的横向比较。经济发达地区的省（市）分行在其业务发展概况中，多以拨备前利润、实现年度考核利润及经济增加值、全口径存款余额及新增额、各项贷款余额及新增额等指标开篇，且主要是进行系统内的比较。二是与当地同业进行横向比较。中西部地区省（区）分行主要突出存，贷款新增额及新增幅度、盈利水平以及中间业务等指标，且着重进行余额及新增幅度在当地同业的占比或四行排名的比较。三是不惧两者之间的比较。以四川、湖南、湖北、浙江、陕西、福建等为代表的少数分行，因为已经在存贷款余额及年度新增、盈利能力、中间业务收入等主要业务发展指标方面，或稳居当地同业第一，或胶着于第一名或第二名的激烈争夺之中，或已被工商银行这一同业龙头老大视为最强有力的竞争对手，而在主要业务的比较之中，既进行当地同业的占比比较，也进行系统内的横向排名比较。年鉴作用的另一种表现形式是，在这种环时间状的连续比较过程中，也清晰地体现了一级分行主要业务发展指标的历史发展轨迹，而这一历史轨迹的曲直将面临历史的检验。

（二）经营指导思想决定经营思路，思路决定发展态势

初读年鉴中分行年度工作综述，印象最深的可能是枯燥的数字和业务范围的千篇一律。如果在两篇之间进行对比，不难发现彼此之间的各不相同，而且还能发现一个十分有趣的现象：分行领导层尤其是“一把手”的行事风格在较大程度上左右着所在行的经营思路，并最终决定着该行经营发展的态势。广东省分行审时度势，牢牢把握前所未有的发展机遇，明确提出了“又好又快、好中求快、能快则快”的发展思路，在全面实现“百千万”经营目标中，取得了一般性存款、企业存款、公司类贷款、个人类贷款新增，国际结算、信用卡发放及电子银行等主要业务指标在广东省四大国有股份制银行排名中都名列第一的骄人成绩。河南省分行在全行倡导“立言立行，善作善成”的合规精神，提出了“言善信，行善规”的经营目标，召开了5次从严治行电视电话会，风险意识深入人心，效果十分明显。山东省分行引导全行树立正确的发展观，明确提出不看指标盯市场，不比扩张比后劲，不谋小利重长远，努力实现质量、效益、速度、后劲的有机统一。浙江省分行确定了“创业大行，创新强行”的发展思路，在明确了“十大不良额、十大关注客户、十大重点监控机构”退出计划的同时，组织全分行开展了“拼抢市场、科学发展”的主题营销活动。湖北省分行兼顾甄别退出和甄选项目储备并重的原则，着力信贷结构调整，狠抓市场发展机遇；不仅适当前经济发展形势，而且为未来的潜在发展打下了坚实的基础。

总之，不论是从指标数据的比较方式中，还是透过分行层面确立的发展方向和提出的发展思路，我们都能明显感觉到这个经营管理层对发展方向把握的精准程度。年鉴的作用正在于以其特有的方式充分展现了分行层面对主要发展问题的思考与把握。

三、从中高级管理人员提交的工作研究中看其对主要发展问题的关注和深层思考

年鉴将年度经济、金融及经营管理活动中的重点、热点和难点问题，通过中高级管理人员在第一时间以深入研究的专题形势记录下来，不仅为将来进行历史经验的总结留下了一笔宝贵的财富，而且对高度概括和再现年度经营管理的特点同样具有积极的现实意义。2009年年鉴收集到的类似专题研究，已经很好地说明了这一点。

（一）科学发展观专题调研报告的历史价值

作为中央统一部署的学习实践科学发展观活动在金融系统中的试点单位之一，2008年赋予了建设银行实现科学发展的鲜明时代特色。在这次活动中形成的“风险内控体系的科学性评价及改进优化建议”（以下简称“建议”）等一系列专题调研报告，不仅集中体现了建设银行最高决策层引领全行开展此项活动的智慧，而且对全行主要业务实现了一次全面和系统的理性梳理。“建议”立足于科学发展的高度，将几项主要工作，如授信业务、市场风险及海外分行和子公司的管理、会计和柜面业务、主要业

务系统及IT界面、中间业务、员工的行为管理、内部审计监督、风险内控的流程化以及风险文化建设九个层面，从风险内控的角度，通过管理现状、存在的问题和不足以及优化措施和建议三个不同侧面而进行了系统梳理。完全可以肯定的是，从科学管理的高度对不同业务的风险内控进行全面和系统的理性梳理，并由此夯实了科学管理的基础，这在以后的年份中是不可能再做简单重复的。在年鉴中收集到的"持续推进公司业务转型"、"对公产品管理与创新"、"对公网点转型、""小企业业务经营策略探究"、"持续推进对公中间业务发展"以及"实施绿色信贷"等类似的专题研究报告，随着时间的推移，其历史价值也一定会进一步得到彰显。

（二）美国次贷危机专题研究的时代意义

随着时间的推移，由美国次贷危机引发的这场波及全球的金融危机，肯定会逐渐从人们的视线甚至记忆中淡去。但是，经济周期发展是不以任何人的意志为转移的客观规律，金融行业的高风险性质不会改变。因此，不论是进行历史经验的总结、以避免重蹈历史的覆辙，还是在未来经济金融发展过程中重刮类似的风暴，此次金融危机的历史借鉴与警示作用是不会完全消失的。特别值得一提的是，2008年和2009年两本年鉴中收集的相关专题研究文章，完全站在国有商业银行的不同角度进行的深入研究，其对工作的针对性比院（所）学术专著要明确得多。事实上，年鉴中收集的《次贷危机：祸起杠杆失控》、《经济危机形势下美国市场观察和思考》、《美国次贷危机的深入思考及几点启示》、《次贷危机对我国商业银行住房金融业务的启示》以及《美国次贷危机引发国际金融危机：警示》等文章，不仅从危机爆发的根源、过程、影响及深刻的教训与启示等方面进行了有针对性的深入分析，而且分析判断问题的权威性与现实指导性也通过作者所拥有的重要工作岗位得以确立。因此，作为年鉴资料，这些专题研究文章充分满足了反映年度重点和热点问题的基本要求。

（三）风险控制与风险管理专题研究

在2009年年鉴收集的工作研究论文中，风险控制与风险管理成为收集文章的一大亮点，由此也决定了值得存留的历史价值。能够做到这一点是很不容易的，一方面，自20世纪90年代末亚洲金融危机爆发以来，尤其是国有商业银行股改上市后，关于风险控制与风险管理的研究文章、书籍可谓是汗牛充栋；另一方面，金融监管当局对上市后商业银行信用风险、市场风险和操作风险的管控已经给予了前所未有的重视；在整个金融系统，风险意识也已经深入人心。但是，成就年鉴中数篇论述风险控制与风险管理文章历史价值的一个最重要的原因就在于：在全球金融市场狂风巨澜中做成的这些专题文章，必然会留下抹不掉的痕迹，由此留下的历史发展史时状，其真实性是毋庸置疑的。比如，从分析问题的逻辑角度，《论商业银行的风险偏好》是一篇严谨、深邃的经济论文；从工作实践的角度，它又是一篇在特定历史环境中形成并具有很强可操作性的工作指导。该文从银行的科学发展离不开风险偏好的引导、风险偏好的选择有其客观的规律性、建立以风险偏好为核心的风险管理体系等方面，对银行风险偏好这个专业命题进行了系统和深入的分析，其工作的现实指导意义是不言而喻的；《压力测试技术以及在银行业风险管理中的实践》以国际上压力测试的普适方法论为起点，针对国内银行在开展压力测试过程中的若干问题进行了讨论，并提出了适合国情的一些处理方法；《关注宏观调控下五大行业系统性风险》更是在经济形势越来越复杂，美国次贷危机余音未尽，越南、阿根廷金融危机又风声水起，国际油价、股价、房价大起大落，主要国家经济增长延缓的大背景下，对外贸出口行业、高能耗高污染行业、制造业、房地产业以及中小企业面临的问题和困难进行了系统性的风险分析。

（四）行业与结构调整专题研究

建设银行着手以信贷为核心的结构调整，在很大程度上是被动地服从于以下这样一条经济发展的逻辑路径：美国次贷危机引发了全球金融危机→引出了我国对长达三十多年对外依赖型经济发展方式的全面和深刻反思→转变经济发展方式必然引起包括产业结构、产品结构、区域经济结构甚至整个国家经济体制的调整与改变→国有商业银行通过吸收数十万亿元企业和城乡居民储蓄支持了我国国民经济的发展→国营企业固定资产投资和生产流动资金供应长期依赖国有商业银行最终形成了巨量存量信贷资产→产业、产品和区域经济结构等的调整必然要程度不同地反映到四大国有股份制银行信贷资产的账面上来并倒逼其进行信贷结构的调整→唯有如此才能实现国有商业银行资产、负债表上的良好表现。对于这样一个重大的课题，肯定是不会被建设银行中高级管理者所忽视的。年鉴中收集的《进一步深化建设银行信贷结构调整》一文，从做好信贷结构调整工作的必要性、现阶段建设银行信贷结构调整面临重大的历史机遇以及实现建设银行信贷结构调整的指导思想与总体原则三个方面，对信贷结构的调整问题进行了全面、系统和深入的分析研究。由此也就不难看出，在复杂多变的国内外经济金融环境中，建设银行为什么还能够继续保持良好的信贷资产质量。

在宏观层面关注结构调整的同时，《房地产行业发展前景与我行信贷政策取向研究报告》、《武汉城市圈“两型社会”建设与金融改革创新研究》、《福建省纺织业信贷现状、存在问题及应对措施》、《浅析当前云南省磷化工行业风险及信贷审批决策建议》、《贵州水泥行业调查分析报告》以及《对工业园区政府融资平台公司授信业务的思考》等文章则从区域经济与行业发展的角度，更微观地剖析了建设银行所面临的信贷结构调整问题，其现实意义与历史存留价值也是不能被忽视的。

（五）其他热点与重点问题研究

除了上述相对集中的专题文章外，通过年鉴中其他由中高级管理与专业人员撰写的文章，我们对建设银行年度经营管理活动中到底还有哪些热点、重点和难点问题就有了一个基本的和整体上的判断。对于一家国际知名企业来说，关注和思考年鉴年度中的这些主要问题，是不断走向成熟和壮大的重要标志之一，甚至可以说是不可或缺的。从年鉴收集文章所涉及的内容来看，我们对此深以为然。比如，《我国银行业专家队伍的形成与激励》既是一篇针对性很强、有感而发的工作研究论文，同时也肯定是触摸到了一个重大的社会问题。在金融系统的人才队伍建设中，官本位的不断强化与职业经纪人队伍建设的弱化，肯定是一个不能持久且迟早都得直面的现实问题。中小企业融资难是一个长期困扰中小企业发展的老大难问题，由此也引起了上至中央、中至专家学者、下至普通老百姓的普遍关注。但如何有效地解决中小企业的融资担保问题，又是一个十分棘手的现实问题。《我国中小企业信用担保机构存在问题及对策研究》既分析了我国中小企业信用担保机构发展中存在的问题，也对完善信用担保机构建设提出了对策思路。类似的文章，还有如《城镇化进程中商业银行网点布局研究》、《对公网点转型调研报告》、《关于个人信贷领域研究报告》等，无一不是作者在经营管理活动中直接面对的现实问题，他们长期积累的丰富管理经验和厚实的经济理论功底，赋予了这些文章的可读性和历史生命力。

四、从收集的重要文献资料中看建设银行最高决策层是如何全面和从容应对纷繁复杂的国内外经济金融形势

笔者不会在乎别人怎么看，但通过认真通读年鉴中最高决策层的四十多篇或工作报告，或专题文章，或针对某一业务领域的重要讲话，所获得的不完全是睿智、高山仰止和呕心沥血的深切感受，更多的恐怕还是通过这些资料对一家国际知名公司之所以能够知名的全面了解并从中赢得了一次高级管理艺术的享受。面对波涛汹涌的全球金融危机，建设银行最高决策层看到的不仅是严峻的考验，而且看到了难得的发展机遇。这些资料通过推动公司业务结构调整、进一步拓展优势零售业务、有效调整外币投资组合、稳妥推进海外发展战略、加快综合化经营步伐、批准通过“风险偏好陈述书”以不断完善风险管理体制、推进新资本协议实施、深化风险内控管理体制改革、提升信息系统支持服务能力、持续推进与美国银行和淡马锡的战略合作、应对股东行权和减持带来的市场波动、构建良好的投资者关系、提高信息披露的专业水平以及全面履行企业公民责任等一系列有声有色的战略部署，不仅全方位地再现出了一幅生动的应对蓝图，而且对于丰富、积累和不断发展我国银行业的国际管理经验都将是一笔十分难得的宝贵财富；随着时间的推移，相信其历史价值将会越来越被看重。

值得一提的是，从首部年鉴开始就留心收集独立董事和监事们的专题调研报告，已经形成了建设银行年鉴所拥有（或许是独有）的一大特色。这些调研报告的与众不同之处就在于总结经验客观实际、发现和提出问题一针见血、决策建议高屋建瓴；其宽泛的调研范围不仅扩大到了外汇资金风险管理、零售网点转型、个贷中心发展、信息技术应用能力、理财业务、个人贷款业务、子公司公司治理、团队建设和人力资源管理等各个业务领域，而且也有对相关分行改革发展情况的实地考察；不仅有《经济危机形势下美国市场观察和思考》等海外考察报告，也有《对我行市场风险管理现状的分析与建议》等国

内市场的深入研究。透过这扇公司治理过程中的独特观察窗口，我们确实能够更加冷静、客观和全面地认识经营管理活动中存在的问题或面临的挑战，对不断强化管理十分有利。

年鉴编辑部

2010 年 2 月 23 日